キルケゴール教会闘争の研究

大谷愛人

勁草書房

まえがき

私がS・キルケゴールに関心をもち研究し始めてから五十七、八年の歳月が過ぎている。その間その資料提供を目的とした四冊の研究書が既に刊行され、いまこの五冊目が出ようとしている。その四冊とは、『キルケゴール青年時代の研究』（正篇）（一九六六年）、『続キルケゴール青年時代の研究』（一九六八年）、『キルケゴール著作活動の研究（前篇）』（一九八九年）、『キルケゴール著作活動の研究（後篇）』（一九九一年）（いずも勁草書房刊行）である。こうしてこの五冊目は『キルケゴール教会闘争の研究』である。該書の作業には十年余を要したが、研究の当然の順序を追ったまでである。

本書のような「キルケゴールの教会闘争」をテーマにした著作、論文、エッセイの類はデンマーク本国でも北欧諸国でも実に多量に書かれている。本書は邦語で書かれているとはいえ、それらの中に新たに割って入ることになるので、当然それらとは異なった独自の特徴や性格が備えられていなければ、研究史上の事としては余り意味のないことになる。それゆえ、私は、本書の特徴と性格については「序論の部」で詳述しておいた。従って、詳しくはそこを読んでいただくこととして、ここでは予めの知識のため、それらの中からほんの数点だけを指摘しておきたいと思う。

第一に、これは本書の研究そのものとしての「基本的性格」についてであるが、本書も既刊の四冊の場合と同じように、このテーマについての「基礎的研究」たらんとし、この方針とその遂行に徹したことである。それゆえ、本書で行なわれていることはこのテーマ研究のための「最も基礎的な作業」と言ってよい。そのため本書は、デンマーク本国で整備されてきた資料や文献等々、ならびにそれらについての書誌学的研究の成果を充分踏まえることを前提としている。従って、本書は、それらの資料、文献、基礎研究的事項を、利用するのではなく、むしろ出来得る限りの範囲に押えて直接的な形で紹介し提示するという仕方をとった。本書がこのような多量のものとなったのもそのことの故である。ところで、この「基礎的研究」ということで一言だけ付言しておくことがある。それはその名においてここでは「哲学研究」が徹底化されたという点である。そもそも私のキルケゴール研究は既刊の四冊からも明らかなように、「哲学研究」として始められ、「哲学研究」として貫かれており、「愚直」と言える程にまで、「学問のイデー」「哲学のイデー」にこだわり続け、それを貫徹することに終始した点である。極く一般的に言っても、学問や科学そしてとりわけ哲学は、物事や事象には「奥」あるいは「奥行」があることを知る作業から成っている。それは「面」の次元に対して「深さ」の次元と言ってもよい。そしてこの「奥」「奥行」「深さ」の次元が、学問研究では「真理」（真実）という言葉で呼ばれる。学問研究はこれを探究することを目的とするが、学問研究の中でもとりわけ「哲学」は、それらの中の「最も奥のもの」「最も深いもの」、いや、「最も根源的なもの」を探究することを自らの学問的使命としている。それゆえ、私が本書を「哲学研究」と呼ぶのは、本書は「キルケゴール研究」において「キルケゴールにおける最も根源的なもの」を探究することを課題としていることによるからである。

第二に、これは本書の研究全体の「基本的視点」についてであるが、本書の研究は、その全体が、広い意味での「デンマーク教会史」の視点に立って行われていることである。このことは、P・レニング、P・G・リンハート、V・クレステンセン、G・マランチューク、N・トゥルストルップ等々の研究に共通して見られる視点である。しかしこれらの研究者は自分たちがなぜこの「視点」に立つことを決めたのかその理由については何も説明していない。それゆえ、私は私なりになぜ私がこの「視点」に立つことを決めたのかその理由について少し説明しておく必要があると考える。実はそれは二つの理由からである。一つは、「キルケゴールの教会闘争」がれっきとした「デンマークのキリスト教界」の中でそれとの関わりの中で起こっているということだけでなく、むしろキルケゴールの思想、信仰、生涯を研究すればする程そのすべてが研究者に対してこの「視点」に立ちこの「視点」から考察されることを要請してくるのを覚えるという点である。そしてこのことは更に次の点から明らかにされるのである。そこでもう一つは、そのような要請に応える意味でこの「視点」に立ち臨むとき、彼の思想、信仰、生涯の悉くが、そしてそれら各々を構成している個々の部分や要素の悉くが、それぞれくっきりとした輪郭をもって鮮やかに眼前の地平に姿を現してくるのを目にすることであり、その上更に、彼の「最も根源的なもの」が、つまり、彼の「内面性の深底」がその根っ子から姿を現わしてくるのが目に入ってくるという点である。要するに、この「視点」のもとでは、彼の「最も根源的なもの」、「内面性の深底」が、それについて彼が述べている言葉の覆いを拭去されるようにしてその根っ子から白日のもとに照らし出されるということである。私がこの「視点」に立つことを決めたのは以上の二つの理由からであるが、このことは既に述べた「哲学」の目的に完全に一致するものである。

　第三に、これは本書の内容上の特徴のひとつについてであるが、それについては何よりもまずキルケゴールの『パピーア』（日誌、草稿、ノート類）全巻についての研究者の「基本的な読み方」が深く関係してくるので、まずこのことから説明してゆこう。この『パピーア』は余りにも厖大な量（インデックス三巻を含めると計二十五巻）からなるので、日本の研究者には皆無と言えるが、デンマーク本国の研究者でさえ自分の目で最初から最後まで通読し、自分の目でそこを貫流するものを通観する作業をしてきた人は非常に少ない。しかしそれを自分の目で通読してみるとき、私は、そこには幾通りもの「線」が走っているのがはっきり目に入ってくるのを経験した。その事例としては、V・クレステンセンが目にした「キルケゴールの懺悔者としての意識」の線、G・マランチュークが目にした「キルケゴールが自らの牧師職をめぐって問い続けた自問自答」の線等々が挙げられる。そこで私自身も自らの目でその全巻を通読したところ、もう一つのはっきりとした「線」が目に入ってきた。それは「キルケゴールが生涯続けた〈祈り〉の線」である。そしてこの発見が本書の内容上の一つの特徴になっているのである。それはこうである。本書は彼の「教会闘争」の要因が彼の幼少期から胚胎しているとみて、それを彼の、「内面性の深底」に即して辿ったが、その際私は、そこに、彼の悉くの思想、信仰、行為がそこを根拠としてそこから発してくる「最内奥の深底」に「祈り」の線が走っていることを発見したのである。キルケゴールの「内面性」については既に実に多くの研究者が研究してきたが、不思議なことに、デンマーク本国の研究者たちでさえ、彼の「精神」の「最内奥の深底」での営みを「祈り」に見て「祈り」と「祈りの線」とを真向から取り挙げた者は、V・クレステンセンを除くなら、殆んどいなかった。もっともクレステンセンさえもそれをほんの一部だけ取り挙げるにとどまり、キルケゴールの全生涯、全思想、全信仰を考えるために「主題化」したわけではなかった。しかしキルケゴールの日誌、草稿類、ノート類は、彼の「精神」の「最内奥の深底」での営みが「祈り」であり、そこには「根源的領域」において「祈りの線」が常時走っていることを、つまり、彼の思想、信仰、行為の悉くが常時この「祈りの営み」から発しており、それらは「祈りの線」をつくっていることを証ししているのである。それゆえ、もし研究者が、彼の日誌、草稿、ノートを、最初のものから最後のものまで、自分の眼で丹念に辿ってみるならば、彼の「内面性」の深底は、この「祈りの営み」と「祈りの線」から成るものであることに行き着く筈である。従って、私は自らの研究作業においてこの当然のことをしたまでである。つまり、私は彼の日誌、草稿、ノート類を、最初から最後まで、自分の眼で辿り、そこにみられる彼の「精神」の「最内奥の深底」には「祈り」の営みがあることに着目し、そこを「水脈」のように流れるその線を、要するに「祈り」の水脈を辿ることを試みたのである。しかしこうして「祈り」と「祈りの線」を「根底」となしてそこから彼の思想、信仰、行為のすべてを眺めて見るとき、その全体は全く別様に見えてくるのを覚えた。それゆえ、本書の全体がこの視点と方法の証しのようなものである。しかしその中でもとりわけ第三部第三章「第四回ベルリン旅行での祈り」は研究史上この問題をはじめて主題化して徹底的に考察したことや、第六部第三章の第三節と第四節では、キルケゴールが「一般人の祈り」と「真理の証人（＝使徒）の祈り」との狭間に立たされ、この「真理の証人（＝使徒）の祈り」がどうしても自分には出来ないことの「苦悩」を訴えている姿を取り挙げ考察したこと等々は、本書の最も核心的部分をなすものと言ってもよいであろう。

第四に、これは本書の研究を貫く私の「基本的姿勢」についてであるが、本書も既刊四冊それぞれの場合と同じように、決して多くの一般的、伝統的な哲学者的態度に拠ったのではなく、あくまでもキルケゴール自身が自らこころがけてとった「姿勢」に則るよう努めたということである。すなわち、本書は、決して、「哲学」という学問に伝統的に考えられてきたような「万学の女王」の立場であろうとしたり、とりわけヘーゲル哲学などに言われてきたような「将軍や連隊長」の立場であろうとしたり、ソクラテスについてキルケゴールが言っていたような「アイロニーの師」の立場であろうとしたりすることは根本的に排した。つまり、それらに見られる「超越的もしくは優越的立場」に立ち「支配の論理やその勢位」のもとにあることを本質としているようなそのような立場に立つことを徹底的に排した。そしてそれらの立場とは正反対の本質のもとにあるキルケゴール自身の立場たらんとした。そのキルケゴール自身の立場とは、「摂理の力への絶対的信頼」のもとで、しかし自らの内部には「永遠のユダヤ人アハスヴェルスの立場」を意識しつつ、しかし「アイロニーの師としてのソクラテス的助産術の方法と立場」を更に徹底化することによって「ユーモアの立場に立つ助産婦の方法と立場」に立つことであった（『著研I、II』参照）。すなわち、彼は、「哲学する者」は、「真理」を、生み出すのではなく、「真理」そのものである神との関係で、その初子を産声とともに「取り上げる」いわば「助産婦」の役なのだと言っている。ここまでは彼はソクラテスと同じだが、彼は「真理」概念がソクラテスとは全く異なることから、その「真理」を伝達するのに「優越的なアイロニーの方法と立場」ではなく、それを更に徹底化したものとしての「共感的なユーモアの方法と立場」に立つことを、つまり、「摂理の力を信じるユーモアの助産婦の立場」に立つことを、心がけたのである。本書もこの立場に徹して書かれている。それは、「キルケゴールの真理」の「初子」をその「産声」とともに「取り上げる」だけであり、「真理」に対しては、前述したような「支配者」たらんとするのではなく、ただ「仕える」ことだけを心がけたのである。こうして本書も、既刊の四冊の場合と同じように、徹頭徹尾「キルケゴールの言葉をキルケゴール自身の口を通して語らせる」という立場と方法を貫いた。従来とりわけわが国では、「キルケゴール研究」と称して、その実は「研究者自身が自分の思い、思想、信仰等々をキルケゴールの口を通して語らせる」ことが多かった。しかし私はそれとは正反対の方向に身を置いて、自分の口はキルケゴールが言うように、そして彼自身が為したように徹底して「沈黙」を守り、「キルケゴールの言葉をキルケゴール自身の口を通して語らせる」という立場と方法とを貫徹することに努めたのである。

本書の特徴はここでは以上四点だけ指摘するにとどめておく。いずれにせよ、本書はこのようにしてキルケゴールの「真実」に迫ろうとしたものである。

しかしこのように述べてくると、今この時期にこのようなキルケゴール書を世に送り出すことにどれ程の意味があるのかと訝しく思われる方々が多数おられるだろう。それは尤もな疑問である。しかし私はキルケゴール書の刊行に関する限り、目下のこのような時期こそ最も真っ当な意味があると確信している。それゆえ、それについて一言しておこう。確かにわれわれの目をわが国の学界や読書界に向けてみるとき、嘗て実存思想が流行した当時その名とともに「キルケゴール」の名は多くの人々に知れわたった。ところが、今日の状況はそれとは隔世の感があり、その名は完全に人々の「意識」の外にある。このような状況は、程度の差こそあれ、諸外国にもみられる。デンマーク本国の場合は、キルケゴールが同国人であり、同国の文化の誇りであることから、事情は多少異なるが、その関心度は往時程ではない。しかしそれはとにかくとして、ここでは日本の場合についてだけ考えてみるに、往時との差は余りにも極端である。なぜなら、今日では、「キルケゴール」という名前と一般の人々との間には完全に大きな空間ができてしまっているからである。彼の名は完全に「意識」の外にあるのである。にも拘らず、私は、この事態は決して悲しむべき事態ではなく、むしろ喜ばしい事態と考えているのである。なぜなら、私は、今日こそやっとキルケゴールがその「実像」（真の姿）において人々の前に現われる状況になったと考えるからである。成る程あの実存思想の流行期には、「キルケゴール」は馴染みのある人物として自分たちのすぐそばに居るような気がする人物であった。しかしそれは巨大な錯覚であり、その人物は、彼自身ではなく、彼の「虚像」にすぎなかったからである。なぜなら、彼が「馴染みある人物」として感じられていたのは、当時は敗戦直後の時期であったため、人々の意識にも社会にも荒廃からの立ち上がりを目ざさざるを得ない異常な程の「熱気」と「上昇気流」が支配しており、当然に人々は、キルケゴールの思想を実存思想としてとらえ、彼をこの「熱気」と「上昇気流」の中に虜としてしまい、そのことによって彼を完全に「変質」させてしまったからである。その「上昇気流」への人々の期待は、諸々の西欧近代思想に求められた。そして実存思想までがこの「上昇気流」への期待を込めて扱われたのである。こうして人々は「キルケゴール」を実存思想の元祖となし、その「上昇気流」に乗せ、自らもそこに相乗りして、その中で「彼と関わり」をもち、共々「上昇」してゆくことを喜び、それを哲学的真理の喜びと考えたのである。要するに、このようにして彼の「実像」は完全に「変質」させられてしまい、「馴染深い人物」に化されてしまったわけである。勿論そのような状況下にあってG・ブランデスによって変質させられた「キルケゴール」から発しているのである。それは元を正すなら、も極く少数の個々の人々は、キルケゴールの「実像」に対して、「ひとりの人間」として向かい合い、真実の関係を自分のものとしていたが、それは例外中の例外であった。いずれにせよ、そのように「変質」させられた人物は、S・キルケゴールではなかったのである。ところが、今日ではそのような状況は一変した。「熱気」も「上昇気流」の支配も全くなくなり、「キルケゴール」も人々もそれらから解放されたため、「キルケゴール」は人々の前に「実像」において立ち現われざるを得なくなったのであり、また人々も彼をその「実像」において迎え、その「実像」と「向い合う」ことになったのである。勿論その「実像」は、決して人々が好む姿ではなく、むしろ人々が、とりわけ忌み嫌うそれ、いや、忌み嫌って当然のそれであった。従って、人々は大衆的本能をきかせて、そのことを遠くに予感し、人間感情としては見向きもしなくなったのである。しかしこのことこそが、人々はようやくにして、キルケゴールを「実像」と「向き合う」ようになったことを意味しているのである。しかしその「実像」がどんなに忌み嫌われるものであろうと、「実像と向き合う」ことそのことが重要なのである。なぜなら、そこにこそ「真実」があるからである。そしてこの世には「真実」に優るものはない筈だからである。要するに、今日ようやくにして「キルケゴール」は、その本質そのものがそれに最も相応しい仕方で遇される関係になったわけである。そして正にこの時本書は世に送られるのである。

しかも彼の「教会闘争」は彼の「実像」を最も鮮烈に映し出している営為なのである。その「実像」とは、彼が無限なとも言えるような透明きわまりない真摯さをもって「新約聖書のキリスト教の真理」を追究し、その過程で超人的な「苦悩」を示している姿である。

このようにして該書はいま世に送り出されることになるのであるが、実のところ該書の作業には、私的なことではあるが、その着手に大きなためらいがあったのである。それというのも、該書の原稿のためのノート類の作業に入る時は七十一歳だったからである。既刊の四冊の研究の基礎の上にとはいえ、厖大な量の資料と文献を探索してノート類を作成するにはどう短く見ても五、六年はかかると予想されたからである。しかし私の本性というか、持ったが病いというか、ふと気が付くとその作業に着手していた。そして厖大な量のノート類が出来た時は、七十七歳を超えていた。しかしここで再び次の作業、原稿作成への着手のためらいが起こった。原稿完成まで三年位いかかるだろうが、体力が続くだろうかという問題であった。しかしこの時もいつの間にか原稿を書き始めていた。しかしそれは何としても八十歳の年（二〇〇四年）の夏休み前までには完成しようという計画になっていた。しかしそれが実際に脱稿できたのは、結局八十一歳の七月になってしまった。しかしどうやら体力の方も充分余力を残してであった。該書の原稿はこうして出来上がったのである。

さて、このように「キルケゴール研究」を今日まで五十七、八年も続けてきた間に、その研究作業上の事柄として実に多くのことを学ぶことができた。それらのすべてをここで書き尽すことは到底できないので、それらの中からほんの一部分のことだけをここに御紹介しておきたいと思う。それらも無数にあるので、ここではそれらの中から五点だけを絞って述べたいと思う。

まず第一に、今更指摘するまでもないが、ドイツ語文献の限界という点である。ドイツ語文献は周知のように実に多数あり、個々のものには実に優れたものがあるが、もし研究者がドイツ語文献を自らの研究作業の基礎に据え、これに基づいてデンマーク語のキルケゴールの原点（彼の全集や日誌類等々）を読み、それらを読んだ積りでいたとするならば、それは大変な誤解、いや、錯覚といわなければならないと言うことである。例えば、それら研究者はきっとキルケゴールの日誌・草稿・ノート類としては、Hayo Gerdes によって抜粋されドイツ語訳された S. K. Tagebücher. I–V. (Düsseldorf/Köln, 1962–74) を用いられたことだろう。しかし私も時には参照して実にはっきり分かったことは、少なくともキルケゴールの思想や信仰の「深底」について記された彼の最も核心となる文章は殆んど省かれているという点なのである。そのキルケゴールの「深底」について記された文章の中でも最も肝心なものと考えられる「祈り」についての文章は全くと言ってよいくらい省かれている。従って、これでは、研究者が自分はドイツ語の文章をデンマーク語の原典にあたっている、と言っても、ドイツ語の方ではそれらが全部欠けているのだから、そのような仕方では、キルケゴールの内面性の「深底」を辿るという研究は資料的な意味では全くなされていないことになる。それにしてもH・ゲルデスがキルケゴールの日誌集をそのような仕方で翻訳編集したのは、彼の研究がE・ヒルシュの線に従っているためである。これだけ見ても明らかなように、キルケゴール研究をドイツ語文献を基礎として行うことには致命的な欠陥が含まれていることになるのである。いずれにせよ、ドイツ語文献による研究者は、もうそろそろE・ヒルシュの限界に気付き、ヒルシュの線を卒業すべきであると考える。

第二に、従来はこのような研究方法上の分類は余り明確になされたことはなかったが、それは、「キルケゴール研究」には「面」の次元（領域）に関わる研究と、「深さ」の次元（領域）に関わる研究との二つの側面に関するものがあり、研究の当然の究極的目標は後者にあるのに、近年ではデンマーク本国や北欧諸国においてさえ後者の方向での研究が少なくなってきたという点である。つまり、近年それらの研究は、「面」の次元に関する諸事項にとらわれ過ぎ、それらの各々に極く表面的に動きまわるだけで、研究のメスは「深部」にはとどいていないようなものがかなり多く見かけられることである。キルケゴール研究を概観してみるとき、少なくとも二十世紀中葉ぐらいまでは、それぞれの時期に応じて「面」の次元での研究と「深さ」の次元での研究とが同じようなレベルで並行して進んでいたように思える。そして、「深さ」の次元に関する研究は、「面」の次元に関する研究成果の助力を得て進められるという形もとられていた。例えば、「キルケゴールの内面的苦悩」といえば、二十世紀中葉頃までは、内省心理学派の研究成果を踏まえて、おそれ、おののき、不安、憂鬱、絶望等々の内面的研究、三大事件（レギーネ事件、コルサール事件、大地震の問題）の原因を探る研究、そしてまた、「レギーネ問題への苦悩と信仰問題の苦悩との絡み合い」に関する研究等々、これらは確かに「深さ」の次元に関わる研究であった。ところが、二十世紀後半から今世紀にかけては、そのような「深さ」の次元に関わる研究が数少なくなってきたように思える。そのため、当然研究がなされて然るべき問題についての研究が、つまり、キルケゴールの「内面性の深底」をそこを流れる水脈を辿るというような研究がなされずにいたのである。本書で試みられた「祈り」の水脈を辿るという試みは研究史上疾の昔になされていて然るべきであったのに、それがなされていなかったのである。

第三に、「キルケゴール研究」というものは、その一面においては、否定すべくもなく、キルケゴールという人間の「天才性」との付き合いになるという点である。それゆえ、この点に、むずかしさがあるとともに名状しがたい面白さがある。キルケゴールは確かに「天才」であった。いや、「天才中の天才」であった。そもそも彼自身が自分を「天才」と自覚していた。それもとりわけ、「使徒」との比較において、自分は「天才」（反省の天才）にしかすぎない者として自覚していた。しかも彼は、史上数ある天才たちの中で（例えば、芸術的天才とか数学の天才とかいう天才たちの中で）最も数の少ない「精神的天才」であった。キルケゴールは、「天才中の天才」を、ただ一人モーツアルトに見ていたが、私は、キルケゴールは「精神」の領域でのモーツアルト的天才と考えている。もしキルケゴールに並び称される「精神的天才」がいるとするならば、それはM・ルター、ゲーテ、A・シュヴァイッツア、その他はとりわけ十九世紀ロシアの思想家にだけ見られるのではないだろうか（勿論、中小の天才ならこれらの他に多数居るが）。そして彼ら偉大な「精神的天才」というのは、一世紀か二世紀に一人居るかいないかの「質的存在」なのである。ところで、「精神的天才」の特徴は、単に「精神」による「独創性」だけでなく、何と言ってもその「精神」による「洞察力」のスケールの大きさと無限なる「深さ」にあると言ってよいであろう。このことはカントが構想力について述べているいくつかの個所で指摘していることでもある。しかし私がキルケゴールはじめ少数の「精神的天才」に魅かれるのは、以上述べたことだけによるものではない。むしろそれは、「天才」とは全く相容れない「秀才」との関係においてなのである。正直言って、私は、「秀才」は嫌いである。まして「秀才を後追いする人々」に至ってはもう大嫌いである。だからそのようなことをさせている多くの学校の教育は大嫌いである。私が「秀才」を嫌うのは、「秀才」とは他の一般人との比較の概念であり、従って、「秀才」はつねに他の人々との比較においてそうなっているところの競争概念だからである。だから、「秀才」には「真理を求めてやまない愚かさ」というものがない。つまり、「秀才」とは「真実」(真理)とは無関係なのである。しかし「天才」は無意識的とはいえ少なくとも「真実」(真理)と継がりそれを求める「愚かさ」の中にあるからである。私が「天才」に魅かれるのは、その「真実」(真理)との関係を断ち切れずにそれを追究し続けるその「愚かさ」に対してなのである。今日この時代に最も必要なのは「精神的なもの」「精神的なものの真理」を追究してやまない「愚かさ」ではないだろうか。

第四に、これこそが決定的意味をもつものであるが、私の「キルケゴール研究」は何よりもやはり、先に述べたキルケゴールにおける「最も根源的なもの」が示唆している「摂理の力」への畏敬と感動が根拠になっていると言うことができる。つまり、キルケゴール自身を生かし動かし在らしめていたその「摂理の力」への畏敬と感動とであった。それは言葉で説明するのは非常にむずかしいものであるが、それは、キルケゴールにおいては、つねに彼に向かってそれは「問い」を発してくるものの源をなしているものであると共に、その「問い」との筆舌に尽し難い辛苦にみちた彼の闘いに対して、彼自身に直接、それもとりわけ彼の「祈り」の中で、彼の「思い」をはるかに過ぎた「答え」を与えてくれるもの、いや、それ以上に新しい光輝く偉大な「現実」を与えてくれるものであった。彼の生涯は結局のところこの「摂理の力」によって導かれていたようなものであったと言ってもよいだろう。私は、自分のキルケゴール研究を通じて、この「摂理の力」によって導かれていたのが「キルケゴールの真実」であることを確信し得たとともに、この「攝理の力」こそ「ひとり、ひとりの人間」の生存の根拠となるべきものであることを確信するに至った。私の「キルケゴール研究」がこれ程まで長い間続けられたのも、この「攝理の力」についてキルケゴール自身から無限に多くのことを学び得たことによると考えるのである。「キルケゴールから学ぶ」ことは、彼の超人的な苦悩に苛まれるその「精神」を通じて、無限に澄み切った秋の大空に眺め入るときのような、あるいは、こんこんと湧き上がってくる泉の中を見つめるときのような、清々し感動をおぼえるものである。

第五に、これは一見蛇足のことのように思われるかもしれないが、実は私は「研究者の根本姿勢」として最も重要なことと考えるので一言させていただくが、それは研究者の研究姿勢そのものに内在している「内的態度」Einstellung, indstilling に関することで、これはとくに「研究対象に対する研究者の関係の仕方」という観点からはっきり見えてくるもので、これには二つの類型があるという点である。その一つは、極く一般的な型で、つまり、それは、研究者がその研究の営みを悉く「自分」に依存し、「自力」に頼んで、その営みは「対象」を支配し尽すという関係である。つまり、「自力」が絶対的信念のもとにあるのであるから、「対象」には有無を言わせず、ただ圧服の対象にのみなるという関係の仕方である。もう一つは、それとは反対に、むしろ「研究対象」がそれ自身内に秘めている「真理の開示力」に信頼を置き、研究者は自分の力を悉く振りまわすというようなことをせず、自分の力はあくまで「研究対象」自らがそれに秘められている真理を開示するよう補助的、助力的に用いるという関係の仕方である。要するに、この後者の型は、「対象」そのものが秘めている「真理の力」と「その開示力」に信頼を置くという「内的態度」である。このようにその二つの型を明晰判明に区分してみるとき、多くの人々は、そして研究者たちさえも、このような二つの「内的態度」があることを、恐らくいままで考えたことがなかったのではないかと想像される。しかしこのように区分してみるとき、この後者の「内的態度」は自然科学や社会科学の場合でさえ真に望ましいものであり、ましてや哲学的思考やとりわけ「キルケゴール研究」においては理屈なく望ましいものであることがはっきり分かるであろう。ところが、現実はと言えば、哲学者と言いながら、また「キルケゴール研究者」と言いながら、この区別を知らず、そのため当然の如く前者の型に身を置いているのである。それは学問研究の名において「近代科学のEin-stellung」をそのまま踏襲してしまったことによるのではないだろうか。しかしもし研究者が後者の「内的態度」を明確な意識のもとで自らのものとなしそのもとで自らの研究の営みをするならば、その者はその事から更にもう一つ重要な利得を得ることになるのである。それは、その研究者は、「真理」を「対象自らの力」で開示させるということにおける快味を味合うことができるという喜びを持つだけでなく、その研究者は、「自らの研究のエネルギー」を、その「対象」が秘めている「真理の力」から、つまり、「対象」の方から受け取ることになるということである。人間は自分だけでどんなに「力」もうがまた頑張ろうがその「力量」は知れたものである。それは短時間で消え失せてしまうものである。しかし「対象」が秘めている無限の「真理の力」を受けるとなると、これは無限に大きく永久に続くのである。自分のことを申して大変恐縮であるが、私は研究を始めた当初から徹頭徹尾この後者の型を自らの型と意識しこれを貫徹したのである。だから私が今日まで研究を続けられたそのエネルギーは私自身の「力み」なぞではなく、「キルケゴールの真理」から受け続けているものなのである。それがキリスト教の「真理と生命」であることは言うまでもない。

私が長い間の研究作業を通じて学んだことは勿論このほか無数にあるが、ここではそれらの中からこれら五点だけを挙げるにとどめておこう。

非常に長い「まえがき」になったが、要するに、本書の研究は、既刊四冊の場合と同じように、あくまで「哲学」という「学問のイデー」に徹し、「キルケゴールにおける最も根源的なもの」の追究に努めたこと以外の何物でもないということである。今日デンマーク本国や北欧諸国でも、キルケゴールに関しては、「面」の次元での研究はほぼ完成に近い状態になったので、それと引き換えに「深さ」の次元の「問題性」が鋭角的にくっきりとした輪郭をもって浮き彫りになってきている。だからこそ今日これには「哲学」が応えなければならないのである。私自身「学者としての生涯」を選んだので、その態度に徹して生きることを心がけ、「哲学」のイデーを愚直なまでに追究し続け、それが示唆する「真理のイデー」に仕える努力をしたわけである。

ここで、この一文を閉じるにあたり、長い歳月の間私の研究生活には不可分な程の多くの御指導をいただいた先生方、同僚、友人たちには、深甚なる感謝の意を表するものである。それらの中でもとりわけ、大学での指導教授として師事した務台理作先生、また同じキルケゴール研究の師として親身にも及ぶ御指導に与った桝田啓三郎先生には、ただ感謝の言葉以外に何物もない。しかしやはりこの歳月の間、研究上最も深く大きな感動と意味とを与えてくれたものは、一九五八年―六〇年の二年間のコペンハーゲン大学留学であった。その際の指導教授としてのN・トゥルストルップ教授、G・マランチューク博士の懇切な指導と語らい、F・J・B・ヤンセン教授やN・H・セー教授の講義や個人的語らい、E・ラーセン牧師の御親切な指導と親しい交わり等々は、私の忘れ得ない想い出になっている。そして更に、その留学後今日まで六回に及ぶコペンハーゲンでの研究滞在（毎回三、四ヶ月づつ）における学界や教会所属の多くの方々との出会いとさまざまな経験等々、改めて感謝の念が湧いてくる。しかしこのように記してくると私の生涯はどうやら「キルケゴール研究」そのものを主たる内実としていたようなものであることを今更のように知らされる思いがする。

こうしてまたもや、このような時期になお、この大部のものの困難な出版を快く引き受けて下さった当勁草書房には、深甚なる感謝と敬意を表させていただきたいと思う。そしてとくにこの出版のための実際の労にあたって下さった方々、とくに富岡勝氏には、殊のほか深い感謝の意を表させていただく。

二〇〇六年九月

著者

キルケゴール教会闘争の研究

目次

目次

第四部 「国家教会批判」の開始と深化

第七部 「牧師職志望」をめぐる闘いの「線」の帰結 …… 867

第八部 「教会攻撃」とその過程

凡例

一、本書では次のような略号を用いた。

S. K. ＝ Søren Aabye Kierkegaard

S. V. ＝ S. Ks Samlede Værker, udgivne af A. B. Drachmann, J. L. Heiberg og H. O. Lange, Bd. 1–15.（Kbh. 1920–36）『キルケゴール全集』（第二版）

Pap. ＝ S. Ks Papirer, udgivne af P. A. Heiberg, V. Kuhr og E. Torsting. Anden forøgede udgave ved Niels Thulstrup. Index ved N. J. Cappelørn.（22Bd＋3Bd）（Kbh. 1909–48. 1978）『パピーア』（増補第二版）

E. P. ＝ Af S. Ks efterladte Papirer, udgivne ved H. P. Barfod og H. Gottsched, Bd. 1–9.（Kbh. 1869–81）『遺稿集』

Ktl. Nr. ＝ Katalog over S. Ks Bibliotek, udgivne af S. Ks Selskabet med Indledning ved Niels Thulstrup.（Kbh. 1957）『キルケゴールの蔵書目録』

一、書名は長いものでとくに反覆される場合は適宜略称することにした。例えば、『哲学的断片』は『断片』、『哲学的断片後書』は『後書』というふうにである。

一、文献名、著者名が頻繁に反覆される場合も同様である。

一、書物の名前はすべて『―』で表わした。

一、引用文中の〔　〕の言葉は訳者（本書の著者）が付加して記したものである。

一、引用文中の傍点は主として原文ではイタリック体かゲシュペルト文字になっている部分のものである。

一、人名、地名等の読み方で既にほぼ一般化していると考えられたものはそれに従い、敢えてデンマーク語読みにはしなかった。例えば、アンデルセン、グルントヴィ、マルテンセン等々。

一、拙書『キルケゴール青年時代の研究（正・続）』は『青研』、『キルケゴール著作活動の研究（前・後篇）』はそれぞれ『著研Ⅰ』、『著研Ⅱ』と略記した。

序論の部

神は、私がたった一人の信奉者をも得ようとしないように少し神経質になり過ぎていやしないかという件については、よく御存知の筈だ！……しかし私がそうするのは、私は真理をイデーとして表現しようとするからなので、つまり、イデーは信奉者から信奉者へ、世代から世代へと伝えられてゆく間に、その真理性は減殺されてゆくからなのだ……事実は、次のことを私が余りにも深く理解してしまったことによるのだ。それは、真理はその信奉者たちによって勝利の前進をしてゆくものではなく、それが獲得してゆく信奉者の数が増えてゆけばゆくほどその分だけますます失われてゆくものなのだ、ということをである。そしてこのことの最も極端な帰結が私の人生が生んだ思想であった。（Pap. X^{1}A406）

序論（I）課題と方法

A 課題

私がキルケゴール研究を始めてから一貫して目ざしてきたことは、「基礎研究」に徹するということであった。私がこのような考えをもったのは何よりも、日本人の西欧文化研究は、そのすべての領域において、とりわけ哲学や思想の研究において、明治以来の伝統的な欠陥として「基礎研究の欠落」という事実に接したことによる。そして何よりもそのことが「日本のキルケゴール研究と解釈」に起こっていたことを知ったことによる。日本では、あの昭和二十年代のキルケゴール・ブーム期以来多くの研究者たちによって「キルケゴール」と称されてきた人物は、その実像とは程遠く、それは、デンマークでは「無神論的自由思想家・アジテーター」と看做されていたあのG・ブランデスの解釈に発した線に連なるそれであった。つまり、それは、G・ブランデス→H・ヘフディング→そしてK・ヤスパースへと至る線に連なる解釈に過ぎなかった。これも研究史の中に登場した一つの解釈には違いないが、もし少しでもキルケゴールについての書誌学を基礎にして、デンマーク本国ならびに北欧諸国の「キルケゴール研究史」を検討して見るならば、その解釈におけるキルケゴールをもってキルケゴール自身とみなすことは到底できないことを知る筈である。にも拘らず、やれ実存だとか、主体性だとか、主体的真理だとかいう言葉を乱発して、それをもってキルケゴール自身と信じて疑わないとするならば、そのこと自体は、「基礎研究」としての「書誌学的研究」からは全く外れた所で、夢想的もしくは幻想的に彼の名を吟じているようなもので、その解釈には何の根拠もなく、それはただ「基礎研究」の皆無を証言しているようなものである。

このようなことから、私は、私も最初の頃は数年の間そのような解釈に従ったが、少なくとも一九五五年以降はその誤りを痛切に感じ、「基礎研究」に徹しようと心に決め、今日に至っている。こうしてその間、拙いながらも『キルケゴール青年時代の研究』(正・続)と『キルケゴール著作活動の研究』(前編・後編)を上梓してきた。そしてここ十二、三年は、いよいよキルケゴール晩年の「教会闘争の研究」を直接の課題とするところに来たわけである。しかし私のこのような研究の順序は決して間違っていなかったことを知らされた。それというのも、この「教会闘争の研究」は、これに先行する前述の研究が前以て想定していた以上に徹底した意味において「基礎研究」の一環となることを篤と知ったからである。つまり、彼の晩年の信仰思想も行為も、それは実は彼の幼少期から始まっており、これとの深いつながりのもとにあることを知ったからである。従って、この「教会闘争の研究」は、結局のところ、彼の幼少期の頃から始まりこの時期にまで及ぶ彼の全生涯における「内面史」を辿る研究になってしまうのである。しかしその過程は、俗に言う単なる「思想上の葛藤の過程」というようなものではなく、「信仰における〈祈り〉の葛藤の過程」と言えるものである。従って、このような「内面史」を辿る作業は何よりも彼の「祈り」から考えてゆかなければならない作業になること、これこそが「基礎」にならなければならないことを知ったことである。従って、この「教会闘争の研究」は、ある意味では、キルケゴールを取り巻く周囲の者たちの「祈り」と彼自身の「祈り」との葛藤のもとで展開された彼の信仰思想と行動とを扱うことと言っても過言ではなく、その作業は当然に、その「祈り」への洞察が「基礎」となって進められなければならないわけである。

しかしこの「教会闘争の研究」がこのようなスケールのものになるとするならば、それは余りにも大作業たらざるを得なくなるだろう。それというのも、その本作業が行われるにあたっては、それに先立っていくつかの基礎作業が先行して行われていなければならないことが考えられるからである。つまり、その先行的な基礎作業として少なくとも次の三つのことが考えられるのではないだろうか。

1　「第一史料」の扱い方についての考察。

2　彼の著作ならびに日誌類における彼独自の「文学的表現」を解読する方法についての考察。

3　「彼の教会闘争」についての「研究史」の概念とそれとの関係における「本書の研究の性格付けと位置付け」についての考察。

以上の三つである。

本書の研究の本作業は、以上三つの基礎作業の前提に立ってのみはじめて遂行され得るものであると考える。そこでこの三つの作業は、その中の1と2はこの「序論」（Ⅰ）の次のB方法において、3は更に次の「序論」（Ⅱ）において行うことにする。

B　方　法

「キルケゴール研究」を「基礎研究」に徹して行おうとすれば、実に多くの「方法」上の問題が出てくるが、それらの多くについては、既刊の四つの拙著において述べられているので、その一般的な事柄については、それらの当該個所を参照していただくことにし、ここでは、目下の本題と取り組む上で必要な基礎作業として先に挙げた1と2についてだけ考えてみることにする。

一 「第一史料」の扱い方の問題

1 底本の問題

キルケゴールに関する第一史料は、一応、彼の著作のすべてを集めた「全集」と、日誌、草稿、ノート類を集めたいわゆる「パピーア」Papirer と、彼の書簡や彼に関する他の人々の書簡と彼に関するさまざまな記録文書類を集めた Breve og Aktstykker との三種類のものから成っている。ところが、今日では目下、「全集」の版で数えるなら第四版にあたるものが、Søren Kierkegaards Skrifter という書名で、一九九七年一〇月一〇日以降、全部で五十五巻の予定で刊行され続けている。しかしこれは、従来の「全集」とは異なり、キルケゴールの著作だけでなく、いま右に述べた他の二つの種類の資料もそれらに合わせ、それぞれの Kommentar として、それぞれ同じように大部の書物として、同じ系列で刊行しているのである。そしてこの現在（二〇〇四年十一月）では、その両者合わせて二十七巻が刊行されている。編者の計画では、二〇〇七年という年が完了の年となっている。

このようなことから、本研究では、これらを底本として用いることは避け、従来の拙著の場合と同じように、底本としては、次のものを用いている。

全集に関しては第二版の、

Samlede Værker, udgivne of A. B. Drachmann, J. L. Heiberg og H. O. Lange, I–XIV. Anden Udgave. Kjøbenkavn. 1920–36. パピーアに関しては増補第二版の、S. Ks Papirer, udgivne of P. A. Heiberg og V. Kuhr (og E. Torsting, N. Thulst-rup og N. J. Cappelørn), I–XIII（22Bd.）Index ved N. J. Cappelørn. XIV–XVI（3Bd.）. Kjøbenhaun. 1909–78.

書簡類に関しては、

Breve og Aktstykker vedrørende S. K. udgivne ved N. Thulstrup, I–II. 1953–54. Købenkavn

第一史料は一応このように列挙することができるが、ここで問題になってくるのは、これらの資料はすべて、資料として均質もしくは同質のものとしてあるのではなく、それぞれが互いに対して性格を異にするものとして並行してあるということ、従って、これらを用いるには、これらを一先ず性格別に分類して、その各々の性格に応じて用いなければならないという点である。この点にキルケゴールに関する資料の独自性があるわけである。それゆえ、次に、この資料の分類の問題について若干のことを述べておきたいと思う。

2　第一史料の性格別分類

私がこの問題の重要性に気付いたのは、一にも二にもコペンハーゲン大学留学中（一九五八―六〇）に指導を受けたG・マランチュ—ク博士の助言によっている。同博士は、それを更に簡略化して、後にKierkegaardiana VI. Kbh. 1966. S. 75–7. にも発表している。このようなことから、以下述べるところは、完全にG・マランチュ—ク博士に負うているわけである。

同博士は、キルケゴールの第一史料をすっきりと三つに分け、それらは並行して書かれたものであるが、それぞれが全く性格を異にした独自のものとして扱われる必要がある、と言うのである。その三つとは、⑴実名で出版した著作や論文類、⑵偽名で出版した著作や論文類、⑶日誌記述類、である。

これらの中「実名で出版したもの」は、キルケゴール自身が言っているように、主として彼の「信仰」に基づく直接的表現からなるものが多く、その意味では、それらの文章には、彼の理想、希望、信念を読みとることができる。そしてそれらの文章は、多くの場合、それらを直接的な仕方で表現している。にも拘らず、やはりこの種の出版物にも、「隠し」や「覆い」等々が仕組まれており、逆説や反語による「間接化する表現」も見られる。

これに対して、「偽名による出版物」は、「思想」表現を主たる目的とし、文学、心理学、哲学、倫理学、神学等々の学問的営みと文学的術策とを高度な文学的技術によって仕組んだ間接的表現法によって性格づけられている。従って、この出版物それぞれの真意を理解するためには、どうしてもそれに先立って、その高度な文学的表現法を解釈するための作業が必要になってくる。

これら二種類の資料に対して、この三番目の「日誌記述類」は、非常に性格を異にしている。それというのも、これらにおいては、キルケゴールは、自らの「本音」を記述しているからである。つまり、これにおいては、キルケゴールは、もろもろの思想的テーマに関して自らの思考の営みの極点を描き出し、そこでの自らの対応の仕方をさらけ出すという場面を見せている。それゆえ、われわれは、そこに、信仰問題、思想問題、個人的諸問題等々に関しての、キルケゴールの自問自答の姿を目にするわけである。このような意味から、G・マランチューク博士は、この「日誌記述類」を、前述の二種類の著作と竝んで、もう一つの隠れた著作と看倣しているのである。(1)

キルケゴールの第一史料は一応このように三つに分類することができる。そしてこの研究は当然にこの明確な分類を前提にしてすすめられることになる。しかし本研究にはその性格上、この第三番目の資料が最も重要な意味をもってくる。このことはG・マランチューク博士も強調している点である。

しかし本研究のテーマに関しては、以上の分類に絡んでもう一つ特別に注意を払うべき資料問題がある。それは、キルケゴール自身が人々に自分の「教会攻撃」の意味を正しく理解して貰うために前以て読んで欲しいと言って自ら名指しして挙げた三冊の書物があるという点である。これこそ、先の分類と竝んで、改めて注目しておくべき資料問題と考える。

3 「教会攻撃」の意味理解のための予備的知識の書三冊——キルケゴール自身の名指しによる

これについては、本書第七部第三章第三節で詳述したので、ここでは簡単に記しておくが、キルケゴールがその三冊の名を明らかにしたのは、「教会攻撃」の際中、一八五五年四月三日の『祖国』紙第七十九号にN-nという匿名の筆者から受けた提案に関して、キルケゴールが同じく『祖国』一八五五年四月七日（土）第八十一号に、それへの返答として述べたものである。この筆者は牧師と考えられるが、彼はその提案として、キルケゴールが主張する「新約聖書のキリスト教」の概念が非常に曖昧であり、それを主張するこの「教会攻撃」も実に不可解であることを述べ、新約聖書のキリスト教」についての一冊の書物を書くことをキルケゴールに提案したのである。これに対してキルケゴールは、その筆者は、「瞬間」（つまり、教会攻撃）を知るための予備的知識の書として次の三冊の書物を読んで欲しい、と訴えている。その三冊とは、『哲学的断片への完結的後書』、『死に至る病』、そしてとりわけ『キリスト教への修練』である。(2) この指摘は、キルケゴール自身によるものであるだけに、最も重視さるべきである。しかし不思議なことに、この三冊がこのように彼自身によって特別に意味づけられていることは、研究者たちの中にも、N・トゥルストルップを除くなら、殆んど指摘されたことはないのである。しかし私は、この三冊がキルケゴール自身による指摘であることから、「教会攻撃」の意味を正しく理解するために、最も重視さるべき資料と考えるのである。

第一史料を扱うには、まず以上の三点が考慮される必要があろう。つまり、これら三点が書誌学上の基本的事項となると言ってよかろう。

しかしこれらを扱う上では、実際上は、一つ最大の問題がここで立ちはだかってくる。それは、これら各資料の中が埋め尽くされているように天才的とも言える仕方で設計され貫徹されているキルケゴール独自の「文学的表現法」そのものの解読の問題である。勿論先述の2で行った分類によるならば、この件で最も注目さるべき資料は二種類目の「偽名による出版物」ということになるが、そしてこのことは充分考慮されなければならないが、にも拘らず、私がここで指摘したいのは、この問題はそれ程単純ではないということなのである。というのは、私がいまここで彼独自の「文学的表現法」という言葉で呼んでいるものは、他の二種類のものにも、従って、それら三つの種類のものすべてにわたって、貫徹されているからである。それは実に冷厳なる事実である。それゆえ、それらの資料がそれぞれの性格に従って正確に読まれるためには、先のように三種類に分類してそれぞれの性格に即するだけでなく、何よりもまず、そのキルケゴール独自の天才的とも言える「文学的表現」の性格や構造に習熟し、それらに込められた彼の深い意図を知っておく必要があろう。それというのも、このことは、何も私の意見ではなく、キルケゴール自身が彼の書いた物を読んで貰う読者たちに対しての彼自身の心からの願いだからである。

注

（1） G. Malantschuk: Digter eller Præst. Konflikten hos S. Ks litterære Virksomhed. (Kierkegaardiana. VI. Kbh. 1966. S. 76.)

（2） S. V. XIV. S. 59.

二　文学的表現法の解読の問題

キルケゴール研究のむずかしさは、先述の三種類の資料をそのまま横に並べて、上空から任意の視点のもとに鷲摑みするように恣意的に取り組むことができない点にある。つまり、それらは任意に直接的に読み流しすることはできないようにできている。それゆえ、それら資料に対応してとるわれわれの態度の第一段階は、先述したように、それらを性格別に分類して（＝三分類）、その各々の性格に即してそれらを読む準備を整える作業をすることである。この作業は、先に示した通りのものである。しかしこの作業はあくまで第一段階の基礎的作業を遂行したまでであって、問題はその次の段階の作業である。

その作業とは、次の二つの文学上の問題を予め明らかにしておく作業である。

一つは、彼はそれらさまざまの書物や日誌類の文章には、天才的としか言いようのない技術と構造とをもった「文学的表現法」の装置とも言えるものを設置しているが、これらを明らかにする作業である。それらは、文学通り天才的な繊細さと無限な深さとを伴った働きをする装置であり、それらはある意味では彼の文章の中に設置されている「秘密の装置」のようなものであるが、それらについて彼自身が述べている言葉に従って、是非明らかにされておかなければならない。なぜなら、それらの装置を解読することを通じてのみ、それらにおいて表現されている彼の文章と思想の真意が、つまり、それらの根本的な意味が理解され得るからである。

もう一つは、右の作業に当然伴われている問題であるが、それは、彼は何故、あるいは、何の目的もしくは意図で、それ程までに高度に繊細で無限に深い構造の「文学的表現法」を用いたのかという問題を明らかにする作業である。この問題こそ彼の書いたものに関する文学上の問題で最も重要な位置をとる問題と考えられるが、この問題も先の問題と合わせて、研究者たちの間では殆んど文学的関心が払われなかった問題である。しかしこの問顒こそ彼がそのようにして表現した思想の真意を理解するためには、それに先立って是非明らかにされておかなければならない問題なのである。

以下この二つの問題について簡単に説明しよう。

1 「文学的表現法」の特異性

キルケゴールが他の多くの著作家たちと根本的に異なる点は、彼の著作や日誌やその他書いたものすべてにわたって、彼自身が言っているように、さまざまな文学的仕掛や技術を仕組んであるということ、つまり、それらすべてのものを彼独自の「文学的表現法」で満たしているということにある。しかも彼は更に、読者に対して、それらさまざまの「文学的表現法」の構造がどのように制作されているのかを自らの言葉で明らかにし、従って、それらをどのように解読したらよいのかを、示唆してくれているのである。それらの言葉は、単に『私の著作活動のための視点』においてだけでなく、他のさまざまな著作や日誌の中の随所に、記されているのである。従って、われわれ読者や研究者は、彼の文章に接するにあたっては、何か任意の視点を設けて、そこから暴君のように勝手気儘な解釈という支配の手を延ばすのではなく、あくまでキルケゴール自身がそれらについて述べたさまざまな言葉に従って、つまり、それらを導きの手として、彼の文章に接するべきと考えるのである。要するに、それらは、キルケゴールの思想を理解するための決定的な「カギ」を意味するものであると考える。それゆえ、、私は、それらを知る作業こそ、キルケゴール研究における最も基礎的な作業と考えるのである。このようなことから、私は、既にこの作業を、拙著『著研ⅠとⅡ』で展開しておいた。しかしそれらにはまだ不充分と思われる点が気付かれるので、ここでもう一度、しかももっとコンパクトにまとめて述べてみたいと思う。

キルケゴールが自らの極めて特徴的な「文学的表現法」について述べている言葉は、既に言及しておいたように、彼の著作や日誌類の随所にみられる。そこでそれらの言葉を、それらが指している実際上の文章表現に当たりながら整理してみると、それらは少なくとも次に挙げる七つになると考える。つまり、それらは、キルケゴール自身が、読者たちに向かって、自分のそれぞれの著作を読む際に予め知っておいて貫いたい理解のためのキーワードを示しておいてくれたものと言ってよかろう。その七つのキーワードを彼自身の言葉に従って挙示すると次のようになる。(1)「インコグニト」Incognito（微行態、忍びの姿）、(2)retrograd（元へと戻ってゆく）、(3)「たえざる逆流」、(4)Echo（こだま）、(5)「沈黙」、(6)「無限なる二重反省」、(7)「透し絵」等である。以下この各々について簡単に説明することにしよう。

(1)キルケゴールの著作の著者名は、偽名、記号名、そして実名等々とさまざまなものがあるが、本質的には、それらのすべてが「インコグニト」Incognito（微行態、忍びの姿、匿名者）を意味し、従って、彼の著作と著作活動の全体がこの「インコグニト的方法」のもとにあると言うことができる。

この「インコグニト」という言葉は主として「自らの姿を隠す」といういわば「匿名的方法」を意味する。彼がこのように「自らの姿を隠す」といういわば「匿名的方法」を意味する。彼がこのように「自らの姿を隠す方法」を学んだのは、当時のドイツ・ロマン派の文学やその他デンマークのさまざまな文学の方法からであるが、最も徹底した意味においては、あるいは、最も基本的には、ソクラテスからであった。彼は、自分の文学的表現法を、何よりも徹底して、彼が「アイロニーの立場と方法」として理解する限りの「ソクラテス」のそれらに模している。キルケゴールが「ソクラテスの立場と方法」を、あのマギスター論文『アイロニーの概念について』の序論の末尾で見事にほんの数行で述べている個所があるが、この言葉こそ実は、キルケゴール自身の立場と方法になっているのである。それゆえ、私は、その言葉を、「キルケゴール自身の立場と方法」を代現させるものとして、ここに紹介したいと思う。その言葉はこうなっている。

「ところで、われわれが、ソクラテスの在り方において実体をなしていたものはアイロニーであった、と言うなら（こういう言い方は確かに矛盾ではあるが、しかしまたそれはそうなってもよいのだ）、そして更にわれわれがアイロニーは否定的概念であることを前提にするならば、彼の像を確ととらえることがどんなに困難になるかは、然り、それは不可能のようにさえ思えることは、あるいは少なくとも、自分の姿を見えなくしてしまう頭巾をかぶった妖精の姿を描こうとするのと同じ位い難しいようになることは、見易いことであろう。(1)」

この言葉は、キルケゴール自身がやがて自らの思想表現や文章表現の方法を形成してゆく際の原型をなしたものといってよかろう。キルケゴールは、このように自らの思想や文章に「妖精の頭巾」をかぶせ、その正体を見せないようにしていたのである。われわれは、彼の「インコグニト的方法」を考える際には、少なくともこの言葉を思い起こす必要があろう。(2)

勿論キルケゴールの「インコグニト的方法」そのものは、このソクラテス的原型のほかに、更にもう一つ決定的な意味での「原形象」も加わって成っている。それは「永遠のユダヤ人アハスヴェルスの形象」である。彼の「インコグニト的方法はこの二つの原形象が重なり合って出来ていると言ってよい。しかしこれについては、私は既に『著研Ⅱ』で詳述しておいたので、ここではこれだけの指摘にとどめておく。(3)

ただここで強調したいのは、キルケゴールの著作活動の全体が「インコグニト的方式」で構築されているということ、それゆえ、キルケゴール自身はつねにそれら「著者名」の背後に「身を隠している」ということである。しかしそれら「著者名」と「キルケゴール自身」との関係は、これまた決して単純一様のものではなく、つまり、単に身を隠しているというだけでなく、既に『著研Ⅱ』で詳述しておいたように、その関係自体が「弁証法的関係」になっている点に著しい特徴が認められるのである。そのような関係は、決して単に「偽名著者」とキルケゴール自身との関係に関して言い得るだけでなく、「実名著者」とキルケゴール自身との関係においてさえ言い得るのである。このことは、G・マランチュークがしばしば言いもし書きもしていたように、キルケゴールがその本音を記しているあの「日誌類」を読んでみるとき、実にはっきり分かるのである。

ところで、このように著作と著作活動の全体が「インコグニト的方式」によって構築されているということは、既に述べた所から知られるように、「全著作」と「キルケゴール自身」との関係が「弁証法的関係」になっていることから、その「全著作」は本質的に「弁証法的運動性」のもとにおかれているということを意味する。従って、もしそうだとするならば、われわれ読者は、彼の著作を読もうとするとき、一番先にわれわれに接触してくるものは、この「弁証法的運動性」そのものだということになる。つまり、彼の著作は、われわれ読者をして、何よりも先ずこの「弁証法的運動性」に接触させることになるわけである。このようなことから、われわれ読者にとっては、何よりも最大の問題、彼の著作を理解するためのカギは、この「弁証法的運動性」の謎だということになる。

私はその謎を解くカギが、キルケゴールが全著作にわたって設計してある retrograd にあることを次に説明しよう。

(2)キルケゴールの個々の著作は勿論、その全体が、従って、文章表現の全体が、retrograd（元へと戻って行く、逆戻り）の設計になっている。

これは彼の文章表現、思想表現のすべてに言い得ることであるが、それらの意味を理解しようとするとすぐ、それらはわれわれに逆さに関わってきて、結局それらは逆さにしか理解できないようになっているのではないかという思いになる。そのような思いになるのは、それらすべてを貫いて設計されてある「思考運動の設計図」の性格そのものに原因があるので、つまり、それは、その全体がretrogradの設計図になっていることによるのである。このretrogradという言葉は、一般的には、後戻り、逆行、退行というような意味に使われるが、キルケゴールは、この言葉を、そのような一般的意味で使うと同時に、やはり彼独自の意味をこめて独特の仕方で使っているのである。彼はこの言葉をこのままの形で使っているほかに、他のさまざまなデンマーク語によって、例えば、Tilbagegang, Tilbagekal-delse, Tilbagestrømmen, Tilbagetog, Tilbagevenden等々の語によって実に多様に、しかも名詞としてだけでなく動詞としても、使っている。従って、それらの使用回数を全集とパピーアとを合わせて合計するならば、優に三〇〇回を超えていると言ってよかろう。ところで、彼は、このretrogradという言葉を、前述の一般的意味のほかに、彼独自の意味を込め極めて独特な仕方で使っているのである。それは、彼は、この語に、「思考の弁証法的運動」の意味を込め、弁証法的な意味での「遡及的、あるいは、遡源的運動」の意味に使っているのである。つまり、彼は、この語によって、単に「元へと戻って行く」ことを意味するだけでなく、むしろいままで進行してきた過程をそのまま通って遡及的、遡源的に「元へ戻る」ことによってその「運動」そのものが「過程自体の自己倒壊」を惹き起こさせる仕組みを意味させているのである。そしてそのことによって、事態を「出発点」へと突き返し、そしてもし「自己」がその過程」と一体化していた場合には、そのようにしてその「自己」を「出発点」での「自己自身へと突き返す」ということを起こさせるのである。従って、その「運動」は、いわゆる今日言うところの「原点に帰って」というような「直接的な事柄」ではなく、あくまでその「過程」そのものの「自己倒壊」が計られている「弁証法的な逆説的運動」を意味しているのである。だからそのretrogradの運動方向は「前方へ向う」のではなく、「元へ」「源へ」という「後方へ向う」という「逆戻り」の「自己倒壊的な弁証法的運動」であり、それは「逆説的弁証法」なのである。キルケゴールは、自らの思想表現や文章表現のすべてを、このような「逆説的運動」の設計図の中に置いているのである。いや、それらすべての内部を、この「逆説的運動」をもって貫徹させていると言った方がよいかもしれない。しかしこの運動のスケールや構図には非常に大きいものから小さいものまで無数に在り、しかもそれらは幾重にも重なり合っている。例えば、大きいスケールのものでは、あの青年時代の一八三六年六月における「覚醒」後に起こった「元来た道をその源へと帰ってゆく」という行程や、[4] 第四回ベルリン旅行の際に行われた「祈り」の後の行程や最後には「教会攻撃」そのものが「父ミカエルの祈りと教育」や「J・P・ミュンスターから教えられたキリスト教」の原点へと帰ってゆく行程が挙げられる。[5] また小さいスケールのものでは、偽名著作における自己崩壊から実名の宗教的著作へと帰ってゆく行程をはじめ、さまざまなものが無数に挙げられる。しかしこの retrograd という言葉は、キルケゴールの文章表現の全体がこれのもとにおかれている最も基本的な原理で、その意味では最も大雑把な概念を意味するが、ここで是非注目しておきたいのは、この原理は、キルケゴールの著作技術においては、更に具体的な形をとって方法化されているという点である。それは、彼の言葉で表現するならば、「たえざる逆流」の方法、「(音響学的な意味での) エコー Echo」の方法、「沈黙と沈黙のことば」による方法、「無限なる二重反省」の方法等々である。そこで以下この各々について簡単に説明してみよう。

(3) この retrograd の原理が最も厳密な形をとって具体化され方法化されたものが、従って、この retrograd の典型的な姿と言えるものが、彼自身が言うところの「たえざる逆流」en bestanding Tilbagestrømmen の方法である。[6] その意味では、この語はその retrograd と同義語と言ってもよい程である。

ところで、キルケゴールは、この語の意味については、彼のマギスター学位論文の中でのソクラテスに対するクセノポンの関係を論じている個所で詳しく述べている。ここでキルケゴールは、まず一般の哲学者や思想家の思考運動や方法について述べ、それらは悉く「流出」Udstrømmen であると性格づける。ここにいう「流出」とは、それらの人々が自らの理論や思想を「前方に移植する」という極く一般的な思考様式を指しているのである。すなわち、これは極く一般的なことであり、それらの哲学者や思想家は、自らの理論や思想を生産し、それらを前方に置くという仕方をとっていることを指しているわけである。従って、それらの人々においては、彼らが語る「ことば」は「それが意味していることがら」とは直接的に一体をなしているということ、それゆえ、彼らにおいては、その「語る」という行為は、その音声を通じて、そこで「語られたもの」（理論や思想等）を、「ひたすら前方に移植すること」以外の何ものでもないことを意味することになる。[7] ところが、これに対して、ソクラテスの場合は、これとは正反対であることを、キルケゴールは次のように述べる。「ソクラテスの受け答えのことばは、流出ではなくて、たえざる逆流である。」ここにいう「逆流」とは前者の「流出」とは正反対の思考運動と方法を意味し、つまり、ソクラテスが語る「ことば」は「それが意味していることがら」とは直接的に一体をなしているのではなく、その「語る」という行為は、その音声を通じて、そこで「語られたもの」を「ひたすら前方に移植すること」ではなくて、その行為においては、「語られたもの」の「自己倒壊」が起こるようになっており、それによって「自己自身への突き返し」が起こるようになっている、ということを意味している、という。従って、ソクラテスが語る「ことば」は、彼という「人格」においてその「後方」へと無限に響きわたる「こだま」となるのであり、この「こだま」こそがソクラテスが伝えようとしているものなのだ、というのである。[8] それゆえ、ソクラテスの「ことば」を理解することは、この「ソクラテスという人格の後方に無限に響きわたらせているこだま」を聴きとることなのだ、というのである。[9] キルケゴールがソクラテスの中に見た逆流的方法」とは以上のようなものである。しかしこれらの説明は単にソクラテスの中に見ただけのものでなく、何よりもキルケゴール自身が自らの思考方法として自覚し認知し、自らの著作と著作活動の文学的方法として形成し機能させていったものである。しかし、先の引用文からも明らかなように、この「たえざる逆流の方法」には必ず「（音響学的意味における）Echo（こだま）の方法」が対となるようにして伴われてくるものである。それゆえ、前者についての説明は、後者についての説明によって更に補われてくるものである。

(4) この「たえざる逆流の方法」には必ず「（音響学的意味での）Echo の方法」（こだまを聴きとる方法）が対をなし伴われてくる。

ここで「音響学的」という語が付加されたのは、キルケゴールが他の著作でしばしば「聴覚、聴覚的 Akustik, akustiskという語を使い[10]、これに文学的方法論的意味を込めていることに鑑み、このEchoという言葉をキルケゴールの「方法」として考える上では、「音響学的」という言葉を加えた方が、その本来の意味をより的確に表現できるのではないかと考え、私が敢えてこのように訳して用いることにしたのである。ところで、キルケゴールの著作や日誌類を読んでいると、キルケゴールは、物事や思想の意味を理解するのにその心的機関を「視覚」optikと「聴覚」Akustikとに分け、しかもこの後者こそが自らの方法の根幹をなすものであることを、強調している。つまり、「眼による理解」と「耳による理解」とである。そして彼は、前者に関しては「視覚上の錯覚」et optisk Bedragが起こり得るのに対して、後者に関しては、「時間性の錯覚」Timelighedens sandsebedragが起こり、これを「聴覚上の錯覚」et akustisk Bed-ragと呼んでいる。彼のこのような分類に基づいて考えるとき、彼の文学的方法の特徴は、後者の錯覚に対応させてつくられているものであることを知らされる。例えば、彼の『哲学的断片』(一八四四年)の全体の構成はいかにも音楽的性格によって貫かれていることを知らされるが、その中の第三章の「付録」「逆説における躓き(一つの聴覚的錯覚)」(=キリスト教の逆説における「躓き」のこと)においては、彼ははっきりと、この問題は「聴覚的」方法によってのみ関わり得る問題であることを述べ、正にそのような方法においてこの問題に対応している。彼はこう述べている。「躓きはどんな形をとって現われるにしても、それは、別の方向から、然り、全く反対の方向から音を響かせているのである。しかしこの躓きの中に反響させているものはやはり逆説なのである。これこそが正しく聴覚的錯覚である。[11]」彼はこのように述べているが、彼の文学的方法は正にこれに対応させてできている方法なのである。もう一つ例を引くなら、序論のつもりで書かれた『私の著作活動と「単独者」との関係について一言』という一文では、こう記している。「汎神論というのはvox populi(民の声)とvox dei(神の声)とをごちゃまぜにしている聴覚的錯覚であるが、また視覚上の幻覚でもあり、時代の性格である霧のようにぼんやりとした状態でつくられた朦朧とした映像であり、時代の性格そのものを反射させている蜃気楼である。しかしそうでありながら永遠者たろうとしている。[12]」この文章にもはっきりと彼の聴覚的対応の姿が見られる。このほかにもいくつか例を引くことができるが、ここではこれだけにとどめておこう。要するに、キルケゴールは、このように、時代の特徴というものを「聴覚的錯覚」に見てとり、これを指摘しながら、それに相即するものとしての自らの文学的方法を築いていたのである。

デンマークの言語学者や文学者の多くは、十九世紀前半に輩出した実に多くのデンマークの作家たちの文章を分類して、「絵画的文章」と「音楽的文章」の二つに分けている。そしてそれらの人々のいずれもが異論なく、キルケゴールの文章は後者に属するものとみなしている。(13) しかしこのことは誰よりもキルケゴール自身が深い意識をもって認めており、自らの文章をそのようなものとして作り上げていたのである。そのことは、『あれか―これか』や『諸段階』はじめ、彼のさまざまな著作や日誌類の中に、記している。

しかし彼は、そのようなリズムや音感的レベルでだけの音楽性にとどまらず、それ以上に、文学的表現法そのものを「音響的―Echo の方法」として作ってゆくことを、夙に「著作活動の開始」以前の時期から、意図していたのである。われわれは、そのような彼の意図の原型を、あのマギスター論文でのソクラテスに対するクセノポンの理解の仕方そのものについてのキルケゴールの批判の言葉の中に見ることができる。それは先に言及したものと一部重複するが、そこでは、キルケゴールは、ソクラテスの言葉の意味を真に理解するためには、「耳」こそが必要なのだということを強調しているのである。その最も要点となるところは次のようなものである。クセノポンによるソクラテス理解に欠けているものは、ソクラテスの「受け答えのことば」についてのクセノポンによる記述に正確さがないということではない。むしろ逆で、むしろクセノポンによる記述は余りにも正確に過ぎ、余りにも強靭な生命力があり過ぎるという点にある。そうではなく、クセノポンに欠けているものは、その「受け答えのことば」を聞く「耳」が欠けているという点にある。一般の哲学者の場合は、その思想は、「言われたことば」と直接的に一つのものになっており、それは「流出」されたものであり、その思想はその音声を通じて前方に移植されることになる。ところが、ソクラテスの「受け答えのことば」が意味しているものは、その「言われたことば」と直接的に一つのものとなっているものではなく、つまり、「流出」されたものではなく、たえざる「逆流」なのである。すなわち、その「受け答えのことば」は、ソクラテスという「人格」のなかで後方に向かって無限に響きわたっているこだまなのである。クセノポンには、このこだまを聞く「耳」が全くない。クセノポンは、ソクラテスから発せられた「ことば」の一つ一つをその度ごとに実に正確に記述していったが、そのこと自体が、ソクラテスが仕掛けたアイロニーの無限に底なしの地点に引っぱってゆかれたことを意味するのであり、それが「アイロニー」であることを理解できずにいることの証左である。(14) しかしそのような「アイロニーの無」こそがソクラテスの居場所なのである。(15) キルケゴールは、以上のように述べて、クセノポンはソクラテスが「アイロニー」そのものであることを、「アイロニーの無」そのものであることを理解し得なかったことを、批判しているのである。そしてそれを理解し得るためには、クセノポンには「耳」こそが必要であった、というのである。しかしこのことは、キルケゴールの読者にも研究者にもそのまま当て嵌まる。なぜなら、キルケゴールは、自らの思想表現、文章表現を、「こだま」のような性格のものに作り上げているからである。

さて、以上述べたように、「真理」は、「(前方への)流出」(言葉と論理の増量増大)によってではなく、それとは正反対の「逆流」を通じて「(人格の後方に)無限に響くこだま」を聞き取ることにおいて得られるものであるとするならば、「真理」は、それを知ろうとする者には、根本的な「態度変更」を迫ってくるものだということになる。つまり、それは、「言葉と論理」の増量増大を目ざす「態度」からそのこと自体を根本的に無力化してしまう「態度」への大転換である。キルケゴールは、この事が起こる際の貴重な「転換点」を見事にとらえ自覚化して、それを自らの「文学的方法」の中心に確と据えたのである。その「転換点」こそが「沈黙」Taushed である。彼においては、「真理」との関わりは、この「沈黙」こそが唯一の「媒体」をなすものであり、この「沈黙による媒介」なくしては、「真理」と関わるということなぞあり得ないことなのである。それゆえ、次にこの「沈黙」について説明しよう。

(5) キルケゴールの retrograd の極限、そして彼の文学的表現法の決定的な特徴をなすものこそ「沈黙」Tavshed

という言葉で意味されているものであり、彼において「沈黙」とは、ただ言葉を発せずに黙っていることではなく、それにおいてのみ「真理」との関わりが示唆されうる「文学的方法」そのもの、「ことば」そのものである。それゆえ、「文学的方法」としてのこの「沈黙」の意味を知らない者は、彼の思想の本質が全く理解できていない筈である。

これからここで述べられることについては、読者は勿論のこと研究者たちにとっても驚き以外の何ものでもないかもしれないが、真実は真実である。それは、キルケゴールの著作や日誌類の文章は悉く「沈黙のことば」で書かれているということ、それらすべてには「沈黙」が隠されているということ、それゆえ、それらすべてにわたって「沈黙」が支配しているということ、このことである。しかしこのことは何よりも、それはただそのようになっているということではなく、そのことが彼の文学的方法そのものであり、つまり、彼は、「沈黙」を極めて高度な文学的技術にまで高めてそれを用いているということなのである。要するに、彼の文章全体は、彼自身が示唆しているように、この「沈黙のことば」によって綴られているということなのである。キルケゴールの著作や文章表現が他のいかなる哲学者、思想家、作家、詩人たちのそれらとも決定的に異なる点は、正にこの点にあるのである。それゆえ、彼の著作や文章を正しく理解するためには、つまり、思想を正しく理解するためには、何よりもまずこの「沈黙の息づかい」に気付き、その「沈黙のことば」に聴き入り、それが意味しているものを受けとめるのでなければならない筈である。しかしわれわれがそれを為すためには、まずキルケゴールにおいてはこの「沈黙のことばによる方法」がどのようにして生まれたのかを突きとめ、次に彼はこの「沈黙」ということにどのような深い意味を読みとり自らの方法として用いたのかについて考える必要があろう。

まず最初の方の問題この「沈黙のことばによる方法」がどのようにして生まれたのかという問題であるが、これにはさまざまな要因が働いていたことは充分認められなければならない。例えば、彼の心理的特質である「憂鬱」Tungsind はじめ、負い目 Skyld の意識、肉中の刺 Pælen i Køden の問題、罪 Synd の問題等々が挙げられる。従って、それらは究極的には到底解明不可能な問題を孕みつつ相互に関連し合っている。しかしその「沈黙」が「文学的方法」として用いられるにあたっては何が範型となっているかを知ることは、彼の言葉から判断する限り、非常にはっきりできると言ってよい。それは、二人の人物であり、一人は、ソクラテスであり、もう一人は、レギーネである。この二人がその方法の原型をなしている。キルケゴールが彼の著作の形式や方法、そしてまたその思想の形成に関してはこの二人からどんなに深い影響を得ていたかは既に拙著のさまざまな個所で述べてきた通りであるが、彼の言葉によるならば、この「沈黙」を「文学的方法」として用いることを学んだのは、この二人からだったのである。この二人こそキルケゴールがこの方法をそこから学んだ「原型」としての意味をもっていたと言ってよいのである。

まずソクラテスに関してであるが、キルケゴールはマギスター論文『アイロニーの概念について』の第一部の序論の中で、哲学が歴史について解釈をしようとするとき二種類の難問が生じてくる場合のことを述べている。その一つはどの哲学的解釈においても必ず生じてくる問題のことであり、それゆえ、これは取り立てて言うべき性質の問題ではないという。しかしもう一つは、極めて特殊な事情が働いていることによって、これが「新しい困難」を提供してくる場合であり、これがソクラテスについて哲学的解釈をする場合に生じてくる難問だという。キルケゴールはこのように述べて、すぐそのソクラテスの「世界史的意義」について述べている。私はこの言葉にこそ「ソクラテス」についてのキルケゴールの見解が一言のもとに集約されていると言ってよいと考える。彼はこう言っている。

「つまり、ソクラテス自身が非常に大きな価値をおいていたもの、それは、静かに立ちどまって自らのことを落ち着いて考えること、つまり、沈黙 Taushed ということであるが、これこそが世界史との関係におけるソクラテスの全生命をなしているものなのである。ソクラテスは、後世がそれによって彼を判断することができるようなものは何ひとつ残してはいなかった。いや、たとえ私が彼と同時代に生存していたと考えてみても、彼はやはりいつもどうしても理解し得ない者であったであろう。[16]」

この言葉は、ソクラテスの世界史的意義についてのキルケゴールの見解の根幹を短かく述べたものであり、それは黄金のキーワードと言ってもよかろう。自らの著作活動の立場と方法をソクラテスの立場と方法としての「アイロニー」そのものに模したキルケゴールにおいては、その「アイロニーの無」としての「沈黙」こそそれらの根幹をなすものとして用いられたことは見易いことである。なおソクラテスの立場と方法としての「アイロニー」そのものがどのようにしてキルケゴールの文学的立場と方法とに模倣されたかについては、私は、既に『著研I』と『著研II』で詳述しておいた。

次に、この「沈黙」の方法をめぐってのレギーネとの関係についての問題であるが、この問題に関しては研究者たちの間でも殆んど論じられたことがなかった。しかしキルケゴールの日誌は、それもとくに晩年になって自分の生涯を思い返しながら書いた日誌は、彼がこの「沈黙」の方法の原型をレギーネにも感じとっていたことを伝えている。レギーネに対するキルケゴールの関係については、いままで実に多くの研究者たちによって論じられてきた。しかしその際、それをどのように評価するかはさまざまに分かれるが、にも拘らず、そこで題材になっているものは同じ一つのもので、つまり、彼女に対する彼の「愛」のすがたであった。しかしそれらの人々によるこの「愛」の扱いで一つどうしても腑に落ちない点があることを、私はいつも感じてきた。それは実に意外なことなのであるが、それは、それらの人々はそれ程までにキルケゴールによる「愛」を礼賛したり、重視したり、あるいは、心理学的立場で非難したりしながらも、つまり、それを「題材」にしながらも、肝心な或る一点については、どういうわけか殆んど触れてさえいないというこの一事なのである。つまり、それらの人々は、キルケゴールの「愛」を礼賛したり、問題視したりしながらも、なぜキルケゴールがそれ程までにレギーネに引きつけられていたのかということについては、もう少し具体的に言うなら、レギーネのどのような点にキルケゴールはそれ程までに引きつけられていたのかということについては、殆んど触れていないのである。あるいは、触れたとしても、精々あっさり通り過ぎてしまっているのである。このことはそれら研究者それぞれの人間観や価値観によるものと考えられるが、そうだとすれば、そのことはますますおかしなことになるのである。それというのも、キルケゴール自身は、そのことを、日誌の中ではっきり記しており、そしてそのことこそが目下私が問題にしている彼の「沈黙の文学的方法」に深い関係をもっていることへの明白な証明になってくるからである。キルケゴールは、「レギーネに対する自分の関係」は「神に対する自分の関係」であることを、日誌の随所で記している。そしてその種の記述は、晩年においてもますます続けられている。(17) しかもその関係が彼の著作活動の形式や方法に反映していることは、そしてとくに初期の頃の著作にはレギーネへの目くばせが含まれていることは、あの『視点』はじめさまざまの著作、その他日誌の随所に記されていることは、周知の通りである。(18) それゆえ、もしわれわれがそれらの記事を念頭におきながらあの有名な「彼女に対する私の関係」（一八四九年）というまとまりのある記述を読んでみるとき、次の一言が特別に深い輝きをもって目に入ってくる筈である。それは、Pap. X^5A150. S. 173. に記されている一節であり、次のようになっている。

「彼女については、とりわけ、彼女の誇りとはその献身性 Hengivelse にあることがはっきりしたときからは、彼女には、尊敬と賞賛とをささげる以外には、何の言葉も、ただの一言も言うべき言葉はなかった。彼女はいかにも可愛らしい子供、愛らしい存在であって、私のような憂鬱な者には彼女を魅惑させることが自分の唯一の喜びになるよう正にそのように作られている存在なのだ。

私がはじめて彼女に会ったとき、彼女は何と可愛らしく、本当に愛らしく、その身を献げる姿がいかにも愛らしく、感動的なものであり、彼女が心を悩ませているときは高尚な念いになる程に心を動かされ、別れる最後の瞬間なぞは凡そ高ぶりなぞ微塵だになく、終始子供のように振舞っていた。しかし私は、彼女の賢そうな可愛らしい頭とは別に、彼女自身のうちに、つねにある一つのものを、私をして必ずや永遠に賛辞をささげさせるであろうある一つのものを、見ていたのである。それは、沈黙 Taushed と内面性 Inderlighed とである。そしてまた、彼女は一つの力というものをもっていた。それは、彼女が哀願するとき岩をも揺り動かさずにはおかない祈るような眼差しである。だから、〔私においては〕彼女を生き生きとさせてやることは、幸福なことだったし、そのような彼女のこの上ない幸福そうな姿を見ることは何とも幸せなことだった。」（傍点訳者）

キルケゴールがレギーネへの自分の愛について記した余りにも多量な文章の中で、この部分は、自らがレギーネのいかなる点に魅きつけられているのかを述べた最も核心的な部分と言ってもよかろう。この文章は、彼がレギーネに見た最も崇高なものは、その「献身性」という姿を通じてであるが、彼女のうちにつねにある「沈黙と内面性」であったことを、語っているのである。そこでこの言葉を念頭におきながら、彼が「著作活動の形式と方法」を「レギーネとの関係」を考量して形成したことについて述べたさまざまな文章を読んでみるとき、そのようにして形成された「著作活動の形式と方法」の核心には、この文章で述べられていることがあることを知らされる。つまり、キルケゴールの文章表現の方法の根幹にある「沈黙と内面性」は、その原型を、ソクラテスと並んでレギーネにもとられていることを知らされるのである。

以上私はキルケゴールの「沈黙による文学的方法」の原型が誰に見てとられたのかについて述べた。

そこでここから次の問題、彼はこの「沈黙」にどのような深い意味を読み取りそれを自らの文学的方法に用いるようになったのかという問題について簡単に述べることにしよう。

キルケゴールはこの「沈黙」という概念の深い意味を実によく知っていた。その最も深い意味を真に知っていたことを示す言葉は著作や日誌の中の随所に見られるが、その中でも彼が『野の百合と空の鳥』（一八四九年）の中で述べている次の言葉はその理解の最深の深みを示しているものとして記憶さるべきだろう。彼はこう述べている。

「〔われわれは祈りの中であれこれやさまざまなことを神に願い求めるが〕もし人が心の底から全身全霊を集中して祈るならば、そのとき何かが起こる。ある不思議なことが彼に起こる。〔彼はその祈りにおいて内面的になってゆくが、そのようにして〕彼がその祈りにおいて内面的になればなる程、それに従って、ますます言葉少なになり、終には全く沈黙するに至る、ということが起こる。……そして沈黙するに至ることによって、沈黙よりも更に以上のことが起こってくる。それは、彼が聴く者になる、ということである。彼はいままで、祈るということは語ることだと思っていたが、いまや彼は、祈るということは、沈黙することだということ、そして更に聴くことだということを、つまり、神が語るのを聴くことだということを、知ったことである。」[19]（傍点訳者）

これで明らかなように、キルケゴールはこの「沈黙」ということのうちに神的な深い意味を読みとり、それゆえ、それに特別な位置を与えている。それを彼は既に一八四二年の日誌で記しているとともに、この『講話』では、「厳粛な沈黙」den høitidelige Taushed という言葉を随所で使い、それが宇宙的性格の意味をもつものであることを述べている[20]。要するに、彼は、人間は「語る」ことを特徴としているが、その人間が神の方に向いて取る態度の始まりが「沈黙」であることを述べようとしているのである。以下その日誌と『講話』の中の一節を紹介しよう。

「沈黙することを知っている者は誰でも神の子となる。なぜなら、沈黙のうちには心の落ち着きが自らの神的な起源を思い返すその営みが秘められているからである。しかし、語る者は人間となる。沈黙をすることを知っている人の何と少ないことだろう。沈黙するとはどういうことなのかその意味だけでも分かっている人の何と少ないことだろう[21]。」

「あなたは最も深い意味においてあなた自身を無とすべきであり、神の前で無となるべきであり、〔つまり〕沈黙することを学ぶべきなのである。〔なぜなら〕この沈黙の中にこそ発端というものが、先ず神の国を求めよ、というこの発端があるからである。

このようにして人は、敬虔のなかで、ある意味では発端へと後戻りして来るのである。発端は人がそこから始める地点ではなく、そこへと帰って来る地点である。このように人は発端へは帰って来るのである。発端とは沈黙するものとなるというこのわざそのもののことである。なぜなら、それは自然のように沈黙していることで、技術ではないからである。こうして、最も深い意味において沈黙するものになるということ、正に神の前で沈黙するに至ること、これは神を畏れることの始まりである。なぜなら、神を畏れることが知恵の始まりとなるのと同じように、沈黙は神を畏れることの始まりになるからである。そして、神を畏れることが知恵の始まり以上のものであり、つまり、知恵そのものであるのと同じように、沈黙は神を畏れることの始まり以上のものであり、つまり、神を畏れることそのことである。この沈黙の中にこそ、神を畏れながら、願望や欲望の多くの思いが押し黙らされている事態があるのである。この沈黙の中では、神への畏れにおいて、感謝のための多弁も押し黙ってしまうのである。

語ることができるということは、動物に対する人間の優位点である。しかし語ることのできる人間においても、語ろうとするならばそのことは、神との関係においては、容易に有害物になってしまうのである。神は天にいまし、人間は、地に在る。それゆえ、神と人とは共に仲よく語り合うということはできないのである。(22)」

このようなことから、彼は、「沈黙」そのものをも、直接ことばとして用いることの重要な意味についても、述べている。それを述べている典型的な文章は『反復』（一八四三年）の中で偽名著者コンスタンチン・コンスタンチウスに語らせている言葉の中に見られるが、それは正に「沈黙」そのものついてのキルケゴール自身の見解と言ってよいであろう。

「沈黙することを心得ているものは、一般に用いられているアルファベットと同じ数の文字をもっているもう一つのアルファベットを見出しているようなものだ。彼はその隠語によってあらゆることを表現することができる。だからどんなに深い溜息でも微笑のうちにその隠語で対応することができるし、またどんな切実な願いでも機知をもってその要求をききいれることができる。(23)」

キルケゴールは「沈黙」というものに以上述べたような深い意味を読み取っていたのである。

こうして彼はこの「沈黙」を「文学的方法」として用いたわけである。彼が『おそれとおののき』を書くにあたっては、偽名著者として Johannes de silentio「沈黙のヨハンネス」の形象を立てて、その性格に見事にぴったり一致するようなあのようなことを書かせたのも、それは正に「沈黙」の世界で「沈黙のことば」によってのみ書き得ることを証明したようなもので、そのことをわれわれは決して何か「言葉と論理」の「流出」の世界で書かれたもののように受けとってはならないものである。またその他のありとあらゆるキルケゴールの文章表現に接して、もしそこにわれわれが必ず彼の「沈黙」と「沈黙のことば」に触れるのを感じないとするならば、つまり、その「沈黙」と

「沈黙のことば」を通じて改めてその文章の真意を把え直そうとするのでないならば、われわれは彼の文章を理解したことに決してならない筈である。

このようなわけで、キルケゴールの retrograd の原理は、この「沈黙」という「方法とことば」において極点に達するのである。

以上私は、retrograd の原理を説明すべく「たえざる逆流」、「(音響学的な) Echo」、そして「沈黙」というふうに辿ってきた。しかしこれらの方法をこのように考察してくるとき、これらすべての方法を包み貫き推進するようにして機能し運動しているものが見えてくる。それは、最も広い意味での彼独特の「思考様式」である。これも彼自身が真に自覚して推進していたものであるが、これが「無限なる二重反省」と呼ばれているものである。

(6) retrograd の原理の具体的形態である前述の三つの「方法」はキルケゴール独特のひとつの「思考様式」において営まれるが、その思考様式の基本形式こそが「無限なる二重反省」uendelig Dobbelt-Reflexion と呼ばれているものである。

この「無限なる二重反省」という思考様式だけは、研究史においては、初期の頃から注目され、一九二〇年代には、例えば、E・ガイスマールなどによって、主題的に考察されていた。しかし勿論その場合それは全く独立的にこれだけを取りあげるという仕方がとられていたにすぎない。その後例えばスウェーデンのL・バイアホルムなどはこの問題を集中的に追究しているが[24]、その方法は本質的には先行者と同一線上にあるものと看倣すことができる。しかしこの問題は、本書で前述してきたような構図の中に位置づけてその関連において考察されるのでないならば、それが真に意味するものは明らかになって来ない筈である。それゆえ、ここで行われる考察はあくまでそのような構図の中に位置づけられたものとしてそのような関連のもとで行われるのである。

ところで、キルケゴールの著作や日誌類には、この「二重反省」を意味する言葉が実に多様にみられる。例えば、Dobbelt (二重の)、Dobbeltbevægelse (二重の運動)、Dobbeltdialektik (二重の弁証法)、Dobbeltexistens (二重の実在）、Dobbelthed（二重性）、dobbeltreflekteret（二重に反省されて）、Dobbeltreflexion（二重反省）、reduplicere（二重化する、重複する）、Reduplication（二重化、重複）等々、このほかこれに類する言葉は実に多数見られる・そしてそれらはいずれか、基本的には、「二重反省」を意味しているのである。因みにその種の言葉を合計すれば、著作の方だけでも二〇〇個所を超える。ところで、この「二重反省」とは、広い意味では、キルケゴールの「弁証法的思考運動」（内面化の思考運動）を意味するものであるが、文学的方法としては、表現される思想の真理が単なる「言葉」、つまり、「形式」に化してしまう状態を、更にもう一度「反省」を介してその「内面性」の意味をもう一度よみがえらせる方法のことである。彼は、著作や日誌類の随所で、主体的に実存する思想家は、伝達の弁証法 Meddelelsens Dia-lektik の力によって「二重反省」について考えるようになる、と述べている。ここにいう主体的に実存する思想家とは、主体的に実存することを課題としている宗教的思想家のことであり、キリスト教的著作作家としてのキルケゴール自身のことでもある。つまり、彼が言わんとしていることは、この宗教的思想家においては、伝達さるべき真理はまず「反省的思考」の運動によって「言葉」（＝命題）としてとらえられている。しかし彼がこれをそのまま伝えるならば、それは単なる「言葉」として、つまり、「外面性」「形式性」において伝えられることになり、それがもつ真の「内面的真理」は伝えられないことになってしまう。そこでそれがもつ真の意味「内面性」「内面的真理」が伝えられるためには、次の運動として、「伝達の弁証法」の介入のもとでもう一度「反省的思考」をよみがえらせる必要がある、ということなのである。先に挙げた「重複」という語もこれと殆んど同じ意味で、これはその「二重反省」をその実存する思想家の「実存する」という営みそのものに即して考えようとするとき、その実存の内実をなす教義や命題が二重化されていく状態を述べた言葉である。キルケゴールは言う。「教師は彼が教えるもの（教義）において実存するとき、その教義は重複されるのであり、人が理解しているものにおいて実存することが、重複することなのである。[25] 以上のことから明らかなように、キルケゴールの文学的表現方法も思想自体の営みも「二重反省」という弁証法的な反省的思考の運動の構図に包まれていたのである。しかし彼は、つねに「首尾一貫」

して、この反省的思考運動をそれの極限に至るまで徹底化させて遂行しようとしていたわけである。

しかしこの件で最も注目さるべき点は、この「無限なる二重反省」という思考様式は、ただ形式上、彼が「反省的思考」を二重化してそのことによって彼の実存的主体を通じての真理伝達を行っていたというようなことではなく、実質的には、彼のこの「無限なる二重反省」とは、それ自体は retrograd の道を歩んでゆく営みであり、つまり、その道を後方に向かって歩んでいたという点なのである。すなわち、彼は、この「無限なる二重反省」によって、概念、命題、教義等々の起点へと、つまり、源へと、「元来た道を戻ってゆく」という運動をしていたのである。従って、それはあくまで retrograd の道なのである。

では、このように「元来た道を戻ってゆく」ことによってどのような地点に到達することになるのだろうか。もし人が多くの研究者たちのようにここですぐ「キリスト教」もしくは「キリスト教の真理」という言葉を持ち出すとするならば、それは余りにも早計であり、それはキルケゴールの最もキルケゴール的な文学的技術を、つまり、彼の天才的な「文学的技術」の枠を、完全に見落し捨象してしまったことになる。彼の「文学的技術」はそんな単純なもの、いや、そんな粗暴なものではないのである。実は彼はそのような行程を踏んでゆきながら、正に「文学的技術」として、更にもう一つの見事な「わざ」を披瀝し設計していたのである。それが「透し絵を画く」という「わざ」である。

(7)キルケゴールの文学的方法、そして文学的表現が究極的に目ざしたことは「透し絵 Gjennemsigtighed を画く」ことであった。これは彼の文学的技術の極致を意味するものであり、正にこのことを通じて読者を「キリスト教の真理の透し絵」へと誘おうとしたのである。

私は、いままでの個所で、キルケゴールの文学的表現法の著しい特徴として、六つのことを説明してきたが、そして今ここへ来て更にもう一つの特徴を説明するにあたって、まず一つの極めて重要な一点に注目しておきたい。それは、既に何度か述べておいたが、それらの中の中心をなすものは「耳」(「聴覚」)に訴える方法だということであったが、いまここへ来てキルケゴールはそれら六つのものすべてを包括するような意味で、高度な「視覚」に訴える方法を披瀝しているという点である。この「透し絵を画く」という方法は疑いもなく実に高度な「視覚」に訴えることを目ざしている。なぜ高度と言えるのか。それは直接的な視覚の対象ではなく、最も深い「反省的視覚」に訴えることを条件としているからである。彼は自分の「文学的方法」がこの「透し絵の方法」であることを『あれか―これか』の中の「影絵」という論文の中で示唆しているが、それだけでなく、他の著作、例えば、『修練』や、日誌の中でも述べている。そこでここではそれらの説明を代表させて「影絵」と日誌の中の一節とを紹介してみよう。まず「影絵」における説明であるが、この論文は、亡霊者仲間たちがある集会に集まって影絵を写す会をもつという何とも暗く異様な雰囲気の設計になっている。このような会をもった理由は、高度な芸術的表現は「反省的なもの」の表現にあること、しかしそれは「影絵」もしくは「透し絵」の方法によってのみ可能であることを確証しようとする点にある、というものであった。[26] ところで、この集会でとりあげようとしたテーマは「悲哀」Sorg であるが、それは一般に云うところの「直接的悲哀」ではなく、「反省的悲哀」だというのである。そしてそれがためにはどうしても「影絵」もしくは「透し絵」の方法が必要になってくると言い、このようなことから彼はこの方法について説明するのである。彼によるならば、「直接的悲哀」は芸術的表現の対象となり得るが、「反省的悲哀」は芸術的表現の対象とはなり得ない、と言う。[27] というのは、「直接的悲哀」は、悲哀の印象の直接的な再現と表現であり、それは、ヴェロニカのハンカチの中にのこった像の場合と同じように、原像と完全に一致しているものだからだというのである。つまり、そこでは、悲哀の原像がそのまま表現されているのである。ところが、「反省的悲哀」はそうは行かないという。彼はこの「反省的悲哀」が芸術的表現の対象とはなり得ない理由として二つのことをあげている。一つは、「反省的悲哀」は存在的に固定したものをもたず、たえず生成においてあるものだからというのである。つまり、それには安らいが欠けており、自己自らと一致することなく、一定の個々の表現の中に定着したり安らったりしないことが、それの本質をなしているからだというのである。もう一つは、それは内面に向って限りなく運動するものであり、それにとっては、外面的なものや可視的なものは全く無関係なもの、どうでもよいものになってしまう、というのである。つまり、外的なものと内的なものとの均衡は全くなくなってしまう、というのである。例えば、欺瞞のゆえにおちいった不幸な恋がそれにあたるという。その場合、その悲哀はますます反省的になってゆく。しかしその「反省」の契機は表現することはできないのである。これで明らかなように、「反省的悲哀」は、美術的表現の対象とはなり得ないことになるわけである。そこで問題になってくるのは、では、それが表現されるにはどのような方法があるのか、ということである。彼は、その方法こそ「影絵」Skyggerids を用いる方法だという。ここにいう影絵とは一種の「透し絵」のことで、白い大きな紙に普通に見るなら目には全く見えない方法で「透し絵」が入っており、これに背後から明かりをあてるとき壁に「影絵」が映るという具合になっているもののことである。つまり、キルケゴールは、「反省的悲哀」を、この影絵の像にして映し出してみようとする方法を、提案しているのである。その理由について、彼は、影絵こそ「反省的悲哀」の本質をそのまま表現したようなもので、ここには「本質」の一致があることを指摘している。つまり、彼によると、影絵は、まず生の暗い面をあらわしているものであり、もう一つは、それは直接的には目に見えないものという性格のものだからだというのである。つまり、影絵は、それを手にとってもそれからは直接的な意味で何の印象も受けることはなく、またそれについての何の本来的な表象を作ることはできないものので、ただそれを壁に向けてもち、その壁に現われたものを観察するときはじめて、それを見ることができるというのである。そしてこのことは悉く「反省的悲哀」にあてはまり、それは、外面を透視することによってはじめて目につくようになる内的な像だからだというのである。それというのも、「反省的悲哀」は、たましいの最も微妙な気分で織られているものであるから、外面的には全く現われていない繊細なものだからだというのである。つまり、それは影絵と全く同じ透し絵なのであり、それを一枚の紙として直接的に見ようとする限りでは何も見えないが、それを日光にかざして透して見るとき、その内面の像が見えてくるというのである。[28] ところで、キルケゴールがこの「影絵」で映し出そうとしていた「反省的悲哀」の像は、マリー・ボーマルシェ、ドンナ・エルヴィラ、マルガレーテの恋についてであり、これらをイメージして前述のことを述べていたのである。これに対して、彼は、彼の全著作の構造と方法の内部に、一つの「透し絵」を画いていたのである。つまり、彼は、その内部に、エルサレムの神殿内の墓地で復活のキリストに出会った後に、そこを自らの永久の住家として、遠いい地方からそこへと訪れてきた人々をキリストの墓へと案内する仕事に従事し続けた「永遠のユダヤ人アハスヴェルス」の全生涯の構造の「透し絵」を、画いていたのである。彼はこう述べている。「真理の証人（＝使徒）とは、それぞれの生の在り様が（キリスト教の）教えの透し絵となっているような人々のことである。それゆえ、それがためにこそ彼らは口を閉ざして黙しており、しかしその教えだけを告知しているのである。[29]」そしてこのような「透し絵」を画くことが、キルケゴール自身がつねに自覚していたように、彼の著作であり、彼の生涯そのものだったのである。

キルケゴールの文学的表現方法の特徴は少なくとも以上の七点に見られる。従って、われわれは、彼の著作や文章に接するとき、これらの表現法の解読を通じてこそ、それらが伝えようとしている真理の核心に達することができると考える。

しかしそれにしても、なぜ彼はこのような表現法をとらなければならなかったのだろうか。それには、一面では、個人的、社会的等々さまざまの特殊事情が考えられるが、しかし何よりも注目さるべきは、そのことは彼が伝達しようとする「真理」の性格に依拠しているものだということである。それゆえ、この「解読」の問題は更にその「真理」の性格についての理解の問題にも関連してくる。

2　伝達される「真理」の性格の問題

キルケゴールは自らが伝達しようとする「真理」の性格を天才的とも言える透徹した仕方で熟知しており、それゆえにこそ、その熟知された「性格」に実に相応しい仕方で前述のような表現法を考え出したのであった。ところで彼が熟知していたその「真理の性格」は大凡そ次のような四点のものとして説明することができよう。

まず第一に、これは最も基本的なことであるが、彼は自らが伝達する「真理」は「精神」に関する「真理」であるというこの事実と意識に徹していたことである。つまり、彼はそれがそれ以外のものの力や方法によって伝えられてはならないこと、それは正に「精神」そのものの姿において伝えられなければならないことを熟知していた。つまり、彼は「精神」を「概念」化しその命題的な力や方法によってそれを伝えることは決してせず、「精神」を正に「精神」そのものとして伝えようとした。これが彼による「真理伝達」の基本であった。それゆえ、このことからその「真理」の性格についての理解が生まれているのである。

そこで第二に、彼はその「精神」の本質を「反省的思考の働き」そのものに見てとり、それゆえ、その伝達を「反省的思考の伝達」として性格づけたことである。彼が伝達しようとしたものは、固定化した「概念」でもなければ「命題」でもなく、「反省的思考の運動」そのものであった。これについては私は既に『著研Ⅰ』や『著研Ⅱ』等々で詳述しておいたので、ここではそれ以上立ち入らないことにする。

第三に、彼は自らが伝達する「真理の性格」は「内面性」そのものであるというこの事実と意識に徹していたことである。「内面性」「内面性の真理」の伝達、これがどのようなものであるかは、キルケゴールのみが示し得たことではないだろうか。つまり、彼は、「真理の内面性」が「概念化」し「外面化」されて伝達されることを防ぐことに細心の注意を払い、それが正にその「内面性」そのものとして伝達されるように渾身の努力を傾けた。先に述べた「インコグニト的方式」「retrograd の方法」「逆流的方法」「音響学的―Echo の方法」「沈黙の方法」「無限なる二重反省の方法」「透し絵の方法」は悉くこの目的を果たすためのものだったのである。例えば、感情や思考や概念等々が極点に達して「幻想化」「抽象化」「固定化」して「外面化」すると、先述の「方法」はそれらに必ず「自己倒壊」を起こさせ、それによって「無化」することを通じて「内面化の状況」をはかるという仕方をとっているのである。

第四に、彼が伝達しようとした「真理」は結局は「新約聖書のキリスト教の真理」であったので、この「真理」の性格の事実と意識とに徹していたことである。そのため、その「真理」の性格に沿った伝達がなされるために少なくとも次の二つのことが計られた。一つは、その「真理」はいわゆる「勝利の論理」「支配の論理」として伝えられてはならないもので、それはあくまで人間の「人間」としての「苦悩」「迫害」「犠牲」という現実の体験を通じてこそ伝えられる必要があるということを訴えることであった。もう一つは、正にこれと関連していることであるが、その「真理」は従っていわゆる「哲学的命題」としては勿論のこと「神学的命題」としても固定的命題、定立的命題として伝えられることが徹底して防がれなければならず、ただ伝達者の生ま生ましい「負い目 Skyld の意識」や「罪の意識」Syndsbevidsthed を通じてこそ伝えられることを訴えたことである。キルケゴールが、青年時代と壮年時代に入った頃までは、自らを「永遠のユダヤ人アハスヴェルス」と同じような存在として意識していたことは、既に『著研Ⅰ』『著研Ⅱ』において詳述した通りであるが、その「罪の意識」は生涯を通じて保持され、彼はこれを通じて「新約聖書のキリスト教の真理」を伝達することに徹していたのである。(30)

以上四点の説明から知られ得るように、キルケゴールが先述したようなさまざまな「方法」を工夫して設計したのは、彼が伝達しようとした「真理」がこのような性格のものであることへの深い理解から発していたと言うことができるのである。

いずれにせよ、私は、本書作成にあたっては、第一史料に展開されているさまざまな文章に面しては、以上述べたような「真理の性格」を念頭におきながら、先述したような諸々の「文学的表現法」を解読してゆく作業を根底にすすめながら、それに接していったわけである。

しかし私は、このような「文学的表現法の解読」の作業を通じて、いま述べたような「伝達される〈真理〉の性格」に腐心している彼の姿に接すると同時に、更にもう一つ、その姿の根源で、従って、その「文学的表現法の全体の根源」で、彼がつねに「祈り」をしている姿が、つまり、「彼の〈祈る〉姿」が「透明に」見えてくるのをおぼえる。この姿こそがそれら全体の光源であり、「文学的表現法」のすべてはそれらをこえてこれと向かい合い、またここから発していることを知らされるのである。しかしこの問題に関しては、次の「序論〈Ⅱ〉」の『結語』と本文の

「第二部」とで述べることにする。

いずれにせよ、本書の作業はこのような「方法」の理解に基づいて行われるのである。

注

(1) S. V. XIII. S. 116ff.

(2) 『著研Ⅱ』三一一―三二、四八三―九六、五六六―六二四参照。

(3) 同書三一七―三二、五六六―八参照。

(4) 『青研』九一四頁、Pap. IA174 等。

(5) 本書第三部参照。

(6) 『著研Ⅰ』三〇頁。

(7) 同書同頁。

(8)(9) S. V. XIII. S. 123ff.

(10) 例えば、『哲学的断片』を参照。

(11) S. V. IV. S. 243ff.

(12) S. V. XIII. S. 652.

(13) 例えば、V. Grønbech: Sprogets Musik. (Kbh. 1934), S. 107. B. Jansen: Studier i S. Ks litterære Kunst. (Kbh. 1951), S. 34. 等々。

(14) S. V. XIII. S. 123ff.

(15) Ibid., S. 123.

(16) S. V. XIII. S. 116.『著研Ⅰ』八一八頁。

(17) Pap. X^1A648, 659, 661, X5A21 等々。

(18) 『著研ⅠとⅡ』参照。

(19) S. V. XI. S. 20.

(20) Ibid., S. 25ff. 46.
(21) Pap. IVA28.
(22) S. V. XI. S. 19ff.
(23) S. V. III. S. 208.
(24) Lars Bejerholm: Meddelelsens Dialektik. (kbh. 1962), S. 119–80.
(25) S. V. XII. S. 144, 155.
(26) S. V. I. S. 169–74.
(27)(28) Ibid.
(29) Pap. X^3A105.
(30) 『著研I』三七一四〇頁。

序論（II）「キルケゴール教会闘争」研究史素描——本研究の位置づけのために

一つの研究が書物として世に出される以上、当然の事乍ら、その研究が内属する「当該問題の研究史」の中でどのような位置を占めているのかがはっきり示される必要があろう。それは、その作業によって、その研究の性格と意味とがそれを読む人々の眼前でくっきりとした輪郭をもって画き出されるためである。それゆえ、この場所にこのような作業の場を設けたのは正にそのためなのである。ところが、その件については、一つだけどうしても心ならずものことがあることをも、ここに記しておかなければならない。それは極めて単純なことなのであるが、私は、この「研究史」を準備するために、実は自分のノートの段階では、B５版ルーズリーフ・ノート二五〇頁余にのぼる分量で、記述しておいたのである。しかしいまそれを改めて原稿に再現しようとなったとき、それは余りにも厖大に過ぎる分量で、とてもこの場所には不調和なものとなることを知ったことである。それゆえ、惨々考えた末、大変断腸の念いであるが、その全文収録を諦め、その五分の一程度に簡潔に書き改めて提示することにしたわけである。まことに慚愧に耐えないが、そのようにしてできたのが、この部分である。それというのも、このように短文化すると、何よりも困ったことが起こるのは、厖大で内容豊穣な「研究史」がいささか図式的になり過ぎてしまう点である。しかし他方、そうすることによって、問題の焦点がよりはっきり浮き彫りになってくるという利点もある。それゆえ、ここでは、その利点を出来るだけ生かすようにして、その限界を克服できればと考えている。

ところで、そのような趣きのもとで「キルケゴールの教会闘争」についての「研究史」を概観してみるとき、それは当初から非常に興味深い「時期」を刻みながら今日に至っていることを知らされる。それというのも、彼の死の直後は、彼の「教会攻撃」は、一般の目からは余りにも常軌を逸したもののように映ったため、当分の間は、デンマーク及び北欧地区では、「S・キルケゴール」と言えば「教会あらし」Kirkestorm という言葉と殆んど同義語に使われていたのである。つまり、彼の行為の外的印象だけが当時のキリスト教界ならびに一般マスコミを通じて喧伝されるという状態だったのである。そのため、ここで実におかしなことが起こっていた。それは、当時、「キルケゴール」と言えば、その「教会攻撃」だけが世論の注目の的となっておりながら、彼のその行為や思想を資料の面からじっくり取りあげ、事柄の本質を深く考えるという態勢なぞ全くなかったということである。勿論それには「資料」の整備が仲々出来なかったことも大きな理由として働いていたことは充分考えられるが（というのは、彼の著作とパピーアがほぼ九割ほど出そろうには死後百年を要した）、しかし何よりも人々が受けた「衝撃」が世論を形成してしまったと言った方がよいかもしれない。勿論、その百年の間も、その資料の徐々なる整備と竝行して、彼の教会闘争についての研究も、当然進行してゆき成果をあげていったことは事実である。しかし大方整った「資料」の面からその問題の核心に切り込んでゆき、それが真の意味での主題的研究としての形をもつようになったのは、彼の死後百年を超えた一九六〇年以降の時期だったのである。このことはある意味では非常に驚くべきことだと言えよう。彼の生涯の終りの約九ヶ月は余りにも激しい教会攻撃に終始したため、人々はその余りにも激しい衝撃のため、「キルケゴール」と言えば「教会あらし」としてのみの印象をもち、その「教会攻撃」のレベルでのみ彼を考えるようになってしまったこと、にも拘らず、そこには「資料整備」の問題もあったが、その百年間彼の「教会闘争」そのものについての学問的な研究が充分にはなされてこなかったということは、やはり「研究史」上の紛れもない事実として記憶されなければならないことと考えられるのである。

それゆえ、このことを念頭におきながら、彼の死直後から今日までの一五〇年間の「研究史」を観望してみるとき、それは大凡次の五つの時期に区分して考えることができるように思える。

1　死後最初の十五年間——「教会あらし」あるいは「宗教改革者」としての印象
2　一八七〇年代における劇的な飛躍——「キルケゴール研究」における二系統の誕生
3　一八八〇年代と九〇年代「研究パラダイムの誕生と形成」——W・ルーディンからC・イェンセンまで
4　「二〇世紀前半」の意味と四人の研究者（P・A・ハイベーア、T・ボーリン、E・ガイスマール、J・ホーレンベーア）
5　「二〇世紀後半」における更なる発展としての普及と深化、その中から生まれたP・レニング、V・クレステンセン、G・マランチューク、C・ヨーアンセン、N・トゥルストルップ
「結語」——本書の性格と位置づけ

「研究史」は大凡そ以上の五つの時期に区分することができる。従って、この区分に基づいて「本書の性格づけと位置づけ」がなされるわけである。

一　死後最初の十五年間——「教会あらし」あるいは「宗教改革者」としての印象

キルケゴールは存命中から多くの人々の関心の的になっており、いわばたえず風評上の人物であり、またさまざまな評論風の文章も書かれていたが、先にも言及したように、彼の生涯最後の九ヶ月は余りにも激しい「教会攻撃」のためそのことの印象がほぼ一面的に北欧諸国に普及してしまい、「キルケゴール」と言えば「教会あらしの男」Kir-Kestormerとしてイメージされるのが一般となり、つまり、彼は「狂気じみた行為をした人物」として取り挙げら

れるのが極く一般的傾向であった。要するに、キルケゴールをその行動に関する「外的印象」からのみ取りあげるという傾向であった。

しかし神学者たちは、たとえ確かにそのような社会的気分を背景にもちながらも、そのような「キルケゴールの行動」をむしろ「プロテスタンティズムの歴史」の中に位置づけて評価してみることを忘れなかった。そのことから、そのキルケゴールに関して、二つの評価が現われてきた。

一つは、A・G・ルーデルバックの見解である。彼は、既に一八三九年 A. G. Rudelbach: Reformation, Luthertum und Union. という書物を書き、これによって自らの学者としての確固とした地位を確立したのであるが、一八六二年に Evangelisk Ugeskrift. (2. Rk. III. S. 49–67.) では、キルケゴールを、「宗教改革者の一人」としてとらえ、彼を教会史上のさまざまな人物と並行させて非常に詳しく論じている。そこではルーデルバックは、キルケゴールを、一種の「破滅的人間」としてとらえ、その内面的破綻が人々をして彼をそのように見させてゆき、しかもそのことが最後にはキルケゴール自身を引き回すことになった「悲劇的形象」として解釈している。ルーデルバックの叙述は実に詳しいので、ここではこれ以上立ち入ることは避けるが、注目さるべきことは、ルーデルバックが、キルケゴールを、「宗教改革者の一人」として「プロテスタンティズムの流れ」の中に位置づけたことである。

もう一つは、H・シャーリング教授とF・ユンガーセン牧師の見解である。両者の見解の共通の特徴は、キルケゴールをやはり「宗教的改革者の一人」として取りあげながら、つまり、ルターからのプロテスタンティズムの流れを充分踏まえながら、キルケゴールを、同じ宗教改革者の一人とされていたN・F・S・グルントヴィと対置させて評価している点である。H. Scharling の論文、Dansk Tidsskrift for Kirke og Folkeliv. 1870. I. S. 3–28. に掲載された K. og Grundtvig. と F. Jungersen の書物 Dansk Protestantisme ved S. K., N. F. S. Grundtvig og Rasmus Nielsen. (Kbh. 1873) がこれにあたる。この後者は一八七三年ボルク・コレーギウム Borch Kollegium で行われた十回の講演を集めたものであるが、これは、このデンマークではグルントヴィとキルケゴールによって真のプロテスタンティズムの原理が設定された（S. 158）ことを、言明しているのである。

以上の二つの評価の線に属するものはまだいくつかあげられるが、例証はこれだけにとどめておこう。しかしこれで明らかなように、キルケゴールの死直後の時期には、彼は、その最後の九ヶ月の「教会攻撃」が余りにも激しかったので、その「外的印象」のもとだけで狂人の如くにとらえられる傾向はあったものの、しかし同時に「プロテスタンティズムの歴史」の枠内で、「宗教改革者の一人」として評価されるという線は、既に始まっていたのである。しかしこのように、キルケゴールを「宗教改革者の一人」として位置づける視点は、たとえそれぞれの学者によってその内実はそれぞれ異なるとしても、彼への視点自体としては決して間違ってはおらず、それどころか、正に妥当なのである。それゆえ、この視点は当然爾後の世代にも引き継がれてゆくべきであったわけである。ところが十五年が過ぎ一八七〇年代に入ると、キルケゴール研究史には刮目さるべき飛躍的な事態が発生するのである。しかもそれは大変不幸な「分裂」を伴うことによってである。

二　一八七〇年代における劇的な飛躍――「キルケゴール研究」における二系統の誕生

この一八七〇年代という時期はキルケゴール研究史において正に劇的な飛躍が起こった時期と言ってよい。それを齎した最大の要因をなしたものは、一八六九年から八一年にかけて刊行された『キルケゴールの遺稿集』全九巻であった。（Af S. Ks Efterladte Papirer. Ved H. P. Barfod og H. Gotsched. Kbh. 1869–81. Bd. 1–9.）これは決して彼の遺稿の全体を尽すものではなく、ほんの一部分にすぎないが、にも拘らず、彼の生涯そのものに触れている資料が与えられたこと、そしてとにかく彼の全生涯を通観もしくは通読する機会が提供されたこと等々により、この刊行はキルケゴール研究史に決定的な新しいページを切り開く原動力をなすに至った。勿論この時期にはまだ彼の全著作を集めた『全集』の初版は刊行されるに至ってはいなかったが、研究者たちは既に自分で所持していたり図書館等に収められていた彼の個々の単行本のすべてを、この『遺稿集』の助けによって、もう一度読み返す機会をもったのである。こうしてそのような資料事情の中から特筆さるべき二人の人物の労作が現われたのである。そしてその二人の労作こそ「研究史」におけるこの時期の正に象徴をなした作品と言えるものであった。しかしこれらが最も「象徴的」と言われる点は、それら各々の単独の意味においてだけでなく、大変不幸なことではあったが、それらが爾後の「研究史」の系統を二分する「起点」になってしまった点にある。その二人の作品とは、G・ブランデスのそれと、F・ペダーセンのそれとである。以下この両作品の意味について少しく考えてみよう。

まずG・ブランデス Georg Brandes（1842–1927）についてであるが、彼の S. K. En kritisk Fremstilling i Grundrids（Kbh. 1877）『S・キルケゴール　ひとつの概略的な批判的描写』は、ある意味ではキルケゴールの生涯の全体像を一つにまとめた最初の書物であったことから、そしてとくにその書きっぷりも手伝って、当時これくらい多くの人々に読まれた書物は他にはないと思われる程である。とくにこれがすぐドイツ語訳されたこともあって、デンマーク以外の国々の実に多くの人々に、とくにドイツ語版ブランデス全集を通じて、読まれたのである。さて、この原書の内容は、等分にされた二十八章から成り、その各章は一八七六年秋から翌年夏にかけてデンマーク、ノルウェー、スウェーデンの諸大学でなされた講義の一回分に当たるわけである。それらはキルケゴールの誕生から死までの生涯を、その間に起こったさまざまな事件の公表と合わせて、彼の主たる偽名著作を紹介し、彼の全生涯がデンマーク社会に意味するものを実に大胆に把えたものである。この時期彼の全生涯についてこれだけまとまりのある叙述がなされたことは何と言っても驚歎に値いすると言えよう。しかも最後の方の二つの章 XXVI と XXVII とでは、『祖国』紙上で展開された彼の「教会攻撃」の過程を詳細に報告していることは、刮目に値いする。これらの中 XXVII は「アジテーション」という標題になっているが、ここでは『祖国』紙と、とくに『瞬間』とを資料として用い、キルケゴール自身の見解の要点を実にうまく摘出し紹介している。(1) その場合ブランデスが特別に注目していたのは、キルケゴールのさまざまな文章の中で、一八五五年三月一日の『祖国』第七七号に掲載された「私は何を欲しているか」という一文であった。ブランデスは、その中に、キルケゴールが自分が欲しているのは「真理に Redelighed（＝正直、誠実）であろうとすること」と述べていることに注目し、この言葉をキルケゴールの真理愛の極点としてとらえ、それを高く評価している。こうしてブランデスは、キルケゴールの生涯がこのような「真理愛のアジテーション」において教会との闘いをもって終ったことを、高く評価しているのである。こうして該書の最終章 XXVIII では、キルケゴールの死について述べるとともに、キルケゴール自身についてのブランデスの見解をまとめて述べている。その場合ブランデスは、キルケゴールの生涯に関して最も高く評価さるべきは、その人生の最終における「国教会攻撃」にあったことを、強調している。(2) 要するに、ブランデスは、キルケゴールを、当時デンマークで燃え盛っていた自由主義の政治革命、社会革命の視角から、その戦列に並ぶ一人としてとらえ、その視角からキルケゴールの教会攻撃を彼の生涯の象徴のようなものとして高く評価したわけである。けれども、このように、ブランデスは、キルケゴールを、その意図や立場や目的とは本質的に異なる方向から観察していたため、その対象は全く逆さに見えていたのである。それは次の言葉に実によく現われている。次の言葉は、ブランデスがキルケゴールの業績をコロンブスの業績と対比して述べた有名な言葉である。「キルケゴールは陸地だ！と叫んだとき、彼が到着した所は、実際には、伝統だけの国インドではなく、人格と、偉大な情熱と、偉大な独立の国アメリカだったのである。キルケゴールの見逃し得ない偉大さは、彼がそのようなアメリカを発見したことである。彼の癒し難い狂気性は、彼が頑迷にも、そのアメリカを、インドだ、と呼び続けたことである。(3)」

ブランデスはキルケゴールが「教会攻撃」を通じて、「新しい自由思想」をでなく、「新約聖書のキリスト教の真理」を主張し続けたことを、このように表現したのである。

しかし右の言葉くらいブランデスの立場がキルケゴールを全く理解し得ない正反対のものであることを自ら証明して見せた言葉は他にないであろう。つまり、ブランデスは自らが「逆さ」であるのでキルケゴールを「逆さ」にしか把えられず、そのために、敢えてキルケゴールの方を「逆さ」となし、自らの正当化をはかったと言ってよかろう。

このようなことから、われわれがブランデスの該書に関し是非とも注目しなければならない点は、その個々の記述ではなく、それらの大前提をなしているブランデスの「基本的見解」そのものであることが明らかとなろう。勿論該書が当時の多くの人々に読まれたのもその「基本的見解」の故であったことは言うまでもない。該書は、当時澎湃として起こってきた自由主義政治運動の最左翼「無神論的自由思想家」の第一人者を認じるブランデスによっていわばイデオロギー的熱気の中で書かれたもので、彼はそのような当時の革命的イデオローグ、アジテーターとして、キルケゴールに立ち臨み、キルケゴールの中に何とかして「無神論的自由思想家」の姿を見ようとしたものなのである。しかしそのため「キルケゴール」の意図、目的、精神、そして本質そのものを全く「逆さ」のものとして打ち出し、キルケゴール研究史の中でとんでもない伝統を産み出すきっかけをつくってしまったのである。

このブランデスの実にラディカルな自由思想家の立場からのみ、しかも自らの意志や目的に屈服させるようにしてキルケゴールを解釈したその仕方に対して、キルケゴールの信仰と思想とをその根幹から取りあげ、それをあくまでキルケゴールの意志や目的にそって解釈しようとしたのがノルウェーのクリスチアニア大学教授F・ペーダーセン Frederik Petersen（1839–1903）の大著 Dr. S. Ks Christendomsforkyndelse（Chria 1877）『S・キルケゴール博士のキリスト教告知』（全八九七ページ）である。該書は、同著者が、ブランデスと殆んど同時期に、つまり、一八六九年から七七年にかけて“Theologisk Tidsskrift for den evangelisk-lutherske Kirke i Norge”に十二回にわたって掲載したものを、一八七七年（ブランデスの前著刊行と全く同じ年）二巻の書物にまとめて出版したものである。しかし内部は三つの部門に分けられ、「キルケゴールによる同時代の解釈」、「キルケゴールの著作家としての活動」、「キルケゴールのキリスト教告知の価値」となっている。これだけ見ても分かるように、ペーダーセンは、ブランデスとは正反対に、つまり、自らの思想的立場でキルケゴールの意図や目的を踏み潰してしまうのとは正反対に、あくまでキルケゴールの意図と目的にそってその信仰、思想、行動をとらえようとしたのである。その意味において該書は、キルケゴールをその真の姿において真正面から取り挙げた最初の文献として、文献史上ブランデスの前著とは比較にならない重要な意味をもつものとして考えることができる。ブランデスは、既に述べたように、キルケゴールの文章から「誠実」という言葉を引き出し共感をおぼえていたが、キルケゴールの意図や目的に対しては決して「誠実」にとらえようとはしなかったが、ペーダーセンは、そのような言葉を敢えて使わずとも、キルケゴール研究においては何よりも大切な「キルケゴール自身の意図と目的への誠実」をもち、それを該書にあらわしているのである。このことは、先に挙げておいた該書の三つの部門の区分と順序からも推察され得るように、ペーダーセンは、キルケゴールの著作と生涯の中心、根幹をなしているものが「キリスト教告知」にあることを真正面から取りあげそれを誠実に記述しているが、その際彼は少しも批評がましい言葉をそれらに付加していないことが注目される。

さて、該書の著しい特徴は、やはり著者による該書の内容全体の性格づけにあると言ってよかろう。すなわち、ペーダーセンは、キルケゴールを、とくに『後書』におけるヘーゲル批判の思想に従って、ヘーゲルに全く対置する存在として性格づけ、その性格づけのもとで、キルケゴールによる時代批判、全著作活動の推進の内実、そしてその根本的な目的としてのキリスト教告知を、見事に組み合わせて、該書を完成させたのである。そしてその全体の内容はといえば、先述のブランデスの場合とは比較にならな程に誠実にキルケゴールの全著作をこの時期においては可能な限りの度合と思える程にまで詳細な紹介をしていることが注目される。それゆえ、該書は、キルケゴールの一応の全著作をまとめて紹介したものとして、正に画期的な意義をもつ書物として認めてよい程である。その点においては、ブランデスの前著の比ではないと考える。

しかし該書には、明らかに一つの欠陥があったこと、そしてまたそこへ一つの不遇が働いたこと等々があって、そのことが該書の運命を決定してしまったことをも、更に述べておく必要があろう。

まず「明らかな一つの欠陥」についてであるが、該書は前述したような見事な構成にも拘らず、ペーダーセンは、キルケゴールの著作としての『瞬間』の説明も、思想としての「瞬間」の説明も全く欠落させているのである。例えば、該書の「第二部」では当然に著作としての『瞬間』が取りあげられて然るべきなのにそれは全く無く、「第一部」においても「第三部」においても、「瞬間」は著作としても思想としても全く取りあげられていないのである。このことは恐らく神学教授F・ペーダーセンの神学思想から由来するものと考えられるが、それは決定的な欠陥と言わなければならない。キルケゴールの全著作と全思想を扱いながら「瞬間」を不問に符してしまうことは、ただその部分だけの欠落を意味せず、その書物全体の価値と意味にも及ぶことであり、つまり、それは「キルケゴール」からその「立体性」と「生命」そのものを除去してしまうにも等しいことである。少なくともそのような書物は人々に衝撃や感動を与えることはない筈である。あるいは、少なくとも、その書物は「面白くはない」ものとして遇されたのである。しかし実はこのことが該書の「一つの不遇」につながってくるのである。

その「不遇」とは、確かに該書は、先に言及しておいたように十二篇の論文から成っているが、それはそれらをただ集めただけという非常に無造作な体裁にも一因があると考えられるが、一般読者には余り人気がなかったことである。読者は、同じ時期に出版されたブランデスの前著と比較してみるとき、その反応のされ方は何から何まで正反対であった。ブランデスの前著は煽情的、アジテーション的、衝撃的であるのに対して、該書はどこまでも地味な仕方で読まれる運命を辿った。しかも決定的とも言える相違は、ブランデスの前著は逸早くドイツ語に訳され、ドイツはじめ多くの外国で読まれその流れは当然に日本にまで及ぶという過程を辿ったが、該書は前述したようなトーンの運命もあってか、ドイツ語に訳されることがなく、そのため該書はドイツはじめ諸外国では全くと言ってよい程に知られる機会をもたなかったのである。このことは両書の決定的な相違と言ってもよいであろう。しかし該書が諸外国に伝わらず、当然日本にも伝わらず、ただブランデスの書だけが伝わり、それによって描かれたものが「キルケゴール」そのものとして彼についての知識を形成してしまったことは、何よりもキルケゴール自身にとってこの上ない不幸なことであったと言えよう。

F・ペーダーセンの書物とは以上のようなものである。それは以上のような欠陥をもっているとはいえ、該書がキルケゴールを真正面から誠実に取りあげ本格的に取り組んだまともな文献としては、研究史上最初のものであることは高く評価されなければならないと考える。

さて、私は、キルケゴール研究史における一八七〇年代がこのような二人の労作の出現によって画期的な時期になったことを述べてきた。そしてわれわれはこの二人の労作の余りにも大きな相違に強烈に印象づけられてしまうのである。ところが、この両著が極めて象徴的であったのは、この両著が、爾後のキルケゴール研究史の流れを二分してしまったことである。

G・ブランデスの書物から発する流れは、当然に「自由思想家」「哲学的思想家」という枠に閉じ込められた限りのキルケゴールというものを人々に印象づけることになった。キルケゴールがこのようなものであるならば、一般の思想界、哲学界の人々は気楽にそれに接することができるために、多くの人々がこの流れに入ってしまった。その詳細についてはここでは説明する紙幅をもたないので残念乍らそれは割愛せざるを得ないが、この流れの継承者の名前だけを挙げるとするならば、それはまず同国人で価値哲学者として世界的に有名であったH・ヘフディング Harald Høffding（1843–1931）が決定的な役割を果たす。彼の『哲学者としてのキルケゴール』K. som Filosof（Kbh. 1892）はじめ多くの哲学史の書物は直ぐドイツ語にも訳され、そのことによってキルケゴールを世界の人々にただ「哲学的思想家」としてのみ伝え普及させることになってしまった。当然の事乍らこれらの書はドイツの哲学者が読み、これまた当然の事乍らそのような流れの中で日本の哲学者たちもそれらを読むことになり、「実存的主体的思想家キルケゴール」を作り上げるあのブーム時代を巻き起こしてしまったのである。その流れを図式化するとこうなる。G・ブランデス―H・ヘフディング―ドイツの哲学者たち―和辻哲郎とK・ヤスパース―日本の戦後哲学者たち。こうしてキルケゴールに関する幻想が作られてしまったのである。

この流れに対して真向から批判し反対して生じたのがF・ペーダーセンから発する流れであり、これはデンマーク本国を含む主として北欧諸国の研究者たちに受け継れた流れである。この流れの源をなすF・ペーダーセンの書物は、ブランデスの書のように人々に興奮と衝撃を与えるものではなく、しかも余りにも厖大で読みにくさを感じさせるものであったが、しかしキルケゴールの著作と思想と信仰の核心をなす「キリスト教的告知」の問題が主題的に取り挙げられていることから、ブランデスの書物に対する多くの批判的哲学者はじめ、とりわけ神学領域に属する学者たちは、この主題をキルケゴール著作活動の根本課題として取り挙げることを始めたのである。つまり、彼らは、G・ブランデスのようにキルケゴールを自由思想に基づく社会的変革期における革命的戦士の一人としてでもなく、また多くの牧師たちのようにキルケゴールを教会攻撃に関わる印象からだけとらえ「教会あらし」として単なる変人扱いにしてしまうのでもなく、キルケゴールの生涯の一駒々々を、そして「教会攻撃」という行為そのものをもキルケゴールの全著作活動と彼の生涯の信仰的行動としてとらえ、彼の著作、新聞論説、小冊子、そして日誌記事等々に即して誠実に考察しようとしたのである。その最初の人物はスウェーデンのW・ルーディン Waldemar Rudin（1833–1921）であった。その丹念で誠実な研究のしぶりは正に賞賛に値いする。それは明らかにこの問題の研究のためのパラダイムを提供する意味をもっていたと言ってよかろう。そのためこのW・ルーディンに従って多くの神学者たちや牧師たちがこの問題を研究するようになったのである。そのような人々の主な人物として、N・タイセン、A・ローセンベア、C・コック、O・キュレンスティァナ、C・イェンセン等々の名が挙げられる。そしてこれらの人々はデンマーク本国におけるキルケゴール研究史の時期を主導する役を果たしたのである。

一八七〇年代に発生したキルケゴール研究史における二系統の不幸な分裂は以上のようなものであった。そこで次の項ではW・ルーディン以下の右記の人々の流れについて簡単に述べることにしよう。

注

（1） Georg Brandes: S. K. En Kristisk Fremstilling i Grundrids. (Kbh. 1877). (Samlede Skrifer. Andet Bind. Kbh. 1899.) S. 385–99.

(2) Ibid., S. 403ff.
(3) Ebbe Kløvedal Reich: Drag ind ad disse Porte. (Kbh. 1996.). S. 208.

三　一八八〇年代と九〇年代「研究パラダイムの誕生と形成」——W・ルーディンからC・イェンセンまで

研究史上劇的なスタートが切られた一八七〇年代の後、一八八〇年代と九〇年代とは、「研究史の第一期」と呼んでよい実に目覚しい発展の時期となった。この時期は明らかに研究史の初期における「研究パラダイムの形成期」に当たると考えられる。そしてこのことは、「教会闘争の研究」にも当て嵌まるのである。

この時期研究者たちの間には、先述のG・ブランデスに従う線とF・ペーダーセンに従う線とがくっきりと現われてきた。ブランデスの線は、デンマークでは、結局のところH・ヘフディングへとつながって行ったが、むしろ一般的にはブランデスの行動と思想への批判と合わせてあの書物への批判が実に多くの人々によってなされたのである。もっとも諸外国ではこのブランデスの線だけがキルケゴールそのものを伝えているものとして考えられていたのであるが。これに対してF・ペーダーセンの線は、その「ヘーゲルとの対比」という形成は批判されながらも、多くの研究者たちがまともに取り組んでゆく線としてくっきりとした姿を表わすようになってきた。そしてとりわけ一八九八年はこの時期の象徴的な年と言ってもよい程この線の労作が多産された年となった。以下この線に連らなる学者たちの研究について簡単に説明しよう。

それらの学者たちの中で最も意味深い活躍をしたのはスウェーデンのW・ルーディンであった。北欧におけるキルケゴール研究史上における彼の位置は極めて象徴的であった。まず彼はブランデスに対しては徹底して対峙の立場に立っていた。既述のようにブランデスのあの書物の内容となったものは一八七六年秋から翌年夏にかけて北欧の三大学で講義されたものであり、それに対してはそれらの国々の多くの人々から、それもとりわけ牧師や神学者たちからの批判は実に激しく噴出したが、それらの中でも際立っていたのがこのルーディンであった。他方彼はF・ペーダーセンのあの書物に対しても徹底した批判の立場に立っていた。その批判はとくに、ペーダーセンによる資料的な扱い方に向けられ、つまり、あの書物ではキルケゴールの日誌類や重要な著作となる『瞬間』が完全に無視されていることと、そのためあの書物は非常に粗雑で欠陥の多いものになっている点に向けられている。こうして彼は、ブランデスに対しては勿論のこと、ペーダーセンに対しても徹底して批判的な立場に立っていたのである。ところが、A・カベルはじめ多くの研究者が認めるように、ルーディンはやはり根本的には、あるいは、本質的には、F・ペーダーセンから発する流れに属していたのである。

ルーディンが特別に注目されたのは、その著 S. Ks Person och Författerskap. (Stockholm, 1880)『S・キルケゴールの人と著作』においてであった。ルーディンがこの書物を書くに当たっては非常に念入りな準備がなされた。彼は、ペーダーセンの資料の扱い方への批判からも推測されるように、この時期可能な限りの努力をして、まだ印刷にまでなっていない将来のパピーアのもとになる資料をそれらが保管されてある大学図書館に入りびたって検索して調べてゆき、また存命中のレギーネ・スレーゲル（1822–1904）とも文通するなどして、そのような資料的整備のもとで草稿を準備してゆき、これを一八七七年の春ウプサラ大学で講義し、それをもとにして該書の原稿を作成したのである。該書がこのような資料的裏付けのもとで生まれたことは、ブランデスやペーダーセンを超えて更に高く評価されても然るべきと考える。該書は三三六ページもの大著であるが、彼は全体を七つの章に分け、キルケゴールの生涯とその著作活動の過程とにそって、各時期毎に個々の著作を解説してゆくという方法をとった。そのような資料の扱い方をはじめそのような方法は、少なくともこの時期には他人にはとても模似のできない度合のものであった。これだけ見ても該書はやはりこの時期に登場した画期的な労作であることが分かると言ってよいであろう。しかしこうして生まれた「キルケゴール」がスウェーデン人にも充分受け容れられる解釈像になったことも事実である。だから該書を高く評価したA・カベルの言葉を敢て要約するとこうなるであろう。

「該書はキルケゴールと同じルター教会に属し同じ神学を共にしているスウェーデン人がはじめて成し遂げたスウェーデン的な人物像へと磨き上げられてしまったとしてもである。」*

＊Aage Kabell: K-studiet I Norden. (Kbh., 1948). S. 103–5.

しかし該書の内容に関しては、更に注目さるべき事項がある。それは、われわれの目下のテーマとの関連から特別に言い得ることであるが、該書の最終章である第七章では、キルケゴールが一八五四年ならびに五五年に出版した著作を扱っており、八十三頁もの大量の頁数を使ってはじめて「教会攻撃」そのものを考察している点である。その章の最後の方ではルーディンは『祖国』紙等の新聞記事を一つ一つ懇切丁寧に紹介してゆき、最後には『瞬間』の解説へと及んでいる。つまり、このことは、ここにおいてはじめて、キルケゴールの「教会攻撃」の問題がそのために用いられた資料の正当な扱いのもとで考察されたことを意味するもので、そのような意味での正当な書物として最初のものと言うことができる。これと比べるとき、この「教会攻撃」を扱いながらも恣意的な立場から恣意的に資料を用いたあのブランデスの書物は論外の位置にあると言ってよかろう。

さて該書の意義については更にさまざまなことが述べられなければならないが、しかしそれらの叙述を総合して一言のもとに表現し得る言葉があるとするならば、それは該書においてはじめてキルケゴール研究のための「基本的なパラダイムの誕生」を見たということができよう。このことは該書の全体に関してのみならず、とりわけ第七章（二四七頁から三三〇頁までの八十三頁分）における「教会攻撃」についての考察の仕方に関して言い得る。ルーディンは、この章では、先に述べたような資料のほかに更に当時用い得る限りの資料や文献を用いてミュンスターやマルテンセンに対するキルケゴールの関係を実に詳細に叙述していったのである。そしてこのような作業によってルーディンは該書を通じて「教会攻撃の研究」のためのいわば「基本的パラダイム」とも言えるものを研究史上はじめて誕生させたのである。その証拠に、彼以後多くの優秀な研究者たちはこぞってこの彼の方法に従って「教会攻撃の研究」

を進めていったのである。

いずれにしても該書は、キルケゴールと同じキリスト教的立場、神学的立場で、キルケゴールの生涯、著作、そして「教会攻撃」を真正面から取りあげ、それについての研究の道を切り開いた最初の書物と言えるのである。

この書物以後これをキルケゴール研究のための範型として何人もの研究者が現われた。そして彼らは該書をキルケゴール研究の「基本的パラダイム」として継承していったのである。そのような人々の研究として少くとも次のような五人の研究があげられる。

まずあげられるのはデンマークの学校の校長であるとともに宗教的思想家であるN・タイセン Niels Teisen (1851–1916) である。彼は、一八八四年出版の "Kort Indlæg i Sagen mellem S. K. og H. L. Martensen"『キルケゴールとH・L・マルテンセンとの間の事件への短い封入物』において、マルテンセンに対してキルケゴールを弁護し、一八九三年の "Til Overvejelse i Anledning af Høffdings Bog om S. K."『キルケゴールについてのヘフディングの書物を機会として熟考のために』と一九〇三年の "Om S. Ks Betydning som Kristelig Tænker"『キリスト教思想家としてのキルケゴールの意味について』とにおいては、ヘフディングによるキルケゴール解釈に対して、キルケゴールを弁護する立場に立っている。以上の三冊だけを見てもタイセンの立場がはっきり見えてくるが、彼ははっきりとキルケゴールのキリスト教思想に共鳴を示し、更に「教義学の立場」からそれを考察しているのである。その考察において、タイセンは、キルケゴールの逆説や内面性についての思想を高く評価し、オーソドクス神学を更に深め進めるためにその進路の妨げとなるものを清掃する器械の役割を演じたと述べている(1)。そして更に彼は、キルケゴールをオーソドクス神学発生の源となるアウグスチヌスやアタナシウスにまで辿ったところから考察しその独自の位置について述べている(2)。しかしやはり注目されるのは、タイセンがキルケゴールの「教会闘争」について考察した先の一八八四年の書物である。該書は、ミュンスター監督の息子C・L・N・ミュンスターが書いた『S・キルケゴールはキリスト教の思想を叙述したのか——それは真実か』(一八八四年)の論文に対する反論として書かれたものである。タイセンは該書を書くことによってキルケゴールのキリスト教思想の真の意義を「教義学的立場」から訴えたのである。これらがタイセンの研究の輪廓であるが、これらを通じて見られるタイセンの決定的な意義は、やはり彼がそれらの労作を通じてルーディンから「研究のための基本的パラダイム」を受け継いだ点にある。その証拠に、このタイセン以後彼から二つの流れが生まれている点である。一つは、あの象徴的な一八九八年を飾った四人の研究者への流れであり、もう一つは、次世紀前半スウェーデンの教義学者としてキルケゴール研究に最も重要な役割を演じたT・ボーリンの出現である。そこで次にはその四人について簡単に述べ、更にその次の第四項ではT・ボーリンについて語ることにする。

その「一八九八年」という年はこの二十年間の時期の実に象徴的な年になったと言っても過言ではない。というのは、この年デンマークとスウェーデンでは四人の研究者の意義ある労作が一気に世に出たからである。この年は正に特筆さるべき年と言ってよかろう。それゆえ、それら個々の労作については当然に詳述すべきであるが、しかしそれには余りにも紙幅を大きくとるので、残念ながらノートに準備したものの大部分を省略せざるを得ず、ここではそれら個々の書名だけを挙げ、それらのいずれもが扱っている「教会攻撃」の考察だけに注目し、それらが研究史上意味するものをとらえることで満足せざるを得ない。

それは、グルントヴィ主義に属する評論家P・A・ローセンベア Peter Andreas Rosenberg（1858–1935）の“S. K. Hans Liv, Hans Personlighed og Hans Forfatterskab. En Vejledning til Studiet Af Hans Værker.”（Kbh. 1898）『S・キルケゴール。彼の生涯、彼の人格性、そして彼の著作。彼の作品研究のための案内』、同じくグルントヴィ派の牧師C・F・コック Carl Frederik Koch（1860–1925）の“S. K. tre Foredrag”（Kbh. 1898）『S・キルケゴール。三つの講演』、スウェーデンの軍人出身の篤志家O・キュレンスティァナ Oswald Kuylenstierna（1865–1932）の“S. K. Tän-karen och Sanningssökaren.”（Stockholm, 1898）『S・キルケゴール。思想家にして真理の探究者』、そしてデンマークの牧師C・イェンセン Christian Jensen（1873–1949）の“S. Ks religiøse Udvikling.”

(Aarhus, 1898)『S・キルケゴールの宗教的発展』である。

これら四冊の共通点としてまず注目されるのは、それらはやはりルーディン―タイセンの研究スタイルを踏襲している点である。つまり、それは、キルケゴールの生涯をその幼少期の考察から始めてゆき晩年まで辿ってゆく仕方と合わせて著作活動の行程を並行相即させて考えてゆく仕方をとっていることである。こうしてこれらは共通に「教会攻撃」の問題を扱っており、従って、この「教会攻撃」の行動を何か突発的なものとしてでなく、そのような生涯と著作の長い過程の末に必然的あるいは当然の結果として行われたものとして性格づけていることである。従って、それらの書物においては、教会攻撃を見るのに、アンティクリマクス書とその後の宗教的講話そして『瞬間』についての詳細な考察の上に立って行っている。そのためそれぞれの書物がこの教会攻撃の考察には三十頁以上の頁を割いている。そしてこのようにして最後に、この行動について彼ら著者一人ひとりが自らの見解を述べている。キュレンスティアナ以外の三人はいずれも牧師であるので、その現場からこの問題への意見表明は当然と言えよう。そしてその個々の見解には注目さるべきものがあると考えるので、次にそれらの要点だけを簡単に述べてみることにする。

まずP・A・ローセンベアは、その二一〇頁の書物の中第二十三章から第二十五章まで(S. 183–203)を教会闘争の考察にあてているが、第二十五章の一九六頁から二〇三頁までの個所では自分自身の見解を展開している。彼は既に述べたようにグルントヴィ主義者であるからそのことは当然と言えるが、ここで注目したいのは、この問題を評価するにあたって彼が提示した実に明快な図式である。すなわち、彼はこの「教会攻撃」を評価するにあたって「プロテスタンティズムの原理」と「近代個人主義の精神」という図式を掲げて自らの見解を述べているのである。それを要約すると次のようになる。

まず肯定さるべき意義として、キルケゴールの教会闘争は、形式的に見る限り、とりわけオーソドクスのプロテスタント教会を攻撃するにあたってとったキルケゴールの態度は、堅固なものであるという点が指摘されている。というのは、キルケゴールは、プロテスタント教会に正にそれがよってもって立っているところの「プロテスタンティズムの原理」をあてがったのであり、その首尾一貫性は高く評価さるべきだというのである。それというのも、既存の教会のキリスト教は「新約聖書のキリスト教」とは全く異なっており、キルケゴールはこの点を突いているからだというのである。しかし次の点でキルケゴールは間違いを犯してしまったと言う。すなわち、キルケゴールの思想の核をなしていた「プロテスタンティズムの原理」（＝神と人間との間には何も介在するものはないという原理）は、その闘争過程で極めて曖昧なものに変質してしまったという。(3) つまり、キルケゴールは国家教会を攻撃するにあたって（神の「生ける言葉」にではなく）「聖書（の死せる言葉）」に拠り所を求めることによって「聖書」そのものを偶像化し、それを通じていつの間にか「神の前に」「近代的個人」を設定し「プロテスタンティズムの原理」を「近代的個人主義の精神」において理解するようになったというのである。つまり、こうして彼においては、「プロテスタンティズムの原理」は「近代的個人主義の精神」にすり代わってしまったというのである。「新約聖書のキリスト教」はそのような「近代的個人主義」とは全く別のものなのだというのである。(4) このほかローセンベアはキルケゴールがそのことによって「歴史」を軽視する態度をとっていることを非難している。(5) ローセンベアの見解は以上のようなものであるが、それはいかにもグルントヴィ主義からのそれと言うことができる。

次にC・F・コックの見解であるが、彼は先に挙げた書物を一九一六年にその形式そのものを大幅に改訂し、内容にも増補を行い、それを一冊の書き下しの書物として出版している。しかし「教会攻撃」の部分には目立った変化は見られない。彼の特徴は、教会闘争の過程をコルサール事件とその後の一八四八年の復活祭週間の体験から書き始め、『修練』を重視し、キルケゴールは『修練』で述べていることに誠実に従っているとなしている点にある。コックは既に述べたようにグルントヴィ派のしかもヒューマニストの立場に立つ牧師であることから、キルケゴールの「教会攻撃」に関してはその全過程に共感を示し肯定的評価をしている。そして批評めいたことは述べていない。そのため彼の叙述には特に目新しいものを感じさせない。しかし該書は一般向けの講演であったことからその叙述の分かり易さは高く評価される。しかも該書は、多くの人々に、その教会攻撃がキルケゴールの生涯と著作活動との内面的関係から当然の帰結として行われたものであることを納得のゆくよう説明していることにおいて、その価値は「研究史」の流れの中で充分認められて然るべきものである。

O・キュレンスティアナの先述の書物について或る批評家はその大部分はブランデスとヘフディングとルーディンとP・A・ハイベアとキルケゴールの書物からの断片によってできているアンソロジーのようなものだと言って軽視しているが、私は該書が研究史の中でもつ意義は非常に大きいと考える。該書は本文一四二頁の小著ではあるが、必ずしもその評価が言ったようなものではなく、実によくコンパクトにまとまっている。彼は既に述べたようにスウェーデン人であることから該書はスウェーデン語で書かれているが、ルーディンが同国人であることから同じスウェーデン語で書かれたルーディンの先述の書物の影響を最も大きく受け、とくに該書の全体の構成の仕方は明らかにルーディンのそれに従っていることを知らされる。とくに該書で「教会闘争」を扱った部分はその一四二頁の中で三十二頁分（一一一頁から一四二頁まで）を占めていることから、つまり、全体の四分の一弱もの分量を占めていることから、彼の力の入れようが実によく分かるわけである。そしてこの問題についての記述の仕方も順序も殆んどルーディンのそれらに従っているが、ルーディンよりも更に詳細で念入りに行っている。このようにキュレンスティアナはキルケゴールの教会攻撃に全面的に共感を示しているが、その共感の根拠をなしているものは、キルケゴールのキリスト教思想を「ひとりの人間の内面性の宗教」den enskilda Människans och innerighetens religion にあるとなし、[6]この観点からキルケゴールをキリスト教における闘いの戦士として神聖化し、キルケゴールはスウェーデン人に久しく忘れられていた闘う人となる道を示してくれた人となしているのである。[7]該書にはとくに目新しいものは見られないとしても、該書はこの時期W・ルーディンの「基本的パラダイム」を受け継いでいることを証ししているものとして研究史上やはり意義あるものとして評価さるべきと考える。

最後にC・イェンセンは、その書物において、原理的には全く不可能なことを、つまり、ブランデスの見解とルーディンの見解との同時採用を、試みている、と言われることがあるが、それはあくまで該書の一面に関する限りのことであり、全二九九頁の該書を通読してみると決してそのようなことは言えなくなる。というのは、イェンセンはやはりW・ルーディンのパラダイムを忠実に受け継いでおり、キルケゴールの全生涯と全著作活動と内面に眼を向け、そこにキルケゴールの「内面性」が「キリスト教の真理」の方向へとより深化してゆくさまを的確にとらえているからである。つまり、彼はブランデスの方法や思想を柔んわりと逆手にとってそこから「内面性の真理」への筋道を辿っていると言ってもよいであろう。さて該書におけるルーディンのパラダイムの踏襲は何よりも「教会攻撃」を扱っている個所にはっきりと現われている。その個所は二二六頁から二八一頁までの間で、それは全二九九頁の中の五十六頁分の分量を占めるものである。これだけ見てもこの問題へのイェンセンの熱意が伝わってくる。その考察の方法は全くルーディンのそれに従いながらもそれよりも資料的にはずっと詳細になっている。とくにミュンスター監督とキルケゴールとの関係を扱った章 Havblik før Stormen「嵐の前の凪」(8)はその部分の圧巻とも言えよう。そして次の章 Bruddet「決裂」(9)では、その両者の間に決定的な決裂が起こり、これが教会攻撃へと至った次第が述べられている。しかしそれらの叙述の根底をなすイェンセンの基本的な考えは、キルケゴールの教会攻撃は突如現われた行動ではなく、彼の生涯の過程と著作活動の過程との内面的有機的結びつきのもとでそれの首尾一貫した帰結として起こったものだ、という点にある。すなわち、これはルーディンの基本的な考え方の線に沿っているものである。イェンセンの書物は以上のようなものである。しかしそれは単にルーディンのパラダイムをそのまま踏襲しただけのものではなく、明らかに前述の四人の研究者のスケールよりも一まわり大きいスケールのものになっていることは充分認められなければならない。とくにイェンセンが「嵐の前の凪」という章で教会攻撃までの数年間の過程について詳述していることは、その後の教会闘争研究史に極めて重要な研究課題を提示したと言える。その課題は「教会闘争研究史」において非常に重要な位置を占めることになったP・A・ハイベーアに引き継がれてゆくことになった。

ルーディンから始まるイェンセンまでの流れは以上のようなものであった。

このほか一八八〇年代からは、教会闘争をめぐっていくつか論争も行われたが、それらはキルケゴールを「教会あらし」となす見解をめぐっての極く浅い論争であり問題研究の深化にはとくに寄与しているとは考えられないので、ここでは立ち入らないことにする。

いずれにせよ研究史におけるこの二〇年間は、キルケゴール研究そのものにおいてもこの教会闘争の研究においても、そのための基本的なパラダイムの誕生が行われた時期だったと言えるわけである。

注

(1) Niels Teisen: Om S. Ks Betydning som Kristelig Tænker. (Kbh. 1903). S. 18.
(2) Ibid., S. 56, 71.
(3) Peter Andreas Rosenberg: S. K. Hans Liv, Hans Personlighed og Hans Forfatterskab. En Vejledning til Studiet af Hans Værker. (Kbh. 1898). S. 197.
(4) Ibid., S. 197-9. (5) Ibid., S. 200f.
(6) Oswald Kuylenstierna: S. K. Tänkaren och Sanningssökaren. (Stckh, 1898). S. 110.
(7) Ibid., S. 142.
(8) Christian Jensen: S. Ks religiøse Udvikling. (Aarhus. 1898). S. 247-63.
(9) Ibid., S. 264-81.

四 「二〇世紀前半」の意味と四人の研究者(P・A・ハイベーア、T・ボーリン、E・ガイスマール、J・ホーレンベーア)

キルケゴール研究史における二〇世紀前半は、第一史料の整備とそれに基づくさまざまな研究のもとで生まれた驚異的な分量にのぼる諸文献の生産とで、同研究が空前絶後の発展と充実とを遂げた時期であった。第一史料に関して言うならば、一九〇一年から六年までの間に『キルケゴール全集』(初版全十四巻)が A. B. Drachman, J. L. Heiberg, H. O. Lange の編纂のもとで出版された。しかもこれは一九二〇年から三六年にかけて索引や用語辞典等々も含めて「第二版全十五巻」として出版された。他方あの『遺稿集』は今度は一九〇九年から四八年にかけて『パピーア』“S. Ks Papirer”という名によって P. A. Heiberg, V. Kukr, E. Torsting（＝P・A・ハイベーアの健康が崩れ始めたので一九二五年から参加）の編纂のもとで、「全二〇巻」として出版された。『全集』二回とこの『パピーア』の刊行は、キルケゴールの著作と彼の生涯の殆んどすべてを一気に人々の眼前に提示する意味をもっていた。従って、これによって、デンマーク本国でのキルケゴール研究は、驚異的な発展を見ることになった。その何よりの証拠は、これらオリジナルな資料に基づいた研究書ならびに研究論文が量質ともにはるかに想像を超えたスケールで生産されたことである。そしてこのことによって、デンマーク本国のキルケゴール研究は、いまや確固不動の基礎と体裁とを整えるに至ったわけである。そしてそれらは、他国での研究では到底近づき得ない真実性と充実性とをもつに至ったと言うことができよう。

勿論この時期におけるキルケゴール研究の発展には、そのような資料的事情だけが原因をなしていたわけではない。そこには周知のような世界史的事情が働いていたことも充分考えられなければならない。国外では、第一次大戦と第二次大戦、国内では、社会的変動期にあたり、自由主義や社会主義等々の思想運動をはじめ、教会史的事情も大きく働いていた。こうして人々の内面性には、ニヒリズムの意識が浸透してきた時期である。従って、これらの精神状況には、キルケゴールの思想は対応し易かった。

さて以上のような諸事情のもとでこの時期におけるデンマーク本国での研究には実にさまざまの著しい特徴が現われてきた。それらを全部紹介することは到底紙幅が許さないので、ここではそれらの中から六点程を選んで紹介したいと思う。

まず第一に挙げられるのは、多くの研究書や研究論文が目ざしていたことは、あくまで資料に忠実であろうとしたこと、従って、「事実と史実」を正確に伝えることを第一眼目としていたことである。このことは学問研究上当然と言えば当然であるが、しかしドイツなどで多産されたキルケゴール書やキルケゴール論文を読んでいると、随分それらの多くはむしろその筆者が最初から自分自身の思想や哲学による方向づけを決めておいて、キルケゴールの資料をそのために用いるといった類いのものが多いが、つまり、「キルケゴールを論じよう」とするものが多いが、これらと比較するとき、デンマークの研究者の書物や論文の随分多くは、あくまでキルケゴールの「事実」と彼の「意志」とを読み取りそれを伝えようとすることを基本方針としており、その意味においてはそれらは実に地味な印象を醸していることを知らされる。

第二に、以上のような態度と方法に基づく研究作業の当然の現われとして、この時期デンマーク本国や、北欧地域ではキルケゴールに関する「伝記的研究」がますます盛んになり、彼の全生涯のみならずそれのさまざまな局面についての実に詳細で誠実な研究が非常に多数生産されたことが挙げられる。そしてこの研究だけは、ドイツはじめいかなる他国での同種の研究にも追従を許さない圧倒的に優れた分野として確固不動の地位を占めている。日本ではキルケゴールの生涯を研究するのに何よりもE・ヒルシュのK＝Studienを座右の銘のように用いる習慣があったが、これは私が直接N・H・セー及びN・トゥルストルップ両教授から聞いたのであるが、両教授ともにE・ヒルシュの社会民主主義者としての立場からキルケゴールに関わっているその態度と方法に非常に大きな疑問を投げていた。というのは、その態度と方法からはキルケゴールの思想の根幹をなす教義学的領域の問題が視角の外に置かれてしまうからである。しかしまたそれゆえにこそ日本人には親しみ易いものになるという皮肉が生じているのであるが。しかし学問の最大の基礎は「即事性」にあると考えられるのだが。

第三に、以上述べたような資料的文献的状況のもとで推進される伝記的研究の方法の根幹をなすものとして、「外面的社会的諸関係」（さまざまな人物とのキルケゴールの交際関係）の考察と合わせて彼独自の内面性へと目を向けた考察もしくは洞察をする「内省心理学的方法」とが方法論上の重要な位置を占めてくることが挙げられる。この「内省心理学的方法」はこの時期におけるデンマーク本国におけるキルケゴール研究の方法の最大の特徴を意味するものと言ってよかろう。H・S・ヴォスコウから発しP・A・ハイベーア、H・エレキラ、J・D・ランマーク、そしてJ・ホーレンベアへと至るこの「内省心理学的方法」は、F・ブラントにさえその影響を及ぼす程に、陰に陽に同時期のみらず爾後の時期においても同国の実に多くの研究者の方法に影響を与えているのである。この内省心理学的方法は、やがて次の時期にいくつかの限界にぶつかるが、少なくともこの時期の方法論としては象徴的な意味をもったものと言ってよかろう。その他「方法論」という観点から見られるならばさまざまな事例が挙げられなければならないが、ここではそれらの代表として以上の記述だけにとどめておく。

第四に、この時期は、先に言及しておいた無数の著作や論文等々の生産という事実からも推察され得るように、「研究上のパラダイム」というものが多様に生まれ定着したことが挙げられる。これも一々詳細に紹介することはここではとても不可能なので、ほんの一例まで挙げるとするならば、「総合的研究のパラダイム」としては、T・ボーリン、E・ガイスマール、J・ホーレンベーア等々の書物や論文が挙げられ、キルケゴールがもった多くの人々との関係に関しては、「人的関係」や「思想的関係」を研究するパラダイムが生まれたが、その事例として、H・ルンやT・ルンのもの、P・A・ハイベーアやP・V・ルーボウやとりわけF・ブラントのもの等々が、「基本概念研究のパラダイム」としては、J・ヒンメルストルップやJ・スゴウスボーのものが、「問題研究のパラダイム」としては、例えばそのほんの一例であるが、キルケゴール自身が行った文学研究の源泉を辿ったものとしてF・ブラントやK・イェンセニウスのものが、そして「教会闘争の問題」の研究のパラダイムとしては、P・A・ハイベーア、T・ボーリン、E・ガイスマール、J・ホーレンベーアのものが挙げられる。以上述べてきたものはこの時期誕生したパラダイムのほんの一部であるが、いずれにせよこれらがこの時期誕生して更に定着することになったのである。

第五に、これはデンマーク本国や北欧地域のものではないが、この時期は、前述してきたような諸状況のもとで、そしてとくに二つの世界大戦の影響もあって、キルケゴールへの関心はドイツで高まり、ドイツでの研究が爆発的な発展を遂げたことが挙げられる。シュレンプやルッテンベックや弁証法的神学者やヒルシュはじめ実に多くの神学者や哲学者がキルケゴールに関心をもち、ドイツから生産されるキルケゴールに関する書物や論文の数は驚異的な数字を示すことになった。キルケゴールが全集であれ書物や論文であれドイツ語で読めるようになったことは、単にドイツ語国民のみならず、多くの外国の哲学者や神学者たちにも読む機会が与えられるようになり、キルケゴールは一気に普及することになったわけである。日本はそのことが起こった典型的な事例と言ってもよい。そしてとりわけ第二次大戦後のドイツ、日本、フランス等々の国々でのキルケゴール研究の普及は凄まじいばかりであった。しかしこの普及は「キルケゴール」をして少なくとも本国でイメージされていたそれとは異質のものへと変質させられてしまった不幸をも伴ったことは事実である。

第六に、このようなデンマーク本国内外の研究事情のゆえに、第二次世界大戦終了後のドイツと日本でのキルケゴール・ブームが起こっていた頃の一九四八年、コペンハーゲンに「キルケゴール協会」が設立されたことが挙げられる。しかしその設立の主旨はある意味ではその当時日本の哲学者たちが一般に理解しイメージしていたキルケゴールとは正反対の方向で考えられていたものであった。私は、その設立の仕事に直接加わり事務的な仕事の一切を引き受けてそれを推進させたN・トゥルストルップ教授から後年直接聞いたのであるが、その設立の動機は、デンマークでキルケゴールへ関心をもつ学者や牧師たちがドイツのキルケゴール研究やそれを通じての諸外国のキルケゴール研究によってキルケゴールが変質させられてゆき、そのようなイメージが世界の大勢になってしまうのではないかということへの言い知れない危機感を抱いたことから発しているというのであった。つまり、「協会」は、キルケゴールの真の姿が変質させられてゆく世界の大勢に対して、何とかそれを防ぎ、キルケゴールの真の姿が正しく理解されるよう何とか方策を構じなければならないという危機感から設立されたというのである。それゆえ、「協会」は当然の事乍ら、それがための方法をいろいろ考えたが、結局のところ、そのような世界の大勢を防ぎ、キルケゴールの真の姿を正しく理解して貰うためには、やはり正確で真実な文献資料を提供してゆく以外に方法はないという考えになった。こうして「協会」が設立された。そのためそのようにして設立された「協会」が行うべき主たる活動は、そのような資料整備のほかに、研究会や講演会を頻繁に開いてキルケゴールの真実の姿を伝えることに努めること、そして「協会」が自ら責任をもってキルケゴールについての著作や論文集を出すこともしようということになったという。これは私が一九五八年から六〇年にかけてコペンハーゲン大学留学の際にN・トゥルストルップから直接聞いた話である。なお「キルケゴール協会」の歴史に関しては近年五十周年を記念して書物が刊行された。それは、“Studier i Stadier. S. K. Selskabets 50-års Jubilæum. Redigeret af Joachim Garff, Tonny Aargaard Olesen, Pia Søltoft. (Kbh. 1998) (S. 375)” である。

デンマーク本国におけるキルケゴール研究史の中の「二〇世紀前半」はこのような特徴をもっていたのである。ところで同時期における「教会闘争の研究」も、先に少し言及したように、このような状況の下で、その発展と充実とを見たわけである。これに携わった研究者の名は多数挙げることができるが、やはり主だった人物としては、P・A・ハイベーア、T・ボーリン、E・ガイスマール、J・ホーレンベーアの四人の名を挙げることができる。

この四人の中で「教会闘争の研究」に関してパラダイムにおいても方法においても内容そのものにおいても最大の貢献をなしたのはP・A・ハイベーアP. A. Heiberg (1864–1926) であったと言えよう。彼は医者であるとともに『パピーア』初版の編輯にあたって中心的な役割を果たした人物であった。しかし同時に彼は三冊の名著と一篇の有力な論文とを書くことによって、パラダイムにおいても、方法論においても、そして内容においても、二〇世紀初期のキルケゴール研究に中心的、確固不動の地位を占めることになった。その研究スタイルの特徴は、実に厳密な配慮と精緻を尽した資料的裏付に基づく「心理学的—内面的研究法」つまり、「内省心理学的研究法」にあったと言えよう。彼は、既に述べたこの時期におけるデンマークのキルケゴール研究の最大の特徴としての「「伝記的研究」と「内省心理学的研究」とを確立した最初の中心的人物と言えるのである。彼は前述の四つの労作においてはキルケゴールの生涯をその幼少期から青年期へと丹念に辿り、そこにキルケゴールの内面性の秘密をなす決定的なものとして「憂鬱」Tungsind を発見し、これがキルケゴールの生涯において、人間関係にも、思想の形成にも、そして信仰の深化と保持にも決定的な役割を演じていた事実を明らかにして行ったのである。こうした彼の研究スタイルは当時の研究者たちのモデル的意味をもったわけである。ところで、目下われわれが問題にしている「教会闘争」の問題に関しては、彼は先述の四つの労作の中の四番目のもの S. Ks religiøse Udvikling. Psykologisk Mikroskopi. (Kbh. 1925)『S・キルケゴールの宗教的発展。心理学的顕微鏡的方法』において扱っている。三八三頁もの分量をなす該書は先行する三つの労作を根底に据えた上に書かれた決定版のようなものである。さて、該書の根本的な特徴は、「教会闘争」そのものを扱ってその評価を論じたものではなく、先に述べたような「内省心理学的方法」によって、キルケゴールの生涯の過程にしばしば決定的な役割を演じる「憂鬱」との絡み合で闘争にまでいたる「過程」を省察した点にある。このように「憂鬱」をキーワードにして内面的過程を辿って行った該書は少なくとも次の二点において後の「教会闘争の研究」に絶大な寄与をしている。一つは、「教会攻撃」にまで至る時期区分に関してである。[1] 該書は、キルケゴールの生涯における一八五二年六月十九日までの時期しか扱ってはいないが、この時期をはっきり区切ったことがこの問題の研究上非常に重要な意味をもつことになったのである。すなわち、P・A・ハイベーアは、後年の研究者たちがこの時点をキルケゴールの経済上の窮迫を伴った最後の時期の始まりとなし、キルケゴールが神の攝理の力を信じて「持ちこたえ」のための最後の賭けに入った時期となし、この時点から「攻撃」開始（一八五四年十二月十八日）までの「約二年半」を、残された特別に意味ある時期として区画するための「きっかけ」をつくったのである。つまり、アメリカのW・ラウリーも含めて、J・ホーレンベーアもG・マランチュークもV・クレステンセンもそしてN・トゥルストルップもこの時点での区画があったからこそ、この時点から始まる「二年半」を「教会攻撃」が開始されるための極めて意味深い時期として考察することになったわけである。もう一つは、該書は、「教会闘争の研究」のために、「憂鬱」という内面的心理学的問題があることを指摘し中心的課題にさせると共に、これに関連するいくつかの重要な問題たとえば「肉中の刺」の問題、「経済的、生計的」な問題等々があることをクローズ・アップさせたことである。これらの問題はその後G・マランチュークによって主題的に取りあげられることになったが、それと合わせて、マランチュークはキルケゴールにおいては「牧師職」の問題とこれとの関係で「ミュンスター監督との関係」の問題があることを提示していったが、このような方法にはP・A・ハイベーアの研究法が大きく影響していたと考えられる。P・A・ハイベーアの研究の意義はこのように述べることができるが、彼はその「内省心理学的方法」によってキルケゴールの心理学的特質を明らかにしただけでなく、この「内省心理学的方法」を更に「深化」させる方向において、キルケゴールの「信仰的内面性」の深底で「聖霊の助け」を待っていたこと、とりわけそのようにしてあの「持ちこたえの時期」を過ごしていたことを明らかにしたのである。[2] このように、P・A・ハイベーアの研究は、大変地味ではあるが、パラダイム、方法論、そして内容そのものにおいても、この時期の中心的な意味をもち、後の研究者たちに大きな影響を与えたのである。

T・ボーリン Torsten Bohlin (1889–1950) はスウェーデンの神学者であるとともルター教会の監督でもあった。それゆえ、彼の研究主題はキルケゴールの神学思想にあった。彼は若い頃からキルケゴールに関する実に多くの労作を発表し、また大著を出していた。それらの主なるものは直ちにドイツ語にも訳されたことから、ドイツの研究者はじめ諸外国の研究者にもその名がよく知られるようになった。彼の研究態度の特徴は何とかしてキルケゴールの「意図するもの」を少しも損うことなくとらえようと努力する点にあった。彼のキルケゴール研究者としての系譜は先述したデンマークのN・タイセンから発しており、この影響を強く受け、次にP・A・ハイベーアの方法を学びとりながら、更にE・ガイスマールへと流れてゆくと見ることができる。彼は一九一八年に、既に学位論文として書かれていたS. Ks etiska åskådning med särskild hensyn til begrephet "den enskilde."『S・Kの倫理学的な見解とくに「ひとりの人間」〔=単独者〕という概念を顧りみつつ』とS. K. Drag ur hans levnad og personlighetsutveckling (Sth. 1918)『S・K 彼の生涯と人格性の発展への寄与』という大著を出版し、それ以後大小六冊、計八冊も出版している。しかしこのほかにも類似の手法で出版している他の人物についての書物を合わせるなら計十数冊になる。それらを通じて読みとれるボーリンの視点は実にはっきりしている。それはN・タイセンに従って、キルケゴールを生涯の歩みと著作活動の過程とを平行的総合的にとらえることによってキルケゴールの「全体性」をとらえ、その「全体性」の中でさまざまな個々の契機（生涯、著作、思想の個々の契機）をとらえること、とくにたえず出てくる矛盾する二つの契機はそのようにしてのみ理解され得るとなしている。こうして彼のキルケゴール解釈の目はひたすら「単独者の単独性」に向けられている。彼がキルケゴールを評価している点もこの点にあり、学位論文はじめ彼の全著がこの一点に向けられているのである。それゆえ、キルケゴールの教会闘争、教会攻撃の行動も、彼の生涯と著作活動と思想の発展の「全体性」の視点から彼の「単独性」が際立つものとして評価されているのである。ボーリンが「教会闘争の問題」を扱ったのも、その「全体性」の視点の確立が前提であったため彼自身の晩年においてであった。それを扱った書物は、S. K. Mannen och Verket. (Sth. 1939). S. 244–79.『S・K人と作品』ならびにKs Tro och an-Dra K-studien. (Sth. 1944). S. 135–45.『Kの信仰とその他の諸研究』とである。しかし前者がその研究のすべてを表わしている。前者ではこの研究は第十四章 Tystnadens år「沈黙の年」と第十五章 Kyrkostor-maren「教会あらし」の二つの章に分けて行われている。この区分ですぐ気づくことは、この時期区分は明らかにP・A・ハイベーアのそれに従っている点である。そしてボーリンはこの区分に基づいてデンマークならびにスウェーデンの実に多量の資料に基づいてこの研究を行っている。その第十四章「沈黙の年」はキルケゴールの先述の一八五二年から一八五四年十二月までの約三年間を考察しているが、その内部は更に二つに区分され、第一節は「心的葛藤が頂点に達する」という標題に、第二節は「キルケゴールの離れられない親友、憂鬱の問題」というそれになっている。その第一節が述べていることは、キルケゴールはその心的葛藤を通じて遂に「新約聖書のキリスト教の真理」についての決定的な解釈と確信に達したが、そしてそのことの帰結が自分にはどうしても避けられないものと考えたので、「沈黙」を守らざるを得なかった。しかしその「沈黙」こそ「嵐の前の静けさ」であったというのである。(3) 第二節では「憂鬱」の問題と「教会闘争」との関係が考察されているが、その考察には二つの著しい特徴がある。一つは、この「憂鬱」が一八四七年以降コルサール事件や経済的窮迫の中で起こっていることを述べるために F. Brandt

: S. K. og Pengene. (Kbh. 1935) や Henriette Lund : Erindringer om Hjemmet. (Kbh. 1880, 1909) など実にさまざまな資料を用いている点である。(4) もう一つは、その「憂鬱」についての解釈であるが、稀有な正確さをもってキルケゴール自身の見解を伝えている点である。ボーリンは、キルケゴールが「教会攻撃」へと踏み出そうとしたとき、またもや「憂鬱」に襲われたことを、一般の精神医学者 J. P. Jacobsen, P. A. Heiberg, Hj Helweg, Viggo Christensen 等々の見解に従ってはっきりと認めている。しかしその「教会嵐し」は「憂鬱」という「精神の病い」のせいで行われた「狂気病状」なのではなく、それとは逆にむしろキルケゴールは、彼自身が言うように、その「憂鬱」を助けにして行ったのだという。(5) ボーリンは大要次のように言っている。キルケゴールはいくたびも起こったその「憂鬱」の発生のたびごとに、それを、それを通じて人間の精神生活の深みを測り、文学的創造をするための精神の測深器として不可欠な補助手段と見ていたが、それだけでなく、彼はそれを神からの贈り物として受け容れ感謝をさえしていた。そして彼はこれなくしては彼が神から与えられた他の自分の才能を生かすことは出来ないものとして受けとめていた。(6) それゆえ、「憂鬱」は、キルケゴールにとっては、神が派遣した神の使者であった。(7) このように述べている。こうしてボーリンによると、キルケゴールはいままでこの「憂鬱」の助けによって「真のキリスト者」と「真のキリスト教」とを描き出してきたが、いまこそまたもや「憂鬱」の助けを借りて、真摯な義務感と神の恵みの圧倒によって「啓示」を描くことまでしてきた。ところが、ここへきて、その「憂鬱」を吹きとばすような地点に立つようになった。それはこうである。彼は、いままで自分が「宗教的詩人」として描いてきたその「キリスト教の告知」が自分に「キリストの跡に従う」ことを要請していることを強く感じるので、彼は「自分は真理の証人になること」が神が自分に与えた任務ではないかという問いにぶつかった。しかし彼は自らが一八三八年以来宣言してきた「武装せる中立」を守ることを究極の立場にしてきた。ところが、そのような状況を一気に吹きとばす事態が起こった。老ミュンスター監督の死（一八五四年一月三〇日）であった。それゆえ、これがキルケゴールの動機づけをなすに至ったという。こうして第十五章では「教会嵐し」の模様が記述されている。つまり、「教会攻撃」の過程が述べられている。この章においてボーリンは、「教会攻撃」の中心が小冊子『瞬間』にあることを述べ、とりわけ、『瞬間』第一〇号（印刷されていなかった最終号）でキルケゴールがいわば生涯の最後に述べた言葉に注目し、キルケゴールは自分の課題を「キャラクターとして登場すること」træde i Characterとして自覚していたことを指摘し、つまり、キルケゴールは自らを「新約聖書のキリスト教」に従って「犠牲」として献げることに踏み切った、となしている。つまり、ボーリンはキルケゴールが「新約聖書のキリスト教」を正に「単独者」den enskildeとして実行したことを高く評価しているのである。(8)

E・ガイスマール Eduard Geismar（1871–1939）は最初牧師として出発し、一九二一年からはコペンハーゲン大学で組織神学の教授になった。愛弟子であったG・マランチューク博士ならびにその親しい人々から聞いたところによると、ガイスマールは牧師のときキリスト教に大きな疑問をもち長い懐疑の時を過ごしたが、キルケゴールの『哲学的断片後書』を読むことによって救われたというのである。ガイスマールの研究史上の系譜は極めて特色がある。彼は先のボーリンよりも二十歳近くも年長であるにも拘らず研究史上ではボーリンの後に位置づけられている。それは次のような事情からである。ガイスマールは、まずP・A・ハイベーアのパラダイム、方法、内容をまるごと受け継いでいる。それはとりわけ、ガイスマールの深い宗教的体験がP・A・ハイベーアが描き出した「キルケゴール」に深甚なる共感をもったためと言われている。しかしガイスマールは自らが神学者であるという立場からN・タイセンの線にそって考えるとともにT・ボーリンの諸書からも大きな影響を受けるようになった。それはこの両者ともキルケゴールの思想形成をその内面性の出来事と外面的な出来事との関連で深くとらえてゆくその方法に共感をおぼえたことによる。しかし勿論彼はやがてこの両者の線を超えてゆき、しかし依然として残っているP・A・ハイベーアからのインパクトのもと自らの方法を形成してゆく。ガイスマールも多数の論文を書いているがその象徴はやはりあの大著S. K. Livsudvikling og Forfattervirksomhed. Bd. I–VI. (Kbh. 1926–28)『S・K人生の発展と著作活動』に見られる。六分冊全七八八頁のこの大著は一九二九年にはドイツ語に訳されて（一冊にまとめられ全六七二頁になる）出版されたため諸外国の多くの人々に読まれるようになった。日本もその例にもれない。デンマークでは勿論そのデンマーク語の方が実に多くの人々に読まれた。それにはいくつかの理由があった。一つには、該書は極めて総合的な性格をもっており、つまり、先行する研究者たちの成果をすべて用いていた印象をもっていたこと、もう一つは、そのデンマーク語のきれいさ、分かり易さである。該書はとかく難解なデンマーク語によるキルケゴール研究書の中にあって最も分かり易いデンマーク語で書かれているものと言ってよかろう。これには牧師の経験が生きていると考えられる。このようなことからデンマークでも該書は多くの人々に読まれ、またさまざまな書評が出された。それらの中で随分多くは、該書の「総合性」をその故に特色のなさとして指摘しているのが目に入る。しかし私は、該書にはやはり他書にはない二つの特徴があることを知らされる。一つは、キルケゴールの思想の発展過程を考察するのに「生涯」と「著作活動」との相互関連のもとで追求しているが、そしてこの点は先行の研究者たちと同じパラダイムと方法に従っているように見えるが、その作業は先行の研究者たちの誰のものよりも大きい図型のもとで実に明解に進められていること、キルケゴールの生の事件の一つ一つが著作や日誌の記述との関連で実に詳細にとり扱われている点があげられる。もう一つは、ガイスマール自身の「キルケゴール体験」からか彼は明らかに「キルケゴールとの同時性」のもとで該書を書いている点である。そのため該書を読んでいると活字を越えて強烈に伝わってくるものがあるのを感じる。私はこのような特徴を認める。ところで、「教会闘争の研究」に関してであるが、該書はこれを第六分冊で一二八頁もの紙幅を使ってそれを扱っている。その場合彼は当然先行する五つの分冊での研究を前提にしそこまでの過程の帰結としてこの「教会闘争」を書いており、とりわけそれを一八五四年一月三〇日のミュンスター監督の死の日から始まるものとして、この日から「教会攻撃」の全過程を実に丹念に日誌記述やさまざまな資料を助けに記述している。その記述の詳細さと誠実さには確かに驚かされるものがあるが、とくに目新しいものは感じられないように思える。それゆえ、それらは、資料的にも理論的にも特に注目すべきものはないと考える。むしろ注目すべきは末尾の方で付加されている一つの項目についてである。それは、「読者との了解のために」Til Forstaaelse med

Læseren という十四頁分の文章である。そこでは彼は大要次のようなことを述べている。[9] 該書は決してキルケゴールについての一定の結論に達するように書かれたものではない。キルケゴールが示したことは結論ではなく道だからである。従って、私は彼が人生を結論化する不誠実と闘うように提示してくれたその精神に従った。そのためとりわけ、教会、教会のキリスト教が固定化し、真理とは非論争的なものと化した点と闘い、キリスト教の真理を自らの責任と努力とにおいて闘いとることを教えてくれたキルケゴールを高く評価している。そのようなことから、自分はキルケゴールとは深い感謝の関係にあることを表明する。こうして最後に「祈り」の言葉が三十六行程書かれている。[10] そこでは、ガイスマールは、このようなキルケゴールを神が自分に与えて下さったことを深く感謝し、自分にもキルケゴールと同じように「真理を闘いとる」ことに努力をする力が与えられますように、と祈っている。多くの人々がガイスマールの該書に惹きつけられたのもこのような「キルケゴールとの同時性」にあったと言えよう。

ここでどうしてもJ・ホーレンベーア Johannes Hohlenberg (1881–1960) の研究に触れておかなければならない。彼は最初画家として出発したがその後ジャーナリストになり、そのような自由な立場からキルケゴールの研究に傾倒した人物である。彼も多くの書物や論文を書いているが、それらの中で何と言っても彼の名をデンマークのみならず世界のキルケゴール研究者たちに知らしめたのは、あの S. K. (Kbh. 1940) である。これは「デンマーク人の伝記」に関して出版社が懸賞論文を公募したときそれに公募して一等になった論文である。このようなこともあってこれは直ちにスウェーデン語、英語、ドイツ語、オランダ語、フランス語にも訳され、更に日本語にも訳されている。これだけ見ても該書がどんなに多くの読者をひきつけたかが推察され得る。ところで、該書がそれ程までに評価を受けているのは、それが総合的に用いた諸々の多量の資料だけでなく、言うまでもなくキルケゴールに対する著者ならびに該書の「視点」である。該書は、広い意味では内省心理学派の流れに属するが、同派の書物も含め他のこれまでのいかなる書物とも異なって、実に卓越したユニークな視点を設定して、その視点のもとでキルケゴールの生涯を観察し説明しているところに比類ない特徴がある。その「視点」というのは、端的に言うならば、キルケゴールを「天才」としてとらえ、「天才の生」というものはその「天才的知性」のもと一般人とは全く異なる展開を、いや、一般人とは全く逆の構造での展開をするものだというにある。その際最大の問題になってくるものは、その生涯における「外的契機」に対する一般人の関係と「天才キルケゴール」の関係との根本的、質的な相違の問題である。すなわち、一般人は、自らの生がこうであると考えるがゆえにそれをキルケゴールの生にも当て嵌め、つまり、キルケゴールの作品も内面的な闘いも思想や精神の形成も彼特有の「外的環境」（家庭的環境、教育的環境、社会的、文化的環境等々）があったからこそ、その「外的契機」との関係によって生み出されたものなのだと考える。ところが、ホーレンベーアは、「天才」においては、従って、「天才キルケゴール」においては、事態は全く逆なのだ。「外的契機」が彼のそれらに強い影響を及ぼしそれらを生み出したのではないのだ。いや、キルケゴールにおいては一般人が「外的契機」と呼んでいるものすら存在はしないのだ。彼においては彼の「人格」こそが、彼の「天才的知性」「天才性」こそが原初的な素因をなすものであり、その先行性の故にこそ、その「人格」が啓示されてゆく過程として彼の生涯も作品もつくられたのであり、それゆえ、彼の「伝記」と「作品」とはその人格とは全く切り離して、しかし同じ一つの精神の異なる局面として考えられなければならない。このようにホーレンベーアは考えるのである。それにしても、確かに現実に存在していたその「外的諸契機」をホーレンベーアはどう性格づけ位置づけたのだろうか。彼はこう考える。それはキルケゴール自身の「運命」の一部をなすものであり、彼自身の運命がそれを作り出したのだ。つまり、彼自身の運命のもとでは周囲のすべてのものごとがそのようになってゆくのだ。つまり、それら個々の「外的契機」と見えるものの悉くは、キルケゴール固有の「天才的知性」「天才性」によって選びとられたことによって意味をもつことになったのだ。つまり、キルケゴールが「天才性」そのものであるが故にこそ、それら個々のものが「意味」をもったのだ。それゆえ、キルケゴールの生涯は、この「天才性」が根本的素因をなしているという視点からのみ、見られなければならない。このようにホーレンベーアは考えている。しかし彼のこの考え方は「天才」「天才性」の正体についての次の基本的な考えに裏づけられている。すなわち、「天才」とは、「単独の主体として実存するもの」で、それは他のいかなる者の存在とも異なって全く自律的な優位する実存として「瞬間」を体現している。この「瞬間」こそが「単独の主体の実存」「天才性」の基本カテゴリーであり、これが一切を凌駕し、万物に優位する。この「瞬間」こそがキルケゴールの「天才的知性」の根幹をなすものであり、キルケゴールの生、生涯はこの「瞬間」を前提にして観察さるべきである。このようにホーレンベーアは考えている。このようなホーレンベーアの考え方は、他の研究者たちの考え方や勿論われわれ一般人の考え方と比較して余りにもユニークに感じられるとしても、われわれ一般人の思考様式自体が近代の物理学主義によってすべての事象を「物質の相の下に」「原因―結果という硬直した一本線」で考えるようになってしまい、人格、主体性、実存等々もそのように「物象化」して見ることに馴らされてしまっている現状に対して、それらを考えるにはそれらとしての固有の方法があることを訴えるために、「天才性」「運命」「瞬間の体現」という決して「物質」には還元され得ない概念を手がかりにしてそれら固有の特質に迫ろうとした仕方は新鮮な衝撃と言わなければならない。さて、該書がホーレンベーアのこのような視点のもとで書かれていることを知るなら、該書の終りの方で扱われるキルケゴールの生涯の最後の出来事としての「教会攻撃」の扱いにおいてはこの視点が最も鮮明に映り出てくるであろうことは充分察しがつくであろう。それは正にその通りで、その叙述も迫力に満ちている。この問題をホーレンベーアは十三章と十四章で約四十七頁の紙幅を使って説いているが[11]、彼が言わんとしていることは要約して言うと次のようになる。すなわち、キルケゴールの「教会攻撃」という破天荒の行動は決して「教会史的事情」というような「外的契機」によって彼がそれに他律的に巻き込まれる形で演じたドラマではなく、つまり、それは他律的な客観的出来事ではなく、あくまでもキルケゴール自身が準備をし、その「時」を待って、その「瞬間」をカテゴリーとして自ら「積極的」に演じた行為であり、それは「瞬間」における「彼自身そのもの」なのだというのである。ここでいう「積極的」とか「積極性」とはいわゆる一般にいうそれらと同じ意味のものではなく、つまり、「空間性」の意味でのそれらではなく、「時間性」の意味でのそれら、つまり、「天才的運命」のゆえに彼自身の中に準備されていたというその「先行性」を意味しているのである[12]。このように述べてホーレンベーアはこの視点を保証するものとして、これに関するキルケゴールの日誌記事を多々用いてゆく。二七〇頁から二七九頁までは、『祖国』紙上で展開したキルケゴールの論文やそれらをめぐって投じられたほかの人々の論説を中心に、その「攻撃」の過程が述べられてゆく。そして二七九頁から三〇〇頁までは小冊子『瞬間』の各号の中心的部分を解説してゆき、その間キルケゴールのスケジュールに合わせるようにして、『神の不変性』という小論についての解説も挟んでいる。こうしてホーレンベーアはキルケゴールの「教会攻撃の過程」を自らのあの視点のもとで記述してゆく。しかしその作業においてホーレンベーアは他の研究者たちの似たような記述の作業とは質的に異なった著しい特徴を見せている。それは少なくとも二つの点に認められる。一つは、ホーレンベーアはその小冊子『瞬間』の各号の発行がキルケゴールにおいては驚く程に計画的に準備されて為された点を述べ、その事例として次の点を指摘している点である。それは、その第一号の発行日が一八五五年「五月二十四日」であること、そして印刷され発行された最終号第九号の発行日が同年「九月二十四日」であったことを指摘し、ここにキルケゴールの「攻撃の後半」における新らたな作戦の仕方を見ている点である。もう一つは、正にこのような時間性に関連してであるが、その最終号のあとに「第一〇号」の発行の準備がなされていてその原稿は印刷所に手渡すばかりになっていたがこの時キルケゴールが倒れた点を最も重視している点である。それに関してホーレンベーアが記している部分は正に該書の中の圧巻と言わなければならない。参考までにその一部を訳出してみよう。「われわれはそれゆえ、真実のこととして、こう言うことができる。死は正にそれ自らの時にやってきた。その死は、彼が自分で自分の活動を弱めることを、妨げたのだ。彼の死の原因を彼の巨大な精神的苦悩に求め、それが彼の肉体を消耗させたのだとなすことは、彼が情熱とエネルギーを〈あのように〉激しく消費したことは死の近づきつつあることを彼が予感していたからだと説明するのと同じように、見当違いも甚だしい。それら両者はともに同格のものであり、彼の運命を形成している等しい部分である。キルケゴールは一八五一年の日誌で次のように記している。〈死ぬということはそれ自体においてある何ものかなのではなく、人の生の産物である。それは人に起こってくる何かなのではなく、人の生に内属しているものである。〉人は第五場の中途で死ぬようなことはない。キルケゴールは正にその芝居が終了し、彼の演技が為し了えられた正にその瞬間に死んだのである。彼の一生はより高いレベルの劇作家によって営まれてきたものだ。その幕は、劇の目的が達せられ、それのすべての筋道がただ死だけが解くことのできる一つの結び目へと一緒に結び合わされる場面に至ったときに、下りたのである。彼の一生のすべてのモティーフは終りまで演じられた。終りまで走り通されたのである。(13)」ホーレンベーアの見解は以上のようなものであった。彼がわれわれにキルケゴールという天才の生涯、人格、思想等々を見るにはわれわれが馴れきった思考様式によるのではなく、それとは全く質の異なったそれらにのみ妥当し得る固有の方法によらなければならないことを今更のように目覚ませてくれたことは大きな功績と言わなければならない。――しかし私は、ホーレンベーアの見解をこのように高く評価しても、これを全面的に受け容れているわけではない。というのは、ホーレンベーアがキルケゴールを「天才、天才性」としてとらえたことそのことによって、ホーレンベーアは、当然の事であるが、この「天才、天才性」の本質にも属性にも入らないひとつの重大なことを、つまり、「天才」である限りはどうしても出来ないひとつの重要なことを、死角の彼方に追いやってしまったからなのである。しかしそのことこそがキルケゴールの「生命」をなしていたものであるので、これが死角の彼方へと追いやられてしまったのである。そこで問題はその「天才にはどうしても出来ないこと」とは何かということになるが、それは「祈る」ということである。「天才」にはどうしても為し得ないことが一つだけあるとするならば、それは「祈る」ということである。ところが、この「祈る」ということこそがキルケゴールの「生」の根底を貫いていたのであり、これこそが彼の「生涯」をつくっていたのである。ところが、ホーレンベーアは、キルケゴールを「天才、天才性」としてとらえることによって、キルケゴールの生の根幹をなすもとを死角の彼方に追いやってしまったのである。しかしこの「祈る」という行為そのことがキルケゴールの生涯を教会闘争へと歩ませ、教会攻撃へと決断させたのである。それゆえ、この「祈る」という行為とその際に祈られた「祈り」とを中心に「教会闘争」を考察してゆくことは「教会闘争の研究」のための不可欠の視点になると考える。

二〇世紀前半における「教会闘争の研究」の模様は大体以上のようなものであり、ここに代表させて検討してみた四人の研究者は、この時期ようやくにしてひとまず整備され了えた第一史料とそれに基づく無数の研究文献を踏まえて、既に先行する二〇年間に生まれた「基本的パラダイム」を受け継ぎながら、格段に深く濃密な研究を成し遂げたのである。

注

（1） P. A. Heiberg: S. Ks religiøse Udvikling. Psykologisk Mikroskopi. (Kbh. 1925). S. 302–77.
（2） Ibid., S. 363–6.
（3） Torsten Bohlin: S. K. Mannen och Verket. (Sth. 1939). S. 248ff.
（4） Ibid., S. 249–59.
（5） Ibid., S. 265–7.
（6）（7） Ibid., S. 266ff.
（8） Ibid., S. 274ff.
（9） E. Geismar: S. K. Livsudvikling og Forfattervirksomhed. Bd. VI. (Kbh. 1928). S. 103–16
（10） Ibid., S. 115ff.
（11） J. Hohlenberg: S. K. (Kbh. 1940). S. 269–315.
（12） Ibid., S. 269ff.
（13） Ibid., S. 303.

五　「二〇世紀後半」の更なる発展としての普及と深化、その中から生まれたP・レニング、V・クレステンセン、G・マランチューク、C・ヨーアンセン、N・トゥルストルップ

キルケゴール研究史における「二〇世紀後半」は、いまの時点から振り返って観望してみるとき、それが意味するものの輪郭が実に鮮明に浮かび上がってくる。しかしそれは二つの相反した特徴としてである。

一つは、第二次大戦後のドイツ、フランス、日本、英国、アメリカ等々、更にその他の国々においても起こったキルケゴールの普及やブームの状況に符合するような仕方で、デンマーク本国においても、キルケゴールの著作と彼についての書物が夥しい数で現われたことである。まずキルケゴール自身の著作に関してであるが、その中のいくつかの著作はさまざまな単行書の形をとって出版されるとともに、それらは徐々に新書版、文庫版の形式をとるようにさえなっていった。しかし何と言っても象徴的な出来事は、一九六二年から六四年にかけて『全集』の「第三版」が(全二〇巻にして)ローデ Peter P. Rohde によってペーパーバックの形式で刊行されたことであった。この第三版は先行の二つの版の場合とは異なって、キルケゴールの著作をそれらが最初に出版された通りの時間的順序に従って出版されてゆき、活字も従来のヒゲ文字から一般のラテン文字に変えられ、更に「注」も簡略化と追加なぞされて初心者に読み易いものに変えられたことである。そして驚くべきことに、この第三版は、何と発行部数二〇、〇〇〇部をもってスタートしたと言われている。そして以上述べてきたような内外の事情に合わせるようにして、「キルケゴール協会」出版の「キルケゴール通俗叢書」をはじめ主として初心者向けの入門書や案内書風のものが実に多量に産出されたのである。それゆえ、これと関連して、やはり評論風のものやエッセイ風のものが現われている。これは一時期ドイツ、フランス、日本等々で流行した実存思想や実存主義の影響と考えられる。とにかく以上述べたいずれも

がこの時期における「普及現象」を意味するものと言ってよい。

もう一つは、これとは正反対の現象で、つまり、実に高度で濃密な学問的研究が多数の研究者たちによって行なわれた事実である。これも資料整備の面でも理論的研究（問題究明も含む）の面でも見事な成果を挙げている。まず資料面においては、例えば、C・ヴェルツァーやS・キューレ等々のような個人的労作に基づく成果は勿論のこと、何よりも象徴的なのは、一九六八年から七八年にかけて『パピーア』の第二版が、N・トゥルストルップによって二巻の増補とN・J・カッペローェーアンによって三巻もの詳しい索引とが加えられ全二十五巻として刊行されたことである。このほかこれに先立って同じくN・トゥルストップによってキルケゴールのならびにキルケゴールとの書簡や証明書類を集めた Breve og Aktstykker vedrørende S. k. Bd. I–II. (Kbh. 1953, 1954) の出版も挙げられる。そして当然の事乍らJ・ヒンメルストルップやN・トゥルストルップやその他の人々による実に多数の文献目録が出版されている。次に理論的研究の面での生産は正に量質ともに驚異的な発展を見せていると言ってよいであろう。V・クレステンセンからA・キンゴに至るまでの二十数名の研究者の労作は研究史上不朽の成果を残していると言っても過言ではなかろう。ある意味ではこれらがこの時の最大の収獲であると言ってもよいであろう。そして目下問題にしている「教会闘争の研究」に関する主要文献もこれらの状況のもとで生まれているのである。

いずれにせよキルケゴール研究史におけるこの二〇世紀後半はこのような二つの特徴を示しているのである。

そしていま言及したように、この時期の「教会闘争の研究」もこのような状況を踏まえて行われたのである。その研究に携わった人々は多数いたが、ここではそれらの中から主要と考えられる五人の研究だけを代表させて検討してみたいと思う。しかしそれら個々の人々の検討に入る前に、一つだけこの時期の「教会闘争の研究」の性格を象徴するような「論争」があったことを紹介することから始めたいと思う。それは一九五五年春デンマークの「キルケゴール協会」主催の講演会で行われた「キルケゴールの教会攻撃」をめぐるG・マランチューク博士とN・H・セー教授とのそれぞれ正反対の見解を述べた講演のことである。協会の委員会はそれを広く人々に伝える目的で S. K. SelsKabets Populære Skrifter. VI. (Kbh. 1956)『キルケゴール協会通俗叢書第六号』に収録し出版したのである。これはG・マランチュークが先に講演したので、次の講演会で行ったN・H・セーの講演はそれへの反論的性格をもっている。両者それぞれ約四〇頁分のものになっているが、両者を通読して知られるものはその解釈の決定的な相違である。つまり、マランチュークは、キルケゴールの教会攻撃という行動は彼のキリスト教信仰とその生き方におけ必須の中心的位置を占めていると述べているのに対して、セーは、その行動自体はキルケゴールのキリスト教信仰の本質とは全く別物であり、その信仰の正しさとは裏腹に明らかに誤まりであるとみなしているのである。このように両者の見解は正反対であり、それは明白である。しかし「キルケゴールの教会闘争」をめぐって述べられる多くの研究者たちの意見も結局はこの二つのいずれかになるのである。その点この図式を予め理解しておくことは有益であろう。しかし私が論争をここに例示したのには実はもっと重要な理由があったからである。それは、この論争はこの時期の「キルケゴールの教会闘争についての研究」の性格を実によく象徴していると考えられたからなのである。それは、端的に言うならば、この時期多くの研究者たちによって行われた同研究は、彼の闘争を「教会史的視点」から究明してみようという試みとしての性格が著しかったという点である。つまり、それらの研究は、直接間接に、大なり小なり、キルケゴールのその行動を「教会史的視点」から問うという性格のものになっていたのである。以下述べる五人の研究者の研究も大体この性格のものとして考えられるのである。

まずノルウェーの神学者P・レニング Per Lønning の主著《Samtidighedens Situation》En studie i S. Ks Kristendomsforståelse. (Oslo. 1954)『《同時性の状況》S・Kのキリスト教理解に関する研究』についての検討から始めよう。これはノルウェー語で書かれたもので、三三〇頁の大冊である。この標題からも明らかなように、P・レニングは該書でキルケゴールにおける「同時性」の概念を徹底的に究明したのである。この概念は多くの研究者においてもしばしば取りあげられてきたが、この問題だけを主題としてこれ程までに徹底的に究明されたのはこれが初めてである。従って、該書は研究上の必読の書の一つに数えられよう。該書の全体は四つに分けられ、A、B、C、Dという番号になっている。そしてAではこの「同時性」の概念の分析が行われ、それが結局は倫理的パラダイムにおいて意味されていることが突きとめられる。Bは「同時性の状況とキリストとの出会い」となっており、この概念が意味するのは「同時性の状況におけるキリストとの出会い」のことであるが、それはキリストの性格に従って極めて弁証法的性格のものになることが述べられる。Cは「同時性の状況と教会」の関係を論じ、この中の3が「教会嵐し」Kirkestormen となっており、ここで「教会攻撃」が考察されている。[1] そしてDは「総括的結語」となっている。この全体の流れから充分推察され得るように、キルケゴールのキリスト教思想の中心概念はこの「同時性」の概念であり、その当然の現われとして「教会攻撃」の行動が行われていることが述べられている。その際レニングは、教会攻撃についての多くの研究者の、それもとりわけヘッカーやヒルシュやディームといったようなドイツ語圏の研究者の見解を批判しながら「キリストとの出会い」としての「同時性」が「現実の教会」の現実性とぶつかった出来事としてとらえているが、レニングが主張するのは、その「教会攻撃」が単なる革命的社会的行動というような美学的次元の行動ではなく、キリスト教の根本思想としての同時性においてなされたものであるということである。レニングはこのように述べているが、キルケゴールの行為がただ「同時性」という概念だけで説明しきれるものではないことも事実である。いや、レニングはその「同時性」という概念に対してキルケゴールの「祈り」という行為をどう考えたのだろうか。この両者の関係こそが最も重要な問題なのではないだろうか。

このレニングに比べるとき、V・クレステンセン Villads Christensen がこの「教会闘争の研究」に投じた意義は比較しようのない程大きい。彼はデンマークのルター派の牧師であり、一九三〇年代から実に誠実で貴重なキルケゴール書を一〇冊程書いている。それらはいずれも小さいものではあるが、その視点といい内容といい実に卓越しており、研究自体として真に誠実で緻密で実に実に濃密なものと言える。それらのいずれもがキルケゴール研究と理解には決して欠くことのできない貴重なものばかりである。私はそれらの書物から、視点、方法、内容そのものに関して、実に多くのことを教えられた。とくに彼が一九三七年に書いたS. K. i sit Bedekammer. (Kbh. 1937)『祈りの部屋のＳ・Ｋ』からは、キルケゴールを「祈り」という視点から見ることを教えられた。さて、キルケゴールの教会闘争に関しては、クレステンセンは、S. Ks Motiver til Kirkekampen. (Kbh. 1959)『教会闘争へ至るＳ・Ｋの諸々の動機』とS. K. det centrale i hans Livssyn. (Kbh. 1963) (S. 70–185)『Ｓ・Ｋ　彼の人生観における中心的なもの』の二冊で論じている。彼の見解は極めて明快である。まず前者は全部で四十九頁の小さなものであるが、その標題からも明らかなように、教会闘争に向かうキルケゴールの動機は一つではなくいくつかのものが働いていることを述べている。とくにクレステンセンは、その諸々の動機の中の一つに、キルケゴールの師Ｐ・メラーが指摘したキルケゴールの「論争癖」をあげており、これがさまざまの著作での論争や人々との論争を繰り返してゆきながら最後には『瞬間』における「教会攻撃」にまで至ったことを述べている。しかしクレステンセンはそれら諸々の動機の中でも決定的な動機と言えるものを正確にとらえており、Ｈ・ブロェクナーの『キルケゴールの想い出』やキルケゴール自身の『視点』からの言葉を引用して、それが「神とキリスト教に仕えるため」であることを訴えている。(2) 次の後者の書物は全一九七頁の中で後半の一〇〇頁以上が教会闘争の過程を述べることに使われているが、(3) その究明は前者の場合よりぐっと進んでいる。すなわち、クレステンセンによるならば、キルケゴールの教会闘争への芽は『後書』（一八四六年）から始まっており、コルサール事件を経て、その後のキリスト教的著作においても明らかなように、ぐんぐん成長してゆくことが認められると言うのである。とくにクレステンセンが一八四八年の復活祭週間の回心や「キルケゴールとミュンスター監督との関係」を取りあげた考察は資料的にも内容的にも該書の中の圧巻と言われなければならない。ところで該書が表明している論旨も実に明快である。つまり、クレステンセンは、キルケゴールの「負い目の意識」「罪の意識」を彼の意識の根幹をなすものととらえ、彼の生涯を「懺悔する者」(罪を悔い改める者) Poenitens の生涯、つまり、「贖罪のための生涯」となし、その著作も Bodsprædiken「罪の悔い改めをすすめる説教」を内容としているものとなし、このような視点のもとで一八四六年以降の彼の生涯、行為、著作を考察しているのである。そしてこのような「懺悔の意識」の故にキルケゴールはどうしても「牧師」になることへと踏み出すことをためらっていたことを指摘している。しかしキルケゴールはミュンスター監督に牧師職につくことを願い出たがどうしても叶えられず、それをきっかけに同監督と決定的な分裂となり、それが教会攻撃へと踏み出すことになった次第が述べられている。クレステンセン自身が牧師であることから、その叙述は実に誠実に緻密にリアルに運ばれている。こうして彼は、牧師の立場にありながら、キルケゴールの行動を肯定的に受けとめているのである。しかし彼は、その行動について、次のような明快な判断をも下している。すなわち、彼は、キルケゴールの教会攻撃はデンマークのキリスト教界にあってはあくまで「テーブルの上をきれいに掃除したことを意味する」K. gør rent Bord.[4]というのである。このようにクレステンセンは、キルケゴールの最内奥の「内面性」が「罪の意識」「懺悔の意識」に貫かれていること、その生涯は「贖罪をすること」であったこと、しかし正にその故に「牧師」になることをためらい、それになろうとしたときにはミュンスター監督に断られ、それがきっかけとなって教会攻撃へと踏み切ったとなしたその過程の説明は実に明快であるが、その考察によってクレステンセンは更に一つ大きな問題を提起することになったのである。それは「牧師職」をめぐるキルケゴールの考えの問題であり、この問題から教会攻撃への通路を見直してみる問題である。これについてのクレステンセンの考察は余り充分なされていなかったが、これを真向から主題的に取り上げ取り組んだのがG・マランチュークであった。

G・マランチューク Gregor Malantschuk（1902–78）はウクライナ出身であり、亡命、ベルリン大学留学、デンマーク人への帰化という過程を辿っていることからも推察され得るように、その生涯、人格、著作等々に関しては紹介さるべき実に多くのことがあるが、それに私事ではあるが、私は一九五八年から六〇年までのコペンハーゲン大学留学中には、同博士には、指導教授のN・トゥルストルップと同じ位い親しい御指導を受けた師でもあるので、その研究ぶりには紹介させていただきたいことが多々あるが、ここでは「教会闘争の研究」に関する同博士の比類ない不世出とも言える一論文についてだけ記すことにする。この論文も、他の実に多くの卓越した著作や論文と全く同じように、同博士の言いようのない誠実さと内省性と慧眼とが染み出ているような論文である。そして何よりも該論文は同問題の研究に関し無類の貢献をしているものと評価できる。その論文とは、Digter eller Præst. Konflikten bag S. Ks litterære Virksomhed. (Kierkegaardiana VI) (Kbh. 1966) (S. 75–96)『詩人か牧師か。S・Kの著作活動の背後にあった葛藤』である。これはその標題からも知られるように、キルケゴールが青年期の頃からたえず事あるごとに問い続けてきた根本的な問い「詩人になるか—牧師になるか」を取りあげたものである。つまり、該論文は、キルケゴールが『あれか—これか』の執筆中からこの問いを問い、その後一つの作品が出るごとに「牧師になること」を決断しようと考えていたが、結局はその度びごとに決断が不可能になった事情を克明に記述しているのである。しかし論文は、そのような葛藤の末に、一八五一年九月から一八五四年十二月十八(攻撃開始の日)までの三年間に、それもとりわけ一八五三年いよいよ教会攻撃へと踏み切らざるを得なくなったことを覚悟しそのための準備をしているとき、この「詩人になるか—牧師になるか」という問題の図式に決定的な変化が訪れたことを指摘している。それは、キルケゴールが一八四七年頃「倫理的ならびに倫理—宗教的伝達の弁証法」という草稿を書いている頃から読み始めたM・ルターの説教集の書物で述べられている言葉がようやくにして現実味をおびてきたのを感じたことによるというのである。(5) その書物は Jørgen Thisted によってデンマーク語訳された En christelig Postille. (Kbh. 1828). 2deel. S. 66.『キリスト教説教集』という書物で、その言葉とは、ルターが「説教は教会の中でではなく、街頭に出てすべきである」と言っているこれを指すのである。マランチュークは、キルケゴールがこの言葉を読んだことをいく度か日誌の中に記していることを挙げ、(6) これが先述までの図式をすっかり変え、「教会攻撃」という街頭での説教行為に踏み切る最後の決断になったと述べているのである。正直言って、私がこの論文を読んだとき、私はキルケゴールによるあの教会攻撃への決断の意味がはじめてはっきりしたように思えた。そしてキルケゴールにおける教会闘争は、その芽は幼少期から始まっており、それがあの図式を持続してゆき遂にこの最後の決断に至ったという行程が明白な一本の線として眼前に浮かび上がってくるのが目に入ってくるように思えた。そしてM・ルターからの影響がここに至って出てくるとはいかにもキルケゴールらしいと思えてならなかった。このように該論文は、「教会闘争研究」の深化と前進のために決定的な意味を投げているということができるのである。

これから述べられるC・ヨーアンセン Carl Jørgensen の研究もデンマーク人ならではの優れた価値のあるものである。彼はあの大著 S. K. En biografi med særligt henblik paa hans personlige etik. Bd. I–V. (Kbh. 1964)『S・K　ひとつ伝記、とくに彼の個人的倫理を顧みつつ』を書いたことで一躍有名になっている。この大著は五分冊にして刊行され、頁数は合計すると八〇〇頁をはるかに超える。彼が「教会攻撃」への準備の時期を扱っているのは第四巻であり、「教会攻撃」そのものを考察しているのは第五巻 Kirkestormen (J. P. Mynster) Sidste fase「教会嵐し（J・P・ミュンスター）最終局面」（全一七六頁）においてである。教会闘争の全過程にこれ程の大量の頁数が当てられたことはいままでの研究書には一度もなかった。しかしこれ程までの大量の頁数こそが該書の特色を見事に物語っているのである。その特色は多々挙げられるが、それらの中から四点だけを挙げておこう。

まず第一に、この第五巻は、「教会攻撃」を、その開始の時点から前半と後半の過程とそしてキルケゴールの死と葬儀の時点に至るまでの全過程の一部始終を「資料」に基づき細大もらさず実に丹念に克明に記述していることが挙げられる。つまり、その資料の提示という点ではいままでのどの研究書よりも群を抜いているということが言える。要するに、「資料」的価値として、抜群である。

第二に、これも右の事と関連する事項になるが、該書は右のような第一史料の詳細な紹介のほか、キルケゴールの親族、友人、知人たちの『想い出記』や「記述したもの」、グルントヴィはじめ何人かの牧師たちの説教や書いたものを可能な限り集め、それらの中からエピソード的なものを拾い出して傍証にするという方法を、これまた細大もらさず行っていることである。これによって確かに「教会攻撃」の過程の記述がリアルになってくることは言うまでもないことである。このことも資料的価値を意味するものである。

第三に、該書は、副題からも知られるように、この教会攻撃におけるJ・P・ミュンスター監督の存在を非常に重視し、同監督に対するキルケゴールの関係について特別に集中的に注目していることである。該書はこれがために七

○頁を費している。[7] しかしその記述においては、主としてミュンスターの著作を中心にまた彼と交わった多くの人々が書いたり語ったりするエピソードをも混じえて、彼の人となりや思想や生活のしぶりなどを述べて、むしろ好意的にさえ受けとれる位いに描き出している。著者ヨーアンセンの意図は、キルケゴールの行動から醸し出される印象とは異なるものがミュンスターであり、従って、攻撃の動機はミュンスターのあの『キリスト教の教義についての観察』を流れる思想そのものへの抗議にあったことを示すことにあったように受けとれる。しかしこの点に関してもヨーアンセンはあくまでそれら資料の客観的提示にとどまっている。

第四に、該書は、教会攻撃の過程そのものについての考察においても詳細をきわめ、例えば、その「前半」をなす『祖国』紙によるそれの紹介のみならず、「後半」をなす『瞬間』による攻撃についての記述も実に詳しい。この記述においても、ヨーアンセンは徹底して資料の提示だけの作業に終始している。

このほかにもいくつか特徴を挙げることができるが、該書の特徴は何と言っても資料の提示という作業で一貫しており、問題の是非の判断は、著者が強引にねじ込んでくることなく、それらの客観的資料をもとにあくまで読者に委ねるという方法をとっている。その意味では該書のこの方法は極めてデンマーク的と言ってよいだろう。このように該書は「資料」的意味において高い価値のものである。

このように四人の業績を述べてくるとここへ来てN・トゥルストルップの意義が際立ってくる。この「二〇世紀後半」における彼の意義はどんなに語っても語り尽せるものではない。それというのも、彼の特徴は、単に彼自身の主著がいままでのキルケゴール研究史を飾った人々のいかなるものよりも異論の余地なく卓越しているというだけでなく、それも含めて彼の「研究作業の仕方」そのものが他のわれわれ研究者たちの研究を真の意味において地道に堅実に促進させる作業を意味しているからなのである。すなわち、彼は、自らの研究作業をするにあたってつねに、われわれ他の研究者が真に地道で堅実な研究が行えるように、そのための基礎的な準備作業をしてくれていること、つまり、研究のための基礎的な土台と道具とを整備してくれているからなのである。それゆえ、彼は、キルケゴール研究の作業においては、デンマーク語でいう tjener（奉仕人、召使、下働き）の役に徹しているわけである。私の私事にわたって恐縮であるが、トゥルストルップは、私の留学中に師事した指導教授であり、その後も親交を続けさせていただいたので、彼の研究スタイルや意図は文字通り身近での接触を通じて会得したのである。そのようなことからむしろ、その余りにも優れたそれらをここで短い言葉で語ることはとてもできないのである。それゆえ、ここでは、目下のテーマである「教会闘争の研究」への彼の貢献の面についてだけ簡単に述べるにとどめておくことにする。彼は勿論この領域の研究作業においてもいま述べたことと同じことをしてくれている。この研究における彼の主著は K. og Kirken i Danmark.（Kbh. 1985）（S. 312）『Kとデンマークの教会』（全三一二頁）である。該書はやはりわれわれの研究に役立つことをイメージしながらことのほか念入りに基礎的準備作業をしてくれている。該書の特徴は何よりもその内容構成の仕方に現われているので、以下それについて述べることを通じて、同研究におけるトゥルストルップの絶大な貢献の次第を理解したいと思う。該書の全体は、章分けや節分けのナンバーはないが、大きく三つの部分から成っている。「最初の部分」は、当時の「デンマークの教会事情」について紹介した部分である。その部分は何と全三一二頁の中の二六七頁分になる。その紹介は徹頭徹尾「資料」を中心にした客観的、実証的で、詳細きわまりないものである。それは「制度としての教会」についての紹介から始まり、「教会で用いられているさまざまな書物」、例えば、年代ごとにおける聖書の各版、信仰告白書の変遷、讃美歌、祈禱書、家庭礼拝用の書物、バルレの教科書等々について述べ、更に「牧師階層の事情」、「大学神学部」のこと、「王立牧師養成所」のこと、「礼拝」のこと、こうして人物の紹介にも入り、ミュンスター、マルテンセン、グルントヴィ等が、その生涯、著作、活動を通じて実に詳しく紹介されてゆく。このようにして「教会事情」についての紹介は終り、「二番目の部分」に入り、今度は一転してキルケゴールの「教会闘争」についての考察に入る。このためには三〇頁の紙幅しか使われていないが、そこでは先行するさまざまの研究者の書物や論文を用い、問題点の区分と指摘とそれに関する第一資料の指摘は完璧である。しかもこの部分の記述で注目されるのは、先の「教会事情」の紹介とこの部分とを無理に結びつけるようにして決して因果関係的な説明をしていない点である。その「関係」についての判断はあくまで読者に委ねられている仕方がとられている。しかしこの部分のそのような問題点の区分と指摘の仕方には非常な深い検討のあとが見受けられる。つまり、トゥルストルップは、キルケゴールの教会闘争の出発点を、マランチュークの研究に従って、キルケゴールが幼少期に父から受けた教育とあの「肉中の刺」にあると指摘することから始めており、前者はその結果として父によって絶対的な師と仰がされたミュンスターに反抗するようになるとともに、後者は生来の「論争癖」と結びつき、その結果としてキリスト教国がキリスト教の理想とは全くかけ離れていること、そしてそのキリスト教国の象徴をミュンスター監督に見るようになり、教会攻撃が行われるようになったと見ている。そしてその「教会攻撃」の過程の考察も「資料」の指摘が中心であり、実に客観的、実証的で、適切である。このようにしてトゥルストルップは、「三つ目の部分」である「結語」へと入り、まずキルケゴール自身が自らをどのように看做していたかについて述べる。この部分は一〇頁程であるが、ここではトゥルストルップは、キルケゴールが自らを決して「真理の証人」と美化していたわけではなく、自分は詩人に過ぎず“Correctiv”（矯正剤）とみなしていたことを彼の日誌の言葉に従って証明している。この叙述も客観的、実証的で、適切である。こうして更に最後に、トゥルストルップは、Uvidenskabelig Perspektiv（非学問的な遠近画法）という見出しで約六頁分を使ってキルケゴールの教会攻撃という行為についてトゥルストルップ自身の見解を述べている。それは、われわれは現代という時代にいることをしっかり弁えた上で彼の時代から現代へと眺め通して見る必要がある。現代はその時キルケゴールによって見通されたものとは全く異なっている。キリスト教的に見るなら、彼が正しかったかどうかという問題は全く低いレベルの問題になる。今日の根本問題は、信仰告白そのものにあり、彼によってキリストが道であり真理であり生命であることが示されたこと、それに対する態度には「あれか―これか」のみがあるということに尽きる。(8) トゥルストルップの該書はこのようなものである。

キルケゴール研究史における「二〇世紀後半」とは、以上のような特徴と意味をもっていたと言うことができる。

そしてこのようにして、本書の研究が行われるようになったのである。

注

（1） P. Lønning: Samtidighedens Situation. En studie i S. Ks Kristendomsforståelse. (Osto. 1954). S. 264–80.

（2） V. Christensen: S. Ks Motiver til Kirkekampen. (Kbh. 1959). S. 46–9.

（3） V. Christensen: S. K. Det centrale i hans Livssyn. (Kbh. 1963). S. 70–185.

（4） Ibid., S. 175–9.

（5） G. Malantschuk: Digter eller Præst. Konflikten bag S. Ks litterære Virksomhed. (Kierkegaardiana VI) (Kbh. 1966). S. 94. Pap. VIII^2 B85, 18.

（6） Ibid., S. 94. Pap. IXA39, X^4A287, XI^3B120.

（7） C. Jørgensen: S. K. En biografi med særligt henblik paa hans personlige etik. Bd. V. (Kbh. 1934). S. 15–89.

（8） N. Thulstrup: K. og Kirken i Danmark. (Kbh. 1985). S. 311.

結語　本書の性格と位置づけ

「キルケゴール教会闘争」に関する研究史は以上素描したようなものであるが、二〇世紀八〇年代から今日までの期間に準備されてきた本書の研究は、当然の事乍ら、それら研究史全体の成果の上に、確と根拠づけられていなければならない。そこで以下その件について若干のことを述べておこう。

まず最も基本的なこととして言い得ることは、それもとりわけ日本での研究事情というものを充分勘案して言い得ることは、本研究は、前述の研究史の成果を十二分に踏まえた上での、同研究の最も「基礎的な研究作業」を遂行したものでなければならないということである。すなわち、本研究は、先に述べたようなデンマーク本国で整備されてきた資料的、書誌学的研究の成果の上に立ち、むしろそれらの基礎研究を紹介し提示する性格のものでなければならないということである。つまり、本研究は、そのような意味において、あくまで「基礎的研究」に徹するものでなければならないということである。

しかしその作業を更に具体的に豊かに遂行してゆくためには、先に紹介した研究者たちの個々の研究成果を十二分に参照しながら、しかし同時に、彼らにさえ欠けていた作業があることに注意深く関心を払いながら、前者に関しては詳細な紹介に努めながら、後者に関しては自らが独自にその作業そのものを行うという労を担うのでなければならない。そこで本書は、それらを遂行するために、具体的には、次の七つの作業を行うことにした。以下その各々について簡単に説明しよう。

まず第一に、本書の全体は、前述したN・トゥルストルップの基本的構想に見られる視点に従って、広い意味での「デンマーク教会史」の視点のもとで構築されている。それというのも、「キルケゴールの教会闘争」は、れっきとした「デンマークのキリスト教界」の中でそれとの関わりにおいて起こっているので、われわれは何よりもまず当時の「十九世紀前半」の「デンマークにおける教会事情」について知っておく必要があると考えられるからである。しかし本書で紹介される「デンマークの教会史的事情」は、トゥルストルップが伝えているその方法とも内容ともかなり異なっていることを一言しておきたい。というのは、トゥルストルップは、先の五で紹介したところからも明らかなように、「十九世紀前半」の「教会史的事情」を実に詳しく紹介してくれたが、そのことと「キルケゴールの教会攻撃」とを因果的に結びつけようとせず、その関係についての理解は読者自身にまかせた格好になっていたが、私は敢えてその関係についての見通しを、というよりも、展望をしてみたからなのである。つまり、確かにキルケゴールの教会闘争や教会攻撃の行動は、決して当時の「国家教会をめぐる改革運動や批判的運動」のいずれかに属していたわけではなく、それらからは完全に独立して行われていたのであり、文字通り「単独者の行為」であった。それは事実である。しかしそのような「独立的な位置」をもった彼の行為そのものも、広い展望の中で見られるならば、やはりそれら多様の「宗教改革運動」に並んだもう一つの「行為」として性格づけられ位置づけられると考えられるのである。それゆえ、私は彼の「行為」をそのような関連の中に置いて性格づけ位置づける試みをしたわけである。そしてその作業は少なくとも私にとっては極めて有益であったと言える。

第二に、本書では、「キルケゴールにおける教会闘争」の始まりを、N・トゥルストルップやG・マランチュークの研究に従って、キルケゴールの「父ミカエルによる幼少期の教育」の時点から辿り、また同時に青年期から始まった「肉中の刺」の意識をも含めて辿られている。彼における「教会闘争」は、決して彼の人生のある時期突如起こったというような性質のものではなく、それは既に彼の幼少期から「父ミカエルの祈りと願い」と「教育」のもとで準備されてきたものだということである。その場合「父ミカエルの祈りと願い」と「教育」とは尋常一様のものではなく、それは、どこまでも「深化」され「内面化」された勢位として、息子セーレンの内面性に関わってきていたという問題である。キルケゴールの「内面性」は、これによってつくられたものと言っても過言ではないのである。そしてひとつの絵画的な形容が許されるとするならば、キルケゴールの生は、「父ミカエルによる祈り」の声が鳴り響く空間の中で、そしてそれが振動する空気の中で営まれていたと言ってもよい程である。しかしここで問題になるのは、「父ミカエル」がそのようにして響かせていたものは、単なる教訓や教示の言葉ではなく、『祈り』の言葉だったという点である。それは正に「内面性中の内面性」であり、その「内面性」がキルケゴールの「内面性」をつくる大きな働きをしたのである。それというのも、「父ミカエルの祈りと願い」とはキルケゴール自身の「祈りと願い」に深く絡まってきており、このことがキルケゴールの「内面性」の意識を形成する原動力をなしているものと見られるからである。

そこで第三に、これこそが更に注目さるべき点となるが、本書では、いままですべての研究者たちが完全に不問に付していた「キルケゴールにおける祈りという行為」そのものに徹底的に関心を払い、彼の「教会闘争の全過程」がその「祈り」を基幹にして見直されている。それというのも、彼の生においては、先に言及したように、「祈り」は、彼の生空間に響く父の声であり空気の振動のようなものであったが、それと同時に彼の生の全過程において、そして何よりも「教会闘争の全過程」において、その地下を走る水脈のようなものであり、それはその節目々々にはっきりと現われ、最後には「教会攻撃」の時点にこそはっきりと現われてくるのである。「彼の祈り」は、彼の著作、日誌、草稿、ノート類の随所に記されているが、もし洞察眼をもってそのすべてを読んでみるならば、それらの殆んどすべてに「父の祈り」が絡み合っており、そのようにしてこの「キルケゴールの祈り」が彼の信仰形成と行動の根底をなしていた事実に突き当たる筈である。要するに、キルケゴールの生涯においては、その思想や信仰の形成や行動のすべてにおいて、その根底をなし決定的要因をなしていたものは、つねに彼の「祈り」だったという点である。言い換えるなら、彼のそれらの節目々々においてそれらの変化や深化のために決定的な要因として働いていたものは、それらに先立つ彼の「祈り」であったという点である。要するに、彼において「祈り」は、彼の思想の営み、信仰における苦悩、行動への決断等々において、それらを契機づけ、方向づける働きをしていたのである。彼の著作や日誌類を読んでいると彼の生涯のある時期から突如として「国家教会批判の言葉や文章」が多量に出てくるのを目にする。しかしそれらの根源をよく検討してみるとき、それらは決して無責任に放たれたアジテーションの言葉ではなく、それらに先立って必ず「祈り」があったことを知らされる。それを探る作業は晦渋を極めたが、にも拘らず、彼の晩年の「教会攻撃」の行動にはこのような根本構図を認めることができたのである。本書のこの研究がデンマークの有力な研究者たちのそれらとも根本的に異なる点は、キルケゴールの「教会闘争の全過程」を彼の「祈り」を根底に据えることによって洞察した点にある、と言ってよいであろう。

第四に、本書では、その「教会闘争の全過程」が「祈り」を根本に据えて辿られると同時に、正にそれゆえにその「祈り」の中の重要な部分をなしていた「罪の意識」を根幹として辿られている。これに関してはV・クレステンセンの諸書からの絶大な示唆を得ている。クレステンセンによるならば、キルケゴールは、自らの全生涯を、「懺悔者」「罪を悔い改める者」「贖罪者」としての意識のもとで生き貫いたとされているが、この見解は、キルケゴールの根本的な内面的意識に関する限り、最も正当な見方と言ってよいものである。キルケゴールの生涯におけるありとあらゆる事柄は、とりわけ、彼の思想の営み、信仰における苦悩、個々の行為等々は、この意識を根幹にして考えてみるときはじめて理解できるものであることを知らされる。そしてこの意識は、「教会闘争の過程」にも、「祈り」とともに深く絡まってくるのである。本書は、この側面も深く取りあげる努力をしたつもりである。

第五に、本書では、前述した第一の事項から第四の事項までのすべてのことが収斂されてくる事項として、「J・P・ミュンスター監督に対するキルケゴールの関係」が徹底的に究明されている。それというのも、キルケゴールの「教会闘争」と「教会攻撃」の全過程をその側面から光を当てて考察してみるとき、その内奥で究極的な場面として展開されていたのは正にこの「J・P・ミュンスターとの闘い」であったことを知らされるからである。しかし同監督に対するキルケゴールの関係は、ある意味では極めて「人間的」な要素を含んでおりながら、しかもそれが余りにも深刻な「宗教的」態度での対応になっていたことがはっきりと読みとれる。「J・P・ミュンスター監督」に関しては、そもそもの始まりは、キルケゴールの幼少期から、同牧師を神のように仰ぎ尊敬していた「父ミカエル」によって、すなわち、その「祈りと願い」と「教育」とによって、息子セーレンの未来の模範者のように教え込まれてきた。要するに、息子セーレンは、将来は「J・P・ミュンスター牧師」のようになるように、教育されたのである。これについては、私は既刊の『青研』その他の著作において詳しく述べておいた。そして確かに息子セーレンはそのコースを辿っていたのである。ところが、キルケゴールが青年期から壮年期に移った頃、それは三十二歳になった頃であるが、同監督に対する態度が徐々に変り始めてきた。その頃以降彼の著作や日誌には、突如として夥しい数のしかも実に激しい「国家教会批判」の言葉が現われてきた。そしてそれは時とともにますます激しいものとなってゆき、それは明らかにミュンスター監督を念頭においていることが読みとれるようになってきた。そしてキルケゴールが三十五歳から三十六歳になる頃一八四八年から四九年にかけてはその批判の標的が明らかに一人の人物ミュンスター監督に絞られてきているのを目にする。こうして一八四九年から五一年夏にかけては日誌における「ミュンスター批判」は極点に達していた。しかもこの時期両者の間を裂く決定的な事件が起きた。それは、長年の間キルケゴールが自問自答しいよいよ決断した「牧師職」への就職を同監督に願い出たところ完全に拒否されてしまった事件である。同監督はそのための権限をすべて握っていたので、キルケゴールにとっては「牧師職」への希望は完全に絶たれたのである。しかし彼は諦めず同監督に面会を申し込んだが、取り合ってくれなかった。これが一八五一年八月のことであった。このような「決定的決裂」こそ一八五四年十二月の「教会攻撃」へと踏み切る大きな要因となったことが考えられる。このように、この「教会闘争」においては「ミュンスター監督との関係」が大きな要因をなしていたことは明白であったが、にも拘らず、この「牧師職」をめぐっては、それが「教会攻撃への最終的決断」へと至る更に深く重要な問題があったことがマランチュークによって明らかにされた。

そこで第六に、本書では、G・マランチュークの研究を介して、この「牧師職」をめぐるキルケゴールの自問自答が長い経過を経て「教会攻撃への最終的決断」へと至る過程を詳細に考察することにした。この問題は「闘争の全過程」を貫いて走るもう一本の縦糸のようなもので、ここではその「牧師職」への決断をめぐってキルケゴールが生涯の節目々々に繰り返しいくたびも自問自答していた事実を、「教会闘争の推進」と「教会攻撃への決断」のための有力な要因として究明されている。この「牧師職への決断をめぐる問題」は、彼の生涯のある一時期に頭に浮かんでやがて消えてしまったというような軽い問題ではなく、彼のコペンハーゲン大学神学部在学時代から著作活動の時期を経て最晩年の「教会攻撃への決断」をする時期まで四六時中彼の頭を離れることなく真剣に取り組み続けられてきた問題だったのである。それゆえ、この問題は、「教会闘争の過程」のあらゆる場面々々で最も重要なファクターとして働いていた問題であった。つまり、それは、彼において、ある時は行動へと向う推進力として働くこともあれば、またある時は反省のための契機として働くこともあった。従って、このファクターは、彼の「幼少期」から「教会攻撃」の時期までを結ぶもう一本の「時間軸」をなす「縦系」のようなものであった。しかし更に重要なことは、われわれ研究者にとっては、キルケゴールが最後に「教会攻撃」に踏み切るときの決断の模様がどうしても一つはっきりと分からない状態であり続けていたとき、G・マランチュークによるこのファクターについての研究は、その疑問を一気に解明してくれるためのカギを提供してくれたことである。少なくとも私においては、それによってこの問題が一気に明らかになったのである。このようなわけで、私は、このファクターの考察を最も重視したのである。

第七に、本書では、このような六つの研究作業を前提にしてはじめてこの「教会闘争」の最終段階としての「教会攻撃」そのものについての考察に入っている。この作業においては、キルケゴールがその戦場に用いた『祖国』紙はじめ当時のさまざまな新聞記事等は勿論、その時期の彼の日誌とともに、彼がいくつかの新著のために準備していた多量の未完の草稿が実にさまざまの重要な示唆を与えてくれる。要するに、それらは、彼がこの「教会攻撃」へと打って出るに至った事実を集約的に示してくれることを通じて、この行為が孕んでいる意味の二つの側面を照し出してくれている（しかしその二つも結局は一つのものに収斂されるが）。一つは、この「教会闘争」と「教会攻撃」とは、「ミュンスター監督との個人的関係」の側面が強烈であったことである。すなわち、キルケゴールは、既に述べたように、幼少時からミュンスター牧師を自らの模範のように崇める教育を受け、自分自身もそう信じ込み、「ミュンスターの生活ならびに教え」を「キリスト者の生き方そのもの」「キリスト教そのもの」とみなしてきたが、既に述べたように、それらは「使徒」でもなければ「新約聖書のキリスト教の真理」とは全く異なるものであることを知り、彼がミュンスターから学んだものをそのままミュンスターに遡及させその自己倒壊を起こさせたのであり、こうして「国家教会を支配していたミュンスターのキリスト教」への批判を通じて「新約聖書のキリスト教の真理」が鮮明な形で打ち出される場面を作ったことである。このことは実にはっきりしている。しかしもう一つの側面は、この「教会攻撃」という行動は確かに文字通りキルケゴール「単独」の行動であったが、これはやはり当時のデンマークで展開されていた主として三つの「宗教改革的運動」の大きな流れに沿っているもう一つの運動として意味付けられることである。それらの運動は、既に述べたように、「国家教会の在り方やそのキリスト教」に対してプロテストし、「真のキリスト教」Den sande Christendom（＝グルントヴィの言葉）を求めてそれを確立しようとした運動であったが、キルケゴールも彼単独の立場からその「真のキリスト教」を求めて「新約聖書のキリスト教」という概念を打ち出したことを知らされる。このような意味で、この「教会攻撃」がもつ意味の二つの側面はこの一つのものに収斂される。

本書は以上の七つの作業をもって性格づけられ、そのようなものとして研究史の中に位置付けられるものである。

このように、本書は、以上二つの「序論」で述べられたことに従って、本論の作業を進めているのである。

第一部　十九世紀前半デンマークの教会史的状況

十九世紀に入ると教会と国民とは互いに対して全く新しい関係へと入ってゆこうとしている。(P. G. Lindhardt: Vækkelse og Kirkelige Retninger. Kbh. 1959. S. 25.)

序

キルケゴールがその教会闘争を展開したのは、言うまでもなく「十九世紀中葉のデンマーク・キリスト教界」という舞台においてであった。それゆえ、その教会闘争の研究をするには何よりもこの舞台の考察から始めてゆくのが当然の順序となろう。ところが、デンマーク教会史におけるこの「十九世紀前半」というのは、デンマークの多くの教会史学者が言うように、あの「M・ルターの宗教改革期」にも匹敵する程の「大変革」が行われた時期だったので、それは簡単に説明できるような時期ではなかったのである。つまり、それは余りにも多くの宗教改革運動が起こり、社会全体が湧き立ったような大激動期だったのである。それゆえ、それについての詳述に入る前に、ここでは予めその叙述についての理解を容易にするための作業として、その「変革」が意味するものについての極く簡単な輪郭を画いておくことから始めたいと思う。勿論その「輪郭」に関してもデンマークでは多くの教会史学者がそれぞれさまざまな見解を述べているが、ここではまずそれらの中から最も適切に問題の核心を捉えていると考えられる見解を一つだけ取り挙げ、それを通じて問題の所在を明らかにしておきたいと思う。

その見解は、二十世紀初頭同国で最も優れた教会史学者とされたV・アムンセン Valdemar Ammundsen（1875–1936）の有名な著作『十九世紀におけるキリスト教会』Den Kristne Kirke i det nittende Aarhundrede（Kbh. 1925）の中で、展開されているものである。該書でアムンセンは、いかなる時代のキリスト教や教会も必ず次の三つの基本的類型のいずれかに屈している、と言っている。(1) その三つとは、寺院型 Kirketypen、覚醒者型 Vækkelsestypen、自由型 denliberale Type（あるいは、広く開かれた教会en bred anlagt Kirke）でる。これら三つの類型はいかなる時代にもつねに同時的に見られるが、しかしこれら各々の古典的な類型はそれぞれが時代を異にして発生したのであり、具体的には十七世紀から十九世紀初頭の間に発生し形成されたとなしている。まず寺院型とは、既存の教会制度や外的権威や形式を保持してゆくことを眼目としている型のキリスト教及び教会のことで、保守的、祭司的性格を帯びていることを意味している。これの典型は、十七世紀におけるルター派教会や同じく十七世紀におけるフランスのカトリック教会やイギリスの国教会などである。(2) この第一類型に抗して他の二類型が歴史の中に登場してくる。覚醒者型とは、個人の内面的覚醒、内的権威、内的体験を眼目とし、教会の外的権威と闘う型で、革新的、予言者的、平信徒的性格のキリスト教及び教会のことである。これの典型は、十八世紀の敬虔主義ヘルンフート派の運動である。この型は、時代精神としての個人主義的空気に相呼応してキリスト教の内部の個人主義的要素があくまで「キリスト教」や「教会生活」や「信仰生活」の枠の中でだけ効力を発揮してきて、しかしその「宗教性」の枠そのものは決して踏み越えようとはしない型である。従って、この型は本質的に、「信仰生活」と「世俗生活」との関係に関して峻厳な「あれか―これか」の選択を突き付ける性格を持っている。(3) ところが、第三の類型である自由型とは、「広く開かれた教会」という言葉からも分かるように、キリスト教及び教会が自らの伝統的な「枠」、「宗教性」の「枠」を破って広く一般社会の領域へと、そして文化の領域へと向けられ、広範な規模のものとして設計されたものとなることを意味する。従って、この型は、「信仰生活」と「世俗生活」との関係に関しては、「あれも―これも」の性格をもつものとして素質づけられることになる。(4) V・アムンセンは教会の基本的類型としてこのような三つの型を提示してくれているのである。

ところで、V・アムンセンは、「十九世紀におけるデンマーク教会」というものをこの類型に即して考えてみるとき、それは正にその第三の類型、つまり、「自由型」へと変化したものになっているということを指摘しているのである。つまり、彼は、この十九世紀、デンマーク教会は、自らの「宗教性」の「枠」を破って広く社会、文化の領域へと差し向けられ配置されるよう性格づけられたものになったことを述べているのである。

右に述べたV・アムンセンの見解は、この十九世紀前半に起こったデンマーク国家教会の変様の意味を実に適切に言い表している。国家教会は確かにアムンセンのいう「自由型」へと変様して行ったのである。勿論その方向へと向かう動きは世紀初めの二十年間位いはただ合理主義思想の普及と浸透という形をとるだけであった。ところが一八二〇年代を過ぎるとそれは想像を超えた勢いと形態とをもって、はっきりとその方向へと進み始めていたのである。それというのも、この時期デンマークに生まれたいくつかの宗教改革的運動は、後述されるところから明らかになるように、そのいずれもが単に「国家教会」の在り方や教義問題だけを問うていたのではなく、明らかに「教会」そのものの存在意義を問い、その「枠」を破砕することを志向する性格をもっていたからである。こうしてこれらの改革運動は、政治的社会的レベルの自由主義運動とも協働して、「国家教会」を、その「国家」の枠を破砕して「自由」の地平へと置く力となったのである。従って、この時期「国家」との関係における「教会」の在立の意味はその性格を大きく変えてしまったのであり、それゆえ、当然の事乍ら、「教会」と「国民」との関係も、その性格を大きく変えることになったわけである。この意味においてP・G・リンハート教授P. G. Lindhardtの次の言葉はその事実を実に明白に示している。「〔十九世紀には入ると〕教会と国民とは互いに対し全く新しい関係へと入っていこうとしている。[5]」デンマーク教会史におけるこの「十九世紀前半」とは、このような大変革が起こった半世紀だったのである。

そこで以下その辺の事情を、その国家教会の誕生の時から始めて、その十九世紀前半に起こった宗教革命的運動の実態とその帰結までを辿り、さらにその状況の中にキルケゴールの教会闘争を位置づけて考えてみたいと思う。

注

（1） Valdemar Ammundsen: Den kristne kirke i det nittende Aarhundrede (kbh. 1925). S. 3-8.

（2） Ibid., S. 6ff.

（3） Ibid., S. 3–5.
（4） Ibid., S. 7ff.
（5） P. G. Lindhardt: Vækkelse og kirkelige Retninger. (kbh. 1959). S. 25.

第一章　国家教会の成立と「十八世紀」の意味

デンマークの教会は、一六六一年に絶対王政が確立し、一六六五年に教会の規定が定められて以降一八四九年六月に自由憲法が施行されるまでは、国家教会 Statskirke と呼ばれていた。それの実体は福音主義ルター教会である。この教会は極めて独特な性格と組織をもち、約一八四年間も存続したわけであるが、キルケゴールが生きた十九世紀前半にはあのルターの宗教改革の時期にも匹敵するような激動を経験したのである。しかしこの時期のその激動は、その前世紀にあたる「十八世紀」と深い関係にある。そこで本章では、まずその国家教会の独特な性格と組織について考察し、次にそのデンマーク教会史における「十九世紀前半」を準備することになった「十八世紀の意味」について、前以て考えておくことにしたいと思う。

第一節　国家教会の性格と組織

デンマークの「国家教会」というのは、いわゆる国立の教会を意味するものでもなければ、国家によって維持されている一つの独立した組織体を意味するものでもなく、また教会の種類を意味するものでもない。それは国家を支配する一つの形式を意味する概念であり、それはいわば国家の行政機構のさまざまな部門を包括する「国家機能」Stats-funktion を意味する概念と言ってよい。その意味ではそれは、プロテスタントのルター教会でありながら、国家との関係に関する限りは、中世のローマ教会に似ている。それはとにかくとして、この国家教会のそのような独特な性格は何よりも法律上の規定として明記されているので、ここではその規定の検討を通じてその性格を明らかにするとともに、その他の資料をも通じてその組織のあらましを瞥見して見たいと思う。

デンマークにキリスト教がはじめて導入されたのは大体九世紀前半の頃であった。その後キリスト教には王族や貴族たちが帰依してゆくことになり、そのようにしてデンマークも他のヨーロッパ地域の国々と同じようにキリスト教国になっていたったのである。しかしその時のキリスト教は言うまでもなくカトリック・キリスト教であった。ところが、十六世紀にドイツでルターの宗教改革の運動が起るとその波紋は北欧地域にも及んでゆき、それぞれの地域の仕方によってかなり早くに国家も教会もローマの支配から独立していった。デンマークの場合は、一五三六年十月三〇日におけるいわゆる「議会の休会」Rigsdagsrecessen の間に、新しい三つの階層から成るいわゆる審議会において新しい社会の建設が認知されることにより、その新しい国家権力がデンマーク国内の教会すべてに対し支配権を受け継ぐことになった。従って、デンマーク国内の教会はその時以来ローマ・カトリック教会から完全に独立することになった。しかし同時に、その時以来、デンマークの国家権力がそれら教会とその諸事項すべてに対してその最高の権能を持つことになったのである。

しかしこのことによって直ちに「国家教会の確立」となったわけではなく、そこに至るまでにはそれ以後一五〇年もかかっている。すなわち、スウェーデン戦争の後一六六一年に絶対王政の確立、一六六五年十一月十四日フレゼリック三世によって憲法として『王法』Kongeloven が制定されたとき、その中に「国家教会」に関する規定が明記され、更には、一六八三年クリスチアン五世によって、デンマークの都市や地方ごとにバラバラにあった法律が全デンマークに共通する一つの法典として『デンマーク法』Danske Lov が発布されたとき、その中に前者の規定が完全な形で作り上げられ、入れ込まれたのである。従って、国家教会はこのようにして法的に確立されることになったわけである。この意味において、国家教会の内実を知るためには、この二つの法律の中に記されている規定を辿ってみる必要がある。

まず『王法』であるが、その第一条は次のようになっている。「すべての物事の最善の始まりは神から始めることである。」これはいわばこの『王法』の大前提である。従って、この大前提に立って王が果たすべき教会に対する義務が記されている。それは次の三つである。

一つは、「王はすべての人間の法の上に立ち、ただ自らの上には神のみを仰ぐ。王は千代に八千代にその子々孫々に至るまで聖書の言葉とアウグスブルク信仰告白（一五三〇年）に従って神を崇めること」である。

もう一つは、「王は国土に住まう民たちを、その信仰告白に述べられている純粋な偽りなきキリスト教信仰のもとに、異端と狂信と瀆神的行為に対する強力なる管理と保護とによって、保ち護ってゆくこと」である。

更にもう一つは、これは第六条の規定にみられるのであるが、「王は教会の一切の事柄に関して、つまり、教職者や教会の礼拝やその他諸々の集会すべてに関して、絶対権を保持すること」である。

『王法』では教会に対する国王の義務がこのように記されている。右の規定の中の「アウグスブルク信仰告白」とは福音主義的ルター的キリスト教のことである。しかしこれらの諸規定はこのフレゼリック三世によって突如生まれたわけではなく、既にクリスチアン三世（1503–59）の時代から実際には行われていたわけで、ただそれらがこの『王法』によって公式な規定として確認されたわけである。勿論この『王法』のこれらの規定もこれ以後いくたびか修正が試みられたが、国王と教会との関係の原型はこの『王法』によって出来たわけである。

こうしてこれを原型としてそれを更によいもの、完全なものへと作り上げたのが一六八三年クリスチアン五世によって発布された『デンマーク法』であった。しかしこの『デンマーク法』においては『王法』で述べられた原則や原型は全く同じであり、ただ細部の規定と、とくにその「純粋な信仰」に違反した者に対する罰則が詳細に示され、かつ強化されており、こうして『王法』の原則は極めて詳細に具体化されていると言ってよい。その意味では、この『デンマーク法』においては教会に対する国王の権限が何人にも分かり易いようにはっきりと示されたわけである。

こうしてデンマークの国家教会はこの『デンマーク法』によって公的に認知されるようになったということができる。

それゆえ、これら両法の諸規定をまとめて「国家教会」の定義をするとするならば、次のようになろう[1]。

「国家教会とはデンマーク国民という枠の中にルター的信仰とルター的礼拝とを保持してゆくための国家の行政機構の各部門を包含する国家機能 Statsfunktion を意味する。従って、国家教会は教会の性格とか種類を意味する概念ではなく、国家を管理し支配する一つの形式を意味し、教会形式による国家支配という意味に解すべきである。」

それゆえ、国家教会は、国家によって建てられ国家によって維持されている一つの独立した組織体というようなものではない。コペンハーゲン大学教会史教授H・コック Hal Koch (1904-?) が言った次の言葉は国家教会の性格を実によく言い当てている。「一八〇〇年当時においては、デンマークでは、教会から外へ出る at træde ud af Kirken ということは全くあり得ないことだったのである[2]。」

このようにデンマークという国は一面から見るなら国家であるが、他面から見るならば教会であったという性格のものであった。要するに国家教会とはこのような性格のものだったのである。

次にその組織について簡単に述べておこう[3]。

このような国家教会は国王のそのような権能のもとに Danske Kancelli 「デンマーク総理府」と呼ばれる行政官庁を通じて行われた。しかしこれは一種の事務機関であったため、教会の運営や教会生活に関するさまざまな事項に関しては決して積極的なイニシアティブをとったり決定権を握ったりすることはなかった。総理府はあくまでいわば事務局としての役割、つまり、受動的な役割を果たすにとどまっていた。

従って、教会の運営や活動に対する一切の権限や責任は「監督」を頂点にした牧師層に委ねられていたのである。

そのようなことから、国家教会に関しては「教区制」というものが非常に重要な意味をもっていたのである。

当時のデンマークの教区制の基本単位は、「監督管区」Skifte あるいは Bispedømme、要するに、Stift、次に「教区長管区」Provsti、そして「教区」Sogn であった。

まず監督管区は最大の単位であり、デンマーク全土は七つの監督管区に分けられていた。すなわち、シェラン管区、フューン管区、ロラン―ファルスター管区、オーフース管区、オルボー管区、ヴィボー管区、リーベ管区である。これら各管区にはそれぞれ一人づつ監督 Biskop がおり、これが最高位であった。また各管区には、一般に言われる Domkirke（＝カセドラル）や監督管区教会、つまり、Stiftskirke があった。これらの中でシェラン管区が最高の地位にあったので、シェラン管区の監督は監督たちの中で最高位にあった。そしてこのシェラン管区の監督がこの国家教会の組織の頂点に立っていた。

それら各監督管区にはそれぞれその監督のもとに十人程の教区長 Provst がおり、この教区長がそれぞれ教区長管区 Provsti を受持としてもっていた。それゆえ、各監督管区はそれぞれ十区程度の教区長管区からなっており、教区長管区は全土で七十二あった。

そしてこれら各教区長管区の下にそれぞれ十五から二十程の教区が属していた。それら個々の教区には教区教会があり、この教区教会は教区牧師 Sognepræst の担当であった。それぞれの教区内の教区教会の数はまちまちであり、また教区牧師の数もまちまちであった。しかし教区それぞれの広さは実にまちまちであり、都市の場合と地方の場合は非常に異なり、地方の場合も農村の場合は人口過疎の地域が点々として余りにも多いため、一つの教区は実に広い地域をなしていた。そのためそのような農村の教区では一人の教区牧師が二つ及至三つの教区教会を兼任する場合が方々で見られた。その場合そのような教区を総称して司牧地域 Pastorat と呼ばれていた。

こうしてデンマーク全土では牧師数はキルケゴールもしばしば言っていたように千人程であった。

ここで非常に興味深いのはこれら各地域の牧師たちの収入の問題である。それについては誤解が多いので、一言述べておこう。まずこれら牧師たちの中で監督だけは格別であり、彼らは国家から固定給が支給されていた。教区長（あるいは、副監督）Provst や教区牧師たちは国家からの固定給の支給はなく、いわゆる各々の担当地域の農業を中心にした経済情況に従って「十分の一税」Smaaredsel の中から収入を得ていた。その場合収入はまちまちであり、とくに教会が所有している領地の大小によっても異なっていたらしい。とくに地方農村部の教区牧師たちの多くは自らも農業（主として牧畜）を営んでいた。それに教区民たちは経済事情により物納をすることもしばしばであった。その意味においては教区牧師たちの収入は特に豊かであったとはいえないが、彼らの生活を安定させる大きな要因となっていたものはやはり彼らには住居、とくに地方や農村部では実に広い敷地をもった大きな牧師館 Præstegaard が無償で与えられていたことである。(4) これで明らかなように彼らはそれぞれの土地にしっかり結びついていたことは事実である。

十九世紀前半までの国家教会の性格と組織は以上のようなものであった。

このように一見堅固で安定を保ってゆけそうに見える国家教会も十九世紀前半には大激動期、いや、大変革期を迎えるのであるが、その状況は実は「十八世紀」から始まっていたのである。

注

（1） N. Thulstrup: K. og Kirken i Danmark. (kbh. 1985). S. 12.
（2） Hal Koch og Bjørn Kornerup: Den danske Kirkes Historie. Vl. (kbh. 1954). S. 46.
（3） N. Thulstrup: Ibid., S. 71–7.
（4） Ibid., S. 77.

第二節　デンマーク教会史における「十八世紀」の意味

すでに言及しておいたように、デンマーク教会史における「十九世紀前半」はあのルターによって行われた宗教改革の時期にも匹敵する大激動期、大変革期であったが、それを準備したものは既に十八世紀だったのであり、従って、それは既に十八世紀から始まっていたと言ってもよいのである。それゆえ、その十九世紀前半の事情をよりよく知るためには、やはりその十八世紀が意味していたものを知っておく必要があろう。

デンマーク教会史におけるこの「十八世紀」という世紀についての時代規定に関しては、デンマーク教会史の書物は殆どすべて一致した見解を持っている。それは、教会が時代の中に澎湃として起こってきた新しい時代思想の強風の前に立たされ、自らを堅固に守るべきすべを知らず、そのため結局はそれが時代と社会の中に浸透するに任せてしまった悲しい時代というものであった。[1] そしてその新しい時代思想とは敬虔主義と啓蒙主義とであり、十八世紀の前半を敬虔主義の時期、後半を啓蒙主義の時期と規定し、そのような時期区分をしているのである。そしてこの規定と区分とは誰が見ても一応異論のないところと言ってよかろう。

しかしこのような「図式」の解釈に関しては一つ大きな問題が出てくる。それというのもこの図式の規定に用いられているその二つの概念が意味するものは余りにも深くかつ大きく、そのように「十八世紀」だけを限定して規定し図式化することを許さないものをもっているからである。すなわち、この両思想ともそれらは「十八世紀」という世紀だけを浮遊していた空気のようなものではなく、つまり、単なる流行の時代思想だったのではなく、むしろ「時代精神」という言葉で呼ぶのに相応しいもので、それは人々の精神の基底深くを流れる水脈が姿を現したようなものと考えられるからである。従って、それは、やがて次の時代には数十倍数百倍の威力と規模をもって起こるであろうマグマの爆発の予兆を意味しているものであったのである。つまり、いま現れているものの実体をなしているものは次の時代には名前や形をこそ変えてではあるが、巨大なスケールと威力とをもって現れてくることが予想されるものであった。

そこでこのような視角から以下少しく十八世紀の意味について考えてみたい。

多くの教会史学者が言うように、十八世紀デンマークの教会史はやはり、同時代ヨーロッパ大陸の精神史を殆どそのまま反映させていたと言ってよいであろう。それはとりわけドイツとの関係において見られ、つまり、十七世紀にドイツのルター教会に起こった現象は正に同じ形でデンマークのルター教会にも起こってきた。それは個人の良心と理性とを基体とした主観主義が二つの形をとって、つまり、敬虔主義 Pietisme と啓蒙主義 Oplysning という形をとって突如姿を現わしてきた事実である。(2)「信仰による神の義」というルターの信仰命題の中には「信仰的良心の自由」と「理性の自由」という素因が表裏一体をなして含まれ、それを構成していた。ところが、十七世から十八世紀になると、それらはそれぞれの領域でそれぞれ特有の仕方での出現と展開とを見せたのである。しかしこの両素因はそれぞれ全く別々に存在権を主張して展開していったのではなく、根本のところでは互いに互いを制約し合い影響し合うようにして、しかも自らの独自の展開をしていったのである。以下それぞれの模様について簡単に述べてみよう。

一　敬虔主義

ドイツにおいてもデンマークにおいても十七世紀になるとルターのその基本命題をめぐって、つまり、それが本来本質としているものをめぐって激しい議論が展開されるようになった。しかし議論がなされる以上そこでは何よりも合理性ということが尊ばれざるを得なくなる。そのため教会内では信仰をめぐって合理性の度合を強くしてゆく歩みが進行してゆくことになり、それは当然に教義主義的傾向の強まりとして定着し始めてきた。こうして「信仰」とは「教義」となり、そのため「信仰」は、「教義」と「行為」の不幸な分裂を惹き起こすことになった。そこでこのような事態に対しては当然に反対運動が起こってくるのも見易いことである。その場合その運動の目標は「信仰における教義と行為の一致」という点に求められ、それが「教義の信仰化」と「信仰の行為化」という方向に求められるのも当然と言えよう。このようにして生まれた運動が「敬虔主義」であった。

しかしこの二つのことは敬虔主義においては一つのことであった。すなわち、敬虔主義の運動は、先に述べた「信仰の教義化」というい わば信仰が生命を失った状況に対して、信仰とは生命を失ったそのような教義をただ承認するだけのことではなく、信仰者が聖書の言葉を通じて神およびキリストに対して生き々とした直接的な個人的人格的な体験をもつこと、つまり、個人的内面的な関係をもつこと、そしてその生き々とした内面性を行為として表わすこと等々であるとなし、これを目ざしたのである。つまり、それは信仰における個人的内面性の回復とそれの行為への具現であった。(3)

デンマークへの敬虔主義の流入は主として三つの方向から行われた。

一つは、一七〇三年ルドルフ Heinrich Ludolf という人物がイギリスからコペンハーゲンにやってきて、ヨーロッパの教会の再一致をめざす運動の目的で国王やコペンハーゲン市民に時代の不信仰を非難しながら敬虔主義の教えを説いた。これは市民たちには敬虔主義に対する関心を非常な勢いで高めることになった。その上牧師たちの中にもそれに共鳴する者が多数現われた。ところが、ルドルフの最高目標である国王の説得はどうしてもできなかった。

もう一つは、ドイツからであり、一七〇四年フレゼリック四世の宮廷牧師としてドイツから招かれたリュトケンス F. J. Lütkens によって行われた。彼はドイツにおける保守的敬虔主義派の代表的人物であったが、彼のデンマークへの影響は実に大きかった。国王をはじめ牧師や市民の中に多数の敬虔主義信者が生まれ、その勢いは国家教会内部で非常な力をもち、それはデンマーク教会史の中に敬虔主義時代という一時期を画する中心的な役割を演じることになった。

更にもう一つは、一七二七年ドイツのヘルンフートからヘルンフート派兄弟団の来訪があり、これはユトランドに Christiansfeld という町をつくり、一七三一年にはドイツのザクセンから有名なツインツェンドルフ伯爵 Nicolaus Ludwig von Zinzendorf (1700–60) がドイツの貴族の娘でデンマーク国王クリスチアン六世の王妃となったソフィア・マグダレーナと親しかったことから同国王の載冠式を機にコペンハーゲンを訪れ、その兄弟団の信仰と運動を普及させることに努めた。こうして一七三九年にはコペンハーゲンに兄弟団社会 Brødresocietetet が設立され、一七七一年にはクレスチアンスフェルトに既に一七四四年頃から始まっていた兄弟団のコロニーの建設が国王による公認を得ることになった。こうして兄弟団の集会や共同体の建設はデンマークの各地で行われるようになった。

このようにデンマークでは敬虔主義は主として三つの方向から入ってきたわけであるが、それらはいずれも国民に受け入れられるところとなり、全土へと普及してゆき、一つの時代をつくる勢いになっていった。

しかしそれとともに、一七三〇年代も後半に入ると、明らかに「デンマーク敬虔主義」というものの特色がはっきり現われるようになってきた。その特色については多くの教会史家が述べているが、それらの中でもP・サクセPoul Saxe は実に明快な言葉で表現している。つまり、彼によると、その特色は主として「教会的敬虔主義」en kirkelig pietisme という言葉で呼ばれる性格である。もう少し正確に言うならば、教会の敬虔主義が、反教会的な立場で自らの小集会 Konventikler の設立を目ざしている一種の分派的な運動としての敬虔主義に勝利してゆくというそういう性格である。(4)

こうしてその頃からデンマークでは敬虔主義は結局のところ二つの形をとって定着してゆくことになった。

一つは、国家教会的、大ホール的敬虔主義 den statskirkelige, hallensiske pietisme と呼ばれるもので、これは先に述べたところからも明らかなように、デンマークでは主たる役割を演じるようになった。そして最も初期に見られた反教会的、小集会設立志向の敬虔主義はこれの中へと吸収融合していった。それというのも、一七四一年以降はその小集会志向のグループの運動は国家教会の各教区で教区牧師の責任のもとに存続してゆくことになったからである。(5)

もう一つは、あのクレスチアンスフェルトに共同体の本拠をつくり、各地に集会所をつくって進出して行ったヘルンフート派兄弟団の敬虔主義である。(6) これに属する人々の信仰は実に堅固であり、それらの人々の多くも集会所も前者へと吸収されてゆく性向をもっていたが、驚くべきことにクレスチアンスフェルトの信仰共同体は今日も立派に存続している。そしてこの派に属する人々は人数こそ少ないとはいえ前者の敬虔主義と並存してきており、その影響力は目に見えない領域も含め非常に大きかったと言わなければならない。キルケゴールの父ミカエルはコペンハーゲンにつくられたこの派の集会所に熱心に出席したことはよく知られている通りである。

十八世紀におけるデンマーク敬虔主義の姿は一応以上のようなものであった。

デンマークの敬虔主義を考える上でやはり最も注目されるべきはそれの社会への影響である。つまり、「信仰」の「行為」化である。それは大別して三つの点に認められる。

一つは、敬虔主義はデンマークの「教会」に「伝道」Mission という活動を目醒ませ、これを促す力となったことである。それによってデンマークの国家教会には、いわゆる国外伝道 Ydremission と国内伝道 Indremission という言葉が生まれ、以後この二つが教会の仕事として今日まで推し進められてくることになった。この中でも「国内伝道」は実に特色を持ってその歴史を辿り、とくに十九世紀前半での展開はデンマーク教会史の刮目さるべき現象となった。また「国外伝道」も継続的に推し進められ、とくに今日に至るも国家教会（＝今日では国民教会）の系統の活動のみならず兄弟団による活動は目ざましく、つい十年程前まではこの日本にも兄弟団から派遣の宣教師が奉仕活動をしていた程である。

もう一つは、学校の設立に大きな寄与をした点が挙げられる。デンマークでは一七三九年に国民学校（＝小学校）設立の法律ができ、一教区一校という規定が定められた。しかしこの規定は当時の社会状況から見るなら到底実現不可能な規定であった。問題はとりわけ教師不足という点にあった。ところが、敬虔主義が普及してゆくにつれて各地に小集会が生まれ、そこへは極く一般の庶民が集まり、自らの眼と良心とによって、要するに、自らの力で聖書を読む習慣を身につけていった。つまり、文字を学び、歴史を学び、その他さまざまな知識を学ぶ場が生まれた。こうしてそれらの集会はそこに集う者たちに教師の資格をそなえる働きをしたのであり、またその場所はそのまま学校の代りもしたのである。

更にもう一つは、有名無名を問わず実に優れた宗教家や詩人を生むとともに、それらの人々を通じて多くの宗教詩を生み出し、デンマークの讃美歌集の発展に絶大な貢献をしたことが挙げられる。それらの人々の中でも代表的なのはブロアソン Hans Adolf Brorson（1694–1764）であり、彼によって作られた信仰的内面性を訴える詩は多くの人々に愛され、キルケゴールも非常に深い感動をもってその詩に結ばれていた。なおブロアソンの詩は今日の国民教会使用の賛美歌にも多数収録されており歌われている。

敬虔主義の社会への影響は一応以上のような三点に認められると言ってよい。

しかしここで見逃されてはならないのは、これらの現象は当時の社会に生きる人々のいわゆる「時代の精神的状況」を映し出しているものであるとともに、またそれを更に深化増幅させる働きをも意味しているものでもあるという点である。それというのも、そもそもヨーロッパ社会における敬虔主義は近代における「個としての自己の目覚め」「理性の目覚め」が信仰的枠内もしくは宗教的枠内で現われた現象だからである。その意味では敬虔主義は時代思想としての啓蒙主義思想と深い関係があり、そのような関係を通じて「時代」というものがそこに映り出ているのである。それゆえ、敬虔主義の研究にはそれが社会の進歩思想との間にもつ関係についての考察が重要な意味を持ってくるのである。

そこでそのような観点からデンマーク敬虔主義がデンマーク社会との間に持った関係の問題に考察の眼を向けてみるとき、同敬虔主義がもつ著しい特徴が視界に入ってくる。それは、デンマークの場合その敬虔主義は、ヨーロッパ社会における敬虔主義について日本の多くの社会学者、社会思想学者が一般にもっている通念とは凡そ異なって、時代の啓蒙主義やその運動と対立しそれの「反抗勢力」を形成していたのではなく、むしろ全く逆に敬虔主義は時代の啓蒙主義思想やその運動を根拠づけ価値づける働きをしていたということ、いや、それどころかそれを生み出し推進する原動力をなしていたということが言えるのである。(7) この点にこそデンマーク敬虔主義が社会との間にもつ関係における比類ない特徴があると言えるのである。

このようにデンマークの敬虔主義がデンマーク人の啓蒙主義精神を養うための大きな働きをしたことはデンマーク

の歴史学者はじめさまざまの分野の学者たちすべてが等しく認めるところである。これについては既に『青研』の五六頁から六五頁までの個所に参考文献の名と共に記しておいたので詳しくはそこを参照していただきたい。そしてここではその件については歴史家の一人H・ベグトルップが述べた正鵠を射た言葉を記するにとどめておきたい。彼は啓蒙主義的な自由な精神に立つ十八世紀後半の市民階級を論じている個所で来たるべき時代（＝十九世紀）がこの人々によって切り開かれたことを強調し次のように言っている。それを短縮して表現するとこうなる。「〔十八世紀においては〕これらの人々はまだ成熟した年齢に達してはいなかったが、彼らは敬虔主義の堅信礼をうけており、やがて革命の時代（＝十九世紀前半）にはこの人々が成熟した人間としての権利への主張をなしたのである。[8]」つまり、H・ヴェグトルップの言わんとしたことは、敬虔主義の堅信礼をうけたこの市民階級によって新時代のヒューマニズム的発展が齎らされ、信仰に根拠づけられた理性と人間性の時代が切り開かれた、ということであった。

二　啓蒙主義

デンマークの啓蒙主義思想やその運動がキリスト教信仰に根拠づけられていたというこの特徴についてはデンマークの歴史家の殆んどすべてが異口同音に指摘しているところである。例えば、H・イェンセンは「当時のデンマーク人は当時のフランス人よりもはるかに自由で人間的で合理的な思考を営むことができる精神的風土の中で棲息していた[9]」と言い、その決定的理由として、デンマークの社会はルター的キリスト教によって性格づけられている点にあるということを、つまり、カトリック・キリスト教を一回だけ根本から「反省」するという営みにおいて本質的に獲得されている人間的自由を一回分だけ内含したキリスト教によって性格づけられている点にあるということを、従って、その意味においてはルター的キリスト教はカトリック・キリスト教よりもより多く、いや既に啓蒙主義的精神に貫かれ、そのため啓蒙主義的思考を営むようにできているという点をあげている。またTh・A・ミュラーは「デンマークの場合はラテン系の国々の場合と異なって啓蒙思想はキリスト教に根拠づけられるという仕方において生じた。つまり、理性は自らの自律の根拠をキリスト教に仰いだのである。」[10]と言っている。

この点デンマークの啓蒙思想家たちは、この思想の本舗とも言えるフランスの場合とも、またフランスとは全く反対の形をとったドイツの場合とも、非常に異なっていた。まずフランスの場合は、啓蒙思想家といえば、モンテスキュー、ヴォールテール、ルソー、ディドロー等々の名が挙げられるが、これらの人々は非常に過激な仕方での社会改革を目ざし、その思想は、反国家、反社会の無神論的自由思想であった。またドイツの場合は、これとは非常に異なっており、その特徴の一つは、それが「哲学」の形をとり、哲学がキリスト教を研究対象にした点に著しい特徴がみられた。しかしそのことを通じてキリスト教に対する二通りの立場が現れることになった。一つはキリスト教を弁護する立場であり、C・ヴォルフからカント、フィヒテ、シェリング、ヘーゲルへと至る線、そして表面的にはこれに対抗する立場にあったハーマン、ヘルダー、ヤコビーという信仰哲学者の一群も基本的にはキリスト教弁護の立場にあった。もう一つはキリスト教を批判し否定する立場であり、その代表格がD・シュトラウスであり、彼の『イエス伝』である。これは、哲学、理性がキリスト教そのもの、イエスの神性を批判の対象にしたことを示したのである。そしてこれ以後ドイツではこれと似たような仕方で肯定・否定さまざまの「イエス伝」が書かれるようになったのである。ところが、この両国の場合に比してデンマークの場合は、その事情は非常に異なっていた。その相違は、デンマークにおいて啓蒙主義者と言われていた人々の名前を挙げてみるだけでも明らかである。例えば、フレゼリッグ五世の時代（一七四六―六六）政治を担当したのはA・G・モルトケ、J・H・E・ベアンストーフ、スネードーフ、更にはE・ポントビダン、L・ホルベーア等々の名前が挙げられるが、彼らはフランスからの啓蒙思想の書物に学びそれらを参考にしつつも決して反国家的、反教会的、破壊的な行動様式をとることはなかった。またドイツからは啓蒙主義の立場に立つ哲学書がかなり多数入ってきて、例えば、クリスチアン・ヴォルフの書物など随分読まれたが、そしてまたこれは十九世紀になってからであるが、D・シュトラウスの書物も結構読まれたが、デンマークにはいま述べたドイツの場合のような二系統は生じなかった。

デンマークの啓蒙思想の特徴は次の二人の人物のそれの中に象徴的に現れている。一人はE・ポントピダンであり、もう一人はL・ホルベーアである。

まずE・ポントピダン Erik Pontoppidan（1698–1764）は国家教会の啓蒙主義の厚い信仰に立つ監督の地位にあった人物で、宮廷牧師をもつとめ、後にはコペンハーゲン大学総長にもなった神学者でありまた歴史学者でもあった。彼はクリスチアン六世の敬虔主義時代とフレゼリッグ五世の啓蒙主義時代の過渡的時期に教会と政治の両領域において指導的な役割を演じた象徴的な人物であった。彼がデンマークの精神界においても社会においてもそのような枢要な地位にあったことはその啓蒙思想の実現にあたってそれを徹底的に特色づけることになった。(11) 彼は敬虔主義の神学者としては、信仰は「神への個人的内面的な敬虔」にあるとなし、敬虔主義のカテキズムとも言われた Sandhedtil Gudfrygtighed『神への敬虔のための真理』を書くなぞして、人々が自らの内面性に従って神をおそれることを訴えた。しかし正にその立場から彼は「無知」こそ人々の敵であり、この敵と闘うことを提唱した。それに関して彼は真実を見きわめるための人間の知性の向上を徹底的に重視し、そのために主として二つのことをなした。一つは、「理性」の重要性についての人々の注意を喚起したこと、しかし彼は、理性が完うな働きをするためにはそれがキリスト教によって基礎づけられることを主張した。彼によるならば、理性はキリスト教の福音と衝突しないどころか、これによってこそ確立されるものだとなした。もう一つは、学問と教育の振興をはかったことである。その場合学問の中でも歴史学の重要性を強調し、有名な『デンマーク地図』Dansk Atlas.（1781）という書物を書き、これは実に多くの人々に読まれたが、それは当時の人々から無知を駆逐するために書かれた代表的な啓蒙書となった。

次にL・ホルベーア Ludvig Holberg（1684–1754）は劇作家であり、彼の作品はデンマーク文学史上最も多くの人々に読まれ愛されたと言ってよい。(12) それというのも彼によってこそ「デンマーク語文学」というものが確立されたと言えるからである。彼がデンマーク啓蒙主義の象徴的な人物の一人となっているのも正にこの点に関係をもっている。彼は若いときイギリス、フランス、イタリアを旅行し、いまこれらの国々で何が起こっているのかを目にし、そこに「時代」というものを感じとった。そこで彼はデンマーク国民の眼をいま外国では何が起こっているのかに向けさせ、「時代」へと眼を開かせようとした。そのため彼は自分の作品の中で「時代」が映り出してくる同時代の歴史問題、経済問題、哲学及び宗教問題等々あらゆる問題を描き出したのである。しかも彼はそのような自分の作品がすべての人々に理解されやすいようにと、デンマーク語にこれを可能にし得るような形式を与えることに努め、特に文学形式としては戯曲形式を用いることにした。このことによって、いままでは単なる話し言葉にしかすぎなかったデンマーク語が文学の言葉にまで進化してゆき、彼によってはじめてデンマーク語文学が確立されたのである。彼は自分の文学手法の範型をフランス文学、それもとりわけモリエールのそれにとった。そのことから彼は「デンマークのモリエール」とも呼ばれたが、彼が真に意図したことは、デンマーク人をしてデンマーク固有の精神に目醒ませ、人々を啓蒙教育して、社会を改革し道徳化することであった。その場合彼の思想の特徴は次の二点に見られる。一つは、国家教会のキリスト教や大学のアカデミズムに見られる体系性や概念的抽象性のもとに支配された道徳を個人としてのひとりの人間 Den Enkele の個別的内面性に即してとらえなおした点、要するに、道徳を「個人的なもの」と化した点にある。彼のモットーはあの「汝自身を知れ！」「自己自身を知れ！」にあった。このようなことからH・ヘフディングも言うように、「ひとりの人間」(単独者) という思想は、デンマーク思想史上では、このホルベーアにおいて一番最初に現れたのであり、キルケゴールにおいて再びとらえなおされたということができる。[13] もう一つは、逆説とユーモアである。ホルベーアは人生を「幻影と実在という対立項」のもとでとらえ、そこに逆説や矛盾があることを描き出した。例えば、彼は、既成の制度や秩序と人間との関係のうちに、あるいは思考のカテゴリーの中に虜になっている人間のおかしさを衝きながら、人間の偏見、偏向性、脆弱さと闘うことを教えた。しかしそのことを通じて彼がつねに示唆している方向が「ユーモア」の領域であった。彼の喜劇作品『ペーザー・ポース』Peder Paars. (1720) の中で一人のペダンティックな人物に向かってある一人の人物が発している言葉こそホルベーアの根本思想が現われていると言えよう。それはこういう言葉である。「われわれは人間になりましょう！」Lad os være Mennesker! ホルベーアは敬虔主義の信者ではなかったが、やはりそのような雰囲気なくしては生まれ得なかった人物である。彼についてH・ヘフディングが言った次の言葉は正に名言と言えよう。「ホルベーアはルターにおける〈キリスト者の自由〉を自らにおいては〈思考する自由〉として受けとり、これを徹底的に貫いた人物である。」[14]

十八世紀デンマークの啓蒙主義はこの二人に象徴されるようなものであった。それは本質的にルター的キリスト教に強く影響されたものであり、その影響のもとで学校教育の普及や社会改革が、とりわけ、農村改革が進められたのである。しかしいずれにせよ「自由」の風が吹き始めたのである。それは確かに「自由」の風であった。

そこで当然の事乍ら、そうした事態の中にあって国家教会自体は、自らのオーソドクス神学と自らの存在とを護る姿勢をとっていた。バルレ監督が学校用の教科書として新しいカテキズムに相当するいわゆる『バルレの教科書』を作り普及させたのもその現われである。[15] この教科書には二つの意味が含まれていた。一つはオーソドクス神学の擁護であり、もう一つは啓蒙であった。そのため進歩派と保守派の両牧師グループからの反対があったがすべての小学校や青少年たちに読まれ、一八五六年まで採用されていた。因みにキルケゴールもこれで教育をうけ、彼の著作にはこの名がよく出てくる。

しかしこの教科書からも知られるように、当時国家教会はその新しい「自由」の風を「合理主義」の要請として受けとめ、教会とそのオーソドクス神学をいかに護るかに腐心したのである。しかしこの「合理主義」への対応は「十九世紀前半」にまで持ち越され、それは社会の大激動を伴うことによって想像もしなかったような大きなスケールと構造において展開され、国家教会はそれが始まって爾来の大変革を経験することになるのである。

注

（1） Hal Koch: Danmarks Kirke gennem Tiderne.（Kbh. 1960）. S. 88.

（2） Ibid., S. 88ff.

（3） Ibid., S. 90.
（4） Poul Saxe: Danmarks Kirkehistorie. Med et Tillæg om De øvrige nordiske Landes Kirkehistorie. (Kbh. 1962). S. 45.
（5） Ibid., S. 48.
（6） Hal Koch: Ibid., S. 96.
（7） 『青研』六四頁の注（25）参照
（8） Holge Begtrup: Det danske Folks Historie i det 19 Aarhundrede. I. Bd. (Kbh. 1910). S. 19.
（9） 『青研』五六頁。
（10） 右同頁。
（11） 『青研』六一頁。Th. A. Müller: Aandslivet i den første Halvdel af det 18 Aarhundrede. S. 355–69.
（12） 右書六一、三頁。
（13） H. Høffding: Danske Filosofer. (Kbh. 1909). S. 11ff.
（14） Ibid., S. 9.
（15） 『青研』二一五―八頁。

第二章　十九世紀前半国家教会がおかれた激動的状況

この十九世紀前半デンマークの国家教会は前述の「十八世紀」のあとをうけてデンマーク教会史上あのルターの宗教改革当時にも匹敵する程の未曾有の大変動の時期を経験することになった。それは勿論デンマーク国家と社会自体の中に起こった激動と連動しているものであった。つまり、国家教会はこの時期社会の中に澎湃として起こってきたさまざまの思想運動や政治運動、そして階級的覚醒の運動等々に曝され、自らの中にもそれに呼応もしくは対応する運動を生み出すことによって、自らも時代と共なる歩みをしてゆかなければならなかったのである。従って、この半世紀は、教会の当局者にとっても、牧師層にとっても、その運動を推し進めていった人々にとっても、いや、すべての人々にとって、全く経験したこともない新しい事態に遭遇するという運命のめぐり合わせを経験したわけである。しかしそのようなことを通じて、知らず知らずのうちに教会は、自らの存在性格や存在意味を根本から変えて行ったのである。すなわち、それら時代の運動の全体が「自由憲法の施行」を目ざして進んでゆくことになり、遂に一八四八年絶対王政は国王自らの命令によって終止符をうつことになり、翌一八四九年から自由憲法が施行されることになった。こうしてその憲法と新しい政治体制のもと国家教会もその性格を変えることになり、「国家教会」Statskirkeは「国民教会」Folkekirkeという名前で呼ばれる教会へと移行することになった。この変化は、教会が自由憲法において規定されている信教の自由のもとにしかも新しい国家の保護をうけるものになったことを意味している。そこで本章ではそのような変化が起こる場となったデンマーク国家と社会の諸状況について考察してみることにする。

第一節　十九世紀前半デンマーク国家と社会の諸状況

Ⅰ　対外政治と国内政治

一　対外政治

十八世紀末葉から一八一四年にかけては、デンマークは英仏という二つの大国の狭間でその中立政策は脅かされ翻弄され、遂にその国是ともなってきた中立主義を放棄するの止むなきに至り、その結果国運を賭けて戦ったナポレオン戦争では遂に大敗北を喫し、領土の大半を失うことによって、今日見るような最小国へと転落するという運命的な過程を辿ったのである。その過程は大体次のようなものと言えよう。

一七八九年のフランス革命、そしてナポレオンの登場はヨーロッパ全土に大きな波紋を投げ、結局はヨーロッパをイギリスとフランスの両陣営に二分するまでに至った。しかしデンマークはじめ北欧諸国はそれより早くに中立的立場を志向し、一七八〇年にはA・P・ベアンスドーフの主導により中立同盟締結の宣言がなされた。そしてこの宣言は英仏両国にも送られた。ところが、この中立同盟に対して、フランスはむしろ非常に満足の意を表していたのに対し、海軍と貿易において制海権を握るイギリスはむしろ自国への敵対行為と受けとり、デンマークを目の仇のようにして執擁にデンマークの商船の拿捕、臨検、砲撃を繰り返し、嫌がらせを続けた。

こうして一八〇一年に入るとイギリスは決定的な行動に出てきた。一月にはイギリスは、その中立同盟を結んでいたデンマーク、ノルウェー、スウェーデン、ロシアの商船がイギリス海域を航行しているとき、同海岸の航行停止の命令を出し、拿捕してしまった。そして三月に入るとイギリスはデンマーク領域の西インド諸島を攻撃して征服した。しかし決定的なのは三月十二日イギリスは自国の港から五十三隻もの大艦隊をデンマークに派遣し、三月三十日コペンハーゲン沖に碇泊させ、その威圧のもとで中立同盟の解体はじめその他無理難題を押しつけていった。しかし仲々埒が開かなかったので遂に四月二日午前十時ネルソン提督はコペンハーゲンの第一防衛線を砲撃することを命じた。しかしデンマーク側の予想以上に激しい抵抗に会い、パーカー最高司令官もそのことをかなり正確に把握しており、一時過ぎには、これ以上の戦闘継続は無理と判断し、特使を上陸させて、何とか理屈をつけて、自らが始めた戦いの休戦へと漕ぎつけた。

それ以後約四年ぐらいはデンマークは中立政策を維持することができたが、一八〇六年になり、ナポレオンがプロイセンとの戦いで決定的な勝利をおさめ、フランスによる北方進出が確定的となってからは、そしてとくにその十一月二十一日にナポレオンの「大陸封鎖宣言」があって以来は、それが中立国の商船の自由な航行はもとよりイギリスの諸港への航行にも及んでくるため、イギリスはデンマークに中立政策の放棄を求め、頻繁なる拿捕をはじめありとあらゆる嫌がらせを仕掛けてきた。デンマーク政府当局はやがては中立政策放棄の止むなきに至るであろうことを秘かに覚悟し、そのときはイギリス陣営につくことを決めていた。ところが、イギリスは次々と難題を押しつけてきて、一八〇七年七月に入るとイギリスはいよいよデンマークに決定的とも言える要求を突きつけてきた。それは、中立政策を放棄しイギリスと軍事同盟を結ぶこと、しかしその際デンマークからその全艦隊をイギリスに引渡すことであった。そのための最後通告は九月二日に行われた。その通告にはコペンハーゲン全市の明け渡しも含まれていた。そしてその日の夜からコペンハーゲン沖合いに碇泊していたイギリスの大艦隊から同市に向かっての大砲撃が始まり、市は一気に壊滅してしまった。こうしてデンマークの艦隊はすべてイギリス側に持ってゆかれてしまった。

この事態はデンマークの最初の方針を百八十度変えることになり、またそのことがデンマークの国運を決定することにもなった。デンマーク政府は、このようにデンマーク艦隊のすべてを失った以上ナポレオンの侵入は必至と見て、それならばと、最初のあの秘かな方針（＝最後にはイギリス側につくという方針）を覆し、フランス側と軍事同盟を結ぶことにした。この軍事同盟はフランスによる大陸封鎖政策に協力し、フランスと共同してイギリスと戦うことを目的としたものであった。こうしてデンマークはイギリスに宣戦布告をし、爾後七年間にわたるイギリスとの戦争に突入することになった。同盟とはいえフランスはデンマークに対し僅かばかり財政と武器援助の約束のもとに指揮権はフランスが握り、遂には態度の曖昧だったスウェーデンをその大陸封鎖政策に協力させるべくデンマークをしてスウェーデンに攻め入らせた。しかしスウェーデンはやがてロシアと共にイギリスと協力してフランスに対抗することになり、当然デンマークはその攻撃対象になった。イギリス、ロシア、スウェーデン軍は圧倒的に強く、最終的にはこのフランスとの軍事同盟のゆえにデンマークは決定的な敗北へとおとし込まれることになった。そして一八一四年一月十四日デンマークはキールでスウェーデン及びイギリスと平和協定を結び、このナポレオン戦争を大敗北をもって終えることになった。(1)

この大敗は、デンマークに広大な領土の喪失を齎らし、デンマークを今日見るような最小国へと一挙につき落し、そのような国へと性格づけ運命づけてしまった。一例を挙げれば、その領土喪失のうちでも最大の喪失はノルウェーを失ったことであった。それはその広大な領土とともに人口約九〇万の喪失であり、これによってデンマーク王国の人口約二四〇万は一挙に一五〇万へと減少したわけである。(2) こうしてデンマークは文字通り「小国」になり、これを動かし難い現実としてうけとめ、運命として生きなければならなくなった。

このようにしてデンマークは自らの建国の課題を、他の大国と領土獲得を争う「外の方向に」udadtil 求めることを止め、文化を豊かに育む「内の方向に」indadtil 求める生き方へと踏み出してゆくことになるのである。そしてそのことがデンマーク人の「自由」であるとともに「ナショナリズム」となった。愛国的な宗教改革者、詩人、歴史家グルントヴィ Nicolaj Frederik Severin Grundtvig（1783–1872）は『デンマークの慰め』Danmarks Trøst.

（1820）という詩の中で次のように記している。

「他の国々ならば、高くそびゆる山々や、その他さまざまの多くのものを誇示し得よう。しかしデンマークの民は、波うつ海の上の花咲く園をただよろこぶのみ。デンマークの民は、この地に住まい、己が心を真理と正義のために燃やすことがこの上なく善きことと知るであろう！！」

この詩は当時のデンマーク国民の運命を実に見事に詩ったものと言える。(3)

二　国内政治

このようにすっかり小国になったデンマークも結局は当面の政治目標を国家の復興に置かざるを得なかった。その場合何よりもまず経済復興が焦眉の急であり、これが政府の当面の課題となった。そして一八二〇年代の末葉までは政府は殆どこの問題にのみ集中した。そしてある程度の成果をあげることに成功した。こうして表向きは旧いデンマークが修復され復活を見たのである。

ところが、一八二〇年代も後半に入り、更に一八三〇年になると事情は一変し、新しいデンマーク誕生への胎動が徐々に始まり出したのである。とくに一八三〇年パリで起こった七月革命はこの北欧の地にまで影響を及ぼし、社会変革を目ざすさまざまな動きに刺激を与えることになった。しかしデンマークで起こった社会変革をめざす運動はフランスや他国のそれらとは性格も形態も著しく異にするものであった。それは正に「デンマーク型」と言うべく、つまり、農村型社会での農民中心型であった。とくに十八世紀後半から始まった農民改革、つまり、Stavnsbaand という農民の領土隷属制の廃止を目ざす運動はこの十九世紀に入るといよいよ農民個々人の信仰的覚醒のもとに全国規模で現われ始めた。従って、そこにはあの十八世紀の敬虔主義と啓蒙主義の影響が色濃く現われていた。しかしその七月革命の影響はインテリや学生たちに自由への要求を大いに掻き立てることになり、「シュレスヴィッヒ＝ホルシュタイン公国の分離独立」の要求、「地方議会の設立」への要求、「言論出版の自由」の要求等々を目ざす運動が活発になってきた。

このようにして一八三〇年代も後半に入ると、デンマークには四つの系統の政治運動が姿を現わすことになり、一八四〇年代中葉に向かってそれらはますます激しさを増してきた。

一つは、進歩的な知識階級を中心にした自由主義政治運動であった。これは言うまでもなく「言論出版の自由」「市民の自由」を要求し、「自由憲法」の制定と施行とを目ざすものであった。この運動は一八三九年から四〇年にかけて非常に活発になっていった。

もう一つは、全人口の八十五パーセント以上を占める農民階級を基盤にした農民の人間としての権利の獲得を目ざした運動である。これは、先にも述べたように、十八世紀後半から続く「領主隷属制」(一種の農奴制)の廃止を目ざす運動で、これは農民個々の信仰的覚醒運動という形をとって始まり進んでいったものである。しかしこの運動は最初は自由憲法の施行なぞ目ざしていなかったが、運動をすすめてゆくうちに、自由主義運動家たちの刺激もあって、自分たちの要求も自由憲法の施行を通じてこそ実現され得ることを知り、徐々に自由憲法の施行を目ざすようになっていった。

更にもう一つは、ナショナリズムの運動である。これは前述の二つの運動にも股がる国民の実に広い層に根をもつ運動であった。デンマークにナショナリズム的精神が盛り上がってくるのには主として二つの外的契機があった。一つは、言うまでもなく、ナポレオン戦争による敗北の後の国家復興の機運であり、もう一つは、シュレスヴィッヒ=ホルシュタイン公国の問題で、そこに住まうデンマーク系住民の目覚めによる刺激である。この問題は、ドイツ的勢位の強さを如実に感じさせ、デンマーク人としてのナショナルな目覚めを促すものであった。デンマークのナショナリズム運動で大きな役割を果したのはグルントヴィであり、彼はドイツにおけるフィヒテにもなぞらえられた程である。

最後にあげられるのは、北欧主義の運動、つまり、北欧統合運動である。この運動はある意味では一四〇〇年頃からあり、他の北欧諸国の人々を伴って進められてきた北欧的同族感情に基づく運動で、とくにこの時期は、他のヨーロッパ諸国の勢位、とりわけドイツ的勢位から脱却して、「北欧の中の一国」としてのデンマークの独立、国民の自由、文化の確立と高揚を目ざすものであった。これは前述のナショナリズムと紛らわしく見えるが、これは北欧性、北欧文化というものへの強い信念に立っている伝統的なものである。一八三〇年代末から四〇年代前半にかけてこのような四つの系統の政治運動が現われ、日増しにその勢いを増してきたのである。

これら四つの運動体はそれぞれの支持基盤や主張において当初は相互に非常な隔たりを見せておりまた互いにそれを感じていたのであるが、一八四〇年代も半ば近くになるとそれぞれが一つの共通の目標に向かって進んでいることを自覚し始めてきた。それは言葉で表わすならば「北欧の中の一国なるデンマークと同国民の自由と独立」ということ、そしてこれを実現するための「自由憲法制定と施行」ということであった。

そしてこの共通の目的実現のために、それら四つの運動は協同的な動きを見せ始めてきた。この運動の先頭に立っていたのはやはり早くから「自由憲法の制定と施行」を直接目ざしていた自由主義者たちであった。しかしこの統合の動きに大きな役割を演じたのはグルントヴィであった。グルントヴィはあの農民運動を自らのナショナリズム的運動に結びつけることに成功し、他方あの北欧統合運動をも引きつける力をもっていた。こうして自由主義運動はこれらのナショナリズム的運動と協同して進むようになり、そのようにしてそこには歴史家が言うようにナショナルリベラリスム Nationalliberalismen の大きな流れが一つの運動体のように形成されていったのである。そしてこの流れが「自由憲法の制定と施行」を促す力となったのである。

こうして一八四八年に入るといよいよ機は熟してきて、三月二十一日、いわゆる「マーツ・ダー」と呼ばれる大デモンストレーションの行進が行なわれ、国王フレゼリッグ七世の国王としての絶対権によって「絶対王政の廃止」と「自由憲法の施行」とが決められ、文字通り全くの無血のうちに「絶対王政の時代」は終ったのである。

そしてその「自由憲法」は翌一八四九年六月四日から施行されることになった。

十九世紀前半デンマークの国家と社会とはこのような激動の時期を経験したのである。
このような状況は当然に国家教会の状況にも映り出てくるわけであるが、国家教会の場合はそれ独自の時代的ならびに社会的性格をもった存在であるため、時代と社会の変化はより一層深刻な事態として現われてくる。

II　思想的ならびに精神的状況

以上述べたようなデンマーク国家と社会の激動する状況の中にあって、思想的状況も精神的状況も当然に大きな変化を見せている。それらについては既に『青研』や『著研』の当該個所で詳述しておいたので、詳しくはそれらの個所を参照していただくとして、ここでは、それらの際立った特徴についてほんの二、三のことを述べるにとどめておきたいと思う。

まず思想的状況としては、先述した所からも推察され得るように、この時期には、社会のあらゆる階層の人々に、啓蒙主義、自由主義、合理主義の思想が浸透してきて、それらは時代の中の一つの支配的な力にまでなったことである。しかもそれらは、単に人々の知的領域にだけ及んできたのではなく、牧師層の神学的思考や教会的領域にまで及んできたことである。それは正に時代の趨勢になっていたわけである。そのため教会の礼拝への出席者の数が前世紀末から今世紀にかけて非常に減り始めていたことは多くの教会史の書物が異口同音に伝えているところである。

しかしこのような、時代を先導する合理主義的、自由主義的な勢位に対抗して、人間本来の精神的価値を護り輝かせようとした巨大な動きが生じたことも特筆さるべきである。それは、詩人、作家、文学者、文芸評論家、その他哲学者たちの状況である。彼らは、基本的には、ロマン主義思想と精神とをもって時代に対応したのである。そしてそのことによって、この十九世紀前半のデンマークには、文学史上その以前にも以後にも類例を見たこともない「黄金時代」Guldalderen と呼ばれる時期が生まれたのである。H・スティフェンス、A・G・オェーレンスレーガー、

J・バッゲセン、P・M・メラー、B・S・インゲマン、エアステッズ兄弟、N・F・S・グルントヴィ、H・C・アンデルセン、F・C・シベアン、F・パルーダン＝ミュラー、J・L・ハイベーア等々、その他いくらでも名を挙げることができる。これらの人々は共通に、人間における「無限なるものへの憧憬」を、自然、歴史、詩、宗教的なものの中に求め、それを探求しようとし、その成果を作品へと結実させたのである。B・ヤンセン教授はじめ多くのデンマークの文学者たちが言うように、もしそれらの詩人たちが彼らの作品をデンマーク語ではなくドイツ語その他の諸外国の人々も読める言葉で書いたとするならば、この「黄金時代」は世界の人々も刮目した一時期となったであろうということは、確かに考えられ得ることである。しかしこの「黄金時代」の件については『青研』で詳述しておいたので、そこを参照していただきたい。ただここで一言加えておくべきことがあるが、それは、このような思想的―精神的状況は、広い意味でのキリスト教界にも、すなわち、神学、説教等々の領域にも、従って、信仰の在り方そのものにも影響を及ぼしていたことである。つまり、キリスト教そのものが、そのようなロマン主義的思想と精神のもとで変様もしくは変質されて伝えられ維持されるようになったことである。言うまでもなく、J・P・ミュンスター監督はその典型的な象徴と言ってよい。

さて、このような思想的―精神的状況との関連で、更にもう一つ付言さるべきことがある。それは、「内面的方向」でのロマン主義として分類されているものであり、「無限なるものへの憧憬」を人間精神の「内面的方向」に求める人々の動向である。それは、一般には、「バイロン―ハイネの線」として理解されているものであるが、それはあくまで表て向きの形容としてその名で呼ばれているものであり、しかしその実質はもっと深い構造のものであり、それを体現している人々は、三つの文学的形象を通じて、すなわち、ドン・ファンという享楽の形象、ファウストという懐疑の形象、永遠のユダヤ人アハスヴェルスという絶望の形象を通じて、自己意識を形成していたのである。これについては私は『著研Ⅰ』で詳述しておいたのでそこを参照していただきたい。つまり、この時期何人かの人々の「内面性」にはこれらの形象によってのみ説明し得る精神的状況が成立していたのである。それは文字通りの「虚無」の意識であり、状況である。このことの典型がS・キルケゴールであることは言うまでもない。しかしこのことは、キルケゴールだけに見られたことでなく、時代の精神的状況としても認められ得ることは、時代の諸文献が証明している。

十九世紀前半のデンマーク国家と社会の状況は大体以上のようなものであった。

従って、同時期の「デンマーク教会史」はこの状況の中で展開されることになる。

注

（1）『青研』一〇七―一五頁。

（2）右書一一四頁。

（3）『青研』一一五頁。

第二節　国家教会に突きつけられた問題

デンマーク教会史の「十九世紀」はある意味ではそれの「十八世紀」の必然的帰結であると言っても過言ではない。つまり、あの十八世紀の「啓蒙主義思想とその運動」はこの十九世紀になってその当然の如き帰結に達したということである。すなわち、十八世紀以来の啓蒙主義精神によるいわば理性と理性的思考の奨励と促進により、H・コックの言葉を借りるならば、(1) 教会そのものがはじめて「批判の対象」となり、自らの変革を迫られる状況へと立ち至ったということができる。しかしそれはインテリ層と一般庶民層とでは現われ方がかなり異なっていた。まずインテリ層では、最も極端な現われは、合理主義的思考と思想の浸透によって無神論的自由思想家が生まれた。しかし他方神学者、牧師、教職者、信徒たちの層では、いわゆる合理主義神学の考え方が信奉されるようになり、この神学のもとで、キリスト教の名において教会の在り方や神学問題等々が批判されるようになった。一般庶民層では、啓蒙主義のおかげで学校教育を受けるようになり、そのような状況のもとで、自らの目で聖書を読み、自らの頭と心でキリスト教の真理を考える習慣をもつようになった。この層では前述の自由思想家の場合のような現われ方はなかったが、むしろ聖書の真理やキリスト教の真理の名のもとに、教会の真の在り方を追求する勢いが生まれてきた。こうして社会のあらゆる層から「教会」は批判の対象になってしまったわけである。

「教会」が「批判の対象」になるということの新しい時代状況が意味するものは当の国家教会にとって極めて重大な問題性を孕んでいた。それは、国家教会が、それ自身の「宗教性」の枠を外部から打ち破って侵入してくるものに対して、好むと好まざるとを問わず真摯に「対応」しなければならない状況に置かれるようになったことを意味するからである。それは時代の中に澎湃として起こってくる諸勢力への対応になり（その諸勢力については次章以降で詳述するので、ここでは立入らない）、それへの「対応」は教会にとっては実に重大な意味を含んでいたからである。つまり、その「対応」は当然の事乍ら教会がそれ自身の「宗教性」の枠を外部から打ち破って入ってくる侵入者との交渉関係に入ることになるが、それは同時に教会自身が自らの「宗教性」の枠を内側から打ち破って新しい世界へと飛び出すことにもなり、それはその新しい世界との交渉関係の中で自らの変質をさえ意味することが想定されるからである。

こうしてこの「十九世紀前半」は、十八世紀に生まれた二つの思潮、啓蒙主義思想と敬虔主義思想とがそれぞれ形を変えて、全デンマークで展開され、キリスト教界という領域だけでなく、全デンマークの人々の社会的な階級的目覚めや政治的目覚めを促す力となり、社会的行動や政治的行動の形をとり、遂には、デンマーク国家そのものの政治的大変革を惹き起こす力にまでなったのである。そのことによって、先述したように、絶対王政の崩壊と自由憲法の施行により、「国家教会」Statskirke は「国民教会」Folkekirke へと変わることになった。その変革については、すぐ詳述するが、それは、「教会」が、神から国王に託された任務――デンマーク国民をルター的信仰において安全に保つこと――を果たすための囲いをもった場所というような意味のものから、自由に独立した国民一人々々が構成する信仰的共同体へと、変化したことを意味するのである。
それでは次章でその具体的な変動の姿を検討してみよう。

注

（1） H. Koch: Ibid., S. 117

第三章　十九世紀初頭からの約二〇年間「国家教会」がおかれていた危機的状況——合理主義の勢位とそれへの教会当局の対応

十九世紀初頭の約二十年間は、確かにデンマーク教会史が全く新しい時代に入ったことを示す事態がはっきりと神学のレベルで起こっていた。そしてその約二十年間は確かに、やがて三〇年代から四〇年代末にかけて起こったデンマーク教会史上の大転換を、準備した時期とも言える。それは、端的に言うならば、十八世紀末葉に国家教会内に押し寄せてきたあの啓蒙主義的思潮や風潮が国家教会内部では、確実に合理主義的神学の形をとって神学としての存在感を示すようになり、これが従来の伝統的なオーソドクス神学と拮抗するまでに至り、そのこと自体が、時代の新しい神学的状況を形成するに至った、ということである。すなわち、このような合理主義思想や合理主義神学の影響を強く受けた監督、牧師、神学者たちが多数生まれ、神学における一大勢力になっていたので、国家教会当局においては、自らの根幹をなすオーソドクス神学の立場から、そのような合理主義神学とその勢位に、どのように対処するか、ということが中心的課題となったのである。つまり、この世紀初めの約二十年間は、まさにこの課題との取り組みの二十年間だったと言っても過言ではないのである。ところが、時代も一八二〇年代に入り更にそれ以上に進んでゆくと、この課題が意味するものは「神学」の枠やレベルを超えたそれよりはるかに大きなスケールと構造とを備えた文字通り新しい時代的潮流の一現象であったことを示し始めた。すなわち、その現象の奥に秘められていたものは、二〇年代に入ると徐々に社会的広がりを伴う運動という形をとってゆき、やがて「時代」を象徴する三つの系統の教会改革運動となって展開されていったのである。こうしてそれらは既存の「国家教会」を根本から変革してやまない巨大な力となっていったわけである。こうして十九世紀前半のデンマーク・キリスト教界では、既存の「国家教会」の変革を目ざしてそれら三系統の改革的運動が巨大なドラマを展開したのである。そこで、以下の個所ではそのような状況を、⑴一八〇〇年から二〇年代までと、⑵二〇年代以降の改革的運動との二つに分けて考察してみたいと思う(⑵の方は第六章以降になる)。

第一節　一八〇〇年から約二〇年間に現われてきた新しい時代的潮流としての合理主義の勢位

ここにいう新しい時代的潮流とは、前世紀の啓蒙主義思想を通じて引き継がれた合理主義思想のことであり、とくにそれがキリスト教界内に及ぼした影響としての「合理主義神学」の誕生とその普及とである。従って、国家教会はこれへの対応を当面の最大の課題とせざるを得なくなった。

そこでまずその合理主義神学の誕生と普及の模様についてであるが、一口に合理主義神学と言っても、それには三種類あり、その一つ一つの種類がそれぞれ一定の時期を画している。それは、カントの影響をうけた合理主義神学(十八世紀末―一八二〇年代)、シュライエルマッヘルの影響をうけたロマン主義的―自由主義的な合理主義神学(一八二〇年代―三〇年代前半)、ヘーゲルの影響をうけた合理主義神学(三〇年代後半―四〇年代)、である。そこで説明の都合上、本節ではカントの影響をうけた合理主義神学だけを問題とし、他の二つについては次節で述べることにする。

デンマークで、厳密な意味での合理主義神学が生まれたのは、十八世紀末葉―一八二〇年頃までの時期であった。

そしてそれは一重にカントの影響をうけ、倫理的合理主義神学と呼ばれていた。[1] デンマーク哲学史では、一七九〇年—一八〇〇年の間を、「カント哲学の時代」と呼んでいるが、A・チューボーも言うように、この時期のデンマークの哲学者、諸々の学者たち、その他知的階層の人々へのカントの影響は、測り知れないものがあった。[2] しかし同じことは、国家教会の神学者や牧師たちにも、起こっていた。一八三四年から二〇年間シェラン地区の監督の地位にあったJ・P・ミュンスターは、一八三〇年代ならびに四〇年代の『教区訪問調査書』Visitatsbøger を書いた際、その中で、国家教会の実に多くの牧師たちが合理主義神学の影響をうけていることを、記しているが、その影響は、まさにこの時期から始まっていることを、指摘している。[3]

この時期そのような意味でカントの合理主義の影響をうけた国家教会内の有名な人物の名前を挙げるならば、まず二人の神学者としてP・E・ミュラー Peter Erasmus Müller（1776–1834）とJ・メラー Jens Møller（1779–1833）の名が、副監督としてG・クラウセン Henrik Georg Clausen（1759–1840）の名が挙げられる。この中前者二人は、十九世紀初頭コペンハーゲン大学神学部に教授の交替が起こったとき、退いてゆく老教授に代って登場した新進気鋭の若手教授であり、同神学部内の空気をすっかり若がえらせた。P・E・ミュラーは、純粋にカントの合理主義を継承しており、一八三〇年—三四年の間には、シェラン地区の監督にもなった。J・メラーは、どちらかと言えば、「調停的神学」Mæglingsteologi（ドイツでいう Vermittlungstheologie）の立場に近かった。この二人の若手教授の影響力は非常に強く、実に多くの神学生たちがその講義に集まった。そしてそのような影響をうけたそれら神学生たちが牧師となって行ったのである。そのためオーソドクス神学の立場に立つ旧型の老牧師たちは、徐々にそれら新型の牧師たちと、代ってゆくことになった。この二人の神学者の中でも、とりわけP・E・ミュラーの影響は大きく、先述のJ・P・ミュンスターの『教区訪問調査書』では、多くの牧師たちがうけた合理主義神学の影響の中でも、このP・E・ミュラーからの影響が少なからず認められたことが記されている。[4]

しかしこの二人の神学者よりも更に大きな意義を時代に投げ、教会史のこの時期を象徴するような存在となったのは、H・G・クラウセン牧師であった。彼は、一八一一年コペンハーゲンの教区牧師になり、同市のカセドラルであるフルーェ教会の副監督の地位に着いた。彼は、人格、才能共に優れ、多くの人々から尊敬され、人気の的でもあった。彼の特徴は、時代の合理主義を、単に神学のレベルだけで受け止めていたのではなく、政治、教会行政、時代の宗教的、道徳的堕落、それらに対する教会の権威のなさに関し、説教の中で、政府当局に対しても、国家教会当局に対しても、鋭い批判の言葉を、浴せた。それらの説教の中でも有名なのは、一八〇四年、デンマークの教会で最も重要な行事とされるルターの宗教改革記念日の式典での説教で、政府ならびに教会当局に対し、あらん限りの痛罵を、投げたそれである。そのため彼は、「デンマーク総理府」から、譴責をうけた。(5)

けれども、H・G・クラウセンが根本的に眼を向けていた点は、国家教会の衰退の根本原因に関してであり、それは、国家教会が最早時代精神に合わなくなっている「神学」に立ち、それに基づく「説教」を行なっているからであるとなし、神学と説教の改革こそが、国家教会の衰退を救うことができる、となしたわけである。こうして彼は、神学と説教の根本的な改革を行なおうとした。

まず「神学」の改革に関してであるが、H・G・クラウセンは、カントの倫理学と宗教哲学の決定的な影響を受けながら、しかもカントを超えていた。彼は、オーソドクス神学の本質的な部分を「理解不可能な信仰の秘義と空虚な詭弁」となし、自らの神学の根本を、次の二点に置いた。(6) (1)イエス・キリストにおける神の啓示は認めるが、その啓示は、理性が自らの力のよって到達し得る極限に、対応するものである。(2)キリスト教の本質は、つまり、神の言葉は、イエスの述べた倫理道徳的規定にあり、キリスト教は、道徳のための基盤である（この(2)は道徳から出発し、それの要請としての神の存在、霊魂の不滅へと至るカントの立場と丁度逆になる）。この二点を基礎に、彼は、新しい形式のキリスト教を、すなわち、「人間理性の上に打ち立てられたキリスト教」を、目ざした。

H・G・クラウセンは、このような合理主義神学の思想を、「説教」の中に、浸透させようとした。そのため彼は、自らそのような説教を行なうだけでなく、牧師たちの説教技術を訓練することを目ざし、一七九九年に「説教学協会」をつくり、これを、一八〇九年には、「王立牧師養成所」Det kongelige Pastoralseminarium にまで発展させた。

H・G・クラウセンは、このようにして合理主義の立場から、神学と説教を改革し、国家教会の改革を計ったのである。

ところが、大変興味深いことなのであるが、当時P・O・ボイセン牧師はじめ多くの牧師たちが、教会の礼拝形式等外的なものについての改革を意図していた中にあって、H・G・クラウセンは、改革に反対の立場をとり、礼拝形式は時代の流れに迎合して変えるべきでない、と主張していた点である(7)。

以上私は、十九世紀初頭から一八二〇年位いまでの時期における、カントの影響をうけて生まれた合理主義神学の模様について述べてきたが、この時期国家教会当局においては、この状況に対して、自らの存立の前提をなすオーソドクス神学をどのようにして護るかが当面の最大の課題となっていたのである。

注

(1) 『青研』二一九頁。

(2) Anders Thuborg: Den Kantiske Periode i danske Filosofi. 1790–1800. (Kbh. 1951). S. 9. Hal Koch og Bjørn Kornerup: Den danske Kirkes Historie. Bd. V. (Kbh. 1951). S. 465–8

(3) 『青研』二二〇頁。

(4) 同書同頁。

(5)(6) 同書二二一頁。

(7) 同書二二二頁。

第二節 「国家教会」当局の対応

非常に意外なことであるが、このような合理主義の勢位に対するオーソドクス神学の立場に立つ国家教会の対応は、極めて寛容であるとともに、信仰的な懐の非常に深いものであった。そのような対応の事例は、いろいろ挙示することができるが、それらの中から一つだけ最も象徴的な出来事を紹介することによって、説明に代えたいと思う。それは一八一七年ルター宗教改革記念日の式典における「ルター再発見」の出来事である。以下その模様を簡単に述べてみよう。

前述のような合理主義神学が、とりわけH・G・クラウセンを通じて、若い世代の神学者や牧師や知識人たちに、普及していった最中の一八〇八年、シェラン地区監督のあのN・E・バルレは亡くなった。そこで「デンマーク総理府」は、目下の教会内の情勢を充分慮って、F・ミュンター Frederik Münter (1794-1867) を、後任に任命した。彼は、その一八〇八年から三〇年までを、その監督として努めることになるが、その任命には実に深い意味があり、同時に明らかに歴史は新しい時代に入ったことを意味していた[1]。F・ミュンター監督は、過去二十年間コペンハーゲン大学の教授などもやり、従来の監督に共通したような型を完全に打ち破った型の監督だった。彼は、説教の能力は余りなかったが、時代の状況を見ぬく鋭眼をもっていた。彼の神学的立場は、合理主義神学ではなかったが、啓蒙主義的知的道徳主義に貫かれた「啓蒙主義神学」Oplysningsteologi に、属するものであった。つまり、彼は、聖書に示された啓示を決して無視せず、しかし理性の課題は、この啓示の意味を解釈することにあるとなし、啓示は決して理性と衝突するものではないとなした。しかしその聖書の啓示の意味についての理性の解釈とは、「歴史的考察」、あるいは「歴史的研究」を意味した。これは、従来超自然主義神学が聖書の啓示に対しては「非歴史学的態度」をもって、臨んでいたことに、対立しているものである。従って、彼は、合理主義神学には決して反対せず、むしろこれを媒介にして、聖書的信仰の確立をはかる運動に出たのである。それゆえ、彼は、当時起こりつつあったあの農民階級を中心にして起こったあの信仰的覚醒運動の指導者の協力も得て、そして更には、一八一三年コペンハーゲンを訪れた英国人牧師の協力も得て、一八一四年に「デンマーク聖書協会」Det danske Bibelselskab を設立し、その会長になった。このようにして彼は、聖書の普及をはかり、国民一人々々が自分の手で聖書をとり、自分の思考と精神で聖書を読むことを奨励し、聖書的信仰の確立をはかったのである。要するに、彼は、時代の合理主義的勢位に反対せず、むしろ合理主義神学を充分媒介にして、時代の中に聖書的信仰の確立をはかろうとしたのである。

ところで、F・ミュンター監督の神学的立場がこのようなものであることを知るなら、超自然主義的なオーソドクス神学に対して合理主義神学が抬頭してくる国家教会の現状を踏まえて、国王と「デンマーク総理府」がこのF・ミュンターを最高位のシェラン地区監督に任命したことは、非常な卓見と言わなければならない。(2) 彼の真価は、さまざまな分野で発揮されたが、何よりも最も劇的に象徴的な仕方で発揮されたのが、一八一七年のルター宗教改革記念日の式典においてであり、彼の任命はまるでこの日のこの事のために予め用意されていたのではないかとさえ思える程だったからである。

その記念日の式典は、一八一七年十月三十一日から三日間にわたって、コペンハーゲンで、開かれた。この式典を実際に準備した人物は、時代の中に「聖書的信仰」の確立を意図するこのF・ミュンター監督と、時代思想の「合理主義神学」を象徴するようなH・G・クラウセン副監督とであった。つまり、表面的には、この式典は、全く相反する二つの立場に立つ人物によって準備されているという印象を、与えていた。しかし式典では、そのような大方の皮相な見方を根本から覆す出来事が起こった。その式典は、次のように進行した。

まずこの日に先立って、一つの牧会書翰と、それと殆んど同じ内容の一つの小冊子とが、全デンマークの牧師と教会とに、送られた。この「牧会書翰」の方は、F・ミュンター監督によって、ラテン語で作成され、既にコペンハーゲンに集まっていた全デンマークの監督たちの承認を経て、彼らの名において、全デンマークの牧師たちに、送られた。(3) この書翰の特徴は、形式的には、一切が合理主義哲学の概念と用語で書かれ、内容的には、徹頭徹尾ルターの宗教改革の意義を究明したものであった。(4) それはこう述べている。宗教改革は、ヨーロッパの中でより高度に啓蒙された地域がローマ法王の支配から脱却したこと、そしてキリスト教を、それ本来の最古の純粋な形式へと置き代えたこと、を意味する。それゆえ、宗教改革以後は、当然に、人文科学の発展が奨励され、それらの地域の国々では、法律、規則、生活様式が、どんどん改善された。つまり、宗教改革の中心点は、聖書を、信仰に関係をもつすべてのものの中で、最高の権威となした点にあるが、それは、理性の正しい導きに従って正しく解釈される限りにおいてである。すなわち、聖書は、教父たちや、教会会議や、法王たちの証言に従って解釈さるべきでなく、正しく形成され教育された理性に従って解釈さるべきである…。この書翰が述べようとしていることは、聖書の権威が絶対的であること、しかしその根幹をなす神の啓示は、高度に啓蒙された正しい理性によってのみ理解されること、というのである。この場合「理性」というのは、神学的研究のことである。しかしこれで明らかなように、この書翰は、ルターの宗教改革を引き合いに出して、聖書の啓示に絶対的権威を認める超自然主義の立場を充分承認するとともに、その啓示を正しく解釈するものは理性の正しい導きであるとすることによって、合理主義の立場をも充分肯定しているのである。

他方、小冊子の方は、書翰と殆んど同じ内容のものであるが、これはラテン語の読めない人々のためにデンマーク語で書かれた。これも、さまざまな経緯の後、F・ミュンター監督によって書かれた。その標題は『教会の改善がわれわれに与えてくれてきた最も優れた恩恵についてデンマークの一般の人々に向けての教示』Undervíisningtil den danske Almue om de fortringliste Velgierninger, som Kirkeforbedringen har skienket os. というものであった。

こうして、このような準備のもとに、記念日式典の第一日目（十月三十一日）が迎えられた。この日の記念日礼拝は、カセドラルのフルーェ教会が一八〇七年イギリス艦隊の砲撃によって破壊されたままだったので、トゥリニタティス教会（三位一体教会）で、行なわれた。その礼拝には、国王はじめ、王家の人々、そして国家の最高クラスの人々が列席した。この礼拝の説教者は、F・ミュンター監督であった。彼は、先の牧会書翰の内容とほぼ同じことを述べ、ルターの内にこそ真の聖書的信仰が生まれており、この真の聖書的信仰こそが宗教改革を生み出したのだということを、強調した。(5) 第二日目は、国王がフルーェ教会の起工式で祭壇の基石を据えることから始まり、その後、大学で式典があり、更にその後、トゥリニタティス教会で、式典がもたれた。前日は「聖書」の問題について語られたが、この日は「神学」の問題について何人かの神学教授が語った。それらの中での圧巻は、H・G・クラウセン副監督の説教であった。彼は、その中で、宗教改革の中心人物ルターに徹底的な賛辞を送り、ルターは、迷信と偏見への反対者、教会とこの世の権力に抑圧されていた真理の大胆な語り手、思考と良心の自由の勇敢なる叫び手、理性と聖書の上に基礎づけられたキリスト教の熱烈なる弁護者、衰退しゆく教会と学校の力強い救済者、となし、宗教改革とは、そのような精神を象徴したものであると指摘した。こうしてH・G・クラウセンは、思考と精神の自由、合理主義精神は、他ならぬルター自身の根本精神であることを、主張した。(6) 最終日の第三日目、その最後の礼拝は、朝に行なわれたが、その説教者は、やはりH・G・クラウセン副監督だった。この説教で、彼は、第一日日のF・ミュンター監督の説教と、第二日目の自分の説教との総合のような話しをした。彼は、それにおいて、自分たちはイエスの弟子であること、従って、自分たちにとってはイエスの教義をおいて他に真理はないということ、自分たちが精神にして生命なるイエスの言葉に立つためには理性と聖書に固執しなければならないこと等々のことを述べた。(7)

さて、この三日目のH・G・クラウセン副監督の説教は、この三日間の式典に出席したすべての監督、牧師たちに、何とも大きな感動を、与えた。彼らは、この説教を聞きながら、第一日目の説教と第二日目の説教は、全く相反した方向から語られたものであるのに、その二つは、決して排斥しあうものではなく、「ルター」においては完全に一つのものになっていることを、つまり、聖書的信仰と合理主義とは決して排斥し合うものではなく、「ルター」においては完全に一つのものになっていることを、今はじめて知ったのである。つまり、「聖書の啓示」は「理性」と決して衝突するものでないから、「聖書的信仰」の確立には「合理主義」を排除することもまたそれと妥協することも決して必要ではないという神学的根拠を、「ルター再発見」によって、見出したのである。そしてそれは、全デンマークの牧師たちに、新たな確信の根拠と、未来への責任の自覚とを与える機会となった。[8]
世紀初めからの約二十年間には、デンマーク教会史が全く新しい時代に入ったことを物語る以上のような出来事が起こったのである。

では、この約二十年間は、デンマーク教会史の中で、どのように性格づけられるのだろうか。
この性格づけについては、さまざまの教会史家たちによって、その試みがなされているが、私は、それらの中から、これに対する国家教会当局の側からの評価も同時に知る意味で、J・P・ミュンスター監督の見解を、取り挙げてみたいと思う。すなわち、J・P・ミュンスター監督は、近代哲学史における「カント」の位置を、その新時代の到来を準備した「バプテスマのヨハネ」とみなす立場から、デンマーク教会史におけるこの目下の時期を、「カントの時代」になぞらえた。[9]というのは、同監督によるなら、周知のように、ヨハネは、イエスによる新しい時代の到来をむかえるために、人々に「罪の悔改めのバプテスマ」を迫ることによって、人々の「精神」のなかに、「人間の罪の限界」と「神の義」との区別をはっきり設けたが、これと全く同じことを、カントは、「批判哲学」において行ったからだというのである。すなわち、カントは、「理性の限界」「確認の可能性の限界」をはっきり知ることを迫ることによって、「理性」と「信仰の領域」との区別をはっきり設け、それによって、キリスト教に、その本当の場所を得させた、というのである。そして同監督によるならば、これと同じことが、デンマーク教会史において、この約二十年間に、起こっている、というのである。というのは、教会は、前世紀から受継いだ「理性への素朴な信頼」を充分認めながら、しかし「理性の限界」を明示することによって、人々の精神を、「聖書的信仰」の核心へと目醒ますことを、やってのけたからだ、という。こうして、同監督は、この時代におけるカントこそ、つまり、バプテスマのヨハネこそ、H・G・クラウセンだ、と言っている。[10]
同監督はこのように述べているが、この言葉は、国家教会当局の見解として、同時期の意味の核心を射ている、と言ってよい。先述した所から明らかなように、この時期国家教会は、H・G・クラウセン副監督を先導役として、時代の合理主義思想とその勢位に対して、キリスト教の核心を訴え、聖書的信仰を基礎づける新しい「神学」を、確立することができたからである。つまり、国家教会当局にしてみれば、このカント、バプテスマのヨハネによって、「新しい時代」をむかえる「神学」的準備がととのったわけである。そして事実、このような神学的土壌から、立場こそ全く相異なれ、十九世紀中葉のデンマーク教会史を飾る二つの巨星が生まれでたのである、それが、J・P・ミュンスター監督と、宗教改革者N・F・S・グルントヴィとである。(11) しかしこの二人については、ずっと後の章で述べられる。

このように、世紀初めからの約二十年間は、国家教会当局としては、まさにこれから始まろうとする「新しい時代」に対処するための「神学的準備」を、備えたわけである。ところが、現実はとてもそのような穏やかな構図では訪れてこなかった。その「新しい時代」は、それへの予想とははるかに異なった巨大なスケールとグロテスクな構造において、然り、人々が未だ経験したこともないようなスケールと構造において、姿を現わしてきた。それは少なくとも二つのはっきりとした形をとって現れたのである。

一つは、国家教会が自らの基本的な神学としての「ルター主義によるオーソドクス神学」を前述の時代的勢位としての合理主義の勢位から防衛するために独特の神学を形成したがために、それによって「国家教会のキリスト教」として象徴されたものは実に奇妙なものになってしまい、国家教会自体は異様な「既存の体制」に化してしまったことである。

もう一つは、正にそのような異様な「既存の体制」に化した「国家教会」に対して、つまり、その「国家教会のキリスト教」に対して、さまざまな方向から、「真のキリスト教またはキリスト教の真理」を求めて、いくつかの批判的運動、信仰的覚醒運動、宗教改革的運動が澎湃として巻き起こってきたことである。そしてそれらはいずれもこの十九世紀後半のデンマーク教会史を象徴する運動として全デンマークに拡大していったのである。

一八二〇年代以降の「新しい時代」はこのような二つの形をとって現われたのである。そこで次章と更にその次の章では、この二つの件について考察することにする。

注

(1)『青研』二三二頁。
(2) 同書二三三頁。
(3)(4) 同書二三四頁。
(5)(6)(7) 同書二三六頁。
(8) 同書二三七頁。
(9) 同書二一八頁。
(10) 同書二一八―九頁。
(11) 同書二三七頁。

第四章　「国家教会」防衛のための神学の形成と「国家教会の体質」

十九世紀に入ってからの国家教会の中心課題は、時代的勢位としての「合理主義の勢位」に対して、自らの「(ルター主義の) オーソドクス神学」を、どのようにして守ってゆくかという点にあった。そのためには当然の事乍らいくつかの点でその「合理主義の勢位」との妥協を余儀なくされた。こうして国家教会の監督、副監督、牧師個々の神学が「合理主義神学」の性格を多分に採り入れざるを得なくなっていった。その何よりの証拠は、国家教会の最高の地位にあり、「国家教会」そのものの象徴でもある「シェラン島地区の監督」の時代毎の神学思想を検討してみるとき、そのような経過が手にとるように分かってくる。そこで次に十九世紀初頭から中葉までの代々のシェラン島地区の監督の名前を列挙してみると、そこにはその模様が浮き彫りになってくるのを目にすることができ、従って、そこには国家教会当局の歴史が脈打っていることを知らされる。

一七八三年―一八〇八年　N・E・バルレ監督。啓蒙主義の第二段階ネオロギーの立場をも容認した超自然主義。

一八〇八年―三〇年　F・ミュンター監督。啓蒙主義神学、厳密にはネオロギー。

一八三〇年―三四年　P・E・ミュラー監督。カント的合理主義、しかし調停的神学の立場に近い。

一八三四年―五四年　J・P・ミュンスター監督。調停的神学。ロマン主義的性格。

一八五四年―八四年　H・L・マルテンセン監督。思弁的神秘主義、神秘的神智学。これによるロマン主義と合理主義の総合。

このように五人の名を列挙してみただけでも、国家教会が「合理主義の勢位」にどんなに継続的に侵蝕されていったかが手にとるように分かるであろう。しかしそれは、その侵蝕を彼らがそのなすがままにまかせていたのではなく、先人の偉大な哲学者や神学者たちの方法によって、むしろ「オーソドクス神学」と「合理主義」との調和を何とかはかろうとしたが、そうしながらもその「勢位」に押し切られてゆく姿を示しているのである。

しかし事態はこれだけの経過で治まっていたわけではなく、更に深刻でかつ複雑な性格のものになっていった。それというのも、そのような「時代の合理主義の勢位」に対して「オーソドクス神学」を守るには、個々の監督が少しづつ「合理主義神学」の要素を採り入れるという方法だけでは全く不充分であり、どうしても「国家教会」による「公認」的意味をもつような、つまり、決定的な力をもつような「神学」の形成こそが望まれていたからである。そしてこの課題に応えてその「神学」を形成したのが、先の五名の中の最後の二名の監督であった。つまり、二十年もの間その地位にあったJ・P・ミュンスター監督と、それへの追随的役割を演じていた次期監督H・L・マルテンセン教授とであった。これらの中とりわけJ・P・ミュンスター監督によってそのような目的に適う「神学」が形成された。それらは多くの人々によって受け容れられその影響力は絶大なものであった。こうして「国家教会」の存在は守られ安泰になっていった。

ところが、正にこの「神学」とミュンスター監督の人格的魅力によって、「国家教会」の「オーソドクス神学」は背後に押しやられ、ミュンスターの神学だけがすべてとなり、そこには一種異様な「国家教会のキリスト教」というものが出来上がって行ったのであり、それと合わせて、国家教会そのものは異様なる「既存の体制」そのものに化してしまったのである。こうしてそこには一種独特の「国家教会の体質」とも言えるものが出来上がってしまったのである。そしてその「神学」とその「体質」とが同時代の各階層の信仰的改革運動による攻撃の対象になっていったわけである。

以上のようなことから、私は、本章では、両監督の神学を中心にとりあげ、両監督がそれぞれの「神学」とともにどのようにして「国家教会の体質」をつくっていったかについて、考察をしてみたいと思う。

第一節　J・P・ミュンスター監督の神学と彼の国家教会での役割

このJ・P・ミュンスターという名前は、同時代も今日もデンマーク国境の外では殆んど知られていない。それでももし知られていることがあるとするなら、それは大体においてキルケゴールが激しく「批判の対象」としてその名前を挙げたような場合を通じてではないかと考えられる。しかしミュンスターに対するキルケゴールの批判を正確に知るためにはその前にむしろミュンスター自身の真の姿をよりよく知っておく必要があろう。そこで本節ではそのような「批判」の枠やレッテルを通じてではなく、それらを取り払った広い地平で、直接その姿に目を向けてみたいと思う。しかしそれに関しては、私は、既に『青研』の方でかなり詳しく紹介したおいたので、それを読まれた方は一応のことは分かっていただいていると考えられるが、それを書いた後も更にさまざまな資料や文献をかなり多数読んだので、それらの参照も含めてここで改めて紹介してみたいと思う。[1]その場合勿論その作業が窮極に目ざすものは「国家教会の体質」をよりよく知ることにある。そこで本節では次のような順序で考察をすすめたいと思う。(1)人物の特徴、(2)神学思想の特徴、(3)「国家教会の体質」との関係。

一　人物の特徴

ミュンスターは幼少期経済的には比較的恵まれていたものの両親の相継ぐ死や、第二の父のもとで第二の母の死も経験し、その父と十七歳の第三の母のもとで、五人の異母兄弟の中の一人として育てられた。すなわち、ミュンスターは、一七七五年十一月八日、コペンハーゲンにある王位フレゼリック病院の監査官C・G・P・ミュンスターと妻(旧姓N・F・C・リング)との間に末子として生まれた。しかし二年して一七七七年この父は亡くなった。そのため母は同病院の医師で後に教授になったF・L・バングF. L. Bang(1747–1820)と結婚した。しかし二年して一七七九年今度はその母が亡くなった。そのため継父となっていたバングはこの同じ年にある一人の船長の未亡人と結婚した。ところがこの妻も二年して一七八一年に亡くなった。そのため数ヶ月後バングは僅か十七歳の娘と三度目の結婚をした。彼女はコペンハーゲンの聖霊教会の教区牧師M・ハンセンの娘であった。こうして彼女は故ミュンスターの妻、そして現バングの二人の妻が遺した五人の子供のいる家へ嫁いできたわけである。このとき彼女は十七歳だったがミュンスターは七歳だったので、その年齢差は僅か十歳にしか過ぎなかった。このような経緯のため、しかもこのバングは後述するように非常に熱心な敬虔主義信仰をもち家庭内ではそれをもって厳しい教育に努めたので、ミュンスターは非常に母を恋しがる子として成長していった。

ミュンスターの幼少期の家族関係はこのようなものであったが、そのような状態のもとでも彼の成長には比類ないいくつかの特徴があった。それらの中から五点程次に紹介しておこう。

まず第一にあげられるのは、バングによる敬虔主義信仰に基づく熱心な教育と家庭運営とである。バングは家父長タイプの実に熱心な敬虔主義信仰の信者であり、その頃デンマークに侵入し始めていた神学上の合理主義に対し強い反対の立場に立っていた。しかし彼は、子供たちには、教会へ行くことを命じ、彼らが教会から帰ってくると、自分の前で、いま聞いたばかりの説教をもう一度復誦させるようなことをしていた。そして日曜日には、それら子供たちは、きまって聖書の章節を暗誦させられた。そして平日の夜にはしばしば家人の全員が集められ夕礼拝が行われた。そこには大きくなった兄姉も小さい子供たちも手伝人たちもすべてが集まった。その集会では、バングが自分の日誌を朗読し、この世の不信仰や罪についての考えを述べ、合わせて自分自身の弱さをも率直に語った。そしてその後には二つ程長い讃美歌が歌われた。他方バングはそれら子供たちに、彼らはそれぞれ自分の母親が異なるので、それぞれの母親が信仰厚く厳格な人たちであったことを伝えるために、それぞれに宛てて教訓的な手紙を書いた。バングによる敬虔主義信仰による教育はざっとこんなものであるが、このようなことからミュンスターは生涯この敬虔主義を嫌うようになり、後述するように、後年この系統をひくあの「覚醒者」の運動に対してはひときわ厳しい態度で臨んだのである。しかしまた面白いことに、これらバングの子供たちの中の一人O・バング Ole Bang (1788–1877) はキルケゴールの後年の医者になったが、彼は父から受けたそのような教育を拷問と称していたという。(2) いずれにしてもこの敬虔主義の教育は、ミュンスターがやがて牧師になり監督になったときも、その神学思想の形成や行政の実施に関し著しい影響を与えることになった。

第二に、ミュンスターは、その学問的能力は抜群であり、しかも時代の最先端を行くことになる優秀な若い人士たちと交際をする幸運に恵まれた。ミュンスターは子供のとき主として家庭教師によって勉学をした。そして僅か十五歳で、バングのはからいによって、大学に入学した。それは、バングがミュンスターには医学を学ぶ才能はないと判断し、神学を学ばせようと決めたことによる。しかし大学では、ミュンスターは、神学には興味がもてず、さりとてまた他の諸々の講義にも興味のもてるものがなかった。ところが、驚くべきことに、その抜群の能力のせいで、僅か十九歳にして神学試験に合格した。しかしその在学中、利益は他のことで実に多くあった。一つは、ミュンスターはそのように若年だったので兄と一緒に在学し話し合うことができたこと、もう一つは、十九世紀前半デンマーク文学史や精神史の黄金時代を築いた人物たちの学生時代とめぐり合い、彼らと哲学や文学等さまざまな事柄について議論し合うことができたことである。それらの人物には、H・ラウブ、C・ヘガー、H・スティフェンス、グルントヴィ等々がいる。彼らの多くは、とりわけフランス革命の理想に感激しており、従って、会話もその方向と雰囲気で弾んでゆくことが多かったが、ミュンスターは、彼らの中にあって最年少であったこともあり、それらの中では、どうしても控え目な役割を演じなければならなかった。しかしそれ以上に、本質的に彼は、その革命思想には賛同できなかった。ところが、そのような抜群の能力としかも新しい思想に必ずしも動揺しない堅実性が周囲に認められたためか、その頃ミュンスターは、啓蒙主義政治家で名高かったA・G・モルトケ首相（1710―92）の親族J・G・モルトケ伯爵（1746―1818）の息子A・W・モルトケ（1785―1864）の家庭教師になる機会をもった。このA・W・モルトケは約五十年後、絶対王政廃止後の最初の首相になった人物である。(3) この家庭教師の仕事は、ミュンスターにとって、更に勉学の時間をもつ実に幸せな機会となった。そのため彼は、文学、歴史、哲学等々の勉強を、自分で続けた。この頃彼がとりわけ熱心に研究したのがカントであり、シェリングであり、ヤコビー等であった。しかも彼は、一七九九年には、大学から出された教育学の懸賞論文に応募し、金メダルを獲得した。

第三に、このようなミュンスターも牧師になってから「苦悩の時期」を迎え、しかも「説教」の準備そのことに非常な苦痛を感じたことである。ミュンスターは先の家庭教師のしぶりを通じその息子の父親J・G・モルトケ伯爵にその優れた能力を高く評価されたためか、一八〇一年七月、一般の牧師職よりも一段高い地位である南シェランのスピェラルップ Spjellerup とスメルップ Smerup の教区牧師 Sognepræst へと招れた。しかし当のミュンスターは、それには少しも気がすすまず、また将来への何らの希望も全くないまま、一八〇二年十一月、そこの牧師館に入った。こうしてその古風で高貴な佇まいの家に何年も住まうことになった。このことは確かに彼に控え目な態度や上品で自省心のある立居振舞をその身につけさせるようになったことは事実である。しかし彼には、そのような田舎町の牧師として埋もれてしまうことには、何の興味もなかった。それというのも、彼には大きな野心が目覚めていたからである。そのためそこでの生活はやりきれない程の孤独感を味合ったのである。しかもそこの家政婦は彼にとって嫌悪すべきいじ悪で気むずかしい態度で彼に対していた。こうした状況と心境の中で、彼にとっては、牧師の仕事の中で最も大切な「説教」の準備をすることがしばしば非常に重苦しいものになっていた。彼はそのことを次のように記している。「私は曾て殆んど毎週必ず非常に苦痛な感情をもったことがある。しかもその時から四十四年も修練を積んできたこの今になってもその苦痛から決して解放されてはいない。(4)」そして彼は事実、自分の説教は聴衆には自分自身と同じように非常に退屈な思いをさせているのではないかと感じていた。そして次のように打ち明けている。「それは…キリストの福音に関して私がいまだに理解しているとはとてもいえないような状態だった。[5]」

第四に、こうしてその後遂に彼の生涯における決定的な転換点が訪れたことである。右に述べたような期間も彼は、勉学を続け、友人や知人たちと語ったりディスカッションをしたり文通をしたりして、自分が懐く根本的な問題について、熟考の上にも熟考を続けていた。こうして一八〇三年の夏を迎えたとき、彼は彼の精神的発展における一つの決定的な転換点に達した。つまり、この時彼は、良心の無条件的な妥当性についての確固とした信念を獲得するに至り、そのことによって、この地上的な幸せや栄誉に関するすべての欲望を諦めることについての強固な確信を得たのである。そして正にこのことに従って、彼は、福音書が伝える真理への確信をもつに至り、これによって、キリストをひとりびとりの人間のための救い主として信じる信仰へと達したのである。こうしてミュンスターは、敬虔主義に対しては、先述した所から知られるように、たえずはっきりとした距離を置き、合理主義に対しては、それとは異った関係をとり、彼は、合理主義をもってキリスト教の貧しい形式としてとらえ、それはキリスト教のより豊かな形式を準備することのできるものとなした。そして彼は、キリスト教の本来の敵は自然主義だとなした。つまり、彼は、自然主義とは、超自然的な神の啓示の形式を全く拒絶し、神をただ自然の中にだけ見出そうとするひとつの人生観なのだ、となしたのである。こうしてミュンスターは、自らが超自然主義の立場にあることを、はっきり自覚したのである。

第五に、ミュンスターがその令名を馳せるようになったのは比類ない「説教」においてであったことである。既に述べたように、彼において最も苦痛だったことは毎週日曜日のために「説教」を準備することであった。ところが、彼が多くの人々にその名が知られるようになったのは、「説教」の比類ない素晴しさにおいてであった。彼は、先述の転換の後しばらくして二つのことをした。一つは、一八一〇年に最初の「説教集」を出版し、一八一五年には二冊目を出した。それらの中に集められた説教はすべてミュンスター自身が選んだものであった。しかしそれらの大部分は、標題といい内容といい合理主義神学の立場に立つ説教者のものと余り異なってはいなかった。しかしそれらの中のほんの僅かのものは「神秘主義的」と呼ばれた。(6) それらは言語使用が情緒を強調した宗教性を感じさせていたからである。しかし他方もう一つのこととして、同じく転換後彼は、神学をもう一度更に研究しなおすことによって、名実ともに「保守的、神学的、教会的講演者ならびに批評家」になっていった。しかしその頃スビェラルップで一番関心を傾けた問題は、この田舎町を脱出してコペンハーゲンに牧師職を得ることであった。そして実に幸いにも彼は、一八一一年コペンハーゲンのカセドラルであるフルーェ教会の礼拝堂付き常住牧師 Residerende Kapellan の職を得た。そして正にこの時から彼の牧師としての出世キャリア（？）が始まった。このような人物のこのような時には想像もつかない好運が次から次へと重なってくるもので、その時そのフルーェ教会は四年前の一八〇七年イギリス艦隊によるコペンハーゲン市砲撃の際壊滅し、そのカセドラルとしての中心的機能は近くのトゥリニタティス教会へ移され、一八二九年にフルーェ教会の新築が完成するまで、ここがフルーェ地区の中心地となっていた。そのためこのトゥリニタティス教会は非常に多くの人々が、しかもとりわけインテリジェンスの高い人々が多く集まる所となっていた。三十六歳の若い新任カペラン・ミュンスターがその仕事を受け持ったのはこの教会での仕事であり、とりわけ、ここでの説教であった。すでに述べたように、あれ程苦痛でたまらなかった説教の準備を、何とこの大教会で、毎週しなければならなくなったのである。ところが、何とも意外なことに、彼の説教はここではそれらの人々に非常に受けるところとなり、それどころか彼は忽ちにしてコペンハーゲン市の流行牧師になってしまった。そして「説教者」としての彼の名声はいやが上にも高まり轟いていった。そのような彼の説教に感動した人々の中には、あのミカエル・キルケゴールがいた。彼はミュンスターの心酔者となり、長男ペーダーと末子セーレンの堅信礼はミュンスターによってこの教会で施して貰った。こうして「説教者」として名声を博するようになったミュンスターは、それが彼のキャリアを登りつめてゆくきっかけとなり、宮廷牧師、国王付牧師、王室が使う城教会の牧師、王立牧師養成所牧師、全学校で用いるルターの小カテキズムの解説出版、大学のための王室代表理事の一員、聖書の翻訳を司る聖書協会の共同設立者等々、キリスト教界最前線でのありとあらゆる地位と仕事に携わることになった。そして遂には、まだカペランであるにも拘らず、国王に教会行政のすべてを報告する政府役員の一員になった。その役員は大学の教授たちによって構成されていたのである。

ミュンスターの人物像として少くとも以上の五点をあげることができる。

このほかミュンスターは、そのような優秀さと偉大な説教者牧師という立場から当然に、時代を賑わしたさまざまの「時代的論争」に加わって自らの主張を表明した。そのような論争には、ヘーゲル主義の問題、決定論の問題、自然科学論の問題等々さまざまなものがあるが、それら論争の模様についてはここでは立ち入らないことにする。

しかし彼はこのようにしてキャリアを登りつめて行った挙句、遂に一八三四年には、監督の地位の中では最高位であるシェラン島地区監督の座に着くことになり、一八五四年一月三十日に亡くなるまで二十年間もその座に居たのである。五十八歳から七十八歳までであった。

二　神学の特徴

J・P・ミュンスターの神学を一言で言うならば、それは「調停神学」Mæglingsteologi（ドイツ語でいう Vermitt-lungstheologie のこと）であった。この「調停神学」は一八三〇年代及び四〇年代の国家教会、牧師階層の大半、そしてコペンハーゲン大学神学部を支配していた神学であった。そしてミュンスターはこの神学の象徴的存在だった。

この「調停神学」はドイツで生まれやがてデンマークに入ってきたものなので、まずドイツの場合から述べてゆくことにしよう。この神学は、シュライエルマッヘル及びヘーゲル以後にドイツ神学界に生じた三つの傾向の一つである。すなわち、これは左派の「自由主義神学」と右派の「教理主義神学」との中間を行く学派の神学で、K・ウルマンとF・W・K・ウンブライトによって創刊された"Theologische Studien und Kirchen"（1828–）を機関誌としており、リッチュル派が登場するまでの間、相当大きな位置を占めていた。この神学は、伝統的なオーソドクス信仰と近代的な学問意識との「正しい調停」をはかろうとするもので、シュライエルマッヘルの影響を大きくうけている。従って、A・ドヴェステンやF・リュッチ等シュライエルマッヘルの弟子たちの多くがこの学派を占めていた。しかしこの学派がシュライエルマッヘルの神学と異なる一点は、当時のドイツの信仰的覚醒運動との関係もあって、「教会の伝統」により強く結びつこうとして、「聖書主義的方向」を志向している点である。デンマークの場合は、この「調停神学」は、その動機と志向においてはドイツの場合と殆んど同じであるが、内容においてはかなり異なっている。というのは、デンマークの場合は、ロマン主義思想が、それも「国民的ロマン主義思想」が「調停」のための大きな役割を演じたからである。すでに述べたように、あの「国家教会」という概念で明らかなように、デンマークでは、「教会の精神生活」と「世俗の精神生活」との区別は非常につきにくい関係にあった。そのような所へドイツからロマン主義思想が入ってきてしかもそれがデンマーク独自の「国民的ロマン主義思想」になると、それはその両者を平穏裡に調停融和させる働きをすることになったのである。そしてそのことがなされる典型的構造がミュンスターの神学に見られたのである。

ミュンスターは、先に述べたように、青年時代の一時期、幼少期から信じ続けてきた「オーソドクス神学」に対して長い「懐疑」の時期をもつようになった。それは時代の「合理主義」との出会いにおいてであった。そのためその頃彼にとっては、歴史的イエスも聖書も単なる「詩」のようなものになってしまった。ところが、彼は、既に述べたような「転機」の時を迎え、むしろカントの合理主義的思考を通じて、「良心」を貫いて来る「道徳的至上命令」を知り、それを通じて「超理性的な実在」への確信をもつに至った。しかし他方その後「ロマン主義思想」との出会いは、「合理主義的思考」を和らげ、「合理主義」と「オーソドクス神学」とを「調停」するような働きをするまでに至った。すなわち、彼は、「ロマン主義思想と精神」への感動を通じて、「歴史的イエス」は「詩」的存在ではなく、神がそれを通じて彼の内奥としての「良心」に語りかけてくる神の「生命の言葉」であるという確信に達した。このようにして、ミュンスターは、「良心」を通じてのように彼において「ロマン主義」の役割は実に大きかった。このようにして、ミュンスターは、「良心」を通じての

「内向性」と「ロマン主義的瞑想」とを彼の信仰生活の自然の営みとしたのである。

このように彼が「オーソドクス神学」と「合理主義」との対立を「ロマン主義思想と精神」によって「調停」するという「調停神学」の真髄を典型的な姿で描き出したのがBetragtninger over de christelige Troeslærdomme (1833)『キリスト教信仰教義についての考察』である。この書物は実に多量の部数が発行され、一八三〇年代ならびに四〇年代のデンマークの知識階級にこれ程までの大きな影響を与えた書物は他にないと言える程である。この書物の内容の一部分については既に詳しく紹介したことがあるが、(7)新しい読者のためにここでもう一度紹介しておこう。

この書物は、第一巻（四〇〇頁）と第二巻（四一六頁）の計二冊（八一六頁）から成っている大冊であり、内容は両者合わせて六十四項目（章）に区分されている。この第一章は、「宗教、キリスト教」となっており、この章には、問答形式が導入されている。その第一章は、次の問いで始まっている。「私の疲れ果てた魂は、どこに休らぎを見出すのか？(8)」その次の問いはこうなっている。「わたくしの激しく動く心は、どこに平安を見出すのか？(9)」ミュンスターは、人間の魂のうちには崇高なものや高貴なものへの憧憬と、生成発展や行動への衝動とが存在しているが、他方「死」というものが現存していることも事実であり、このようなことから、その二つの問いもこの「死」の問題との関係においてのみ解決され得るものだとなして、次のように書いている。「死は、不気味な力であり、生命の敵であり、しかも生命そのものよりも一層強力である。死は、わたくしがわたくしのものと名づけているまことに狭い範囲の人々の中にさえ、どれ程しばしば侵入してきたことか。それは、空しく抵抗する腕の中から、悲しみ痛む心から、わたくしの存在と離れ難く一体となって成長してきた最も親しい友人たちをもぎとってしまうのだ。わたくしは目に溢れる涙を抑え、眼差しをすえて、その眼が見得る限りの遠くまで見ようとした。わたくしは見た、わたくしの友人の運命を。わたくしは見た、わたくし自身の最後の避けがたき運命を。わたくしは見た、死滅を、そしてその後に来る跡形もなき虚無を。わたくしのこの肉眼には、それ以上先のものは何も見えなかった。それでは、わたくしの内部には、それ以上先に見えるものはないのだろうか。その闇夜を照らす光はないのだろうか。地上には死のしじまが漂っているとき、天からは何の声もかからないのだろうか。このような観察のすべてが、私を宗教へ導いてゆく。しかしわたくしは、自分を宗教に導いた最初のものがこれらであった、とは言うことはできない。わたくしの方が最初に宗教を求めていた、とはどうしても言うことができない。宗教の方がわたくしを求めていた、と言うべきである。(10)」このような文章から推察され得るように、ミュンスターにおいては、宗教は人間の理想的憧憬、人間の良心と理性に応答するものであり、これらとの間に調和をつくり出すものである。彼はこう述べている。「もしわたくしがわたくし自身の理性と呼んでいるものがわたくしにとって充分満足のゆくものであったなら、わたくしには教育というものは必要ではなかった筈である。けれども、わたくしは教育を受けるべきだとするならば、その教育はわたくしにとって有益なものでなければならず、それはわたくしの本質と実際に融合するものでなければならないが、その場合わたくしは教育を理性によらずして何によって受け取ったらよいのだろうか。教育は非理性的なものには顔をそむける。もし教育がわたくしの方へその顔を向けるとするならば、それは、わたくしが教育の力を認知することができるとともに、教育が教えるものを理解することができるからなのである。つまり、光が内部に射し込んでくる時に、わたくしの内部には明るく光るものがあるからなのである。(11)」

この書物によってミュンスターは更に、信仰は神からの贈り物であるとともに人間の義務である、と述べている。つまり、人間は、信仰をもつことによって、人間としての使命を充たしたことになる。そしてこのようなことから彼は、キリスト教のみが人間の無限の渇望を真に充たすことができる、と考えていた。しかしこのような考え方は、キリスト教の独自性を非常に弱め、キリスト教と他の一般的な宗教との差を殆んどなくしてしまい、また人間の「観念論」と「キリスト教」との間の断絶を決して想定せず、両者の間に「連続性」を前提することになる。すなわち、そのようなミュンスターの考えによるならば、キリスト教はひとりびとりの人間性の感情、理性、そして意志のいずれに対しても等しく自らを調和させるもの、ということになる。[12] こうしてミュンスターにおいては、キリスト教はいまや何ものの対立物でもなく、また何ものもキリスト教に対立してはいないのである。

これで明らかなように、ミュンスターは、キリスト教の真理についての歴史的証明を心理学的証明より意味の少ないものとみなしている。[13] つまり、彼は、キリスト教を、徹頭徹尾個人の内面性だけに関わるものと考えていた。そのため彼は、教会、教団、聖餐というような外的な問題に関しては、特別な関心は示さなかった。そして「敬虔な生活」のための外的形式としては、ただ「国家教会」という形式こそが、個々人の信仰生活を保護するための最善の機構とみなしていた。なぜなら、「国家教会」こそが、個々人の人格を時代のさまざまな反信仰的勢力から守る枠であり、人間の生存の目的である神による平安をまもる避難所だからである。このような考えから彼は、教会の外的形式に関わる問題としての（当時改革的勢力や牧師協議会が提起していた）祈禱書、讃美歌等々の改革の問題に関しては何の共感ももつことはできなかった。[14]

ミュンスターの『キリスト教信仰教義についての考察』とは以上のような内容を含んだ書物であり、正に「調停神学」の象徴と言えよう。しかしそれは以上述べたことからだけでもはっきり推察され得るように、使徒たちが伝えた「キリスト教の真理」とは凡そかけ離れたものになっていた。そのためキルケゴールは、あの『キリスト教への修練』の中で、この書物の名こそ出さないものの Betragtning「考察」という言葉を使ってこの書物とそれを貫く考え方に対し、時代の病源に対するように徹底的な批判を加えている。またキルケゴールが、彼の段階理論で、「審美的宗教」とか「宗教性Ａ」とか言っているのは、このミュンスターのそのような「調停神学」の体質を指しているのである。

三　「国家教会の体質」との関係

既に述べたように、ミュンスターが一八三四年から五四年まで二十年間もその座にあったシェラン島地区の監督という地位は、国家教会そのものの象徴を意味するものであった。従って、この地位にあった歴代の監督の神学や行動は、その時期の国家教会の全体を象徴するものになっていた。その意味においてはミュンスターの場合もそうなるが、しかしミュンスターの場合は、それら歴代の監督の場合とは比較にならない程に強度に国家教会というものを象徴していた。いや、それは最早「象徴」という言葉では表わせない程の両者の完璧な一体化状態であり、いつしか「国家教会すなわちミュンスター教会」という社会的通念が出来上がってしまっていた程である。[15] しかしこのように述べると当然に、ワンマンとかボスというイメージが出てくるかもしれないが、そうイメージしたらそれはとんでもない間違いであり、ミュンスターはワンマンとかボスというタイプからは凡そかけはなれた在り方をした人物であった。ミュンスターと国家教会との完璧な一体化状態というのは、そのようなことではなく、両者それぞれの「精神的状況」の一致、いや、両者それぞれに形成された「精神的な体質」の一致にあったと言えるのである。そしてそのような「体質の一致」が国家社会の中で最も望ましいとされる「安定」を創り出し、それが維持されるという事態になっていたわけである。しかし他方その「安定」こそがStagnation（よどみ、停滞）という言葉でも呼ばれ、これが国家教会そのものの「体質」と考えられるようになったのである。[16]

そこで問題は、その両者の「体質の一致」という点になるが、端的に言うならば、それは少くとも三つの点においてはっきり見られる。一つは、「ミュンスターの神学の性格」と「国家教会全体の精神的状況の性格」との一致であり、もう一つは、「そのような両者の関係」と「デンマーク人の伝統的な国民性」との一致であり、更にもう一つは、「ミュンスターの基本的な教会観」と「国家教会に課せられた法的社会的使命」との一致である。以下その各々の点について簡単に説明しよう。

まず「ミュンスターの神学の性格」と「国家教会全体の精神的状況の性格」との一致という点についてであるが、これは、ミュンスターの「調停神学」が孕んでいるあの性格が、「国家教会の全体」（それを構成している全牧師層と一般国民全体）に潜在している精神的状況の性格と融合未分の状態で一致しているという意味である。既に述べたように、彼の「調停神学」は、伝統的な「オーソドクス神学」と時代の「合理主義」との対立を「ロマン主義」によって調和させたものである。従って、その「調停神学」は、表面的には「オーソドクス神学」の用語が散りばめられて出来ているが、実質的には、「人間精神の無限なる憧憬」というものを前提にし、それに応答する形をとっており、そのためその全体は「情緒的、審美的、ロマン主義的性格」のものに化している。ところが、この「性格」は、当時国家教会の全体を構成している牧師層や一般国民全体の精神的状況とぴったり一致していたのである。そして両者は見紛うばかりの融合未分の状態にあった。従って、そのような状態のもとにあっては、すべてのものの対立関係や異質の関係は調和させられ解消させられてしまうのであるから、「キリスト教」の超越性、異質性、断絶性は消滅も同然になってしまう。要するに、すべての思想が、「審美的な情緒」に、「内在化」されてしまい、一つの「カオス」に化されてしまうのである。このような状況のもとでは、キリスト教信仰は存在しないも同然である。いずれにせよ、ミュンスターの神学と国家教会の精神的状況とは互いにこのような「状況」を形成して一致し合う関係にあったわけである。

次に「そのような両者の関係」と「デンマーク人の伝統的な国民性」との一致という点についてであるが、今述べた「両者の一致」ということも、多くの研究者が異口同音に指摘しているように、そのことはむしろ「デンマーク人の伝統的な国民性」とも深い関係にあり、これと表裏の関係、あるいは、相互関係にあるとさえ言ってよいであろう。ミュンスターは、キルケゴール研究者のみならず多くの教会史学者たちによっても、「保守性」というレッテルを貼られている。しかし彼についての評価はそのように単純にはなされ得ない。成る程、ミュンスターは、すぐ後述するように、あの改革的諸勢力に対しては、それらが掲げるさまざまな主張を受けいれず、いわゆる「保守的態度」をもって臨んだことは事実である。しかしそれには、最初から最後まで一貫して一つの方針が働いているのが見られた。それは、それら改革的諸勢力の主張はそれぞれ全く相異なり、しかもそれぞれ全く正反対の主張がなされており、それを互いに調整することなぞとても考えられない性質のものであったことにもよるが、しかしそれ以上に、それら各勢力は、己れの主張だけが唯一絶対の真理ででもあるかのように思い込み、国家教会全体を己れの信条だけで席捲しようとするかのような勢いを見せていたことによると考えられる。つまり、ミュンスターに見られた厳しさは、それら各勢力の偏狭性、不寛容、独善性、狂信性に対して向けられていたのであった。だから、すぐ後述するように、ミュンスターは、確かに合理主義神学者やその運動に対しては、比較的緩やかな態度をとっていたが、覚醒者やグルントヴィ派の運動に対しては、実に厳しい態度をとっていたのである。しかしミュンスターに見られるそのような行政上の態度は実は、デンマーク人の伝統的な国民性、つまり、自由、寛容、ユーモアを愛し、独善的な極端、不寛容、狂信性を最も忌み嫌う心情と同心円上のものであった。そのため、デンマーク人は、先に述べた「絶対王政の廃止と自由憲法の施行」の際にも、フランス型の革命方式による自由主義の実現という方法をとらず、それを最も嫌って、デンマーク型の自由主義の実現を、一人の血も流すことなく、やってのけたのである。その際ミュンスターは自由主義者の側にはつかなかったが、彼は、国家教会を、そこにいるすべてのデンマーク人の信仰の自由が平等にまもらるべき場所として理解しており、この点は彼の反対側に立つ自由主義者すべてを含めた全デンマーク人の心情と全く一致していたのである。このようなことから、ある教会史学者はこう言っている。「ミュンスターは、その本質においては、当時のデンマークのフランス式自由主義者よりもよりデンマーク的に自由主義者であった。」[17]

更に「ミュンスターの基本的な教会観」と「国家教会に課せられた法的社会的使命」との一致という点についてであるが、これに関しては、ある意味では、余りにも意外な事実から述べてゆこう。ミュンスターはあれ程までに偉大な説教者、そして国家教会の象徴として活躍し、しかも説教集をはじめ多くの人々に読まれる著作、論文、短文等々を書いているのだから定めし深遠で堅固な神学体系としての「教会論」を書物や論文等々で展開しているのではないかと誰しも想像するであろうが、実は不思議なことであるが、直接「教会論」を展開したような著作や論文の類は一つもないのである。「教会」に関わりのある問題に関しては、著作や説教集の中でほんの少し間接的に触れている程度である。従って、彼の「教会論」を学問的な体系として真正面から取りあげている研究者は一人も居ないのである。しかし一人例外としてN・M・プルムだけはその著作 Niels Munk Plum: Jakob Peter Mynster som Kristen og

Teo-log. (Kbh. 1938)『キリスト者ならびに神学者としてのＪ・Ｐ・ミュンスター』の中での最終章に十二頁程を割いて「ミュンスターの教会観」と言えるようなものを簡結に述べている。従って、この部分だけがミュンスターの「教会観」を知る上での唯一のまとまった文章と言えるだろう。従って、私は、プルムのその研究を導きとしながら、私自身が読んだミュンスター自身の諸著作や論文をも参照しながら、ここでミュンスターの「教会観」を極く簡単にまとめてみようと思う。プルムは、ミュンスターのいくつかの著作、説教集、論文集から「聖餐」Sakrament や「信者の集まり」Menighed についてのミュンスターの言葉を集約して紹介しているが[18]、それとの関連で、ミュンスターには「教会論」が見られないことについて述べているプルムの次の言葉は極めて衝撃的とさえ言えよう。「〔ミュンスターはこのように述べているにも拘らず〕これらに関してはどうしても一つだけ問題が出てくる。その最も重要な一点は、ミュンスターには教会観 Kirkesyn というものがあるのかどうかという点である。このように問うと不思議に思われるかもしれない。なぜなら、彼の時代に、彼のような度合いで、教会の守護者として、デンマークの教会の守護者として立った人間は一人もいなかったからである[19]。」これは正にミュンスターの神学における問題点を突いた言葉である。しかしプルムは、このような観点から、ミュンスターの「教会観」を、そのいくつかの著作や説教集や論文集の考察を通じて、まとめ上げたのである。そのまとめ上げられたものを検討してみるに、ミュンスターの「教会観」は少なくとも三つの特徴をもっていることを知らされる。一つは、ミュンスターの教会観は彼の「キリスト教観」から引き出されているという点である。すなわち、ミュンスターにおいては、キリスト教信仰はあくまで個人ひとりびとりの「内面性」を意味するもので、それは「神における平安」のことである。従って、ミュンスターによるならば、「キリスト教」は決して「獲得する」erobre ものではなく、何よりもまず「守る」(防護する) værne もの、そしてそれらひとりびとりにおいて「守られる」(防護される) værnes べきものである。この事から「教会」は当然にそのひとりびとりの人間の「信仰の内面性」を「守る」ものであり、そのようなものとして「守るべきもの」であるということになる。もう一つは、このことと関連して当然に「国家と教会との関係」の問題が出てくる。

ミュンスターは、国家を、「真の福音的自由の擁護者として見ており、つまり、国家の義務は福音に善い環境を与えることにある」と考えていた。[20] こうしてミュンスターは、国家を、キリスト者の信仰を守る教会を防衛する防塞として考えていた。つまり、国家はキリスト教の信仰と教会とを外敵から守る「柵」のようなものと考えていたのである。つまり、彼は「国家教会」に関するあの「法的条項」を、自らのものとして持っていたことは疑いの余地のないことである。[21] しかし更にもう一つの事として、ミュンスターは、教会が自律性 autonom を本質としていると見ている。それは、教会は神律的 teonom であり、聖書に根拠を置く存在と考えていたことによる。この考えは既にあの『キリスト教信仰教義についての考察』の中で述べられている。「多くの国家はキリストの名に跪いているにも拘らず、そしてキリストの国が恰も市民権を会得しかのようであるにも拘らず、その国における本質的なものはこの世に属しているのではなく、またこの世俗の目的のために手段として用いらるべきではないということは、やはりいまなお依然として妥当するのである。[22]」しかしこの「教会の自律性」という特性は前述の「教会を防衛するものとしての国家」という概念とどうしても矛盾せざるを得ず、ミュンスターの「教会観」においては「二重性」として残されている。[23] さて、ミュンスターの「教会観」は以上のような三つの特徴を含んでいるものと考えられるが、それは要するに、根本的には、あの『王法』と『デンマーク法』における「国家教会」の規定をそのまま前提にし根拠にした考え方と言ってよい。それは、「国家」はデンマーク国民を福音主義ルター信仰に居らせるために、それを脅かすあらゆる精神的な敵に対して防衛する防塞のようなものであり、従って、それは同時に、「教会」であるという考え方である。この考え方は教会観として一般国民にも実に分かり易く、ミュンスター自身このいかにも単純明快な考え方を自らの信念としていたのである。しかしミュンスターの場合は、この規定を遵守すべく更に一つ特殊な素質をもっていた。それは、プルムも含めてすべての研究者が認めているように、ミュンスターは、その生来の性格もさることながら、彼に決定的な影響を与えたカント研究を通じて「義務意識」Pligtbevidsthed に目覚め、その強度な義務意識が彼の生の核心をもなしていたという事実である。[24] そして彼は、この強度の「義務意識」を通じて彼の信念としての教会観を実際に遂行したのである。こうしてミュンスターにおいては、「彼の基本的な教会観」と「国家教会に関する法的社会的規定」とが見事に一致をし具現されていたのである。

以上三つの点から「ミュンスターと国家教会の体質の一致」について述べてきたが、これらのことを知るとき、このミュンスター監督が国家教会の象徴として先述した改革的諸勢力に対してとった態度と方策の意味が非常によく分かってくる。そのことをそれら諸勢力の各々に即して簡単に観察してみよう。

まず「合理主義者とその運動」に対してであるが、これに対してはミュンスターは非常に寛容な態度をとり、自らの調停神学の立場から静かな対応をしていた。それというのも、先述したように、彼の「調停神学」は正に合理主義に対してロマン主義によって対応し超克することに意図したものなので、そのような自らの神学に対しては些かの自信があったと考えられる。しかし、これが合理主義の中に含められるかどうかは別として、ヘーゲル主義のデンマーク到来に関しては、反論の論文を書くなぞして、厳しい批判の態度をとった。それは、一つには、ヘーゲル主義者J・L・ハイベーアが書いた有名な論文で、キリスト教が思弁哲学においてはそれより下位におかれていたこと[25]、もう一つには、J・L・ハイベーア、H・L・マルテンセン、そして神学的ヘーゲル主義者J・A・ボーネマンが古典的論理学の諸原理（同一律、矛盾律、排中律等々）を悟性の低次の領域に属するものとして思弁的理性の高次の領域によって止揚されてしまうものとなしたことによる。前者に関しては、ミュンスターは当然の反論を、後者に関しては、古典的論理学の原理を、とりわけ、矛盾の原理を擁護する立場に立っての反論であった[26]。なお合理主義者たちの政治的自由主義の主張に対しては、ミュンスターは、自らがその一員であるあのロスキレの地方議会で、彼の保守的立場の主張をなしていた。

次に「覚醒者たち」とその運動に対してであるが、これに対してはミュンスターは、前述の合理主義者の運動に対するのとは比較にならない程厳しい態度をとった。それというのも、既に述べたように、それは自らの幼少時代における家庭での敬虔主義信仰による教育のせいで、敬虔主義を忌み嫌うようになっていたからである。この「覚醒者たち」は正にその「敬虔主義」の流れから発しているのである。そして一八三〇年代に入るとこの運動はますます激しい勢いを見せはじめ、しかも平信徒が主体であるためさまざまな現象を呈するようになった。そこで一般の牧師階層からは、既に一七四一年クリスチアン六世が当時の敬虔主義運動に関して各教区牧師宛に布告した「秘密集会許可の告示」Konventikelplakat が厳密に守られることが願われていた。その「告示」というのは敬虔主義者たちに国家教会の各教区内で自らの独自の集会をもつことを許可するが、非常に厳しい条件が付けられたものであった。それは、例えば、ほんの少数の人々が牧師と一緒に集会をもつこと、集会の日時と場所は前以て届け出でること、それは純粋に礼拝的な集会だけに限られ、それ以外の集まりであったり食事をしたりしてはならないこと、集会は男女別々にもたれるべきこと等々であった。牧師たちはこの「告示」が「覚醒者たち」の運動にも適用されることを願っていたのである。ところが、ミュンスターは、この「告示」を厳密に守らせることには躊らいをもった。さりとて彼らの集会や行動に警察力を用いる意志も全くもっていなかった。ミュンスターが考えたのは、彼らの運動を牧師たちの監視と指導の下におくことで、平信徒たちの手に委ねてはならないということであった。それというのも、もしこの運動を放置しておけばルター教会の主要な教義は平信徒の説教者たちによって書き替えられてしまうかもしれないと恐れたからである。しかしミュンスターは同時に、この運動は時代の社会的反抗運動と内通するものをもっている面も見貫いていた。そのようなことからミュンスターは、一方では、彼らの要求に対しては完全に無視、黙殺の態度をとったとともに、他方「教会行政」面においては、「総理府」を通じて現行の規定をフルに活用して対応する方法をとった。しかしこの運動は、やがて一八四〇年代に入るとグルントヴィ派の運動と合流するようになったので、ミュンスター側の対応の仕方も変るようになってきた。

最後に、グルントヴィ派の運動に対してであるが、このグルントヴィ個人には、ミュンスターは、若い頃から非常な嫌悪感をもっていた。そもそもこのような両者の対照的な性格を考えるなら、両者が対立関係になるのは俗に言う「生理的なもの」とさえ言えよう。その両者の対照は、既に『青研』で詳しく述べたところからも明らかであろう。

ましてシェラン島地区の監督の地位にあったミュンスターにとっては、その職責からも、全く独自の教会観に立って平信徒たちの中に次々といわゆる「独裁的教師型のキリスト者」Degnechristneを多数誕生させてゆくその覚醒的煽情的な豪放さや誇張的態度には、何に対してよりも最も危機感をもっていた。そのようなことから、両者の間には、神学面においても、教会観に関しても、さまざまな形をとって論争が行われていた。(27) しかしグルントヴィの行動が、教育活動、社会活動、政治運動の形をとってゆくに従って、ミュンスターはグルントヴィの思想と行動の中に自らが抑止し得ない「時代の自由主義」の未来のあることを読みとり、敢えて極端な抑圧政策はとろうとしなかった。その代わり、一八三五年から四四年までミュンスター自身がその議員の一人となっていたロスキレの「地方議会」で自らの保守的立場からの自由主義運動への批判を行っていたのである。(28)

この三つの改革勢力のほかにいくつかの「コンヴェント」(牧師協議会)から讃美歌集改訂の問題、聖書神学とグルントヴィの聖書観の相違をどう扱うかの問題、パブテスト教会進出の問題、典礼の問題、教会憲法の問題等々さまざまな問題が提出されていたが、これらに対する国家教会側の反応は非常に鈍いものであった。

いずれにせよ、時代の改革的諸勢力に対するミュンスターの対応は以上のようなものであった。

さて、以上本節で述べてきたところから明らかなように、「国家教会の体質」と「ミュンスターの体質」と「デンマーク人の伝統的な国民性」とはいわば同心円上にあるかのように渾然一体をなして「国家教会」内に「安定」を作り出していたのである。しかし正にこの「安定」こそが国家教会の「よどみ」「停滞」Stagnationそのものを意味していた。そしてそのゆえにこそ「国家教会」は、それら諸勢力の勢いを「政治的局面」での決着に委ねるだけで、それが提起していた根本問題、「真のキリスト教とキリスト教の真理」への問いには何も答えることができなかったわけである。従って、問題はむしろこの点にこそあったわけである。

注

（1）『青研』に挙示した文献以外のものでは、次のものを参照した。

1. H. Schwanenflügel: Jakob Peter Mynster. Hans Personlighed og Forfatterskab.

I. Første Bog. Fra hans Ungdom og Første præstelige Periode.（Kbh. 1900）

II. Anden Bog. Fra hans senere præstelige Periode og Biskopstid.（Kbh. 1901）

2. Niels Munk Plum: Jakob Peter Mynster som Kristen og Teolog.（Kbh. 1938）

Niels Thulstrup: K. og Kirken i Danmark.（Kbh. 1985）

（2）J. P. Mynster: Meddelelser om mit Levnet. Fra 1846 til sept. 1852. Udgivet af Frederik Joachim Mynster（1816–57）.（＝ミュンスターの息子）参照。

（3）『青研』二〇二頁。

（4）（5）J. P. Mynster: Meddelelser—. S. 152, 153.

（6）N. Thulstrup: Ibid., S. 122.

（7）『青研』二七二頁。

（8）J. P. Mynster: Betragtninger over de Christelige Troeslærdomme.（Kbh. 1833）. S. 1.

（9）Ibid., S. 2.

（10）Ibid., S. 5.

（11）Ibid., S. 8

（12）N. Thulstrup: Indledning og Kommentar til S. Ks Afsluttende uvidenskabelig Efterskrift. II.（Kbh. 1962）. S. 83.

（13）（14）Ibid., S. 83. ff.

（15）H. Koch og B. Kornerup: Ibid. VI., S. 285.

（16）N. Thulstrup: K. og Kirken i Danmark.（Kbh. 1985）. S. 268

（17）H. Koch og B. Kornerup: Ibid. VI. S. 285–93.

（18）Niels Munk Plum: Ibid., S. 238–6.

（19）Ibid., S. 286.

(20) J. P. Mynster: Blandede Skrivter. VI. S. 321ff.
(21) N. M. Plum: Ibid., S. 287.
(22) Mynster: Betragtninger. II. S. 249.
(23) N. M. Plum: Ibid., S. 291ff.
(24) Ibid., S. 287.
(25)(26) N. Thulstrup: Ibid., S. 123ff.
(27) Ibid., S. 125–8.
(28) Ibid., S128.『青研』一二七頁。

第二節　H・L・マルテンセンの神学に象徴された「国家教会の体質」

一八五四年一月三〇日のミュンスターの死から三ヵ月後の四月三〇日H・L・マルテンセンがその後任としてシェラン島地区の監督に任命され、六月五日に就任のための式典が行われた。しかしこの時は、「国家教会」は「国民教会」になっていた。彼の在任期間はミュンスターの二十年間よりも更に長く三十年間であった。しかしキルケゴールの存命期間はその期間の中の僅か一年半程の短い期間重なっただけであった。ところが、キルケゴールは、教会全体に向けて行ったあの「教会攻撃」を、具体的にはこのマルテンセンに向けて行ったのである。それにはさまざまな理由が考えられるが、彼はマルテンセンを若い頃から時代精神の象徴、そしてキリスト教界の象徴のように考えていたが、今やそのマルテンセンが国民教会の象徴的な地位につき、「国家教会の体質」をいやが上にも象徴的に表わす存在となったことによると考えられる。この意味において、「国民教会」に引き継がれたその「国家教会の体質」を知るためには、先述のJ・P・ミュンスターと並んで、このH・L・マルテンセンに象徴されるものを是非考察してみる必要があると考える。しかしこのマルテンセンの人柄や神学を考察するに際しては、先のミュンスターの場合とは非常に異なって、どうしても避け難く立たされてしまう一つの視点がある。それは、彼が余りにも強く「時代思想」と結びついているので、そのような意味での「時代思想との関係」を軸にせずには、彼のことは考えられないという点である。そこでその点を踏まえたうえで、ここでの考察も次のような順序ですすめたいと思う。(1)マルテンセンの思想類型、(2)神学思想の特徴、(3)「国家教会の体質」との関係。

一　マルテンセンの思想類型

マルテンセンの思想を研究しようとして彼自身の多くの大小の著作や彼について書かれたいくつかの書物を読んで痛切に感じさせられることは、彼の「思想」は何よりも「時間性」の軸で測られる性質のものだという点である。その点では、他の多くの神学者、哲学者、思想家の場合でも言えることであり、それはわれわれ日本人の場合にも言えることなので、非常に分かりやすい事例になる。すなわち、誰でもその人の「思想」は、ただ形式や内容の面だけでなく、「時間性」を軸として測ってみるとき、その本質が非常に明らかになってくるという点である。つまり、人の「思想」を「時間性」を軸として分類してみるとき、人ははっきりと二種類のグループに分けられるということである。その一種類のグループに属する人とは、つねに「新思想」や「流行思想」に憧れ、それらの宣伝者のようなことをしているが、その人が身を委ね乗っているその思想は、時代や社会の中では大して実らずすぐ凋んでしまうような思想であるような人、要するに、必ず消えてしまうような思想にいつも必ず身を委せ、いかにも偉大な哲学的真理をつかんだような気になっているが、その思想は忽ち消えてしまうので、いつもその「思想の消長」と、つまり、「思想の寿命」と運命を共にしているような人である。その人は、そのように新思想を追っているのでいつでも自分を「進歩的」とか「革新的」と思い込んでいる。しかしその人が身を委せているその思想は必ず直ぐ衰亡してゆく運命にあるので、その人の生き方を「時間性」の軸で測ってみるならば、本質的にはいつも「過去に生きている人」「過去の人」であり続けているのである。これに対してもう一種類のグループに属する人とは、どんな「思想」に出会っても、あるいは、たとえ「新思想」「流行思想」に出会っても、必ず消え行く運命にあるような思想には与せず、それらが多くの場合逆説的もしくは類比的に微かに示唆している方向に目をやり、そこに「不滅なもの」「永遠なるもの」を見届けることのできるような人である。従って、その人の生き方を「時間性」の軸で測ってみるならば、その人はいつも「時間を越えた未来に生きている人」「未来の人」であり続けているのである。要するに、この世にはいつもこの二種類のグループの人がいるのである。そこでこのように考えてみるとき、日本の場合は兎に角として、デンマーク同時代では、その前者のグループに属する典型がH・L・マルテンセンであり、後者の象徴がS・キルケゴールであったことが分かる。いまここでは後者のグループはさておき、前者にだけ目を向けて考えるが、実は前者に属する人々も種々さまざまに見られる。しかしそれらの中にあってマルテンセンの場合は一点においてだけ他のその種の人々とは全く異なった点をもっていたのである。それは、当然のことであるが、それらの人々の場合は、自らが身を委ねた思想と共に没落もしくは破壊してゆくその構造の影響は、多くの場合、その人個人の生活領域内にとどまるが、これに対してマルテンセンの場合は、その構造の影響は彼自身の社会的プレゼンスとその「神学」の故にキリスト教界の全体にまで及んでおり、それの「体質」を構成するまでに至っている点である。このように、マルテンセンの「思想」は、これを「時間性」の視点から眺めてみるとき、それが当時の国民教会に受け継がれた「国家教会の体質」を見事に現しているのである。

そこで以下その「体質」がどのようにして出来上がって行ったのかを知るために、まずその「思想類型」の形成過程から見てゆこう。

マルテンセンは、早くも二十五歳頃から、時代の新思想の最先端を勢いよく走ってゆく若き俊英として大学人やキリスト教界から「待望の人物」のような眼差しで見られていた。しかし彼がそのような「時代の注目」を浴びるようになったのは、とりわけ二人の、時代の新思想を象徴する人物との出会いを通じてであった。一人は、シュライエルマッヘル F. E. D. Schleiermacher（1768–1834）であり、彼が一八三三年九月二十二日から二十九日まで行ったコペンハーゲン訪問の際の出会いであった。この出来事は、シュライエルマッヘルのデンマーク・キリスト教界への長年にわたる影響から、デンマークにとっては一つの歴史的大事件であった。これについては既に『青研』(二一九‐四三頁)で詳述しておいたのでそこを参照していただきたいが、その際マルテンセンは、既に合理主義神学者H・N・クラウセンの講義でシュライエルマッヘルのことを勉強しており、ある種の熱望をもって迎える心境にあった。しかもマルテンセンはシュレスヴィッヒ(=スレスヴィ)出身であったためドイツ人的気質を持っていると同時にドイツ語が達者であったため、シュライエルマッヘルの世話役・通訳の役を負い大活躍をしたのである。その活躍ぶりはシュライエルマッヘルのさまざまな集会に集うすべての人々の耳目を引きつけてしまった。しかもマルテンセンはこの格好の機会にシュライエルマッヘルと個人的に語る幸いをもった。こうしてマルテンセンは一気に脚光を浴びるようになった。ところが、その表面的なこととは異なり、マルテンセンは正にこの機会を通じて、いままで憧れていた筈のシュライエルマッヘルと訣別することになった。こうして次に、マルテンセンの関心はヘーゲルへと移った。ヘーゲルに関しては、既にJ・L・ハイベーアとそのサークルを通じてコペンハーゲンに紹介されており、一見流行思想として普及するような様相を呈していたので、マルテンセンもそのような空気の中でヘーゲルを知るようになった。[1] こうしてマルテンセンは、一八三四年夏、ドイツ留学をし、マールハイネッケ、ダウプ、D・シュトラウスというようなヘーゲル学派の人々のところで学んだが、彼が最も強い影響を受けたのは、シェリングならびに「神秘的神智学」の立場をとる反ヘーゲル主義者バーダー Franz von Baader (1765–1841) からであり、とりわけ、この後者からであった。[2] これで明らかなように、マルテンセンは、この時期ヘーゲルからは既に離れてしまっていたのである。ところが、コペンハーゲンの学生大衆はマルテンセンに対してとんでもない虚像を、つまり、新時代、新紀元が彼から始まるヘーゲル主義の体現者という虚像を作り上げてしまった。一八三六年マルテンセンはコペンハーゲンへと帰国したが、その際の学生たちや人々の熱狂した歓迎風景は正にキルケゴールが偽名著者ヨハンネース・クリマクスに書かせた通りのものであった。[3] こうして大歓声に迎えられて帰国したマルテンセンは直ちに教授資格論文『現代の教義学的神学に導入された人間の意識の自律について』De autonomia conscientiae sui humanae, in theologicam nostri tempo-ris introducta（1837）を書き、一八三七年夏にはその資格を獲得した。そして早速同一八三七年冬から翌年にかけてコペンハーゲン大学で神学の講義を始めた。その標題は『思弁的教義学序論』Prolegomena til den speculative Dogmatik というものであったが、この講義は、この時期この時代がもっていた根本的な要請に、すなわち、デンマークへの合理主義思考の浸入によっていま正にコペンハーゲンの精神的世界に起こっている三つのものの決定的な対立を、つまり、キリスト教と哲学とロマン主義文学の対立を止揚することのできる「全体的思考体系」を求めていた時代的要請に、応えようとするものであった。この講義はそのように大きな期待のもとで迎えられ、盛況裡のうちに進められていった。そしてマルテンセンはこの講義によって時代の只中に立つ学者としてその決定的な地位を獲得することになった。この講義にはキルケゴールも出席しており、それと合わせてこの講義の模様については『青研』一二二頁から一二八頁の間に詳述しておいたので、そこを参照していただきたい。

さて、マルテンセンの「思想形成」の初期段階はこのようなものであった。しかしそこには学生大衆の熱気が醸される中で実に奇妙な構造が機能していたことを知らされる。すなわち、マルテンセンは、文学通り時代の新思想としてのシュライエルマッヘルやヘーゲルの思想に関わりをもち、その興奮した熱気の中でそれらの人々には自らをそれの最先端を行く者であるかのように印象づけていた。ところが、実際はと言えば、それらの人々のそのような熱気や思惑とは全く異なって、マルテンセン自身はそれらの二つの思想に対しては既に批判の立場に立っていたのである。従って、その意味においては、彼は、それら学生大衆の熱気のかたまりからも訣別して然るべきだったのである。ところが彼は依然としていつもそれらの「熱気」に取り巻かれていたのである。それは何という大きなズレの構造ではないだろうか。つまり、彼らはいつもマルテンセンを「ヘーゲル主義者」に仕立て上げていたのである。このような「ズレの構造」は二十世紀後半の日本においても進歩派を自任する思想家や大学教師の中に多々見かけられたところであるが、マルテンセンは若い頃からこの「ズレの構造」を身に負っていたのである。

彼は確かに、彼自身が言っていたように、決してヘーゲル主義者ではなかった。にも拘らず、大衆の「熱気と思惑」によって「ヘーゲル主義者」に仕立てられていた。しかしそれにはそれなりの理由も充分あった。というのは、彼は、「意志」においてヘーゲルと同じものをもっていたからである。つまり、彼は、哲学の領域においてではなく「教義学」の領域において、絶対精神の立場からではなく「神秘的神智学」の立場から、ヘーゲルの思弁哲学的方法をフルに用いて、「全体」を、すなわち、「教義学が関わる全領域」を徹底的なまでに「体系化」することを意志し、遂行したからである。要するに、それは「全存在」を「体系化」せずんばやまない「意志」で、ヘーゲルのそれと同じものである。

いずれにせよ、マルテンセンは、自らの神学を、このようにして構築しようとした。従って、その「神学」には、そのような「ズレの構造」がこだましているのと合わせて「体系の空虚性」とが同時にこだましており、それの実体を物語っていたのである。そこでこのような観点から次に彼の「神学」に目を向けてみよう。

二　神学の特徴

このようにマルテンセンは、時代の最先端を行く者の意識のもとで、実に多くの著作・論文を書いた。しかしそれらは前述のような立場と方法とが用いられていたため、決していわゆる軽薄な感じのするものはなく、重厚さと難解さを感じさせるものばかりであった。しかしここではそれらのすべてを紹介することは不可能なので、それらの中から彼の神学体系を象徴しているものと考えられる一冊の大著『キリスト教教義学』を取りあげ、簡単に検討してみたいと思う。

この『キリスト教教義学』Den christelige Dogmatk (1849) についてであるが、N・トゥルストルップは「もし人がデンマークにおける十九世紀中葉の神学の主たる傾向の特徴を示している労作を一冊だけ指摘して欲しいというならば、その選択はためらうことなくH・L・マルテンセンの『キリスト教教義学』に下されなければならない(4)」と言っている。該書はそれ程までに同時代の象徴的な神学書と言ってよい。該書においてマルテンセンは、「教義学」というものが「哲学」と全く異なる性格の学であることを訴えている。すなわち、哲学は、とくにヘーゲル哲学は、「懐疑が孕む空虚」から出発しそこから展開してゆくが、教義学は、「信仰の充満」から出発しそこから展開してゆく、というのである。ここにいう「信仰の充満」Troens Fyldeとは「信仰が充分に満たされている状態」のことである。つまり、該書を貫く根本的な考え方は、キリスト教とは、個人の生と存在を内実とした実存的関係Existentialforholdとしての信仰における神との関係である。という点にある。そしてこの「信仰における神との実存的関係」が神学的思惟の筋の通った体系を、要するに、キリスト教的思弁を生み出すというのである。それゆえ、そのような教義学体系の出発点は、キリストの啓示に現わされている「三位一体の神」に、つまり、これへの「信仰」にとられているのである。このようにして著作の全体は三つの章に分けられ、第一章「父についての教義――創造・堕罪・摂理」、第二章「子についての教義」、第三章「聖霊についての教義」、となっている。こうして「宗教」とは、神と世界、ならびに神と人間という対立関係を内に含みながらこの「対立」を止揚して綜合統一へと至る「神の意識」Gudsbevid-sthed、または、「神との関係」Gudsforholdとして規定されている。つまり、マルテンセンは、真理とは、二つの対立命題のより高次な統一として理解している。こうして、その宗教としての「神との関係」は、哲学における「神との関係」とは全く異なり、先きに述べたように「実存的関係」であることが強調させている。そしてこのような関係としての「信仰」は単なる自律的な意識ではなく、「キリストにおいて再生された意識」であり、聖書が（神の）「知慧」と呼んでいるものと同一のものであり、キリスト教の「真理のイデー」Sandhedsiceの上に立っているものである。それゆえ、人間の思惟は、このような信仰的意識において思惟の原理と成るこの聖なる知慧によって、啓示の深遠な意味を探求することができるし、更にキリスト教のもろもろの観念の首尾一貫性と根拠とを検討し、啓示された永遠の知慧の精神的映像を表わすことができる。こうして、そのようになった思惟は、正にそれ自らのそのような深味から、聖書学や教会論を、学問的方法で再記述することができる。

マルテンセンの『キリスト教教義学』の内容は大体以上のようなものである。要するに、該書は、神智学的な「神中心的立場」teocentrisk Standpunktを、ヘーゲルの弁証法的論理体系に即して、厳密なる「神中心的体系」teocentrisk Systemとして構築したものである。それゆえ、それは、一見するところ、その体系の精緻さから、ヘーゲル哲学の体系に接したようなある種の威圧のようなものさえ感じさせるものがある。

さて、マルテンセンには先述したような人気があったので、該書は大方の実に大きな期待をもって迎えられた。そして出版されるや確かに多くの人々によって感謝され無批判に共鳴されたのであった。(5) ところが、当時の大新聞の一つ『ベアリンスケ・ティザナ』紙は、該書は全くの予想ではあるが多方面から反論を受けることになるだろう、という予言的な言葉を発していた。そしてその予言は見事に的中した。(6) 該書は次のような人々から実に厳しい批判を受けることになった。それらの人々は、Rasmus Nielsen (1809–84), P. M. Stilling (1812–69), F. Paludan-Müller (1813–99), C. E. Scharling (1803–77), M. Eriksson (1806–81), L. Helveg (1818–83), Vilh. Rothe (1800–78) 等である。彼らは哲学者、神学者、牧師である。彼らはそれぞれの立場からさまざまな批判の言葉を投じているが、それらの中でR・ニールセンの批判は飛びぬけて優れており、他の六名のそれは言葉こそそれぞれ異なっているが大体似たような点を問題にしている。そこでここでは、この批判をこの二つに分けて考えてみたいと思う。しかし論述の都合上後者の六名の検討から始め、その次にR・ニールセンの検討へと入って行きたいと思う。

そこでまずその六名の方の批判についてであるが、それらはそれぞれ異なった内容のものであるが、一つの共通点も含んでおり、それはM・エリクソンの見解に非常にはっきり現われている。すなわち、エリクソンは、該書を評し「実に巨大な怪物のような多面性の装備」「ありとあらゆる可能と見えるものの総合計」「互いに相争い合い矛盾し合うさまざまな要素のバラバラになったかたまり」と言っている。(7) このように述べて、エリクソンも他の人々も共通して、該書では、目的としての教義学と方法としての哲学との関係が大きな矛盾を孕んでおり、結果はマルテンセンの意図とは反対になり、「教義学」が「哲学」に支配され呑み込まれ、「教義学」は「哲学」へと解消されてしまっているというのである。これはキルケゴールがPap. X^{1}A553, 556, 561. その他で述べている批判と軌を一にするものである。つまり、これにおいては、キリスト教そのものが「哲学」の中に解消されてしまい、無くなってしまうというのである。

次にR・ニールセンによる批判であるが、これは彼が直ちに出版した一三二頁の小著『マギスター・S・キルケゴールの《ヨハンネス・クリマクス》とマルテンセン博士の《キリスト教教義学》ひとつの探求的な書評』Mag. S. Kierkegaards》Johannes Climacus《og Dr. Martensens》Christelige Dogmatik《. En undersøgende Anmeldelse. (15. 10. 1849) において示されている。ニールセンはキルケゴールより四歳年上であり、コペンハーゲン大学の哲学教授であったが、そして一時ヘーゲル主義者であったが、キルケゴールの書物、とりわけ、『哲学的断片後書』を読んで以後はキルケゴールにすっかり感動し、キルケゴールも徐々に彼を信頼するようになった。ところで、この小著によるマルテンセン批判は実に見事なものであった。これの標題中にある「ヨハンネス・クリマクス」とはキルケゴールによって『哲学的断片』（一八四四年）と『同後書』（一八四六年）に付した偽名著者の名である。従って、この小著は、その両著の著者からの、しかし実質的にはとりわけその『後書』の著者から想定される批判を意味している。このようなことからこの小著に見られるR・ニールセンの視点は実にはっきりしている。それは、その「ヨハンネス・クリマクス」の設問と同じであり、つまり、ニールセンは、その小著で、基本的には、「キリスト教」に対する「思弁」の関係、「体系的神学」の関係を、問題にしているのである。すなわち、ニールセンは、マルテンセンの基本的な主張「キリスト教は客観的知識の形成で整備され、基礎づけられ、説明さるべきものである」に真向から反対するヨハンネス・クリマクスの立場に立ち、「思弁」にはキリスト教の真理性が帰属してはいないということを、従って、もしキリスト教が「思弁」の対象となるなら、キリスト教は全く別物へと変質させられてしまうということを、訴えている。(8) こうしてR・ニールセンは、ヨハンネス・クリマクスに見られる見解を、自らの見解として展開しているのである。

しかしその論述において最も注目されるのは、それを通じでR・ニールセンは何を言おうとしているのかという点である。その点こそがその批判の核心になると考える。すなわち、R・ニールセンが言わんとしていることは、マルテンセンがキリスト教を思弁によって整備して打ち建てたその「キリスト教教義学」という建物は、決して堅固な岩盤の上に建てられていたのではなく、流砂 Kviksand の上に、つまり、押し流されてきた砂の上に建てられていたのである。だから、その建物にはいわゆる「記時錯誤」Parakronisme（＝その年代や年月を実際よりもずっと後の時代のものとして記述する誤まり）が犯されてそこへと到達したのである。それゆえ、それは、姿を現わしてくる以前にもう時代遅れの廃れ物になっていた forældet før sin remkomst のである。[9] つまり、R・ニールセンが言わんとしていることは、マルテンセンは、キリスト教の教義学体系を構築するのにヘーゲルの思弁哲学の方法を用いているが、そのヘーゲル哲学自身コペンハーゲンではとうの昔に廃れてしまっており、従って、そのようなもので教義学を組み立てようとすることを目的とした該書は時代錯誤も甚しいということである。

以上H・L・マルテンセンの該書に対する二系統の批判について述べたが、それらはいずれもR・ニールセンのそれに収斂されよう。そしてニールセンが指摘していた決定的な一点は、該書が何よりも時代遅れの産物であり、マルテンセンは何よりも「時代感覚のズレ」のもとで該書を書いたことを、指摘している点である。これは実に肯綮に値する批判と言わなければならない。それというのも、そのマルテンセンは、その「時代感覚のズレ」こそを自らの本領としてきたのであり、しかもいまやそのことが「国家教会の体質」をそのまま現わす格好のものとなってきているからである。

三　「国家教会の体質」との関係

ミュンスター監督の場合と同じような意味において、しかし内実的には少し異なった意味において、H・L・マルテンセン監督の存在と神学も、「国民教会」（に引き継がれた国家教会）の体質をそのまま現わしていた。

既に述べたように、彼には若い頃から「学生大衆」に支えられているという「意識構造」が支配していた。しかしその大衆の気分は彼を取り巻く一種の熱気のかたまりのようなもので、しかもそれは、彼を「ヘーゲル主義者」とみなす確認の上に成り立っていた。それというのも、マルテンセンはとうにそのヘーゲル主義からは脱却していたからである。にも拘らず、彼はそのような大衆に支えられているという意識のもとにあった。それゆえ、これで明らかなように、マルテンセンは当初からそのような「ズレの構造」を「意識」の中に抱えていたのである。ところが、その「ズレ」を更に促進、いや、二乗するような事態が起こっていた。というのは、その「大衆」自体が間もなくヘーゲル主義からは背を向けてしまったからである。こうして結局のところ、デンマークでは、ヘーゲル哲学は、一般社会にも、キリスト教界にも、浸透することはなかったのである。(10)

さて、以上の一連の事実を考えてみるとき、マルテンセンの「意識構造」は、二重、三重の「ズレの構造」で成り立っていたことを知らされる。つまり、「自分はヘーゲル主義者でないのに学生大衆からは〈ヘーゲル主義者〉とみなされているという意識」、しかし「その大衆も実はヘーゲル主義から離れてしまっているのに、まだヘーゲル主義であり続けていると誤認させられている意識」。これは明らかに「二重のズレ構造」である。つまり、それは「二重の虚構」である。従って、そのような「意識」は「空虚」以外の何ものでもない。

ところが、マルテンセンは、そのような「ズレの構造」を内含したままの「意識」においてこの『キリスト教教義学』を書いたのである。そのため該書はそれが書かれ始められたその時から二つの大きな錯誤の中にあり、それゆえ、本質的に、彼が意図していたことへの妥当性を失ってしまっていたのである。

一つの錯誤は、マルテンセンがいつも周囲にそれとなく感じ、自らを取り巻くものとしてある意味では支えのように意識していた「大衆の興奮と熱気のかたまり」のような状況は既に消失しており、しかもその大衆自身が「ヘーゲル主義」から全く離れてしまっていたのに、まだそのような「興奮と熱気のかたまり」が自らの周りに在る積りでいたことである。そしてマルテンセンは該書をそのようなものを相手に書いたのであるが、そのような相手はとうに彼から離れてしまっていたわけである。該書の内容の「空虚」はこのような相手の空虚と重なり合っているのである。もう一つは、このこととも無関係ではないが、マルテンセンが該書によって「統御」しようと思い画いていたキリスト教界の現実、いや、「時代の現実」は、今や実際には、彼の「イメージや思惑」とは凡そ別のものへと変様し、それは彼の手の届かない所で実に多様に自己運動と自己展開をして変質してしまっているのに、それに気付いていなかったことである。それゆえ、その「現実」は、彼が該書のような手法で「統御」することは全く不可能なものへと変化していたのである。要するに、該書が相手にしようとしていたものはとうにこの地上からいなくなっていたのである。従って、ここにはもう一つの「空虚」があったのである。

該書は、少なくともこのような二つの錯誤に基づいて書かれたため、それが国民教会の現状を救うための機能を全く果たし得なかったことは言うまでもない。それは、最初から二つの「空虚」を内蔵していたからである。それは、「もう消え失せてしまった過去」、いや、実を言えば、その過去の時にさえ実際には「存在」としての価値をもっていなかった「虚妄」を支えとして、その「虚妄」を内蔵させて生まれたものである。ところが、H・L・マルテンセンは、これによって「国家教会の危機」を救おうとしたのである。これ程大きな「虚妄」、いや、「幻想」はない。

しかしマルテンセンの存在と神学に見られるこのような事態は、キリスト教会史においてのみならず、一般の歴史においても、ある一つの時代に象徴的な存在を保っていたものが衰退してゆくときに見せる一つの現象である。壮大な「体系」ができるとき、それは一面から見るならば円熟であるが、他面から見るならば衰退の始まりなのである。アリストテレスの哲学体系、トマス・アクィナスの神学体系、そしてヘーゲル哲学の体系がそうであった。ヘーゲル哲学自体が既にドイツ観念論哲学を救おうとして示した末期現象の象徴であった。そのヘーゲル哲学の体系を「方法」のためとはいえマルテンセンが用いたことは、真に皮肉な意味では時宜にかなっていたとも言える。つまり、マルテンセンの「神学体系」は、デンマーク国家教会の「衰退」forfald のしるし以外の何ものでもなかったのである。それは「国家教会の体質」をそのまま現わしていたと言ってよい。

本章において、私は、ミュンスター監督とマルテンセン監督の人柄と神学とを通じて、当時の「国家教会の体質」を検討してきた。そしてとりわけミュンスター監督は、やがて次章で考察されることになっている当時のさまざまな「改革的諸勢力」から教会の本質に関する根本問題に対する抗議を突きつけられておりながら、結局は、それらに対し何ら答えようとせず、ただ現状の「防衛」と「安定」を保つことだけに腐心していたことを知らされた。そのため、「国家教会の体質」は、明らかに、ミュンスター監督においては「よどみ」（停滞）Stagnationが、マルテンセン監督においては「衰退」Forfaldが象徴されているものとして、人々に受けとられたのである[11]。しかしそれらを通じて人々が感じとっていた根本問題は、両監督によって、国家教会の本来の神学である「ルター主義のオーソドクス神学」に代って、それとは本質的に異なるいわゆる「国家教会のキリスト教」というものが作り上げられてしまった点にあったのであり、多くの人々はそのように見ていた。それゆえ、このような「状況」において、真にキリスト教信仰を求める多くの人々は、それぞれの階層や立場から、その「国家教会のキリスト教」というものに対して「真のキリスト教とキリスト教の真理」を純粋に求めて、それぞれ大規模な宗教改革的運動を起こしたのである。そしてそれら多様な改革的運動は、さまざまな形をとりながら、やがて一八四〇年代に入るとそのクライマックスの時期を迎えることになったのである。そこでいまや何よりも問題は、その改革的諸勢力の運動の構図や動向という点になってゆく。次章でこれを考察しよう。

注

（1）『青研』三五九―八〇頁。
（2）右書二七八―九頁。
（3）S. V. IV. S. 200.
（4）N. Thulstrup: Ibid., S. 217.

（5）（6） Ibid., S. 225.

（7） Ibid., S. 232ff. Bibliotheca Kgdiana Vol. 12. S. 76ff., 102-9.

（8） R. Nielsen : Magister S. Ks》 Johannes Climacus《og——. S. 1-11.

（9） N. Thulstrup : Ibid., S. 225.

（10） N. Thulstrup : Indledning og——. II. S. 86ff.『青研』二八五頁の注（7）（8）（9）参照のこと。

（11） N. Thulstrup : K. og Kirken—. S. 268.

第五章　改革的諸勢力の運動系統とその動向

一八二〇年代に入ると時代は大きな変貌のドラマを予示させるような様相を見せ始めた。それは、いままで想像だにされ得なかったような大きなスケールでの地殻変動を伴う事態が起こりそうな兆候が感じられ始めたことである。前世紀から受け継がれた啓蒙主義と合理主義とは、最早「思想」とか「神学」という枠におさまっている段階からそれを打ち破って拡大してゆく次の段階へと入ってゆく時を迎えたのである。つまり、それは、社会諸階級の階級的覚醒をも伴って時代的社会的勢力の形をとって展開されてゆく段階を迎えつつあったのである。従って、その「勢位」はいわゆる「心情」や「理論」の枠を超えて「社会的広がり」において、教会の在り方そのものを根本から問うてゆく意味をもっていた。こうしてむしろさまざまな社会的階層をそれぞれ基盤とした「宗教改革的運動」とも言える運動が出現し、それらはそれぞれ全デンマークに拡大してゆくことになるが、それら改革的勢力が異口同音に提起していた課題は、「国家教会のキリスト教」に対して、「真のキリスト教、あるいは、キリスト教の真理」とは何かという問題を問うことであり、この問いを問うことを通じて「国家教会」の存在と在り方がこの「真のキリスト教、あるいは、キリスト教の真理」、つまり、「聖書の真理」とはおよそかけ離れた状態にあることを指摘して、「教会」としての真の在り方を具現しようとする点にあったと言うことができる。

それら改革のための運動に立ち上がった諸勢力の系統は、細かく分ければ、少くとも四つに分けられるが、ひとまず大きく分ければ、二つに分けることができる。その一つは、現存の社会的諸階層にそれぞれ基盤を置いてそれぞれの信仰的主張と宗教的改革をめざす三つの勢力であり、もう一つは、それらとは異なったいわば「国家教会」内の聖職者集団による勢力であり、この方は国家教会の運営、行事、牧会等々の仕事に実際に携わっている牧師たちが、組織、制度、規則、典礼、礼拝等々の細部に至るまでの全般にわたって改善を求めてゆく集団である。それゆえ、本章の区分においては、この大きい二つについて、考察をすすめてゆきたいと思う。

第一節　三系統の改革的勢力とその運動

実はこの改革的運動の一部のものは、既にこの一八〇〇年に入ると間もなく始まっていたのであるが、これも含めて、この一八二〇年代以降はっきり見え始めてきた改革的運動の諸勢力は、それらが基盤としている社会的階層の区分を念頭において観察してみるとき、三つの系統の運動という形をとっていたことが分かる。一つは、合理主義神学を教会内に浸透させて教会の改革を目ざすもので、これは主として牧師、神学者、教師、学生等の知識階級を中心に展開された運動で、これは当然に政治領域での自由主義運動と相呼応する性格のものであった。次は、あの敬虔主義における個々人の内面的信仰的覚醒に通じる信仰的覚醒運動で、これはデンマーク全人口の八十五パーセントを占める農民階級を主体とした庶民階級の「階級的な目覚め」を伴って展開された信仰的運動である。これはやがて政治領域で起こってくる農民運動の母体をなすものであった。もう一つは、グルントヴィの信仰に基づく宗教改革的運動であり、これは他面ナショナリズム的運動の性格をもつものであり、信仰的覚醒とデンマーク人としての覚醒とを目ざすものであった。従って、その支持基盤は非常に広いが、やはりやがては前述の農民階級の運動を吸収する勢いをもっていた。以下その各々について簡単に説明しよう。

I　合理主義神学の新たな動向

一八二〇年代から三〇年代後半にかけて、合理主義神学そのものに、大きな変化が起こってきた。それは次の二つの現象として現われた。

一つは、前述したように、従来の合理主義神学は、主としてカントの影響を強く受けた倫理的合理主義神学であったが、目下の時期に入ると、シュライエルマッヘルの神学の影響が強くなり、そのもとにロマン主義的、自由主義的な合理主義神学へと変化していったことである。当時シュライエルマッヘルがドイツで得ていた名声は、コペンハーゲンにも及んでおり、彼は、若い優秀な教授たちや学生たちの間に、一つの大きな興奮を、巻き起こしていた。その典型的な現われは、一八三三年九月二十二日—二十九日、彼がコペンハーゲンに、同大学の少壮教授や学生たちに迎えられた際、さまざまな感激的な式典が開かれたほか、彼らによって松明行列が行われたことによっても明らかである。それらについては『青研』の方で詳述しておいたので、ここでは割愛する。[1] しかしシュライエルマッヘルがそれ程までにそれらの人々に共感されたのは、時代の合理主義的空気に抗して、「信仰の独自領域」という極めて明快に、その意味では、極めて合理的にはっきりと区画して、その独自的権限を確保したこと、しかもそれを「教会論」において具現しようとしたこと等々にあると言ってよかろう。ところで、既にこのシュライエルマッヘルから決定的な影響をうけ、その思想をデンマークに紹介した中心的人物は、先述のH・G・クラウセンの息子H・N・クラウセン教授Henrik Nicolai Clausen (1793-1877) であった。このクラウセンがシュライエルマッヘルと出会ったのは、シュライエルマッヘルがハレ大学からベルリン大学に移って、一八一八年秋—一九年冬学期の講義を始めるとともに、『三一教会』で説教を始めていた時期で、要するに、あの著作『キリスト教の信仰』の内容をなす思想を語っていた時期であった。[2] そしてその時期クラウセンが受けた影響は文字通り決定的なものであった。H・N・クラウセンの研究者J・ラーセンは、「H・N・クラウセンがそれらの講義や説教を聴いた際何をノートしたかは、『キリスト教の信仰』を読めばわかる(3)」と言っている。またH・N・クラウセン自身が後年に語ったところによると、そのベルリン留学時代から生涯を通じて、シュライエルマッヘルが語った根本的な事柄は、自分自身の内部に入り込み根づいてしまって、自分の精神的生命や本質的なものと一体化してしまい、それを自分の本来的なものから区別することは不可能にまでなっている、と言っている(4)。このようにH・N・クラウセンは、シュライエルマッヘルから生気溢れた決定的な影響を受け、当時色褪せていたコペンハーゲン大学神学部の教授たちの中にあって一人金星のように輝く存在であり、また学生たちの人気の的であった。彼が父H・G・クラウセンと根本的に異なる点は、単にカントからの影響に対してシュライエルマッヘルからの影響というだけのことでなく、それは、「神学」の領域だけにとどまらず、「教会の制度と組織」そのものの改革にまで踏み込んでいた点にある。彼は、シュライエルマッヘルの『教会論』の影響のもと、しかしそれを更に超えて、自らの教会論を展開した。それが有名な八百六十余頁にのぼる大著Catholicismens og Protestantismens Kirkeforfatning, Lære og Ritus（1825）『カトリシズムとプロテスタンティズムの教会憲法、教義、そして礼典』である。該書において、H・N・クラウセンは、キリスト教の本質はキリストへの「内面的心情的信仰」にあることを述べ、更に、その信仰は、本質的に、既存のキリスト教会の外面化、形式化、固定化に対する「恐れなき理性的批判」となって現われるものだとなし、その両者の本質的一致の実現こそが果たされなければならない、と述べている。こうして彼は、「国家」と「教会」の分離を主張する立場に立ち、そのため同じくそれを社会的、政治的立場から主張している当時の自由主義政治運動の先頭に立って、その理念の実現をはかったのである。このようなクラウセンの思想は当時の若い人々の非常に大きな共鳴をうけるところとなり、大学での彼の講義は人気の的であった。因みに、キルケゴールもこのクラウセンの講義に連らなり、彼が聴講した科目の中では、クラウセンの担当科目が一番多かった。しかしキルケゴールは、一八三五年秋学期には、クラウセンの合理主義思想への完全な批判者になっていた。しかしそれはとにかくとして、こうして合理主義神学は、シュライエルマッヘルの影響のもとに、大きく変貌したのである。

もう一つは、やはりこの時期、コペンハーゲンの文学界や思想界に、ヘーゲル思想が一時期流行し、これがキリスト教界の合理主義的空気にある種の影響を及ぼしたことが挙げられる。従って、これによって、合理主義神学は、更にもう一つ変様したと言うことができる。すなわち、まず一八二四年、コペンハーゲンにはじめて、ヘーゲル思想が、J・L・ハイベーア教授 Johann Ludving Heiberg (1791–1860) によって、紹介された。(5) 彼は、そのヘーゲル思想の普及のために、文学や哲学の若いエリートたちを集め、サークルをつくり、自らの著作や論文のほかに、そのサークルの機関誌を何種類か発行しており、その勢いは、まさに時代の中のブームを思わせるものがあった。とくにそのサークルに連らなったエリートたちは、弁証法論理、イロニーを口ずさみ、いわば時代の中の合言葉を生み出してさえいた。そのサークルには、アンデルセンもキルケゴールも加わっていた。これだけでも明らかなように、J・L・ハイベーアとそのサークルの勢いは、当たるべからざるものがあった。しかもこれに加うるに、一八三六年頃からは、ヘーゲル左派の思想が、コペンハーゲンに入ってきた。既に一八三三年にH・N・クラウセン教授とM・H・ホーレンベア教授との共同で発行した Tidsskrift for udenlandsk theologisk Litteratur『外国の神学文献のための雑誌』は、ドイツの最先端をゆく最新の神学書を、次々と紹介していったが、一八三六年には、相次いで入ってきたシュトラウスの『イエス伝』をはじめ、フォイエルバッハ、バウア等の書物の抜萃や解説を、掲載していった。このような二つの事態は、合理主義思想の性質が更に変わってきたことを、意味していた。つまり、それは、弁証法的思考法を掻き立てるとともに、実質的、リアリスティックな性格をも、もつようになった。コペンハーゲンの文学界や思想界のヘーゲル思想の模様は、以上のようなものであったが、にも拘らず、キリスト教界の模様は、これとは少し異なっていた。というのは、N・トゥルストルップ教授も明示しているように、キリスト教界、国家教会へのヘーゲル思想の影響は、実際には、一人の例外を除いて、殆んどなかったと言ってもよい位いだからである。(6) それというのも、ヘーゲルの思想は、一部若いエリートたちはともかく、一般には、デンマーク人の体質には、馴染み得ないものだったからである。その唯一の例外はシュレスヴィッヒ出身のH・L・マルテンセン Hans Lassen Martense (1808–84) であった。彼は、ヘーゲル主義者として、名が通ってしまったが、実際は決してそのようではなかった。確かにマルテンセンは、一八三六年、ドイツ留学からコペンハーゲンに帰ったとき、新世紀を担うヘーゲル主義の俊英として、多くの人々の歓呼の声をもって、迎えられたが、そして一八三七年冬から、コペンハーゲン大学の教壇で、万人期待のもとにヘーゲル主義的な思弁神学の講義を行い、それは大いにうけて、ヘーゲル主義者の印象を、醸していたが、しかしその後彼は、ヘーゲルを批判し、それを超えて、「神中心的立場」teocentrisk Standpunkt を内実とした「思弁的神秘主義」と「神智学」の立場に立つようになった。(7) その他国家教会内におけるヘーゲル思想の影響は、それが牧師であれ、神学者であれ、信者たちであれ、殆どなかったのである。にも拘らず、この時期ヘーゲル思想の危険が、キルケゴールはじめ何人かの人々によって、重視されたのは、それが時代精神としての合理主義的勢位の集約を意味するものとして受けとられたからであると考えられる。(8)

一八二〇年代から三〇年代後半にかけてのデンマークのキリスト教界に見られた合理主義勢位や合理主義神学の模様は、以上のようなものであった。

このように見てくるとき、デンマークのキリスト教界に入ってきた合理主義は、カント的合理主義、シュライエルマッヘルを介しての合理主義、そしてヘーゲル主義的風潮の合理主義というふうに、三つの時期を経て、目下三つの合理主義が混在して、一つの時代的勢位をなしていたと言うことができる。(9) そしてこのことに、国家教会当局が非常に深い危機感をもっていたことは、一八三七年の『コペンハーゲン大学年報』Kjøbenhavns Universitets Aarbog for 1837 で同大学神学部が、最近の合理主義の浸透によって陥った危機的状況から、聖書の権威を、いかにして救うことができるか、を問うた神学の懸賞論文を募集したことのうちに、実によく現われている。その募集要項は、ラテン語で書かれており、純粋に学術的意味のものであることを、示している。それは訳出すると、次のようなものである。

「新約聖書の各書の権威は、近年とみに攻撃をうけ、そのため、信仰と教会の危機が現われてきたように見えるので、キリスト教ならびに教会は、新約聖書の聖なる各書の権威に、あるいは、その歴史的信憑性に、依拠しているのかどうか、またどの程度それに依拠しているのか、という哲学的問題が設定される。(10)」

右のような内容のものであるが、この懸賞論文の募集ということは、極めて重大な意味をもっていた、と言わなければならない。というのは、当時デンマークでは、政府その他国家の公共機関が自らの担当事項に深刻な問題を抱え、しかもそれを解決すべき方策を全く失ってしまっているとき、この方法に訴える習慣があったからである。従って、この懸賞論文募集は、当時国家教会当局において、合理主義への危機感がいかに大きかったかを、物語るものと言うことができる。

デンマークのキリスト教界における合理主義思想の勢位と合理主義神学の事情とは以上述べたようなものであったが、実際には、前世紀末葉以降、国家教会は、既に述べたところから推察され得るように、合理主義思想の勢位に対しては、合理主義神学を容認しながら、そしてたえず尤もらしい理屈をつけながら、たえず妥協と迎合の一途を辿ってきたと言われても仕方のない状況を呈していた。つまり、一見するところでは、既に述べてきた所から明らかなように、合理主義神学を介して、尤もらしい理屈をつけて、信仰の純粋性が守られているようでありながら、その実は、合理主義思想とその勢位との巧みな妥協と迎合とを、内含していた。そのため、真に「信仰の純粋性」を求める多くの素朴な一般の信者たちの眼には、そのような国家教会の全体が一つの虚像のように見えていたのも当然と言えよう。それゆえ、そのような「信仰の純粋性」を求める信者たちの立場からするならば、国家教会の現状は、最早福音書の「教会」とは言えない合理主義思想の虚像と化したもの、と映っていた。そのため、こうした状況のもとで、今度は、そのような「信仰の純粋性」を求める多くの一般信者たちの立場から、そのような国家教会の在り方そのものに対する、従って、そこで迎合されている合理主義的勢位そのものに対することを含めて、強烈な信仰的反抗の運動が巻き起こってきたのである。

II 「覚醒者」Vækkelse の決起——農民と貧困層の階級的覚醒を伴った信仰的覚醒運動

これは通称 Vækkelse「覚醒者」の出現という言葉で呼ばれている出来事と運動である。これは、今日から省みて見るとき、十九世紀前半デンマークのキリスト教界において、信仰的意味においても、教会史的意味においても、前述の合理主義の問題よりもはるかに重大な意味をもつ問題であったと言うことができる。それというのも、この出来事とその運動は、デンマーク全人口の八十五％を占める、農民階級や職人階級等々を中心にした一般庶民階層を基盤にして起こった「信仰的覚醒」の出来事であり、それゆえ、それは前述の一部インテリ層を中心に吹き出した合理主義思想の運動とは異なり、社会全体に広がりをもった社会的出来事と運動だと言うことができるからである。つまり、それは国家教会全体の基盤そのものを根底から揺るがす可能性をもった出来事だったのである。教会史学者M・S・ラウスティン Martin Schwarz Lausten は、この覚醒者の出現と運動を称して、これは世紀全体の中の最も重要な現象、と言っている(11)。

この出現と運動の全国的波及の背景には次のような社会的事情が働いていたことは言うまでもない。一八〇〇年に入る頃からは、前世紀の啓蒙主義的空気の影響もあって、一般国民の中に芽生えた政治的考え方や個々人の内面性を優先させる信仰的変化等々に対する国家権力の掌握力は徐々に緩み始めていた。こうした状況が支配し始めるとき、それに応じて自らの不満や窮状を訴える最初の人々が社会の中で最悪の条件のもとに置かれていた人々であることは言うまでもない。当時デンマークでそのような人々とは、小農、作男、日雇い労働者、鍛屋等の職人階級等々であった。当時これらの人々は二重の悪条件のもとにあった。一つは、社会経済的領域の悪条件で、彼らは、十八世紀に行われた農村改革はじめいくつかの社会的改革にも拘らず、その恩恵を受けることの殆んどない最下層の人々だったことである。もう一つは、彼らがそこからは最も大きな恩恵を受けてしかるべき国家教会からも殆んどそれを受けることがなかったことである。というのは、国家教会の教義や諸制度等々は主としてむずかしいドイツの神学やそれらに基づいてつくられており、それらは知的で裕福な人々の生活や心情に適合するようにできていたが、それら最下層の人々の生活や心情にはとても相容れない性格のものだったからである。このような最悪の条件のもとで、それらの人々は自らの不満と窮状とを訴える最初の人々となったわけである。つまり、「覚醒者」はこれらの人々から生まれ、これらの人々によってその運動が進められたのである。

ところが、彼らの出現と運動とは決して政治運動や社会改革運動というような形式をとってなされたのではなく、あくまで彼ら個々人の宗教的信仰的覚醒という形をとって行われた。それは何から何まで十八世紀の敬虔主義の信仰、集会、生活方式の延長線上で行われたのである。十八世紀の敬虔主義は、前章で述べたように、信仰の領域において一般の庶民と言われる人々にそれぞれの「自己の確立」に関してさまざまなことを教えた。信仰はそれぞれの人間の個人的内面性の問題であり、神ならびに聖書に対しては個人的内面性の自覚を通じて関わること、そのような信仰を確立するために任意に小さい集会をもつこと、そのような「自己の確立」のために教育を重視しさまざまな学校を建てて熱心に宗教教育を行ったこと、その他キリスト教の教えは個々人の生活そのものにおいて具現されてゆかなければならないこと等々、こうしてそれらのことは人々の社会的な生活規範を作るまでになった。これで分かるように、このような敬虔主義の信仰的生活的基盤があったからこそ、そこから「覚醒者」が生まれたのであり、この件に関しては、デンマークのすべての教会史学者のすべてが等しく認めているのである。(12)

ここに言われている「覚醒」という言葉は正にその個人の純粋なる信仰の内面性の目覚めを意味する言葉で、P・G・リンハート教授は、この出来事を、宗教改革直後の十七世紀のいくつかの現象に認めることから始めており、しかしとりわけ十八世紀のドイツ敬虔主義と、それがデンマークに入ってくることによって起こったデンマークにおける敬虔主義的覚醒の諸現象を指し、それを踏まえた上で、それとの関係で、この十九世紀の目下の時期の「覚醒」を、位置づけ、取り挙げている。[13] しかしこの「覚醒」の出来事と運動は、敬虔主義の一派ではあるが一般の敬虔主義派とは特別な位置にあったヘルンフート派（兄弟団）の影響を強くうけている。

この覚醒の出来事と運動は、以上のような系譜に連らなるが、しかし、十八世紀の敬虔主義的覚醒とこの十九世紀の「覚醒」との間には、いくつかの点で、根本的な相違があった。つまり、両者ともに、純粋なる個人の信仰の内面性の目覚めである点は全く同じであるが、根本的な相違点として、まず十八世紀ドイツの敬虔主義運動は、教職者、牧師たちによってすすめられた信仰運動であったが、この十九世紀の「覚醒」の出来事と運動は、それがヘルンフート派（兄弟団）の運動の影響を受けていることからも明らかなように、純粋に熱心な平信徒たちによって起こされた信仰運動だということである。もう一つは、十八世紀のそれは、純粋に宗教的信仰的意味のものであり、民衆運動といったような性格のものではなかったが、この十九世紀の「覚醒」は、明日に民衆の社会的目覚めを意味し、それは当初から国家教会とその牧師階級への直接的な反抗運動を意味していたことである。[14]

さて、この「覚醒者」の出現とその運動の拡大とは、次のようなきっかけのもとで次のようにして起こっていった。そのきっかけとなるものをつくったのは、皮肉なことに、民衆が敬虔主義的な信仰に居続けることを許すまいとした国家教会当局の教育政策にあったと言ってよい。すなわち、それは、国家教会当局が、教会と学校に、従来の敬虔主義的な色彩を濃くもった二つの書物、つまり、ポントビダンのカテキズムとキンゴの讃美歌集に代えて、新たに先述の啓蒙主義的色彩をもったバルレの教科書と新しい指定の讃美歌集（祈禱書やその他礼拝や集会用のさまざまな礼典を含む）とを指定として導入したことをめぐって、主として農民たちと牧師たちが、全く意見を異にし、対立関係になったことに始まる。一七九四年学校の指定となったバルレの教科書は、既に述べたように、内容はオーソドクス神学を保持しているものの、全体は啓蒙主義的色彩によって特徴づけられ、とくに「信仰論」の部分を減らして「義務論」の部分を著しく拡大させている。しかも敬虔主義の空気を吸っている新しい教員養成所から来た多くの牧師たちは、「行為」について合理主義的に、特別に感銘を与える章についてだけ語り、他の個所は飛ばしてしまう始末であった。しかもこの指定から間もない一七九八年に教会と学校の指定になった新しい讃美歌集は、宗教性に合わせて文化性も加えるため、キンゴの讃美歌を大幅に減らして出来たものであった。この二つの新しい書物の指定が、ユトランド地方をはじめ、全国各地で、農民たちの反対に会い、農民たちのうちに敬虔主義的な覚醒を起こすことになったのである。[15]

その一番最初の「覚醒」の出来事は次のようにして起こった。[16] それは一七九〇年代も末期に近いある年、ユトランドのホーセンス Horsens に接したウルドゥムーランゲスゴウ教区 Uldum Langeskov Sogn で作男のP・フランセン Peder Frandsen（一八一〇年死亡）が同教区での小さい集会を通じて一群の人々を集め「強いユトランド人」de-stærke Jyder という一団をつくったが、これがモデルとなって、同じようなものが同じ身分の人達によって次々と小集会を通じてつくられてゆき、それは全デンマークに広がっていった。このP・フランセンはそれをつくる以前に敬虔主義信仰に立つ牧師によって覚醒を体験していたので、彼がその教区の信仰的集まりでひとりの「覚醒者」として立ち上がり、似たような考えをもつ人々を集め、同じ行動に出るきっかけをつくったことは必然的なことであったと言ってよい。彼が聞いた集まりはつねに純粋に「敬虔主義」の信仰告白に立つものであり、そこではつねに「罪の悔い改め」「回心」そして律法的性格の強い「継続的な聖化の努力」等々のことが強調された。従って、それは最も旧い時代のルター的信仰の義認の教義への固着とも一致していた。そのためそのような集会でのそのような仕方での信仰告白は真正直者であった身分の低い農民たちや職人たちに心底からの共感を得て、彼らは自分たちがもつさまざまな集会で次々と立ち上がって自らの信仰を表明したのである。そして更に彼らは積極的に「敬虔なる集い」Den gudel-ige Forsamling という信仰的集会を個々の家々で開き、この仕方を次々と各教区の自分たちと同じような人々の間に波及させていった。しかしこのような「覚醒」が最も激しく各地で噴火し始めたのは十九世紀に入ってからであり、とりわけ、一八二四年には、それら集団の信者同志の協力関係まで出来、それは、いわば洪水が全地に氾濫するように、全デンマークの各地に及んでいったのである。それは、ユトランド半島から始まり、次にフューン島や他の多くの島々、そしてシェラン島へと及んでいった。しかしその間一八〇二年頃からその「強いユトランド人」の集まりはノルウェーのルター的信仰に立つ敬虔主義の説教者でこれと同じような運動を指導していたH・N・ハウゲ Hans Nielsen Hauge と連携をするようになり、そのことが運動の拡大に大きく寄与したことは明らかであった。[17]

しかしそれら「覚醒者」たちが為したことは、単に国家教会のキリスト教やその強制に対しての反抗だけだったのではなく、勿論共通の明白な積極的目標があった。成る程彼らが反抗した直接の対象は、前述したように、バルレの教科書とその指定、ならびに、新しい讃美歌集とその指定、合理主義と合理主義神学、そしてそれらを生み出しそれらを支えとしている最早虚像にしか過ぎない国家教会とその牧師たち等々であった。しかしこれに対して、彼らが真に目ざしたものは、「真のキリスト教 den sande Christendom 信仰の確立」ということであった。そしてそれがためには、前述の二つの書物によって退けられた敬虔主義的ないくつかの書物の保持、つまり、ルターのそのままのカテキズムと説教集、キンゴの讃美歌集、ポントビダンのカテキズムの教科書的使用、クリスチアン六世時代の聖書、その他旧い敬虔主義的な信仰書、そして自分たちの信仰を証しした文書等々の使用を求めることであった。また自分たちの子供たちの宗教教育に関しては、国家教会の方式に従わず、自分たちの手で行ない、そのための学校も建てた。しかしこのようにして彼らが目ざしたものは、「真のキリスト教 den sande Christendom 信仰」であった。こうしてこれらを目ざした「敬虔なる集い」は、全国各地でもたれるようになった。

この「覚醒者」が求めてやまなかったその「真のキリスト教」den sande Christendom とは、実は「時代」そのものが要求してやまないものであった。この「真のキリスト教」という言葉は、やがて「時代」の合言葉 Parole になっていった。[18] 次項で述べるN・F・S・グルントヴィが追求してやまなかったものこそが、その著作や論文でも明らかなように、この「真のキリスト教」であったし、更にS・キルケゴールが全生涯を賭けて探求し続けたものもこの「真のキリスト教」だったのである。そして両者ともにそれぞれ実に貴重な解答を得たのである。これで明らかなように、要するに「時代」はこのパロールを軸にして動いていたのである。

しかしそれらのことはとにかくとして、この「覚醒者」の運動は、このような時代的雰囲気を前方に控えもっていたがために、既に述べたような仕方で、全デンマークの各地へと、燎原の火のごとくに広がっていった。勿論この種の運動の初期段階には、一種の極端な狂信的現象も伴われることがある。しかし運動の広がりとともに、それも落ち着いてくるものである。また当然のように、この運動に対しては、国家教会当局や、牧師たちは、さまざまな仕方で、実に厳しい対応を、してきた。にも拘らず、その燃え盛る火を止めることはできなかった。いや、それだけでなく、牧師たちのなかには、この運動に共感をもち、これに加わったり、支援する者さえ出てきた。こうしてこの出来事と運動はやがて、全デンマークの、農民階級を主体とした庶民階層の社会的階級の目覚めとしての性格をもつようになっていった。従って、それは、国家教会にとっては、その地盤を揺るがす大地殻変動の始まりを意味するものであった。

その時期は、一八四〇年代に入ると間もなく、訪れてきた。この運動は、その頃澎湃として起こってきたあのグルントヴィの運動と提携するようになり、それは、「国民的・民族的目覚め」としての性格を帯びるようになり、時代を揺がす「国民的・民族的な信仰運動」となっていった。

Ⅲ　グルントヴィの宗教改革運動

十九世紀デンマークの教会史において、国家教会に対して、真の改革的行動に出た象徴的な人物は、N・F・S・グルントヴィ（1783–1872）であったと言うことができよう。グルントヴィについては、既に『青研』において、そしてまた本書においても、いくたびも言及してきたが、いまここでもう一度その運動の核心について、極く簡単に述べてみよう。既にいくたびか述べたように、グルントヴィは、宗教改革者、説教者、詩人、歴史学者、教育者、讃美歌作詞者等々、実に多面の要素を備えた大柄な人物であった。しかし彼の生と行動の根幹をなしていたものは、言うまでもなく、その信仰と信仰運動であった。そしてその信仰問題で彼がひたすら求めたものがあの「真のキリスト教」den sande Christendom だったのである。以下その件について少しく述べてみよう。

まず彼の「信仰」の著しい特徴について言い得ることは、彼にキリスト教信仰の真髄を気づかせるための決定的な役割を演じたものがドイツ・ロマンティークの思想との出会いであった、ということである。彼は、幼い頃から厳格にキリスト教の信仰によって育てられ、成長してからはコペンハーゲン大学神学部に入学した。しかし当初は、神学には興味がもてず、それとは逆に詩や演劇の方に興味がつのるばかりであった。ところが、このような時の一八〇二―三年の冬、若い学徒たちの集まりであるエーラース・コレギウムで、ドイツから帰国したばかりの文学者、哲学者スティフェンス Henrik Steffens (1773–1845) によって開かれた有名な講義に出席し、その講義から、生涯を決定するような影響を受けた。そのスティフェンスの講義の目的は、ドイツ・ロマンティークの思想と思考方法を、つまり、その自然観、歴史観、有機的全体的な世界観と人生観とを、デンマークの若い学徒たちに伝え、それをデンマークという土壌で実現させようとすることにあった。すなわち、それは、デンマーク人に、人間としての精神を目覚ませ、デンマークの自然と歴史への覚醒を促そうとするものであった。そしてスティフェンスは、このことは、「有機的全体性としての精神」の最高の表現形式としての「詩」においてのみなされ得る、と強調した。この講義は、九講から成っていたが、この講義は、まさに爾後のデンマーク文学史、精神史の方向を決定するような歴史的意義をもっていたと言ってもよい程のものであった。なぜなら、この講義の聴講者の中からは、A・オェーレンスレーガーをはじめとして、デンマーク文学の黄金時代を飾った実に多数の詩人、思想家たちが、生まれ出でたからである。そして誰よりもこのグルントヴィが、その一人であった。彼がこの講義を通じて知ったドイツ・ロマンティーク思想との接触により得たものは、二つの貴重な覚醒的発見であったと言える。

一つは、いままで彼の内部に眠っていた歴史性が目覚まされ、彼は、自己の内部深くに、「北欧の血と精神」が脈うっていることを、知らされたことである。そしてその「北欧の血と精神」は、キリスト教によってのみ、生々とした生命を与えられ蘇えらせられることを、発見したことである。そして彼は、その北欧精神とキリスト教とが交叉して発する強烈なスパークが、彼自身に、「詩」的表現を迫っていることを感じた。こうした精神状況において彼が最も強い影響をうけたドイツ・ロマンティークの思想家は、フィヒテとシェリングであり、とりわけ、フィヒテであった。このようにしてグルントヴィは、フィヒテがドイツで為したことにならうかのように、祖国デンマークの救いとデンマーク精神の復興とを、目指して、立ち上がった。その場合、彼は、歴史の研究とキリスト教の研究とに没頭し、その大事業を、牧師としての活動を通じて、果たそうとしたのである。

もう一つは、そのようにしてすすめられていったキリスト教の研究において、彼は、聖書に関し、偉大な発見をしたことである。彼は、その歴史研究の方は、非常にうまくすすめてゆけたが、キリスト教研究の方は、そうでなかった。というのは、彼の精神は前述のようにロマン主義思想の体験によって生々と生きかえったがゆえに、今度は逆に、「キリスト教の真の生命とは何なのか」という問いが強烈に迫ってきて、むしろこの解答を見出すためには、非常なる懐疑と苦闘とを、経験しなければならなかったからである。その頃彼の眼には、国家教会はただ聖書に関する死せる文字の上に立っているにすぎない死せる形骸としか見えず、そこにはただ教義主義と形式主義のみが一切であると映った。しかし彼には、やがて、そのことの原因が明らかになってきた。彼は、その原因を、国家教会が合理主義思想にすっかり支配されてしまった点に見たのである。こうして彼は、時代の合理主義思想こそ、闘いの対象であることを知り、その闘いの行動に出たのである。こうした苦闘の後、一八二五年七月末頃、彼は、その「キリスト教の真の生命とは何か」という問いに、解決の光を、見出すようになった。しかしそれは、旧来のオーソドクス神学による聖書解釈や教会論とは根本から対立する見解であった（その発見についてはすぐ後述）。

グルントヴィがH・スティフェンスの有名な講義を通じて知ったドイツ・ロマンティーク思想との接触において得た二つの貴重な覚醒的発見は以上のようなものであった。

しかし彼においてより根本的でより重要な意味をもっていたのはその後者の問題であった。なぜなら、彼がその生の全体を賭けて求めていたものは、既に前項で言及しておいたあの「真のキリスト教」den sande Christendom だったからである。彼は深い苦悩と懐疑とを通じてこの「真のキリスト教」を追求していたのである。勿論その解答を得るまでには随分長い期間を要した。しかしやっと一八二五年七月頃その開明の時がやってきた。彼はその追究と発見との成果を一八二六年と二七年に書いた二つの長大な論文で発表した。その論文こそが Om den sande Christendom『真のキリスト教について』(Grundtvigs og Rudelbachs Theologiske Maanedskrift. 4de og 5te Bind. 1826) と Om Christendommens Sandhed『キリスト教の真理について』(6te til 9de Bind. 1826–27) とであった。この両論文は後に一冊の書物にまとめられて再発表されたわけだが(一八六五年)、この両論がいかに長大なものであるかは、その書物にして前者が一一四頁、後者が三〇四頁を占めていることによっても明らかであろう。(19)

グルントヴィはこの両論文で時代のパロールとなっていた「真のキリスト教」という言葉を使って、それを口ずさんでいる「覚醒者」やその他の一般の人々、とりわけ、国家教会による聖書解釈や教会論に真向から批判の言葉を投げ、自らの「比類ない発見」を述べたのである。すなわち、彼は前者の論文をいわゆる批判的部分となし、そこでは国家教会のオーソドクス神学に対して容赦のないラディカルな批判を展開し、後者の論文を自らの見解を展開する積極的な部分となし、そこでは自らの「比類ない発見」の事実と説明とを思う存分展開したのである。両論文とも、既に述べたように、実に長大なものであり、その批判の鋭さといい徹底さといい、また自論の形式の骨太さといい展開の力強さといい、これを読む者の心を揺がさずにはおかないものをもっている。そして何よりも驚きに値いするのはそのオーソドクス神学を根底から覆す衝撃を秘めている点である。その内容は極めて濃密であるが、その核心的な部分だけを要約するなら次のようになる。すなわち、旧来のオーソドクス神学によるならば、聖書はそのままで「神の言葉」であり、教会はこの「神の言葉」の上に建つものであった。ところが、グルトヴィによるなら、聖書はそのままでは「死せる文学」、単なる「書かれた言葉」にしか過ぎず、従って、これの上に建っている国家教会はそれ自体何ら「教会」としての意味をもっていないという。しかしこの「死せる文字」である「聖書」にはそれに先行して存在するものとして「生ける言葉」がある。その「生ける言葉」とはイエス・キリスト自身であるという。従って、「教会」の始源と根拠は、「このイエスと弟子との関係」の中にこそある。その関係とは、イエスの手による弟子への「バプテスマ」と「聖餐」の行為そのもののことである。それゆえ、「教会」は、その歴史的起源と永遠の生命の源泉とをここにもっているのだという。こうしてグルントヴィは、この新しい発見を、「比類なき発見」Mageløse Opdagelse と称した。そのためこの語は後に彼の生涯を象徴するような有名な言葉として人々が口ずさむところとなった。彼の両論文の核心的部分を要約すると以上のようになる。そしてそれこそが彼の信仰の核心をなすものとなったのである。[20]

しかしこの見解は、オーソドクス神学に対して、従って、それに文字どおり従い、その文字的表現の上に立っている国家教会に対して、ある意味では同教会の歴史が始まって以来の大きな神学的衝撃となった。というのは、その見解において、教会の成立の順序について通念となっている理論とは全く逆の順序になっているからである。つまり、ルター教会である国家教会は、根本的には聖書主義に立ち、それは「聖書の言葉」の上に建っている。その意味では、それは「教会の以前《まえ》に聖書があった」という理論になる。ところが、このグルトヴィの「比類なき発見」では、その順序が全く逆になり、「聖書の以前《まえ》に教会があった」という理論になる。つまり、これにおいては、「教会」の成立根拠として、「イエスと弟子との関係」における「生命」の取り戻しということが打ち出されているのである。いずれにせよ、このようにしてグルントヴィは、『真のキリスト教』を求めて努力をした結果遂に『キリスト教の真理』は「生ける言葉」の先在にあることを発見したわけである。

このようにして彼はそのような「キリスト教の真理」の中にこそ、デンマーク人の人間としての、そしてまた民族としての救いと生命の根拠があることを見出した。従って、教会はこの根拠の上に打ち建てられなければならないことを確信するに至った。こうして彼は、この確信のもとに、彼の牧師としての活動を展開していった。しかしその活動は、少なくとも五十歳代に入るまでは、実に厳しい苦難に、会わざるを得なかった。彼の信仰、教会論は国家教会のそれらと真向から対立するため、しかも彼は、説教において、文書において、激しく国家教会の形式主義や神学そのものを批判したため、牧師への任官の不許可はじめ、説教禁止、教会からの罷免等々、さまざまの妨害をうけた。しかし彼は、少しも屈することなく、その信仰と確信とを貫いていった。そのような信仰活動のほかに、とくにそのような迫害時には一層、彼は、もう一つの活動分野で大活躍をし、実に超人的とも言える大きな成果をあげている。それは、北欧古代史の研究と編纂、北欧神話の研究と出版等々であり、更に讃美歌の作詞といくつかの讃美歌集の出版とであった。この分野のそれぞれの成果は、それぞれの領域の歴史において、欠くことのできない重要な価値のものとなっている。

しかし一八三〇年代後半に入り、彼の年齢も五十歳代に入った頃、時代の追い風と共に、彼の信仰運動とナショナリズム運動は、全デンマークに広がってゆき、最早その勢いを止めることは、当局の誰にもできなくなった。それはいまや、時代そのものを映し出す大運動となっていた。彼のそのような信仰運動には、日に々々多くの人々が加わるようになった。すなわち、その信仰運動には、国家教会の牧師や神学者も多数加わり、熱心な信奉者、推進者になったが、やはり主体となったのは、農民たちや一般の庶民であった。しかし一八四〇年代に入ると、刮目さるべき出来事が起こった。それは、自由憲法の施行を目ざす全デンマークの政治的気運のなかで、前述の覚醒者の運動がこのグルントヴィの運動と合流するようになったことである。先述したように、その覚醒者の運動は、その階層から言って、いわゆる指導者がいないという欠点を抱えていたが、ここへ来てやっと指導者を得たわけである。そしてこうなると、グルントヴィの運動は、全デンマーク人の運動となるわけで、それが政治面では、自由主義者たちの運動とともに、自由憲法の施行のための巨大な力となったことは、前章で述べた通りである。しかしそれと同時に、その信仰運動は、国家教会の内部を、大きく変える役割を演じることになった。なぜなら、国家教会当局は、この歴然とした現実を無視して自らの存立を考えることはできなくなったからである。しかしその結果が出てくるのは、十九世紀後半になってからである。(21)

その問題は、本書の範囲を超えた問題なので、ここでは触れることはできないが、このグルントヴィに関しては、もう一つ記憶さるべきことがある。それは、彼の名を、諸外国にまで、知らせることになった「国民高等学校」Folke-højskolen の建設とその運動である。これは、一八四四年に最初の一校が創設されたが、それは冬の農閑期の五ヶ月や夏の三ヶ月を利用して、主として農村の青年男女たちを集め、教師たちと寝泊りを共にし、生活を共にして、人間としての、そしてまたデンマーク人としての精神的人格的教養を育成しようとするもので、極めて充実したスケジュールのもとで、早朝から就寝まで、感動的な時間を過ごす青年学級のようなものであった。とくにその方針は、デンマーク社会に一般的なものとなっているラテン型の教育方法に対して真向から反対し、徹底した人格的自由の精神に基づくことにあり、そのため、入学試験もなければ、一般の科目試験もなく、また面状類も与えなければ、資格も与えない、というものであった。しかしこの高度な理想主義とも言える理念は、当時のデンマークの青年男女、そして一般デンマーク社会にも非常に訴えるところがあり、やがて十九世紀後半から二十世紀初頭にかけて、デンマークの農村にはこの学校が次々と生まれてゆき、最盛期には八〇校にも及んだ程であった。国民高等学校がこれ程までに普及したのはやはりそれの主旨と方法とが当時のデンマーク人の心情にぴったり合致したことによる。つまり、この学校の設立によって彼が、当時のデンマーク人の精神生活を支配していたドイツ型の神学やラテン型の教育方法にこうしてデンマーク独自の神学や教育方法を実現することを通じてデンマーク人本来の生命と力とをよみがえらせ輝かせる働きをしたことによる。従って、そこには真の意味でのナショナリズム運動があった。こうしてこの国民高等学校こそデンマーク農村社会の基盤と支柱をなす役割を果たした、と言えるのである。それゆえ、この企てには、グルントヴィの信仰的理想と運動の真骨頂が滲み出ていると言ってもよいであろう。(22)

グルントヴィの信仰的運動は、以上のようなさまざまな分野で、当時のデンマーク人の心をとらえ、その心底から強烈に訴えるものをもっていたので、その影響は、国家教会内においても、教育面においても、社会と政治面においても、測り難く大きく、それは、まさに「時代と社会」の全体を動かす力となっていったのである。

当時の国家教会には以上のような三系統の改革的運動が非常な勢いを見せていたのである。

しかしこうした潮流とは別にもう一つ改革を目ざす集団があったことに注目する必要がある。それは国家教会の聖職者たち自身による改革志向の集団である。

注

（1）『青研』二三六―四八頁。
（2）右書二三〇―四頁。
（3）右書二三二頁。
（4）右書二三三四頁。
（5）右書三五九―七八頁。
（6）右書三五六頁。
（7）右書二八〇頁。
（8）（9） 一八三〇年代と四〇年代にＪ・Ｐ・ミュンスター監督が編纂した Visitasbøger『教区訪問調査書』は、この時期にも随分多くの牧師がカント的合理主義を引き継ぎ保持していたことを報告しており、ヘーゲル思想の影響に関しては全く言及していない。
（10）右書二四五頁。
（11）Martin Schwarz Lausten: Danmarks Kirkehistorie.（Kbh. 1987）. S. 209.
（12）P. Saxe: Ibid., S62. M. S. Lausten: Ibid., S. 209ff.
（13）P. G. Lindhardt: Ibid., S. 24–30.
（14）Ibid., S. 28.『青研』二四八頁。
（15）Ibid., S. 29.
（16）Ibid., S. 29–33. P. Saxe: Ibid., S. 61–3. M. S. Lausten: Ibid., S. 209–15.

(17) P. S axe: Ibid., S61. M. S. L austen: Ibid., S. 211.
(18) N. F. S. Grundtvig: Om den sande Christendom og Om Christendommens Sandhed. (Kbh. 1826). 小生この第二版（一八六五）全四三二頁を所有。
(19) Ibid., S. 1-432. これには「あとがき」が付いているので、書物としては四三二頁になっている。
(20)『青研』二五六—六一頁。
(21)(22) 右書二六一—五頁。

第二節 牧師協議会 Convent の意義

十九世紀前半のデンマーク・キリスト教界の事情を知る上で、前述の三つの系統の運動のほかに、もう一つ是非注目さるべきものとして、Convent と呼ばれたいわば牧師の協議会の存在がある。キルケゴールの『哲学的断片後書』や日誌・草稿などに、いくつか見かけるこの Convent とは、元来どういうものだったのだろうか。これについては、N・トゥルストルップが大変詳しく述べているので、以下それに従って説明してみよう。[1]

まずこの Convent という言葉は、ラテン語の Conventus から発している言葉で、これは、元来は、中世の修道院で修道院の設立に関して投票権をもったメンバーのすべてが集まる集会や会議を意味していた。そして時と共に、修道院自体に関するもっと広い意味での問題に関わる集会や会議を意味するようになった。しかし宗教改革後のデンマークにおいては、この言葉は、それとは全く別の意味をもって用いられるようになった。例えば、教会の課題や神学的問題をめぐって、牧師たちが互いに啓発し会ったり、協議したりする比較的自由な集まりになった。

ところで、このような意味での Convent がデンマークで生まれたのは、十九世紀初頭になってからである。これが生まれることになったのは、中世後期以来よく知られていた聖職者会議 Præstekalenter の刷新が必要となったためであり、つまり、それが新しい生命と課題とをもつことにより、それが再生した意味をもつのである。この聖職者会議は、元来は、月の第一日目に集められ、監督たちが監督会議で伝達した報告事項や注意事項を、牧師たちに周知させることが、大方の目的であった。ところが、十八世紀になり、人間関係もより自由なものへと変わってゆくことにより、とりわけ、公的なものの伝達のされ方もより改善されていったことにより、この会議は不要になってしまった。そこで聖職者会議自身の変様が必要になってきた。こうして、それに代って、いくつかのコンヴェントが形成されたのである。その場合、それらコンヴェントは、聖職者会議の場合とは異なって、個々の管区の牧師たちに限定されることなく、より広い地域の牧師たちが集まることによって、形成されたのである。一八三一年五月二十八日、先述したように、勅令によって、「地方議会の設立」が、デンマークにも、導入されることになったが、このことは、それらコンヴェントが、ドイツの牧師協議会 Pastoralkonference の型へと発展するのに、推進力となったようである。

コンヴェントの設立の中でも最も意味深かったのは、一八四二年七月二十一日の「ロスキレ牧師コンヴェント」Roskilde Præstekonvevt と、一八四三年十一月六日の「コペンハーゲン聖職者コンヴェント」Kiøbenhavns geistlige Convent の設立である。前者の主たる目的は、「教会、学校、その他牧師の公務の活動や職責全般に関する事項を論議すること」にあり、後者の目的も、本質的には、前者のそれと同じ内容のものであった(2)。

コンヴェントは、以上のようにして、生まれたのである。

さて、このようなコンヴェントの誕生には、絶対王政下で政治的自由を求めてゆく時代精神が確かに働いていた。それは、国家教会への銘打った反対勢力ではなかったが、その存在そのものは、当局の行政とは別次元で、牧師たちが自らの意見を述べ合い、声明や請願を発するものであった。それは、端的に言うならば、牧師たちのレベルでの、国家教会の改善を目ざす協議体であった。当時コンヴェントが協議したり、改善に成功したりした問題には、例えば、讃美歌集の改編や、聖書主義神学者とグルントヴィ主義者との間の討議や、パプテスト派問題、典礼の問題、教会憲法の問題等々がある。

コンヴェントの性格は、以上のようなものなので、これに対する当局、とくにミュンスター監督の態度は、非常に厳しかった。その一例として、讃美歌集の改編問題がある。当時国家教会内には、一七九八年以来用いられてきた古い讃美歌集"Evangelisk＝christelige Psalmebog"『福音的キリスト教讃美歌集』の更新が、強く望まれていた。そうした時代的要請の中で、一八三七年—三八年に、グルントヴィは、国家教会とは関係なく、あの有名な"Sang-Værk til den danske Kirke"『デンマーク教会のための歌集』（全五巻）を、出版した（それは、約一五〇〇篇の讃美歌で構成されており、その中の可成りの部分は、やはり伝統的な讃美歌を書き替えたものであった）。これは、まさに時代の人々の要請に、応えるものであった。ところが、ミュンスター監督は、これを全く無視する形で、一八四三年、自らの力で、前述の古い讃美歌集に、付録 Tillægをつけるという形で、七十八篇の歌を加えて、「試作本」Prøveとして、新しい讃美歌集を、出版した。そして、一八四五年には、それは公認となった。こうした事態に対して、まずコペンハーゲン協議会が動き、それは、マルテンセン教授やそのグルントヴィを、編集委員に加え、一八四五年に、その付録の部分を廃棄し、新しい讃美歌集を出版することを、提案した。その提案は、ロスキレ協議会の同意するところとなり、同協議会は、その編集委員の一員に加わることになった。こうしてその編集委員会は、新しい試案を、発表したり、それに検討を加えるなどして、一八五五年に、新しい讃美歌集の制定に、こぎつけた。それが、その後一般に用いられることになった『教会ならびに家庭礼拝のための讃美歌集』"Psalmebog til Kirke＝og Husandagt"である。それに収められた歌は、全部で、八一六篇あり、その約七分の一は、グルントヴィの歌集からのものであった。これは一例であるが、コンヴェントの性格と意義を、実によく示すものである。そのため、ミュンスター監督は、コンヴェントに対しては、決定的な反対者として、立ち向かっていた。彼が、コンヴェントに、激しく対立したのには、更に重要な理由が、働いていた。それは、彼が、コンヴェントの設立のうちに、それら自らをして、いわばシノドス型（教会会議型）の教会憲法のための基礎たらしめてゆく性向を、懸念したがためであった。

他方、キルケゴールは、このコンヴェントの動きには、注目し、直ちに控え目な姿勢をとっていた。それについて

は後述しよう。(3)

十九世紀前半デンマークの国家教会内では以上述べたような四つの改革的勢力の出現があり、それらはそれぞれ目ざすものは異にしていたとはいえ、やがてそれらは国家教会を根本から変革してやまないような強力な一つの「力」となっていった。そしてそれらはやがてある一つの決着点へと到達することになった。

注

（1） N. Thulstrup: K. og Kirken i Danmark. (Kbh, 1985). S. 207–16

（2） Ibid., S. 208.

（3） Ibid., S. 208–13. S. V. VII. S. 468ff. Pap. X^2A273, 280, 286, XI^1A47, XI^3B164.

第六章　政治的局面での決着——「国家教会」から「国民教会」への移行

前章で述べたあの改革的勢力の運動は日に日に勢いを増してゆき一つの「力」と化し、時代の最先端を行く国民自由主義運動とも歩調を合わせて遂にある一つの決着点に到達した。それは言うまでもなく「絶対王政の廃止と自由憲法の施行」であった。しかしそれは『青研』で述べたように、外の国々には類例を見ないような平和裡に行われた。こうしてその自由憲法の規定のもとに、「国家教会」Statskirke は「国民教会」Folkekirke へと移行することになった。しかしこの件で是非注目されなければならない点は、その出来事はあくまで「政治的レベルでの決着」に過ぎないことで、それら諸勢力がそれぞれ提起していた信仰上の諸問題は何の解決も見たわけではなく、ましてそれら諸問題が共通に指示していた「教会の根本問題」は全く触れられないままで、そのまま存続することになったわけである。

そこで本章では、その辺の事情を少しく考察してみることにしたいと思う。

第一節　自由憲法（一八四九年六月五日施行）の草案作成過程で起こった「教会条項」をめぐる激論

一八四八年三月二十一日国王フレゼリック七世の国王としての絶対権の行使によって決断され命令された「絶対王政の廃止」、そして一八四九年六月五日「自由憲法の施行」によっていままでの政治体制のすべてが変った。そして教会もこれから先はこの憲法の規定のもとに存在してゆくことになる。

この自由憲法のもとでは教会はある一つの省庁によって管轄されることになる。その任にあたったのが「文化省」Kulturministeriet であった。この文化省は教会のみならず諸学校をも管轄した。その場合当然その責任者は「文化大臣」ということになる。しかしその際教会にとって非常に幸いだったことは、その初代の文化大臣は、神学者であるとともにその自由憲法そのものの主筆になったD・G・モンラーズ D. G. Monrad（1811–87）だったことである。これだけ見てもこのような新しい条件下においても教会がどんなに大事にそして有利にその存在が保障される可能性をもっていたかは充分推測され得るであろう。

ところで、教会の新しい在り方は、その憲法の中の第三条「国民教会」Folkekirke の規定と第八十一条から第八十四条までの「信教の自由」Religionsfrihed に関する規定に基づいている。しかしこれらの条文が出来上がるまでには、そのための準備委員会や憲法制定議会等を通じて実に激しい議論や闘いがあったのである。そこで次にその条文が出来上がるまでの成立過程とその条文の内容とについて紹介してみよう。(1)

まずその草案作成のために設けられた準備委員会や憲法制定議会に委員及至代表として臨む面々の思想的色分けは大体次のようなものであった。

まずこの自由憲法草案作成の主筆は、最初の文化大臣であり神学者であったD・G・モンラーズが当たった。彼は、大学では美学と言語学を学んだが、ヘーゲル哲学にひかれ、同時に自由主義神学にもひかれ、国家と教会に関する見解においては非常にヘーゲル的であったが、神学に関しては多くの点でH・N・クラウセン（＝代表的な合理主義神学者）と共通の見解をもつようになり、神学教授としての道を歩んでいた。このような経歴からも分かるように、彼は、あの覚醒者たちやグルントヴィ派には相容れない考えをもっており、しかし同時に保守的なJ・P・ミュンスター監督やそれを支持する牧師層にも反対の立場にあり、彼は政治的には「自由主義」の立場であった。彼が旧内閣廃止後直ちに新内閣（これもその時国王によって任命され、自由憲法の作成と施行の準備にあたった）の文化大臣に就任したことは「信教の自由」（＝国家からの教会の独立と国民個々の信仰の自由）が実現される前ぶれのようなものであった。それというのも彼はこの件の規定を作成する準備委員会をつくるための腹案をもっていたことがよく知られていたからである。こうして彼はその準備委員会設立の準備とその規定の草案の準備とに入ったのである。こうして新政治の気運はこの方向へと動き出していた(2)。

ところが、事態はすんなりとは進んでゆかなかった。それというのも、旧国家教会の二人の大立物（グルントヴィとミュンスター）の間にそれをめぐる意見の決定的な対立があったからである。

グルントヴィが今回の改革的運動の中でどんな位置にあったかは既に述べた通りであるが、彼の本来の主張はあくまで「イエスとの関係」という信仰的根拠に関するものにあった。そのため、合理主義者であり自由主義者であるH・N・クラウセンとは激しく対立する仲にあった。それゆえ、これらの人々がシュライエルマッヘル的立場から教会の自由と独立をとなえても、そのような政治的レベルでの「信教の自由」の問題には関心を示していなかった。しかしあの改革的運動も最終段階に至り、更に目下のような時点になると、あの覚醒派もそしてグルントヴィ派も自分たちの信仰的主張を実現するためには「信教の自由」が法律で保障されることが必要条件であることをと篤と知るようになり、こうして「信教の自由」を積極的に主張するようになったのである。

これに対して、その「信教の自由」に真向から反対の立場をとっていたのがミュンスター監督と彼を支持する保守的な牧師たちの層であった。ミュンスター監督の国家教会内の地位からすればこの立場が意味する比重は非常に大きいと言わなければならない。それにシェラン監督としての後継者に目されていたH・L・マルテンセンもこの立場であった。(3) しかしこの立場に関しては誰の目にも明らかに滑稽でもあれば悲劇的でもあるものがミュンスターに見られたことである。それは何よりも、まず、ミュンスターは、余りにも老化していたためか、現在進行している事柄の歴史的意味がよく理解できなかったことであり、従って、新時代においても、国家教会が殆んどそのままの形で存続すると信じ、それを主張し続けたことであり(4)、次に彼は、彼の神学が本質的にはその「信教の自由」に対立すべき何ものも含んでいないのに、対立するものを考えていたことであり(5)、更にもう一つは、彼は多くの人々が彼自身を「消え去り行く時代の廃墟」と見ていることをよく承知していたので、彼は自らの反対行動を積極的には打ち出せずにいたことである。(6)

自由憲法で決められる筈の「信教の自由」をめぐる考え方の色分けは一応以上のような三つになっていた。

そこから推量され得るように、これに関する条文が出来上がるまでの経過は決して滑かなものではなかった。

この作業で中心的な役割を演じたのは、D・G・モンラーズであった。彼はその草案作成のために準備委員会を設立することを意図し、それに関しては前以て監督たちや牧師たちの意見を知っておこうとして、彼らに回状を送り、回答を求めたのである。しかしそのことによって、こんなことが分かってきた。まず「信教の自由」ということとそのことに関しては殆んど著しい反対意見はなかったということ。しかし問題となったのは、その準備委員会の委員の選出に関してであり、つまり、どんな人物が教会側から選出さるべきか、また誰がどのような仕方でそのような人物を選出すべきなのか、という点であった。そしてこれには余りにも大きな難題が含まれていることが分かった。そこでモンラーズは、その準備委員会の設立とそこでの討議に関する計画の一切を見合わせなければならなくなり、その草案の作成は自分自身の手で行わなければならなくなった。(7)

こうして実際にこの「信教の自由」に関する条項の草案は、この自由憲法そのものの主筆になっていたD・G・モンラーズがその作成にあたった。それの最初の原案はかなり分量が多く、それらはH. Koch & B Kornerup: Den Danske Kirkes Historie. VI. (Kbh. 1954). S. 361. に見ることができる。モンラーズはこの草案をやがて開かれることになる「憲法制定議会」Den grundlovgivende Forsamling での討議にかけて、そこで最終の決定をする積りであった。

ところが、その「憲法制定議会」では、この草案をめぐる議論は紛糾し、大荒れに荒れてしまったのである。その理由は、この草案の作成者モンラーズがその作成に当たってその支柱となした彼の確固とした信念のようなものであった「二つの原則」がその場に出席していた教会代表の代議員やその他の人々の目には明らかに相矛盾するものと映ったことによる。そしてしかも国家教会を代表していた二人の大立物J・P・ミュンスター監督とN・F・S・グルントヴィがその草案に署名することを拒んだことによる。その「二つの原則」とは、一つは、「国家による教会保護」に関するものであり、もう一つは、「信教の自由」そのものに関するものである。

その前者の原則はやがて「憲法第三条」現行では第四条になるものであるが、それはこうである。

「福音主義ルター教会はデンマークの国民教会den danske Folkekirkeであり、そのようなものとして国家によって保護されるものとする。」

後者の原則はやがて、「憲法第八十一条—四条」（現行では第六十七条）になるものであるが、それはこうである。

「市民は誰もが自らの信念に一致した仕方で神を礼拝するために社会の中で結集する権利を持つ。…誰も個人として自らの宗教行事とは別の宗教行事に寄付する義務はもたない。…誰もソノ保持する信仰の理由で市民としての権利や政治的権利の完全な享受のための手段を奪われることはできない。」

「二つの原則」とはこのようなものであった。

これらについての討議では、この後者の「信教の自由」そのものについては殆んど反対らしい反対はなく、非常にすんなりと承認が得られた(8)。

ところが、前者の「国家による教会保護」の原則に関しては、代議員それぞれの立場からさまざまの意見反論が続出した。それらの中でもとくに問題となった点は、この原則はあの後者の原則と相矛盾するというものであった。しかも討議が紛糾したのは、肝心の国家教会を代表していた二人の大立物ミュンスターとグルントヴィがその憲法草案に署名することを欲しなかった点にある。二人は思想的立場が正反対であるにも拘らずである。

保守的な考え方の象徴とも言えたJ・P・ミュンスター監督は、この時点に至ってもまだ自由主義者たちやその政治に信頼というものがもてないためか、依然として「国家教会」の概念に執着しており、それをほんの少しだけ手直しした程度の堅固で安定した「国立教会」(或いは、官立教会) Embedskirke のようなものを主張してやまなかった。しかしこのようなわけで彼の場合は、その二つの原則が相矛盾するという問題点に関しては余り関心を示さず、従って、その問題の討議と解決には全く無力であった。(9)

他方「信教の自由」に関してはその推進に誰よりも一番熱心であったグルントヴィは、この問題に関して大きな矛盾の中に立たされることになった。元来彼は、この「信教の自由」の原則は同憲法の他の部分、条項にも大きく影響を与えることになる実に重要なものなので、それは堅固なものとして作らなければならない、と考えていた。つまり、彼は、いままでなら「刑法」の枠内にしか入らなかったようなその「信教の自由」の問題は、つまり、「信教のゆえに自由に結集する信者たちの集団」は、新しい国家権力のもとでは、すべて同一の条件のもとで保護さるべきである、と考えたのである。ところが、この憲法の全体はそのようには作られていなかった。この憲法は、前述の最初の方の原則では、旧ルター教会だけが「国民教会」として規定され、これだけが国家の保護を受けることになっていたからである。

しかし多くの代議員たちが共通に問題とした点は、前者の原則と後者の原則とが原理的に矛盾しているのではないかという点であった。それは、後者の原則においては「信教の自由」が国民一人びとりに完全に平等に認められ保障されておりながら、前者の原理においては旧国家教会の中身である「福音主義ルター教会」だけが「国民教会」という名前を冠せられることによって「国家による保護」を与えられるということのことの矛盾であった。しかしこのような「条文上の矛盾」の背後には何ぴとも動かすことのできない厳然たる「現実的事実」が二つあり、これが「条文上の矛盾」となって現われざるを得なかったようである。一つは、絶対王政下では、教会は、既に述べたように、『王法』と『デンマーク法』の規定のもとにあり、そのすべてが国王個人の財産（その意味では国王の私有財産）だったことである。それゆえ、自由憲法では何よりもまずこの点が改正される必要があった。ところが、自由憲法は私有財産権容認の上に成り立っていたことによる。もう一つは、国民の中には、絶対王政の廃止後も、国家教会の中身であった「福音主義的ルター教会」から退出するような気配は全く見られず、同教会での在籍はそのまま続けられたことによる。つまり、全国民の百パーセント近い人々が依然として在籍を続ける様相を呈していたことによる。このような二つの「現実」がそのような相矛盾する「二つの原則」となって現われざるを得なかったようである。

以上のような次第でこの「憲法制定議会」は、この問題について実に長時間にわたる喧々囂々の何とも激しい怒鳴り合いまで伴った議論が続き、しかも意見の一致を見ることができなかった。

そこで結局は、その問題の解決に関する一切のことが、この憲法の主筆であり目下の条項の草案作成者である当のD・G・モンラーズの採量に期待されることになった。彼はこれまでの議論の経過を通じて目下の問題に関しては問題点が二つあることを知り、その二つをそれぞれ次のようにして解決することを提案した。

一つは、「福音主義的ルター教会」という言葉が実に曖昧な理解と解釈で使われているので、その意味を明確にするためにこの憲法の注の所で「この言葉は、三つの古代教会の信仰告白、アウグスブルク信仰告白、そしてルターの小カテキズムの上に建ことを意味する」という文言を付けること。

もう一つは、これ以上に曖昧なのは「国民教会」Folkekirkeという概念なので、といのは、この言葉は従来の「国家教会」Statskirkeという言葉に代って急にとび出してきて、実際にはこのような教会はどのような根拠に基づいてどのように管理運営され、また国家はどんな法規に従ってこの教会を保護しなければならないのか等々のことが全く曖昧なので、しかもこれは大問題なので、「この問題に関しては、この憲法に並行して別途に新しい教会憲法が作られ、その中で答えらるべきである」ということ。そしてこの教会憲法のための最高権威機関は「教会議会」Synode となるべきで、これには牧師たちと教会員たちとが代議員として招集さるべきであるというのであった。

このような二つの提案であったが、ここでもこの後者の提案を議員たちはとても納得できず激しい議論が長時間の罵り合いと怒号のもとに延々と続いた。そこで「憲法制定議会」はとうとう意見の一致を見ることを諦め、その代りに、次の言葉を「第八十条」に入れることで辛うじての同意を得ることができ、その議論を収束することができた。その文言はこうである。「国民教会のための教会憲法は法律によって定められるものとする。」

このようにして、この会議では、D・G・モンラーズが提示した「教会条項」の原則も憲法上の文言としては認められることになり、その代わりその詳細な規定はこの「憲法」と並行して新たに作られる「教会憲法」Kirkeforfatning の中に盛り込まれることになった。

「国家教会」が新しい「自由憲法」のもとで「国民教会」として認められるための法律上の規定についての議論は以上のような経過を辿って決着することになったのである。

注

（1）（2） H. Koch og B. Kornerup: Ibid. Bd. VI. S. 360ff.

（3） Ibid., VII. S. 15

（4） Ebbe Kløvedal Reich: Drag ind ad disse porte.（Kbh. 1996）. S. 199–201.

（5） 『青研』二七五頁。

（6） 右書二八六頁。

（7） H. Koch og B. Kornerup: Ibid. VI. S. 360.

（8） E. K. Reich: Ibid., S. 199.

（9） Ibid., S. 201.

第二節　「国家教会」から「国民教会」への移行

この自由憲法の草案はこのようにして主筆D・G・モンラーズの責任において作成され、結局一八四九年六月五日に施行されることになった。

言うまでもなく、この憲法はデンマーク国民に近代市民社会の市民としての権利を保障するものであるが、ここでやはり注目さるべきは、この自由憲法がデンマーク教会史上にもっている意義についてである。その「第三条」になった「教会条項」、すなわち、

「福音主義ルター教会はデンマークの国民教会 den danske Folkekirke であり、そのようなものとして国家によって保護されるものとする。」

という僅か二行程の条文のもつ意義は特筆大書さるべきものと言える。というのは、この条文は、一六六五年以来一八〇年以上も続いてきて「デンマーク王国」の体制と骨格とをなしてきた「国家教会」Statskirke がその地位も性格も廃して「民衆の教会」としての「国民教会」Folkekirke へと移行した旨を訴えているからである。ここにいう Folk という言葉は、ドイツ語の Volk と同じ意味の言葉であり、それは国民、民族を意味するとともに、民衆、人々を意味する。しかし日常では、それは、民衆、人々を意味して使うことが常習になっている。しかしそれは元来は「一定の地域」に住まう一般の民衆、人々を指しており、このことが、国民、民族という意味と重なっているわけである。

ところで、この「移行」が意味するものは極めて重大である。というのは、それは、「教会」が最早「国家機能」ではなくなって、それ自体としては「国家」とは関係をもたない独立的存在になったこと、つまり、「民衆の教会」「国民の教会」になったことを意味する。しかも「第八十一条」以下のところで、この「国民教会」への所属や退出

は、国民各自の自由として、つまり、「信教の自由」として保障されているのである。このようにこの新しい「国民教会」は「国家機能」あるいは「政治機能」としての性格を全く持たなくなったわけである。

このような意味をもった「移行」とはいえ、次の二つの事は特記さるべきであろう。

一つは、既に述べたような「国家による国民教会の保護」の問題である。これは既に述べたような「現実」、つまり、そのような「信教の自由」が認められても実際には人々がその「ルター教会」から退出する気配は全く認められなかったので、つまり、国民はそのまま「ルター教会」に所属し続ける気配だったので、国家は当然にそれを保護するという関係をとったのである。このことは今日に至るも続いており、今日においても全人口の約九〇パーセント弱が依然として同教会に所属している。

もう一つは、あのようにすっきりした形で「信教の自由」が市民一人びとりに保障されたわけであるが、一人だけそれが認められなかった人物がいた。それは「国王」であり、国王だけはその自由を享受することができず今日にまで至っている。その件は「第六条」に次のように規定されているのである。

「国王は福音主義ルター教会に所属するものとする。」

この「移行」にはこのような二つの事が伴われたのである。

とにかく「国家教会」から「国民教会」への移行はこのようにして行われた。この出来事は一八〇年以上も続いてきた国家体制が廃棄されたのであるから歴史的な大事件であることは言うまでもない。しかしこれをもっと深いキリスト教の根本問題という観点から考えてみるときに、この出来事はあの改革的諸勢力が提起していた本来の問題に対しては答えることなく、それをただ「政治的レベル」での決着を斉ませたにすぎないことが分かるのである。なぜなら、彼らが「信教の自由」を獲得したことは、彼らが自分たちが提起している問題を国家からの拘束を受けずに「自由」に取り組むことのできる社会的条件を手にしたまでのことであり、それらの問題はそのまま彼らの手に預けられたことを意味するからである。つまり、彼らが提起していた「根本問題」はそのまま残ったわけである。その根本問題とは、あの「合理主義神学」が追究してやまなかった「キリスト教の真理」の認識の問題、「覚醒者」が目ざした「真のキリスト教」の獲得の問題、そして「グルントヴィ」が追求し続けた「真のキリスト教とキリスト教の真理」の実現の問題とである。すなわち、これらの根本問題は、あの「政治的決着」後も、依然として残り、これこそがそれらの人々の「課題」となったわけである。

しかしこの件で当然注目さるべきことは、前述のようにして生まれた「国民教会」も、実質的には、「国家教会」が保持していた「国家的機能」という性格を廃棄したまでであり、改革的諸勢力が指摘していた根本問題は依然として潜在させたままの組織体であり続けているという点である。従って、この問題こそ次にクローズ・アップさせられ、問題化の対象とならざるを得ない運命にあったと言えるのである。しかしその「問題」はいわゆる理論的問題として学問的抽象的に取り挙げられる性格のものというよりも、むしろこの「問題」こそが国家教会の根本問題として全面化し根源的に取りあげられる必要があった。それには「イデー」にまで透明化された「真のキリスト教」を掲げてその問題点の核心を指摘する必要があった。

この作業を、「新約聖書のキリスト教」を掲げて遂行したのが、S・キルケゴールであった。

総括　デンマーク教会史におけるS・キルケゴールの位置づけ

デンマーク教会史における十九世紀前半は、以上述べてきたように、ルターの宗教改革期にも匹敵するような大激動の半世紀であった。それは、外的―形式的には、「国家教会から国民教会への移行」となって現われたが、それが意味するものは、既に述べたように、V・アムンセンの言葉によると、「教会」が「寺院型」ならびに「覚醒型」の時期を経た後に、「自由型」の時期へと入っていった時期を意味している。そしてそこでは実質的には、P・G・リンハートが言ったように、「教会と国民との関係が全く新しい関係になってゆく」ことが始まっていたのである。そしてその大激動を推進していたものとして二つのことが注目された。一つは、時代の中に澎湃として起こった「三系統の改革的勢力の運動」と牧師層の改革勢力としての「コンベント」の動きであった。もう一つは、それら改革的諸勢力が、しかしとりわけ「三系統の改革的諸勢力」が掲げていた共通の課題である。その課題とは、グルントヴィが著作の標題に掲げることによって象徴されたもの、つまり、「真のキリスト教とキリスト教の真理」であった。とにかく、このような二点がデンマーク教会史における「十九世紀前半」を意味するものだったのである。

ところで、デンマーク教会史における「十九世紀前半」をこのように性格づけてみるとき、これとの関連で、キルケゴールの教会闘争や教会攻撃が意味していたものが非常にはっきりしてくる。

まず最初の点である「改革的諸勢力」との関連で言うならば、キルケゴールの位置は次のように明確になる。すなわち、「コンベント」との関係は全くないのでここでは問わないことにし、あの「三系統の改革的諸勢力」との関連で言うならば、その各々の内実を次のように整理してみるとき、キルケゴールの位置は非常にはっきりしてくる。まずそれら運動の内実を整理することから始めよう。それらはこうなる。

1 時代の啓蒙主義、合理主義、自由主義の影響をうけて、神学者、牧師、大学関係者、その他知識層を中心にして形成されている「合理主義神学派」

2 十八世紀の敬虔主義の流れをくみ、個人の信仰の内面性、内面的覚醒を主張する、農民階級、職人階級、その他庶民階層を基盤にして形成されている「覚醒派」

3 キリスト教会発生の根源に帰り、神との「生ける言葉」との根源的関係に目覚めて、聖書の「死せる文字」の上に立って死体のようになっている既存の国家教会を根本から改革し、同時に北欧ナショナリズム精神の発揚を目ざす「グルントヴィならびにグルントヴィ派」

改革的諸勢力の系統は一応このように整理することができる。

そこでこれらに対するキルケゴールの関係はどうだったのかという問題になってくるが、「デンマーク教会史」に関する基本的な文献と言えるものを十冊程度選び出してキルケゴールの「位置づけ」がどのように記述されているかを検討してみるとき、意外にもそれら文献の中では殆んど同じような記述のされ方がしているのを目にする。いま「意外にも」と言ったのは、キルケゴールは生前も死後も誤解に誤解を重ねられて今日に至っているが、その「位置づけ」に関する限りは、それら立場の異なる諸文献においてとはいえ、殆んど同じ仕方において、しかもキルケゴール自身が自任していたような仕方において、命名され「席」を与えられているからである。すなわち、殆んどすべての文献は、キルケゴールを、彼が自称したように、「単独者」あるいは「例外的な一者」den Enkelte, en Ener として、それら改革的諸勢力とは別の席に、多くの場合「グルントヴィとグルントヴィ派」の章や節の次の章や節に、

「位置づけ」ているのである。つまり、キルケゴールは、彼自身が自らを「位置づけ」たのと全く同じ仕方で、後世の教会史家たちも「位置づけ」たのである。(1)

デンマーク教会史家たちによる彼の「位置づけ」はこのようになっているので、このことは充分認められてよいと思う。

さて、最初の点との関連がこのように述べられるとするならば、二番目の点、つまり、「課題」との関連におけるキルケゴールの意味はますますはっきりしてくる。すなわち、キルケゴールは、あの「課題」(＝真のキリスト教とキリスト教の真理を求めるという課題)においては、それを言葉で表現する限りは、彼らと共通のものをもっていた。しかしキルケゴールは、それとはあくまで「単独者」「一者」として取り組んだので、それら知識人の集団や農民的集団やいわゆる国民大衆の集団の場合とは比較にならない程の深さと厳密性において、時代の誰よりも深い構造で取り組んだと言うことができる。つまり、キルケゴールはこの「真のキリスト教とキリスト教の真理の探究」という課題を、わが身一身に引き受け、その「天才性」と「底知れない精神の深み」において誰よりも真摯にそして誰よりも深い構造で検証したのである。その場合彼はそのことの解答を結局そのような天才的で深い彼自身の「精神の営み」を通じて、つまり、彼自身の「精神史」を通じて獲得し提示することになったわけである。こうして彼が得たものは「新約聖書のキリスト教の真理」と呼んだものであった。そしてその彼の「精神史」の帰結が彼の生涯最後の時期に行われた「教会攻撃」であった。これは正に「福音の真理」の証しだったのである。それゆえ、彼が「教会攻撃」のさ中に倒れ、フレゼリグス病院で死をむかえることになったとき、見舞に訪れた親友エミール・ベーセンに言った次の言葉は、自分の生涯をくくるに最も相応しい言葉であった。彼はこう言った。「きみは、ぼくが、キリスト教を、その最も奥から見たのだという点に、注目してほしいね。(2)」

彼の行動は確かに「単独者」「一者」としてのそれであった。にも拘らず、その行動は「時代」との関連では、決定的な「象徴性」をもっていた。キルケゴールの「教会攻撃」後の時期、つまり、彼の死後の時期からの視角による

「位置づけ」について一言すると、デンマークの教会史は、ミュンスター監督の死とマルテンセン監督の新任の年となった一八五四年、ならびに、その年の十二月から翌年九月まで行われたキルケゴールの「教会攻撃」の時期を念頭に置いて、その辺に新しい時期区分の境界線を設定している。それは、その辺を境いに、旧い時代は完全に終り、新しい時代が始まったことが誰の目にも明らかに映ってくるからである。その「新しい時代」というのは、新しい自由憲法のもと「信教の自由」がいよいよ実現の途に就き、国民教会内では、分裂と分派の時代に入ったことが主たる内実をなしている。いままで述べてきたところから知られるように、この時代までは、徐々に進んできた分裂分派傾向は、この時点になると、しかも、P・G・リンハートの言葉を借りるなら、キルケゴールの「教会攻撃」は「時代の号砲」のようなものとなって、分裂各派の「分極化傾向」は、いやが上にも急速に進んでいったのである[3]。

しかしその分派分裂の模様はさまざまな形をとって行われたが、更に分裂したものが一層細かく分かれ、しかもその細分化されたものが他の系統の分裂したものと一緒になるなどして実に錯綜していった。

まず注目を引くのは、国民教会内で、同じ「福音主義ルター教会の信仰」を掲げて、当局とは別に、志を同じくする同信の友同士が自分たちの教団や自分たちの新しい自由教会を設立する運動を実に活発に起こしていった事実である。それは大きく分けるなら五つ位いの流れに分かれ、その中のいくつかはそれぞれ更にいくつもに分かれていった。しかし更に注目されるのは、それら国民教会そのものとは全く異なった他のキリスト教会による「自由教会」設立の現象である。これは実に多様であった。

そこで以上の全体の分裂現象を約十年間にわたって観察してみるとき、それは次のような系統の分布になっていることを知る。

1 「ミュンスター路線」en mynsterske linie あるいは「ミュンスター――マルテンセン路線」den mynster-martensenske linie と呼ばれる牧師と信者の集団。これはミュンスター監督とマルテンセン監督の神学や方針にそのまま従っている上流階級や知識階級の集団。これは意図的に分裂したわけではないが、いま述べた分裂現象の中で必然的に他の諸分派に並列する一分派になってしまったことによる。

2　「選択教会」Valgmenighed 志向の集団。これはキルケゴールの兄のペーダー・クリスチアン・キルケゴールが議会に提出した法案に基づくもので、彼はオルボー地区の監督であるとともに一八六七年と六八年には文化大臣にもなったが、この法案は、二十世帯以上の同信の世帯が集まるなら、自分たちの教会を自由に建てることができ、その教会の牧師も自分たちで選ぶことができ、しかもその教会も牧師も国民教会のそれとして認められる、というものである。この集団は、国民教会内の自由教会派と言ってよく、この制度は今日も存続している。

3　「グルントヴィ派」の登場。グルントヴィ派は、一八四〇年代には「覚醒派」をも吸収したが、この五〇年代になるといよいよ勢力を増し、いまや「国民教会内」では、「ミュンスター―マルテンセン路線」に従う集団と堂々対抗し得る一つの「派」にまで成長した。そしてこの派が真の意味において「国民―教会的路線」を確立したのは、一八六一年であった。しかし実に皮肉なことにキルケゴールの教会攻撃の出来事は、キルケゴールが最も嫌った人物グルントヴィとその派を最も活気づけることになってしまった。つまり、その出来事は、グルントヴィ主義者や及び覚醒者たちをいやが上にも勇気づけ、ただ言葉の上だけの「国民教会」の中にあって、それを名実共なる「国民の教会」たらしむべく「庶民階級の主体」として立ち上がることを促したのである。しかしこのグルントヴィ派は勢力を増せば増す程細かく分裂して行った。

4　「インドゥレ・ミッション」(国内伝道連合)。グルントヴィ派はさまざまに分裂していったが、その中から派生したものの中で最も大きなものはこのインドゥレ・ミッション Kristelig Forening for Indre Mission であった。既に述べたように、グルントヴィ派は一八四〇年代には「覚醒者たち」を吸収したが、それらの中の何人かの熱心な平信徒たちと少数の牧師たちはグルントヴィ主義の信仰とは相容れず、結局一八五三年その派を離れ、純粋の福音主義のルター的信仰に基づき自らの信仰集団をつくり始めた。そして一八六一年には完全にその集団を結成した。このインドゥレ・ミッションは本来の信仰的覚醒を目ざした平信徒を中心にした運動だったので、その熱意と活力とにより忽ちにして全デンマークに伝播してゆき、一種の国民的規模の信仰的覚醒運動になり、その勢力はグルントヴィ派と充分対抗できるまでに成長した。P・G／リンハートの研究によると、この派の生成にはキルケゴールが大きな動機づけとして働いているという。(4) しかしキルケゴール自身の方からすればこれとは全く関わりはなかったが。むしろこの派の存在は、十八世紀の敬虔主義—十九世紀前半の覚醒者たち—同後半以降のインドゥレ・ミッションという線で考えらるべきであろう。

5 「国民教会外」の立場での「自由教会」の設立。これは「国民教会」とは全く別の諸外国の教派のデンマークへの進出による「自由教会」の設立である。これにはメソジスト教会、バプテスト教会その他実にさまざまの新教諸派のそれぞれの教会の設立が見られ、ここにも自由憲法の「信教の自由」条項による保障と合わせて、キルケゴールの「教会攻撃」という大事件の著しい影響を見るのである。

一八五五年以降の時期を約十年間だけに限って見ても、それはキルケゴールの意志や意図とは全く関わりがないにも拘らず、彼の教会攻撃の出来事は、一種の時代のシグナルのようになって、以上述べたような分裂分派の運動が展開されたわけである。そしてデンマーク教会史学者たちは、この視角からも、キルケゴールを、それらの分裂現象そのものとは何ら直接的な関わりをもたない「単独者」あるいは「一者」として「位置づけ」ているのである。

以上述べてきたところから明らかなように、キルケゴールは、生前と死後といういずれの視角からも、デンマーク教会史学者たちによっては、その同時期の諸勢力や諸運動とは何の関わりももたない「単独者」あるいは「一者」として「位置づけ」られ、彼は正にその故にこそ、あの「課題」との取り組みにおいて、その「天才性」と「精神性」とを底知れぬ深さにおいて発揮することになったのである。

注

（1） Martin Schwarz Lausten: Danmarks Kirkehistorie. (Kbh. 1987). S. 244–7.

（2） C. Koch: S. K. og Emil Boesen. (Kbh. 1901). S. 37.
（3） P. G. Lindhardt: Ibid., S. 68–76.
（4） Ibid., S. 69ff.

第二部　教会闘争へと至る個人的内面的要因

彼が仕えたのはキリスト教そのものに対してであった。彼の生涯は、その幼少の頃から異様なまでに、そのことのために設計されていた。そのようにして彼は、キリスト教を、キリスト者と成ることを、徹頭徹尾反省の中に設定するという反省の行為を成就したのである。

(S. V. XIII. S. 623ff.)

序

キルケゴールの教会闘争が先に述べたような同時代のデンマーク教会の状況と深い関係にあったことは言うまでもないことであるが、しかしその原因をただそのような外的契機にだけ求めることはできない。むしろ有力な原因というものを探ってゆくならば、それとは全く別のもっと深い領域としての彼自身の個人的内面的素因とでも言うような問題領域に突き当たる。この問題に関しては多くの研究者たちが、とりわけ、あの内省心理学的方法が出現して以来その影響を直接間接に受けた研究者たちが何らかの形で触れてきて、しかもある一つの成果を挙げてきたことはれっきとした事実である。その場合彼らがその原因として共通に目を向けたのはキルケゴールの「憂鬱」Tungsind という心理状態であり、教会闘争をこの病状の現われとして解釈する見解を産み出したことである。その際極めてユニークな見解を述べたJ・ホーレンベアさえ、基本的にはこの「憂鬱」に重点を置いていたことにはかわりなかった。そしてそのような解釈が一時は一般的にさえなっていた。しかし私には、それはどうしても受け容れ難いものであった。というのは、成る程その見解や解釈はキルケゴールの著作や日誌等々の記述との関連である程度の説明にはなっているとしても、確固とした学問的説得力という点から検討するならば、やはり何か一つ力不足の感が否めなかった。なぜなら、果してあのような「巨大な行為」が、つまり、それ自体巨大なスケールと巨大なエネルギーとそして巨大な意味とを投じたあの「行為」がただ「憂鬱」という心理状態のせいだけとなす見解にはどうしても納得がゆかなかったからである。そこには何かもっとポジティブな要因が働いていたのではないのか、そんな疑問を抑えることはできなかったからである。

ところが、私は、そのような疑問に真向から答えてくれる一連の論文と一冊の著作とに出会うことができた。それらは、G・マランチューク、W・V・クローデン、N・トゥルストルップ等によるもので、それらは「憂鬱」というネガティブな概念をはるかに上まわる真に強力なポジティブな概念を提示してくれた。[1] それは、前者の概念とだけ比較しただけでもはるかに深く強力な説得力をもっていた。しかし私が非常に感銘したのは、ただそれだけではなく、むしろそれらの見解を受け容れるならば、それを契機にそこから全く新しい視界が開かれてきて、そこにはその人たちさえ言及しなかった一つの決定的な概念が想定されるのをおぼえるようになった点である。それは、キルケゴールが、何にも先立って「祈り」の世界に生きていたという極めて厳粛な事実を知らされた点である。そしてこの「祈り」こそがこの教会闘争そのものを推進してゆくエネルギーの源泉、根源的エネルギーであることを知らされたことである。

このようなことから、この「教会闘争」へと通じてゆくキルケゴールの個人的内面的要因をなしていたと考えられるものを、私は、それらの研究者の成果を参考に、一応次の三つのものと考え、その各々を以下検討してみることにした。1父ミカエルによる教育、2「肉中の刺」、3「祈り」の三つである。

注

(1) G. Malantschuk: Pælen i Kødet hos S. K. (1940) (Frihed og Eksistens. 1980. S. 11–9), S. Ks Angreb paa Kirken (S. Ks Kamp mod Kirken. 1956. S. 7–40), W. V. Klodens artikel om faderen i Bibliotheca K. vol. 12, N. Thulstrup: K. og Kirken i Danmark. (Kbh. 1985). S. 268–73.

第一章　父ミカエルによる教育

教会闘争に通じてゆくキルケゴールの個人的内面的要因の第一のものが「父ミカエルによる教育」にあったとなす見方は、G・マランチューク、V・クレステンセン、W・V・クローデン、N・トゥルストルップが等しく主張するところである。そしてこのことは、かなりはっきりと、キルケゴールの著作や日誌記述、近親者たちの想い出記、友人たちの書簡や会話のことば等々からも知り得ることである。そして私自身もいままでそれらの第一資料やそれに従属する資料を精査してきて充分認知し得たことは『青研』が示している通りである。しかしこの件では、その作業の際もそうであったが、今回も痛切に感じた一事があったのである。それは、殆んどの研究者が、「父ミカエル」が抱いていた「教育」Opdragelseという概念の意味を深く理解することなく、ただそこで展開されていた現象だけを報告しているという点であった。しかし今回の作業でつくづく分かったことは、その父ミカエルがこの「教育」という言葉で意味していた事柄には実にはっきりした秩序があり、この秩序に基づいてその教育を展開していたことである。それゆえ、今回本章では、その「秩序」に従って父ミカエルの教育の内容を整理してみることにしたわけである。それというもの、正にそのことによって息子セーレンの個人的内面的要因が非常にはっきりしてくるように考えられるからである。そこでその教育の内容をその秩序に従って整理してみると次のようになる。

まず第一に、父ミカエルには「祈り」があったこと、これが先行的な基本前提をなしていたことである。第二に、彼が息子に為した教育の悉くはこの「祈り」に基づいて「徹底した計画」のもとでなされたことである。第三に、その「祈り」とそれに基づく「教育」にははっきりとした「目標」があったこと、その「目標」とは、息子セーレンを「神への献身へと決意させること」であった。

これが父ミカエルにおける「教育」という概念が意味していたことの内容であり、秩序であった。以下この順序でその内容を検討してみよう。

第一節　父ミカエルの祈り

キルケゴールの生涯そのものを、従って、その生存すべてを、いわば頭の天辺から足の爪先まで、被いかつ決定的に支配していたものを一つ挙げるとするならば、それは「父ミカエルの祈り」であったと言ってよかろう。それは、キルケゴールに何らかの強い影響をもった他のさまざまな人物や要素とは比較にならない度合いのものであったと言える。「キルケゴール」という身体全体の耳には、従って、平凡な言い方になるが、彼の心の内部の耳には、たえずこの「祈り」の言葉が響いていたようで、彼の生涯のすべてが正にその「祈りの言葉」の音響が響きわたるその域内で、たえずそれを耳に感じながら、営まれていたと言っても過言ではなかろう。だからもしキルケゴールの著作や日誌・ノート類を読み、また親族や友人たちが書き遺したさまざまの資料を読んで、しかもこの決定的な事実に気付かず、キルケゴールの生涯にまつわるさまざまな謎とも見えるものをただそれだけ分離させ独立化させて論じるようなことをするならば、彼を理解するためのマスター・キーをみすみす放棄しているにも等しいと言えよう。

その「祈り」は、それら諸々の資料によるならば、あるときは、私室で静かに、あるときは、夜半にベッドの上で呻き狂うようにして、またあるときは、聖書の言葉を涙にむせびながら絶叫するようにして、そしてまたあるときは、可愛いい末子セーレンに静かに訴えるようにして、なされていたようである。それら個々の情景は、それらの資料を通じて生々しく知ることができる。しかし注目されるべきことは、その「祈り」の効力は、そのセーレンにとっては絶大であり、決定的であり、その内部の耳にたえず響いていたことである。それというのも、その「祈りの言葉」が意味するものは、余りにも絶対的な真理、余りにも普遍的な真理、そして余りにも永遠的な真理として認めざるを得ないものであるため、いわゆる人間の精神活動によってはいかにしても抗し難いものであり、その圧倒にただ受け容れるということだけが対応し得る唯一の行為となったからであろう。

では、その「祈り」はどういう内容のものだったのだろうか。

その最も基本的なことは、一八四八年の日誌に書かれている。

「私は何と言っても最初から一切のことを父に負うている。父はたとえ憂鬱であったにしても、その憂鬱な面持で私を見つめながらこう言ったのが私に対する父の祈りだったのである。いいかい、お前はイエス・キリストを真に愛するようになってくれ！[1]」

これが基本であった。しかし父の「祈り」は同信の敬虔主義ヘルンフート派の信仰厚い人々の祈りともそのトーンにおいて少し異なっていた。それについては『青研』の第二部第三章で大雑把に述べておいたが、いまここでよく整理してみたいと思う。その特徴は次の三つになると考える。

まず第一に挙げられるのは、イエス・キリストの十字架の意義、贖罪の意義を強調し、これを内容にしている点である。この十字架への信仰、贖罪への信仰がその「祈り」の根幹をなしていた。その「祈り」から与えられた印象は幼いセーレンにとっては余りにも強烈なものであった。キルケゴールはこの印象を『修練』[2]や『倫理・宗教的二小篇』の中の第一篇「人は真理のために打ち殺される権利をもつか」の中で刻銘に記しており、私はそれらを『青研』(五一七—二三頁)で紹介しておいたので、長文の前者の方はそこを参照していただくとし、それを要約したような文章になっている後者の方を、ここにもう一度紹介しておこう。それは次のようになっている文章である。

「あるところに一人の男がいた。その男は子供の時キリスト教へと厳格に教育された。彼は他の子供たちが聞くような話は、つまり、小さい幼な子イエスや、天使や、またそれに似たような話は、殆ど聞いたことがなかった。しかしこれに反比例して、それだけ一層頻りに、十字架に磔けられた者の話を聞かされた。それゆえ、その光景は彼が救い主に関して心に抱いたただ一つの、文字通り唯一の印象だったのである。彼は、子供であるにも拘らず、もう老人のように老けていた。」

このような救い主の十字架と受難の光景は実際にはもっと生ま々しい具体性をもってセーレンの心に焼きつけられていたのであり、それは次に挙げられる一八四九年に書かれた長文の日誌記事に見られる。この記事はまたそれと同じ頃書かれた小著『私の著作活動について』の一部にも用いられた文章である。[3] これも『青研』(五二三—四頁)で紹介したが、これこそがキルケゴールに最も鮮烈な印象を与え続けたものと言えるので、ここでもう一度その主要な部分を訳出してみよう。それは原文では三頁半弱の長文のものであるが、ここにはその骨子となる部分を訳出することにする。

「私は既に幼い子供の頃から次のような話を、しかも可能な限りおごそかに、語って聞かせられた。それは、群る大ぜいの人々が(真理そのものである)キリストに向かって唾を吐いた〔欄外にはこう記されている。人がキリストに向かって唾を吐いたのであり、群がる大ぜいの人々(彼らは通りすがりの人々だ)はキリストに向かって唾を吐き、ちくしょうくたばれと言った〕ということである。そしてこのことを私は心の奥深くに持ち続けてきたのであり〔欄外には鉛筆で括弧をつけこう記している。それというのも、そのことが私に忘れられるような瞬間が、然り、そのような時があったとしても、しかし私は私の一番最初の思想としてのこの話へと絶えず帰っていったからである〕、そして更に、それをますますよりよい状態で持ち続けてゆくために、それとは最も反対に見える外見のもとに隠しもち、このようにして私はこの思想を私の心の奥最も深くに持ち続けてきたのである。…この思想は…私の生そのものであり…真理そのものであるキリストが群る大ぜいの人々からは唾を吐かれたのだということは、そのほか、すべてのことを私は忘れてしまうことがあるとしても…子供の頃この話を語って聞かせられたということだけは、そしてその時それがその子供に与えた印象だけは今に至るまで一瞬たりと忘れたことはなかった。」

これと類似の記述は他にもいくつか見られる。(4) それらはいずれもこの印象の強さを物語っている。

第三番目に挙げられるものはあの有名な「大地震の体験」を記した手記である。これにこそ父ミカエル的な最も特殊なトーンが響いている。この「大地震の体験」そのものについては『青研』の方で詳述しておいたので（一一八〇―一二〇八頁、一二三〇―一三四九頁）、ここではそれを前提にし、目下の問題に関係する点だけを指摘したいと思う。その「大地震の体験」とは、キルケゴールが二十五歳の誕生日のとき、いままでその信仰と人格に絶対的な信頼を寄せていた父ミカエルの秘密、つまり、「罪科」を知り、しかもその罪科のゆえにキルケゴール家にふりかかっている神からの罰を贖うためにセーレン自身が父によって「罪を償う者」（贖罪者）へと「神に献げられた者」、つまり、「燔祭の子羊」にされている事実を知り、「大地震」のショックをわが身に体験した出来事をいう。しかしキルケゴールはむしろこれをきっかけにいままで二年七ヶ月以上も続けてきた審美的生活を止めて初心の通り「父ミカエルの祈りと願い」に従う方向へと踏み出すことを始める。つまり、神学国家試験を受けて神に仕える人になる方向へと踏み出す。こうして一八三九年九月頃キルケゴールは、いよいよそれの準備のための猛勉強の時期へと入る前の休らいのひととき、自分がいままで辿ってきた道のりを振り返り、それを、少年時代、青年時代、二十五歳、と三つに区分し、それぞれが意味するものを、特製の用紙に一枚づつ記していったのである。そしてその「二十五歳」についての手記にこそ、この「大地震の体験」についての記述が添えられているのである。そこでいまそれを紹介するわけである。しかしそれには、それが記されている「書式」の問題があるので、そのことから入ってゆきたいと思う。

まずその三つに区分された時代の各々は「八つ切り小判の金縁の上質書簡箋」という特製の用紙に一枚づつ書かれている。つまり、一枚目には、「少年時代」という見出しでそれを説明すべくゲーテの詩が二行書かれており、二枚目は「青年時代」という見出しでそれを説明すべくC・ヴェンダーの詩が三行書かれており、そして、三枚目には、

「二十五歳」という見出しで前者と同じ趣きでシェイクスピアの『リア王』の詩が、但しこれはドイツ語訳のものが十一行書かれている。ところが、問題はこの三枚目の書き方にある。この三枚目にはその「リア王」の詩のあとに空欄があるが、その空欄にかけて、「大地震」の手記の最初の二行が書かれ以下は四枚目以降へと続いているのである。その書きっぷりと形式からみて、「大地震」の記事は明らかにこの「二十五歳」を指し、しかもその「リア王」の詩の内容に事よせて書かれたものと受けとれるのである。ところが、ひと頃、つまり、内省心理学的研究が支配的な勢いを見せていた頃、その研究方法までが内省的であることを通り越してある意味ではノイローゼ的懐疑的になり、持ってまわったような理屈でこの「大地震」の手記がその「二十五歳」のときを示すものではないという見解を述べる学者が何人か現われた。そしていわゆる一八三五年秋説（つまり、二十二歳の秋という説）が生まれた。それらの見解と批判は『青研』の方を参照していただきたい。しかし私は、その手記がその特製の用紙のそのような三枚目の終りの部分に最初の二行をひっかけるようにして書き始めていることはやはりその「二十五歳」と「リア王」の詩の内容を指すものとして極く自然に認めるべきと思う。その書式についての詳細は『青研』のとくに一一八一―三八頁を参照していただきたい。とにかく、この「大地震」の手記はそのような仕方で書かれていたのである。

次にその手記を復元してみよう（Pap. II A 802–4）。

（一枚目）

少年時代

なかば子供のたわむれに
なかば神を心に宿して

ゲーテ

（二枚目）

青年時代

物乞い、それはわれらのなすところにあらず
若き者は、その人生の道をひとりゆくとき
力もて宝を奪いとるなり

C・ヴェンダー

（三枚目）

二十五歳

……そうして日を暮らしてゆこう。
祈りをしたり、歌をうたったり、物語をし合ったり、
金色の蝶々を笑ったりしよう。
あわれな奴らの口から宮中の噂をきいて、
誰が勝つの負けるの、誰が栄えるの衰えるのと、
いっしょになっておしゃべりをしよう。一番奥の奥まで見抜きでもしたかのように、
秘密にみちたことどもを語り合おう。
こうして牢獄の中で生きながらえ、月のみちかけとともに移り変わってゆく
首領たちの尽きない党派争いについても
語り合おう。

リア王

この三枚目のこのあと最下部の縁までの三、四センチ程の余白に、「大地震の手記」の最初の二行が書かれ、それ以下の部分は次の四枚目へと続けられている。その手記は次のようになっている。(Pap. II A 805)

「大地震が起こったのはそのときだった。それは私に突如としてすべてのことがらに対して新しい誤まることない解釈の法則を押しつけてくる恐るべき変革だった。その時私は、私の父の高齢は神の祝福ではなくて神の呪いなのだということに、つまり、私の家族の卓越した精神的能力はただ家族の者がお互いにしのぎをけずり合うためだけに与えられたのだということに、感づいた。そしてその時私は、私の父の中に私たちの誰よりも長く生きていなければならない一人の不幸な人間を、すなわち、私たちすべての者の希望の墓の上に立てられている十字架を見ることによって、私の周りに死の沈黙がますます深まってくるのを感じた。ある一つの負い目が家族全体の上に覆っているにちがいない。神から一つの罰が家族全体の上に下されているにちがいない。そうして私たち家族は消え失せてしまうのだろう。神の御手によって棒線がひかれ、一つの失敗した試みとして取り除かれてしまうのだろう。そして私はほんの時たま、父はそのため宗教的な慰めによって私たちの心をしずめる重い義務を担っていたのだと考えたりして、つまり、父はたとえ私たちはこの世では一切のものを失おうとも、またたとえ私たちの上にはユダヤ人が彼らの敵の上に下されることをひたすら願っていたような神の刑罰がふりかかってこようとも、必ずや私たち家族の者たちにはよりよい来世が開かれているのだということを私たちみなの者に言って聞かせる重い義務を担っていたのだと考えたりして、つまり、私たちの記憶はすっかり消え去り、私たちは見えなくなってしまうのだと考えたりして、わずかの慰めを見出すのだった。」

これが「大地震の体験」を記した手記である。

では、これは何を意味しているのだろうか。

この文章の中でやはり一番注目されるのは冒頭の言葉「大地震が起こったのはその時だった」という言葉である。

原文の書式では既述のようにこの言葉も含めた最初の二行が『リア王』の詩のあとの余白にそれにひっかけるように書かれており次の四枚目へと続けられている。この言葉の原文は、Da var det, at den store Jodrystelse indtraf. となっている。そこで問題は、「その時」Daとは何時の時を指すのかということになる。それは、この書式と書きっぷりからみて明らかにそのすぐ上に書かれている『リア王』の詩の場面を指すと見てよい。つまり、「その時」とは、「この場面を読んでいる時」を指すと言ってよかろう。因みにこのdaというデンマーク語はドイツ語のdaと殆んど同じ意味をもつ。それは「そのとき」という時間的意味のほかに「そこに、ここに、その場所で」という空間的意味をももっている。私は『青研』の方でもまた目下の個所でも「その時」と時間的意味に訳したが、訳しようによっては「大地震が起こったのはこの場所においてであった」というふうに訳することもできる。しかしいずれに訳しても、そのDaはすぐ上に書かれている『リア王』の詩のその場面のことを指していることだけは認めてよかろう。そうだとするとその場面は何を物語っており、それがそのすぐ下から書き始められているその「大地震」の出来事とどう関係しているのかということが最大の問題となってくる。

これについての詳細は『青研』の前記の個所で述べてあるのでそれらの個所を是非参照していただくとして、ここでは目下の論旨に役立てる範囲内で極く要点だけを記しておきたいと思う。

この『リア王』の詩の部分はその中の第五幕第三場からのもので、E・オートレップによるドイツ語訳『シェイクスピア戯曲全集』第三巻からの直接引用である。この個所はリア王が彼の娘コーデリアと牢屋の中で和解をする場面を伝えているもので、それらの言葉はリア王がコーデリアに語って聞かせている言葉である。ところで、このすぐ下に書かれている「大地震」の手記は、何人かの研究者によるならば、キルケゴールの二十五歳の誕日（一八三八・五・五）にこの場面と全く同じことが父ミカエルと息子セーレンとの間に起こり、つまり、父ミカエルは自らの秘密を息子セーレンに打ち明け、それによって二人は和解するに至ったことが、しかしその秘密の打ち明けと和解とが「大地震」という言葉でしか表現できないような大きなショッキングな出来事となったということが推定されたのである。[5]その和解は、二年八ヶ月もの間セーレンは父の家を離れ審美的生活と見える生活をしていたのに、それを止めて父の家に帰り、しかも「父の意志」に従う生活へと入るという大転換を起こさせる程のものであった。

そこで問題はその「和解」とはどういうものであったかということになる。その和解が極めて重大な意味をもっているのは、それは、息子セーレンが父に頭を下げいままでの行為を謝罪したのではなく、その逆に、いま八十二歳の老父ミカエルが息子セーレンに頭を下げ涙ながらに「どうかわしを赦しておくれ」と自らの罪の赦しを乞うことによってなされたのであった。[6]この威厳高き絶対不動の人格が放蕩息子に頭を下げ涙ながらに赦罪を求めているのである。その息子にとっては形容しようのない動転の思いであったにちがいない。しかし注目さるべきことは、その際父は遂に自らの「隠された罪の秘密」を正直に打ち明け、それと同時にその「罪」のゆえにもっていた自らの信仰を、いや、その信仰と表裏の関係をなしていた「祈りと願い」とを訴えたのであった。

その「罪の秘密」とは、多くの研究者によるならば、ミカエルがまだ少年の頃、キリスト教では赦されることのない唯一の罪、つまり、「聖霊を瀆罪」、すなわち、「神を呪う罪」を犯したこと、そのゆえにこそその罰としてキルケゴール家にさまざまな不幸がふりかかり、家族の者が次々と早死していったこと等々をめぐってのことであった。そして「父の祈りと願い」はこの「罪と罰」をめぐって生まれているのであった。そして正にこの「父の祈りと願い」こそが目下の「大地震の手記」の文面を通じて窺い知れるものである。勿論その「祈りと願い」とは既にセーレンの幼少期から彼に向かって伝えられていたものであるが、いまここに至って改めて、全く新たな想いでその「真意」が伝えられ、確認される場面になったわけである。

その「父の祈りと願い」とは、その手記から充分推察されるように、そしてとりわけキルケゴールの親族身内の人々の言葉からも知られるように、従って、当然に多くの研究者たちの研究からも知られるように、父ミカエルは、自分の「罪」ゆえに同家にふりかかってきた「罰」(=先妻の死と後妻の死、七人の子供の中の五人の死、更に娘が産んだ死産の児等々)を思い、その罪を贖うために、セーレンの生涯を神に献げ、神に仕える人になってほしいということ、具体的には、コペンハーゲン大学神学部で神学を勉強し、神学国家試験を受け、国家教会の立派な牧師になってほしい、というものであった。要するに、「父の祈りと願い」は、息子セーレンがその生涯を「懺悔者」「贖罪者」、つまり、「罪を償う者」として生きることを意味している。その「大地震の手記」は、キルケゴールが自らを正にこのような意味において「献げられた者」になっていることを確認して慄然としたことを物語っているのである。ツローエルスールンはいかにも身内の者らしく実に詳しくキルケゴールのこの「献げられた者」としての意識について述べている。またキルケゴール自身、『おそれとおののき』をはじめその他の作品の中で、自らをイサクのように「燔祭の子羊」として献げられた者となっていることを、また『視点』や日誌では自らを「懺悔者」「贖罪者」「罪を償う者」としての運命を担う者として記している。(7)

以上私は本節において「父ミカエルの祈り」がどういうものであったのかを一応三つに分けて検討してきた。そしてその三つの内容ともキルケゴールに決定的な意義をもったことを明らかにしたが、それらの中でも最も注目さるべきはその「祈り」がキルケゴールに「献げられた者」としての意識を与えることになった点であることを述べた。私がこの「父の祈り」を本研究の一番最初の章に設定して扱ったのは、私の長年の研究の結果この「父の祈り」こそがキルケゴールの生涯における行動の一切に最も重視さるべき要因であり、「教会闘争」においてこそそうであることを知ったからである。キルケゴールの生涯における行動の一部始終はこの「父の祈り」の響く空間の中で営まれたのである。

しかし父ミカエルはそのように祈るだけでなく、正にその「祈り」の通りにセーレンの「教育」をしたのである。従って、その教育こそ「教会闘争」への要因をなすものであることは言うまでもない。

注

(1) Pap. IXA68

（2） S. V. XII. S. 197–201, S. V. XI. S. 71.
（3） S. V. XIII. S. 525—.
（4） Pap. IXA^{1}70. X^{1}A351.
（5） 『青研』一八五―九一頁。
（6） 右書一一八六―七頁。
（7） S. V. XIII. S. 607. Pap. VII^{1}A221

第二節　徹底した教育計画

父ミカエルの祈りはその教育方法において実現されていった。それについての詳細は既に『青研』第二部第二章と第三章において詳述しておいたので、ここではそれを前提にしながら、しかし目下の論旨に特別に関わりのある点だけを指摘するにとどめときたいと思う。

父ミカエルによる教育はすべての点で実に深く考えられ、何よりも高度に用意周到に計画されたものであった。幼児学校やラテン語学校の選択をはじめ教師の選択、その他家庭内での日常生活のあらゆる場面や節々に至るまで細心の注意が払われていた。キルケゴールはその辺の模様を『あれか―これか』や『修練』や『視点』の中で、そしてとりわけ未完の草稿『ヨハンネス・クリマクスまたは一切のことが疑われなければならない』（一八四二、三？）の中で、そして何よりも日誌の中で詳しく述べている。そしてそれらの記述の中には、想像力、弁証法的思考力、義務や責任の能力等々の育成を目ざした教育場面についての描写が多々見られるが、それらをよく検討してみるとき、それらはセーレンをいやが上にも精神的な天才へと導いてゆかざるを得ないような力や条件をもっているように思えてくる。

しかしそれらさまざまな教育の場面の中にあってもそれらの根幹をなし究極の目標をなしていたものは宗教教育で

あり、セーレンに最も深く堅固なキリスト教信仰を教え込もうとすることであった。従って、その場合父ミカエルによって息子セーレンに伝えられたキリスト教は、父ミカエルが本質的にもっていた敬虔主義のヘルンフート派兄弟団の線に屈するものであった。その信仰の中心は既に前節で言及したように「十字架におけるキリストの受難と贖罪の意義」の強調にあった。しかし父ミカエルの場合は、彼独自の深い罪意識とその卓越した精神的能力のゆえに、その信仰がセーレンの日常生活のあらゆる場面へと具現されてゆくにあたっての、実に徹底した計画と配慮とに見られた。しかしそのことは他方、その息子セーレンに余りにも異様な事態を惹き起こすことになってしまった。それは、彼をして一般の子供の生活、つまり、一般の日常生活や社会生活から完全に隔離した状態におちいらせるということになったことである。この件については当のセーレン自身が後年痛切に述懐しているところであり、『視点』や未完の草稿やその他日誌の随所に記しており、また私もそれらを『青研』の方で詳述しておいたので、ここではこれ以上立ち入らないことにする。

さて、そのキリスト教教育の特徴についてはこのほか多々挙げることができる。しかしそれらは『青研』の方でまとめて述べておいたので、ここではそれらの中から一つだけ代表させて指摘するにとどめておこう。それは父ミカエルの場合そのキリスト教教育をすすめるにあたって「キリスト者に成る」ための具体的な模型があったということ、その模型とはJ・P・ミュンスター牧師であり、息子セーレンをこの模型に近づけたいという一つの方向があったことである。つまり、父ミカエルの願いは息子セーレンがこのJ・P・ミュンスター牧師のような人になってくれという点にあったのである。

このミュンスター牧師に対する父ミカエルの関係は並々ならぬものであった。父ミカエルは『青研』第二部第一章第三節で述べたように家の近くの「聖霊教会」を母教会のようにして日曜日の礼拝の出席はもとより、セーレンも含め子供たちの幼児洗礼はここで施してもらっていた。しかし他方そこから少し離れたスドーム・ゲーゼ通りにある「兄弟団」の集会にも熱心に出席していた。ところが、同じく家の近くにある「トゥリニタティス教会」でミュンスター牧師の説教を聴いて以来このミュンスター牧師に完全に傾倒するようになってしまった。同牧師は一八一一年コペンハーゲンのカセドラルであるフルーェ教会付の牧師として赴任してきたが、同教会は一八〇七年イギリス艦隊によるコペンハーゲン市砲撃によって完全に破壊されてしまったので、ミュンスター牧師は近くのトゥリニタティス教会をそれの代りとし、そこで説教をしていたのである。そのようなことからここで父ミカエルはミュンスター牧師を知り接するようになったのである。父ミカエルの同牧師への傾倒と尊敬とは言い知れない深いものであった。それは次の三点を見ても明らかである。一つは、父ミカエルは同牧師を自分の聴罪牧師 Skriftefader にし、自分の身辺の問題や内面の問題のすべてを打ち明ける関係にあった。あの家族の者たちに続けざまに起こった死に耐えかねて同牧師のもとにかけこみその悲しみのすべてをさらけ出す場面もあった。(1) もう一つは、同牧師を知って以来、三人の息子たちの堅信礼はすべて同牧師に授けて貰った。長男ペーダーは一八二一年に、三男ニールス・アンドレアスは一八二三年に、そして末子セーレンは一八二八年に。こうして父は息子たちの眼を同牧師に向けさせ、同牧師に師事するようしむけたわけである。(2) そして更にもう一つは、ここではこのことが最も重要な事項となるが、父ミカエルは同牧師の著書をこよなく愛読したことである。父ミカエルはドイツ語を習得しドイツの哲学書を勉強していたが、それらの中でも興味を引きつけていたのはC・ヴォルフ Christian Wolff (1679–1754) の読書であった。(3) しかし同牧師を知るようになってからは、同牧師の著作『説教集』Prædikener. I–III. (1826–37) とあの有名な『キリスト教の信仰教義についての考察』Betragtninger over de christlige Troslærdomme (1833) が愛読書となっていった。(4) この件が非常に重要な意味をもっているのは、この二種類の著書はキルケゴールの「教会闘争」へのモーティヴェーションの中の一つとして大きな役割を演じるようになったと推定されるからである。しかし父ミカエルが息子セーレンの教育に用いたのは前者の方だったので、それについて一言だけ述べておこう。

それはキルケゴール自身が日誌に記していることであるが、父はセーレンにこんなことまでしたのであった。それは、父はセーレンに、ミュンスターの説教集の一つを読んだなら一リウスダラーをあげよう、またセーレンが教会で聴いたミュンスターの説教を筆記するなら四リウスダラーあげよう、と約束したというのである。[5] このことは父ミカエルがキルケゴールの関心をミュンスターに向けさせ結びつけることにどんなに熱意をもっていたかを示す一例と言ってよかろう。そしてキルケゴールはこのような教育を受けたことについて日誌の中に次のように記している。

「〔一八四七年十一月〕

私はミュンスターの説教に即して教育された―私の父によって。ここに結び目の不快なこぶができてしまっている。それというのも私の父は当然のことながらそれらの説教を文字通り受け取る以外には何も思い浮かべることはできなかったからである。ミュンスターの説教に即しての教育―ミュンスターによって。そう、問題だ。[6]」

「〔一八五〇年五月頃〕

ミュンスターの説教――そして私

私はミュンスターの説教に即して教育された―しかし私の父によってだ、つまり、素朴で、単純で、真面目で、厳格な男によってだ。だから彼にはこの世では、その読んだものに従わないなぞということは、決して思い浮かばなかったのである。

私はミュンスターによって教育されていたので、私は当然のこと乍ら月曜や火曜やそれ以降の週日には、人はその場合自分が読んだものにそのまま直ちに従って行為をするような夢想家にできてはいないということを、とくと知ったのである。[7]…」

キルケゴールの日誌は父ミカエルが自分をこのような仕方で「ミュンスターに即して教育」し、「ミュンスターに結びつけた」ことを伝えている。

その「結び目」は単に「不快なこぶ」というような言葉以上の、生涯を通じての「拘束」、いや、「拘束」なぞという言葉でさえ表現し得ない程の「決定的なもの」であった。それがどんなに「決定的なもの」であったかは、キルケゴールにおいてその「教会闘争」の標的こそがミュンスター監督であったことによって明らかであろう。しかもその際キルケゴールは闘いの最後の時までどれ程深くかつ複雑に自分自身が「ミュンスターへの父ミカエルの崇敬の念」と「父によるその教育」としかも「それによって養われたキルケゴール自身のミュンスターへの帰属感情」とに縛られており、それらから解き放たれるのにどれ程の苦悩をしていたかがそれをよく物語っている。しかしこの件については本書の第五部と第六部で詳述するので、ここではこれだけの言及にとどめておく。

そしてここでは次に、父ミカエルが息子セーレンにこのようにミュンスターを模範としてその身を「神に献げること」をひたすら願っていたことについて述べることにしよう。

注

（1）『青研』四四四頁。
（2）右書四五二頁。
（3）右書四四七—九、四五五頁。
（4）右書四五一頁。
（5）Pap. X'A137.
（6）Pap. VIIIIA397.
（7）Pap. X3A128.

第三節　目標としての「神への献身」

その願いは実に切なるものであった。

セーレンが五、六歳になったとき、父ミカエルはもう六十一、二歳になっていた。当時の常識から言えばもうそれだけでも非常な長寿であった。キルケゴール自身が言っているように、彼は確かに「老人の子」であった。従って、この老人にとっては、この小柄のきびきびと動きまわる男の子はどんなにか可愛く思えたか、俗に言う眼の中に入れても惜しくない程に可愛く思えたかは、充分に想像がつく。別に仕事もないこの老人においては、その全意識が四六時中この可愛いい男の子に注がれていたとしても、それは決して不思議ではない。しかもキリストの十字架上の受難と死とを通じて神の義と愛を信じるこの信仰厚い老父の「信仰的感情」の中では、これとこの男の子をそのように可愛く思う「人間的愛情」とが両者区別がつかない程にまで融合してしまっていることは充分あり得たことであろう。そのためそのことがこの男の子に対しては、わが家の贖罪を含めた「神への献身」の願いとなっていたことは、これまた充分に考えられよう。そしてこのようなことは当時なら敬虔主義的信仰の家庭はじめ篤信の祖父母や両親のいる家庭なら別に不思議なことではないであろう。それにそのような祖父母や両親においては、子供へのそのような「願い」を思い咬みしめることを通じてその子供への人間的愛情は更にますます高まってくるのをおぼえることも、事実だからである。

ところで、この息子セーレンが恐らく十歳位になった頃だと推定できるが、[1] その頃のある日、もう六十六歳になっている老父ミカエルはこの可愛いい息子を連れて散歩に出かけた。その行き先は同家のお墓であった。そしてそのお墓を前にしてこの父子の間にはなんとも感動的な情景が展開されたのであった。その情景はキルケゴール自身にとっては余りにも迫真的であったためか、彼はその情景を自らの実名では記すことができず、偽名著者ヨハンネス・クリマクスをして『哲学的断片後書』（一八四六年）の中で描かせている。しかもそのヨハンネス・クリマクスさえも、それが何とも厳かな感動的情景であることを示すため、自らの身に直接起こった事実としてではなく、自分がたまたまその場面の近くに居合わせてそれを目にしたという設計で、つまり、更にもう一つ間接化した形式で表現しているのである。

そのヨハンネス・クリマクスがすぐそばで目にした情景とは次のようなものであった。

白髪の老人と十歳位の男の子とが二人とも喪服を着ていて、二人は盛土のあとも新しいお墓のそばに坐っていた。

それは明らかに最近起こったばかりの身内の死に思いを寄せ悲しみに耐えられない様子を見せていた。その老人は実に威厳のある風格の人で、しかも偶々そのときの夕陽の光はその壮厳さをいやが上にも輝かせていた。しかしその老人は嗚咽に声をつまらせながらその男の子に何かを話そうとしていた。その話の模様からすると、その男の子はこの老人の孫であり、その墓にはその老人の息子でありこの男の子の父親がこの墓に葬られていることを、その孫はその老人からこのいまはじめて知らされているところだったことが分かった。しかも更に、この二人の家族の者はみんな死んでしまいこの二人だけが後に残されたらしいことも分かった。その証拠にはこの墓碑にはこの男の子の父親の名前のほかその家族の者たちの名前が何人も刻まれていることからも分かる。こうしてこの老人はその男の子に涙にむせびながらこんな内容の話を聞かせていた。まずお前の父親はもうこの世から居なくなったのだということ、だからお前が頼れる身内はこの老人の私だけだということ、しかしこの私はお前の面倒をみてやるには余りにも年をとりすぎており、しかも私は早くこの世から去りたいと願っているような状態だということ。次に、しかし本当の父は天にいます神であり、地上においても天上においても父という言葉が意味を得ているのはこのお方から発しているのだということ。そして更に、しかしわれわれの救いがそこにこそあるひとつの名があり、つまり、イエス・キリストとい御名があるのだということ。この老人はここまで話すと一瞬黙り、それからまた少し低い声で独り言のようにこう言った。「が、その救いへの慰めが私にはギョッとする恐怖そのもの Forfærdelse になってしまったとは、この墓の中にいま横たわっている私の息子がその救いの慰めを手放してしまったとは！私のすべての希望は何の為だったのか、私のすべての心遣いは何の為だったのか、あの子のすべての知恵は何の為だったのか、あの子の妄想の只中で起こったあの死がひとりの信仰ある者のたましいにあの子の救いについて確信をもてなくさせてしまい、この白髪頭を悲嘆にくれて墓へと連れ行き、ひとりの信仰ある者を不安に打ち震えるままこの世から去らせ、ひとりの老人を懐疑者のように確からしいものを求めることへと駆り立て、そしてあとに残された者に対しては悲しみに沈んだ思いで見つめるようにさせてしまうなら。(2)」このように言ってからその老人はその孫らしい子に更に次のような意味のことを言って聞かせていた。この世の中には信仰を飛び超えてしまおうとする知恵がある。それは、信仰の彼方には広々とした世界が開けていて、そこには青々とした山々が連らなり、それは死んでゆくわれわれ人間の眼には見たところでは信仰の確かさよりももっと高度の確かさのように見える確固とした領域なのだ、と主張する。しかし信仰ある者は、船乗りがこれと似たようなものを恐れるのと同じように、これを蜃気楼として恐れるのだ。それは永遠の国の仮象のようなもので、死んでゆく者はその中に住まうことはできず、もしその者がそれに見とれほうけてしまうならば、その者は信仰までも失ってしまうのだ。こう言って老人はまたもや黙り込み、それから同じような低い声でこう独り言を言った。「あの子は、私の不幸な息子はそのような知恵に欺かれてしまったのだ！とするとあの子がもった学問のすべては何の為だったのだろう。あの子は自分のことを私に理解させることさえできず、私もあの子とその妄想について話し合うこともできなかった。あの子の学問は私には余りにも高遠にすぎたのだ。[3]」

ここまで言うと次には正にクライマックスと言えるような場面が展開する。それはその偽名の筆者ヨハンネス・クリマクスがいままで自分が目にした最も心を揺るがされた場面とまで言い、また誰か他の人には自分がここで書いていることは全部フィクションではないのかと思われてしまいそうな情景と称したものである。[4]その描写は次のようになっている。

「こう言い終わると老人は立ちあがり、その子供をその墓の方へと近寄らせ、私にはその感銘が生涯忘れることのできないような声でこう言った。可哀相な坊や、お前はまだほんの子供だけれど、やっぱりどうしてももうすぐひとりで世の中へ出て行くことになる。だからお前は亡くなったお前のお父さんのことを思い浮かべて私に約束できるかね、もしお父さんがいまお前と口がきけるのだったら、こんなふうに話をするだろうし、現にこの私の口を通じて話をしているのだからね。お前は私の年老いた姿や白髪頭を見て約束してくれるかね。お前はこの聖なる場所の厳粛さにかけて、その御名をお呼びすることを確かに学んだその神の御名にかけて、そこにだけ救いがあるイエス・キリストの御名にかけて約束してくれるかね。お前は私にこう約束してくれるかね、お前は生きることにおいても死ぬことにおいてもこの信仰に確と身を置いてゆくことを、そしてこの世のさまがどんなに変わるとしても何か眩惑するものによって決して欺かれるようなことはしないということを。お前は私にそのことを約束してくれるかね？そのときそのいたいけな子供はその感動に押しつぶされて深々とひざまずいた。しかし老人はその子供の手をとって起こし、自分の胸に確と抱きしめた。」(5)

ヨハンネス・クリマクスによる描写はここで終わっている。そしてこのあとこの情景について自分がどんなに感動したかを詳細に記している。そして更にこんな文章までも添えている。これは偽名著者という創作上の人物がこの情景のノン・フィクション性を示唆している貴重な数行と考えられる。それはこうなっている。

「私はその情景をほんの傍から見ていた目撃者にしかすぎないが、それにはやはり深くとらえられてしまった。それを見ているときある瞬間には、私自身がその老父があのギョッとした恐怖のうちに埋葬したその若い男であるような思いがしたし、また次の瞬間には、私自身があの聖なる約束に縛られることになったあの子供であるような気もしたのである。」(6)

さて、あの感動的な情景は、キルケゴール自身が日誌の中で言及しているように、また彼の親族の者たちが言っているように、そして更にS・キューレはじめすべての研究者たちが認めているように、決して創作ではなくキルケゴールの現実そのものであった。つまり、この老人とは老父ミカエルであり、十歳位の孫と見える男の子とはキルケゴール自身であり、キルケゴールは父ミカエルによって正にこのように「神に献げられた者」となったのである。(7) 勿論キルケゴールはしばしば人間の感情としてこのような拘束を呪わしいものと思い、著作や日誌の随所にそのことを書いている。(8) しかしそれにも拘らず、そのようにして自分が結び付けられた当のものが他ならぬ「真理そのものであり給うイエス・キリスト」(9)であることを身に沁みて感じ認めており、その「真理」に「それに献げられた者」らしく徹して仕えたのであった。(10)

しかしそのようにして「献げられた者」として生きたその過程と構造とは決して単純一様なものではなかった。いや、それどころか、そこにこそ人は彼の生涯の言語を絶する苦悩を見るのである。つまり、それは止にこの「教育」が彼の精神に与えた影響ゆえの闘いであった。

注

（1） Pap. VIII[1]A221

（2） S. V. VII. S. 223.

（3） Ibid., S. 223ff.

（4） Ibid., S. 224.

（5）（6） Ibid., S. 225.

（7） Pap. IXA460. S. Kühle: S. K. Barndom og Ungdom. (Kbh. 1950). S. 49ff.

（8） 例えば Pap. X[1]A351 の記述。

（9） Pap. IXA68.

（10） Pap. X[1]A272.

第四節　この教育による影響

前節までに述べたような父ミカエルによるキリスト教の教育が息子セーレンに与えた影響は、尋常一様のものではなかった。それは実に複雑で深い構造のものであった。それを平板的に分類しようとすれば際限なく細分化されてしまうが、「問題の所在」を中心に分類してみると、結局は二つの領域に分けられると考える。一つは、誰よりもキルケゴール自身が直接記しているように、「憂鬱」の病いを負うたことである。この病いとの戦いは彼にとって筆舌に尽くし難い最大の辛苦であった。しかし驚くべきことに、彼はこの闘いを通じて更にキリスト教の深みへの理解に達することができた。もう一つは、この闘いをも含めてであるが、彼はキリスト教の実に深く厳密な理解に、強いて言えば、キリスト教の「使徒的理解」に達するに至ったこと、そして正にそのゆえにこそそれに基づいてのキリスト教界批判へと、とりわけ、当時の一般的共通感情としては到底批判の対象へと化せられる筈のなかったJ・P・ミュンスターを、自らの個人的結びつきを通じての「批判」の対象へと化したことである。以下本節ではこの二点について簡単に述べることにしよう。

I　憂鬱の問題

父ミカエルによる教育が息子セーレンに齎したものの最も大きなものの一つは、セーレン自身が書いているように、「憂鬱」という病いを負うことになったこと、そしてそのためにこれまた彼自身が書いているように、それから癒されようとして筆舌に尽し難い最大の辛苦を味合った闘いを生涯続けたことである。このことは何も内省心理学派に属する人々だけでなく、殆んどすべての研究者が認めているところである。ところが、正にこの病いとそれとの辛苦にみちた闘いとを通じてこそキルケゴールは、キリスト教の本質についてのいやが上にも深い理解に達するという体験をもったのである。しかし私が見る限り、この件に関しては余り多くの研究者には知られてないように思える。しかしこの「憂鬱」の問題で最も重要と考えられる点はこの点ではないかと思われる。そこで私は以下そのような視点からこの「憂鬱」の問題に光を当てて考えてみたいと思う。

父による教育のゆえに与えられたとなす「憂鬱」についてキルケゴールは著作やとりわけ日誌の中に無数の記述を残しており、そのいくつかの主たるものは既に『青研』の方で紹介しておいたが[1]、ここではそれらをまとめコンパクトに表現するために、彼が自分の著作と生涯とを直接綴り後世への報告書となした『視点』の中の一節を、紹介することにしよう。そこでは次のように記されている。

「幼い頃から私は巨大な憂鬱の支配下におかれていた。それがどんなに深いものであるかは、上べでは快活さと人生の歓喜とを装うことにおいてその憂鬱自体を隠すという私の天与の腕前においてだけ現れているものであった――つまり、私が自分をどんなに不幸なものと感じているかはなにびとも気付きはしないだろうということが、殆んど思い出せない程遠い昔からの私のただ一つの喜びとなっていた。そのような状態（つまり、憂鬱の大きさとそれを隠す演技の大きさとが丁度同じであること）は言うまでもなく私には自分自身に関しまた神との関係に関し役割が命じられていたことを意味する。子供の頃私は厳格にかつ真剣にキリスト教において教育された。人間的に言うなら気狂いじみた仕方で教育されたのである。既に最も幼い頃から私は憂鬱な老人がその印象を私の上に刻印するとともに自らもそのもとに沈んでいたようなそういう印象を持たされていたのだ――気狂いじみたことだが、一人の子供が一人の憂鬱な老人の装いをさせられていたのである。恐ろしいことだ！だから私にはキリスト教がひとつの非人間的な残酷さと思えた時期があったが、それは異とするに足りないだろう。が、私はキリスト教から最も遠ざかっていた時でさえキリスト教への敬意を棄てたことはなく、とりわけ私がキリスト者に成ることを選択しなかったなら、私だけが知っていて、私がいままで一度もそれが語られるのを聞いたこともなければ学んだこともないようなそんな困難を誰かに打ち明けるようなことは決してするまいと堅く決意したほどである。しかし私は、キリスト教と手を切ったりそれを放棄したりするようなことは決してなかった。キリスト教を攻撃しようなぞということは私の考えの中に一度ものぼったことはなかった――いや、私は、自分のいくらかの力を役立てると言ってよいような時になってからというもの、自分の全力をキリスト教を擁護するために、あるいは、いかなる場合にもそれをそれ自身の真の姿において描き出すために用いようと堅く決意してきたのである。それというのも、私は、既に非常に幼い頃から受けてきた教育のおかげで、キリスト教がそれの真の姿で描き出されることがどんなに稀であるか、またキリスト教を擁護する筈の人々がどんなにしばしばそれを裏切っているか、そしてキリスト教を攻撃する人々がどんなに稀にしかその本来の的には当たっていないか、それなのに更に私に言わせるならば、それらの攻撃は既存のキリスト教界にはいかにしばしば見事に的中しているかということを確信するまでに至ったからである。

既存のキリスト教界は確かにむしろ真のキリスト教のカリカチュア、もしくは、真のキリスト教をほんの微量に入れた巨大な量の誤解、錯覚の類いと言われなければならないものである。——このようにして私はキリスト教をある意味では愛していた。それは私には畏敬に値いするものであった——それは私には確かに人間的に言うなら最高の不幸を与えたのだが。しかしそのことは、私が最高に愛した人間、つまり、私の父との関係に原因しているのである——では、それはどういうことなのだろうか。この件は、一人の人間を不幸にした者がその父親であるという正にこのことである—しかしそれは愛によってである。彼の誤りは、愛が足りなかった点にあったのではなく、老人と子供とを取り違えた点にあったのである。(2)」

父による教育と憂鬱との関係については、このほかに著作にも日誌にも無数に記されているが、この記述ほどに短くコンパクトにまとめられているものは他に見られない。

ここで記されていることの要点は結局は二つになると言ってよい。それは言うまでもなく、その教育が与えた優位点と欠点とである。

まず優位点の方は、その教育は息子セーレンに「キリスト教」を当時一般に見られるいかなる形式よりもはるかに厳密な形式で与えたということである。そのためそのことは、セーレンに、自分の諸力がキリスト教をその真の姿において描き出すことに役立たせるよう作用したことである。

欠点の方は、人生の任務を遠にやり過ごしてしまったひとりの憂鬱な老人が自分自身を幼い子供と取り違えてしまったことである。

キルケゴールの憂鬱はこの二つの面から成っていることが明らかになったわけであるが、注目さるべきことは、キルケゴールはこのような憂鬱によってキリスト教のより深くより厳密な理解へと達するに至ったということである。

次にその点について考えてみよう。

Ⅱ　キリスト教のより深くより厳密な理解

父ミカエルによるキリスト教教育の効果が息子セーレンにおいては前述のような「憂鬱」を介してキリスト教のより深くより厳密な理解になって現れていったことについては、キルケゴール自身が著作や日誌・ノート類のさまざまな個所に直接間接に記しているところである。しかしここでは私はそのようなより深くより厳密なキリスト教理解こそが目下のテーマである彼の「教会闘争」へとつながっていったことを指摘したいのである。これについてはデンマークや北欧諸国の何人かの研究者がさまざまな研究を行ってきたところであるが、それらを参照して考えてみるとき、そのつながりは大きく分けて三つの点に現れていることを知らされる。

一つは、前節までの記述から明らかなように、あのように幼い頃から厳密な仕方で教育を受けたキルケゴールにとっては、正にその幼い頃から「この世」は、つまり、一般的な人間社会は、「相容れない対立的存在」となり、彼はそのような幼い頃からそれとは「相容れない対立関係」に立つことになった。つまり、彼はそのような一般的社会とは「論争的関係」polemisk, gennempolemisk に立つことを運命づけられてしまった。こうして彼においてはキリスト教の理解そのものがそのような「論争的関係」を通じて厳密化され深められていった。そしてそのような「論争的関係」において最も究極的な意味をもったのが、デンマークにおいては一般的社会になっていた「キリスト教界」との「論争的関係」であった。つまり、彼の生涯はそこへと至るように宿命づけられていたと言えよう。

もう一つは、これこそがその「憂鬱」がキルケゴールに齎した最高の賜物と言えるが、それは、キルケゴールがこの「憂鬱」という病いとの死闘とも言える闘いを通じてむしろキリスト教の福音の最も深い本質を知るための決め手となる概念「肉中の刺」という概念を知り、これによってキリスト教の真髄をなすものへの理解へと、言い換えるならば、「使徒的キリスト教」の深みの理解へと至ったことが挙げられる。キルケゴールは青年時代からそのキリスト教理解が、彼の言葉で言うならば、弁証法的な仕方のもとで深まっていった。すなわち、彼はまずあの「三つの文学的形象（ドン・ファン、ファウスト、永遠のユダヤ人アハスヴェルス）」のそれぞれに対する弁証法的対決の関係を通じてキリスト教の本質をより真実とらえていったが、そのような弁証法的深まりの更に深い段階として「使徒パウロの形象」にまで至った。そしてこれを通じてキルケゴールは「使徒的キリスト教」の決定的概念として「肉中の刺」Pælen i Kødet の意味を知るに至った。K・イェセニウス、G・マランチューク、そしてN・トゥルストルップはこのことの意味を非常に重視している。しかもこの件に関して注目さるべきは、キルケゴールが教会闘争の最中遂に倒れ、フレゼリグス病院に入院し、死を直前に控えた病床の中で唯一の親友エミール・ベーセンに、目下の教会闘争がこの「肉中の刺」の問題といかに密接に関わりがあるかを打ち明けた点である。この問題はそれ程までにキルケゴールのキリスト教理解の深さを意味している問題なのである。しかしそれについての詳細は次節に譲られる。

更にもう一つは、父による教育は、第二節で述べたように、キルケゴールを幼い頃からJ・P・ミュンスター監督と結びつけることになったが、しかし同時に更に今述べたような「論争的対立関係」と、「肉中の刺」という概念に示されているような「使徒的キリスト教」の深い意味の理解を通じて、要するに、「キリスト教がその真の姿において描き出される」ことにおいて、同監督との「論争的対立関係」はその激しさの極点にまで至り、「教会闘争」における象徴的な標的にまでなったことは充分理解し得るところである。父ミカエルによる教育が息子セーレンに齎した「憂鬱」を介しての「キリスト教のより深くより厳密な理解」は正にこのJ・P・ミュンスター監督をこそ標的にし象徴的なものとしたその「教会闘争」という形において現れ出たということができるのである。

本章において私は、「父ミカエルの祈りとそれに基づく教育」がどういうものであったのかについて述べてきたが、ここでもう一度思い返してみたいことは、息子セーレンの全生涯は四六時中正にこの「父の祈りの声」が静かに響きわたる空間の中で営まれてきたという事実である。そして更に驚くべきことは、やがて第三章で述べられるように、この「父ミカエルの祈り」は息子セーレン自身の「祈り」の中で祈られ生きられたという事実である。これだけ見ても、「父ミカエルの教育」が息子セーレンによる「教会闘争」に通じてゆく内的要因の一つをなしていたことは充分認められると考える。

ところで、いまⅡで述べた三つの点の詳細に関しては、本書のこれ以降のそれぞれの個所で取り挙げることにしよう。

注

(1)『青研』五二五―三二一頁。

(2) S. V. XIII. S. 604ff.

第二章 「肉中の刺」の意識

教会闘争へと通じてゆくもう一つの内的因子として、キルケゴールが言うところの「肉中の刺」Pælen i Kødet の意識が挙げられる。このことは何よりもキルケゴールの唯一の親友エミール・ベーセンが、死を目前にして病院の病床に横たわっていたキルケゴールの口から直接聞いた言葉として伝えている言葉が根拠となる。しかしこの「肉中の刺」の問題を教会闘争へと通じてゆく一つの内的因子として明快に示してくれたのはN・トゥルストルップの Kgd og Kirken i Danmark. (Kbh. 1985). S. 268–74. であった。そしてその証明と見解は充分納得しうるものである。しかしこの「肉中の刺」という問題はそれ自体が非常に分かりにくい問題なので、トゥルストルップの見解を知るためにも、この問題自体を考察してみる必要がある。そこで本章では、初めに、その研究史を瞥見してそこからこの問題の所在を探り、この「肉中の刺」という言葉の意味を出来得る限り正確に理解した後に、トゥルストルップの著作へと入ってゆくことにしたいと思う。

第一節　研究史概観

この「肉中の刺」という言葉は言うまでもなく使徒パウロが「コリントの信徒への手紙」二十二ノ七で述べている言葉であり、これをキルケゴールは著作や日誌の中で使っているのである。そのパウロの言葉はこうなっている。「また、あの啓示された事があまりにもすばらしいからです。それで、そのために思い上がることのないようにと、わたしの身に一つのとげが与えられました。それは、思い上がらないように、わたしを痛めつけるために、サタンから送られた使いです。」

ところで、キルケゴールはこの「肉中の刺」を自分自身に痛切に感じるところから、この言葉を著作や日誌の中で使い、そのことによってこの言葉は、彼の思想ならびに精神的内面性の謎を知るための重要なキー・ワードの一つになっていたのである。キルケゴールはこの「肉中の刺」という言葉を周知のように『四つの建徳的講話』（一八四四年）の中の第二番目の講話の標題に使い、この言葉の意味について自らが考えるところを詳しく説明している。その他の著作では、『後書』で一個所、『死に至る病』で二個所、『視点』で三個所この言葉に言及している。また日誌の方では直接これについて記している個所は四十二個所、直接的にではないが使徒パウロに関する手記の中でこれに言及していると思われる個所は相当数ある。しかしそれらの著作や日誌の個所を読んでみて分かることはこの言葉の意味が何とも不可解だということである。しかしそれには二つの理由があるように思える。一つには、この言葉の出所である使徒パウロがこの言葉で実際には何を指していたのか多くの研究があるにも拘らず正確には明らかになっていない点であり、もう一つには、この言葉を使っているキルケゴール自身がこの言葉の真の意味は簡単に言葉や事象によって表し難いものとして述べている点である。従って、このようなことから、この問題には多くの研究者たちは手を出したがらず、ましてや深入りを避けてきたきらいがある。それでも少なくとも五名の研究者はこの問題と真正面から向き合って取り組んでいるのでそれらの学者の成果を辿ってみたいと思う。それというのも、その作業を通じてこの言葉が秘めている「問題の所在」が自ずと浮かび上がってくるように思えるからである。

まず、この言葉は、それが『四つの建徳的講話』の中の第二の講話として取りあげられていることから、研究史の当初から、少なくともキルケゴールの著作を扱った書物においては、これが紹介されている。例えば、G・ブランデスの書物とならんで一番最初の書物F・ペーダーセンの書物ではこれが早くも紹介されている（Frədrik Petersen: Dr. S. Ks Christendomsforkyndelse. II. (Christiania, 1877). S. 21–2.)。またその三年後に出たW・ルーディンの有名な著作紹介書においてもはっきりと紹介されている（W. Rudin: S. Ks Person och Författarskap. Ett Försök. (Stock-holm, 1880). S. 82.)。このようにこの言葉を標題にした講話の紹介だけなら、このような初期から行われ、爾後もほぼこのような仕方で行われていったのである。しかしこれを正面から取りあげ突っ込んだ研究は仲々行われる気配はなかった。

しかし遂にこの問題が取りあげられるときがきた。それを為した人物はE・ガイスマールであった。彼はこの問題をS. K. Livsudvikling og Forfattervirksomhed. IV. Martyr eller Digter. (Kbh. 1927). S. 32–64. で扱っている。ガイスマールはこの問題を該書の第二章で「異常な者と肉中の刺」という標題のもとに扱っている。ここにいう「異常な者」Det Overordentlige という言葉には、いわゆる異常者、変り者という言葉を借りて、そこには「特別な人」「例外的な人」という意味がこめられている。ガイスマールはこの問題を扱うのに三十三頁もの紙幅を当てたわけだが、この中で彼はこの「肉中の刺」の内実を直接取りあげるというよりもむしろこれをキルケゴールの「内面的闘い」の相の下に取りあげており、やがてキルケゴールがこの「闘い」においてそれを超克してゆく過程を描き出している点に特徴がある。すなわち、ガイスマールは、一八四七年と四八年に、とくにキルケゴールが書いたあの二冊の書物『さまざまな精神における建徳的講話』と『キリスト教講話』こそその闘いを示すものであり、あの一八四八年四月十九日（水）の復活祭体験はキルケゴールがこの闘いの真の意味を知ったこととなし[1]、その闘いとその復活祭体験の個人的成果は『死に至る病』（一八四九年）の中に、とりわけその中の「諦めについての注記」[2]に示されているとなしている。[3]このガイスマールの研究はさまざまな内容を含んでおり、一概に単純な批判はできないが、その研究はこの問題がもつ性格をさまざまな角度から照し出したことに大きな意義があり、しかもこの問題がキルケゴールの「憂鬱」をめぐる苦悩に関係があることを指摘し、そのようにしてキルケゴールがその時点に達した一つの決定的な問題との関連でクローズ・アップさせている点に絶大な意義があると考える。それによると、キルケゴールはその時期キリスト教が真に要請していることは「殉教」であり、キリスト教の真の在り方は「殉教者」になることだという考えに達した。しかし彼には決定的な問題図式として「殉教者になるか―詩人になるか」の問いの前に立たされ、しかし彼は殉教者になれない自分に苦悩した。そして殉教者になることを妨げたものとして「肉中の刺」の問題が関わってきているというのである。[4]これはこの問題に関する一つの重要な示唆として受け取ることができよう。しかしガイスマールのこの「肉中の刺」の内容についての説明自体は今日の眼から見るならば、憂鬱の苦悩と「罪」の意識とに平板的に結びつけているように見え、そのままでは肯えない。ただその叙述は非常に分かり易いところから、書かれた当時は随分多くの人々に読まれ、該書は研究者たちの注意をこの問題に引きつける最初の書物となったと言えよう。

この書物の後この問題を重視して正面から取り組んだ人物として三人の名を挙げることができる。それは、E・ヒルシュ、K・イェンセニウス、G・マランチュークである。この三人ともそれぞれの視角からこの問題に照明を当てている。

まずE・ヒルシュはガイスマールとの厚い親交があったこともあって、この問題に限らず研究のすべてにわたってガイスマールの前述の書物はじめその他の論文から大きなインパクトを得ていた。ガイスマールが前述の六分冊から成る大書を完了して約二年後ヒルシュはあの有名なK＝Studienを一九三〇年から三三年にかけて三分冊にして刊行したが、彼はそれら各分冊のすべての扉にガイスマールへの丁重な献呈の辞を記していることはひときわ注目をひく。ところでヒルシュがこの「肉中の刺」とこれに関連する問題を扱った個所は第二分冊一三六頁から一四八頁までと第三分冊第二研究の一二三頁から一二七頁までである。これらの個所でヒルシュはガイスマールの見解にも触れながら自説を展開している。(5) 「肉中の刺」自体に関するヒルシュ自身の見解には三つの特徴があるように見える。一つは、ヒルシュはこの「肉中の刺」をやはりレギーネとの婚約破棄という問題をめぐって、つまりは、キルケゴールが結婚という一般的な事柄から閉め出されていることに関係をもつとみなしている点である。もう一つは、この「肉中の刺」はキルケゴールが自らの性格としてもっている「詩的なもの」が「宗教的なもの」を実現するための根本的な障害として働いてくることに関係をもつとみなしている点である。更にもう一つは、この「肉中の刺」は使徒パウロとの同時性を意味し、それはキルケゴールの在り方が旧約的段階から新約的段階へと移ったことを意味するとみなしている点である。(6) 以上の三点のほかにまだいくつかのことが述べられているが、ヒルシュの説明の全体はある意味ではこの問題についての極めて常識的平板的な見方の展開と受けとれ、研究者たちからは、それもとりわけ次に述べるK・イェンセニウスやG・マランチュークからは厳しい批判をうけている。

先のガイスマールの研究の刺激を受け、またこのヒルシュの研究も踏えて現れたのがK・イェンセニウス Knud Jensenius (1903〜?) であり、彼はこの問題をあの有名な労作 Nogle K-Studier. "De tre store Ideer" (Kbh. 1932) (S. 101–24.) で扱っている。この研究は前述の二者のそれらに比べ非常に独創性に富んだ研究であり、同時に研究書としてこの問題の核心に一歩、いや大幅な歩をもって迫り得た貴重な資料とみることができる。K・イェンセニウスについては既に『青研』や『著研』で詳しく紹介したように、彼はキルケゴールの文学手法ならびに文学思想の基本が「三つの文学的形象」(ドン・ファン、ファウスト、アハスヴェルス) を範型として形成されて行った次第を、F・ブラントの研究を踏まえながら最も詳細に研究し、右の労作を生んだのである。この「肉中の刺」についてのイェンセニウスの見解は実に明快である。それは、キルケゴールの生涯では一八三八年から四三年の間に大転換が起こった。一八三八年五月五日の誕生日あの「大地震の体験」により父ミカエルと和解し家に戻り神学国家試験の準備をする方向への大転換であり、しかも八月に父ミカエルの死後はますますその方向へと進んでゆくことにより、彼は最早あの迷い続けた「アハスヴェルス」ではなくなり、「アハスヴェルス」であり続ける必要はなくなった。そしてその著作や日誌の記述からも明らかなように、キルケゴールは「肉中の刺」を秘めた「使徒パウロ」との同時性の段階へと移った。そしてその「使徒パウロ」との同時性の体験の中で、パウロの「肉中の刺」の問題がキルケゴール自身の問題としてその意識の中で大きな位置を占めるようになったというのである。こうしてイェンセニウスはこのように、キルケゴールが依拠していたイデー形象の変化を軸にしてこの「肉中の刺」の問題の本質に迫ろうとするのである。その部分を要約すると大体次のようになる。パウロは回心する以前にはキリスト者たちを迫害しキリストに反抗するという点でアハスヴェルスと同じことをしていた。つまり、両者共に同じ罪を犯していた。従って、当然そこには同じような「罰」が考えられて然るべきであった。ところがアハスヴェルスの場合「罰」は運命としての永劫の破滅となり「死ぬ」ことすら出来ない「呪いのしるし」そのものになった。しかパウロの場合はその罪は「神の恵み」によって赦されるが「罰」は「肉中の刺」として残っていった。それは「神の恵み」によって救われたパウロが自らを誇ったり、神への奉仕を避けたりすることがないようにするためである[7]。つまり、イェンセニウスによるならば、そのイデー形象の変化のうちに「神による呪い」の意識から「神による恵み」の意識への変化があったこと、しかしその「恵み」にはいわゆるこの世の幸福や誇りに類するものは入っておらず、むしろ「恵みへのへり下り」「神への奉仕」ということが含まれていることとなし、「肉中の刺」は正にそれがために与えられたものだというのである。こうしてイェンセニウスはこの「肉中の刺」がキルケゴールにおいてはあのレギーネ問題にみられるように、キルケゴールに「一般的なことがら」の実現を不可能にさせてしまうものとして意識されていたことを述べている[8]。その場合イェンセニウスが引き合いに出しているのは Pap. X2A92, 375, 456, 493, 587 等々の手記である。イェンセニウスの見解についてはこれ以外にまだ多くのことが述べられなければならないが、一応ここまでにしておこう。それというのも彼の功績は、この「肉中の刺」が「罪と罰」としての運命的な「神による呪い」に属するものではなく、「神による救い」における「神の恵み」に属する事柄にあることを見出した点にあると考えられるからである。しかし「肉中の刺」とは何であるかという本質問題についてのイェンセニウスの説明には依然としてその核心には触れられていないように思えてならない。

このようにこの時期までのこの「肉中の刺」を扱った著作や論文は、前述したことから分かるように、それらの著者や筆者の意図はとにかく、この「肉中の刺」の意味の説明においてはその核心に触れていると思われるものは見られなかった。

しかしそうした流れの中にあって一九四〇年、G・マランチュークが発表した論文『肉中の刺』Pælen i Kødet. (Dansk Teologisk Tidsskrift. 3 aarg. 1940. S. 82–90.) は、その意味の説明という作業と真向から取り組み、その目的を充分果たしていると言うことができよう。ガイスマールの愛弟子であり、また同氏を心底から尊敬してやまなかったG・マランチュークは、当然のことながらガイスマールの先述の著作を充分に参照し、またヒルシュやイェンセニウスの前述の労作も踏まえたうえで、それらに欠けた一点としてこの概念の意味の定義という問題だけに集中し、この労作を生み出したのである。この論文はマランチュークが発表した一番最初の論文であり、しかも非常に短いものであるが、それには同氏の意図が実によく現われており、その意図の通り、その叙述は極めて簡潔にして明快、その意味の核心を射ていることが充分読みとれるものであった。それゆえ、デンマークの研究者たちの間でも非常に高い評価を得ていた。そして誰よりも私自身がこの論文によってこの問題への透徹した理解へと達することができたように思う。この論文の内容については本書では次節で紹介することにしているのでここではこれ以上立ち入らないことにする。ただ一言付言しておくならば、私には、この論文の理解があってこそ次のトゥルストルップの見解がよりよく明快なものになったということである。

この論文以後も多くの研究者の著作や論文では、この問題に関する限りは、ほんの少し言及するにとどまるものばかりであったが、一九八五年ようやくにして明らかにマランチュークの論文の次の段階を意味すると言える労作が現われた。それがN・トゥルストルップのK. og Kirken i Danmark.（Kbh. 1985. S. 268–74.）である。トゥルストルップはそこで自ら述べているようにこの「肉中の刺」の意味の定義や解明には意を用いず、そのことはむしろマランチュークの論文に委ねた格好になっているが、その代り彼はこの「肉中の刺」といわれているものがキルケゴールにおいてどのような作用をしていたのかに注目したのである。その作用の場面と考えられるものを整理してゆき、その最終の場面として目下問題にしている教会闘争についてあの病院の病床でキルケゴールが親友エミール・ベーセンに打ち明けた場面を紹介しているのである。それについては本章の第三節で述べるのでここではこれ以上立ち入らないことにする。しかし私はトゥルストルップがこの「肉中の刺」とキルケゴールが呼んでいたものがその生涯の中でどのような作用をしていたのかその場面を整理し教会闘争をその最終場面として指摘したことはこの教会闘争に関する研究への絶大な寄与と考えるのである。

本節において私は実に簡単ながら「肉中の刺」についての研究史を辿ってきた。その考察からは、この問題はその意味の確定という問題こそが最もむずかしい問題であったこと、しかもこの「肉中の刺」という問題は「教会闘争」にまで通じてゆく性質の問題であることが、明らかになってきたと思う。そこで私は次の二つの節を使ってその二つの問題を考えてみたいと思う。

注

（1） E. Geismar: S. K. Livsudvikling og Forfattervirksomhed. Bd. IV. Martyr eller Digter.（Kbh. 1927）. S. 52–8.
（2） S. V. XI. S. 205ff.
（3） E. Geismar: Ibid., S. 59ff.
（4） Ibid., S. 60–2.
（5） この点に関するヒルシュの見解については、K・イェンセニウスもG・マランチュークも言うように、決して正しいとは言えない。いや、かなりズレがあるように思える。しかしこれについてはすぐ後述。

（6） E. Hirsch: K＝Studien. II. S. 145.

（7） Knud Jensenius: Nogle K-Studier. "De tre store Ideer" (Kbh. 1932). S. 119.

（8） Ibid., S. 123.

第二節　「肉中の刺」の意味

この「肉中の刺」についてキルケゴールが記している文書類は、時期的に分けると、二つのグループになる。一つは、一八四四年に出版された先述の「講話」S. V. V. とそれのための草稿類 Pap. VB. とであり、もう一つのグループは、一八四七年から五一年六月頃までのもの、著作としては『後書』『死病』『視点』の中の数個所と『日誌』としてはその時期にあたる Pap. VIII^1A–X4A までの記述である。この二つの異なれる時期での記述が示している事柄は大変意味深いと考える。まず前者の時期は、既に紹介したK・イェンセニウスが指摘しているように、キルケゴールが「アハスヴェルス」という形象の段階の後に「使徒パウロ」との出会いのもとで初めて「肉中の刺」について考えるようになり、それが講話になったことを示している。その意味ではこの言葉の省察は初期の段階のものと言うことができる。これに対して後者の時期はコルサール事件の直後の時期からあの一八四八年四月の復活祭週間の回心を経て一八五一年九月に教会攻撃を三年後に控えて「三年間の沈黙と潜行」へと入る直前までの時期ということができる。従って、この時期にはこの言葉が意味する苦しみとそれについての洞察はぐっと深まっていったことは明白な事実である。いずれにせよ、この「肉中の刺」の研究には、資料問題として、この二つの時期の区別が明白に理解されていることが必要と考える。

ところで、マランチュークは、明らかに、この区別を明確にして自らの考察に携わっているように見うけられる。

つまり、マランチュークは、まず、その『講話』が意味しているものを充分踏まえながら、次に、いや、主たる目標として、その研究眼を後者の時期のグループの記述に向けていっている。そしてその論文の結語にあたる部分で、この短い叙述では「肉中の刺」という問題の主なる特徴 Hovedtræk を示すことができたにすぎない。そして、例えば、「肉中の刺」とレギーネとの関係の問題等々の特殊な問題には関わることをしなかった、と述べている。(1) しかしその論文はこの難解不明の問題の本質を照らし出すのに実に貴重な働きをしている。

以上のようなことから、私はまず『講話』から出発し、次にその他の三冊の著作に移り、そのあとに主たる目標としてそれらの『日誌』の記事へと移って行くという方法をとった。しかしそれはあくまで私の研究方法上の順序であり、しかしそれについてのここでの記述は問題の性格上その成果の上に立っての簡潔な要約を目ざし、出来得る限り明晰であるために、要点のみを列挙して示すことにした。その場合その記述の順序と方法には、先述した三人の研究者たちの誰のものよりもマランチュークの論文が最も主なる導き手となっていることは言うまでもない。

まずその「講話」の導入部にあたる個所では、著者キルケゴールは、この概念を考えるための読書自身の「姿勢」ともいうべきものについて切なる願いを述べている。このことは、この概念に関しては何にも勝ってこれと取り組む「姿勢」こそが最重要問題であることを訴えているに等しい。しかしその部分の言述で注目されるのは、それはこの不可解な概念がもつ性格の核心について見事な指摘になっている点である。それゆえ、ここではそのような意味合いを買って、その言述を取りあげることから始めたいと思う。それは次の二つの点からなっている。

一つは、この概念を考えようとする読者の「姿勢」そのものについて著者が短刀直入に自らの願いを述べた下りである。それによると、読者は、この概念を考えるにあたっては何よりもまずこれについての自らの問いの持ち方がどういう状態になっているのか、それを徹底的に検証してみようということである。つまり、読者がこの問題を考えるとき、使途パウロからどんな慰めやまたどんな導きを得られるのかを考える前に、何よりもまず、これについての問いの持ち方がこの問いの本質に本当に相応しい仕方でもっているのかどうか、よく検証してみようというのである。

つまり、その場合、この概念との関わりで感じている自分の苦しみはこの概念とは関係なく笑って論じられる程度のものではないのか、また、自分が人生から試練をうけていると思っていてもそれは使徒が受けた深刻な試練と比べるなら冗談にも等しいものではないのか、そして更には、「〔読者には〕使徒はこの世のあれこれの思い煩い事には費すべき多くの時なぞもっていないということに、そして使徒はその苦しむ者にはどうしようもなく苦しい闘いの場であってもそこからその人を速かに引き離して使徒がいうところの苦しみの本来の場所であるその決定的な戦場へと導き入れてしまうことに、本当に真剣に心の準備ができているのかどうか」、これらのことを篤と自己検証してみようというのである。[2] つまり、何よりもまず自己自身への真摯な関係をもってほしいということである。

もう一つは、この「講話」は正にそのような真摯さにこそ訴えて書かれたものであることを述べた下りで、それによると、この講話は使徒パウロが得たような慰めを追求しようとしているのでもなければ、読者に心の安らぎを与えることを目的として語ろうとしているのでもなく、読者を「驚かせるために」tli Forfærdelse 語ろうとしているのだというのである。[3] このデンマーク語は単なる一般的な「驚愕」を意味していると言ってよい。つまり、キルケゴールは、この講話は前述したような読者の心情にだけ感じて貰えるような「驚き」を起こさせることを意図している、と言っているのである。

キルケゴールがこの講話の導入部にあたる個所でこの問題に関し何にも先立って必須のこととして書いていることは、このようにこの問題に向き合う読者の姿勢に関してであった。つまり、それは、自己自身に本当に真摯に検証する者にのみ感じることのできる、この概念が本来もっているものについての「驚き」を感じること、であった。

それにしてもキルケゴールがこの講話を「驚かせるために」書いたと言っているのには、これを通読してみれば分かるが、一つのわけがあるように思える。それは、キルケゴールがこの「肉中の刺」という問題をめぐって信仰というものについて、とりわけ使徒の信仰について一般に抱かれている常識を根本から覆すことを為している、という意味であることが分かる。そして確かにそれは日常的なレベルで感じられ知られているものとは全く質的に異なったレベルのものであることを知らされる。

そこでわれわれ読者がその講話の本論を理解するには、何よりもその「驚かせるもの」を関心の中心に置いて、読んでゆくことが肝要と考える。

このような観点から本論に目を向けるとき、まず次の一点が予め最も用心さるべき点として、つまり、誤解しないようにと警告されていることに気付く。それは、「肉中の刺」は決して人生における個々の具体的な苦しみに関わりをもっているような「外的なもの」det Udvortes ではないということである。(4)「肉中の刺」という言葉が発せられると一般にはそれは人生の個々の苦しみに関連づけられ、従って、何かそのような「外的なもの」によって表現されてしまうが、それは決してそのようなものではないという。その場合その「外的なもの」とは、例えば、病弱という肉体的な苦しみから狂気や憂鬱というような心理的な病いや欠陥に至るまでのすべての領域のものが入るが、「肉中の刺」という言葉で呼ばれているものはこれら「外的なもの」によって表現され得るようなものではないということである。(5)つまり、「肉中の刺」が意味するものは一般的日常的な意味で考えられている「苦しみ」を指すのではないということである。

このように述べてここからいよいよ「常識」の覆しが行われる。その「常識」とは信仰に関する「常識」、とくに使徒に関する「常識」である。つまり、一般に人は、神の恵みによって救われ、その救いの最高段階に達した者には、つまり、最高の至福を味わった者には懐疑による苦しみなぞあり得ない筈だと信じている。従って、「使徒」とはその最高段階に達した状態にある人のことであるから、そのような「使徒」には懐疑による苦しみなぞある筈はないと信じている。ところが、この講話はその「常識」を覆すのである。つまり、この講話は、そのような「使徒パウロ」にさえも、すなわち、「第三の天において法悦の状態にあって」Henrykt i den tredie Himmel 正に至福を味わっていた「使徒パウロ」にさえも、「肉中の刺」の疼きによってその懐疑による苦しみがあったことを述べている。つまり、「肉中の刺」とは単独の一般的な苦しみの一つではなく、それは「至福」の状態に呼応するかのようにそれに全く対立する者として現われてきて、その「至福」の状態にあるものを苛み苦しめるものだというのである。そして講話は更に突っ込んだことを述べている。すなわち、このようにこの「肉中の刺」は、第三の天に上げられて「至福」を知った者だけが、まさにその故にこそ体験し得る一般的な苦しみとは比較にならない苦しみだというのである。つまり、それはその人間をそのような「至福の状態」から、従って、「永遠なるもの」から引き離し閉め出すように働くのであり、それゆえ、この「肉中の刺」は、第三の天での至福を知った者だけが、まさにそのゆえにこそ知り得る「死の苦しみよりもはるかに恐ろしい見棄てられた状態」についての耐え難さなのだというのである。だからそれはいわゆる心理的概念に属するものではなく、神との結びつきを司るものとされている「精神」の至福に対立する概念だということである。[6] 要するに、この「肉中の刺」に関してキルケゴールがまず述べようとしたことは、最高の至福の状態とは一切の苦しみが解消した平安そのものではなく、その至福を体験している者にこそ一般的な苦しみというレベルでは到底考えられないそのレベルでのみ起こる言語に絶する苦しみがあるのだということである。しかしキルケゴールはこの「肉中の刺」が更にもっと測り知れない深い意味をもっていることを述べる。

しかしそれにあたっては、この「肉中の刺」の疼きがどんな場面で生じてくるのかを、使徒パウロの体験と自らの体験とを重ね合わせるようにして述べる。全集第二版の第五巻一二八頁から一三六頁まではこの問題を中心にして詳細な論究を展開している。しかしそこで述べていることは極めて明快である。すなわち、「肉中の刺」の疼きは、「過ぎ去ったもの」どうしようもなく「回想」Mindleとしてよみがえってくるときに、それも単なる「過ぎ去ったもの」としての過去の行為や過ちのようなものではなく、過去に犯した「罪」の恐ろしさが、つまり、神、キリストに対して犯した「罪」のおそろしさがよみがえってくるときに、生じてくるというのである。[7] その「罪」の回想はいつまでも永久に残ってくるというのである。その回想がいつまでも当人を苛み追いかけてくることについてキルケゴールが挙げた使徒パウロの事例は実に迫真的な表現とさえ言える。それによると、使徒パウロはあの奇跡とも言える回心によってサウロからパウロになりキリストを宣べ伝える使徒となったが、その使徒パウロが「十字架につけられたキリスト」の福音を説教しているとき必ず自分がサウロ時代にキリスト教徒たちを迫害していたときのことがよみがえってきて、あの「十字架につけよ」というユダヤ人の声が聞こえてくるというのである。勿論ユダヤ人がそのような声をあげているときサウロ自身どこにいたのかは定かではないが。しかしステパノが石で打たれたときは、彼はそのばに坐っていて、その刑吏の服を見守っていたことは確かであった。このように彼は一瞬でも走っているのを止めると、その記憶がよみがえってきて彼を迷わせる。すると彼には説教なぞ耳に入らず、迫害をしている叫び声だけが聞こえてくる。つまり、彼は自分自身説教をしているのではなく、脅かしの声をあげているような思いになる。(8)…このように述べている。

こうしてキルケゴールは、過ぎ去ったものがいつまでも残ってくることについて大要次のように述べる。過ぎ去った罪は、パウロが自分の使途としての活動をどんなに生き生きと行なって、それによってそれを償おうとしても、それに謀反を起こすものが爆発し、パウロ自身でさえもそれをとめることはできなかった。こうしてそれは彼にとって肉中の刺となった。(9)しかしそうなったのは、彼自身の力によってではなく、言い尽し難い至福が彼から離れ去ってしまったからである。

しかしパウロの苦しみはこれだけでは終らない。それというのも、その「過ぎ去ったもの」は、彼にそのような謀反をますます起こしてきて、それは今度は本来のものとしての姿をとって現われてき、更に新しい恐怖を伴ってくる。たましいは自分が過去の罪から贖い取られたと信じていたのに、その「過ぎ去ったもの」はまたもや要求をかかげて今度は未来のものと手を組んで謀反を起こし、以前よりもずっと恐ろしい姿で立ち現れてくる。このように述べて、キルケゴールはそのことの実に不可解な驚くべきことを指摘し、それを大きな問いのように示唆しながら、こう記している。「この講話は肉中の刺について語っているのである。(10)」

このあとキルケゴールは、そのような信仰の中で起こる謀反が悉く不安を介して起こってくるものであることを詳しく述べる。(11)そして次のように言う。「〔不安がどんなに大きな力をもって脅かしてくるとしても〕使徒に確と分かっていることは、それとの闘いが自分に役立つということである。(12)」

このように述べてキルケゴールは、読者に、他人を見る目をもつのでなく、謙虚に自分を見る目をもつべきことを、審くdømmeという言葉を使ってすすめている。

「肉中の刺」という講話はこれで終っているわけであるが、最後の結語にあたる個所でキルケゴールは二つの選択肢を提示している。一つは、〔至福の状態においても肉中の刺の疼きを感じ罪との闘いをしなければならない〕危険と驚きの戦いをする道を歩むか、もう一つは、利口に振舞い精神性を失って人生の安泰だけを楽しんでゆく道を歩むか、この二つを提示している。(13)

「肉中の刺」を標題とする「講話」が述べている事柄は大体以上のようなものである。

しかしこの「講話」は、その原稿が一八四三―四年頃に書かれたことから、そしてまたそれが「講話」であるという性格から、その思想内容には自から限定があるのも事実である。つまり、その時期以後には、そしてまた日誌などには、当然その思想上の発展が予知され得る。そして事実そのような発展は、先述した他の三つの著作や、そして何よりも『日誌』の記述の中にはっきりと見られるのである。従って、この「肉中の刺」について、前述の「講話」を超えて更にその発展をも知るためには、それらの資料を充分に精査し考察する必要があると考える。

それは大作業になるが、この大作業を一九四〇年という早い時期に見事にやってのけたのがG・マランチュークである。マランチュークは、前述の「講話」も含めその後のそれらすべての資料を実に見事に整理し、この「肉中の刺」という問題の本質を明快に抉り出し、輪郭鮮かに描き出してくれたのである。そこで以下の所ではそのマランチュークの労作をよく検討して目下の問題の本質に更に深く踏み込んでみたいと思う。

そのマランチュークの論文には、方法論的に見て、著しい二つの特徴が目につく。

一つは、既に言及したところから推察され得るように、同氏がこの問題で扱った資料の範囲の広さである。同氏は、あの「講話」を勿論含めて、しかしそれ以後のこの問題が出てくるキルケゴールの三つの著作、そしてとりわけ、

『日誌』のさまざまな記述とをすべて扱い、それらを公平適格に整理して考察し、その個々の記述に見られる要点を実に見事に把握し描き出している点である。

もう一つは、マランチュークは、前述のようにキルケゴールの生涯の全時期の資料を前提にしたことからも推察され得るように、この問題に関する「キルケゴール自身の体験」を重視し、それを「使徒パウロの体験」と重ね合わせるようにして、問題の本質に迫ろうとしている点である。しかしこの件でくれぐれも注意していただきたいことは、同氏は決してその「体験」にまつわる個々の部分のようなもの、例えば、レギーネ問題など、には意図的に目を向けず、その「体験」が秘めている最も本質的な一点にだけ目を向け、それを「使徒パウロの体験」と重ね合わせて考えている点である。

マランチュークの論文は方法論的に見てこのような二つの特徴をもっている。

従って、この方法論的特徴はこの問題の本質究明に著しい成果をあげている。その成果の特徴は、基本的には、この問題の取りあげ方そのものに、新しい構図を提示した点にあると言える。すなわち、マランチュークは、その時までの多くの研究者がこの問題を取りあげるときの態度や姿勢が最初から間違っている点を指摘する。それによると、多くの研究者たちはこの概念に接するときのっけからこれがもつ一面のみに、つまり、「否定的側面」のみに固着し、これをこの概念の全体として考えている、というのである。しかし同氏は、この概念には「肯定的側面」と「否定的側面」の二つの面があり、この「肉中の刺」という問題はその二つの面が関連し合い結び合って「二重関係」として成立している、と言うのである。(14) そして同氏は、この問題をこの明快な構図に従って究明し説明してゆくのである。以下その作業の模様を簡単に紹介しよう。

その作業はまずそれの「肯定的側面」den positive Side についての考察から始まる。この「肯定的側面」とはキルケゴールが使徒パウロと同じようにもった「第三の天にあげられた至福の体験」(あるいは、法悦の体験と言ってもよい)のことである。それは神の恵みによる「罪の赦し」の確信で、最高の喜びである。同氏はこれをキルケゴールが使っていた一つの言葉 Henrykkelse（恍惚、法悦等々）という言葉を使って説明している。この体験の代表的なものとして同氏が挙示しているのはあの有名な一八三八年五月十九日の日誌に見られる「言い知れぬ喜び」（Pap. IIA228）の体験である。[15] 同氏はこの体験の意義を自らの師E・ガイスマールが非常に強調し、この体験を使徒パウロのダマスコ途上での回心と比較しながらキルケゴールの場合における類似性を指摘している点を高く評価し、自らもその考えを受け入れている。[16] このように述べてマランチュークはこの肉中の刺」における「肯定的側面」を強調する。しかしこの Henrykkelse の体験については誰よりも当のキルケゴール自身があの「講話」の中ではっきり述べている点である。[17] しかし多くの研究者や人々はこの点を軽く読み過ごし殆んど問題にせずに直ちに「苦悩」の方にだけ、つまり、「否定的側面」にだけ目を向ける習慣をもってしまったので、マランチュークは明確にこの点を指摘し、まずその「肯定的側面」を鮮明に浮き彫りにして示したのである。

このようにして次にマランチュークは、この Henrykkelse の体験との関連のもとで、その「肉中の刺」の「否定的側面」に目を向けてゆく。キルケゴール自身もこう言っている。「(肉中の刺の) あの苦しみ hin Lidelse とこの至福の事実 denne Salighed とは互いに呼応し合っているのである。[18]」

この「否定的側面」についてのマランチュークの究明は更に深く明快である。マランチュークによるならば、この「否定的側面」はキルケゴールが自らの内部に起こってくる二種類の疑いを通じて問題にしていたものだというのである。しかしそれらは単なる懐疑上の問題ではなく、キルケゴール自身においては耐え難い程の信仰上の苦悩として、つまり、自らの試練もしくは試み Anfægtelse として受けとめていたものだというのである。すなわち、マランチュークは、キルケゴールが自らの二種類の試練と考えていたものを通じてこの「肉中の刺」の「否定的側面」と関わりそれを実感していたというのである。それゆえ、マランチュークは、それら二つの試練を取りあげることを通じて「肉中の刺」を突きとめようとする。

まずそれら二種類の中でキルケゴール自身が「最も重苦しい試練」(Pap. VA49) と称しているものについての考

察から始められる。それは、キルケゴール自身が「自分の苦悩は狂気のゆえなのか、それとも罪のゆえなのか」という問いに悩まされる試練である。この懐疑が彼自身にとって最も深刻になっていたのは彼自身が記しているように「この問題との闘いに用いられる自由がこの最も恐ろしい対立の中では弁証法的になってしまう[19]」点にある。ここにいう「弁証法的になる」という言葉の意味は「否定的ジレンマにおち入る」という程のこととして理解してよいだろう。こうしてそこにその懐疑を通じてそれが「肉中の刺」によるものではないのかという問いが出てくる。そしてそのことから今度はその「肉中の刺」とその「弁証法的になる」ということとが懐疑の対象になってくる。しかしこの関係を考えれば考える程その熟考は「罪か―病いか」の境界問題にまたしてもぶつかることになる。このように述べてマランチュークはこの「罪か―病いか」というこの懐疑的な問いは、それ自体を「肉中の刺」から切り離しては考えられないことを指摘する。つまり、マランチュークによるならば、キルケゴールはこのような懐疑の試練を通じてその苦悩が「肉中の刺」として受けとめられていたことを示唆している。しかしマランチュークは、正にそのようなことからキルケゴールは「肉中の刺」を、「病い」というものからも、そしてまたとりわけ「罪」からもはっきり区別していることを指摘している[20]。その部分のキルケゴールの言葉はこうである。「肉中の刺に対しては、譲るという仕方によって ved at give efter 闘わるべきであり、決して無駄な抵抗をして傷つくという仕方によって（使徒行伝九の五）、闘わるべきでなく（しかしこの肉中の刺に対してパウロは確かに強力に闘ったので、彼はそのことによって肉中の刺を保ち続けることになってしまった）、罪に対しては、全力を尽して闘わるべきである。それゆえ、これに抵触してくる実にむずかしい問題の一つは、それは肉中の刺なのか、それとも、それは罪なのかというこの点が人間にとって曖昧なものになっているときにある[21]。」これで明らかなように、キルケゴールは「肉中の刺」を「罪」そのものからもはっきり区別しているのである。いずれにせよ以上のようにしてマランチュークは、「肉中の刺」はキルケゴールが前述のような自らの試練と思うものを通じて関わり実感していたものであることを、指摘しているのである[22]。

キルケゴールが感じていたもう一つの試練の形は、自分の苦しく重い「反省的思考の闘い」の悉くをただ「憂鬱」Tungsindという病いのせいだけにしてしまうそのような考え方をめぐるものであった。しかしキルケゴールは、この試練を通じて、「憂鬱」は決して単なる病いではなく、むしろその苦悩こそが「肉中の刺」の意味を理解する機会となること、そして更に一層深く神の恵みの意味を実感する機会となることを知ったのである。この「憂鬱」と「肉中の刺」との関係に関する問題については既に前章第四節Ⅱで言及しておいたが、キルケゴールがこの「憂鬱」の病いとの闘いを通じてこそ「肉中の刺」の真意を、そしてキリスト教の福音の真髄を理解するに至ったことについては、マランチュークの研究が最大の貢献をなしている。それは氏の論文十五頁から十六頁にかけて詳述されているが、要約するとこうなる。すなわち、キルケゴールは、この「憂鬱」やその他身体上の弱さをめぐるもろもろの苦しみを何とか医者の力によって癒そうとしたが、結局はそれは不可能であることを知った。しかし正にこのことを通じてキルケゴールは彼のそれらもろもろの苦悩の根源がいわゆる医者が扱う「病い」の領域にあるだけではなく、つまり、キルケゴール自身の病的な素質に起因しているだけでなく、もっと別の所に起因しているものであることを知った。この件をマランチュークは次のように想像する。キルケゴールはこれらの「病い」をめぐって医者の考えを聞き、それによってこの病を克服しようとした。ところが医者は彼に助けを与えることはできなかった。つまり、その病いとされていたものは医学によっては救われ得ないしまた救われ得ないだろうということが明らかになった。しかしその憂鬱に関しても身体の弱さに関しても医者が彼を助けることができなかったという正にこのことが、彼に、彼は医学の方法によっては助けられないだろうしまた助けられ得ないのだということを了解させることになった。つまり、彼は、それら自分のもろもろの苦悩の根は、そしてとりわけ「憂鬱」の根は本質的には「肉体的なもの」の領域や「心理的なもの」の領域に属しているのではなく、「精神」の領域に属しているものという了解に達したのである。そしてこのような理由から、その憂鬱の苦悩が癒されるのはそれが属している「精神」の領域をこそ自らの領域としているキリスト教の体験なくしては、そしてまたその体験が与えてくる厳密なるキリスト教理解なくしては不可能であるという認識に達した。しかしキルケゴールはこのことを何か理論的に知ったのではなく、正に実体験を通じて理解に達したことを知らされる。その場面をマランチュークによる想像をまじえて記してみよう。それは少なくとも次のような「二重の構造」をなしていたようである。まずキルケゴールは彼に「憂鬱」を齎しそれを更に強め深めたものがキリスト教であったことは日誌の随所で記している。それについては私も『青研』の方で詳述してきた。[23] こうして彼はしばしば「憂鬱」の黒い雲の中に最も強く最も深く塞ぎ込む状態にあった。そしてその極限にまでしばしば陥った。しかしそのような「現実」にあるとき、次に彼はもう一つの「より高次の現実」に、つまり、キリスト教が開示してくれる「より高次の現実」に出会う。それをさせてくれたものこそが使徒パウロが言う「肉中の刺」という言葉であった。では、なぜこれが「より高次の現実」を示唆してくれる働きをしたのか。それは、この「肉中の刺」こそ彼に「自分に与えられている神からの恵みのもとに謙虚にへり下ることを、そして自分のささやかな座席に満足すること」を教えてくれたからである。[24] つまり、彼は自分に与えられている豊かな恵みに「へり下って従順になること」を知った。つまり、キルケゴールは正にこの「肉中の刺」という概念を通じて、彼にとって何としても呪わしかった「憂鬱」という病いはむしろ自分が神の恵みを知るためのなくてならないもの、必要不可欠のものであることを知った。このことの証明として、マランチュークはキルケゴールが一八四八年に記した次の手記を紹介する。因みにこの一八四八年という年はキルケゴールが自分の全生涯と著作活動の全体とを回顧しそれをあの『視点』にまとめた年である。その手記はこうなっている。「…もし私に「憂鬱」がなかったならば、心身のあらゆるみじめさがなかったならば、私は恐らく何としても敢えてそのような生を営もうと努めたことだろう。ところがいま私は自らに与えられた恵みにへり下っている。そしてその恵みは、私のみじめさが別の意味をおびてきたかのように、私に、もっと貧弱な座席にも満足することを教えてくれているのである。[25]」これは驚くべき手記である。キルケゴール研究者の中の心理学派寄りの多くの人々はキルケゴールにとって「憂鬱」は何としても取り除くことのできない呪われたる病いとして絶対視しているが、キルケゴールは、そんな人々の考えとは全く異なって、それを「肉中の刺」という言葉を通じてこのように受けとめていたのである。しかしキルケゴールはその後その理解を更に深めている。すなわち、彼は、自分が「憂鬱」や心身の弱さで苦しんでいることの意味を使徒パウロが「コリント人への手紙」一九ノ二七で述べている言葉によって更に深く理解するに至った。そのパウロの言葉はこうである。「私は自分の体を苦しんで痛めつけ服従するようにさせます。それは他の人々に説教しておきながら、自分の方はたじろいでしまうことがないようにするためです。」要するに、キルケゴールは、憂鬱が、それは「病い」のせいではなく、「肉中の刺」という神の恵みであることを、つまり、使徒パウロの「肉中の刺」の真意を理解するに至ったのである。

このようにしてマランチュークは、「肉中の刺」の「否定的側面」はキルケゴールの二つの懐疑を通じて、そのような試練を通じて現れてきたことを明らかにしたのである。

このように「肉中の刺」の両面についての手記を整理してみるとき、そこからはキルケゴールのいう「肉中の刺」には二つの特性があることを知らされる。

一つは、キルケゴールにおける「肉中の刺」の苦悩はつねに「不安」と結びつき、「不安」によって条件づけられているという点である。それは究極において自己の存在そのものの喪失の可能性への「不安」に通じるもので、それは救いにおける恩寵の経験をもった後にも現われてくる「不安」である。それというのも、それは、そのような時においても自分はまたもや「神への反抗者」となりはしないかというような思いで現われてくるからである。つまり、この特性は、使徒パウロと同じように、神にとらえられた者にも、その後にも、そのことだけで自らを決して安泰と感じることはできないということを示している。しかしこのことは、彼が神の恩寵に与りその恵みを知った後にもやはり依然として「罪」の中にあり、それゆえ「神に対する反抗者」となり得ることをよく知っていることから発していると言えよう[26]。

もう一つは、正にこのことと関連するが、「肉中の刺」は、人間がつねに「罪」の中にあるのだということ、しかしこの「試練」においてはすべての個々の苦悩はその「肉中の刺」が意識されているところでは神の恵みを知るための「手段」として用いられるということを示している点である。つまり、「肉中の刺」はキルケゴールにつねに彼が「罪」の中にいること、しかし正にそのゆえにこそその意識を通じて、彼のあらゆる個々の苦悩が「神の恩寵」を実感するための「手段」として用いられていることを知らせるよう働いている。つまり、「肉中の刺」は使徒パウロの場合と同じように「啓示された事柄のすばらしさに思い上がることがないように痛めつけるために与えられた一つのとげ」としての働きをしているのであり、このことを知るなら「神の恵み」がますます素晴しいものであることをより一層深く知らされることになる。マランチュークはキルケゴールがこの辺の消息を書いている日誌の記事のいくつかを仔細に検討して紹介している。[27] しかしそれらは余りにも複雑多岐にわたり分量も多いのでここではこれだけの指摘にとどめておこう。

さて、キルケゴールの「肉中の刺」という言葉が秘めている特性はこのような二点にまとめられることができる。その要点はやはり使徒パウロのそれと同じで、それは「否定的側面」をもちながら「神の恵み」の体験からは切り離せない、いや、それをより深く知るための不可欠なものとして、受けとめられている点である。それゆえ、マランチュークの次の言葉はその論文の締めくくりには実に相応しい言葉として認められよう。

「この地上での生においては、肉中の刺の否定的な側面、つまり、苦悩は、つねに妨げをする働きをしている。が、それら精神のさまざまな苦悩を通じてこそ人間は少しづつ神の御手の従順な道具となるべく教育されてゆく。そしてそのような一つの従順な道具には、人間は、自らの弱さを認識し、神の力は「その無力さの中にこそ完うされる」ことを理解した後はじめて、成ることができるのである。[28]」

さて、本章の本来の目的はキルケゴールの「肉中の刺」の意識が彼の「教会攻撃」に関してもそれへと至る内的素因の一つであることを明らかにすることにあるわけであるが、「肉中の刺」という問題自体の性格のゆえにそれ自体の考察にこのような多くの紙幅を使わざるを得なかった。しかしこれらの成果を充分に前提にした上で、次節ではいよいよ本来の問題へと入ってゆくことにしよう。

注

（1）G. Malantschuk: Pælen i Kødet hos S. K. (1940). (Frihed og Eksistens. (Kbh. 1980). S. 18.
（2）S. V. V. S. 120.
（3）Ibid., S. 121ff.
（4）（5）Ibid., S. 123.
（6）Ibid., S. 124-8.
（7）Ibid., S. 128-33.
（8）Ibid., S. 131.
（9）Ibid., S. 133.
（10）Ibid., S. 134.
（11）Ibid., S. 134ff.
（12）Ibid., S. 135.
（13）Ibid., S. 137.
（14）G. Malantschuk: Ibid., S. 11.
（15）『青研』一一九八―一二〇八頁。
（16）G. M.: Ibid., S. 13.
（17）S. V. V. S. 125.
（18）Ibid., S. 125.
（19）Pap. VA49.
（20）Pap. X^1A643. G. M.: Ibid., S. 15.
（21）Ibid., 643.
（22）G. M.: Ibid., S. 15.

（23）『青研』五一七—三三頁。Pap. IVBS. 157. VIII^{1}A499, X^{1}A240. X2A619 その他多数。
（24）（25） Pap. IXA43.
（26） G. M.: Ibid., S. 17.
（27） Ibid., S. 17ff. Pap. VIII^{1}A161. IXA331–3, X2A628, X4A323
（28） G. M.: Ibid., S. 18.

第三節 「肉中の刺」という言葉が親友E・ベーセンに語られた最終場面

この「肉中の刺」という内的因子が彼の「教会攻撃」にも関わりをもったことは、既に言及したように、親友エミール・ベーセンがキルケゴールの死の間際に彼の口から直接聞いたその言葉が根拠になっている。しかしこの事実をキルケゴールの教会攻撃についての研究の中で取りあげそれの中の一つの史実として紹介したのはN・トゥルストルップであった。そこで本節では、N・トゥルストルップの研究を手引きとしながらその問題点を考えてみたいと思う。

N・トゥルストルップがこの問題を扱った書物は『キルケゴールとデンマークの教会』Kgd. og. Kirken i Danmark. (Kbh. 1985) S. 268–97. である。この中で展開する彼の理論の前提は非常にはっきりしている。それは、この「肉中の刺」という言葉は、その意味を探ろうとするなら非常に不明なものであることを知らされるが、これに対してこの言葉の「機能」funktion ということについては何の疑いもなく知られ得る、ということである。[1] それというのも、そのことはキルケゴールの多くの日誌の記述から、とくに後年の手記から全く誤解なく現れてくるのであり、恐らく最もはっきりとは、彼の死の間際に唯一の友人エミール・ベーセンに語った言葉から証明されるという。[2]

ところで、この「肉中の刺」の「機能」という言葉で、トゥルストルップは、この「肉中の刺」がキルケゴールの人生の最も重大な問題と彼が取り組んでいる際中に突如現れてきてそれを阻止する働きをする険しいものが存在している事実を指している。キルケゴールはそれを meget brat「急傾斜の絶壁」と呼んでいる。そしてトゥルストルップはそれがそのように「機能」した場面として、勿論キルケゴールの日誌の記述を前提にしてであるが、次の三つの場面を挙げている。つまり、「肉中の刺」は、まず「レギーネとの結婚」に際して阻止力として働き、次に「牧師職」を得ようとする際にその妨げの力として働き、そして最後には最もはっきりとした形で、この「教会攻撃」に際して強烈な抑止力として働いた、となすのである。(3) このように述べて後トゥルストルップはこの「肉中の刺」が機能するその最終の場面について詳しく考察するのである。

「肉中の刺」のことがキルケゴールの口からエミール・ベーセンに直接語られた最終場面は次のようなものであった。それはS・ヨハンセンによる『キルケゴールの想い出』の収録 Steen Johansen: Erindringer om S. Kgd. (Kbh. 1980). の中に所収の「病院でのエミール・ベーセンによるキルケゴールとの会話」Emil Boesens samtaler med S. Kgd. På hospitalet. (S. 151–7) という個所で、エミール・ベーセンによって報告されたものとして紹介されているものである。この時ベーセンは牧師になっていたが、その会話は牧師としての役割においてなされたのではなく、あくまで青年時代からの唯一の親友同士としてなされたものである。それはこうである。一八五五年十月二日あの激しい教会攻撃の最中キルケゴールは倒れフレゼリック病院に担ぎ込まれ入院した。ベーセンは十月四日、十六日、十八日、十九日、二〇日、二十一日、二十二日、二十三日、二十五日、二十六日、二十七日、そしてその後一回(それは恐らく十一月十日か十一日であろう)、計十二回キルケゴールを見舞っており、その都度会話を交わしている。それらの中で、この「肉中の刺」のことがキルケゴールの口から出たのは、その一番最初の十月十四日の見舞いのときの会話においてであった。それはベーセンがキルケゴールに「具合はどうなの?」と尋ねた言葉に対する返事の中で出たのである。私はここでは直接S・ヨハンセン収録の前記の資料の中のベーセンによる報告から引用紹介するので、トゥルストルップの引用よりもその後に省略された部分をかなり長めに記しておく。(4)

「よくないんだ。これで死ぬだろうな。その死が早くそしてよい具合にくることを、ぼくのために祈ってくれ。ぼくは狂った音になっている。…ぼくにはパウロがもっていたようなぼくの肉中の刺というものがあるんだ。だからぼくは一般的な事柄との関係には入ることができなかったのだが、またそのような理由で、ぼくは自分の任務は異常なものなのだと推測して、目下ぼくはその任務を出来得る限りうまく遂行するよう努めていたのだ。ぼくは〔神の〕摂理のもとでは一つの遊びごとのようなものだったな、摂理はぼくを手玉にとってきたが、ぼくは使われる運命にあったのさ。そのようにして何年かが過ぎていった、ころころと玉がころがり落ちるようにして！すると摂理の御手が伸びてきて私をとらえ箱舟の中に入れるのさ。それはいつも異常な意味での使者の存在と運命のようなものだ。レギーネとの関係であったこともそういうことだったな。ぼくはそんな状況が変わるだろうと思っていたが、それは変らなかったな。だからぼくはその関係を解消したのさ。何とおかしなことか、男が支配者になってしまうなんて。そんなことぼくは好かんな…あのことが静かに進行していたなら、もっとよかったのに。レギーネがスレーゲルを得たことは正しかった。それは最初から分かっていたことなのだ。だからぼくはそこへやってきて邪魔したことになるのさ。彼女はぼくのことで随分悩んだな。（このときはキルケゴールは彼女について非常な愛をこめてまた哀調味をもって語っていた）。ぼくが心配していたのは、彼女が支配者になってしまわないかということだった。しかし彼女はそうはならず、いまれっきとして西インドにいるよ。」

このあとその会話は更に続くが、それは主として兄のペーダーに関するもので、それも間もなく終ってしまった。しかしベーセンが受けた印象では、キルケゴールはこの「肉中の刺」の不思議さについてもっと沢山話したかったようだが、そうする力はなくなっていたようであった。

さて、「肉中の刺」は、キルケゴール自身が言っているように、レギーネとの結婚や官職を得ること（＝牧師職を得ること）というような一般的な事柄との関係に入ることを「妨げる」働きをしてきたが、では、いまここへきてその最終場面であるこの「教会攻撃」を行っているとき、それはどのように「妨げる」よう働いていたのだろうか。

これについてのトゥルストルップの見解は実に明快であった。つまり、その「肉中の刺」は、キリスト教についてのキルケゴールの一般的理解の実現を、すなわち、キルケゴールがキリスト教の「最高段階」としていた「殉教者になること」、つまり、「真理の証人になること」という理解の実現を妨げる働きをしたというのである。[5] これについてのトゥルストルップの説明を要約すると次のようになる。

キルケゴールの多くの日誌記事は彼のキリスト教理解が年を追う毎にますます厳しいものになっていったことを示していった。それはこの「肉中の刺」という言葉を伴って記されたもろもろの苦悩が結局は、信仰における「受難」ということに、そしてその頂点としての「殉教」ということに重点を置いていたことは明らかだという。つまり、キルケゴールにおいては、キリスト教とはその最高段階が「受難」をうけ「殉教」することという理解に達していた。しかしそこに達するためには、キルケゴールは生れながらの論争好きであったことPolemikerが関係している。[6] そのことは、彼のギムナジウム時代の学友たちがそのような彼の性格の特徴をおぼえていることからも明らかである。更には彼が非常に尊敬していた師P・メラーが「きみはどこまでも徹底的に論争するんだね」と言ったあの有名な言葉でもよく知られている。しかしこの性格はキルケゴール自身がよく知っており、しかも彼はそれをキリスト教それ自身の性格として理解していたのである。彼はこう書いている。「…おお、私はそれ程までに徹底的に論争的であり、また青年時代にそうであったとしても、やはりキリスト教こそが私にとっては殆んど余りにも論争的なのである。[7]」そしてこのことは著作活動の初期のものからはっきり現れている。例えば、『おそれとおののき』(S. V. III. S. 91. の注)や『反復』(S. V. III. S. 197)、その他建徳的講話でも、最初から、宗教性を一般性とし、キリスト教を諦念や悔いよりもより高次の特別な地位につける傾向が著しく見えていたが、もし人がその観点から、これに相継ぐ著作の中に出てくるキリスト教の概念規定の形成の仕方を辿ってみるならば、それらには、直接的にも間接的にも、鋭くかつ論争的な仕方で形成されてゆくのが、ますます著しい形で目に入ってくるであろう。このことは、トゥルストルップも参照しているが、P・レニングの書物Per Lønning:《Samtidighedens Situation》En Studie i S. Ks Kristen-doms-forståelse. (Oslo. 1954). S. 12. にはこう書かれている。「キルケゴールのキリスト教思想は直接的にも間接的にもますます鋭くかつ論争的な仕方で形成されてゆく。」いずれにせよ、このようにして、ますます鋭くかつ論争的な仕方によって、キルケゴールにおけるキリスト教の真理概念はますます純化され尖鋭化されてゆき、遂には「受難」から「殉教」へと進んでゆき、キリスト教の最高理想は「殉教」であること、つまり、「真理の証人」Sanhedsvidne になることという考え方にまで至った。しかし若い頃はキルケゴールはこれこそがキリスト教が指示しているものという考えだけに集中していた。しかしやがて年を経てゆく過程で、それが「重い荷物」den svære Oppakning (Pap. X¹A541) であることをはっきり認めるようになっていった。しかし彼はそれを自ら担おうとしたし、また担うことができた。そして読者に対しては自らの著作で敢えてそれを伝えようとしたし、またそうすることを自らの責務と考えた。ところがそのようなことの結果はと言えば、彼は自分がキリスト教の最高段階とみなしたその「殉教」を自分自身では実現することができなかったという帰結になってしまった。だから彼は自分自身を「真理の証人」(=殉教者) とは呼ばなかった。彼は自分自身を「例外者」と呼んだ。勿論彼は著作活動を始めた頃に自分自身を「例外者」en Undtagelse として位置づけ性格づけていた。つまり、それは自分だけに関わる概念であった。ところが一八四八年頃からはその意味は変化してきて、それはこの世でキリスト者として生きようとする者は誰もがこの世では「例外者」となるという考えになった。彼は日誌にこう書いている。「〔この世では〕キリスト者であることは憤激を受ける事柄である。」(Pap. IXA54) しかしこの「例外者」という概念はキリスト教の最高理想である「殉教者=真理の証人」とは異なるのである。その「例外者」とは、一般の牧師やキリスト者と自称する者がそのようなものとしての「妄想」に、キリスト教界という「幻想」の中に生きているのに対して、そのような「幻想」からは「目醒めている」ということを、つまり、自分を真のキリスト者とは妄想していないということを意味していると言ってよかろう。(M. Mikulová Thulst-rups artikel i Bibliotheca Kgdiana. Vol. 12) しかしこの概念は決して真のキリスト者を意味する「殉教者=真理の証人」とは異なるのである。これで明らかなように、キルケゴールはこの教会闘争の過程で自分は終始「例外者」であり続けていたこと、そして自分を終始そのような「例外者」として導いていたものが「肉中の刺」であることを自覚していたのである。

キルケゴールが彼の唯一の親友エミール・ベーセンに自らの死の間際に「肉中の刺」と「教会闘争」との関わりについて打ち明けた事柄についてのN・トゥルストルップの考察を要約すると大体以上のようなものになる。その関わりは確かにそのようなものであったろうと推察することができる。

しかしこの件で注目さるべきは、トゥルストルップのその考察から、キルケゴールがこの「肉中の刺」という言葉を持ち出すことによってこの言葉が本来意味してきた「言い尽し難い神の摂理」をこの荒れ狂ったように激しい教会攻撃の最中にも切に実感していたことが示唆されていることを、読みとれるという点である。そして以上の説明から明らかなように、キルケゴールにおけるこの「肉中の刺」の意識は、彼の「教会闘争」という行為において、実に決定的な役割を演じていたということが出来るのである。彼において、「神の恵みと摂理」とはこれ程までも大きく深く強いものだったのである。

注

(1)(2)(3)　N. Thulstrup: Ibid., S. 271.

(4)　Steen Johansen: Erindringer om S. K. (Kbh. 1980). S. 151ff.

(5)　N. Thulstrup: Ibid., S. 273.

(6)『青研』九〇六頁。

(7)　Pap. VIII^1A221, XI^1A275.

第三章　「祈り」の役割

「教会闘争」へと通じてゆく内的要因として私は先行する二つの章で二つの要素について述べてきた。しかし本章では更にもう一つの要素について述べることになる。そのもう一つの要素とは「祈り」Bønのことである。私が目下の問題でこの「祈り」の要素を最も重視するのには二つの理由がある。一つは、先述の二つの要素は、キルケゴールにおいては、それぞれ別々に受けとめられ対応されていたのではなく、たえず彼の「内面性」の奥深くで受けとめられかつ対応されていたわけであるが、その受止めと対応の精神活動を司っていたものこそが「祈り」であったと考えられるからである。彼はその二つをその「祈り」において無限に深く受けとめ無限に深く対応していたことを知らされる。もう一つは、彼の著作や日誌やノート等々の文章を読んでいると、これらについては既に「序論Ⅰ」の所で述べたところからも知られるように、一種異様な透明性と真理の黙示性とを感じさせられる瞬間や場面をしばしば経験させられるが、私はそのような場合いつもそこに彼の「祈り」を感じることによる。つまり、彼のそれらの文章は、「祈り」なくしては到底書けないもの、いや、「真に祈る」者だけが書き得るものであることを、迫真的に感じさせられる点である。このようなことから私は、彼の生における「祈り」の意味と役割とを最も重視するのである。従って、目下の場所においても、彼の「教会闘争」を動機づけた更にもう一つの内的要素として、先述の二つの素因と合わせて、この「祈り」の役割を加えることは是非必要なことと考えるわけである。そこで以下、1キルケゴールと「祈り」の関係、2キルケゴールにおける「祈り」の理解と実感、3「教会闘争」の動機付けとしての「祈り」、という順で考察をすすめたいと思う。

第一節　キルケゴールと「祈り」の関係

キルケゴールは日々実に誠実に「祈り」をなし、その生活上の一つ一つの事がつねに「祈り」に根拠づけられていた。それは驚嘆に値する程である。そのことを証明するほんの一例までに、次に二つの日誌記事を紹介しよう。ここでは例示は二つの記事にとどめるが、これと類似の記事はいくつも見られるのである。

最初の記事は一八四八年六月中旬頃書いたものと思われるが、それは自分の「祈りの時間」について記したものである。

「私は毎朝起きると、神に感謝の祈りをささげる――そのようにして仕事を始める。そして夜には一定の時間がくると仕事をやめて、神に感謝の祈りをささげる――それから眠りにつく。このようなわけで、私は、たとえいつ何どき憂鬱 Tungsind や物思いに沈む状態 Vemod に襲われないような時はないとしても、やはり本質的には、来る日も来る日も最も祝福されたうっとりとした状態で生きている。…(1)」

次の記事は同じく一八四八年であるが、秋に書かれたものと考えられる。

「人は祈りをすればするほど、その人の究極の慰めは、神が汝祈るべしと命じておられるという慰めであることを、ますます確信するであろう。なぜなら、もしそうでないとすると、神は無限なる方なので、たとえ人がどんなに好き勝手に自分の願いを述べたてたとしても、もしかすると結局は多くの瞬間には祈らなくなってしまうだろうからである。(2)」

これらの記事からわれわれは何を感じとるだろうか。

これらと類似の日誌記事は他にもいくつか見られるが、これらは何を物語っているのだろうか。少なくともこう言うことは言えるだろう。すなわち、彼の場合、その思想も信仰も決断も行為も、それゆえ、「生」そのものが「祈り」との関係を離れては到底考えられ得ないものになっていたということである。ところが、不思議なことに、デンマークの研究者たちの間でさえこの点は若干の例外を除くなら殆んど注目されてこなかった。しかしもしわれわれが、彼がどのように「祈り」をし、どのように「祈り」を実感をもって信じ、どのように「祈り」と結びついていたかを、彼の著作にあたって、そして何よりも日誌・草稿・ノート類を最初の地点から最終の地点まで通読してみるならば、「祈り」をテーマにした建徳的講話は言うまでもなく、「祈り」についての記事や「祈り」そのものの記述が無数と言ってよい程多量にあることを目にする。一例までに、「祈り」についての記事だけをとってみても、著作の方では優に二〇〇個所以上あり、日誌・草稿・ノート類の方ではこれまた優に一五〇箇所以上もある。まして「祈りそのものの記述」に至っては文字通り数えきれない程無数にあり、なかには非常に長文のものが沢山ある。これだけを見てもキルケゴールと「祈り」との関係がどのようなものであったかは想像がつく筈であるが、この問題と真正面から取り組んだのはV・クレステンセンの著作『祈りの部屋におけるS・キルケゴール』Villads Christensen: S. K. i sit Bedekammer. (Kbh. 1937) だけで、その他にはこの問題に余り関心を示す研究者が殆んど見られなかったことはやはりキルケゴール研究史に見られる大きな欠陥と言わなければならない。

しかし「祈り」の記事はそのようにただ分量だけが多かったのではなく、それらをキルケゴールの生涯全体の流れに即して観察してみるとき、そこでは刮目さるべき二つの事実に出会う。

一つは、既に言及しておいた所からも知られるように、それら個々の記述は明らかに著作、それもとりわけ個々の宗教的著作の出版を予示するものであったり、個々の思想、信仰、決断、行為の意図を示唆しているものであったりする。従って、これらの「祈り」の記事に接するとき、われわれはキルケゴールに関する研究方法上の重大な問題点に気付かされる思いがする。それは、われわれが彼の思想、信仰、決断、行為等々を研究する際には、何にも先き立ってその「意図」するところを知ることが必要であること、しかしそれにはその「意図」を示唆しているそれら「祈り」の記事の検討から始めなければならないということである。

もう一つは、とりわけパピーアの方で明らかなのであるが、これをその最も初期の頃から晩年の方に向かって丹念に辿り仔細に検討してみるとき、「祈り」の記事には、しばしば「ある一定期間」にまとまって書かれていることがあり、そのような状態はある期間を隔てて最後まで続いていることを知らされる点である。この事実は、そのそれぞれの「まとまり」がキルケゴールの生涯におけるいくつかの大事と関係をもつものであることを物語っているものであり、その意味においては、それら「まとまり」の記述はそれぞれの大事の地下を通る水脈のようなものである。従って、それぞれの大事の深い意味を知るには、その水脈としてのそれらの「祈り」を理解することなくしては不可能だということになる。

キルケゴールの著作や、とりわけ、パピーアを最初から丹念に通読してゆくとき、「祈り」の記事に関しこのような事実に会うのである。しかしそのような「一定期間」というものが具体的にはいつ頃といつ頃であったのかについては、本章の第三節にて述べることにする。

さて、以上のような事例を見ただけでも、キルケゴールはどんなに徹底して「祈り」において生きていたか、「祈り」との関係がどんなに密接であったかを充分知ることができよう。

しかしこのことは何よりもキルケゴールについての研究方法に関して一つの重要な示唆を含んでいると言ってよかろう。そしてそのことは目下の「教会闘争」の研究にも、いや、この研究にこそ当てはまる。つまり、それは、彼の「教会闘争」の真の意味を知るためには、それが「祈り」によってどのように動機づけられていたのかを知らなければならない、ということである。しかしこの問題は具体的には次の第三部以降で取り挙げられる。従って、本章以下の二つの節はそれがための基礎作業に当てられることになる。

注

（1） Pap. IXA72.

（2） Ibid., 192.

第二節　「祈り」についての理解と実感

本節においては、「祈り」についてのキルケゴールの考えを考察するわけであるが、その標題をこのような言葉で表現したのには一つの深い理由があることをまず述べておきたい。それというのも、本節ではそのような目的のために彼の著作や日誌類の中に無数に見られる「祈り」についての彼の文章が考察の対象になってくるわけであるが、それらを読んでいて直ちに気付くことは、キルケゴールが「祈り」についてそれぞれの文章で述べている考えは一般の多くの神学者たちや聖職者たちが「祈り」について述べている考えとは余りにも大きく異なり実に深いものであることを知らされるからなのである。すなわち、「祈り」について彼が書いたどの文章も、彼が何よりも「祈り」そのものの問題と実に真剣に取り組み、そのことを通じて日々実に真剣に全身全霊をこめて祈っていたことを、つまり、彼自身が誰よりも真に偽りのない実感をもって祈っていたことを如実に物語っていることを、それらを読む者にも実感させてくれるからなのである。このようなことから本節の標題をそのような言葉にしたわけである。

ところで、「祈り」についてのキルケゴールの記述は、言うまでもなく、「著作」と「日誌・草稿・ノート類」の双方に見られる。

「著作」の方で言うならば、「祈り」を直接的な主題として取り挙げた一番最初の著作は第二連目の『四つの建徳的講話』（一八四四年）第四講話である。これについてはすぐ後述するが、この「講話」は「祈り」を直接的な主題として取り挙げていることもあって、そして何よりも「レギーネの問題」で死闘をするように祈ったことが背後に感じられることもあって、その文章の迫力、そこに見られる闘いの凄じさが彷彿として前面に現れてくるようで、内容も実に明快である。この「講話」後、「祈り」についてのキルケゴールの考えは更にますます深まって行き、そのことは爾後の『日誌類』の多くの記述が物語っている。しかしそれらが集約的に述べられているのが『野の百合と空の鳥――三つの敬虔なる講話』（一八四九年）である。該書では「祈り」についての彼の考えが実に深く鋭くしかもいかにも美しく、見事な文章において表現されている。その考えは先きの「講話」の場合よりも確かに一歩も二歩も進んでおり深まっている。これら二つの著作以外では、「祈り」についての記述は言うまでもなく一八三七年十二月八日の日誌（Pap. IIA201）以降最晩年に至るまで無数に見られる。それらの記事の中には時期的にも内容的にも前述の二つの著作と平行して見られるものもあるが、それらと関係なく独立的に書かれているものも多数見られる。しかしこれら日誌記述で重要な点は、先にも言及したように、それらを時期的に通読してゆくとき、そこではキルケゴールの「精神」の水脈のようなものに出会うことを経験することである。

しかし本節では「祈り」についてのキルケゴールの考えを出来得る限り明快に理解するために、それら全部の資料を二段構えで検討したいと思う。すなわち、まず第一段階では『四つの建徳的講話』の「第四講話」だけを取り挙げて考察し、次の段階では、それ以外の著作と『日誌・草稿・ノート類』すべてを合わせて考察の対象にすることにする。

そこでまず二連目の『四つの建徳的講話』の「第四講話」を検討してみよう。

この『四つの建徳的講話』はある意味ではその全体が「祈り」の世界での事柄とされていると言ってよい[(1)]。それは何よりもこの中の第一講話「神を必要とすることは人間の最高の完全性である」からしてその場面は「祈り」の世界にとられており、第二講話「肉中の刺」も第三講話「臆することなく」もともに同じようにそれぞれの場面は「祈り」の世界にとられており、こうして最終としての第四講話では「祈り」そのものが主題になっており、その標題は

「正しく祈る者は祈りの中で闘い、そして勝利する――神が勝利することによって」となっている。この講話は典拠としている聖句が定かでないが、その内容から判断するなら、「マルコによる福音書」八ノ三五―三八、「ルカによる福音書」九ノ二四―二七が典拠となっていると考えてよかろう。

さて、「祈り」についての彼の考えの著しい特徴は何よりもまずこの講話においていやが上にも明快に示されている。それは、一言で言うならば、「祈り」ということを考える場合何よりも第一義的に重視されなければならない問題は、「祈る者自身の姿勢」、つまり、「祈る姿勢」の問題であることが述べられている点である。すなわち、彼はこの問題について実に透明な光を内省的に当ててしかも天才的な厳密性をもって深く鋭く省察しているのであり、そのことはこれを読む者の胸を一番最初に突いてくる何かである。それはいかにも彼自身が何よりも自らの「祈りの姿勢」を超人的な厳密性をもって内省的に問い続けてきたことを如実に物語っているかのようであり、それを通じて彼自身が「祈り」に関してもっている実感が直接こちらに伝わってくるような思いになる。

このような文章全体を通じて彼が一貫して訴えようとしていることは次の一事である。すなわち、われわれは祈りの中で神と闘っているのであるが、しかしその闘いにおいてはわれわれは「敗北」を喫する。しかしその「敗北」こそが「勝利」なのであり、しかも「確実な勝利」であるということ、というのは、それは神が勝利を得るからなのだ、というのである。(2) こうして、この講話は、「正しく祈る者は祈りの中で闘い――神が勝利を得ることによって―勝利を得る」という考えの中に潜む「建徳的なもの」det Opbyggelige i den Tanke をとらえようとするのである。(3)

ところで、そのようにしてキルケゴールがそれについて述べている事柄は次の三点に要約されると言ってよいであろう。

まず第一に、正しく祈るということは自分の祈りの姿勢のことであり、正しく祈るということは、たえず祈りの中で自分の姿勢を省み、自分の心の深底で自分の身をすっかり神に委ねること以外の何ものでもないということである。そしてこのように心の深底で自分自身をすっかり神に委ねている人にしてはじめて、そこでは神との闘いが起こるのだということ。というのは、そのようなことにおいてはじめて、神との完全なる一体化は行われないということが明らかになってくるからだ、というのである。(4)

第二に、正しく祈るということは、人が自らのこの世的な願望を祈ることによって神の意志を変えようとすることではなく、むしろその祈りによって考えが変るのはその祈る人の方になるということである。というのは、その正しく祈る人においてはその祈りにおいていままで最も重要なことと考えられていたことが重要なものではなくなり、それを断念することができるようになるからであり、つまり、その正しく祈る祈りの中ではその人自身が変えられるということが起こるからである。(5)

第三に、「正しく祈る」ことによってそこに起こる事柄は「神が勝利する」という事柄であるが、その際そこで起こっている事柄はいわば人間の言葉では言い表しようのない神々しい光に満ちた出来事だということである。すなわち、「正しく祈る」ときそこで起こる事柄は、「その人が熱望していた説明を神がその人に与えてくれるということでもなければ、神がその説明をその人が熱望していたかのように与えるのではなく、そこではその人もまたその闘いにおいて勝利するということが起こるのである。つまり、その人は神から説明をいただくというのではなく、それに代って、神の光に照らされ神々しく変容させられる blev forklaret i Gud ということが起こるのである。そしてそのようなその人の神々しい変容が神からの説明のことばになるが、それは神の似姿をそのまま映し出しているようなものである。(6)」

この講話で述べられている事の要点は以上の三点にまとめられていると思う。

しかしそれらが意味している最も基本的な事柄は次の事であると言えよう。すなわち、「祈る」ということはその相手となる「神」の意志に変化を起こさせることではなく、「祈る人」自身の方に変化が起こされることであり、しかしその変化とは、神が勝利することによって祈る人は「敗北」することを経験するが、その「敗北」こそが「勝利」なのだということ、つまり、それはその人が「神の光に照らされて神々しく変容させられる」ということである。

このようにこの「講話」は「祈り」についてのキルケゴールの考えを知る上で実に新鮮なものを提供してくれる。しかし彼の考えはその時期以後もどんどん深まって行った。そこで私は第二段階目の作業としてその「講話」の見解も含め、先に言及しておいた「著作」や「日誌類」のすべてを検討することによって彼の考えの特徴を整理してみたいと思う。それはおおよそ次の七点になると思う。

第一に、「ひとりの人間」が「祈る」ということは宇宙の中での大きな出来事であり、その人は地球をも動かすということである。

キルケゴールは一八四八年六月頃次のような文章を日誌に記している。それは、「ひとりの人間」が神に「祈り」をするときのそれについてのキルケゴール自身の基本的なイメージのようなものであり、実に分かり易い構図である。それゆえ、その文章はすべてに先立ってここに記しておくのが相応しいと考える。

「世界の外部に設けられるアルキメデスの点とは真に祈る者が全身全霊をこめて祈りをしているときの祈りの部屋Bedekammerのことだ―そしてこの者は地球を動かすのだ。然り、もしその者がその部屋に在って真に正しく祈る者となり、その部屋の戸を閉めて祈りをするときには、自分にどんなことまで為すことができるかは信じ難い程である。(7)」

第二に、「祈り」においては、自らの方に、つまり、自らの姿勢に大転換が起こるということである。

これについては既に「講話」の中で述べられているので、先に紹介しておいたが、これはまた更に深められて『野の百合と空の鳥――三つの敬虔なる講話』(一八四九年)で展開されている主想でもある。そしてこのことは確かに「祈り」についてのキルケゴールの考えの重要なポイントをなすと言ってよかろう。すなわち、「祈り」をするということは、一般的に考えられるなら、「祈る者」が自らの願い事を神に述べ立ててその神の方の考えや態度を変えてこちら側に合わさせるような趣きが一つの構図のようになっていると言ってよい。しかしキルケゴールによるならば、そのようにして祈っているとき、「真に正しく祈る者」においては、その「祈り」の中で自分自身の力に大きな変化が起こってくるのを実感するという。そのように「変化」について先の「講話」では既に述べたような事例が挙げられているが、(8)キルケゴールは『野の百合と空の鳥』の中では更に深い事実を実に見事な美しい文章で詳しく述べている。従って、われわれは是非それに注目しなければならない。次の二つの項目はその説明になる。

第三に、「祈る」とは、人間が自らの言葉によるおしゃべりを止めて、「沈黙」へと突き返されることであり、この「沈黙」が最初のものとなることであり、人は「祈り」においてこの「沈黙」を学ぶということである。

「正しく祈る者」が「正しく祈る」とき自らの中に起こる変化として挙げられるのはこの「沈黙」のことであり、キルケゴールはその『三つの敬虔なる講話』の中でこのことを実に美しい言葉で表現している。

「〔真に祈る者は自分が忘れていた重要なことも神には憶えておいていただこうと真に心の底から祈ろうと心を集中させる。〕しかし彼が心底から祈ったなら、何が起こったでしょうか。彼には不思議なことが起こったのです。つまり、彼がその祈りの中で内面的になってゆけばゆくほど、ますます言葉は少なくなってゆき、遂には全く沈黙するにまで至ったのです。(9)」

しかし「祈り」の中で「沈黙」へと至る過程をこう述べている。

「語ることができるということは、動物に対する人間の優位点です。しかし神との関係においては、語ろうとすることは、語ることができるその人間にとっては、そのまま腐敗にまでなってしまいます。神は天にいまし、人間は地にあります。ですから、両者は仲よく一緒に語り合うことはできないのです。神は全知そのものであるのに、人間が知っていることは、意味のないおしゃべりだけです。ですから、両者は仲よく一緒に語り合うことはできないのです。神は愛であり、人間は、これは幼児に対して言われることですが、自分の幸福というものに関してさえ些か愚かな者です。ですから、両者は仲よく一緒に語り合うことはできないのです。ただ非常なるおそれとおののきの中でのみ、人間は神と語ることができるのです。非常なるおそれとおののきの中でです。しかし非常なるおそれとおののきの中で語るということは、また別の理由からすると、困難なことです。なぜなら、不安が実際には声を出なくさせるように、非常なるおそれとおののきもまた確かに語ることをおし黙らせて沈黙へと至らせるからです。正しく祈る人ならそのことを知っています。しかし正しく祈る人ではなかった人でも、多分このことだけは、祈りの中で学んだことでしょう。(10)」

そしてこのような「祈り」の中での「沈黙」の中では「神への畏れ」が始まっていることについてこう述べている。

「そしてこのことは、つまり、このように最も深い意味において沈黙するに至ることは、神の前で沈黙するに至ることは、それは神への畏れ Gudsfrygt の始まりなのです。なぜなら、神を畏れることが知識の始まりであるように、沈黙することは神を畏れることの始まりだからです。そして神を畏れることが知識の始まり以上のものであり、知識そのものであるように、沈黙は神を畏れることの始まり以上のものであり、神への畏れそのものだからです。この沈黙の中では神を畏れることによって願望や欲望の多くの思いはおし黙ってしまいます。そしてこの沈黙の中では神を畏れることによって感謝のための多様な美辞麗句もおし黙ってしまうのです。(11)」

このように見てくるとき、キルケゴールが既に一八四二年の日誌に記した次の言葉は、以上のような考えが既にこの時期には彼の内部に宿っていたことを示すものである。

「…—沈黙することを知っている者は誰でも神の子となる。なぜなら、沈黙のうちには人間の神的な起源への静かな内省がある。しかし語るものは人間になる。—沈黙することを知っている人は何人いるのだろうか—沈黙するとはどういうことなのかその意味だけでも分かっている人は何人いるのだろうか。(12)」

第四に、このような「祈り」の中での「沈黙」を通じて更にもう一つの重要な「変化」が起こる。それは、「祈る人」が「語る」ことを止め「沈黙」へと至るだけでなく、その「沈黙」を通じて「聴く」という姿勢をとるに至るということである。

キルケゴールは『三つの敬虔なる講話』の先きに紹介した言葉の後に続けて次のように述べている。

「…彼が心底から祈ったら、何が起こったでしょうか。彼には不思議なことが起こったのです。つまり、彼がその祈りの中で内面的になってゆけばゆくほど、ますます言葉は少なくなってゆき、遂には全く沈黙するに至ったのです。彼は沈黙するに至ったのです。そうです、語ることに対して恐らく沈黙することよりも更にそれ以上のことが現れています。彼は聴く者となったのです。彼は、祈ることは語ることだと思い込んでいました。しかし彼は、祈ることはただ沈黙することだけでなく、聴くことであることを、学んだのです。そしてそれは確かにそうなのです。祈ることは自分自身が語るのを聴くことではありません。祈ることは沈黙するに至ることであり、沈黙し続けることであり、そのように沈黙の中で待ち続けて、その祈る者が神から聴くにまで至ることです[13]。」

これと似たような文章が一八四六年の日誌の中に見られる。これは右の言葉を理解する上で役立つの考えられるので、ここで紹介しておこう。

「直接的な人はこう思い込んでおり、またこうイメージしているだろう。すなわち、彼が祈りをするときの最も大事なことは、つまり、彼が特別に心を向けていなければならないことは、彼が祈っていることを神は聞いて下さっているということである。ところが、その事柄の真理の永遠なる意味においては、その事柄は丁度正反対になる。すなわち、祈りの関係というのは、祈りがなされているのを神が聞いておられるときに、そのときに、真なるものとなるのではなく、祈る人が祈り続けることによって彼の方が神が何を意志しておられるのかを聴くところの聴く人になるまでに至るときに、真なるものとなるのである。直接的な人は言葉数が多い。それゆえ、彼は祈るときもそのようにして要求を述べ立てる。しかし真に祈る人はひたすら聴く姿勢をとるhørigだけである[14]。」

第五に、「祈り」には二通りのものがある。「われわれ一般的な人間の祈り」と「真理の証人の祈り」。「祈り」についてのキルケゴールの手記を読んでいると、そこには自づと「祈る人の姿」に関して懐いている彼のイメージのようなものが浮かび上がってくる。先述したような文章には、父ミカエルからの影響もあってか、敬虔主義の人々の「祈る姿」が浮かび上がってくるように思えてならない。しかしそのイメージは時とともに二種類の人々の姿に絞られてきたことを知らされる。それは「われわれ一般的人間の祈る姿」と「真理の証人（＝使徒）の祈る姿」とである。この二つのイメージは「教会攻撃」を間近に控えたあの「三年間の地下潜行」に入った時期の一八五二年六月下旬頃に書かれた二つの手記で実にはっきりと描き出されている。しかしその二つのイメージを通じてわれわれは「祈り」についての彼の考えの核心へと更に深く導かれる。その二つの手記は次のものである。

「　祈り—と祈り

何と無限に隔りのある相違。ひとりの祈る人は、確かに本質的には、このことは何日かすれば、あるいは、数年の中に、叶えられるというイメージで生活しており、従って、本質的に結局定義されるならば、神に対しては、結局は自分を助けて下さる方として関わっている。またひとりの祈る人は—そして真理の証人は正にこのようなものであるに違いない！—人生の全体をそれ自体としては最後まで苦悩の中にあるものとみなし、しかもますますその苦悩が増大してゆくものとして見ており、従って、神に対しては、自分がその苦悩に耐えてゆけるように自分を強めていただくことを祈っている—その場合彼は当然に、彼が神に祈るたびごとに自分自身を強くしてゆくことになり、そのことをますます確実なものとしてゆき、その苦悩を取り去るなぞということは問題にさえならなくなるまでに至る。[15]」

「　祈り—祈り

『憂いをもち、背を曲げ、苦悩している人は誰もが祈ることによって慰めだけは見出すだろう』全くそうだ、全くそうなのだ。しかし次のことには是非注意せよ。すなわち、われわれ一般の人間は神に対して自分の苦悩を終らせて下さることを、そしてわれわれにもっとよい時を与えて下さることを祈り求めるものだ—このようにしてわれわれは祈りというものに慰めを見出しているのである。しかし真理の証人は神に対して自分は苦悩の中にあってそれに耐えてゆかれるように自分を強くして下さることを祈り、従って、彼は自分が苦悩の中へとますます深く入ってゆくことを祈る。つまり、彼は内面化してゆけばゆく程、ますます神に近づいてゆき、ますますしっかりと苦悩の中に自分を据えつけてゆくのだ。ところで、お前はそのように祈る勇気をもっているのか？[16]」

キルケゴールは晩年には「祈り」に関してこのようなはっきりとした区別をもつようになった。しかし彼自身は自らが明白にしたこの二通りの区別を前にして、自らを省み自問自答する状態にあった。右の手記の「ところで、お前は――」という言葉は正にそのことを示している。しかしこのことは「祈り」に関して更にもう一つの問題を抱えていたことを示唆している。

第六に、キルケゴールは「祈り」の中で「懐疑との闘い」を演じているということである。「祈り」に関する彼の無数の言葉の中には、一見敬虔主義者の言葉と思わせるようなものと並んで、「懐疑」ともとれる言葉が多々目に入ってくる。しかしそれらをよく読んでみるとき、それらはやはり「祈り」をめぐってのキルケゴール自身における「懐疑との闘い」の率直な表白であることが分かってくる。しかも実に驚きに値するのは、その「懐疑との闘い」をその「祈り」の中で場所を与え位置づけている点である。次に紹介する数篇の手記はそれらの中のほんの一部のものであるが、それはその辺の消息を充分に伝えてくれるものである。

一八三七年十二月八日キルケゴールは懐疑的状況のどん底にあった頃、次のようなことを書いている。

「私は実にしばしば、神に何かのことで感謝の祈りをするとき、それは、私が祈り求めたものを失うことをより以上に恐れていたからなのか、それとも、それは世に打ち勝ってきた宗教的確信によって行われたからなのか、というようなことを考えてしまう。(17)」

次の手記はキルケゴールがコルサール事件後の時期に「殉教」のことを考えている頃のもので、明らかにこれとの関係で「祈り」に疑問を感じていることを示している。

「『祈り求めなさい。そうすればあなたがたは与えられ、あなたがたの喜びは満たされる。』これで分かるようにキリスト教そのものは、祈りはそれ自体としてはどんなに幸いなことであろうと、決してそれが最高の至福ではないことを示している。この地上的なものとの関係でいえば、祈り、つまり、祈ることはより大きな至福であるが、天における至福は祈ることよりもっと大きなものである。(18)」

この手記のほか、「祈り」に懐疑を感じていることを示す手記はいくつか見られるが、それらの中にあってその懐疑の根本的な理由を実に率直に記した手記が見られるので、その問題の所在を探る意味でもここではそれを代表させて検討してみよう。その手記は、彼が教会攻撃を開始する直前のいわゆる「三年間の地下潜行」と言われている時期の或る日、すなわち、一八五三年一月下旬頃に記したもの Pap. X5A72 である。この手記は現在のパピーア四頁分の長文のものである。キルケゴールはこの中で「祈り」についての自分の考え方の変化の過程を実に率直にかつ詳細に記している。この手記はその分量のみならず内容的に見ても全文の復元は本書では第五部「三年間の地下潜行」に譲るのが適当と考えられるのでそのようにすることとして、ここでは目下の論旨に関係のある点についてだけ紹介することにしよう。

この手記には標題が付してあり、それは「私の祈りの歩み」Min Beden となっている。そしてこの標題こそがこの手記の内容の独自の意味を伺わせるものをもっている。というのは、ここでキルケゴールは「私の祈り」をあらわす Min Bøn という語を使わず、「祈る」bede という動詞をそのまま使っているからである。つまり、彼はこの手記で「祈り」の内容を述べようとしているのではなく、「祈っているありのままの姿、状態」を示そうとしているわけである。いま私は「祈りの歩み」と邦訳したのは Min beden の適切な邦語がないためその意を汲んでそのように訳したわけである。つまり、この手記でキルケゴールは、自分の「祈りの内容」について述べようとしているのではなく、自分の「祈る営みそのもの」について述べようとしているわけである。

ところで、この手記の特徴は、キルケゴールが「祈る」ことに関して自分には二つの時期があったことを述べ、その各々の時期の意味を詳細に説明している点にある。その一つは、自分の初期の頃の時期で、つまり、子供のように日常のすべての事に関して「素直に祈れた時期」である。その時期は、神の愛はこの世でのよき贈り物を贈って下さることによって現れると確信していた時期にあたり、つまり、神の愛や恵みを「直接的なもの」として信じていた時期であるという。それゆえ、彼はつねに率直に祈れたのだという。ところが、このような時期が過ぎた後、「祈る」

ということが全く別様なものになっていたことを経験する時期になり、つまり、「立ち止まって」standseすっかり考えさせられてしまうことを経験する時期になったという。その時期がいつ頃から始まったのかについては明示はされていないが、その文章が示唆しているところから判断すると、キリスト教の真理への理解があの「肉中の刺」の意味を知ることによってぐっと深まっていった時期に当ると考えることができる。しかしこの件で彼が強調してやまないのは、その前者の時期からこの後者の時期への移行は、実に少しずつ徐々に行われていったという点である。そしてこの後者の時期についてキルケゴールは、それは自分の神概念が変化した時期だと言い、その変化とは、自分の信仰が次のことを信じるように変化したことだという。すなわち、その一つは、神が実際に愛した者、つまり、信仰の模範者、その他その種の人々はすべてこの世では苦悩（＝受難）しなければならないということ、もう一つは、「神に愛されることと神を愛することとは苦悩（＝受難）することである」というのがキリスト教の真の教えであること、この二つを信じる信仰へと変った時期なのだというのである。ところが、自分の信仰がこのように変化してくると、自分は「祈る」ことにおいておかしな矛盾に立たされるようになったという。そして彼はその矛盾に関して二つのことを述べている。一つは、自分のそのような信仰の立場からするとき、いままで自分は幸せや幸運について正しく祈ってはこなかったことになるのではないかということである。つまり、自分はいままでの祈りによっては結局のところ、ああ、神様、あなたは私を愛して下さいませぬように、そして私にあなたを愛することをお許しになりませぬように、と祈っていたようなものではないかということである。もう一つは、もっと直接的な強い意味をもつものであるが、現在の信仰からするならば、「神の愛」を祈ることは、自分に「苦悩」が与えられることを祈り求めることになり、そうすることは自分にとっては余りにも高遠すぎてそんな大それたことは自分にはできないということである。このような矛盾に彼は立たされるようになり、彼は「祈る」ことそのことは続けていたもののその「祈り」の中で確かに懐疑的状況におかれていたことは事実である。彼はこれについて次のように記している。「このようなわけで、私が祈るということは、かなり長い間別様のものになっていた。それは実際には、神に一切のことを静かに委ねるということになっていた。なぜなら、私には、私がどのように祈るべきかは、正しくはっきりとは分かってこなかったからである。(19)」

この状況はキルケゴールにとって実に深刻なものであった。彼はそれを次のような言葉で記している。

「この難問の所で私は立ち止まってしまった。そしてしかもこのようにそこで立ち止まってしまったということそのことまでが私にとってなお一つの難問となっている。(20)」

従って、彼は、この手記で、この難問との更に凄まじい闘い、自問自答をいくたびも繰り返してゆくさまを記してゆく。しかし彼の透明な意識は、自分が依然として「この難問の所で立ち止まっている」ことをはっきりと認めている。

にも拘らず、彼は実際には「祈る」ことを決して止めてはいなかった。彼は「神に一切のことを静かに委ねる」ことにおいて、そのような「祈りの姿勢」において、その問題となっている事項に関してより詳細ではっきりとした理解を得ることを「待つ」ていたのである。(21)そしてこのような「祈りの中で待つ」ことを通じて貴重ないくつかのことを理解するようになった。それは次の二点に整理されると思う。

第一に、神が語る言語は自分が語る言語とは全く異なることが分かったということである。彼はこう記している。

「私の神—概念は、ずっと以前の頃と比べるなら、少し変化している。だからいま私は神が愛であるということへの確信を少し減らしてきている。否、否、神は褒むべきかな、いや！私はその全体をこう理解している。いま私には、神が恰かも私の言語とは別の言語で語っておられることが、しかしそれゆえ神は以前と同じように無限に愛であることが、より一層はっきりしてきたのである。(22)」

第二に、こうしてキルケゴールには、「余りにも無限に高次なこと」が、つまり、「神によって愛されることと神を愛することは苦悩することである」ということの意味が、信仰の模範者、栄光に満ちた人々、選ばれた人々のことを思い起こすことを通じて、少しく分かってきたことである。彼はこう記している。「神はその苦悩を、別の仕方によって、つまり、精神の証しによって、至福たらしめるのだということが、しかしその苦悩を決して取り去るのではなくそれを至福たらしめるのだということが、想い起こされなければならないのである。[23]」

キルケゴールは「祈り」の中で「懐疑」とこのように向き合っていたのである。しかしこの難問の所で立ち止まり「懐疑」の状況にあり続けた彼は、その「懐疑」をたえず「真理の証人の祈り」との関係で受けとめ続けていた。この手記の最後の段落をなす文章はそのことを示している。そこにおいてキルケゴールは、そもそも新約聖書はキリストの弟子 Dicipel とか使徒 Apostel とは別のキリスト者の在り方を認めているか、という問いを設定し、多くの牧師たちは自分たちはそうなることはとても出来ないと言って一見「へり下りの立場」にあるように見えるが、その「へり下りの立場」は弟子や使徒たちの「苦悩」を拒否することなので、そのような立場は虚偽であるとなしている。[24]そしてキルケゴール自身は自らの目下の立場をあくまでも「真理の証人の祈り」の方向との関係で位置づけ、やがてその方向へと一歩だけ踏み出すことになる。そしてその踏み出した地点で「教会攻撃」が展開されたのである。「祈り」についてのキルケゴールの考えは以上のようなものと言えよう。それは非常に独自のもので深い実感に漲っている。

しかしそのような彼の考えに関してどうしても一つ気付かされることがある。それはその「考え」にはある一つの構図とも言えるものが映り出ているように思える点である。それは端的に言うならば「瞬間」の概念である。つまり、彼が「祈り」と言うとき、そこにはいつも「祈る人の姿」がイメージされており、そのイメージには「瞬間」の構図が映り出ていることである。勿論キルケゴールは著作や日誌類の中で瞬間という言葉をさまざまな意味に使っているが、やはり基本的には『不安の概念』で述べられているように、「永遠が時間と触れ合う場」「永遠が時間を切断する場」という意味を念頭においている。そして「祈り」を考える際にもこの構図がはっきりと映り出ている。あの「第四講話」で述べられている「正しく祈る者は祈りの中で闘い、そして勝利する――神が勝利することによって」という考えには、つまり、その者は自分に変化が起こり「敗北」を経験し神が勝利することを確信するという考えには、正に「瞬間」の構図が映り出ていると言ってよいだろう。その意味において先に一度紹介したその「講話」の中の次の言葉はやはり最もキルケゴール的と言ってよいであろう。

「正しく祈るときそこで起こる事柄は…神の光に照らされ神々しく変容させられる blev forklaret i Gud ということである。そしてその神々しい変容は神からの説明のことばになるが、それは神の似姿をそのまま映し出しているようなものである。[25]」

キルケゴールは「祈り」をこのように理解しこのような実感のもとで自らの生のすべてを営んでいたのである。それらの問いも苦悩もそして解決もこのような「祈り」と無関係なものとしてなされたものは一つもないと言える。こうして目下問題としている「教会闘争」もこの「祈り」のもとで展開されたのである。

注

（1）『青研Ⅱ』一三四六頁。
（2）S. V. V. S. 168.
（3）Ibid., S. 173.
（4）Ibid., S. 174.
（5）Ibid., S. 184ff.
（6）Ibid., S. 191.
（7）Pap. IXA115.
（8）S. V. V. S. 184ff.
（9）S. V. XI. S. 20.
（10）Ibid., S. 20.
（11）Ibid., S. 19.
（12）Pap. IVA28.

(13) S. V. XI. S. 20.
(14) Pap. VIIA56.
(15) Pap. X4A562.
(16) Pap. X4A565.
(17) Pap. IIA201.
(18) Pap. VIII¹A532, X2A595, S. 426.
(19)(20) Pap. X5A72, S. 77.
(21) Ibid., S. 79.
(22)(23)(24) Ibid., S. 78–80.
(25) S. V. V. S. 191.

第三節　教会闘争へ向かう「祈り」の水脈

キルケゴールは「祈り」について前節のような深い考えのもとに、しかも想像を絶する真摯さをもって、「祈る」生活を生涯の終りまで続けていた。もし人が彼の「日誌類」を最初の巻から最後の巻まで丹念に辿ってゆくなら、その事実をはっきりと目にすることができる。すなわち、彼は日誌の中に「祈り」についての先述のような自らの考えを述べた記述をしていると同時に、「祈りの言葉」そのものを多量に記述しているのである。しかしこの件で最も注目される点は、それらの手記が「ある一定期間」に集中して一つの「かたまり」のようになって現れてくることで、しかもその「ある一定期間」の「かたまり」となって現れてくる現象が時を経てはいく度びか現れてくる点である。このことはキルケゴールの精神生活に関しある重要な事実を物語っていると言ってよいのではないだろうか。つまり、キルケゴールにおいては「祈り」は彼の生と精神生活の根底深くを流れる水脈のようなもので、われわれはそのような現象を手がかりにその「祈り」の水脈を辿ってゆくときはじめて、彼が自らの精神の根底で何を考え、何を問い、何を信じ、何を決断していたのかを知ることができるということを示唆しているように思える点である。従って、キルケゴールの真実を研究するには、その「水脈」を辿る作業をしてゆくことが必要になってくるわけであるが、目下のテーマである。「教会闘争」の研究においても、いや、この研究においてこそ私は、日誌の中にいくたびか現れてくる「祈り」に関する記述の「かたまり」を手がかりに、その水脈を辿ってゆくとき、終に「教会闘争」、そして最終の「教会攻撃」へと至る流れが浮かび上がってくるのを目にしたのである。以下はその作業の極く簡単なあらましの報告であり、それぞれの詳細な説明は次の第三部以降の各部における当該個所に譲られることになる。

ところで、彼の「日誌」の全過程の中でそのような「祈り」に関する記事の「かたまり」とも言えるものが現れてくるのは、それぞれ現われている分量や期間は異なるものの、大体四乃至五回程である。そしてそれらの中の第三回目の時期に現れた「かたまり」こそが「教会闘争」へと向かうための熟考と決断のための苦闘を示すものとしていわば決定的な意味をもつ「祈り」として認めることができるのである。そこで本節ではその三つ目の時期までの「かたまり」を簡単に検討して、「教会闘争」がキルケゴールの精神生活においてはどのようにして動機づけられたのかを検証してみたいと思う。

まずそのような「かたまり」が最初に見られるのは、一八三八年九月下旬から翌一八三九年一月二〇日までの四ヶ月間である。そこでは、「祈りの言葉そのもの」が長短合わせて七つ、「祈り」に関する記述ならびに「祈り」ともとれる記事が十三、四、従って、合計すると「祈り」に関する記事が二十以上も出てくる (Pap. IIA 266–336 までの間)。これだけ見ても、この時二十五歳の青年によくぞこれだけの「祈りの言葉」と「祈り」についての思索とが日誌の中で綴られるものと感心させられる程である。しかしこれらが示すこの時期のことは余りにも明白である。それは、既に『青研』の方で詳述したように[1]、キルケゴールがこの一八三八年五月五日の二十五歳の誕生日にあの「大地震の体験」の手記で示されているような仕方での父との和解がなされ、その父の祈りと願いに従って、いままで続けてきた審美的生活から一八〇度の転換をし、その祈りと願いの「出発点」であった神学国家試験を受ける準備をする地点からスタートしなおすことを心に決め、しかも八月にはその父の死を迎えたこともあり、九月には文字通り「祈り」によって自らの精神生活を根本からつくり変えていった時期にあたる。とくに九月十八日に得た確信を境いに「精神」の充実がはかられた「祈りの生活」ともいえるものが続いた「四ヶ月」だったのである。従って、そのように多量に現れている「祈り」に関する言葉は、この時期彼が自らの生の根底でどのような精神の闘いを演じていたかその凄じさと深さとを物語るものである。

この時期の次に「祈り」に関する言葉の「かたまり」が現れてくるのは、一八四四年の夏から秋にかけて書かれたあの二連目の『四つの建徳的講話』の「第四講話」(正しく祈る者は…) の草稿である。それにおいて「祈り」の記事はその草稿として実に多量に書かれていたことを知らされる (Pap. VB229–232. S. 356–61)。それらの記事は「著作」のための草稿として書かれたものであるが、それが出版された実際のあの「第四講話」と関連させて検討してみるとき、そこに現れているものが草稿段階ではどんなに真摯で深い苦闘の中で書かれたのかを如実に知らされる思いがする。しかもこの草稿を書いている時期は彼があの「レギーネ問題」で苦闘していた時期に一致するので、この草稿執筆の背後では彼がこの問題を「祈り」の中で闘い、「祈り」の中で克服しようとしていたその事実を考え合わせるとき、この草稿が正に彼の実感によって裏付けされていることを知らされる思いがする。

「祈り」の記事の「かたまり」がこの時期の次に、つまり、三番目の時期として現れてくるのは再び「日誌」の中で、それは一八四六年五月五日から十三日までの「第四回ベルリン旅行」中の手記 (Pap. VII[1]A130–46) においてである。しかしこの手記の中に出てくる「祈り」に関する記事は全部「祈りの言葉」そのものであり、しかもそれらの中には実に長文のものがある。この時期はデンマーク本国においてさえ多くの研究者が余り重視していないが、私は極めて重視さるべき時期と考えるのである。すなわち、この時期は、キルケゴール自身が転換点の書と名付けた『哲学的断片後書』(一八四六年) 出版後の時期に当たるとともに、彼があの「コルサール事件」の渦中の人となったためそれからの一時避難もこめてベルリンへと旅した時期であった。しかし一般にはそのようなものとしてなされたこのベルリン滞在は、実はそのような消極的な意味での逃避行ではなく、決定的な意味での転換点、いや、爾後の歩みの方向づけの出発点になったのであった。この手記の全体は殆んど「祈りの言葉」の記述である。一番最初のPap. VIII^{1}A130はそのあとに続く日誌記事のすべてに対する前文のようなものであり、その前文のあとに続く日誌記事の全体は一応五つに分けられており、その各々にはそれぞれ二つから四つの「祈り」が記されている。それら「祈りの言葉」の中には実に長文のものがいくつか見られる。そしてその日誌記事と「祈りの言葉」を合計するとパピーア十七頁分にものぼる。この短期間の滞在中にこれ程の多量な「祈りの言葉」が集中的に書かれていることは、この滞在中に何か余程の内面的な闘いがあり、重大な「決意」をめぐって苦闘していることを、想像させる。そして事実、これらをよく読んでみるとき、それらの「祈りの言葉」は、コペンハーゲン帰宅以後の彼の生の「決定的な方向付け」をめぐって内面的な苦闘をしていたことを物語っている。そしてこれらの「祈りの言葉」を念頭におきながら、コペンハーゲン帰宅後の彼の歩みとその行程を具に検討してみるとき、それらの「祈り」こそがやがて起こることになる「教会闘争」へと通じてゆく道すじの「起点」をなしたものであることを知らされる。この意味において私は、彼の「教会闘争」のための決意を考えるにあたっては、この「ベルリンでの祈り」をこそ最も重視するのである。しかしそれにしてもこの「ベルリンでの祈り」の重要性に関しては、デンマーク本国においてさえV・クレステンセンを除いては殆んど注意を払う研究者がいなかったことは研究史上の一つの欠陥と言わなければならない。しかし私はV・クレステンセンの研究を高く評価し、この「ベルリンでの祈り」を重視するのである。[2] しかしこの「ベルリンでの祈り」の問題についての詳しい考察は次の第三部の当該個所に譲るとして、ここではこの問題の指摘だけにとどめておく。

さて、この時期以後は「祈りの言葉」そのものが「日誌」の中に出てくるのは散見される程度で、「かたまり」をなして現れてくることはない。その代り「祈りの言葉」そのものは周知のように著作ごとに多数出てくる。これに対して「祈り」についての考えを述べた文章は日誌や草稿の至る所に散見される。とりわけ、著作そのものが「祈り」となっているようないくつかのものの草稿に「祈り」についての記述が多数出てくるのは当然である。また更には、「教会攻撃」開始の寸前の時期には「祈り」について瞑想していることを示すいくつかの文章が見られ、それらが彼の精神的な深い闘いについて重要なことを示唆しているものであることは充分理解され得る。しかしそれらについての説明は次の第三部以降の当該個所に譲ることとし、本節では「祈り」の水脈と「教会闘争」との関係について以上のような問題指摘だけにとどめておくことにする。

以上述べてきたことから明らかなように、キルケゴールが彼の「教会闘争」へと至るためにはそこへと通じてゆく内的要因の一つとして「祈り」の問題があったのであり、従って、「教会闘争」の真の意味を知るには、彼がその生の根底で最も深くかつ最も真摯に為していたその「祈り」との関係こそが考慮さるべきなのであり、「祈り」の水脈を辿ってゆくことこそが必須の条件となってくるわけである。

注

（1）『青研』一四三―四〇頁。
（2）V. Christensen: S. K. Det centrale i hans Livssyn. (Kbh. 1963). S. 80ff.

総括

先の「第一部」では、私は、キルケゴールが正にその中に生きた同時代デンマークの国家教会全体の状況について述べた。国家教会は文字通り激動の只中に置かれていたが、キルケゴールはその国家教会全体の状況を「病い」と診断し、そのような「診断書」Diagnose を書いたのであった。そしてこの「第二部」では、私は、彼がその診断書に基づき、その「病い」を癒すべく行った「教会闘争」という行為が彼自身の個人的内面的素質と深い関わりのもとにあることについて述べた。つまり、私がそれを書いた目的は、彼の「教会闘争」は単に任意な偶発的なものではなく、それにはそうならざるを得ない深い内面的関係が既に先行して充分に認められるということを示唆しておくことにあったわけである。しかしいまここへ来て、その前者に対する後者の関係を改めて深く考えてみるとき、その関係が意味するものは、われわれ一般人の思考や想像の枠を超えてはるかに深い構造をなしているものであることを思い知らされる。そこで私は、いまこの「第二部」を閉じるにあたって、それについて三点程のことを要約的に述べておくことにしたいと思う。それというのも、われわれはそのことによって、彼の教会闘争というものが世界の教会史的構造をもつ性格のものであることを、予め知らされることになると言えるからである。

まず最初に挙げられるのは、息子セーレンに対する「父ミカエルによる教育」の余りにも強い影響も、その源を正すならば、それはその前提に「父ミカエルによる祈り」があったのであり、これが大前提としてセーレンに影響を及ぼし、その「祈り」がキルケゴールの全生涯を通じてその内面に響きわたっていたという点である。その「祈り」は息子セーレンに対して「神への献身」を要請する内容を伴っていたが、その「祈り」は、たえずセーレンの精神の内面奥深くに響いており、それは、ある時は彼にとって無限なる「問い」として、また或る時は言い知れない深い「苦悩」として、そしてまた或る時はそれらへの解決のための一つの「曙光」として働いた。そしてそのようにしてキルケゴール自身の身に起こったことは、彼がしばしば日誌や著作の中で書いているように、彼は、この老父ミカエルによって、幼少期から一度も「子供」として教育されたことはなく、つねに「老人」として、そして「精神」として、「精神」と成るべき者として教育された、ということであった。キルケゴールが自らの生涯を少なくともこのように意識しておりこの意識に基づいて生きたということは彼の生涯を知る上での最大の要点となると考える。

第二に、このようなことから、幼くして「精神」として性格づけられ、また「精神」と成るべく教育されたその「精神」は、その本質上当然に、その最も深い内面性の場においては、「時代」の「精神の病い」を、つまり、彼が言うところの「国家教会の精神の病い」そのものを、そのまま感知し映し出すということが起こり得ることは、誰もが認め得るところであろう。彼の「精神」は正にそれであった。彼の「精神」は、自らのあの深い「病い」との闘いを通じながら、「時代」そのものの「病い」を、「国家教会」そのものの「病い」を映し出し、それの治癒のための闘いを演じ続けていたのである。彼はこのことを或る時は呪いのように感じたが、にも拘らず、基本的、究極的には、それを、「神からの使命と摂理」として受けとめていたのである。

第三に、キルケゴールは、そのような深く厳しい「精神の闘い」を生涯貫いてゆくことになるが、その場合彼が最後まで目ざしていたものは、国家教会の「精神の病い」について診断書を書くだけでなく、その「精神の病い」の「治癒」であったこと、そして彼にはそれがための実にはっきりとした「処方箋」があったことである。つまり、それは「新約聖書のキリスト教の真理」であり、彼は国家教会のキリスト教が「新約聖書のキリスト教の真理」に帰ることを訴えたのである。すなわち、キルケゴールの「精神」は、国家教会の「精神の病い」を感知し映し出す働きをしていただけでなく、同時にその「治癒」の方向としての「新約聖書のキリスト教の真理」をも感知し映し出す働きをしていたのである。そしてそのような彼の「精神」の働きが彼の「祈り」を通じて行われていたことは言うまでもない。

「教会闘争」に通じてゆくキルケゴールの個人的内面的素質は、「精神」として、「祈り」を通じて、以上のように無限に深い構造をなして働いていたのである。

そこでこれだけの究明を前提として、次に教会闘争へと決断するときの模様について考察の目を向けてみよう。

第三部　「国家教会批判」へと決意するまでの精神的苦悩と苦闘

人は心底から祈る時…その祈りの中でますます内面的になってゆく、内面的になってゆけばゆくほど、ますます言葉は少なくなってゆき、遂には沈黙するまでに至ります。…そしてその沈黙することによってそのことよりも更に以上のことを、つまり、祈ることはただ沈黙するに至るだけでなく、聴くことであることを学びます。…こうして祈る者は沈黙の中で神から聴く者になるのです。（S. V. XI. S. 20.）

序

キルケゴールの内部に「教会闘争」へと向かう態度がいつ頃またどのようにして生まれたかという問題は、「教会闘争研究史」においても最初の百年位いはほとんど考えられることさえされなかった。しかしやがて第一史料が徐々に整えられ資料研究そのものが長足の進歩を見るようになると、この問題についての関心も少しづつ現われてきた。そしてそれらの研究は、後に詳述されるように、彼の教会闘争は、彼の著作や日誌・ノート類に現われた「国家教会批判」の言葉と共に始まると見るのを通例とするようになった。従って、それらの研究は、この問題に答えるべく、その「国家教会批判」の言葉がいつ頃から見られるようになったかについて、実証するようになった。そして私もその方法自体極めて妥当であると考えるのである。

しかし私は、その作業に入る前に、もう一つ重要な作業がなさるべき問題があることを、ここで予め指摘しておきたいのである。つまり、その問題以前にもう一つ大きな問題があることである。それは、キルケゴールがその「国家教会批判」へと態度を決意するにあたっては、どれ程の「精神的苦悩と苦闘」とを経験したかという問題である。すなわち、われわれはキルケゴールが「国家教会批判」に関する言葉を書いた日時をまるでカレンダーの日付を探すような調子で追い求めてはならないということなのである。というのは、キルケゴールにとってその「国家教会批判」の挙に出ることは、彼が先述されたようにその幼い頃から父ミカエルとJ・P・ミュンスター牧師とを通じて教え込まれたいわば絶対的真理としての「キリスト教」とそれを伝達する場としての「国家教会」とに対して、つまり、絶対的信仰の対象に対して、根本的な態度変更を起こすことで、それはわれわれには想像もつかない彼自身の「精神的苦悩と苦闘」とを意味する事柄になるからである。従って、この問題は、彼の「国家教会批判」への決意に先立って徹底的に考察しておかるべき大問題と考えるのである。それゆえ、私は、その「国家教会批判」の内容を次の「第四部」で考察するに先立ってこの「第三部」では、それへと決意するにあたっての彼自身の「精神的苦悩と苦闘」の問題をじっくり考察してみたいと考えるのである。

では、その「精神的苦悩と苦闘」とはどういうものであったのだろうか。

それは、資料的に見るならば、主として四つのグループを通じて認められると言ってよいであろう。

まず一番最初に挙げられるのは、『哲学的断片後書』(一八四六)を通じてその偽名著書ヨハンネス・クリマクス(=ユーモアの人)における「懐疑」としてである。

次は、それの出版直後からキルケゴール自身が渦中に入った「コルサール事件」をめぐって書かれた彼の日誌記事群に見られる実に深刻な「精神的衝撃」の記事を通じてである。

そして第三番目の資料グループは、これこそがこの「苦悩と苦闘」を示す象徴的なもの、中心的なものと言えるが、「第四回ベルリン旅行」中になされそして記された「祈り」の記事を通じてである。この「祈り」の意味の解明なくしては目下の問題の意味は明らかになってこないであろう。

そして更に第四番目は、そのベルリンからの帰宅後に書き始められた「未完の草稿『アドラーについての書』を通じてである。この草稿はある意味では、その「苦悩と苦闘」を通じての新しい決定的な「決断の方向」を示しているものと言ってよいであろう。

「国家教会批判」をめぐるキルケゴールの「精神的苦悩と苦闘」が記されている資料グループとして以上の四つを挙げることができよう。

以下この各々について、簡単に説明することにしよう。

第一章　「瞬間のための予備知識」の書(1)――『哲学的断片後書』
――「国家教会批判」の言葉が現われた最初の書物

キルケゴールが「教会闘争」への決意をいつ頃から、またどのようにして抱いたかについては、誰よりも彼自身が自らの言葉ではっきりと述べているところである。この事は何よりも注目さるべき点である。そしてこの件については、V・クレステンセンが二冊の著作で、そしてN・トゥルストルップが一冊の著作で、指摘してくれている。(1)ところで、キルケゴールが自らの言葉でそのことを示唆している個所は、彼が正に「教会攻撃」のさ中にそのための大砲のように使っていた『祖国 Fædrelandet』紙第八一号（一八五五年四月七日（土））である。これは全集第十四巻五九頁（S. V. XIV. S59）である。この号は実は、同紙の第七九号で、無名氏 Anorym(2)が、キルケゴールがしきりと言っている「新約聖書のキリスト教」とは何なのかはっきり書いて欲しい、と要求したその批判的文章に対して、答えを書いたものである。その際キルケゴールは、その「第八一号」で、こう書いている。その人はそういう要求をする前にむしろ私の次の三冊の書物によく精通しておくべきであった。それは、『哲学的断片後書』（一八四六）と『死に至る病』（一八四九）と『キリスト教への修練』（一八五〇）である。このように述べ、キルケゴールは更にその三冊について、こう強調している。(3)

「これらの書物は正に瞬間に関わりをもつものであり、それらは瞬間のための是非もっていただきたい予備知識 de

ønskelige Forkundskaber を提供するものである。なぜなら、それらは、『瞬間』のための予備知識そのもの Forkundskaberne for: Øieblikket だからである。」

この文章で私の注意をとり分け強く引いたのは、キルケゴールがその三冊の書物を「瞬間のための予備知識」の書として示唆しているだけでなく、その非常な強調ぶりである。従って、彼自身の言葉によるそのような強調ぶりに接して、私はやはりキルケゴールの教会闘争への決意に関する研究は、この彼の言葉から出発すべきとの考えをもつようになったのである。そして何よりもこの「瞬間のための予備知識」の書（1）から出発すべきと考えたわけである。そして他の二著に関してはそれぞれの時期に相応しい次の第四部の適当と考えられる個所で扱うことにしたのである。

さて、この『哲学的断片への完結的非学問的なあとがき』（一八四六）は、偽名著書ヨハンネス・クリスマクスによって書かれたことになっており、S・キルケゴールという名は出版者名として出ているだけであり、それはその著者より一歩下がった所に位置している。そのヨハンネス・クリマクスの著者としての立場は、当人の言明によるならば、「ユーモアの立場」であり、それはいわゆるキリスト者として通し得る立場ではなく、むしろキリスト教を「最高善」とみなしてそれに向かって努力をしている立場だという。ところで、キルケゴール自身があの『視点』の中で述べているところによるならば、この『後書』は彼の著作活動における転換点の書だという。そしてその事は確かにそうなので、研究者たちは、該書をただ「転換点の書」としてだけ扱うことに慣れてきてしまった。ところが、キルケゴール自身は、既述のように、該書を、「瞬間のための予備知識」の書としても指摘し、教会闘争の意味を知るためには是非読んで欲しいと言っているのである。

では、なぜ彼は該書をそのようなものとして指摘しているのだろうか。

それは実に明白である。該書は、彼の教会闘争の行動原理へと通じてゆく、思想の三つの契機を含んでいるからだと言えよう。[4]

一つは、該書は、キリスト教の根本課題を、人ひとりびとりが「キリスト者に成ること」を、自らの課題として引き受け、そのことを自分のものにしてゆくこと、として設定し、その「キリスト者に成ること」を明確な形式で提示している点である。その場合そのひとりびとりが関わる相手は、国家教会の監督の神学ではなく、『新約聖書のキリスト教』であり、それを自らの課題として引き受けることを、訴えていることである。

そこで当然にもう一つは、該書は、その「新約聖書のキリスト教」とは何かを、実に明解に指摘している点である。該書において、ヨハンネス・クリマクスは、人が「キリスト者に成る」ためにはその「新約聖書のキリスト教」こそが根本課題となり、これをひとりびとりが自らの身に引き受け「自分のものにすること」でなければならないが、「国家教会」が全く忘れてしまったものは正にこの「新約聖書のキリスト教」であるとなし、この「新約聖書のキリスト教」とは何なのかを明快に述べているのである。

更にもう一つは、該書は、それを述べるにあたって、既存の国家教会こそがこの「新約聖書のキリスト教」を喪失してしまった当のものであるとなし、その「新約聖書のキリスト教の本質」が何であり、それが何を意味するのかを、その「国家教会」の批判を通じて明らかにしている点である。こうして、該書は、キルケゴールの著作の中で「国家教会批判の思想」が現われた最初の書物となったことである。こうしてその「新約聖書のキリスト教の本質」を「国家教会」の現状に突きつけることによって、「国家教会の批判点」、つまり、「問題点」が浮き彫りにされることになった。要するに、該書は「国家教会の批判」の最初の書物となったわけである。

該書は以上の三点を含んでいるわけである。

そこで問題になってくるのは、では、「新約聖書のキリスト教」とは何かということ、つまり、それはどのように叙述されているかということである。

しかしそれは、時代の大監督や大神学者たちを唸らせるようないわゆる偉大な風格を思わしめるような「神学体系」のようなものではなく、むしろ「著者ヨハンネス・クリマクス」、つまり、「ユーモアの人」の性格にいかにも相応しいように、余り見栄えのしない、逆説的でちょっとした宜談ともとれるような一つの概念の提示であった。しかしその概念は、ヨハンネス・クリマクスの見事な文学的手法によって、とりわけ、それを「国家教会のキリスト教」と対峙させることによって、いやが上にもくっきりとした鮮明な輪郭をもって、描き出されているのである。その一つの概念とは、「躓き」Forargelse という概念である。キルケゴールが該書でこの概念を持ち出したのは、当時の国家教会の象徴ともいえるミュンスター監督の神学やその他の人々の神学が、時代の合理主義的思考の勢位のもとで、またそれを乗り超える意味をもっていたロマン主義思想の勢位のもとで、「新約聖書のキリスト教」の入口でいつも起こるこの「躓き」が起こらないようにされ、キリスト教が誰にでも滑らかに受け入れられ易いいわば美的でスマートなものへと変質させられてしまっているこの状況に対して、つまり、「国家教会」によって「新約聖書のキリスト教」が葬り去られている状況に対して、その非を突くためであった。

では、ここにいう「躓き」とは、具体的に言って、どういうことなのだろうか。それは、人が「新約聖書のキリスト教」に対面するとき、そこではこの世の時間の中で生まれた一般的な幸福感情や人倫性とは「質的に異なるもの」にぶつかることにおいて生じる状況のことである。しかしこの概念の真の意味は、それが「国家教会のキリスト教」にぶつけられることを通じて、つまり、「国家教会の批判」に用いられることを通じて、実に明白にされているのである。こうして、該書は、この概念を通じて、キルケゴールにおける「国家教会の批判」の思想を述べた最初の書物となったわけである。

そこで次にその思想を展開した最も中心的と言える個所を紹介しよう。ヨハンネス・クリマクスは次のように記している。

「現代では、キリスト教は、すっかり自然的なものになっており、そのようなものとして適応し易いものに化されてしまっているので、躓きについては夢想だにする者なぞいない程である。しかしいまそれは余りにも当然なことなのである。なぜなら、つまらぬものには人は躓かないものであるが、キリスト教そのものがそのつまらぬものになりつつあるからである。しかしそうならなかったなら、キリスト教こそが真に躓きを起こさせることのできる唯一の力たり得るものであり、信仰の細い道にある狭き門とは、この躓きのことであり、また信仰が始まろうとするとき起こる恐るべき抵抗こそこの躓きなのであり、また、キリスト者に成ることが正にそうあるべき仕方で行われる場合には、躓きは、あらゆる世代において、最初の世代におけるのと同じ度合において起こることになろう。……〔永遠の幸いのためには、この世の幸いを憎むということは本当に行われてきた。その条件が父や母との関係を引き裂こうともである〕そのようなことは曾て世の中では経験されてきた。ところが、今日では、そういうことは経験されていない。なぜなら、われわれは、いうまでもなく、みんなキリスト者になっているからである。しかしである、われわれみんながそのようにそのままでキリスト者であるということによって、われわれみんなは何者になっているのだろうか。またそのことによって、キリスト教は何になってしまっているのだろうか。」[5][6][7]

この文章ならびに該書の出版が意味する事柄は、実に深いものを秘めている。デンマークの研究者はじめその他の国々の研究者も一般には、該書の出版に関しては、キルケゴールの日誌記述（Pap. VIII¹A169）を引用して、キルケゴールはこの出版後田舎の村の牧師になることを意図していたことを指摘し、しかしその後直ちに起こった「コルサール事件」の故に彼はコペンハーゲンにとどまることにしたということを、紹介し説明している。その事は確かに事実であり、間違いのない報告である。しかしその紹介と説明は余りにも「外面的形式的な事柄」にのみ関わっているように思えてならない。というのは、その「事柄」には、それだけの言葉で上っすべり的に言ってのけられない実に深い「内面的実質的事実」が秘められており、ここにこそキルケゴールの内面史の「決定的な事実」が省察され得ることが、他のデンマークの研究者によって、指摘されているからである。その事実は、V・クレステンセンのさりげない次のような簡単な叙述によって、示唆されている。

「ここには鋭い言葉による爆発があるが、それは否定され得ないであろう。そして人は、なぜキルケゴールが、まだ牧師の地位を得ていないのに、ミュンスター監督に該書を手渡したとき、自分は同監督には全く同意していないと言い表したのかを、理解する筈である。」[8]

V・クレステンセンがこの文章で示唆している事柄は、該書が何よりも「新約聖書のキリスト教」という問題を提起し、これをミュンスター監督に提示していること、すなわち、「新約聖書のキリスト教」についての、「偽名著書ヨハンネス・クリマクス」ならぬ「S・キルケゴール自身」の深い思い入れ、いや、その真摯な意識そのことである。

この問題は何よりも、なぜキルケゴールは、いま牧師職をこの監督を通じて獲得しようとしている身でありながらこの時期に、その決定権の一切を握っていてしかも国家教会の象徴となっていたこの監督に、その公邸まで訪れて、この破天荒な国家教会批判の書を、献上したのか、ということを考えてみるとき、明らかになってくる。しかしこの場合二つの相矛盾する事実の絡まりに着目する必要があろう。

一つは、J・P・ミュンスターは、父ミカエルとの関係もあって、既に第二部でも述べたように、子供の時からも特別な関係にあり、キルケゴールが尊師として尊敬していた人物であり、同監督の公邸にはしばしば訪れ、いままでの著作をその都度献上してきたので、この『後書』を献上することは当然といえば実に当然な事であり、何ら異とするに足りないが、しかしこの時は既に国家教会の最高の地位にあり、国家教会そのものになっていたのに、その人物に「新約聖書のキリスト教」とい概念を引き合いに出して実に過激な「国家教会批判」を内容とした該書を献上したことである。従って、これだけでもそのことは大変な事柄であることを想像できるのである。

ところが、更にもう一つ注目されるのは、この時キルケゴールは、この『後書』の出版によって一応著作活動を「完結させ」afsluttendeて、田舎の村の牧師になろうという考えをもっており、そのための推薦や任命はこのJ・P・ミュンスター監督によってなされることが当然に期待されていたわけである。しかしこの件で一般には余り知られていない史実があるので、ここでそれを紹介しておくと、いままで一般には、「田舎の村の牧師になろうとすること」は「キルケゴール自身」が抱いた考えのように言われてきたが、キルケゴール自身が日誌に記しているところによると、「この考え」は、キルケゴールがミュンスター公邸を訪れ、同監督と会話をしているとき、同監督の方から言われ薦められたようである。(9) 従って、この件はミュンスター監督の発案によるものだったわけである。その意味では、この件は、ミュンスター監督への依存度の非常に高いものであることが分かるのである。

相矛盾する二つの事実とはこのようなものである。

しかしこの矛盾を誰よりも一番強く感じていたのは、キルケゴール自身だったであろう。なぜなら、このような該書をこの時期にミュンスター監督に献上することが自分の牧師職への推薦という問題にとって有利に働くか不利に働くかは誰よりもキルケゴール自身が一番よく知っていたであろうことは充分推察され得るからである。にも拘らず、彼は、該書を、同監督に献上したのである。なぜだったのだろうか。

この問題に関しては、やはり何よりも、この時「キルケゴール自身」を、積極的にも消極的にも真に駆り立ててやまないものがあったのではないか、それは何だったのかということを考えてみる必要があろう。そしてこのように考えてみるとき、われわれの眼は、この時期以後の彼の歩みが何を決定的な意味での関心事として営まれたのかに、向かってゆく。そしてそこで明白に目にするものは、この時キルケゴールが自らの意識の中で懐いていた「新約聖書のキリスト教」という概念がわれわれの想像を絶する重みをもっていたことを知らされる。そしてこの「新約聖書のキリスト教の本質」を「国家教会の現状」に対峙させるとき、その「国家教会の本質」がいやが上にもくっきりとした輪郭をもって浮き彫りになって現われてくることを痛切に感じていたらしいことを知らされる。つまり、この時、「キルケゴール自身」にとっては（それは決して「ヨハンネス・クリマクス」のレベルにおいてではなく）、「新約聖書のキリスト教の状況」こそが、全面的な関心事となっていたことを、深く感じさせられるのである。

さて、該書がこのような意味をもっていたことを知るとき、それは少なくとも二つのことを示唆してくれている。

一つは、「新約聖書のキリスト教」と「国家教会の現状」との対峙という構図をめぐって、その尖端が微かに仄見えるか見えないかの状態にあった「国家教会」をめぐっての「ミュンスター監督の見解」と「キルケゴールの見解」との相違が徐々に大きくなってゆき、やがて太い線で画かれる明白な構図にまでなってゆき、終にはそれが「教会攻撃」を引き起こすまでに発展していったことを、知らされることである。この意味において、確かにこの『後書』は

「瞬間のための予備知識」の書としての性格をもっていることである。

もう一つは、該書で提起された「新約聖書のキリスト教」という問題は、最早これ以後は本質的に「ユーモアの立場としてのヨハンネス・クリマクスの立場」での扱いを超えた問題であるので、その「立場」の次元と枠では如何とも為し難い問題であることが明らかであるので、この問題がその本質に相応しく扱われるためには、この「ヨハンネス・クリマクスの立場」を超えた「より高次の立場」へと上昇してゆかなければならないという「著作活動の立場と方法」という大問題が大きく立ち現われてきたことである

該書は明らかにこの二つのことを示唆していると考える。

しかし以上の考察を前提にするとき、ここで私はもう一つのこと、つまり、このときキルケゴールの内部を支配していたもう一つの問題に注目せざるを得ない。それはあの「国家教会批判」の言葉をめぐってキルケゴールの正直な心情についてである。あの言葉はほんの数行のものとは言え、V・クレステンセンが言及しているように、それを記した該書をこれから牧師職の世話を頼む同監督に献上するということは何ともおかしなことだからである。つまり、あの言葉は何を意味しているのかということをここでもう一度考えてみる必要が起こってくる。端的に言うならば、恐らくS・キルケゴール自身においては、あの言葉はあくまで「ユーモアの立場」に立つ「ヨハンネス・クリマクス」が書いたものであり、自分はその立場からは一歩ひいた所に居るということ。このような意識のもとにあったのではないかと考えられる。しかしもしそうだとすると、彼にとってはあの言葉が意味するものはもっと深刻なものであったのではないかということが推察され得る。つまり、あの「国家教会批判」という問題に関しては自分は確固とした信念にまでは至っておらずいま正に「懐疑」の状態にあるということを示しているのではないかということが想像される。言い換えるなら、まだ「ためらい」の状態にあったということを。

しかし該書が彼自身によって「瞬間を理解するための予備知識の書」第一号として指摘されたことは、やはり該書こそが「国家教会のキリスト教」に対して「教会闘争」のための根拠をなした「新約聖書のキリスト教」を打ち出し

た最初の書物であったことによると言ってよかろう。

ところが、このように「ユーモアの立場」の「ヨハンネス・クリマクス」によって哲学的思索のレベルで打ち出されたこの「新約聖書のキリスト教の真理」がその後間もなく現実の「S・キルケゴール」自身の根本的体験となる出来事が起こった。それが「コルサール事件」である。それはまるで彼自身がそのシナリオを書いたかのように起こった。従って、その「体験」はそれ程に決定的な意味をもつ出来事であった。

注

（1） V. Christensen: S. Ks Motiver til Kirkekampen. (Kbh. 1959). S. 10-2, S. K. Det centrale i hans Livssyn. (Kbh. 1963). S. 70ff, 99. N. Thulstrup: Ibid., S. 284.
（2） これはN-nという名で書かれている。
（3） S. V. XIV. S. 59.
（4） V. Christensen: S. K. Det centrale—. S. 99.
（5） 「マタイ」七ノ一四
（6） 「マタイ」一〇ノ三七、「ルカ」一四ノ二六。
（7） S. V. VII. S. 576ff.
（8） V. Christensen: S. Ks Motiver—. S. 12.
（9） 本書第五部第四章第三部Ⅱ参照。

第二章　コルサール事件の意味

「国家教会を批判することの懐疑もしくはためらい」は、まるでキルケゴール自身が予めそのシナリオを書いていたかのような構図で、「コルサール事件」の体験を通じて、大きく一気に深みへと入って行った。それというのも、この「コルサール事件の体験」こそ、キルケゴールに、あのヨハンネス・クリマクスが『後書』において「ユーモアの立場」から「逆説」として描いておいた「新約聖書のキリスト教」をその「真実の姿において」体験させる機会になったからである。つまり、その体験は、一般にキリスト教とされている「国家教会のキリスト教」はそれとは似てもつかない正反対の偽りのものであることを如実に知らせることになったからである。言い換えるならば、キルケゴールはこの体験を通じて「国家教会のキリスト教」が全く虚偽の代物であることを心底から知らされたのである。しかしこのことこそキルケゴールにとっては最も恐ろしいことであった。自分が幼少期から絶対的真理として信じきってきた「国家教会のキリスト教」に対して「批判」という従来とは正反対の態度をとることへと根源的な転換を強いられることになるからである。従って、彼の「精神的苦悩と苦闘」とはここへ来て一気に深まることになったわけである。これが彼における「コルサール事件の体験」の根底で起こっていたものと言ってよいであろう。そこで本章では以下このような視点から、この「コルサール事件の体験」が実際に意味していたものの真実に迫ってみたいと思う。

まずこの「コルサール事件」についての研究史に関する一般的な事項について言及することから始めたいと思う。この「コルサール事件」は、デンマークの内省心理学派の人々によって、キルケゴールの生涯における三大事件の一つに数えられている。つまり、「大地震の体験」、「レギーネの問題」、そしてこの「コルサール事件」である。この事件は、このように重視されてきたことから、いままで実に多くの研究者によって取りあげられ、さまざまな考察がなされてきた。その文献は実に厖大な量にのぼる。(1) しかしそれらを一つ一つ検討してみて一つどうしても釈然としない点があることに気がついた。それは、それら研究者たちの研究事項の個々の点は史実を実に精確に伝えているように見えるのに、それら史実の全体を通じて浮かび上がってくる筈の「この事件がキルケゴールの生涯において意味したもの」についての説明がどうもはっきりしない点である。その点が確かに不明なのである。しかしそれには一つはっきりとした理由があることが分かってきた。それは何よりもこの事件の「性格づけ」そのものが明確になっていない点である。そのために、この事件の取りあげ方そのものを最初から誤ってしまっていることがはっきり読みとれてきた。では、どうしてその「性格づけ」が明確になされてこなかったのだろうか。それは、先に少し言及しておいたが、この事件の最中にキルケゴールが行ったあの「第四回ベルリン旅行」が意味するものについての研究が殆んど御座なりになっていることと深く関係しているように思える。つまり、この点に関しても第一史料の研究が厳密に充分になされることが望まれるのである。そこでその事項までも視野に入れて史料研究を厳密に行うならば、この事件の「性格づけ」がはっきり行われ、それによって、この事件が「意味するもの」がはっきり浮かび上がってくる筈である。それゆえ、このような考えから、本章での考察を次のような順序ですすめたいと思う。(1)コルサール事件の概略、(2)コルサール事件を通じてキルケゴールが体験したもの、(3)コルサール事件がキルケゴールの生涯において意味しているもの。

一　コルサール事件の概略

ここにいう「コルサール」(=海賊、海賊船)とは、一八四〇年稀有とも言える優れた能力をもったユダヤ人ゴールスメッヅ Meir Aaron Goldschmidt (1819–87) によって創刊されたデンマークで一番最初の政治的、社会的風刺新聞である。そして一八四二年には、審美家として有名でありキルケゴールの『誘惑者の日記』のモデルとなったP・L・メラー Peder Ludvig Møller (1814–65) の協働 (=定期的寄稿) を得るなぞして、同紙に展開される類稀なる発想や機知や辛辣な表現は実に多くの人々の関心を呼び、当時の新聞の中では最高の発行部数を誇っていたという。『コルサール』紙というとすぐM・A・ゴールスメッヅの名が出てくるが、同紙のそのような人気の発展には、このP・L・メラーの役割があったことは、決して見逃されてはならないのである。ところが、このP・L・メラーは、自分の文章にはいつも「無記名」であった。しかしそのことがやがては人々に知られるようになったが、それを誰も公然と口にすることはしなかった。この時期それを暴露することは、P・L・メラー自身を社会的に傷つけることになるからである。しかしその名を公然と暴く人物が現われた。それがS・キルケゴールである。彼は『祖国』紙の一八四五年十二月二十七日号で、次のように言っている。「聖霊のある所に教会があるように ubi spiritus, ibi ecclesia, P・L・メラーのある所にコルサールがある。ubi P. L. Møller, ibi Corsaren. …P・L・メラーは『コルサール』紙であり、『コルサール』紙はP・L・メラーである。(2)」

ところが、その同紙とキルケゴールとの関係には、特別なものがあった。元来ゴールスメッヅはキルケゴールを非常に尊敬していたこともあって、同紙ではすべての著名人が徹底的に笑い物にされていたのに、キルケゴールだけは一度もそのような目には会っていなかった。いや、それどころか、彼の作品なぞはむしろ賞賛されてさえいた。そのようなことから、キルケゴールは、自分がこのような低俗新聞で一度も槍玉にあげられていないことをむしろ不名誉なことと感じ、一度は自分もそのような目に会うことを願っていたほどであった。

しかし遂に彼も他の著名人と同じように、いや、それら誰よりも最も厳しく攻撃される時がやってきた。それは、一八四五年十二月下旬、P・L・メラーが『ゲア Gæa』という「審美的年報、一八四六年」に、新年の贈物として

「ソーロェ訪問」という文章を載せたことがきっかけとなっている。ソーロェ Sorø はコペンハーゲンの西南七十六キロの地点にあるアブサロン時代からの古い町で一五八六年にはアカデミーが建てられ、学者や文人たちが住まう町となっていた所である。メラーは、ここを訪れ、その文章で、そこに住んでいた当時の著名の文人たち、例えば、B・S・インゲマン、C・H・ブレダール、P・ヨアツ等々を訪問したときのことを報告し、更に夜の宴会のことをも詳しく記している。その夜の宴会では、J・C・ハウクが主役を演じたらしく、その際キルケゴールの『あれか―これか』や『諸段階』が大いに話題になったらしい。しかしこれは主としてそのハウクの意見であったようであるが、そこに居合わせた者たちは、それら両作品は、文学作品なぞではなく、また文学的題材の扱い方もなってなく、ただそれらを寄せ集めただけのものにすぎず、そこに見られるのは、キルケゴール自身の論理的自我の記述とその展開にしかすぎない、と酷評していた、ということが、その文章で報告された。

この文章は、別に『コルサール』紙に載ったわけではなく、『ゲア』という雑誌に載ったわけであるが、これはキルケゴールを憤慨させ、反論を引き出すのに充分なものであった。しかしその彼の反論について述べる前に、この文章についてもう一つ注目しておくことがある。それは、多くの研究者たちによると、この文章には、実はP・L・メラーがオェーレンスレーガーの後任として「コペンハーゲン大学」の美術教授を志望していることから、自分の強力なる競争相手となる文人たちの眼前で自分の実力の程を見せつけておき、更に自分にとって危険になるかもしれない敵たちの牙を予め抜いておく魂胆があったようだ、ということである。

さて、この文章を読んだキルケゴールは、そのような魂胆があったことを見抜いていたかどうかは明らかでないとしても、早速『祖国』紙一八四五年十二月二十七日号で、その『諸段階』の第三部の主人公フラタ―・タキトゥルヌスの名において、それへの「反論」を述べた。(3) それは実に激しいものであった。しかしその「反論」の中でも特別に注目されたのは、P・L・メラーの秘密の一つで誰もが公然とは言えなかった一点を暴いた点であった。それは、そのP・L・メラーが『コルサール』紙の協働者であることを暴露した一行である。このことは、「大学教授」の地位を目ざしていた彼にとって、決定的な打撃となる筈のものであった。そしてそれは正にそのようになってしまった。

この「反論」が発表された直後に、ゴールスメッツは、キルケゴールに会った。その時ゴールスメッツは、キルケゴールから『コルサール』紙が自分を攻撃することはしないようにして欲しいと願い出るものと思っていた。そんな思いもあってか、ゴールスメッツはキルケゴールに彼の「反論」がP・L・メラーを徹底的に打ちのめした旨を伝えた。(4)それは正しく事実であり、この「反論」の二日後に同じく『祖国』紙の一八四五年十二月二十九日号に、P・L・メラーは、短い文章を載せたが、それは、自分がこの論争から引き下がる旨を伝えた一種の敗北の挨拶のようなものであった。それについてキルケゴールはこう記している。「彼はおじぎをして姿を消した。(5)」

ところが、これでこの論争はすべて終ったのではなく、実は正にここから「コルサール事件」が始まるのである。キルケゴールは、一つの草稿の中に、P・L・メラーがそのようにして姿を消した後のことについて、述べている個所があるが、その文章こそ、『コルサール』紙によるキルケゴール攻撃の火ぶたが正にこの時切って落とされたことを物語っていると言える。その文章は実に長文なので、それを要約して述べると次のようになる。

「P・L・メラーは、そのようにして姿を消していなくなり、どこへ行ったかは、私は知らない。しかし私の行きつけの床屋が私に言うには、その時からコルサール紙における文学的卑劣さのダンス・フローアは忙しくなってきたとのことである。(6)」

この文章は、次のような一つの明白な事実を伝えているのである。それは、正にその時から突如として、『コルサール』紙は、攻撃目標をキルケゴールに向け、凄じいばかりの攻撃を仕掛けてきたということをである。すなわち、先に言及しておいたゴールスメッツとキルケゴールとのあのような会話が交わされた直後の一八四六年一月二日を皮切りに、『コルサール』紙は突如として、キルケゴールに対する猛烈な攻撃を開始した。それは、激しい卑俗な文章での揶揄と痛罵、そしてそれには必ず人格を傷つける下品極まりない漫画が伴われていた。そしてそのような文章と漫画は、これでもかこれでもかと言わんばかりに、毎号々々続けられた。とくにその漫画は、キルケゴールを、びっこに画いたり、せむしに画いたり、不揃いの長さのズボン等々に画いたりするものばかりで、彼を徹底的なまでに、変人、異常者、妄想者として描き出しているばかりで、何とも悪質な人身攻撃を意味していた。しかも毎号々々その手はゆるめられることなく（約一年も）続けられた。そのようなことがなされたとき、その効果がどのようなものになってゆくかは、今日の人々にも想像がつかない程の恐るべきものなのである。例えば、こんなことは当然起こるべくして起こった。つまり、キルケゴールは、それらの漫画によって、コペンハーゲン中に、そのような人物そのものとして印象づけられてしまったことである。すなわち、大衆はそれをそのまま信じ込み、それがコペンハーゲンでの極く当たり前の、キルケゴールについてのイメージになり、また風聞にもなってしまったのである。従って、彼が街を歩いていれば、人々はじろじろと彼を眺めたり囁き合ったり、いたずらっ子たちは彼の背後からその漫画の言葉を浴せて囃し立てわめき立てた。(7) 要するに、彼は、コペンハーゲンの多くの人々においては、この『コルサール』が画いた人物、漫画に描いた人物と全く同じものになってしまったのである。ところが、これは余談になるが、もっともっと驚くべきことが起こってしまった。それは、キルケゴールに関するそのような印象がその後いつまでも、そして今日までも続いていることである。つまり、キルケゴールとはそんな変人なのだと信じ込んでいる人が今日もなお存在し続けていることである。そしてこれこそ最大の驚きというか、啞然というか、兎に角何とも驚くべきことに、この日本で、自らを一人前のキルケゴール研究者として誇っている人の中に、キルケゴールを、実像はそういう人だと信じている人がいることである。

城壁に囲まれた人口僅か十万程の小都市で、ひとりの人間がこのような目に会ったとしたら、彼はどんな思いになっただろうか。ましてや、彼が一般人よりはるかに感じ易い反省の天才であったとするならば。

しかし彼は、当然の事乍ら、その卑劣極まりない事態に対し、反撃を試みようとした。ところが、街全体にそのようなイメージが振り撒かれ、それが洪水のように支配する中で辛うじて呼吸をしているような者に、反撃のためのどんな手立てがあると言うのだろうか。彼は、その反撃が全く絶望的であることを、つくづくと思い知らされた。

まず彼には、反撃のための手段そのものがもぎ取られていた。彼が援護を最も期待したもの、つまり、かねがね彼に好意をもち、紙面を提供してくれていた『祖国』紙は、全くの沈黙を守ってしまった。もっともJ・ホーレンベアによるならば、それは誤解で、『祖国』紙の編集長ギョヅヴァヅ Jens Finsteen Giødwad（1811–91）は、キルケゴールの方から一言ありさえすれば、その紙面を提供したと言っていたそうであるが、キルケゴールは、このような場合における「新聞の社会的役割」が新聞社独自の責任において判断されることを、期待していたのである。(8) こうして、キルケゴールの目からするならば、これにおいても、ジャーナリズムの本質である「社会的無責任」が現わになったのであった。

次に、これまたキルケゴールがその援護を期待した、いままで同紙を激しく批判していた多くの知名人、教養人たちからは、何の反論も援護もなく、ひたすら沈黙が守り続けられたことである。彼らは皆が皆、『コルサール』からのわが身への反撃を恐れたのである。しかしこの点にこそ、キルケゴールは、近代的教養、近代的知性の正体が何であるのかを、篤と思い知らされたのであった。

更にもう一つ、これこそキルケゴールに最も強く絶望を感じさせたものであるが、それは、彼が反撃をしようにも、実際には何に向かってどんな方法でそれをするか、そのこと自体がはっきりとは把えられなかったことである。そのため、彼は、その思いの程を、ただ自らの日誌と著作の原稿とに、書き連らねていく以外に方法はなかった。しかしそれはあの『文学評論』における「現代の批判」として実ることになったが。

「コルサール事件」とは大体このようなものであった。そして正にこの事件から、キルケゴールは、実に々々貴重ないくつかの体験を得たのである。

二　コルサール事件を通じての体験

コルサール事件ほどキルケゴールに法外とも言える貴重な体験を与えたものは他にあっただろうか。この体験を通じて、従って、これを境いにして、彼には明らかに今までとは全く異なる方向へと踏み出す態勢が生まれたと言えよう。私は、彼には、この体験なくしては、後年の生涯も、従って、教会攻撃もあり得なかったであろう、と考える。

その体験の内容は、根本的には、既に言及しておいたように、「新約聖書のキリスト教の根源的状況」と言ってよいものであり、それは「新約聖書のキリスト教」のより深い内面的な真実を知ることへと大きく一歩近づいた、ということができよう。しかしその内容そのものは大きく分けて二つになると考えられるので、以下そのように二つに分けて説明したいと思う。

一つは、この事件によってはじめて、「大衆」というものの本質を知り、それを通じて「時代の本質」を知ったことである。彼がこの体験を通じて得たものを一つの言葉で表現するならば、「大衆は虚偽である」という命題になるであろう。キルケゴールは「大衆」の「大衆性」を象徴するものを、新聞(ジャーナリズム)と看倣していた。一八四六年の彼の日誌は連日これらについての長文の記事でうずまっている。彼が、普段はコルサール紙に対する激しい批判の言葉を口にしている著名人たちから一言の応援も得られなかったことのうちに、この「新聞」の本質を見貫き、新聞は「個人」を「大衆化」させてしまい、抽象化、そして無化させてしまう、つまり、この世の中には「大衆」だけが住んでいるもののように思わせてしまうもの、となしている。キルケゴールは、この年、『文学評論』(＝これは『二つの時代』というギュルレンボー夫人の小説に対する書評である)という書物を書き、その中の第三部を「現代の批判」という論文でうめているが、この中で彼は、大衆と新聞(ジャーナリズム)との関係を徹底的に論じている。それは実に貴重な文章で満ちているが、その中のほんの一部だけを引用してみよう。キルケゴールは、大衆と殆んど同義に使っていた公衆 Publikum について次のように述べている(この公衆という言葉を大衆と読みかえても結構である)。

「公衆《みんな》とは、だれも身をもってそれに参与することを許されない幻なのである。…公衆とは、すべてのもののようでありながら、〔実体は〕無なのである。それは、あらゆる勢力のなかでもっとも危険なものであり、しかももっとも無意味なものである。ひとは公衆《みんな》へと称して全国民に向かって語ることができても、その公衆《みんな》なぞというのは、ただ一人の人間がどんなに少ないとしても、そのただ一人の現実の人間よりももっと少ないものである。公衆《みんな》という規定は、個人個人を奇術にかけて空想的なものに化してしまう反省の手品である。それというのも、この手品にかかると、各各の個人は、それの前では自らの現実の具体性が〔かえって〕見すぼらしく思えてくるので、その巨大な怪物を敢えてわがものにすることができるからである。公衆《みんな》という概念は、個々の〔具体的な〕人々を、空想的にさせ、一民族を支配する亭主にもまして大いなるものにしてしまうところの、この分別の時代のおとぎ話である。しかしこの公衆《みんな》はまた、個々の人々がそれによって宗教的に教化されることになるか、さもなければ、それによって没落してしまうことになる、恐るべき抽象性なのである。…公衆《みんな》とは、それへの参与者が第三者であるという笑うべき仕方で作りあげている抽象的全体なのである。(9)」

このほか大衆について実に鋭い洞察が多量に文章にされているが、ここではこれ以上立入らないことにする。

もう一つの体験は、正にこの「大衆」こそがキリスト者に対しては「迫害」をするものであること、そしてこの「大衆」からの「迫害」（受難）を通じて、「キリスト教の本質」についての、とりわけ、「キリスト者」という概念についての、実に深く真摯な理解に達したことである。この事件を経験する前までは、キルケゴールは、キリスト教の本質やキリスト者の本質を、「隠された内面性」skjult Inderlighed という言葉で理解していた。つまり、その「本質」は、決して外面化され得ないもの、外面的なものによっては表し得ないもの、つまり、徹底的に内面化の方向とその範囲においてのみ問題化され得るもの、という理解をもっていた。ところが、このコルサール事件は、彼に、その「内面性」は必ずそれとは正反対のものとの関係において、つまり、それとは全く反対のものとの衝突 Collision において、現われるものだということを、知らせた。つまり、「内面性」は、それが正に真に「内面性」であるとき、それは必ず「外面的なもの」とは、不和、争いを起こすということである。そして彼が言うに、「内面性」に対する「外部」からのそのような「関係」こそが「迫害」Forfølgelse ということであり、それは「大衆との衝突」「大衆による迫害」だというのである。そして彼は、この「衝突」ということこそが何にもまさって全くキリスト教的であり、真理の証人たちは、教養ある上品な人たちによって打ち殺されるのであるが、その上品な人たちとは俗悪な大衆なのだという。こうして彼は「野蕃な大衆たちからの迫害」Pøbelforfølgelse を受け、「笑いによる殉教」et Latterens Martyrium を受けたことを身をもって実感したのである。すなわち、「真理」に生き、「真理」を伝達しようとする者は、必ず外部から「迫害」を受ける者と成るということである。要するに、「真理」は、この世においては本質的に「受難」せざるを得ないものであること、だから、「真理」そのものであったキリストは、この世に来たって、自らすすんで「受難」されたのだ、従って、そのキリストに従う者、つまり、キリスト者は、必ず「迫害」（受難）をうけ、「没落」を経験することになる、ということである。ここにいう迫害、受難、没落とは、「殉教」ということである。こうしてキルケゴールには次の思想が生まれた。「真実に真理に仕えようとする者は、だれでも殉教者となる。[10]」つまり、「真のキリスト者」は「殉教者」である、ということである。このコルサール事件がキルケゴールに与えた体験の最大のものは、キリスト教の本質、キリスト者の窮極の姿が、この「殉教」という概念にある、という点であったと考えられる。このような「受難」の意味の理解は、キルケゴールの信仰生活における決定的な深化を意味するものと言えるだろう。

この事件からキルケゴールが得た体験の内容は、要点だけを述べるなら、以上のようなものであった。ここでは本書全体の論旨から見てこのように非常に簡略化して述べたが、彼の著作や日誌や草稿類では、分量は無限とも言える程多く、かつ内容も非常に濃密である。

しかしそのような体験内容について、是非一つ強調さるべき点があるように思う。それは、それらを言葉だけで表わすなら、以上のようにいくらでも簡略化できるのであるが、それが実際に意味している事柄は、キルケゴールの精神を深底から揺り動かす実に衝撃的なものであったであろうということである。なぜなら、「キリスト教の本質」「キリスト者の窮極の姿」が「殉教」であるというこの体験は、この問題を実に真剣に考えてきた彼にとって、爾後の生活の方向を左右する程に決定的な衝撃となったであろうことが想像されるからである。多くの研究者は、この辺の事情を、単なる「概念」上の処理に終らせているが、私は、その問題はもっと深刻な意味をもっていた衝撃的な問題として取りあげるべきと考える。つまり、この体験は、彼においては、あの「大地震の体験」の場合と同じような眩暈を催しよろめきを感じさせた程の、いや、自らの力では身を支えきれない程の、従って、何らかの他からの支えを必要とした程の大きな衝撃だったのではなかったかと想像される。そしてこれ程の大きな衝撃こそこの「コルサール事件の体験」が意味したものと言えよう。それゆえ、次にはこれについて考えてみよう。

三　「コルサール事件」が意味したもの

この問題に関しては実に多くの研究者たちがさまざまな見解を述べているが、これをそれらの多くの人々のように単にキルケゴールが思想的に次の新しい段階へと進むにあたっての一つの契機としてだけ捉えるのではなく、彼の「体験」そのものの内部に、つまり、彼自身の「意識」そのものを、つまり、彼の「キリスト教信仰」そのものを揺さぶっていたものの内部に入り込んで検討してみようとするとき、そこではそれらの研究者たちが外面的に捉えたものとは全く異なるもっと「深い」「切実なこと」が起こっていたことを知らされる筈である。つまり、それこそがその時のキルケゴールの内面性そのものだったのである。私はそれをここで考えてみたいと思う。

しかしその作業に入る前に、この件の問題の所在を明らかにするために、まずこの問題についての従来の一般的な扱い方を検討することから始めたいと思う。このコルサール事件は、既に述べたように、キルケゴールの生涯における「三大事件」の一つに数えられてきた。そのような見方は主として内省心理学派の人々に負うところが多いと言えるが、そしてE・ガイスマールによって普及したと考えられるが、それならば、それらの研究者たちは、この三つの事件の扱い方において妥当な方法で望んでいたかというに、決してそうとは思えないのである。というのは、それらの人々は、この三つの事件をただ「三つの大きな事件」としてだけとらえ、それら各各における「心理的事実」だけを突き止めようとしてきただけで、結局はただそれだけのものに化してしまったように思えるからである。つまり、この三つの事件は、そのようにただ不思議な「心理的事実」と見倣されるだけになってしまったのである。しかし同じく心理学派に属するJ・ホーレンベアによる示唆を俟つまでもなく、私のいままでの研究によるならば、これら三つの事件が「三大事件」と呼ばれるには、それがただ三つの不思議な大きな事件という意味だけでなく、その「不思議さ」がもっと極めて特別なもの、独特なもの、敢えて言うなら、「最もキルケゴール的と言えるもの」を秘めていることが、伺われるのである。つまり、端的に言うならば、それらの事件にはこの「最もキルケゴール的なものと言えるものの瞬間」が秘められているという点である。従って、この三大事件の研究にはこの「瞬間」が究明されなければそれらの核心をとらえたとは言えないのではないかと思う。つまり、この三大事件の研究には、それら各各に秘められている「最もキルケゴール的な性格のもの」をとらえることこそが肝要と考える。

従って、その「三大事件」の中の一つであるこの「コルサール事件」の研究の場合も正にそうである。この事件の研究には、何にもまさって、この事件に秘められているところの、従ってまた、この事件を通じて滲み出ているところの、「最もキルケゴール的なものの瞬間」をとらえることこそが真に妥当な方法と考えられるのである。

そこでこのような視角からこの問題を考えてみるとき、この問題には考察さるべき二つの領域があるように思える。一つは、この事件が彼においては偶然的に「外部」から起こってきたようなものではなく、むしろ予め彼自身によって計画されて起こったような性格のものだという点であり、もう一つは、この事件の体験を通じて身に負うた余りにも深く大きい「精神的苦悩と苦闘」の実際の内実の問題とである。以下この二点について簡単に説明しよう。

まず最初の方の点についてであるが、この事件は確かに客観的領域で起こった客観的事実であることには間違いないが、にも拘わらず、もう一歩深い所から洞察してみるとき、それはむしろ彼自身によって前以て企てられ仕組まれていたように見えてくるものであることが、つまり、それは何よりもキルケゴール自身の運命と結びついており、それゆえ、彼はそれを自らの運命として意識していたことが、その意味においては、それは確かに「キルケゴール」という人格と生の本質的な一部をなしていたものであることが、強く訴えてくるように思えてならないものなのである。このことが意味することはキルケゴールを理解する上で実に重要な鍵になる点である。既に本節の一と二で述べたように、このコルサール事件は、客観的世界で起こったれっきとした客観的事実である。にも拘わらず、この事件の不思議さは、キルケゴールの日誌や草稿類を読んでいると、これは彼によって前以て企てられ仕組まれていたシナリオのように思えてならない点があることである。この点内省的心理学派の極点に位置するとも言えるあのJ・ホーレンベアの示唆は極めて妥当であると考えられるのである。[11] すなわち、それは、われわれに、この事件に対する視点と態度とを、気づかせてくれるものである。つまり、この事件は、いわゆる客観的まなざしで一つの物的現象を外部から眺めるように見るものではなく、一つの「人格」の出来事として内省的に省察さるべきものであることを示唆しているのである。そこでこの示唆を受け容れ、改めてこの事件に向き直るとき、彼の一八四五年十一月から一八四六年五月（第四回ベルリン旅行）までの日誌や草稿は、この事件が明らかに彼の「人格」の内部の歩みとして、いや、もっと突込んで言うなら、彼の「祈り」が成就してゆく過程の中で起こっていることを知らされるのである。

その一例として、私は、この事件がまだ起こっていない一ヶ月以上前の一八四五年十一月に「ヴィクトル・エレミタ」の偽名で書かれた一つの短文の原稿を挙げたい。この短文（Pap. VIB192）は結局は、新しい状況の変化により、未発表に終ったが、その内容は、彼がこの事件への前以ての予握をしており、そのシナリオを彼の手で実現しようとしているかのようであることを知らせてくれている。しかしこの短文には、それが書かれる前のこととして、その十一月十四日発行の『コルサール』紙の論調が前提になっている。その論調は有名なものであるが、つまり、それは、キルケゴールの著作をまたもや絶賛し、更には、偽名著者「ヴィクトル・エレミタ」を、彼は不滅となろう、とまで誉めていたのである。そこでこれに対してキルケゴールは、その短文をヴィクトル・エレミタの名で書き、自分が『コルサール』紙によってそのように誉められるのは、自分にとっての残酷も甚だしい行為であり、自分に対しては、同紙は、他のすべての人々と同じように、殺してみよ、と訴えたのである。その短文は次のものである。

コルサールへのひとつの祈り

ビクトル・エレミタ

「
―このように並べられる、残虐で血に飢えたコルサール、最大の権力者スルタン（＝イスラム教国の君主）、人々の生命をその強大な手中で手玉にとり、自分の鼻先の怒りでは一つの思い付きのように弄ぶ汝よ、おお、汝は何としても他人への同情心を動かしたらどうだ、それらの者の苦しみの時を短くしたらどうだ――私を殺してほしい、しかし私を不滅のものとするな――最大の権力者スルタンよ、汝が殺害したすべての者の中で最もあわれな者が間もなく何んなことを見抜くかを、汝のすばしこい英知によって、考えてみよ。言うなれば、不滅なものとされるということがどんなことなのかを。それもとりわけ、そのことをコルサール紙の証明書付きでなされるということがどんなことなのかを、篤と考えてみよ――おお――非人間として永遠に指名されてしまうこの残酷な恵みと慈悲、なぜなら、コルサールは、非人間的な仕方で、その人間をいたわるようなことをするからだ――けれども、何としてもこれだけは言うな、この私が不滅だなぞとは――うー、そんな生刑 Livsstraf という刑罰なぞ聞いたことがない――*私は、そのような言葉を読んだだけで、人生がもうすっかりうんざりしてしまった。私の嘆きに誰も心を動かさないとは、その残虐さも何と抜きん出ていることか、こう言えば、女々しく（?）聞こえるだろうが、そのように言うことは、私の死となる。私はその言葉で没落するのだ――しかしすべての人が笑ってこう言うだろう。彼は死ぬことができないのだ。おお――汝は同情心を動かし、その高雅な残虐の恵みを止めて、他のすべての人々と同じように、私を殺したらどうだ。

*欄外に。私を打ち殺せ、私が汝が殺した他のすべての人々と共に生きるために。しかし私を不滅なものにすることによって殺すことはするな。」

この原稿は状況の変化により発表されずに終ったが、この文章そのものが意味していることは極めて重要な一点を示唆していると言ってよかろう。

この文章は一見するところ、最初から最後までアイロニーにみちており、結局言わんとしているところは、コルサール紙は、すべての人々の作品を悉く批判して殺害しているのに、キルケゴールの作品だけは特別扱いして誉めあげており、永久不滅のものとなしているが、この新聞によってそのように賞讃されることは、作家にとって「永遠の死」を意味するので、はやく自分も殺して欲しい、そして永遠の死にはしないで欲しい、ということである。しかしこの文章で注目されるのは、これがヴィクトル・エレミタの「祈り」En Bøn となっていることである。一言半句をも細心の注意を払って創り用いるキルケゴールにとって、この言葉は、単なる「願い」以上に深い意味を込めていたことは、充分推察され得る。そのためか、実に不思議なことに、この「祈り」は同事件の前以って書かれたシナリオのような意味をもっており、同事件はこれに沿うようにして起こっていたことが、注目される。つまり、この事件は、偶々ある時にふりかかってきた事件ではなく、むしろキルケゴールという「人格」が正に本質的に創り出したものというような性格に貫かれていると見えるのである。

しかし彼はこのようにして第二点として指摘しておいたように測り知れない程の深く大きい「精神的苦悩と苦闘」とを負うことになるわけであるが、その内実は二つの面から考えられる。

一つは、この体験と彼の「運命の意識」との関係のゆえの「精神的苦悩」である。すなわち、この「コルサール事件の体験」が既に述べたように、「新約聖書のキリスト教」そのものを、つまり、それは「迫害、受難、殉教」へと通じてゆく道として示されたことによって、彼はこれを単に「思想」上の問題としてではなく、自らの「運命」の問題として、つまり、彼自身の「生存」そのものの根幹と深く関わる問題として受けとめたのである。彼は、この事件がおさまりを見せた翌一八四七年一月二十日の日誌 Pap. VIII^{1}A221 に、この事件を含め自分の全人生を回顧しながら、牧師職の選択の問題と絡めて、自分の「運命」そのものについての長文の手記を認めている。彼がこの時期にこれを認めたことには実に深い意味があったことが感得される。一つは、この一八四七年という年は、あの「大地震の体験」とその他の日誌記事からも明らかなように、彼がキルケゴール家の法則に従うならば、三十三歳までに死ぬという その限界を超える年になるので、その思いには格別のものがあったことである。もう一つは、このコルサール事件を通じての「受難」の意識は、その思いとも重なって、そこでは言い知れない深い「運命」の意識が彼の内面を支配していたであろうことが推察されることである。従って、そのようなことから、この新年に、しかもこの事件後の落着きのひとときに、自分の全人生の意味を思い、自らの「運命」の意味を問う時をもったことは、充分納得できるのである。だから、その中に書かれている次の一節は、この事件を自分の「運命」の中で考えていることを示しているものと見ることができよう。

「…人間的に言うならば、私は、これから不確実なものの上を走ってゆくだけでなく、確実なる没落へと向かって歩んでゆかなければならない。――しかし神への信頼の中では、このことこそが正に勝利なのだ。私は、自分が十歳のとき、自分の生存というものをそんな風に理解したのだった。そしてこのことから恐ろしい闘いが私の魂の中で始まる。そして、私は、自分が二十五歳になったときも、自分の生存をそのように理解した。そのようにしてこのいま私は三十四歳になっている。[12]」

この文章は、ただ読むだけでもある衝撃を感じさせられるが、これがコルサール事件が静まったひとときに書かれたものであることを考えるとき、その事件が彼にとってどんなに大きな意味をもっていたかを知らされる思いがする。しかしその上キルケゴールは、このような「運命」を、「神の摂理」と考えていたのである。[13] 彼は元来、『後書』の出版後は田舎の村の牧師になる積りでいた。ところが、次章で記述するように、この事件の発生によってそれを取り止め、コペンハーゲンに残って、改めて宗教的著作家の道を行くことを決意したのである。彼は、この転換について、あの『視点』の第二篇第三章「私の著作活動における摂理の役割」(S. V. XIII. S. 595–621) の中で、詳しく述べている。その文章は、彼の著作活動は、徹頭徹尾「神の摂理」のもとにあり、これなくしては一瞬たりともその活動をすすめることはできなかったことを訴えている。そしてその転換も正に「神の摂理」に基づくものであることを述べている。[14] この部分だけでなくその第三章の全文が、彼の人生の歩みや著作活動の進行の一駒々々が、彼においては、「神の摂理」が彼という人格を通じて具現されていることを、訴えているのである。

このようなことから彼は当然に、もう一つの「精神的苦悩と苦闘」とを経験せざるを得なくなる。つまり、それは、その「新約聖書のキリスト教」との対比のもとに「国家教会のキリスト教」の正体がいまやはっきり浮かび上がってきたということである。すなわち、キルケゴールにおいては、「新約聖書のキリスト教」というものがいま述べたようなものとして体験された以上、正にその時彼の意識の地平には、それと対角線上に、もう一つのキリスト教が、つまり、「国家教会のキリスト教」というものが輪郭鋭くくっきりと浮かび上がってくるのを覚えたのであろうことは想像に難くない。つまり、彼においては、もし「新約聖書のキリスト教」というものがいま自分が体験したようなものであるとするならば、いままで自分がキリスト教そのものとして信じきってきた「国家教会のキリスト教」とは何なのか、あれはそもそも「キリスト教」なのか、あれは全くの贋物、捏造品、虚偽そのものではないのか、こんな問いが湧いてきても当然であろう。そして確かに彼は、この問いを、一身に負うたのである。彼において「国家教会のキリスト教」は最早あのヨハンネス・クリマクスのレベルでの「ユーモアの立場」からの軽い懐疑的批判の態度ですまされるようなものではなく、その虚偽を自らの一身をかけての「批判」の対象とさせざるを得ないものになってきていることを切実に感じとっていたことがうかがえる。しかしそれは彼にとって最大の難問、苦悩、苦闘の内容となりつつあったことは充分にうかがえるところである。なぜなら、キルケゴールの身にとって「国家教会のキリスト教」とはわれわれの想像をはるかに超えて「重み」のあるものであったので、いまそれを「批判」する関係へと態度の根源的転換をはかろうとしている地点に立っていることになるからである。

「コルサール事件の体験」を通じていまキルケゴールの内部にはこのような二つの「精神的苦悩と苦闘」が展開されるようになったと言うことができよう。

このように考えてくるとき、この二つの面をもつ体験は彼にとっては、最早自分の力では如何とも為し難い最大の難問の中に陥ったことを意味する。なぜなら、事は、彼がそれを目ざして教育されまた自らの生存を賭けて信じきってきた「国家教会のキリスト教」そのものの本質に関すること、それに対する自らの根源的な態度のことだからである。それゆえ、彼がこの最大の難問を解決するには、自分ひとりの力ではどうにもならず、当然に「他者の力」を仰ぐ以外には如何ともし難いと考えたとしても決して不思議ではない。彼の日誌記述は、それがために彼が第四回目のベルリン旅行を企てたこと、そしてそこで集中的に「祈り」の生活をし、その「祈り」の中でその解決の方途を探ったことを、示している。彼の第四回ベルリン旅行にはこのような意味があったのである。

注

（1）「三大事件」という言葉はしばしば常識のように言われることがあるが、しかしこれはあくまで「内省心理学派」が生み出した言葉で、その影響を強く受けたE・ガイスマールによって広く知られるようになった。
（2）J. Hohlenberg: S. K. (kbh. 1940). S. 195
（3）S. V. XIII. S. 459–67.
（4）Pap. X^3A90.
（5）Pap. VII^1A98. S. 42.
（6）Pap. VII^1B72, S. 263.
（7）Pap. IXA370.
（8）J. Hohlenberg: Ibid., S. 212.
（9）S. V. VIII. S. 99–102.
（10）Pap. VIII^1A511, S. 232, VIII^2B88, S. 178. IXA21. X^1A155
（11）J. Hohlenberg: Ibid., S. 210–13.
（12）Pap. VII^1A221.
（13）Pap. VII^1A98.
（14）S. V. XIII. S. 621ff.

第三章　第四回ベルリン旅行とそこでの深刻な「祈り」

キルケゴールが行ったこの第四回ベルリン旅行に関しては、デンマークのキルケゴール研究者たちの一般的な常識では、彼はコペンハーゲンにおけるあのコルサール事件の騒音に耐えかねて一時ベルリンへと逃れた、ということになっている。そしてこの旅行に関しては、ひとりの例外、つまり、V・クレステンセンの研究 V. Christensen: S. K. i sit Bedekammer. (kbh. 1937). を除くなら、殆んど問題にさえされてこなかった。要するに、素通りされてきたのである。しかしキルケゴールがこの事件から得た体験の内容が前部で述べたような意味のものであったことを知るとき、そしてそれとの関連のもとで、ベルリンへと出発する前の約二ヶ月間（一八四六年三月から四月末まで）に書かれた彼の日誌とその五月のベルリン滞在中に書かれた日誌とを合わせ読むとき、この「第四回ベルリン旅行」がキルケゴールにとっては、それら研究者たちの一般的な通念とは非常に異なって、どんなに深い意味のものであったのかを、如実に知らされるのである。それらの日誌記述は、彼があのような自らの手ではどうしようもない難問と向き会い解決するため、「祈り」において、それもしばらくコペンハーゲンの騒がしさから身を避けて、ベルリンで静かに「祈り」に集中することを考えていたことをはっきり示しているのである。もっともいままでもキルケゴールは、自らの手に負えないような大きな難問の渦中に落ちたとき、それと真剣に向き会い解決を目ざすためにその騒がしい場所から身を避けひとり静かな場所へと一時逃れる方法をとっていた。その場所として選ばれたのがベルリンであった。V・クレステンセンの言葉によるならば、彼はそこを「祈りの部屋」Bedekammer として用い、「祈り」の時をもったのであった。これが彼のいままでのやり方であった。そこでこのことを考えるとき、彼がベルリンへと旅をし、そこでひとり静かな「祈り」の時をもつことを考えたとしても、それは至極当然な事であった。

因みに過去三回のベルリン旅行とは次のようなものであった。

第一回のベルリン旅行は、一八四一年十月二十五日から一八四二年三月六日までのもので、これは、「レギーネとの婚約破棄の問題」を通じてのコペンハーゲンの騒がしさと彼自身の精神的な苦悩を解消することも兼ねた旅行で、ベルリンでは主としてベルリン大学でシェリングの講義を聴いたり、レギーネ問題を考えたりすること（＝『あれか―これか』の原稿の執筆や友人や知人に多量の手紙を書いたこと）に費やされた。

第二回目は、一八四三年五月八日から五月三〇日までで、これは引き続き「レギーネ問題」を考え、「愛の反復」が可能かどうかの思索が目的であった。これも彼にとっては人生を賭けた大事であった。

第三回目は、一八四五年五月十三日から二十四日までで、これに関しては殆んど記録らしいものがないが、もし日誌 Pap. VIA46–52 がこの旅行中に書かれたものだとするならば、これは七ヶ月後に出版された『後書』における最大の問題、つまり、キリスト教における弁証法的問題のもろもろを、思索していたことになる。

過去三回のベルリン旅行は以上のようなものであった。そしてこれらの場合は、先の第二部第三章「祈り」の所で述べたように、キルケゴールは、そのような切羽詰った時を、日誌が示しているように「祈り」の時として過ごし、その時々の問題を、彼の言葉で言うならば「たましいの奥殿」で「祈」ったのであった。そしてその都度彼は、自分の信仰と生の「方向付け」とを得たのであった。このような時の「祈り」はつねに彼に「信仰と生」の「方向付け」を与えてきたのである。

こうしてあの激しいコルサール事件の最中に、この第四回ベルリン旅行が行われたのである。その旅行は一八四六年五月二日から十六日までの二週間であった。尤も往復とも船旅であったので、ベルリンに実際に滞在したのは五月五日から十三日までの九日間であった。しかしいままでの個所での考察から推して、そしてまたそれら過去の三回のベルリン旅行から推して、この度のベルリン旅行がどんなに深い意味をもっていたか、つまり、彼がそこでの「祈り」において、彼の「信仰」と「人生」にどんなに真剣きわまりない「方向付け」を得たかは、その具体的内容はともかく、その重大さに関しては、想像に難くないであろう。キルケゴールがコルサール事件後に、信仰上は勿論のこと、それを根拠にして人生上、そしてまた著作活動上大転換をはかることになったのは、正にこの第四回ベルリン旅行中の「祈り」の中においてであったことが推定されるのである。

　このようなことから、本節の考察を、次のような順序ですすめたいと思う。⑴ベルリンへの出発前の日誌記述と三月九日の日誌、⑵ベルリン滞在中の動静、⑶ベルリン滞在中の五つの「祈り」が意味するもの。

第一節　ベルリンへの出発前の日誌記述と三月九日の日誌

　キルケゴールがコルサール事件の渦中にあった頃、一八四六年三月に入ると、その時点から翌月の四月末日までの日誌記述の上には、大きな変化が見られてくる。彼は、その「三月九日」の記事（Pap. VII^{1}A98）から四月末の記述と推定される記事（Pap. VII^{1}A128）までの合計三十一篇の記述を一まとめにして、Rapport（報告）（Pap. VII^{1}A97）という標題を記して、製本している。それは今日のパピーアでは、二十九頁分になっている。それらを具に読んでみるとき、一面では、コルサール事件がキルケゴールに信仰や生活上そしてまた著作活動上どのような影響を与えたのかを知ることができるとともに、他面では、なぜこの日誌の最終日から二日後に第四回ベルリン旅行が行われたのかその理由も推察され得るのである。従って、この一まとまりの日誌は、第四回ベルリン旅行を研究する上で実に重要な意味をもつ資料と考えられる。

しかしそれらの三十一篇の中でもとりわけ重要な意味をもつものと考えられる日誌は、三月九日付のそれと考えられる。それらは今日のパピーア約六頁弱の長文のものであり、しかも内容は実に豊かなものである。例えば、それには、コルサール事件をめぐるさまざまなことが書かれており、これについては次章で述べることになるが、牧師職の選択の問題や著作活動の方法への根本的な反省という問題まで書かれている。こうして、この記述はコルサール事件がキルケゴールにどのような影響を与えたかを集約的に記している手記と言っても過言ではない。そのため多くの研究者はその観点からこの手記に注目してきたのである。しかしこの手記の価値はもっと測り知れない深いものを秘めていると考えられる。それは、この手記には、キルケゴールがそれらのさまざまなことを記してゆきながら、彼の内面の深底でどのような精神的状況にあったかを率直に示している点にあり、最も著しい特徴は、この手記の文章は、明らかに「祈り」の中で書かれたものであることを示している点にある。確かにこの全文を読んでみるとき、キルケゴールがコルサール事件に対してはどんな態度で対応し続けたのかその根本的な真実を知らされる思いがする。すなわち、キルケゴールは、同事件に対しては、表面的に「思想的対応」の形をとっているように見えるが、その根底では、「摂理への信仰のもとでの〈祈りによる対応〉」をしていたことを知らされる点である。この日誌は正にそのことを示しているのであり、この日誌は、そのことをやはり隠しようがなく、最後の方の部分では、書いているものがいつの間にか「天の父よ」と呼びかけ、「祈り」の言葉そのものになっている個所が注目されるからである。[1] つまり、書いている文章が終りの方でいつの間にか「祈り」の言葉にすり替ってしまっているのである。そしてこの日誌の全体が「祈り」の重要さの確信の表明になっている。私はここにこそこの手記の本質があると考える。しかしこの件に関しては多くの研究者は殆んど気付いておらず、これに注目したのは、V・クレステンセンだけのように思える。[2] そしてこのとりわけはっきりと「祈り」の言葉になっている部分を読んでみるとき、この部分は明らかに、二ヶ月後に行われるベルリン滞在中の五つの祈りに、深く関係してゆくことを知らされる。そこで私は、その滞在中の五つの「祈り」について考察するに先立って、この「祈り」の部分を含むこの三月九日の日誌全体を検討することから始めたいと思う。

しかしこの日誌は、既に述べたように、六頁弱もの長文のものなので、ここでは紙幅の関係上その全文の邦訳による紹介は物理的に無理なので、その中の要点の紹介にとどめたいと思う。そこでそのような観点から全文を観察するとき、それは主として三つの部分から成っているので、その三つの部分に即して紹介と説明をしたいと思う。

まず最初の部分は最初の二頁程の部分になるが、(3) そこでは彼は、自分はこの事件に際しても、「文学」というイデーを守り、自分の「著作家としての立場」を正にその「イデー」において正当に位置づけることを通じて、「摂理」への限りない信仰のうちに、目下の苦難に対して、「祈り」において立ち向かっていることを述べている。それは次のような書き出しで述べられている。

『完結的後書』が世に出た。偽名方式は受け継がれている。ここ数日中に『文学評論』の印刷が始まるだろう。すべてが順調に進んでいる。いま私はひたすら静けさと沈黙を保っている。それというのも、私は、コルサールが私が為しているすべてのことを、私が正に願っているような仕方で、つまり、否定するというような仕方で、支援してくれていることを、信じきっているからである。私は目下、イデーという観点から見るならば、文学の中に出来得る限りの正確さにおいて位置づけられているが、そのことはまた、著作家であることとそのことがひとつの行為になるという仕方においてである。私が私の著作の営みを完結した正にそのときに、そして偽名方式のすべてを受け継いでゆくことによって一種の権威者となる危険の道を歩み始めた正にそのときに、私がコルサールとの分裂を起こし、これから始まろうとしていた〔作品に対する〕直接的な接近の関係のすべてが妨げられてしまったことは、それ自体が最高に幸せなイデーとなった。* しかしそのようになったのには、私は、時代に対して正に論争的な態度で立ち臨むときには、イデーとアイロニー的なものとに負うているからなのである。つまり、そのアイロニー的なものは、コルサールが俗悪性というダンス・フロアで饗應しているアイロニー的な悪酔い酒によって生じるありとあらゆる混乱を防ぐ働きをするのである。その上また、この私には、あらゆる全うな反省をしているにも拘わらず、必ず何かそれ以上のものが出てくることがしばしば起こる。しかしそのことは、私自身の力に依っているのではなく、摂理に依っているのである。それはつねにこんなふうに現われてくる。つまり、それは、私が最大の可能な限りの考えに従って為したことが、それを為した後ではいつも必ず〔考えられていたよりも〕はるかによいことであるということが、そして同時に、そのことのイデー的な意味までもが、分かってくるというふうに、そしてそれこそが正に私が為すべきことであったのだということが分かってくる、というふうにである。」

この文章が意味していることは、キルケゴールが自分は『後書』においていままでの偽名著者のすべてが自分であることを打ち明けたが、その後も自分はその偽名方式を続け、まもなく『文学評論』も偽名著者によって出版されることになるが、自分がこのように偽名方式を続けるのは、自分が「文学」というイデーを守り、自分の「著作家の立場」を正にその「イデー」において正当に位置づけるためなのだ、ということである。従って、自分の個々の作品に対するコルサールからの批判に対しては、あくまでその個々の偽名著者の名において反論するが、それは、コルサールの忌わしいアイロニーに対して、真に「アイロニー的なもの」によって、つまり、「イデーによって立ち向かうためだからだ、というのである。こうして自分は、可能な限り最大の反省的思考によって一切のことを為してゆくが、そのことを通じて自分が見出すものは、自分が為したことの成果は、自分が考えているものよりもはるかに大きなものであり、しかも「イデー」的意味のものであること、そして自分はそこに「摂理」を理解する、というのである。こうして彼は、この文章で、「反省」において、「イデー」的であろうとすることを通じてある成果を得るが、その成果を通じて、「摂理」に出会っていることを示している。

こうしてあの＊印しの欄外では、更に驚くべきことを次のように書いている。この妨げが起こらなかったら、何も為され得なかったであろう。なぜなら、イデーのために労作をすることが私の全時間を要求していたからだ。もし誰かが、私が速やかな進歩をしたことを信じて、しかもひょっとすると悪意にみちてそのことを喜んでいるとするなら、それは本当に結構なことだ。なぜなら、私は確かにあらん限りの用意周到なはからいをしかつ心を砕いているからだ。

「けれども、私が為してきたすべての行為に関していえば、それを助ける最上の援助は――「祈る」ことなのだ。実は、これこそが真の天才性なのだ、そしてそうするならば人は決して失敗なぞしないだろう。」(4)

これは驚くべき記事である。彼はこの時期の自らの行為の根底に、「摂理」への信仰と「祈り」があることを、自ら述べているからである。

次の二番目の部分は、彼がとってきた「アイロニー」の態度の正当性について述べ、そこから進んで、自分は自分の実存のイデーに誠実であろうとしてきたこと、そしてそのように「イデー」に誠実であろうとすることの宗教的意味について述べている。

まず「アイロニー」的態度の正当性についてであるが、彼は、コルサールとの闘いにおいては徹底してアイロニー的な関わり方を貫いてきたが、そのことを通じてつくづく観察されたことは、自分がマギスター学位論文でアイロニーについて書いたことが全くの真理だということであると記している。つまり、それは、「アイロニーはもろもろの現象をしてそれぞれの正体を明らかならしめる」という命題に集約されるという。こうして自分の「アイロニー」は、コルサールの二つの正体を明らかならしめたという。一つは、コルサールは「イデー」というものをもっていないということ、従って、「イデー」という観点から見られるならば、コルサールはまだ数千の予約購読者をもっているとしても、最早死んでしまっているも同然だという。そしてそのことは、ますますアイロニー的構造になってゆき、しかも自らがアイロニー的構造になっていることを理解していない点にこそ認められるという。こうしてもう一つの正体が明らかになる。それは、コルサールは自らを取り囲んでいる環境そのものが明らかに自己矛盾の中にあり、従って、その自己矛盾を抱えてしまっているということである。つまり、コルサールに頭を悩ませているすべての人が、それは何の価値もないものだ、という。ところが、ある一人の人がそのような無意味なことをすると、今度は彼が軽薄だと断罪される。すると人は、彼はその何の価値もないもののすべてに寄稿している、と言う。つまり、いまや、何の価値もないものがすべてとなっているのである。なぜなら、彼自身がその原因をなしているからである。そしてすべての人々が殆んど彼とは一緒に街中を歩こうとはしない。またコルサールに載ることが怖いからである。しかしこの自己矛盾は更に深い根をもっている。つまり、キリスト教的な嫉妬においては、多くの人々が多少なりともこの新聞が存続することを願っているだろう。しかし各人はとりわけ自分だけは攻撃されないことを望んでいる。こうして彼らは、この新聞について、これは卑しむべきものであり、何の価値もないものだと言う。こうして彼らは、この新聞によって攻撃された個々の人々が、そのことに対して大胆にも怒ったり、返答をしてみたりしないように印象づけてしまう。しかしだからそのようにして、この新聞は存在してゆくのである。ところがこうして読者大衆 Publikum の方は、そのような攻撃をめぐってまず嫉妬の興奮を感じ、次にその攻撃を受けた人に注目をするという図々しい楽しみをもつ。こうしてこのことから、その人に関する嘘が始まる。つまり、その人は何らかのふりをさせられる。たとえそれを隠そうとしても、そのことがまた一つのふりをさせられることになる。しかしこのような場合は名誉毀損の問題が生じてくる格好の事例となる。デンマークという何とも小さい国でこのような現象が生じるとこれが唯一の支配的なものになってしまう。だからこのことは更に何の価値もないものになるだろう。しかし私の観察は更に進んで、次のことも明らかになってくる。それは、いま一人の人が一つの「イデー」を首尾一貫した形で表現したとする。すると彼に向かってさまざまな反論が述べられてくるが、それらは悉く、それらを述べている人々自身の納税申告（＝自己暴露）のようなものだ、ということである。[5]

このようなコルサール紙との闘いの中にあってもキルケゴールは専一次のような心がけをもって闘ってきたことを述べている。それを要約すると次のようになる。

「私が専心していることはとりわけ次の二つである。(1)私は、ギリシア的意味で知的に、私の実存のイデーに誠実になること、たとえどんなに犠牲を払おうともである。(2)そのことが宗教的意味では私にとって出来得る限りの高尚なものになってゆくこと。そしてこの後者のことは、私が神につねに祈っていることである。私はいつも孤独であったが、いま私は再び自らを修練する機会を手にしている。そして、見よ、私の孤独という秘密は、私の悲しみではなく、私が、私の敵を、それとは知らず知らずのうちに、私のイデーへと仕えるものへと変様させてしまう力をもっているということ、正にこれなのである。このような生そのものは確かに満足のゆくものであるが、しかしまたそれは恐ろしい程の辛苦でもある。しかしその場合人は人間というものをどんなに悲しむべき側面から知るようになるか、また距離をおいて見る場合は立派に見えるであろうものも同時代の人々によってはつねに誤解されているということは、何と悲しいことか！　しかしそんな場合でも、宗教性こそがまたもや救済者になるのだ。というのは、宗教性のうちにこそ、すべての人々との共感性というものがあるからである。しかしこの共感性は、政党の友たちや支持者たちとのお喋りによる共感の中にあるものではなく、あらゆる人々との無限なる共感の中にあるもの――つまり、沈黙を通じてあるものである。(6)」

第三番目の部分は、この日誌全体の中で最も注目される。この部分は、その内容も勿論であるが、文体自体が著しい特徴を示している点が際立っている。この全文は、既に述べたように、「報告」Rapport と名づけられたものであり、普通の文体で書き始められているが、それが終りの部分に近くなってくるといつの間にかある部分が「祈り」の文章になってしまっている点である。この変様は何を意味するのだろうか。もし人がこの「祈り」の部分を念頭において全文を読み返してみるなら、この日誌の全体が「祈り」となっていることが分かってくる。

キルケゴールはまず、大要次のようなことを書いている。この小さな町コペンハーゲンでは、このコルサール紙に載ることがその人にとってどんなに致命的なことであるかについて述べる。例えば、一人の著作者が自分の精神の苦悩や内面的な闘いについて大きな本を書き、しかもそれを読める人は十人といないような本だったとすると、それを出版するには多額な金を支払わなければならないので、そのようにしたとする。すると、そのことを、学生たちや他の作家たちは、笑い物にする。ところが、他方ここにはすべての人々が読むような新聞もある。そうなるとその新聞は、何でもあらゆることを語るという卑しむべき特権を、つまり、最も大きな嘘のゆがみをもってしまう。こうしてそれは何物でもないのに、すべての人がそれを読んでいることになっている。こうして更には、嫉妬をもつ者の大集団が、それとは正反対のことを言うことによって、そのようにしてそれを非難することによって、その何物でもないものに助力をしているのである。学生たちも教授たちもそのような大嘘のゆがみを好み、少しでも優れた者が踏みつけられれば大いに喜ぶ。これこそがコルサールの法則であるが、それは、「嫉妬」を根拠にしてできているのである。こうしてコルサールは、私の場合、私が為しているどんな些細なことでも、例えば、私が誰かを訪問したことまでも、それを知るや否や印刷し、それをすべての人々に読ませてしまう。するとそのことは、嘘だらけの卑しむべきことになってしまう。その訪問をうけた方の男は、殆んど腹を立てんばかりになる。しかし彼には罪はないのである。だから、結局は、私は、身を引くか、私が嫌いな人々とだけ付き合いを続けるか、になってしまう。というのは、そうしなければ私は、他の人々に対しては罪つくりになってしまうからである。しかしこのような事態はそのまま続いてゆく。だからいつか私が死ぬと、人は眼を覚まし、私が意志していた事柄が尊敬されるようになるだろうが、しかし同時に、人は、またもや今までと同じ仕方で、一人の同時代者に対して、恐らく私を真に理解している唯一者と言える一人の同時代人に対して、振舞うことになろう。

キルケゴールは、このように書いているが、その文章からは、このとき彼は、コルサールの件をめぐってどうしようもない最大の苦境の中にあることが、推察される。つまり、それは、にっちもさっちもゆかない困窮の中にあることを示している。ところが、正にここから次に始まる文章は、この時キルケゴールは実際にはどんな精神状況にあったのかを示す貴重な示唆をしてくれていると考えられる。人が極く一般にそこまでの文章を読む限り、それは、コルサール紙という「新聞」の批判を内容としており、文体もかなり内省的色彩が濃いとはいえ、それに相応しいものになっていることが分かる。ところが、文章がここまでくると、何の断わり書きをするわけでもなく、また「行」を改めることもなく、そのまま言葉を続けて、しかし突然転調して、突如「祈り」の言葉に変ってしまっている。それはこうなっている。「天に在ます神、もし人間の内部には、このようなことすべてが忘れられ得るような、ああ、あなたとの交わりの中で全く忘れられ得るような、最内奥の場所というものが決して存在しないとしますならば、誰がこのような事態に耐えてゆくことができるでしょうか。[7]」

このように記している。

この文章のあと、彼は、二つの段落を使って、著作活動のことと牧師職のことについてそれぞれ短かく記しているが、この二つの件については次章において詳しく考察するので、ここではこれだけの指摘にとどめておく。

一八四六年三月九日の日誌とは以上のようなものであり、それは全体的に「祈り」の文章になっていると言ってよかろう。つまり、彼は、コルサール事件に対しては、彼の思想的対応の最根底で、「摂理への信仰による〈祈りによる対応〉」をしていたことを知らされる。そのことは一般人の想像をはるかに超えて深いものであり、真摯なものであった。われわれは、この文章から、彼が、この事件の問題に関し、その「最内奥の場所」で、「祈り」を通じて、苦闘していたことを知らされる。

しかしその「最内奥の場所」で「祈り」をするには、この時点でのコペンハーゲンは彼にとっては余りにも騒々しい環境であった。そこで彼は、その「最内奥の場所」で「神との交わり」をもつために、つまり、「祈り」をするためにもっと静かな環境をもとめ、ベルリンへと旅立つことにしたのである。

このように見えてくるとき、V・クレステンセンが、ことの外この日誌を重視し、右に紹介した『祈り」の言葉を引用して、ベルリン旅行での「五つの祈り」が既にこの「祈り」において始まっている旨を示唆していることは、実に見事な洞察であると言わなければならない。[8]

注

（1） Pap. VII^{1}A98. S. 46.

（2） V. Christensen: S. K. S. 80.

（3） Pap. VII^{1}A98. S. 41—3.

(4) Ibid., S. 41.
(5) Ibid., S. 43ff.
(6) Ibid., S. 44ff.
(7) Ibid., S. 46.
(8) V. Christensen: Ibid., S. 80.

第二節　ベルリン滞在中の動静

既に述べたように、この第四回ベルリン旅行についての研究は非常に少なく、研究文献も次のものだけではないだろうか。

Hans Brøchner: Erindringer om S. K. (1953). S. 40—3.

Villads Christensen: S. K. Det Centrale i hans Livssyn. (1963). S. 80—1.

Carl Jørgensen: S. K. En Biografi. II. (1964). S. 158—60

このように、研究文献は非常に少ないのであるが、この旅行に関してキルケゴール自身が記した手記類は結構多いのである。基本的には十二篇もあると言えるが、パピーアでは、それは十七篇に細分されている (Pap. VII^{1}A129—46)。しかしその全体は、一つの序論的文章と五つの長文の「祈り」の文章から成りそれら各々のあとに断片的な文章が見られるが、これらの多くも、矢張り「祈り」のような言葉になっている。C・ヨーアンセンは、これらの大部分は「説教」の下書きのように思える、と記しているが、[1] この時点の精神状況から推して決してそのような意図のものではないと思う。これに対して、V・クレステンセンは、その五篇の「祈り」は、この時のキルケゴールの「祈り」そのものであるとみなし、これを非常に重視しているが、[2] 私はこの見解を正当と考える。

ところで、これらの手記を仔細に検討してみるとき、そして、先の三月九日の日誌の文章を前提にして考えてみるとき、この日誌からそれらの手記へは、ひとつの一貫した線がはっきりと浮かび上がってくるのを知ることができる。そこで以下この線に基づいて考察をすすめたいと思う。しかしその考察に入る前に、その「ベルリン滞在」の模様について、少し考察しておこう。

まずこの旅行の日数についてであるが、一般にはこの旅行は、一八四六年五月二日から同十六日までの二週間とされているが、これは当時のコペンハーゲンからベルリンまでの交通（船旅と陸路）に要した日数、つまり、往路と復路それぞれが三日程を要したことによるもので、その際実際にベルリンに滞在したのは五月五日から十三日までの九日間であったと言える。

キルケゴールのこの期間におけるベルリン滞在中の動静に関しては、既に述べたように、研究資料は乏しく、ただH・ブロェクナーの報告だけが唯一の資料となっている。そのためかその動静に関しては、研究者の間に極めてあっさりした常識のようなものができてしまったようだ。そしてその常識の典型とも言えるものは、C・ヨーアンセンの著作に集約的に見られる。参考までにその部分を次に紹介してみよう。それはこうなっている。

「キルケゴールは、この五月に、五日から十三日まで、ベルリンへの小旅行を試みた。それは、新しい作品を生むための集中をすることが目的だったのだろうか。それとも、何らかの問題を解明することが目的だったのだろうか。例えば、彼が牧師職を求めるべきか否かの問題に決着をつけるためだったのだろうか。このようなことについては、われわれには分からない。この滞在からは余り大したことは生まれていないように思える。そのうえ、この滞在中に手紙が送られたのかどうか、それも存在してはいない。これに対して、ただ隅々彼は、H・ブロェクナーに出会ったことがあったが、そのことを、ブロェクナーがあの『想い出』の書物の中に記している部分が在るだけである。(3)」

これが典型的な常識であり、V・クレステンセンの前掲書を除いてはどの研究者の書物を見ても、この範囲のことしか知ることができないのである。しかしここにブロェクナーの書物の名が出ているので、参考までに、その書物のその個所の全文を次に訳出ておこう。ブロェクナーは次のように書いている。

「一八四六年夏のこと、私がベルリンに滞在していたとき、S・キルケゴールがそこへやってきた。そのようなことは、〔これまでも〕彼がこれから仕事を集中的にしようとする時に、時々試みた小旅行の一つであり、快い気分の中に自らを置くために環境を変えるためであった。私は、彼に、はからずも私が食事をしていた軽食堂で出会ったのである。その軽食堂は、彼の最初のベルリン滞在の頃は、在住デンマーク人たちの集まる場所だったので、そこへは、彼は、まあそのようなお上りさんたちに会うためにやってきたのだった。彼は、その軽食堂を、レストランとしては高く評価していなかった。彼の言うところによると、その軽食堂は、いわば日々の食欲を充たしてくれる最低限のところに位置していた、というのである。その際彼は、非常に親しみをもって私の所へ来て、その翌日自分と一緒にホテルで食事をするよう招いてくれた。そしてまた彼は、そのベルリン滞在中の数日間、私と一緒に長時間の散策をしてくれた。私は、そのベルリンで自分に関わってくる新しい事柄で手が一杯であったので、少しも休むことなく活動していた。しかしキルケゴールは、そのような私の活動ぶりを見て、それというのも、私はそのとき民主主義的な労働組合における最新の姿を見るための訪問をすることまで活動の範囲を広げていたので、それを見て面白がっていた。われわれは、ベルリンのさまざまな事情や、わが国のもろもろの事情について、そして私の学位論文のこと等々について、大いに語り合った。またわれわれの散策にあたっては、私は、キルケゴールが特別に関心をもって見に行きたがっていた所がいくつかあることに気付いた。そのような所の一つに、ティアガルテンの美しい一角で、花園に囲まれた一つの公園があった。その公園は、彼にとっては、散策の際の最終地点になっていた。それは丁度、フレゼリグスベア公園がコペンハーゲンでそうなっていたようにである。恐らく彼には、この公園とそれに結びつく何かの想いが目覚めてきたのかもしれない。―彼をホテルに訪れたとき、私は、彼の部屋のすべてのものが、快適な気分で仕事ができるように、どんなによく考えられ計算されて配備されているかに気が付いた。照明や、部屋と部屋との関連や、いくつかの家具の配置などすべてのことが、一定の計画に従って整えられていた。キルケゴールは、自分へのサービスには、大変大きな要求を提示していたようだが、優しい言葉使いで非常に寛大な態度をとってもいたようだった。われわれ二人のための小さいディナーは、彼の部屋でサービスをうけた。われわれは、ワインを飲んだが、彼は、その名の故に、Liebfrauenmilch（聖母の乳）というライン地方のワインを最も好んでいた。この名前は、彼に、何かしら穏やかで気楽さの印象を与えていたようだ。彼は、このワインを、ライン産の非常に強いワインの一つとして通っていたことには気付かずに、その名を本気にして飲んでいた。―この異国の地でキルケゴールに会えるなぞということは、私にとって、恵まれたことであった。キルケゴールはそのとき、私がデンマークへ再び帰って何をしようと考え始めていたかを、そして私が自分の軌道を打ち破ろうとしていることを、確認したようだった。―私は一度、〔コペンハーゲンに帰った〕キルケゴールに、彼がベルリンの人々の元気旺盛な姿を面白がっていたことを想い起こして、このベルリンから、われわれのいとこトムセン夫人（キルケゴール家で出生）を通じて、私がベルリンの広告新聞の中で見つけたある広告を、送ったことがある。その標記は、ブリキ屋もまた、時代精神に遅れをとらないために連合することは、適切なことではないだろうか？　という質問形式になっていた。―キルケゴールはまたもやわが意を得たような想いになって、それを面白がっていたようだ。」(4)

これが、H・ブロェクナーが『S・Kの想い出』の中で、キルケゴールの滞在中の動静について記していることのすべてである。多くの研究者は、キルケゴールの第四回ベルリン旅行に関しては、右の記述を原資料として記しているのである。そのため、先述したように、この旅行についての大方の研究者たちの記述は、極めてあっさりとしたものになっているわけである。あのC・ヨーアンセンのそれは、その典型と言ってよいのである。しかしヨーアンセンがこの資料のほかにキルケゴール自身が書いた日誌にも目を向けたことは注目に値いする。しかし彼がそれらの大部分を説教の草稿のように思えるとなしたことは、基本的に妥当ではないと考える。

そこで私は、むしろV・クレステンセンの研究を一つの手引きとして、そのキルケゴールの日誌記述そのものに目を向け、それら自体を自らの目で徹底的に考察してみたいと思う。そうすることによって、その日誌記述は、単に独立した意味での説教の草稿のようなものなのではなく、先述したあの「三月九日」の日誌に見られる「祈り」の深い水脈に連らなる実に真摯で深い「祈り」の記述と「沈黙」であることを知らされるのである。

注
（1） C. Jørgensen: S. K. En Biografi. II. (Kbh. 1964). S. 159.
（2） V. Christensen: Ibid., S. 80.
（3） C. Jørgensen: Ibid., S. 158.
（4） H. Brøchner: Erindrimger om S. K. (Kbh. 1953). S. 40—3.

第三節　ベルリン滞在中の五つの「祈り」が意味するもの

既に述べたように、この九日間のベルリン滞在中の日誌記述は、大きく分けるならば、一つの序論的な文章と五つの「祈り」の文章——その各々のあとには祈りの断片的な文章が付されている——とから成っている（Pap. VII^{1}A 130—46)。それは、今日のパピーアでは十七頁分にものぼる。もし人がこれを通読してみるならば、この滞在中キルケゴールがどんなに真摯に深く「自己の信仰」問題に集中していたか、そしてそれの解決を「祈り」において得ようとしていたか、一般人の想像をはるかに凌ぐ深いものであることを知らされる。そしてそれと同時に、コルサール事件を通じてどんなに深刻な問題に直面していたかをも、知らされる。そして何よりも注目されるのは、キルケゴールがあの「三月九日の日誌」で述べていたあの「最内奥の場所での祈り」のときを、正にここベルリンでたっぷりもった事実である。従って、その記述の全体が、「摂理への信仰のもとでの祈り」の中で沈思黙考として書かれた文体になっていることを、迫真的に知らされる思いがする。そこで以下その序論的文章とそれら五つの「祈り」の文章各々について簡単に説明しよう。

一　Pap. VIII^{1}A130 の文章

これはこの一連の日誌の一番最初の記述である。これはパピーア一頁強の分量のものであるが、これが序論的文章と言えるのはこのあとに続く五つの「祈り」の根底を流れる基本的諸事項について述べていることによるのである。ところで、この記事が扱っているのは、「摂理」Forsyn の問題と「救い」Forløsning の問題とである。しかしここでいう「救い」とは、一般的な意味での「救い」のことではなく、「イエス・キリストの十字架における贖い」への信仰のことを指していることは言うまでもない。

この記事で彼はまず「摂理を理解することは、救いを理解することよりも決して容易ではない。両者はただ信じられるだけである」と述べている。つまり、この文章によってキルケゴールは、この両概念はいわゆる知的概念ではなく、「信仰」の概念として、特別の次元、位置にあるものとして扱わるべきだ、と明言しているのである。こうした明言の前提のもとで、彼は、両概念の相違と関係について、次のように述べている。

「摂理というイデーは、神が〈ひとりの人間〉と、その者における〈最もひとり的なもの〉とに対して、気遣っておられる、ということを意味している。しかしこのことは、想像力においては（つまり、抽象的思考においては）、精々、無限なるものと有限なるものとの関係が内在性の領域で永遠なる一致として確保されるにすぎない――しかしそのこと自体は生成の中におかれているわけではない。しかし救いとは、継続されている摂理のことで、神が〈ひとりの人間〉とその者における〈最もひとり的なもの〉に――たとえその者がすべてのものを失っているとしても――気遣いをされようとなさっているということである。けれどもやはり救いは、ひとつの移行 Overgang εἰς αλλο γένος（一回だけの真の誕生）のことであり、その限りでは、それはひとつのしるしによって知られる弁証法的なものである。それというのも、摂理は、キリストの死がしるし（十字架というしるし）そのものであると同じような意味では、しるしによって知られるものではない。

　摂理と救いとは、絶望のカテゴリーである。だから、もし私がそのことを敢えて信じようとしないなら、然り、それを信じていないとするならば、私は、絶望しなければならないのである。そのことは、それにおいて、絶望することが起こされるものではなく、絶望を遠避けるものなのである。

　救いにおける歴史的なものは確実なものでなければならないが、そしてそれはその他の歴史的なものと同じ意味において確かなものでなければならないが、しかしそれ以上のものであってはならない。なぜなら、もしそうだとすると、複数の領域が混在してしまうからである。歴史的に事実であるところのいわゆる確実性とは、同時代の人々の検死解剖を受けなければならないことを意味するのか、それとも、信頼し得る人が言った事柄を受け継いだ後の時代の人々の検死解剖を受けなければならないことを意味するのだろうか。しかしこのようなことが余りにも重視されすぎると、信仰の本質はその活力を奪われてしまうだろう。摂理に関しては、私は決してそのような関わり方をしていないし（つまり、何か感覚的なものに自分を執着させることはしない）、また誰か他の人に自分を固着させることもしない。その上更に、私は、自分の人生とは逆のことになるが、人生に関して、その惨めさのすべてを知りつくしている全く憂いにみちた人生観察を完璧な形でもっている。だからこのようなことから、私は摂理というものを信じているのである。救いのための歴史的―事実的前提は、他のすべての歴史的なものと同じように、ただただ確かに存在しているのでなければならない。しかしそこでは信仰の情熱が、摂理の場合と全く同じような意味で、決定的な要因でなければならない。

　罪の赦しを信じる救いの信仰は、たましいを荒廃させた者のために、不安という中間規定を取り去るのであるが、このようにして神に対する彼の関係の一切は、罪という中間規定を通りぬけてゆくことになるのである。[1]」

このように記している。

これで明らかなように、彼の問題の中心は、摂理と救いにあるように思われる。そしてここでは、その「救い」の問題として、「キリストの十字架」という言葉まではっきりと出てきている。

こうして実は、この「摂理」と「救い」の問題とが中心課題となって、このあと五つの「祈り」が続くのである。しかしそれに関して注目されるのは、その「祈り」が、最初のものから回を追うごとに長いものになってゆき、最後の五番目の「祈り」は約九頁もの長いものになっている点である。以下その各々について説明しよう。

二　最初の「祈り」

この最初の「祈り」は、今日のパピーア半頁強の余り長いものではないが、これは、このときのキルケゴールの「祈り」がどんなに真摯で深い姿勢のもとでなされていたかを、いや、あの「三月九日の日誌」の言葉を借りるならば、彼は文字通り「人間の内面の最内奥の場所」で「神とひとり向き合う」という状況にあったことを、示している。そしてそのような姿勢と状況のもとで、彼は驚くべきことを発見している。それは「祈る」ときに何よりも第一の条件となるそのための「言葉」のことである。それもここでは、彼が後に『野の百合と空の鳥』（一八四九年）で述べているような「〔祈りは自分の言葉を述べ立てることだけではなく、その果てに〕神から聴くことへと至る」という事態を示している。いや、ここではむしろ、神が語りかける言葉を聴く、ということから始めている。しかもその場合神はどんな言葉で語りかけるか、神が語りかけるときに用いる言葉そのものについての沈思黙考から始めている。そしてその際彼は、神が人間に語りかける言葉の最も重要なものの一つが「沈黙」Taushed（Tavshed）であることを身に沁みて体験している。その「祈り」は次のようなものである。

「天にいます父！あなたは、人間に、いろいろな方法で、語りかけて下さいます。知恵と悟性はひとえにあなたのものでありますが、あなたは御自身を何とかして人間に理解しうるものになさろうとされています。ああ、ですから、あなたが沈黙をされているときもまた、まさにその沈黙においてやはり人間と語ろうとなさっておられるのです。なぜなら、生徒にきき正すために沈黙をする者も、恋人を試すために沈黙をする者も、理解の瞬間がますます内面的に深まることを願って沈黙する者も、その沈黙において語っているからです。天にいます父、そうではないでしょうか！おお、人間がひとり棄てられているような状態にあるときの沈黙の時には、その者にはあなたの声は聞こえてまいりません。その場合には、そのような隔離を恒久化していたのは、きっとその者自身の方だからでありましょう。また、おお、人間が荒野の中で弱り果てているような状態にあるときの沈黙の時には、その者にはあなたの声は聞こえてまいりません。その場合には、あなたの声を全く消してしまったのは、きっとその者自身だからでありましょう。しかし天にいます父、そのような事態は、内面化された会話においては、やはり沈黙の瞬間を意味することになります。ですから、その者にはその沈黙もまた人間に向かって語られるあなたのひとつひとつの言葉として祝福となりますよう。そしてその者には、あなたが沈黙なさっておられるときも、そのときもあなたは語っておられるのだということを決して忘れさせませぬよう。もし人間が、あなたは愛のゆえに語るのと同じように、愛のゆえに沈黙なさるということを、あなたに期待しておりますなら、あなたは、沈黙なさろうが語られようが、やはり同じ父であられるということ、あなたがあなたの御声によって人間を導かれようが、沈黙によって教育をなされようが、あなたは同じ父性であられるということ、この信頼の心を人間にお与え下さい。[2]」

これがベルリンでの彼の最初の「祈り」の全文である。

これはよってわれわれは、キルケゴールが、「祈り」をするにあたって、何よりもまずそのための条件である「言葉」の問題から入って行っているが、しかしその「言葉」としての「神の沈黙」こそ、そのキルケゴールが目下おかれている譬えようのない深い苦境であること、しかし彼は、そのことを、たましいの「最内奥の場所」で、神に訴えるという時をもったことを、示している。

三　二番目の「祈り」

これには、主文のほかに二つの祈りが付加されており、全体は、パピーア二頁余にもなる非常に長いものになっている。その全体では、神の無限性と無限なる愛への感謝と感動が述べられている。

まず主文となっている「祈り」では、神の無限性の偉大さへの讃美と感謝の言葉が献げられている。要約すると、キルケゴールはまず、神はそのように偉大なる無限の力において世界のすべてのものを支配し、従って、いかなるものにも目を配り、いかなる精神的条件下にあるいかなる者のいかなる叫び、いかなる言葉、いかなる祈りにも耳を傾けられ、聞きのがすことはなく、そのそれぞれに応答して下さることを、感謝している。そしてたとえ神がその応答に躊躇しているようにみえる場合でも、それは、神がぐずぐずされているのではなく、そのことこそが正に神の知恵によるものであり、子供の要求に対してじっくり構えて、それに応えるための最上の瞬間に確実に答えるという父親らしいしまりやの態度からのものであることを、讃美している。そしてその切なる感謝と讃美のことばは、更に次のように続く。

「主よわれらの神よ! あなたに向かって、人間は、苦しみの日には、叫び声をあげます。また喜びの日には、感謝の言葉を発します。人間が、あなたが善き完全な贈物を授けて下さることをすぐにも理解しますとき、この肉体の中にある心さえもがそれを理解するために備えられた通路となるとき、そしてこの世の分別さえもがそのことに速やかに同意を示すとき、感謝を捧げることは何と美しいことでしょう。また、人生そのものが暗い詰しになってしまうとき、感謝を捧げることはますます祝福されることとなりましょう。しかも更に、心が重苦しくなっているとき、気分が暗くなっているとき、悟性が自らのあいまいさの中で裏切りとなり、記憶が自らの忘却の中で偽りとなるとき、自己愛が恐れをなしてしりごみをするとき、賢明さがいきり立つことはしなくてもやはり不機嫌の中に対立をつくり出すとき――そのようなときでも神に感謝を捧げるとは、ますます祝福されることとなりましょう。なぜなら、そのようにして感謝を捧げる者は、神を愛しているからであります。その者は、あなたに向かって全知であられるあなたに向かって、主よあなたはすべてのことを御存知です、あなたは、私があなたを愛していることを、御存知です、と言おうとしております。(3)」

右の言葉を読むとき、それは、精神的極限状況にあって真剣に祈っている者のみが書き得る「祈り」であることを知らされる。右の「祈り」において「感謝」の意味がこれ程までに深く述べられていることは、その者にのみ可能なことと考える。

しかも彼の切実な思いは次の数行の「祈り」として、右の文章とは別の個所に記されている。

「…あなたがなさる訓練のことを考えようとしない愚か者になることから、あるいは、あなたがなさる訓練のことを考えようとしない誇り高き愚か者になることから、その訓練が祝福のためになされていることを考えようとしない愚か者になることから、その訓練は自分の身の破滅になるのだと考えようとする愚か者になることから、私を、救い出して下さい。(4)」

そしてそれらの文章と並んで更に、次の文章が記されている。しかしこれは文体からして「祈り」の文章ではない。しかしこれにおいては、デンマーク語がその極限にまで駆使されていると言ってよく、それによってまた最もキルケゴール的と言ってよい。

「…それというのも、大体こういうことだろう。神は、ある者には、人生の多くの喜びを与え、その者には口を噤ませるが、他の者には、人生の多くの喜びを拒み、その者にはお喋りをさせる。このように平等というものは、存在しないのだ！　神は、ある者を、この世界で偉大なものとなし、その者を嫉妬される者とならせるが、他の者を、この世界におけるいと小さきものとなし、その者を祝福される者とならせる。このように平等というものは、存在しないのだ！　神は、ある者には、愛する者を与えるが、しかしその彼女は、その者のイメージを壊してしまうが、他の者には、愛する者を得ることを拒むが、彼には、その愛する者のイメージをずっと持ち続けさせる。このように平等というものは、存在しない！　神は、ある者には、この世の栄誉を与え、そして、見よ、その者はそれを自分のものにしてしまうが、他の者には、この世で軽蔑される者とならせるが、しかし、見よ、その者〈その軽蔑される者〉は、神に、栄光を帰するのである。このように平等というものは存在しない！　とはいえ、誰かこんなことを言う人がいるかもしれない。『そんなことはないだろう。それは、この平等という問題に正しい関わり方をしていない。よく喋る人の声の中にさえ悲しみが潜んでいるものだ。』確かにそうだ。そこには悲しみがあり、そういうものなのだ。それというのも、この地上での人間の生について語ることはすべて、もしその中に悲しみが潜んでいないとするなら、その場合には、その語りは、響きのないものか、あるいは、偽った響きのものとなっているからである。然り、確かに語りの中に悲しみが潜んでいる。それというのも、よく喋る人は、自分の青臭い頃の物語を、子供たちが夕べのひとときに語っている昔のよく知られた物語を、夢見てもいるからである。つまり、遠い向うの森の中に、彼は、ひとりのお姫様が住んでいる古いお城を目にしましたというような物語をである——全くこのようにして、そのよく喋る人は、世界というものを発見したのでもなければ、ましてその物語の中に、平等というものをも発見したのではなかったのである。(5)」

これは、「祈り」の文章ではないが、これも、この時のキルケゴールの心境を、切実に物語っているといえよう。彼は、そこで述べている「平等というものは存在しない」という言葉によって、目下自分は軽蔑されることの極限にありながら、しかしその場所で、神からの祝福をうけていることを、訴えているのである。

四　三番目の「祈り」

これは、パピーア一頁弱のものであるが、この「祈り」は、先の二つの「祈り」とはかなり性格を異にしている。というのは、彼は、彼が言うところの「人間の内部における最内奥の場所」で、「父なる神」といかにも真剣に相対して、その「愛」を真剣に確かめているように見えるからである。その際彼がいま正に自らがそうあるべきものとして身に受けとめているものを徹底的問い、そのことをそのまま曝け出しているのである。そのものは、ここで正にそのようにすることが最も相応しい概念、「率直さ」Frimodighed という概念である。彼は、この問題を、「ルカによる福音書」の「放蕩息子」の譬え話を用いて、それに自分の目下の姿を重ね合わせて、「祈り」、考えている。

「天にいます父！　父親が自分の子を世の中に送り出すように、あなたは、ひとりの人間を、この地上にお措きになりました。彼は、この世の人であるかのように、あなたからは切り離されております。彼は、自分の眼であなたを見ているのではありません。彼は、自分のこの世の耳であなたの声を聞いているのではありません。彼は、いまこの世界に立っており、彼のためには、道が備えられております——不機嫌の沈んだような瞬間のうちに時が過ぎて行こうとしないときには、また耐え難さの苦しい瞬間にそれを通り貫けられないままで時が過ぎて行こうとしないときには、あなたは、その子に、広い世界の中にあってもっとよい率直さを、お与えになります。つまり、偽りの軌道が多様に重なり合っているように見え、正しい道はそれを知るのに非常に困難のように見えるときに、素直さを、また、不安と憂いとが、諸々の要素の有害な荒れ狂いや、諸々の出来事の恐ろしさや、意気沮喪した人間の惨めさに、共感をおぼえているように見えるときに、素直さを、お与えになります。そしてそのようなとき、あなたは、父親がその子を世の中に送り出しているときと同じように、そのひとりの人間に、あなたが彼をこの地上に遣わされたのだということを、彼が想い起こし信じる素直さを、お与えになるます。——憐れみ深い神！　あの失われた息子は、彼が家へ帰ろうとする道を求めましたとき、すべてのことを見出しました。そしてその兄の心さえ変りました。しかし父だけは変りませんでした。父の愛は、その息子を、彼が帰って来たことを、饗宴をもって受け入れました。父の父性は、彼を、その失われた者を、饗宴によって、素直にさせました。このように、ひとりの人間が、あなたのもとへ、帰るときには、あなたは、彼に、回心の途上で、素直さを、お与えになります。なぜなら、彼の帰宅は、愛されている子が家に帰ってくるという喜ばしい感じのことではなく、その子が失われた者となっているときのことなので、その帰宅は、重みのあるものとなっているからです。ですから、彼は、可愛いい子を喜びをもって待っている愛情ある父親によって、期待されていたのでもなかったのです。ああ、彼はやはり、自分の破滅を心配しながら恐れている慈愛にみちた者によって期待されていることを信じる素直さをもっているということなのです。(6)」

この「祈り」は実に深刻なものである。キルケゴールは、曾て青年時代のひととき（一八三八年四月―八月）、この「放蕩息子」の譬えと同じことを体験し、父ミカエルの家へと帰っていった。しかしいままたもや同じ譬えを引いて自らの現状を祈っている。それは何を意味しているのだろうか。事実は明白である。彼は今こそ、コルサール事件によって荒野に追放されたような思いの中で、自分が真に帰ってゆくべきところは「父なる神の家」であることを、身に沁みてかみしめているのである。これは正に、彼の内面深くにある「最内奥の場所」での心底からの「祈り」であることを知らされる。

五　四番目の「祈り」

この四番目の「祈り」は、先の三番目の「祈り」をはっきりと具体化することによって更に深めたものになっている。この主文は、パピーア一頁弱のものであるが、これには四つもの付属する解説的な手記が続き、この方は、二頁半程の多量のものであり、従って、全部を合計すると三頁にのぼる。全体は、結局五つの断片から成り、しかも実に多量ではあるが、それらの全体が述べている事柄は、極めて明快である。その全体は、先きの三番目の「祈り」で述べられた「素直さ」Frimodighed が自分にはいまここでは具体的に「何に」対して向けられたものとして与えられているのかを、述べている。それによると、その「素直さ」は、「よき完全な賜物」en gode og en fuldkommen Gave に対して与えられているのであり、その「よき完全な賜物」とは、「キリストの十字架による罪の赦しへの信仰」Troenpaa Syndens Forladelse であるというのである。以下にその各々の手記について簡単に説明しよう。

まずその「祈り」の主文において、キルケゴールは、天にいます父なる神は、われわれ人間がいかなる場所で、いかなる叫び声をあげても、大海の深みよりもずっと深い罪の深淵から叫び声をあげても、それを必ず聞いて下さる。そして弱き声、泣く声たちの涙の数さえ数え、その者の秘密を悉く知っておられる。こうしてそれらの者たちに、この時間の世界にあっても、父自身の姿を見出させようとされている。そしてそれらの者ひとりひとりに、その証拠となる「よき賜物」を与えることによって、とりわけ、その者がそれを最も必要とするときにそうすることによって、父自身の姿を、見出させようとする。その場合、それは次のようにしてであるという。

「…このようにして、幸福な者は、あなたのよき賜物を、正にあなたとともに喜ぶための率直さを、手にするでしょうし、また悲しむ者は、あなたの完全な賜物を、正にあなたからお受け取りするための率直さを、獲得するに違いありません。なぜなら、私たち人間にとりましては、確かに、そのような相違というものが、つまり、喜びとか悲しみというような相違というものが、ございます。しかしあなたにとりましては、おお、神よ、多分そのようなものの相違は、ないでありましょう。あなたからいただくすべてのものが、よき賜物であり、完全な賜物でありま(7)す。」

このように書いて、彼はいま、このような窮状にあっても、父なる神から贈られる「よき完全な賜物」を受け取っていることを示唆している。では、それは具体的にはどういうものなのだろうか。

彼は、それを、この手記に付属すると考えられる四つの断片的手記で述べている。

それらの中の最初の手記（Pap. VIII'A138）では、キリストの十字架の隣りに同じく十字架につけられた二人の盗賊の中の一人が、その死へと至る最後のときに、キリストの言葉を信じ罪を赦され救われる場面を指して、これを人生の中での決定的瞬間、時間の中での決定的瞬間であるとなし、人生の課題は、時間の中なるこの決定をしっかりと押さえ、その決定の印象を、維持してゆくことだ、となしている。

そしてその次の手記と更に次の手記（Pap. VIII'A139と140）では、思考の抽象化作用という想像力の媒体の中には、つまり、内在性の領域では、神は存在しない。神は、ただ実存する者にとってのみ存在する、つまり、信仰においてのみ存在する、しかし実存する者が信仰をもたなければ、神は、永遠に理解されているという仕方で永遠であっても、存在もしなければ現存もしない。ということが述べられている。こうして、「永遠の相の下に」神を見ようとする近代の内在的思考においては、すべての「差異」というものが全く消されてしまうからであり、そうなれば動物も人間も、一般的抽象的な思考も実在する営みも、その質的差異はなくなってしまう、というのである。

この更に次の手記（Pap. VIII¹A141）では、一般にいう「個々の罪の行為の許し」Skyldens Tilgivelse と「宗教的意味での罪の赦し」Syndens Forladelse との相違について述べている。しかしその内容は、一般にプロテスタントの教義学で言われている説明と余り異なってはいない。しかしここで注目されるのは、彼がなぜこのような時にこれを記しているかという点である。それはやはり、そこで言われている「罪の赦し」の問題がこの時最も深刻な問題になっていたからだろうと推察される。

このように以上述べたことが、この四番目の「祈り」の手記が意味している事柄である。すなわち、彼の「祈り」は、神から与えられる「率直さ」というものに向けられているが、それは、「よき完全な賜物」を神からのものとして率直に受け入れることであり、それは更に具体的には、「キリストの十字架による罪の赦しの信仰」を受け入れること、これであった。

六　五番目の「祈り」

この「祈り」は、パピーア一頁強のかなり長文のものであるが、これには、前述した四つの「祈り」の極と総括を意味するものが鳴り響いているように思われる。ここでは、父なる神の「恩寵」Naade が、「十字架における罪の赦しの恩寵」が、人間の力ではとても「把え難い」無限なるものとして述べられている。しかし、にも拘わらず、その意味を「真に正しく理解することのできる謙虚な聞き取り den rette Forstaaelses ydmyge Skjønsomhed が為し得ることを祈っている。

「天にいます父！　あなたは、あなたによって創られた物においては、把え得ない方であります。あなたは、遠く離れた所で、何びとも侵入できない光の中に、住んでおられるからです。ですから、たとえあなたはあなたの摂理においてちょっとだけ知られることがありましても、そのような私たちの知見は、やはりほんの微かなものにしか過ぎず、あなたの澄み切った明るさを暗いものにしてしまいます。あなたは、あなたの澄み切った明るさゆえに、把え難くあります。しかしあなたを更に一層把え難くさせておりますものは、やはりあなたの恩寵と憐れみのゆえであります。なぜなら、人間一人は、その者のことまでも心に留めようとされておられる程に無限なる方であるあなたにとりまして、何なのでありましょうか——しかしもっとそれ以上に、あの家族の失われた息子というものは、その彼をも何としても訪ねあてようとされておられるような聖なる方であるあなたにとりまして、何なのでありましょうか。そうです、ひとりの罪びととは、その者の罪のためにあなたの御子が来られるようになり、しかもそれはその者を審くためにではなく救うために、しかしその失われた者が御子のもとに訪ねてこられるように御子の居場所を知らせるためにではなく御子御自身がその失われた者を探し求めるために、しかもその場合、動物でさえ必ずとっている休養をとることなく、自らの頭を休める石の枕をももつことなく、荒野の中で飢えを感じ、十字架上で喉の乾きをおぼえながらも、そうなさったひとりの罪びととは、あなたにとりまして、何なのでありましょうか。憐れみ深き神にして父！　人間にはそのようなことに対しまして、何の見返りのことができるのでありましょうか。人間には〈——〉あなたのお力なくしては、あなたに感謝を捧げることさえできません。ですからあなたは、私たちに、その場合に真に正しい理解のための謙虚な聞き取りを為し得るようお教え下さっています。罪の重荷に押し潰されうめき声を発している者が〈その悲しみの余り〉、こんなことなどあり得ないでしょうと、つまり、神がこんなことで自分を憐れんで下さるなぞということはあり得ないでしょうと言うのと同じように、信仰において神の憐れみを身に沁みて感じている者は、その喜びの余り、こんなことなどあり得ないでしょうと言うに違いないような、真に正しい理解のための謙虚な聞き取りを為し得るようにです。ましてや、死は愛する者たちをほんのひととき引き離しているだけのようなもので、彼らは再び元の状態に戻されるようなことがありますならば、その言葉、こんなことなぞあり得ないでしょう、という言葉は、その確かな再会の瞬間に一番先に発せられる叫びでありましょう。そして天にいます父、あなたの憐れみについての〈喜びの〉（その喜ばしい）使信は——そうです、ひとりの人間がそれをずっと昔の幼い子供の頃から聞いていたとしましても、それはそのことによって少しは把え難いものとなったでしょう！　またひとりの人間がその使信のことを日々深く考えていたとしましても、それはそのことによって少しは把え難いものになったでしょう！　しかしその場合、あなたの恩寵の把え難さは、人間というものの把え難さのように、曾てはそうだったが、やがて段々と分かってくることによって、解消してくるというようなものだったのでしょうか、またそれは愛する者たちの幸福のように、曾て以前には把え難かったけれども、いまではもうそんなことはなくなっているというようなものだったのでしょうか！おお、何ともにぶい人間の理解の仕方！　おお、何とも不誠実なこの世の知恵、おお、眠ったような信仰における弱々しい思考の営み、おお、冷たい心における卑しむべき忘れっぽさ——いや、主よ、あなたは、すべての信じる者を、真に正しい理解における謙虚な聞き取りの中に保ち、その者を悪より救い出して下さい！[8]」

　これが五番目の「祈り」の全文である。

　この「祈り」の手記のあとには、四篇もの手記（Pap. VIII^{1}A143–6）が書かれている。これらの中で最初のもの（143）は約二頁半の哲学的手記であり、二番目のもの（144）は四頁強の自らの生涯をいま改めて内省的に取りあげたものであり、三番目のもの（145）は一頁弱、四番目のもの（146）は三分の一頁のもので、この二つとも、前者の二篇に対する補足的性格のものと見ることができる。しかしこの四篇の全体は、先の五つの「祈り」の中に見られる苦闘とそれが行き着いた問題とを改めて取りあげ熟考しているものであることを知らされる。しかし以上述べたような四篇の構成から、ここでは、最初の二篇を中心に考察をすすめるのが適当と考える。

　その最初の手記（143）は、二頁半もの長文のもので、キルケゴールは、これにおいて、「神の不変性」Guds Uforanderlighed という概念と「贖罪」Forsoning という概念とを取りあげ、それらが一般的な取りあげ方によって無意味なものと化してしまっている事実を批判し、それらがもつ本来の意味を受けとめようとしている。しかしその際彼は、この手記をあくまで、キリスト教的な意味での「罪」Synd の問題を、目下の自分自身の問題状況との関わりのもとで、つまり、自己自身の改造 omskabe sig selv という根本課題との関わりのもとで考えることを、前提にして書いている。そしてそこでは、彼は、哲学的思考における自己自身の抽象化作用を批判し、また「良心の直接性」を根拠とする「倫理学」の限界をも指摘し、その両者によっては「自己自身の改造」という「罪」に関わる具体的問題は少しも扱い得ないことを述べこの問題は、「宗教的なもの」(キリスト教的なもの) の実際の生きた体験を通じてのみ、問題化し得ることを述べる。こうして、この扱いを二番目の手記に移す。

二番目の手記 (144) は、四頁強の更に長文のものである。しかしこれは、題材としてはキルケゴール自身のいままでの生涯を扱っている。それにおいて、キルケゴールは、自分自身は、聖書が特別な愛を寄せるあしなえ、身障者、盲人、癩患者と同じように、いわゆる一般性を完全に失った生れながらにして不幸な存在だった。しかし自分は、それらの人々と全く同じように、聖書が特別な愛を寄せるに値する生涯を送り、それを経験した、という。それは、自分は一般に人間がもつ殆んどすべてのものは失ったが、唯一つのものだけは、つまり人間がもつ「最高のもの」は失わなかったという。それは「敬虔なもの」Det Gudelige との関わりだという。それというのも、この「敬虔なるもの」は人間すべてに等しく与えられるが、しかしこの世の幸福な者たちは、多くの場合その個々の幸福に心を奪われるため、この「敬虔なるもの」への感度は鈍くなってくる。しかし聖書が特別に愛を寄せる前述の人々は、この世の幸福には目が行かないため、この「敬虔なるもの」へ純粋に目が向いてゆく。では、その「敬虔なるもの」とは、具体的に、何なのだろうか。キルケゴールは、それが、イエス・キリストの生そのもの、十字架、あの受難の姿だという。こうしてこの手記の後半一頁半は、このことについての生ま生ましい記述になっている。つまり、人々から言語に絶する迫害をうけ、そのあげく十字架につけられ、死を迎えるという鮮烈な受難の姿である。(9) こうしてこれによってキルケゴールは、キリスト者とは、キリストにおけるこの「敬虔なるもの」との関わりのもとに生きることであることを、訴えている。

この二つの手記は、概略以上のようなものである。

しかしこの二つの手記は、先行するあの「五つの祈り」の記事との関連で読むとき、その意味がキルケゴールの内面性として実によく分かってくる。つまり、それらの「祈り」とこれらの記事は、このベルリンでキルケゴールが余程の大きな根本経験をしていることを、物語っている。

「第四回ベルリン旅行」の際中に、キルケゴールが、彼の言う「人間の内部における最内奥の場所」で祈った「五つの祈り」とそれに関連する手記とは、以上のようなものであった。

これらを具に読んでみるとき、そこには、彼の精神状況が、くっきりとした輪郭をもって浮かび上がってくるように思える。このとき彼は、精神の極限状況にあったのである。

本章において、私は、キルケゴールがやがて展開することになる「教会闘争」を決意するにあたっての最初の契機ともなるものの根源を探ってみた。そしてそのようなものとして、まず彼自身がはっきりと指摘した「瞬間のための予備的知識」の書としての『完結的後書』を、次に「コルサール事件」を、そして「第四回ベルリン旅行の際の〈五つの祈り〉」とを取りあげ、この領域を探究してみた。そしてそれらの探究作業を通じて、私は、何よりもキルケゴールの測り知れない程深く大きい「精神的苦悩と苦戦」とを知り得たように思う。それは次の三点にまとめることができるであろう。

一つは、キルケゴールは、ヨハンネス・クリマクスの「哲学的思索」の枠をはるかに超えて、「新約聖書のキリスト教の真理」を体験したことである。つまり、それは、迫害、受難、犠牲、殉教にこそ通じるものであることをである。従って、彼は自分が「真のキリスト者」であるためには、そのような受難のキリストの姿を仰ぎみて、その同じ道に従わなければならないことを心底から感じとったのである。しかしこの「新約聖書のキリスト教の真理」を受け入れそれを生きることは、いままでの自分の態度の根本的転換を意味し、大変なことである。彼はこの大問題を「祈り」において考えざるを得なかった。

もう一つは、この「新約聖書のキリスト教の真理」を受け入れそれを生きることをめぐっては、キルケゴール独自の自らの「運命の意識」とも言ってよいものと切実な関係が出てくるという点である。キルケゴールは、あの「大地震の手記」からも明らかなように、自分はキルケゴール家の法則に従うならば三十三歳以上は生きられないという考えをもっていた。そして彼はもうあと二ヶ月位いで満三十三歳になる地点にいる。従って、「新約聖書のキリスト教の真理」がそのようなものであることを体験したということは、それは「死への合図」として受けとめられたとしても不思議ではない。従って、この体験から自らの死が切実な問題として迫ってきたと感じたことは、最早彼にとっては耐え難いことであったと考えられる。こうして彼はひとり静かに「祈り」の時をもち、「神に聴く」態度をとろうとした。あの三月から四月末までの日誌と五月のベルリンでの日誌はそのことを物語っている。

更にもう一つは、「新約聖書のキリスト教の真理」を受け入れこれを生きることは、そのこと自体同時に、「国家教会のキリスト教」の「虚偽」を暴き「批判」する行為につながってゆくものであることを切実に感じていたことである。キルケゴールがヨハンネス・クリスマスを通じて「課題」として提起したものは「キリスト教国に〈真のキリスト教〉を導入すること」であった。しかしこの課題はいまや、単に人々を概念的形式的に「主体的に成る」ようにしむけることではなく、実質的には「迫害、受難、犠牲、殉教」に通じるキリスト教をこそ伝えることであることを、知らされたのである。この課題は根本的に「国家教会のキリスト教への批判」になってゆく。しかしこのことはキルケゴールにとって最大の難問である、「精神的苦悩と苦闘」の内実をなしていた。従って、この問題は彼をして彼のたましいの最内奥での至聖所での「祈り」による解決へと誘うものであった。

以上の三点から明らかなように、キルケゴールは、ベルリンの出発二ヶ月前から始まった「祈り」の生はベルリン滞在においてその頂点に達し、ここで彼のキリスト教観には大転換が起こり始め、つまり、「新約聖書のキリスト教の真理」(=迫害、受難、犠牲、殉教)を明確に受け入れる方向へと向かうことになったのである。

さて、コルサール事件は、彼に、このような精神的苦悩と、「祈り」の生と、それらを通じての「キリスト教観における大転換」を起こさせることになったのに、そしてそのための決定的な機会がこの「第四回ベルリン旅行」での「祈り」であったのに、つまり、その「祈り」がこれ程までも重大な意味をもっていたのに、キルケゴール研究史上ではデンマーク本国においてさえ、V・クレステンセンを除くなら、この「祈り」の意味は殆んど無視されてきた。そのことは研究史上における最大の欠陥と言わなければならない。私はこのことをここで強く指摘しておきたい。

しかしこうして彼は、このような意識と信仰を抱えてコペンハーゲンに帰ってゆく。ところが、コペンハーゲンでは、彼のそのような大転換のための「決断」を一気に明るみに出し、その飛躍を促すような事件が用意されていた。それがあの「アドラーの事件」である。

注

（1） Pap. VIII¹A130
（2） Pap. VIII¹A131
（3） Pap. VIII¹A132
（4） Pap. VIII¹A133
（5） Pap. VIII¹A134
（6） Pap. VIII¹A136
（7） Pap. VIII¹A137
（8） Pap. VIII¹A142
（9） Pap. VIII¹A144, S. 87ff.

第四章　未完の草稿『アドラーについての書』に秘められている教会闘争の原因

既に述べたように、「第四回ベルリン旅行」での「祈り」の中で演じた「精神的苦悩と苦闘」とは測り知れない程深く複雑にしていたため、それがこれから辿る方向は、少なくともそれについての日誌記述においてははっきり読みとれるものではなかったが、少なくとも「新約聖書のキリスト教の真理」を受け入れる方向へと向かっていたことは微かに予感できるものであった。しかしそれが「決断」という形をとって現われてくるような状況ではなかった。従って、そのようなことが現われてくることは、彼のコペンハーゲンへの帰宅後に起こり得るであろうことは充分考えられ得ることであった。しかしそのことは彼の生涯における決定的な大転換を意味した。しかしそれは余りにも大きく深い構造のスケールのものであったため、それはすぐには現われてこなかった。そしてそれが表面に現われてこないまま約四ヶ月が経過してしまった。従って、この謎のような四ヶ月こそ、実に重大な意味をもっていた期間となるであろうことは当然の順序と言えよう。

では、その四ヶ月間キルケゴールは何をしていたのだろうか。

実はこの期間、キルケゴールは、ベルリンから持ち帰ったあの深刻な問題を一時脇に置いて、ある一つの「事件」の研究に没頭していたのである。その「事件」こそ「アドラー事件」である。この事件の研究が彼にとってどんなに重大な意味をもっていたかは、ベルリンから持ち帰ったあの深刻な問題を一時脇に置いてまでこれと取り組んだことがそれを示している。すなわち、この事件の研究がキルケゴールにとって決定的とも言える程の重要な意味をもっていたのは、この事件は、目下国家教会のキリスト教が抱えている根本問題を白日の下に曝け出した事件であり、それと同時に、そのことによって、キルケゴールが目下抱いているあの深刻な問題をめぐって新しい方向へと踏み出す彼の「決断」を一気に明確なものしてくれる性格をもった事件だったからである。つまり、この事件は国家教会のキリスト教の正体とそれに基づく彼自身の信仰的決断の方向を一気に開明してくれる性格をもっていたのである。そのため、キルケゴールの日誌を読んでいると、彼は、この「アドラー事件」の研究を決定的な転機として、新しい方向へと「大転換」を行ったことを、知らされる。その「大転換の方向」とは明らかに、「教会闘争」へと向かって歩み出す方向であった。

そこで以下の個所では、この「アドラー事件」についてのキルケゴールの研究の模様とそれを転機として彼の「大転換」の模様とについて考察をすすめたいと思う。

第一節　日誌記述に見られる「空白の四ヶ月」

キルケゴールの日誌を最初から読んでゆくと、「謎のような空白期間」に出会う。私は既に『青研』の方で、一八三六年四月下旬から六月四日までの六週間の空白と、一八三八年二月から三月上旬までの同じく六週間の空白とについて、詳細に紹介しておいた。そのほかにもそのような空白は何回か見られるが、それらはそれぞれ大体六週間かそれ以下の短期のものであった。そして研究が進んだ今日では、それぞれの空白の理由がかなり正確に判明しているのである。こうして、同じような仕方で、目下の時期にも、一つの「空白期間」に出会うのである。ところが、今回の場合は、いままでの場合とは比較にならない程長期の空白で、その期間は、ベルリンから帰宅後の五月十六日から九月七日までの四ヶ月弱である。つまり、ベルリンから帰宅後は、ざっと四ヶ月間、「日誌」には一字も姿を現わしていないのである。このような長期の間日誌を一字も書いていないということには、何か余程の理由があったに違いない。

しかし今回の場合は、他のいくつかの空白期間の場合とは異なって大変長期であったにも拘わらず、ある一つの明白な事実が明らかになっていることから、それを中心に考えてみるとき、もう一つの事実が充分推察され得る性格のものなのである。そこでここではその二つの事実について簡単に述べたいと思う。

まず明白な事実の方であるが、それは、キルケゴールが、ベルリンから帰宅後、ここ三年程国家教会内の大きな問題になってきた「アドラーの事件」(次節で詳述)に強い関心を抱き、問題になったアドラーの書物だけでなく、アドラーが書いた著作のすべてを買い込み、この問題と真向から取り組み、それについて一冊の書物を出すつもりで、原稿を書くことに集中した、という事実である。その原稿は、結局は書物にならなかったが、書き上げられた部分は実に庬大な分量にのぼり、しかもそれにおいて扱われた問題は、神学的ならびに哲学的に見て、キリスト教の根幹に関わる実にラディカルな領域のものばかりで、その扱いはいずれも比類ない鋭さと深さに貫かれている。従って、この原稿の書きっぷりは、この四ヶ月キルケゴールがどんなに強度な集中力と庬大なエネルギーとをこれに注いでいたかを、充分物語っていると言ってよい。

しかしこの四ヶ月彼が関わってきた事項はこれだけではなかった。その四ヶ月後の九月七日から現われ始めた日誌記述は、「アドラー事件」についての原稿執筆のことと並行して、明らかにもう一つの事実にも深い関心を持ちそれを問題にし続けていたことを、物語っている。それは、ベルリン旅行から持ち帰ったあの深刻な問題とそこから帰結する決定的な「決断」とをめぐる熟考である。その種の記事は、時を経るごとに、次々と現われてくる。しかし九月から十月にかけての記述の仕方でとりわけ注目されるのは、彼は、その自分の問題を、「アドラー事件」についての記述と並行させるようにして、記している点である。それは、自分の問題が「アドラー事件」の本質と深く関わり合うものとして抱えていることを、物語るかのようである。

この「空白の四ヶ月」に、その「空白」の背後でキルケゴールが集中していた事柄は、少なくとも以上の二つの事と考えられる。

さて、「空白の四ヶ月」のことをこのように見てくると、ここで一つ重要な事項が分かってくる。それは、何人かの研究者が指摘しているように、(1) この「アドラー事件」という問題の本質は、キルケゴールがベルリンから持ち帰ったあの深刻な問題と深く関わりのあることを、キルケゴールは直ちに察知したこと、そして更に彼は、この「アドラー事件」という問題の本質を解明することは、自らの問題の解明に決定的な光を投じてくれるものと判断したこと、という点である。そして正にそれゆえにこそ、彼は、彼自身のあの深刻な問題への集中は一時脇に置いても、まずその「アドラー事件」の研究に集中したのであった。そして事実、その研究は、後述するように、彼自身の問題を、一気に開明へと齎らすことになったのである。(2)

注

(1) J. Hohlenberg: Ibid., S. 218—27. V. Christensen: Ibid., S. 99ff.

(2) 「アドラー事件」がキルケゴールにとって決定的な意味をもったのは、それが彼に問題の所在をいやが上にも明らかにし、彼の「決断」のための決定的な契機となった点であると言ってよい。

第二節 「アドラーの事件」の概要

その「アドラーの事件」というのは、ボーンホルム島 Bornholm のハスレ Hasle とルッガー Rutsker の教区牧師(1) A・P・アドラー Adolph Peter Adler (1812—69) が一八四三年に出版した自分の説教集 “Nogle Prædikener ved

A. P. Adler. M. A. Sognepraest til Hasle og Rutsker Menigheder (1843)" の序文の中で、自分はこの前年の十二月にキリストから直接啓示をうけたと述べたその言葉と、それに対して国家教会当局がとった同牧師の処罰と更に罷免という対応を含め世間を騒がせた一連の出来事をいう。このアドラーは、大学時代はヘーゲル哲学の研究に没頭し、マギスター学位論文もそれをテーマにしたもので『孤独的主観性の最も重要な形姿』Den isolerede Subjectivitet i dens vigtigste Skikkelse (1840) という有名な論文であった。しかし一八四二年には「光の幻」を見たということによって、ヘーゲル哲学を棄ててしまった。しかもその心的状態はその後更に進み、その年の十二月のある夜には、イエスの言葉を直接聞いたと言い、そのことをその説教集の序文に書き、それを右の題名のもとで自費で出版するまでに至ったのである。その説教集の出版をめぐっては、H・ブロェクナーが興味あるエピソードを伝えてくれている。それによると、この説教集を出版してしばらくした頃、アドラーはキルケゴールを訪れ、自分たち二人の宗教的著作活動について、彼と長時間語り、彼に、アドラー自身は、啓示を直接受けているので本来的にメシアであるのに対して、自分はキルケゴールをバプテスマのヨハネと看做していることを、了解させようとした。これに対してキルケゴールは、自分はその地位で完全に満足だと答えたという。こう言って、キルケゴールは、これをブロェクナーに語ったとき、にこやかに笑ったという(2)。

ところで、大問題となったその説教集の「序文」の言葉というのは、次のようになっている。「〔その十二月の〕ある夜、何かぞっとするような音が自分の寝室に入ってきた。するとキリストが、自分に、すぐ起きて書斎にゆき次の言葉を書きとめておくように、と命じた。『〔人類の〕最初の人間たちは永遠の生命をもっていただろう。なぜなら、思考が神の霊を身体と結び合わせているときは、生命は永遠であり、人間が神の霊を身体と結び合わせているときは、その人間は神の子だからである。そのようにして、アダムは神の子だったのである。しかし彼らは罪を犯した。思考は、世界を離れ、身体を離れて、それ自身の中に深く閉じこもってしまった。思考は、霊を身体から、そして霊を世界から、引き離してしまった。そこで人間自身が、思考自身が霊を身体から、そして霊を世界から、引き離してしまうとき、人間は死ななければならないのであり、また世界も身体も悪とならなければならないのである。では、霊はどうなってしまうのか？　霊は身体から出て行ってしまう。しかし神はそれを取り戻すことはなさらない。こうして霊は神の敵となってしまう。では、霊はどこへ向かって行くのか？　世界へと帰るのだ。なぜか？　霊は自分を棄てた世界に腹を立てているのだ。それが悪しき霊なのだ。こうして世界はその悪しき霊を自分で創造したのである。』」イエスは、このように言った後、彼に、彼が書いてきたヘーゲル哲学についてのいくつかの書物を焼いてしまい、これから先は聖書にだけ忠実であるように、命じた。そしてアドラーは更に付け加えて「これらの説教の中で私がイエスの名をあげてとりわけ詳しく述べたある部分は、イエスが共に働いて下さった御恵みによって書かれたので、私はただそのための器官にすぎなかった」と述べている(3)。

さて、この発言は、大変な事態にまで発展してしまった。一八四四年一月には彼はその職務の停止を命じられ、一八四五年八月二十六日には年金をつけるという恩典で解職されることになった。その後彼は、この件についてのさまざまな文書を発行したが、それらの中には、教会当局から彼に対して提示された四つの質問とそれらについての彼の回答の文書も含まれている。そして更に、一八四六年六月には、彼は、三冊もの神学的主題の書物と一冊の詩集とを、出版している。

これがいわゆる「アドラーの事件」である。

これだけでも分かるように、一人の教区牧師が、その不可解な発言をめぐって、結局は解職されるにまで至ったという事件は、さまざまな角度から大きな議論を巻き起こすことになった。これについての甲論乙駁はさまざまであった。

しかしそれらの中にあって、キルケゴールは、これに関して特別な思いを抱いた。それにはこんな理由があった。このA・P・アドラーについては、キルケゴールが、自分のマギスター学位論文『アイロニーの概念について』の執筆と提出に関して、特別に注目していた人物だったことと先に述べたような関係のあった人物であった。つまり、アドラーは、当時コペンハーゲン大学の公式の規則では、哲学のマギスター学位論文は、学術上の公用語としてラテン語で作成し提出されることが、決められていた。ところが、アドラーは、一八四〇年ヘーゲル哲学を扱った自らのマギスター学位論文『孤独的主観性の最も重要な形姿』Den isolerede Subjectivitet i dens vigtigste Skikkelse (1840) をデンマーク語で作成し提出する許可を獲得したのである。これは一八三六年に史上初めてそういう許可を得たM・ハンマリックについで第二番目の人物になった。第三番目の人物は同年H・L・マルテンセンが同じ許可を得ており、第四番目が翌一八四一年S・キルケゴールが許可を得ることに成功している。しかしキルケゴールは、それだけでなく、アドラーのその論文の内容自体にもその頃強い関心を示していた。しかしこれらのことについては、私は、既に『青研』の方で詳述しておいたのでそこを参照されたい。(4) いずれにせよ、このような経緯と先に述べたような関係から、キルケゴールは、アドラーには、特別に関心を抱いていたのである。

しかしキルケゴールがこの事件に特別な関心を抱いたのは、そのアドラーの「啓示」についての発言そのものが、キルケゴールの信仰論に特別に強い衝撃を与えたことによる。キルケゴールは、その衝撃について、『アドラーについての書』の草稿の中で、次のように記している。(5)

「それゆえ、私は、自分がまだアドラーの説教集やその序文を読んでいない時に、マギスター・アドラーのことが出てきて、彼は啓示を受けたと叫んだ、と聞いたときは、正直本当に驚愕した。私がこれから先き長く生きるとしても、恐らく私はこれ程の驚きを二度と再びもつことはないだろう。それというのも、私は特別に離れた個室にいるとしても、私も共にいるこの時代の中で何が大騒ぎになっているのかを、知らないわけではないからである。だから私がそれを聞いたときは、こう考えたのである。これは私たちが必要としている男で、キリスト教国という沈滞しきった土壌に生気を与えるために、神的なものの根源に新しい源泉をもっている選ばれた者であるか、あるいは躓いた者ではあるが、すべてのものを、そして使徒の価値までも破壊してしまうために、すべてのものを破壊し尽してしまうために、いまあるようなそのようなキリスト教国を、自分の教義学を同時性の状況において学ばせるように、努力にみちた決断へと導く老獪な詐欺師であるか、いずれかである。」

このように、キルケゴールがこの事件のことを初めて耳にした時には、極めて肯定的な意味において言い様のないショックを受けたのである。それゆえ、キルケゴールは、最初はむしろこの事件を通じて、キリスト教的な意味において何か善い新しいものが生まれてくることを期待していたのである。

ところが、この事件が進行してゆくうちにアドラーが教会当局からの尋問への対応において次々と態度を変えてゆく姿に、キルケゴールは、同時代の精神的状況の邪悪なものを感じるようになり、合わせてそのことを通じて、むしろ現在の国家教会の体質そのものとそれが伝達しているキリスト教の根幹に触れる問題を探知したのである。つまり、キルケゴールは、この「アドラー事件」全体を通じて、現在のデンマーク国家教会ならびにキリスト教に関して取組まるべき根本問題が集約的にしかも極めて鋭い形で提起されていることを感じとったのである。しかもそれは、自らが目下抱えているあの深刻な問題と深く関わる問題として受けとめたのである。このようなことから、キルケゴールは、この「アドラーの事件」が提起している問題と真向から向き合う態度をとったわけである。彼は、ベルリンから帰宅するや直ちに、アドラーが書いた著作をすべて購入し、合わせてこの事件に関して世に出された出版物や文書類のすべてを入手し、この事件の真相を究明すべく、全力を傾注したのである。この問題は余りにも大きくかつ深刻なので、彼は、一冊の書物の出版を予定して、その原稿を書き始めた。原稿は、その書き直しの期間も含め、一応三年かかって完了し、実に厖大な量のものになったが、遂に出版されずに終った。これがあの未完の遺稿『アドラーについての書』Begen on Adler.（Pap. VII^2B235, S. 5—230. B236—270, S. 233—311.）である。

このようにしてキルケゴールは、ベルリンから帰宅後直ちに、この「アドラーの事件」と真向から向き会い、その真相究明の作業と取り組んだのである。

（1）ボーンホルム島はコペンハーゲンの南東約八〇粁の地点にある島。船で七時間。
（2）H. Brøchner: Ibid., S. 34.
（3）A. P. Adler: Prædikener. J. Hohlenberg: Ibid., S. 218ff.
（4）『青研』一四八七、一五二五、一五三〇、一五四五—九、一五五一、一五五三、一五六一、
（5）Pap. VII²B235, S. 86.

第三節　草稿『アドラーについての書』の執筆とその内容

この『アドラーについての書』に関しては、私は、既に『著研Ⅱ』の方で詳述しておいたので、[1]ここではその要約にとどめるが、この草稿の分量は、先にしめした通りパピーア二三六頁もの実に厖大な上、その内容構成は、実に念入りに行われている。例えば、序文は、一八四七年一月、同十一月、そして翌四八年一〇月と三通りも書かれている。[2]内容は、四つの章に分けられ、その中の第三章と第四章の中は、詳細な区分になっている。またこの草稿には、本文のほか付録になるものが実に多様にある。[3]当初キルケゴールは、これを分冊で出版しようと考えていたらしい。[4]しかしその後、これら草稿の中にある部分を独立させて出版している。『倫理・宗教的二小篇』（一八四九年）所収の『人は真理のために打ち殺される権利をもつか』と『天才と使徒との相違について』はそれに当たる。

この草稿の全体は大体以上のようなものであるが、その本文の部分を通読してみるとき、キルケゴールをこれ程までにこの事件に執着させ徹底的に考え貫くことを促した事項が二つあったことを知らされる。その一つは、彼が、この「アドラー事件」の中に、「時代の精神的状況」の典型的な姿を見たことであり、もう一つは、この事件を通じて、キリスト教世界の実態を見抜いたことである。しかしキルケゴールは、この本文全体を通じて、四つの問題を考察し提起しているように思える。それは、1「時代の精神的状況」の批判、2「普通の単独者」と「特別な単独者あるい

は特別な任務をもった人間 Den Extraodinaire」の区別、3「天才」と「使徒」の相違、4「キリスト教世界」つまり「国家教会」の実態、の四つである。従って、われわれもこの草稿を、この四つの問題に分けて検討してみるのが適当と考える。

そこでまず「時代の精神的状況」の批判についてであるが、それは、アドラーのあの発言に関して教会当局が四つ程の質問を提示したが、それらに対してアドラー自身がとった対応の仕方について、とくに奇妙な弁明をして結局はこの発言を取り下げてしまう態度について、キルケゴールが実に鋭い分析と指摘をしている部分に、現われている。すなわち、その分析と指摘は、アドラーが、教会当局からの質問に対して、あのキリストからの直接的な啓示という出来事を、最初は自分の「信仰的覚醒」の出来事となし、次には「霊感」のことだったのだとどんどん値引きをしてゆき、最後には、救世主が直接語ったと言ったあの言葉は、その霊感が始まったときに、それを一つのキリスト教の形式において確保しておくために必然的となった一時的な拠り所だったのであり、しかし後になってみれば、それはじっくり考えた末に、もっと満足のゆくような仕方で作っておけばよかったと言う程までに値引きしてしまっている点に、向けられている。こうしてキルケゴールが示している彼の結論は、アドラーには、自らの前提に従って、啓示についての自らの主張を無条件に撤回する義務があったのだということ、しかし彼はそれをしなかったので、当局が、彼は興奮して錯乱した精神状況にあったと宣告し、彼を罷免したことは、充分に正当なものであった。というものであった。[5]——キルケゴールは、このような「アドラーの態度」の中に、「時代」が、「時代の自由主義運動の推進者」たちに見られる同じものが、映り出ているのを、見て取ったのである。つまり、時代の悪しき風潮としての「非人格性」と「非倫理性」とである。つまり、キルケゴールによるならば、それら運動の推進者たちは、改革々々と叫びながらつねにしようとしていることは、集団や団体をつくって「数」を土台にした「力」の獲得だけであり、しかもその運動が失敗に終るや否や、今度は自分がいままであんなにも激しく攻撃していた既存のものの背後に逃げ隠れ、それの保護と恩恵に与ろうとするのがつねであり、自分のいままでの運動に対して全く「責任」(これは人格性の根幹をなすものである）をとろうとはしないし、ましてや、そのために「犠牲」を払おうとはしない、というのである。要するに、彼らは、旧いものを破壊して新しいものを打ち建てようとしているように見えながら、実はその旧いものの中に自らの安全と権利を置いて、それに守ってもらっているのである。これ程までに非道徳的な態度、非人格的な態度はあるだろうか、というのである。ところが、これと正に全く同じことがアドラーの行為に見られる、とキルケゴールは言う。つまり、彼は、アドラーが、キリストから直接に啓示を受けたと言っておきながら、教会当局から、そのような啓示は国家教会の啓示概念とは全く異なるものだ、と追求されれば、何だかんだと弁明をして、結局はその主張を翻えし、最後は、その国家教会の庇護下に入ってしまった。しかしもしアドラーが、自分の啓示こそ国家教会の啓示概念とは異なり聖書に基づく真理であると確信するならば、彼は国家教会の一般の隊列から離れ、「自らの力」でこの信念のために闘い、その自分の確信のために倒れることが必然的となるかもしれないことに対して、覚悟を決めてかからなければならなかった、と指摘する。(6)

次にキルケゴールは、この事件が「啓示」という問題を提起していることから、この「啓示」を真に受け得る人間はどんな人間かという大きな問題の前に立たされることになり、それを考えるにあたって彼には、「普通の意味での単独者 Den Emkelte」と「特別な単独者 den særlige Enkelte あるいは特別な任務をもった人間（あるいは異常な者）Ex-traordinerius, den Extraordinaire」の区別がクローズ・アップされてきた。そしてキルケゴールは、この「啓示」の問題に深く関わってくる単独者を、その後者の方の単独者となし、その説明に先立って、両者の区別について述べることから始めている。すなわち、キルケゴールによるならば、「普通の意味での単独者」とは、あくまで「既存の体制」の存在を容認し、従って、「既存の体制の内部で」神の前にひとり立つような単独者である。これについて、彼は、誰もが人は「既存の体制の内部で」単独者であることができ、またそのようにして単独者であることは、誰もの義務であると言う。そして彼は次のように記している。「良心と、そしてまた神への責任とにおいて、すなわち、永遠なるものについての意識において、誰もが単独者なのである。彼は決して、大衆 Masse になったり、公衆

Publikum の名簿の中に記入されてしまったりすることはない。彼は、神に対する責任をもって、そしてまた自分の良心において自分自身を検討してみた後に、自分をその手足として全体の一部に加わらせ、それを再生することに忠実であることとそのことを自らの課題としてとらえるが、他方、永遠性の責任は、彼を、多数者、大衆、公衆、その他どんな群れであれ、その種の純粋に動物的な規定から、それというのもこれらは、人をして、人間について、まるで雄牛の群れについて語るように、語らせる機会をつくることになるからなのだが、この純粋に動物的な規定から、救い出すのである。(7)」このように、「普通の意味での単独者」とは、「既存の体制の内部に」ありながら、「普遍的なもの」を表現してゆくことを自らの最高課題として受けとめ、それを自らの自由な選択において、実現しようとする者のことで、これは誰もがそうなり得るものである。ところが、これに対して、「特別な単独者、異常な者あるいは特別な任務をもった人間」とは、「既存の体制」を容認せず、「既存の体制」を前提にすることとそのことに反省を始め、「既存の体制」という範型に自分を屈服させてゆくことに満足しないで、つまり、「既存の体制」を根本前提にする一般的な在り方に対して、それとは全く異なる新しい出発点を、直接的に、それゆえ、「既存の体制」を仲介にすることなく、自己を直接神のもとに従属させるという仕方で、「神の前にひとり立つ単独者」のことである。その場合、この「特別な単独者」が「異常な者あるいは特別な任務をもった人間」Den Extraordinaire と呼ばれるのは、この者が、「既存の体制」と「普遍的なもの」の「枠」から外へと超え出ること extra ordinem が（神に対する）義務になっていることによる。しかし同時に、その「普遍的なもの」や「既存の体制」は、その者を閉め出してしまう義務をもっていることによる。要するに、その者は、何か真に新しいものをもたらす任務をもった真の改革者であり、それを遂行するためには、何よりもまず「既存の体制」との結び付きから外へと踏み出ていなければならないのである。従って、その者はつねに、生命の危険と、自己否定という真の生命の「犠牲」とを覚悟して行動する人間である。つまり、その者は、無条件的に「犠牲」を負うことにおいて義務を果してゆく人間である。キルケゴールは、この二種類の単独者について、このような区別をしているが、彼は、そのそれぞれの単独者に、具体的な人物を想定している。

まず「普通の意味での単独者」に関しては、彼は、その典型を、J・P・ミュンスター監督に見ている。そして次のように述べている。「ミュンスター盗督には、最も厳密な意味において特別な単独者の人相と呼んでよいようなものは、いささかも見られない。[8]」これに対して、「特別な単独者」、つまり、「異常な者あるいは特別な任務をもった人間」に関しては、彼は、その事例を「天才」と「使徒」とに見ている。そしてマギスター・アドラーは決して真の「異常な者、特別な任務をもった人間」ではない、と彼は言っている。[9] つまり、偽の Extraordinaire だとみなしている。というのは、キルケゴールは、真の「異常な者」の表徴を、あくまで自己の確信のために「責任」をもち、「犠牲」「自己否定」を覚悟している点に見ているからである。[10] こうしてキルケゴールは、両単独者の相違について、このように述べ、彼の眼は、その「特別な単独者」「異常な者、特別な任務をもった人間」の方に向かってゆく。

この「異常な者あるいは特別な任務をもった人間」というカテゴリーに入るものとしてキルケゴールは、「天才」と「使徒」とを挙げ、その相違について詳述しながら、究極的には、「使徒」の特殊性を、クローズアップさせている。しかし同時に彼は、その説明の構図の中に、「マギスター・アドラー」と「キルケゴール自身」とを位置づけている。キルケゴールはまずこう言う。人はさまざまな仕方で Extraordinaire になることができる。まず「使徒たち」がそうであったように仕方で「異常な者」となることができる。「使徒たち」の特徴は、彼らが神から直接命令を受けており、神的な権能を授かっている点にあり、その命令と権能の力によって「教えを説く」点にある。従って、彼らが説く「教え」は、彼らが自分で考え出したものではなく、あくまで「啓示」を通じて受け取ったものである。それゆえ、「使徒たち」には、神から与えられたその命令に従うか、それともそれを拒むか、という「瞬間」だけがある。しかし他方、人は「天才」であることによって「異常な者」となることができる。しかし「天才」の特徴は、「自分の力」だけで立っている点に、しかし「卓越した特別な力」だけで立っている点にある。つまり、「天才」は、その力で真理を見出しているのであり、それに自分の全人生を傾注する。つまり、「天才」は、「神の啓示」を受けてもいなければ、「神的な権能」を授かってもいない。ただ「自分の力と自分の考え」だけで行動する。だから「天才」

は、自分の考えを「変える」ことができる。さて、キルケゴールがこういう考えに達したのは、アドラーの行動の中に次のことを見たからである。しかしその観察はいま述べた構図との関係でのアドラーの「位置づけ」にもなる。すなわち、キルケゴールによるならば、アドラーが最初に自分はキリストから直接啓示を受けたと言ったのは、明らかに最初は「使徒」として振舞ったことを意味する。つまり、アドラーは、使徒パウロがダマスコ途上でキリストから直接啓示を受けたというあの情景を範型として先のように事細かに書いた。このことは言うまでもなく、彼が「使徒」として振舞ったことを意味する。ところが、その後アドラーは、その考えを維持してゆくことができず、またその事が真に意味しているものを決して理解してはいなかったことを、現わにした。アドラーは、しばらくして後に書いた書物では、その変節変更の弁明として、自分自身をひとりの天才として述べ、天才には説明し難いものがあることについて語り、「天才は独学の子馬である」と述べている。そしてアドラーは、自分が述べたあの啓示は、天才性の症状なのだ、と言っているが、この点をキルケゴールは注目している。しかしこのように述べてくることによってキルケゴールが示そうとしたことは明白である。それは、アドラーは直接「啓示」を体験したことを述べているが、もしそれが本当に「啓示」だったなら、彼は「使徒」の筈であり、もしそうなら、自分の考えを「変える」ことはなかった筈であるが、当局から尋問されればあのように変えてしまうということは、その体験された啓示というのは「啓示」でも何でもないものであることを証明している。そのことは啓示について語っている多くの神学者たちが「使徒」ではなく、真の「啓示」を体験しているのではないのと同じである、ということである。しかしキルケゴールは、この「天才」にも二種類あることを述べる。それは「直接的な天才」と「反省の天才」とである。彼は、この「直接的な天才」に関しては、詳しい説明をしていないが、それは大体、自分自身への意識や理解なくして「直接性において生きている天才」というような意味を想定しているように思える。しかし「反省の天才」に関しては非常に詳しく述べている。Pap. VIII^{2}B12 の五五頁から五九頁までの叙述は、草稿本文の補完的記述になっているが、それは、「反省の天才」についての一つのまとまった見事な叙述になっている。それによると、「反省の天才」とは、自分のうちに潜在的であったものへと生成するために一つの衝撃 et Stød を必要とする者で、彼はその一撃を受けた者となるが、その瞬間彼はその衝撃をめぐって生じる自分自身の「全責任」をすみずみまですべて見渡すようになる。例えば、ここに一般の教育コースを辿って官職としての牧師になった者がいるとする。ところが、そうなっているとき、初めて彼に「一つの衝撃」が起こったとする。するとその瞬間に彼は、自分自身が「異常なもの」の中にいることを理解する。しかし同時に彼は必ず別の意味において、自分の異常さを自分の悲惨さとして、つまり、自分には「一般的なもの」の中に居場所をもつことが出来ないという悲惨として、把らえる。つまり、このとき初めて彼には、自分の「異常さ」を「差異性」discrim-en として、理解する。しかしこの時彼には、次の二つの道のいずれかを進まざるを得なくなる。一つは、自分のその異常性をうぬぼれるようにして「輝かしき差異」として受けとめ、取り返しのつかない混乱を引き起こすことになるか、もう一つは、何よりもまず第一に、自分自身を犠牲にして、「一般的なもの」と理解するようになるか、のいずれかである。しかし「反省の天才」は、その「異常性」「差異」をもって、自分の前に立ち現われてきた新しい「世界–人生観」Anskuelse の全体を伝達するという自分自身の「課題」を気づかせるものとして受けとめる。しかし「反省の天才」は、その「反省」のはたらきによって、その『新しい真理』の伝達に際してはその「異常性」「差異」が他人に対してどんなに危険にはたらくかを、よく洞察している。そして、そのための最も危険な役割をするのが、言葉、つまり、「饒舌」であることをよく知っている。それゆえ、彼は、その「真理」の全体を「饒舌」で台無しにしてしなわないように、彼自らの身を、何人たりとそこへは入って来られない「沈黙」uigjennemtrængelig Taushed のうちに閉じこもり、他のすべての人々を閉め出し[11]、「異常なもの」がその身を「沈黙という休止のうちに」i Taushede-ns Pause (in pausa) 置くための時間を得させてやる[12]。こうしてキルケゴールは、この「反省の天才」においては「反省」が媒介の役をするが、それは主として「沈黙」を媒介としていることを、強調する。こうして「反省の天才」は「衝撃」の後「新しい真理を伝達しようとするが、その際その「異常なもの」「差異」がそれを妨害しないようこれらとの徹底的な反省の闘いをする。しかしその闘いにおいて彼が拠り所としているものは神の前での「信仰」Tro と「謙虚」ydmyghed であるという。(13) キルケゴールは、「反省の天才」についてこのように述べているが、彼はこれを「使徒」のカテゴリーに入れず、「天才」のカテゴリーに入れている。しかし彼は、この叙述によって、自分自身の「位置づけ」をしているのである。

キルケゴールは、以上のような三つの問題を考察してゆきながら、それらを前提として最後の問題として、同時代のキリスト教界、つまり、国家教会の実態を白日の下に照し出す作業へと入ってゆく。そしてその作業においてキルケゴールが照し出した根本的な事項は、デンマークは国家教会の体制のもとで「キリスト教国」Christenhed として存立しているが、そのような地理学的な意味で「キリスト教国」というのは、本来のキリスト教的意味からするならば、一種の錯覚であり、国家教会はこの事件を通じて自らの非キリスト教性を暴露したのだ、という言葉に現われている。キルケゴールがこの問題を集中的に扱ったのは、この草稿の第四章「アドラーを現象としてとらえ、ヘーゲル哲学と現代とについての調刺としてとらえる心理学的解釈」の第五節「現代のキリスト教界についてのエピグラムとしてのマギスター・アドラー」においてであり、そこでキルケゴールは、その核心とも言える言葉を記している。それは非常に分かりにくい言葉であるが、次に訳出してみよう。それはこうなっている。

「マギスター・アドラーが、ヘーゲル哲学を、どのような仕方で、間接的に諷刺しているのかということは(それというのも、彼は目ざましい形をとってヘーゲル哲学から手を切ったのに、しかしやはり無意識的にこの哲学と共謀の関係にあり、そのようなことから、彼は、自分の生に起こった幻惑を通じて、そのヘーゲル哲学を、それが正にそうである自己矛盾の姿そのものとして現われざるを得ないようないくつかの状況へと至らしめているからである)、実にしばしば実証されてきている。だから彼は同時に現代のキリスト教界についてのエピグラムとして支えもしていることが、結局は指摘され、そしてまた役立たされることにもなろう。

マギスター・アドラーは、地理学的意味でいうキリスト教国で生まれ、教育され、堅信礼を受け、定住していた、——彼は従ってキリスト者であった(そこに住むすべての人々がキリスト者であるのと同じように)。そして彼は神学の国家試験合格者にまでなっていた―しかも彼はキリスト者だった（すべての人々がキリスト者であるのと同じように）。こうして彼はキリスト教の牧師になる。しかしこうなったいまになって初めて、彼の身には、こんな奇妙なことが、つまり、彼は、その生において受けた一つの感銘によって、キリスト者に成るというこの決断ともっと真剣に触れることになるというこんな奇妙なことが、起こってくる。すなわち、彼は、宗教的に震撼をさせられたとき、キリスト者に成るということが、彼がキリスト者であったいままでの全期間のいかなる時よりも一層身近なことになってきたことが否定すべくもなくなっていた正にそのとき、彼は罷免されるのである。そしてその彼の罷免は、全く妥当なことなのである。なぜなら、国家教会は、これで分かるように、この今になって初めて、彼のキリスト教がいかなる状態をなしているものなのかを知るようになる機会をもつことになるからである。しかし、それにも拘らず、こんなエピグラム的なものが残ってくる、つまり、異教徒である彼がキリスト教の牧師になっているということ、それでも彼がやはりキリスト者に成ることに幾分とも近づいていたその時に、罷免されるということ、である。

このようなただ一つの事件によって、人は、このような人すべてがキリスト者である、という事柄が一体何と理解されなければならないかを、見抜くための機会を、否定すべくもなくもつことになる。そして人は、地理学的な意味でのキリスト教国には沢山のキリスト者がいるというのはやはり何と言っても一つの錯覚ではないのか、という疑念をもつようになる。…マギスター・アドラーは、より厳密な意味で、キリスト教的に覚醒した者と言えるがどうかは疑わしいとしても…彼のあの生の破局は、それによって彼がそのあとどんな結果になるとしても、誰にとっても何らかの覚醒を与えるものになるに違いない、と私には思われる。すなわち、マギスター・アドラーは、覚醒した者ではなく、また彼は、時代を助けることのできる、覚醒を通じて召された教師ではないが、だからこそ彼の生のこの事件はやはり何としても、地理学的な意味のキリスト教国にとってのひとつの警告となる記念品 Memento である。[14]」

キルケゴールは、国家教会の正体について、このように述べている。

しかし彼は、この草稿の他のさまざまな個所で、更にそれについて詳細に述べており、国家教会のキリスト教は本来の意味でのキリスト教とは似てもつかないものになっていると指摘している。その言述は無数の個所に見られるが、それは次の五つの言葉に代表させることができよう。

1　キリスト教国 Chistenheden とは、一つの称号になってしまっている。それゆえ、すべての人々がキリスト者であるキリスト者の国 et christen Land では、人は〔大学で神学国家試験に合格し〕神学候補生でさえあり得るし、然り、キリスト教の牧師に成るということさえ起こるのである—その場合人は、自分がキリスト者であるのかどうかを自己検討する問題には一度も関わることなくである。なぜなら、その問題は結局は、人は誰でもが人間であるというのと同じように自明なことになっているからである。[15]

2　すべての人がキリスト者であるということに関してだが…地理的な意味でのキリスト教国には多数のキリスト者が住んでいるということにはどうしても錯覚があるのではないか、という疑念がもたれている。[16]

3　けれども、教会のキリスト者たちは、牧師の説教によって、それぞれの至福のうちに、平穏な状態におかれている。…しかし現代においては、教会の人々には少し動揺を与え、そのような至福に心配な思いを抱かせることの方がより重要なのではないか、しかしまたより困難なことではあるが。[17]

4　いま為すべき最も大事なことは、徹底的に土地をきれいにし、この一八〇〇年間を根こそぎ除去すること、そうすれば、キリスト教的なものは、それが今日起こったように、われわれの前に現われてくるだろう。[18]

5　〔同時性こそが問題となるが〕ここで語られている同時性 Samtidighed とは、決して、使徒が一つの啓示によって召されたというその使徒の同時性ではなく、使徒と同時代に共に生きていた者なら誰もが enhver Medlevende もっていたただそれだけの同時性のことであって、つまり、躓かざるを得ないか、信仰を自分のものにしなければならないか、という同時性の緊張のうちでの可能性のことである。[19]」

この「草稿」の内容は、大体以上の四点にまとめられると思う。そしてそれらの諸点は、究極的には、この第四点の「国家教会の実態」（＝キリスト教国の正体）の分析と指摘へと収斂されている。

これらの諸点をこのように読んでみるとき、それもとりわけ「国家教会の実態」の分析と指摘とに眼を向けてみるとき、これらの文章には、既にこの一八四六年のベルリン旅行から帰宅後のひとときに、四年後に出版されたあの『修練』の中で、然り、キルケゴール自身が「教会闘争」を知るための予備的知識の書として指摘したあの『修練』の中で実に鋭い形で展開した「思想」がそっくりそのまま現われているのを如実に感じさせられ、驚歎を禁じ得ない。彼が「教会闘争」を展開するに際してその根本思想としたものは、一八〇〇年間という時期を除去し、完全に整地をし、同時性（同時代性）Samtidighed を創り出すことであったが、その思想のすべてが既にこの「草稿」において誕生しているのを目にするからである。[20]

注

（1）『著研Ⅱ』一四六二―三、一四八八、一四九一頁。
（2）Pap. VII^{2}B242, VIII^{2}B27, IXB10, 11,
（3）Pap. VIII^{2}B1–27
（4）Pap. X^{1}A263
（5）Pap. VII^{2}B235, S. 117–23,
（6）Pap. VII^{2}B235, S. 48–53.
（7）Ibid., S. 240ff.
（8）Ibid., S. 43.
（9）Ibid., S. 46.
（10）Ibid., S. 45–7.
（11）Pap. VIII^{2}B12, S. 56.

(12) Pap. VII²B235, S. 61.
(13) Ibid., S. 72.
(14) Ibid., S. 218ff.
(15) Ibid., S. 39ff.
(16) Ibid., S. 219.
(17) Ibid., S. 89.
(18) Ibid., S. 81.
(19) Ibid., S. 85.
(20) V. Christensen : Ibid., S. 100.

第四節　この「草稿」が意味するもの

この「草稿」の内容が前述したようなものだとすると、この「草稿」の執筆が意味していることがいかに重大なことであるかを知らされる。それが意味するものは、多くの研究者が共通に指摘しているように、次の三点に認められると言ってよいだろう。

第一に、この「草稿」は、著作としての全体の形式からみて、しかも未完であったということも含めて、ふとわれわれには、キルケゴールが「著作活動」の開始の直前に書いた未完の草稿『ヨハンネス・クリマクスまたは一切のことが疑われなければならぬ』(一八四二―四三)を思い起こさせ、これを対比して考えることが極く自然のように思えてくる。もしそうだとすると、この「草稿」は、キルケゴールの「著作活動」の過程における「大転換」を宣言することを意味するものであることが分かってくる。すなわち、あの「未完の草稿」は、既に『著研Ⅰ』で詳述したように、(1) これから開始しようとしていた「著作活動」の全体を踏まえてそれの原理と原図の簡単なスケッチを意味するものであった。しかしそこにスケッチされたものの著作活動の範囲は、既に終了してしまい、その完了を宣言する意味で『後書』が書かれた。こうしてキルケゴールは、著作活動の過程において、更に新しい段階へと入る地点にいたのである。こうしてここで再び彼は、これからの「著作活動」の全体を展望して、あの「未完の草稿」のときと同じ意味合いのもとで、新しく始まる著作活動の原理と原図のスケッチを描いておく必要を感じたと見ることができる。そしてこのことは、後述するように、日誌の記事はじめ、彼のこの「草稿」の後の多数の著作が、例えば、『文学評論』はじめ三冊のキリスト教倫理学の書、そして更に『野の百合と空の鳥』、『二つの倫理・宗教的小篇』等々の刊行が、はっきりと証明している。

第二に、この「草稿」は、キルケゴールの「著作家としての立場」そのものの変更を宣言する意味をもち、それは「ヨハンネス・クリマクスの立場」から「より高次の立場」への移行を宣言しているものと理解することができる。キルケゴールは、「著作活動」の開始から『後書』に至るまで、あの『未完の草稿』がその標題とともに直接訴えているように、そしてまた『後書』の著作名がそのまま示しているように、その間の文学的ならびに哲学的著作のすべては、偽名著者「ヨハンネス・クリマクス」の立場で保証され、気配りをされ、そしてまた書かれてきた。その立場は、キルケゴール自身が言うように、「キリスト教を最高書とみなして、それに向かって努力してゆくユーモアの立場」であった。それは、厳密な意味での「キリスト者の立場」ではなかった。しかし『後書』を書き了え、コルサール事件を経験し、ベルリンでの「祈り」を通じて、今や「迫害」を受けること、つまり、「受難」こそがキリスト教の真理を伝達するための核心となる概念であることを体験した彼は、この概念こそが「新約聖書のキリスト教」が「キリスト者」に課している真の意味での信仰概念として受けとめ、従って、自分自身は最早「ヨハンネス・クリマクス」としてではなく、真の「キリスト者」として真理伝達の任務に携わり、あの『後書』において「ヨハンネス・クリマクス」が提起しておいた「キリスト教国に〈キリスト教〉を導入する」という課題と真正面から向き合い取り組むことを決意したことを意味しているのである。

第三に、この「草稿」は、V・クレステンセンも指摘しているように、[2] キルケゴールが前述の課題を実現するために、国家教会との闘いをどのような原理や根拠に基づいて展開することになるのかを明白に示しているものと理解することができる。前節で述べたように、この「草稿」が扱った問題は、「時代の精神的状況」の批判、特殊な単独者の概念、そのカテゴリーに入る「使徒」と「天才」の相違の明確化、そして「キリスト教国」つまり「国家教会」の実態の批判、同教会を浄化するための決定的概念としての「信仰における同時性」の問題等々であった。これらの諸概念についての説明は、キルケゴールがこれから展開しようとする「教会闘争」のための、そしてやがて約七年半後に決定的な段階では攻撃という形で現われたあの「教会攻撃」のための「原因」を描いているように理解できる。つまり、ここには、「教会闘争」のための基本概念とも言わるべきものが出揃っているのである。しかし多くの人々は、この「草稿」について、一つの疑問を提するであろう。これだけの意味をもったこの「草稿」がその一部分は出版されたもののその全体は未刊に終ったのはなぜか、ということについてである。しかしもしこれを問う人が、この「草稿」の内容が意味するものを真剣に考えるとするならば、そしてそれがいかに「ひとりの人間」にとって深刻なことを意味するものであるかを真に理解するならば、このようなものの全体を、その時期に大っぴらに公表することなぞ倒底できないであろうことは、直ちに気付くであろう。

この「草稿」が意味しているものは、少なくとも以上の三点と言ってよいであろう。

いずれにせよ、この「草稿」は、キルケゴールが全く新しい地平へと踏み出したこと、そして「教会闘争」の途を歩み始めることを「決断」する契機を得たことを意味しているのである。もっと具体的に言うならば、「コルサール事件の体験」を通じて始まったあの「精神的苦悩と苦闘」、そして何よりも「第四回ベルリン旅行」での「祈り」の中で展開されたそれは、いまやこの「アドラー事件」との出会いを通じて、「決断」の方向をはっきり打ち出すことになったのである。すなわち、キルケゴールは、いよいよ最大の難問である「国家教会のキリスト教」への批判の方向へと踏み出すことになるのである。それは勿論「新約聖書のキリスト教の真理」の立場からである。

注

（1）『著研I』一一八七―一二〇九頁。

（2）V. Christensen: S. Ks Motiver til Kirkekampen. (Kbh. 1959). S. 15–7.

総括

キルケゴールの「教会闘争」の始まりを意味する彼の「国家教会批判」という行為に関しては、多くの研究者たちは、それを、彼の人生過程の極く当たり前の一項目のように、つまり、彼の全人生を記述するプログラムの中の極く当たり前の一項目のように扱うことに慣れてしまっているが、従って、その意味では、その問題は外部から観察され処理されるような扱い方をされているが、しかしその問題は決してそのような仕方で扱われてはならない性質の問題なので、私はこの「第三部」では敢えて自らの考察の眼をこの問題に対するキルケゴール自身の「内面的関係」そのものに向け、その局面での真実を洞察しようとした。そしてその作業によって、キルケゴールが「国家教会批判」の行為に打って出るためには、それ以前に一般の想像を絶する深く複雑な「精神的苦悩と苦闘」があったことを洞察し得た。そこでいまここでその成果をもう一度まとめてみたいと思う。それは次の四点になると言ってよいと思う。

第一に、キルケゴールの「教会闘争」はヨハンネス・クリマクスを著者名にした『哲学的断片後書』(一八四六年)から始まるということである。該書についてはキルケゴール自身が「瞬間を理解するための予備知識の書」の第一号として指摘している。それが意味するところは、「教会攻撃」を推進したものは「瞬間」の体現であったが、その「瞬間」の思想は該書から始まっているということである。因みに彼が言うところの「瞬間」という言葉は言うまでもなく「新約聖書のキリスト教の真理」そのものを指している。彼の「教会闘争」は、この「新約聖書のキリスト教の真理」に立って、それと対照的な現象を呈している「国家教会のキリスト教の虚偽」を徹底的に「批判」することであったが、その意味において、その闘争は該書から始まっているということである。しかし該書の場合その「新約聖書のキリスト教の真理」はあくまでヨハンネス・クリマクスの哲学的思索のレベルでの概念的指摘にとどまるものであった。しかしこれが間もなくS・キルケゴール自身の根本的な体験になるのである。それがコルサール事件の体験である。

そこで第二に、その「コルサール事件の体験」とは、そのようなヨハンネス・クリマクスによって哲学的思索のレベルで概念的に指摘されていた「新約聖書のキリスト教の真理」が「S・キルケゴール」自身の現実の根本的体験になったことを意味している出来事である。それの体験の実質的な内実とは、キリスト教というものを「国家教会のキリスト教」を念頭に置いて理解していたものとは正反対のものであり、「新約聖書のキリスト教」とは「迫害、受難、犠牲、殉教」に通じてゆく性格のものだという体験である。しかし「新約聖書のキリスト教」をこのような内容のものとして受け入れそれを生きるべきだとするならば、そのことは彼自身にとって何と大きな難問になることか。ましてそれは当然に彼の「運命の意識」と「国家教会への態度変更」を迫ってくるものをもっている。彼においてはこの難問は最早自らの力だけではどうすることも出来ない程の深刻な問題となってしまった。彼はそれを解決するには「祈り」において以外には考えられなかった。

第三に、こうして彼がそのような難問による「精神的苦悩と苦闘」に関して「祈り」において解決の方途を見出そうと選んだのが「第四回ベルリン旅行」であった。彼が当地で認めた「祈り」についての実に多量な日誌記述は、彼が当地でどんな思いで「祈り」に集中していたのかその内容や状況を実に詳細に伝えている。多くの研究者はその記述に殆んど関心を払ってこなかったが、それらの記述を直接読む者には、彼が「祈り」に集中したその真摯さが心臓の鼓動とも言えるものが直接伝わってくるような思いになる。それら日誌の文面からは、その解決の方途は直接見えては来ないものの、それらを通読して痛切に感じさせられることは、彼がその「新約聖書のキリスト教」を真剣に「わがものにしよう」とする姿である。しかしこの時彼にはそれを受け入れた場合次に踏み出すべき第一歩への「決断」が充分に定まっていなかったことは事実のようである。しかしその「決断」をはっきりつけさせる出来事がコペンハーゲン帰宅後に起こる。

第四に、キルケゴールにそのような「決断」をはっきりさせ、その方向へと思い切って踏み出させるきっかけをつくったのが「アドラーの事件」であった。つまり、「アドラーの事件」はそのようにしてキルケゴールがいままで負うていた「精神的苦悩と苦闘」を一気に晴らす意味をもっていた。それというのも、「アドラーの事件」は、既に述べたように、A・P・アドラー牧師の処遇をめぐって「国家教会当局」がどういうものであるのかということを、つまり、「国家教会の正体」そのものを、万人の前に曝け出す意味をもってしまったからである。こうしてキルケゴールは、いまや「国家教会の正体」をまざまざと目にすることによって、いままでためらい苦悩し続けてきた「国家教会批判」への視角をはっきりともつことになり、その方向へと踏み出すことを「決断」することになったのである。

この「第三部」で私は、「国家教会批判」という大問題をめぐってのキルケゴール自身の「精神的苦悩と苦闘」に関して、以上の四点にわたって考察を試みたのである。

こうして彼はそのようにして、いよいよ彼の「著作」において、そしてまた当然に「日誌類」において、直接に明らさまに「国家教会批判」の言葉を発することになるのである。それについては次の「第四部」で紹介することにする。

第四部　「国家教会批判」の開始と深化

キリスト教がこの世に入って来たときは、その課題は、ただ直接的に告知することだけだった。キリスト教がその国の宗教とはなっていない国に導入されるときも事情は同じである。しかし「キリスト教国」においては事情は異なってくる。既に成立している事情（状況）そのものが異なったものになっているからである。既に眼前にあるものは、キリスト教ではなくて、一つの巨大な錯覚であって、人々は異教徒ではなく、お目出たくも自分は既にキリスト者であるという妄想の中にあるのである。(S. V. XIV. S. 121.)

序　「教会闘争」への大転換

既に述べてきたプロセスから明らかなように、つまり、あの「コルサール事件」での体験、それを抱えたベルリンでの「最内奥の場所」でなした「祈り」、その「祈り」の中で受けとめた深刻な問題、そして「アドラー事件」の研究を通じてのその問題の決定的な意味での明白な意識というプロセスから明らかなように、この「アドラー事件」についての研究過程におけるあの最初の「空白の四ヶ月」の後に、キルケゴールの精神活動の根幹をなしていた彼の信仰意識には「大転換」が起こり始めていた。その大転換は既に述べたように「新約聖書のキリスト教の真理」を受容しそれを生きようとすることにおいて起こっているわけであるが、それは単なる「思想上の変化」といったようなレベルでのそれではなく、彼の「生」の根幹そのものの大転換と言えるものであった。つまり、それは、彼の「生」の方向そのものを「教会闘争」への道へと向かわせる転換であった。一八四六年九月から一八四八年三月末頃までの一年六ヶ月は「〈教会闘争〉へと向かう大転換の最初の局面」として性格づけられる。この期間の日誌も著作もこの時期キルケゴールは確実に「教会闘争」の道へと踏み出したことを示している。しかしその「転換」はいわゆる一般的に考えられるようなそれ、つまり、「前進」とか「更に先へ進む」といったような仕方のものではなく、実に「キルケゴール的性格のもの」、いや「余りにもキルケゴール的性格のもの」だということ、すなわち、それは「元へ戻る」retrograd, Tilbagetogという性格のものであった。この点にこの時期の「転換」を研究することのむずかしさがある。そのため殆んどの研究者はこの問題を主題的に取りあげ深く考察することを避けてきたが、私はこの「第四部」

でこの問題を敢えて主題的に取りあげ徹底的に究明してみたいと思う。そこでこの作業を次のような四つの領域で行いたいと思う。

1　日誌記述に見られる「信仰的意識」の根本的変化
2　「著作活動の方法と立場」の大転換
3　「キリスト教的講話の三部作」に現われた「国家教会批判」の言葉
4　日誌の中に仄見えてくる「教会闘争の構図」へのイメージ。

以下この順序で考察しよう。

第一章　日誌に見られる「信仰的意識」の根本的変化

キルケゴールが「コルサール事件」を通じて体験した決定的なものは、彼自身の言葉で言うならば「キリスト教の自己否定」Christelig Selvfornægtelse というものを篤と学んだことである（Pap. VIII¹A419）。それはもっと具体的に言うならば、既に述べたように、「新約聖書のキリスト教の真理」そのものであり、つまり、その「真理」の伝達は「受難」（＝迫害、犠牲、殉教）を通じてこそなされ得るものだということである。しかしこの体験は彼にとっては余りにも大きな難問として迫ったので、既に述べたように、ベルリンでの「祈り」においても、その前後の時期においても、彼の信仰問題における追究の努力は、この「受難」の概念をめぐって、動いたのである。そしてそのさまは凄まじいばかりであった。それというのも、彼の身には、その追究の過程で、もう一つ決定的な問題が、結びついていたからである。それは、彼自身の「運命の意識」との関わりであった。つまり、この「受難」といういわば迫害、犠牲、殉教という「死」にまで内通する問題を考えるとき、その「思い」は、彼が幼い頃から持ち続けていた彼自身の「運命の意識」に、結びつかざるを得なかったのである。そして彼は、後述されるように、その概念との取り組みを通じて改めて、「自己の運命」を確認し、自分は、神によってただ「懺悔者」en Poeniterence としてだけ用いられるようになっているのだということを、心底自覚するに至った。そして、この確信こそが、これからの彼の信仰と行為の根拠となり、「教会闘争」を進めるにあたっての信仰的根拠になったということができる。それというのもキルケゴールが行った国家教会の批判の核心は、国家教会には「使徒」がそれを以ってこそキリスト教の真理を伝達した「受難」の思想が全く見られない点に置かれていたが、彼はその主張を、自らのそのような「懺悔者」としての意識において行ったと言えるからである。彼は以上のような過程を日誌の中に克明に記している。それゆえ、私は、それら記述の検討を通じて以下、彼がいう「キリスト教の自己否定」についての彼自身による説明と、それが示唆している「受難」の概念が意味するものと、それが「懺悔者」としての「自らの運命の意識」の受けとめについて、述べ、やがて展開される「国家教会批判」のための信仰的根拠についての考察にしたいと思う。

第一節　日誌 Pap. VIII¹A419（一八四七年十一月頃）に見られる「キリスト教の自己否定」という言葉の意味

この日誌記述には日付は付してないが、その前後の日付のある記事との関連で判断すると、それは明らかに一八四七年十一月下旬の頃に書かれたものと言ってよいであろう。私がこの日誌記述を本章の冒頭の節に置いたのは、この時期キルケゴールは前年の春を中心に起こった「コルサール事件」をいまゆっくり回顧し、それが意味していたものをじっくり考察し、それを文章にしようとしていることがはっきり読みとれ、われわれもそれが意味するものを彼自身の口から聞けるように考えたからである。つまり、彼は、この日誌において、あの呪わしいような「コルサール事件」に際して、つまり、殆んど毎日のように、自分に向けられていた嘲笑的な顔つきや不快きわまりない罵倒の言葉にも拘らず、コルサールのそれら暴君たちに自分が立ち向かったことを決して後悔していないことを述べ、そして更に、この事件を通じて篤と知らされたことは「キリスト教の自己否定」ということであること、それが意味することはキリスト教の真理は「受難」を通じてのみ伝えられてゆくものであること、そして自分はそのことによって「自分の運命」が「懺悔者」として生きるよう定められていることを真に自覚したこと等々について述べている。その文章は次のようなものである。

「私がコルサールを標的にしたことは正しいことであった。……そのことは誠実に慎重に考えてみればみる程〔人間的に言って〕私が為せるよきわざであった。このことを私は敢えて私の最後の時に至るまで、あの非常に惨めな迫害を受けたすべての方々に向かって、善かれと願いつつ主張しようと思う。それに私は、自分が余りにも多く人身攻撃を受け、余りにも多く自らを晒し者にしなければならなかったことを思うと、矢も楯もたまらずにそのような決意へと促されるのである。その代価として、私を支配していた一切のことが覆ってしまった、とりわけ、自分たちの安全を守るために私が何かをしてくれていると健気に私に感謝をしていたその愚か者たちのすべてがである。そしてまた、このことも順調に行われている、つまり、そのようにして正にキリスト教の自己否定というものがその報酬として与えられるということがである。

　私がそのことを為しているとは何と仕合わせなことか、それは何と心が休まることか。それに、この歩みこそが私の公認され得る嫡出子であることが明らかになるには、それ程時間もかからないであろう、多分一年とはかからないであろう――何者かの反対があったとしてもである。キリスト教を告知する者は誰なのだろうか。ひとりの侮られた者がだ、それとは異なって権力を手にし得ている者は、正にそれだけでその者の中に刺がささっているのである。そもそも人々が私を狂人とみなすよう駆り立ててきたものは、私が決して理解され得ない者であるというこの事実にあった。人は、私の中に、最高の栄誉に輝く大衆の寵児となり、人々の歓声を浴び、この時代における「街の天才」となることをあこがれているような一人の男を、見ているようだ。が、それは間違っている。人は、〔私という人間の〕第一行目に、私が私は贖罪をすすめる説教者である Jeg var en Bods-Prædikant, と書いていたのを、読んでいなかったからなのだ。」（傍点訳者）

この文中の Bods-Prædikant という言葉は「贖罪をすすめる説教者、罪の悔い改めをすすめる説教者」という意味で、要するに「懺悔をすすめる説教者」という意味である。V・クレステンセンは、後述するように、この時キルケゴールは自らが「懺悔者」であることの自覚に達していたことを、強調している。いずれにせよこのようにしてキルケゴールは、「コルサール事件の体験」を通じて、「キリスト教の自己否定」というものを知らされ、「受難」の概念と、またそれとの関連において「自らの懺悔者としての運命」の問題とに集中することになるのである。以下この順序でこの考察をすすめることにする。

第二節 「受難」の概念

「コルサール事件」での衝撃は、われわれの想像をはるかに超えた強烈なものであった。それについてのV・クレステンセンの指摘は、極めて適切である。(1) つまり、キルケゴールにおいては、「ヨハンネス・クリマクスのユーモアの立場」が彼の第二の本性にまでなっていたときに、従って、いわば笑いの世界の極にいたときに、彼は、正にその「笑い」の対象、「嘲笑の殉教者」Latters Martyr になったのである。いやが上にも感じ易く傷つき易い心の持主になっていた彼には、「コルサール紙」を通じて「大衆の嘲笑」に曝され続けたことは、どんなに恐ろしい拷問であったかは想像に難くない。その体験は、彼をして当然に「ヨハンネス・クリマクスの立場」を超えてはるかに高い立場へと進まざるを得なくさせた、というのである。確かにそうであったと考えられる。しかしその直後の時点や目下の時点においては、そのような「高い立場」がどのようなものであり、またどのような名を以て呼んだらよいのかは、勿論まだ不明であった。しかし確実だったことは、「新約聖書のキリスト教の真理」は、「使徒」たちが「迫害」をうけ、「犠牲」になり、「殉教」することを通じて、つまり、「受難」を通じて伝達され今日に至ったということへの確信をもったことである。つまり、キルケゴールの目は、確実に「使徒」とその時代の方向を見つめるようになったことである。こうして彼の信仰と思考は、その方向で、「受難」の問題へと、しかもその極限形態である「殉教」Martyrium の問題へと集中することになった。

しかし彼は勿論、決してファナティックで単純な殉教礼賛者になったわけではなかった。彼は、その天才的な反省的思考力によって、実に深く、緻密に、かつ極めて厳密に、この「殉教」という概念における「問題の所在」を、究明したのである。その究明にあたって彼が掲げたテーゼは、「殉教とは何か」というのではなく、「人は真理のために打ち殺される権利をもつか」Har et Menneske Lov til at lade sig ihjelslaa for Sandheden? というものであった。この論文は、周知のように、一八四九年に『倫理・宗教的二小篇』の中に、この標題で、「天才と使徒との相違について」という論文と合わせて、収録されている。(2)

さて、該論文の成立、方法、内容については、既に『著研Ⅱ』の方で詳述しておいたので、詳しくはそこを参照していただきたいが、(3)ここでは、本書の文脈上それらの中から二点だけを指摘するにとどめておきたいと思う。一つは、該論文は、「キリストにおける十字架上の死」の殉教的意味を中心に考えたこと、もう一つは、それについて考えたことを「人間」に適用した場合に起こる倫理的問題を提起したこと、である。

まず前者についてであるが、キルケゴールは、この論文を構想するとき、日誌に次のように記している。

「新しい書物は次のような標題になろう。イエス・キリストが十字架につけられたのは、どのようにしてだったのか？〈あるいは、人は真理のために自分の生命を犠牲にする権利をもつか？〉」(4)

このように述べて、キルケゴールは、この問題について考える。彼の考えは次のようなものである。イエス・キリストは愛のゆえに十字架につけられ自らの生命を犠牲にされたが、そしてそのことによって、自分を殺した人々に自分を殺させる罪を負わせたことになるが、もしイエスが本当に愛であるならば、彼らにそのような罪を負わせることは許されることなのか、そのような罪を犯させることを防ぐ必要があったのではないか、という問題が出てくる。(5)しかしこれに関しては、「人は真理のために打ち殺される権利をもつか」という問いが立てられるのであり、この問いにおいてその問題は考えられてゆく必要がある。しかしこの問いは、更に厳密に言うならば、「人は真理のために他の人々をして自分を打ち殺させる権利を持つか」という形式になる。しかしこれは更に次のように言い換えることができる。「人は真理のために他の人々に自分に対する殺人罪を犯させる権利をもつか。」このような問いに対して次のように述べている。イエス・キリストは神人であり、絶対的真理の保持者であり、贖罪主である。それゆえ、人々がそのような罪を犯しても、それを贖うことができる。いや、彼の死はその罪の贖いのためである。それゆえ、イエス・キリストに関する限り、そのことは許される、というのである。(6)

しかしこの設問で人間の場合を考えるとき、事態は変ってくる。後者の点についてはキルケゴールは次のように考える。彼によると、先の設問は、人間に適用した場合、次のようになるという。つまり、「われわれ人間は真理のために他の人々をして自分を打ち殺させる権利をもつか」という設問になるという。しかしこれに対する彼の答えは「否」である。彼の見解はこうである。人が真理のために打ち殺されるということ、つまり、「殉教」が行われるのは、その人間が自分は「絶対的真理」を保持しているという信念が前提をなしている。しかし人は自らに関してわれこそは「絶対的真理」の保持者であるなぞと言うことはできるだろうか。もしそう言ったとするなら、それは最大の不遜である。だからわれわれ人間は、他の人々に殺人罪を負わせるような「殉教」をする権利はもたない筈だという。それゆえ、この設問に対してキルケゴールが言わんとしていることは、人は真理のために打ち殺される権利をもたない、ということである。

このようにキルケゴールは、該論文で、「人は真理のために打ち殺される権利をもつか」という設問において、人間は決してその権利をもたない、と明言し、しかしキリストにおいてはそれは全く別である。彼は自分を殺した人々のその殺人罪を贖うことができるから、と言うのである。

該論文で、「殉教」ということに関してキルケゴールが訴えていることは、ひとりの人を「殉教」へと至らしめるもの、その決定的要素はむしろその人の側にあり、彼を殺す「周囲の人々」の側にあるのではない、ということである。その場合彼が論拠としているものは、「自由の規定」であり、つまり、「殉教」の多くは、「ひとりの人」の真理

の証言が支配的な地位につき、「他の人々の自由」を支配するという関係がつくられることから起るというのである。(7)

さて、該論文における「殉教」についての追究はこれだけで終っている。それは該論文がH・Hという偽名著者によって書かれた「詩的」な文章であるという性格から、このテーマではその考察がこれ以上深くは進めないという文学的方法上の制約による。しかし「キルケゴール自身」は、この「殉教」の問題を更に深く考え続りる。該論文と一緒に発表された『天才と使徒との相違について』を介して更に、遺稿『武装せる中立』の中で徹底的に思考し貫いている。それというのも、キルケゴールにおいては、「殉教」の問題は、「キリストの十字架上の死」と「人間の死」との比較においてだけで論じ尽されるものではなく、既に述べたように、つねに「使徒」の在り方を通じて考えられていたものだからである。従って、キルケゴールの考察は次には当然に「使徒」の殉教に向かうわけである。

『天才と使徒との相違について』という論文は、既に述べたように、あの『アドラーについての書』の草稿の一部を独立させて生まれたものである。(8) キルケゴールは、これにおいて、「使徒」の本質を徹底的に究明している。しかしその作業において比較に出しているのが、これと極めて類似した概念である「天才」という概念である。しかしキルケゴールは、この「天才」と「使徒」との相違は、いわゆるレベルの差、量的な差にあるのではなく、「質的差異」にあるということ、つまり、それぞれの規定がそれぞれ質的に異なった領域に属しているということ、すなわち、天才は「内在」Immanentsens の領域に属し、使徒は「超越」Transcendentsens の領域に属している、と言うのである。(9) このように述べて彼は、両者の相違を浮き彫りにし、その相違について更に具体的に述べる。それによって両者それぞれの本質はいやが上にも明白になってくるが、彼が目ざしているものは「使徒」の本質である。その比較において述べられた「使徒」の本質は次の三点にまとめられている。

1　両者はともに新しいものを持ち来たらすが、天才が持ち来たらしたものの新しさは、人類が一般にそれを同化してゆくことによって消滅してしまうものである。それは丁度「天才」という「差異」は「永遠性」というものを思考に浮かべるや否や消滅してしまうのと同じである。これに対して、「使徒」は、持ち来たらす新しいものを「逆説的に」もっているのであり、その新しさは、本質的に逆説的であり、人類の発展ということとの関係では先駆的といえるものではなく、そのことから分かるように、それは「いつまでも変らないもの」である。それは丁度、使徒は永遠に使徒でありつづけるのと同じであり、彼はすべての人間に対して本質的に逆説的に異なっているので、いかなる永遠の内在も、彼を本質的にすべての人間と同一線上に立たせるものではない(10)。

2　天才が天才であるのは、自己自身によってであり、すなわち、彼自身のうちにあるところのものによってであり、使徒が使徒であるのは、彼がもつ「神的な権能」によってである。つまり、天才は、彼の内容、彼の特別な量によって、純粋に美学的に評価されるものであるが、使徒は、神から授った「神的な権能」によって彼となっている。そしてその「神的な権能」は質的に決定的なものである(11)。

3　天才はただ内在的な目的論だけをもっているにすぎないが、使徒は絶対的に逆説的な目的論のもとに規定され措定されている。つまり、天才は、自分の内部にのみ目的をもっており、決して自分の外部に目的を設定しているものではないが、使徒は、自分の外部からの目的のもとに絶対的にしかも逆説的に規定され措定されている(12)。

キルケゴールは、「使徒」の本質を、以上の三点に分けて説明している。それは、要約するなら、使徒は持ち来たらす新しいものを「逆説的に」もっていること、神から「権能」を授っていること、この時間の世界に対しては、「超越」の方向からの目的のもとに、絶対的にしかも逆説的に規定されていること、要するに、絶対的な「逆説的異質性」においてであるということである。

さて、該論文で彼が述べている事柄は以上のようなものであり、従って、「殉教」については殆んど触れていないが、ここで述べられている「使徒」の規定は、彼がこれから述べる「殉教」についての考えの大前提をなすのである。それを述べている論文は、該論文が出版された頃、既に『修練』に付すべき論文として準備されていた『武装せる中立、または、〈キリスト教国における〉キリスト教的著作家としての私の位置』"Den bevæbnede Neutralitet" eller min Position som christelig Forfatter〈i Christenheden〉(1849) (Pap. X^{5}B107, S. 288–301.) である。キルケゴールは、この中で、「殉教」についての極限とも言える考えを展開している。該論文に関しては、拙訳の全文が『キルケゴールの講話・遺稿集』第八巻（新地書房（→教文館）、一九八〇年）（二七五頁―三七七頁）に収録されており、また該論文についての説明は、『著研Ⅱ』（四二八頁―三三三頁）に記しておいたので、詳しくは、そこを参照されたい。

ところで、キルケゴールは、該論文の中で、「殉教」について、類例を見ない程の深くしかも厳密な洞察を展開しているが、その中で最も注目される点は、彼がこの「殉教」の問題と取り組むにあたっての自分の「姿勢」を実に鮮明に訴え、そのもとで問題の分析と洞察を行っている点である。すなわち、彼はその「姿勢」について次のように述べている。「私は、殉教という問題を、ひたすら反省的思惟を通じて、内面性の方向へと内面化しようとするのである。[13]」ここにいう「内面性の方向へと内面化する」ということは、キルケゴールの草稿の書き方から判断すると、「神との関係」の方向に向かって徹底的な反省的思惟のもとで内面化してゆくこと、つまり、その方向に向かって「透明化」してゆくことを意味している。[14] 彼はこのように自分の「姿勢」を鮮明にして、その上で「殉教」の問題を取りあげ、「殉教」には二つの場合があるとなし、一つを「人々の面前で行われる殉教」と呼び、もう一つを「神の面前で行われる殉教」と称している。そして後者こそが真の意味での「殉教」なのだとなしている。そして彼自身は、この後者の「殉教」が自分の身に行われることを願っている旨を述べている。それは実に見事な分析であり洞察である。

その叙述は、彼が「キリスト者」というものの「理想像」を追究している作業との関連で行われているのであるが、そこでは、彼が、自分はひたすら「真のキリスト者」になろうと努めているが、自分には自分が「真のキリスト者」であるのかどうかは分からないし、またそれを決定することはできない、それは究極的には神が決定するものだということを述べている個所で、しかし「真のキリスト者」たろうとするときそこには必ず「殉教」という問題が伴われてくると言い、そこからその「殉教」についての説明をしているのである。[15] 彼によると、「殉教」という問題はいままで一般にはしばしば誤解されてきており、そのように一般に「殉教」と言われているものは、真の意味での「殉教」ではないという。こうして彼は、「殉教」には二つの場合があることを指摘する。それは、「人々の面前で殉教者になる勇気をもつことによって行われる殉教」ligeoverfor Menneskene at have Mod til at blive Martyr と「神の面前で殉教者になる勇気をもつことによって行われる殉教」ligeoverfor Gud at have Mod til at blive Martyr とであるという(16)。しかしキルケゴールがこの問題を考える場合ある一つの場面が想定されている。それは、キリスト教徒が異教徒の世界において、その場合主としてイスラム教の世界におい迫害され殉教する場面である。つまり、キルケゴールは、このような場面を想定しながら、この二つの「殉教」について、考えを展開しているのである。

そこでまず前者の「人々の面前での殉教」についてであるが、彼はこれこそが一般に言われている「殉教」であり、それは実は大きな誤解のもとにあるという。それについて彼は大要次のように言っている。自分の立場は、「殉教」という問題を、ひたすら反省的思惟を通じて、内面性の方向へと内面化してゆくことを目ざしているが、その立場から考えてみるとき、「殉教」という問題では一般には次のことが見落されてきている。それは、「殉教とは〈自由の規定〉に関わる事柄である」という点である。つまり、殉教においては、殉教者とそれをさせる「他の人々」との間には、実は「自由の問題」が支配している。つまり、一般には「殉教者」を支配しているのは「他の人々」の力だと考えられているが、そうではなく、「他の人々」の方を支配しているのが「殉教者」の方の力なのだ。確かに「殉教者」を殺す力を持っているのは「他の人々」の方である。しかし敢えて自らを犠牲に供しようとする者、つまり、「殉教者」の意志の中には、正に相手（=他の人々）に対する支配力、優越的な支配力が横たわっているのではないか。人間には、自らを犠牲に供しようと意志するその同じ度合だけ、相手に対する「優越的支配力」をもっている。従って、「殉教者」がもっている相手に対するこの「優越的支配力」によって自らの「自由」が支配されまいとして、相手は殺害に及んでくる。このように考えるとき、いままで「殉教者」はどんなに場違いの場所で殉教をしてきたことかが分かる。その場合その「殉教」は「真理」を宣べ伝えた故にではなく、その人自身の責任にある。それは、「人々の面前でキリスト者であろうとすること」から起こっている。このようにキルケゴールは述べている(17)。

これに対して、「神の面前での殉教」については大要次のように述べている。〔ここでも先に述べたように、キリスト教徒が異教徒の世界において尋問を受ける場面が想定されている。〕この「殉教」は、最初から「私はキリスト者である」と自分で決めてかかって、そのようにして「他の人々の面前に出て」自分の発言をしてゆくのではなく、私はキリスト者であることを、あるいは、そのような者とされることを、神に願い求めている、と言う場合のことである。すると彼はこう言われるだろう。そうか、それならお前は打ち殺されることになる。なぜなら、お前はわれわれが要求しているような答えをしないからだ。つまり、自分を「キリスト者」と言わないからだ。これに対して彼はこう答える、尤もなことだ。こうして彼は打ち殺される。「これが殉教である。彼は、死ぬことによって、出発し、永遠へと到達する――審きのために。その審きにおいて、彼は、神が彼をキリスト者として恩寵の中に迎え入れるであろうことを、心から信じている――彼は自分自身について余りにも多く語り過ぎることはなかったのだ。――より多く内面的であればある程、神に対してはより多くおそれとおののきをもつ。外の方へと方向づいている思考は、人々の面前で殉教者になるための勇気をもつことに専心する。内の方へと方向づいている思考は、神の面前で殉教者になるための勇気をもつことに専心する。そしてこの後者こそが、殉教における本当のおそれとおののきなのである。イデーのために自ら打ち殺されるような勇気は、多くの異教徒たちももっていた。しかし神の方からの――関係にかかわるおそれとおののきは、異教徒たちが決してもっていなかったものである(18)。」

「神の面前での殉教」について、キルケゴールは、このように述べている。それは、その「殉教」が、信仰についての自己の意志や自己主張によってなされるのではなく、あくまでも「神からの関係」の方向へ向かって徹底的に内面化してゆく運動において行われることを特徴にしている。そして彼は、この「殉教」を、真の意味での「殉教」となしている。

このように見てくるとき、彼の「殉教」思想の特徴は、やはりこの問題と取り組む彼の立場そのものにあると言ってよかろう。それは、彼自身が言っているように、あくまでも「神からの関係」の方向に向かって徹底的に内面化して考えること、そのような内面化の運動において考えることにある。彼は次のように言っている。キリスト者であることの理想性は、不断に内面化の運動をすることにあり、キリスト者であることがより多く理想的にとらえられればとらえられるほど、キリスト者であることはますます内面的になってゆく。

さて、「殉教」の問題にまで至った「受難」についての彼の追究は、この時点では、以上のようなものである。そして彼自身は、この「神の面前での殉教」が自分の身に起こる「殉教」であることを覚悟しながら、該論文の中で、自分は、その殉教がどこで行われるのかを、全く正確にはっきりと知りたいものだ、と言っている。(19) つまり、彼は、その真の意味での「殉教」がわが身に正確に起こることを覚悟しているのである。

しかし彼のこのような覚悟は、実はもっと深い意味をもっていたのである。というのは、この「受難」の問題を、彼は、それ独立の問題としてそれだけで考えていたのではなく、彼が幼い頃から負うてきた「自己の運命」との関連で考えていたからである。従って、そのことによって、この「受難」の問題は、文字通り、彼自身の身に負うた辛苦にみちた課題になっていたからである。そこで次節では、その件について考えてみよう。

注

（1） V. Christensen: Ibid., S. 77.
（2） S. V. XI. S. 61–107.
（3） 『著研』一四八七―九四頁。
（4） Pap. VIII¹A271.
（5） S. V. XI. S. 74.
（6） Ibid., S. 80–2.
（7） Ibid., S. 90ff.
（8） 本書第三部第四章参照。S. V. XI. S. 109–27.

（9）Ibid., S. 112.
（10）Ibid., S. 112–14.
（11）Ibid., S. 114–25.
（12）Ibid., S. 125–7.
（13）Ibid., S. 96.
（14）Ibid., S. 296. と拙訳三三六頁の注（10）参照。
（15）Ibid., S. 94–8.
（16）Ibid., S. 296ff.
（17）Ibid., S. 296.
（18）Ibid., S. 296ff.
（19）Ibid., S. 297.

第三節　「懺悔者」en poeniterende として運命づけられていることの意識

「コルサール体験」を通じて得た「受難」の信仰は、キルケゴール自身の「自己意識」に対して決定的な影響をもつことになった。彼は、その「受難」の問題を、「自己意識」との関連のもとで、追究していた。そして、そのことによって、彼は、自分自身の「運命」についての決定的な意識へと目覚まされることになった。つまり、彼は、自分の人生がただ「懺悔」するためだけに用いられるように神から定められていることを、知ったのである。こうして彼は、自分の人生を、「懺悔者」であることを完うするために生き貫こうと決意したのである。しかし彼は、このような「自己の運命」を「神による攝理」として意識したのである。それゆえ、本節では、この辺の問題を少しく考察してみたいと思う。

I 「運命」の意識

「コルサール事件」の嵐は、ひと頃の激しい時期は夏頃には静まったものの、その余波が完全に治まったと思えるようになったのは、やはり秋を過ぎてからの頃であった。つまり、キルケゴールにおいては、それが終ったと思えたときは、一八四七年を迎えようとしているときであった。ところが、その「一八四七年」という年は、キルケゴールにとって、実に意味深長な年であった。というのは、この年、彼は「三十四歳」になるのであり、それはあの「大地震の体験」からも知られるように、彼の兄姉の寿命の法則からするならば、その限度としての「三十三歳」を超えたことを意味する年になるからである。そのためこの年の五月五日の誕日を前にした数ヶ月間、彼が自分の「運命」に思いを寄せることがしばしばあった。しかも、その「コルサール事件」は、彼に、キリスト教の真理の核心をなすものとして「受難」(迫害・犠牲・殉教)の概念を突きつけた。そのため彼は、この「問題」を自分の「運命」の問題に引き寄せて、いや、自分の「運命」の問題をこの「問題」に引き寄せて考えるようになっていた。そのことについての日誌記事は多々見られるが、(1)それらの中から二つを代表させて次に紹介しよう。

一つは、一八四七年一月二十日の手記で、これは前年の「コルサール事件」を回顧し、二十五歳のときの「大地震の体験」をも思い返し、つくづくと自分の「運命」のことを考えていることを示している文章である。

「…人間的に言うならば、私は、今から不確実なものの上を走ってゆくだけでなく、確実なる没落 Undergang に向かって歩んでゆかなければならない——しかし神への信頼の中では、このことこそが正に勝利なのだ。私は、自分が十歳のとき、自分の生存というものをそんな風に理解したのだった。そしてこのことから恐ろしい闘いが私の中で始まった。そして私は、二十五歳になったときも、自分の生存をそのように理解した。そうしてこの今、私は、三十四歳になっている。(2)…」

もう一つは、一八四七年五月中旬頃に書かれた手記で、これも右の記事に非常に似ており、やはり自分の「運命」についての記述である。

「人間的に言うならば、私は当然に自分の人生をもっと軽いものにできたが、そうすれば私はきっと愛されまた多くの尊敬を受けることも出来たであろう。しかし私には神に対してそんなことをする権利があるだろうか？それに神は、やはり私が非常に親密に交わりをもたせていただいている方である。見よ、このことは誰にも思い浮かばないことであろう。おお、だから人生は私にとっては非常に辛苦なものになっているのだ。…それは、神が恰かも私から少し離れてしまうようなときには、私には〈自分を支えるための〉人々の親しい関係がなくなってしまうようなものなのだ。そうなれば、私がこんなことをしていることについての非難が引き続き出てくるだろう――神は私にとって一番重要なものだからこそ、私はいまこのようなことを為しているのであるが。…〔欄外注に、神と自分が親しい関係にあることがどういうことなのかを真に思い描くことのできる人なら誰でもこの私のことを理解するだろう、と記してある。〕」(3)

この二つの手記は、非常に深刻な意味を含んでいる。前者は、自分が必ず「没落」に向かって歩んでいること、後者は、そのような自分の人生は非常に重いものになっていること、そして両者ともにそのような自分の人生は神によってそのように定められていることを自分は確信していること、を示唆している。両手記を更に言い換えるなら、キルケゴールは、いまこそ自分は自分の人生が「神に献げられたもの」としてあるものであり、そのことに相応しい処遇として「受難」をうけるように定められていることを確信するに至っている、と言おうとしていることになるだろう。

この両手記は、キルケゴールが「自己の運命」を「受難の運命」として神に定められていることをはっきりと認めたことを意味している。しかし問題は、その「受難」の内実をどのようなものとして意識するに至ったかという点になる。それは、端的に言うならば、自らの生は、「〈懺悔する者〉en Poeniterende としての生として献げられるよう定められている」と意識したことである。

Ⅱ 「懺悔者」としての意識

一八四七年五月五日、満三十四歳になり、予想していた自分の寿命の年限を超える頃から、キルケゴールの日誌には、それ以前にはそれ程強くは感じられなかった一つのトーンがはっきりと現われてくる。それは、彼自身がSkyld（罪を負うている者）の意識を非常に強めかつ深めていることがうかがわれ、それははっきりと「懺悔者」en Poenitere-ndeとしての意識へと至り、この意識が彼の信仰的意識の中核をなすまでに至っている点である。彼の日誌には、一八四七年五月以降、明らかに「自己自身についての意識」の問題としてPoenitentse（懺悔）とPoeniterende（懺悔者）についての記事が実に多量に現われてきている。この時期以降五、六年の間に、この二つの文字が日誌や草稿に現われたのは何と五十四回以上もある。この二つの文字がそれ独自の深い意味をもつ概念であることを考えるとき、これが五十四回以上も日誌・草稿に現われてくるということは、それが余程の深い意味をもっているであろうことを推察させる。それゆえ、本項では、それが意味するものを究明してみたいと思う。

しかしその作業に先立って、この二つの語自体について一言しておこう。この語は今日のデンマーク語では殆んど使われていない古語となったものであるが、これはラテン語のpænitentiaから発しており、これがデンマーク語に入りpænitereという語になり、それがpoenitentse, Poeniterendeという語になった。これで明らかなように、この語は元来はカトリック教会の用語であり、それは自分が犯した神への罪や人への罪（＝犯罪）を贖う、あるいは、償うことを意味し、「懺悔」「悔い改め」を意味する語として用いられてきた。そこでこのような一般的な意味のもとで、キルケゴールは、「自己の運命」「自己の生涯」の全体を、この語で呼び、自己自身を、この語で称したのである。そこでこのen Poeniterendeを邦語にする場合、キルケゴールがプロテスタント・キリスト教に属することから

「懺悔者」というよりも「贖罪者」あるいは「罪を悔い改める者」という語の方が相応しいのではないかとも考えたが、彼のその多数の手記やその用語法から見て敢えて「懺悔者」という語を用いることにした。

では、なぜキルケゴールは、自らの運命を、「懺悔者」として意識したのだろうか。

この問題は当然に、彼自身自らをこのように称する以上、その言葉によってどんな「罪」を意味していたのかという問題が出てくる。しかしこれについての見解は一応考えられ得る可能性として三つのものに整理されると思う。そこで次にそれら各々を紹介し、それぞれに簡単な検討を加えてみたいと思う。

まず最も一般的な考え方として、多くの研究者が一応念頭におくのは、その「罪」の意識は「レギーネとの婚約破棄」のことを指しているのではないか、という見解である。つまり、キルケゴールには、つねに「レギーネ」に対して「罪」を犯したという考えが頭から離れていないので、そしてレギーネに対しては彼は生涯「愛」を持ち続けていたので、この「罪」の意識が生涯続いていたのだという見解である。もしそうであるなら、この見解は実に分かり易いと言えよう。しかしキルケゴール自身が『視点』や日誌等で述べている言葉によるならば、「レギーネに対する関係」と「神に対する関係」とはおよそ次元の異なるものとして述べられていることは周知の通りである。彼が言うところの「罪」Synd、つまり、「神との関係」における「罪」は、「レギーネとの関係」における「罪責」Skyld よりももっと深い次元での構造のものである。

次に考えられる見解は、その「罪」の意識を、キルケゴールが青年時代に犯した個人的な道徳上の不品行に求めるものである。この見解の代表的な研究者は、V・クレステンセンである。彼は、キルケゴールの日誌 Pap. VIII¹A221 の記述の中の一節をとらえて、キルケゴールは自分のその罪がやがて牧師になったときには引き合いに出されることを恐れて敢えて牧師になろうとはせず、「懺悔者」としての道を歩むことにした、というのである。[(4)] この見解は、このV・クレステンセン自身が牧師であることから、そして更には研究者達の中でこの「懺悔者の意識を最も重視している見解を実に念入りに展開しているところから、かなり多くの人々には、相当なリアリティをもって受け容れられ易いものとなってきたことは事実である。しかしキルケゴールのあの『視点』や日誌に記されているさまざまの手記をよく読んでみるとき、これらはすぐ後述するところから明きらかになるように、キルケゴールの根本的な「罪」意識がその若い頃の一度だけ犯した不品行と相即して出来ているものとは到底考えられないのである。

三番目の見解は、同じく一八四七年一月二十日の日誌（Pap. VIII^{1}A221）の中の先に紹介した部分に典拠を求める見解である。この部分は、既に述べたように、キルケゴールが「自己の運命」を意識した年として、十歳、二十五歳、そして「コルサール事件」後の三十三歳と三つの年を挙げている。しかしこれらの中で中心をなすのは、『青研』でも明らかにしたように、「二十五歳」の年、つまり、「大地震の体験」の年である。これは、キルケゴールが「父ミカエル」の生涯と言葉とを通じて「罪」というものを身にしみて感じた出来事であった。そして正にそれゆえにこそ、「罪」を贖う者となるべく、神学国家試験を受けて牧師となる道を歩む方向へと大転換をしたのであった。キルケゴールの生涯において彼がこの時程に決定的な「罪」の意識をもった時は他になかったであろう。だからこそその瞬間を彼は「大地震」と称したのである。

以上三つの見解が考えられ得ると思う。しかしこのように整理してみると問題の意味が非常にはっきりしてくるわけであるが、このように整理してみるとき、キルケゴールが「罪」Synd として意識していたものが根本的にはこの三番目のものに関係することは明らかであろう。私ははっきりとこの三番目の見解に立つ。そこでその証明のために、既に『青研』の方で紹介しておいた「大地震の体験」についての手記を、念のためにここで敢えてもう一度紹介しておくことにしよう。

この手記が書かれたのは一八三九年秋であるが、この文中の「大地震」が起こったのは一八三八年五月のキルケゴールの誕生日の頃と推定される。その手記は次のようなものである。

「そのとき大地震が起こった。それは、突如として私に一切の事柄を一つの新しい誤まることのない法則〔＝三十三歳以上は生きられないという法則…訳者〕に従って解釈することを強制した恐るべき大変革だった。そのとき私は、私の父の高齢は、神の祝福ではなくて、神の呪いなのだということを、つまり、私の家族の卓越した精神的能力は、ただ家族の者が互いにしのぎを削り合うためだけに与えられたのだということを、感づいた。そしてそのとき私は、私の父の中に、私たちの誰よりも長く生きていなければならない一人の不幸な人間を、父のあらゆる希望の墓の上に立てられてある十字架を、見ることによって、私のまわりに死の沈黙がますます深くとりまいてくるのを感じたのである。ある一つの負い目が家族全体の上に覆いかぶさっているにちがいない。神の一つの罰が、家族全体の上に下されているにちがいない。そうして私たち家族は消え失せてしまうのだ。神の全能の御手によって除き去られ、一つの失敗した試みとして拭い去られることだろう。そして私は、ただほんの時たま、父は宗教的慰めによって私たちの心をしずめる重い義務を担っていたのだと考えたりして、つまり、たとえ私たちはこの世においては一切のものを失おうとも、またたとえ私たちの上には、ユダヤ人が彼らの敵の上に下されることをひたすら願っていたような神の刑罰がふりかかってこようとも、必ずや私たち家族のものにはよりよい末世が開かれ待っているのだということを私たち皆の者に言って聞かせる重い義務を担っていたのだと考えたりして、つまり、私たちの記憶はすっかり消え去り、私たちは見えなくなってしまうのだと考えたりして、わずかの慰めを見出すのだった。」(5)これが「大地震の体験」を記した手記である。この「大地震」という言葉から知られるように、このことは彼自身をその根底から揺がす一大衝撃を与える出来事であった。しかもそこで問題になっている事柄は、「神との関係」における「罪」Syndの問題であった。キルケゴールがこれを機会にその「罪」を家族の問題として考えるだけでなく、「人間」全体の問題として、そして自分自身の問題として意識し考えるようになったことは少しの不思議もない。いや、正にこの「体験」をこそ転機として彼は、いままでの審美的生活から足を洗い、神学国家試験を受け牧師になる道を歩むことへと決意したのである。(6)

キルケゴールが「牧師」になる方向を歩むことは、既にいくたびも述べたように、最初は「父ミカエルの祈りと教育」に徹底的に負うていたが、この「大地震の体験」以後は、以上のことから推察され得るように、「家族全体の罪を贖う懺悔者」としての「意識」に変わるようになり、自らがその「懺悔者」として生まれついていると意識するようになったことは、実にはっきりわかる。しかしこうしてこの「意識」がいやが上にも明白になってきたのが「コルサール事件」後の目下の時期であると言えるのである。それゆえ、以下いよいよこの件について述べることにしよう。

キルケゴールにおいてそのような「罪」の意識が非常に強まり、それについて深く考えるようになったのは、「コルサール事件」よりも少し前、あの『人生行路の諸段階』（一八四五年）の原稿を準備している頃であった。(7) しかしその頃彼が問題にしていた「罪」は、むしろ個人の「負い目」Skyld に関するもので、この「負い目」としての「罪」が「牧師」となる際に「障碍」にならないかどうかこれを真剣に考えていたのである。(8) そしてこの問題が既に第一章で述べたような経過を辿って「コルサール事件」を経験することになったのである。そしてそれが終熄をし、一八四七年五月中旬頃になると、突如「懺悔する者」という言葉を使って次のような実にユニークな記事（Pap. VIII¹A116）が日誌に現われたのである。

「もし私が中世という時代に生きていたとするなら、私はきっと修道院に入り、自分を懺悔のために献げたであろう。が、このような私の衝動を、私は、この現代においては、別なふうに理解している。修道院においてどんなに自分を責め苛むとしてもそれはただ空想となるだけである。しかしそのようなことから私はもっと別のことを選んでいる。私は、真理に仕えることを、そしてそのことを、それが最も有難くない仕事になってしまうような地点の一つにおいてそれをすることを選んだのである。その地点において私は、懺悔することと人々に役立つこととを一体化させた状態を得ている。そのような仕事をすることが何がしかのものになるとしても、それは単なる犠牲、単なる不快以外の何物でもなく、そのことからの報酬はつねに、忘恩、嫌悪、侮辱にしかすぎない。しかしこのこと自体は、別の意味では、正に懺悔する者としては、私を満足させている。私が現実に人に役立つことをしているということは確かに明らかであり、また私は、そのことがつねにますます明らかになってゆくであろうことを、それもとりわけ私の死後そうなってゆくであろうことを、確信している。なぜなら、そのことは、懺悔という私のイデーに属しているものであり、それは仕事というイデーに属しているのと全く同じだからである。つまり、私の仕事は、そのイデーが本質的には私の死後になってはじめて理解され得るようになってくるような、そのようなものであるが、このことは、懺悔という私のイデーにも同じことなのである。」

ここに「修道院」Klosterという言葉が出てきているが、これは極めて重要な意味をもっている。この語を、キルケゴールは、決して軽い気持ちで単なる比喩のような思いで書いているのではなく、「罪」「懺悔」との関連で、実に重い意味に使っているのである。因みに、この「修道院」という概念がキルケゴールの頭に浮かんできたのは、一八四五年頃彼が『後書』の原稿を書いていた頃と言えるが、この語において彼が真に意味していたことは、一八四七年十一月に書いた日誌の中に見ることができる。そこにはこう書かれている。「現代が、つまり、主としてプロテスタンティズムが再び修道院を必要としたことは、あるいは、それが存在すればよかったことは、疑いの余地のないことである。修道院は、キリスト教的なものにおいては、本質的に弁証法的契機をなすものである。それゆえ、われわれもまた、修道院を、航路標識として自分の外部にもち、いま自分がどこにいるのかを見定めなければならない――たとえ私自身が実際にそこへ入ろうとはしないとしてもである。けれども、実際にあらゆる時代に真のキリスト教が存在しているのだとするならば、それを必要としている個人も居るに違いないからである…[9]」このように記している。しかしキルケゴールが修道院についてこのように記しているのも、それは、彼が「罪」の意識、「懺悔」を重視することから、発している。しかしこの「懺悔」についてもキルケゴールは、中世の考え方とは異なった自らの考えをもっていた。そのことを彼は、先のPap. VIII^{1}A116の記述に続けて、次のように記している。

「確かに私は、神は人間が神を喜ばせるために自分自身を責め苛むことを欲してはおられないことを、つまり、そのようなことが神を喜ばせることにはならないことを、知っている。けれども、私が懺悔すること自体に何らかの功績を帰することはせず、自分にはそうする以外にはどうすることもできないので、ただひたするそれをするというときには、神は私にそうすることを許して下さるか、私に赦しを与えて下さるだろう。――中世の懺悔の行為は、それ自体だけではよくないものだった。しかもそれをすることが功績になるという更によくないものにまでなっていた。いや、懺悔ということは、それが耐えられて為されるときには、人間における一つの衝動となるにちがいない。それゆえ、その人間は、たえず神に、自分がそれをすることが赦されるようにと、自らすすんで祈らなければならない。真に恋をしている乙女は、その愛する者を愛撫したりすることを、功績とはみなさないであろう。そうすることが彼女の喜びであり、しかもそうすることの赦しを彼女は願っているのである。(10)」

このようにキルケゴールは、自分自身と自分の生涯を、「〈懺悔者〉として生きる生涯」として意識し、そのようなものとして受けとめるようになった。しかし先の手記で、彼が「自分の罪を懺悔しようとする自分の衝動」と「同時代の人々や後代の人々に役立たせるためにする自分の日々の仕事」とを一体化し得たことに満足している旨を記しているが、それは決して一気に瞬時に果たされたものとして理解してはならない。彼は、そのことの意味を、その手記より少し後の手記で、はっきり記している。それによると、彼は、彼の「懺悔」の行為に対する彼の「仕事」の関係は、一種の「負債の分割払い」のようなものだと言っている。その手記は、彼の著作活動の核心とも言えるものを見事に表現した実に稀有な卓越した文章から成っているので、次にその部分を紹介しよう。

「私は、自分自身に関して、神の前で、次のことをよく心得ているつもりである。すなわち、私の著作家としての仕事は、神の目くばせに従って、この世のあらゆる世俗的な報酬を自ら進んで犠牲に供しようとするものなのだが、そのことは、私が個人的に犯してきた悪事からの印象を、私自身に関して和らげてくれるであろうということを。私は、良心の苦しみをもって、著作活動を始めたからこそ、正にそれゆえにこそ、私は、極端な注意深さをもって、著作活動を、純化しようと努めたのであり、そのようにして、その著作活動が、借金の少しづつの分割払い Iidt Afdrag paa Gælden となり得ればよいがと願ったのである。その著作活動の純粋さ、無欲さ、念の入れ様は、世間の目には、気違い沙汰に映るものである。しかし、神はそれらを別様に考えておられることを、私は知っている。つまり、神の目には、私の著作活動は、私が神の前でそのことを敢えて誇ろうとする意味で、その純化がなされている、というふうに映るようなことはないであろう。」[11]

キルケゴールは、自らの生涯を「懺悔者の生涯」として意識したことについて、そして更にそのことと自分の著作活動との関係について、以上のように記している。

しかし日誌には、この「懺悔者としての意識」が、彼に向かっての「コルサール紙」からの度び重なる激しい攻撃によって、「受難」の意識の深まりとともに、ますます強まってゆく次第が、実に詳しく記されている。それらの手記はそれぞれ非常に多量なものになっている。例えば、Pap. VIII¹A419, 451, 554 等々がそれである。しかしそれらの引用は、ここでは、論旨の都合上差し控えることにした。しかしこうして彼の「懺悔者としての意識」はますます強まって行ったのである。

そして彼自身が言っているように、この「意識」は、彼の爾後の生涯の歩みを規定する決定的要因をなすに至り、彼が自らの生涯について懐く「意識」の根幹をなすものになったのである。私は次に、そのことを記した彼の二つの文章を、紹介したいと思う。

その一つは、この時期よりも約一年後の日誌の中に現われたものである。それは Pap. IXA170 の番号になっている記事であるが、これはその一つ前の Pap. IXA169 の記事を受けて書かれているものである。この Pap. IXA169 では、キルケゴールは、主として「コルサール事件」を念頭に置いて考えられるが、自分は、著作家として、デンマーク社会から何の報酬や利益も受けていないこと、それどころかひどい仕打ちまでも受けてきたこと、要するに、全く評価をされていないことについて述べているが、この記事の流れを受けて、目下の Pap. IXA170 の記事が書かれており、これにおいてキルケゴールは、自分がそのように扱われることに至っている要因として、それは自分が「懺悔者」である点にあることを述べているのである。その全文は次のようなものである。

「それらの要因をなしているものはこういうことなのだ。私は一人の懺悔者 en Poeniterende であるということ、それゆえ、私は、他の人々なら多分そんなことに責任をもたなくても許されるような危険なことに、自分の身を守るようなことをせずに、思い切ってぶつかってゆくような在り方をしていることにある。私は、自分がどんなに多くの苦しみを受けても、何の不平ももっていない。なぜなら、私は、自分の罪科というものを抱えており、懺悔をしているからなのである。しかしこのことは、私の神—関係におけるものであるが、その神—関係は、この現代には該当しないものである。あるいは、この現代をして懺悔する心を無くさせているものである。それは丁度、ヨセフの兄弟たちの場合と似ており、なぜなら、ヨセフだけが〔神—関係においては〕偉大なものになったからである。しかし摂理が第三の要因をなしており、これは無条件的に義なるものである。もし私がいまあるようなものになっておらず、ただ著作家であるというだけに過ぎなかったとするならば、私は、自分が耐え忍んでこなければならなかったこの現代の無精神性の苦悩を体験することなぞ余りにも激し過ぎて殆んどできなかったであろう。しかし私には、懺悔しなければならない私の個人的生活がある——そのために、一切が、すべてのことが、それなりにうまく行っているのだ。[12]」

もう一つは、『視点』の中で、自分の人生を省み、総括的に述べている下りである。これもその原稿は一八四八年六月か七月頃に書かれたが、この部分は主として「二十五歳」のときの「大地震の体験」を中心にしたもので、この書物の性格から、キルケゴール自身が自らの著作活動と生涯の秘密を明らかにした文章なので、ここに書かれていることはそのまま受け取られる性質のものである。

「私は、人生をさまよい歩き、まことに多くのことを、しかも殆んど最も風変わりなことと言えるようなものまで試み、なお悪いことには、道を踏みはずし、おお、なんと破滅の道をさえ歩んでいたのだった。こうして二十五歳になったとき、私は自分自身が謎にみちて展開される異常なる可能性であることを見出した。しかしその可能性の意味や算足は、私にさえ、つまり、一切のことを可能な限り理解することが出来た程の最高の卓越した反省的思考そのものである私にさえ、理解し得ないものであった。けれども、それに関してただ一つのことだけは、理解することができた。それは、私の人生は、懺悔 Poenitentse するためだけに用いられるのが最も正しいのだ、ということであった。……」[13]

この二つの文章からも明らかなように、この時期キルケゴールの「意識」の根幹には、自らをはっきり「懺悔者」として受けとめ、その生涯はただ「懺悔」するためだけに用いられるのが最も正しいのだとなす理解が貫いていたのである。

さて、本節において、私は、キルケゴールが、「コルサール事件」で体験した深刻な問題を「ベルリンでの〈祈り〉において真に深め純化し、帰宅後の「アドラーの事件」を通じて、その「問題性」を決定的に明白に意識し、そのことが結局は、自らとその生涯が「受難する懺悔者」として用いられるように神から定められていることをはっきりと意識するに至ったことを、述べたが、実は、この「意識」こそが、爾後の彼の道を、つまり、「教会闘争」への道を、歩ませるものとなったのである。

その「教会闘争」は『哲学的断片後書』出版後約一年三ヶ月して矢継ぎ早に出版された三つの大著における「国家教会批判」の言葉をもって始められるわけであるが、そこに目を向ける前に、もう一つ是非考察しておかるべき問題があると考える。それは、そのような言葉を展開したそれら著作を制作するにあたってのその「方法と根本的態度」そのものの「大転換」という問題である。この「大転換」が行われたが故にこそ、そのもとで制作されたそれら著作に現われた「国家教会批判の言葉」が真の意味をもつのである。従って、その「大転換」こそいままで述べた「コルサール事件の体験」が齎したもう一つの決定的事実と言ってよいであろう。そこで次章ではこの問題について考察することにする。

注

（1） 例えば、Pap. VII^{1}A164, 221, 222, 229, VIII^{1}A116 等々。

（2） Pap. VII^{1}A221

（3）Pap. VIII¹A116
（4）V. Christensen: Ibid., S. 74ff.
（5）Pap. IIA804, 805
（6）『青研』一一八〇頁次項参照。
（7）V. Christensen: S. 71ff.
（8）Ibid., S. 72.
（9）Pap. VIII¹A403
（10）Pap. VIII¹A116
（11）Pap. VIII¹A250
（12）Pap. IXA170
（13）S. V. XIII. S. 607.

第二章　「著作活動の方法と立場」の大転換

「コルサール事件の体験」は、既に述べたように、キルケゴールの「信仰的意識」そのものに根本から衝撃を与えるものであった。それは何よりも彼が心底から「新約聖書のキリスト教の真理」を篤と体験することになったからである。しかしこのことは同時に、「著作家としてのキルケゴール」にその「著作活動の方法と立場」そのものに根本的な変更を迫るものをもっていた。そして彼はその「根本的な変更」をやってのけたのである。そこで本章ではこの問題について考えてみたいと思う。

第一節　「著作家」としての「立場」についての新しい認識

キルケゴールは、「コルサール紙」との「闘い」に直接関与した当事者として、いままで理解していた「著作家の立場」というものとは全く異なる新しいものを、身をもって経験することになった。そしてその経験されたものこそが、これからの彼の「新しい著作家の立場」を形成する上での重要な要件となったのである。そこで問題は、その経験されたものとは何かということになるが、それは次の三点になると考えられる。

まず第一に、彼は、この「闘い」を通じて、「著作家であることそれ自体が一つの行為となる」ということを、経験したことである。[1] 彼がこのように考えるようになったのは、マランチュークも言うように、彼は、この「闘い」を通じて、敢えて「詩的なもの」の境界を超えようとしたことにあると言えるのであり、彼はそのことを真に体験したということができよう。[2]

そこで第二に、彼は、この「闘い」を通じて、自分は「詩人以上の立場」で行為していることをはっきり意識したことがあげられる。われわれは、彼がこの「闘い」を通じて自分自身を「詩人」以上のものとみなす言述を、日誌の中のいくつかの個所で見かけるが、それらの中で代表的なものを一つだけ挙げると、このような内容のものである。「私は、その限りでは、詩人であるよりも少し以上のもの lidt mere end en Digter である。なぜなら、私は、自分を、敢えて侮辱的な言葉の前に曝すという行為に出る勇気をもったからである。[3]」

第三に、彼は、この「闘い」を通じて、これからの自分の「著作家としての可能性」を、「キャラクターとしての著作家」Forfatter i Characteer の可能性として受けとめ、この可能性を追求するようになったことである。[4] つまり、彼は、将来自分は「キャラクターとしての著作家」として登場することになることを予想したのである。

キルケゴールは、「コルサール事件」での「闘い」を通じて、自らの「著作家としての立場」に関して、以上のような新しい体験をもったことを述べている。

このことは、『完結的後書』の出版の時に至るまでの間、彼が「著作家」という言葉で理解しまた自らのものとしても意識していたものとはおよそ異なる全く新しい立場の体験であることを意味している。しかし彼は、正にこの体験に応じて、いままでの自分の「著作活動の方法」そのものを大きく変える方向へと踏み出すのである。その場合何よりも先に、彼の検討の対象になったのは、いままでの彼の「著作活動の方法」の精髄をなしてきたものと言っても過言ではないあの「偽名方式」そのものであった。

注

(1) Pap. VII[1]A98, 123

(2) G. Malantschuk: Digter ellar Præst. —. S. 84.

(3) Pap. X[1]A558, X[4]A673, XIA316

(4) Pap. X[1]A309

第二節 「偽名方式」への反省的批判

前述のような「著作家という立場」に関する新しい体験により、キルケゴールは何よりもまず、自分がいままで著作の方法として採用してきた「偽名方式」そのものに、反省的批判の目を向けることになった。「コルサール紙」との闘いに入った一八四六年二月の日誌に次のような記事が現われた。

「いままで私は、偽名者たちに助けを与えることによって、彼らが著者になるよう仕えてきた。しかしいま私がこれからは、私が好きなようできるそのわずかばかりの偽名著作に対して批判の形式をとって臨むことを決意したなら、どういうことになるだろうか。その場合には私は、自分が言わなければならないことがらは、その批判の形式で保存してゆくことになるだろう。そしてその批判の営みは、それらいくつかの書物の中から私のもろもろの思想を巻き戻すようにして取り出すことになろう。それゆえ、それらの思想はやはり、それぞれの書物の中に存在していることもできることになろう。〔しかし〕このような仕方で私自身は何としても著作家になることを避けることになろう。(1)」

要するに、ここで彼が言おうとしていることは、自分はいまこれからいままでの偽名方式に対して批判的態度で立ち臨むが、その批判の営みは、自分が言わなければならない事柄を保存することになるので、自分はやはり著作家として前面に立つ位置からはいないことになるというのである。

しかし彼は、『後書』において「偽名」という覆いを自ら取り去ったが、いまここへきて彼はもっと思い切って「偽名方式」そのものの批判に立っている。

「そうだ。まさにその通りだ。私は、『誘惑者の日記』とか『酒中に真あり』とかいうようないかがわしい書物を書くことに携わっている。しかしそういうことは、根本的には、私の意志に反して行われているのだ。だからそれらはまた名前を隠すという仕方で出版されているのである——しかし本当のことを言えば、私は完全に身を修道院に置いていたのであり、自分を懺悔と宗教とに献げていたのである。(2)」

このように述べて彼は、いままで用いてきた「偽名方式」からの脱却を志していたのである。

しかし彼の場合、その方式からの脱却は、単に「文学的方法」だけのレベルのことではなく、その「偽名方式」とある意味では表裏の関係においてつくられていた「日々の生活の外的形式」の変更にも関わってくる問題になっていた。つまり、彼は、このときその「偽名方式」を持ちこたえてゆくことが自分の「日々の生活の形式」にもどんなに不都合を伴うものになってきたかを感じ、この面での転換をも計る決意をしていたのである。そこでまずその「偽名方式」に即してつくられていた「日々の生活の外的印象」から述べてゆこう。彼は、それを、『視点』の中で、自分は、人々の眼には、「内面性の真実」とは裏腹に、いつも「異常な者」「風変りな者」として映るようなものになっていた、と述べている。

「もしコペンハーゲンが誰かについてひとつの一致した意見をもっていたとするなら、私は敢えて言うが、それは私についての次のような意見だったであろう。つまり、私は、怠け者だ、ひま人だ、のらくら者だ、軽薄に飛び回っている奴だ、頭のよい、ひょっとすると更に素晴しい頭脳の持主かもしれない、機知があって、等々——しかし私には絶対に〈真剣さ〉が欠けている、ということだろう。私は、俗世間のアイロニーや、人生一般の享楽や、更には最も洗練された人生の享楽を代現してはいるが——〈真剣さと積極性〉だけは片鱗だに見られず、それに代って、とてつもなく面白く、何とも魅力的な奴だ、ということであろう。[3]」

彼は自らがこのような外観を演出していたことを認めているのである。

しかし一八四六年九月中旬頃の日誌（Pap. VII^{1}A155）に、彼は、そのような自分の在り方を変えることを、訴えている。そこで述べていることは、次の二点になろう。

一つは、自分は「貴族的な人間」だと言われもするが、それでも構わない。真に善いことをする人は、極く少数なのでそう言われてきた。しかし自分はそれにひるまず、街頭に出て、人々の中に入ろう、それがどんなに危険で、反対者がいるとしてもである。

もう一つは、しかし自分は、マルテンセンやハイベーアのようにお高くとまり身を引いて貴族的なサークルをつくって弱々しい生活をすることだけはしない。そのようにすれば、彼らは人々の目に触れない者になるので、それは人々に空想と錯覚を与えるだけになるからだ。自分はそのような仕方での世間の人々の欺きや錯覚を求めることはしない。

彼は、このように述べて、いままでの「外的形式」からの脱却を示唆している。

こうしてこの手記のすぐ次の手記（Pap. VII^{1}A156）で、「偽名方式」からの完全な脱却を宣言している。

「私は、自分自身を、そのように理解してきた。私は偽名著者としてある限りは、その制作のイデーも錯覚も、私に、私がいままで為してきたような私の外面的な現われ方を要求したのである。つまり、私がそれらの著者ではないというためには、そのような錯覚を保ち続けてゆくためにあらゆることをすることが私にとって絶対に必要だったのである。にも拘らず、人々が私をそのようにしている者と見做すことは、私にとって関係のないことなのだ。人々がこのようなものであるとすると、人々はイデーというものには何の感覚もなく、ただそれら個々のイデーを邪魔するだけの感覚しかもっていないことになる。けれども私のイデーは何よりも、そのような邪魔が起こるべきではないということにある。――それどころか、私があの全著作を受け継いだその瞬間から、[4]私は自分をより小さく見せるという礼儀正しさが必要になってくる。あのたわ言のすべてが私がそのように行動することに役立っていることは、その限りではよいことである。

偽名著者によるすべての作品とそれとの関係にある私の生き方は、ギリシア的調べの中にあったのである。

いま私は、特色のあるキリスト教的な生き方の形式を、見出さなければならない。(5)」

つまり、この手記が言わんとしていることは、自分がいままで「著作活動の方法」として採用してきた「偽名方式」は「ギリシア的調べ」によるものであり、いま自分はこの「偽名方式」を脱却して、つまり、「ギリシア的調べ」を脱却して、「特色のあるキリスト教的な生き方の形式」を見出す方向へと踏み出す、ということである。

これは実に大転換である。いま彼はこの方向へと踏み出したのである。しかしここでもわれわれは彼の天才性に出会う。つまり、彼は、このような大転換においても、一気に「キリスト教的なもの」を前面に掲げようとしたのではなく、それに対する自分自身の「根源的関係と位置」についての省察に実に厳密であった。その厳密な省察において浮かび上がってきたのが、自らは究極において「詩人」であること、そしてそのことを通じて、「詩人としての自分の任務への新しい見方」であった。

注

（1） Pap. VIII^{1}A9
（2） V. Christensen: Ibid., S. 79 より引用。
（3） S. V. XIII. S. 586.
（4） S. V. VII. S. 545ff.
（5） Pap. VIII^{1}A156

第三節 「詩人」の任務についての新しい認識

キルケゴールは、既に述べたように、「コルサール事件」を通じて、自分が「受難」の信仰をもって「懺悔者」として生きるべく定められていることを知ったのであるが、しかし問題は、それをどのような「方法」において行うかということであった。それは、彼においては、やはり「著作の方法」によらざるを得ず、従って、ここで改めて「詩人」の立場ということが問題になってきたのであり、「詩人」としての自らの任務を徹底的に問うことになった。こうして彼は、その「詩人」の任務についての、しかも自らの「宗教的詩人」としての任務についての、全く新しい認識をもつに至ったのである。その場合、その認識は実に透徹していたと言うほかない。その認識の根幹をなすものは、Pap. X^1A11 に述べられている。

「詩人であるということはどういうことなのだろうか？それは、自分自身の個人的生を、つまり、自分の現実を、詩的作品とは全く異なるカテゴリーにおいてもっていること、すなわち、理想とはただ想像の世界でのみ関わっているにすぎないということである。それゆえ、その者自身の個人的な生自体は、大なり小なり、詩的なものについての、そしてまた人間自身についての、ひとつと諷刺になるのである。その限りでは、現代のすべての思想家もまた、それらの中の第一級の者たちさえも（私はこの言葉でドイツの思想家のことを意味している。なぜなら、デンマークの思想家では誰もそれには入らないからである）詩人なのである。そして大体において、その生が示しているものが最大限のことになるわけである。大部分の人間は、全くイデーなしに生きているのであり、極く少数の者だけが理想性とは詩的に関わっているのであるが、彼らはそのことを自分の個人的な生においてさえ否定するものである。」(1)

この文章から明らかなように、キルケゴールは、「詩人」という概念を、自分の「現実」をつねに最高の倫理的ならびに宗教的理想性との関わりにおいてそれに質的に対立するものとして理解している者というふうに認識していた。そして彼は自分自身をそのようなものとして意識したのである。事実彼は、いままでは、つまり、『後書』の出版時までは、「美的なもの」や「人間的なもの」の領域における「詩人」であったが、いまや彼は、その『後書』においてはっきり示されているように、「美的、人間的なもの」の領域における諸々の可能性をすべて汲み尽してしまったので、「詩」の重心は、それの全く首尾一貫性のもとで「宗教的なもの」の領域へと移ってゆくことになり、「詩人」は、「宗教的設計図」のもとにおける「詩人」に、つまり、「宗教的詩人」にならなければならなかったのである。言い換えるならば、もしこれから先も「著作活動」が続けられるべきであるとするならば、その重心は、当然に、「美的なもの」「人間的なもの」の領域から「宗教的なもの」の領域へと移されなければならなかったのである。キルケゴールは、その「移行」を通じて、自分が正に「詩人」であること、そしてその二つの領域で詩的活動をしてきたことを告白している文章がある。それは一八四六年十一月五日の日誌の一部である。

「私には、自分が自分の諸々の理想を実現することは決してできないような素質に生まれついているということが、ますますはっきり分かってきている。しかし別の意味では、人間的に言われるなら、私は自分の諸々の理想よりもはるかにそれら以上のものにこそなっているのであるが。…私の理想には、他の人々は笑い出してしまうだろう。私の理想とは何と妻帯者になることであり、ただひたすら結婚生活をするためだけに全力をもって生きることであったことは、全く確かなことである。ところが、見よ、私は、それに達することに絶望することによって、著作家になっているのである。しかもそれは、もしかすると第一級の著作家になっているのかもしれない。私の次の理想は、田舎の村の牧師になることであり、静かな風景の中に住まうことであり、私を取り囲む小さな群の一員にすっかりとけ込んで生活することである—ところが、見よ、私は、そのことを絶望することによって、私はまたもや、そのことよりはるかに大いなることと思われるようなことを実現することが確かに可能になっているようなのだ。」(2)

この言葉は実に重要なことを示唆している。つまり、自分においては日常的な事柄が「理想」になっているが、それらの実現は悉く不可能なことを経験し、その「絶望」を通じて「詩人」になったが、その「絶望」を通じてそれらの「理想」よりもはるかに大いなるもの（宗教的なもの）の実現が可能になっているというのである。つまり、彼が言わんとすることは、確かに自分の「現実」は、「詩人」として、「理想」に対しては質的対立において保たれているが、その「理想」へは絶望することによって、かえってその「理想」よりもはるかに大いなるもの（宗教的なもの）と関わり、それを実現することが可能になっている。つまり、それが自分の「現実」になっているのであり、それが「宗教的詩人」の概念なのだというのである。

しかし彼は、「詩人」におけるこのような「現実」と「理想」との関係を、「原理—問題」Princip-Spørgsmaal という言葉でも呼んでいる。この時期より少し後の時期になるが、その関係をこの言葉で呼ぶことによって、それが秘めている問題性をより一層はっきりと描き出している。

「私の不幸、あるいは、私の生を非常に困難にさせているものは、私が、全体のトーンを他の人々よりも高い所に張りつめさせており、そして私は、何処に居ようと、何を為そうと、私は、〔具体的な〕個々のものに関わるのではなく、つねに同時に、原理とイデーに関わってしまう点にある。大多数の者なら、精々のところ、自分はどんな女と結婚しようか、と考えるだろうが、私は、結婚ということそのことについて考えてしまうのだ。万事がこんな調子だ。

いま私は、根本的には、正にそのような状態にある。大多数の者なら、精々、自分はどんな官職を求めようか、と考えるであろう。ところが、いま私は、まことに幸いにも、全くの辛苦のあえぎの中に、イデーの闘いの中に、つまり、キリスト教的なものは、それが正常な状態であるならばそれはいわゆるキリスト教的官職とともに在り得るのかという原理—問題に、入り込んでしまっているのである。(3)」

このように、キルケゴールはつねに、自分の「現実」を「理想性」との関わりの中に設定してしまうことによって、つまり、それを「原理—問題」に化してしまいそのようなものとしてそれに関わることによって、つねにそれを実際に「実現」できない結果になってしまうということである。しかし彼は、その実現できなかった問題を、その「理想性」において、「原理性」や「イデー性」において、「詩」として描き出す者になってきた、というのである。彼が自らを「詩人」とみなすのは、このようなことである。

そして実際に彼の生は、正にその通りであった。まず彼は、「人間的なもの」の領域で、自分が愛した女性「レギーネ」とは「不幸な愛」の関係になり、その「現実」は「結婚」へと実現に至らなかった。それは、理想性における彼の倫理的態度がそうさせたのであり、それは彼自身が認めているところである。しかしこうして彼はその実現できなかった「人間的なもの」の詩人と成ることで満足しなければならなかった。しかしその「人間的なもの」は実現できなかった代りに彼の「詩」の対象となり、その極限の姿が詩に描き出され作品となった。次は「牧師職」という官職との関係であった。しかしこれも先に述べたような構図のものになったために、つまり、この「官職」の問題を「キリスト教的なもの」の「理想性」との関わりの中に設定して考えたために、実現できなくなってしまった。しかしその「キリスト教的なもの」は実現できなかった代りに彼の「詩」の対象となり、その極限の姿が詩に描き出され作品になろうとしているのである。

こうしていまや、その「宗教的なもの」は、いやが上にも高い理想性において、原理性において、イデー性において、描き出されようとしている。つまり、彼は、「宗教的詩人」としての一歩を踏み出そうとしている。しかしそれは、彼自身が言うように、「特色のあるキリスト教的な生き方の形成」においてである。つまり、これ以後の「著作活動の方法」は、そのような意図のもとに形成されてゆくことになる。

この変化は具体的には、著作の形式は「偽名方式」から「実名方式」へと変わり、内容は「キリスト教的なものの理想性の直接伝達」へと変わっていった。そして「国家教会批判の言葉」は正にそのように大転換をした著作においてその姿を現わしてくるのである。

注

（1） Pap. X^{1}A11 思想家については Pap. VII^{1}A82

（2） Pap. VII^{1}A169

（3） Pap. X^{1}A476

第三章　「キリスト教的講話の三部作」に現われた「国家教会批判」の言葉

「コルサール事件」の後すぐにはあの未完の草稿『アドラーについての書』（一八四六―七年）（一二六頁）と『文学評論』（一八四六・三・三〇）（一一五頁）とが書かれ後者は出版もされたが、前章で述べた「著作活動の方法と立場」の大転換の後にそれに基づいて制作され出版されたのはいわゆる「キリスト教的講話の三部作」という著作である。これらこそあの「宗教的詩人」という立場への透徹した意識のもとで制作されたのである。それらは、『さまざまな精神における建徳的講話』（一八四七・三・一三）（三六四頁）と『愛のわざ』（一八四七・九・二九）（四三一頁）と『キリスト教講話』（一八四八・四・二六）（三五六頁）の三冊である。これらは、著作の形式においても、内容においても、トーンにおいても、そして性格においても、『後書』までのいわゆる「美的著作」や「宗教的著作」のそれらとは全く異なる新しさを纏って姿を現わしてきたのである。人は、この三部作の中に、先述した「宗教的詩人」としての新しい任務の実現をはっきり見るであろう。しかしそれにつけても、これら五冊の原稿が書かれた期間として想定される一八四六年一月から一八四八年三月頃までの僅か二年二ヶ月位の間に、「全集」第一版の一四九二頁分の書物を書いたということは、ただ驚きのほかはない。しかしこれはその期間の中に彼が書いた分量の半分なのである。今日「パピーア」と言われる彼の日誌、草稿、ノート類を集めたものを見るならば、「アドラー」についての草稿を差し引いても、ざっと一一六〇頁分を書いている。要するに、彼は、この二年二ヶ月の間に、「全集」と「パピーア」合わせて二六五〇頁分のものを書いたわけである。この「天才性」はただ「驚き」以外の何物もない。この分量だけ見ても、彼が唯一の天才として認めたのはモーツアルトであることは、充分納得の行くところである。キルケゴールの「著作活動」を見ると、モーツアルトの「作曲活動」を彷彿させる。

しかしそれはとにかくとして、この三冊の著作そのものに目を向けるとき、それらが『後書』以前のものに比べると著しく新しい特徴にみちていることに気付かされる。キルケゴール自身は、これら三冊を、『後書』の後に現われた、全著作の中の「第三グループ」と呼んでいる。つまり、第一グループは、『あれか―これか』から『後書』までの偽名著作のすべてであり、第二グループは、それらと平行して出版された『建徳的講話』のすべてであり、こうしてこの「第三グループ」が現われる。F・J・B・ヤンセンは、この三冊全部を総称して「キリスト教的講話」と呼んで、第二グループの『建徳的講話』からはっきり区別して扱っている。それは、この三冊が、強度な倫理性に貫かれた「専ら宗教的な作品」になっている点に着目したがゆえと考えられる。(1)

この三冊は、少なくとも次のような諸特徴をもっているといってよかろう。

まず著作の形式として、これらにおいては「偽名方式」は廃止されており、著者は「実名」をもって現われており、自らの見解を直接に表明するという仕方をとっている。つまり、それは、彼が言うところの「間接伝達」の方法から「直接伝達」の方法へと移ったことを意味しているのである。

第二に、思想内容として、それらは徹頭徹尾「キリスト教の真理」の追究に固執し、しかもそれを考えられる限りの自らの内面深くに受けとめ、その深みでの内省を通じて、透明な光として「反射」させている。そのため「キリスト教の真理」は、その「極限形態」において、透明な光として、読む者の内面深くに差し込んでくるように、語られている。これは、彼が自らを「宗教的詩人」として意識したその立場に徹していたことの現われと見ることができよう。そしてその「立場」の構造は思想内容そのものに「反射」してきていることを知らされる。

第三に、これら三冊は、それぞれ多数のキリスト教的講話から成っているが、それら全体は共通した一つのテーマ「懺悔」から成っており、これら三冊とも「懺悔の講話」Skriftetaleになっていることである。キルケゴールはこれらの書物を「懺悔をすすめる説教者」Skriftetaler, Bodsprædikantとして書いたと言っている。[2]そして確かに彼自身が言っているように、これらの全体は、実に深く透徹した「懺悔をすすめる道のり」になっている。これらの講話のすべてが比類ない内面的深さをもって進行してゆくのは正にこの故である。

第四に、これら三冊の中のとりわけ『愛のわざ』には、そしてまた『キリスト教講話』にも、実に鋭い「国家教会批判」を意味する文章が大きな塊りをなして現われていることである。その出現は、確かに著しい特徴である。「国家教会批判」を意味する文章に関しては、既に本書第三部第一章で述べたように、その一番最初の登場は、『後書』においてであった。しかしそれはほんの十数行の文章であり、しかもただ一個所だけに終っていた。ところが、前述の二著においては、それもとりわけ『愛のわざ』においては、はじめて大きな塊りをなすように現われている。それには、分量からも内容からも明らかに、「国家教会批判」が本格的に始まったことを感じさせるものがある。

この「三部作」に見られる特徴は以上のような卓越性を感じさせるものである。これら著作の各々の内容に関しては、私は既に『著研Ⅱ』で一三八六頁から一四四二頁の間に紹介しておいたので、読者にはそこを参照していただければ幸いである。

さて、私は、ここでは、目下のテーマの関係上、その第四番目に挙げた「国家教会批判」の文章に集中したいと思う。しかしこれら三冊は、先に指摘したように、キルケゴール自らが「懺悔をすすめる説教者」として書いた「懺悔の講話」である。V・クレステンセンも言うように、これら三冊は、「懺悔の講話」から始まって「懺悔の講話」に終るような形式になっている。[3]従って、その「国家教会批判」の文章は、それらだけを独立させて解釈させてはならず、あくまで、この「懺悔」についての叙述との関連で読まれ理解されなければならないと考える。そしてこのことはとりわけキルケゴール自身がわれわれ読者に向かって抱いていた一つの切なる願いであった。われわれは当然彼のその願いに従わなければならない。彼は、「コルサール事件」の翌年の一八四七年十一月頃の日誌に、人々は自分が前年「コルサール紙」に書いた文章をどんなに理解してくれなかったかを、つくづくと書き綴っている。しかしその文章は、コルサール紙についてだけでなく、正にその事件後に書かれたこの三冊の読者にも当て嵌まると考えられるので、ここに記しておこう。

「人々は、私の中に、名声ある人々の中の寵児となることを、大歓声を受けることを、時代の中に輝やく〈天才〉となることを切望しているような一人の男を見ている。人々は間違いを犯してしまったのだ。人々は、私が書いたものの第一行目に、私は懺悔をすすめる説教者 Bods-Prædikant である、と書いてあるのを、読み取ってはいなかったのだ。(4)」

この言葉は、「コルサール紙」批判の文章だけでなく、この三冊の書物の読者にこそ当てた彼の願いであると言えよう。

このような理解のもとで、本章では、その三冊各々に現われてきた「国家教会批判」の言葉に検討を加え、それらが意味するところを捉えたいと思う。

注

(1) S. V. XIII. S. 555. F. J. B. Jansen: Studier i S. Ks litterære Kunst. (Kbh. 1951). S. 58, 61.『著研Ⅱ』一三八六頁。
(2) Pap. VIII¹A419
(3) V. Christensen: Ibid., S. 81–97.
(4) Pap. VIII¹A419

第一節 『さまざまな精神における建徳的講話』に見られる「懺悔」

この講話はこの三冊の中の一番最初のものであるが、三六三頁の大冊である。出版が一八四七年三月十三日であるので、前年の一八四六年五月中旬ベルリンから帰宅後に僅か十ヶ月でこの原稿を書き、出版までしたことになる。しかしこのようでありながら、該書は他の二冊に比して最も「内面的な著作」と言ってよい。

該書の全体は三つの部分から成っており、第一篇は、「ある折りにふれての講話」En Leiligheds=Tale という標題になっている。この第一篇（一五〇頁分）を読み始めてすぐ気がつくことは、「まえがき」Forord のすぐ次の頁に、「ある懺悔の機会に」Ved Anledningen af et Skriftemaal という序論風の導入的―予備的考察の文章が十八頁も書かれていることである。これは、「祈り」の文章から始まり、「懺悔」の意味について述べられ、なぜこれがこの講話のテーマになっているのかについて、詳しく述べている。その説明の核心は、悔い改めと後悔とは人間の内なる永遠なるものに属するということ、[1]「永遠なるもの」との関係においてはじめて「悔い改め」「後悔」の意味が出てくるのだということにある。[2] つまり、多くの人間は、自己自身について「無知」の中にあるが、この『無知』とは「自己欺瞞」のことであり、自己がこの「自己欺瞞」から脱するには、この「悔い改め」を通じて、「永遠なるものとの関係」を取り戻さなければならない。それは、「自己欺瞞」に陥っている者が、「懺悔」を機会に、「心の純潔」を手に入れることによってである、という。こうしてキルケゴールは、この講話のテーマは、「懺悔を機会に」手に入れる「心の純潔」についてであり、「心の純潔 Hjertets Renhed とは、一つのことを意志することである」ということが、全体を通じての主題となることを述べる。[3]

この第一篇の講話は、これを主題としているが、この講話は、実は一八四五年四月刊行の『想定された機会における三つの講話』のテーマ Oprigtighed（正直、誠実）を引き継いだものであり、それがここでは「心の純潔」というテーマになっている。その引き継ぎは、「正直さというものがなければ、罪を悔いるということは起こり得ない」という言葉で表わされている。こうしてこの一五〇頁ものこの講話の全体が、このテーマの究明になっている。

その全体は、更に三つに区分されているが、その三区分された講話を貫いて一つの基本的な命題が走っている。それは「罪を悔いるということ」「悔い改めをすること」「後悔すること」、つまり、「懺悔すること」は、それ自体がひとつの行為になるということである。しかしそれが「行為」であるのは、この世の「時間性」の内部には自らの時間をもってはいないところの何かが為されるところの行為だということである。[4] それは、「負い目」（罪）Skyld に関してなされるが、その場合、その「負い目」とは、「永遠なるものへのひとりの人間がもつ責任」ということが前提をなしている。「悔い改めと後悔は、人間の内なる永遠なるものに属している。[5]」「後悔とは、心を集中した行為なので、建徳のための後悔だけが問題とされなければならない。それは、そのことによって、新しい生を生み出すに違いないからである。[6]」「祈りは神の態度を変えるのではない。それは祈る者の方を変えるのである。そのようなことは、この講話で扱っている問題にも当て嵌まる。すなわち、神はあなたが懺悔することによってある事柄を〔はじめて〕知るようになるのではなく、懺悔者であるあなたこそがそれを知るのである。あなたは、自分が闇の中に隠しもってきた多くのことを、全知者に知っていただくことによってはじめて、自ら知るに至るのである。[7]」

　このようにキルケゴールは、この「懺悔の講話」で徹底的なまでに内省的になり、自らを透視するかのように自己省察を貫徹してゆき、しかも信仰を求める人々に対しては、徹底した司牧者的態度で、実に真摯な言葉を語りかけてゆく。しかしこの場合、彼は、この「罪を悔い改める」「懺悔」という行為において起こる事柄の本質に迫る。それは、この行為においてその人間が唯一のものを手に入れるということ、それは「心の純潔」を手に入れることだという。[8] ここにいう「純潔」という言葉のデンマーク語は Renhed であり、「純粋性」を意味し、邦訳聖書では「清らかさ」と訳している言葉に当たる。つまり、それは情緒的な香りをもつ「純潔」ではなく、キルケゴールはこれによって「永遠なるものとの新たな関係」を意味している。彼自身がそこに引用しているように、それは、使徒の「ヤコブの手紙」第四章八節に基づいている。

「神に服従しなさい。そうすれば、神は近づいてくださいます。罪人たち、手を清めなさい。心の定まらない者たち、心を清めなさい。」

しかしこの言葉の更に源は、「マタイによる福音書」第五章八節に発している。

「心の清い人々は、幸いである、その人たちは神を見る。」

このような聖書的前提に立って彼は「心の純潔」の意味を究明してゆく。この講話の全体は、既に指摘しておいたように、三つに区分されているが、三つ目の区分は総括的、結論的部分になっているので、主たる部分はⅠとⅡになる。しかしこの二つには合計すると十程の命題が見られるが、その中の主要なものは次の四つと言ってよかろう。
一　心の純潔とは一つのことを意志することである。(9)
二　もし人間が一つのことを意志することができるのであるならば、善を意志しなければならない。(10)
三　もし人間が善を心底から意志すべきであるならば、その人は当然にあらゆる二心を捨ててしまうことを意志しなければならない。(11)
四　もし人間が善を心底から意志すべきであるならば、その人は善のためにあらゆることを為そうと意志しなければならない、あるいは、善のためにあらゆることを耐え忍ぼうと意志しなければならない。(12)

これに関する詳細は『著研Ⅱ』一三九〇頁から一三九三頁までを参照していただきたい。しかしここで注目したいのは、この講話の流れは終に、善のためにはあらゆる苦しみを受けることをすすんで意志する地点にまで進んでいることである。こうしてこの流れはぐんぐん「内面化」の度を強めてゆき、彼の自己省察はますます「透明化」の度合を増して行っており、その極にまで達しているかのように見える点である。なぜなら、その地点はもう「受難」の領域に入るところにまで来ているからである。しかしキルケゴールは、その「問題」をひとまずここに残しておき、この「問題」をもっと新しい地平から眺めるべく、この第一篇の講話の流れの局面を一気に転換するような、清々しい全く新しい地平を用意している。

こうして第二篇の講話に入ってゆく。ここで講話の局面は大きく変わる。「懺悔の真摯さ」から、それもその内部で行われる創造主の手になる「自然」へと、目を向ける。それはある意味では「自然」についてのキルケゴールの美しい詩である。F・J・B・ヤンセンも言うようにこの第二篇において、キルケゴールは、自らが詩人であることを、少しの隠しだてもすることなく、思い切って現わにしている。[13] 約五十八頁分のこの講話のテーマは、キルケゴールが福音書の中で最も寵愛したと言われる聖句、「マタイによる福音書」第六章二十四節に因んだもので、「われわれは、野の百合と空の鳥から、何を学ぶか」というものである。この講話も更に三つの講話に区分されており、その三つは、「学ぶべき三つの事項」をなしている。それは次のようなものである。

一　人間であることに満足すること。
二　人間であるということは何と素晴しいことか。
三　人間であるということには何という至福が約束されていることか。

これらについての詳細な説明に関しては、『著研Ⅱ』一三九四頁から一三九八頁までを参照されたいが、この三つの設計は、キルケゴール自身によるならば、審美的設計図、倫理的設計図、宗教的設計図になっているのである。[14]
この三つの講話で、キルケゴールは、「人間であるということ」は「神との関係」においてはどんなに素晴しいことであるのかを、つまり、それはどんなに「祝福」の光のうちにあるのかを、述べている。言い換えるならば、「人間」は「神による祝福」の光の中でどんなに輝く存在であるのかということである。その「神との関係において」ということは、「永遠なるものとの関係において」ということである。この「永遠なるものとの関係において」は、「人間」は、それを凋ませ朽ちさせる力である「時間」との関係を超えて「永遠の輝き」の中に立つということである。[15]
このようにしてキルケゴールは、この第三篇においては、局面転換において新たに開かれた清々しい地平を、そして「神の祝福」の光をうける清々しい地平を描き出し、この「地平」で、先の第一篇で提起され、残された「懺悔の問題」を、もう一度考え直すための準備を整えたのである。
第三篇の講話は、このようにして始まるが、この講話は、該書の中の中心的教義の位置を占めている。これは一三八頁程の大量のものであるが、標題は「苦難の福音」Lidelsernes Evangelium となっており、副題として「キリスト教的講話」Christelige Taler という言葉が副えられてある。ここから推察され得るように、該書の先の二つの篇の講話は、この講話の「前庭部分」をなすものであり[16]、この講話に至って、正真正銘の「キリスト教の告知」がなされるのである。V・クレステンセンによるならば、キルケゴールのペンから出たもののうちで一番新鮮で一番地に足のついた書物だろう、と言っている[17]。そして更にこうも言っている。「人は、この講話から、キルケゴールがいまや自分の台座から降り、人生の激しい浮き沈みの実際から学んでいる姿に、気付くであろう。この講話は、キルケゴールが目下本当に苦悩していること、しかも「善きことのために苦悩している」lidende for en god Sag こと、それを自分自身の言葉で記していることを、示している。…そしてこのことが、彼に、彼がいままでは決して知る由もなかった「辱しめを受けるキリスト」との一体感を与えることになった[18]。」

さて、この講話の全体はこのような趣きのもとに書かれているが、それは七つの講話から成っている。その標題は次のようなものである。

一　キリストのあとに従おうとする思いのうちにどんな喜ばしきことが潜んでいるか

二　苦難が重いとき、どのようにすればその重荷は必ず軽くなるか

三　苦難という学校は永遠に向かって育成するものであるということのうちに潜む喜ばしきこと

四　神との関わりにある人間はつねに罪ある者として苦難を受けていることのうちに潜む喜ばしきこと

五　道が細いのではなく、窮迫が道なのだということに潜む喜ばしきこと

六　この世の苦難が最も重くのしかかってくるときでも、永遠の至福の方が必ずそれに優位するものであるということに潜む喜ばしきこと

七　率直さは苦難をうけるときこの世からその権力を奪いとることができ、屈辱を名誉に、敗北を勝利に変える力をもっているということに潜む喜ばしきこと

これがこの第三篇を構成する七つの講話である。これについての詳細は、『著研Ⅱ』の一三九八頁から一四〇三頁までを参照されたいが、この七つの講話を通読してみるとき、そこには、キルケゴールが「コルサール事件」の体験によって知った「迫害と受難」の信仰が彼の「キリスト教告知」の全面に現われてきていることを知らされる。それというのも、この七つの講話全体の骨子は実に明快であり、つまり、それは、人がキリスト者の生を生きるときさまざまな苦難をうけ悩み傷つくが、そのようないかなる苦難も、神との関わりにおいては、永遠なる祝福が約束されており、そこには譬えようのない「喜ばしいこと」が潜んでいる Det Glædelige i, at…からだ、というのである。要するに、キルケゴールは、この七つの講話のすべてにおいて、神との関係においては、いかなる苦難の中にも必ず「喜ばしきこと」が輝いているということを述べているわけである。

しかしこれらの講話には明白に一つの前提がある。それは一番最初の講話のテーマとしてはっきりと述べられている。そのテーマは、「ルカによる福音書」第十四章二七節の言葉「自分の十字架を背負ってついて来る者でなければ、だれであり、わたしの弟子ではありえない」である。[19] キルケゴールは、この講話で、キリストの十字架を引き受けること、それは自分自身の十字架を背負うこと、それは自分自身を捨てること…を縷々として、しかも熱列に述べる。彼は言う。「天と地との間には、たった一つの道しかありません。それは、キリストのあとに従うということです。時間と永遠の両者を通じては、たった一つの選択しかありません。それは、この道を選ぶということだけです。この地上には、たった一つの永遠なる目標しかありません。それは、キリストのあとに従って天に入るということだけです。[20]」こうしてこの講話では「キリストのあとに従う」ということが、前面に出てきて、このことがまた大前提をなして語られてゆく。そして七つの講話のすべてがこの前提のもとで語られてゆくのである。従って、この講話で語られることは、いわゆる単なる人生論ではないのである。

さて、これら七つの講話の中でもとりわけ注目されるのは、第四の講話とそれに続く三つの講話である。その第四の講話では、諸々の苦難が一つにしぼられてきて、「神との関わりにおいては、人間はつねに「罪」(負い目) Skyld

に悩む者」として規定されており、その「罪を悩むこと」そのことが神から祝福をうける「喜ばしいこと」と言われていることが注目される。つまり、ここで突如として、「罪」Skyldという言葉が出てきて、これが苦難の問題として考えられている点である。この問題は、後述される「牧師職」の部で述べられることと関連して書かれていると見てよいだろう。こうしてこの講話ではじめて「罪」の問題が取りあげられ、これに続く三つの講話においても、この線が貫かれている。いずれにせよ、このことは、この「罪」の問題がキルケゴールの「キリスト教告知」の中心的な位置をとり始めたことを意味するもの、と考えてよいであろう。

この七つの講話の全体はこのようなものである。もしわれわれがこの講話に関連をもつ日誌記事のいくつかを読むならば、われわれは、それらを通じて、この頃キルケゴールは、既に第一章第二節で述べたように、Poenitense「懺悔」の思想と精神状況の中に在り続けていたことを知らされる。つまり、彼は、自らの著作活動を、「借金の少しづつの分割払い(21)」と言ったり、「もし私が中世という時代に生きていたとするなら、私はきっと修道院に入り、自分を懺悔のために献げたであろう(22)」と言ったり、現代という時代に、主としてプロテスタンティズムにとって再び「修道院」が必要とされていると言ったり(23)、とにかく「懺悔者」としての意識を述べている手記が多々見られる(24)。これらの記事は、「懺悔」についての彼の思いがどんなに深刻なものであったかを示すものであり、同時に正にこのような思いのもとでこの「懺悔の講話」が書かれていたことを示していると言ってよいであろう。

さて、全体が三つの篇に分けられて構成されたこの三六四頁もの厖大な「懺悔の講話」はこのようにして終るのである。

しかしここでわれわれはまたしても、「著作家」としてのキルケゴールの卓越したすご腕と技術とに出会う。多くの人々も分かるように、この「懺悔」という問題は、その著作の目下の「思考過程」では、確かにある一定の極限に達したかの感がある。しかしこの問題は更に続けて考えられなければならない。そこでキルケゴールは、著作の手法として、局面の打開をはかり、全く新しい地平でこの問題を取りあげようとする。それは丁度、この講話の「第一篇」が行き着いた地点から、その局面が転じられて、新しく開かれた「第二篇」の地平で取りあげられるという手法がとられたのと同じように、この講話の全体が行き着いた地点から、その局面の転換がはかられ、そこに開かれる新しい地平で取りあげられようとしている。その新しい地平こそが次の講話『愛のわざ』である。「懺悔」の問題は、この新しい地平へと移される。

注

(1) S. V. VIII. S. 143.
(2) Ibid., S. 139–42.
(3) Ibid., S. 153.
(4) Ibid., S. 141.
(5) Ibid., S. 143.
(6) Ibid., S. 144.
(7) Ibid., S. 151.
(8)(9)(10) Ibid., S. 153.
(11) Ibid., S. 165.
(12) Ibid., S. 207.
(13) F. J. B. Jansen: Studier i-. S. 60.
(14) Pap. VIII^{1}A1
(15) S. V. VIII. S. 348.
(16) V. Christensen: Ibid., S. 83. ここで言われている「前庭」Forgaarden という言葉は敬虔主義の系統に属する人々、とくにインドレ・ミッションの人々の間で使われてきた。
(17)(18) Ibid., S. 84.
(19) S. V. VIII. S. 357.

(20) Ibid., S. 370.
(21) Pap. VIII^{1}A250
(22) Pap. VIII^{1}A116
(23) Pap. VIII^{1}A403
(24) Pap. VIII^{1}A419, 451, 554

第二節　『愛のわざ』に現われた「国家教会批判」の言葉

前著の出版後僅か六ヶ月してこの四三二頁もの大冊『愛のわざ』（一八四七・九・二九）が出版された。キルケゴールは、該書において、前著までの流れとは全く異った方向において、キリスト教のもう一つの面を扱おうとする。それは、「隣人との関係」、つまり、「隣人愛の問題」である。F・J・B・ヤンセンは、該書を、「キリスト教倫理学の書」と称している。[1] またマランチュークは「『愛のわざ』においてキリスト者のための倫理的理想はその頂点に導かれている」とも言っている。[2] これだけ見ても明らかなように、該書は確かに最高度のキリスト教倫理を内容としている。しかし該書には、前著で行われた「懺悔」の流れが、全く異なれる地平において、全く異なれる形をとって、現われているのである。「愛」という言葉がでてくると、誰もが一種の「安らぎ」を感じてしまうものである。しかしキルケゴールは、正にこの「隣人との関係の問題としての愛の問題」を通じて、積極的な意味での「信仰の闘い」を描き検証しようとするのである。ところが、真に驚くべきことに、該書では、「信仰の闘い」のもう一つの面として、「国家教会との闘い」が姿を現わしてきていることが注目される。しかもその文章は非常に多量である。国家教会批判の言葉がこれだけ多量にまとまって現われてきたのは、該書が最初であるといってよい。そこで本節では、目下のテーマの関係上からも、この点に考察の目を向けたいと考える。しかし該書の内容に関しては、既に『著研Ⅱ』

において詳述してあるので、(3) 本節の叙述はそれを一応の前提としてすすめられる。

キルケゴールは、該書の結論部の方でこの愛の問題が「信仰の闘い」そのものを意味するものであることについて次のように述べている。

「そうです。これこそが信仰の闘いなのです。そしてあなたは日々この闘いのなかで試みを受ける機会に会うのです。福音は律法ではありません。福音はあなたを厳しさによって救おうとするのではなく、優しさによって救おうとするのです。しかしこの優しさはあなたを欺こうとするのではありません。ですから、その優しさのなかには厳しさが存在しているのです。(4)」

この言葉は、該書の全体が、「愛」とは「信仰の闘い」であり、その「闘い」は「優しさ」による闘いであるが、その「優しさには厳しさが含まれている」ことを叙述しているものであることを述べた言葉として、実に適切な言葉といえる。

しかしキルケゴールは、その「優しさにおける厳しい闘い」がどういうものであるかを、これに続く文章でいやが上にもはっきりと述べている。この言葉こそ「愛の優しさにおける厳しさ」を一言のもとに言い表わしたものと言うことができよう。

「そしてこのことは、明らかに福音と呼ばれるにちがいないものに関してさえも、全く等しく妥当するのです。キリスト教自身が律法を宣べ伝えるような場合には、いかにも多くますます多く妥当してくるのです。(5)」

これは「愛」という「優しさが含んでいる厳しさ」についての実に透徹した言葉である。なぜなら、これが言わんとしていることは、「愛」の名において最も厳しく問われてくるものは、何よりもそれを伝えている「キリスト教の告知」それ自身であるということを、言おうとしているからである。キルケゴールの思想における「厳しさ」の遡源性は、いや、「透明性」と「透徹性」とは、右の文章において、その極点に達しているかの感がある。

こうして彼は、この言葉通りに、「愛」が秘めている倫理を、それを伝える当事者としての「国家教会」それ自身へと遡及させ当てがうのである。該書において突如「国家教会」批判の言葉が多量に現われてくるのは正にこの故なのである。そこで早速その「批判」の言葉に目を向けなければならないが、その言葉は、該書の最初から最後まで、実にさまざまな形をとって、その随分多くは間接的な示唆という形をとって、現われてきている。しかしそれらの言葉のいずれもが照準している標的は、時代を支配する「巨大な錯覚」をつくり出している元凶としての「国家教会」という点にあり、つまり、同時代を支配している「巨大な錯覚」は、国民すべてが自分はキリスト者であると思い込んでいる点にあり、この錯覚をつくり出しているのは、他ならぬ「国家教会」それ自身なのだ、というのである。それゆえ、参考までに、次にそれらの言葉の中のいくつかを、紹介してみよう。キルケゴールは、自分たちは自らをキリスト者と思い込み、異教徒から区別して考えているが、実質的には異教徒のようなものだというのである。

「このようなわけで、異教を、それが消滅してから一八〇〇年を経過したかのように、世界史的に叙述する必要はありません。それというのも、この講話をお聴きのあなたも、そして私もお互い異教徒になっているのは、そうです——もしわれわれがただ一般にキリスト者になっているとするなら——そのようにして異教徒になったのは、やはり決してそれ程遠いい昔のことではなかったからです。[6]」

「もしある人が自分は信仰をもっていると思っていながら、しかもそれをもっていることに関して、冷くもなければ熱くもないどうでもよいような態度であるならば、その人は、自分は信仰なぞもってはいないのだとはっきり確信してよいのです。もしある人がキリスト者の積りでありながら、しかも自分がキリスト者であることに関して無関心であるならば、その人は真の意味ではキリスト者ではないのです。あるいは、自分は恋におちているとはっきり言っており、しかも同時に、そんなことは自分にとってどうでもよいことなのだと言って憚らない人間について、われわれはどう判断したらよいのでしょうか？[7]」

「国民全体に対する一般的名称としての『キリスト教国』Christenhed という言葉は、余りにも多くのことを簡単に言ってのけ、それゆえまたもや個々人に余りにも過大なことを簡単に信じ込ませる機会になってしまうような、見出し語のようなものです。[8]」

「もしあなたが〔キリスト教的なものという〕この最高のものへ『教養』Dannelse の助力によって近づいていると信じているならば、あなたはひどい誤まりを犯しているのです。…キリスト教的なものは決して教養というものの『最高』ではないからです。キリスト教的なものは、正に躓きによって突き離しを通じて人を教育するのです。[9]」

「ですから、もし必要とあらば、それがためには、われわれは、最高の座への責任においては、キリスト教の、まさにキリスト教の説教において、キリスト教に向かって説教をすることをも、ためらうべきではないでしょう。なぜなら、われわれは、この時代の不幸が何に根差しているのかを、確かにすっかり知っているからです。つまり、それは、ガチョウががあがあ言うような、そして御機嫌をとるような、正にその日曜日の説教こそが、キリスト教を愚弄して錯覚にまで化してしまい、われわれ人間を、われわれもこのようなわけでキリスト者なのだ、という幻想へと欺き込んでしまうところにあるのです。[10]」

「おお、学識と明敏な頭脳の悲しむべき浪費よ、キリスト教を弁護するかくも巨大な仕事のために、おお、悲しむべき時間の浪費よ！ほんとうに、もしキリスト教が力強い姿で躓きの可能性としてまたもや立ち現われてきさえするならば、その恐ろしさは、人々を、再び驚き跳び上がらせてしまうでしょう。そうなれば、キリスト教は決して弁護の必要なぞなくなるのです。…キリスト教は弁護さるべきではありません。キリスト教が曾てのように恐ろしい迫力で人々に選択を迫ってくるとき、そして恐ろしい迫力で、躓くか、あるいは、キリスト教を受け入れるか、そのいずれを選択するのかを迫ってくるとき、自分たちの身を守り、自分たちが選んだものを自分自身のために弁護できるとしても、それをじっと見守るのがわれわれ人間です。ですから、キリスト教的なものから躓きの可能性を取り去ってしまうか、あるいは、罪の赦しから悩める良心の闘いを切り離してしまうかして（実はルターの極めて優れた解説によるならば、キリスト教の教義の全体はこの闘いにこそ帰せられるべきなのですが）、むしろでき得る限り早いうちに、教会なぞ閉ざしてしまうか、さもなければ、教会なぞ一日中開かれている娯楽場にしてしまうかするのがよいのです。[11]」

この種の言葉は、このほか多量に見出せるが、ここではこれだけにとどめておこう。これらで明らかなように、キルケゴールは、「時代」の最大の問題は、「同時代」には「巨大な錯覚」が支配しているということ、それは、国民のすべてが自らをキリスト者と思い込んでおり、こうして自国を「キリスト教国」と信じ込んでいることにある、しかしこの「巨大な錯覚」をつくり出しているものは、他ならぬ「国家教会」それ自身なのだ、というのである。それにしても、これらの言葉は本当に凄まじい言葉である。当時の感覚からするならば、そしてまた実際に当時のどんなに過激な文章においても、「教会を閉じてしまえ…」とか、「教会を娯楽場にしてしまえ…」とかいうような言葉は、決して現われたことはなかったのである。[12]

既に述べたように、「国家教会批判の言葉」は、一度だけ『後書』に現われた。しかしそれは問題を「哲学」のレベルで考えるための示唆的意味のものであった。しかしここにおいては、実に多量な言葉が、そのいずれもが一つの問題的事項に対する首尾一貫した主張として現われたのである。その意味においては、それらは、「国家教会」への本格的批判の最初の現われとみてよいであろう。

しかしこれらの言葉で明らかなように、いまやキルケゴールは、実に深い卓越した洞察眼によって、「国家教会」の本質を、余りにも適切にとらえたようである。従って、このような洞察をした以上、彼には当然に、そのような国家教会に対する自らの行動的役割として、深く心に期するものがあったことは、言うまでもない。しかしそれについては、次節の後の個所で、次節の『キリスト教講話』の残した問題も含めて、考察することにしたいと思う。

しかしここでは是非一つのことだけを指摘しておきたいと思う。それは、キルケゴールはこの『愛のわざ』をJ・P・ミュンスター監督に献上し、後日一八四七年十一月四日それについての感想を聞くために同監督公邸を訪れたが、ミュンスターは明らかに同書に不快感をもったらしく、いまとても忙しいのだの一言で門前払いをくってしまったことである。この出来事は大変重要な意味をもっていることだけをここに記しておき、その実際の模様については次の

第五部で紹介しよう。

注

(1) F. J. B. Jansen: Ibid., S. 61.
(2) G. Malantshuk: Dialektik og Eksistens hos S. K. (Kbh. 1968). S. 308.
(3)『著研II』一四〇五—八頁。
(4)(5) S. V. IX. S. 428.
(6)(7) Ibid., S. 37ff.
(8) Ibid., S. 61.
(9) Ibid., S. 74.
(10) Ibid., S. 225ff.
(11) Ibid., S. 228ff.
(12) V. Christensen: Ibid., S. 101ff.

第三節 『キリスト教講話』に現われた「国家教会批判」の構図

既に述べたように、一八四七年九月二九日あの四三一頁もの大冊『愛のわざ』が出版されてから僅か七ヶ月弱後の一八四八年四月二六日には、この三五六頁もの『キリスト教講話』が出版された。何という超人的なエネルギーとスピードであろう。Papirer VIII^1 ならびに VIII^2 の記録によるならば、それぞれの原稿の執筆は次のようにして行われたことが知られる。『愛のわざ』の原稿は一八四七年初めから行われ、八月に脱稿、八月一七日に印刷所に渡され、九月二九日に出版ということになった。その間校正その他のことに時間がとられたので、この『キリスト教講話』の原稿執筆は結局はその九月後半からということになる。ところが精力的な執筆の後翌一八四八年三月六日には既に脱稿して原稿を印刷所に手渡している。つまり、その執筆期間は六ヶ月にも満たないのである。これだけの内容のものがどうしてこの短期間に出来るのかと、先の二著のことも合わせてただ驚歎させられる以外の何ものもない。しかしその内容は絶品と言うほかなく、多くの研究者は絶賛の言辞を惜しまない。とくにその文学形式に対してそうである。

内省心理学派の最頂点、最終点に立っている者と考えられるあのJ・ホーレンベアは、該書を、先述の二著と関連づけ、「これら三つの書物の中で該書は形式も内容もともに最も豊かにできている。該書は四つの楽章からなるひとつのシンフォニーのような形式になっている」[1]と言い、その各楽章についての説明を施している。

F・J・B・ヤンセン教授は、該書の出来ばえを絶賛し、とくにこれの中の第三篇「背後から傷つける思想―建徳のために」を該書の中の講話の代表的なものとなし、それはキルケゴールの実に高度な説教技術 Prædikenskunst を示すものとなし[2]、キルケゴールはたった一つの言葉に一冊の書物全体を抱き込ませる天才的な名文家としての力をもっており[3]、しかも言葉へのそのような凝集力を、類型に関する彼の才能と卓越した説話技術とに結びつけることを、該書でやってのけている、と言っている[4]。そして更にこう述べている。「このキリスト教講話は、それらの殆んどすべてが、知的刻印をおびている。それらは意表をつくような、正にぎょっとするような逆説を好んで使っている。それらは、哲学者キルケゴールと説教者キルケゴールとの出会いによって生まれたものである[5]。」

G・マランチュークは、該書は先行する二著の中のいくつかの講話を反復することができる「より高い視点から」書かれたものであるとともに、更に高い地点に向かって上昇していったことを示している、と言い[6]、該書の文学的形式（構成）においても内容自体においても弁証法的性格に貫かれており、いわば幾重にもなっている弁証法的構造のもとにあることを、見事に指摘している[7]。

研究者たちからはこのような賛辞が述べられている。

該書の全体は大きく四つに区分され、各部分はそれぞれ七つの講話から成っている。それらの構成や内容に関しては、既に『著研Ⅱ』の一四二〇頁から四二一頁までの間に詳述してあるので、ここでの叙述はそれを前提にして進められるが、ここでは目下の課題のもとで考察される必要があるので、本節では、その個所でも充分触れられていなかった一点だけを指摘し、それをめぐって考察を進めたいと思う。それは、この講話の全体が、根本的には、徹頭徹尾「懺悔の講話」になっているという点である。第一篇と第二篇はすぐそれと分かるが、第三篇は非常に性格を異にしているためすぐそうであるとは気付きにくいとしても、読んでゆくうちにこれこそ「懺悔の講話」であることがよく分かってくるのであり、しかも、これはその二篇と次の第四篇との継ぎの位置に置かれており、第四篇へと引き継がれる役を演じていることから（これについては直ぐ後述する）、これを該書全体から見るとき、それは「懺悔」のための重要な役割を担っていることを知らされる。こうして第四篇になるが、これにはこの講話のための標題が直接的にはつけられておらず、それに代ってただ「金曜日の聖餐式における講話」とだけ記されている。これも七つの講話から成っているが、この部分は、キルケゴールが一八四七年八月二七日に、自ら請願して、フルーェ教会で、はじめて「懺悔の講話者」Skriftetaler として登場して語ったことに関連している。(8) これについても直ぐ後述するが、このように見てくるとき、該書の全体が「懺悔の講話」であること、そして先述の二著と合わせてこの三部作三冊のシリーズは、「懺悔の講話」で始まり「懺悔の講話」で終るという形式になっていることが分かる。

われわれの目下のテーマから見るとき、該書全体の四つの講話の配置関係が、そしてとりわけ第三篇と第四篇との関係が、重要な意味をもってくる。キルケゴールが書いているところによると、これら四つの講話の中、一番最初に第四篇「金曜日の聖餐式における講話」が書かれ（一八四七年十月末）、次に第二篇「苦難の闘いにおける諸々の気分」が書かれ（同年十一月末）、三番目に第一篇「異邦人の思い煩い」が書かれ（一八四八年一月末）、最後に第三篇「背後から傷つける思想――建徳のために」が書かれたようである（一八四八年二月末）。キルケゴールはこれらの原稿をこのような順序で書いたが、この一番最後に書いた第三篇に関しては、これを他の三つの中に入れるべきかどうかかなり考えたようで、結局は該書の原稿全体を印刷所に渡す寸前の時期にこれを入れることに決めたのである。

さて、これらの原稿の作成には、このような時間的経緯があり、その際その第三篇が入れられるべきかどうかが一番問題になったようであるが、われわれはこの問題をこれだけのこととして簡単に考えることはできない。というのは、この件について、つまり、その苦慮と熟慮について、彼の日誌は、実に重要なことを報告してくれているからである。しかも、よく考えてみるならば、その事項こそがこの第三篇と第四篇とを読むための正に唯一の視点を提供してくれているように思えるのである。われわれは、該書を読むためにも視点や方法に関していろいろと苦労するが、ここにキルケゴール自身によるそれについての示唆がある以上、何よりもまず彼自身の示唆に従うのが当然であろう。その日誌記事とは、Pap. VIII^{1}A560 と 590 とである。以下この順で訳出してみよう。

「キリスト教講話は、第三篇なしには、余りにも穏やかであり、私の性格からみて真実ではない。それらは充分なほどに穏やかだ。だから、第三篇に途方もなく大きな刺激を置き——こうして第四篇には最も隠された内面性を置いたこと、これは金曜日の聖餐式における講話を置いたからこそそうなるのであるが、このような二つのものの並置よりももっと幸福な並置を、私はこの世のどこで得られたであろうか。」

「キリスト教講話における第三篇と第四篇との対立関係は、できるだけ強いものに、そして内面的なものになっている。つまり、前者は、宮潔めの儀式 Tempelrenselses-Fest として設定され、こうして後者は、すべての礼拝の中で実に静かで最も内面的な礼拝 den stille og inderligste af alle Gudstjenester、すなわち、金曜日の聖餐式として設定されているのである。」

これらの言葉は、該書の構成の枠を言い当て妙を得ている、と言ってよかろう。この言葉はこの講話を読むための基本的な視点になる。

さて、これらの言葉を視点として該書を研究してみるとき、この言葉通りに該書を研究した研究者として、V・クレステンセンの名がグローズ・アップされてくる。クレステンセンは、該書の全体について、「われわれは、該書において、〈懺悔をすすめる説教〉の聖衣を纏ったキルケゴールに出会う機会をもつことになる」と言っている。[9] そしてまたその第三篇と第四篇の関係について、前者は、「宮潔めの儀式」として設定され、こうして後者は、「すべての礼拝の中で実に静かな、そして最も内面的な礼拝」として設定されており、「キルケゴールは、これら二つの礼拝を通じて、自らがそれらと共働することへと呼び出されているのを感じていた」とも言っている。[10]

該書を構成する四つの講話、とりわけ、第三篇と第四篇の配置は以上のようなものだとすると、そのことはキルケゴールによる「国家教会批判」に関して更に一つ重要なことを教えてくれている。それは、キルケゴールによる「国家教会批判」は、いわゆる単なる社会運動や政治運動と同種のものではなく、「懺悔の行為」に基づく「礼拝行為」として行われたものだ、ということである。それは文字通り、キルケゴール自身の「礼拝行為」だったのである。

そこで、このような認識にたつとき、われわれの目下のテーマとの関連においては、「国家教会批判」の思想を直接主題として扱った第三篇「背後から傷つける思想——建徳のために」が特別に重要なものとして、その意味の輪郭をくっきりと現わしてくる。そこで以下この第三篇の意味するものについて少しく述べたいと思う。しかしその内容については、既に『著研Ⅱ』の一四二六頁から三六頁までに詳述してあるので、ここではあくまで目下のテーマとの関連においてのみ、つまり、その視角からのみ、述べることにする。

この第三篇は、先行する第一篇と第二篇とは大きく異なり、一般にもある苦難に対するキリスト教からの考えやメッセージではなく、キリスト教においてのみある特別な苦難を、テーマにしている。そしてこの特別な苦難を、キルケゴールは「自由意志によって苦難をうけること」だという。しかしそれなら、そういうことは異教にも見られるまではないかということになるが、キルケゴールによるならば、単に忍耐をもって苦難をうけることなら異教徒にも見られるが、キリスト教の場合は、「忍耐をもって苦難を受けること」が「善いこと」であると信じられるゆえに、それを受けるのだという。その場合の信仰の根拠として、キルケゴールは、神であるキリストが自らすすんで苦難を受け、十字架を選んだことを挙げている。それゆえ、「キリスト教のみにある特別の苦難」とは、この「十字架上のキリスト」を信じる「自由意志」において、同じようにその苦難を受けることを意味している。[11]

しかしキルケゴールは、この苦難を述べるために、この第三篇の全体を、「宮潔めの儀式」として、性格づけている。この「宮潔めの儀式」とは一見「マタイによる福音書」第二十一章十二節と十三節に因んで言われているように思ってしまうが、実際はそうではなく、極めてキルケゴール独特の形をとって展開されている。つまり、この第三篇は、キルケゴール自身が行った実に厳しい「宮潔めの儀式」である。しかし具体的には、それは、「国家教会のキリスト教批判」を内実としている。そしてその「厳しさ」は、いわゆる言語表現上のそれにあるのではなく、その「意味」上のそれにこそあると言える。そしてその「厳しさ」こそこの講話がもつ比類ない特徴と言うことができよう。

この第三篇を、そのようにキルケゴール自身の言葉通りに、「宮潔めの儀式」を意味するものとして、しかもその内実は「国家教会批判」にあるものとして想定してかかるとき、その「標題」は、そのようなイメージの意表を突くような響きをもって現われてくる。それは、「背後から傷つける思想——建徳のために。キリスト教的講話」Tanker, som saare bagfra—til Opbyggelse. Christelige Foredrag. というものである。われわれは一般的に、キルケゴールの「宮潔めの儀式」とか「国家教会批判」という言葉を聞くと、すぐそれは、「国家教会」の真正面に立ちそれに向かって強烈なアジテーションを浴びせかけるような図をイメージしがちであるが、この標題はそのようなイメージの意表を突く響きをもっている。つまり、この標題は、国家教会に対する闘い方が決してそのようなものではないことを暗示しているのである。その闘い方は、彼が『視点』の中で自らの著作活動の「二重性」について述べていることと非常に似ており、いわゆる正面作戦ではなく、背面攻撃である。この標題は、「国家教会批判」という営みがこのような性格のものであることを、示唆しているわけである。しかしこの標題とともに、副題も実に重要なことを示唆している。ここに付されている「建徳のために」Til Opbyggelse という言葉は、ここでは、前著『愛のわざ』の第二部一「愛は徳を建てる」で述べられている意味で用いられていると見ることができる。しかしこの言葉は、元来は、一般にも用いられてきた opbygge から発しており、キルケゴールはこの意味を実に詳しくこの『愛のわざ』で説明している[12]。一般的には、opbygge, あるいは、bygge op と言えば、何かの基礎の上に何物かを建ち上げることを意味する。その個所でキルケゴールは、この意味を説明しているが、それはあくまで「コリント人への第一の手紙」第八章一節についての講話として述べているのである。そのパウロの言葉は次のようになっている。「…「我々は皆、知識をもっている」ということは確かです。ただ、知識は人を高ぶらせるが、愛は造り上げる。」キルケゴールは、この op-bygge をこのパウロの言葉についての講話において詳しく説明しているのである。しかし彼は、この言葉についての説明を他の著作のさまざまな個所で行っている。そしてこれらを精査して統一的な意味の理解を得ようとするなら、これだけでも大作業になる。しかし私は、ここでは、キルケゴールが目下の講話の「副題」として付した意図に関する限りの意味を推察するにとどめておきたいと思う。というのは、キルケゴールがこの言葉を用いるとき、その場面々々でかなりニュアンスが異なるからである。そしてここでは、その言語使用は、あくまで先著『愛のわざ』でのパウロの言葉についての講話での説明に基づいているということである。つまり、この言葉は、「土台の上に何かを新たに建てる、造りあげること、その土台とは、キリストにおける神の愛のわざを信じる真の信仰であり、その真の信仰を通じて発揮される、自己の新生におけるポジティブなもの等々のことを意味しているといってよかろう。従って、こういうと誤解を招きやすいかもしれないが、この言葉は、キルケゴールにおいては、キリスト教信仰におけるポジティブなものをあらわす語として用いられている。しかしこの言葉は、キルケゴール以前には、デンマークでは、十八世紀に敬虔主義の人々、十九世紀には、この流れを汲むあの覚醒者と呼ばれた人々、更には同じくその流れに連らなるインドゥレ・ミッションに属する人々に用いられてきた言葉で、これらの人々の書物や小冊子にはこの言葉を標題に使ったものを多く見かける。その意味においては、何らかの点でこれらの人々とも深い関係をもつキルケゴールの信仰告白にこの言葉が用いられたのは、極く自然のことであると言ってもよい。このように、この第三篇の講話の標題と副題とは以上のようなものであり、それは、ここでの闘いは、いわゆる「正面作戦」というようなものではなく「背面攻撃」であり、しかも「破壊をめざすもの」ではなく、「建徳をめざすもの」であることを、示唆しているのである。

さて、この講話は、何よりもまずその「背後から傷つける」ということはどういうことなのかを、訴えることから始める。その第三篇の最初の扉の裏には、この「キリスト教国」においては、真に「キリスト教的なもの」は、この「キリスト教国」の中では、その背後から攻撃をしかけてくるものになる、ということが記されている。これは第三篇全体に通じる思想である。

「キリスト教的なものは、いかなる弁護も必要としません。何がしかの弁護によって益を得るようなことはありません――キリスト教的なものは攻撃するものです。それを弁護することは、あらゆる歪曲の中で最も弁護しようのない歪曲であり、最も転倒した歪曲であり、最も危険な歪曲です――その歪曲は、無意識のうちに狡猾になされた裏切りです。キリスト教的なものは攻撃をするものでして、キリスト教国においては、当然に背後から攻撃をしてくるものなのです。(13)」

このように述べて、キルケゴールは、この講話が、キリスト教の本質を、このキリスト教国において、貫徹することを訴えているのである。

こうして彼は、この第三篇を構成する七つの講話を通じて、この主旨を貫徹してゆく。

しかしそれらの内容も、予想に反して、余りにも意外なものになっている。というのは、それらの講話がこぞって訴えていることは、キリスト者は、徹頭徹尾、自分の「信仰」に目覚めているべきであり、つねに厳密にそれを見つめ検証する努力をすべきことに、向けられているからである。例えば、最初の講話の標題は「伝道の書」の第五章一節の言葉からとられ「あなたが主の家に行くときには、足を慎むがよい」となっている。これだけみても、これが誰に向かってどのような厳しさで語られているのかがすぐ感知できる。こうしてこの講話は、キリスト者が自分の信仰に対して一瞬のスキもなく目覚めており厳密であることをすすめる。(14) しかし次の講話では、人が真摯にそのように努力すればする程、そこでは自分は自分の信仰の課題を決して成し遂げていないことを知り、真の懺悔説教者（罪の悔い改めをすすめる説教者）Bodsprædikant に、それも自らが自分自身の「懺悔説教者」になってゆかざるをえないことを述べている。[15] そして五番目の講話「わたしたちはいま救いに一層近づいている——嘗てわたしたちが信じる者となった時よりも」においては、次のように述べている。

「では、あなたはいつ信じる者になったのですか？　もしあなたがあなたは『いま』どこにいるのかをはっきりさせようとするなら、このことを明白にしておくことは極めて重要なことになります。[16]」

「あなたはいつ信じる者になりましたか、あるいは、同じことになりますが、あなたが信じる者になるというこの決定的なことを体験したことを、全存在的なこととして自覚しておられますか？……では、あなたは、あなたは『いま』どこにいるのですか、あなたは『いま』あなたの救いに一層近い所にいるのですか？[17]」

以上のように、この第三篇の講話は、キリスト教的なものの本質に従うという構図のもとで、何よりも自分の「信仰」を徹頭徹尾「厳しく問いつづける」ことを進めてゆくのである。

そしてこの営みから当然に、そのように個々人の「信仰」を問うことを通じて、「国家教会のキリスト教」そのものを問うてゆくまでに至るわけである。第六番目と第七番目の講話には、そのような仕方による「国家教会批判」の言葉が多量に現われてくる。それらのいくつかを次に紹介しよう。

「キリスト教はそもそも、人がこの人生で生きている間に、栄誉を与えられたり、名声を受けたりすることに対しては、疑念をもっています。生きている間に嘲られた者はみな、だからこそ正しい道を歩んでいたのだと言ってやまないような愚かさDaarskabは、キリスト教からは遠くかけ離れたものとされています。しかしキリスト教はただこう言うだけなのです。生きている間に嘲られた者たちの中に、真のキリスト者が間違いなく見出されるにちがいない、と。それというのも、キリスト教の見解はこういうことだからです。すなわち、永遠なるもの、真実なものは、瞬間的な拍手喝采をうけることはあり得ないもので、必然的に不快を買わざるを得ないものである、ということです。[18]」

「しかし私は確かに、このキリスト教国の中にあっては、自分が異邦人のように思えてならないのです。このキリスト教国の全体がただ全くキリスト者たちの国である限り、私は異邦人たちの間で生活しているのではないかと思う以上に異邦人的に思えるのです。[19]」

「私は、このキリスト教国の中で、自分を、異邦人のように感じます。というのは、私が日夜没頭しているものがありますが、それについて、このキリスト教国では、人は、もしそれが日々のパンのためであるなら、そのように精々没頭するのがよいだろうと考えますが、しかしだからと言って、もし誰かがそのようにそのことに没頭したとするなら、それはいやが上にもおかしなことになってしまうとも考えるのです。私は、以上のことから、キリスト教国に生きているあなた方すべてが果して実際に信仰者であるのかどうか、これに関して、結論を下すつもりはありません。私はそもそも信仰に関して他人のことは何も知りません。しかし私が知っているのはこのこと、『彼が世の中で信じられた』ということ、そしてまたそのことから全く単純にこのこと、『私が彼を信じたこと、そしていまも信じていること、このことです。[20]」

キリスト教国にはキリスト教についての「知識」は多過ぎる程持たれているが、真のキリスト教信仰に必要なものは、そのような「知識」ではないことについてこう述べている。

「そこに欠けているものは、確かに全く別のものなのです。それは精神全体の内面的転換ということで、それによってひとりの人間が、精神そのものの危機の中にあって、真の内面性においていやが上にも真剣になって――彼が知っている多くのキリスト教なるものの中から――これだけは何としてもといえるものを信じるに至ることとそのことです。[21]」

これらの言葉で明らかなように、それらに見られる「国家教会批判」は悉く、キリスト者自身の「信仰」への徹底した自己検証を通じて、その内面化の営みが「国家教会のキリスト者」の内面化へと遡及する構図になっている。つまり、それは、ひとりひとりの人間が内面化を徹底化してゆくことを通じてそこに響いてくる反響音が「国家教会批判」へと通じているという構図になっている。これがキルケゴールの「宮潔めの儀式」である。

しかしこうして次の第四篇の講話では、その「内面化の方向」が、今度は教会での神の礼拝の場で、更に徹底化される仕方で行われる。この第四篇には特別の標題はなく、ただ「金曜日の聖餐式における講話」と記されているだけである。これも七つの講話から成っているが、これらの中の第三番目の講話は、一八四七年八月二十七日にフルーェエ教会で、実際に行われたものである。しかしキルケゴールは、これら七つの講話すべてをこれと同じ趣きのものとして性格づけたのである。既に述べたように、キルケゴールは、第三篇を「宮潔めの儀式」として性格づけ、これに対してこの第四篇を「すべての礼拝の中で実に静かな、そして最も内面的な礼拝」（最も隠された内面性）として設定している。これで分かるように、彼は、この第四篇で、徹底した意味での「内面化」と「深化」とをはかっている。つまり、それは、徹底して教会での礼拝において、神の前で、礼拝行為として行われているという性格をもたされているのである。

従って、この第四篇では、キルケゴールの眼差しは、第三篇ではひとりひとりの人間の自己の信仰を見つめる状態から一転して、「キリスト」そのものの方向へと向かい、彼を見つめ、その姿勢のもとで自己の懺悔が行われるという仕方がとられている。そのキリストを見つめる眼差しのもとでは、「懺悔」ということとそのことも徹底的に映し出され、その意味が明らかにされ[22]、更にキリストとの同時性が、例えば、あのゴルゴタの丘に集まった群衆の一人に自分もいたらという仮想が問題として取りあげられ、それが懺悔の言葉に変様されて述べられている[23]。それらは実に感動的なことばになっている。しかし第四番目の講話の中の次の言葉は、この時のキルケゴールの信仰の核心となるものを言い表わしていると言ってよいであろう。

「…私は次のことだけで充分なのです。すなわち、私は『愛そのもの』が裏切られたのを見たということ、そして私は、自分自身について、私もまた人間であり、人間であるということは罪ある人間であるということというような何がしかのことを理解したということだけで。…私は、この瞬間から、もう自分自身を信じなくなっています。私は、自分があの同時代の人々のように試みに合うことがなかったので自分の方があの人たちより善いのだというような勘違いをしないようにする積りだ。いや、私は自分自身が心配になってきたので、私はあの方のもとに、十字架につけられたあの方のもとに自分の避難所を求めよう。そして私は、あの方に、あの方が私を悪から救い出して下さいますように、そして私を私自身から救い出して下さいますように、と祈ろう。あの方によって、あの方のもとへと救われさえするなら、あの方が私をしっかりとつかまえていて下さるなら、私は自分があの方を裏切ることはないことを知っています。(24)」

さて、視界をもう一度この一連の三部作全体に戻して言うと、この三部作は、このようにして、徹頭徹尾、キルケゴール自身の「懺悔の講話」として書かれており、それは最後には、徹底した「礼拝形式」をとって、最も隠された内面性の礼拝」として終っている。その「懺悔」はあくまでも「キリスト教的なものの本質」が貫徹されるにあたってそれが自分自身の「信仰」へと遡及してくる姿である。しかし正にそのことによって、その貫徹による遡及は、同時に「国家教会のキリスト教」そのものに及んでくるのであり、こうしてそこから「国家教会批判」の言葉が登場してきたのである。

この三部作を以上のように理解するとき、ここで本章を閉じるにあたって、もう一言付け加えておくのがよいと考える。それは、この三部作がこのようなものだとすると、キルケゴールは、これらの原稿を書いているとき、それもとりわけその三番目の「キリスト教講話」の原稿を書いているとき、彼の信仰的意識は「内面化」と「深化」の極に達していたのではないか、ということである。彼がそれらの著作で度々使っている言葉によるならば、彼は文字通り、「信仰」における「へり下り」Ydmygelse の最も徹底した状態にあったのではないか、ということである。そしてこれは、コルサール体験後に彼が辿ってきた内面化の方向の当然の行き着く地点に達しつつあることを意味しているように思えてくることである。そして何よりも注目さるべきことは、彼の「教会闘争」はこの「信仰におけるへり下り」Ydmygelse においてすすめられている、ということである。

しかし「日誌」の方に目をやると、そこではこの「国家教会批判」の営為は「教会闘争の構図」を作りつつある程にまで深化しつつあることを知らされる。

注

(1) J. Hohlenberg; Den Ensommes Vej. (Kbh. 1948). S. 181.
(2)(3)(4)(5) F. J. B. Jansen: Ibid., S. 61, 62, 63, 64.
(6)(7) G. Malantschuk: Indførelse i S. Ks Forfatterskab. (Kbh. 1953). S. 58ff., Dialektik og Eksisens. (Kbh. 1968). S. 309–11.
(8) V. Christensen: Ibid., S. 91ff.
(9) Ibid., S. 105.
(10) Ibid., S. 107.
(11) Pap. VIII^{1}A259『著研Ⅱ』一四二六—七頁。
(12) S. V. IX. S. 241ff.
(13) S. V. X. S. 192.
(14) Ibid., S. 198.
(15) Ibid., S. 226.
(16)(17) Ibid., S. 253, 254ff.
(18) Ibid., S. 264.
(19)(20) Ibid., S. 281ff.
(21) Ibid., S. 284.
(22) Ibid., S. 320–2.
(23) Ibid., S. 304ff.
(24) Ibid., S. 332.

第四章　日誌の中に仄見えてくる「闘争の構図」へのイメージ

キルケゴールは、前述の三部作において、前述のような「国家教会批判」の言葉や姿勢を表明していたが、他方「日誌」の方では、彼は、単にそれだけにとどまらず、むしろ彼の頭にはその「教会闘争の構図」そのものがかなりはっきり浮かび上がってきて、そのイメージのもとで教会問題を考えていることを物語る文章を多数書いている。しかしそれらの中で最も注目されるのは、彼は、そのような「構図」の中に、自分自身がとる「位置」と「役割」とを明確に自覚し始めているという点である。しかもそれと同時に、その「構図」の中で、これからの批判の「標的」が徐々に絞られつつあることを感じ始めているふしをも見せている点である。それはJ・P・ミュンスター監督との対立を通じて感じている点である。以下その二点について述べてみよう。

第一節　自分の「役割」への自覚

この時期キルケゴールが「国家教会」に対して抱いていた考えの核心は、キリスト教の本質から見るならば、「国家教会」は「キリスト教国」という「巨大な錯覚」をつくり出しており、時代の人々はこの「錯覚」の中に生きている、という点にあった。従って、彼は、このような「イメージ」において、「国家教会批判」を行っていたのである。しかし彼は、そのような「イメージ」の中で、時代を支配しているその「巨大な錯覚」を払拭するための自分の「役割」あるいは「任務」というものを実に真剣に考えていた。一八四七年十一月二〇日の日誌では、彼は、これからの自分の人生課題に触れながら、そのようなことへの自分の「役割」あるいは「任務」についてかなり詳しく述べている。それによると、彼は、自らの任務を、その「巨大な錯覚」から時代を「目覚ます」ことであり、神の監視の下における「巡査」Betjent のようなものになることを、覚悟していたことを知らされる。

「むなしくも人は宗教的なものを暴露しようとしている。しかし人はそれをするための機械をもって来ることができないでいる。なぜなら、土壌そのものが荒地になっているか湿地になっているからである…みよ、密輸業者も謀反者も行き交うようなこの国境線の所にあって、私は、こう言ってよいなら、手管を弄したり、力を用いたり、(これは精神の領域のことだが)というようなあらゆる方法を用いて、すべての錯覚を差し押え、神への馴れ々々しさに基づくあの不遜きわまりない幻想を、つまり、それは神—人についての教義の余りにも大きな偽りであり偽造であるので、その種のことは異教徒もユダヤ人も与り知らなかったような幻想を、引っ捕えなければならないひとりのしがない巡査としての職分を得ているのである…私は、誰かがこういうことは私から、あるいは、私によって苦心して深く学ぶようになるとしても、私自身が、人間は神の前では無にひとしいということを、へり下って、心を無にして、そして心を砕いて、学ばなければならなかった。私が私から学ぶべきことはこのことなのだ、直接的にではなく、間接的にであるが。そしてこのことを為し得るために、私はつねに自分自身が神による教育の中に保たれているのである…私の任務は真理のために仕えることであり、その形式は本質的に従順 Lydighed ということである。何か新しいものが齎らされることではなく、あらゆる所にバネが備え付けられ、それによって再び、旧いものが、全く旧いものがもう一度新しいものになるようにされることである。私が生きている間は、人間的に言えば、私はただ苦しい念いをするだけで何の感謝もされないだろう——しかし私の行為自体は私の死後何が起ころうともずっと生き続けてゆくだろう。(1)」

この手記によると、この時期キルケゴールは、自らの役割、任務を、時代を支配する「巨大な錯覚」から時代を「覚醒」させる役割り、しかしそれはあくまで神の監視の下における「巡査」にすぎないものとして自覚していたことを知らされる。しかしその自覚もこの時点では「予感と覚悟」の域を出てはいないことは明らかである。しかし注目したい点は、この「国家教会批判」という大事業に関して、彼は決して感情的に舞い上がったり自己拡散したりすることなく、実に冷静に真面目に堅実に、その大事業の中における自分の「位置」というものをはっきり見極め、自分の役割、任務を誠実に理解しようと努めている点である。そしてこの時期以後も、彼はこの自覚のもとでこの大事業に関かわってゆくのである。しかしその彼に、国家教会が孕む問題の所在はますますはっきりと姿を現わしてくる。それは何よりもJ・P・ミュンスター監督の存在である。

注

(1) Pap. VIII¹A414

第二節 「J・P・ミュンスター監督との対立」の線

前章までの各章で述べたように、そしてとりわけ前章で詳しく述べたように、一八四六年から一八四八年春にかけての時期、キルケゴールの著作にも日誌や草稿類にも、彼が「国家教会のキリスト教」の正体をとらえようとしている線がはっきりと浮かび上がってきていた。ところが、その同時期の日誌を読んでいると、もう一つの事態が一つの「線」となって徐々に浮かび上がってくるのが視界に入ってくるのである。それは「J・P・ミュンスター監督との関係」の線であり、しかもこの「線」はこの時期徐々に「対立の線」として変様し始めている兆しを見せていることである。そしてこの「線」はそれを目にする者をして極めて重要なことを意味していることを予感させるものをもっている。そこでここではどうしてもこの「線」の問題に触れておくことの必要を感じさせられる。しかしこの問題そのものに関しては、次の第五部でまとめて考察することになるので、詳細はそこへと譲るとして、ここでは目下の時期の問題として、その論旨に触れる範囲で、極く簡単にその要点だけを述べるにとどめておきたいと思う。

「同監督に対するキルケゴールの関係」については、既に第二部で詳述したように、「父ミカエルとの関係」もあって、彼は、特別に深い尊敬と、ある意味では「後見人」と言ってもよいような親密な間柄の中にあった。N・トゥルストルップは、この関係を、ある時期までは「父ミカエルとの関係」を通じてミュンスターに「支配されていた状態」にあり、殆ど最後の時期に至るまで「共同で事を決定する関係」medbestemt であった、とさえ形容している。(1) つまり、キルケゴールにとって基本的には離れ難い関係は生涯の終りまで続いたのである。しかし他面、両者の関係は、ある時期を境いとして、それとは全く別の様相を呈して展開していったのである。目下の個所で注目されるのは、その件についてである。

キルケゴールは、三十代に入ると、その若さで、この偉大な存在と実に自由に頻繁に接触し会話の時をもっていた。このことは当時のコペンハーゲンの常識ではとても考えられないことであった。しかし彼はいともた易く監督公邸を訪れては会話の時をもっていた。しかしそれにはもう一つの理由もあった。それは、キルケゴールが自著をそれが出る度びに同監督に献上していたので、そういう機会が頻繁にあったことも関係していると言えよう。しかしとにかく両者の関係はそのようにして進んでいった。

ところが、キルケゴールの日誌を読んでいると、一八四六年を境いにして、そのような両者の関係に明らかに変化が起こり始めていることを推察させられる徴候が目に入ってくる。それは二つの点に認められる。一つは、ミュンスターの説教についての評価においてである。キルケゴールはつねにミュンスターの説教を深く研究し高い評価をしていたが、その時期から批判的な言葉が目立つようになってきたことである。(2) もう一つは、キルケゴールが行っていたミュンスター公邸の訪問についての記事の中に同監督がキルケゴールに不快感を見せ始めたことについて、キルケゴールも不審を抱き始めたことを示している文章が見えてきていることである。[3] このような二点がとりわけはっきり目に入ってくる。

このような変化がどんな理由から起こったのかは、それが一八四六年を境いにして起こっていることをみるとき、それは、何人かの研究者が指摘しているように、主としてあの『後書』の出版が一つの契機となり、それから「コルサール事件」、そして更に『愛のわざ』と『キリスト教講話』の出版が大きな原因となっていることは明らかである。つまり、これらのことはそれぞれ同監督に、キルケゴールに対する不快の念を抱かせ、それがキルケゴールへの態度に現われ、そのことがキルケゴールに同監督への不審の念を抱かせるようになったと言うことができよう。[4] しかしこれらの中でも両者のそのような不信感に大きな要因をなしたものとして『後書』の内容と『愛のわざ』の内容とが関係していると考えられるので、以下この両者が両者の関係に及ぼしたと考えられる影響について簡単に述べておこう。

まず『後書』は、既に本書第三部第一章で述べたように、「国家教会批判」の言葉が彼の著作の中では一番最初に現われた書物である。該書は、キルケゴールがそれ以前の偽名著作の偽名著者たちは自分であることをはじめてそしてすっかり明かした書物なので、キルケゴールははじめて著者としてこれを同監督に献上し、またはじめて堂々と著者として同監督のもとを訪れたのであった。[5] N・トゥルストルップの推測によると、その訪問は恐らく一八四六年二月末、つまり、同書出版の直後だったろうという。[6] 恐らくそうであろう。そのとき両者の間にどんな会話がもたれたかは一八四七年の日誌 Pap. VIII^{1}A332 の中にかなりはっきり示されている。

「私が彼と会話をした一番最初の時は直ちに、そしてその後の機会にはいくたびも繰り返して、しかし出来得る限り厳かに、ミュンスター監督にこう言った、私は〔同書では〕監督とは全く反対の事柄を書きました…すると監督は、それに対して、細心の注意を払うようにして、こう答えた、私はあなたのことがよくわかります。彼は曾て一度こんなことを言ったこともある。われわれ二人は互いに補完し合う関係のようなものですね。しかし私はそれには決して同意しなかった。なぜなら、その言葉は私が願っていたことよりもずっと厳かだったから、ただ相違を出来るだけはっきりと繰り返して言うだけであった。そして私は彼にこうも言った、監督を不快にさせたにちがいないと自分ではよく分かっていた事柄がしばしばありました。しかし私は確実に監督と共に考えていますし、また正にそうしてきました——そのことを決して変えるつもりはありません、と。(7)」

しかしこの『後書』の「国家教会批判」の言葉が同監督を喜ばせる筈はなかった。この出版以後の「コルサール事件」や「アドラーの事件」もいくらかの影響があったのかもしれない。同一八四六年十一月五日キルケゴールの日誌には次のような言葉が現われている。V・クレステンセンやN・トゥルストルップも指摘しているように(8)、この手記には明らかに『後書』の問題が影響していると考えられる。その手記は第五部第四章第三節Ⅱで紹介される次の書き出しで始まるものである。

「ミュンスター監督が私に田舎の村の牧師になることを薦めるとき、監督は明らかに私のことが分かっていない。私がこのことを願っていること、それは全く確かである。しかしわれわれ二人が前提としているものは同じものではない。監督はやはり…(9)」

この全文を紹介する個所でよく知られ得るように、このあとに続く文章でキルケゴールは同監督への相当なる不信の念をはっきりと述べている。それはいままでの日誌の中では一度も見られたことのない最も大きな違和感についての思い切った記述である。その言葉は結局のところ、同監督がキルケゴールに対してとった不審な態度に対応する形での不信の念の記述である。両者の間にそのような関係が生まれてしまったことは、やはり『後書』が大きな要因をなしていたとみてよいであろう。

こうして次に『愛のわざ』が更に大きな要因をなす。該書は先の第四章第二節で述べたように、「国家教会批判」の言葉が大きなかたまりをなして現われた最初の書物である。あの多量の激しい言葉が同監督を激怒させない筈がない。キルケゴールは該書もいままでの著作と同様に同監督に献上した。そしてその後一ヶ月以上が過ぎた一八四七年十一月四日、キルケゴールは、いつものような会話をするために、同監督公邸を訪れた。ところが、同監督の対応は余りにも冷やかなものであった。それは明らかに『愛のわざ』が影響していることが感得されうるものであった。彼はこう記している。

「一八四七年十一月四日

今日私はミュンスター監督邸のドアを入ろうとした。すると彼は、いま私はとても忙しいのでね、と言った――そこで私は直ちにそこを去った。しかし彼はまた私に非常に冷たく当った。彼はやはりきっと私の最近の本（＝『愛のわざ』）のことで腹を立てているのだろう。その態度を私はそのように理解した。ひょっとすると私は間違ってそう思っているのかもしれない。しかし間違いないのはもう一つのこと、つまり、その出来事そのことが私にいままで持ったことのない一つの静けさというものを与えてくれたということである。というのは、私はいつも、書物を書く際には、私はミュンスターの勘に障わり殆んど激怒させてしまうことを書いていやしないかと、びくびくしていたからである。そしていまそのことが起こったと私は考えている。そのようなことはいままで何回も起こったが、監督は決して腹を立てるようなことはしなかった。けれども、見よ、私に一瞬傷をつけたものそのものが正に、私に生命と喜びとをこそ与えてくれるものになっているとは。私はいままで一度たりとも、彼の是認や同意を得る目的で、どんな些細なこともしたことはない。だから彼が私と一致している場合があったなら、それはたとえようのない私の喜びとなったであろう――そしてそれはまた彼のせいでもある。なぜなら、私は自分が正しいということを誰よりも最もよく知っているからだ――彼の説教によってである。[10]」

この『愛のわざ』が両者の関係に与えた影響はこのように大きなものであった。少くともキルケゴールはそのように読みとり、更に翌年の日誌 Pap. VIII^{1}A560 でもそのことに言及している程である。これについては次の第五部第一章での流れの中で触れることにする。

キルケゴールの日誌を読んでいるとこのようにして「ミュンスター監督との対立」をうかがわせる線が徐々に色濃

くなってゆくのがはっきり視界に入ってくる。例えば、Pap. VII^{1}A78, 169, 221, VII^{1}B87, 131, 221, 235, VIII^{1}A233, 332, 366, 388, 390, 397, 414, 449 等々以下無数に現われてくる。しかもこの「線」は同時に「国家教会批判」における一つの明確な「標的」を浮き彫りにしてゆく「線」でもある。先の第一節で紹介した一八四七年十一月二〇日の日誌(Pap. VIII^{1}A414) のあの文章のあとに続けてキルケゴールは更に次の文章を書いている。これこそ彼にとって「標的」がはっきりと一つに絞られてきていることを物語っている。

「この時代で私が注目している唯一の人物はミュンスターである。しかしミュンスターは、それが真理であるというそういう思いの中に、座を占め支配をすることだけに気を配り、その真理が正に彼の目の前で受難をしていても、そのことは気にかけていない。彼は、真理は支配しなければならないし、また支配すべきであるということを、ただ理解できているだけで、真理は正に受難をしなければならないし、また受難すべきであるということは、彼の理解を超えているのである。[11]」

この文章は、この「線」の流れを示す象徴的なものと言ってよかろう。こうしてその「線」はその「標的」を「J・P・ミュンスター監督」へと定めてゆくのである。

注

（1） N. Thulstrup: Ibid., S. 133

（2） 例えば、Pap. VIB157 や VII^{1}A78 等。

（3） Pap. VII^{1}A119, VIII^{1}A332, 388

（4） V. Christensen: Det centrale-. S. 102ff., Motiver-. S. 12, 16. N. Thulstrup: Ibid., S. 144ff., 158ff.

（5） Pap. VIII^{1}A332

（6） N. Thulstrup: Ibid., S. 159.

（7） Pap. VIII^{1}A332

（8） V. Christensen: Ibid., S. 73ff. N. Thulstrup: Ibid., S. 159.
（9） Pap. VII^{1}A169
（10） Pap. VIII^{1}A390
（11） Pap. VIII^{1}A414

総括

この「第四部」では、私は、あの「コルサール事件の体験」(=『新約聖書のキリスト教の真理』は「受難」を通じてのみ伝達され得るということの認知)がキルケゴール自身の信仰的内面性、著作活動の方法と立場についての彼の考え方、そして著作活動そのものにどのような影響を及ぼすことになり、究極的にはそれが「国家教会」そのものへの態度の根本的変更とそれに基づく「国家教会批判の言葉」となって現われていった次第を、一八四六年秋頃から一八四七年秋頃までの「日誌記述」と「著作」の中に辿る作業を試みた。いまそれをここで改めて要約してみると次のようになろう。

まずその期間の「日誌記述」は、その「コルサール体験」はキルケゴールの「信仰的意識」に根源的な衝撃を与える力をもっていたこと、しかもそれが彼の「運命の意識」と結びつき、彼は自らの人生を「懺悔者」として生きるよう定められていることを深く意識し、この自覚のもとに爾後の人生を生きることを決意したことを、示している。

次に、これもその「日誌記述」が示していることであるが、彼は、そのようなことの衝撃と自覚のもとで、従来の彼の「著作活動の方法と立場」についての考え方の根本的転換をはかったことが挙げられる。彼は自らの著作家としての立場を「宗教的詩人」として自覚し、その自覚のもとで「宗教的なもの」(キリスト教的なもの)を直接伝達することの必要を課題として受けとめるに至った。こうして彼は、最早「偽名方式」を廃して、「実名方式」へと転換することを決意した。そして勿論その方向で新しい制作が行われた。

こうして制作されたのが「キリスト教的講話の三部作」である。従って、これらはあの「コルサール体験」のインパクトが生み出した「著作」ということができよう。これら三冊はそれぞれ異なった性格と内容から成っているが、二つの共通点を見ることができる。一つは、キリスト教における「倫理的なもの」が取り挙げられており、それは、日常性、倫理性、宗教性というように著作の「レベル」(次元)を高い方向に上げてゆくごとに、「倫理的なもの」は尖鋭化され、深化されていっていることである。もう一つは、それと並行するようにして「国家教会批判の言葉」が現われてきて、三番目の『キリスト教講話』においては、その激しさも鋭さも頂点に達していると言ってよい。いずれにせよ、読者はこの「三部作」においてはじめてキルケゴールの本格的な「国家教会批判」の言葉と姿勢に接するのである。

最後に、もう一度「日誌記述」の方に目を向けると、ここにも「国家教会批判」に関かわりがあると考えられる記述を多々見ることができる。そしてそれらを読んでいると、キルケゴールは明らかに、ただ「批判」だけでなく「教会闘争」を意図していそうな気配を感じさせている。それというのも、それらの日誌記述を読んでいると、それらの内部を通じては、キルケゴールがその「教会闘争」に関して抱いているような「構図のイメージ」がほんのり浮かび上がってくるのを目にするような思いがするからである。

この「第四部」の内容は以上のように要約することができよう。

この時期キルケゴールは確かに「教会闘争」に関して、朧気ながらもその「構図のイメージ」を懐いていたようである。それは確かにまだ朧気なものではあったが、一点だけ明確なものがあった。それはその「イメージ」の中心には「J・P・ミュンスター監督」が位置していたことである。一八四七年秋以降キルケゴールにおいては、この「J・P・ミュンスター監督」との関係に関しては同監督との個人的接触をはじめることにより、彼の意識の内部を占める位置が決定的とも言えるほど大きなものになっていった。その意味では「教会闘争」は確かに「新しい段階」へと入ってゆくことになる。

第五部　標的J・P・ミュンスター監督

この時代で私が注目している唯一の人物はミュンスターである。しかしミュンスターは、それが真理であるというそういう思いの中に座を占め支配をすることだけに気を配っている。…彼は、真理は支配しなければならないし、また支配すべきであるということを理解しているだけで、真理は正に受難しなければならないし、また受難すべきであるということは、彼の理解を超えているのである。(Pap. VIII[1]A414)

序

「この時代で私が注目している唯一の人物はミュンスターである。」先に紹介した一八四七年十一月二〇日の日誌Pap. VIII¹A414に書かれたこの言葉ほど一八四八年から一八五一年九月頃までの時期におけるキルケゴールの「意識」を象徴していた言葉は他にないであろう。なぜなら、その時期は、キルケゴールが、「国家教会批判」において、その「標的」を、一人の人物に絞っていった時期だったからである。その一人の人物とは、国家教会の最高者であり、その象徴であった「シェラン島地区の監督・J・P・ミュンスター」であった。それゆえ、正確には、一八四八年四月から一八五一年九月上旬頃までの時期は「批判の標的がJ・P・ミュンスター監督へと絞られて行った時期」として性格づけることができる。そして正にこの時期のある時点で、それは一八四九年七月のことであるが、その時より約五年半後に展開される「教会攻撃」への予感をもつのである。(1)

しかし事態がそのような方向へと推移してゆくにあたっては、キルケゴールにその方向へと決断をさせることになった一つの大きな出来事における「体験」があったことを、われわれは是非注目する必要があろう。その「出来事における体験」は、研究者たちの間では「大地震の体験」や「レギーネ事件」や「コルサール事件」程には派出々しく取りあげられて来なかったものであるが、彼の「信仰的意識」の深化という観点から見るならば、実質的には、それら三つの体験に優るとも劣らない大きな意味をもった「体験」であったと言うことができる。それは、あの『キリスト教講話』(一八四八年四月二十六日)が世に出て書店に並んだ日より七日前の同年四月十九日、この日は復活祭

（四月二十三日）を四日後に控えた受難週の水曜日に当たるが、この日キルケゴールは、彼自身の言葉によるならば、「私の全本質が変化した」Mit hele Væsen er forandret.（Pap. VIII[1]A640）という「体験」をしたのである。これは今日研究者たちの間では「復活祭体験」Paaskeoplevelse という言葉で呼ばれている。それが何よりも「全本質の変化」が起こった「体験」であってみれば、それは彼の生涯における決定的な出来事であったことは、何人たりと認めなければならないものであろう。そして事実、キルケゴールは、この「体験」を通じて、自らが全く新しい「視界」の中に置かれていることを、自覚させられたのである。しかしこのことは、彼が求め続けてきた真の「信仰的根拠」の確信へと通じているものであった。このようなわけで、一八四八年四月十九日次降の彼の「信仰的意識」の変化、著作活動の変化、行動の意味、とりわけ批判の「標的」をJ・P・ミュンスター監督へと絞っていった次第を知るためには、何よりもまずこの「復活祭体験」が意味するものをはっきりと把えることから始めなければならないと思う。つまり、一八四八年四月から一八五一年九月頃までのキルケゴールの「教会闘争の道のり」は、この決定的な「体験」を通じてこそはっきりとした構図として浮かび上がってくるのである。

このようなわけで、次下の個所では、まずこの「復活祭体験」が意味するものを明らかにして、この「体験」が意味する「信仰的意識」の変化を洞察し、次にそのことの故に生じた「J・P・ミュンスター監督への態度」の変化を明らかにし、それにおいて同監督がキルケゴールによる「国家教会批判」の過程においてその「唯一の標的」になって行った次第を考察したいと思う。

注

（1） Pap. X[1]A541

第一章　「復活祭体験」とそれを転機とした新しい展開

この一八四八年という年は、言うまでもなく、デンマーク国家にとって、その歴史上文字通り決定的な大転換の年となった。「絶対王政の崩壊」から「自由憲法の導入」へと至る大転換が起こった年であった。とくにこの年の象徴的な出来事の一つは、「マーツ・ダー」Marts Dag（三月の日）という意味で呼ばれてきた三月二十一日の大デモンストレーションの出来事であった。この辺の事情については、私は既に『青研』一九七頁から二〇二頁の間に詳述しておいたので、ここではこれ以上立ち入らないことにする。しかしとにかくデンマーク社会では、そのような大事件が起こっていたのである。

ところが、この同じ一八四八年という年は、キルケゴールにとっても、従来の彼の人生行程とは全く異質の「決定的な段階」へと入ったことを意味する年となった。彼は、その三月上旬まで、あの大冊『キリスト教講話』の原稿執筆に集中しきっており、脱稿後直ちに三月六日その原稿を印刷所にわたし、ひと区切りつけたのであった。しかしこの時キルケゴールがどんなに「内面性」に沈潜していたかはその『キリスト教講話』の内容を想い起こしてみるとき明らかである。しかもとりわけそれの第三篇と第四篇を想い起こしてみるとよい。既に述べたように、第三篇は「宮潔めの儀式」として、そして第四篇は、「あらゆる礼拝の中で最も静かで最も内面的な礼拝」として、つまり、「金曜日の聖餐式」として性格づけられていたのである。つまり、彼は、外界でのあの政治一色になった物情騒然としていた状況に対して、この二つの礼拝形式をもって、自らの役割を演じていたのである。

しかしこの彼我の差の何と大きなことか。それは天と地との隔たりと言ってもよい。彼は、この時期、その大デモンストレーションの行列に加わった人々の叫び声をニュートの家でその窓越しにしかもすぐ近くに聞きながら自らの課題に沈潜していたのである。その頃明らかにその外界の状況を念頭に置いて書いたと考えられる日誌記事はPap. VIII¹A598から622位いまである。参考までに、それらの中から二つだけ取り出して紹介しよう。

一つは、三月二十七日の日付になっているPap. VIII¹A602の記事である。彼はこの手記に自分が『キリスト教講話』の第三篇についてどんなに出版を躊躇したかその心配について書き、しかし神の攝理を信じて出版することを決意したことを書き、しかしそのようなすべての苦悩を「憂鬱」のせいにすることなく、神によって耐えてゆく旨を、そしてすべてを神に委ねている旨を書き、更に最後の段落でこう記している。

「そしてこのようにして私はここに坐っている。この外では、すべてのものが運動の中にある。民族意識がすべての人々を貫いて波打っている。誰もが自分の生命と血とを犠牲に供することについて語っている。もしかするとそうしたいのかもしれないが、そのようなことはある世論の力によってそう仕向けられているのである。で、そのようなわけで私はこの静かな部屋に坐っているのである。（――私はきっと間もなく国民のことなぞどうでもよいと思っていると悪評を受けることだろう――）。私はただ一つの危険だけを知っているのだ。それは宗教性が危険になっているということだ。しかしこれについては誰一人として憂えている者はいない――そしてまた誰一人としていま私の内部で何が進行しているのかを感づいている者もいない。しかしこういうのが私の人生でいままたそうなっているのだ。つまり、いつも誤解されるということ。私が苦しんでいる所では、私は理解されることはない――そしてそこでは私は憎まれることになるのだ。」

次のPap. VIII¹A618の手記は右の手記より数日後に書かれたものと推定されるが、それは時代の本質を更に鋭く突いており、それとの関係において自らの主張の意味するものを更にはっきりと描き出している。それによると、いま時代の人々の思いは政治一色になり、キルケゴールの著作での主張なぞ、その政治的大音響の中にかき消され呑み込まれてしまっているということ、しかし正にその点にこそ「時代の危機」があるのだ、というのである。

「そしてこの運動の全期間中には、宗教性についてただの一語も聞かれたことはなかった——たったの一言もである。全世界の中で誰が、このデンマークはキリスト教国だということを考えてみたことがあるだろうか。いま戦争に行っている人々の中で誰が実際に、神によって自らの損益計算書を作ろうなぞと、考えているのだろうか。おお、それは余りにも遠くかけ離れたことで、このことについては、牧師のどなたかは一度だって思ってみたことはなかっただろう。」

時代の状況と自分との関係については、キルケゴールはこのように述べているのである。

しかしこのようにして、四月も半ばを過ぎた頃、つまり、彼が『キリスト教講話』で述べられている状況にあった頃、その第四篇で示されているあの「最も静かで最も内面的な礼拝」が、つまり、最も謙虚な精神状況で行われていた「金曜日の聖餐式」が、いかにも当然に行き着く地点でと言えるような地点で、正にそれに相応しい一つの出来事が起こったのである。それがいわゆる「復活祭体験」という言葉で呼ばれる出来事である。

第一節 「復活祭体験」とは何か

次のように言えば、一般の方々には奇異に感じられるかもしれないが、プロテスタントに属する教派の中でとりわけ福音主義的で敬虔な人々の教派、例えば、敬虔主義者と呼ばれていた人々の派、モラビア派、ヘルンフート派兄弟団、メソジスト派から発しているいくつかの福音派等々、その他これらの流れと一脈相通じている教派の人々は、昔からどちらかと言えば、クリスマスよりも受難週、復活祭、聖霊降臨節の方を重視する習慣をもっているという事実がある。それはいくつかの理由が考えられるが、主としては、やはり「罪の意識」をめぐっての「信仰体験」そのものを重視しこれを中心にしているところから、「十字架」「復活」「聖霊」の体験が信仰生活の前面に出てくることによると考えられる。「父ミカエル」を通じてやはりヘルンフート派兄弟団の信仰の流れを強く受けているキルケゴールにも、そのことが言える。彼の日誌には、そのようなことが一つの性向としてはっきり認められる。例えば、クリスマスに関する記事は約十前後あるがその大部分は批判的記事であり、自らの「信仰体験」をそれに即して記したものは二つだけである。[1] ところが、その三つの聖節に即して自らの「信仰体験」を記した記事は、実に多量に見られる。そしてそれらの手記の中でもひときわ注目されるのが一八四八年四月十九日、その受難週に起こった「信仰体験」と言えよう。これは研究者たちによって「復活祭体験」Paaskeoplevelse という言葉で呼ばれている出来事である。因みに、この四月十九日という日は受難週の水曜日であり、翌日には「洗足の聖木曜日」を、翌々日には「受苦の聖金曜日」を、そして二十三日の日曜日には「復活祭」を控えた日のことであった。この日キルケゴールには、彼自身の言葉によると、その木曜日と金曜日とが彼自身にとって真の聖日 sande Helligdage となるようなことが起こったのである。

ところで、この「復活祭体験」については、その「内容」に関する限りは、随分多くの研究者によって紹介されてきたのであり、私も既に『著研Ⅱ』の一四四三頁から五一頁までの間に詳述しておいたが、不思議なことに、それは私を含めてであるが、研究者たちの間には、この「体験」がどのようにして起こったかについては、殆ど問題にされてこなかった。しかしこの「体験」の問題は、その「内容」をどんなに精査検討しても、それがどのようにして起こったかという問題が明らかにされない限り、全体としてはどうもはっきり理解できないものである。そして私はずっとそのような疑問を持ち続けていた。ところが、『著研Ⅱ』を書いている時には読み過ごしていたV・クレステンセンの書物のその個所を数年前本書のテーマのもとでもう一度読むことにより、その問題が一気に明らかになり、それによって「体験」の「内容」そのものもいやが上にも明らかになり、納得のゆくものになったのである。その書物とは、Villads Christensen: S. Ks Motiver til kirkekampen. Kbh. 1959.『S・キルケゴールにおける教会闘争のための諸契機』である。[2] そこでここでは以下、該書を導きにしながら、その「体験」がどのようにして起こったかを究明してみたいと思う。

さて、キルケゴール自身は勿論、その「体験」の「内容」については記しているもののその「体験」がどのようにして起こったのかについては直接的には記していない。そこでクレステンセンは、キルケゴールの日誌記述の中で、この「体験」が起こる以前のいくつかの記述と、この「体験」後の記述ならびに著作との関連に注目し、そこからその問題の核心に切り込んで行くという方法をとったのである。[3] そしてその方法による推定は極めて妥当と考えられるので以下それを参照しながら私見をまとめてみたいと思う。

一八四八年二月、前述のような政治情勢が日に日に迫る中、キルケゴールは『キリスト教講話』の原稿の執筆に没頭していた。しかしその最中、彼には、「キリスト教国にキリスト教を導入する」という自分の基本的テーマの具現のために決定的な事柄となる新しい大著を書くことが頭に浮かんできた。そのことは、Pap. VIII^{1}A558 の日誌に記されている。それは、彼にとって余程重要なことと考えられたらしく、「注目、注目」NB NB と標記されている。その全文は既に『著研Ⅱ』の一四九六頁で紹介してあるので、ここでは目下の文脈で必要な限りの要点についてだけ述べておくことにする。それは明らかに「国家教会」の現状を病いとしてとらえ、それを「根本的に治療する思想、キリスト教的治療法」を目ざすもので、これがその題名になることが考えられていた。そしてそれは結局「二つの部分」からなることが想定され、一つは、死に至る病、キリスト教的講話となり、ここでは「罪の意識」が扱われ、もう一つは、根本的な治療、キリスト教的治療となり、ここでは「贖罪」が扱われることが計画されていた。ところが、その後『キリスト教講話』の原稿も印刷所に渡し、四月になっていよいよその計画の中の最初の部分となる「死に至る病」の原稿に取りかかり、それを書いている真っ最中に、彼はある一つのことを経験した。それは、Pap. VIII^{1}A 637. 638. 639 の手記によると、キルケゴールは、「マタイによる福音書」第十一章二八節を読み、この聖句に圧倒されるということを経験したことを知らされる。その聖句はこうである。
「疲れたもの、重荷を負う者は、だれでもわたしのもとに来なさい。わたしが休ませてあげよう。」
キルケゴールはこの言葉に余程感動したらしく、このPap. VIII^{1}A637では二つの段落になる文章を綴っており、更に、次の638と639にも、これについての文章を書いている。この聖句はやがて彼が計画していたもう一つの部分の著作のテキストにもなった。いずれにせよそのような書き方がされており、こうして「四月十九日」を迎えるのである。

この「四月十九日」は水曜日であり、そのあと「洗足の聖木曜日」、「受苦の聖金曜日」、そして「復活祭の日曜日」という順序になるが、この「四月十九日」(水曜日)、彼には、余程の大きな出来事があったらしい。その事は何よりも、その記述方式自体が、いままで彼が大きな体験をもったときに必ず用いた習慣にのっとっていることが証明している。すなわち、それを記した年月日と曜日まではっきりと記してあるとともに、記憶にとどめておくべきことを促す数語が標題のように書かれている。その手記の全体はこうなっている。

「　注目　注目 (NB NB.)

四月十九日。水曜日

私の全本質が変わった。私の隠蔽性と内閉性は破られた――私は語らなければならない。

偉大なる神よ、恵みを与え給え!

私の父は、お前はお金があるうちは決してろくな者にはなるまい、と言っていたが、これは私についてのやはり真実な言葉だ。父は、予言的に語り、私が酒を飲み放蕩するだろう、と思っていた。しかしそれはぴったりとはそうならなかった。いや、私は、鋭い頭脳をもち、憂鬱をかかえ、しかも金までもっていた。ああ、それは、私が自分の心の中で難行のあらゆる苦闘を育んでゆくのには、何と結構な贈り物だったことか。

実に不思議なことに、私が語ろうと決意した丁度そのとき、私のかかりつけの医者がやってきた。しかし私は彼にはどうしてもそのことを語らなかった。その来訪は私には余りにも唐突なことだったからだ。しかし、語ろうという私の決意は、微動だにしない。洗足の聖木曜日と受苦の聖金曜日とは、私にとって、真の聖日になった。」

これがそのことの手記である。

しかしこの手記はわれわれを非常に惑わす。というのは、この手記を表面的に見る限り、「私の全本質の変化」とは、キルケゴールが最大の苦しみとしてきた「憂鬱」による「隠蔽性と内閉性」とが打ち破られて、これからすべてのことを語り出すことができるということの体験のように受けとれるからである。ところが、それは決してそのような表面的現象のことではないことを知らされる。なぜなら、「復活祭第二日」にあたる四月二十四日付の日誌では[4]、十九日の日誌と同じ形式で、つまり、年月日を付し曜日を記し、「注目、注目」(NB. NB) と標題のように記して、自分の「内閉性」が決して止揚されてはいないことを、しかもはっきりと十九日の記述を否定する言葉を使って、述べているからである。そして更に五月十七日の日誌 Pap. VIII^{1}A641 では、レギーネとの関係の問題になぞらえて、自分の「憂鬱」が依然として存続していることをはっきり述べているからである。このように両手記を並べて読んでみるとき、今改めて四月十九日の手記が何を意味しているのか、を考えさせられてくるのである。そしてそれは、既に『著研Ⅱ』の一四四五頁と四十六頁で指摘しておいたように、その四月十九日の手記では、その表面的な事柄を超えてもっと深いことが起こっていることに気付くべきと考える。

では、その「四月十九日」に、彼には何が起こったのだろうか。

これについては、キルケゴールによる直接的な記述がないので、既に述べておいたように、この「体験」の日以前のいくつかの日誌記事と以後のいくつかの日誌記事との関連を見通して、そこから判断するという方法をとるのが望ましいと考える。そしてその場合、先にも言及しておいたように、V・クレステンセンの研究を導きとするとき、一つの明確な推定が成立するように思える。従って、以下そのような方法でこの問題を考えてみたいと思う。

そこでまずこの日以前の日誌記事として、二月に書かれたあの Pap. VIII^{1}A558 の「死に至る病」と「その治療法」

についての大著の計画に関する記事と、この「十九日」寸前に書かれたあの Pap. VIII¹A637. 638. 639「疲れた者、重荷を負う者は、だれでもわたしのもとに来なさい。わたしが休ませてあげよう。」についての記事と合わせて「四月十九日」の記事 Pap. VIII¹A640を読むとき、そしてその日以後に続く九つ程の記事を読み、そして更に進んで「五月十三日」に書かれた「死に至る病に関する報告」という標題 Pap. VIII¹A650にまで至るとき、この一連の流れはキルケゴールにおいて何を意味していたのかがはっきり分かってくる。そしてその中心をなすとも言える「四月十九日」には何が起こったのかは、手に取るように分かってくる。それは、端的に言うなら、その「四月十九日」直前に大きな感動の中に書かれた三つの記事、つまり、Pap. VIII¹A637. 638. 639で書かれていた「私のもとに来なさい。わたしが休ませてあげよう」という言葉の当の「わたし」のもとへと、つまり、「キリスト」のもとへといま実際に来たことを、その実感を意味していると言うことができよう。このことはキルケゴールにとって正に決定的な事実となった。V・クレステンセンもG・マランチュークも、この日のその手記を指して、キルケゴールはこの日になってはじめて真の意味において「贖罪の信仰」（十字架による罪の赦しの信仰）の開明に達した、と言っている。[5] そして事実この日以後のキルケゴールの日誌はその事実を生々しく語っている。[6] それらの中から二つを紹介しよう。

「私はやはりどうしても罪の赦しの教義にますます近づいてゆくに違いない。[7]」

そしてその次の手記では、彼は自分がいままで経験したさまざまの身辺の艱難について記した後に次のように記している。

「それらのことによって心をくよくよさせためらいを持つ――しかしそのこと自体が神の助けによって私に私自身をよりよく理解させることになった。そもそもいままでがそうであった。神は讃むべきかな。それはやはり私の生の幸福な側面なのだ。この側面こそこれまでの、まことにありがたいことに、私の喜びの不朽のつねに若々しい源泉をなしているのだ。神は愛であるということの喜びの。

私はますますこう理解するようになってきている。キリスト教は実際にはわれわれ人間にとって余りにも至福なことだ、と。神はこの私の罪の故にこの世に来られたのだということを敢えて信じることがどういうことなのかをつくづく考えてしまう。…しかしそのことは、人間が神にとってどんな意味をもっているのかを示すために考え出されたのではない——そうではなく、神の愛がどんなに無限なる愛であるのかを示すために〔神によって〕考え出されたのである。なぜなら、神が一羽の雀のために心を配るということは確かに無限なる愛であるが、罪人たちのために（そしてひとりの罪人は確かに一羽の雀よりも更に小さいものなのである）生まれ死なれたということは、ああ、何と無限なる愛であろう。[8]」

こうしてこれの次の日誌、つまり、五月十一日付の日誌 Pap. VIII^{1}A649 は、あの「四月十九日」のものと殆んど同じ形式で、つまり、年月日を付し、曜日こそ記していないが、やはり、NB. NB. の標記をもって書かれている。やはり記憶にとどめられるべき何か決定的なことが起こったことを示唆している。この手記で、彼は、「罪の赦し」について詳しく書き、それがこの時間の世界では、「弁証法的なもの」「反省の営為」であることを述べる。そしてそのあと大要こう述べている。大部分の人々は子供の時代は「直接性」から始まり、年を取ってゆくと「反省」をするようになり、そしてそこで「死」んでゆく。そして「信仰」を得るには至らない。しかし例外者の場合はこれと異なる。自分の不幸は、一般の子供達のように「直接性」から始まったのではなく、その「弁証法的なもの」「反省の営為」から始まったのである。しかし「直接性」である筈の年代に本質的に「反省」の中にあった者は当然に「最も深い憂鬱」の中にある。そして彼は、多くの人々ならそうはなってゆかない方向、つまり、「精神」の方向へと自らを駆り立ててゆく。こうして、彼の前には、真の「信仰の可能性」が姿を現わしてくる。そして彼は「信仰」を得ることになる。「信仰とは反省の後の直接性である。」このように述べている。

こうして彼は、「罪の赦し」の信仰をいまや「反省の後の直接性」としてわがものにするのである。彼はすぐ次の手記 Pap. VIII^{1}A650 で、いま自分は神の愛に圧倒されている、と記している。

このような日誌記事の流れから判断するとき、私は、この「四月十九日」という日は、キルケゴールが「贖罪の信仰」つまり「十字架における罪の赦しの信仰」を「わがものにする」という状態に達したことを意味している、と見ることができると考える。しかしそこで起こっている事柄はそれだけではない。

もしこの日キルケゴールに「贖罪信仰」の受けいれということが起こったことを認めるとするならば、この日そこでは更に決定的な出来事が起こっていたことを知らされる思いがする。そのことは当然に彼の日誌記事から判断されるのであるが、この日彼には、この「受難週」と「復活祭」に、文字通りその言葉に相応しいことが起こったことを知らされる。それは、キルケゴール自身における「復活」という出来事、「復活」の体験である。ここにいう「復活」の体験とは、自己の「生」がそのままの形で「全的肯定」をうけていることの体験である。それは、いわゆる「俗」から「聖」への飛躍的移行のようなものではなく、むしろ「自己」が「罪」の状態にあるまま、にも拘らず、そのように描かれ生かされていることが「全的肯定」をうけていることの実感である。キルケゴールにおいては、このことが「四月十九日」の日誌で「洗足の聖木曜日と受苦の聖金曜日とは、私にとって、真の聖日になった」と記していることから推察され得るように、そこには既に「復活」の体験があったことを推定してよかろう。しかし私はそのことの証明として、彼のもう一つの日誌に注目したいと思う。その日誌は先に紹介したばかりのPap. VIII^{1}A650の記事のすぐ次の記事、つまり、五月十三日付の記事Pap. VIII^{1}A651である。この記事は、標題が「死に至る病に関する報告」Rapport angaaende sygdommen til døden となっており、あの二月に大著の計画として記してあった「死に至る病とその治療法」に関する計画を、ここえきて突如再び取りあげている事実である。この記事の全文については既に『著研Ⅱ』一四九六頁以降で詳述してあるので、ここでは再度取りあげないが、私がここで注目したいのは、あの二月に計画として記してあったものが、いまこの日になって突如再び取りあげている点である。このことは、V・クレステンセンの推定も念頭において考えるとき、キルケゴールにおいては、その「四月十九日」の出来事がどのようなカテゴリーで考えられていたのかを示していると言ってよいのではないかと思う。それは、端的に言って、「病いと治癒」というカテゴリーである。つまり、彼は、自らを、「死に至る病」からの『復活』としてとらえていた、と言ってよいのではないかと思う。私はこの「復活」の体験こそがこの「四月十九日」に彼に起こった「決定的出来事」と考える。

　さて、「四月十九日」には、キルケゴールにこのようなことが起こっていたとするならば、彼がこの日の日誌に「私の全本質の変化」として記していた事柄のもう一つの面が更にはっきりしてくる。それは決して自らの最大の苦しみであり続けた「憂鬱」の雲が一気に吹き飛んだというようなことではなく（これについては彼もそう記している）[9]むしろその「罪の赦しの信仰」と「復活の体験」によって、その「憂鬱」の問題に関して何か新しい開明に達したということではないだろか。つまり、彼は、いくつかの日誌記事が示しているように、その信仰と体験によって、いままでの自分の最大の苦しみであった。「憂鬱」の意味が、もっと正確に言うならば、そのような「憂鬱」が自分に与えられていることの意味が、いまこそはっきり理解されるようになったということではないだろうか[10]。そしてこの「憂鬱」との闘いという苦悩を通じてこそ、真の意味での「神の愛」の大いさと深さとを知るに至った喜びを実感したのではないだろうか。キルケゴールがあの「四月十九日」の手記で書いている「私の全本質の変化——隠蔽性と内閉性が打ち破られた」ということは決して嘘ではなく真実であるが、しかしそのことは、「神の愛」への信仰においてのみ言われ得た事柄だということである。すなわち、彼が真に意味している事柄は、その体験は、何も「憂鬱」の病が吹き飛んでせいせいしたというような単純な症状のことではなく、むしろ自分の「憂鬱」という病は「神からの与えられた恵みなのだ」という実感をもつようになり、そのことを「感謝」する心へと大転換が起こったことを意味しているのではなかろうか[11]。つまり、キルケゴールは、神は自分にこの「憂鬱」の苦しみを与えることによって、それを通じてこそ福音の真理の真に深い意味を彼に知らせようとしていることを知り、その「神の愛」の大いさ深さを今更のように知ったということであろう。こうしてこのとき彼は、いままでは苦痛にみちた闘いとその緊張状態にあった「精神」が「和らぐ」のを覚えるという初めての体験をもったことを知らされる。

「復活祭体験」「私の全本質の変化」という出来事は以上のようなことであったと考える。従って、このことは当然の事乍ら、これ以後のキルケゴールの「著作活動」や「思想や行動」に大きな変化を齎らすことになる。

注

（1） Pap. VIII^{1}A470, XA283
（2） V. Christensen: S. Ks Motiver—. S. 21–4.
（3） Ibid., S. 21
（4） Pap. VIII^{1}A645
（5） V. Christensen: Ibid., S. 22. G. Malantschuk: Dialektik—. S. 312.
（6） Pap. VIII^{1}A645, 646, 647, 648, 649, 650 等々
（7） Pap. VIII^{1}A647
（8） Pap. VIII^{1}A648
（9） Pap. VIII^{1}A645
（10） Pap. VIII^{1}A640, 641, 643, 644, 645, 646, 649
（11） Pap. VIII^{1}A649, 650

第二節　この「体験」後の「著作活動」と「日誌」に現われた変化

この「復活祭体験」はキルケゴールに著作家として全く新しい方向へと踏み出す契機となった。この問題については、殆んどの研究者は余り問題にしていないが、V・クレステンセンは、この変化について実に明快な説明を与えている。彼は、この変化を、キルケゴールが「懺悔する者」Poeniterende から「懺悔をすすめる説教者」（＝罪の悔い改めをすすめる説教者）Bodsprædikant になる方向への転換として、説明している。[1] その説明は正鵠を得たものと言えるので、私もそれを受けいれたいと思う。そのことは、この時点以後のキルケゴールの著作活動の展開そのもの

が証明しているが、その転換を果たすための苦闘は、何よりも彼の日誌がはっきりと物語っている。
まず「著作活動」の方であるが、この「体験」後の五月頃からのキルケゴールの著作活動には著しい変化が現われている。というのは、その五月からそれらの原稿が準備され、翌一八四九年と五〇年に出版された著作は、それ以前のものとは全く性格を異にしているのがはっきり認められるからである。その「現われ」は、三つの著作群の出現を通じて認められる。

まず最初に注目を引くのは、彼が自分の「著作活動の全貌」を、その方法、形式、著作同士の関係と構造にわたって、人々の前に直接明らかにすることを目的として書かれた著作である。これは彼が著作というものをつねに隠蔽性の形式で制作してきたことを考えると、破天荒の出来事である。「私は語らなければならない」というあの「私の全本質の変化」の体験は、何よりもこの作業にはっきり現われている。この目的で書かれた著作は『私の著作活動のための視点』である。この『視点』が書かれたのには他のいくつかの要因もあったが[2]、この要因はやはり大きく働いたと言えよう。この原稿は少なくとも七、八月頃には書き上げられていたようである。そして一八四九年一月には『あれか―これか』の第二版と一緒に出版することを考えたが、さまざまな理由で取り止めた[3]。そのため一八五一年八月七日これを要約した小冊子『私の著作活動について』を出版し、『視点』の方は兄ペーダーに託し、死後一八五九年に『三つの覚え書き』とともに出版して貰った。

もう一つは、彼の信仰がこの「体験」によりますます「内面化」し「敬虔的」gudelig になってゆき、「信仰」が「第二の直接性」であることを確信するに至ったことを証しする方向としての著作『野の百合と空の鳥――三つの敬虔なる講和』（一八四九・五・一四）と『倫理・宗教的二小篇』（「人は真理のために打ち殺される権利をもつか」と「天才と使徒との相違について」）（一八四九・五・一九）とが挙げられる。これらがいかに最も深い内面化の方向への変化を意味しているかは、これらが、「敬虔」と、「祈り」そのものと、「信仰」における質的差異そのものとをテーマにしていることが示している。（『著研Ⅱ』一四六六―九四頁参照）。

更にもう一つの著作群は、これこそが彼の「信仰的意識」と「思想」とが、その「体験」を通じて「著作形式ならびに方法と内容」に決定的に表現されたものと言えるが、それは先に述べた「罪の悔い改めをすすめる説教」Bodsprædiken として書いた著作群であり、つまり、『死に至る病』(一八四九・七・三〇)、『キリスト教への修練』(一八五〇・九・二五)、そして『「大祭司」「牧税人」「罪ある女」——金曜日の聖餐式における三つの講話』(一八四九・一一・一三) である。これらの著作群が Bodsprædiken という名で呼ばれるのは、それらを通じてはっきりとキルケゴールの一つの意図が読みとれることによる。[4] それは一言で言えば、こうなるであろう。「国家教会よ、主イエス・キリストの名において〈おのれの罪の悔い改め〉をすることをすすめる!」これらの著作のすべてがこの一語を発しているのである。しかしこれらの著作の中にそれもとりわけわれわれの目下のテーマとの関連で最も注目されるのは、これらは、キルケゴールが「国家教会のキリスト教」を理解し批判するための一つの「決定的なカテゴリー」を手にしたことを示している点である。つまり、彼は、既に述べたように、その「復活祭体験」を通じて「憂鬱という病」からの「治癒」ということの意味を把握するに至ったこと、要するに、それを通じて「病い」「精神の病い」という問題を自らの思考の「カテゴリー」としてもつようになったことである。[5] しかも同時に彼は、自らの著作活動の可能の時期を、自分に予想される「死」の時期との関連でも考えるようになり、[6] このようなことから、彼は「国家教会のキリスト教」をこの「病い」と「治癒」というカテゴリーでとらえるようになった。そしてこのような経緯から、彼は、この「罪の悔い改めを進める説教」の代表格としての二著『死に至る病』と『キリスト教への修練』を共に「病い」をカテゴリーにして書き、前者ではその病いの「診断」Diagnose を行い、後者ではその病いの治癒のために「必要とされる荒療治」den fornødne skrappe Kur が行われるように、設計したのである。[7]

彼の「復活祭体験」がその後の「著作活動」に現われたと目される変化は、一応以上のような三つの著作群において認められると言ってよかろう。

次に「日誌」の方では、その「復活祭体験」の影響は、はっきりと二つの線となって現われているのが認められる。

一つは、自分が依然として、「懺悔者」であることから「罪の悔い改めをすすめる説教者」になることへと踏み出すにあたって起こってくるさまざまな問題とそれらをめぐる苦悩についての記述である。それらは、その移行が直線を引くように決して単純な運動によるものではなく、それはやはり従来行われた「移行」の場合と同じように、「元へ戻る」retrogradという仕方で行われたことを示している。つまり、キルケゴールは、「懺悔者」からそれをすすめる「説教者」へと一気に飛躍的に移行したのではなく、あくまでも自らの「懺悔者であること」を徹底化することを通じて、それをすすめる「説教者」になろうとしていたのである。

もう一つの線は、「国家教会批判」の記述が非常に増えてゆき、しかもその批判の「標的」が「教会」全体から「J・P・ミュンスター監督」一人に絞られてゆき、その批判は分量においても激しさにおいても格段と増大してゆき、その行き着く所を知らないと言えるような状態にまでなっている点が注目される。それらの記事を読んでゆくと、その流れには、ミュンスター監督とのキルケゴールの実に複雑した構造の対立関係が浮き彫りになってきて、その激しさは日を追うごとに増してきて、もうのっぴきならないところにまできていることを思わせるものがある。それゆえ、この種の記事を、現在の時期を超えて更に先まで辿ってゆくならば、とどのつまりは何か決定的な対立にまで至らざるを得ないことを予感させるものがある。

「日誌」の記述には、このような二つの著しい特徴が現われている。

さて、「復活祭体験」(私の全本質の変化)が「著作活動」における「三つの著作群」と「日誌」における「二本の線」の出現として認められるとするならば、それらを本書のテーマである「教会闘争」との関連で考察してみるとき、しかもやがて六年半後に展開される「教会攻撃」との関連で考察してみるとき、それらの特徴は、次の三つの問題に整理されると考える。

1 「信仰的意識」の根拠としての「懺悔者の意識」と「罪の悔い改めをすすめる説教者の自覚」との関係の問題。

2　「罪の悔い改めをすすめる説教」としての『死に至る病』と『キリスト教への修練』と『金曜日の聖餐式における三つの講話』にみられる「J・P・ミュンスター監督批判」の問題。

3　「日誌」記述に現われた「J・P・ミュンスター監督批判」の問題。

以下の各章でこの各々の問題を順次考察してゆこう。

注

（1）　V. Christensen: S. K. Det Centrale—. S. 108–31.

（2）　『著研Ⅱ』四一九頁

（3）　Pap. VIII¹A56, 74, 76, 78, 79

（4）　V. Christensen: Ibid., S. 110–31.

（5）　Pap. VIII¹A651

（6）　Pap. IXA216, 371

（7）　V. Christensen: Ibid., S. 110.

第二章　「懺悔をする者」から「懺悔をすすめる説教者」へ

この「復活祭体験」は、キルケゴールをして、「懺悔者」から「懺悔をすすめる説教者」へと踏み出させる契機となった。しかしそれは決して単純一様の移行ではなかった。それは、いわゆる「更に先へ進む」という仕方での飛躍ではなく、「祈り」において「元へ戻る」Retrogradという仕方での「移行」であった。つまり、それは、「懺悔者」をやめて「説教者」へと舞い上がるのではなく、むしろ「懺悔者であること」の深化、徹底化を通じて次の契機へと内通してゆく性質のものであった。それゆえ、そこにはつねに「苦悩」があり、「祈り」があった。そしてそのようにして彼は、「罪の悔い改めをすすめる説教者」になっていったのである。以下少しくその状況に光を当ててみよう。

第一節　「懺悔」をめぐる「苦悩」と「祈り」

この「復活祭体験」は確かにキルケゴールの「懺悔者としての意識」にある種の反省を始めることを促す意味をもっていたと言える。しかしそれは、「懺悔」をやめて他の新しい方向へと飛躍してしまうようなことではなく、むしろその「懺悔」がいままで充分になされてきたのかどうかを改めて深く考えさせ、そのことの重要さをいま新たに認識させる意味のものであった。しかしこのことはいかにも「キルケゴール的」なことである。それは、いままで彼の生涯にいくたびかあった大転換期の場合と同じように、いわゆる「旧」を捨てて「新」へ飛び移るのではなく、つねに「元へ戻る」retrogradという仕方をとって「イデーの徹底化と充実」をめざし、そのようにしてその「イデー」を「自分のものにする」Tilegnelseことによって「自己を取り戻す」という「運動」をなしていたと言えるものである。従って、その「運動」はつねに単なる「思索《あたま》」の中での営みではなく、つねに「祈り」の中での行為としてなされたのである。それゆえ、日誌には、その「懺悔」についての反省の記事が記されていた同じ時期に、それらの記事の合間には、実に敬虔な「祈り」の記事がいくつか見られるのである。このことは、この時期彼はそのような「祈り」の中に生息していたことを物語っていると言ってよかろう。このようなわけで本節では、一八四八年五月から七月にかけての彼の日誌の中に、その辺の事情を、瞥見してみることにした。

まずその「懺悔」についての反省を記した記事であるが、その五月末か六月に入った頃、彼は次のように記している。

「私の懺悔の時期は多分間もなく終るであろう。私には何の不平もない。私は、自分がなぜ苦悩するのかを、神によって理解している――そして私は神には感謝をしている。私は生きており、神の助けによって、こういう信仰の中に死んでゆくであろう。つまり、神は、私が死によって世を去るときには（そしてそれは直ぐにもそうならざるを得ないだろう、なぜなら、もしそうならなければ、この懺悔は終りにはならないだろうから）私の人生の上に攝理という刻印をして下さるだろうという信仰の中に。そしてそうであれば、私の人生は、人々に対し、彼らがその目を神に向けるようになることに、役立つことであろう。(1)」

これで明らかなように、彼は依然として懺悔の意識にあり、それを徹底して行おうとしていた。ところが、これを記した後も、彼はたえず、自分の懺悔は充分なされてはいないのではないかという思いになっていたらしい。そのためその六月下旬頃には、そのことの不安を次のように記している。これはコルサール事件後彼がたえず感じてきた外部もしくは周囲の世界との対立関係を念頭において書かれている。

「おお、周囲の世界とのそのような葛藤においては、人は、自分自身を、つまり、神に対する自分の最内奥での関係を、いとも容易に忘れてしまうものである。その関係というものは、ある意味では、他の多くの事柄にくらべるならば、実に些細なことがらのように思われるかもしれない。

しかし静かに隠退してゆくひとりの市民は、最も些細な罪をも悲しむ時をもつものである。

しかし私は何としても神に、自分自身を重心にするようなことになりませぬようにと祈り願うのである。すなわち、私はやはりどうしても、神によってのみ、そして神への恭順においてのみ、すべてであり得るのである。[2]」

このようにキルケゴールはこの時期自分の「懺悔」についての反省とそれの更なる「徹底化」とを意図していたのである。

しかしそのような営みも実は日々の実に深く敬虔な「祈り」の中で行われていたことに注目する必要があろう。その頃の日々はそのような「祈り」の中にあったのである。その頃の次の三つの日誌記事は彼がどんな「祈り」の中にあったかを示している。

「ああ、それは何という慰めであろう、キリスト教国の野放図もない大混乱をはっきりと説明しようとしている私のその苦心の悉くを、やはり神は祝福してまで下さっておられるとは！[3]」

「私は、アーメンというこの言葉以外の一語をも言うまいとする衝動にかられている。なぜなら、攝理に対する私の感謝の気持はその攝理が私のためにどんな働きをしたのかを思い、私を打ちのめしているからである。実際にすべてのことがひとりの人間のためにこのように狙い打つようにして起こっていること、私は、そこで何が起こっているのかは次のような詩的な言葉で表わす以外何も知らないのだ。つまり、それは正に私の本質や素質にぴったり対応している唯一つのことだという言葉意外に…。私は愛において不幸になった。…しかし私はその不幸において至福を得たのだ。…私の人生ではすべての場合に憂鬱がつきまとっていた。しかしそれを通じてまたもや筆舌にも尽し難い至福が与えられたのだ。けれども、このようにして私は、正に神の言い尽し難い恵みと助けによって、私自身に成ったのである。…私は全く文字通り神によって生きてきた、それは私が父親によって生きているように。アーメン。(4)」

「私は朝起きると、神に感謝の祈りをささげる――そうしてから仕事を始める。そして夜に一定の時間がくると仕事をやめ、神に感謝の祈りをささげる――そうして私は眠りにつく。こうして、時には憂鬱やうら悲しさVemodに襲われないことはないとしても、私はやはり本質的には、来る日も来る日も、そのようにして最も祝福されたうっとりとした思いで生きている。(5)」

しかしこのような精神状態のもとでキルケゴールが日々具体的に為していたことは、新しい著作であり、つまり、「罪の悔い改めをすすめる説教」の執筆であった。(6)六月末頃の日誌にはこう書いている。

「私はますます苦労を重ね死者のようになって仕事をしている。仕事に押し潰され殆んど沈みそうなのだ。朝から晩まで、私は、神に、神が私にお与え下さったもののために、感謝をしつつ、そのような状態のもとでも、いくたびとなく起こる気落ちする瞬間には、自分の仕事のすべてが無意味なものとして感じても、私の課題との関係では鶏の歩みの一歩として感じながらである。それに、私の心を占有しているものはキリスト教であり、また私が生きているのはキリスト教国においてである。われわれすべてがキリスト者とされており、一〇〇〇人の牧師が報酬を与えられているのだ。ところが、このことには誰一人として殆んど関心をもっていない。…(7)」

このようにして彼は、あくまで「懺悔」を徹底化する仕方で、「祈り」の中で、「罪の悔い改めをすすめる説教」を書くことに専心する日々を過ごしていたのである。その「説教」は「著作」の形式をとっていたが、そのような経緯から、彼がその「著作」の製作にどんな独特な配慮をしていたかは想像がつくであろう。そのことへの問いは極めて深刻なものであった。

注
（1） Pap. IXA42
（2） Pap. IXA90
（3）（4）（5） Ibid., 58, 65, 72
（6） V. Christensen : Ibid., S. 108
（7） Pap. IXA47

第二節　根本的な問い「〈罪の悔い改めをすすめる説教〉を〈懺悔者〉である自分はどのようにして書くことができるか」

ここにいう「罪の悔い改めをすすめる説教」とは、既に述べたように、「J・P・ミュンスター監督を頂点とする国家教会」に向かって「主イエス・キリストの名において罪の悔い改めをするようすすめる著作」を書くことであった。しかしここでキルケゴールの心に生じてきた一つの大きな問題は、「ひとりの懺悔者」である自分が、つまり、誰よりも自分の罪を最も重く背負っている自分が、どのようにしてそのような「説教」（＝著作）を書くことができるのか、という問題であった。しかし彼は、この問題に対し、いかにも彼らしく、自らのその深刻な条件を「文学的方法」の形式へと生かす道を考えたのである。つまり、彼は、「懺悔」の立場を徹底化し、それをそのまま「方法化」[1]することを考えたのである。一八四八年七月中旬以降に書かれた約六つ程の日誌記事は、そのことを物語っている。そこで以下それらの記事が意味するものについて簡単に考察してみよう。

まず彼は、自分が「懺悔者」であることは、「著作活動」には、その「罪性」が生かされる意味で、「悪党」Skurk の役割を演じさせる形をとることを、述べている。

「私は自分の著作活動をある一つの利点をもって始めたことを認めよう。それは、私が何か悪党 Skurk に非常に近いものとみなされながら、しかし怖いばかりの輝かしい頭脳、サロンのヒーロー、正に時代の寵児とみなされるということであった。それは僅かばかりの偽りであった——しかしそうしなければ私は人々を私のもとにとらえられなかったであろうから。が、人々がそれは決して全くそうではないだろうということに徐々に気付くようになってゆくにつれて、彼らは離れてゆき、更に離れ続けていった。ああ、もし万一私がおそれとおののきのうちに私の祝福という事柄のために著作の仕事をしていることが明らかになったとするなら、もうそれで、おやすみなさい、ということになり、この世での恩恵は終りということになる。

けれども、そこには既にスパイが投入されていた——しかも人はこのことに全く注意を払っていなかった。ある人間が最初は道楽三昧の遊び人であり、サロンのヒーローであり、そしてそのようにして何年か経つと、言われるような聖者に成るということ、こういうことを人々はどうも把え難いのだ。しかしひとりの懺悔者が、罪の悔い改めをすすめる説教者が、ある意味では深い配慮によって、サロンのヒーローの衣裳を纏うことによって始めるということになると、そういうことには人は余り慣れてはいないだろう。

このことは、同時に、私に、人間というものについての、殆んど尨大とも言えそうな知識を育くんでくれたのである。(2)」

この手記が書かれて少し後、それは七月末か八月初めの頃、彼は、著作家としての自分を構成している三つの要素、あるいは因子について考えている。それは、懺悔者であること、罰を受けていること、そして攝理である。

「その因子は次のものだ。私はひとりの懺悔者である。だから私は、自分の身を大事に守ろうとするのではなく、他の人々なら恐らく逃げてしまってよいような危険の中に敢然と飛び込んでゆくことの中に、自らの身を置くであろう。私はどんなに苦しみを受けようとも、私は不平を言わない。なぜなら、私は自分の刑罰を受けており、罪の償いをしているからである。しかしこのことこそが神との私の関係なのであって、それは苟くもこの同時代の人々の場合とは全く異なっている。つまり、同時代の人々は悔い改めるというようなことはしないのであり、それは、ヨセフの兄弟たちがそうしないのと同じようなものである。なぜなら、ヨセフは何か偉大なものになったからである。しかし攝理 Styrelsen こそが第三の因子をなしており、これは無条件な意味で神の義そのもの Retfærdigheden selv である。もし私が神の義においてある者ではなく、単なる著作者としてあるような者であったに過ぎなかったならば、私が無精神性の苦しみを身に体験するなぞということは余りにもつらくて殆んど出来なかったであろう。私は死んでしまったかもしれない。しかし私にはその償いをしなければならない私の個人的な生がある―そしてその故に、すべてのことが、一切のことがその秩序の中にあるのである。(3)」

こうして彼は自分の著作活動が「敬虔なる欺き」pia fraus の方法で始められ、目ざしているのは一重にキリスト教であることを述べている。

「…こうして私は、私の著作活動を、ある意味では、偽造という仕方で、あるいは、敬虔なる欺き pia fraus という仕方で、始めたのである。問題はこういうことなのだ、人々はこのいわゆる既存のキリスト教国の中にあって自分たちはキリスト者であるという幻想の中にとっぷりつかっているので、もしそれらの人々にその事柄に注意を向けさせることについて話しをしようとするならば、人は多くの技術を用いなければならない、ということなのである。もし著作者として余り知られていない人が、直ちにキリスト教的著作家として始めるならば、彼は時を得ないことになろう。人は直ちに受け流して、そんなことはわれわれにとって何の意味もない、云々、と言うだろう。私は審美家として始めた――そしてそうしておいてから、やはり確かに目にもとまらぬ早わざで、宗教的なものの方へと進み出て、こうしてそこの所で私は、キリスト者に成る、等々のことを訴えたのである。

このようにして私は、そこでは、自分自身を、同時代の人々と共に生きる著作家として、描き出しているわけである――そしてとにかくこのような仕方で私は歴史に属しているわけである。私はただその場所でだけ、著作家としての自分自身について敢えて語るつもりであり、語ることができるつもりである。つまり、私の人格、私の個人的な生は、その場所では私がどんなに叱責さるべきものをもっていようとも、私は、それが世間一般の方々に関係のあるものとは思わない。私は著作家なのだ。そして私が著作家としてどんな人物なのか、私にはどんなことが許されているのか、そういうことなら私は自分でよく分かっているつもりだ。私は私のことに役立つことのできたすべてのことに自らの身を置いてきた。

私はとりわけ、ひときわ優秀なすべての人々に、是非お願いしたい。諸々の説得力あるものや、日常では余り見かけたことのない説得力あるものの使用に関しては、じっくり時間をかけて判断なされんことを——そのことを私はとりわけすべてのひときわ優秀な人々にお願いしたいのだ、愚かな人たちにそれを願ってみても、多分それは何の助けにもならないだろうから。しかしひときわ優秀な人なら誰もが極く当たり前のように自分自身や自分の判断に対しては心を配るということをするからである——それゆえにこそ、私は、その人々には、注意深く判断されんことをお願いするのである。

私が述べようとしてきたものは、そしてこれから先更に述べようとしているものは、キリスト教なのだ。そのことのために私は、私の日々の時間を献げてきたし、また献げているのである。」(4)

こうして彼は、著作家としての自分はあくまで「ひとりの懺悔者」として著作活動をしてきたことを次のように強調している。

「時代というものをよく知ることは私にとって重要なことであった。時代はこの著作家についてのイメージを作ることを恐らく非常に容易にしていたからである。つまり、彼はあらゆる享楽に身を投じあらゆる享楽を楽しみ尽している者でありながら、同時に桁外れな精神的能力を賦与されている者であるというようなイメージをである。でも、ああ、そのイメージは間違いなのだ。そのイメージはきっと、『あれか—これか』の著作はもうとっくにこの世に別れを告げてしまったこと、彼は非常なるおそれとおののきの中に毎日少なからざる時間の部分を諸々の建徳的な書物を読むことと、祈りと祈願とで過ごしていることには、殆んど思い及ばなかったのだろう。就中そのイメージはきっと、その著者は、著作の第一行目から、自分を懺悔者 en Poeniterende として意識していたしまた意識していることについては、殆んど思い及ばなかったのであろう。(5)」

しかし彼は、自分の著作活動を推進してきた力は、何と言っても「攝理」Styrelsenであったことを強調する。

「とは言っても、私が自分のこれまでの努力の全関連をそのように述べることは、ある意味では不必要なことであり、また気のすすまないことでもある。それはとりわけ一つの理由からなのだ。というのは、人間的に言えば、私は途方もなく大きな反省と予測の能力をもっているにも拘らず、やはりたえず、そこには第三の力が、つまり、攝理Styrelsenが存在していて、この摂理が私の中に割って入ってきて、私が自分の反省的思考を眺めているときに、その私をその力で把え、その情況が私が求めている事柄そのものにどのように役立っているのかを、私がやはりたえず後になって最上に理解するように私を導くというふうに、それは働いているのである。(6)」

さて、このように記してきたキルケゴールは、この一連の論考を、次の手記でまとめている。それは結局、「懺悔」そのものが、「著作の立場と方法」になっているものとの表明である。

「私は著作家として極端に骨の折れる仕事に携わり、成る程、神が与えて下さるものと、私がそのものから作り上げているものとの両方を知っているにも拘らず…元来私が自らの身を置いているのは、私が神の前ではそうであるところの、憐れでみじめな罪ある人間であるというこの事実にである——だから私はもともと私の著作活動については何かを語ろうとは思っていない。私の著作活動というのは、ある意味では、私自身の著作活動ではないからなのだ。(7)」

彼は、このように、著作家である前に「ひとりの人間」であること、「罪の意識」を自らの「意識」の根底にもつ「ひとりの人間」であることを訴えているが、この「罪の意識」についての記述のトーンは、ますます深刻になってゆく。次の三つの記述は、「罪の意識」が彼の「著作と著作活動」の根底に横たわっていることの決定的な表明と言ってよかろう。

「私は、人間として個人的には、一般的な意味よりもより以上の意味において、罪人である。つまり、破滅の道にはたっぷり長い間ひたっており、そこからの回心は余りにもしばしばただ後戻りしていることに気付いてきただけであり、またそのことを気付いているだけの罪人である——にも拘らず、そのようなすべての罪は、自分にとっては、自分がその罪の結果を担わなければならないとしても、キリストが責めを負うて下さるゆえに、赦されているのだということを、何としても信じている罪人なのであり、永遠を憧れキリストとその愛を感謝している罪人なのである。(8)」

「私個人の生は、私がどんなに大きな苦労に直面しても私の諸々の罪に心を向けるという必要なるただ一つの事det ene fornødneを忘れないようにするための時間を要請してもいる。こう考えただけでも直ちにひと息つく間が与えられ、どんなに重要なことでも追い払われてしまう。(9)」

「おお、なぜなら、私は、神に対して、神がいままで私に為して下さったしまた現に為して下さっているすべての善きことについて、決して充分に感謝できずにいるという思いからなのだ。それらの事柄は私が期待していたことよりも筆舌に尽し難い程より善いことだったのだ。…毎瞬救いの世界が存在可能になっている。なぜなら、神にとってはすべてが可能だからだ。…おお、神がその上同時に愛であるということ、その愛する者のためにはすべてのことが可能であるということ、すべてのことが可能であるその者が愛であるということは、何と祝福にみちたことか。そしてもし私がよろめくならば、罪が一瞬だけ私に勝利するにすぎない。しかし、おお、いついかなるときにも、誠実に悔い改める者のためには、われらのすべての罪が、彼のもとで、われらの救い主にして贖罪者のもとで、贖われる救いの世界が存在するのである。(10)」

この手記からも察知され得るように、この時キルケゴールは、自分の「死」の時期を念頭に浮かべるようになっていた。このPap. IXA216の記事でも、それから二、三ヶ月後の一八四八年十一月頃の手記でも、彼は明らかに、自らの著作活動を予想されるその「死」の時期との関連で考えていることを、記している。

「私の健康は非常に弱まっているので、こんな思いが私の上に大きくのしかかっている。つまり、私は間もなく死ぬのではないか、この半年という月日を、私の諸々の罪に心を向け、キリスト教を述べるための更に一層の仕事をするために、用いようという思いがである。(11)」

「しかし、何んなことが起ころうとも、またそれがどう進んでゆこうとも、私は、神に対し、こういうことを願っている。すなわち、私が日々長時間にわたって祈ってきた事柄が、私が最後の時に自分の罪を悔い、自分の諸々の罪に対する恵みに満ちた赦しを受け容れるとき、私の最後の言葉となることが、つまり、神が私に為して下さった筆舌に尽し難い善きことは、私がいつも期待していたものよりもはるかにより以上のものであることを私が神に感謝をしていることが、死に行く者としての私の最後の言葉となることが、私に許されますようにということをである。そしてこのことは永遠に真理であり続けるのだ。なぜなら、私が苦しみを受けていることは、その理由が、私の罪や私の諸々の罪科の中にあるか、あるいは、神が私のために余りにも桁外れに大いなることを為して下さっているからこそでもあるからである。このようなことからの結論は、要するに、この世においては、そのことの故に人は苦悩するようになるということ以外のことではないことになる。しかしそれゆえにこそ、神がひとりの人間に対して桁外れなことを為さっているということは、やはり確かに全くそのことと同じだけ確実であり真実であり続ける。(12)」

このように、この時期、キルケゴールは、「罪の悔い改めをすすめる説教」としての著作を制作することが可能となる期限を、自分の「死」の時期への予想との関連のもとで考えていたのである。

しかし彼の信仰と信念の核心は明白であった。先の Pap. IXA216 の記事を書いた後数日して書かれたと推定され得る次の記述は正にそれを物語るものと言ってよかろう。

「私が全くの苦労の最中にあるとき、神は私に、神は愛であり、キリストは私のためにも死んで下さったということの短いひと言の真理の中に休らうことを許して下さった。だから私は再び仕事を始めるのであるが、こうして神はまたもや私のもとに居て下さる。(13)」

さて、あの「復活祭体験」（私の全本質の変化の体験）は、このようにして、キルケゴールをして、「懺悔をする者」から「懺悔をすすめる説教者」（罪の悔い改めをすすめる説教者）になることへと動機づけたわけである。そこで最後に是非一つ付け加えておくべきことがあろう。それは、そのようにして書かれた「罪の悔い改めをすすめる説教」において、その対象となったものは、形式上は「国家教会」であったが、実質的には、それの頂点に立つ「J・P・ミュンスター監督」であったという点である。後述される両著においては、同監督は直接的に名指しされんばかりの状態で批判の俎上にのぼったのである。つまり、「罪の悔い改めをすすめる説教」をうけているのは、何と国家教会の最高の監督「J・P・ミュンスター監督」だということである。われわれは、その両著作の中に、凄まじいばかりの「国家教会批判」の文章を多量に見るが、それらを通じてまざまざと知らされることは、最早その批判の標的は確実に「J・P・ミュンスター監督」一人に絞られているという事実である。勿論この事実は、この両著をめぐる日誌記述との関連においても証明され得るが。

では、以上述べた諸点を念頭におきながら、次にその「説教」そのものを検証してみよう。

注

（1） Pap. IX155, 170, 171, 172, 173, 185
（2） Pap. IXA155
（3） Pap. IXA170
（4） Pap. IXA171
（5） Pap. IXA172
（6） Pap. IXA173
（7） Pap. IXA185
（8） Pap. IXA189

(9) Pap. IXA212
(10) Pap. IXA216
(11)(12) Pap. IXA216, 371
(13) Pap. IXA226

第三章　J・P・ミュンスター監督に懺悔をすすめる説教書――『瞬間のための予備知識の書』(2)(3)と『「大祭司」「収税人」「罪ある女」――金曜日の聖餐式における三つの講話』

既に述べたように、キルケゴールは、あの「復活祭体験」直後の五月以降、やがてあの三つの著作群として展開されることになる多量な著作の執筆に没頭していた。そしてそれらの原稿は、翌一八四九年には次々と出版されていった。しかしそれらの中で目下の主題に最も決定的な意味で、あるいは、最も象徴的な意味で、関係をもつのは、第三の著作群であることは言うまでもない。従って、ここでは、その第三の著作群にだけ注目したいと思う。しかしその第三の著作群には、右に標記した三冊の著作のほかに更に二冊の著作『ひとつの建徳的講話』（一八五〇・一二・二〇）と『金曜日の聖餐式における二つの講話』（一八五一・八・七）が含まれるが、ここでは、それら第三の著作群を代表させて、標記の三冊だけを取りあげることにする。それゆえ、その二冊に関しては、『著研Ⅱ』の一五五四頁から一五六七頁までを参照していただければ幸いである。

ところで、標記の三冊についてであるが、これらの中とりわけ最初の方の二著は、多くの研究者たちが極く一般的な意味で「国家教会批判の書」と言っているのとは異なって、もっとはるかに深い意味がキルケゴール自身によって込められているのである。従って、それらに関しては、キルケゴール自身の意図に従って読むならば、それら本来の深い真の意味が現わになってくる筈である。それゆえ、本章では、そのような視角から、それらの書物を考察してみたいと考える。しかしその考察にあたっては、既に述べたように、これらの著作が「国家教会」に向かっての、そして実質的にはJ・P・ミュンスター監督に向かっての「罪の悔い改めをすすめる説教」であり、「教会よ、主イエス・キリストの名において罪を悔い改めることをすすめる」というものである以上当然のことながらミュンスター監督自身の方からの反応もあることから、その反応も同時に取りあげることにする。

第一節　予備的考察

本書第三部第二章で詳述したように、キルケゴールは、あの激烈な「教会攻撃」のさ中、自らのその「教会攻撃」の意味をよく理解して貰うための書物として、彼が書いた三冊の書物の名を挙げている。そしてそれを彼は「瞬間のための予備知識」の書と名付けている。[1] その三冊とは、『哲学的断片後書』（一八四六）と『死に至る病』（一八四九）と『キリスト教への修練』（一八五〇）とである。つまり、これらは、彼の「教会攻撃」の意味を真に理解するために、彼自身が読んで欲しいと言っている書物である。従って、われわれもその言葉に従う必要があろう。それゆえ、私は、既に前記の個所で、まず『哲学的断片後書』を取りあげた。しかしここにきて、いよいよ『死に至る病』と『キリスト教への修練』とを取りあげるのである。しかしここでその両著を取りあげる以上どうしてもそれらと切り離せない関係にあるもう一つの書物をも同等に考察しなければならないと考える。それは『「大祭司」「収税人」「罪ある女」――金曜日の聖餐式における三つの講話』（一八四九・一一・一三）である。それゆえ、該書も合わせてここで取りあげたいと思う。それというのも、該書を前二著と合わせて読むとき、「教会攻撃」を理解するための予備知識が得られるだけでなく、それ以上に、「教会攻撃」へと通じてゆく一本のはっきりした線がその三著の内部に走っていることに気付かされる思いがするからである。

ところで、この三著それぞれを、そしてまたその相互の関係を理解するためには、どうしても前以て知っておくべき二つの事柄があると考えられるので、それらについての考察から始めたいと思う。

一つは、これら三著の中の最初に記してある二著は、著作形式としては「半偽名方式」がとられており、後の一著は、実名方式がとられているという点である。そして前者の「偽名著者」には「アンティクリマクス」Anticlimacusという名があてられ、出版者名として「S・キルケゴール」の名が出ている。従って、これだけ見ても、どうしてこのような「半偽名方式」がとられたのか、その「アンティクリマクス」にはどんな機能や役割が宛てがわれているのかという問題が出てくる。そしてこの問題は、単に文学的方法や著作構造の問題としてだけでなく、とりわけ、目下のテーマである「教会闘争」という観点から、重要な意味をもたされていることを知らされる。従って、まずこの問題が充分に考察される必要があろう。

もう一つは、既に前章で述べたところから知られ得るように、キルケゴールは、国家教会の現状を「病い」としてとらえ、その「病いからの治癒」というカテゴリーのもとで、二つの著作を計画していた。つまり、「病いの診断」を受けもつ著作と「治癒と健康回復」を受けもつ著作とである。ところが、いざ執筆を始めてみると、彼は自分の計画がそれら二著だけでは充分に実現され得ないことを知った。そしてその計画をどうしても全うするには、更にもう一つの仕事の領域があることを知ったこと、従って、その仕事を狙うことを役割とするもう一つの著作が是非必要であることを、知ったのである。こうして彼がその役割を担わせて出版したのが、その後の方の一著である。それゆえ、その三著は、キルケゴールにおける同じ一つの計画を実現した三つの著作と見ることができるのである。

これらの三著は以上のような二点を抱えているので、これらの考察から始めたいと思う。

一 「偽名著者アンティクリマクス」の役割

最初の方の二著『死に至る病』と『キリスト教への修練』は、既に述べたように、著者名がAnticlimacusであり、出版者名がS. Kierkegaardになっている。この形式は、Johannes Climarusが著者名となっている『断片』ならびに『同後書』の形式とパラレルの関係になっている。その Anticlimacus がキルケゴールによってどのように性格付けされ、またどのような機能を授けられていたか、その文学方法上の問題については、既に『著研Ⅱ』の一五〇五頁から同一一頁までの間に詳述しておいたので、詳しくはその個所を参照されたい。そしてここではそれらの説明の中での二点についてだけ注目しておけばよいと思う。その一つは、アンティクリマクスの立場は、「桁外れに高いキリスト者の立場、使徒にも類する桁外れの立場」として性格付けられていることであり、もう一つは、この形象に対するキルケゴール自身の関係についてであり、キルケゴールは、ヨハンネス・クリマクスはじめ他の多くの偽名著者に対しては上位の立場にあるため、それらに対しては、いわば支配もしくは統卸の関係にあるが、このアンティクリマクスに対しては、「謙虚に頭《こうべ》を垂れ、自らも反省と悔い改めの関係にある(2)」ということである。この二点だけはここでも充分踏まえることとして、ここでは更に、このアンティクリマクスが、われわれの目下のテーマとの関係で、どのような役割を担わされていたのかについて、少しく検討してみたいと思う。しかしこの問題については、デンマークの研究者たちの間でも余り充分には追究されてこなかったが、V・クレステンセンはかなり突っ込んだ考察をしているので、ここではそれを紹介したいと思う(3)。

V・クレステンセンによるならば、キルケゴールは『死に至る病』を最初は実名で出版しようと考えていたが、いざ出版というときになると、どうしてもそうすることができず、むしろそれを「罪の悔い改めをすすめる説教」として、このような「半偽名方式」において、出版することにした、と言うのである。そして次のように言っている。「われわれは、キルケゴールがそのようなことをして、そのことによって、その意味深い両作品から、それが関わる諸々の関係へのあらゆる差し障りのある影響を取り除こうとする気であったことを、殆んど理解していないだろう。〔しかし彼の意図はこういうことだったのだ。〕キリスト教的意味では、この痛ましい状態に対する両著による攻撃は、誤まりを犯すかもしれないからではなく、もしその攻撃をしている者がわら人形〔=かかし〕であるとするならば、そのことはどんなに役立つだろうかということであった。こうしてキルケゴール自身は、その両著によって行われる攻撃には、〔この時点では〕自ら深入りすることを避けようとしたのである。[4]」

ところが、この両著の出版に際してその影響を説明するようなことが起こった。V・クレステンセンは更に続けて次のように書いている。

「その時ミュンスター監督の手による一筆はその両著をめぐる全体の状況をくもの巣を払いのけるように一掃してしまうようなものとして現われた。つまり、それは、ミュンスター監督が自らのペンをキルケゴールに向かって投げつけたにも等しいことであった。[5] われわれは確かにこう言うことができるだろう、われわれにとってはこの両著は、半偽名方式であろうとそうでなかろうと、等しく貴重なものである。なぜなら、われわれは、その両著から、単純に、キルケゴール自身が語っているのを聞いているからだ、と。しかし当時実際には、この両著にこめられたキルケゴールの直摯な意図は、キリスト教国に真のキリスト教を導入することを試みることであったことに関して、われわれは、キルケゴールがこの何とも意味ある企てを一人の仮面をつけた人物にやらせてやろうと考えていたことなぞ、どうも理解しかねるであろう。それというのも、為されなければならない最小のことは、この時キルケゴール自身が危険を冒すことだったのであり、ルターやハンス・タウセン Hans Tausen のように[6]見事に手を汚すことだったからである。そしてこのことを、キルケゴールはよく知っていた。しかしそこにはとりわけこういう障碍があった。それは、そこに監督ミュンスターの存在があったこと、彼は父ミカエルの牧師であり、しかも父がやがてよみがえりのときに自分を導いてくれる人として選んでおいた父自身の聴罪牧師でもあったことである。しかしわれわれは、キルケゴールが、『修練』の内容はその最も深い点においてミュンスターを不愉快な思いにさせる以外の何物でもないことを、前以てはっきり知っていたにちがいないと思うのである。[7]」

V・クレステンセンはこのように述べている。つまり、彼によるならば、キルケゴールがその両著においては「アンティクリマクス」を偽名著者として立てたのは、キルケゴールが教会当局、とりわけミュンスター監督に対して、彼を攻撃しているものは「わら人形」であることによって、その攻撃をますます効力あらしめるものにしようとしたこと、しかし同時に、同監督とは父ミカエルとの関係があって特別な間がらにあったためやはりこの時点では直接的に前面に自らをむき出しにするわけにはゆかなかったのだろう、というのであった。この見解は、私が『著研Ⅱ』で述べたことと関係させて読むなら、正に正鵠を得ていることを知らされると思う。

二　これら三著各々の役割

既に『著研Ⅱ』や本書の先行の個所で述べてきたことを繰り返すようであるが、キルケゴールが『死に至る病』の著作を計画した当初は、それは、「死に至る病」とその「根本治療」という二部構成にするつもりであった。(8) つまり、前者は、「罪の意識」についての考察をし、後者においては、それについての「キリスト教的治療法」を提示するつもりであった。ところがその前者の方を書き上げてみると、それは一八四八年五月十三日の日誌「死に至る病に関する報告」Pap. VIII¹A651 からも知り得るが、彼はそれにおいて扱っている問題は彼が考えていたよりもはるかに大きく複雑なものであることを知った。しかも彼が当初その第二部に当てるつもりで書き始めた「キリスト教への修練」の原稿を書きすすめてゆくと（その時はまだその題名はきまっていなかった）、それは一八四八年十一月末の頃であるが、この方の内容も実に多くの問題を含んでいることを知った。その問題の中心は内容の個々の点ではなく、むしろこれの著作としての性格であった。(9) キルケゴールはとりわけ先の「死に至る病」の原稿との関係、更には「武装せる中立」の原稿との関係そのものについて厳密に考えるようになっていた。つまり、キルケゴールには、その『修練』の原稿は出来上がってみると、彼が当初考えていたものよりもはるかに厳しくレベルの高いものになってしまっていたことが問題となってきた。(10) つまり、「修練」の原稿の内容は、彼が最初に意図した「根本治療」Helbredelse i Grunden というよりもむしろ「必要とされる荒療治」den fornødne skrappe Kur のようなものになってしまった。(11) というのは、彼が意図していた「根本治療」とは「十字架による罪の赦しの福音」による癒しであった。ところがその原稿の内容は、確かにそれを伝えようとしてはいたものの、その全体の様式や様相は、実に激しさを感じさせ、スキのない厳し過ぎるものになってしまっていたからである。そこでこのようなことから、その原稿は、彼が意図していた「根本治療」のための書という性格からはかけ離れたものになってしまったことを彼は知った。そのため、その「根本治療」に関しては、その原稿とは別のものを考えるようになった。V・クレステンセンによるならば、その「根本治療」のための書物に関しては、キルケゴールは、同時代の精神状況の不都合性を考え、もっと後の時代の者としてのわれわれに託したのだと言っている。しかし同氏が言うに、キルケゴールは、自らもこれに該当する書物を、『死に至る病』（一八四九・七・三〇）出版後に三冊程出版しているという。それらは、その後まず『「大祭司」「収税人」「罪ある女」――金曜日の聖餐式における三つの講話』（一八四九・一一・一三）が出版され、その後『修練』（一八五〇・九・二五）の出版の後）父ミカエルに献げられた『ひとつの建徳的講話』（一八五〇・一二・二〇）とレギーネへの献定が想定されている『金曜日の聖餐式における二つの講話』（一八五一・八・七）とが出版された。これらの三冊は、明らかに、キルケゴール自身がその「根本治療」を想定して新たに書いた「キリスト教的治療書」kgds paatænk-te kristelige lægebog と言ってよいものである。[12] つまり、これら三冊もキルケゴールが企てたキリスト教的治療に関する書物のグループに入ると見て良いのである。

そこでこのような観点から、キルケゴールによって企てられた「罪の悔い改めをすすめる説教書」は、次の三つに分類することが出来ることになる。

1　Diagnose（診断）の役割は『死に至る病』に託され、「アンティクリマクス」という「桁外れに高いキリスト者」の立場から、「罪の症状」についての大胆な診断を行う。

2　『キリスト教への修練』では、そのような「アンティクリマクス」の立場から、思い切って大胆な「必要とされる荒療治」が指示される。

3　普通に言われる意味での「根本治療」は『「大祭司」「収税人」「罪ある女」――金曜日の聖餐式における三つの講話』と同系の他の二冊が当る。

「罪の悔い改めをすすめる説教書」として一応以上のような性格付けと分類が出来る。以下その各々について簡単に考察しよう。

注

(1) Fædrelandet. Nr. 81. (Lørdag den 7 april. 1855). S. V. XIV. S. 59.
(2) Pap. X^{1}A517
(3)(4) V. Christensen: Ibid., S. 111.
(5) 次節以降で詳述する。
(6) Hans Tausen (1494–1561) はデンマークの宗教改革者。ルターと親交がありドイツで学びデンマークでの宗教改革運動で力を尽くした。
(7) V. Christensen: Ibid., S. 111.
(8) Pap. VIII^{1}A558
(9) Pap. IXA390『著研Ⅱ』一五〇〇―三頁
(10)『著研Ⅱ』一五〇二―四頁。
(11)(12) V. Christensen: Ibid., S. 110.

第二節　『瞬間のための予備知識の書』(2)――『死に至る病』に見られる国家教会批判――病の診断

キルケゴール自身が「瞬間のための予備知識の書」と指定して、あの『後書』とともにその名を挙げていた『死に至る病』は、国家教会のキリスト教の「病状」についての「診断」Diagnoseを行う役割を担わされている書なのである。この件に関しては、日本の研究者たちは勿論のこと、デンマークの研究者たちでさえ何名かの例外を除くなら、この問題を深く考える傾向は見られないのである。しかしキルケゴール自身は自らはっきりと日誌の中でこれが「国家教会のキリスト教批判」を目ざしたものであることを記している。例えば、一八四九年七月に入る頃それはこの『死に至る病』の原稿を彼が印刷所に手渡した直後の頃と考えられるが、日誌 Pap. X^1A533 の欄外に「死に至る病における〈キリスト教国〉への攻撃」という見出し語のような記述があり、その日誌全頁を使って、そのことの意味を記述しているのである。それにおいて彼は、該書は実は「キリスト教国」Christenhed という概念自体を狙い打ちしたものであることを詳しく述べている。[1] この記述は該書についての当人自身の記述であるので、われわれは研究上、基本的事項として位置づけなければならない。しかも彼は、この記事に関連するものとして、この他に続けて、Pap. X^1A35, 536, 537, 538, 540 等を記している。しかし私は、それらの中から代表させてこの目下の日誌 Pap. X^1A533 の全容を、ここで紹介しておきたいと思う。これは、その後に紹介される該書の中の「国家教会批判」の文章を読む上での指針になり得ると考えられるからである。

「　死に至る病における〈キリスト教国〉への攻撃〔＝欄外見出し語〕

（死に至る病における）キリスト教国への攻撃は全く正当である。その攻撃は元々は、この書物自身が説明しているように、キリスト教国というこの概念に向かって、つまり、人間の数だけ幾百万といる多くのキリスト者が住んでいるキリスト教国というこの概念に向かって、なされているのである。

まず第一に、この概念はもういまでは全く非キリスト教的概念になっている。それがキリスト教国と言われる限り、そこでは、個々のキリスト者は、キリスト者であることと人間であることとのこのような非キリスト教的なすり替えが起こることを防ぐために少しの努力も払われていないことに、多少の責任を負うている筈である。だから、例えば、該書では、何としてもまず第一に自分たちをキリスト者と称してそう思い込んでしまうようなことをせずに、そのようなキリスト者と称する人々を前にして、キリスト教を〈防衛する〉ということがなされたのである。

次に、その全体について、つまり、キリスト教国そのものについて語られるときには、一般よりもより真実なるキリスト者がつくっている個々の集団が存在しているという件については、問題にされていない。図々しくも自らをキリスト教国とか、あるいは、〈キリスト者たちの―世界〉などと敢えて称してやまないようなモンスターに立ち向かうときには、他のものたちは物の数でもなくなってしまうからである。

すなわち、牧師たちがたわ事を言うために最も広い遊び場を設けてやるこの不敬虔なペテン師にはただ絶望だけがあるだけである。これがキリスト教国の実体である。われわれはキリスト教国に居り、国土はキリスト者的になっており、われわれはすべてキリスト者である。このように言われている。そして人はこのような状態で牧師の話しを聞くとき、人はある日曜日牧師が、いまキリスト者に成る人がますます増え始めている、と語るのを聞いている――すべての人がキリスト者であるこのキリスト教国においてである。そしてその次の日曜日には、いまますます多くの者がキリスト者に成ることから脱落し始めている、と語るのを聞いている――すべての人がキリスト者であるこのキリスト教国においてである。

〈キリスト教国〉という概念は、〈公衆〉Publikumという概念よりもはるかに危険な概念である。それは、大体においてそこで語られるすべてのことを、その内部でだけのたわ言に化してしまう劇場装置のようなものなのだ。たとえそこで語られたことが一般的にはうまく語られていたとしてもである。

ああ、しかし私は惨めなひとりの人間にしかすぎない。他の人々は感性的な意味で非常に強い人たちである。しかも他の人たちが言っている事柄は流行的なことである――すべての人々がその話しを聞きたがる。しかしその話されたことは、決して、何かをやめよ、とか、何かを犠牲にせよ、とかいうことについてでなく、神をひたすら柔和なものへと、殆んど吐き気を催させるような柔和なものへと化してしまうのである。」

これがその日誌の全文である。これを前以て読んでおくとき、該書の「国家教会批判」の意味が非常に理解し易くなる。そこでこれを念頭において該書の方に移りたいと思う。

ところで、該書の著者として名を出しているアンティクリマクスは、自らに宛てがわれた「桁外れに高いキリスト者」という立場から、ひとりの医者として、時代への「診断」を行うのである。従って、その「診断」は極めて大胆なものになっていった。彼による「診断」の核心は、国家教会のキリスト教のもとに生息している時代の人々は、それがもつ「病い」を負うているということ、その「病い」は、一般に死をもって終りとなり得る「肉体の病」とは異なり、「死」をもっては終りとなり得ない「病い」いや、もう既に「死」にまで至っており、従って、「死」ぬことすらできないで「死」によって開放され得ない「精神の病」であるということ、そしてそれは「絶望」という言葉で呼ばれる病であるということ、しかも更に、この「絶望」こそがキリスト教でいう「罪」なのだということ、これらの点にあると言えよう。そしてアンティクリマクスは、この「病い」の特徴は、人がこれに罹っているのにそのこと自体に全く気付かない点にあることを、強調する。ところで、そこにいう「死に至る病」「絶望」「罪」とは、アンティクリマクスによるならば、人間が本来もっている筈の「神との関係」を喪失してしまっていることにより、人間の「精神」が本来もっている筈のそれ自らの正当な関係に齟齬が生じ、「精神」がその「本来的な在り方」から頽落してしまっている状態にあることを指している。こうしてこのような説明によって、時代における「信仰の喪失」としての「罪」というものがどのようなものであるのかを、哲学的、心理学的に指摘するのである。それは「罪の症状」についての実に大胆かつ怜悧な診断であり、分析である。その診断と分析の深さと厳密さは、恐らく他の人間には、いや、「人間」には、これ以上深い所には達し得られないであろうと思われるような地点にまで、達しており、それは正に「桁外れに天才なわざ」と言ってよい程のものである。筆者がコペンハーゲン大学に留学していた当時（一九五八—六〇）、デンマーク人の中にはこんなことを言うのを耳にしたことを憶えている。「世界には人間の精神を最も深くまで掘り下げた人物が二人いる。一人はロシアのドストエフスキーであり、もう一人はわが国のキルケゴールである。」これは確かにキルケゴールの一面を言い当てていると言ってよかろう。それはとにかくとして、この『死に至る病』の内容については、私は、既に『著研Ⅱ』の一四九五頁から一五四一頁までに詳述しておいたので、そこを参照していただければ幸いである。

しかしいまこの場所では、そこではただ指摘だけにとどまった「死に至る病」のもう一つの面としての「国家教会批判」の面を、考察してみるのである。その批判の言葉は主として同書の二三九頁から二七〇頁までに一〇ヶ所以上にわたって実に多量に出てくる。[2] それは、その個所までに述べてきた「罪の症状」が「国家教会のキリスト教」にどのように現われてきているかについての叙述であり、それはとりわけ、教会や牧師がキリスト教を使って「国家」を、つまり、「キリスト教国」をつくっていることそのこと、つまり、そのようにしてつくられている「キリスト教国」というものは、そして、そこで「キリスト教」と呼ばれているものは、本来の「キリスト教」とは縁もゆかりもないものだという点に集中しているのである。以下その件について少しく考察してみよう。

同書でキルケゴールは、終始一貫して、人間は誰も彼も一人ひとりが「神の前に」立っているのであり、聖書に宣べられている「福音」を受け入れるか否かは、その人自身の責任ある決断にかかっていることを、述べている。しかしその場合その「福音」との接点になるものは「躓き」Forargelse であるという。つまり、真の「信仰」は必ずこの「躓き」と向き合い、それによって「人間としての自己」へと突き返され、そのことにおける苦悩を通じてこそ成立するのだと言うのである。例えば、いま自分が「ひとりの人間」になって「神の前に」立つとき、その神は、この自分のためにこの世に来られ、人として生まれ苦しみを受け、十字架上で死なれたということ、しかもこのような苦しみを受けている神がこの「自分に」救いを提供しようとして、その「救い」を受け入れるよう祈っておられること、これは正に「躓き」である。しかし「信仰」は正にこのことに向き合うことなのである。このことをキルケゴールは強調する。[3] ところが、「国家教会」はこの「福音」を国民すべてが受け入れ易くするために、この「福音」から「躓き」となるものを取り去ってしまい、キリスト教と滑らかな関係をもてるようにしてしまう。そして人は誰も彼も「自分はキリスト者である」という思いにさせてしまう。こうして教会は「キリスト教国」Christenhed というものを造りあげてしまった。しかしそのようにして生まれた「キリスト教国」というものは一つの幻想、あるいは、錯覚そのものであって、それは本来のキリスト教とは何の関係もない代物なのだというのである。こうして彼の批判は

「国家教会」の正にこの点に向けられるのである。

キルケゴールは、同書の二三九頁位いから二七〇頁までは何ヶ所も多量のページを使ってその種の批判を展開しているのである。その批判の言葉は実に鋭く深く凄まじいものである。以下それらの中から代表的なものを紹介してみよう。

「どうしても言わなければならないことだが、しかも可能な限り包み隠さず言われなければならないことだが、いわゆるキリスト教国なるものは（そこではそのように何百といるすべての人々がそのようにそのままキリスト者になっており、それゆえ、そこには、実に多数の、正にそこにいる人間の頭数だけ多数のキリスト者がいるのである）、単に、意味が通じない誤植や無思慮な脱落や付加語の入れ込みによって惨めなものになってしまったキリスト教的なものの出版物であるだけでなく、キリスト教的なものの濫用、つまり、キリスト教を名だけの虚飾にしてしまったという濫用なのだということである。[4]」

「小さい国では、多分毎世代詩人は三人位いしか生まれないだろう。ところが、牧師の方はもうたっぷり居り、就任させられない程沢山いる。詩人の場合にはそれがその人の天職 Kald になっているのかどうかが問題になる。しかし牧師になるには、大多数の人々の（従って、大多数のキリスト者たちの）考えでは、試験に通りさえすればよいということになっている。けれども、けれども、真の牧師というものは、真の詩人よりももっと稀なものである。しかも、この〈天職〉Kald という言葉は、元来神的なものに属している言葉である。ところが、このキリスト教国では、詩人であるということに関しては、いまでもなお、それは大したこととされており、それが天職であるという点で大したことだという考えが持ち続けられている。これとは反対に、牧師であるということはといえば、それは、大多数の人々の（従って、大多数のキリスト者たちの）目においては、あらゆる人々の心を高揚させるような表象を決してもっていないのである…[5]」

「その不幸は、キリスト教的なものが語られていないということではない（だから、牧師の数が充分にはいないということが不幸なのでもない）。キリスト教的なものは語られているのだが、多くの人々は、それを聞いても、結局何も考えなくなってしまっているような、そういう語られ方をしていることなのだ（それは丁度、牧師さんであるということに接しても、これらの多くの人々においては、商人、弁護士、製本屋、獣医等々全く当たり前のものに接するときに全く変ったことなぞ考えないのと同じようなことである）。だから、どんなに高度なことも、どんなに聖なることも決して感銘を与えることなぞなく、その理由《わけ》は神のみぞ知るのであるが、他の多くのものと同じように、いまやもう風俗や習慣になってしまったものと同じように響き、同じように聞かれるのである。[6]」

「キリスト教は信仰厚い牧師によってこんな風に語られている。彼らは、キリスト教を、〈弁護する〉か、それとも〈もろもろの理由に〉翻訳するかしているのであり、しかもその場合その限りで同時に、彼らはキリスト教を、思弁において、〈概念的に把握する〉というへまでしでかしているのである。そしてそのようにすることが説教すると呼ばれているのであり、そのように説教されたり、そのような説教を誰かが聞いたりすると、もうそれだけでそれは、キリスト教国では、大したこととしてみなされているのである。[7]」

「哀れな啓示された神（この神は、高貴さというものが通常ならいつもするように、自らの身を隠しておくというようなことをしないで、不注意にも、そしてまた愚かにも、自らの姿を現わしてしまったのだが、この神）は、全民衆によって余りにもよく知られた一人物になってしまい、それゆえ、人々は時々教会へ行くだけで、この人物に非常に大きな奉仕をしていることになり、教会では、それゆえ、それらの人々は牧師からもほめられるのであるが、牧師は、神の名によって、その人に、その来会の誉れを感謝し、その人に敬虔という名称を与えるのである。しかしそれとは逆に、教会に行くという誉れを神に示していない人々に対しては、少しばかり嫌味を言ったりするのである。[8]」

「この地上にあるいかなる教説も、神と人間とを、キリスト教ほどに近しく関わらせたものは、いまだに曾てなかった。そのことは何者も為し得ることではなかったのだ。ただ神自身のみが為し得ることだったのであって、人間が考え出すものはどんなものでもやはりひとつの夢、一つの不確かな妄想になってしまうのだ。然し乍ら、神がそのようなことをなさった後に、だからもう神と人間とは一つになっているのだというふうに思って、そのことを言葉だけの無意味なものにしてしまうような、あらゆる神冒瀆のなかで最も恐るべきこの冒瀆に対して、キリスト教ほどに用心深く身を守った説教も、いまだ曾てなかった——つまり、この冒瀆に対してキリスト教が躓きの助けによって自らの身を守ったように自らの身を守った教説は、いまだ曾てなかったのである。禍いなるかな、ゆるみきっている説教者たちよ、禍いなるかな、何の厳密性ももたない思想家たちよ、そして禍いなるかな、禍いなるかな、彼らから学び、彼らを褒めたたえてきたすべての帰依者たちよ！[9]」

「従って、躓きは個々の人間に関わっているものである。そしてそれと共に、キリスト教が始まるのである。つまり、あらゆる人間をひとりの個人に、ひとりの罪人にすることからである。こうしてキリスト教は、天と地が躓きの可能性によって手に入れることのできるものすべてのものに、集中して関わる（神はこのことをただ自由に為しておられるにすぎない）。これがキリスト教なのである。それゆえ、キリスト教はあらゆる個々の人々に向かってこう言う、汝信ずべし、つまり、汝は躓くか、それとも信じるか、そのいずれかをなすべし。そしてこれ以上のことは一言も言わない。これ以上に付け加えるべきものは何もないのである。神は天にあってこう言われる。〈いま私は語ってしまったのだ。だから今度はわれわれは、永遠の中で話し合ってみよう。それまでの間は、汝は自分のしたいことをするがよい。しかし審判はすぐそこまで来ているのだ[10]。〉」

「神は、人間のために、自らを賤しい者となし、下僕の姿をとり、苦しみを受け、死ぬことができるし、すべての人をわれに来たれと招き、その生涯の毎日毎日を、そしてその毎日の毎時間毎時間を、犠牲にすることができ、更に生命そのものをも犠牲にすることができる——しかしその神も、躓きの可能性だけは取り除くことはできないのである。ああ、唯一の愛のわざなのだ、ああ、測り知れない愛の悲しみなのだ。神御自身にさえそれができないとは——その場合神は、別の意味では、それを欲しておられないし、神が欲することのできないことでもある——しかしたとえ神が欲したとしても、その愛のわざが人間のためには正に逆のものに、悲惨きわまりないものになってしまうかもしれないことを、神御自身も不可能にすることはできないのである。[11]」

「それゆえ、最高の座における責任のもとで、私は思い切ってこう言おう。私に躓かない者は幸いである、という言葉は、最後の晩餐における聖餐制定の言葉と同じ仕方ではないとしても、だれでも自分をよく確かめよ、という言葉と同じように、キリストについての告知に共に含まれているのである。この言葉は、キリスト自身の言葉であり、それは、それゆえとりわけキリスト教国においては、幾度も幾度も強調して教え込まれ、とりわけ、ひとりひとりに、繰り返し巻き返し言って聞かせられなければならない。どこであろうと、私に躓かない者は幸いである、ということの言葉が響いていない所では、あるいは、とにかくキリスト教的なものの叙述があらゆる点においてこの思想によって貫かれていない所では、そのキリスト教は神の冒瀆になっているのである。[12]」

「キリスト教があなたに宣べ伝えられたということは、あなたがキリスト教についてひとつの意見をもつべきであるということを意味しているのである。キリストという方の存在は、あるいは、キリストが現にいますということは、つまり、キリストが現に居続けておられたということは、全人生にとっての決定的な大事なのである。キリストがあなたに宣べ伝えられていたならば、私はそれについて何の意見も持とうとは思わないと言うとしたら、それは躓きである。」

とは言っても、キリスト教が現に見られるように極くありきたりの仕方で宣べ伝えられている今日の時代においては、右に述べたこともいくらかの制限を付して理解されなければならない。確かに今日は、キリスト教が宣べ伝えられるのを聞いたが、この『べし』ということについては何も聞いたことがないという人が何千人もいるのである。しかしそれを聞いているのに、その者が、私はそれについて何らかの意見を持とうとは思わない、と言っているなら、その者は躓いているのである。要するに、その者は、キリストの神性を、すなわち、キリストが人間に対して、人はキリストについてひとつの意見を持つべきである、ということのことを要求する権利をもっているということを、否認しているのである。…しかしだからと言って、いかなる人間もキリストの生涯を骨董品のように棚に上げておくといったような僭越なことをすることは、これまたキリスト教が禁じていることである。神が誕生し人と成らざるを得ないというとき、そのことはひとつの退屈しのぎの気まぐれではない…――それは冒険でもやってみるためではない。否、神がそうするとき、その事実は人生そのものの厳粛な事柄なのだ。そして誰もがひとりひとりこれについて意見を持つべきであるということは、その厳粛な事柄中の厳粛な事柄なのである。[13]」

これらと同種の文章はまだ多数見出すことができる。しかし例示は一応これだけにとどめておきたいと思う。

以上の例示された文章を読むとき、われわれは、それらにおいて明らかに、キルケゴールが彼の生涯の最終地点で展開したあの「教会攻撃」のための最初の段階に入ったことを予知させられるような思いになる。その批判点は、「国家教会のキリスト教」には、本来のキリスト教における本質的なものが、すなわち、人間はひとりひとりが直接に神の前に立たされていること、そしてそのようなひとりひとりにはそれぞれ「躓き」の可能性が設定されていることが自分の問題になるということ、従って、そのひとりひとりの人間がキリスト者になるかどうかはこの「躓き」の可能性にどう対応するかということ、この本質的なものが全く欠けている、という点にある。この批判こそ、「キリスト教国」という概念を根底から覆えすものであった。なぜなら、もし本来のキリスト教に従ってこの「躓き」の可能性の設定がなされるなら、すべての人々がキリスト者になるという「キリスト教国」というものは成立しなくなるからである。しかしキルケゴールにおいては、この「躓き」の可能性という問題こそが、つねに「国家教会批判」の核心をなしていったのである。

さて、例示された「国家教会のキリスト教批判の言葉」は、形式的には、「新約聖書のキリスト教」の立場に立って述べられたものであるが、いま改めて当時の一般的な意識の中で行われたものであることを考えてみるとき、それは余りにも厳しく、「人間」にこれ程までの言葉を言い放つだけの資格があるのかどうか、この点を考えてしまう。しかしこの件は、誰よりもキルケゴール自身が充分承知していた事柄であった。つまり、彼は、該書の原稿を印刷する直前になって、これは余りにも「自分自身の立場」を超えていることを痛感し、もう既に廃止してしまった筈の「偽名方式」をもう一度採用することにした。しかしこの度は従来のそれとは全く異なり、つまり、従来の「偽名著者」はいずれも「キルケゴール自身」よりも「低次の立場」のものとして性格づけられていたのに対して、今回のそれは「キルケゴール自身」よりも「はるかに高次の立場」のものとして、「桁外れのキリスト者」の立場から「診断」という形をとったのである。

こうして彼は次の著作では、同じくこの「アンティクリマクスの立場」から、この「診断書」に基づいて、「必要な荒療治」を行うのである。(14)

注

（1） Pap. X^{1}A533
（2） その個所は大体次のようなものである。S. V. XI. S. 239, 240, 242, 255, 256, 257, 266, 268, 269, 270—.
（3） Ibid., S. 222.
（4） Ibid., S. 239ff.
（5）（6） Ibid., S. 240.
（7） Ibid., S. 242.
（8） Ibid., S. 255.
（9） Ibid., S. 256ff.
（10） Ibid., S. 262.
（11） Ibid., S. 266.
（12） Ibid., S. 268.
（13） Ibid., S. 269ff.
（14） V・クレステンセンの言葉。

第三節　『瞬間のための予備知識の書』(3)――『キリスト教への修練』に見られるJ・P・ミュンスター監督批判――必要な荒療治

『死に至る病』の出版の日から約一年二ヵ月弱後の一八五〇年九月二五日、これと全く同じ形式で、この『キリスト教への修練』が出版された。つまり、著者はアンティクリマクスの名になっており、発行者がS・キルケゴールになっている。該書は、純粋にキリスト教的著作であり、これがキルケゴールの全著作活動の中で持たされている役割は、「キリスト教国の中に真のキリスト教を導入する」というものであった。該書は、元来は三つの独立した論文から成っており、それらの原稿はそれぞれ、あの一八四八年の激動の年に準備されたのであるが、最終にはこのような一つの標題のもとに一冊にまとめられて出版されることになった。その経緯については『著研Ⅱ』一四九五頁から一五四一頁までを参照していただければ幸いである。

さて、V・クレステンセンも言うように、該書こそが「罪の悔い改めをすすめる説教」Bodsprædiken の中の本来のものであることが印象づけられる。[1] つまり、その視点から言えば、『死に至る病』の方は、該書のための「序論」あるいは「導入部」となっていることがわかる。しかし「キリスト教国批判」という観点から言えば、既に述べたように、『死に至る病』は「思い切っての病状診断」の書であり、該書は、それに基づいての「必要とされる荒療治」den fornødne skrappe Kur の書になっている。

こうして該書は、Bodsprædiken の立場から、「キリスト教国に真のキリスト教を導入する」という目的を達成するために、読者に向かって、現在のキリスト教国は、それを作り上げている国家教会のキリスト教が本来のキリスト教からはどんなにかけ離れ変質したものになっているのかを、実にはっきりとまた鋭い輪郭をもって描き出して見せているのである。そしてそのようにして「荒療治」のメスが入れられる。

しかし注目さるべきは、このようにして該書で展開されている「国家教会のキリスト教への批判」は、実はもうその名を直接そこに出しているも同然の「J・P・ミュンスター監督」批判になっている点である。それは誰が見ても分かる「J・P・ミュンスター監督批判」になっているのである。そしてS・キルケゴール自身、あの「教会攻撃」の最中、その「瞬間」という行為と小冊子とを知るための予備的知識の書として、該書の名を挙げているが、該書は正にそれに相応しいものとして理解される。

この著作には、全体を貫通する実に明快な基本的テーマがある。それは「信仰におけるキリストとの同時性」Samtidighed ということである。これは、言うまでもなく、曾てキリストがこの地上で現実の世界を生き歩み存在したその時の「キリストと同時代的にあること」を意味する。そのような意味で、該書の第一部には「覚醒と内面化のために」Til Opvækkelse og Inderliggørelse という目標が揚げられてあり、該書を有名にさせたあの非常に印象深い「マタイによる福音書」第一一章二八節の言葉「疲れた者、重荷を負う者は、だれでもわたしのもとに来なさい。わたしが休ませてあげよう」をテーマにして講述がなされる。その構成といい構図の設定といい実に見事な展開である。そして次の第二部ではこれをうけて、キリストに対して人ひとりひとりを距つものとしての「躓き」Forargelse という問題が語られる。そして最後の第三部では、「かれは高きところから、すべての人をみもとに引きよせるであろう」(「ヨハネによる福音書」第一二章三二節)についてのキリスト教的講述が七つに分けて行われている。このように、該書は三つの「部」から成っているが、それら全体の至る所にいわゆる「爆発物」Sprængstof が仕掛けられており、しかもまた怖いばかりのダイナミズムに満ちている。従って、該書は、構成、構図、爆発物、ダイナミズム等々あらゆる点からみて、「書物」というよりか、「生けるキルケゴール」が「生ける言葉」を発して、直接読者に向かって「対話関係」を結んでいるような感じにさせられる。そして更に言えば、それを通じて、「生けるキリスト」と「読者」とが直接結びつけられているような感じが醸し出されてくる。それは正に「キリストとの同時性」を伝えるのに、形式・内容ともに見事な書物になっている。以下その各々の「部」について簡単に説明しよう。

まず第一部では、キルケゴールはショック療法を用いている。しかしそれは彼の任意な考案になるものではなく、彼はそれをむしろキリスト教そのものに充分期待され得るものという考えのもとで用いているのである。つまり、彼はまず、読者をして、「あのよき招きの言葉を発したのは誰か」という「問い」の前で、急に立ち止まらせる。[2]そしてその「問い」の意味についてしばらく詳しく説明をした後、いよいよ「答え」を提示する。[3]その「答え」とは、その「問い」を発した者は「卑賤の姿をした者 Den Fornedrede」、「卑賤の姿をしたイエス・キリスト den Fornedrede Jesus Christus」である、というにある。[4]そしてこれについての実に詳しい描写が行われている。その場合当然の事乍ら、その「卑賤な姿をした者」に「神」を見なかった者には、「躓き」が起こるが、それについてキルケゴールは、詳しい説明を、次のようにしている。

「躓きのしるしでありまた信仰の対象でもある者は、おとぎ話的な人物の中でも最も童話的人物、あのゴッマン Godmand になってしまった。躓くとはどういうことなのかということを、人は知らない。ましてや、崇めるとはどういうことなのかは、なお更知らない。人がいまキリストにおいて特別にほめ讃えている点は、もし人がキリストと同時代に居た場合なら、人が最も激しく憤らされてしまったであろう正にその点に対してなのである。…〔こうして〕キリスト教国は、自分では全くそれと知らずに、キリスト教を破棄してしまったのである。従って、もしこれから何かが為さるべきであるとするならば、それは、このキリスト教国にキリスト教を導入するという試みをしなければならない、ということなのである。[5]」

「招きの言葉を発しておられるのは、卑賤の姿をしておられるキリストである。だから、もしあなたがそのような卑賤の姿をしている彼と同時代に居るのでないならば、そしてあなたが、あの同時代の人々と全く同じように、彼から発せられたあの警告の言葉、〈わたしに躓かない者は幸いである〉という言葉に耳を傾けることをしようとしないならば、あなたは、キリストのいかなる言葉も、そのただの一語でさえも、自分のものにすることは許されないものであり、僅かでさえ彼のもとに与ってはないのであり、最も遠く離れた仕方でさえ彼と交わってはいないである。[6]」

「来なさい、来なさい、みんな、疲れた者、重荷を負っている者はみんな。おお、来なさい、来なさい、と言って、みよ、彼はあなた方を招いておられる、彼はその腕を開いておられるのだ！おお、もしこの言葉を絹の衣に身を包んで着飾った男が快よい、よく響く声で語っているとするならば、そしてその言葉が会堂の心地よいアーチ形をした丸天井にふんわりとしたやわらかさで反響するならば、しかしそれは、それを聴くこと自体を超えて、それを語っている者の栄誉と名声を広めてゆくことになる絹の衣に身を包んだ男が語っているとするならば…その言葉にあなたがどんな思いをもったとしても、このことだけは確かである。つまり、それはキリスト教ではないということ、それはキリスト教とは正反対のものであるということ、キリスト教はそれとは考え得る限りでの全く逆のものであるということ、である。なぜなら、あの招いておられる方のことを思い起こしてみよ。[7]」

このように述べて、更にキルケゴールは、キリストの生涯は、このような卑賤の姿といういわば恐ろしい状態で、徹底的に貫かれていることを訴えている。そして次のような言葉で終えている。

「もしあなたが自分自身に打ち克ってキリストとの同時代性の状況においてキリスト者に成るのでないならば、あるいは、もしキリストがあなたと同時代にいるという状況のもとであなたを動かしあなたを御自身のもとに引き寄せるのでないならば、あなたは決してキリスト者に成らないであろう。あなたは、あなたがそのような仕方においてではなく、しかも自分はキリスト者であるという幻想をいだかせてくれている人に。栄誉と讃美と感謝とをささげ、この世のあらゆる財宝をもって報ゆることができるかもしれない――が、その人はあなたを欺いているのである。…もしあなたがキリストと同時代にいるという状況に耐えられないならば、その有り様を実際に見ることに耐えられないならば、従って、あなたが街へは出て行くことができないならば――その異様とも言える人々の群の中に神が居られるのを目にし、その神に跪き、拝するなら、それこそがあなたの根本条件になっているのだが、そういうことがないならば――、あなたは本質的にキリスト者ではないのである。[8]」

こうしてキルケゴールは、この第一部の最後に、「教訓」Moralenという項を設け、次上述べられてきたことは何を教えようとしているのかについて述べる。

「では、これらすべてのことは何を言おうとしているのだろうか。それはこういうことを言おうとしているのである、すべての人ひとりびとりがとりわけ、神の前での静かな内面性に徹し、最も厳密な意味においてキリスト者であるとはそもそもどういうことなのかという事柄のもとでへり下った態度をとり、自分がどういう者であるのかを神の前で正直に認めるべきであるということ、そして不完全なすべての人々に、つまり、すべての人々に提供される恵みに対して何としてもそれに値いする態度で臨まなければならないということ、これである。そしてそれだけであって、それ以上のことではない。それ以外では、自分の仕事にいそしみ、それに喜びをもち、妻を愛し、妻に喜びをもち、子供たちを育て、隣人を愛し、人生に喜びをもつことである。もしそれ以上のことがその人に要求されることがあるなら、神はそのことをその人によく理解させ、その人を更にお助けになるであろう。…しかしすべての人ひとりびとりが神の前に正直になって理想性の要求のもとにへり下った態度をとること、このことだけが、すべての人々に要求されているのである。それゆえ、この要求は聞かれなければならない。それはその無限性そのもののゆえ繰り返し繰り返し聞かれなければならない。キリスト者であることは何の意味もないもの、馬鹿気たこと、すべての人々がそのままそうであるもの、どんな意味のない身のしぐさよりももっと簡単に手放し得るものになってしまった。ほんとうに、いまこそ、理想性の要求が聞かれなければならない正にその時になっているのである[9]」

「しかし〔本来の〕キリスト教的なものがそのように身の毛も寄立つような恐ろしいものであるならば、世界のどこで、人間がそんなキリスト教を受けいれようと思いつくだろうか。いやそれは実に単純なことなのだ。もしあなたがその答えを望むなら、それは全くルター派的に言えばこうなる。ただ罪の意識だけが、敢えてこう言ってよいなら、その身の毛も寄立つものの中へと、人を無理矢利に引きづり込んでしまうのだ（他面から言えば、恵みがそうする力なのである）ということである。そして正にその瞬間に、キリスト教的なものは変様し、全き柔和、愛、隣みになるのである。[10]」

キルケゴールは、同時代性ということについて、以上のように述べている。

しかし、このように、人間ひとりびとりがイエス・キリストと「同時代的」状況において出会おうとするとき、そこに待っているものは、「躓き」の問題である。そこでキルケゴールは、次の第二部では、この「躓き」の問題について述べる。しかし彼は、この問題を、新約聖書に基づいて、本質的に聖書解釈学的方法によって、追究する。その要点の部分だけ述べると、次のようになる。

「躓きの可能性があり得ることに注意するように、と言っているのは、イエス・キリスト自身である――そしてまた彼は確かに、この問題に関しては、思弁的神学教授諸賢を全部合わせてもそれに劣らない程に、よく精通しておられる。それに周知のように、それら教授たちの援助も助力もなしに、キリスト教はこの世に来たのである。ところがそれに反して、もしほかにそれを妨げるものがいないならば、そのキリスト教はそれら教授諸侯の援助と助力によってこの世からそっと追い出されてしまうことは、充分にあり得ることだろう。[11]」

「この地上でのキリストの生涯、それは範例そのもの Paradigmet である。私もそしてあらゆる一人びとりのキリスト者も自分の生を形成しようと努めるのは、それに似ようとさせることによってである。このことが説教の本質的な主題なのであり、説教はそのことのために仕えなければならない。…しかしキリスト教国は、キリストを、追い出してしまったのだ。それどころか、その彼から遺産だけを、彼の偉大な名前だけを、相続しようとし、諸々の厖大な量の成果から、利益を得ようとしているのである。…それゆえ、キリスト教国においてキリスト者であるということは、キリストとの同時代的状況においてキリスト者であることとは何か別のものになってしまっており、異教がキリスト教とは異なっているくらいに異なってしまっているのである。[12]」

「人は、大学の講義では、神人〔＝キリスト〕を、〈永遠の相の下において〉sub specie aeterni、神と人とのあの思弁的統一体へと化してしまうか、あるいは、どこにも存在しない純粋存在という形をさせて出現させるようなことをしている。そして、神人が、歴史の現実の状況においては神とひとりの人間の統一であるとはみなされないのである。あるいはまた、人は、キリストを、きれいさっぱりと破棄してしまったのであり、つまり、キリストを投げ捨てて、彼の教えだけを取りあげ、結局は彼を殆んどアノニム〔＝無記名者〕とみなすような者にまでしてしまったのである。つまり、その教えだけが主要事項となり、一切とみなされてしまっているのである。[13]」

「あるいは、人は、キリストを、くそ真面目になって、偶像にまでまつりあげる。しかし精神とは、単純な直接性の否定である。キリストが真の神ならば、彼はまた識別不可能性の状態であらねばならず、一切の直接性の否定であるところの識別不可能性の衣服をまとっているのでなければならない。[14]」

こうして一人びとりがそれぞれ「躓き」の試練を超えるとこの「識別不可能性」という事態に出会うのであるが、その「識別不可能性」という衣服を纏ったキリストは、その一人びとりに対して、更に一つの行為をしようとしている。これが第三部の主題であり、それはそのままその標題にもなっている。その標題は「かれは高きところから、すべての人々をそのもとに引きよせようとされている」というものである。この言葉は言うまでもなく、「ヨハネによる福音書」第十二章三二節の「わたしは地上から上げられるとき、すべての人を自分のもとへ引き寄せよう」という言葉からのものである。こうしてキルケゴールは、この第三部において、「キリストと同時代的になること」が更にどういうことになるのかについて述べるわけである。しかしその際彼は、その「同時代的であること」を、抽象的に述べるのではなく、キリスト者の目下の日常の現実に関わらせようとする。そのため当然にそのことは、目下の国家教会の在り方に、直接関わってくる。それゆえ、そこでは彼は、それを「教会論」と「説教論」の展開を通じて試みようとする。しかし正にその場所で、現実の教会としての国家教会の在り方とそれの最高者であるJ・P・ミュンスター監督とが、彼の説教の仕方とともに、徹底的なまでに批判されるのである。勿論先行する第一部においても第二部においてもその両者への批判は到る所で展開されていた。しかしこの第三部に入るや、J・P・ミュンスターに関しては、直接名指しせんばかりの勢いをもって批判されているのである。以下その批判の様相を検討してみよう。しかしキルケゴールはそれに先立って「高きところから」Fra Høiheden の意味について次のような説明を行っている。

「真のキリスト者が受ける卑しめは、ただそれだけの卑しめのさまではなく、それはその高きところの栄光がそのまま再現されているさまである。しかしその再現はこの世の中で行われているので、その栄光は大体、取るに足りないものと卑しいもののさまをとって現われなければならない。星はほんとうに天の高い所に座している。だから、星が海面に映っていてそれは地の底はるかに深い所に座しているように見えようとも、それは正に天の高いところに座しているのである。これと同じように、キリスト者であるということは、それがこの世の中で再現される姿では最低の卑しさのさまをとって現われなければならないとしても、それは最も高い栄光の姿なのである。それゆえ、卑賤なさまというのは、ある意味では、栄光の高さを意味しているのである。あなたがこの世を去るや否や、つまり、その再現のゆえに混乱をきたしてどろどろしている要素を捨て去るや否や、すなわち、キリスト者が死ぬや否や、彼は、既に前以て居たところのその高きところに居るのである(15)」

このような前提のもとで、彼はいよいよ「教会論」を展開する。その「教会論」の軸となるのは、「真のキリスト者、つまり、卑賤な姿をしたキリスト者」と、教会史の理想になってきた「勝利する教会」Den triumpherende Kirke との関係である。それというのも、いままで述べられてきた「真のキリスト者」が卑賤の姿の者だとすると、その姿はこの「勝利する教会」とは余りにも違いすぎるからであり、しかもその「勝利する教会」は、いつしかこの世の勢力として勝利し支配する教会になってしまっているからである。該書の二三二頁から三八頁までは、この関係の問題を論じているのである。

彼はまずその「勝利する教会」をめぐる自らの課題を次のように述べる。

「勝利する教会 en triumpherende Kirke とはひとつの空想であるということ、この世においては、真の意味では、ただ、闘う教会 en stridende Kirke だけが問題となり得るということ、こうしたことはこれからますますはっきり分かってくるだろう。しかしこの闘う教会は、取るに足りないものとしての姿をしたキリストとの関係にあり、そのキリストに引き寄せられているのを感じているのである。勝利する教会は、キリストの教会を空虚なものに化してしまった。この事実を明日に浮き彫りにすることが、この講述の課題である。[16]」

このように述べて、その講述をすすめてゆく。以下その要点になるものを紹介しよう。

「闘う教会においてキリスト者であることは、キリスト者であることとは正反対の環境の中でキリスト者であることを、表明することである。ところが、勝利している既存のキリスト教会においてキリスト者であることは、キリスト者であることと同義的、同質的なものに化してしまっている環境の中で、キリスト者であることを表明することである。もし私がその第一の場合で真のキリスト者であるならば、当然の事乍ら（というのは、観客席は正反対の側にあるようなものだから）、私がどんな抵抗を受けて苦しんでいるのかが、逆方向からよく識別されることになる。そして私がキリスト者であることの真実さがより多くあればある程、同じ度合において、その真実さは、それへのその抵抗がますます多くなってくるのが、はっきり識別され得ることになるだろう。しかし第二の場合では、キリスト者であることは当然の事乍ら（なぜなら、観客席は勿論自分と同じ側にあるのだから）、直接そのままの形をとって、私がこの世で獲ち得ることのできる愛顔、栄誉、名声として認め得るものとなる――私は、この世においては、と言っているが、それは、この世はもうキリスト教国になってしまっているのだから、私がそのキリスト教国で獲ち得るものは、直接そのままの形をとって、そこでは、愛顔、栄誉、名声として認め得るものとなるわけである。[17]」

「これが勝利する教会の実情である。ここでは、キリスト者であることは、異常なまでの高価で買い取られる。そして買い取られないただ一つのものは、キリスト者でないことである。[18]」

「この世が存続してゆく限り、そしてこの世でキリストの教会が存続してゆく限り、その教会は闘う教会になるのだ。しかしその教会は確実に、それは陰府《よみ》の門に打ち勝たれることはないという約束〔＝「マタイによる福音書」第一六章一八節〕のもとにおかれている。けれども、ああ、禍いなるかな、そのキリストの教会がこの世で勝利するということになったときには。なぜなら、そのとき勝利したのはそのキリストの教会ではなく、そこではこの世が勝利したからなのである。そこではキリスト教とこの世との質的差異はなくなってしまい、この世が勝利し、キリスト教は敗北したことになるからである。そしてそのときキリストは最早、神人ではなくなり、単なる優れた人間になるからである…そしてそのときには、生命《いのち》に至る道は最早細くはなくなり、門も狭くはなくなり、それを見出す者がほんの少しであるということもなくなるであろう。いや、そのときには、道は広く、門は大きく開かれて――陰府《よみ》の門が打ち勝ったのであり、多くの人々が、いや、すべての人々がそれを見出すことだろう。しかしキリストはこの世では決して勝利しようとはなさらなかったのだ…そしてキリスト教とこの世とが友だち同士になり合う日には、然り、そのときには、キリスト教は廃棄されたことになるのである…弟子は師にまさらずである。なぜなら、師は十字架につけられたのに、弟子たちは、栄誉と名声によって権威づけられているからである。[19]」

「私は、キリスト者はみな殉教者なのだとか、殉教者にならなかった者は真のキリスト者ではなかったとか、そういうことは決して主張したことはない。いや、私が言いたいのは、殉教とは関係のない今日のあらゆるキリスト者は――そして私自身もそれらの中の一人に教えられるのだが―ほんとうに真のキリスト者になるためには、自分は最も厳密な意味でキリスト者であった人々よりもやはりずっと安易な仕方ですりぬけてきているのだということを、へり下って告白すべきである、ということなのである。そして敢えてこう言ってよいなら、キリスト教の位階秩序の混乱が起こらないために、そして第二席の者が第一席の者の着くべき席を分取って、第一席の者が完全に追い出されてしまうようなことが起こらないために、そのへり下った告白をなすべきなのである。そこで最終的には私の答えは大体こうなる。キリスト教はキリスト教国では全く文字通り王位から退位させられてしまっているということ、しかしキリスト教がそうであるならば、キリスト教はまた廃棄されてしまったことになるということである。

それというのも、王ならば、例えば、その国が共和国になって、王が大統領にさせられたとしても、生存そのものが停止になったわけではないからである。しかしキリスト教の場合は、その王座から追われてしまうやいなや、それは廃棄されたことになるのである。キリスト教は無条件的なものであり、たった一つのあり方しかしない。つまり、無条件的なあり方しかしないのである。だから、もしキリスト教が無条件的なあり方をしないならば、キリスト教は廃棄されてしまったのである。キリスト教に関しては、〈あれか—これか〉が無条件的にあてはまる。…キリスト教は、キリスト教国では、厳しさに代って穏やかさが持ち込まれることによって、〔つまり、この世との穏やかな関係がつくられることによって〕、廃棄されてしまったのである。キリスト教は、キリスト教国では、権威なく、ぼろぼろにすり切れた衣装をまとってうろつき回っている。そしてそれに対しては、こちらの方が帽子をとって礼をすべきなのか、それともそちらの方がこちらに向かって頭を下げるべきなのか、あるいは、われわれの方が向うの同情を必要としているのか、それとも向うの方がわれわれの同情を必要としているのか、それは誰にも分からなくなっているのである。[20]」

キルケゴールは、「教会論」において、このように述べ、キリストの教会は本来は「闘う教会」であるべきなのに、現実の国家教会は「勝利する教会」になってしまい、その結果「この世」が勝利することになり、結局「この世」と一体化してしまって、そのことによってキリスト教そのものは完全に廃棄されてしまったことを、指摘したのである。その容赦のない批判は正に「国家教会」の核心を突いていると言ってよかろう。

ところが、彼は更に次には、「説教論」を展開し、それにおいては、国家教会の最高責任者J・P・ミュンスター監督が名指しも同然の仕方で徹底的に批判の槍玉にあげられるのである。それというのも、それにおいては、キルケゴールは、J・P・ミュンスター監督が書いた有名な書物、『キリスト教的信仰教義についての観察』Betragtninger over de Christelige Troeslærdomme. (Kbh. 1833). I. II. を取りあげ、この書名になっている「観察」という概念を、「説教」とは全く異なるものとして批判しているからである。該書は、小型版ながら、第一巻四〇〇頁、第二巻四一六頁の大冊であり、一見神学書のように見えるが、実質は「説教集」なのであり、当時実に多くの教養階級の人々に愛読された有名な書物である。キルケゴールは、この書物においては「説教」が「観察」になってしまっている事実を取りあげ、それを徹底的に追及するのである。この概念を取りあげ追及していることは、J・P・ミュンスター監督を名指しで批判していることも同然で、このことは誰にも分かることであった。彼は次のように述べている。「キリスト教国においては、実はしばしば、説教、講演、講話などが、キリストのあとに従う者には何が要求されるか、キリストのあとに従う者であるということにはどんなことが潜在しているか、そもそもキリストに従うとはどういうことか、等々について語るのが聞かれる。それらにおいて聞かれる事柄は、一般的意味では全く正しいのである。しかしそれらをもっと注意深く聞いてみるなら、それらの深い所には、非キリスト教的な根本的錯覚や詐欺まがいのものが隠されているのが見出される。今日キリスト教の説教 Praediken は、大体おいて、〈観察〉Betragtnig に化してしまっているのである。つまり、さあこれから私たちは観察をしてみましょうとか、私は聴衆のみなさんを観察する営みへとお招きしましょうとか、観衆の主題は是々然々です、といった次第である。しかし、観察するということは、ある意味では、あるものに、つまり、観察しようとするものに、最も近づいてゆくことを意味することであるかもしれないが、また他の意味では、その対象から観察者自身を非常に遠くに離しておくこと、無限に遠いいところに放しておくことを意味する…言い換えるなら、観察するという営みによって、私は対象の中へと入ってゆくことになるが（私は自らが客観的世界の一部に化してゆくが）、しかし私は自分自身からぬけ出してゆく、あるいは、自分自身から離れてゆく（私は主体的であることをやめてしまう）のである。このようにして、説教的講演は、キリスト教的なものを寵愛するようにして観察と化することによって、正に〈観察〉や〈諸観察〉に化することによって、説教的講演における決定的なもの、つまり、人格的なもの、〈汝とわれ〉の関係、語る者と語られる者との関係を廃棄してしまったのである。この関係とは、語る者自身が人格的に運動しており、ひとりの追い求める者であり、同様に語りかけられる者は、それゆえ、語る者が奮い立たせ、励まし、戒め、警告をする相手ではあるが、しかし両者はともに、追い求めるという観点からすれば、ひとつの生を追い求めている、という関係である。そしてこの関係はまた、語る者はたえず、自己自身から離れ去ってゆくのではなく、自己自身へと立ち帰ってくるのでなければならず、また、聴く者であるということは、助力を受けながらであるが、自己自身から離れ去ってゆくのではなく、自己自身へと立ち帰ってくるのでなければならないという、こういう関係である。ところが、現代における説教的講演は、キリスト教の真理は本来的に〈観察〉の対象となりえないものであることを、まず自分自身が見逃しているので、そのことから人々に対してもそのことを完全に忘れさせるよう作用してきたのである。(21)」

「キリスト教の真理は、敢えてこう言ってよいなら、それ自身が目をもっていてこちらを見つめているのであり、然り、それはすみきった目のようなものである。しかし〔いま私が絵や布地や観察しようとしているとして〕、私が、それらを観察しようとした正にそのとき、むしろ私を見つめているのがその絵や布地の方であることを、発見したとするなら、その時には絵や布地を観察することは大変妨げられることになろう、いや、私にはそれは不可能になってしまうだろう―そしてキリスト教の真理の場合が正にこのようなものなのであり、つまり、キリスト教は真理の方が私を観察しているのであって、私は、キリスト教が伝えているように行為しているのかどうか、行為しようとしているのかどうかを、見ているのである。見よ、それゆえ、キリスト教の真理は、観察の面前に自らを現わしてくることのできるようなものではなく、また観察の営みとして講演することのできるようなものでもないのである。要するに、キリスト教の真理は、敢えてこう言ってよいなら、それ自身が耳をもっていてこちらのことを聞いているのであり、然り、それはすみきった耳のようなものであり、それは、語る者がそれを語っている正にそのとき、それをじっと聞いているのである。だから、人は、キリスト教の真理について、それを何か遠い所にあるもののように語ったり、単なる対象物に過ぎないかのような眼前に置いてあるもののように語ることはできないのである。なぜなら、キリスト教の真理は神から出ており、神がその中におられるので、キリスト教真理について語らるところでは、キリスト教の真理は全くそれ自身の在り方をしているからである。つまり、そこでは、キリスト教の真理は対象としてあるのではなく、むしろ語る者の方がそれにとっての対象となってそこにあるのであり、その語る者は、彼が語っている正にそのとき、彼を試問する霊を呼び出しているのである。」[22]

このような批判の文章はこのあとも更に、さまざまに形を変えて続けられているが、一応ここでとめておこう。そしてそれらを通じて是非一つの点に注目したい。それは、該書においては、いまここにおいて、遂に「説教」が批判の対象になっているという点である。このことは実に重大なことなのである。というのは、「説教」はいかなる牧師にとっても、自らの権威と生命そのものを意味しているものであるからであり、それが批判の対象になっているからなのである。このように考えてみると、いまそこで、その著作の書名を出して、今日では「説教」は最早「観察」に化してしまったと批判されている国家教会の最高者J・P・ミュンスター監督にとって、それがどのような衝撃となったかは、われわれの想像を超えたものがあると言えよう。しかし、それについてのミュンスター監督の反応は本章第五節で述べるので、ここではこれ以上立ち入らないことにするが、われわれがここで何としても注目しておきたいことは、キルケゴールの国家教会批判は、ここにきて、遂に名指しをせんばかりの勢いでJ・P・ミュンスター監督批判にまでなっているという点である。

いずれにせよ、アンティクリマクスは、以上のような教会論、説教論を通じて、国家教会のキリスト教の病根に、「必要なる荒療治」のメスを入れたのである。

しかしキルケゴールは、更に次の著作においては、最早「実名」において、この「荒療治」の後の治療として「根本治療」を行うのである。

注

（1） V. Christensen : Ibid., S. 116.

（2） S. V. XII. S. 37–9.
（3） Ibid., S. 40–53.
（4） Ibid., S. 54–7.
（5）（6）（7） Ibid., S. 53, 54, 55ff.
（8）（9）（10） Ibid., S. 85, 87, 87ff.
（11）（12）（13）（14）（15） Ibid., S. 123, 128ff, 144, 157, 221.
（16）（17）（18）（19）（20） Ibid., S. 232, 235, 236ff, 247, 250ff.
（21） Ibid., S. 257ff.
（22） Ibid., S. 258.

第四節 『「大祭司」「取税人」「罪ある女」――金曜日の聖餐式における三つの講話』に描かれた「贖罪の原理」――根本治療

『死に至る病』は、キリスト教国全体が罹っている「病い」の「診断」を、『修練』は、それに基づいての「必要なる荒療治」を、行った。しかしキルケゴールには、どうしても当初の計画に従って、「根本治療」を提示する必要があった。しかも前著の出版（一八四九・七・三〇）後、後著の原稿が着々と準備されていったが、それはどうしても「根本治療」には相応しくなく、「荒治療」的なものになってゆくことがはっきりしたので、その後著を出版する前に、前著の出版後三ケ月半が過ぎた一八四九年一一月一三日に、この三つの講話を、「根本治療」意味するものとして、出版したのである。しかも彼はこれを実名で出版している。その副題は、「金曜日の聖餐式における三つの講話」となっている。これで思いつくことであるが、この講話は一読してすぐ分かることであるが、明らかに前年に出版されたあの『キリスト教講話』の第四篇「金曜日の聖餐式における講話の七つの講話」と同じ線にたつものである。しかしこの講話はやはり、「罪の悔い改めをすすめる説教」Bodshrædriken の一つをなしている。

この講話が「根本治療」として性格づけられるのは何よりもまずそれは「健康」とはなにかを語っている点であり、具体的内容としては、キリスト教の福音の中身そのものについて語っている点である。つまり、この講話は徹底して、「贖罪」と「贖罪の成就」Forsoningens Fyldestgørelse について語っているのである。従って、「文体」も、その内容に相応しく、『修練』に見られるような激しさは避け、穏かで静かなものになっている。要するに、既に『著研Ⅱ』の一五四四頁で指摘しておいたように、この講話は、著作構造全体との関連から言っても、アンティクリマクス書に対する「休息点」として位置づけられ、「建徳的なもの」の方向が強調されることが意図されているのであり、キリスト教の福音における「救い」と「休らい」とが目ざされているわけである。

ところで、この三つの講話はいずれもがいままでのどの著作よりも図抜けて絵画的にくっきりとした線での画像のように、しかも言い知れない深い暖かみを感じさせるように、画かれている。F・J・B・ヤンセン教授が言うように、この講話は、正に「塑像的文章構成」[1]の典型と言ってよかろう。しかもその文章は悉くが実に高度な「逆説」の画像を浮かび上からせるように機能している。これを読む者は、実に深い感動と共感のうちに、引きつけられてゆく。従って、この「逆説の画像」こそがこの講話の生命でありすべてであると言っても過言ではなかろう。

さて、この講話が眼目としている「キリスト教の福音」の根幹をなすものとしての「贖罪」「贖罪の成就」については、その基本的説明は、最初の講話「大祭司」において、詳しく述べられている。それについては既に『著研Ⅱ』で詳述されているので、[2]ここではその要点だけを指摘するにとどめておこう。まずここでいう「大祭司」とは「贖罪主イエス・キリスト」である。しかしそのイエス・キリストは、いわゆる「大祭司」という言葉から生まれている一般常識的なイメージとは全く異なって、つまり、きらびやかな衣裳や権力を象徴するような風体とは正反対に、考え得る限りの「卑賤の姿」、謙虚でへり下った姿の者として、画かれている。それというのも、この講話は、「ヘブライ人への手紙」第四章十五節「この大祭司は、わたしたちの弱さに同情できない方ではなく、罪を犯されなかったが、あらゆる点において、わたしたちと同様に試練に遭われたのです」の聖句に基づいているからである。こうしてキルケゴールは、この講話において、この大祭司キリストは、われわれ人間と完全に同じ位置に身を置いて、人間の悩み、苦しみ、貧困、恐怖、死の悲しみ等々あらゆる点において、絶対的に最も多く苦難した人間になられることによって、そのような苦難をするわれわれ人間を慰めることのできる者となられ、われわれ人間と同じ誘惑《こころみ》のすべてを受けられ、最後には、罪もないのに、われわれの身代りになって罪の罰をうけられ、贖罪の死を遂げられたことを述べている。そしてキルケゴールは、キリストは、私たち人間の身になってみること以上のことを、そのどん底深くに身を置くことをなされたことを述べる。

従って、このような大祭司贖罪主キリストの前に立つとき、人間の罪はどのようにして贖われ赦されることになるのかが、残る二つの講話「収税人」と「罪ある女」において、述べられる。それゆえ、この二つの講話では、「贖罪のわざ」あるいは「贖罪の成就」が、述べられているのである。

その「収税人」は「ルカによる福音書」第十八章十三節「ところが、取税人は遠く離れて立ち、目を天にむけようともしないで、脳を打ちながら言った、『神様、罪人のわたしをおゆるし下さい』」の聖句に基づいている。キルケゴールは、この講話において、パリサイ人が祭壇の「最も近くで」「天に向かって目をあげ」、己の義人たることを神に祈るのに対して、祭壇からは「遠く離れてひとり立ち」「目を伏せ」「胸を打ち」ながら「罪の赦し」を祈る取税人の方が祭壇に「最も近くしかも救い主とともに在る」ことを、画いているのである[3]。それにおいてキルケゴールは「罪の告白」が真実に最も誠実に行われるさまを画いているのであり、「罪の償い」「罪の赦し」は正にそこにおいて成就するものであることを、その「逆説的絵画」において描き出そうとしたのである。

「罪ある女」は「ルカによる福音書」第七章四七節「だから、言っておく。この人が多くの罪を赦されたことは、わたしに示した愛の大きさで分かる。赦されることの少ない者は、愛することも少ない」の聖句に基づいている。これは、キリストがパリサイ人の家で食卓に着いたとき、これを聞いたひとりの「罪の女」と町で言われていた女が香油の入った石膏の壺をもってきて、後ろからキリストの足もとに進み寄り、泣きながら、まず涙でキリストの足をぬらし、自分の頭髪でこれを拭い、更にその足に接吻して、香油を塗ったあの情景についての箇所である。ここにおいて、いままでキルケゴールが描き出してきた「逆説的絵画」はその極に達している。その画像を通じて彼が訴えようとしたことは、「彼女は多く愛した」ということを中心にしている。それは単なる量的なことではなく、彼女が自らの罪に関わる羞恥心においてその罪の意識が誰よりも深く、それゆえにこそその羞恥心を超えて、自己自身を忘れてしまう程に、「救い主」を愛したこと、つまり、その行為の全体が心底からの「罪の告白」であったこと、それが「多くを愛した」ということに現われていること、このことが述べられている[4]。こうしてキルケゴールは、正にその「罪の告白」のゆえに、「救い主」の足もとに、つまり、誰よりも最も近く「救い主」の足もとにおり、われを忘れて泣いているということを強調している[5]。要するに、キルケゴールは、その情景において、「贖罪主イエス・キリスト」の「贖罪のわざの成就」を、つまり、「罪の赦し」の事実を、描き出そうとしたのである。

キルケゴールは、この三つの講話で、このようにして、「逆説的構図」を使って、「贖罪主」の「贖罪」とその「贖罪の成就」とを画いてきたのである。

このように、この講話はあくまで「キリスト教の福音」の真髄を伝達することを内容としている。従って、「必要な荒療治」を目ざした『修練』の場合とは全く異なって、その文中には、「国家教会」を直接批判の狙上にのせたり、ましてや「ミュンスター監督」を名指しして槍玉に上げたりするような言辞は一片も見られない。この点は当然である。けれども、ここで描き出されているものが「福音の真髄」である以上、その「逆説的絵画」においては、何らかの意味において間接的ながら、「国家教会」や「J・P・ミュンスター監督」との関わりの方向では、それらが気づくべき「反省的契機」が見えない形で働いているのを感じさせられる。例えば、「大祭司」には「J・P・ミュンスター監督」への逆説的照射が感得され、またそれぞれの講話に登場する「パリサイ人」には「卑賤の姿の贖罪主」に「謙虚でへり下り」の態度のとれない牧師たちの姿が重ねられてあったり、「収税人」も「罪ある女」も、それら監督や牧師たちがこれら二人とは正反対の形象であることを自づと気づかせられるような仕方で画かれている。にも拘らず、この講話は、そのような「反省的関係」を超えて「根本治療」の書として、その役割を果たしている。このように、この時期の三冊の著作では、「国家教会批判」の対象は、完全にJ・P・ミュンスター監督に絞られていたのである。

注

（1） F. J. B. Jansen: Ibid, S. 65ff.
（2）『著研Ⅱ』一五四四―四七頁。
（3） S. V. XI. S. 299ff.
（4）（5） Ibid., S. 311, S. 304-9.

第五節 J・P・ミュンスター監督の反応

先述の三つの著作には、そのほんの一部分を先に紹介した国家教会批判の文章が実際には多量に書かれていた以上、しかもその各冊を、キルケゴールは、いままでのように、監督公邸を訪れては、J・P・ミュンスター監督に手渡すという礼を尽していた以上、それを読んだ同監督が何らかの反応を示さないわけがなかった。しかしキルケゴールの日誌やその他の資料を見る限り、『死に至る病』と『修練』とでは、同監督の反応は全く異なっていた。つまり、前者に対しては全く無反応であったが、後者に対しては非常な怒りをもったようであった。しかしその相違はあくまで限られた資料上のことで、実際には、前者への感情は後者への感情へと大きな影響をもったであろうことは、充分考えられる。そのようなことから、私は、本節では、同監督の反応を、その両著に分けて検討してみたいと思う。

まず『死に至る病』に関してであるが、それには第二節でその一部を紹介したようにあれだけの激しい国家教会批判が行われていたのだから定めし教会当局や牧師たちや同監督から激しい反論があっただろうと想像したくなるが、実際はと言えば、不思議なことに、殆ど反応はなかったのである。これは不思議と言えば不思議であるが、次の二つの事実があったことを考えると、そこに理由を見出すこともできそうである。

一つは、これは驚くべきことであるが、当時は、該書そのものが、前年に出版されたあの『キリスト教講話』（一八四八・四・二六）と同じように、一般には殆んど注目を引くことがなかったことである。この両者は、キルケゴールの著作でも、最も注目されることのなかったもののようである。その証拠に、キルケゴールの多くの著作は、初版出版後数年して再版が出るのが常であったが、この『死に至る病』の再版は何と十六年後に、つまり、一八六五年になってはじめて世に出たことによってもわかる。

もう一つは、それには、該書の出版日に先立つ十日程前に、H・L・マルテンセンが『キリスト教教義学』を出版したことが関係していると考えられる。当時のマルテンセンの社会的地位と知名度により、その著作はある種の説得力をもっていた。該書は、ある意味では、デンマークでは勿論のこと、一部の外国でも、同時代のセンセーションを巻き起こす力をももっていた。そして正にその著作の序文のところで、H・L・マルテンセンは、極めて慎重にではあるが、キルケゴールの人物像を批判し、「キルケゴールは卑弱で、バラバラな思考やアフォリズムでしか、つまり、気まぐれや思いつきでしか考えることができず、全体の関連をもっては考えることのできない人物」と言い放っていたのである。(1) これを読んだ人々はこの言葉をよく理解したことが考えられる。

このような二つの事実は確かに人々をして該書に関心を向けさせないように作用したことは、充分理解できる。いずれにせよ、このような事実があって、該書は、あれ程激しい国家教会批判の言葉が記されていたにも拘らず、少なくとも先に言及した資料においては、J・P・ミュンスター監督がいかなる反応を示していたのかは、見られなかったのである。しかしそれはあくまで資料のことで、実際には、多くの研究者も想像するように、非常な怒りをもっていたことは事実であろう。そしてそのことは確かに、次の『修練』の出版を機会に、現わになってきたと言うことができよう。

ところで、その『キリスト教への修練』に対しては、同監督の態度は、全く別様であった。そのことは、既に第三節で述べたところから明らかなように、同監督の著作の書名の一部が批判の槍玉にあげられていたことだけでもそうであるが、ましてや「…疲れた者、重荷を負っている者は、みんな来なさい…おお、もしこの言葉を絹の衣に包んで着飾った男が快よい、よく響く声で語っているとするならば…」という下りは同監督を指している以外の何を意味しているのだろう。因みにH・Lマルテンセンは、きいきいきしむような声を発していたので、少なくともこの言葉が彼を指しているのではないことだけは明らかである。以上のことからだけみても、『修練』が同監督に非常な不快感を与えたことは事実である。勿論、同監督の人柄とその地位は、キルケゴールとのいままでの関係から言って、またその高位から言って、まともに取りあげ怒りを発する程のことではなかったとしてもである。しかし同監督の不快感は、一つは、キルケゴール自身の日記記述から、もう一つは、H・L・マルテンセンがM・L・J・グーゼ牧師に宛てた手紙から、更にもう一つは、ミュンスター監督自身が出版した小著から、はっきり知ることができる。

しかしこの『修練』をめぐってのミュンスターの本心は、いわゆる「不快感」とか「怒り」とか「憤慨」とかいった程度のものではなかった。それは両者の関係を「決定的な対立」にまで導く性質のものであった。つまり、それは、そのように大きな問題を惹き起こす程の契機を秘めていたのである。それゆえ、この『修練』についてのミュンスターの本心についての考察は場所を改め独立させて徹底的に行うのが適当と考えるので、その作業は、章を改め、第六章で、「決定的対立」の問題を扱うなかで、行いたいと思う。従って、ここでは、これだけの指摘にとどめておくことにする。

注

(1) H. L. Martensen: Den Christelige Dogmatik. (Kbh. 1849). S. III.

第四章　日誌記述に現われた「J・P・ミュンスター監督批判」

キルケゴールの「国家教会批判」における標的がJ・P・ミュンスター監督一人に絞られてきたことは、キルケゴールの先述のいくつかの著作からはっきり知ることができたが、そのことは更に、一八四七年秋頃以降の彼の日誌に、実に顕著に現われている。既にその一部分を引用した一八四七年一一月二〇日頃以降の彼の日誌は、彼の関心事の中心をなすものが、結局は、このミュンスターへの思いを中心にして動いていることを、はっき示している。二五八篇以上の数にのぼるその記述は、明らかにやがて「教会攻撃」へと通じてゆく紛うことのない一本の線を引いているかのようである。そこで本章では、この一本の線に着目し、それがやがて「教会攻撃」へと通じてゆく道程であることを、確と見届けたいと思う。しかしその作業にあたっては、その日誌記述の数ならびに分量の途方もない多さから鑑みて、何よりもまずこの資料の「整理と分類」の方法から問題にしてゆかなければならなくなる。そして次に時間的にもそれらの記事が書かれるずっと以前からの「ミュンスターとの特殊な関係」に注目しておき、以上の作業を前提にして最後に「ミュンスター批判の過程とそれを通じて読みとれる対立の諸相」について考察したいと思う。

第一節　資料扱い上の視点と分類

ミュンスター監督についてのキルケゴールの日誌記述は、その篇数だけでも実に厖大な数字にのぼる。ミュンスターについての日誌記述が一番最初に登場するのは一八三九年六月一四日（Pap. IIA454）である。キルケゴールが二十六歳のときである。しかしこの一八三九年には二篇だけにとどまっている。そして一八四四年には一篇と、その頃は数は少なかった。ところが、一八四五年になり、『後書』の草稿を書き始める頃になると、その数は徐々に増してきて、一八四六年、一八四七年になると、数も個々の分量もともに増えてきて、その頃から一八五一年九月にいわゆる「地下潜行」の時までには、何と一四五篇を超える数にのぼり、しかもそれらの中には大変長文のものが見られるのである。しかし更に驚かされるのは、その「地下潜行」に入って以後の約三年間と「教会攻撃」の期間としての約八ヶ月とを合わせた期間には、更に一一三篇以上の記事が書かれていることである。従って、日誌と草稿におけるミュンスター記事を最初から数え合計してみると優に「二五八篇」を超える数字になるのである。

このような多量の日誌記述を其に読んでみるとき、そこには明らかにキルケゴールのミュンスターに対する感情や態度の変化の過程がいくつかの間隔を区切ってかなりはっきり見えてくるように思える。そして両者の関係を知るには、その変化の過程をどのように区分してとらえるかが最も重要な問題であることを知らされる。そこで私は、その区分がどのようになされているのかを調べるために多くのデンマークの研究者たちの著作や論文類にあたってみた。しかしその結果驚いたことには、この二五八篇以上にのぼる「ミュンスター記事」を一本の線としてとらえ、それを一つの全体として全面的に取りあげて考察している研究者はN・トゥルストルップ教授を除いては一人もいないことを知った。つまり、この問題領域はまだ未踏の領域であることを知ったのである。そこでこの領域を研究するには、まず自らの力でその方法を確立して取りかからなければならないことを知らされたのである。

では、その方法論確立の問題とどのようにして取り組んだらよいのだろうか。

それにはまず、それがための「基本的姿勢」もしくは「基本的視点」を確立しておくことである。しかしこれに関しては、私の場合、この問題点に関しても非常に明白である。それは、私の「キルケゴール研究」の方法論に一貫しているもの、それは恣意的、あるいは概念的方法によるのではなく、あくまで「キルケゴールの口を通してキルケゴール自身の思想と信仰を語らせる」という方法である。すなわち、それは、多くの研究者が自ら気付かずにしているような「キルケゴールの口を通じて研究者自身の思想や信仰を語らせる」というようなことでなく、あくまで「キルケゴールの口を通してキルケゴール自身の思想と信仰を語らせる」という方法、その意味では本質的に「キルケゴール的な方法的態度」である。

では、目下の場合、具体的な方法としてどのようにしたらよいのだろうか。

それには、それら多量な「ミュンスター記事」の中から、キルケゴール自身がその「整理と分類」の方法を示唆するような方法で書いていたいくつかの記事を選び出し、それらをメルクマールとして「ミュンスター記事」の全体を「整理し分類」する方法である。そこで、それらの記事は一応次の三種類のものと考えられる。

まず第一に、この問題との取り組みに際しては、いま述べたように、N・トゥルストルップによる示唆が重要な意味をもっているので、それを充分参照することである。この件に関する同教授の最大の功績は、キルケゴールによるあの厖大な量の「ミュンスター記事」を、教授自身の手で恣意的に分類もしくは区分したのではなく、キルケゴール自身が自らの手による「整理と説明」をしている日誌記事を見つけ、それに基づいて、つまり、「キルケゴール自身による整理と説明」に基づいて、分類もしくは区分している点である。その日誌記事は、一八五五年六月二九日という正に「教会攻撃」の最中にキルケゴール自身がミュンスター監督との関係を自らの幼い頃からその時までを辿って「整理し説明」した Php. XI^2A419 である。これがキルケゴール自身の手になる「整理と説明」であることにより、その提示とこれに基づく同教授の研究がどんなに貴重な意味をもっているかは言うに及ばないであろう[(1)]。

第二に、「キルケゴール自身の手による整理と説明」というこの方法は、つまり、「キルケゴールの口を通じてキルケゴール自身の思想を語らせる」という方法は、私自身のキルケゴール研究の方法の根幹をなすものなので、そのトゥルストルップの示唆を受けていま改めてキルケゴールの「ミュンスター記事」を読み直してみるとき、それらの中には、その Pap. XI^2A419 と同じ趣きのいくつかの日誌記事が見られるので、それらをそれと合わせて用いることができるのであり、そのことによってますます「キルケゴール自身の手による整理と説明」は確実なものとなってゆくことが充分認められよう。そのような日誌記事としては少なくとも、一八五一年八月九日の日誌 Pap. X^4A373、その日より少し後の日誌 Pap. X^4A377、そして一八五二年春に書かれた日誌 X^4A511 等々が考えられるので、これらは先の Pap. XI^2A419 と合わせて用いられるべき性質のものと考える。

第三に、更にこのほかのものとして、それは補助的な意味になるが、次の三系統の記事がやはりメルクマールをなすものとして考えられる。

(1) 監督公邸訪問と同監督との会話の記事。キルケゴールは実にしばしばミュンスター監督公邸を訪問しては同監督とさまざまな会話を交わした。そして殆んどその都度彼はそのことを日誌に記している。これらはキルケゴールのミュンスターとの関係の推移を知る上で、実に貴重な資料となる。

(2) いくたびもの著作献呈後に示された同監督の感想や反応についての記事。キルケゴールは自分の著作が出版されるごとに必ずそれを同監督に献呈していた。そしてその後それ程長く経たない頃に、同監督の感想をきいたり、その反応を確かめ、それについて多数の記事を書いている。これらも両者の関係の推移を知る上で、貴重な資料となる。

(3) キルケゴールによる「牧師職」出願をめぐっての同監督の対応についての一連の記事。キルケゴールは、(父ミカエルから同監督への依頼もあってか）自分の「牧師職」への世話（推薦）を同監督に頼んでいた。それゆえ、そのための同監督訪問がいくたびも行われた。非常に驚くべきことに、著作や日誌の中では国家教会批判、ミュンスター批判が激烈になった段階に入ったときにも、その訪問と会話とを行っていたのである。このことは日誌に認められているが、この問題は、キルケゴールにとって何よりも重要な意味をもっていたので、両者の関係を知る上で、極めて重要な資料と考えられる。

以上の三系統の資料は、付加的意味で、非常に重要なものと考えられる。

さて、私は、以上において、キルケゴールとミュンスター監督との関係の推移を区分もしくは分類するための方法を確立する基礎になるものとして、三種類の資料について述べたが、私はこれらをメルクマールとして「区分もしくは分類」の作業を行ってみることにしたい。

そこでそのような仕方で、「ミュンスター記事」の全体を大きく区分もしくは分類してみるとき、それは次の三つの問題ブロックに分けることができると考える。

1 「ミュンスター記事」すべての根底をなし幼少期から生涯続いた同監督との極めて特殊な関係。これはキルケゴール自身が多くの記事においてたえず最も強調していた点であった。

2 「ミュンスター記事」はある時期から同監督への批判的記述に変ってゆくが、その「批判の過程」とそれらを通じて見えてくる両者の対立関係の構図と諸相の問題。

3 そのような両者の対立関係が行き着いた「決定的段階」の問題。

その厖大な分量の「ミュンスター記事」は、大きく分けるならば、ひとまず以上の三つの問題ブロックに分類することができると考える。そこでこの各々を以下の各節で考察することにしよう。

注

（1） N. Thulstrup: Ibid., S. 142–61. 私は他の実に多くの研究者たちの研究も検討してみたが、このトゥルストルップのようにキルケゴール自身の考えに則った「整理と分類」は見ることができなかった。

第二節　ミュンスターとの特殊な関係

キルケゴールの強烈な「ミュンスター批判」とあの最後の「教会攻撃」のことを考えると、誰もがそこに激しい敵意だけを想像しがちなる。ところが、実際には、両者の関係は凡そその想像とは異なるものであった。つまり、両者の間には、最後まで、驚く程の親密な関係があったのである。勿論そこには次節で述べるように、一八四五年頃から並々ならぬ要因が働いてきて「国家教会批判」「ミュンスター批判」が始まるわけであるが、にも拘らず、その親密な関係は、その「批判」の営みと並行して、走っていたのである。それゆえ、キルケゴールの「ミュンスター批判」の真実を知るには、どうしてもその前提をなしていたとさえ言えるこの親密な関係をよく理解しておく必要があると考える。しかしこの問題に関しては、言うまでもなく、キルケゴール自身が彼の著作や日誌の各所でしかも繰り返し記しており、また私も既に『青研』はじめ本書の第二部で述べておいたが、更にN・トゥルストルップもキルケゴール自身がその関係を整理した手記として一八五五年六月二九日のPap. XI²A419を提示し分析してくれているので、ここでは、それらの資料をまとめる仕方で、その「特殊関係」を検討しておきたいと思う。

N・トゥルストルップは、キルケゴールのミュンスターに対する関係を、殆んど彼の生涯の最後の時期に至るまで「最高度の共同決定の medbestemt 関係であり、時には父ミカエルとの関係を通じて、ミュンスターに「支配されていた状態」だったと言っている。(1) 確かにその「特殊な関係」を要約するならば、この一言で表現することができよう。しかも注目されるべきことは、このような関係がキルケゴールの生涯の最後の時期まで続いたということであり、そしてキルケゴール自身がそのことを深く意識していたことである。従って、その度合はわれわれの想像をはるかに超える強いものであったことは疑いをいれない。

ところで、この「特殊な関係」は更に次のような四つの項目に分けて説明することができると考える。

一　「私はミュンスターの説教の中で教育された」ということ。

この件については、キルケゴール自身、日誌の中で何回も記しており[2]、私自身は既に『青研』の四五二頁と五一九頁で、そして本書では第二部第一章第二節で述べておいたので、いまここでそれ以上述べるには及ばないと考えるので、その件についてはそれ以上立ち入らないで、ただ二つの事項だけを付加するにとどめておこう。一つは、父ミカエルは息子セーレンにミュンスターの説教集を読ませるよう努めただけでなく、ミュンスターの教会での説教そのものを聞くようにさせ、一八二八年、セーレンが十五歳になった時は、そのミュンスターから堅信礼を施してもらったということである。もう一つは、それ以後、セーレンは、日曜日には教会で、ミュンスターの説教を聞くという習慣を晩年までもっていたということである[3]。そこでこのようなことを考え合わせてみると、ミュンスターの説教を聞くという習慣のは、その幼少期から晩年に至るまで、ミュンスターの説教の中を歩み続けていたわけである。因みにキルケゴールの生涯というのは、その幼少期から晩年に至るまで、ミュンスターの説教の中を歩み続けていたわけである。因みにキルケゴールは日常ミュンスターを Deres Høiærværdighed（尊師）と呼んでいたのである[4]。

二　畏敬と親愛

N・トゥルストルップは、彼の著『キルケゴールとデンマークの教会』K. og Kirken I Danmark. (kbh. 1985) の中で、一三四頁から一四〇頁までの七頁分を割いて、キルケゴールの著作が最初から最後に至るまで、どのようしてミュンスターに献呈されたか、またミュンスターはそれらに対してどのように対応したかを、実に詳細に述べている。そのことの叙述は、当時の新聞、雑誌等におけるミュンスターの文章やキルケゴール自身の著作を用いての大変手の混んだ説明法に基づいている。それゆえ、その各々をここで復元することは必ずしも必要とは思えないので、それらを通読して、目下のテーマに関係する点だけを、簡単に記してみたいと思う。それらを読んでみると、『あれかーこれか』をはじめ殆んどすべての著作がキルケゴールからミュンスターに献呈されていたことが分かる。『あれかーこれか』などはその「偽名性」ゆえにその献呈をめぐっては非常な苦心や困難があったことを知らされる。(5) それは兎に角として、そのトゥルストルップの研究から、少なくとも次の三点を知ることができる。

一つは、ミュンスターが、J・L・ハイベーア教授の Intelligensblade. (4Bind. 1842–1844) に「教会的論争」Kirkelige Polemik という題の文章を投稿し、その中で述べている事柄である。その文章はまた、Mynsters Blandede Skrivt. I. (1852). S. 461–73. にも収録されている。それによると、ミュンスターは、『おそれとおののき』だけでなく、その時期に出版された『建徳的講話』、つまり、『二つの建徳的講話』『三つの建徳的講話』『四つの建徳的講話』(以上いずれも一八四三年出版) を読み、それらに非常な感銘をもったことを記している。例えば、次のような下りがある。

「マギスターS・キルケゴールがたえずそれらの建徳的講話を彼の亡父の記念のために献げていることは、何かしら私の心の琴線に触れるものがある。それというのも、私もまたその尊敬すべき父君を存じ上げているからである。…」

もう一つは、キルケゴール自身が書いた『序言』Forord. (1844). S. V. V. S. 41. の中に出てくる言葉から知られることであるが、キルケゴールは、先に述べたミュンスターの説教集の象徴とも言える Prædikener paa alle Sòn-og Helligdage. i Aaret. 1837.『本年のすべての日曜日と聖日における説教集』を高く評価している点である。この説教集は、キルケゴールが幼少期において父ミカエルによって用いられた説教集が更に後に複刻されたものであるが、キルケゴールは一八四四年になってもこれに評価を与えていたのである。

更にもう一つは、キルケゴールが個々の著作に認めたミュンスター宛の「献呈の辞」である。確かにキルケゴールは、偽名著作には当然に「献呈の辞」は認めていないが、その他の書物、例えば、『愛のわざ』や『野の百合と空の鳥』には、「深い畏敬において、著作から』"i duh refrygt fra Forfatteren"という言葉を記しており、また『死に至る病』には "i dyb ærefrygt fra Udgiveren"「深い畏敬において、刊行者より」となっている。これは、著者がアンティクリマクスという偽名であり、刊行者がS・キルケゴールになっているからである。いずれにしてもこのような献呈の辞において献呈されていたのである。

トゥルストルップの研究から少なくともこのようなことが知られる。これら以外にもまだ幾多のことがその研究から知られ得るが、これらだけからでも、キルケゴールの著作をめぐって、キルケゴールとミュンスターの間には、「畏敬と親愛」の関係があったことは充分知り得るのである。

三　偉大なる模範的形象

キルケゴールにとってミュンスター牧師とは、とりわけその幼少期、正に彼が将来なるべき人物の模範的形象として設定されていた。父ミカエルにとってミュンスター牧師は最高に尊敬する牧師であり、そのため自らの懺悔聴聞牧師として師事していた。しかしそれだけではなかった。父ミカエルが息子セーレンにミュンスターの説教を読ませ、ミュンスターの説教の中で教育したのも、息子セーレンがやがて将来は、神に仕える人となり、ミュンスター牧師のような人になってほしいという心底からの願いがあったからである。既に本書第二部第一章第三節で紹介したようなセーレンへの「献身の願い」も、多くの研究者が認めているように、セーレンがミュンスター牧師のようになって神に仕えることが父ミカエルによって願われていたのである。これだけみても明らかなように、セーレンにとってはミュンスター牧師は彼が将来正にそのようになるべき人物として、その模範的形象として設定されてしまっていたのである。そのため父ミカエルは、セーレンをして、あらゆる機会をとらえては、ミュンスター牧師と結びつけようとしていたのである。(6) こうしてキルケゴールは、一八四七年一一月下旬、明らかにミュンスター監督に大きな批判を持ちはじめた頃でもこう書いている。

「ミュンスター監督に栄光あれ。私が尊敬した人物は、いま生きている人の中でミュンスター監督をおいて他にない。彼はいつも私の父のことを想い起こさせてくれるので、それが私に嬉しいのだ。(7)」

キルケゴールにおいては、父への思いを通じてミュンスターに至り、ミュンスターへの思いを通じて父に至るというような、両者は離れ難い関係にあった。そしてそれ程までにミュンスターは、キルケゴールにとって、自分がやがて成るべき人物の模範的形象として結びついていたのである。キルケゴールはひとたびできたこのような関係から脱出するのは容易なことではなかったであろう。

四　庇護的存在

ミュンスターは、キルケゴールにとって、ある意味では、庇護的存在でさえあったと言うことができよう。そのことは何よりも、キルケゴールの「牧師職」志願をめぐって明らかになってくる。「牧師職」志願については、既にいくたびも述べたように、キルケゴールは、『あれか―これか』の出版後に、あるいは一冊書き終るごとに、そしてとりわけ『後書』の出版後に、どこか田舎の村に出てそこで牧師になることを考えていた。そして彼は、その地位への推薦を求めて、いくたびかミュンスター監督を訪れては、そのことについての会話を交わしていた。そして驚くべきことに、その訪問と会話は、著作や日誌に国家教会批判やミュンスター批判の言葉が多量に現われるようになってからも、続けられていたのである。しかしこの問題をめぐっては一つの注目さるべき一言がある。それは、いままでの多くの研究者たちの一般的な見解としては、「どこか田舎の村へ出て牧師になる」という考えは、キルケゴール自身が自らもった考えとされてきたが、本書第三部第一章で指摘しておいたように、その見解は必ずしも正しいとは言えず、キルケゴールのある日誌記述によるならば、この問題が実際にミュンスターとキルケゴールの会話の中に持ち出されたのは、むしろミュンスター監督の方からであったらしいという点である。少なくともそう読みとれる下りがあるのである。(8) このようなことから、やはり同じ国民教会の牧師であるV・クレステンセンは、同じ職業の経験に基づいて、そのような考えは、むしろ父ミカエルが存命中に、同監督に、牧師職への世話を前以て依頼しておいたので、だからこそミュンスターの方からその話を切り出したのではないか、と推理するのである。その日誌記事について、このような経緯があったであろうことは、充分考えられると思う。キルケゴールが同監督に対して批判的な関係をとるようになってからも尚同監督を訪れて牧師職の問題を話し合ったことは、同監督の権威はじめキルケゴール自身の経済的逼迫もさることながら、やはり父ミカエルと同監督とのそのような関係が働いていたことは充分考えられる。しかしこのようないくたびかの訪問や会話を通じて、一つはっきりしたことが現われてくるように思える。同監督のキルケゴールへの関係の中には、単に父ミカエルの子息との馴染みの関係というだけでなく、ある種の庇護者的な役割をももっていたということである。

キルケゴールとミュンスターの間には、少なくとも以上のような四つの項目で表現できる「特殊な関係」があったと言ってよかろう。それゆえ、キルケゴールが物事を考えたり判断したりする場合、いや、とりわけ、キリスト者としての自らの信仰問題を考える場合、そこにはつねにミュンスターを感じていたのであろうし、ましてや自らが牧師としての生涯を営むことを考えるときには、そのコースと目標そのものに「ミュンスター」を感じていたであろう。しかもこの関係は、幼少期の頃だけでなく、ある意味では、生涯を通じて続いていたのである。これは正にN・トゥルストルップが言うように、最高度の「共同決定の」medbestemt の関係だったと言えるのである。

それゆえ、キルケゴールの「ミュンスター批判」の背景には、つねにこの関係が潜在していたことに注目される必要があろう。

しかしキルケゴールの日誌には、一八四六年頃から、突如としてミュンスターへの批判的な記事が現われ始めたのである。

注

（1） N. Thulstrup: Ibid., S. 133ff.

（2） 例えば、最初の記述は、Pap. VIII^{1}A397 や X^{1}A137 に、最後の記述は、XI^{3}B83 にみられる。

（3） N. Thulstrup: Ibid., S. 157.
（4） Pap. X^4A373
（5） N. Thulstrup: Ibid., S. 135.
（6） Pap. X^3A128
（7） Pap. VIII^1A415
（8） Pap. VIII^1A169 本章第三節Ⅱ参照。

第三節　ミュンスター監督批判の過程と対立の諸相

キルケゴールとミュンスターとの間には前節で述べたような極めて「特殊な関係」がありこれがずっと生涯の終りまで経続していたにも拘らず、他方、日誌や草稿類を読んでいると、ある時期から突如「ミュンスター批判」の記事が現われてくる。そしてそのような記事は結局あの晩年の「教会攻撃」が終るまで続くのである。そこでここでは一応、一八三九年頃からいわゆる「地下潜行」が始まる一八五一年九月上旬までに書かれた約一四五篇ほどの記事が考察の対象となる。勿論それらの記事は、日誌や草稿類の中では、書かれた時期を異にして散在しており、他の多くの記事の中に混在しているのであるが、それらだけを取り出し具に検討してみるとき、それらを通じて、「批判の過程」がやはり一本の線のように浮き彫りになって現われてくるのが目に入ってくるのである、それと同時にキルケゴールとミュンスターとの究極的な「対立の諸相」がはっきり見えてくるのである。しかしそれらの日誌に見えてくる「批判」の特徴はやはり二つの点に見られると言ってよいだろう。

一つは、キルケゴールがいかなる激しい批判を展開する場合でもつねに「ミュンスター」という人物の「人格」を「父ミカエル」と同じようにわか身に感じており、それからは脱けられず、そのため自ら言うように、その関係はいわば弁記法的遡源の関係、つまり、「ミュンスター」をキルケゴール自身が身につけた「ミュンスターの説教」によって遡及的に批判するという格好になっていることである。

もう一つは、その「批判の過程」は、初期の一八四五年頃までは、その批判が「説教学」のレベルでのそれであったが、一八四六年以降は、キルケゴールが頻繁にミュンスター監督公邸を訪問し「会話」をする時をもったので、その「会話」をするたびごとに進行しかつ深化していったことを知らされる。その会話は、主としてキルケゴールの「牧師職志願」をめぐって行われたり、キルケゴールの「著作」をめぐって行われたりしたが、それらと合わせてさまざまな問題についても行われたのであった。こうしてそのような仕方で書かれた記事は、一八五一年九月上旬、いわゆる「地下潜行」に入る日まで、続いたのである。

彼の批判記事にはそのような二つの特徴が見られる。

従って、彼による「ミュンスター批判」の記事を知るには、初期の一八四五年頃までの記事は別として、少なくとも一八四六年秋以降の記事は、そのようにいくたびも行われた訪問の際の「会話」を中心にして検討してゆくのが妥当な方法と考えられる。

I　批判の始まりとしての「説教学」のレベルでの批判

キルケゴールの日誌にミュンスターに関する記事が現われてくるのは一八三九年頃からであり、一八四五年頃までにはその数は七篇程であるが、それらの殆んどはミュンスターの「説教」について記したものであり、それは「説教学」のレベルでの記述であった。

しかし既に一八四三年三月頃に書かれた日誌Pap. IVA71には、そのミュンスターの説教に関し「最初の批判」が現われている。その部分はこうなっている。

「その説教は、つねに純粋に宗教的であることからは、程遠いいいものだ。ミュンスターは、そのことが多分またうまくゆくだろうということで、つまり、ますます静穏な日々が来るということで、満足してもいるのだろう。」

この文章はこれだけにとどまっているが、一八四四年から四五年にかけて書かれたと考えられる草稿 Pap. VIB 108, 133, 157 等々では、明らかに批判をこめていると考えられる言辞が見えてくる。けれども、それらの言辞もあくまでその範囲のものとして受けとれるものであったと言うことができよう。

こうして一八四六年になると、同じ説教学的レベルでの批判的記事でも、その鋭さは増してきている。例えば、Pap. VII¹A26 や Pap. VII¹A78 がそうで、とりわけ後者ではミュンスターの説教における「罪の赦し」についての考え方が問題とされ、「ミュンスター監督が彼の説教の中で〈罪の赦し〉に関して語るとき、それはやはり実際には同監督の偽りの言い換えである」とまで記している。「罪の赦し」の問題にまで踏み込んでいることは確かにその批判が深化してきていることを意味するものである。にも拘らず、ミュンスター批判はあくまでもミュンスターの説教をテーマにした「説教学」的レベルのものであった。

以上述べたように、キルケゴールの日誌に「ミュンスター記事」が現われてきた最初の頃は、ミュンスターの「説教」をテーマにした「説教学」のレベルでの記述であった。そしてそれらに見られる批判の言葉も、確かに一八四三年三月頃から見えてはいたが、それらはそれ程深いものではなく、ましてや深刻さを感じさせるものではなかった。それにミュンスターは、一八二〇年代コペンハーゲンのいわば最も時代流行的な説教者であることを考えるなら、その説教についてキルケゴールが何らかの見解を日誌に記すこともそれ程特別なことではなかったと言える。

ところが、その一八四六年も秋になると、ミュンスターに対するキルケゴールの態度は明らかに大きな変化を始め出したことが著作においても日誌においても現われてきた。

II　一八四六年一一月五日の日誌Pap. VIII¹A169——自分についてのミュンスターの根本的な誤解を知る

一八四六年秋になると、キルケゴールの日誌は明らかに、ミュンスターに対する彼の態度に著しい変化が起こったことを示すようになった。しかもその変化は、彼がミュンスター監督邸を初めて訪れ会話を交わした時以後、会話を交わす度びごとに深化してゆくことが、読みとれるように思える。そしてその場合、それらの「会話」には必ずと言ってよい程に、キルケゴール自身の「牧師職への請願」の問題が絡んでいるようであった。

ところで、この秋キルケゴールが初めて監督公邸を訪問して最初の会話を交わしたことの結果を記した典型的な日誌記事があるので、それを検討してみたいと思う。それは一八四六年一一月五日の記事（Pap. VII¹A169）である。この日キルケゴールは監督公邸を訪問し、かなりの時間同監督と会話を交わしたようである。[1] その日付の日誌はこの時の会話についての感想を記したものである。

この日誌記事は、いままで多くの研究者たちによって、その全体を殆んど問題にされることなく、その中のほんの一部分だけを引用して、キルケゴールが『後書』出版後はどこか田舎の村に出てそこで牧師になることを考えていたことの証明のためだけに使われてきた。しかしこの記事は、その全文をよく読んでみるとき、それは、そのような引用が実に恣意的で浅薄な引用であり、本当はもっと実に深い真実を語ろうとしているものであることを知らされるのである。

この全文が何としても訴えようとしていることは二つあるように思える。

一つは、自分と、「理想」との関係についてである。それによると、自分はいままで自分の理想を実現しようとすると、この自分はどうしてもそれが実現できないように組み立てられてしまっていることを思い知らされるのであり、それは、自分がそれら諸々の理想よりもはるかにそれ以上の者としてつくられているからだろうという（その場合の理想として、結婚してよき夫になるというような理想である）。そしてそのように実現出来ない場合必ず絶望が起こるが、自分はその「絶望」によって再びいままでの理想よりももっとはるかに大きいと思われる何らかの理想を実現することが可能に思えてくる、というものである。そしてキルケゴールは、その事例として「レギーネとの結婚」の問題、そして目下コルサール事件を契機に不可能になった「田舎の村の牧師になること」の問題をあげている。

もう一つは、正にその「田舎の村の牧師になる」問題についてミュンスターと交わした会話を通じてキルケゴールはミュンスターは自分を根本から誤解しているということを知らされたことについてである。それは、両者がこの問題について話し合っているとき、キルケゴールは、ミュンスターが自分とは全く異なった前提のもとでその会話をすすめていることを知らされ、両者の間に会話が成立する筈がないことを思い知ったことを、述べている。彼は次のように記している。

「ミュンスター監督が私に田舎の村の牧師になることをすすめてくれているとき、監督は明らかに私のことが分かっていない。私がそれになることを願っていることは全く確かなことだ。けれどもわれわれ二人の前提はまるっきり違うのだ。彼はやはり、私が是非何かになりたいために、何らかの仕方でその道を更に先へと進みたがっている、と考えているが、私のその願いの中には、私は出来得る限り取るに足りない者になれたらよいがという考えが、突き刺さっているのであり、これが正に私の憂鬱のイデーなのである。だからこそ私は、半気違いと言われても、それで満足してきたのだが、この田舎の村の牧師になるという願いもやはり、一般的ではない者であろうとするための一つの否定的な形式にすぎないのである。だから、そのことがやはり本当に私の実存―形式になることが充分に可能であるとしても、だからと言って、私は、全く取るに足りないものであろうとするその美しく静かで落着きのある実存には、決して達しないであろう。」

私はいつも自分自身のことをどう理解しているかということや、私はなぜ自分の本当の関心事を誰か人に決して語ったことがないのかということを、私は、ミュンスター監督と会話をした際に、再びはっきり認知することができた。つまり、その会話は意味のないものになってゆくからだ。それというのも、私は自分の実存を全体的に、そして本質的に、そしてまた最深部から構成しているものについては語ることができないし、また語ろうともしないので、その会話は殆んど私の方から仕組んだ欺瞞になってしまうからである。ミュンスターのような人物との関係では、私はそのことで本当に自らが思い悩むのを感じるのだ。なぜなら、私は彼を高く崇めているからだ。」

しかしこの日誌は実に重要なことを伝えてくれている。そこに書かれている順序にとらわれずに述べると、次の三点になろう。

まず、一番最初に書かれていることが示しているように、キルケゴールはミュンスターを非常に尊敬しており、その威圧に押されているということである。

第二に、この引用では最初の方の言葉になるが、「田舎に出て牧師になる」ということは、一般の研究とは異なり、その理由はとにかくとして、むしろミュンスターの方が熱意をもってキルケゴールに薦めているということである。この件は一般的な理解とは非常に異なる点である。

第三に、しかしそれを薦めるミュンスターの前提（根拠）はキルケゴールのそれとは全く異なっており、この相違をこそこの会話を通じてはっきり知るようになったことである。しかもその相違は「会話」の内容にはなり得ない程大きなものであった。

以上三点になると思う。

しかしこの会話を通じて知ったその「相違」の問題は、キルケゴールがミュンスターに関して不信の念を抱くきっかけにもなっていった。その事の次第はこの時より二ヶ月半後の日誌ではっきり述べられている。

Ⅲ　一八四七年一月二〇日の日誌 Pap. VIII^{1}A221――ミュンスターへの不信の念の表明

先述の日誌以後しばらくは「ミュンスター記事」は見られないが、二ヶ月半後の一八四七年一月二〇日の日誌Pap. VIII^{1}A221では、先の日誌と同じ線に立って、いまやミュンスターへの「不信の念」を実にはっきり記している。この日誌は現在のパピーアで三頁にのぼる長文なので、全文のここでの訳出は差し控え、その要点だけを記すにとどめておこう。

この日誌の最初の段落では、自分は「田舎の村の牧師になる」ことをひとまず断念することを述べている。その理由は、自分は最もへり下った思いでそのことを考えていたが、そこにもその「へり下り」に対して「誇り」が入ってきているからだというのである。では、それを断念してどうするのかということになる。

二番目の段落は、正にそのことについて述べているのであり、〔これにはコルサール体験が踏まえられているが〕自分が神から与えられた任務は、著作家となって勝利し輝くことではなく、著作家として「敗れること」「愚衆たちの前に押し出されて、それらの犠牲に供されること」つまり「犠牲（いけにえ）としてさらされること」要するに「犠牲として身を献げること」であるといい、そのような意味での著作家の道を選ぶことを述べている。

三番目の段落では、そのような自分を「ソクラテスの立場」と比較し、自分はいま、既存の体制に対しては、ソクラテスと同じような立場にあるのだということを述べ、それは、俗物性や一般性との関係で言えば、「異常な者」den Extraordinaire というカテゴリーのものになることを暗示する。そして自分はミュンスターの目にはそのような者として存在しているのではないかということをほのめかしている。

こうして以上述べてきたことを前提として、いよいよ四番目の段落では、ミュンスター批判を展開する。その前半では、ミュンスター自身が自分に対しては、表面的な好意とは異なって、腹の底では、疑わしい人物、危険な人物とみなしているのではないか、と思い切り「不信の念」をぶちまけているが、後半では、ミュンスターその人と「既存の体制」との癒着合生ぶりについて述べている。ここではじめてミュンスターの人間性と既存の体制との合体性が批判の狙上にのってきたのである。しかしこの段階でのこのような激しい批判にも拘らず、キルケゴールは、ミュンスターへの尊敬を捨てられずにいることをも述べている。まず前半では、次のように記している。

「ミュンスターは私に幾何かの好意をもっており、しかも彼の静かな心の中には多分彼が認めているよりももっと大きな好意があるとしても、彼が私を疑わしくしかも更に危険な人物としてみなしていることは、明らかである。だから彼は私を田舎の方へ追い出そうとするのである。彼はいまなお事態はうまく進んでいると思っているだろうが、一般に人はキャラクター人間 Charakeer-Menneske というものを本当に怖がっているのであり、とりわけ、その人がその生存そのものをそれの拘束のもとで保とうとしているシステムの全大綱との関係では、そうである。それゆえ、私に対する彼のすすめは、彼によって極端にまで首尾一貫しており、彼は私をその視点から好意的に扱っていたのである。もっとも彼は、人間が自分で思ったようにこの世でひたすら役立とうとするとき、人間の最も深い構造が少しばかりの傷を負うてしまうのではないかということに関しては、余り注意はしていないが。」

これに続けて後半部は次のように記している。

「ミュンスターは未だ曾て七〇、〇〇〇ひろの水面にいたことはなく(2)、従って、そこにいたことによって何かを学ぶということはなかった。彼はいつも自分の身を既存のものへとしっかり置いてきたのであり、いまではそれと完全に癒着合生 Sammenvoxet しているのである。そのことこそが彼における素晴しい点なのであり、だから私は彼を決して忘れることはないだろうし、つねに彼を尊敬するだろうし、また私が彼のことを思うときはいつでも、私は父のことを思い浮かべるであろうし、そのことだけで充分なのである。けれども、ミュンスターは私を理解していないのだ。仮に彼が三十六歳だったとしても、私を理解しないだろう。然り、彼は私を理解するまいとして身を硬化させただろう。それは自分の人生の経歴を踏み誤まらないようにするためにである。このようなわけでいま彼は私を理解できないわけである。」

こうして五番目の段落（これは最後の段落になるが）では、自分のいままでの一生を振り返り、一〇歳のときと二十五歳のときに何を予感したかを述べ、いま三十四歳になって同じ線を進んでいることを、つまり、確実に没落へと向かう道を歩んでいることを、記している。しかしこのことこそが神から与えられた自分の使命なのだ、と結んでいる。

以上がこの日誌の内容である。これにおいてキルケゴールは、ミュンスターへの「不信の念」を現わにしているとともに、ミュンスターの人格が既存の体制と合体したものになっている点に目を向け始めている。

Ⅳ　いくたびもの会話を通じての自己確認——「共同決定の medbestemt 関係」と「批判的対立の関係」

Ⅱで述べた一八四六年十一月五日からいまここで問題にしようとしている一八四七年秋までの間に、キルケゴールは、ミュンスターと、いくたびも会話を交わしたらしい。そしてこの秋になって、キルケゴールは、それらの会話をつくづくと思い返しながら、自分とミュンスターとの「関係」というものが実際はどうなっているのかをいま改めてとらえなおそうとしている。

そのことを記した典型的な日誌がこの一八四七年九末頃に書かれたと推定される Pap. VIII[1]A332 の記事である。それはこうなっている。

「私は、ミュンスター監督と会話をした最初の時は直ちに、そしてその後も繰り返して、しかも出来得る限り厳かに、同監督に、こう言ってきた。私は監督とは正反対のことを言ってまいりました。しかし（敬虔の念は別に）監督が私にとって大切な方であることは、正にそのことのゆえだからなのです、と。すると彼は、完璧な配慮をもって、そのことに答えてくれて、更に彼は、厳かに、その会話のなかで、彼は私のことをよく分かっていると打ち明けてくれた。そう言えば一度彼は、われわれはお互いに相補い合う関係だね、と言ったことがある。しかしそのことは私が願っていたことよりももっと恐縮することなので、私はそのことには決して立ち入ろうとせず、私は自分の相違点のことだけをはっきりと繰り返し述べるにとどめた。私は、監督に、私は彼を不快な思いにさせたにちがいないと思い当たるようなことがしばしばあったことを告げた。しかし私は確かに彼とともに考えたし、正に彼と共に考えていたのであった——しかもそのことを決して変えることなくである。」

このように私は、彼に対する私の関係が可能な限り純粋なものであることを、知っている。」

この日誌は、キルケゴールとミュンスターとの関係に関して、二つの点があることを示している。

一つは、トゥルストルップが言うような意味での「共同決定の関係」medbestemt であり、これはキルケゴール自身は勿論、ミュンスターも認めている点である。

もう一つは、これはキルケゴールが強調してやまない点であるが、両者の間には、いわば質的に異なった相違点があるということである。そしてこれに関しては、ミュンスター自身が重視しないし認めたがらない点である。

この二点を、その日誌は示している。

しかしこの日誌以降の日誌では、例えば、Pap. VIII[1]A366, 388, 390, 397 等々においては、キルケゴールには相変らずミュンスターの説教の中で自分が教育されたことを訴えながらも、やはり批判の重点は徐々にその二番目の点に移りつつあることを知らされる。しかしそれらの記事は、自分が単純な意味で彼の生徒になっているのではなく、ここにこそ最もキルケゴール的な点が読みとれるのであるが、むしろ、自分はミュンスターの「説教」のなかで教育されたからこそその「説教」が本質的に意味するものの必然的帰結に至ったものとしてのそのような相違点に達したのだということを、訴えている。つまり、それらの日誌は、自分の考え方には、ミュンスターの「説教」の必然的な「遡及的、もしくは、遡源的構造」が潜在しているのだということを、訴えているのである。

勿論この点に関しては、ある明白な「事実」が働いていることを知らされる。それは、既に述べたように、そしてまたすぐ後述するように、この一八四七年秋までには、あのキリスト教倫理学書と言われた三部作の中の最初の二冊は既に出版され、それらは既にミュンスターに献呈されており、それらについては会話がなされたことが考えられるし、また目下三番目の『キリスト教講話』の原稿も執筆中のことから、これらの書物がキルケゴールの念頭にあったと考えられる。そしてキルケゴールの頭には、これらの書物の内容とミュンスターの説教との比較が離れず、外面的には、自分のそれらの内容をミュンスターの説教によって正当化することは容易であるとしても、そこで真に問題になってくるのは、ミュンスターの生き方がその彼の説教内容とどこまで一致しているかということであり[3]、その乖離と矛盾は歴然としていること、しかもそのことの原因はその説教が「国家教会」でなされている説教であることにあること、このことから改めて、「キリスト教とは何か」「使徒的意味での教師とは何か」ということが問われてくるのであり[4]、その視点からミュンスターの説教をもう一度問い直してみるとき、キルケゴールのそれらの書物の内容のようなものになってくるということである。つまり、それらには、ミュンスターの説教の本質的なものが行きつく必然的帰結が、つまり、「遡及的構造」が見られるわけである。

V 「国家教会の体現者」ミュンスター監督

ミュンスター監督は既に一八四五年には七十歳の高齢に達し、しかもその後も、そしてこの一八四七年になっても、依然としてそのシェラン島地区の監督というデンマークの全監督の最高の地位についている。キルケゴールは、この長寿との関連のもとで、ミュンスターの信仰や思想の不変性と堅固さに着目し、更に、その「人間像」と「国家教会の在り様」とが一体化している事実に徹底的に着目するようになった。そして例えば、『アドラーの書』の草稿である Pap. VIII^{1}B131, VIII^{2}B235, s43–45, 46ff. では、そのことへの驚嘆と尊敬の気持ちを、しかしいかにもアイロニーに彩られた文章で記しており、また先のⅢで紹介した日誌Pap. VII^{1}A221では「癒着合生」sammen-voxetという言葉で表現していた。ミュンスターの「人間像」についてこのような評価は、日誌の中でその後もずっと続いてゆく。例えば、Pap. VIII^{1}A233の日誌では、ミュンスターのスケールの大きさをJ・L・ハイベーア教授やH・L・マルテンセン教授と比較して、この二人には及びもつかない優れたものとなし、「ミュンスターは、本性的に、権力を握るように生まれついている」と記している。勿論これも皮肉をこめてである。

キルケゴールが、ミュンスターの「人間像」についてこのような考えをもつようになり、また更に先のⅣで述べたような同監督と自分との関係について自己確認をするようになってから、キルケゴールにとって「J・P・ミュンスター監督」とは、「国家教会の体現者」、その意味では「時代の問題中の問題」以外の何物でもないものとなった。キルケゴールの日誌を見ると、一八四七年十一月二〇日以降七篇ほどの記事（Pap. VIII^{1}A414, 415, 449, 455, 502, 508, 510）では、その辺の消息を異口同音に伝えている。

その代表的な日誌が一八四七年十一月二〇日のPap. VIII^{1}A414である。この手記は、キルケゴールが「コルサール事件」を通じて自らの「新しい信仰体験」（真理は迫害を受け受難をするものであるという体験）を得て、自分の課題や役割や存在意味等々が非常にはっきりしてきた状態の中で、それとは正反対のものとして目に映ってくる「ミュンスターの信仰と彼の在り方」を問題にしているのである。この日誌は約二頁ほどの長文のものであり、その前半部では、現代の根本的混乱（神と人間との差異に関する混乱）が論理学、形而上学、教義学、そして生活方式（＝大衆による支配）等々によって起こっている旨を述べ、後半部ではまずそのような状態の中にあってのキルケゴール自身の任務と役割について述べ、その後で、「ミュンスター」とその混乱との関係について述べている。しかしこの記事こそこの時期におけるミュンスターについてのキルケゴールの考え方が見事な彫像のようにして描き出されている。以下この後半部のその二つの部分を紹介しよう。

キルケゴールは自分自身の任務と役割について次のように記している。

「私の任務は、真理に仕えることであり、その形式は、〔真理への〕本質的な服従ということである。何か新しいものが持ち来らさるべきなのではなく、あらゆる所に、バネが、つまり、旧いもの、全く旧いものが、再び新しいものとして存在することになるように、バネが、再び仕掛けられるべきなのである。私が生きている間は、人間的に言うならば、私は、ただ苦しみをうけ、恩知らずの仕打ちを受けるだけだろう――しかし私の死後は、目下の努力は、誰かからそのような抵抗があっても、存続してゆくだろう。私が生きている間は、私が認められるということはあり得ない。なぜなら、ほんの少しの人だけが私を理解することができるだろうが、もし人々が私を認め始めるとするならば、私は、全力を挙げて新たな目くらましをすることによって、それを阻止することになるだろうからである。(5)」

こうしてこのあとミュンスターについて次のように述べている。

「この時代で私が注目している唯一の人物はミュンスター監督である。しかしミュンスターは、それが真理であるというそういう思いの中に、座を占め支配をすることだけに気を配り、その真理が正に彼の目の前で受難をしていても、そのことは気にかけていない。彼は、真理は支配しなければならないし、また支配すべきであるということを、ただ理解できるだけで、真理は正に受難をしなければならないし、また受難すべきであるということは、彼の理解を超えているのである。(6)」

このように記しているが、更にこれとの関連で次の手記 Pap. VIII^{1}A415 を書き、そこでは、ミュンスターによって「キリスト教」は「教養」と同じものになってしまったこと、しかしそのことの検討を通じて、国家教会というものにおけるミュンスターの存在の怪しげな正体が明らかになってくることを、つまり、「ミュンスターという人格的存在」と「国家教会という存在」とが完全に一体化している点を、批判しているのである。以下この手記を三つに分けて紹介しよう。

「このようなわけで、ミュンスターの考えによるならば、やはり実際のところ、キリスト教が自然的人間に対してもっている関係は、馬術教師の技術が馬に対してもっている関係のようなものになっている（つまり、乗り馴らされていない馬がいるような関係になっている）。つまり、その関係では、本性を取り除くことこそが問題となるのではなく、それを上品にすることが問題になっているのである。要するに、キリスト教は教養になっているのである。つまり、キリスト者であるということは、まあ自然的人間がその最も幸福な瞬間に最高のものとして願うことができるようなもの、つまり、それ自体よく均斉のとれている完全なる調和とか自己自身において徹底的に練り上げられた美徳のようなもののことである。しかし、人がこのように語っているとき、だからと言って人は救い主についてのあの話しから一〇万マイルも離れた所にいるわけではないのである。その救い主はこの世では苦しみを受け、その身体を十字架に付け、その苦しみのすべてを幸福が生まれるときの陣痛として要求しているのである。なぜなら、神と人間との間には、とにかく無限の質的差異があるからなのである。だから、キリスト教の恐ろしさはそれが与えようとしている祝福が何であるかということにあるのであり、つまり、神は教師たろうとし、弟子は神に似ようとすることにあるのである。もし神が教師であるならば、その教育は学ぶ者（人間）をぶち壊すことから始めることになろう。別の仕方では、その質のゆえにそれはできないであろう。だから、神は教師であると言いながら、その教育を純粋に人間的な意味で人をただ上品なものにするだけのものとして語ることは、殆んど役に立たないであろう。[7]」

「多くの点でミュンスター自身は、キリスト教と教育とのこの取り違えの発明者である。しかしまた別の意味では、彼は並み外れて有益なことをしてきたし、またやはりずっと以前から確かに深い印象を与えてきた。もしキリスト教とこの世との戦いというものがないならば、もしそのような戦いの栄誉を象徴する記章 Insignier を身につけるようなことがないならば、そしてもしそのようにしてキリスト教とこの世との間には平和があるとするならば、ミュンスターのような人物が存在するということは本当に大したことなのだ。彼はとてもむずかしい課題を解決したからなのだ。もし人が〈国家の教会〉Stats-Kirke という概念自体をも議論するというふうにして討論を始めようとするならば、ミュンスターの地位は怪しいものとなる——人が国家教会という概念を容認するならば、ミュンスターはその師匠だからだ。しかしまた一人の男を評価するのにその男がその限界内でこそ評価さるべき諸々の前提には触れないでおくというようなことは天人ともに許し難い不正だということは、やはりつねに思い起こさなければならない(8)。」

このように記して、更に、先の第二部でもその一部を紹介した文章が次のように続く。

「ミュンスター監督に栄光あれ。私が尊敬した人物は、いま生きている人の中でミュンスター監督をおいて他にない。彼はいつも私の父のことを想い起こさせてくれるので、それが私に嬉しいのだ。彼はあのような地位に立っているので、私にはそこにいろいろ思わしくないことがあることは、彼を攻撃している誰よりもはっきりと、よくわかるのだ。しかし私が言わなければならない事柄は、ひときわはっきりと言われてよいような性質のものなので、彼には全く差し障りはない筈だ——彼自身がその過ちを犯してさえいなければなのだが。彼の在り方には、避けられ得ないような一つの曖昧さというものがある。なぜなら、〈国家教会〉そのものが一つの曖昧さだからだ。しかしいま、既存のものの内部で起こる信仰覚醒運動のすべてを彼のせいにすることがひときわ目立ってきている——するとそのことによって彼はいままでよりも更に高い地位に着くことになる。もし彼が過ちを犯すならば、つまり、彼が、卓越した者の高貴さをもって泰然自若として坐し、笏を握り、事件の処理は下級士官に委せることをしないで、過ちを犯かし、自分が会戦に出てゆくべきだと思ってしまうならば、そのことの結果に対しては、誰も彼のために責任をとることはできないのである。が、私の軍団は正に彼が必要としているその援軍なのだ。もし彼がそれを見損なうならば、彼はただ私の救援聖歌隊 Auxliar Chor を失うだけでなく、そんなことはほんの些細なことだ、彼は、自らの地位までも失うことになるだろう(9)。」

こうしてこのあとに続く五篇程の日誌（Pap. VIII[1]A449, 455, 502, 508, 510）でもこれと同じような考えを述べるとともに、ミュンスターは、その世俗的賢こさのゆえに、錯覚という力の中に陥っていることを述べている。

Ⅵ　献上した著作をめぐって交わされた会話

キルケゴールの日誌や草稿類を読んでいると、前述のような「ミュンスター批判」が多量に記されているにも拘らず、他方、キルケゴールは次々と出版される自著をその都度ミュンスターに献上しては少し日をおいて彼の感想を聞くことを常とした。その献上の仕方は、先に少し言及したように、最初は『あれか―これか』はじめいわゆる「美的著作」が多かったので送付する方法をとっていたが、「建徳的講話」のような実名著作は、その出版の都度監督公邸を訪れては手渡すことをしていたのである。まして一八四六年以降は殆んどが実名著作になったので、しかも『後書』では自分がすべての偽名著作を書いた著者であることを打ち明けたので、何ら怯むことなく、持参してはそれを手渡していたのである。こうしてその都度少し日をおいては会話のために参上したのであった。そしてそれら著作上では「国家教会批判」が激しく展開されるようになっても、ミュンスターはつねにそれらを読み面会と会話に応じ、いかにも大監督らしく鷹揚に応待していた。しかし著作ごとにその「国家教会批判」が増々激しさを加えてくるにつれて、やはりただ鷹揚にだけ構えてはいられなくなったようである。そしてこのことはやがて、少なくともキルケゴールの方からは、ミュンスターとの衝突を起こす有力な原因となってゆき、しかもキルケゴール自身が記すところによるならば、やがて展開される「教会闘争」へと至る一つの要因をなすものとして、うけとめられているのである。(10)

それら著作をめぐるミュンスターの反応については、私はその一部を既にそれぞれの当該個所で簡単に言及してきたが、いまここでまとめて検討してみたいと思う。

さて、私はとりわけ目下の時期以降にキルケゴールがいくつかの自著をめぐってミュンスターと交わした何回かの会話を重視するが、それは誰よりもキルケゴール自身が、それらをもってやがて展開される「教会攻撃」へと至る一つの有力な要因として、日誌に記しているからなのである。その日誌は Pap. X^4A511 のものであり、これは一八五二年三月末頃、やがて二、三年後に展開されることになる「教会攻撃」を直前に控えるような思いの中で、その原因となるものを思いめぐらしながら書いたものである。その全文は次の「第六部第四章」で紹介するので、ここではそれら数回の会話について記した部分だけを取り挙げたいと思う。この日誌には「ミュンスターとの間に起こりそうな衝突」Den mulige Collision med Mynster という標題がついており、これはミュンスターとの衝突が起こる場合のさまざまな可能性について考え記したものである。そしてこの日誌の三番目の段落の個所に、『後書』以降の数冊の自著についてそれらの会話の際示されたミュンスターの態度について記しているのである。その部分は次のようになっている。すなわち、キルケゴールは、自分には「真理とイデーへの情熱」があるが、ミュンスターにはこれが全くないということを述べた後、次のように記している。

「このように私はミュンスターとは真向対立している――つまり、『完結的後書』ではまだ次のような程度のものであった。すなわち、ある点では、私は末尾の方で彼の人柄を非常に強く槍玉に上げはしたが、しかしある点では、その著者ヨハンネス・クリマクスはユーモアの人ということになっているので、その限りでは、そこでは、ミュンスターはより容易に守られているのである。それというのも、そのような強い言葉も、単なる詩的誇張にすぎないのであり、それはユーモアなのだ、ということになるからである。そして私自身のものはといえば、〔そこに見られる〕真の情熱と知恵なのである。――ところが『さまざまな精神における建徳的講話』の「第一篇」はミュンスターにはもっと不快なものとしてその気にさわってしまった。しかし、恐らく『後書』への感謝のためだったのだろう、この講話を、それは優れた書物だと評してくれた――そしてとくにあとの二つの篇をそう評してくれた。――ところが『愛のわざ』は彼と衝突し、『キリスト教講話』はもっとひどいことになった。――こうしてその衝突はいやが上にも上昇してゆき、『キリスト教への修練』は彼の傷口に障るところまできてしまった。」

この日誌は、それらの会話の時よりも五年後に、しかも「教会攻撃」を目前に予感しながら書かれたので、それとの結びつきを強調するため、極端に尖鋭化して書かれているが、それらの会話の直後に書かれた日誌（Pap. VIII¹A

390, 560, 602, 603等々）では、意味は同じでも実際にはかなりニュアンスを異にした事態であったことを伝えている。例えば、Pap. VIII¹A390や560では、『愛のわざ』や『キリスト教講話』をそれぞれミュンスターに手渡し、その後それぞれについての会話をしたことを述べているが、両日誌は、それらに対するミュンスターの反応をも、記している。それらによると、ミュンスターは、その両著に対して不快感をもったようであるが、『愛のわざ』[11]についての会話のときは、友好関係を維持したのであった。その時の会話は、一八四七年十一月四日の訪問の際に行われた。その日誌は次のように記している。

「今日私はミュンスター監督宅のドアから中へ入った。すると彼は、いま自分はとても忙しいのでね、と言った——そこで私は直ちにそこを去った。しかし彼は私に対して非常に冷たい態度をもとっていた。彼はやはりきっとこの間上げた書物（＝『愛のわざ』）のことで傷ついていたのだろう。私はその態度をそのように理解した。もしかすると私は間違っているのかもしれない。しかし次のような全く別の点では私は間違ってはいない筈だ。つまり、その出来事は正に、私に、私が、いままでもったことなぞないような冷静さというものを与えてくれたということである。私はいつも、ミュンスターの心を傷つけたり、然り、憤らせたりすることが自分でよく分かっている事柄を書くとき、ひるんでしまうのだった。そしていまそのことが起こっているように思う。そのようなことはいままで何回も起こってきた。ところが、彼は一向に傷つかないのである。しかし、見よ、一瞬傷つけているものこそが、私には、生命と喜びとを与えてくれているのである。私はいまだ曾て、彼から賛意や同意を得るために、どんな繊細なこともしたことはなかった。しかし彼と私の見解が一致しているなら、それは私にとって言い知れない喜びとなったであろう——そしてそれは彼のためにもそうであろう。なぜなら、私は自分が正しいのだということを誰よりもよく知っているからだ——彼自身の説教によってである。[12]」

『キリスト教講話』については、Pap. VIII¹A560に次のように出ている。しかし同時に、該書に対しては、ミュンスターは右記の場合よりおだやかだったことも記している。キルケゴールはこの手記で該書の第三篇「背後から傷つける思想――建徳のために」を問題にしながら次のように記している。
「〔第三篇は自分は決してそこに入れようとは思っていなかったが、摂理がそれをそこに入れさせたのだと述べ、更に、第三篇がなかったならキリスト教講話は余りにも穏やかすぎると書き、末尾の方でこう書いている〕

ミュンスターが『愛のわざ』には憤慨しているのに私との友情は保ってきたことには、私は心を動かされた。私は是非一度は彼に降参してみたかった。私は、ミュンスターが『キリスト教講話』をその第三篇さえなければ好ましいものだと思いたがっていることは、よく承知している。しかし今となっては、私はそうはできない。私はまた是非第四篇を彼に献ぐとすればよかったろう。しかしそれもできない。彼が第三篇について非常に怒っているだろうなぞということは、もしかするとまたもやここでほんの一つの憂鬱の考えが出てきているのかもしれない。ましてやそんな考えは彼に対して正しくない。……〔このあとこれとの関連で、次の日誌に、[13]やはりこの第三篇は「摂理」の要素であることを強調している。[14]〕」

このようにかれは書いているが、やはりこの第三篇には非常にこだわっており、この第三篇を世に出した責任から、この第三篇を、毎日ミュンスターにおいて i Mynsten 読んでいるとも記している。[15]

さて、このようにしてこの時期以後、すなわち、一八四八年五月から翌一八四九年夏までの間、キルケゴールは、更に数冊の自著の出版により、例えば、『危機』(一八四八・七・二四―七)、『三つの敬虔なる講話』(一八四九・五・一四)、『倫理―宗教的二小篇』(一八四九・五・一九)、『死に至る病』(一八四九・七・三〇)等々の出版により、しばしばミュンスター宅を訪れては会話の時をもった。しかしその間、ミュンスターの不快感は増してゆくばかりであったようだ。

Ⅶ　ミュンスターはその「人格」の偉大さゆえにそれによってキリスト教そのものを変質させた

すでに述べたところか推察され得るように、一八四八年に入るとミュンスター批判の日誌記事はますます増えてゆくが、その批判の焦点は、先のⅤで述べた一八四七年当時のそれと余り変わっておらず、ミュンスターの説教とその人物像との関係に向けられていた。それらの日誌の中でも、Pap. IXA39は最も象徴的な内容を秘めている。この日誌には日付は付してないが、この記事は、その内容から推測すると、一八四八年六月十一日の「聖霊降臨節」にミュンスターの説教を聞いたあとでそれについて書かれたことがわかるので、これはこの日に書かれたものと考えてよいであろう。[16] そこではキルケゴールは、ミュンスターの人物像（人間類型）を見事に一言のもとに言い表わしている。それは正にミュンスターについてのキルケゴールのイメージを言い当てているものと言ってよかろう。

「ミュンスターにおける偉大なものというのは、ゲーテ風の円熟した風格と言ったようなものである。[17]」

これは、キルケゴールが、ミュンスターの人物像を、人間的に見るならば、実に大柄な立派な人格であるとみなしていることを示している。しかしその「偉大な人格」こそが逆に「キリスト教そのもの」を「変質」させる働きをしているのだというのである。その他多数の日誌記事からまとめると次の二点になる。

一つは、ミュンスターは、そのような「偉大な人格」ゆえに、その「人格」の威力によって、キリスト教を「教養」に変質させてしまったということである。[18]

もう一つは、ミュンスターは、キリスト教を「穏やかな慰め」に変質させることによって、非キリスト教的な仕方で告知し、多くの人々に取り入るという関係になっているということである。[19]

このようにして、キルケゴールが正に言わんとしていることは、ミュンスターは、その「偉大な人格」によって、キリスト教を「教養」と化し、「穏やかな慰め」と化し、そのようなものとして「キリスト教」を多くの人々に受けいれ易いものとして提供し、結局「キリスト教」を全く異質なものへと変質させてしまった、ということである。この場合、キルケゴールにおける真の「キリスト教の真理」とは、言うまでもなく、キリスト者の迫害、受難、そして殉教を通じてのみ、告知されてゆくものという考えに基づいている。[20]

さて、このようにミュンスターにおいて見られる「ゲーテ風の偉大な人格」が、正にその「人格の威力」によって、キリスト教の真理そのものまでも「変質」させてしまうということを、キルケゴールは更に、より文学的なセンスのもとで、次のようにも説明している。

「…私はあらゆる同人仲間の（それもとりわけ高尚な人々の同人仲間の）人を心酔させる情熱が、従ってまた、誠実な熱意がどんな点にあるのかをよく見てきた。…私は、確実な照準によって、同人仲間において形成されている虚偽に、つまり、それにおける錯覚に、狙いを定めているのである…

私の戦術はたえずそれら同人仲間たちの中に分裂を起こさせることであった…その大きい同人仲間とは、ミュンスター、ハイベーア、マルテンセン御一行のことだ。[21]」

またこうも記している。

「マルテンセンを例にとってみよ。それはこのミュンスター―ゲーテ的なものの一例になるが、そこには同調者たちを〈真理の〉決定機関に、しかしそれはまだほんの下級審にしかすぎないものにしてしまう事例が見られるのだ。[22]」

キルケゴールは、「ミュンスター批判」を以上のように記してきたが、この第Ⅶ項において、われわれは彼の「ミュンスター批判」の核心に触れるところまできたと言うことができよう。すなわち、それは、ミュンスターはその「人格」の「偉大さ」ゆえに、そのことが「キリスト教」そのものを「教養」や「穏やかな慰め」と化し、キリスト教を誰にでも受けいれられ易いものへと「変質」させてしまったということ、こうして「キリスト教」に関して「錯

のは「キリスト教」でも何でもなく、「錯覚」にしかすぎないものであるということ、以上のことである。

覚」を作り上げてしまったということ、従って、ミュンスターによって「キリスト教」という名で告知されているも

Ⅷ 「問題性」の明確化と把握

一八四九年に入ってから六月頃までの日誌 Journal NB9, NB10, NB11 の記述を読んでみると、キルケゴール自身が自らの人生上の重要事項とみなして書いている記事が多数あることを知らされる。彼はそのような記事の上部に「注意」あるいは「注目」を意味する NB（notabene）の記号を付しているが、その一月から六月初めまでの約四二〇篇程の記事の中でこの記号が付してあるものは三十四篇程もあり、しかもそれらの中には、それが同時に二つ以上付してあるものが、中には三つ、四つ、五つも付してあるものがある。しかもそれらは、一月中旬頃から三月中旬にかけて集中的に多量に見られる。このことは、正にこの時期に、キルケゴールが自ら大変重要とみなす出来事を経験したことを意味しているとみてよいだろう。ところで、そのような記号を付してある記事の一つとして、三月に書かれたと推察される Pap. X^1A167 の記事は極めて注目に値いすると考えられる。それというのも、それの上部には、NB が五つも、大きな五つの俵のような形で、つまり、上に二つ、真中に一つ、そして下に二つ配するような形で、付してあるからである。これはキルケゴールが余程重要な記事とみなしていたからに違いない。そこでその手記を読んでみるとき、ほんの二行ばかりの文章に気がつく。その二行は、先日彼がミュンスターのところへ王立牧師養成所での教員採用を求めて訪れたことを伝えているものである。しかしそれに続く文章は、間接的な表現ながら、それが受けいれられなかったことを示している。この件に関しては次章で詳しく述べるが、いまここで言えることは、この時期キルケゴールは生計が窮迫していたので、その不成功は、この観点からも、打撃は大きかったと考えられる。そしてそれが「ミュンスターとの関係」にも影響を及ぼしていることは否定出来ない。

この事実を念頭においてみるとき、明らかに二つのことが視界に入ってくる。

一つは、この時点以後キルケゴールは『死に至る病』の原稿に没頭し、それにおいて、「国家教会の状況」を「病い」としてとらえ、その病根を徹底的に分析したことである。これについては既に述べた通りである。

もう一つは、その原稿が印刷所に渡されひとまずその仕事から解放された一八四九年六月二十八日（?）以降の時期の日誌では、「国家教会とミュンスターとの関係」自体が意味している「問題性」がますます明確化されそれらをはっきりと把握していることを示す記事が多数現われていることである。これは極めて著しい微候なので、これについて少し述べておこう。

いま述べたように、『死に至る病』の原稿が印刷所に手渡されたと考えられる一八四九年六月二十八日（?）を過ぎ、ひとまずその執筆の作業から解放されたと考えられる頃から八月中旬頃にかけての百数十篇の日誌記事の中で一○篇程の記事（Pap. X1A511, 532, 535, 541, 563, 592, 597, 611, 614, 620）には、キルケゴールが「ミュンスター」の問題性についての理解を「明確化」し、はっきりと「把握」したことを示している文章を記している。しかもそれらからは極めてリアルなものを感じさせられる。それら個々の手記はそれぞれ余りにも多様なので、ここではそれらのすべてを整理して提示することにしたいと思う。それらは次の三点になると考える。

1　「ミュンスター」を攻撃しようと思うなら「国家教会」Statskirke という概念と「既存のキリスト教国」den bestå-ende Christenhed という概念を攻撃することによってこそ可能になるということ。[23] つまり、ミュンスターはこの両概念と全く一体化しているものであるということ。

2　ミュンスターはマルテンセンを完璧に低俗化させてしまったということ。[24] そのように低俗化させてゆく勢位は国家教会の体制全体に浸み込んでいるということ。[25]

3　ミュンスターによって「キリスト教国」というものは「嘘」の上に打ち建てられており、ミュンスターはこの世俗的概念を主張しているのであって、彼の衣と「使徒パウロ」が牢獄に繋がれていた時の鎖との相違は何と大き

なものかということ。(26)

以上三点になる。

これら一〇篇程の日誌記述を読んでいると、明らかに一本の線が徐々にではあるとしても何かしら「決定的段階」とも言われるべき方向へ向かって進んでいることを感じさせられる。しかし実際はと言えば、その線がその「決定的段階」へと達する前に、その行程を更にその方向へと促進させる契機として働いたもう一つの出来事があったことに注目しておく必要があることを指摘しておきたい。それは、一八四六年以降のことであるが、両者の間には、ある一つのテーマをめぐっていく度ももたれた「会話」において非常な「食い違い」があった問題である。そのテーマとはキルケゴールによる「牧師職志願」の問題であり、このテーマをめぐっての両者の「会話」には大きな意見の相違がはっきりと現われ、このことがその「対立」の線を一気に促進させる働きをした問題である。それゆえ、次章ではこの問題を検討してみることにし、然る後に更にその次の章でその「対立の決定的階」について考察することにしたいと思う。

注

（1） Pap. VIII^{1}A332

（2） Pap. VIB18

（3） Pap. VIII^{1}A366

（4） Pap. VIII^{1}A388

（5）（6） Pap. VIII^{1}A414

（7）（8）（9） Pap. VIII^{1}A415

（10） Pap. X^{4}A511・VIII^{1}A415

（11） N. Thulstrup: Breve og Aktstykker vedrørende S. K. I. S. 339.

(12) Pap. VIII^{1}A390
(13)(14) Pap. VIII^{1}A561, 560
(15) Pap. VIII^{1}A602, 603
(16) Pap. IXA の年表、S. XXV.
(17) Pap. IXA39
(18) Pap. IXA39, 40, 41
(19)(20) Pap. IXA81
(21) Pap. IXA206
(22) Pap. X^{1}A106
(23)(24)(25) Pap. X^{1}A535, 563, 620
(26) Pap. X^{1}A597, 611, 614

第五章　「牧師職志願」の問題をめぐっての「会話」に現われた「意見の相違」

キルケゴールの日誌記述に見られる先述のような「ミュンスター批判の過程」を辿ってゆくと先述したものとは異なるもう一つのれっきとした「対立の相」が目に入ってくる。それはキルケゴールの「牧師職志願の問題」をめぐってミュンスター監督との間に行われた何回もの「会話」のやりとりの中に現われてくる「対立の相」である。この問題は、「教会攻撃」へと至る道程という観点からするならば、既に言及しておいたように、それへと至る「縦糸の線」に属する事柄であることを意味し、この線は、実は、この時期よりずっと次前から始まり、生涯の最終の時期まで続いてゆくのである。それゆえ、この線の全体は、本書「第七部」で、独立的に取り挙げられるので、ここでは目下の時期における「ミュンスターとの会話」の内容についてだけ述べることにしたいと思う。

第一節　目下の時期におけるキルケゴールの特殊な経済事情

この「牧師職志願の問題」は、目下の時期に至るまで、三つの時期を区切って、その「図式」を変様させてきている。つまり、目下の時期は、その「図式」が三度目の「変様」をなした時期なのである。そこで以下その各々の「変様」の特徴を簡単に述べてみよう。

まず最初の時期は、著作活動の開始から『後書』(一八四六・二・二八)出版の頃までを指す。この時期キルケゴールは、「詩人になるか―牧師になるか」という図式を抱え、その解決をめぐってつねに「自問自答」を続けていた時期である。しかし彼は、自らをひとりの「懺悔者」(罪を悔い改める者) en Poeniterende を目的として「どこか田舎の村に出て牧師になる」ことを考えていた。彼は、著作を書いている度ごとにこれが終わったらそうしようと考えていた。そして中々実現できなかったが、遂に『後書』を書いているときは、今度こそこれが終ったら「田舎の村」へ出ようと考えていたのである。ところが、事態はそうはならなかった。

次の時期は、正にその『後書』出版の直後から始まるのであるが、これは本書第四部第一章で述べたように、その出版後思いがけなくも遭遇した「コルサール事件」を通じての信仰体験によって、そしてまたこの「牧師職の問題」をミュンスター監督との会話の中で問題にするようになったことによって、そして更にキルケゴール自身「時代」の要求に応えようとして目下「時代」が要求している人物は「異常な人」en Extraordinaire であり、現在正にそれに該当する人物はデンマークの中で自分ひとりだという自覚に達することによって、最早「牧師職の問題」への自分の「関わり方」自体がいままでとは大きく変ってしまったことを認めるようになったことである。つまり、彼は、自分を「時代が要求する en Extraordinaire」として強く意識するようになったことである。それゆえ、それによって「牧師職の問題」がもつ意味自体が大きく変様することになった。他方このことは、「詩人」概念にも大きく影響するようになり、彼は最早「牧師」とならないだけでなく、単なる「詩人」にもなろうとせず、強い使命感のもとに「宗教的詩人」の方向へと踏み出すことを決意したのである。こうして彼は、「キリスト教の真理」を著作活動を通じて徹底的に描き出すことを自らの任務として自覚したのである。従って、このようにして、あの「どこか田舎の村に出て牧師になる」という方向での考えは完全に取り止めになり、また「詩人になるか―牧師になるか」という問題図式も棚上げ状態になったわけである。これがこの「問題」に関する二番目の時期の変様である。しかしこの時期の変様で最も著しい特徴は、私見であるが、この「問題」が初期の「自問自答」の時期から「ミュンスター監督との会話」の中の議題になっていったことではないかと考える。それというのも、キルケゴールのミュンスターに対する「対立の感情」はその「会話」の中でこの議題をめぐるやりとりを通じて尖鋭化していったからである。

こうした中で、この「牧師職志願の問題」は三度目の時期に入ってゆく。しかし既に述べたように、この「問題」はいまや、「自問自答」の段階から「ミュンスターとの会話の議題」にまでなるという段階へと進んだのである。しかしこのことは、この「問題」の解決もしくは具現は、どうしても「ミュンスター監督の地位と力とを通じて」でなければあり得なくなっている現実を、物語っているのである。ところが、この目下の時期に入ると、この「問題」に関して、もう一つ全く別の要素が加わってくることになった。そしてそのことが、この「問題」のもつ意味を大きく変えることになった。その「別の要因」とはキルケゴール自身の「生計の窮迫」（経済的窮迫）の問題である。この「生計の窮迫」という問題は、既にあの『後書』の出版後しばらくして少しづつ進行していたが、この一八四九年に入る頃には切実な問題になっていた。それというのも、キルケゴールの場合、父の死後もずっと一般の人々とは比較にならない贅沢な生活をしていたし、しかもその著作の悉くが自費出版であったため、父ミカエルから得た相当額の遺産の取り分も、目下の時期にはもう残り少なくなっていたからである。従って、このようなことから、目下の時期キルケゴールにとっては、この「牧師職志願の問題」は、この「生計の窮迫」という条件のもとで、切実な問題となったのである。[1] それゆえ、このようなことから、キルケゴールにおいては、この「問題」に関し、『詩人になるか――牧師になるか」というあの「図式」は、あの「宗教的詩人」になるという地点ではおさまりきれず、更に新しい方向へと踏み出すことを考えていたのである。それは「王立牧師養成所」Det kongelige Pastoral-Seminarium の教師になる方向であった。これへの採用を彼は真剣に考えており、そのための準備をしていた。その準備は、そこで行うべき「講義案」の作成であり、しかも彼はそれを三通りも準備していたのである。その第一案は、Den ethiske og den ethisk-religieuse Meddelelses Dialektik（1847）（Pap. VIII^{2}B79–81）『倫理的伝達の弁証法と倫理――宗教的伝達の弁証法』であり、第二案（Pap. VIII^{2}B82–85）も第三案（Pap. VIII^{2}B86–89）も標題は第一案のものと同じものにするよう計画されていた。なおこれらいずれも拙訳があるので邦語で読むことができる。(2)

こうしてキルケゴールは、一八四九年三月頃から一八五一年八月までの間に、ミュンスター監督との会話の中で、この件についていくたびも語り合ったのであった。しかしその会話はいずれも不調に終り、この件は否定的な結末に至った。この結末は確かにキルケゴールにとっては非常な痛手であった。そのことは、一八五二年になっても、日誌の中で、ミュンスター監督がこの職を自分に与えてくれなかったことを嘆いているが、このことがそれを何よりもよく示している。(3)

これらの経過については次節で詳しく紹介するのでここではこれ以上立ち入らないが、これらだけを見ても、この時期この就職問題がキルケゴールにとってどんなに重大な意味をもっていたかが充分知られ得るであろう。しかしこれらのことで否定すべくもなく認められることは、キルケゴールとミュンスターとの「対立関係」は、そのようないくたびもの「会話」を通じて、ますます尖鋭化していったことである。

注

（1）G. Malantschuk: Digter eller Præst—S. 89ff.

（2）『キルケゴールの講話・遺稿集』・第八巻（新地書房→教文館、一九八〇年）一八一—二七三頁。

（3）Pap. X^{4}A604 G. Malantschuk: Ibid., S. 91.

第二節　いくたびもの「会話」を通じて見えてくる対立関係

この「王立牧師養成所」の教師として就職するためにミュンスター監督と交わした「会話」に関する日誌記述はさ

まざまな形で見られる。本節ではそれらの経過を整理して辿ってみることにする。そしてそれを通じて見えてくる両者の対立関係にも注目してみたいと思う。

まずこの就職についての会話が行われた一番最初の日は一八四九年三月中旬頃であった。キルケゴールは、先に述べたような経済的窮迫のもとで、ミュンスター監督公邸を訪れ、同監督といくつかの会話をしている中に、思わず自分には「王立牧師養成所」の教師に採用されたい旨の考えをもっていることを思わず口に出してしまった。それについての日記記述はPap. X^1A167に見られる。そこにはそれについてのミュンスターの反応については何の記述もないが、キルケゴールはこの日誌記述を余程重要なものと考えたらしく、この日誌の上部には、先に第四章第三節Ⅷで述べたような仕方で、NB（注意、注目）の記号を五つも付しているのである。その「思わず口に出してしまった」ことについての記述の部分は次のようになっている。

「数日前私はミュンスターのところへ参上し、牧師養成所の教師採用に関することで思わずひと言口に出してしまった。しかしそのことは役に立つだろう。もしその職が当局の方から私に与えてくれていたならばその職は私にこのように誘惑的に働くことはなかったであろうが。しかし私がそのようなことをしてしまったことは、そして私が自分自身に疑いをもっていないことは、そして私が自分をより大きな決定の掌中に委ねてしまったことは、やはりよいことだろう。なぜなら、私は誇りがあったので〔自分の方から〕その雇用を求めてはこなかったからだ。しかし神は、その雇用が私の場合からは非常にかけ離れたものであることを、御承知であろう。[1]」

このようにキルケゴールは記している。

しかしここにはこのときミュンスター監督がどのような反応を見せたのかについては記していない。恐らく反応は見せなかったのであろう。というのは、この時よりもずっと後の一八五一年四月の日誌（Pap. X^4A218）によると、ミュンスターには、キルケゴールを牧師養成所の教師に推薦する意思は全くなく、心底では彼をコペンハーゲンから遠避け、田舎の村の牧師にすることを考えていたからである。[2] このようなことで、この日の訪問と会話についての記述は、ここに紹介しただけのことで終わっている。

この日以後キルケゴールがミュンスターに会いに行ったのは、日誌Pap. X^1A497に書かれていることから推測すると、六月十日前後の頃と考えられる。しかしこのときは、ミュンスターが、そのような思いをもっていることと合わせて、キルケゴールの『倫理・宗教的二小篇』（一八四九・五・一九）とキルケゴールの理解者R・ニールセンの書物R. Nielsen: Evangelietroen og den moderne Bevidsthed. Forelæsninger over Jesu Liv. (Kbh. 1849) とを、読んだ直後の時期にあたることもあって、キルケゴールを不審に思うことから、会っても充分会話してくれなかったのである。それについて日誌はこう記している。

「…私は、ミュンスターがその心底では私に対してどんなに不安をいだいているかということを、それもとりわけ、彼が、確か読んだ筈であるR・ニールセンの書物と私の記号名のあの小著以来そうなのだが、よく分かっていた。約三週間程前に、私はミュンスターのもとを訪れた——私は直ちに、われわれがどんな状態にあるのかを、見てとった。私は彼とほんの二、三言を交わしただけで、あとは床の上をあちこちうろうろするばかりであった。それはいつもとは全く違っていた。ところが、彼はいくたびもいくたびも「ねえ、君」kjære Ven,「ねえ、きみ」Kjære Venと繰り返し言っていた——しかし彼はそれ以上深く入ってゆくつもりはないのだ。…[3]」

このように述べて彼はそのあとの文章で、このようなわけで自分はもうミュンスターのところに行く気がしなくなっていることをほのめかしている。

しかし六月二十五日（月）になると彼は気を取り直したらしく、この就職の件ではやはりもっと積極的に行動すべきであることを感じたらしい。この日の日誌Pap. X^1A494には、その上部に、日付と曜日を付してあるとともにPfui, pfui! という言葉を記してある。これは今日のデンマーク語では、fy, fy! となり、それは「うへ」とか「ちえっ」といういわば、嫌悪感や軽蔑を表す言葉である。これで明らかなように、この日の日誌は、キルケゴールが自らの意思に反した状態にあることについての自己嫌悪のようなものを記していることを、意味しているのである。それもその筈である。この日彼は、この牧師養成所の教師も含め牧師職を再び求めることを心に決めたからである。[4] これは確かに彼にとってはやりきれないことであった。しかもすぐそのための行動に出ることを考えていたのである。

こうして彼は、四日後の六月二十九日（金）にまたもやミュンスター監督を訪れ、牧師養成所の教師の件を頼もうとした。[5] この訪問は、今まで述べてきたところから知られるように、キルケゴールにとって決して気のすすむものではなく、必要上やむを得ず為したものであった。しかしミュンスターは、仕事の都合ということで、会話の時をもってくれなかった。この日のことをキルケゴールは、先の記述に続けて次のように記している。

「その職のためには、どうしても私は彼のところに行かざるを得ないのだ。だから金曜日に私は彼のところへ行った。私は、このことを、何としても良心的に考えて、私の義務とみなして、労を惜しまず、今後このことでびくびくすることがないようにするためであった。しかしこの金曜日ミュンスターは聖餐式に出ていたのだ。そこで私は土曜日に行こうと思ったが、そうすると彼は日曜日に説教をすることになっていたので、土曜日には彼は誰とも話しをする気はないことを私は知っていた。[6]」

こうしてこの金曜日の面会は不可能になった。

そこでキルケゴールはその「土曜日」には、今度は、彼のマギスター論文作成時代に知り合い目下教会省と文部省の大臣をつとめていた言語学者マヅヴィ J. N. Madvig (1804–86) のところを訪れてその職を頼もうとした。しかし会うことさえできなかった。[7] けれどもこのことをキルケゴールは決して嘆かず、次のように記している。

「歴史的評論。私は、自分が反対の方向へと踏み出す際に決しておじ気づいているわけではないことを何としても自ら納得するために、一昨日（土曜日）（というのは、金曜日にはミュンスターに会えなかったからだが）マヅヴィのところへ行った。しかしそれは本当に幸いなことだった。なぜなら、このことは自分自身の弁護のために是非言っておきたいが、私は、今回もいつものように、これらのことで前進をはかろうと考えていたのだった。しかしそのことがたえず、それとは反対の方向で行為するためのスピードをつけるという正にそのような可能性をもってしまったからだ。しかしこのことは要するに私の本質の中に存在しているものなのである。なぜなら、私を可能性の名で誘惑しているものは、それが現実性となって姿を現わすとき、それは私にとっては別物になってしまうからなのである。要するに、私はマヅヴィには会わなかった。こうなるとさて、またもやミュンスターということになる。彼のところへ行くのがどんなにいやでも…。[8]」

このようにキルケゴールは、マヅヴィとは会えなかったので、二日後の月曜日（七月二日）、再度ミュンスターのところへ会いに行った。しかし会ってはくれたものの肝心の会話には入ってくれなかった。そのことについてキルケゴールは右の日誌に続けてこう記している。

「そのようなわけで今日（月曜日）私は彼を訪問した。全く思った通りだった。こんにちは、ねえ、きみ Kjære Ven, ねえ、きみ Kjære Ven と言い――そのあと、彼は、私と話す時間がないのだ、と言っていた。〈ぼくはそのことを率直に言うがね、と言っていた〉。私は彼のことがよく分かった。けれども、私はやはり、自分もそのことに含めて理解し、そのことを彼に感謝した。なぜなら、その言葉は勿論私への信頼をそっと現わしたものだったからだ。そしてそのあと彼は、この Kjære Ven を確か六、七回も繰り返して言い、私の肩を叩き、私をかわいがるようにしていた――要するに、彼は私と話しをすることに心配しているのである。なぜなら、彼は私の中に長時間入り込んでいたくないからなのだ。彼は確かにこう言っていた。別の時に来てくれ給え。しかし彼は確かにその別の時の私の訪問が今週にはないことをよく知っているので、こうして彼は、教区訪問 Visitats の旅へ出てゆくことになるのである。このようなわけで、このことは分かり易いことなのである。[9]」

「王立牧師養成所」への就職の問題はこのようにして完全に不成功に終わった。このような結末は、先に言及したように、ミュンスターにはキルケゴールを推薦する意志は全くなく、つまり、その不信の念から、彼を田舎の村の牧師に出して、コペンハーゲンから遠避けておきたかったことによると考えられる。[10]

しかしこのような不成功の結果について、キルケゴールは、その日誌の中に、二つの異なった反応を記している。

一つは、純粋に信仰的立場からのもので、この立場からはむしろこの不成功を神の摂理とみなし、その結果を喜んで受け容れていることである。そのことは先に紹介した日誌Pap. X^1A497にもたっぷり書かれているが、そのほか更に次の二つの記述にもはっきりと見られる。

「〔Pap. X^1A497で「私を可能性の名で誘惑しているものは、それが現実性となって姿を現わすとき、それは私にとっては別物になってしまう」ということに関して、こう付記している〕そうなのだ、本当だ。もし願いが叶って、その官職の地位が私に与えられたとするなら、きっと私には誰よりもずっと容易に、自分にはその職をやってのけることはできないことを、分かってしまうだろうから。しかしこのことには、私の自己をまたもや苦しめるものが出てくる。つまり、その官職が私に与えられないとすると、それは、私が必要な一歩を踏み出さないように自分自身を守っているのではないか、という恐れが出てくることである。[11]」

「〔十一月中旬頃の日誌〕こうして官職を求めるために私はマヅヴィとミュンスターのところへ行ったが、二人とも会えなかった。私は、別様の仕方によってであるが、反対の方向での強い印象に心を動かされたので、私が何でもやってみようというような間違いを犯していることを、摂理のウィンクとみなしたのである。[12]」

彼はその信仰的立場からは、この問題を、以上のように受け取ったわけであるが、他方彼は、この不成功をミュンスター批判の言葉と結びつけ、ミュンスターの誤まりとみなし、そのことを一八五一年八月九日と一八五二年八月の日誌に記している。

その一八五一年八月九日には、キルケゴールは、ミュンスターが「教区訪問」Visitatsの旅から帰った頃に訪問し、会話の時をもった。話しはキルケゴールが既に献呈しておいた『私の著作活動について』（一八五一）と『金曜日の聖餐式における二つの講話』（一八五一）の二著をめぐって始まった。そして更に政治をめぐっても行われた。しかしそのあとキルケゴールが「牧師養成所」のことについて一言二言口に出すと、ミュンスターはそれを話題にすることを避けようとした。それというのも、このときのミュンスターの言葉は実に皮肉っぽいもので、それは、キルケゴールに対し、それなら一層貴君自身が「牧師養成所」を始めればよいではないか、いま直ぐそれを建てればよいのではないか、というものであった[13]。このように記している。

一八五二年八月の日誌は「ミュンスター」という標題で書かれているが、そこでは『修練』出版後に最初にミュンスターと会話したことから書き始められ、更にミュンスターとの関係について述べられているが、この日誌でも「牧師養成所」への就職のことが言及されており、キルケゴールは、ミュンスターが自分にその職を提供してくれなかったことを、嘆いている[14]。

「王立牧師養成所」の教師採用をめぐってのミュンスターとの会話はこのような経過を辿って否定的な結末に終わった。

さて、「牧師職志願」をめぐるキルケゴールの取り組みの三度目の時期は、このように徹頭徹尾「ミュンスターへの請願」という形で進められた。そしてこの経過と結末に関しては、キルケゴールは、既に述べたように、二様の反応を示していたが、にも拘らず、これらの経過を伝える彼の日誌記述を通じてははっきりと感じさせられることは、この「経過」そのものが前章で述べた「ミュンスター批判の行程」の中で起こっていることであり、しかもこの「ミュンスター批判」はこの「経過」を通じて更に一層尖鋭化されていったということである。しかもその「ミュンスター批判」はれっきとした両者の「対立関係」を物語るものになってきている。そしてその「対立関係」はやがて「決定的な段階」へと入る方向へと向かって進んでいる。

注

（1） Pap. X^1A167

（2） Pap. X^4A218

（3） Pap. X^1A497, S. 318.

(4)(5)(6) Pap. X^1A494, 497, 497, S. 318ff.
(7) Pap. X^1A496, 497
(8)(9) Pap. X^1A497, S. 318, S. 319.
(10) Pap. X^4A218
(11) Pap. X^1A498
(12) Pap. X^2A177
(13)(14) Pap. X^4A373, 604

第六章　「対立」は「決定的段階」へと入る

一八五〇年九月二十五日『キリスト教への修練』が出版された。この『修練』は先の第三章第三節で述べたように、『死に至る病』による「国家教会の病いの診断」に基づいて行われた「荒療治」を目的としたものであった。従って、それはその「病根」を抉り取ろうとする何とも激しい「国家教会批判」を内容としたものであった。いや、該書は、キルケゴールがいままで書いたものの中で最も激しい内容のものであった。それゆえ、該書は、もしミュンスター監督が読むならば、彼の心情を最も刺激するものとなるであろうことは、もう見え透いた事柄であった。しかしキルケゴールは、これが出版されるや、いつものように礼を尽して、同監督の所に趣き、これを献上したのである。こうしてその時から約一ヶ月後の十月二十二日、キルケゴールは監督がそれを読んだ頃とみて、監督公邸を訪れ、該書についての会話を交わした。そしてその後も両者は何回も会話の時をもった。それらの会話は表面的にはつねに穏やか雰囲気で行われていったが、やはり書物が書物だけに監督の本心にはただならぬものがあり、その思いはやがて一冊の「小著」として出版されることになった。そして当然の事乍ら、その「小著」の中で展開されているキルケゴールについての評価は比喩的間接的表現法をとっているとはいえキルケゴールには激しい衝撃を与えることになり、これをめぐってなされた両者の会話は、両者の関係を、全く新しい段階へと進ませることになった。つまり、両者の「対立」は遂に「決定的段階」にまで入ることになった。そこで本書では、『修練』をめぐる両者の会話と、そこから生まれたその「小著」の出版と、これについての会話が導いた「決定的対立」への過程とについて検討してみたいと思う。

第一節 『キリスト教への修練』をめぐる会話と対立

一八五〇年九月二十五日『修練』が出版されるやキルケゴールは直ちにこれをミュンスターのところに持参し献上した。そしてミュンスターがこれを読み終った頃と考えられる約一ヶ月後の十月二十二日に彼は再びミュンスターの監督公邸を訪れ、該書をめぐっての会話の時をもった。その会話は予想していたのとは非常に異なり大変穏やかな雰囲気の中で終始した。しかもその後も何回も会話の時がもたれ、少なくとも翌一八五一年三月頃までは穏やかな雰囲気のもとで行われていた。しかしその穏やかさはどうやら表面的なことで、それはあくまでミュンスター監督の大柄な「大人」としての対応の仕方によるものであった。しかし実際は、つまり、監督の本心は、決してそのようなものではなかったことが徐々に明らかになっていった。そして同監督の真実の感情は翌一八五一年三月になったときはっきりとしてきたのである。そこで本節ではそのような過程を簡単に辿ってみることにする。

I 「偽名著者アンティクリマクス」がミュンスター監督に与えた衝撃

この『修練』がミュンスターに衝撃を与えたのは、既に第三章第三節で述べたように、その中でミュンスターの著作の標題の一部を使って激しい「ミュンスター批判」の言葉を羅列していたことにあることは言うまでもないが、しかしここで是非注目したいことは、その原因は、ただそれだけのことではなく、むしろもっと深い所にあるという点である。それは何よりも、『修練』という著作に込めたキルケゴール自信の「意図」、それを実現するために該書に託された「著作機能」そのものであるという点である。そこでここではまずその二件について簡単に述べておこう。

まずキルケゴールがこの著作にこめた「意図」についてであるが、これは大変微妙な性格の問題なので、研究者の多くはかなり大雑把な扱いで処理しがちであるが、キルケゴールの日誌を具に読んでゆくと、その「意図」を明白に述べていると考えられる一つの手記に出会う。それはPap. X^3A533である。この日誌には日付けが付されていないが、この日誌がJournal NB21のもので一八五〇年九月十一日から十一月十二日までのものであることから、そして更に、その内容からして、つまり、「M・ルター」の意義に固執して書いていることから、ルターの「宗教改革記念日」（十月三十一日）かその頃に書かれたものであることが推定されうる。この手記は一〇行程の短いものであるが、標題には、「実験」Experimentと書かれ、その下に「ミュンスター――ルター」と記されている。そして更に欄外にも「ミュンスター――ルター」と記している。その内容は次のようになっている。

「既存の教会は少しは自らの罪を告白しなければならないという件で私が何を意味しているのかを理解するために、こんな実験をやってみよう。

ミュンスターに、ある日曜日だけ、自分の説教をする代りに、ルターの説教の一つを、それもとりわけ特徴のあるものの一つを取りあげさせ、それを大声で読み上げさせてみようではないか――するとその全体はミュンスターに対する諷刺として聞こえてくるだろうし、少くともその場合彼は自分自身に関して少しばかりの罪の告白をしなければと焦るぐらいのことはするだろう。

あるいは、恐らくルターの説教もまた一つの誇張であるとしても、われわれはその程度でのルター主義者になっているのである！

そうだ、ルターを礼賛すること、そのことなら人は容易にできる――しかしルターの説教を大声で読もう！」(1)

この文章に見られるキルケゴールの基本的な考えは明白である。それは、ミュンスターを、彼が基づいているところの、つまり、デンマーク教会が根幹としているところの「ルターの信仰と説教」を当てがうことによって、逆に批判し反省させようとするものである。つまり、ミュンスターを、彼自身が基づいているものによって、逆照射して、遡及的に批判し反省させようとするものである。この点にこそわれわれはミュンスターに対するキルケゴール自身の意図を見ることができる。

しかしこの「意図」をどうやって実現するかがキルケゴールの問題になっていた。確かにこれは非常にむずかしい問題であるが、この件で一つだけキルケゴールにはっきり分かっていたことがあった。それは、このことの実現は決して「直接的方法」では、つまり、自分の名を前面に出して国家教会やミュンスターの罪責を訴えるという仕方では到底不可能だということであった。その場合には、それを訴える者が「若輩キルケゴール」では何の威力もないことは、彼自身よく分かっていた。そこで彼は、その行動の全体を「間接化」して行おうとし、「桁外れに高いキリスト者」の偽名形象を前面に立てて行うことを考えたのである。その形象が「アンティクリマクス」Anti-Climacus である。

キルケゴールは、この「アンティクリマクス」を前面に立ててこれにこの著作の「機能」を託し、自らはその「著者」の位置からずっと後方へと退いて「刊行者」の位置に名を出すことにした。ところで、このアンティクリマクスという偽名形象の意味と機能に関しては既に『著研Ⅱ』一五〇五頁から四一頁までに詳述してあるので、詳しくはそこを参照していただくとして、ここでは、この形象に設定されている「ミュンスターに対する機能」の面についてだけ述べるにはとどめたいと思う。

この件については、キルケゴールは先の Pap. X^3A533 の日誌の直ぐ二つあと Pap. X^3A535 の日誌に、詳しく書いている。この日誌にも標題が記してあり、それは「アンティクリマクスによる攻撃と該書への私の序文」となっている。また欄外には「アンティクリマクスと私の序文」という文字を記してある。こうしてこの手記でキルケゴールは、なぜ自分はこの『修練』の著者を「アンティクリマクス」という偽名形象によって肩替りさせたのか、そしてなぜ自分は一歩背後に退いて、「刊行者」として、該書を背後から支えるという方法をとったのかについて、述べているのである。それによると、彼は二つの理由に基づいていることを、明らかにしている。

一つは、この桁外れに高いキリスト者という形象によって、キルケゴール自身をも審かれる姿を読者の前にさらけ出そうとしたことである。すなわち、彼によるならば、いま自分は、この国でキリスト教を告知するにあたって、読者の前に、自分自身を物尺と化してその心を揺さぶろうとすればできたかもしれないが、自分はそうはせずに、むしろこのひとりの偽名形象を用いることによって、それによって事柄をもっと高度なものとして取りあげるようにさせ、つまり、この形象による審きがキルケゴール自身にも及ぶような仕方をとったのだ、というのである。つまり、この形象によってキルケゴール自身も審かれる姿を読者の前にさらけ出すことであった。

もう一つは、この「桁外れに高いキリスト者」である偽名形象を立てることによって、その桁外れに高い「理想性」のもとでは、誰一人として例外たり得ず、第一人者と言われる人も、例えば、ミュンスター監督も、例外たり得ない者とするためだということ、つまり、その「理想性」の審きの前では第一人者ミュンスター監督も例外たり得ないようにするためだということである。キルケゴールが言うに、もし自分が自分の名で語るのであるならば、ミュンスター監督だけは例外扱いにせざるを得なくなるが、キルケゴール自身もその前では頭を垂れなければならない「桁外れに高い理想性」の形象の前からは、ミュンスターも逃れることはできない筈であり、それによって、キルケゴール自身が審かれるのと同じようにミュンスター監督も審かれるようにするためだというのである。

「アンティクリマクス」に託された「著作の機能」は以上のような二点なのである。

そこで「アンティクリマクス」に託された「著作の機能」がこのようなものだとすると、この「機能」に対しては、それの主たる対象になったミュンスター監督自身には、誰よりも一番強く感じるものがあり、従って、これを読んだ後に最も大きな衝撃を受け怒りをもったであろうことは充分に理解できる。そして事実その衝撃は、爾後さまざまな形をとりながら、両者の決定的な対立へと向かって進んでゆくのである。その模様をまずミュンスターが該書の読了後から最初の三ヶ月位いの期間に即して検討してみよう。

Ⅱ　一八五〇年一〇月二二日の訪問と会話

該書出版後キルケゴールはこれを直ちにミュンスターに手渡し、約一ヶ月後の一八五〇年十月二十二日にその感想を聞くために監督公邸を訪れ会話の時をもった。それには複雑な経緯もあったが、それも含めてその会話の模様は日誌 Pap. X^3A563 に詳しく記されている。日誌にはこの記事以後も、この『修練』についての同監督の態度を直接間接に記している記事が実に多量に現われてくる。その記事の数は、それらへの、見方や評価の仕方にもよるが、草稿まで含めると、優に二十件を超える。そしてそれらの中には実に長文のものがある。それゆえ、それらの記事をここで全部紹介するとなると、それだけでも数十頁の紙幅を必要とすることになろう。しかしいまこの個所で必要なことは、いわゆる広い意味での教会論における両者の考え方についての検討ではなく、むしろ該書に対する同監督の「態度」そのもの、その「事実」の確証なので、その観点からそれらの記事を検討し、その目的を果たしたいと思う。

その場合、やはり一番問題になってくる記事は、いま言及した Pap. X^3A563 とそれに続く 564 の記事である。前者は約二頁半、後者は半頁、従って、両者合わせて三頁分の長文になる。しかし両記事は、その「事実」を実にはっきり伝えてくれているので、それらを通じてその「事実」だけをここに紹介したいと思う。この Pap. X^3A563 の日誌には、次のような見出し語がついている。「ミュンスター監督との私の会話、同監督が『キリスト教への修練』を読んだ後の一八五〇年一〇月二二日」。この二頁半分の日誌は、この「会話」へと至る経緯（背景）も含めて次のことを伝えている。

この日の前日、キルケゴールは、偶々街路上で、ミュンスター監督の娘婿で宮廷牧師 slotspræsten であるユストゥ・パウリ Just Pauli（1809–65）に出会った。その時パウリは、キルケゴールに、ミュンスターが『修練』を読んだ後どんな風にしてどんな言葉を語っていたか、その模様について、正直に話してくれた。それによると、同監督は、その『修練』に対して非常に怒っており、居間に入ってくるや直ちに、こんな言葉を発したという。「この本は私を非常に腹立たしくさせた。それは聖なるものとの冒瀆的な遊びだ。」そこでパウリは、監督に、最も慎しい態度で、自分はキルケゴールと話をすることがあると思うので、その際その言葉をキルケゴールに伝えてもよいだろうか、と尋ねた。するとミュンスターはこう答えたという。「いいよ、しかし彼はきっとまた一度私を訪ねて来るだろうから、私自身が彼にそのことを言ってやるつもりだ。」このような会話がキルケゴールとパウリとの間で交わされたのである。そこでキルケゴールは直ちに翌朝つまり、一〇月二二日の朝、ミュンスターを訪問したのである。ところが、事情はあの言葉から予想されるものとは凡そ異なり、全く意外なものであった。それは、キルケゴールがミュンスターはその気品溢れる態度で自分に接してくれたときの情景をそのまま想い起こさせるものだったという。その毎回の情景とは、キルケゴールがミュンスターの居間に入ると、ミュンスターはその高貴さ溢れる態度でこう言ったという。「どんな御用件ですか、そこでキルケゴールはこう答えた、いいえ、お見受けするところ、今日はお時間がなさそうですね。それなら私はむしろおいとましましょうか、するとミュンスターは、時間なら充分ありますよ、と答えるので、キルケゴールは自分の用件を達し、それから、よき尊敬の念をもって bona caritate ミュンスターのもとを去るというのであった。毎回の訪問時の情景はこのようなものであった。そして今回の訪問も基本的にはこのような情景と全く同じものであった。しかしキルケゴールは今回のそれについてはもっと具体的なことを次のように記している「私は〔ミュンスターの居間に入るや〕こう切り出した。私は、今日は、ある意味では、一つの用件をもって参りました。昨日パウリ牧師は、私に、あなた〔＝監督〕は、今度私に会ったときは、すぐあの書物のことで私を叱ってやる積りだと考えておられることを、言って下さいました。そのため、私は、そのことを知って直ちに、こうしていま面会に参ったわけです。ですから、このことを、私がいつもあなたに示して参りました尊崇の念の新しい表現としておとり下さいますよう願っております。」要するに、キルケゴールは自分は今日ここへは監督に叱られるためにやってきたのだと言っているわけである。そしてキルケゴールは、このように言った言葉は、自分の思いの中に訪れた天来の霊感のようなものだったと記している。(2) ところが、事態は予想していたのとは全く異なって実に平静そのもののように進行した。激しい言葉もなければ、皮肉な批評もなかった。そして気分は、そのことを通じて、ミュンスターに対しては崇敬 ærbødighed の方向に、自分自身に対しては敬虔 Piætet の方向に、分裂していった。それというのも、先のキルケゴールの言葉に対し、ミュンスターは次のように答えたからである。「いや、私には、御存知のように、叱るなどという権限は何もありません。つまり、私には、あなたに言ってきたように、個々の小鳥がそのくちばしでそれぞれどんな歌を歌わなければならないかなどということにいやしくも口をさし挟む権限はありません。人もまた、私について、言いたいことを思ったように言えばよいのです。」しかもこのことをミュンスターは、穏やかに、にこにこしながら言ったという。(3) しかしキルケゴールにとっては、その最後の下りの言葉は、やはり確かに皮肉ではないかと思えたと記している。(4) しかしキルケゴールは、その穏やかな状況を保つために、こう答えた。「私が監督に申し上げようとしたことは、そのような意図ではありません、私があのような書物を出版したことは、ある意味では、監督を悲しませてしまったのではないか、ということです。」するとミュンスターは次のように答えた。「そうですね。私は確かに、その本が益をもたらすものとは思いません。」この答えを、キルケゴールは満足して受け、更にこう記している。「その答えは善意からのものであり、個人的なものであった。」この言葉のあと、両者は、いつものように、いろいろなことを話し合った。例えば、人はどうやってヌラリクラリ言い抜けをしようとするか等々。しかしこの日は特に注目すべき話題はなかった。けれども今回の会話の最初の方でミュンスターが言った次の言葉はキルケゴールに印象深く残ったらしい。(5)「そう、あの書物の最初の半分はマルテンセンへの攻撃で、後の半分は私への攻撃ですね。」(6) こうしてこのあと、キルケゴールとミュンスターは、「観察」Betragtning について書かれたいくつかの個所について語り合った。その際ミュンスターは、その「観察」という言葉はマルテンセンのために作り出されたのだろうと考えていたようである。[7] このほか今回の会話はいつもの場合と同じように進んだ。ただキルケゴールは、この訪問で、次の四つのことを理解したことを記している。[8]

一つは、これで両者ともに最悪の事態だけは超えられたということ。

もう一つは、少くともこの瞬間において自分自身を理解したこと、しかし自分は若造であるので、いまこの瞬間にそのように自分自身を理解したことより以上のことは語るべきではないということ。

更にもう一つは、既存の体制が自分の方へ歩を進めてきて自分をその方向へと更に進ませようとしている限り、自分にはその既存の体制という積荷を他の船に積み換えるようにするために事態をそのように保つことは自分の義務であるということ。

最後に、パウリ牧師が昨日言っていたことは本当だったのかもしれないが、それはあくまでミュンスターがその書物を読んだ最初の日のことで、その後恐らく彼は、公的には、それを問題にすることを諦め、実際には、それを私的なものにしようと考えたのであろうが、しかしそのことも後に止めたのであろうということ。

以上四つのことをキルケゴールは理解したことを記している。

しかしこの日誌の中には、もう一つのことを、この訪問と会話で分かったもう一つのことを、記してある。それは右の四番目の事項と関連するが、それはその前日パウリと出会ったとき、パウリが語ってくれたミュンスターの言葉についてである。その「分かったこと」というのは、キルケゴールによるならば、パウリが言ったミュンスターのあの言葉はむしろ、パウリがキルケゴールを出来ることならミュンスターのところへ行かせないためのパウリ自身の創作だったのではないか、ということである。[9] しかしキルケゴールはその言葉をパウリが意図したのとは全く別様に理解し、その言葉をむしろ、ミュンスターが根本的には、『修練』とキルケゴール自身に対して許可証 Passerseddel を与えてくれていることを意味するものと理解し、翌朝直ちにミュンスターを訪れることになったわけである。

さて、一八五〇年一〇月二二日の日誌 Pap. X^3A563 の内容は以上のようなものであった。これで明らかなように、

『修練』をめぐる会話は、予想に反して、実に穏やかな雰囲気で行われたのである。これにはさまざまの理由が考えられるが、そしてまたキルケゴール自身さまざまに憶測したようであるが、実際はやはり、J・ホーレンベーアやV・クレステンセン等多くの研究者たちが共通に指摘しているように、ミュンスターは余りにも高位にあったこと、しかもキルケゴールには自分が堅信礼を授けたのであり、そのような若造と同一平面で議論をするよう身を低くすることはとても考えられなかったこと、そしてキルケゴール自身が先の日誌で記しているようにミュンスターは気品ある大人の度量をもって対応したこと、以上のことが考えられる。

この時の会話はこのように穏やかな雰囲気のものであったが、ミュンスター自身の本心は必ずしもそのようなものではなく、その『修練』に関しては、むしろそこにこそキルケゴールとは別の意味で「時代」というものを感じていたらしく、その問題を実に厳しく受けとめていたようである。そのことはいくつかの資料を通じて徐々に明らかになってくる。

Ⅲ　H・L・マルテンセン教授からL・J・M・グーゼ牧師への手紙

この手紙は、先に述べたミュンスターの穏やかさと異なって、その『修練』に、ミュンスターがかなり怒っていたことを伝えている。

ミュンスター監督が非常に高い評価をし、かつ信頼を置いていたのは、やがて同監督の後をうけて監督になったH・L・マルテンセン教授であった。従って、この関係から、ミュンスター監督がマルテンセン教授に自らの率直な思いを打ち明けていたであろうことは充分察しがつく。そしてそのことは、マルテンセン教授が、キルケゴールがミュンスターを訪問した日と同じ日一八五〇年十月二十二日に、自身の誠実な友人Ludvig Jacob Mendel Gude牧師に宛てた手紙の中に、認めている。このグーゼ牧師は、既にキルケゴールの存命中に、キルケゴールの著作活動の全体に興味をもった最初の人物であり、それについての最初の書物とも言える『マギスターS・キルケゴールの著作活動について。ひとりの田舎牧師による観察』Om Magister S. ks Forfotter-virksomhed. Iagttagelser af en Landsbypræst. (1851) を書いた人物である。この書物については、『著研I・II』において紹介しておいたので、そこを参照していただければ幸いである。ところで、マルテンセン教授は、このグーゼ牧師が右の書物を準備している頃、キルケゴールの著作活動を知るための参考までに伝えたことの一つと考えられるが、そのグーゼ牧師宛の手紙の中で、『修練』について触れ、次のように書いている。「…更に付け加えますが、この書物〔=修練のこと〕は、監督〔=ミュンスターのこと〕がキルケゴールの活動をもう完全に諦めるようにさせてしまっています。教会の説教者についての恥知らずのあの放言は、当然の事乍ら、監督を憤慨させました。[10]」この僅かな一言は、『修練』についてのミュンスター監督の反応を知る上で、貴重な資料となる。この一言で明らかなように、ミュンスター監督は、キルケゴールにあのようなおだやかな応待をしていたものの、実際は、確かに憤慨していたことは事実であったと考えてよいであろう。


この手紙のことを直ぐ知ったキルケゴールは、それについて、日誌の中に、次のように記している。

「…私が正しいということは、結局はすべての人々が知っているだろう――ミュンスターもまた。そして私がその正しさを受けいれて貰えないことは、われわれすべての者が知っている――私もまた。[11]」

以上のことから明らかなように、『修練』がミュンスター監督の憤慨を買ったことはまぎれもない事実である。そしてそのことは年を明けると徐々に明らかになってくる。

IV 一八五一年一月下旬頃の訪問と会話

先の十月二十二日以降もキルケゴールはいく度かミュンスターを訪れ『修練』について議論を重ねた。それらに関する日誌事項は、既に言及したように、実に多数に及ぶので、そのすべてをここに紹介するのはこの紙幅から言っても到底不可能なので、ここではそれらの中から一つだけを代表させて紹介することにしよう。それは、その訪問よりも約三ヶ月後の一八五一年一月下旬キルケゴールが同監督を訪問した際に記したもの（Pap. X^4A9）である。キルケゴールはその時も『修練』について話し合ったらしく、しかしそれと関連させて、時代の自由主義運動が政治を支配した状況をとらえ、それに対するミュンスター監督の役割を監督自身が自己検討してみることを提言することもしたことを記している。

「　『キリスト教への修練』についての会話の時よりもずっと後にミュンスター監督と交わした会話

〔あの時から以後も〕私はいくたびもミュンスターと会話をしたが、その際私は次の諸点について語る機会をもった。それは、誤まりは上から出ているのであって実際には政治はなされてこなかったこと、何にも優って重要なことは手綱をしっかりと握ること、神に対して過去のことについてその罪を少しばかり告白すること――こうして手綱を正しくとること、そのことは私が考え得る有弁者にとっての最高の場面の一つであること、すなわち、下層の者たちから、自由を、自由を、もっと自由を、という叫びがあがったとき――そしてその時支配者がその威厳のすべてを掲げて姿を現わし、そしてわれわれも、この時代の根本的な転換のときに、自己検討を迫られていることをひしひしと感じている、そしてわれわれは、自分たちがいままで不適切にも政治らしきことをしてこなかったことを、神の前で認める――だからわれわれはいまから政治を始めるつもりである、と言ったとしたらどうだろうか、というような点であった。私はミュンスターにこう言った。あなたは、才能、有弁、形姿、威厳、年嵩、伝統を兼ね備えた方である。あなたこそ、それを為すことのできる最高峰に立つ唯一の方です、と。

ミュンスターは、そのとき、私にじっと聴き入っていた。そして彼はためらはずにこう答えた。圧制者のようにしようとしても、何の意味もないでしょう。」

これはあの訪問の後の時期に交わされていた会話のほんのひと駒であるが、『修練』との関連でこのような会話が交わされていたことは驚き以外の何物でもない。しかしそのことは『修練』がそれだけ大きな意味を持っていたことを示すものと言えるであろう。

『修練』が出版されてからこの一月下旬までの四ヶ月間は、以上述べてきたように、キルケゴールとミュンスターとの関係は、表面的には、日誌が示しているように、穏やかなものであり、右に紹介した日誌記事からも知られるように、信頼関係を前提としてのみ考えられ得るような会話までなされていた程であった。しかし他方、パウリの言葉やH・L・マルテンセン教授の手紙が示しているように、キルケゴールに対してミュンスターが抱く怒りには相当なものがあったことも事実であった。但しこの一月下旬頃には、ミュンスターの本当の考えが奈辺にあるのかは、とても量り難い状態であった。

ところが、この一八五一年三月になると、その本当の考えがまぎれもないはっきりとした形をとって現われることになった。それは、同監督がこの『修練』とそれに見られるキルケゴールの態度とを「時代」の悪しき風潮として一般化してとらえ、そのような意味での「時代批判」を内容とした「小著」を出版したからである。

注

（1） Pap. X^3A533

（2）（3）（4）（5）（6）（7）（8） Pap. X^3A563, S. 369ff.

（9） Ibid., S. 368.

（10） H. L. Martensens Brev til Gude. I. Nr. 10.（1850）

（11） Pap. X^3A578

第二節　ミュンスター監督出版の小著 J. P. Mynster: Yderligere Bidrag til Forhandlingerne om de kirkelige Forhold i Danmark. (kbh. 1851)『デンマークの教会事情についての諸々の議論への更なる寄与』（一八五一・三・一三）がキルケゴールに与えた衝撃

三月に入るとキルケゴールが想像だにしていなかったある一つの出来事が起こった。それは、ミュンスターが自ら小著を出版して、それを通じてキルケゴール批判を行ったことである。しかもその意表を突いた行動はむしろその「方法」にあったと言えるかもしれない。それというのも、それはある意味では全くキルケゴールの逆手をとったような仕方だったからである。そもそもキルケゴールの著作活動の本領はその悉くが「時代」批判に貫かれている点にあった。そして彼の国家教会批判もミュンスター批判もそれらを「時代」の象徴としてとらえた「時代」批判であった。それがキルケゴールの本領だったのである。ところが、ミュンスターのその小著は、この手法をそのままキルケゴール自身に差し向けたのである。つまり、その小著においては、ミュンスターは、キルケゴールの存在こそが「時代」の象徴としてとらえ、これを批判の槍玉にあげたのである。従って、このことが、つまり、この小著がキルケゴールにどんなに大きな衝撃となったかは言うまでもないことである。そのためこの小著の出版を境いにキルケゴールとミュンスターとの関係は一変することになった。この小著は『修練』の出版が両者の関係に齎した明白なターニング・ポイントとなった。

この小著はその標題だけみても、一連の論争に「更に」関わってゆくものであることを推測させる。そこでまずその出版に至る経緯から述べてゆくことにしよう。実は、この小著はその出版の日より少し以前の一八五一年一月三十一日にキルケゴールが『祖国』紙に書いた一文“Foranlediget ved en Yttring of Dr. Rudelbach mig betraef-fende”『私に関してルーデルバック博士が言った言葉に因んで』に関連している。(1) この一文は、その標題からも推測され得るように、牧師で神学的著作家でもあったA・G・ルーデルバック博士Andreas Gottlob Rudelbach（1792-1862）がキルケゴールに関して言った言葉に対する一つの意見を意味しているものである。その場合キルケゴールが問題にした言葉はルーデルバックの近著Om det borgerlige ægteskab（1851）『市民的結婚について』の中で述べられている言葉である。この中でルーデルバックは次のことを訴えている。すなわち、今日における教会の最高の関心事は「われわれが正確には習慣的キリスト教とか国家のキリスト教と呼ぶことが出来るものから解放されること」であり、そして市民的結婚はこの解放のための重要な、恐らくは不可欠な手段であるということ、つまり、「宗教の自由の導入をしるしづけ条件づけるあらゆる手はずとして組織化されているものの中の必要なる一項であるということ」である。そこではこのように述べられていたが、これには更に次のような小さな注が付されていた。それはこうなっていた。「このことは、最近のわが国における最も優れた著作家の一人、セーレン・キルケゴールが印象づけ、刻みつけようとし、ルターが言っているように聞く耳ある者すべての者を捕らえようとしているのと同じものである。」この書物はこのように述べていたのである。

そこでキルケゴールはこれに対して『祖国』紙にその一文をもって反論したのである。その反論は多岐にわたっているが、キルケゴールが一番問題にしたのは、自分に対するルーデルバックの浅薄きわまりない誤解に対してであった。つまり、ルーデルバックがキルケゴールを当時の国家教会に対する外面的、制度的改革よって自由を齎そうとしている人物と解釈している点に対してであった。つまり、その一文でのキルケゴールの主張は、自分は決して外面的意味での教会事情における変化のための提案をしたことはなく、また、制度の自由化をすることによって教会とキリスト教を救うことができるとなすルーデルバックの理論からは確実に距離を置いているのだということを、述べたのである。(2) つまり、自分は決して「外面的な宗教改革者」ではないと訴えたのである。その意味では、ミュンスターもキルケゴールと同じ考えであった。

ところが、ミュンスターは、この一文に対しては、一八五一年三月一三日、自らこの小著 "Yderligere Bidrag til Forhandlingerne om de kirkelige Forholdi Danmark" (1851)『デンマークの教会事情についての諸々の議論への更なる寄与』を刊行した。これはライツェル書店から出版され、本文は四十四頁、付録を含めても全部で五十六頁の小著であった。しかしミュンスターはこれによってキルケゴールにその正体を思い知らせてやる機会をもったのである。ミュンスターは該書でまず近年政治運動はじめ新聞や雑誌に見られる「アジテーション」には言論の自由とはいえ目に余るものがあることを述べ、それへの不快感と憂慮とを述べている。[3] その場合ミュンスターの念頭にあるのは、その極端な人物として「コルサール」紙の編集長M・A・ゴールスメッツであった。しかしミュンスターはこのゴールスメッツを、その名を出さずに彼が使った「嬉しそうに見える外観」de glædelige Fremtoninger の一つの反響音としての「わが国の最も有能な著作家の一人」en af vore talentfuldeste forfattere と呼んでいた。[4] ところが、ミュンスターは、キルケゴールの先の一文から二つの文章を引用して、そのゴールスメッツについての言葉から一〇行下に、今度は、キルケゴールの名を出さずに、彼を「天賦の才ある著作家」den begavede Forfatter と呼んだのである。[5] こうして結局ミュンスターは、ゴールスメッツとキルケゴールを、「アジテーション」という「嬉しそうに見える外観」の中で「反響」し合う同類のものとして扱ったのである。しかしミュンスターによるこのような同類視こそがキルケゴールに大きな衝撃を与えることになった。

ミュンスターはその小著をキルケゴールに送った。キルケゴールがそれを受けとったのは夕方であったが、翌日直ちにこれを読んで次のように日誌に書いている。

「　個人的なことだが

今日私はいつもの読書順序に従って旧約聖書を読んだ。そしてその周遊した個所は、ダビデの詩篇二四、二五、二六、二七、二八篇であった。

この個所を読んだことは、私の心を非常に強く打った。というのは、私は昨夕ミュンスター監督から小著をいただいたが、そこでは彼は、私をゴールスメッヅと同じ穴のむじなのように扱うことによって、ゴールスメッヅの印象を弱めているからなのである（われわれ二人は別の存在になっている筈だったのに）

詩篇二六ノ四と二七ノ一〇とは特に私の心を打った。(6)」

因みにこの二つの節は次のようなものである。

二六ノ四「偽る者と共に座らず、欺く者の仲間に入らず。」

二七ノ一〇「父母はわたしを見捨てようとも、主は必ず、わたしを引き寄せてくださいます。」

これがその日の日誌の記述であるが、この記述から明らかなように、ミュンスターが自分をゴールスメッヅと同類の者として扱ったことからくる衝撃は、量り知れない程大きかった。それというのも、既に第三部第三章で述べたように、時代の低俗新聞「コルサール」紙とこの「ゴールスメッヅ」はキルケゴールにとっては最も軽蔑してやまない「時代の頽発」の象徴であり、彼が一年近くも生命を賭けて闘った相手だったのに、ミュンスターはこれと自分とを同類として扱ったからである。それゆえ、その衝撃の大きさは、二種類の資料によって明らかである。一つは、彼は、この日以後間もなくと考えられるが、この小著への反論として一冊の著作の出版を想定し、その草稿を書き始めたことである。その想定された題名は『ミュンスター監督の発した発言とそれによって引き起こされたわが国の文学的事情についてのあること』En Ytring of Biskop Mynster og foranlediget derved Noget om vore literaire Forhold というものであった。これはやはりミュンスターのその小著と同じ位いの分量のものになる筈であったが、キルケゴールが考えたようにはまとまってゆかず、結局は未完成のままに終わってしまった。なおこの「草稿」については次の第六部第二章第二節Iで詳述されることになっているので、ここではこれ以上立ち入らないことにする。もう一つの資料は、キルケゴールの日誌であり、その衝撃の大きさは、この日以後の日誌記述にさまざまな形で見られる。つまり、この日以後の日誌には、このミュンスターの扱い方をめぐって執擁なまでの批判記事を記しており、それと同時にミュンスター自身についての考えも記し、その記事の数は六〇篇以上にもなる厖大な量にのぼる。それらは余りにも厖大な分量なのでそのすべてをここで復元することは到底不可能であるので、それらの中でポイントとなるものは、爾後の当該個所でそれぞれ紹介することにする。

いずれにせよ、キルケゴールによる「罪の悔い改めをすすめる説教書」を通じての、その中でも『修練』を通じての「国家教会批判」「ミュンスター批判」は、ミュンスター監督によるこのような「小著」によって答えられ、しかもそれはキルケゴールにそのような大きな衝撃を与えたのである。

その衝撃はそのように大きかったので、J・ホーレンベアは、このときキルケゴールはミュンスターとの対決がきっと起こるであろうことを覚悟したことを述べているが、(7) 少くともキルケゴールにとってこの時が大きなターニング・ポイントとなったことは事実である。それはその後の五月二日に行われた監督公邸への訪問と会話において明らかである。

注

(1)(2) S. V. XIII. S. 472–80 475ff

(3) J. P. Mynster: Yderligere Bidrag til Forhandlingerne om de kirkelige Forhold i Danmark. (Kbh. 1851). S. 1–13.

(4)(5) S. 44.

(6) Pap. X^4A195

(7) J. Hohlenberg: Ibid., S. 259.

第三節　一八五一年五月二日の訪問と会話

この日のことは一部始終が Pap. X^4A270 に記されている。それによるとこの日の訪問は、ミュンスター監督の監督としての業務で最も重要なものの一つでありまた有名でもあった毎年一回何日かかけて行われる恒例の「教区訪問」Visitats に出発する何日か前の一日を選んでなされたものである。勿論この日の訪問にはキルケゴールは明白な目的をもっていた。つまり、ミュンスターが前述の小著で述べたことに対する自分の意見を述べるためであった。しかしパピーア二頁半にもわたる長文のこの日誌は、会話の全体が極めて穏やかな空気の中で行われたことを示している。それによると、この日の会話では、いつもの訪問時のそれと同じように、さまざまなことがかなり長時間にわたって話し合われたようであった。しかし話題の中心は二つあったことを示している。一つは、やはりあの小著の件であり、もう一つは、献身という問題についてであった。

まずあの小著の件であるが、キルケゴールはそれに触れる前に自分の『修練』についての説明から入って行った。つまり、キルケゴールは、その『修練』は、ミュンスターからその個々の部分への反論があったにも拘らず、それは決して既存の教会の外面的改革を目ざしたものではなく、あくまで「内面性」の立場にあって、その「既存のもの」を防衛するためのものであること、そしてこの考えこそがあの「祖国」紙の一文で自分が行ったルーデルバック批判の動機となっているのだということを、説明した。そしてこれについてはミュンスターも同意したようであった。そこでそのあとしばらくしてキルケゴールは話題をあの小著の問題へと移して行った。そしてキルケゴールは、ゴールスメッヅと自分とをミュンスターはあのような褒め言葉で、つまり、ゴールスメッヅを「わが国の最も有能な著作家の一人」という言葉で、そしてキルケゴールを「天賦の才ある著作家」という言葉で並置したが、それについては感謝出来ない旨を伝えた。するとミュンスターは、「有能な」というより「天賦の才ある」という方がずっとよいではないかと言い、理由を説明しようとした。しかしキルケゴールは、そんなことはどうでもよく、ただ二人を並置したその評価の仕方を自分は問題にしているのだということを述べた。こうしてこの話しは打ち切りになってしまった。(1)

次にキルケゴールは、父ミカエルから教えられたミュンスターに対する「献身的態度」Hengivenhed をとることについて話し合った。しかもこれについては非常に長い時間をかけて話し合ったらしい。そしてこれを話し合っていたときはミュンスターは非常に優しい態度で接してくれた。しかしキルケゴールは、自分はミュンスターと語ることが楽しいので、彼への自分の献身的態度は、決して父から教えられたものではなく、「ミュンスター自身のもの」であり、自分が彼にどんなに献身しているかは文字で述べたとしても余り役に立つものではなく、それはまた決して理解されないものだろうと記している。(2)

この日のミュンスターとの会話はこのような穏やかな空気の中で終わった。

しかしこの会話の後、キルケゴールの心情は必ずしも右の日誌のように穏やかなものではなかった。その後間もなくして書かれた日誌 Pap. X^4 A292 は、キルケゴールがあの小著の件以来ミュンスターに対して実に深い疑心暗鬼の念を生じさせていることを示していたからである。これを読むとき、キルケゴールはミュンスターについてここまで考えているのかということを知らされ、驚きをきんじ得ない。それは次のようになっている。

「　ミュンスターと私

ミュンスターがある意味では私が自分の立場のすべてを顧りみずに直接的な攻撃に打って出てくることを願っていたかもしれないということは決して考えられないことではない。彼はその場合、私を遠くへ追い出し、たとえ私には一〇回も正しさがあったとしても、この世では私は決して正しいとはされないのだということを私に思い知らせることを、考えたであろう。

ある意味では、彼は恐らく、私が纏っている安易な形姿に代って、むしろ一般に言われているように余りにも真剣になってしまったのだろう。全くそうなのだ。なぜなら、そのために私は人々を自分のもとに寄せ集めることはなかったからだ。しかし私がそのように纏わされているその安易な形態こそが、正にそれこそが危険なのだ。

それというのも私の弱さはそのようにして私の強さとなっているからだ。すなわち、もし私がもっと強かったならば、つまり、もし私が例えば真理の証人ででもあったならば、私の没落は間違いなく起こったことだろう。このようなことは、この世の知恵でもそれなりの仕方で理解出来るかもしれない。しかし私はしがない詩人にしかすぎないのだ。だから人は私をそれ程簡単には抹殺することはできないのだ。
　またミュンスターが正当な見方をしようとするときには、彼もまた、それは既存の教会を守ることであることを知るに違いないが——但しそのことは既存の教会の誤まりを告白することによってなされるのであるが。(3)」

　これについてはいろいろと解釈が可能であろう。しかしこの日誌だけを静止させ固定化して見つめるのではなく、この日までの日誌の流れとこの日以後の日誌の流れとの関連の中に位置させて見るとき、ある一つの事だけは否定しようのないれっきとした「事実」として浮かび上がってくるのを目にするように思える。それは、キルケゴールは「ミュンスターとの直接的な対決」の方向に向かって否応なく確実に歩んでいるという事実である。

　そのことは、この一八五一年五月半ば以降夏にかけての日誌の中にはっきり現われている。それらの手記の多くは、既存の教会の在り方やミュンスターの在り方を問うことと関連して「キリスト教の本質」や「キリスト者の本質」を問い熟考していることを伺わせるものであるが、それらの記事には、それぞれ別々にではあるが、次のような三つの問題が意味深く問われており、それらは正にその「対決の様相」が彼の視野におかれているのではないかということを思わしめるものがあるからである。

　まずその一つは、「キリスト者の本質」を最も適切な言葉で追究しようとしているもので、それらにおいてはとりわけ、例えば、Efterfølgelse「イエスに倣うこと」とか Forbillede「摸節」という概念が問題されている（Pap. X4 A296, 349, 354, 366, 369）。

　もう一つは、この時期に至って突如ソクラテスの在り方が取りあげられている点である（Pap. X4A314, 319, 333, 388）。キルケゴールはいまここへ来て、キリスト教国の中で「ソクラテス的弁証法的助産術」を行うことを画いているかのようである。

　更にもう一つは、この「ソクラテス」との関連で当然考えられる「キリスト者の模範」あるいは「桁外れに高いキリスト者」として性格づけられる「使徒」Apostel の在り方を追究していることである（Pap. X4A296, 331, 340, 387,

388)。

これら三種類の記述は、現在のキリスト教国家において「真のキリスト者の在り方」をしようとするならば、どうしても「ソクラテス的態度と方法」が避けられないこと、しかしそれが実際に行われるためには、あくまで「使徒」の概念の枠組において行われなければならないことを考えていることを、示している。

これらの記述の一例として、五月末か六月初め頃に書かれたと考えられる興味深い日誌がある。それはいかにも「ミュンスター」に向かって「ソクラテス的弁証法的遡及の方法」を適用することを述べた文章からなっている。参考までに紹介しよう。

「　　私自身のことに関する覚え書

もし私にとりわけ即席で ex tempore 説教をせざるを得なくなったようなことが起こったとしたなら、私は、その説教を二回に分け、二度目の日曜日には、自分の説教をする代りに、ミュンスターの説教の中から一つを選んでこれを朗読し、建徳 Ohbyggelse ということは好奇心の興味を描き立てるものとは別のものなのだということを示そうと考えていたことがある。その際私は、導入部のところで、二言三言を使って、説教を朗読することが命じられているイギリスの有益な習慣について（というのは、語り手の生き生きとした言葉はまた簡単に陶酔的な働きをして彼自身を酔わせてしまうことにもなるので）、そしてまた、他人の説教を朗読することにおける有益なことについて、つまり、それによって語り手がその説教は自分自身のためにもなされているのだということを思い出すことについて、話しができたらと思っていた。そして更に同時に私は、私にとってのミュンスターの説教の意味に関して、それは、私が私の父から受け継いだものであることについて二、三の建徳的な言葉が語れたならよいがと考えていた。(4)」

この日誌の言葉は、一見ミュンスターの信奉者のそれのように見えるが、しかしそこには、「ミュンスター」に「ミュンスター自身の説教」を突きつけてミュンスターの「自己倒壊」を仕掛ける「ソクラテス的方法」が見えてくる。これがミュンスターに対するキルケゴールの関係の構造であり、キルケゴールはこの構図をますますはっきりと意識するようになる。

　こうして八月九日キルケゴールはミュンスター公邸への最後の訪問と会話の日をむかえる。

注
（1）Pap. X^4A270, S. 145, 147, X^4A272
（2）Ibid., S. 147.
（3）Pap. X^4A292
（4）Pap. X^4A322

第四節　一八五一年八月九日、最後の訪問と会話、それが意味するもの

　一八五一年八月九日キルケゴールは久し振りにミュンスター公邸を訪れた。この日は二つの点で非常に意味ある日であった。一つは、言うまでもなく、一八三八年のこの日は父ミカエルが亡くなった日で、つまり、命日であったことである。もう一つは、この日は、五月上旬同監督が「教区訪問」Visitats に出発し約三ヶ月の旅を終えて帰邸して間もない日のことだったことである。従って、キルケゴールのこの日の訪問は同監督出発前のあの五月二日の訪問以来約三ヶ月振りの訪問だったわけである。

　このようにこの日の訪問は、父ミカエルの命日であり、ミュンスターもこのことをよく心得ていたこと、それに「教区訪問」という監督としての大仕事を了えた清々しいひとときでもあったことから、この日の「会話」は非常に平穏に進んだようである。その一部始終は Pap. $X^4$373 に記されている。分量は約一頁半弱のものであるが、それが記しているその会話の内容は次のものである。

キルケゴールはいつものように部屋に入るや、ミュンスターの無事の帰宅を喜ぶ挨拶をした後直ちに、既にこの日以前に同監督に送っておいた二つの小著『私の著作活動について』（一八五一・八・七）と『金曜日の聖餐式における二つの講話』（一八五一・八・七）についての同監督の感想を聞くことから会話を始めた。この時ミュンスターは、まだそれらの中の一冊しか読んでいない旨を、キルケゴールに告げた。その時一瞬ではあったが、キルケゴールは、その一冊が後者の方であればよいがと期待した。ところが、ミュンスターは、その一冊は前者の方であることを、伝えた。そしてそれについてこう言ったという。「そう、これは著作全体を貫く一本の糸なのですね、しかしそれは後になって紡がれたのでしょうが。しかしあなたは自分ではそのことをそれ以上は語ってもいませんね。」これに対してキルケゴールはこう答えた。「元々注意が向けられて然るべきことは、何年も通じて、そしてまた非常に多くの制作によってですが、私のペンは決して一つだけの寄り道をしてきたのではないというこの一事に依っていたことだったのです。」しかしこの件で更に続いた会話から推して、キルケゴールは、ミュンスターは該書に対して確かに感銘していたような印象であったことを述べている。

次に、該書に政治問題についてのキルケゴールの見解が述べられているので、その政治問題について話し合った。該書で述べられているキルケゴールの見解は、一八四八年に起こった政変の原因となった誤まりは主として上から発したものであること、つまり、力をもたず政治というものがなされていなかったこと、しかし下にも全然責任がなかったわけではなく、その誤まりは政府というものを遠避けてしまっていたこと、このようなことから罰として自業自得のことが起こっていること等々である。(1) これについてミュンスターは完全に同意したという。(2)

このようにしてミュンスターは愉快そうで満足しており、この点はキルケゴールのことをよく理解していた。それゆえ、キルケゴールは、この日は父の命日にあたることを告げ、この日にこのように歓談ができたことは大変喜ばしい旨を伝えた。

しかしここからキルケゴールが「牧師養成所」の件に話しを向けるとミュンスターはそれについて語ることを避け

ようとした。そして、「牧師養成所」は、キルケゴール自身が自らの手で始めて、それを自分で設立するのが最もよいことなのだと考えているようであったという。[3]

こうして最後にキルケゴールは、自分がミュンスターに非常なる献身を感じているときにあの「小著」が出て「自分」と「ゴールスメッズ」とを同類扱いしたことには衝撃を感じ、どうしても承服し難い旨を、もう一度訴えた。にも拘らず、ミュンスターは上機嫌の様子で、いつものように、「さようなら、愛する友人」と言ってくれて、二人は別れた。

さて、以上が八月九日の訪問と会話の模様である。これで明らかなように、今回の会話もその全体の空気からすれば、大変穏やかでしかも上機嫌な雰囲気に終始したのである。ところが、直ぐ後述されるように、この訪問と会話は日誌に記述されたものとしては、彼の「最後の訪問と会話」になったのである。それにしても、なぜこれが「最後のもの」となったのか、そこには深い意味があったことが推察され得る。そのことは、とりわけ、この日の翌日か翌々日に書かれたと推定され得る日誌の中にはっきり読み取ることができる。

その日誌は Pap. X^4A377 のものであるが、それは、「ミュンスターに対する私の関係の今——ゴールスメッズに関して」という標題で書かれた三頁程の長文のもので、その標題からも推察され得るように、キルケゴールとミュンスターの関係の推移を、具体的には前年のあの十月二十二日の会話からこの八月九日の会話までに至る両者の関係の推移を、その真実に即して「総括」したものになっているのである。従って、この時点における両者の関係の真実はこの日誌において最もよく整理されて示されていると言ってよいであろう。このようなことからその「関係」を知るために、次にこの日誌の全文を検討してみたいと思う。

ところで、この日誌の内容は一応六つに分けて理解することができると考えられるので、以下そのような仕方で考察したいと思う。

まず最初に、彼は、自分がよってもって立つ基本的カテゴリーを明らかにし、それに基づいて行う基本的な課題について述べている。

「私のカテゴリーは「ひとりの人間」(=単独者) den Enkelte である。私の課題は、このカテゴリーとの弁証法的統一において既存のものの中でよみがえりをなし、イデー的な仕方においてひとつの既存のものを数的なものや諸々の党派等々に対して護ることである。

つまり、私はひとつの既存のものを護るのである。

純粋にイデー的に、私はいままで自分のイデーに仕える苦労を続けてきた。それゆえ、私には、多くの理由から、私は既存の教会に対して直接結びついてしまうことはできないのではないかということが、ひとつの問題になった。けれども、私はひとつの既存のものをイデー的仕方で護っているのであるから、このことから直ちに、私は直接的な意味で既存の教会への理解者の関係にあるということにはならないだろう。

このことはもっと研究されなければならないだろう。しかも出来得る限り厳粛にである。ミュンスターとの会話などは子供っぽいものだったことになろう。[4]」

ここでキルケゴールが言わんとしていることは、自分が目ざしていることは決して「既存の教会」の全面的な崩壊ではなく、あくまで「イデー」に仕えるというイデー的な仕方で「既存のもの」の中に覚醒を呼び起こすことであり、その意味においては真の意味において「既存のもの」を護ることなのだということである。しかしそうであるからこそ「既存のもの」に対する自分の「関わり方」がむずかしい問題になってくるのであり、それは真剣に研究さるべき問題なのだというのである。

こうして次に、では自分はどのような「関わり方」をしたらよいのかについて述べている。ここに弁証法的な関わり方が出てくる。

「私はキリスト教が内含している運動の弁証法の全体を〈イデー的に〉無制約的に展開させている。その弁証法の伝達は既存のものを追いつめてゆくことになる。この伝達の作業を私は偽名著者にやらせており、三回も繰り返された序文をそれに当てている。それは、私がその序文を私に向かって言われたものとして理解し、『恵み』へと走り行くことを学ばなければならないようにするためである。ここに『恵み』という言葉が持ち出されたのは、キリスト教の既存の教会のための形式なのであって、既存の教会が恵みをこのように理解しないなら、われわれは理解し合えないということになるわけである。けれどもその伝達は、イデーのためになされているのであり、攻撃を目的としたものではないのである。

　このことははっきり言っておこう。それは、本当に何かがそれによってミュンスターの心に障るよううまく働いたであろう、ということである。[5]」

このように述べて、キルケゴールは、自分はただ真理を言い表すことだけに努め、自分のためにも、ミュンスターへの献身のためにも、ただそのことのためだけに多くのことを耐え忍んできたと言っている。

こうしていま自分は自分のそのような営みの結果を見なければならないところに来たという。これが三番目に書いている事柄である。そしてここでキルケゴールは、極めて率直に、ミュンスターと自分とは次のような「あれか―これか」Enten-Eller のいずれかが遂行された結果の前におかれていることを述べている。

「〔私が以上のようにしてきた結果〕Enten ミュンスターは彼の権力のすべてをあげて立ち上がらなければならないか――つまり、恐らく私を粉砕しなければならないか、よろしい、そうすれば必ずや事柄すべての真の関連がはっきりと目に見えて明らかになってくるであろう。Eller あるいは、その結果は誰の完全な勝利にもならないということになるか、――よろしい、そこでは、私の側からは、どんないやなことでも隠さないためにすべてのことが為されていたのである。Eller あるいは、出来ることなら、ミュンスターは、精神の自由を充分発揮して、これこそが真実のことなのだということを言うか、私はそういう考えを大いにたたえてきた。Eller あるいは、彼は決して何もしないか、よろしい、私のもくろみは、その場合には、ミュンスターへの賛辞をもって終ることになろう。なぜなら、私は彼が沈黙するだけで快いからである。[6]」

この文章でキルケゴールは自分の著作が、それもとりわけ『修練』を頂点として、このような『あれか―これか』をミュンスターに突きつけるものであったことを説明しているのである。

こうして第四番目に、そのことの結果がミュンスターにどう現われたかについて述べている。すなわち、キルケゴールは、右のことの結果ミュンスターが激怒していることを知ったので彼と早速「会話」の時をもったこと、しかしその会話は大変快く進行したこと等々これらのことは日誌の中に記しておいた旨を述べている。これは主として先に紹介したPap. X^3 A563の記述を指している。そしてキルケゴールは、その会話の後は、大変快い思いになり、ミュンスターに賛辞を呈することまで考えていた程であることを述べている[7]。ところが、その後時が過ぎてゆく間に、キルケゴールの耳には、ミュンスターは、あの会話の時とは異なってやはりキルケゴールに対しては不機嫌であるという風聞が入ってきた。そこでキルケゴールはミュンスターは何かを隠しているのではないかと思うようになった。そしてキルケゴールは、この件をめぐってR・ニールセンのことやマズヴィのことについて記しているが、この本筋とは余り関係ないと考えるのでここでは割愛する。しかしその「不機嫌」の風聞を耳にしながら時が経っていった[8]。

ところが、ここで決定的な事が起こってしまった。そのことの記述がこの五番目の部分での記述になる。それは余りにも劇的な場面で起こった。ミュンスターが不機嫌であることをキルケゴールは耳にしていた最中に、あのルーデルバックに対するキルケゴールの反論が『祖国』紙に出たことは、それがキルケゴールによる「内面性の立場」の主張であることから、ミュンスターを大変喜ばせ快い気分にさせた。そしてキルケゴール自身もそのミュンスターの反応を喜んだ。そして先に述べたようなミュンスターへの「賛辞」を述べる寸前の所まできた。「もうただほんの一言、ミュンスターからありさえすれば、その賛辞が出てくる[9]」場面であった。ところが、ここで事態は逆転した。その「一言」は何とゴールスメッズを持ち出すことに用いられた。しかも何と彼を賞賛する仕方においてだった。この「一言」とはあの「小著」のことであるが、この「一言」によって、いままで考えられたいた「賛辞」は不可能になった。いや、それが不可能になったどころか、この件を通じてキルケゴールは大きな衝撃を受けながらも、ミュンスターに対してスッキリとした正直な反応を示せる状態におかれることになったからである。

第六番目の記述事項は、ゴールスメッズの正体、それを利用して持ち出したミュンスターの卑劣さについて、怒りの感情を述べている。[10] そしてそれによってキルケゴールの「闘いの構図」が浮き彫りになってくるのを感じさせる。しかしこれについてはこれ以上説明の必要はないと考えるので、ここでの記述はこれでとどめておこう。

このPap. X^{4}A377の日誌は以上のような内容のものである。これは確かに『修練』刊行以後のあの一八五〇年十月二十二日の会話から一八五一年八月九日の会話に至るまでの「ミュンスターとの関係」がよく「総括」されていると言ってよいであろう。

そしてこの記述からわれわれはミュンスターに対するキルケゴールの考えや態度に関していくつかの重要な事項を読み取ることができよう。

まず「国家教会」や「ミュンスター」に対するキルケゴールの「関係の仕方」は次の三つの特徴をもっているという点である。

1　キルケゴールが自らの「課題」としたものはあくまで「キリスト教の真理」の「イデーに仕える」ことであり、そのために「ひとりの人間」というカテゴリーを根本に据えて、これとの弁証法的統一において既存の教会の中に覚醒を呼び起こすことであり、キリスト教が秘めている運動性の弁証法の全体を無制約に展開させることである。従って、そのことは、時代の数的なもの、党派的なものに対して、既存のものを護ることであること。それゆえ、それは、国家教会の外面的な制度・組織の改革をめざすものではなく、あくまで、「内面性の立場」での「イデーの復活」であること。

2　ミュンスターに対する「関係の構図」はあくまで「ソクラテス的方法」つまり「弁証法的遡及」の方法であること、このことは既に「著作活動」においては偽名著者たちによってなされてきたものであり、いまなおますますこのことは遂行されていること、それは「ミュンスター」を、彼に彼自身の説教を差し向けることによって、彼の

「罪の告白」（＝自己倒壊）へと誘うこと。つまり、このような「ソクラテス的弁証法的運動」の構図であること。
3　『修練』をめぐっての両者の会話は予想に反していかにも穏やかな雰囲気のもとで行われ、それがずっと半年程その状態で続いていたかに見えたが、実際は決してそうではなく、ミュンスターの怒りは遂にあの「小著」の刊行によって明らかになり、キルケゴールはそれによって示されたことに大きな衝撃をうけ、ミュンスターに対して決して払拭することのできない対立感情をもつようになったことである。そしてこのことはいままでずっと進められてきた「ミュンスター批判」を更に推し進める契機にもなり、強いて言えば、その「ミュンスター批判」を更に次の段階へと、その意味では「決定的な対決の段階」へと推し進めることになったということ。

その「関係の仕方」はこのように理解することができる。

しかしわれわれが更に注目したいのは、キルケゴールはなぜ「八月九日」の訪問と会話を了えたこの時点でこのような「総括」の挙に出たのだろうかという点である。このことは実にはっきりしていると思う。「総括」の挙に出たということ自体、そこにはいままで続いてきた事柄の終了への実感が働いていたことが推察される。事実その日の訪問と会話は少なくとも彼の日誌記述に出てくる限りにおいては「最後のもの」となったのである。このことは誰よりもキルケゴール自身が実感していたことと言うことができる。

キルケゴールが何をもってそのような実感をもつに至ったかは直接的には記されていないが、この時点以後の日誌記述の仕方から推して二つのことが言えると思う。

一つは、言うまでもなく、ミュンスターとの「対立の関係」が「決定的な段階」へと入ったことを「実感」したことである。しかしその「決定的な段階」とは、いわゆる正面からの激突というようなことではなく、キルケゴールがいままで幼い頃からこの時に至るまで「ミュンスターとの関係」に関する限りは決してあり得なかったことが起こったことである。それは「乖離」ということで、同監督との間に「距離」Afstandが生まれ始めたということである。(11)
このことは、キルケゴールにとっては、「激突」以上に恐ろしいものであり、その「関係」においては決定的なものであった。そして何よりの証拠として、この時点以後の日誌は、その距離が急速に増大していったことを示している。

もう一つは、この時キルケゴールは、その「決定的段階」が結局行き着く先のこととして何か「この闘争の劇的な場面」が生じてくるであろうことを、「予感」していたという事実である。このこともこの時以後の日誌がはっきり物語っている。これについてはすぐ後述するが、天才キルケゴールにはこの時既にそのような「場面」がかなりはっきりと「予感」されていたのである。

いずれにせよ、キルケゴールは、その八月九日の訪問で以上のようなことへの「実感」をもったことが挙げられると言ってよかろう。

そこで私が何よりも注目したいのはこの「闘争」の行き着く先で起こり得るかもしれない「劇的な場面への予感」の問題である。なぜなら、この時までもそうであったが、キルケゴールの生涯においては、この「予感」の問題は実に重要な意味をもってきたからである。そしてその線で考えるならば、今回の「予感」も同じように何か重要な意味をもってくるであろうことが予想される。それゆえ、次章では、この「予感」の問題に焦点を当ててこの「闘争の過程」を検討してみたいと思う。

注

（1） S. V. XIII. S. 542.

（2）（3） Pap. X^4A373, S. 221.

（4）（5）（6）（7）（8）（9）（10） Ibid., S. 222–5.

（11） Pap. X^4A511, XI^2A311

第七章　「闘争の劇的な場面」への「予感」と「イメージ」

前章までに述べてきたように、キルケゴールの「ミュンスター批判」は実に鋭くまた無限に深い反省的思考の構造のもとで進められてきており、それ自体驚歎以外の何物でもないが、それに関しては、われわれは更にもう一つ驚かされる事実にぶつかる。それは、彼の日誌記述を読んでいると、その流れの中にいわば飛び石のように点在し、しかもその流れをそれら各々の場所において更に加速させるような働きをしているものに出会うことである。それは、端的に言うならば、彼の「予感」についての記述である。そして目下の場合も、この「教会闘争」の行き着く先で起こり得るかもしれない「劇的な場面」についての「予感」をリアルに記述しているのに出会うのである。そのような「予感」の記述に関して実に驚くのは、目下の時期までも、彼の行動や出来事はその殆んどすべてが、この「予感」が道案内をし、実に正確な先導役をつとめているという点なのである。それゆえ、彼の生涯について考えるにあたっては、「予感」というものとのそのような独特な関係を無視してかかることは許されないことと考える。もしこの「予感」との関係を無視してかかるならば、キルケゴールという「人格」を最初から二次元世界の一物象に化して他の物象と同質同格のものへと変質させてしまうのに等しいことである。このようなことから本章では、まず「キルケゴールと彼の予感との関係」について簡単に考察した後、「教会攻撃」を前方に控えた彼の「予感」の数々が彼の先導役としてどのような働きをしてきたのかを検証し、更に目下の時期に抱かれている「予感とイメージ」が意味するものについて考えてみたいと思う。

第一節　キルケゴールと予感の独特な関係について

キルケゴールと彼の予感との関係について述べようとすれば、相当の紙幅を必要とすることになるので、ここではその独特な関係における一点についてだけ述べるにとどめておきたいと思う。その一点とは、キルケゴールの場合、その「予感」が彼の人生の実に正確な先導役をしているという点である。つまり、「予感」ということだけなら、多くの人々がもつものであり、それ自体はどういう問題ではない。しかしキルケゴールの場合は、その「予感」の数々が彼の人生の実に正確な先導役をしているという点に最大の特徴が見られる点なのである。

キルケゴールが「予感」をもつようになったのは早くも十歳の頃であり、これを彼は鮮明に記憶しており、それ以後に重要な意味をなす予感をしばしばもったのである。(1) それら個々のものについては、私は『青研』の第二部ならびに第三部第九章の各当該個所で紹介してきたので、それらの個所を参照していただければ幸いであるが、ここではその独特な関係について、二つの日誌記事を中心に考えてみたいと思う。

一つは、一八三七年二月、彼の二十四歳の誕生日を三ヶ月後に控えた頃に書いた手記で、それはこうなっている。「何かが起こるときにはすべてそれに先立って何らかの予感が走るものである。しかもその予感は〔その出来事に抗して〕制止を命じるように働くことが出来ると同様に、〔その出来事へと〕誘導的に働くことも出来る。というのは、その予感は、その人間に、彼の運命は予定されているという考えを起こさせるからである。そしてその人間は、自分を、恰かもその帰結によって、ある地点へと連れてこられてしまっているように、思ってしまうものである。(2)…」

もう一つは、本書で既に第二部第一章と第四部第一章で紹介したものであるが、これは一八四七年一月二〇日、コルサール事件終了後、それを回顧しながら書いた手記である。

「…人間的に言うならば、私は、今から不確実なものの上を走ってゆくだけでなく、確かなる没落に向かって進んでゆかなければならない――しかし神への信頼の中ではこのことこそが正しく勝利なのだ。私は、自分が十歳のとき、自分の生存というものをそんな風に理解したのだった。そしてこのことから恐ろしい闘いが私の魂の中で始まった。また私は、自分が二十五歳になったときも、自分の生存をそのように理解した。そのようにして今私は三十四歳になっている…」(3)

「予感」についてのキルケゴールの日誌記事は、直接間接を合わせるなら、このほか無数に見ることができる。しかしわれわれはこの二つの中にそれらの集約を見ることができよう。

そこでこれら二つを読むとき、われわれはキルケゴールの生涯において彼の「予感」がもつ役割を次のようなものとして知ることができるのではなかろうか。すなわち、彼がもつ「予感」とは、彼の人生の未来の何事かへの何となく漠然とした感情とか想像されたものといったようなもののことではなく、それは明らかに彼自身の未来への道筋をつけてゆくもの、そして同時に彼の未来の出来事そのものを創ってさえゆくもの、その意味において、彼自身が言うように、彼自身の「運命」そのものを創ってゆく働きをするものとして理解することができよう。つまり、キルケゴールの場合「予感」は「運命」に先立って行われ、その「予感」の通りに「運命」が展開されてゆくという関係になっている。その場合驚くべきことに、彼の人生に関わってくる諸々の客観的事象も、それが人間関係であれ、事件や出来事であれ、それらは予め彼によってそのように仕組まれていたかのように、あるいは、予め用意されていた舞台設計のように協働し、彼の生存や人生の独自の意味を輝やかせるために第二次的従属的契機として機能するのである。そしてその協働と機能とによって、キルケゴールという一人の「人格」は、それらをはるかに優位した独自存在として、その「意味」を輝やかせてゆくのである。それゆえ、次のように言えば一般には必ず誤解を招くことになろうが、それでも敢えて言うならば、キルケゴールというひとりの人格は、自分自身の「運命」の劇作家のようなもので、その「運命」のシナリオは予め彼の「精神」が作っておいたもので、それはその舞台設計と共に、その台本通りに、つまり、その劇作家の意志通りに展開された、ということである。

ところで、この「予感と運命の関係」という問題については、研究者たちの中で唯一人J・ホーレンベーアの研究Johannes Hohlenberg: Søren Kierkegaard (Kbh. 1940) が唯一の優れたものとして今日まで遺っている。彼は、二十世紀前半の約四十年間デンマークのキルケゴール研究に支配的な力をもった内省心理学派の極点に立つ人物であるが、該著の第一章「視点」は該書全体に通じる根本的な視点と方法について述べているが、[4] この部分の叙述は実に読みごたえのするものである。その個所でホーレンベーアが述べていることは、物事についての一般的な思考とは全く逆のことで、彼は、キルケゴールがつねに一般人には考えられない「運命の予感」というものをもっているため、キルケゴールという「人格」は、客観的な環境や事象の結果そのようになったのではなく、その「人格」こそが「運命」の一切を用意してゆくものであるので、その環境や事象の方こそ「結果」なのであり、「彼の人生は、ひとりの人格の啓示として、つまり、自らの運命を自らの画像という形に作り上げることに成功した一人の人格の啓示として理解されるべきであるということである。」[5]

次節から述べられる「闘争の劇的な場面」への「予感」もこのような趣きのもとでこそよりよく理解され得るであろう。[6]

注

（1） Pap. IVA144, VII^{1}A221, S. V. XIII. S. 607 等々。

（2） Pap. IIA18

（3） Pap. VII^{1}A221

（4） J. Hohlenberg: Ibid., S. 7–12.
（5） Ibid., S. 12.
（6） ホーレンベーアの考えは、「人格」というものの独自性を際立たせた点において極めて特徴があると考える。

第二節 「教会攻撃」への最初の「予感」（一八四七年）

キルケゴールが「教会攻撃」はどうしても起こり得るであろうことを予感した最初の時期を辿ってみるとき、それは一八四七年の時点であることを知らされる。(1) それは著作ならびに日誌の双方の記述から証明できる。

まず著作の方は、あの既に紹介したキリスト教倫理学に関する三部作の記述から、しかもとりわけ『キリスト教講話』の第三篇「背後から傷つける思想——建徳のために」の記述から明白に知ることができる。これら三冊については、既に本書第四部第四章で、「国家教会批判」がどのように激しい形で展開されたかを紹介したが、それらにおいてキルケゴールが訴えていることは一貫して「すべての人間がキリスト者とされているキリスト教国というのはひとつの錯覚 et Sandsbedrag であり、キリスト教国家というのはこの錯覚の上に成り立っている幻想であり、それはキリスト教を笑いものにする以外の何ものでもない」ということである。こうしてキルケゴールは三冊目の『キリスト教講話』においてこの考えを最もはっきりした形で打ち出しているのである。しかしこれらを書くにあたっては、その背後でキルケゴール自身が自らの課題にはっきりと目ざめるという出来事が起こっていたのであり、そのような自分の課題への明白な自覚こそがこれを書かせていたのである。その「自分の課題」とは「(そのような錯覚の上に成り立っている幻想としての)キリスト教国に真のキリスト教を導入すること」であった。それらの二部作、とりわけ、『キリスト教講話』の第三篇は、そのような明白な使命感のもとでやがて「教会攻撃」が起こるであろうことを予感しながら書いたものである。あの文章の一つ一つがその「予感」を物語っている。

しかしそこに書かれている事柄の真の意味を知るには、キルケゴールがそのような「使命感」に達するまでの過程を記した一八四七年十一月二〇日の日誌Pap. VIII¹A414とそれ以降のいくつかの日誌を検討してみることが必要であるが、キルケゴールは正にそれらの日誌においてこそ、その過程で、「教会攻撃」への予感をもったことを示唆しているのである。それゆえ、それらの日誌記事は何にもまさって、「教会攻撃」への予感を証明する有力な資料になるわけである。このようなわけで、研究の順序としては、まずこれらの日誌記事の検討から始めて然る後にそれを踏まえて『キリスト教講話』の考察へと入ってゆくのがよいと思う。

そこでまずこの一八四七年十一月二〇日の日誌Pap. VIII¹A414とそれ以降のいくつかの日誌については、既に第四部第五章やその他の個所で述べておいたので、ここではそれらをまとめる意味で要点だけを極く簡単に述べるにとどめておくことにする。端的に言えば、それらの日誌記事は、キルケゴールが、そのような「錯覚」の上に成り立っている「幻想」としての「キリスト教国」にあって、自分の人生にはどのような使命もしくは課題があるのかを考えぬき、それの明白な自覚に達するに至った過程を示していると言ってよい。つまり、それは、そのような「キリスト教国」の中にあっての「建徳的なもの」「真のキリスト教的なもの」の位置づけについてである。そして正にこれらの問題を考えぬいて貫いてゆくことを通じてキルケゴールが自らの使命や課題への明白な自覚に達したのが、この十一月二〇日であった。(2) この日の日誌は、この「キリスト教国」の現状を変える仕事に真に携わることができる者がいるとするならば、それは自分自身以外の者ではあり得ないことを述べている。(その件については既にこの第五部第四章第三節Ⅴで詳述しておいたので、ここでは簡単にその要点を指摘するにとどめておこう。)キルケゴールが自らをそのように自覚している根拠は、その日誌によるならば、「自分の地位というものは、取るに足りない一人の巡査のようなもので、キリスト教国におけるあらゆる種類の錯覚を没収しなければならない任務をもっている」(3) のだということである。そして更に言うに「私の任務は真理に仕えることであり、その形式は本質的な服従ということである。何か新しいものが持ち来らさるべきなのではなく、あらゆる所に、バネが、つまり、旧いもの、全く旧いものが再び新しいものとして存在することになるように、バネが、再び仕掛けられるべきなのである。私が生きている間は、人間的に言うならば、私は、ただ苦しみを受け、恩知らずの仕打ちをうけるだけだろう…」(4) このように述べた後、彼はその目をミュンスター盗督の存在に向けて、Pap. VIII^{1}A414 のみならず 415 においても、既に紹介したようにミュンスター批判を展開し、ミュンスターにおいては、キリスト教は「教養」になってしまっており、「真理は受難しなければならない」ということには全く気付くことさえしていないことを指摘している。こうしてキルケゴールが記していることは、とにかくミュンスター盗督はこの「錯覚」に気づくべきであり、その誤まりを告白すべきだというのである。そしてとりわけ、Pap. VIII^{1}A419 では、いま真にキリスト教を、自らの罪を、告白しなければならない者がいるとするならば、それは監督自身であるとまで言っている。こうして彼は、コルサール事件ともからめて、そのように言っているのは、自分の合法的な身分証明書においてなしているのだ、ということを述べている。

これらの日誌を読んで真に知られることは、「キリスト教国にキリスト教を導入する」ということが自らの使命であるという明白な自覚に達したことである。これらの後に続く Pap. VIII^{1}A434 も 482 も以上のことを示している。それゆえ、彼が自らの課題についてこのような明白な自覚に達したことを背景において、丁度その頃その原稿が準備されていた『キリスト教講話』の第三篇「背後から傷つける思想――建想のために」を読むとき、その叙述が意味するものが実によく分かってくる。

われわれは何よりもまずその標題自体が、キリスト教国におけるキルケゴール自身の位置についての明確な自覚を示していることを知らされる。しかもこの第三篇の扉の裏には、この第三篇を構成している七つの講話の全体のための導入の言葉となるような言葉が記されているが、これこそが「教会攻撃」とそれに際してのキルケゴールの位置のようなものを暗示するような言葉になっているのである。それは次のようになっている。

「キリスト教的なものは何らの防御も必要としない。それは何らかの防御によって仕えられるものではない――それは攻撃的なものである。それを防御することは、あらゆる腐敗のうちで最も防御し得ないものであり、最も転倒したことであり、最も危険なことである——そのことは無意識による狡猾な裏切りである。キリスト教的なものは攻撃的なものであり、それはキリスト教国においては当然に背後から攻撃をしかけてくるものになる。(5)」

この言葉はこの第三篇の七つの講話の全体を性格づけている言葉である。

しかしキルケゴールがこの時期このような事をここまではっきりと記していることは、前述の十一月二〇日の日誌に記されている自分の課題への自覚がどんなにはっきりとしたものであるかを、物語っていると言ってよいであろう。いずれにしても、この一八四七年十一月二〇日は彼が「教会攻撃」への予感をもった最初の時となったのである。しかしその後この「予感」は年々具体性を増してゆくのである。

注

(1) V. Christensen: S. Ks Motiver—. S. 15–20.
(2) Ibid., S. 16ff.
(3) Pap. VIII^{1}A414, S. 179.
(4) Ibid., S. 180.
(5) S. V. X. S. 192.

第三節　一八四九年夏における六年後の「教会攻撃」への「予感」と「イメージ」

一八四九年七月と八月は、「国家教会批判」を続けるキルケゴールにとって、実に注目に値いするひとときとなった。まず七月は、「国家教会とキリスト教国家」の現状を「死に至る病」と診断してその著作を出版すべく、その原稿のすべてを六月二十八日に印刷所に手渡し、七月三〇日の刊行の日を待つひとときであったし、八月は、その刊行後あの『修練』の出版のために、原稿を準備したり全体の構成を考えているひとときでもあった。こうした中にあってキルケゴールは、七月中旬頃の日誌には、約六年後の「教会攻撃」への「予感」をもつとともに、八月二十六日には、その「教会攻撃」の「図型」の中に必ず占めるであろう「自分の位置」についての「イメージ」をも画くということもやっていたのである。そこで本節では、その二つの件について、紹介してみたいと思う。

I　七月中旬頃の「予感」

正確な日付は付してないが、それはJournal NB^{11}の最後にあたる日の記述であり、Journal NB^{12}（一八四九年七月一九日—九月七日）の記述が始まる直前の頃の記述なので、恐らく七月十五日直後の頃の記述と推定して誤まりないと考えるが、その日誌Pap. X^{1}A541において、キルケゴールは、「神の前での自分の罪の意識」との関連においてであるが、やがて六年後に起こり得る「現代のキリスト教の破算をあらわす決定的な衝突の光景」を、実に深く鋭い洞察力によって、予感し、胸中に画いていたのである。この日誌にはDe se ipso（自分自身について）という標題が記してあり、全文で二頁弱のものであるが、この手記が注目に値いするのは、これによってキルケゴールは、六年後の教会攻撃では何が実現されることになるのかを、予想し先取り的に理解していた点である。しかし重要なことは、そのことをただ深刻な思いで思いめぐらしたのではなく、あくまで自分自身が「懺悔者（罪を悔い改める者）」Poeniterendeであるという意識のもとでその「懺悔」の問題との真剣な取り組みを通じて洞察した点である。

全文は三つの部分に分けて理解することができると考えるので、ここでもそのように三つに分けて考察してみよう。

その三つに区分する前に、その冒頭に次のように記されている文章に注目したい。つまり、キルケゴールは次の言葉をこの日誌の全体を概括して説明する言葉として記しているのである。

「実際には、私が元来考えていたこととは別のことが起こるであろう。」

これは言うまでもなく「教会攻撃」の形態についての前言である。

この前言のもとで彼はまず著作家としての自分がこのキリスト教国のキリスト教について実際には何を感じていたかについて述べる。

「私が『あれか―これか』の著者として出発したとき、私は確かにキリスト教の恐ろしさというものについて、この国のある種の牧師層の人々よりもはるかに深い印象をもっていた。私は多分誰ももたないようなおそれとおののきをもっていた。しかしそのことは、だから私はやはりキリスト教を棄ててしまおうということではなかった。いや、私はそのことを自分にはもう一つの別の仕方で説明していたのである。それは、ひとつには、私は周知のように早くから、〔この世には〕恰かも受難するために選び出されたような人々がいるものだということを、学んでいたからであり、またもう一つには、私は自分が多くの罪を犯したということを意識していたので、キリスト教は私の前にはその恐ろしさの姿をとって現われてくるにちがいないと考えていたからである。それにしても、お前という奴は何と残虐で嘘っぱちなのか、私は、お前がキリスト教によって他の人々に恐怖を与え、恐らく実に多くの仕合わせで愛すべき生き方に邪魔をしようとしているのではないか、それらの人々においては、彼らがキリスト者であるのはそのような生き方においてそうなのだということは、やはり何としても認められなければならないのではないか。他の人々を恐れさせようとすることは私の本質にとってはおよそ与り知らないことだったので、私はうら悲しい念いとともにまた僅かばかりの誇りももって、他の人々を慰めたり、それらの人々に対して優しさそのものであったりすることに自分の喜びを見出したのである――自分の心の奥深くにその恐ろしいことを押し隠してである。[1]」

こうして次に彼は著作家としてそのキリスト教に対して何んな態度と方法をとり、また何を経験したかについて述べる。

「それゆえその場合、私は（私を軽ろやかに見せるために）ユーモアの形式をとって現代の人々にめくばせをしようと考えたのである。その際彼らが自らその形式にはもっと大きな重圧が必要とされることを理解しようが——それ以上のことは必要とされないと理解しようが、である。こうして私は自分の重い荷物を私の十字架として私自身のために大切に保持してゆこうと考えたのである。私はしばしば、最も厳密な意味で罪人とされる者が直ちに他の人々を恐れさせることに忙しく立ち廻ることを、非としてきた——この地点にこそ『後書』が横たわっている。

そのとき私は、キリスト教国家というものに関してどんなことが理解されるのかということを、恐怖をもって見たのである。(そしてそのことを私はとりわけ一八四八年に見たのである)。つまり、私は、教会や国家の中で支配をしていた筈の者達は、悪だくみが厚かましく荒狂っている間は、臆病にも身を隠しているということを、見たのである。そして、真実に利己的でなくまた真実に神を畏れる努力はどのようにして報いを受けることになるのかということを、経験したのである——このキリスト教国家においてである。(2)」

こうして第三に、彼は以上の経験から自分の行くべき道が運命的に決められているのを篤と知ったことについて述べる。

「そのような経験によって、私の運命は決まってしまった。現代がキリスト者であるということにどのようにして値段をつけようとしているのかは、まさに現代自身に依っているのである。何と恐ろしいことか。私には——私はこれと近いことを言ったことがあるが——事態が悪くなればなる程、それに対応するための諸々の力が充分に与えられてくる。本当のところ私はそれを誇らしげに言っているのではない。私は自分がその恐ろしい仕事から自由にされることを神に祈ってきたが、これからもそのことをひたすら祈りたいと思う。またその上私は自分が人間であり、次のことを、つまり、人間的に言うならば、この世で仕合わせな生活を営むことを、愛してもいるのである。しかしいま人が全ヨーロッパで目にしているものがキリスト教国、キリスト教の国家のさまなのだということになると、私は、キリスト者であることへの値段付けを、つまり、国家の——教会、官吏、生計というものを総称したようなこのキリスト者という概念が——価格破壊を起こしているような状態になっているこのデンマークから始めることを、提案したい。

私はその値付けをそれとは別の仕方でするつもりは全くない。なぜなら、私は懺悔する者 Poeniterende であり、神が私に関して要求なさるすべてのことは、私がそのような者であることからだからである。しかし私が偽名者であることもまた、私が懺悔者 Poeniterende であるという理由によるのである。にも拘わらずやはり、迫害は私の身に及んでくるであろう。他面からするならば私に割り当てられるかもしれない栄誉や名声はどんなものであっても、そのことに対してだけは私は確かに対立する関係にあるわけである。

既にこの数年間私はそのようにして一つの小さい国の変節や忘恩、名ある人たちからの嫉妬や暴徒たちの無礼な言動を受けることに慣れてきている。それは、私はやはり多分――もっと良い何かをもっていないので――キリスト教を告知するのに身を合わせているかのようにである。ミュンスター盗督は、ビロードのガウンと大十字架章を大切に身につけている。(3)」

以上がこの日誌の内容である。

この日誌が意味するものを最も重視したのはV・クレステンセンである。彼は、キルケゴールのあの『後書』以前の著作活動がやがて教会攻撃へと至るまでの時間的経過に関して、この日誌は二つの重要なことを示していると言っている。(4)

一つは、「キリスト教国にキリスト教を導入する」ために書かれた書物（例えば、『修練』）が世に出る以前に書かれた書物は、彼が本来の徹底的な対決が行われる時にずっと先立って行われた前哨戦を意味するものとして考えていたことを意味するということである。

もう一つは、最も深いところから見られるならば、あの一八五四年―五五年の闘いを惹き起こす原因をなしたものは、キルケゴールに対して行ったミュンスターのいやがらせの故でもなければ、マルテンセンがミュンスターを真理の証人となして使徒の一員にさせる聖徒化の出来事でもなく、その闘いのほくちは、ひたすら、神の前で自らを「懺悔者」Poeniterendeとして特別に感じていたキルケゴールのその責任Ansuarにあったのだ、というのである。

このように述べてクレステンセンは次の言葉で結んでいる。

「同時代におけるキリスト教の破産への彼の洞察力において、そしてまた神の前での自分の罪責への感情と結び付きにおいて、対決の光景は、既にずっと以前に、自分の眼前に現われていたのである。(5)」

このように述べてクレステンセンは、この日誌をもって、六年後の「教会攻撃」への「予感」を示しているもの、と見ているのである。

つまり、クレステンセンによるならば、キルケゴールに「教会攻撃」が起こり得ることを予感させたものは何よりも「神の前での懺悔者Poeniterendeとしての意識」だったのであり、これを通じてであったと言うのである。

いずれにしても、一八四七年十一月に続いてこの一八四九年七月中旬にこのような形での予感がもたれたことはれっきとした事実なのである。しかしこの「予感」もこれより約一ヶ月半後の八月末には、更に具体化されて攻撃の具体的な図型をイメージ化するところまで発展している。

II　八月末に懐いた「闘争図型のイメージ」

日付は付していないが一八四九年八月二十六日にレギーネとの関係について記した日誌の翌日に記した日誌Pap. X^1A660には、その欄外に見出し語のように「最も近い将来に職種となるであろうものとの関係における私の位置」Min Position i Forhold til hvad der vil blive den nærmeste Fremtids Stillingという言葉を付した一頁強の文章が書かれている。ここで書かれていることは、前述の七月中旬の日誌に比べるなら、その「予感」の内容は更に具体化され、「教会攻撃」が「図型化」されて論じられるまでに至っている。そのことは何よりもその見出し語のように書かれた言葉だけみても明らかである。そこで言われている「最も近い将来に職種となるであろうもの」とは非常に謎めいているが、その本文を読むならば、それが Reformation（改革、宗教改革）であることが分かる。つまり、そこで言われていることは「最も近い将来に起こるであろう宗教改革の仕事との関係における私の位置」という意味になろう。従って、これだけ見ても明らかなように、この日誌は、間もなく起こることが予想される宗教改革という大事業についての極めて具体的な図型化されたイメージを画いたものなのである。

確かにこの日誌においてキルケゴールは、前章で述べてきたような、既存の国家教会の体制と完璧に一体化もしくは同一化してしまっている「ミュンスター」に対して、必ず起こり得る宗教改革の出来事の中で、自分自身がどんな「位置」をとるのかを、述べているのである。

キルケゴールはまず、目下人々は推察するに「教会を改革する」方向へと進んでいるが、それにあたっては、外面的改革者（制度等々の改革を志向する者）であるルーデルバックが最も厳密なる正統主義者としてその事業において直接的な役割を演じるだろうが、自分のポジションはそれとは全く異なったところにあることを述べる。彼はその特徴を次のように四点に分けて述べている。

まず第一に、自分はたえず側面攻撃 Flankefægtning をしてきたのであり、つまり、背後からの攻撃をしてきたan-grebet bagfra ということである。従って、ルーデルバックのような仕方で皆が教会を改革しようとしているとき、自分はそれの「付録」になるようなものを提供するが、それは、キリスト者であることの値段を、最も厳密な意味では真のキリスト者など一人もいないのではないかと思われる程に高く押し上げる働きをするのだ、というのである。しかし人々は決してそれによってキリスト者がこれ程までに駄目になってしまったのはどうしてなのかその理由には全く気付かないであろうと述べている。

第二に、自分の任務はたえず深くにもぐり込んでゆくことであったということである。しかしこうすればミュンスターと私との重なり合う一致点ができる。そしてそれこそが本来の起源からの誘導剤として働くことになるが、問題はその誘導剤がミュンスターであるという点にあるということである。

第三に、自分はつねに、ミュンスターの下位にある者のように振舞ってきたし、またミュンスターが自分を援助し、しかもそのことが決定的なものとなるような外見になるよう演じてきたということである。

第四に、以上のように自分は彼の内部深くにもぐり込んでいるのであるから、自分の任務は全く正当にも絶対的に弁証法的なものだということである。こうしてここでキルケゴールが「絶対的に弁証法的なもの」と言っているのは、この宗教改革においては、ルーデルバックのようにいわゆる外面的な改革者として立ち向うのではなく、あくまでも「ミュンスターの説教」を「ミュンスター自身」にあてがうという「イデー的関係」を意味している。こうして、キルケゴールは、その理由を説明するかのように次の言葉でこの日誌を結んでいる。「〔ミュンスターに関しては〕私は、自分の父を思い起こさせるものと争うことはできないだろうということの思いからは、離れることはできないのである。」

この日誌においてキルケゴールが述べていることは以上の四点にまとめることができる。

この日誌は、彼がいま「予感」している事柄はもう間もなく起こるれっきとした「宗教改革」という性格のものであること、しかもその場合自分の立場がどんな役割を果たすのかを、鮮烈に画いているのである。

一八四九年夏、「教会闘争」へのキルケゴールの「予感」は、このように二つに日誌を通じて具体的な「図型」にまで発展する段階へと入ったのである。

しかしその「予感」におけるこの方向は更に発展を続け、二年後の一八五一年八月には更にリアルなものになっていったのである。

注

（1） Pap. X^1A541, S. 344ff.

（2） Ibid., S. 345.

（3） Ibid., S. 345ff.
（4） V. Christensen: S. K. Det centrale—. S. 130ff.
（5） Ibid., S. 131.

第四節　一八五一年八月中旬四年後の「教会攻撃」へのリアルな「イメージ」

一八五一年八月九日の「ミュンスターとの会話」は、先述したように、キルケゴールの日誌記述に出てくる限りでは、最後のものとなり、しかもその日を境にして両者の関係は、これまた既に述べたように、決定的対立の段階へ、つまり、乖離の段階へと入っていった。しかしその日がそのような意味の日になってしまったのには、恐らくこの日の会話の中に、キルケゴールをして、何かしらこれをもってミュンスターとの会話は打ち切りにしようと決心させる何かがあったであろうことを、考えてみたくなる。しかしその答えとなるものはむしろキルケゴール自身の側に、敢えて言えば、キルケゴール自身における極めてリアルな「予感」の中にあったと言えそうである。この日から一週間も経たない八月十五日前後の頃、キルケゴールは「ミュンスター——と私」という標題の注目さるべき日誌 Pap. X⁴ A382を書いている。この日誌は一頁弱のものであるが、それは、やがて起こり得る「教会攻撃」の「図型」をイメージし、その「図型」の中では「ひとり闘う自分自身の姿」を実にリアルに描き出しているものなのである。そしてそのことによってこの日誌は、いままで彼の予感を記したいかなる日誌よりも最もリアルなものになっているのである。つまり、キルケゴールは、あの八月九日の会話後の或る日これ程までもリアルな「教会攻撃の図型」を「イメージ」していたのである。このようなわけで、私はこの日誌をここで検討してみたいと思うわけである。

この日誌は大きく分けるなら二つの部分からなっている。一つは、現代社会の目下の状況に対してミュンスターは監督としての責任を全く果たしていないということを述べている。つまり、彼は時代に対して真の意味のキリスト教のために闘うことをしていないというのである。その場合キリスト教のために金を貰っている他の牧師もすべて同じであるという。こうしてもう一つのことは、自分はそのようにキリスト教のために金を貰っていない全くの私人であるが、「教会のそのような既存の体制全体にひとりで攻撃できないような弱虫ではない」という覚悟を述べている。以上この二点についてもう少し詳細に説明してみよう。

まず前者についてであるが、キルケゴールは「実際にはミュンスターはやはり私に対して大きな責任がある筈だ」と述べることから始めている。しかしこの言葉には実は先行的な事実が働いているのである。それは、キルケゴールは、既に述べたように、ミュンスターと会話をするときつねに現代の状況についての批判を語ってきたが、そのことに関する限りミュンスターは全くの共鳴を示しており、そのためキルケゴールはその事に関する限りミュンスターは何らかの改革的な行為をしなければならないと考えていたわけである。ところが、実際にはミュンスターはそれに関して何もしていないということへの無責任を述べているわけである。だからキルケゴールはそのように述べたあと次のように記している。

「数量的なもの、公衆、そしてこの種のものは実は非道徳化してゆくものであり、出来ることならキリスト教を破壊することを志向しているものである。ミュンスターはそのことが分かっている筈だし、また分かっていなければならないのである。従って、キリスト教の監督が既存の教会体制全体に対してもっている全権力をもってぶつかってゆかなければならない問題は、この問題なのである。

ところがそうする代わりに――そうだ、彼はデンマーク総理府 et dansk Cancellie の背後に身を隠していることができる間は、その問題を何とも上品に無視し続けている。そのことはまたキリスト教的戦術でもないのだ。それどころかいままでは、このいまでは、彼は公衆やゴールスメッヅに媚びを売ってさえいるのだ。

それゆえ、私人としての私は、一〇〇〇人の牧師がそれのためにこそ給料を貰っていながらその全員が拒絶しているその職務を、引き継がなければならないのである。その場合その役は私においては笑うべき放縦なものとなってゆくだろう。そしてミュンスターはどうする。そう、彼は公衆が私に対してなす審きを彼らに好きなようにさせておくだろう。それというのも、ミュンスターは、ある点では卑怯でもあれば、またある点では私をうらんでもいるからである。[1]」

このように述べて、キルケゴールは、このような既存の教会体制の全体に向かって「自分ひとりで」攻撃をすることを述べる。

「それにまた私は、亡き一人の人物（＝父ミカエル）に定着しながらミュンスターに固着するという憂鬱とともにある。

〔そのため〕恐らくミュンスターは、私は余りにも弱くてひとりで既存の教会全体に向かって攻撃をすること een-lig at angribe hele det Bestaaende なぞできないだろうと、そのこと自体を問題にさえしてないだろう。しかし彼はきっと知ることになろう。なぜなら、もし衝突でも起こることになれば、事態は決してこのままとまっていることにはならないだろうから。それに私は、キリスト教的視点からみて、ミュンスターの教会支配を攻撃できないような弱虫ではないからである。また私は、マルテンセンもパウリも私の方に傾いてくるようにさせるようにして、その攻撃をすることができるであろう。

ああ、年をとった賢い方よ。なぜあなたは決して信じようとはしないのか。あなたの傍で少しの私心もなくつき従っている者は、何と言おうとたったひとりの者なのだということを。[2]」

これがこの日誌のすべてである。

これは最早「予感」というよりもリアルな「イメージ」である。いや、これは実際に四年後に展開された「教会攻撃」の光景を前以て画いて見せてくれているかのようである。四年後の「教会攻撃」は正にこの「図型」のように展開されたのである。

しかしここには更に驚くべき一事がある。それは、キルケゴールは自らのもつ「予感」と「イメージ」を本当に信じていたため、その闘争に際して自らに「死」が起こり得ることを覚悟していた点である。彼は、『修練』の出版後からこの一八五一年八月までに三つの小著を刊行し、それらによって自分の生涯における三つの大事それぞれに決着をつけることまでしていたということである。

注

(1)(2) Pap. X^4A382

第五節 「死」を覚悟し「生涯における三つの大事」の決着をはかる

「教会攻撃」への「予感」は時と共に以上述べてきたような形をとって極めてリアルなイメージになっていった。その間キルケゴールはそれを自らの身に起こる真実なものとして受けとめていた。その証拠に彼は、この想像もつかない程大きな出来事によって、自分の「人生」そのものが終わりになることをも予感していた。そしてその予感を真実なものとして受けとめていた。そのため彼は、『修練』(一八五〇・九・二五)出版後からこの一八五一年八月までの間、前述したような「予感」のもとで、その「人生の終熄」のための準備をもしていたのである。つまり、彼は、その闘争において自分の「死」が起こるかもしれないことを予期して、自分の人生の三つの大事に予め「決着」をつけておこうと考えたわけである。その「三つの大事」とは、「父ミカエルとの関係」、「レギーネとの関係」、そして自分の「著作活動そのもの」である。そこで彼は、この三つの大事の決着をつけるために、それぞれの関係に合わせる仕方で三冊の小著を刊行する方法をとることを考えた。その三冊とは次のものであるが、それらは決して単に「著作活動における真理伝達上の位置と役割」を担わされているだけでなく、この「決着」の目的にも用いられたのである。

その三冊とそれぞれが意味するものとは次のようなものである。

1　『ひとつの建徳的講話』（一八五〇・一二・二〇）

これには「父ミカエル」への献呈の辞が述べられており、それは初期の一連のあの十八の建徳的講話の出版のときと全く同じ形式がとられている。しかもこの著作の「序言」Forord には、ただ「『二つの建徳的講話』（一八四三）の序言参照のこと」と記してあるだけで、とくに文章は記していない(1)。つまり、これの「序言」は一番最初に刊行された『二つの建徳的講話』の「序言」と同じものにすると宣言されたわけである。その「序言」は既に『著研Ⅱ』の一三〇八頁から九頁にかけて紹介しておいたのでそこを参照されたいが、その内容は、この小著は一人の単独者との出会いを求めて旅に出るということ、しかし森の中にひっそりと咲いている小さな花のようなもので、突然一羽の小鳥が舞い下りてきてそれを啄んでゆく光景がイメージされているものである(2)。つまり、これと同じ思いとイメージがこの目下の講話にも重ねられているわけで、その意味では、生涯の最初の講話とこの講話とが見事に重ね合わされているわけである。しかし更に注目さるべきことは、最初の講話の方は、日付が「一八四三年五月五日」とあり、キルケゴールの三十歳の誕生日になっているのに対して、この講話の方は、「一八五〇年十二月十二日」と記してある。これは、一七五六年十二月十二日の「父ミカエルの誕生日」と同じ日になっているわけである。以上のようなことから、この小著は確かに「父ミカエルとの関係」についての思いのしめくくりと見ることができよう。

2　『金曜日の聖餐式における二つの講話』（一八五一・八・七）

これの献呈の辞は「ひとりの名ざされない人」となっているが、これはレギーネのことである。その証明については『著研Ⅱ』一五六〇頁から六二頁にかけて詳述してあるのでそこを参照していただければ幸いである。ここに述べられている二つの講話は、先の建徳的講話の場合と同じように、「罪の赦し」について述べられているが、それらはいずれもキルケゴールが「レギーネとの関係」において学んだことばかりである。より正確に言うならば、その学びを通じて「福音の本質」をより深く理解するようになったわけである。このように、その献呈の辞といい、講話の内容といい、この小著は、「レギーネとの関係」についての思いのしめくくりとして実に相応しいものと言えよう。

3 『私の著作活動について』(一八五一・八・七)

この小著は、一八四八年夏から秋にかけて書かれたあの『私の著作活動の視点』の縮小版と言ってよい。この『視点』の方はキルケゴールの著作活動の全貌を明らかにしたもので、これはいわば遺書として死後出版すべく兄のペーダーに託してあり、それは一八五九年に出版された。しかしこの一八五一年八月七日その縮小版をキルケゴール自身の手で出版したのである。それにはさまざまな理由があることが考えられるが、それは何よりもこの時期キルケゴールは自らの著作活動の「休息の場」を、つまり、「休止点」を求めたことが考えられる。(3) いや、言い換えるならば、著作活動の一つの決着を求めていたということができる。このようなことからこの縮小版を刊行することにしたと言えよう。従って、この小著刊行の意味は先行する二つの小著との関連で考えてみるとき非常にはっきりしてくるのである。それは、やはり「自分の著作活動」への思いの一つのしめくくりである。

『修練』出版後、一八五〇年十二月から一八五一年八月までの間、キルケゴールは、このようにして、やがて起こるであろうことが予想される「教会攻撃」に際しては、自分の人生が終熄するかもしれないことを覚悟して、彼の人生における三つの関係事項に対する自分の思いの「決着」をつけることまでもしていたのである。これは実に驚くべきことであって、つまり、このことは何よりも、その「教会闘争」が起こるであろうことへの彼の「予感」が必ず現実のものになることへの「確信」にまでなっていたことを意味するのである。

以上本章で述べてきたように、キルケゴールは、「教会攻撃」が必ず起こることへの「予感」を、非常にはっきりした形でもってきたのである。それに関して特に注目されるのは、その予感をただ漠然と思い画いていたのではなく、それが必至となることを文字通り真実に受けとめ、実際にそれへの備えをしていた点である。彼は、いま述べた三冊の小著の出版によって、それもとりわけ象徴的なものとして『私の著作活動について』の出版によって、自分の生涯の著作活動そのものの終結をはかろうとしていたわけである。これ程までに自らの「予感」に誠実な対応は他に考えられないであろう。彼は自らの「予感」を心底から真実に信じていたことはこれで明らかである。

注

(1) S. V. VII. S. 293.
(2) S. V. III. S. 15.
(3) 『著研Ⅱ』一五五九頁。S. V. XII. S. 313の序文参照。

総括

この「第五部」では、以上のように、キルケゴールの「国家教会批判」の対象がはっきりと「J・P・ミュンスター監督」に絞られていった過程が考察された。

しかしその過程は単に、キルケゴールが批判対象をいわゆる客観的観察の姿勢のもとでそれ一つへと絞って行ったというのではなく、その過程にはそのすべてに先立つ前提として一八四八年四月の「復活祭体験」が先行しており、キルケゴール自身の本質的変化への根本経験がもたれるという大きな出来事が先行していたのである。それゆえ、彼の爾後の行為のすべてはここから発していたのである。しかしキルケゴールにこのようなことが起こったことは、「ミュンスターとの関係」という点からすれば、それは実に重大な出来事だったと言わざるを得ない。というのは、そのことは、この時既にキルケゴール自身の内部には、同監督の「信仰」そのものをその根源から問題化する態勢に下準備が先行的に整ってしまったことを意味するからである。言い換えるならば、この時キルケゴールには同監督の「信仰」そのものの喉笛に喰らいついてゆく内面的武器が備えられてしまったことを意味するからである。従って、このような態勢の整いこそがミュンスターを「標的」化するという結果を伴っていったと言うことが出来るのである。

そして正にこのようなことから必然的に、キルケゴールには、その標的をめぐる闘いに関し、「劇的な場面」を予感しイメージするということがたびたび起こるようになっていったわけである。しかし彼はそれを遠い未来のこととして薄ぼんやりと予感していたわけではなく、そこへと通じる道がはっきりと見えており、真実にその道を歩んでいる実感をもっていたのである。その何よりの証拠は、彼はその「場面」には必ず自分の死が伴われることをはっきり「覚悟」して、それに対する自らの「生涯」の後始末をしていた点に見られるのである。その「覚悟」の意味は極めて重大であると言わなければならない。

ところが、その「劇的な場面」は直ぐには起こらなかった。キルケゴールは、一八五一年九月以降約三年三ヶ月にわたって実に不気味な「沈黙」の時を過ごしたのである。その「沈黙の三年間」は何を意味していたのだろうか。

第六部　三年三ヶ月の地下潜行——兵器庫をつくり武器や弾丸を集める

私の任務は、狂気じみた行為をすること、そして破局を作り出すこと！（Pap. XI^{2}A258, 263）

序

既に『青研』その他の拙著の中でいく度か述べてきたように、キルケゴールの日誌を読んでゆくと、数週間分の記述がごっそり抜けており、そこには記述上の空白期間が生じている事態に時々出会うことがある。その場合、よく調べてみると、その空白は日誌のみならず草稿やノート類や書翰等々にも見られることを知らされる。従って、その間彼の一般的な社会活動も不明なのである。要するに、彼の動静は全く不明なのである。そのようなことから、研究者たちは、そのような期間を称して、「空白の数週間」とか「謎の数週間」とか呼んできた。勿論それらについては、いままで多くの研究者たちによって、とりわけ、内省心理学派に属する研究者たちによって、研究されてきた。そしてその研究の模様については、『青研』その他の拙著でも紹介してきた。それらの研究者たちの多くは、それら空白の多くはキルケゴールの鬱病の時期と重なっていることを報告している。そのことは確かに充分認められるところである。

ところが、われわれはいま、彼の晩年のこの時期になって、またもやそれらと似たような「期間」に出会うのである。但し今回の場合は日誌記述等々の途切れではなく、当然出版さるべき著作の途切れなのである。しかもその期間は、従来のような「数週間」という単位の短いものではなく、「三年三ヶ月」という長期のものである。従って、それにはまた別の意味があることが考えられる。

一八五一年九月に入ると、われわれは、キルケゴールの生涯においていくたびか繰り返されたような謎の一定期間に出会う。それは、一八五一年九月一〇日に『自己吟味のために――現代に勧められる』（＝これは「現代に勧められる」という双書の第一輯）という小著が出版された後一八五四年十二月十八日『祖国』紙の論文で「教会攻撃」の火ぶたが切られるまでの約三年三ヶ月は、当然出版される筈であったその「現代に勧む」の第二輯も含め一冊の書物も出ず、つまり、彼は、対外的には、完全に沈黙を守ってしまったのである。しかもその第二輯は原稿まで準備されていたのである。にも拘らず、この「三年三ヶ月」という長期間一冊の書物も出版されなかったのである。勿論キルケゴールは、既に述べたように、一八五一年八月九日には、彼の生涯の三つの大事の後始末をつけ、とくに「著作活動」そのものの決着をつける意味で『私の著作活動について』という小冊子を出版していたので、その点から見るならば不思議とはいえないが、しかし、九月一〇日にはあの「第一輯」を出したのであるから、当然に「第二輯」が出て然るべきなのに、原稿まで準備されておきながら出版しなかったのである。それゆえ、これには余程の意味があったに違いないであろうことは、想像に難くない。

このようなことから、何人かの研究者たちは、この期間を何か「特別に意味ある期間」として性格づけそして位置づけ、これが意味しているものを究明しようと努力してきた。そのため今日においては、その研究は多くの研究者たちの承認するところとなり、研究事項としての市民権を得るようになった。そこで私も、この場所に、その研究のための作業場を設け、実際にその期間に何があったのかを、考察することにしたのである。そしてその結果、その「三年三ヶ月」は、あの「教会攻撃」へと突入する時までのいわば「戦略的意味での待機の時期」として区画され性格づけられることを知った。すなわち、その間キルケゴールは、彼のみに達し得た信仰の深化の中で、来たるべき「教会攻撃」の日に備えて、ありとあらゆる戦略を想像し、更にいわばさまざまな兵器や砲弾の蓄積をはかっていたのである。そこで以下その辺の模様を出来得る限りよく整理して紹介したいと思う。

第一章　宗教的著作『自己吟味のために――現代に勧められる』の出版後、その「第二輯」の出版中止、その後「三年三ヶ月」の沈黙

あの八月九日の決裂後、事態はどうなってゆくのかは実に注目に値いする問題である。しかし九月一〇日突如として、一冊の宗教的著作の出版が行われた。ところが、その後直ぐ出版が約束されており、原稿も準備完了されていたその「第二輯」は出版中止になるという事態が発生したのである。つまり、具体的に言うならば、一八五一年九月一〇日になると、前述の「終結」に違犯するかのように、宗教的著作『自己吟味のために――現代に勧められる』Til Selvprøvelse, Samtiden anbefalet.（1851）が出版されたことであり、その際直ぐ出版が約束されていたそれの続篇『自らを裁け！――自己吟味のために現代に勧められる。第二輯』Dømmer selv! Til Selvprøvelse Samtiden anbefalet. Anden Række.（1851–2 執筆、1876 出版）は出版中止になったことである。こうしてこれは死後一八七六年になって出版されたのである。前者の突如の出版といい、後者の出版中止といい何とも不可思議なことである。しかしいまここに単純な人がいて、続篇の出版が取り止めになったのは前篇の売行きが非常に悪かったからなのではないかと憶測するなら、それはとんでもない誤まりであることを指摘しておかなければならない。というのは、その前篇の売行きは実によく、出版後五ヶ月頃には新版が出た程だからである。このようなわけで、その「出版」と「続篇の出版中止」との間には、何か余程深い意味が隠されているのではないかという問いが出てくるのも極く自然なこと

である。そこで私はむしろこの問題を積極的に取りあげ、その意味を究明してみることにしたのである。しかしこの作業にあたっては一つ資料上の難点がある。それは、その両書についての研究や紹介した文献は実に多数見られるが、この謎の究明に当たった文献は、V・クレステンセンの書物 S. K. Det Centrale i hans Livssyn も含め七冊もあり、その解明の作業の過程は長期にわたる辛苦にみちたものだからである。それゆえ、私は、その過程については次章で直接詳述したいと思う。

第一節　両著の内容について

まず両著それぞれの内容について述べることから始めよう。

まず『自己吟味のために――現代に勧められる』の方は全集第二版で八十七頁分のものである。該書はその書名からも明らかなように、その目的は徹頭徹尾「自分自身を吟味し反省すること」におかれており、しかもこのことを同時代のすべての人々に勧めることが訴えられている。そのため「まえがき」ではこの本は「大きい声を出して読むこと」が勧められている。というのは、「大きい声を出して読むことによって自分が相手にしているのは自分だけであり」他の誰でもないことを知るに至るからだというのである。[1] 内容は三つの説教という形式がとられている。キルケゴールはこの一八五一年五月十八日、復活祭後の第四日曜日、シタデル教会（城塞教会）で、生涯唯一回の公的な教会説教を行っているが、この三つの説教は、その後に続く三つの重要な日曜日に割り当てられるようにして考えられたものであることがわかる。しかし実際には行われなかったが。つまり、最初の説教は、復活祭後の第五日曜日に、次の説教は、キリスト昇天の日の日曜日に、そして三番目の説教は、聖霊降臨の第一日曜日に、割り当てたものになっている。

最初の説教は、「真の祝福を得るために己れをみ言葉の鏡に映して観察するには何が必要とされるか」という標題になっている。そのテキストは、「ヤコブの手紙」第一章二十二節から終節（二七節）までの部分で、これがテーマになっている。このテキストで述べられていることは「ただみ言葉を聞くだけの者になって、己れを欺く者になってはならない。み言葉を行う人になりなさい」ということにある。つまり、その説教は終始、み言葉をただ聞くだけなら、それは己れを欺く者である。それを行うことによってはじめて真の祝福が得られるということを訴えている。(2) つまりそこでは「父なる神」の厳正さが述べられているのである。

第二番目の説教においては、それらの言葉を述べているのはほかならぬキリスト自身であるということ、その「キリストは道である」ということを訴えている。そこでのテキストは、「使徒言行録」第一章一節から十二節までの部分であるが、それはとくに、キリストの昇天の場面を通じて二つのことを語っている。一つは、そのキリストはやがて「聖霊」を送ることを約束されていること、もう一つは、そのキリストはいま天に上げられたような仕方で再びこの地に来られるということである。これをテキストにしてキルケゴールが訴えていることは、「キリストこそが道であり、われわれはより厳密な意味においてキリストに従う者にならなければならない」ということである。(3)

第三番目の説教は、「生命を与えるものは霊である」という標題で、テキストは「使徒言行録」第二章一節から十三節までの部分である。これはあの有名な聖霊降臨の場面を記したものであるが、これについてキルケゴールは語っているのであり、キリストの約束通りに、「聖霊」が送れたこと、われわれに生命を与えてくれるものは霊であることを述べている。こうして彼はこのような働きをする「聖霊への信仰」こそキリスト教における信仰の最も重要なものであることを強調する。(4)

『自己吟味のために』はこのような内容のものである。

次に出版中止になった『自らを裁け！——自己吟味のために現代に勧められる。第二輯』の方は全集第二版では一二七頁分のものである。この書物の最初の五一頁分の原稿は既に一八五一年に準備されていたのであるが、後半の部分は一八五二年に入ってから準備されたようである。この書物に関する彼の最初の意図はやはり前著に続けて「説教」にするつもりであった。しかしそれにしては二つの余りにも長い説教になってしまった。そのため研究者の中にはこれを「説教あるいは論文」という呼び名で呼んでいる。(5)

この最初の方の「説教」のテーマは「しらふになること」At blive ædru という標記になっているが、これは「ペトロの手紙一」第四章七節「だから、思慮深くふるまいなさい…」をテキストにしている。しかしここにいう「しらふになる」ということは、単に人間的、市民的意味での「自己自身に帰る」とか「自己認識」のことではない。むしろあの聖霊降臨の場面で使徒のまわりにいたすべての人々が異言を語ったり神がかり的狂乱的状態になったことに対して、言われているのである。その場合キルケゴールが意味していることは、大きく分けて二つの事だと言ってよかろう。一つは、そのように「自己自身に帰ること」「自己認識」において「自己」が神の前では「無」に過ぎないものであることを知ること、だから、絶対的なものを求めているか、つまり、「まず神の国を求めていること」を洞察することである。(6)もう一つは、すべての時間的なもの、有限的なもの、この世的なものに対しては死んでいるか、つまり、「まず神の国を求めているか」、そしてしらふになっている者の実存と生の証明として、それがその者の認識と信仰を現わしているのかどうか、その自らの理解が行為において現わされているのかどうか、つまり、使徒たち（真理の証人たち）のようになっているのかどうかを見届けることである。(7)以上が「しらふになること」であり、この説教あるいは論文の主旨である。

二番目の方の「説教」のテーマは「模範としてのキリスト」Christus som Forbilledet という言葉で示されているが、テキストは「マタイによる福音書」第六章二十四節から同章の終りまでの部分になっている。しかしとくに二十四節の「だれも二人の主人に仕えることはできない」という聖句が主題化されて語られている。そしてその全体は七十一頁分の長文のものである。この説教は多くの人々が読んでいて非常に分かりにくいものではないだろうか。そこでむしろその難点を説明することによって本文の意味がはっきりと解明されることになると考えるので、ここでは以下そのようにして説明したいと思う。この説教が分かりにくい点は、これが「キリスト教国」の不可解さそのものを突いている点にあるからと言えよう。つまり、この「キリスト教国」ではすべての人々がただそれだけでみな「キリスト者」とされており、それが「キリスト者」であり「キリスト教」とされている。しかしこの説教は、それは「キリスト者」でもなければ「キリスト教」でもないのだということを反省的に迫っているのである。その場合用いられる尺度が、「模範 Forbillede としてのキリスト」という言葉と「そのあとに従う者 Efterfølgende, efterfølgelse としての使徒」という言葉である。つまり、キルケゴールは、この説教で、キリスト者と思い込んでいるすべての人々は、キリストを「模範」としているか、そしてそれを模範として「そのあとに従う者」になっているか、と迫り、真にキリスト者と成ろうとするならば、そうしなければならないことを訴えている。そして分かりにくい点は正にこの点から発している。というのは、もしそうするならば、キルケゴールはじめすべての人々がキリスト者ではなくなり、そのキリスト教国にはキリスト者は一人もいなくなってしまうからである。しかしキルケゴールはそうすることを真剣に訴えているからなのである。なぜなのだろうか。しかしそれには二つの理由があることを知らされる。一つは、そのような「尺度」を訴えるのは、そのことによって、その偽れるキリスト教国の中で「キリスト教」を勝利させるためだというのである。つまり、キルケゴールは、全体が偽りにみちているこのキリスト教国において、「キリスト教の尺度」だけは保持したいというのである。もう一つは、そのように「そのあとに従う者」となることは「自己否定」Selvfornægtelse であり、そのことに苦悩することになるが、しかし人は自らが「そのあとに従う者」になっていない者であることを誠実にそしてへり下って Ydmygt 認め、そうあろうと努力することの重要性を強調する。というのは、人はその苦しみと努力とを通じてはじめて、神の摂理、恵み、思寵を知るに到るからだ、というのである。

以上が両者の内容の概要である。

では、その「第二輯」の出版中止の謎は何にあったのだろうか。

注
(1)(2)(3)(4)　S. V. XII. S. 341, 362–89, 408, 413.
(5)　C. Jørgensen: S. K. 一. IV. S. 50.
(6)(7)　S. V. XII. S. 438–54, 455–63.

第二節　中止の謎の理由

V・クレステンセンは、まず『自己吟味のために』の出版に関しては、キルケゴールは先述の三つの小著の出版をもって自らの生涯の著作活動を終了させようとしたので、にも拘らず、これを出版したことは、該書は、キルケゴール自身が言っているように「人々を収穫すること」at vinde Mennesker を目ざして、父・子・聖霊に関しての三つの講話を通じて、大きな軌を描いて、自らの信仰告知に一般的な表現を与えているところの一種の二番刈り en Slags Efterslet つまり、通俗的書物を意味している、というのである。[1] こう述べてクレステンセンは、該書は二つのことをとりわけ強調していることを指摘している。一つは、キルケゴールが「内面化」の方向へと人々を目覚ますためにもう一度人々の注意を老体のミュンスター監督との関係に向けたことである。[2] もう一つは、キルケゴールが自分は「懺悔者」en poeniterende の立場に立ち続けることを訴えていることである。そしてクレステンセンは、この後者の件に関しては次のキルケゴールの日記の言葉を引用して、キルケゴールが「懺悔者」の立場に立ち続けていたことの重要性を指摘している。「懺悔者は真理を最もよく告知することができる。そのことは次のことの中にも見られる。すなわち、ペテロは主を否んだが、そのことが彼にそれ以後の人生コースを与えることになったということである。なぜなら、彼は、その時以後、悔い改めを続けながら、無限に多くのものを取り戻してゆかなければならなかったからである。またパウロはキリスト者たちの迫害をしていたときがあったが、このことが彼に後の人生コースを与えることになった。なぜなら、彼は無限に多くの善きことを為さなければならなかったからである。[3]」このように引用してクレステンセンは次のように述べている。「キルケゴールの場合もこれと同じようなもので、彼はどんなに無限に多くのことを償わなければならないかということへとひっきりなしに帰っていったのである。それゆえ、彼は、神が彼から要求することのできるものには限界はないと感じた。このことこそが、人が彼の奮闘を評価するとき、つねに思い起こさなければならないことである。人がこれとは反対のことをする場合には、人は自らを彼を誤解する地点に配置することになる。[4]」

クレステンセンはこのように述べている。

この見解は、彼がいままで一貫してキルケゴールの信仰や思想形成の根拠をなしてきたものとして「懺悔者の意識」というものを見据えてきたが、これを該書の出版の動機としても認めていることを、示しているものと言ってよいであろう。そしてこの見解は、その限りにおいては、妥当として認められてよいであろう。しかしこれについての批判はすぐ後述することにする。

しかしクレステンセンの考察の特徴は、該書についてよりも、この続篇（第二輯）がなぜ「出版中止」になったかの理由について一つの推測を述べている点にあると言ってよいであろう。すなわち、彼は、その「出版中止」の理由を、前著の出版の日（一八五一年九月一〇日）から始まる三年間の「沈黙の年」と深い関係にあるものとして、推測しているのである。その見解は大体次のようなものである。すなわち、クレステンセンは、キルケゴールがこの続篇で一人の牧師が田舎の村の教区に赴任した場合にその身に起こり得るさまざまな不条理な問題をめぐる情景について記している長文の個所を例示しながら、[5]そしてまた遭遇するであろう多くの衝突を警告してある個所を念頭に浮かべながら、しかしキルケゴールには牧師になることの望みが全く断たれたことが明らかになったこのいまの時点では、彼は該書を出版することは最早有用ではなくなったと判断したからであろう、と述べているのである。[6]要するに、クレステンセンが言おうとしていることは、キルケゴールがこの続篇の原稿を準備していた頃は、まだ牧師職を得る可能性があったので、その場合には教区で起こることが考えられるさまざま衝突や不都合な問題について予め記しておくことは有用だと考えてそうしたのであろうが、しかし牧師になる望みが全く断たれたことが明らかになった時点では、彼はそれは最早有用ではないと判断して、その出版を取り止めたのだろう、ということである。

さて、クレステンセンが、この問題を、該書の内容に入って、その一部を手がかりにこのように考察したことは非常に注目に値いすると思う。しかしそうであればこそ、私は更にもう一歩内容に深く踏み込んで考えてみたらどうかという考えになる。このようなことから、私の目は、この両著それぞれの「内容の一部分」についてだけでなく、「内容の全体」に、つまり、「内容そのもの」に向かってゆくことになった。そして私は、「前著の内容そのもの」と「続篇の内容そのもの」との関係に、ある重要な事実があることに気付かされた。それは、「前著の内容」と「続篇の内容」とは明らかに首尾一貫した関係にあるが、実はその点にこそ私には大きな問題があるように見えてきたのである。というのは、前著は、既に本章第一節で紹介しておいたように、キリスト者の信仰が「真に祝福を得るもの」になるためにはどうすべきかということで、それには次のような「自己吟味」が勧められている。その場合の尺度ともなるものは「ただみ言葉を聞くだけの者になっているのか、そのみ言葉を行う人になっているのか」という点にあり、その説教の全体はこの問題に固執しこの問いをこそ徹頭徹尾追究してゆくのである。そして更に、この命題は正にキリストによって言われているのだということ、そしてその「キリスト」は「道」であること、しかもこの「キリスト」は、キリスト者がそれを行うことが出来るように「聖霊」を送ることを約束されたこと、そしてその「聖霊」は「生命」を与えてくれるということ、そしてキリスト者はその「聖霊」によって「生命」を与えられることによって「み言葉を行う」ようになること、これを「聖霊降臨」の場面を例にして説明しているわけである。しかし私が「問題」を感じたのは正にこの点である。

もしこの「自己吟味」ということが一般的意味でキリスト者の「自己吟味」についての「説教」であるならば、それは平静な気持で読んでゆき、次の「続篇」へと移ってゆくことができるであろう。しかしもしここにいう「自己吟味」Selvprøvelse が誰よりもキルケゴール自身の「自己吟味」を意味するものであるとするならば、その前著全体はキルケゴール自身への深刻な「問いかけ」となり、彼はこの個所で立ち止まらざるを得なくなるのではないか。なぜなら、彼は、その「聖霊」の名において、「行う」ことがいま正に迫られていることを身に沁みて感じていることになるのではないか。言い換えるならば、いまこの個所と時点では、彼には、ただ「行う」ことだけが残されており、それを飛び超えて次の著作の地平、あるいは、階段へと移ってゆくことは、文学的にも、信仰的にも出来ないのではないか。つまり、いま彼には、「聖霊」において「行う」ことだけが迫られ残されているのであり、この段階を飛び超えてその更に先の段階へと移ってしまうことはできないのではないか、ということである。それゆえ、彼がこの地点、段階に止どまるということは至極妥当なことである。

そこで、このようなことから、もし彼にとって次の著作が制作され得る「立場」(段階)上の可能性があり得るとするならば、それは当然に、彼がその「行う」という段階を経た後の「段階」でなければならないであろう。なぜなら、その著作はその「行う」についての「自己吟味」を内容としていなければならないであろうからである。そして彼は正にその「続篇」の内容をそのようなものにしているのである。それゆえにこそ、彼は、その「出版」をその「行う」の段階の次の段階にするべく先に延ばしたのである。つまり、彼は、前著の次に「行う」の段階を設け、そのため続篇はその「行う」の段階が終了するまで「出版中止」にしたわけである。

それゆえ、その「出版中止」は、両著の内容の関係そのものから由来しているのである。

しかしこのことの意味が真に理解されるならば、そのことは更にもう一つの重要な意味を示唆していることが分かるであろう。つまり、それは、彼が「行う」という段階としての「教会攻撃」へと打って出るにはまだ時期尚早であることを彼がはっきり認識したこと、それゆえ、その認識に基づいて「その時を待つ」という態勢に入ったことを意味すると言ってよいであろう。こうしてその「待機」はその後「三年余」も続くことになるのである。

では、キルケゴールは、その「行う」段階に入るには、なぜ時期尚早と認識したのだろうか。その判断の根拠は何にあったのだろうか。

注

（1） V. Christensen: S. K. Det Centrale—, S. 137ff.

（2） Ibid., S. 138. S. V. XII. S. 311.

（3） Pap. X^3A271

（4） V. Christensen: Ibid., S. 138.

（5） Ibid., S. 141ff. S. V. XII. S. 466ff.

（6） Ibid., S. 142.

第二章　この「三年三ヶ月」の位置づけと性格づけ

先に言及したように、この「三年三ヶ月」という期間は、少数のしかし極めて有力な研究者たちの研究が少しずつ追加してゆくことによってやがて、「特別に意味ある期間」として、はっきりと位置づけられるようになった特別な性格をもった一期間なのである。しかしこの「期間」の問題がそのようにして取り挙げ始められたのは研究史も七十年を過ぎてからのことであった。しかしそのようなことは、この期間がそれだけ特別に深い意味を秘めているものであることを物語っているのである。それゆえ、本章では、まずそれら研究者たちのこの問題についての各々の研究を辿りながら、これが意味しているものの真実に迫ってみたいと思う。

第一節　「期間画定」の研究史素描

先に述べたように、この「三年三ヶ月」が「特別な意味ある期間」として区画され画定されたのは研究史もかなり時を経てからのことであった。しかも最初から「三年三ヶ月」とはっきり画定されたわけではなく、最初は、この期間の明確とは言えない「大体この時期あたり」の指摘から始まり、その後徐々に、何人かの研究の積み重ねによって、少しづつはっきりした期間の輪郭をもつようになっていったのである。つまり、その画定の作業には長い年月をかけながら何人かの研究者が関わりをもってきたのである。それらの研究者は主として七名程と言ってよかろう。それらは、P・A・ハイベーア、W・ラウリー、J・ホーレンベーア、V・クレステンセン、G・マランチューク、C・ヨーアンセン、N・トゥルストルップである。この七名は、それぞれその設定した期間は少しづつ異なるとはいえ、この「期間画定」に寄与してきたのである。そこで本節では、それらの研究者がこの「期間画定」にどのように寄与してきたのかを辿ってみたいと思う。そしてこの作業を通じて、この「期間」が秘めている「問題の所在」を探ってみたいと思う。

一 P・A・ハイベーア

この「期間」の所在に最初に注目したのはP・A・ハイベーアであった。彼は周知のように最初のパピーア（一九〇九―四八）の編集者であるとともにキルケゴールの伝記的研究に絶大な寄与をした人物である。その伝記的研究の名著の一つ P. A. Heiberg: S. Ks religiøse Udvikling. Psykologisk Mikroskopi. (Kbh. 1925) の七頁以降で、彼は、この「期間」の重要性を指摘しているのである。しかし彼は、この期間を、一八五二年六月から一八五四年十二月十八日（教会攻撃突入）までの約二年六ヶ月位いを想定して、この期間を重視しているのである。その場合彼が論拠としたのは、キルケゴールが明らかに一八五二年六月中旬に書いたと考えられる Pap. X^4A559 の日誌と同年六月十九日と明記の Pap. X^4A560 の日誌である。前者は「私自身について」Om mig Selv という標題をもった短文のものであるが、後者は同じく「私自身について」という標題の四頁分の長文のものである。両者の内容については後の章で紹介することになるのでここではこれらの指摘だけにとどめておくが、P・A・ハイベーアがこの二つの日誌を重視したのは、これらを通じて彼は、キルケゴールが信仰の頂点に達したことを見抜き、その観点から、この日キルケゴールには大転換が起こり、この日からキルケゴールは全く新しい地平へと躍り出たことを、推定したわけである。

そしてP・A・ハイベーアは、その六月十九日から一八五四年十二月十八日までを明確に「区画」したわけではないが、その新しい地平はそこまで想定されていたと見ることができる。これで明らかなように、P・A・ハイベーアは一八五二年六月十九日以降の時期が特別に重視さるべきものであることをあくまで「指摘」したにとどまったわけである。しかしこの「指摘」はキルケゴール研究史上実に大きな功績をもつことになった。なぜなら、それは、この辺の時期に、教会闘争を研究する上で極めて重要な問題が潜んでいることに研究者の目を向けるのに絶大な貢献をしたことになるからである。それもこの指摘は、実に以外な方向でまともに取りあげられることになったのである。それは何とアメリカのW・ラウリーにおいてであった。

二　W・ラウリー

このP・A・ハイベーアの研究を手がかりにして、この約二年半程の時期を、はっきりとした形で「問題」化したのはワルター・ラウリーであった。彼は、大著 Kierkegaard. I-II.（Oxford. 1938）において、その四九四頁から五六四頁までの七〇頁分を、あの二つの手記が書かれた一八五二年六月中旬から一八五四年十二月までの期間の研究に当て、その日誌に見られるキルケゴールの大転換を重視して、その転換の具体的な行動への想像として、その期間をキルケゴールが教会攻撃へと打って出るために「銃に弾丸を込めながら」loading the gun 準備をしていた期間として規定したのである。W・ラウリーは、その著作を通じて身をもって示しているように、非常に深い感動と繊細な注意力とをもって、この期間をキルケゴールの生涯における晩年の特別に注目さるべき期間として区画し浮き彫りにして示したのである。このW・ラウリーの研究に接して痛切に感じさせられることは、彼が、P・A・ハイベーアの研究を読んで何に注目したかという点である。それはむしろ二年六ヶ月という「期間」の問題よりもそれを意味付けする上で手掛かりとしたあの二つの日誌記事 Pap. X^4A559 と 560 に注目した点である。つまり、ラウリーにおいては、教会攻撃の問題を考える上で、この二つの日誌記事こそが最も重要な手掛かりとして問題化されている点である。その点にはその論拠となったP・A・ハイベーアのパピーア編集者ならびに伝記研究者としての功績がいやが上にもはっきりと現われていると言ってよかろう。以上のことから知られるように、目下の問題が注目され始めた最初期の頃は、何よりも、この二つの日誌記事が手掛かりとなったのである。こうしてこの日誌記事への注目は確かに研究上のパターンになったわけである。しかしこの研究パターンはそれだけで継続していったわけではなかった。このパターンはやがてデンマーク本国へと帰り、その頃既に本国に現われていたもう一つ全く別の研究の流れと結びつくことによって、目下の問題についての研究の「新しい成長」を見せるのである。従って、その成長を考察する前に、それが結びつくことになるデンマーク本国でのもう一つの全く別の研究の流れについて検討しておく必要がある。それの象徴的人物がJ・ホーレンベーアである。

三　J・ホーレンベーア

J・ホーレンベーアはいくたびか紹介したように、(1) デンマークにおけるキルケゴール研究史上最もデンマーク的と言っても過言ではない内省心理学派の頂点に立つ研究者である。彼の名著S. K. (Kbh. 1940) は、その独特な視点の故に実に多くの人々に読まれたことは既に述べた通りである。ところで、彼は、目下の問題に関しては、P・A・ハイベーアやW・ラウリーの線とは全く異なる線において、いやむしろ全く新しい地平において自らの研究を大成させたのである。その場合、J・ホーレンベーアが最も重視したのは、キルケゴールによるミュンスターとの会話の最後のものとなったあの一八五一年八月九日のそれであり、従って、それを記したPap. X⁴A373の日誌である。J・ホーレンベーアは、キルケゴールにおいてはこの日をもってすべてが清算されることになり、それ以後一八五四年十二月までの三年間は、彼はさまざまな思いを抱きながらただ「攻撃」の時を待つためだけに過ごしたというのである。すなわち、ホーレンベーアによるならば、キルケゴールはこの日の会話をもってすべてのことを清算することを決意したこと、そしてミュンスターとの決定的な闘いが避けられないと判断したこと、しかしミュンスターは余りにも高齢なのでその故の死もあり得ることと考えたこと、しかし出来ることなら自分の父が自らの牧師としていたミュンスターを攻撃するようなことにならないようになることを願っていたこと、しかし他方攻撃のための適切な瞬間を逸して、そのために自分の生涯の仕事が完成されずに了ることの責めを自ら負うことにならないかと不安になっていたこと等々、このような思いでキルケゴールは一八五一年秋から一八五四年十二月までの間一冊の書物も書かず出版もしなかったこと、しかしその三年間の日誌では、彼は戦闘の準備をしており、時来たらば、彼が用いる筈のすべての武器を整え、研ぎすませていたことを、示している、というのである[2]。そして更に、このようにして「キルケゴールは、自分の住居も新しい所に移り、すべて用意万端整えて、ただ合図を待つだけであった。命令が出たときには極端なことをしようと固く心に決めていた。しかしその瞬間が来るまでには彼は三年間待たなければならなかった[3]」と述べている。以上がJ・ホーレンベーアの見解である。この彼の見解は、先述の二者の見解とは大きく異なっていることを知らされる。それは、前二者が一八五二年六月のあの二つの日誌を手がかりに「二年六ヶ月」という期間を想定したのに対して、ホーレンベーアは、一八五一年八月九日の会話とその日誌を重視し、更に同年秋以降には著作が全く書かれなかったことにも注目し、一八五一年秋から一八五四年十二月までの「三年間」をミュンスターを攻撃するまでの満を持していた期間として想定している点である。これは確かに、論拠としている資料（=日誌）の相違とそれらに基づいて想定された「期間」の相違が両者の相異なれる見解となっているわけであるが、この相異なれる二つの見解も、やがて二十三年後には、デンマーク本国で結びつき、一つのものとなるのである。それを果たしたのがV・クレステンセンであった。

四　V・クレステンセン

いままで述べてきた二種類の研究は、V・クレステンセンによって見事に綜合され決して違和感のない一つの見解として打ち建てられることになった。彼がこの問題を扱っている書物は、V. Christensen: S. Ks motiver til kirkekampen. (Kbh. 1959). S. 34–7.『教会闘争に至るS・キルケゴールの動機』と、S. K. Det centrale i hans Livssyn. (kbh. 1963). S. 136–50.『S・K．彼の人生観における中心的なもの』とであり、とりわけこの後著の方である。該書で展開されているクレステンセンの見解の特徴は、何と言っても、例えば、H・ブロェックナーの書物をはじめ実に多方面からのキルケゴールの日誌記事を資料として用い、一貫した視点のもとで、この問題が含むさまざまな点を明らかにしてゆくことによってこの「期間」の始まりを明確なものにし、この「期間」をキルケゴールが「教会攻撃」へと突入する直前の極めて意味深い期間として、性格づけた点にある。(4) それゆえ、そうすることによって、この問題は、研究者たちに、「教会攻撃」研究における必須の事項として、認知されるまでに至ったわけである。その要点は一応次の三点から成ると言ってよいだろう。まず彼は、この問題における「期間画定」を明確にやってのけたことである。この画定でクレステンセンが重視したのは、あの先述の二つの日誌記事でもなければ八月九日の会話でもなく、一八四四年以降この一八五一年九月までの間に書かれた「懺悔者」Poeniterendeであることについての日誌記事とキルケゴールが自らの人生の三つの大事に決着をつけるために書いたあの三つの小著とそしてとどめの一撃のように提示している『自己吟味のために』が一八五一年九月一〇日に刊行された後はこの続篇として伝えられていた『自らを裁け』が刊行されずその時から著作というものは出版されなくなった事実である。こうしてクレステンセンはその一八五一年九月一〇日をもって「沈黙」の三年三ヶ月が始まる日として重視するのである。次にクレステンセンは、その「三年三ヶ月」の間のキルケゴールの多量の日誌の検討を通じて、その間におけるキルケゴールの信仰の深まりを洞察することをはじめ、ミュンスターへの思いについての記述や牧師職の問題についての記述にも触れ、それらの記述が意味するものについての丁寧な考察を行い、この期間にキルケゴールが何をしていたのかを仔細に報告している。そしてこのような資料の扱いがなされたことによって、先述した二人の研究者が論拠としていたあの一八五二年六月の二つの日誌記事も、その全期間におけるキルケゴールの「信仰の深まり」の過程の頂点として見事にぴったりと位置づけられているのである。従って、その日誌記事もこの全期間の中の一点として意味づけられたのである。そして更にもう一つの点として、クレステンセンは以上のような考察を踏まえた上で、この「三年三ヶ月」の全体を、「教会攻撃」を直前に控えた貴重な時期となし明快な言葉で性格付けを行ったことが挙げられる。すなわち、彼は、この時期「キルケゴールは地下に潜行し han gik unden jorden、…この三年間の日誌は彼の兵器庫 Vaabenkammer になり、そこには日々刻々ち近づいてくる戦いのために大砲が格納されていたのである」[5]と言っている。こうしてクレステンセンは、この期間を「地下潜行の三年間」Tre Aar"under Jorden"と名づけたのである。[6] 以上がV・クレステンセンの見解の要点である。このようにして彼は、この「期間」を「キルケゴールの教会攻撃」を直前に控えた重要な期間として性格づけ、この問題を「キルケゴールの教会闘争」研究における重要な位置を占める問題として研究者たちに認知させるまでに至らせたのである。そしてその「認知」は誰よりもG・マランチュークの論文にはっきりと現われたのである。

五　G・マランチューク

先のクレステンセンの著作が出版されてから三年後の一九六六年G・マランチュークの有名な論文が"Kierkegaard-diana"の第六巻に出た。それは本書で既に紹介した Digter eller Præst. Konflikten bag S. Ks litterære Virkson-hed. (K-diana VI. S. 75–96)『詩人になるか—牧師になるか．キルケゴールの文学活動の背後での心的葛藤』である。これは実に高い評価を受けた論文であるが、G・マランチュークは、この中でこの「三年間」を扱っており、その際V・クレステンセンの前途の成果を殆んどそのまま採り入れている。マランチュークはまず次のように書いている。「キルケゴールは『死に至る病』と『修練』という二冊の書物を通じての同時代への挑戦をもって彼本来の著作活動を終了している。そして一八五一年九月から一八五四年十二月までの間は一冊の書物も出版していない。」[7] このように述べて更にキルケゴールは一八五三年三月の日誌 Pap. X^5A105 を引用して、キルケゴール自身もそのことをはっきり述べていることを指摘している。[8] そしてその間キルケゴールが、戦う教会、異常な者 Extraordinaire などさまざまな問題を深く考えていた事実を例示し、それらさまざまな考えの中にはたった一つだけ、あのコルサールとの闘いのときと同じように、外的な行動へと至らしめようとした新しい考えがあったことを指摘し、更に次のように述べている。「キルケゴールは徐々に既存のキリスト教国に向けた武器を格納した武器庫のすべてを集めており、彼がキリスト教国というものに審判を下さなければならないときに、彼が行動へと出るのはこれにおいてであることを、見通し始めている。(9)」このようにマランチュークは述べて、この「一八五一年九月から一八五四年十二月まで」の「期間」を「教会攻撃」が開始される前の「三年間」として、V・クレステンセンの見解をそのまま受け容れるようにして意味づけているのである。これで明らかなように、V・クレステンセンの研究は、まずG・マランチュークによって客観的に「認知」される資格をもつことになったのである。このようにしてこの「期間画定」は「教会攻撃」を研究するにあたってのモデル的意味をもつようになった。このことから当然に次はN・トゥルストルップに向うべきであるが、その前にC・ヨーアンセンの研究を瞥見しておこう。

六　C・ヨーアンセン

C・ヨーアンセン Carl Jørgensen は、この「期間画定」の問題に関する限りは、先述のV・クレステンセンの影響は受けておらず、むしろそのもう一つ前のJ・ホーレンベーアの線に連らなると考えられるが、その「期間」の内容についての研究に関しては、いままでの誰よりも詳細を極めており、最終のN・トゥルストルップの研究を考察する上で見過ごすことの出来ない研究と考えられるので、ここで簡単に検討しておきたいと思う。C・ヨーアンセンは目下の問題を大著 S. K. En biografi med særligt henblik paa hans personlige etik. (kbh. 196)『S・K　彼の個人的な倫理学を特別に注目した伝記』の第四分冊 De tavse aar「沈黙の数年」(全一六四頁）で論じている。これは一八五二年一月から一八五四年十二月十八日の教会攻撃突入までの三年間を「沈黙の数年」と名づけて、主としてこの間のキルケゴールの多量な日誌を仔細に調べながら、その間におけるキルケゴールの信仰的意識の過程を実に詳細に記述したものである。その記述の特徴は、この全期間を一八五二年、一八五三年、一八五四年とはっきり三つに分け、その各年におけるキルケゴールの信仰と行動とを細大もらさず記述している点である。しかもとりわけ注目されるのは、彼がキルケゴールの「祈り」と「肉中の刺」との関係を最も重視し、それについて特別に深く論じている点である。[10]

このようにしてヨーアンセンはキルケゴールの信仰的意識が深まって行く過程を辿りながら、それが教会攻撃へと至る道程をなしていることを訴えているのである。その意味においては、ヨーアンセンの研究はこの期間の内実についての考察という点では最も詳細なものと言ってよいものである。さて、このようなヨーアンセンの研究は、既に述べたように、V・クレステンセンのあの研究からは全く影響を受けておらず、にも拘らず「三年間」という期間を区画したのはそのもう一つ前のJ・ホーレンベーアの研究をこそ参考にしたと考えられる。しかしこのヨーアンセンの研究も、V・クレステンセンとG・マランチュークの線とは別に独自に、この「期間画定」の研究史に寄与したことは充分認められ得る。従って、このようにしてこの「期間画定」の研究史は、V・クレステンセンとG・マランチュークの線がC・ヨーアンセンの独自の研究と合流するようにして、最終地点としてのN・トゥルストルップにおいて、明確な綜合を見ることになるのである。

七　N・トゥルストルップ

N・トゥルストルップがキルケゴールの教会攻撃とその開始直前の「期間」の問題を扱ったのはK. og kirken i Danmark. (Kbh. 1985) においてであり、とりわけ、その「期間画定」の問題を論じているのはそれの二七四頁から二七六頁までの間である。その個所は決して長文になっているわけではないが、そこにはいままで本節で述べてきたこの問題の研究史の成果がすべて凝縮され簡潔に表現されている。まず注目に値いしたのは、彼はW・ラウリーに賛意を表しながらも、ラウリーが提示した「二年半」よりも更に長く「約三年間」となし、その「三年間」を、C・

ヨーアンセンの言葉を借りたとも思える「沈黙の」tavsという言葉を使い「S・Kの沈黙の三年間」S. Ks tre tavse år と呼んでいる点である。[11] すなわち、トゥルストルップは、キルケゴールが一八五一年九月一〇日に「自己吟味のために」Til Selvprøvelse を出版して以降三年以上も外部に対して沈黙を守るという態度をとり続けたということを一つの区画として考えているのである。そして次のように述べている。「キルケゴールは、この期間を、彼が国家教会に期待し、しかもたえず空しい願いの持ち続けに終っていた。それ自身の罪の告白がどうしてもなされないならば、やがて彼自身が始めざるを得なくなる大っぴらな形での教会攻撃を準備するための時間として用いたのである。…その三年間に書かれたキルケゴールの日誌は、国家教会に対してどのように抗議がなさるべきか、またその闘いはどのように進められたらよいか、という問題への熟考によって膨れ上がっている。[12]」このようなN・トゥルストルップによるこの「期間」の意味付けによって、この「期間画定」の問題は最終の決着点に達したと見てようであろう。すなわち、一八五一年九月一〇日から始まり一八五四年十二月十八日の「教会攻撃突入」までの「三年三ヶ月」は確にキルケゴールにおいては「沈黙の三年間」であり、それは「教会攻撃」を始める前の、その攻撃の仕方を熟考していた準備のひとときであったと言うことができよう。

以上私はこの「期間画定」の問題に関わった七名の研究者の見解を検討してきたが、この問題は以上のようにして「教会闘争」の問題を考えるにあたってわれわれ研究者すべてが必ず携わらなければならない一つの重要なパラダイムとして性格づけられたのである。

では、この「沈黙の三年三ヶ月」の間に、キルケゴールは、彼が予感し目論まざるを得なかった。「教会攻撃への突入」の時を目前に控えて、実際には、何をしていたのだろうか。

注

（1） 特に本書「序論Ⅱ」参照。

（2） J. Hohlenberg: Ibid., S. 260.
（3） Ibid., S. 269.
（4）（5） V. Christensen: Ibid., S145.
（6） Ibid., S. 138.
（7）（8）（9） G. Malantschuk: Ibid., 92, 93, 93.
（10） C. Jørgensen: Ibid. IV. S. 26, 54–62.
（11） N. Thulstrup: Ibid., S. 274.
（12） Ibid., S. 274ff.

第二節　この「期間」何が為されていたか

この「三年三ヶ月」におけるキルケゴールの動静については、いくつかの事項を部分的、断片的に考察したものが多く、またそれらを時間的順序に従って記述するのが通例になっていた。そしてこの「期間」の全体を全面的に取りあげ仔細に分析的に考察した研究は殆んど見当たらない。そのようなことから、私は、この問題にもっと深く関わるために、次のような方法をとることにした。すなわち、まず前節で紹介した研究者たちの研究成果を充分参照しながら、しかし自らの目で、この「期間」におけるキルケゴールの日誌類 Pap. X^4, X^5, X^6, XI^1, XI^2 を読み通し、この「期間」に彼が関わりをもった生の領域についての彼の記述を分類し、それら各々がどのような過程を辿って「教会攻撃」の時点にまで至ったのかを考察し、その関連を究明しようとする方法をとった。つまり、このようにして、この「沈黙の三年間」キルケゴールは何を為していたのか、そしてそれらがどのようにして「教会攻撃」へと至ったのか、その事情を知ることができると考えるのである。

そこで、このような観点からその記述を分類してみるとき、それは次の五つの領域についての記述になることを知らされる。

1　まず注目されるのは、一八五一年九月から一八五三年三月末にかけて彼の「信仰的意識」はますます深まってゆき、とりわけ、一八五二年六月頃から一八五三年一月にかけては自らの「祈り」の問題に集中しているのである。しかしそれは、「祈る」行為の外部から「祈り」自体を問題化し否定的態度をとるような状態ではなく、明らかに「〈祈り〉の世界」の内部で自らの「祈り」を検証するという極めて独特な真摯な姿勢のものであった。こうしてその「検証」を通じて、彼は、実に貴重な二つの体験をしている。一つは、それを通じて彼は新たに量り知れない「摂理の体験」をしたこと、もう一つは、自らが「何者」であるかを知ったことである。それは、自らが決して「使徒」ではなくて、Extraordinaire（異常な人間、特別な任務を与えられた例外的人間）であることを知ったことである。しかしこのことの認知と確信こそが来るべき「教会攻撃」における自らの役割への確信の根拠となったのである。

2　次に注目を引くのは、一八五一年九月から一八五三年十一月二日までの日誌に見られる「ミュンスター記事」である。それらは、キルケゴールが「ミュンスター監督」についての考察をますます深め、やがては必ず「衝突」が起こり得ることを覚悟している旨を示している。そのため同監督の「問題性」を徹底的に究明しようとしていることを示している。とにかく、この期間、キルケゴールは「ミュンスター監督研究」に没頭しているかのようである。

3　しかしキルケゴールは、そのようにして、実は、「ミュンスター攻撃」のための戦略を練っていたようである。そのことは、「ミュンスター研究」を、そして「ミュンスターと既存の教会体制との関係の研究」を、前述のように「日誌」の中だけで行っているのではなく、このほかに実に厖大な量の、しかもさまざまな種類の大小の「草稿」の中で展開していることによって明らかである。それらはいずれも教会攻撃のために準備された武器であり、弾丸であり、戦略図である。しかしそれらを読んでいてふとそして痛切に感じさせられるのは、キルケゴールがこのようにミュンスターと既存の教会体制との関係の「研究」を多量な「草稿」において行っていることは、明らかに彼が「詩人の立場（著作家の立場）」からの「教会攻撃の準備」を意図していることを意味するものとして受けとれることである。

4　しかし更に驚かされるのは、この期間キルケゴールは、「教会攻撃の準備」を、そのような「詩人の立場」（著作家の立場）からだけでなく、「牧師職を目ざす者の立場」からこそ行っているという点である。この期間彼が何よりも最も基本的な課題として取り組んでいた問題は、やはり「牧師職」の問題であった。この問題との取り組みはまだ終ったわけではなく、むしろ「最終局面」を迎える段階にあった。しかしこの段階へ入ることによってキルケゴールは、一面では、その職が与えられるための忍耐の極限を過ごし、他面では、それを通じて、「より高次の力」の迫りを実感し、一八四八年の復活祭体験の地点へと再び同時的になる感動をもち、更に自らの「異質性」における使命感への高次の了解を新たにし、こうして遂に彼自身の「教会」観と「牧師職」の概念とを得たのである。しかしそれは正に「牧師職を目ざす者の立場」からの「教会攻撃の準備」を意味していた。

5　こうして「教会攻撃」に突入するまでの最後の一年間を迎える。その間ミュンスターの死やそれについてのマルテンセンの追悼説教をはじめさまざまなことがキルケゴールの周辺で起こったが、彼の最大の関心事は、いつ「教会攻撃」を開始するかにあった。彼は、さまざまな条件を勘案し、熟慮に熟慮を重ね、その「時」待ち続けた。それは超人的とも言える程の、筆舌に尽し難い忍耐の時期となった。こうして彼は、満を持して「瞬間」の訪れを待ったのである。

いずれにせよ、この「三年三ヶ月」は、このようなことが行われていた期間であり、それは、「教会攻撃」の開始を前に控えた、実に濃密なひと時となったのである。

以下この五項目について述べるが、これらの中で第四項目の「牧師職の問題」はこの次の「第七部」の中に含めて述べることにする。

第三章　「信仰的意識」の更なる深化、「祈り」への集中とその検証、更に新たな「摂理の体験」、Extraordinaire（異常な人、特別な任務を与えられた例外者）の自覚

一八五一年九月以降のキルケゴールの日誌は、彼の信仰的意識が凄じいと言ってもよい程の勢いで深まって行ったことを示している。先に「第五部」で述べた彼の「懺悔者」としての意識は更に深まり、それは彼をして「〈祈り〉の世界」へと導いて行ったらしい。とりわけ、一八五二年六月から一八五三年一月にかけては、彼が、驚歎に値いする程の深みから「自分の祈り」を問題化することに集中していたことを知らされる。しかしそれは、決して「祈り」の外部に立って「祈り」そのものを否定すると言ったような体のものではなく、遂に「〈祈り〉の世界」の内部深くに入り、そこにおいて、自らの「祈り」そのものを問い「検証」するという態度のものであった。こうして彼はその検証を通じて、自らの「祈り」がもつ問題性を率直に認知したのである。しかし同時にこの営みを通じて彼は二つの貴重な体験を与えられたことを述べている。一つは、新たな「摂理」の体験であり、もう一つは、自らが「使徒」ではなく、「特別に任務を与えられた例外者」であることを知らされたことである。しかし以上の一連の事実や体験こそ、来るべき「教会攻撃」に打って出るための信仰的根拠をなす性格のものだったのである。つまり、この「三年三ヶ月」という「沈黙の期間」はこれを根幹として過ごされていったのである。本章では、以下これらについて考察することにしよう。

第一節　最初の「九ヶ月間」の日誌内容の特徴

一八五一年九月からの最初の「九ヶ月間」の日誌記述は実に多様な内容から成っているが、先に述べたような基本的視点のもとに読んでゆくとき、そこにははっきりといくつかの特徴が浮かび上がってきて、しかもそれが大きい一つの連関をもっていることを知らされる。

まず注目されるのは、ソクラテスに関する記事や明らかにソクラテスを念頭に置いて書かれた記事が非常に目につくことである。例えば、X^4A412, 415, 463, 466, 497 等々がそれにあたる。それらの内容はそれぞれ異なるが、殆んど共通している点は、ソクラテスの中に、彼は異教に属する者であるにも拘らず、一つの「イデー」を求めて「死」を選んだ姿を見ており、それを評価している点である。つまり、キルケゴールは、そこに、同時代のキリスト教国には全く見られなくなった「使徒」にのみある特性を見ようとしていることが窺える。少なくとも、キルケゴールは、ソクラテスの中に、キリスト者のあるべき姿の片鱗が見られることを、共感的に評価しているのである。

もう一つは、記事の数は少ないが、M・ルターとプロテスタンティズムに関する記事が注目される点である。例えば、Pap. X^4A428, 521 等がそれである。それらに見られるキルケゴールの見解は実に明白である。すなわち、彼は、ルターにおける真実なものをいわばプロテスタンティズムの原点として真実に評価している点である。しかし他方その後受け継がれてきたプロテスタンティズムを偽善的なものとして非難している点である。こうしてキルケゴールは「ルター」の中に「真実なもの」を見ようとしているようである。

更にもう一つは、以上の二件に対置させているかのように、キリスト教の本質を究明しようとしている記事が無数に見られる点である。つまり、それらにおいては、「キリスト教」は「ソクラテス的なもの」とも「プロテスタンティズム」とも全く異なるものとして記述されている。それらのテーマをなしているものの主なるものは、苦しみ Lidel-se、倣い（＝あとに従う）Efterfølgelse、使徒 Apostel 等々である。それらはいずれもキリスト教における「極限的なもの」を意味しており、従って、この時期キルケゴールは確かに、ソクラテス的なものや異教的なものとの「対置」の意識のもとで、キリスト教における極限的なものに関わっていたことが分かる。しかしそれらの記事を通読してみるとき、それらの随分多くは、キルケゴールが、キリスト教の根本問題との関連において、自らの「著作家としての立場や位置」を、確認しようとしているものが多く見られる（しかしこれについては、第五章第二節Ⅱで詳述する）。こうしてこれらの記事は、あの『自己吟味のために』の出版によって生涯の著作活動を完全に終了させようとした後も、自らの「著作家としての立場」を問いながら、「キリスト教の真理」の理解をめぐって、真剣な探究の努力が続けられていたことを知らされるのである。

　こうして、一八五二年四月になると、確かに彼には、これまでの自分の生の軌道を思い切って打ち破ってしまうようなことを敢えて試みることが起こったらしい。そのことは、その四月頃の日誌からは全く分からないが、それから一年半後の一八五三年十月十三日の日誌 Pap. X^5 A146 の中に、記されているのである。この日誌は「私自身について」という題のもとに約五頁分もの長文のものであり、この時点の気分のもとで過去を回顧しながら書いた文章である。その中でキルケゴールは、レギーネとの関係を終熄させた後の空虚な気分の中で、キリスト教とは何か、という問題に飢えをさえおぼえ、キリスト教は決して教義命題の合計ではなく、人が「キャラクター」になって奉仕することである、と述べた下りに関連させて、次のように記しているのである。

「この一年半の間私は自分の生活様式 Livsmaade をずっと変えてきた。私は何を耐えることができるかを知ろうとして、そのすべてをである。

それでもなお、私には禁欲ということはこじつけのように思える――だから私は再び恩寵へと帰ってゆく。[1]」

　これらの言葉は何を意味するのだろうか。

　私がここで最も注目したいのは「この一年半の間」という言葉である。これが書かれた日から一年半というと、この一八五二年四月十三日位いになる。つまり、その言葉はこの四月頃にキルケゴールの生活様式の全体を変え始めることが起こったことを示しているわけである。しかしこの四月における日誌記述からは、そのことに関連をもっていそうな目立った何かを見出すことはできない。ただ翌月の五月には「彼女について」という題で三頁半もの長文の日誌記述が見られ[2]、そこでは、一八五一年二月に街路上で頻繁にレギーネと出会い十二月三十一日がその街路では最後になった旨が記されており、しかしその後も別の場所でまた教会で出会ったことが記されているが、その記述の全体には、彼女との関係を終熄させる意向が貫いていることが読みとれる。そしてこれより何日か後の五月末の頃と考えられるが、やはり「彼女について」と題した半頁程の日誌が見られる[3]。しかしここでも彼女と「姉妹関係」をもち得ないことをめぐって、やはり彼女との関係を終熄させる意向が働いていることが読みとれる。このように見てくると、レギーネへの思いについてこの二つの記事は目下の件に何らかの意味をもっていそうにも考えられるが、しかしそれらに確証らしきものを求めることはできないように思える。

これらのほか四月と五月の日誌記事にその理由と考えられるような目立った記述を見出すことはできない。

このようなわけで、ここでどうしても注目されてくるのは、既に述べたところから明らかなように、前年の九月以降から続けられてきた「キリスト教」に関する記述に見られる信仰の深まりとの関係である。キルケゴールは、その間「キリスト教における極限的なものにますます深く関わり続けてきた事実があった。そこでこの事実をやがて六月において起こったある意味では決定的な力をもつ摂理の体験との関連で考えてみるとき、その四月及至五月にはいかにもキルケゴールらしいあの天才的な「予感」に基づく身構えとある種の行動が起こされ始めていたことは充分理解できると考える。つまり、その「生活様式」の全体的な変化は、そのような「予感」に基づいての行動であったと考えられる。

このような視点のもとで、この五月最後の日誌 Pap. X^4A545 を読むとき、それはいま正に六月を前にして、やがて近い将来何かが起こりそうな気配を感じさせる、息の詰まりそうな感じを与える文章になっていることを示している。その日誌は、「私の人生の行程」Mit Livs Fart という標題をもった一頁弱の文章である。しかしこの標題からも推察され得るように、この文章は、先に言及した五月に入って書かれたレギーネについての二つの記事と関連しており、つまり、自分がレギーネを棄てて著作家になった次第を、この五月末になって（その二つの記事との関連のもとで）記したものである。その記述によると、キルケゴールは、自分が恐ろしいまでに内面的に苦しむ著作家になったこと、そしてイデーのためにその内面的な苦しみにおいて耐え続けたことを述べている。そして一八四八年、あの復活祭体験において祝福に圧倒されるという救いを得た。そしてその時「最高のもの」を理解する体験をもった。しかしそれを理解したときと殆んど同じ瞬間に、何か全く新しいものが自分の頭の上から落ちてくるのを経験したという。それは、「最高のもの」というのはその「最高のもの」を理解することではなくて、それを「行為すること」だということである。そして自分は、このことに気付いたことによって、一般的意味での著作家とは異なる著作家であることを、知ったという。つまり、自分は自分が理解しているものを実存することにおいてより容易に表現してゆく著作家であることを知ったという。そして自分はそのことを理解したので、自分は自らすすんで自分自身を「詩人」として言い表わすようになった。つまり、自分には他の著作家よりもずっと容易に行為することができるという資産をもっているという意味であるという。このように述べて更に次のように続けて記している。

「しかし再び次の命題が戻ってくる。すなわち、最高のことはその最高のことを理解することではなく、それを行為することである、という命題である。そして、すべてのことの重点がここに置かれていることが銘記されるべきなのだ。

そのとき私ははじめて次のことを真に理解したのである。すなわち、『恩寵』Naaden が備えられているに違いないということ、さもなければ人間はそれを行為し始めようとする瞬間に息を詰まらせてしまうに違いないということである。

しかし、しかし、『恩寵』は決して、その行為することの努力を妨げるために、持ち出されるべきではないのだ、否、やはり再びこうなのだ、最高のことはその最高のことを理解することではなく、それを行為することだということである。[4]」

この文章は、真に「極限的なもの」に関わっている者が正にその極限においてその問いを真に誠実に受けとめている息の詰まるような場面を映し出しているようである。何かが起ころうとしている。

そしてその「予感」が実際に「現実のもの」となって起こったのは「六月十九日」であった。

注

（1） Pap. X^{5}A146
（2） Pap. X^{4}A540
（3） Pap. X^{4}A544
（4） Pap. X^{4}A545

第二節　一八五二年六月十九日、偉大な摂理の力の実体験

一八五二年六月からの日誌はJournal NB^{26}に書かれており、それは六月四日から始まり八月末まで続いているが、その六月に入ってからの記述には、前述の五月末の気分や状況をそのまま受け継いだような、いわば抗しようのない力に迫られ押し動かされているようにして次々と書かれてゆく明らかに前月までの日誌とは全くトーンを異にした趣きを感じさせる。しかもそれら個々の記述には非常に長文のものが目立つ。それらの記述は、キルケゴールが明らかに何か大きな力に押されるようにして書いていることを感じさせる。こうして彼は遂に、一八五二年六月十九日、「牧師職」をめぐるこれ以後の彼の歩みの方向を決定づけるような大きな体験をするのである。それはあの「一八四八年四月十九日における私の全本質の変化の体験」（=復活祭体験）を上まわる程の大きな体験だったのである。そ

してそのことによって、この一八五二年六月十九日の出来事は、ある意味では、この「三年三ヶ月」の間における「決定的瞬間」を意味するものと言ってよいであろう。そこで本節ではこの「一八五二年六月十九日の日誌」Pap. X^4 A560を検討してみることになるが、それをよりよく理解するためには、恐らくその前日に書かれたと考えられるPap. X^{4}A559からの関連を辿ってゆくのが妥当と考えられるので、ここではそのような順序を踏んでゆくことにしたいと思う。

この二つの日誌記事には何よりも「牧師職」Præsteembede の問題が関わってくる。既に述べたように、キルケゴールは、前年の八月ミュンスター監督との最後の会話以降は、この「牧師職」問題を決して諦めたのではなく、「しばらく時を待ち様子を見る」状態へと入っていた。このことは、ミュンスターが既に老体であるということへの常識的判断によったのではなく、むしろキルケゴール自身のいかにもキルケゴールらしい信仰的判断に、つまり、自分はこの問題を解決すべく「自らの力で人為的に」動きまわることをせず、むしろこの問題こそこの問題の本質に相応しく「摂理の力」に一切を委ねてその「摂理の力のままに」その事態が進行してゆくようにという判断に、身を委せていたのである。いや、それは彼の「祈り」そのものであった。そしてこの六月は、正にこのことを実感をもって確信させる事態が起こりつつあったのである。すなわち、彼は、そのように「しばらく時を待ち様子を見る」という状態に入っていた正にそのとき、何か「より高次のもの」Det Høiere が自分に働きかけているのを感じ始め、その「力」に従って行動するよう仕向けられてゆく状態へと入っていたのである。Pap. X^{4}A559 の日誌は、「私自身について」という標題で書かれているが、そのことを次のように記している。

「　　私自身について

私が自分の生活をもっと心地よいものにしようとはしていないことを、生計という点でもっと安定させようとしていないことを、それはプライドが高いせいだとか、思いあがりのせいだとか、人は言うかもしれない。それはそういうことなのだろうか。一体、誰が自分自身をそんなふうにしようと思うだろうか。しかし仮にそれはそういうこととするなら、あるいは、そこにはやはり何かその種のことがあるとするなら、私は次のようなこととして考えるのだ。すなわち、そのことの意味は、私が正にそのような仕方で持ちこたえてゆくことによってこそ、明らかになってゆくに違いなく、また私はそれによって自分の罰を受けるようになるに違いないということである。

なぜなら、更に言うなら、私の考えは次のようなものだからである。すなわち、私は自分が現に理解している事柄に依拠しているように思えるのであり、つまり、私には何かより高次のもの Det Højere が私に向かってほんの少しでも可能性がある限りはいまの状態を持ちこたえてゆくようにと要求しているように思えるのである。(私にはもう少しの間は耐え続けることがまだ確かに可能であるのに)私が遂に自分の生活を安定させてしまうや否や、私は有限化されてしまうのであり、この世はそのすべてをあげて直ちにもう危険人物はいなくなったと理解するだろう。私にはたえずこんなふうに思えてならないのである。すなわち、私のうちには何かより高次のもの noget Højere が働いているということ、だから、私は、そのより高次のものに仕えるために出来得る限り長い間耐え続けること意外の仕方で身を護ることはできない、と考えるのである。たとえ私が間違ってそんなことをしているとしても、その罪は神の名において赦されることができるだろうし、その罰は勿論この世の生活の中で下るであろう。しかしそうではなく、もし私が、いまこそ自分の生計のために何かをしなければならないということが真実のものとなってくる前に、自分勝手にその耐え続けることを止めてしまうなら、もし私がそんな仕方でそれを止めてしまうならば——そしてしかもなお私のうちにその何かより高次のものが働いていて、それが私において、そしてまた私によって前面に現われようとしていたとするなら、おお、そのことを、私は、あの世において初めて見出すことになるだろうが。しかしそれでは遅きに過ぎたのである。」

これは何とキルケゴール的な文章ではないか。彼は、目下の生計上の窮迫を、何か自らの人工的な施策を弄することによって「牧師職」を獲得するという仕方によってではなく、その「牧師職」というものの本質に相応しい仕方によって、つまり、正にその「より高次のもの」そのものの力によって、つまり、その「より高次のもの」にすべてを委ねる仕方によって、解決しようとしたわけである。そしてそのためにこそ、その「より高次のもの」によってそのことが実際に行われるのを感じとることができるようになる時まで、つまり、いまこそその「牧師職」に飛びつかざるを得ないと感じる時まで、「時を待ち耐え続ける」ことを述べているわけである。

こうしていよいよ「六月十九日」になる。この日の日誌 Pap. X⁴A560 はまるでいま述べた日誌の続きのようにさえ読める。それだけ深く関連することが起こっていることについての記述である。この日誌は、極めて重要記事であることを示すいままでの仕方と同じように、はっきりと年月日が記してある。しかしこれは四頁分の長文のものなので、ここでの全文のそのままの訳出は紙幅の都合上到底不可能であるので、その要点だけを述べることで満足しなければならない。

この日誌も「私自身について」という標題になっており、端的に言うならば、その全文は、先の日誌で強調されていた「より高次のもの」Det Høiere との関係のもとで「自分自身」をどのように理解するようになったか、その新しい開明についての記述を内容としている。それによると、このたびそのようにして行われた「自己理解」は、一八四八年四月十九日に起こったあの「復活祭体験」における「自己理解」よりもはるかに飛躍的に前進しており、それはある意味では、彼自身、自己自身についての決定的な開明に達したらしいことを示している。その全文は次の四点から成っていると考えることができる。

まず第一に、彼は、いま自分はあの一八四八年四月十九日のあの頂点へと再び帰り着いたような地点にいるということについて、そのときの体験がどういうものであったのかを改めて説明することから始めている。それは自分の「異質性」Ueensartethed の意味をはっきり理解したことであり、それによって、生存の全体がいままでとは全く別様に見えてきて、自らの全存在も全く別様のものとして理解するようになった、ということだという。その辺の消息を次のように述べている。

「私は、自分を他の人々とは元々異質性のうちにあると理解していることによって、そしてまた肉中の刺によって、大きな内面的苦悩のうちに著作家となった。

そのようなわけで、私は来る年も来る年も、諸々の苦悩に抗して、新たな苦悩に抗しても、つまりやじ馬たちの迫害に抗しても、耐え続けてきたのであった。しかし私は、〔神によって〕そのように私のために為されていたことに対して決して充分に感謝することはできずにいた。

しかしその時一八四八年が訪れてきた。私はいままで決して知ることのなかった高みへと引き揚げられたのである。そしてそのとき私は私自身を全く過ぎ去ってしまったものや通り越してしまったものの中にあるものとして理解したのであった…[1]」

しかしそのようにしてやがて自分の「異質性」には神からの課題が負わせられているということ、つまり、自分のそのような「異質性」こそ実は、キリスト教とは何か、を明白にするための課題を担わされているものであること、しかしそれは知的な熱中の中でキリスト教への自分の関係を自由に規定することではなく、知的な熱中の中でイデーのために一切のことを耐え貫くという課題だということである。こうして、このように自分を理解して、このことを更に強めるために、どこかの田舎の村に牧師として出ようと試みた。ところが、それは実現せず、ためらいが目覚めてきた。そして自分は自分の生計の問題を真剣に考えざるを得なくなった。そしてこのことと関連して不幸や苦労を経験した。キルケゴールは一八四八年四月十九日の体験をこのように述べ、いま自分はその地点へと再び帰り着く体験をしていることを述べているのである。

こうして第二に、彼は、いま自分は再びあの一八四八年における自己理解の高みへと帰り着くことになったが、しかしその時よりも「より高次の理解」に達しているのを覚えることを述べている。つまり、いま自分は、自分がその「異質性」においてあることをその時よりももっと強く理解しているということである。そして正にそのことによって、自分が殆んど忘れかけていたことを、つまり、その異質性ゆえに自分は牧師職を受け継ぐことはできないのだということを、思い起こすことになったという。そして更に次のように付け加えている。

「Ordination（聖職授受）ということが私に妨げとなっている。それゆえ、私の考えは、より強く牧師養成所への任用という点におかれていた。しかし、牧師を養成するという職を請け負うことも難しいことになった。(2)」

そして第三に、彼は、その「異質性」についての自己理解が、あの一八四八年の場合よりもどんなに「より高次のもの」になったかを、具体的に述べている。それによると彼はいまその「異質性」の自己理解において「知的な熱中」の規定のもとに属しているのではなく、キリスト教と直接的な関係をもつに至っているということ、すなわち、キリストの教えのために直接的に苦しむということとそのことの中にあるということ、つまり、その苦しみを背負うことによって直接キリスト教そのものによってわが身を支えるようにしている、というのである。そしてそのような状態、関係を表わす概念として「キリストへの倣い（まねび）」Christi Efterfølgelseということが前面に置かれるようになったという。そしてこのことがキルケゴールにとってどんなに強烈で真剣なものであるかを、次のように記している。

「(私は自らが異質性の中にあるままで在り続けなければならない…) おお、神よ、あなたこそその御手をもって、私を上から抑えて下さり、私があの憂いの長い期間に同質性の方向へと行こうとしたり、その方向へと一歩踏み出そうとしたりしないようにして、そのことによって、私がその頃の日誌の一つで私が恐れていたこととして強烈な言葉で述べていたことを、つまり、胎児を取り除こうとすることを起こさないように、そして更にその上私がかなり長い期間むなしい苦労をすることになったであろうものに…巻き込まれないようにして下され、こうして遂には、私が来世に到着したときそこで抗議を受けることがないようにして下さいました。(3)」

こうして第四に、この日の体験の究極のことが、「キリストへの倣い」Christi Efterfølgelseという課題が前面に持ち出されなければならないということが、述べられている。しかしこの場合も、彼が従来ずっと堅持してきた「権能なしに」uden Myndighedということが今後も彼のカテゴリーであり続けなければならないことが強調され、これとの関係が問題とされてゆく。そして彼は、この両者の関係の問題こそが一年前に出版された『私の著作活動について』や『金曜日の聖餐式における二つの講話』の序文や、更に『自己吟味のために』の中で「私は詩人である」と宣言していることに関係していると言っている。そうしてこの件について次のように記している。

「〔それらの著作においては〕〈恩寵〉こそが決定的なものであるが、〈キリストに倣う〉ということが持ち出されることになっている。とはいえ、私は自分の能力やその他のことに決してびくびくしているわけではない。それに関しては、私は〈ひとりの詩人〉en Digter にしかすぎないからである。けれども、私の人生は、既に長い間、私が詩人であることより以上のことを表現してきたが、更に私が異質性のうちに在り続けるときには、もっと詩人であること以上のことを表現することになる。

しかし私のうちの自然規定であり私の本質からは分かち難いこうかつな──論争的なものは、またもやここでも保持されていた。なぜなら、何とアイロニカルなことだろう、一〇〇〇人の牧師やまた教師たちがいるということ（つまり、そのこと自体は単に詩人であることよりもはるかに高次の何かなのである）、そして国民のすべてが例外なくキリスト者であるということ（これもまた〈詩人〉であること以上のものである）。しかし私はひとりの詩人にしかすぎないのである。(4)」

このようにして記した後、彼は再び「祈り」の言葉を記している。それは、いまこそすべてのことが自分にとってどんなにはっきりと見えてきているか、どんなに無限に多くのことが神によって自分のために為されてきたか、ということへの神への感謝の言葉である。すなわち、自分が真に祈るべきことは、異質性から脱却すべきことではないこと、そうすることが自分の課題ではないこと、いや、自分は同質性のうちにある安定性をもとうとすべきではないこと、いや、自分はずっと異質性の中に在り続けることにおいて「あなた」（神）のもとに在り続けているのだということ、そしてそのような状態においてこそ真にそのことから神による祝福を知るのだということである。(5)

こうして最後にもう一度、現在の心境を、一八四八年のあの心境と比較して、いま自分はその時程に溢れでるようなものを感じてはいないが、確かに勇気と喜びとを感じていると記している。しかしそれというのも、いま自分にはやはり生計上の心配があるので手放しで喜ぶわけにはゆかないからだという。にも拘らず、いま自分は、一八四八年の時よりもはるかに確かにより静かな確信の中で、平安と喜びとを感じている、と結んでいる(6)。

この日の日誌は以上のようなものである。それは、彼がいままでそれによって苦しめられそれから脱け出すことこそが自らの「課題」であり神への「祈り」であったその「異質性」というものが、実は、これこそが「キリスト教とは何か」ということを真に知るために神から与えられた条件のようなものであり、それゆえにこそそれが与えられてあることは「恵み」であり「祝福」であることを知ったことである。その意味においてそのことは、あの「肉中の刺」の意識を通じて知った「恩寵」と「祝福」の認知に通じているものであることを意味する。

このように、六月十九日の出来事は、彼に、全く新しい地平を体験させ、全く新しい質において生きることを決定づけた。そのことは、この出来事の起こった日の翌日「祈り」についての二つも文章を書いていることによって分かる。つまり、この出来事は、彼を、新しい「祈り」の世界へと引き入れる程のものだったのである。いや、彼は既に、「〈祈り〉の世界」に入っており、その内部で自己自身を考えているのであり、そのようにして自分の「祈り」そのものについても考えているのである。

注

(1)(2)(3)(4)(5)(6)　Pap. X^4A560, S. 379, 381, 381, 382, 382, 382.

第三節　自分の「祈り」への問いと検証（I）――「一般人の祈り」と「真理の証人（使徒）の祈り」との狭間での「祈り」

自らの「異質性」を、先に述べたように、「神から与えられた恵み」として受けとめ、決して「同質性」（＝官職としての牧師職）を自らの力で獲得しようと人為的な画策はせず、そのものの本質に相応しくただ「神の摂理」の御手のままにすべてを委ねて待つということ、これをキルケゴールは「祈り」を通じて行った。
このような決定的な意味をもった「摂理の体験」があったとき、キルケゴールは必ずそのあとに「祈り」についての文章を書いているが、今回も正にそうである。いや、今回こそますますそうである。彼は、その六月十九日の翌日と考えられるが、その「祈り」についての手記を二つも、殆ど続けるようにして、書いている。しかもその二つの文章は、今回の体験がただ「祈り」の世界においてのみ妥当に対応し得る性格のものであることを、如実に示している。その二つは、いま彼がどのような姿勢で「祈る」かその「祈り方」そのままでも真剣に考えていることを示している。「祈り」についてのキルケゴールのいままでの文章の中でこれ程までも深刻な意味をもった文章を私は他に見たことがない。以下二つ続けて紹介しょう。

「　　祈り――と祈り

何と無限なる相違があることか。ひとりの祈る人は、何日かすれば、あるいは、何年かすれば、事態はきっとよくなるという思いを画きながらただひたすら生きることに徹しており、従って、全存在が有限的なものとして規定されていることにより、神とは最後は自分を助けて下さる方として関わっている。もう一人の祈る人は――それゆえ真理の証人はこの方になるに違いない！――最後の時まで全人生がますます苦しみの中にあることを見通して、神に向かっては、自分がその苦しみに耐え続けるよう強めていただくことを祈る――従って、彼は、そのことによって、彼が、神に祈るたび毎に、自分自身を強めてゆくことになり、その苦しみを遠ざけようとすることなど問題にすらなってこない程にますます堅固なものになってゆく。[1]」

「　　祈り――と祈り

〈憂いをもち、打ちひしがれ、苦しみの中にある人なら誰もみなただ祈ることにのみ慰めを見出すことができる〉全くその通りだ、本当にそうだ。けれども、こういうことに注意を向けてみたらどうか。すなわち、われわれ一般人が神に祈るには、この苦しみが終りますように、われわれにもっとよい時が与えられますように、ということである。——こうしてわれわれは祈ることの中に慰めを見出すのである。しかし真理の証人が神に祈るのは、この苦しみに耐え続けることができるように自分を強くして下さい、ということである。従って、彼は自らがその苦しみの中へますます深く入ってゆくことを祈るのである。だから、彼は内面化すればする程ますます神に近づいてゆき、苦しみの中でますます堅固なものとなってゆく。あなたにはこのように祈る勇気があるだろうか？[2]」

六月十九日の直後このような二つの「祈り」の文章を書いていることは、その日の体験をいかに真実のものとして受けとめ、それとの関係のもとでいかに自己自身と真剣に向き合っているかを物語っていると言ってよいであろう。すなわち、彼は、この文章において、目下自分は、「一般人としての祈り」をするか、「キリストへの倣い」としての「使徒」の「祈り」をするか、という実に深刻な問いの前に立たされていることを、しかもこのことを、最早教義や理論の問題としてではなく、真実に「祈り」の問題とし受けとめそのようにして対応しようとしていることを、示している。この問題をこれ程までに深刻な受けとめ方をしていることを何と形容したらよいのだろうか。しかし彼の日誌記述から判断される限り彼が「真理の証人の祈り」を自らの祈りとしたという証拠は得られない。彼はそれをあくまで信じつつまたそれに励まされつつ問題に対応していたのが事実であろう。[3]

ここに紹介した二つの「祈り」についての記事が書かれて以降の時期にキルケゴールの生活がどのように展開されていったかについては仲々適切な表現がむずかしいが、少なくとも一年半程は、本節の標題のような姿勢で生きていたと言うことができる。もっとも、その間とくに翌一八五三年一月頃からは確かに新しい要素が加わり、その意味では、この問題も新しい局面を迎える様相を呈するようになったと言うことはできる。しかしそれはとにかくとして、その六月下旬から少なくとも十二月末までの間は、その日誌記述から次のようなことが読みとれると言ってよかろう。その六ヶ月間の日誌記述は約一七〇程あり、その内容はそれぞれ種々様々なものがある。従ってそれら個々の記事は、その間キルケゴールが結構さまざまな事を為していたことを示している。例えば、七月にはあの未刊の続篇『自ら裁け！』の残りの原稿を書き上げ一応完了させていたし、九月一〇日には十二年前のこの日レギーネと婚約したことに想いをはせて一文を書いていたり Pap. X^5A21、十月には住居を Østerbrogade から Klædeboderne（今日の Skindegade 38）へ移したり、またミュンスター監督についての思いと考察を綴った記事を多量に書いたりしている（これについては次章で詳述）。しかし圧倒的に多い記事はキリスト教の本質を問題にしている記事である。そしてそれらには、キリスト教の本質を苦しみ（あるいは、受難）Lidelse を負うことと「キリストに倣うこと」Efterfølgelse にを見ている思想の流れがはっきり読みとれる。しかしここで忘れられてならないことは、それらが極度の経済的窮迫の中で書かれていたという事実である。従って、最も単純な言い方をするならば、一方には生計の窮迫がますます深刻になってゆく事実があって、従って、一刻も早く牧師職につきたいという切なる思いがあるのに、しかし他方ではそれを手に入れることへの人為的な画策はするまいと決心し、ただひたすら「摂理」の御手の導きを信じて耐え続け、やがてその「牧師職」がその本質に最も相応しい仕方で与えられるようになる「時」を待っていたということである。しかしこのことは彼が「牧師職」につくことを諦めたということを決して意味してはいない。既に述べたように、ミュンスター監督はキルケゴールに「牧師養成所」の職を与えなかったが、そのことの決着がつけられた前年一八五一年八月から一年経ったこの一八五二年七月にもそのことについて嘆きの言葉を記しているが、そこにはやはりこのことも含めた「牧師職」につく問題が決して諦められてはいないことが読みとれる。(4) この点についてはG・マラチュークが強調している通りである。すなわち、キルケゴールは、この時点でも、「キリスト教的著作家」として、本質的な点では、正に「著作家」としての立場から「牧師」に関して最後的に設定した「高い理想」を、この現実世界で実現しようと意図していたということができるのである。(5)

こうしてとにかく六月下旬以降キルケゴールは、このように、「牧師職」の問題をめぐって、「摂理」を信じて耐え続け時を待っていたのであるが、その際彼は、この問題を、いかにも彼らしく、「祈り」の問題として受けとめており、その場合彼の分類によるならば、「一般人の祈り」と「真理の証人の祈り」の狭間にあって、その「真理の証人の祈り」をすべきものとして努力していたが、しかし自分にはそれはどこかしっくりせず、そのため「自分の祈り」というものを、真摯に追究していたのである。[6] そしてそれは「牧師職」の問題と合わせて余りにも深く大きい問いとなっていたのである。

注

(1) Pap. X⁴A562
(2) Pap. X⁴A565
(3) Pap. X⁵A72
(4) Pap. X⁴A604
(5) G. Malantschuk: Ibid., S. 92.
(6) Pap. X⁵A72

第四節　自分の「祈り」への問いと検証（Ⅱ）――「真理の証人の祈り」が祈れないことによる「立ち止まり」とそれを通じて得られた Extraordinaire としての確信

キルケゴールは「真理の証人の祈り」が自らの真の祈りと考えつつも、実際にはどうしてもその「祈り」ができなかった。そのため彼はそれが出来ずにそこのところで standset「立ち止まってしまった。」しかしその「立ち止まり」を通じてさまざまなことを深く思い悩んだ末に、二つのことを確信するに至った。一つは、「真理の証人の祈り」は自分にはどうしても祈れないとしても、それこそが「真のキリスト者の祈り」であることの確信であり、もう一つは、それが祈れないということを通じて、自分は「使徒」でもなければ「弟子」でもなく、むしろ Extraordinaire

として性格づけられその任務をもたされている者であることの確信をもつに至ったことである。こうしていま「牧師職の問題」は「祈りの問題」を通じて新たなる方向へと展開することになった。本節ではこの二つの件について考えてみることにする。

I 「真理の証人の祈り」が祈れないことによりそこのところに「立ち止まる」

「真理の証人の祈り」をめぐるキルケゴールの苦悩と苦闘は凄じいものであった。彼はこれこそが真のキリスト者の「真の祈り」と考えながら、しかし自分ではどうしてもその祈りができなかったのである。一八五三年一月に書かれた長文の日誌 Pap. X^{5}A72 はそのことを実に刻銘に記している。つまり、この日誌はまず、彼がその「真理の証人の祈り」をすることがどうしてもできないことにより、そこのところに「立ち止まり」、そこからは一歩も先へ進めなくなったのである。しかしその「立ち止まり」を通じてさまざまなことを深く考える時をもつようになり、その熟考の時をもつことによってかえってその「真理の証人の祈り」に「確信」をもつようになったことを示している。そこでここでは、その辺の事情を、紹介してみたいと思う。

この日誌は「私の祈り方」Min Beden という標題の四頁もの長文の文章である。ここですぐ注目されるのはこの Min Beden という言葉である。一般に「祈り」ということを表わす場合には Bøn という言葉が使われ、キルケゴールもこの用語法に従って著作も日誌も書いている。しかしここにきて突如 Min Beden という言葉を使っている。これは言うまでもなく bede「祈る、願う」の動詞から発しており、これを名詞化しているのである。従って、それが真に意味するところは「祈る行為そのもの」「祈る動作そのもの」を指す。しかしここでは「私の」min という言葉が先行しているので、直訳すれば「私の祈る行為そのもの」となるわけであるが、ここではその意を及んで敢えて「私の祈り方」と訳した。これで明らかなように、キルケゴールは、この文章では、「祈り」一般について記している

かる。

た二つの「祈り」の記事 Pap. X^4A562, 565 が提起している「問い」に「答える」ような意味をもっていることが分
のではなく、ぐっと踏み込んで「自らの祈る行為そのもの」を検討しているわけである。そしてこの文章は先に述べ

さて、この文章全体の内容は、彼が実に正直にそして真摯に、自分がいままでどういう「祈り方」をしてきて、その間どういう問題にぶつかってきたか、その過程を記し、現在はどのような状況にあるのかを述べたものである。その全体は三つの部分から成っていると言ってよいだろう。(1)初期の頃自分はどのようにして祈っていたかということ、(2)しかし成長して神についての観念が変わってきたとき、そこの所で「立ち止まる」ことを経験したこと、(3)しかしその「立ち止まり」は継続しているものの「真理の証人の祈り」こそ真実の「祈り」であり、これを決して誤魔化してはならないということ、以上である。以下この各々について簡単に説明しよう。

まず彼は過去の「一時期」にはこんな「祈り方」をしていたということを述べている。そこでその「一時期」とはいつ頃のことを指すのかということになるが、この部分の文章より後の部分の文章との関連において考えてみると少なくとも「コルサール事件」(一八四六年)以前の時期と推定してよいだろう。その「祈り方」とは次のようなものであった。

「こんな一時期があった――それは私にとって極く自然なことであり、子供らしい時期だったが――それは、神の愛は神がこの世的な意味でのよい贈り物、幸福、繁栄を送って下さることによっても現わされる、と私が信じていた時期だ。しかしそんなことを願っていたり、敢えてお願いするなんて私のたましいは何と愚かなことだったことか――そうだ、なぜなら、私は、われわれは一人一人の全能者を自分勝手に小っぽけな存在にしてしまうようなことをすべきではないというふうに、考えていたからなのだ。だから、私はどんなことでもすべてを、どんな馬鹿気たことでも、祈ってきたのである。とはいっても、一つのことだけはその祈りから外していた。その一つのこととは、私がずっと初期の頃からその中にあって苦しみ、しかしまた私はそれにおいてこそ私が神との関係に属してい

るものとして了解していたひとつの深い苦悩から自由になるということそのことであった。しかしそれ以外の事ならどんなに馬鹿気たことでも大胆に祈っていたのである。そしてその場合、それらの事は（その苦悩だけは別の事になっていたのだから）、つまり、すべてのことは幸いな結果になっていたのである。だから、私のたましいは、どんなに感謝の念に溢れ、感謝をすることに至福を感じていたことか――なぜなら、私は、神の愛はこの世のよき贈り物を送って下さることによって現われるものだということを、正にこのことをこそ確信していたからである。」

キルケゴールは、自分の幼い、あるいは、若い頃の一時期における祈り方を、このように記している。

ところが、やがて成長し、神についての考え方が大きく変ると、「祈り方」そのものも別様のものにならざるを得なくなった。

こうして彼はその次の二番目の部分で、その変化の模様について記している。それによると「神についての考え方の変化」とは、自分が徐々にではあるが次の点にますます多く注意を払うようになった点にあるという。「それは、神が実際に愛した者はすべて、従って、信仰の模範となった者たち等々はすべて、この世では苦しみを受けなければならない者とされていた、ということである。更に言えば、神に愛されるということは、そしてまた神を愛するということは、苦しみを受けることなのだということ、このことこそがキリスト教の教えなのだということである。(1)」

こうしてこのような神概念の変化によって、「祈り方」そのものも変って来ざるを得なくなったということである。というのは、もし神の愛がこのようなものであるとするならば、自分がいままで自分の幸せや幸運を祈ってきたことは、神の愛とは逆のことを祈ってきたことであり、つまり、「神様、あなたは私を愛して下さいませぬように、そして私にあなたを愛することをお許しになりませぬようにと祈っていたのも同じだからだ(2)」というのである。そして神がそのような方であるならば、自分の祈りは、むしろ「苦しみを受けること」を直接求めることでなければならないことになるからだというのである、しかしそのような祈りをすることは自分には余りにも高度なことにすぎるし、それにもし自分がそのような祈りをするならば直ぐ「思い上がり」に転じてしまうだろうと思ったという。そこで、このようなことから、自分には「祈る」ということが別様のものになってきたという。そのことについて次のように述べている。

「みよ、このようなわけで、私が祈るということは、相当長い間、〔あの一時期の場合とは〕別様のものになっていた。つまり、それは、実際には、すべてのことを神に静かに委ねるということになっていた。なぜなら、私には、自分がどのように祈るべきなのか本当にははっきりと分かっていなかったからである。(3)」

しかしこのようなことによってキルケゴールには「立ち止まる」ということが起こらざるを得なかった。彼はこう記している。

「この難問の所で、私は、立ち止まってしまった。そしてしかも、そのように立ち止まってしまったという事柄自体が、私にとって、更なるひとつの難問となった。(4)」

このようにして彼は、この文章のあと、この難問がどんなに難しいものであるのかを説明してゆく。しかしこの難問は結局、神は自分がこの時間の世界で「勝利すること」を望まれているのかどうかという問題に収斂されてゆく。しかしこの問題において、キルケゴールの考えは非常にはっきりしたものになってくる。彼は決して神がそれを望んでおられないことを確信している。彼はこう述べている。

「私は率直に言おう。私がこの時間の世界で勝利するという問題は、そのことを神にお任せすることが神の意志であろう――私が有限的なこの世の知恵を用いることを断念することによってである。(5)」

このように書いているからといってこの時その難問が解決したわけではない。むしろ自分は、神は自分とは別の言語で語られているのではないかと考えるようになった。そしてそのことによってむしろ、神はやはり無限に愛であることがますますはっきり分かってきたという。(6) 従って、「愛のゆえに苦しみを受ける」というそのことも、自分が考えるのとは別様の意味をもっているのではないかと考えるようになった。

こうしてここから、キルケゴールは、更に第三番目の部分の記述へと進んでゆく。そしてここでは、自分は「難問の所に立ち止まっている」がしかしそのことを通じて実に貴重なことを経験していることを述べている。それは別の言い方をするならば、この「難問の所で立ち止まっている」ということは、やはり、神からの愛を求めるために「苦しみを受ける」ことへと入ってゆくことを祈り求めることができずにいる、ということである。[7] しかしそれはキルケゴールの場合神から遠く離れてしまったことではなく、この難問の解決ということも含めて自分のすべてを「神に委ねること」Overladen til Gud であり、その姿勢で神によって解決が与えられることを待つことであった。それについて次のように述べている。

「しかし私は立ち止まっているが、〔その際〕私は神へと一切を静かに委ねることにおいて、その難問に関する詳しい理解が与えられることを待っているのである。そのことは余りにも無限に高度なことだからだ、つまり、神によって愛されることと神を愛することは苦しみを受けることであるということは――おお更に、むなしい、むなしい、私にはなお無限なる不安があるからだ、そのむなしさへの不安が。私は、神に呼び出されていないのに神へと余りにも近づいてゆこうとしていたのだ。[8]」

しかしキルケゴールがこの「立ち止まり」を続け「神にすべてを静かに委せる」という状態を続けてゆく中で、彼には、「神に愛されること、また神を愛することとは苦しみを受けることである」というこの事実を否定しようとするさまざまな考え方の正体が次々と分かってくる。しかしそれらの中でも、このキリスト教国においてとりわけぺてん Mislighed ともなっている一つの考え方について述べている。それは、新約聖書の中のいかにも口当たりのよい言葉、つまり、「使徒たち」や「弟子たち」のほかにもう一種類の人々をキリスト者として認めているかのような口当たりのよい言葉を尺度に用いて、実は「使徒たち」や「弟子たち」の存在を取り除く働きをしている言葉であり、つまり、それは「謙遜」Ydmyghed という言葉だという。キルケゴールによるならば、この言葉は、「苦しみを受けること」から自由であろうと欲するために用いられ、それがぺてんであるのは、次の二つのことを、つまり、一面では、その「苦しみ」という「使徒」に与えられた桁外れの贈り物を受け取るまいとするとともに、しかも他面では、「謙遜である」ということを一つの栄誉として与えられようとするいわば二つの利益を獲得しようとするものだからだという。従って、これは確かに偽善 Hyklerie なのだと言っている。(9)

この三番目の部分で述べていることには、実に厳粛な真理がみられる。つまり、キルケゴールは、真の祈りとは「真理の証人(=使徒)の祈り」を祈ることであると信じながらも、それは神の愛を祈りながら苦しみを受けることを祈ることになるのでそれがどうしても出来ないことを正直に認め、そのためそこの所に「立ち止まって」standset、それゆえ、その「祈れない」ということとそのことも含めて自分のすべてを全面的に「神に静かに委せることにおいて」i stille Overladen til Gud 時を待っているとき、しかしその「真理の証人の祈り」についてさまざまな思いをめぐらすことになり、その際その「真理の証人の祈り」を祈らないですむようないくつかの誘惑的な言い訳けや概念と対決することになり、その対決において、しかし自分はやはり「真理の証人の祈り」を祈ることこそが「真の祈り」であることを、一層堅く信じるようになったことが起こっていることを、示しているのである。ある著名なキルケゴール訳者は、キルケゴールを、詩人であって信仰なぞもっていない、と言い切っておられたが、あの一八五二年の「祈りに関する二つの記事」とこの一八五三年一月の記事において、キルケゴールは、自らの問題のすべてを「祈りの世界」において考究しようとしているこの事実を、どう考えるのだろうか。

確かにキルケゴールは自らを「真理の証人」(=使徒)に属する者とは思っていないし、言ってもいない。しかし彼は、既に述べたように、「使徒」を Extraordinaire に属するものとみなしており、また自分自身もこの Extraordinaire に属する者と意識していた。そしてこの意識から同じ Extraordinaire の「使徒」の祈りに信頼と共感をもっていたのである。

こうして彼は、この「立ち止まり」と「神へとすべてを静かに委せる」という状態の中で、自らが Extraordinaire であることを、つまり、自分は「使徒」でもなければ「弟子」でもなく、Extraordinaire であることを真に確信させられるに至ったのである。

Ⅱ　「私は使徒でもなければ弟子でもなく Extraordinaire であり、そのような者としての任務を与えられた者である」

これがこの時点でのキルケゴールの確信である。

一八五二年六月十九日における「摂理の力」の実感、自らの「異質性」が祝福されたものであることの了解は、その時以後以上のような「祈りの世界」での熟考を通じて、いまここに至って、あのコルサール事件以後持ち続けていた自らの「異常な人」としての意識 Extraordinaire の意識に確信をもつようになり、積極的な意味をもって自覚されるようになった。そしてこのことは、キルケゴールにおいては、非常に強い度合で、自らの「著作家としての意識」に刺激を与えるようになり、彼はいまここに至って、このような時代の問題状況の只中にあって、自らの「著作家としての良心と責任」を痛感するようになり、そのことから、この時代における自らの任務というものを見出し遂行する問題が身に迫っていることをおぼえた。既に本章第二節Ⅱで言及しておいたように、一八五一年九月以降、キルケゴールは実に多数のキリスト教に関する日誌記事を書いており、それらは、自由意志、苦しみ、使徒、真理の証人、「キリストへの倣い」等々、キリスト教の極限を意味する中心的な問題を扱っているが、それらの殆んどすべての記事に一つの共通点があることを知らされる。それは、それらの諸概念との関係において、彼自らの「著作家としての立場」に何とか明確な理解をもとうとしている点である。つまり、彼は、それら諸概念との関係において、自らの「著作家としての立場」の使命、あるいは、任務を、何とか明確に理解しようと努めている点である。

そして彼は遂にその了解に達するようになる。前途の一月の日誌を書いて後それ程日の経たない一八五三年二月十三日、彼は、「私の任務。そして私自身について」Min Opgave. Og om mig selv という標題の四頁もの長文の日誌

Pap. X^5A89を書いている。この日誌が彼にとってどんなに重要な意味をもつものであるかは、いままでの日誌記述の場合と同様、はっきりと年月日を記し標題を付していることによっても明らかである。この日誌は極めて長文のものであるが、言わんとしていることは、使徒や弟子たちとの比較において「自分には実際に並はずれた特別なもの Det Overordentlige が与えられているのを認める」(10) というものである。これが意味していることは極めて重大である。それは、いまこのような時代状況の只中にあって Extraordinaire としての自分には、これから先何を為すことが要求されているか、という問いを含んでいるのである。もっと具体的に言うなら、自分はいままで「殉教」を拒否し、その意味では、使徒でもなければ弟子でもなく、しかしそれでいて彼らと同じように Extraorcinaire である自分には、正にその Extraordinaire として何を為すことが要求されているか、という問いを受けとめているのである。従って、彼は、Extraordinaire の極限に立って、その限界を感じながらしかし神からどんな任務を与えられているのかを、徹底的に自問しているのである。(11)

しかしこのような状況の中にあって彼は、「著作家」としての自己の中に非常なる生産意欲の湧いてくるのをおぼえ、三月二十八日復活祭第二日に、次のように書いている。

「なる程私の生産性は止まってしまった。それは、憂鬱の限りだ。たしかにここ一、二年は、私は生産をしてこなかった。従って、生産は止まったままなのだ。

ところが、その結果はといえば、いままたもや、私の頭と思いの中に、恰かも貯め込まれたかのように、一つの巨大な生産性が存在しているのだ—然り、私はこう思っている、いまこの瞬間にはさまざまな教授たちや詩人たちが私によって豊かに成熟することになるかもしれないということを。(12)」

この文章が意味している具体的事実はこうである。キルケゴールは、ここ一年半程は、つまり、『自己吟味のために』の出版以降は何の著作の生産もしていなかったが、Pap. X^6B171–236 が示していることから明らかなように、ミュンスター監督と既存の体制の批判のためのさまざまな大小の草稿を書いてきた。しかしそれらを出版する気にはなっていなかった。しかしいまこの三月二十八日復活祭第二日になって、改めて生産意欲が湧いてくるのをおぼえ、それらの草稿を集めて一つの巨大な論争的な著作を出版してやろうという気になってきた、ということなのである。つまり、キルケゴールは、いま Extraordinaire の意識のもと、改めて「著作家」としての意識へと突き返されることになったわけである。そしてその立場から改めてその巨大な出版計画を考えるとき、それを構成するために準備されていたそれらさまざまの草稿は、多くの研究者たちが指摘しているように、まさに「教会攻撃」のために準備された武器となり、またそれらの全体は兵器庫にもなるものであり、つまり、キルケゴールは、そのようにして、「教会攻撃」のためのさまざまな武器を兵器庫に集めていたのである。(13)

さて、そのような状況のもとでそのような巨大な出版計画への意欲がここで改めて湧いてくるとなると、Extra-ordinaire としてのキルケゴールには、いま自分に何を為すことが要求されているか、そしてその自分に為し得ることは何かが、はっきりしてくる。それは「ただ一つのこと」だけである。つまり、それは、あの「コルサール事件」の場合と同じように、「外面的な仕方で行為すること」だけである。これは明白である。しかし目下の場合は、その時よりも更に、問題の本質はより深刻なものであるので、もっとぐっと深い洞察と展望のもとで、その行為が為されなければならない。なぜなら、目下の場合、その「外面的な仕方での行為」とは、「コルサール事件」の時のように不特定多数の抽象性としての公衆や大衆に向かって為されるのではなく、れっきとした対象、つまり、「キリスト教国」という体制事態のその「在り方」そのものに向かって「宣告を下すこと」そのことだからである。つまり、「キリスト教国」という「在り方」そのものの罪の宣告である。それは「いま言うべきただ一つのことを思い切って言うこと」である。(14)

キルケゴールにはいま、自らが Extraordinaire として為すことを要求されている「ただ一つのこと」がはっきりと了解されてきたのである。しかしこの「行為」へと打って出ることは「著作家」の枠を超えて出ることであった。それゆえ、このことこそが「ミュンスター批判」とともにこれからの課題になってゆく。

注

(1) Pap. X^5A72, S. 77.

(2)(3)(4) Ibid., S. 77.

(5)(6) Ibid., S. 78.

(7)(8) Ibid., S. 79.

(9) Ibid., S. 80.

(10) Pap. X^5A89, S. 106.

(11) G. Malantschuk : Ibid., S. 93.

(12) Pap. X^5A105

(13) V. Christensen : Ibid., S. 141. G. Malantschuk : Ibid., S. 93.

(14) Pap. X^4A664, X^6B232

第四章　一八五一年九月から一八五三年十一月二日までの日誌に現われた「ミュンスター記事」

既に述べたように、一八五一年八月九日にキルケゴールが行ったミュンスター監督宅への訪問と会話は、結局は、彼が行った最後のものとなり、日誌から見る限り、それ以後は、両者の間の交渉も会話も全く行われていない。しかし同監督へのキルケゴールの関心は、それをもって終ったわけではなく、むしろそれはますます強くなるばかりであり、目下の「期間」に入ってからは、その「関心」は、むしろ形を変え、「ミュンスター」はむしろ中心的な「研究事項」となり、一八五二年二月以降は、日誌には、その種の記事が無数に現われてきたのである。しかしそれだけで済まず、著作や論説としての公表を想定して、「ミュンスター監督と既存の教会体制との関係」をテーマにした「草稿」が実に多量に書かれたのである。それゆえ、「日誌」においても「草稿」においても、それら「ミュンスター記事」の内容は、実に強烈な批判と弾劾になっているわけである。このようなことから、本章ではまず、「日誌」における「ミュンスター記事」について検討してみたいと思う。

第一節　日誌の「ミュンスター記事」に見られる二つの現象

一八五一年九月以降の日誌における「ミュンスター記事」の書き方は、確かに不規則的であるとともに、異様なものを感じさせるものがある。そこで以下その書き方から推察され得る事柄について少し考えて見たいと思う。それには少なくとも二つの事項が推察されると考える。

I　最初の六ヶ月における記事中断——「牧師職」の問題に絡んで「時を待つ」

この「三年三ヶ月間」の日誌の中で、一八五一年九月から一八五三年十一月二日までの二年二ヶ月は、確かに一つの区画になると考えられる。もっともキルケゴール自身の「日誌帳」の綴じた束の方は必ずしもこれとピッタリしているというわけではない。その綴じた束の方はこうなっている。Journal NB[24]の束は一八五一年四月八日から同年十一月末まで（Pap. X^4A240–422）の一八三篇の記述から成っており、次のJournal NB[25]の束は一八五一年十一月二十九日から一八五二年六月初まで（Pap. X^4A423–545）の一二三篇の記述から成っている。ところが、この束の区別を超えて純粋に時間的な流れだけで読んでみると、これらの期間の中で、一八五一年九月から一八五二年二月頃までの間の記述には、ある一つの不思議な事実に気付かされる。それは「ミュンスター監督」についての記事の書き方である。それは同監督についての記事が殆んど現われなくなってしまったという点である。既にいままで述べてきたところから明らかなように、一八五一年八月中旬頃までは、ミュンスター記事は実に多量にあり、殆んど途切れることはなく、何日かおきには必ず書かれていた。ところが、その八月中旬頃の記述と目されるPap. X^4A382の記述を最後に暫くの間、「ミュンスター」の名は現われなくなってしまったのである。強いて言えば、十一月中旬に書かれたPap. X⁴A417の記事ではほんの一回その名前だけが触れられているだけで、それ以外は全く見られず、一八五二年二月のPap. X⁴A474の記事になってはじめて「ミュンスター記事」は現われたのである。そしてそれ以後は、疎らではあるもののミュンスターを正面から取りあげた記事が現われてきたのである。例えば、Pap. X⁴A493, 511の二篇がそうである。（これについては後述）。しかしそれはとにかくとして、いまここで注目したいことは、一八五一年八月中旬のPap. X⁴A382から一八五二年二月のPap. X⁴A474までの約六ヶ月間先述の一回の言及は除いて、ミュンスターについての記事は全く姿を消してしまった点についてである。八月中旬まではあれ程までに多量にしかも継続的に書かれていたミュンスター記事が、なぜこの六ヶ月間、全く姿を見せなくなってしまったのかという点である。これには余程の理由があったに違いないことが充分想像される。では、それはなぜだったのだろうか。

これは日誌記述の中の実に不可解な現象であるが、不思議なことに、この問題を真正面から取りあげて探求した研究者は一人も見当たらず、ただ数人の者が極く軽く触れて一つの推測を述べているだけである。それゆえ、私もいくつかの方法のもとでこの問題を真正面から取り組む試みをしてみたが、この謎についての満足のゆく解明には至らなかった。そこでここでは、それについての三人の研究者、つまり、V・クレステンセン、G・マランチューク、E・K・ライクによる共通的な見解を紹介するにとどめておきたいと思う。この三人はそれぞれ少しづつ異なった述べ方をしているが、その共通的意見は次の点である。すなわち、それは、あの最後になった八月九日までにキルケゴールとミュンスターとの間に交わされてきた何回もの会話の主題はやはり牧師職の問題であったこと、しかしミュンスターはキルケゴールの願いを受け容れ推薦することは決してしなかったこと、こうして八月九日の会話でもミュンスターはあの皮肉な言葉で推薦を拒んだこと、それゆえ、キルケゴールはミュンスターの真意を察知したこと、しかしキルケゴールはミュンスターの老齢のことを考え、この問題はこれ以上議論すまいと決め、「時を待った方がよい」と考えるようになったこと、以上のようなことである。(1) 要するに、三人とも、キルケゴールは、八月九日の会話をもってミュンスターによる牧師職への推薦をして貰うことを諦め、その老齢からしてやがて監督の座を退くことになるであろうことを念頭におきながら、「しばらく時を待つ」という姿勢を取るに至ったというわけである。

これらの推察はかなり正鵠を得ていると言ってよいだろう。私のここまでの研究においても、キルケゴールがそのような理由から、しばらくの間、日誌には、ミュンスターのことを書かなくなった心情は充分察しがつく。

いずれにせよ、一八五一年九月からの日誌記述には、われわれは、このような現象と出会うのである。

しかしそれにつけても、ここで是非考えてみたいことは、これも既に何度か述べてきたように、この時期既にキルケゴールは非常なる経済上の窮迫下にあったことである。従って、「しばらく時を待つ」と言っても、それは、そのような窮迫下のもとでの「耐え続け」ということになるわけである。しかし彼はこの方向へと敢えて踏み切ったことになる。

こうしてその「耐え続け」はその六ヶ月を超えてもずっと続いてゆくわけであるが、日誌上ではその六ヶ月を了える頃大きな変化が現われてくる。

Ⅱ 「ミュンスター記事」の多量な出現

その六ヶ月が過ぎ、一八五二年二月中旬頃になり、既に述べたようにPap. X⁴A474の「ミュンスター記事」が出ると、最初は疎らではあっても、やがてその篇数は増してゆき、一八五四年十二月十八日の「教会攻撃」開始の日までの二年十ヵ月の間には、それは六十五篇も書かれている。しかしこの時期キルケゴールは、この日誌のほかに、次章で扱うことになる「ミュンスターと既存の教会体制」をテーマにしたさまざまな厖大な量の「草稿」を書いているのである。このことを考えると、この時期キルケゴールは実に厖大な量の「ミュンスター記事」を書いたことになる。

では、先の六ヶ月からこの時期への変化は何を物語っているのだろうか。

それには、その六ヶ月の間に書かれた九十一篇もの他の記事（これらはテーマといい内容といい、一八五三年十一月二日までの日誌記事に共通するものがあるが）と関連づけて読んでみるとき、その意図するものが分かってくる。すなわち、それらの記事は、キリスト教の本質を問うているものが多く、「使徒」と「ソクラテス」や「ソフィスト」との比較を論じたものが結構見られ、例えば、Pap. X⁴A387, 388, 397, 398, 418, 434, 435, 436, 466, 467, 469, 472, 476, 479, 484, 497 などがそうで、更にこれらの記事と関連して、「ひとりの人間」Den Enkelte や「苦しみを受ける」Lidelse 等々の記事が見られる。こうして、それらの記事との関連でデンマークが「キリスト教国」であることの問題、その「既存の体制」Det Bestaaende が問題とされ、これに対するキルケゴール自身の位置と役割とが究明されているのである。これだけ挙げても、これらの記事が意味するものが非常にはっきり分かってくる。これらは、言うまでもなく、「キリスト教の本質」を問うている記事であるとともに、それとの関連で、現代のデンマーク教会の現状を問うているものであり、それは、言うまでもなく、「教会攻撃」へと通じてゆく信仰と思想とを記しているのである。

これで明らかなように、キルケゴールは、このような信仰と思想のもとに、「教会攻撃」の対象として「ミュンスター」に集中し始めていたわけである。

しかし「ミュンスター記事」で更に驚きに値いするのは、日誌では、その約六十五篇のほかに、「ミュンスター」の名前こそ直接には出していないものの国家教会とキリスト教国の体制そのものについて記した記事は無数にあるので、この期間における「ミュンスターへの関心」がどんなに密度の濃いものであるかが知らされると言ってよかろう。

この期間の日誌には少なくとも以上のようなことが言い得ると言ってよいだろう。

しかしこのようにこの時期の「ミュンスター記事」を読んでくるとき、この時期におけるキルケゴールの「ミュンスターへの関心」がここへきて大きく「変質」していることに気付かされる。(1) それは次章で述べる「草稿」の事実とも関連するわけであるが、それは、彼の「ミュンスターへの関心」は「ミュンスター研究」へと変質してきているという点である。従って、それらの「ミュンスター記事」はこの観点から読まれるのが妥当ではないだろうか。

注

（1） V・クレステンセン、G・マランチューク、E・K・ライク等々に共通に見られる。

第二節 「ミュンスター研究」の諸相と意図

前節で述べたところから明らかなように、この時期の「ミュンスター記事」は実に多量にあるので、それらすべてをここで紹介することは到底不可能である。そこでここではそれらの中から最も特徴的とみなされる記事を数篇選んで紹介したいと思う。しかしわれわれは、それだけを通じても、キルケゴールが「ミュンスター監督」と「既存の体制」に対していかなる仕方で「行動」をするか、自らの「役割」は何かを、どんなに集中して深く考えぬいていたかを知らされるであろう。

まず一番先に注目したい日誌記事は、「ミュンスター」の名前が出なかったあの「六ヶ月」後の一八五二年二月中旬久し振りでその名前が現われてきたPap. X^{4}A474の記事である。その標題は「ミュンスター監督――キリスト教」という言葉になっており、約二頁分のものである。これはとにかく六ヶ月振りなので何か新しい視点及至考えが現われて当然と言えようが、実際は必ずしもそうではなかった。キルケゴールはむしろ極めて冷静に、また根源的に、批判的見解を述べ、ミュンスターは本来のキリスト教の真理に覆いをかぶせ、それとは似てもつかないものを作り上げ、これをキリスト教として打ち建ててしまったと述べている。つまり、ミュンスターは「キリスト教そのもの」を完全に取り違え、それを別の物に置きかえてしまったというのである。そしてここでキルケゴールは実に明快に、「キリスト教」は「無条件的なもの」（＝絶対的なもの）である筈なのに、ミュンスターは、それを「有限化」し、一つの「歴史的なもの」と化し、「快適に生きるための気分」と化し、要するに、「有限的神学」に化してしまったというのである。しかし「キリスト教」は本来「無条件的なもの」であり、この世では当然に「苦しみを受け」、「いけにえ」

が要求される筈のものなのに、ミュンスターはキリスト教を「快適的な気分」と化し、それによって「国家教会」「キリスト教国家」というキリスト教の本質とは全く異質の「異物」を作り上げ、こうして「キリスト教の真理」を大混乱におとし入れた、と述べている。これで明らかなように、キルケゴールは、この日誌によって、従来の彼の考えを集約し、それを浮き彫りにして示しているのである。

次に注目したい記事はその二月末か三月に書かれた「ミュンスター的なキリスト教告知」という標題の三頁分のもの Pap. X^4A493 である。これは内容が5つの番号で区分されており、従って、非常に理解し易いものになっている。

(1)では、キルケゴールは、ミュンスターはキリスト教を「この世の生の楽しさ」をより高雅なもの、抒情詩的なものにしてしまったのであり、彼は、芸術家、演説家、教養人、政府のタレント等々として解釈され得る、と述べている。

(2)では、キリスト教は決して「人間の心情」から発するものではなく、決して「人間の心情」からは発しないもの、それは「新約聖書の内容」そのものであり、ミュンスターはこれを厳粛に告知する義務を負うている、彼は新約聖書に従って、一人の信者になり、按手礼によって聖霊の助力を受け入れ、牧師になり、更にまた同じ仕方で監督になったのだからキリスト教は「新約聖書の内容そのもの」であることを伝える義務があるのに、前述のようなことをして、それに関する混乱そのものを起こしてしまったことが述べられている。

(3)では、ミュンスターのそのような事態に対しては、キルケゴール自身は、自分の亡き父との関係から、また自分が著作家の立場からはミュンスターを非常に尊敬していたため、身がすくみ、呻き声をあげたい程の痛みを感じていることが述べられている。そして更に、しかしいま自分が目ざしているものとの関係で、事実ははっきりしてきたという。つまり、それは、「キリスト教的なもの」と「人間的なもの」とは一つのものではないということ、だからどんなに「人間的なもの」を最高の度合において保持しているとしても、正にその故にこそ、自らが「キリスト教的なもの」ではないことを明らかにするべきである、と述べている。

(4)では、ストイシズムの例を引き、ストイシズムは賢人たちが自らの理想を未だ曾て生きたことはないことを述べているが、ミュンスターも、それ以上にもっと深刻に、新約聖書の高い理想を伝え、それが決して実現されていないこと、しかしその義務を負い、その実現に向かって努力すべきことを訴えなければならないと述べている。

(5)では、そのような「新約聖書の内容」に代ってミュンスターによってもたらされた前述のような「ミュンスター的なもの」が正されるためには何が為さるべきかが述べられている。これについてキルケゴールは、ミュンスター監督は、まず「キリスト教の監督」という権威の座から下りなければならない、次に、その真の聖職授与と新約聖書に相応しくあるためには、「牧師」であることとそのことを放棄しなければならない。そして彼はこう言わなければならない。「私が告知しているものと私の生活が表現しているものとは、本当の意味でのキリスト教ではない。それは国家が奉仕を受けているところの一つの宗教の教えなのだ。…それは本当の意味ではキリスト教ではなく、キリスト教的なものの中和されたもの、それへの近似値、あるいは、キリスト教が除外してきた文化の意識、この世の意識なのだ。」つまり、キルケゴールは、ミュンスターは自分が伝えているものは本当の意味ではキリスト教ではないと言うべきだ、と言っているのである。キリスト教でないものを「キリスト教」として告知しているところに同時代の大混乱があるというのである。

その次に注目したい記事は、これも三月中に書かれたと考えられるPap. X^4A511「ミュンスターとの間に起こり得る衝突」Den mulige Collision med Mynster である。これも、欄外記事512, 513を含めると三頁もの長文のものである。これは、標題からもはっきり分かるように、キルケゴールがミュンスターとの間に起こり得る衝突を予想し覚悟して書いたものである。従って、これは「教会攻撃」を前に控えてのキルケゴールの実に正直でリアルな戦略図として読むことが出来る。

キルケゴールはまずミュンスターと自分との対立についての構図のようなものを記している。それによると、ミュンスターは最初から、そしてしばしば、かなり単純な仕方で、こういう考えをもってしまっていたのではないかという。つまり、ミュンスター的なものは、真面目と知慧であり、キルケゴール的なものは、特殊的で奇妙なもの、しかも特別に誇張されたものというふうにである。しかしキルケゴールが言うに「私の主張は、キリスト教に関しては私はミュンスターよりももっと真実な解釈を表明している、ということである。」

こう述べたあと、キルケゴールは自らの基本的な態度を記している。「私は決してミュンスターを攻撃し、無力化しようなぞとは願っていない。否、それとは正反対のことだ。彼の側から僅かばかりその非を認めることなのだ。そうすれば全体は彼にとって、何人も知り得ない程に、可能な限り有利なものになってゆくだろう。つまり、私がいつも彼に深々と礼をしながら隠していたものが実際はどういう関連のもとにある事柄なのかが彼に有利なものとして現われるであろう。」

こうして次に彼は、自分の体質とミュンスターの体質とが全く別物であること、昔から全く相容れないものであったことについて述べる。そしてその根本的な相違は、自分には真理とイデーへの情熱があるが、ミュンスターにとってはそれらは与り知らないものなのだ、と述べる。こうして彼はその辺の衝突を書いたものとして、ユーモアの立場に立つ「ヨハンネス・クリマクス」によって書かれた『後書』、実名によって書かれた『さまざまな精神における建徳的講話』の第一篇と『愛のわざ』を、そしてそれらよりも更にそれを激しく書いたものとして『キリスト教講話』の名を挙げている。

このように記した後、彼は、自分は決してミュンスターに対してうらみを抱いているわけではなく、それとは全く逆に、病的な程に彼に献身の関係をとってきたが、いま自分には経済的窮迫の問題がますます強く迫ってきたので、このことが自分に自分は「イデーに属していること」をますます強く自覚させるようになり、そのことによって、自分は、彼にゆっくり生を楽しんで貰うことを許さず、彼に向かって剣を抜かざるを得なくさせていると言い、次のように記している。「経済的な問題が私を急がせるのだ。もし私がまず官職（＝牧師職）をもっていたなら、ミュンスターは私についての彼の解釈をより容易に貫き通すことができるだろう。が、彼は、私には経済的な心配があることを知っている。そのことを彼は多年の間知ってきた。私自身がそのことを彼に言ってきたからだ。それゆえ、いま彼は、そのことが私に闘うことを止めさせることになり、もしかすると私が彼の腕の中に飛び込んでくることになるかもしれないし、そうなれば、彼は私に利益を与えることができるようになり、こうして彼は彼の本質が真面目さと知慧にあることを更に証明することができるようになるというふうにしばしの時を待っているのである。(1)」

更に次の段落では、彼は、ミュンスターがキルケゴールをゴールスメッツと同列に置いて批判したあの小著に言及し、その個所がミュンスターにとって致命的な意味をもっていたことを三つに分けて述べている。⑴そのことは、痛ましいことではあるが、ミュンスター自身の欠点を覗き見させるものであったこと。⑵もし自分がミュンスターを攻撃することになるならば、「自分」が「ミュンスター」に対立して在ることの正に決定的な事実を示してくれていること。それはミュンスターが世俗性に非常に近いものであることを示していること。自分はミュンスターの説教に関してそのことを批判してきたが、彼のその「事実」こそが一切を裏切るものであること。要するに、それは、キルケゴールがミュンスターを攻撃するにあたっての標的となるべきミュンスターという存在の決定的事実Faktumを与えてくれたものであること。⑶その個所は、ミュンスターが自らをイデーにおいては無力なものとしてみなしていることを示していること。しかし彼は情熱の中にはあり続けていたことをも示しているということ。(2)

このようにしてミュンスターとの衝突の可能性について述べたあと、その衝突の可能性が自分にとって何を意味することになるのかを二点に分けて記している。

一つは、自分が牧師職を得られるまで「耐え続ける」ためには、キリスト教の更により高次の解釈を身につけなければならないということである。しかしこのことは非常に厳粛な事柄で、つまり、そのことから自分は非常に多くのことを学びそして苦悩することになるからだと言う。(3)

もう一つは、自分にとっては、その衝突の可能性は「ミュンスターに向かって働く抗することのできない力というものが存在しているということを意味しているということである。というのは、その衝突が実際に起こるなら、それは私の意志に反して起ることになり、私がそれを急ぐよう強いているものは、経済的な問題だということになるからである。そしてミュンスターは、その経済的問題に関しては、それの一切を、彼の掌中に握っており、最も有利な値段でそれを買い取ることができる。しかしその経済的問題こそが、その衝突が実際に起るときには、彼にとって事のほか危険なものになる筈である。[4]」

こうして最後の段階でキルケゴールはこの日誌全体を統括するようなことをはっきり述べている。それによると、この衝突は、老人ミュンスターに、「より真実なこと」を示すことであり、それも「ミュンスターへの深い畏敬において」「ミュンスター的なものの形をとって」差し出されるのだということ、そしてそのことによってその「ミュンスター的なもの」において「キリスト教的なもの」とされていたものは本当は何であるのかが明るみに照らし出されることになるというのである。[5]

この日誌の内容は大体このようなものである。しかしここで注目されるのは、キルケゴールが「衝突の早まり」と自分の経済的窮迫との関係について述べている点である。それは文中でも述べられているように、経済的窮迫が衝突を早めることになるのは、キルケゴールがこの経済問題解決が遅れると自分はますます高度に「イデー」化してゆくからだというのである。つまり、それは純粋に「キリスト教のイデー」に化してしまうという意味である。

しかしキルケゴールはこの記事の欄外 Pap. X^4A512 で、もしミュンスターがそのような自分の経済問題を助けてくれるようなことが起こったなら、それは自分にとって本当にぞっとするような恐ろしい思いだ。というのは、そのことによって自分は、ミュンスターの世俗性の手の中におちてしまい、彼の秩序のうちに入ってしまうことになるからだと記している。[6]

更にもう一つ注目したい記事は、その日をもって以後四ヶ月間日誌は中断され空白期になってしまう最後の日誌、一八五三年十一月二日の日誌 Pap. X^5A147 である。これの標題は Mit Bestik となっている。この Bestik にはいろいろな意味がある。例えば、食器、ナイフ、工具、コンパス、海図の測定位置等々である。またこれが医療の立場からは「手術器具」になる。しかしこの日誌の場合は「私の測定位置」とするのが相応しいと思う。しかしこの日誌の内容そのものは非常に分かりにくいが、しかし実に重要な一点が記されているので、それを簡単に紹介しておこう。

この日誌が非常に分かりにくいのは、一八四八年と四九年に自由主義運動が絶対王政下の政府に勝利し、「国家教会」Statskirke は「国民教会」Folkekirke となった変化の下で、「国家教会」への反抗勢力も急速に「力」を失った姿に接し、しかし「教会」の実体そのものは全く変化していない事実を踏まえて、その状況下で、キルケゴールは、新しい「反抗」の仕方を述べている点である。しかしキルケゴールが記している要旨は次のようなものである。すなわち、一八四八年以前は、「反対すること」が最上の力であった。しかしミュンスターは失望しているようであり、彼はより静かな時代においてはひとつのキャラクターのような外観を呈している。だから私の行動の選択は容易であった。その「反対運動」を攻撃し、既存のものに覆いをかけることであった。ところが一八四八年以後は、ミュンスターは明らかに「キャラクターなきもの」となり、彼自信が認じているように「ジャーナリストと同じ存在になった。つまり、あのゴールスメッヅと同じ存在にである。こうしていまや「反動」が始まり、「反対運動」は弱まってしまった。そして真に支配権を手にしている者は、ジャーナリストでもあるが、つまり、「数」をたのみひたすら求め「数」によって自らを強めようとする者なのである。だから、いま自分が教会との関係で真に闘おうとしている対象は「数」という支配者なのだ。そしてこのことは教会についても言い得ることなのである。そしてこのことはミュンスターと自分との間の衝突の原因にもなっているという。そしてこのように述べてキルケゴールは、「教会」の領域における「反対運動」は、つまり、「教会の改革」は、「数」をたのむのではなく、「キャラクター」を通じてのものでなければならないことを強調する。しかしここにいう「キャラクター」とは「人格性」「個人的人格性」と同義と考えてよい。従って、それは、「ひとりの人間」の「人格」を通じての行動を意味している。この日誌の要旨は大体以上のもののようである。

この日誌が意味することは極めて重要である。それは、いまこの時点で、キルケゴールは、「教会」に対しては、

「ひとりの人格性」において闘うことを覚悟していることを意味しているからである。彼はこの日誌の終りの方で、こう書いている。「私がこれを為してきていることによって、一つの物差しが設定されてきているのである。」(7)

以上いくつかの日誌を紹介してきたが、これらの日誌のほか、先に言及したように、キルケゴールは実に多量の「ミュンスター記事」を書いている。それらの中には、例えば、ミュンスターが老人であることについて (Pap. X^4A 592)、またミュンスターはキルケゴールの経済問題のことをよく知っており、キルケゴールはやがてそれに耐えきれず必ず自分の所に降参してやってくると考えているらしいということ (Pap. X^4A 604, X^5A16) 等々の内容のもののほかさまざまなものがある。しかしここではそれらの各々を紹介するには及ばないと考える。そしてここではそれらのすべてを読んでみて、キルケゴールがミュンスターについて何を感じていたかをまとめて指摘しておきたいと思う。それはいままで述べてきたことと重複するものもあるが、大体次の四点にまとめることができると思う。

第一に、自分はやがて「ミュンスター的なもの」がキリスト教として通っていることに対してそれは本来の「キリスト教」とは別物であることを示すことになるだろうということである。この件については既に紹介してきた通りである。

第二に、その方法は、自分が父ミカエルとの関係もあって、ミュンスターに実に深い尊敬を献げてきたことにより、その「ミュンスター的なもの」に最も尊敬を払ってきた者によってそれを覆えすような形で、つまり、ソクラテス的方法によって行われるということである。この件もいままで述べてきた通りである。

第三に、キルケゴールが「キリストへの倣い」(キリストの跡に従う者) Christi Efterfølgelse について述べる際、ミュンスターは決してそのような者としての「使徒」ではないことを述べている。例えば、既に前章で「真理の証人の祈り」(つまり、使徒の祈り) について述べている記事で、キルケゴールはミュンスターをはっきりと「使徒」と対峙させて、その決定的な差異を描き出し、ミュンスターは、この「真理の証人の祈り」をする「祈る者」ではなく、「慰めを求める者」に終っている旨を述べている (Pap. X^4A566, 568)。

第四に、この時期もキルケゴールはしばしば「私自身について」という標題で日誌を書いているが、それらの中でしばしば目下の時点における自分の考えと意識に決定的な意味をもった体験のことについて述べている。その体験は「一八四八年の復活祭体験」についてである。これへのいくたびもの言及はつねにそれが現在の自分に決定的な意味をもっていたことを述べているのである（Pap. X^4A560, 666, X5A146）。このことはこの「体験」が「教会攻撃」への原動力になっていることを意味しているものと受けとめることができる。

いずれにせよ、この時期の日誌における「ミュンスター記事」は以上のような内容のものだったのである。

しかし以上扱った日誌の大部を占めるJournal NB[27]の次の束になるJournal NB[28]の日誌の書き方は著しく変化してきていることを知らされる。この束は、背革装の四つ折判（18.4 cm X22.9 cm）のもので、九二枚の筆記用紙葉からなっている。このなかの最初の六枚にはページ付けがしてないが、その残りの紙葉には、キルケゴールの手によって、それぞれ表面の方に、一から一七一までのノンブルが記されている。しかしこの束の日誌の書き方には実に著しい二つの特徴が見られる。

一つは、この束の日誌は、一八五三年二月十四日（Pap. X^5A90）から一八五四年四月末（Pap. XI^1A49）までの分がまとめられているのであり、つまり、約一年二ヶ月もの長期間にわたる分がまとめられているのに、その日誌の篇数も分量も非常に少ないことである。その篇数は合計でやっと約百篇程度である。この時期まではキルケゴールは一日に二、三篇づつ書いていったことを考えると、この期間一年二ヶ月で約百篇というのは驚くべく少ない数字である。

もう一つは、これこそ右のことを裏付けるような象徴的なことであるが、それは一八五三年十一月二日の日誌Pap. X^5A147から翌一八五四年三月一日の日誌Pap. XI^1A1の間、つまり、四ヶ月間、完全に空白になっていることである。これは彼の生涯における最も長期の空白期間である。しかしこの間には、一八五三年十二月二六日のクリスマス第二日にミュンスターは説教しこれは彼の説教の最後のものとなったが、キルケゴールはこれに欠席したこと、一八五四年一月三〇日には同監督が亡くなったこと、二月五日にはH・L・マルテンセンによる追悼説教が行われたこと等々、キルケゴールにとって重要な意味をもった出来事があったが、それらについてはこの期間に一筆も書かれておらず、三月になってはじめて書かれるようになったのである。

この日誌の束 Journal NB[28] にはこのような不思議があるが、これにつては次章で詳述されるのでここでは以上立ち入らないことにし、ただ一点だけ指摘しておきたいと思う。それは彼の「憂鬱」の問題である。一八五三年三月二十八日（復活祭第二日）の日誌 Pap. X^5A105 によるとキルケゴールはここ二年程「憂鬱」の状態にありこの日それが克服された旨記されている。従って、この「憂鬱」のため書くことができなかったということは、先述の一の問題にはある程度当て嵌まるが、この二番目の問題には当て嵌まらないと考える。しかしそれについては、次章で述べることにする。

一八五一年九月から一八五三年十一月二日までの日誌に現われた「ミュンスター記事」は以上のようなものである。それらを通じてわれわれは、この期間におけるキルケゴールの「ミュンスター研究」における集中力がいかに強烈なものであったかを知らされる思いがする。しかしこれらの記事のいずれもが、V・クレステンセンはじめ何人かの研究者が異口同音に言っているように、やがて開始されることになる「教会攻撃」のための武器や弾丸の準備になるのである。しかしそれらの準備は更に周到になされていたのであり、それはいくつかの「草稿」という形で行われていたのである。

注

（1） Pap. X^4A511, S. 331ff

（2）（3）（4）（5） Ibid., S. 332.

（6） Pap. X^4A512, S. 533.

（7） Pap. X^5A147, S. 156.

第五章　「〈詩人〉としての立場」（〈キリスト教的著作家〉としての立場）からの「教会攻撃の準備」――「ミュンスター監督と既存の教会体制との関係」に関する多量な「未刊の草稿」の内容

前章で述べたような、「日誌」上に見られた「ミュンスター研究」は、結局のところ、「教会攻撃の準備」のもの以外の何物でもなかった。しかし彼の「教会攻撃の準備」そのものは、実に用意周到に行われていた。いや、実に厳密な方法をとって行われていた、と言った方がよかろう。それというのも、その「準備」は、二重の構造のもとになされていたからである。つまり、それは、「詩人としての立場（キリスト教的著作家としての立場）」からと、もう一つは、「牧師職を目ざす者としての立場」からと、この二つの線で行われていたからである。そこで私は、その「準備」についての考察を、この本章と次の「第七部」を使って試みたいと思う。

第一節　この多量な「未刊の草稿」にこめられた意図

キルケゴールは、この時期、前章で述べられた「ミュンスター記事」のほかに「同監督と既存の教会体制との関係」についての論争的著作や論説をめざした実に多量の草稿を書いている。これらはPapirerのGruppe Bに“Biskop Mynster og det Bestaaende 1851–53”という名のもとに収録されている（Pap. X^6B171–236, S. 255–396.）。従って、それらは、合計して一四二頁分の分量になっているわけである。それらの草稿にはかなり長文のものもあるが、多くは比較的短篇のもとになるもので、しかもそれぞれのテーマに多数の断片様のものが書かれている。従って、その殆んど多くが未完の状態のものであり、しかもそれらを使用しないことを目的とした鉛筆での大きなバツ印しを頁一ぱいに印している。更には、例えば、X°B232「私のキリスト教的主張」（一八五三年）のように殆んど決定稿と見えるものに頁全体に鉛筆で十字印しがつけられている程である。従って、それら「草稿」のすべては、最初は彼が公表することを意図して書き始めたものの、結局はそれらのすべてにわたって彼は公表を意図しなかったことを意味するものとみてよい。その意味においては、つまり、彼が公表を意図しなかったという意味においては、それらの「草稿」はそのままにして見過してしまうのがよいのかもしれない。

しかしだからと言って、それ程長短多様にしかも多量に書かれたものを、そこに置いたまま通り過ぎてしまうことは、彼のこの最も重要な時期を問題にしている者にとって、資料的な意味で、何か非常に勿体ない気がする。少しぐらいのぞいて見てもよいのではないか。いや、ひょっとすると何か重要な示唆を読みとることができるかもしれない。そんな思いが募ってきたことから、それらの「草稿」を検討してみることにした。

そこでそれらの「草稿」の全体を概観してみるとき、それは、大凡五種類に分類することができる。そしてそれらの中には一つだけ、一冊の小著を目ざした長文のものがあり、それにはいくつかの断片が伴われている。他の四つは、それぞれが短い論説を意図したことが明らかなもので、しかもその各々は、多様な断片からなるグループと言ってよい。しかしそれらを通読してみると、一つの重要な事実が分かってきた。それは、それらの草稿全体を貫くキルケゴールの「意図」である。それは、端的に言うならば、キルケゴールは、前述したような「日誌」の中で行っていた「ミュンスター研究」をたえず踏まえながら、これら草稿を通じて、更に用意周到な「教会攻撃の準備」をしていたという点である。しかしそれは厳密な上にも厳密な上での準備であったということである。すなわち、具体的に言うならば、彼は、これらの草稿を通じて、その「教会攻撃の準備」を、「詩人」としての立場（キリスト教的著作家としての立場）」から行っていたということ、彼自身の言葉を使ってもっと正確に言うならば、「著作家としての良心と責任からの行為」として行っていたということである。それが意味していることは、自分はただ著作家として「真理のイデー」「キリスト教の真理の最高理想」を掲げるだけでなく、「著作家としての良心と責任」から、正にそれの実現へと踏み切らざるを得ない、というものである。これがこれら草稿にこめられた彼の意図であった。

しかしその企ては、実に天才的な厳密性と透明性に貫かれた認識と決断から成っていると言わなければならない。彼が自らの「教会攻撃の準備」を、まず「詩人としての立場（著作家としての立場）」から行うという順序を踏んだことは、そしてそのことを実に厳密に透明に認識していたことは、その「教会攻撃」の何よりの特徴と言わなければならない。

従って、このような特徴への認識を踏まえた上で、次にそれら草稿の内容を検討してみることにしよう。

第二節　これらの「草稿の内容」

これらの「草稿」は、前述で述べたように、一冊の小著を目ざしたもののほかに四つのグループに分けられるものからなり、しかもそれら各々は実に多種類の断片から成り、要するに、全体は、実に多種多様の長短の草稿から成っているのである。従って、精確を期す書誌学的立場からするならば、それら一つ一つの断片とそれらの相互関係も詳細に検討され紹介されて然るべきであるが、ここではそれをする紙幅は到底無く、またその作業の場所としての適切性もないと考えるので、その作業はあくまでここでの叙述の前提として行い、ここでは、それを踏まえた上での「草稿内容」の紹介をすることにしたいと思う。そこで私は、それら全部で五種類の草稿グループから目下の「教会攻撃への過程」の研究上最も必要と考えられる3種類の草稿を選び出し、その各々について考察の結果を述べたいと思う。その三つとは、Pap. X^6B171–200（S. 255–313）に収められている、明らかにミュンスターのあの小著への反論を意図した著作のための草稿グループと、Pap. X⁶B232–4（S. 371–88）に収められている「私のキリスト教的主張」Min Christeli-ge Paastand という標題の草稿グループと、Pap. X⁶B235–6（S. 388–96）に収められている「あれか―これか」Enten-Eller という標題の草稿グループとである。それら各々について次に簡単に紹介しよう。

I　末刊の草稿『ミュンスター監督の発言とそれによって引き起こされたわが国の文学的事情についてのあること』En Yttring af Biskop Mynster og foranlediget derved noget om vore literaire Forhold

この草稿は明らかに一冊の小著の出版を目ざして準備されていたものであるが、草稿は一つだけでなく、書き替えや追加を意図としたいくつかの断片が遺されている。この草稿の全体は一応 Pap. X⁶B171–200 の番号の中に収められたものと考えてよいだろう。この草稿は、その標題からもすぐ気付くように、先に第五部第六章第二節で紹介した一八五一年三月一三日に出版されたミュンスター監督のあの小著『デンマークにおける教会事情についての諸々の議論のための更なる寄与』Yderligere Bidrag til Forhandlingerne om de Kirkelige Forhold i Danmark に対する反論として書かれているものである。そのミュンスターの小著についてはその当該個所で詳述した通りのものであるが、そしてそれは同じ日付けで当時の有名新聞 Berlingske Tidende の六十一号に広告されたことからこの問題に関心のある実に多くの人々に読まれたらしい。キルケゴールは、それについての反論を、日誌その他に書き綴っていたが、この目下の草稿こそその反論の一つなのである。従って、この草稿は、少なくとも一八五一年三月一三日以降の一八五一年内に書き始められたと言ってよかろう。しかし遺されたさまざまな草稿を見る限り最初は章や節の区分をはっきりつけながら実に明晰にまた整然とした文体で書かれていったものの、その最初の意図にはさまざまな思いや問題事項が関わってきて、既出の諸問題や概念をそれぞれの地平で展開するようになり、かなり自由に多方面に広がってゆき、結局は最初意図したように終結することが出来ずに終ってしまったようである。

この「草稿」の内容はといえば、それはいま述べたような草稿の状態からいって非常にとらえにくいのであるが、敢えてそれの要点だけを一つ抽出して明らかにしたいと思う。

この「草稿」でキルケゴールが批判の対象にした「ミュンスター監督の発言」とは、同監督が彼の小著の四四頁で書いている次の言葉のことである。

「現代の有能な著作家たちの諸々の議論の際に現われている喜ばし気な外観 de glædelige Fremtoninger の中には――われわれはこの言葉をわが国の最も才能豊かな著作家たちの一人の言葉に因んで使っているのだが――それ以前に曾て発せられていたある一つの声の反響音が鳴り響いていたのである。その反響音とは、最近（それについては『祖国』紙第二十六号を見よ）、〈間違いが根差しているのは外面的なものにあり、必要とされるのはその外面的なものを変えること、われわれを救うのはその外面的なものを変えることにある〉ということへの信仰に対して、また〈政治とキリスト教との不幸な交替に対して、つまり、新しいやり方での教会改革をいとも容易にやってのけられそれが流行になり得るような政治とキリスト教との交替に対して、そして改革と称して昔の良きものに替えて新しい悪しきものを置き替えようとする宗教改革〉に対して、上がった一つの声が見出したところの反響音のことである。その声を上げたのは天賦の才ある著作家であるが、彼は私がその彼の言葉を借りて次のような結びの言葉とすることを許してくれるだろう。〈キリスト教はそれ自身のうちに生命をもっているから、それは自由な制度によって救われるのだというようなことは、私の考えでは、キリスト教への全く誤った判断である。キリスト教は、真の内面性においてどんなにか真理であり、それはいかなる制度、いかなる憲法等々よりも、無限により高く、無限により自由である[1]〉」

キルケゴールが問題にした「ミュンスター監督の発言」とは右の言葉のことである。

では、キルケゴールは右の言葉からどんな意味のことを読みとったのだろうか。

キルケゴールは右の言葉についての説明の最初の一行目から、シェラン島地区の大監督でありながら、この程度のことしか語れない、といわば揶揄せんばかりである。[2] しかしそれはとにかくとして、まず、右の言葉の中で暗示的な語について述べるならば次のようになる。「喜ばし気な外観」de glædelige Fremtoninger とは『コルサール』紙の編集長だったM・A・ゴールスメッヅが産み出した言葉であり、従って、「わが国の最も才能豊かな著作家たちの一人の言葉に因んで…」で意味しているのはそのゴールスメッヅのことである。このゴールスメッヅは、周知のように、曾て六年間あの最も下品で悪徳な、いわば退廃の象徴のように考えられていた『コルサール』紙の編集長であったが、今ではそれから一八〇度の転換をして倫理家になり、高貴な人となって『北と南』"Nord og Syd" というエレガントで慇懃で鋭利な雑誌の編集長になっている。しかし彼はその呪わしい六年間を取り消すための一言も述べていないのである。また「天賦の才ある著作家」とは、S・キルケゴールのことである。従って、右のミュンスター監督の言葉が意味していることは、最近『祖国』紙上でキルケゴールが述べている言葉は、ゴールスメッヅが言うところの「喜ばし気な外観」の一つをなしている「反響音」をつくっているものである、ということを意味していることになる。少なくともキルケゴールはミュンスターのこの発言をこのような意味のものとして理解したのである。それは、キルケゴールにおいては、自分が「時代」を象徴する悪として生命を賭けて闘った当の人物と、自分とを、同列同質のものとして扱ったことを意味することになる。それゆえ、この「草稿」でのキルケゴールの批判の鋒先はこの一点に向けられたのである。

キルケゴールはそのための草稿を二通り以上しかも追加の多数の断片を極めて自由に書いているが、その最初に書いた草稿では、それについて九つもの問題点を挙げて、それらを五頁にわたって、記している。[3] しかしそれらの殆んどはミュンスター監督自身の文学的能力や資質を問うものばかりである。例えば、自分は同監督に「深い畏敬」の関係を持ち続けてきたが、その「発言」を読んだとき、ミュンスターはゴールスメッヅに感謝したり、彼を問題にしたりして、結局彼の世界に入り込んでしまうことによって、同監督自身の偉大な印象を自分自身で弱めてしまっている

ことを知った、といったような文章でみちているのである。(4)

それでも、それらをよく読んでみると、キルケゴールが挙げた九つの問題点の中で第五番目のものが全体の核心をなしているように思える。それは次のようなことを述べている。ミュンスターはゴールスメッヅの才能と自分（＝キルケゴール）の才能とを取り挙げているが、つまり、「才能」だけを取り挙げているが、そのような評価の仕方はおよそキリスト者が為すべき仕方ではないというのである。キルケゴールによるならば、ミュンスターは、自分（＝キルケゴール）と『コルサール』紙の関係がどういうものであるのかをよく知っているのに、つまり、自分はキリスト教の本質が受難と犠牲と自己献身であることを訴えるために敢えて自らを同紙の笑い物に曝したことをミュンスターはよく知っているのに、そのように自分を笑い物に曝した当の『コルサール』のゴールスメッヅの才能を高く評価しその才能と自分の才能とを同格のものとして扱ったその仕方は、つまり、「才能」だけを問題にした評価の仕方というものは、キリスト者の態度と言えるのか、というのである。(5)

このように述べている。しかしキルケゴールは更に別の草稿Pap. X^6B173では次のように述べており、それはある意味ではこの草稿で述べている考えの集約のように思える。おおよそ次のように述べている。ミュンスターのあの「発言」に見られる態度はいわゆる「氷のように冷たいアイロニー」というよりもむしろ高貴な男が勲功ありとおぼしき劣弱者に対して慇懃な態度で目をかけてやっているような挨拶のようなものだ。しかしそんなことは何の役にも立たない。それはやはりアイロニーなのだ。しかも両者（＝ゴールスメッヅとキルケゴール）に対する優越的なアイロニーなのだ。いや、もっと正確に言うなら――ゴールスメッヅは安全なので――それは〔そこからはね返ってくる運動になる〕ミュンスター監督自身へのアイロニーなのだ。(6)要するに、キルケゴールがここで言わんとしていることは、著作家としての立場から見る限り、ミュンスターはあの「発言」を書くことによって彼自身をゴールスメッヅと同じような低いレベルのものに下げてしまっている。ということである。

この「草稿」は、既に述べたように、ここに紹介した以外に多くの断片を伴っている。しかし不思議なことに、それらの中には殆んど思想上の深化を意味するものは見当たらない。またそれらの中には、「教会攻撃」へと直接通じてゆくような手がかりなるものも見出すことはできない。それゆえ、この草稿についてはこれ以上立ち入る必要はないと考える。

にも拘らず、次の一点だけは決して見逃されてはならないであろう。それは、目下の時期にこの草稿がこのような形で書かれたという「事実そのもの」Faktnm のことである。そのことは、その「ミュンスター監督」が、目下のキルケゴールにとっては、最早「遠い所に存在する標的」という段階から「直ぐ近くに陣地を構えている敵手」の段階へと移って行ったということである。つまり、キルケゴールは、この草稿の執筆の間の考察を通じて、「ミュンスター」の体質をますます詳細に知るようになり、「教会攻撃」を開始するための行程を着実に一歩々々進行していたという「事実」である。

II　未刊の草稿『私のキリスト教的主張』

この草稿が書かれるのには前年一八五二年八月中旬頃からの彼の精神的状況が伏線としてあるので、それを辿ってくることから始めよう。

その八月中旬頃、キルケゴールは、いま自分は、自分の人生においていくたびも起こってきた「あれか―これか」の「最終段階」に居ることを実感し始めていた。彼の日誌 Journal[26]1852 4, Juni を読んでゆくと、その終りの方の部分、つまり、八月中旬頃の記述には、彼が、自らいうところの彼の人生における最終の「あれか―これか」の問題の前に立ち苦心惨澹している姿が見えてくる。そのことを示す日誌はそれら各々の標題と共に紹介するなら、主として次の四つのものである。Pap. X^4A663「あれか―これか」、664「私自身について」、665「あれか―これか」、666「私自身について」で、それら頁数の合計は、現在のパピーア五頁分になる。これらの標題の順序を見ただけでも、このとき彼がどんなにこの問題に徹底して取り組んでいたかがうかがえる。以下それぞれの内容を簡単に紹介しょう。まずPap. X^4A663「あれか—これか」では大要次のように述べている。すなわち、自分は曾てこの「あれか—これか」という言葉で呼ばれていたが、自分はまだ「—これか」を通りぬけていない。自分にとって「—これか」は決して「結婚」を意味しない。「結婚」は人生の楽しみと倫理的なものが加わったものであるが、それは自分の「—これか」ではない。たとえ「倫理—宗教的なもの」でも、それは自分の「—これか」ではない。自分の「—これか」は、苦しみを受けることLidelseや「自己放棄」Forsagelseなどこの世においては全くの何ものでもないものになる宗教的なものである。自分はもともと弁証法的人間であり、自分の本質は弁証法である。それゆえ、自分は、その弁証法的運動における最終の「—これか」にのみ休息を見出すことができるのであり、その休息を決して何か仲介的な（あるいは、調停的な）「—これか」に見出すことはできない。このように述べている。

こうして次のPap. X^4A664「私自身について」では、その前述の問題を受け継ぐようにして、その「休息」の地点、「—これか」について記しているが、それは、いまどうしても言われなければならない「ただ一つの言葉」を言うことで、しかしこれを発言することには、「生死」の問題が関わってくるということである。彼はこう記している。

「言わるべきこと、そして私が言うべきことは、ただ一つの言葉である。しかしその言葉はそれが発せられるならば途方もない結果を齎らすことになるだろう。つまり、それは、私が生きている間にはそれを言うための力などとてももてないようなものなのだ。

しかし他方、この世での自分自身の身のことを思いやってそれを言うことを止めてしまうならば、つまり、それを発言することは私の任務ではないとみなしてしまうならば。いや、そのことも私にはできない。別の意味で私にはそれをする力を持ち合わせていないからだ。つまり、それを言わないという責任も私は受け継ぐつもりはないからだ。[7]」

このように記している。そして「このようにして自分は人生の残りの時間を生きているが、それはひとりの死んでいる者 en Døende として生きているのだ」と記し、その次にその「言わるべきただ一つの言葉」について述べている。それによると、その言葉とは、自分がいままで「日誌」の中でいくたびも言ってきた言葉なのだが、それは「いま〔この国には〕キリスト教は全く存在していない」という言葉だという。しかしこの言葉が実際に発言される前にはまず詩人の心が炸裂しなければならないものだといい、その詩人こそ私なのだと記している。そしてこのように記して後、最後に実に驚くべきことを次のように記している。

「だから、私が日誌の中にしばし次のように書いていたことはきっと真実なことになるだろう。すなわち、デンマークにはこのことのために一人死ぬ男が出ることが必要とされている。(8)」

このように、彼が言うところの「―これか」とはこの「言わるべきただ一つの言葉」を生命を賭けて発言すること、そのことである。

この日誌の次の日誌にあたる Pap. X^4A665「あれか―これか」の記事は二頁の長文のものであるが、その内容は、その「あれか―これか」を前にしての、それを実行する場合の忍耐について述べているものである。そして彼は、自らが忍耐をする場合その思いをむしろ神の方に向け、神はいまこの自分が忍耐していることについて忍耐を失っているのかどうかについて思うことが助けとなると言っている。

更にその次の日誌 Pap. X^4A666「私自身について」では、これが書かれるにあたっては、明らかにキルケゴールの脳裡にはやはり「牧師職」の問題の解決の時と、その「ただ一つの言葉」を言う「―これか」の時が訪れてくるのを待っている姿が画かれており、彼は、「忍耐」について、神がいままで、そしていまこそ、自分にそのような「忍耐力」を与えて下さっていることについて、つまり、自分がこうして「時」を待っていることが出来ることそのことについて、感謝の言葉を述べているのである。

これら一八五二年八月中旬に日誌に記された「あれか―これか」の最終段階の模様は以上のようなものであった。

これら四つの日誌記事が意味していることは、この時期キルケゴールは遂に「―これか」にあたる決定的な意味での「行為」についての開明に達したということである。つまり、それは、「いま言わるべきただ一つの言葉を言うこと」であった。そして正にそのことによってこの時彼は「教会攻撃」に打って出るときの決定的な図式を手にしたと言うことができるだろう。

ところが、年が明け一八五三年になると、そして更に三月になると、事態は全く新しい段階へと入り始めた。先述したように、彼は自らが Extraordinaire であることへの確信を強くもつに至り、生産性への意欲が非常に湧いてくるのをおぼえるなか、その彼の意識に強く突き刺さってくるものがあることを感ぜずにはおれなくなった。それは正に「著作家としての良心と責任」という問題であった。そしていま、あの前年八月中旬に記していた「―これか」にあたる「行為」の問題は、この「著作家としての良心と責任」の問題に結びつくことになり、正にそのようなものとして受けとめられるようになったのである。こうしてこの三月、あの八月中旬に記されていた「―これか」にあたる「行為」の問題は、彼のこの「著作家の良心と責任」の問題として受けとめられることによって、それは非常に現実味をもつものになったのである。それゆえ、彼は、このことを、最早「日誌」にではなく、公表を意図した著作もしくは論説の「草稿」に記したのである。それがこの「私のキリスト教的主張」Min Christelige Pæstand (Pap. X^6 B232–4) である。これは、欄外付記も加えると、パピーア約十八頁分の長文のものである。この草稿の主文 Pap. X^6 B232 (S. 371–83) は、一八五三年に書かれたことになっている。しかし日付は付されていないが、そのあとに三つ程の追加の断片がそれぞれかなり長文で書かれており[9]、それら全体に対して更に一頁半分の付加すべき文章が書かれており Pap. X^6B233 (S. 383ff.) 更にこれらの全体に対して「あとがき」Efterskrift Pap. X^6B234 (S. 384–8) が四頁弱の分量で書かれている。これらの草稿の形式の全体を見ただけでも、この草稿の全体はかなり完璧な構図のもとに書かれたことがわかる。その意味ではこの草稿はその他の草稿と比較して最も完璧に近い感じをもたせてくれる事例である。

ところが、この「草稿は」、その「あとがき」の部分を除いて、他のすべての部分には、鉛筆で大きくバツ印しの線を引き（それらの中233のものには二重の線を引き）、要するに、「抹消」を意味し、明らかに公表の意志のないことを、示しているわけである。従って、このように、草稿の全体はかなり完璧な形はとっているとしても、明らかに公表の意志のないことが示されている以上、このようなものは資料としては無視した方がよいのではないかという考えが出てくる。しかし、この草稿が彼によって書かれたということは確かである上に、彼自身これを反故として廃棄してしまわずに、そのままの形で遺していることは、そこには何か彼が捨て難い思いを残しているであろうことも、充分推察され得る。そこで私は、敢えてこれを資料として用いることにし、その内容を検討してみることにした。そしてその結果、私は、やはりこの「草稿」ならではの真実に触れることができた。それは、この時点におけるキルケゴールの精神状況に関する重要な事実がこれに記されているのを、見出したことである。

それは、この草稿の主文の最初の七頁強までの中のある部分で、前述の一八五二年八月中旬に書かれたあの四篇の日誌記事の内容と、その中でもとりわけPap. X⁴A664「私自身について」の内容と直接関連していると考えられる事項がはっきり記されている点である。その際、彼は、その個所で、いままで隠されていた彼の実に深刻な心情を、いまここではっきり吐露するということをしているのである。つまり、彼は、その「日誌」で「言わるべきただ一つの言葉」という言葉で示唆していたものを、それから六ヶ月後のこの「草稿」において、いよいよそれを発言することを決断したことを、記しているのである。すなわち、彼は、いま自分は「著作家の良心と責任」というものを痛切に感じているということ、従って、その「著作家の良心と責任」からひとつの行為をすることを決断したこと、その行為とは、その「言わるべきただ一つの言葉」を「発言」することだ、と記しているのである。そこで以下、まずその「著作家の良心と責任」のもとにそのような「行為」に出ることを決断するに至った次第について紹介し、次にその「行為」において訴えようとした「言わるべきただ一つの言葉」とは何なのかについて明らかにしたいと思う。

そこでまずその「著作家の良心と責任」のもとでそのような「行為」への決断がなされたことの次第について、彼は、次のように述べている。

「〔私は著作家としては、殆んどすべての人々が汲々として求めてやまない有限的なもの、この世的なもの、時間的なものを決して求めたためしはないということを、真に自覚している〕いやそれとは反対に、私は、著作家としての最も厳密な意味において、ある事を、良心に感じているのだ。私がそのことをどのようにして感じているのか、それを真に正確な言葉で記してみよう。私が言わなければならない全くはっきりと決まっている事柄が存在している。それを、私は、もし私がそれを言ってしまわないならば、とても死ぬ気にはなれない――それをそのように私は感じているのである。――というような仕方で、私の良心に感じているのである。なぜなら、私が死ぬ瞬間には、従って、私がこの世を去る瞬間には、そのとき私は――それを私はこう理解しているのだが――なお同じ瞬間に――その瞬間は何と恐ろしい速さで過ぎ去って行くことか！――なおその同じ瞬間に、ここから無限に遠い所へ離れてゆき、別の所に居ることになろうが、その別の所では、なお同じ瞬間に――恐ろしいばかりの速さだ！――次のような問いが私に突きつけられることになるだろうからである。すなわち、お前は自分の任務を遂行したのか、お前はあのはっきりと決まっていた事柄を真にはっきりと言ったのか？　だからその場合もし私がそのことを為していなかったなら、一体どうなることか(10)？」

前述のあの一八五二年八月中旬の日誌 Pap. X^4A664 に記されていた問題は、いまやこれ程までに切実な問題として、つまり、「著作家の良心と責任」における決定的な行為の問題として、「決断」されるところにまで至ったわけである。

そこで次に、その「行為」において、「発言」されることになる「言わるべきただ一つの言葉」とは何かということである。これこそが前年の八月中旬日誌の中で示唆していたものであるが、キルケゴールは、いまこの草稿で、それはたった一つのテーゼにまとめられる自分の主張なのだと言う。そして彼は、それを、次のように述べている。

「このデンマーク(11)について言う限り、キリスト教は全く存在していない。」Christendom er-jeg taler om Dan-mark-slet ikke til.

「言わるべきただ一つの言葉」とは、この一つのテーゼだけである。そして彼が言うに、デンマークのわれわれが自らをキリスト者であるという幻想、[12]錯覚にとらえられているのはキリスト教の客観的教義に大なり小なり魅惑されてのことである。ということである。

このように述べて彼は更に、ルターの名を引き合いに出し、ルターはキリスト教の教義について九十五箇条のテーゼを掲げて闘ったが、自分はたった一つのテーゼを掲げるだけでよいのだ。それは「キリスト教は全く存在していない。[13]」

さて、前年の八月中旬以降「言わるべきただ一つの言葉」という一言で示唆されてきたものが以上のようなたった「一つのテーゼ」にまとめられて明らかにされたが、そのテーゼの内容は、あくまで当時の感覚で理解される必要がある。言うまでもなく、当時のデンマーク国家は、とりわけ一八四八年までは既にいくたびも述べたように「国家教会」が国家の体制をつくっており、「キリスト教」はその存立の大前提をなしていた。そしてすべてのデンマーク人がキリスト者とみなされ少しの疑いももたれていなかった。従って、そのようなデンマーク社会において「そのキリスト教はこのデンマークには全く存在しない」（そこでキリスト教と思わされているものは悉く錯覚である）と言い切ることは何と言っても気違いじみた暴言であったと言えよう。八月中旬の日誌Pap. X^4A664で「これを発言することは一人の人間の死を招くことにもなりかねない」と記していたことは、正にこの「言葉」の発言の危険性を訴えたものとして、額面通り受け取ることができよう。しかしキルケゴールは、それより六ヵ月後の一八五三年三月、「著作家の良心と責任」においてこの「言葉」を「発言」することを決意し、そのことの実際の準備に入り、こうしてそれを「草稿」に認めたのである。そのことをこの「草稿」に認めたことそのことが、その「行為」に実際に入ったことを意味するわけである。

この主文のあと、キルケゴールは、これに付加することを考えて約七頁程の断片「ミュンスター監督のキリスト教告知」と題するものを書いているが、これは正にテーゼの証明となるようなもので、それは結局「ミュンスター」の名において代現されているものは決してキリスト教でもなんでもないということの主張にみちている。その主張内容はいままで日誌等で述べられてきたものと殆んど同じなのでここではこれ以上立ち入る必要はなかろう[14]。

ここで注目したいのは、この草稿のグループの中での最後のものになっていた先述の「あとがき」Efterskrift Pap. X^6B234（S. 384-8）の草稿である。これは殆んど完全原稿のように出来ているが、これは明らかにこの草稿全体の「あとがき」に付けることが予定されて書かれたものであることが読みとれる。

ところで、この一文で彼が述べようとしている事柄は彼自身の言葉によるならば、それは、「キリスト教国における宗教的著作家としての私の位置」についてであり、つまり、自分は、そのような者として、何を意意志してきたか、また何を意志しているのかについてである、というのである。そして彼はそのことを四つの点に分けて述べている。

まず第一に、自分は人々に対して何か重い荷を課してきたように思われてきたが決してそうではなく、そのことは自分がしばしば言ってきた次の言葉「私は権能をもっていない Jeg er uden Myndighed」とか「私はひとりの詩人にしかすぎない Jeg er Kun en Digter」という言葉に現われているという。つまり、これらのことは、自分はいかなる人々にも「義務を課する」ようなことはしていない、という意味なのだと言う。だから自分は、キリスト教の告知においては、つねに公認のキリスト教と同じような穏やかな表現法をとってきたということである。

第二に、しかし、もし人が自分のそのような「穏やか」な表現法だけに目を向けてその中身も公認のキリスト教と同じものと考えてしまうならば、それはその中身を正確に見ていないことになるということである。つまり、自分がそのような仕方で表現しようとしていることは、人々が直接的に「新約聖書」から学ばれるものと関わること、神と直接的に関わることである、というのである。つまり、自分が切に願っていることは、読者が神とあなたとの間の真実を知ること、新約聖書とあなたとの間の真実を知ること、このことなのだというのである。

第三に、けれども、読者に、神とあなたとの間の真実、新約聖書とあなたとの間の真実を知ることを伝えるには、何よりもまず私が、神と私との間の真実を、新約聖書と私との間の真実をとらえることを通じて、なされるのでなければならないので、自分はそのようなつもりで、父による幼い頃からの教育やまた自分の精神の発達と努力とを自分の著作の方法にも内容にも現われるよう努めてきた。そして正にこのことが〔つまり、自分の苦悩を通じてということが〕、公認のキリスト教の告知と私のキリスト教告知との根本的な相違なのだという。いや、自分がそのような仕方をとって意志してきたことは、「公認のキリスト教の告知」と「新約聖書のキリスト教の告知」との相違をはっきりと人々の前に提示することだという。しかも自分は、「公認のキリスト教の告知」は「新約聖書のキリスト教の告知」を隠しているので、そのことをも自分は、明らかにしなければならなかった、というのである。

こうして第四に、キルケゴールは、以上のような自分の仕事に関してこれから起こり得るものへの予感のようなものに触れている。それは、自分は、何としてもその二つの告知の相違を人々の前に明示するとともに、「公認のキリスト教告知」が「新約聖書のキリスト教告知」を隠蔽している事実を明らかにしなければならないが、このことは必ず何らかの仕方で紛争もしくは闘争にならざるを得ないということ、である。そして、それに対しては、ミュンスター監督は偉大な力をもち大小いかなる方策を講じることも自由にできるであろうが、何をしたところで、私が言わなければならない事柄は必ずこの時代の人々のもとで共鳴を得ることであろうということ、それというのも、自分は、同監督を余りにも畏敬し愛してきたが、著作家としては結局のところは、時代の人々に対しては、そういう間違いを犯してきたことになるので、そのことを言うことは、それら時代の人々のもとで必ず共鳴を得るであろうということである。つまり、同監督がどんなに卓越した偉大な人物であろうとも、同監督が「新約聖書のキリスト教告知」とは全く別の「キリスト教告知」をしてきたという事実は、その彼の偉大なる人格とは全く別のことになるのだというのである。

キルケゴールがその「あとがき」で述べていることは以上の四点にまとめられる。

さて、この草稿グループをとくに「主文」と「あとがき」とに分けて以上のように検討してみるとき、われわれは直ちに、それらにはやがて開始される「教会攻撃」のための大きな砲弾が準備されていることを如実に知らされる思いがする。それというのも、第一に、「教会攻撃」に用いられた砲弾は「ただ一つのテーゼ」であり、つまり、「このデンマークにはキリスト教(新約聖書のキリスト教)は全く存在していない」という宣言だったからであり、第二に、その砲弾の炸裂地点は、「公認のキリスト教告知」と「新約聖書のキリスト教告知」との相違を鮮明にする地点であり、そこでは後者こそ真のキリスト教であるという宣言がなされることになるからである。

このような意味において、この時期キルケゴールがこの草稿をこのように書いたことは、「教会攻撃」の準備をする上で、彼にとってはどうしても必要な一事であったと言うことができよう。

Ⅲ　未刊の草稿『あれか―これか』

この草稿群全体の一番最後のものは、先の草稿と同じく一八五三年に書かれた草稿で、それは何と『あれか―これか』という標題を記されたもの Pap. X^{6}B235, 236 (S. 388–96) である。この「あれか―これか」は、言うまでもなく、キルケゴールが「著作活動」を開始したときの一番最初の作品の書名である。それがいま、その「著作活動」の終結に際して、同じように用いられたのである。勿論今回はそれは草稿のままに終わったが。しかしこの言葉がこの時期前面に出て来たのには実に深い意味があることを知らされる。私は既に先の第二章第六節と第七節で、キルケゴールが最終段階での「あれか―これか」の問いの渦中におり、どうしても「―これか」が決められずに苦悩していることを述べた。そして長い辛苦の時を経た後やっと一つの決着点に達したことも述べた。しかしその個所では、私は、その過程を極く簡単に説明するにとどめておいた。しかしいまここで目下の草稿を読むとき、その辛苦の背後では、こんなにも深い問題図型をめぐっての思索があったことを知らされるのである。

ところで、この草稿もかなり完璧に近い状態で出来上がっているが、その全体は、欄外付記も含めると約九頁もの論説風のものになっている。そしてそれは大きく分けると三つの部分から成っているといってもよいだろう。しかしそれらの部分のいずれにも十文字を引いて出版を意図しない旨とを示しているものはない。そこで以下その各部分にわたって簡単に要点だけを説明したいと思う。

一　この草稿が書かれた意味

しかしまずこの草稿がなぜ「あれか―これか」という標題で書かれたのかそれを明らかにすることから始めよう。それというのも、この草稿の全体をよりよく知るためには、まずこのことを知っておくのがよいと考えられるからである。そこでそのためには、キルケゴール自身がこの草稿の最後の部分で全体の記述への付記として自分はなぜこの草稿に「あれか―これか」という標題をつけたのかを自ら説明しているので Pap. X^6B236 (S. 395ff.)、その部分の紹介から始めたいと思う。その部分は次のような言葉で書き始められている。

「そうだ、この『あれか―これか』という言葉、これは当然に闘いが起こってくることを予想させるが、それゆえ、私の最初の言葉が『あれか―これか』なのである。[15] だから私は、自分自身について、『あれか―これか』の言葉に立ち続けているように語ることができる。つまり、私は、自分のひたいの上に『あれか―これか』という言葉が書かれている謎にみちた存在なのである。[16]」

このように述べ次に彼は、このことがどのように理解さるべきなのかは決して容易なことではなく、直ぐ分かるような性質の問題ではないと言う。つまり、実に多くの準備がなされなければならないからだという。なぜなら、そのためには、作品の全体が途切れをつくらず一続きのもの uno tenore として準備される必要があるが、その作品の全体はやはり何と言っても「反復」の内実をなすものだからである。つまり、その全体はもう一度取りあげられることになるからである。こう述べて次のように記している。

「正にそれゆえにこそ、この作業は、非常に迫られて、非常に速やかになされたのである――以上のことから知識というものはここでは無限に愚かなものであった――なぜなら、一切の作業が目ざしていたのは反復だったからである。それは丁度、『反復』という小著の中で次のように書かれているのに従っているようにである。〈反復は、やがて問題にされてくるであろうカテゴリーである〉。[17]」

このように書いてキルケゴールは、あの作品『あれか―これか』は、彼の全作品の「反復」が行われることを、目ざしていたのだ、というのである。

そしてその「反復」が行われるためには、二つのことをしなければならなかったという。一つは、何にも先立って「あれか―これか」が正当な仕方で設定されてゆくのでなければならなかったこと、つまり、それが充分に整備されてゆくのでなければならなかったこと。しかしそれだけでなく、もう一つは、自分自身がそれによって教育されてゆくのでなければならなかったこと、それゆえ、自分の著作活動について述べたあの小著『私の著作活動について』においては、私の著作活動の全体が私の教育のことである、と書かれている、というのである。[18]そして彼は更に次のいくつかの言葉を引用して、この文章を締めくくっている。

「そしてまたそのようなことから、判事ヴィルヘルムが青年に向かって言っている言葉の一つはこうなっている、私がきみをそのようにして成長してゆく姿を見ているとき…、私は一匹のまだ飼い馴らされていない馬のことに考え及ぶが、しかし私はまた、手綱を握る手を見るのであり、そして私は辛い運命の鞭が君の頭上で振り上げられているのを見るのだ――それゆえまた、私が（『自己吟味のために』の中で）言った最後の言葉はこうなっている。曾ては馭者であることが神の御心にかなっていた時代があったんです。[19]」

これで明らかなように、キルケゴールは、自分の著作活動の全体は、「あれか―これか」の正しい仕方での設定によって貫かれていること、つまり、「あれか―これか」の反復であること、それとともに、自分の人生（自己人生）は、正にそれによって教育されてきたものであること、つまり、反復以外の何ものでもないことを、述べているのである。

こうして彼は、これらの説明を、この草稿がいまこの時期に書かれたことの意味の説明に使っているのである。そのことの意図はこれによって明白であろう。つまり、それは、いま自分はここでこの時期になって「あれか―これか」について書いているが、それはこのような意味からであること、つまり、自分の著作活動の全体も自分の自己人生そのものも「あれか―これか」の「反復」以外の何物でもないこと、それゆえ、いまここでまたもや「あれか―これか」の「反復」をしているのだということ、以上のことに尽きると考えられる。では、早速その内容へと入って行こう。

二　「あれか―これか」の現在の内実

その内容の特徴は、この目下の時点（一八五三年三月以降の時点）においてキルケゴールが自らの身において取り組んでいる「あれか―これか」の構図の内実について極めて具体的に述べている点である。彼は、それを「中世キリスト教の修道院における現世放棄」の問題を「現代という時代状況」の中で改めてとらえ直すことによって、そこに「新しい真実」が提示されてくることを、述べているのである。

キルケゴールはまずこの「あれか―これか」の構図を、この現代においては、次のような内実をもつものとして、示している。

Enten（あれか）―現代はキリスト教的意味では進歩しているのだというような、つまり、われわれはいまキリスト教的意味で中世のキリスト教よりも、修道院的な現世放棄のキリスト教よりもより高次の地点に立っているというような、こういう語り方やうぬぼれを止めることが求められのでなければならないか―そしてわれわれは、それが私が最初から、そしてその後も変ることなく引き続いて提案してきたことであることを、すなわち、自分と神と相互の関係について真実のことを告白しようではないかということを、そしてこれに関して、われわれはキリスト教的意味ではどんなに遠くへと後退してしまっているのかを告白しようではないかということを、そしてひたすら恩寵へと身を委ねようではないかということを、想い起こなさければならないか――。[20]

Eller（あるいは、これか）――あなたは、現代はキリスト教的意味では中世の修道院的現世放棄よりもより高次の地点に立っているというあの語り方をしておられ、その場合そのことをわれわれに見せてもおられるので、われわれはあなたの生活がそのことをあらわしているかどうかを見ることが求められるのでなければならないか――しかしキリスト教的意味で中世の修道院的現世放棄よりもより高次の地点にあるものは、たった一つのことだけが、殉教ということだけがあることになろうが。[21]

キルケゴールはこのように「あれか―これか」の命題を設定しているが、これを更に要約するならこうなろう――われわれは現代がキリスト教的意味では中世の修道院的現世放棄のキリスト教よりずっと高次のより進んだ地点に立っていると語りうぬぼれているが、そんな語り方やうぬぼれを止めることが求められているのではないか、そしてむしろ自分たちがそれよりもずっと後退していることを認め、神と自己との関係における真実の姿を、つまり、全く不信の姿を告白しなければならないのではないか――それとも現代のわれわれが中世の修道院的現世放棄のキリスト教よりも高次の進んだ地点に立っているというなら、そのことはそれを言う人々の生活に現われている筈なので、われわれはそれをよく見なければならないのではないか、それというのも、中世の修道院的現世放棄のキリスト教よりより高次の進んだ地点とは、たった一つのこと、「殉教」の生き方しかないからであるが、それらの人々はこの生き方をしているのかどうか――以上の「あれか―これか」である。

キルケゴールは「あれか―これか」の命題をこのように提示した後、これについて更に説明を記している。その場合何よりも、キリスト教について自分の基本的な考えを述べることから始めている。それはこうである。

「キリスト教はこの世のものではなく、この世とは異質のものである。[22]」

こうして彼は、この基本的な見解から、だから新約聖書はこの世を棄てることを要求しているのだ、と言っている。しかし新約聖書は、それを為す者は神にとって大いなることを為した者と認められる、と記している、と言っている。

それゆえ、この世でキリスト教の異質性を保ち続けようとする者は、どうしても中世の修道院のように、この世を棄てるということをせざるを得なくなる。事実、新約聖書は、人がこの世にとどまり続けるなら迫害を受けるであろうということを、前以て述べている。だから、このような意味からするならば、中世の修道院的な現世放棄は、キリスト教的意味においては、一歩だけ進んだ高次の在り方になる、というのである。(23)

しかしそのような修道院的現世放棄なぞ現代人にはとてもできない。では、どうしたらよいのか。これについてキルケゴールは大要次のように述べている。今日のように、キリスト者と称する人々がこの世にとどまり、現世放棄とは全く逆に、この世の財宝を求め、この世の喜びを楽しみ、キャリアを積み、自分の人生の時間をただこの世的なものを楽しむことだけで充足しているが、もしこれがキリスト教であるとされているならば、人はそのような在り方が決してキリスト教ではないことを、そしてそれはキリスト教的意味では決して中世の修道院的現世放棄よりもより高次のものではないことを誠実に心底から告白し、ひたすら「恩寵」にすがるのでなければならない。そしてその時のみそこにキリスト教はあるのである。そのようなことは、私が最初の頃からずっと言ってきたことであるが、つまり、われわれは正直に、自分自身と、神と、そして両者の関係とに向き合い、われわれはキリスト教的意味ではどんなに後退しているのかを告白しなければならない。それなのに、現代のそのような状況を、キリスト教的意味では中世の修道院的現世放棄よりもより高次の地点にいるとみなすことは、キリスト教とは全く逆の「厚かましさ」Frækhed以外の何物でもない――このように彼は述べている。(24)

こうして彼は、この問題に更に踏み込んで次の二つのことを言っている。

一つは、この中世の修道院的現世放棄は現代においては決して最高のことではあり得ないということ、なぜなら、現代においてはそれは純粋に世俗的なことであり、これを中世と同じように評価することは、純粋に世俗的なものがキリスト教的意味ではより高次なものである、と言うに等しくなるからだというのである。(25)

もう一つは、神との関係における自分自身を知りそれを告白することは無限に重要な意味のあることであり、これこそがより高次なことであるということ、なぜなら、自分は完全者からは遠く距った所にあり、それゆえ、それを正直に告白することと、自分は完全者から遠く距った所にあるのに、その完全者を通り越してしまったような積りになることとは、恐ろしい程の距りがあり、前者は「恩寵」にすがる努力の条件になるが、後者は、無精神性の距りか偽善者の距りになり、それは「恩寵」へすがるいかなる努力にもならないからだというのである。(26) キルケゴールは勿論この「距り」という言葉で「罪の意識」を、「恩寵」への努力の条件という言葉で「赦し」の受容を意味している。

この草稿での「あれか―これか」は以上のようなことを意味している。

キルケゴールは、ここまでこのように述べてきて、しかしここから筆を転じて、新しい地平へと踏み込んでゆく。それは「反復」という地平で、彼は自ら「反復をしよう」と書いている。

三　「反復」の実行

この草稿の三九一頁の後半からは全く新しい企ての領域に入り、それは三九五頁まで続く。その内容は「反復」についての記述である。この部分の欄外には、鉛筆でカッコがつけられ、「人生行路の諸段階の反復」Gjentagelsen af-Stadier paa Livets Vei と記されている。これは、あの著作『人生行路の諸段階』（一八四五年）が「反復」されるということではなく、むしろキルケゴール自身の「人生行路の諸段階」が「反復」されるという意味である。そして内容はいかにもキルケゴールらしい叙述でみちている。彼はこの部分の草稿の冒頭で次のように記している。

「私は自ら好んで更にもう一度反復をしよう。私は疲れてはいないのだ。それにこのことは何と言っても非常に重要なことなのだ――なぜなら、たとえ誰かが以下述べるようにして自分の人生に対して正当なバランスシートと永遠の決定性に逆って怠けた態度をとることが出来たとしても、その者が自分の借金については真実の考えをもっておらず、そう、ましてや自分の真実の状態について偽った想像をふくらませることによってその借金をますます大きくしてしまうことは、そしてそのようにして同時にこの後退した時代を利用して思慮深くなることを自ら妨げるようなことをしていることは、何と言っても非常に恐ろしいことだからだ！そら恐ろしいことだ！[27]」

このように述べて、いまこの時に行われる「反復」について詳しく記してゆくのであるが、その文章の全体はいかにもキルケゴール的性格に溢れており、しかも確かに分かりにくい。しかしよく読んでみるとこの草稿の全体は次の諸点を訴えようとしていることが分かる。[28]

まず第一に、キルケゴールがここで「反復」という言葉を使って意味していることは、本質的には、あの著作『反復』（一八四三年）の中で述べられていたことと同じ意味のことだという点である。つまり、ここでの「反復」という言葉で決定的な鍵となっているものはやはり人間の想像が到底及ばないところの「神の無限なる愛」が人間に及んでくるというその関係についての描写である。その場合彼は「最も重い悲しみ」Den tungeste Sorg という言葉を使ってその関係を述べている。この「最も重い悲しみ」とは、先に述べたような自らの借金（＝負い目）を見ようとしない結果陥いる状態のことで、彼は次のように言っている。

「その最も重い悲しみとは、それが人間の上に降りかかってきたときには、その者を、彼が未だ曾てなかったような、つまり、人間であることは最早続けられなくなってしまうような仕方で、破滅へと陥いらせてしまうに違いないもの、従って、その者が愛の、稀に見る大きく高貴な愛の対象になってしまうようなこと――しかし当人はその愛の大きさには気付いていないようなこと――を指す。[29]」

このように述べて、彼は、この「最も重い悲しみ」とは、人間が自らの真実（＝負い目の真実）を見ようとはしないために、その自分を救ってくれようとしている「神の無限なる愛」が自分に及んでくるのを自ら妨げている事態であることを、指摘している。

しかし第二に、にも拘らず、この「神の無限なる愛」は、その人間が自らの真実を見まいとすればする程、増々その愛を増大させてゆき、その溢れんばかりの愛のもとで、その者はますますその愛の対象になってゆくということが述べられてゆく。彼は次のように書いている。

「〔その者はそのような大きな愛のもとでますます小さな者と化してゆくにも拘らず〕彼は、自分自身を、その現実の姿よりもはるかに完全な存在であるように空想することによって、その愛の働きを妨げてしまうのである。これは確かに最も大きな悲しみであるに違いないが、〔そのことでここでは罪が、最も恐ろしいことが起こっているのである〕その最も恐ろしいことというのは、そのことによってそこでその愛が止んでしまうことではなく、むしろそのことによってその愛が更に日々少しでも変ることなく同じ状態を続けてゆくこと、…そして彼に感謝の心がないが故にこそ、そして思慮深さがないが故にこそ、むしろその愛は、出来得る限りの、更にますます大きくなってゆくことが起こることである…。[30]つまり、その者は、打ち砕かれることもなく…またその愛に注意を払ったり、感謝をしたり、また思慮深くあったりすることからははるかに遠い地点にいるのに、その無限なる愛は来る日も来る日も変ることなく溢れんばかりに注ぎ続けられていること…その者は、自分が置かれている真の状態を全く知ることなく、自分が現に在るよりもより完全なものであるように妄想し――従って、彼が遂に一度目を上げ眺めやるときは、恐るべし――そら恐ろしいことだ！――その無限なる愛が変らずに続けられていることを日にすることになるのだ。[31]」

第三に、それゆえ、人間は自らの負い目について、そしてまたキリスト教が人間に対してもっている要求について何としても「真実の観念」をもたなければならないという点である。彼は次のように述べている。

「キリスト教の要請の無限なる大きさについて真の観念をもっていない者は、自分はその要請を充すことから無限に距っているということについても真の観念をもっていないのである。そしてそのような場合は、彼は、自分の負い目の無限なる大いさについても真の観念をもっていないし、また当然に、恩寵の無限なる偉大さについても、また当然に、愛の無限なる大いさについても、真の観念をもっていない。つまり、彼がそれによって愛されているその愛についても、恩寵によって彼にその負い目を赦すその愛についても、真の観念をもっていないのである。[32]」

このように述べて更にこう続けている。

「次のことをよく考えてみよう。そのようなことから、もしどなたかが真に、キリスト教の要求を、私が描くよりも更に偉大に描くことができるなら、私は、その方に、彼がその場合そのことを天に在す神のために為されることを、お願いする。そしてまた、どなたかが真に、私がそのキリスト教の要求を充している状態からは遠くかけ離れていることを私自身が描いて見せているよりも更に遠くかけ離れていることを描いて見せてくれるなら、私は、その方に、彼がそのことを天に在す神のために為されることを、お願いする。なぜなら、私が無限に専心している事柄は次のようなことだからである。すなわち、それは私は何としてもすべてのことに優って、キリスト教の要求についての真実の観念をもたなければならないということである。しかしそれは、そのことによって、私自身はその要求を充すという状態からは遠くかけ離れているその距離についての真実の観念をもつためであり、そしてそのことによって、私の負い目の無限なる大きさについての真の観念をもつためであり、〔それを赦す〕恩寵の無限なる大きさについての真の観念をもつためであり、そしてそのことによって——見よ、ここにこそ、私が無限に専心している事柄が、正にその事柄が関わってくるのである——愛の無限なる大きさについての真の観念をもつためである。[33]」

キルケゴールは、キリスト教が人間に対してもっている要求についての真実の観念を、以上のように述べている。しかし彼は、この叙述のあと更にこの問題の奥へと踏み込み、その本質をより深く追求するために、このキリスト教の要求が「現代」においてはどのような意味をもってくるのかを、省察しようとする。つまり、彼は「神との関係」という関わりのもとでこの「現代」を見るならば、この「現代」は神からはどんなに遠くかけ離れた所に位置しているのかについて、その「真実の観念」を描き出そうとする。すなわち、彼によるならば、「現代」は、中世のキリスト教の考え方、つまり、修道院的な現世放棄という考え方の構図によっては到底描き出せない程に、つまり、そのような有限的な構図によっては到底描き出せない程に、いや、キリスト教の要求の無限なる大きさについては真の観念さえももつことはできない程に、遠くかけ離れたところに位置している、というのである。つまり、現代人は、

「現世から逃れる」ということによって神に近づくといったような神に近い距離にいるのではないと言うのである。

では、そのように神から遠い地点にいる現代のキリスト者と称されている者が真にキリスト者であろうとするには、どのような「在り方」への可能性があるのだろうか。

彼は、それを探るために、その「現世放棄」という在り方も含めて、三つのクラスの在り方を挙げ、それぞれについて検討を加えている。(34)

まず彼が挙げるのは、やはりこの「現世放棄」、つまり、「現世を放棄し、この世から逃れる」という在り方である。彼はこれを一つの可能性として考えてはいるが、既に述べたように、彼はこれに決して参同してはおらず、むしろ次のようなうまい言い方をしている。すなわち、これは中世のキリスト教が示した在り方であるが、現代では「第二階級」anden Classe の在り方であると言っている。

次には、彼は、それよりも「より高次の在り方」を挙げる。これは前者と同じように文字通り「現世を放棄する」が「この世から逃れる」のではなく、あくまで「この世にとどまる」という在り方で、それは「殉教者になる」という在り方である。これは確かに前者より「より高次なもの」であり、それゆえ、彼はこれを「第一階級」første Classe の在り方と称している。

このように考えてくるとき、第三番目に、更にもう一つの在り方、「第三級」tredie Classe の在り方が考えられると言い、これを提示する。それは、「この世にとどまり」at blive i Verden、そして「恰かもこの世のようになること」at blive ligesom Verden である。これについて彼は大要次のように述べている。つまり、自分はこの「第三階級」に属していることから、これは自分が曾て正に提案したものであり、つまり、それは、私自らがサタンの召使いの役を演じ、この「第三階級」の在り方を、罵り、嘲り、判決を下すというもの、そして何としても、徹底的に誠実になって、われわれ自身と神との間の関係の真実の状態を正直に告白しよう、ということである。

キルケゴールは、この「現代」におけるキリスト者の在り方の可能性を、このように三つのクラスに分けて述べ、自らはこの三番目の在り方をすることを訴えているわけである。

そして彼は、この三番目の在り方で意図していることを、更に詳しく説明している。それによると、その在り方とはat røre、つまり、「人の心を揺り動かすこと」だという。すなわち、彼が言うに、自分はひとりの詩人にしかすぎないので、自分はただ諸々の理想の助けによって人々の心を揺り動かすことだけができる、と言う。[35] そしてその「心を揺り動かす」ということについて更に説明し、それは、そのようにして、人々の心をして、「神の無限なる愛によって無限に愛されていることに気付かせることなのだ」という。そしてそのように心を動かすなら人ははじめて無限に愛されることを願うようになるというのである。

しかし「人の心を揺り動かす」ためには、彼は何としても、「キリスト教の要求」が無限に大きいことを示すのでなければならないという。なぜなら、もしそうしなければ、人は、自分がどんなに後退した地点にいるのかを、つまり、その距りの無限なる大いさを知ることはできないし、従ってまた、自分の負い目の無限なる大きさも知ることはできないし、そのことによって、恩寵の無限なる大きさも知ることはできないだろう、という。そしてもしそうなら、愛の偉大さも知ることはできず、それはその人に隠されたままになってしまうというのである。[36] つまり、そうすることによって、「あなたは自分がどんなに無限に大きな愛によって無限に愛されているのかを知らずに終ってしまうのである。[37]」

このように述べてキルケゴールは最後に、もし人が私が提示する「キリスト教の要求」は厳し過ぎるのでそれはもっと減じらるべきだと願うとするなら、その人はそこでとんでもないことをしていることになると言い、次の言葉で結んでいる。

「あなたがそんなことを願うなら、あなたにはきっと次のことがはっきり分かってくるだろう。なぜなら、これはあなたが多分考えてもみないことなのだが、あなたは、そのことを願うことによって、あなたがどんなに無限に愛されているかを知ろうとすることを、あなたに妨げている者はあなた自身であることを、きっと知るだろうからである。われわれはこのことによく注意しよう。[38]」

キルケゴールは、「反復」ということを、このように述べている。つまり、彼において「反復」とは、やはり「神の無限なる愛」において、人間が失った自己を再生させる（復活させる）ことであるが、目下の時期においては、「キリスト教の要求」を少しも値引きすることなくその真実のまま受けとめ、しかし「この世から逃れる」のではなく、あくまで「この世にとどまり」、その「神の無限なる愛」のもとでは、人間は余りにも遠くにあり自己がますます小さくなってゆく事実を、つまり、神と自己との関係の真実を、正直に告白して、その「神の無限なる愛」に身を委ねるという構図として描かれている。

キルケゴールは、この「あれか―これか」の草稿を、このように書いている。そしてこれにおいて彼は、「第三階級」という言葉を使って、いま自分を通じて起ころうとしている「教会攻撃」は、この「第三階級」の在り方を通じてなされることを、訴えているのである。こうして彼は、この草稿で、「教会攻撃」の基本的構図とも言えるものを描いているのである。

以上本節において私は、三つの「未刊の草稿」の内容の紹介を通じて、「教会攻撃への過程」の考察のための参考にしてきた。しかしそれら個々の内容は余りにも重要な示唆を含んでいるので、それらを更に明確にするために、次節でそれらの要点をまとめて指摘したいと思う。

注

（1）　J. P. Mynster: Yderligere Bidrag—. S. 44.

（2）（3）（4）（5）　Pap. X^6B171, S. 255, 256–60, 256, 256.

（6）　Pap. X^6B173, S. 270

（7）（8）　Pap. X^4A664, S. 475, 476.

（9）　Pap. X^6B232, S. 377–83.

(10)(11)(12)(13)(14) Ibid., S. 371, 377, 377, 377, 378–84.
(15) S. V. II. S. 175.
(16) Pap. X⁶B236, S. 395.
(17) S. V. III. S. 211.
(18) S. V. XIII. S. 535.
(19) S. V. XII. S. 425.
(20)(21)(22) Pap. X⁶B253. S. 388.
(23)(24) Ibid., S. 389, 389ff.
(25)(26) Ibid., S. 390.
(27) Ibid., S. 391.
(28)(29)(30) Ibid., S. 392ff.
(31)(32)(33)(34) Ibid., S. 393.
(35)(36) Ibid., S. 394.
(37)(38) Ibid., S. 395.

第三節　これら三つの「草稿」が意味するもの――「詩人としての立場」（キリスト教的著作家としての立場）からの決断の様相

私は、先の第二節においては、三つの「未刊の草稿」の紹介を通じて、それぞれの草稿の中に「教会攻撃への過程」が映し出されていることを見てきた。つまり、それらは、キルケゴールが、正に「詩人としての立場」（キリスト教的著作家としての立場）から、正にその立場から、「教会攻撃の準備」をしていたことを示していた。しかしこの事実は、「教会攻撃の研究」という観点からは極めて重要な意味を含んでいると考えられるので、それが意味する

もの の核心となるものをここで改めてもう一度取りあげ明らかにしておきたいと思う。それというのも、その点こそが彼の「教会攻撃」における正に核心をなすものと考えられるからである。

ところで、あの「草稿」が意味するものの核心をなしているものと言えるものは、次の二点である。

一つは、先の草稿の中でとりわけⅡで紹介したPap. X^6B232-4「私のキリスト教的主張」が意味するものである。この十八頁もの長文の草稿では既に述べられたようにさまざまなことが記されていたが、それらの中で最も注目を引くのは、やはりあの「著作家の良心と責任」について書いた下りである。これはそのⅡでも紹介しておいたように前年（一八五二年）の八月中旬の日誌で記されていたことと、それもとりわけ「言わるべきただ一つの言葉」Pap. X^4A664との関連で考えられるべきものとするならば、その下りを書いているときのキルケゴールには、いよいよ「教会攻撃の行動」へと打って出なければならないことの「覚悟」が、あるいは、「密かな決断」がなされていたのではないかと考えられる点である。勿論それらは、この「草稿」が刊行を断念された事実からも明らかなように、決して大っぴらな表明となり得るものではなかったが、しかしこれが書かれたとき「密かな覚悟と決断」がなされたであろうことは充分認められると考える。しかし私がこの件でここで最も強調したい「核心」とも言わるべきことは、その覚悟もしくは決断が、徹底した意味において、「詩人としての立場」（キリスト教的著作家としての立場）の明確な自覚のもとで、つまり、それの透徹した「自覚」のもとで、密かに表明されているという点である。つまり、その覚悟や決断は、この時正に、そしてあくまで「詩人としての立場」という厳密な自覚のもとでなされているという点である。このことは、先のⅡならびにⅢの草稿で示されたように、この時キルケゴールは自分の人生における「あれか―これか」の最終段階に居ることの実感の中にあったことをはっきり示している。つまり、それは、「〈あれか―これか〉の最終段階」における「著作家の良心と責任」からの決断であったということができよう。

もう一つは、このような「詩人としての立場」（キリスト教的著作家としての立場）という厳密な自覚のもとでの「覚悟や決断」も、それはもう一つの立場からの「教会攻撃の準備」に、つまり、「牧師職を求めてきた者としての立場」からの「決断」に決定的な影響を与えたであろうという点である。既に本章の冒頭のところで、この「教会攻撃の準備」は二重構造のもとでなされていたことを述べたが、それはその「詩人としての立場」でのそれと、「牧師職を求めてきた者としての立場」のそれであることが指摘された。しかしいまわれわれは、前者における「覚悟と決断」が後者におけるそれに大きな影響を及ぼしてくる場面を目にするように思うのである。すなわち、先のIIで説明したように、この三月、キルケゴールは、キリスト教との関係における自己存在の「任務」について実に透徹した自覚に達していた。それは、彼自身は「使徒」ではなく、また「(イエスの) 弟子」でもなく、Extraordinaire (異常な人、特別な任務を与えられた例外者) であるということの自覚であった (第三章第四節I II参照)。それは実に厳密で透徹した自己認識であった。しかしこの自己認識は、一方では、既に述べたように、自らを「詩人」(キリスト教的著作家) としての確固とした自覚へと至らしめるとともに、他方「牧師職を求めてきた者」としては、その「牧師職」という問題そのものの性格を大きく変える働きをすることになった。なぜなら、Extraordinaire であることは、最早「同質性」(一般性) としての「牧師職」(=官職) とは文字通り「異質性」の系列に属するものとなるからである。しかもこの時キルケゴールは、自分がいま自分の人生における決定的な地点に立っていることを覚えた。それは、いま自分は自分の人生における「あれか—これか」の最終段階に居ることの実感である。つまり、その実感はいまこそ自分は人生最後の「決断」をすべき「瞬間」に立たされていることの実感であり、その実感は、当然に彼をして、この「牧師職を求めてきた者としての立場」において、いままでの線とは全く異なる全く新しい方向へと踏み出させることになるであろうことは、火を見るよりも明らかになっていたのである。

あの「未刊の草稿」はこのように重要な二つの意味を含んでいたのである。すなわち、「教会攻撃」には、この三月こそ、「詩人としての立場」から、「覚悟もしくは決断」がなされたのだということ、そしてそのことは「牧師職を求めてきた者としての立場」からの「決断」へも影響を与えたであろうということである。

しかしこれらの中で後者に関しては、次の「第七部」でまとめて考察することにし、次の第六章では、目下の行程をそのまま更に進めてゆくことにする。

第六章　「教会攻撃」開始までの一年間の待機――Extraordinaireとしての「任務」の自覚に徹した「攻撃のための構想」を思いめぐらしながら「ひたすら時を待つ」

前章までに述べたような二年余が過ぎ、いよいよ「教会攻撃」まであと一年になると、キルケゴールの周辺では、彼が予想していたようにさまざまな意味ある出来事が起こり始めた。彼の日誌や草稿類はそのことをはっきり伝えている。それらを読んでいると、彼は、それらのことのすべてを予測していたかのようであり、「時」が迫っているのを身に沁みて感じ、極めて冷静に「ひたすらその〈時〉を待つ」という姿勢をもって対応していたことを知らされる。しかしその件に関して極めて注目されるのは、それらの日誌記述を貫いて一つの刮目さるべき線がくっきりと見えてくることである。それは、この一年間、彼は自らのExtraordinaireとしての「任務」の自覚に徹して、その「攻撃」をいつ開始し、またどのように展開してゆくかということについてさまざまな構想を抱き思いめぐらして、その「時」を迎えようとしている姿である。その予感といい、予測といい、個々の出来事といい、それらへの対応の仕方といい、そのすべては、やがて起こる「攻撃」開始の時までの実に正確に書かれたシナリオでもあるかのように思わせるものがある。そこで本章では以下、そのような過程を追ってみたいと思うのである。

第一節　四ヶ月の日誌空白（一八五三年十一月三日―一八五四年二月末）とその間のいくつかの大きな出来事

キルケゴールの日誌の束NB[28]は一八五三年二月十四日から一八五四年四月末までの期間を網羅しているが、これを読んでいると二つの不思議な事実に気付く。一つは、この束は約一年二ヶ月の長期間にわたるものでありながら、そこに書かれている件数や分量は非常に少ないことである。もう一つは、その中でも一八五三年十一月二日の記事Pap. XI[1]A1が出てくるまでの四ヶ月間は、完全に「空白」になっている点である。なぜこの時期に四ヶ月間も「日誌の空白期間」が生じたのか、いまここで問題にしたいのはこの点である。勿論キルケゴールの日誌は青年時代からいままでもいく度か「空白期間」があったことは既に紹介してきた通りである。しかしそれらの場合も多くは六週間とか精々二ヶ月位いであり、それらの場合必ず彼の「憂鬱」の病いが関係していた。しかし今回のそれは四ヶ月間の長期であり、しかも「教会攻撃」を目前に控えた時期のことである。従って、これだけのことを考えただけでも、それには何か余程の深い理由があったことが想像されてくる。

では、その理由とは何だったのだろうか。

このような問題の場合資料上最も注目に値いするものは、その筆がとまった最後の日誌と、その空白期間を置いて久し振りに現われてきた最初の日誌である。今回の場合は異論の余地なく四ヶ月振りにはじめて現われた一八五四年三月一日の日誌Pap. XI[1]A1が最も注目に値いする。それはその理由を非常なる確度をもって示唆していると考えられるからである。そこでわれわれはこの日誌を手がかりにしてその理由を考えてゆくことができるとみなしてよいであろう。しかし資料はこれだけではなく、『祖国』紙第一〇号のために準備された「草稿」Pap. XI[3]B216, S. 357–8. も重要な示唆を与えてくれる。更にこのほかV・クレステンセンのS. K. Det centrale i hans Livssyn（Kbh. 1963）

も資料として貴重な報告をしてくれている。そこでこれらを手がかりにしながら他の日誌記事や諸文献を参照してみるとき、その四ヶ月間にキルケゴールの身にとってどんな重要な事が起こっていたのかを知ることができる。

そこでそれらの資料を手がかりにしてキルケゴールの身にどんなことが起こったのかを考えてみるに、大凡四つの事が考えられると思うので、その各々について簡単に説明したいと考える。

I　ミュンスター監督についての基本的な考え

ミュンスター監督は一八五四年一月三〇日に亡くなったが、それから数えて丁度一ヶ月目の三月一日、既に述べたように、四ヶ月の空白期間を終了させて、最初の日誌記事が現われた。とくにこの日誌の前半部は、キルケゴールがミュンスターについてどんな考えをもっていたかその最も基本的な部分を述べたもので、この部分を読むとき、なぜキルケゴールが十一月三日以降その日誌を書かなかったのか、いや、書く気さえ起こらなかったのかということが手にとるように分かってくる。その最初の部分は次のようになっている。


「もう彼は亡くなったのだ。

もし人が、キリスト教に関して、ミュンスターが代表してきたものは本来の意味ではキリスト教ではなく、それの緩和剤なのだということを告白させることによって、彼の人生を終わらせるよう彼は説き伏せることができていたとするなら、そのことは本当に願わしいことだったのだ。なぜなら、〔そうすれば〕彼は現代の人々すべてを味方につけることになるからだ。

そのためには、この告白の可能性は、徹頭徹尾明らかにされなければならなかったのだ、最後の最後までだ。(1)」

このように記し、もしそれがなされたなら、彼は決して攻撃されてはならなかったし、自分は彼のことですべてに満足すべきであったと述べている。

ところが、事態はそのようには進行せず、ミュンスターはそのような告白をすることなく亡くなった。そのため、それによって一切が変ってしまったと記している。つまり、それによって、いまでは、彼がキリスト教を錯覚において説教した、というこの事実だけがあとに残ることになったというのである。

ここまでの文章だけでも明らかなように、キルケゴールは、ミュンスターが何としてもキリスト教を全く錯覚において説教していることの事実を告白することを願っていたのである。しかしミュンスターは決してそうはしなかった。しかしミュンスターについてのこのような認識はいまはじめてもたれたわけではなく、既に本書でもいくたびも紹介してきたように、キルケゴールは、それを、著作や日誌のさまざまな個所で述べてきたところである。ところが、目下の時期、キルケゴールにおいては、この認識は二つの点で従来の場合とは全く異なる状況のもとに置かれていた。そのことはこの日誌自体がはっきりと記している。

一つは、キルケゴールは、ミュンスター監督に対しては、同監督が父ミカエルの牧師であるということから、特別に深い尊敬と忠誠を献げてきて、ミュンスター監督がつねに監督として勝利してゆく地位にあるように、生涯力を尽くしてきたが、いまや同監督に対する関係は全く変ってしまったと記し、キルケゴールは同監督との関係を自分の方から断ち切ったことを決断したらしいことを述べている点である。(2) これは正に決定的な出来事である。

もう一つは、これはミュンスターが明らかに老衰してゆくであろうことを実感しながらであろうが、キルケゴール自身は、自分の方がミュンスターより先に死ぬかもしれないと考えており、そのため自分はミュンスターが元気に生きている間は決して攻撃することはないようにしようと考えていたが、にも拘らず、自分にはミュンスターを攻撃しなければならないと信じるようになってきて、その思いがますます身近に迫ってきたということである。(3)

その日誌はこのような二点を伝えている。

これは要するに、「ミュンスターとの関係の絶縁の決断」と「ミュンスター攻撃への衝動の迫り」との二点である。

もし前年十一月頃からのキルケゴールの心境がこの二つの契機のはざまにあって苦悩していたとするならば、これではとても日誌を書ける心境にはないことは誰にも分かることであろう。「四ヶ月の日誌空白」はこのようにして生まれたと言うことができよう。

そして、言うまでもないことであるが、以上の二点は、十二月から翌三月までのキルケゴールの身辺において実証されてゆくのである。それはまず一八五三年十二月二十六日に決定的な仕方で証明された。

Ⅱ　一八五三年十二月二十六日（クリスマス第二日）ミュンスターの最後の説教にキルケゴールは欠席する

遂に決定的なことが起こった。

一八五三年十二月二十六日、すなわち、クリスマス第二日、ミュンスターは、「城教会」Slotskirken で、最後の説教を行った。事が事だけに、これは記念さるべき日であり、当然当時一般によく読まれるようになっていた新聞 Ber-lingske Tidende の一八五三年十二月二十四日号（三〇〇号）にも、その件が報じられた。このようなことから、ミュンスターに関わりをもったり感じたりする人々のすべてがこの説教に出席した。

ところが、この説教をめぐって、キルケゴールの生涯における最大の決定的な出来事が起こった。それは、先の三月一日の日誌が伝えるところによるならば、キルケゴールは非常な決意をもってこの説教に欠席したのである。このことはキルケゴールの生涯における最大の事件であったと言ってもよかろう。そこではあり得べからざることが起こったわけである。

元来キルケゴールは、本書でいく度も述べたように、ミュンスターには限りない尊敬を献げ、ミュンスターの説教には、父ミカエルの存命中は父と一緒に、その死後も変わらずに一日も欠かさずに、出席し続けていた。そのことは日誌にミュンスター批判の言葉を書き始めてからも変わることはなかった。それというのも、ミュンスターとは、父ミカエルが自らの牧師として特別に深い尊敬をもっていたことを通じての、特別な関係を感じていたからである。キルケゴールにおいては、「父ミカエルの信仰」への畏敬と「ミュンスター監督」への忠誠とは一つのものであったと言ってよい。それゆえ、このミュンスター監督の最後の説教だけは、当然に出席する筈のものであった。

ところが、キルケゴールは欠席した。それには、余程の理由が、いや、余程の決断が必要とされたことであろう。それは最早「理由」というよりも「決断」（信仰的決断）の領域の問題と考えられるからである。彼はそのことをその三月一日の日誌で次のように記している。

「元々私は、私のすべてを、ミュンスターにとっての勝利となってゆくように変様させることを願ってきた。そしてもっと後の時期になってもそのことをますます確かに理解してきたように、そのことは少しも変らず私の願いであり続けた。しかし私はなんとしてもミュンスターがあのちょっとした告白をすることを要求しなければならなかった。が、そのことは私のために何かを欲求していたからではなく、先に述べたように、そうすることがミュンスター監督にとっての勝利となるようにうまく行ってくれるだろう、というのが私の考えだったのである。

そしてしかもわれわれの間に誤解が生じた時から、少なくとも彼が元気に生きている間は彼を攻撃することは何とか避けなければならないというのが私の願いであった。それというのも、私は、私自身の方がきっと〔先に〕死ぬだろうということを、考えていたからである。

それにも拘わらず、私は彼を攻撃しなければならないと信じることがますます身に迫ってくる状態になっていた。そしてただ一度だけ、私は彼の説教を聴かなかった。それは彼の最後の説教だった。私は病気で行けなかったわけではない。それどころか、〔その日〕私はコルトホーフの教会〔＝聖霊教会〕に居たのだった。このことは、私にとって、いまこんなことが起こらなければならないことを、意味していた。それは、お前は父親からの伝統を打ち破らなければならないということをである。それはミュンスターが説教をした最後のときのことだったのである。神は讃むべきかな。これはやはり摂理のようなものではないだろうか。[4]」

右の文中コルトホーフの教会とは、曾てキルケゴールが一八一三年六月三日両親と親戚の人々に囲まれて幼児洗礼を受けた記念さるべきコペンハーゲンの「聖霊教会」Helligaandskirken であり、コルトホーフとは一八四五年以降この教会の常任牧師をしていた Ernst Wilhelm Kolthorf（Kolthoff）のことである。

さて、キルケゴールがミュンスター監督の生涯最後の説教が行われた日にこのような挙に出たことは、キルケゴールの生涯における正に決定的な転換点に立っての行動であったと言ってよかろう。つまり、この時「ミュンスター攻撃」の方向が明白に決断され、その計画が既定の事実と化し、その時は目前に迫りつつあることを、物語っていると言ってよかろう。

そして実はその計画は、翌一月にふとした出来事を通じて、ほのめかされた。それは何とN・S・F・グルトヴィとの隅々の出会での会話を通じてであった。

Ⅲ　N・S・F・グルントヴィに漏らした不気味な一言

ミュンスター監督は既に七十九歳を超えていた。この年齢は当時では一般人の想像も及ばない破格の長命を意味していた。そのミュンスター監督は、一八五四年一月に入ると、体力は目に見えて衰えて行ったらしい。そしてその死の日の近づきは誰の目にも明らかであった。正確な日付は明白ではないが、その一月の中旬か下旬に入った頃、キルケゴールには全く思わぬことが起こり、彼の計画（教会攻撃の計画）をほのめかすという場面が生じたのである。それは、その頃偶々街路上で出会ったN・S・F・グルントヴィにその計画について不気味な一言を漏らした出来事である。

この出来事は、V・クレステンセンを除くなら、キルケゴール研究者の殆んど誰も、取りあげたことはない。それは、それについてのキルケゴールが提供している唯一の資料に気付かれていなかったからであろう。しかしこれについては間違いなくキルケゴールは一つだけ資料を提供しているのである。その資料とは、この出来事が起こってから一年後の一八五五年一月一二日（金曜日）『祖国』紙第一〇号「パルーダン＝ミュラー牧師からの私への誘い」と題する一文[5]のためにキルケゴールが準備した「草稿」の中で「あとがき」Efterskrift として記していた文章である（Pap. XI^{3}B216, S. 357ff.）。この文章で極めて注目に値いする部分がある。それはこの文章の終りの方の数行で、それにおいてキルケゴールは、ミュンスターが亡くなった日より少し以前に偶々N・S・グルントヴィに出会った際、ミュンスターが亡くなり、葬儀が終わったなら、その日を期して自分は何を企んでいるのかを打ち明けたことを記した部分がある。実に不気味な打ち明けである。その部分は、キルケゴールが、老ミュンスター監督が存命している間は自分は何もしないで耐え続けるが、やがて亡くなって葬儀が行われそれが終ったならこうなるだろうと述べている部分である。その部分はこうなっている。

「私は、老グルントヴィに、ミュンスター監督は人生を終えることになり、完璧に音楽に包まれて埋葬されることでしょう、と言ったが、そのとき私はこう付け加えた。しかし人々がその葬儀から家に帰るその同じ時刻に、私は攻撃のためにあらゆる準備を始めますよ。[6]」

これは何とも不気味な一言である。しかしこれはキルケゴール自身が『祖国』紙のために準備された「草稿」の中に書いたものなので、史実としては疑いの余地はなかろう。もっともこの言葉は「原稿」段階では省かれたためか実際の『祖国』紙には印刷されなかったが。なおN・S・F・グルントヴィは、既に幾度も紹介したようにデンマーク教会における最大の改革者であり、教会内ではミュンスター監督と並び立つ大立物であった。その人物にこの言葉が打ち明けられたのである。それゆえ、そこには「歴史」の「瞬間」があったと言ってもよかろう。

いずれにしても、このようにしてこのとき、キルケゴールには、「教会攻撃」のための明白な決心が秘められていたことがはっきり知り得るのである。

そしてこのようなことがあってほんの数日後、一八五四年一月三〇日、ミュンスター監督は亡くなったのである。

Ⅳ　一八五四年一月三〇日Ｊ・Ｐ・ミュンスター監督死亡と二月五日におけるＨ・Ｌ・マルテンセン教授の追悼説教

一八五四年一月三〇日（月曜日）Ｊ・Ｐ・ミュンスター監督は遂に七十九年の生涯を閉じた。この件については、この「四ヶ月の日誌空白」からも推量されるように、キルケゴールは何も記していない。それゆえ、あの「三月一日」の日誌以外には、この日のキルケゴールの感懐については知る由もない。ただ一つ明らかなことは、その日から八日目の二月七日（火曜日）盛大な葬儀が行われ、キルケゴールがグルントヴィに言ったように、文字通り完璧に音楽に包まれて進行したということである。従って、その死と葬儀についてはここではこれ以上立ち入る必要はなかろう。しかしその死をめぐっては、史上最大と言っても過言ではない一つの事件が起こった。勿論その時はそれがそうなるとは誰も思っていなかったが。しかしそれはそうなったのである。それはその葬儀の日よりも二日前の二月五日、つまり、同監督の死後最初の日曜日、Ｈ・Ｌ・マルテンセン教授が同監督についてその追悼説教を行ったことをめぐってであった。そこでここではその問題について少しく検討してみたいと思う。

一八五四年二月五日、ミュンスター監督死後の最初の日曜日、城教会 Slotskirken では、宮廷牧師Ｈ・Ｌ・マルテンセン教授の司式によって、同監督の追悼礼拝が行われた。Ｈ・Ｌ・マルテンセン教授は同教会の宮廷牧師であったので、その礼拝は、自らの権限で自由に司ることができた。従って、当然のことであるが、その追悼説教は自らが行った。ところが、この「追悼説教」こそが、それより約十ヶ月後になって、デンマーク教会史の「決定的瞬間」を孕んでいたことを、示すことになったのである。

その「追悼説教」は次のようにして行われた。

まずマルテンセンはこの日の聖書テキストに「ヘブライ人への手紙」第十三章七節と八節を選び、これに基づいて説教をした。その聖句は次のものである。

「あなたがたに神の言葉を語った指導者たちのことを、思い出しなさい (Kom eder Vejledere i Hu.)。彼の生涯の終わりをしっかり見て、その信仰を見倣いなさい。イエス・キリストは、きのうも今日も、また永遠に変わることのない方です。」

さて、マルテンセン教授の中心は、とりわけ右の句の中の「神の言葉を語った指導者たちのことを、思い出しなさい」の部分におかれていた。その際、この部分にひっかけて、マルテンセンは、ミュンスター監督を、「真理の証人、使徒たちから今日まで連綿と続いている聖なる鎖の一環」et Sandhedsvidne, et Led of den hellige Kæde, der strækker sig fra Apostlene til vore Dage と呼び、ミュンスターを、正式に、聖者に列するような言葉を発したのである。

これはミュンスター監督の「聖列化」以外の何ものでもなく、このようなことはプロテスタント教会においてはあり得ないことであったにも拘わらず、ミュンスターは実に多くの人々の尊敬を集めていたので、この礼拝への出席者たちは、このマルテンセンの説教を心からの感動をもって聴いていたのである。この説教は、その後直ちに威厳のある形式での印刷物となって刊行されたとともに、更に八日後の二月十三日には、日刊紙 Berlingske Tidende の広報欄に次のような言葉で報知された。「マルテンセン博士は、説教壇から、亡き監督のための美しい価値ある祈念碑を打ち建てた。[7]」

それにしてもマルテンセンがミュンスターをこれ程までに高く賞賛していたのにはやはり一つの理由があった。それは、マルテンセンは、自分がこの日までの昇進の殆んどすべてはミュンスターに負うていたので、このことを自身本当に感謝しており、その感謝を表明する機会を待っていたわけであり、それを遂にこの機会に求め得た、と言われている。[8]

では、この日キルケゴールはどのようにして過ごしていたのだろうか。

勿論彼はこの礼拝には出席しなかった。しかし彼がその説教の「印刷物」を入手して読んだことは間違いない。それにはマルテンセンによって語られたあの言葉が文章としてこう書かれていた。「ミュンスター監督によるキリスト教の告知は、新約聖書と一致しており、ミュンスター監督は、その使徒たちと同列の真理の証人であった。」この説教のこの部分こそキルケゴールをして「教会攻撃」への決意を燃え上がらせた。そのため彼は直ちに、（日誌ではなく）公表を目的とした一つの「原稿」の文章を書いた。それは、「ミュンスター監督は真理の証人であったのか、真正の真理の証人の一人であるということ、それは真実なのか」という題のものであった。そしてその日付は「一八五四年二月」と記されている。[9] この文章は、マルテンセンの見解を真向から攻撃し完膚無きまでに打ちのめそうとするものであった。ところが、このようにこの「原稿」は完全に整えられたにも拘わらず、キルケゴールは、これを直ちに発表して攻撃の火ぶたを切ることを、差し控えた。キルケゴールは、現在はまだそれには相応しい時ではないと考え、最も相応しい日が来るのを待つことにした。それにはいくつかの理由があった。

一つは、次期監督が未だ決まっていない状況へのキルケゴールの判断が挙げられる。つまり、彼は次期監督が正式に決まるまでは待とうと考えたことである。事実ミュンスター死後次期のシェラン島地区監督は中々任命されなかった。それというのも、政府当局の方は、次期監督として、合理主義神学者H・N・クラウセン教授を考えていた。しかし同教授は、人も知るように、自由主義の影響を強く受けた人物なので、保守的な人々からはすんなり賛同を得られなかった。そこで遂に、この時の新政府の首相兼文部大臣であったA・S・エアステッズは、自分の昔からの親友で気心をよく知っているH・L・マルテンセンを、自らの権限と実力をもって強引に、監督に任命してしまったのである。これはミュンスターが亡くなって二ヶ月半も経った一八五四年四月十五日のことであった。[10]

もう一つは、ミュンスター監督の死後、同監督の記念碑を建てるために一般の人々から寄付金の募集が行われたが、キルケゴールはこの計画が終了するまでは攻撃は差し控えた方がよいと判断したらしい。[11]

以上のような二つの理由から、キルケゴールは、あの「原稿」の公表と攻撃は当面差し控えた方がよいと判断して時を待つことにしたらしい。

さて、本節では、「四ヶ月の日誌空白」の期間中に、キルケゴールの身辺では、どんな重大な事件が起こっていたのかについて、述べてきた。そしてそれを以上の四点にわたって述べてきた。しかしそれらの考察を通じてただ一つのことだけが注目された。それは、この期間中彼は、「教会攻撃」への具体的な決意を固め、そのための計画を練っていたという事実である。しかし彼の深い洞察力では、それを開始する「時」は未だ熟しておらず、彼は冷静にその到来を「待つ」姿勢に入ったことである。しかもその「待つ」期間はこの時以後もずっと十ヶ月間も、つまり、十二月十八日まで続いたのである。

しかしその「十ヶ月間」はキルケゴールにとっていわば超人的とも言える「持ちこたえの時期」となった。

注

（1） Pap. XI^{1}A1

（2）（3） Ibid., S. 5ff, 6.

（4） Ibid., S. 6.

（5） S. V. XIV. S. 25–7.

（6） Pap. XI^{3}B216, S. 358

（7）（8） V. Christensen: Ibid., S. 151.

（9） これは十ヶ月後の十二月十八日「教会攻撃」の火ぶたを切る第一発に用いられた. S. V. XIV. S, 11–6.

（10）（11） V. Christensen: Ibid., S. 151ff. N. Thulstrup: Ibid., S. 275ff.

第二節　一八五四年三月一日から一二月中旬までの日誌記述

既に述べたように、「四ヶ月の空白期間」の後最初の日誌記事は三月一日に現れてきたが、それ以降はずっと実に厖大な量の記事が次々と現われてきた。Journal NB^{28} ではその「四ヶ月の空白」後三月一日から四月末までが書かれており、五月五日からは NB^{29} に、六月二八日からは NB^{30} に、八月一六日からは NB^{31} に、一〇月一一日からは NB^{32} に、一一月九日からは NB^{33} に、一一月二四日からは NB^{34} に、一二月三日からは NB^{35} に、そして一二月一三日からは NB^{36} に書かれている。そしてこのほかその期間には、綴じてない紙葉に書かれたもの Løse Papirer も多数見られる（Pap. XI^{2}A280–439. しかしこれらには一八五三年から一八五五年九月二五日までのものが含まれている）。

それら Journal NB^{28} から NB^{36} に至るこの期間の記述には、直接ミュンスターについて書いた記事は約四〇篇程ある。しかし間接的にミュンスターに触れて書かれている記事は無数にある。他方 Løse Papirer の方の日誌記述（一八五三年から一八五五年九月二五日まで）は一五九篇であるが、これらの中にも「ミュンスター記事」がいくつか見られる（例えば、一八五四年十二月までのものと推測されるものだけでも Pap. XI^{2}A283, 288, 299, 300, 306, 308, 309, 311, 312, 314, 319 等がある）。このほか間接的にミュンスターに関係をもつ記事は多数見られる。

この期間の日誌記述は一応以上のようなものであるが、それらを通読してみるとある意外な事実にぶつかることを知らされる。それは、この期間は、先述したように、はっきりと決意された「教会攻撃」を開始するための「時」を待っている期間にあたるにも拘わらず、その「時」を知らせる条件の整いをキルケゴール自身感じることができなかったためか、最初の九ヶ月余の日誌には、例えば「ルター批判」の記事その他いくつかは明らかに「時」を待っている姿勢を感じさせる記事が見られるものの、その全体としては必ずしも遍迫感を感じさせるものではないように思える点である。ところが、その期間も九ヶ月余りを超え十二月に入ると、そして日誌も Journal NB^{36}（一二月一三日からのもの）になると、内容は急変してきて、「攻撃開始」が間近かに迫ってきたらしいことを、感じさせる記事が現われてくる。

そこで本節では、この期間の日誌記述を通じてその辺の事情を探ってみたいと思う。

Ⅰ「一八五四年二月」と記したあの「原稿」の公表時機をめぐって

一八五四年一月三〇日にミュンスターが亡くなって丁度一ヶ月目に、「四ヶ月の空白」を終えて初めて現われたあの「三月一日の日誌」は、既に述べたように、その内容はミュンスターへの思いで満ちていた。いや、それが全てであった。従って、キルケゴールが既にグルントヴィに仄めかした計画が実行に移されることになるとすると、この時期は正にそのことでキルケゴールの頭が一杯になっている頃と言うことができよう。しかしそれが実行に移されるためには正にそのための「時」が必要であり、このことは誰よりもキルケゴール自身が心得ていた。しかしその「時」を決定するための基本的条件は実にはっきりしていた。それは前節Ⅳで紹介した「マルテンセンの追悼説教」に対する反論として書かれた「一八五四年二月」と記した「原稿」(「ミュンスター監督は真理の証人であったのか、真正の真理の証人の一人であるということ、それは真実なのか」と題する一文の原稿)をいつ公表するかということの一事にあった。つまり、それは、その「原稿」の公表こそが必ず戦いの火ぶたを切ることになるので、キリスト教界全体ならびに時代の人々に決定的な効果を与えるためには、それはいかなる状況のもとで公表へと踏み切るべきか、ということであった。その公表がそのような仕方で決定的な効果をもたらすことが確信され得る時機、これこそが基本的事件であった。しかしそれには同時に他の諸条件も、例えば、何よりもミュンスター監督の後任になる新しい監督の任命はじめその他諸々の客観的条件の整いという事も必要であった。ところが、この方の問題は、前節Ⅳで述べておいたように、仲々解決しなかった。そのため、キルケゴールは、その逸る心とは裏腹に、その「時」を「待つ」状態へとおかれざるを得なくなったのである。

しかしその間その「公表」については、キルケゴールは、その影響について相当さまざまなことを考える機会をもったことも想像に難くない。その件については、彼の日誌は、少くとも三月と四月の日誌は、何も語っていないが、しかし全く別の資料から、その件の一端を知ることができる。それはキルケゴールの親族の一人トゥローエルスールン Troels-Lund（1840–1921）の人生回想記 Troels-Lund : Et Liv.（Kbh. 1924）である。これによると、その頃キルケゴールは、その「原稿」の内容について——というのは、その内容が内容だけに——むしろ「ミュンスターの信奉者たち」がどう感じるだろうかを試験的に検べていたらしいことが分かる。そしてその試みの一番最初に選ばれた人物がトゥローエルスールンの母アンナ・カタリーナであった。トゥローエルスールンは、その回想記の中で、キルケゴールのミュンスター論をめぐって、キルケゴールとこの母親とのやりとりがあったことを、記しているのである。そこで私は、ここで、そのやりとりの模様を紹介しながら、このことが確かにキルケゴールにとって、その「原稿」の公表時機について非常に考えさせることになり、結局のところ十ヶ月も「時」を待つことになり、十二月十八日になって初めて公表に踏み切った一つの要因になったのではないかという考えの参考にまで供したいと思う。

ところで、このトゥローエルスールンは、キルケゴールの義兄フェアディナン・ルン Ferdinand Lund とその妻アンナ・カタリーナ Anne Kathrine Lund の一番末の息子で、後に歴史家になった人物で、この当時は十四歳であった。キルケゴールは、マルテンセンが先述したように新しい監督に任命されたその一八五四年四月の復活祭の頃、その復活祭休暇の一週間は毎日のようにこのルン家を訪れては昼食を食べていた。しかしそれには一つの目的もあった。それは、その妻アンナ・カタリーナが熱心なミュンスター監督の崇拝者であることを知っていたので、彼女にミュンスターについての自分の考えを、その場合には勿論あの「原稿」で述べている考えを聞いて貰うためであった。そこで昼食時に訪れては、あの未発表の「原稿」の内容と同じことを彼女に聞かせて、彼女の意見を求めたのであった。ところが、その場所にはしばしば、あの十四歳のトゥローエルスールンがおり、その会話に加わっていたのであり、そのことから、その会話の模様をその人生回想記の中に記したのである。その記述を要約すると大体次のようになる。

「一八五四年の復活祭の頃、S・キルケゴールは毎日家へやって来た。そして彼はいつも机のそばの同じ場所に坐り、すぐにミュンスターについて話しを始めた。アンナ・カタリーナは芯の強い正直な性格の人であった。キルケゴールが家へやってきたそもそもの目的は、その彼女から意見を聞き出すことにあったようだ。その際の会話では、最初のうちは、彼女は、彼の見解に直ちに反論しようとしていたが、すぐそうすることをやめてしまった。そして彼女は、彼に、そのような問題はしばらく措いておいてほしい、と繰り返し頼んでいた。それというのも、そのことについては、両者の意見は、仲々一致点が見られず、しかも両者とも互いに相手の意見をよく知ってしまったからなのである。しかしキルケゴールの方は、自分の意見を主張し続けていた。そのため復活祭の第七日目だったと思うが、彼女はもうその座には居たくないと言い出した。しかし夫フェアディナンは、それを押しとどめたので、一緒にいることになった。ところが、キルケゴールは、以前の時よりもより一層激しい口調で一連の言葉を発した。そして彼は、その言葉に対する返事を待った。その間しばし沈黙の時が流れたが、それを破って彼女はこう言った。〈あなたが非常に悪く言っているその人は、ここにいる私たちには、非常な尊敬と感謝とを感じている方で、そのことはあなた御自身よく御存知のことでしょう。ですから、私は、その方が嘲笑されるような言葉を聞いていることはできません。ですからもしあなたがそのような話しを止めようとしないなら、私はこの部屋を出てゆく以外にはどうしようもありません〉。このように言って彼女は立ち上がり、そこから出ていった。そして少し後に、キルケゴールもそこから立ち去った…」(1)

トゥローエルスルンはこのような報告をしてくれている。

ここに報告された史実は、極めて重要な真実を、伝えてくれていると言ってよい。というのは、既に述べたように、キルケゴールはマルテンセンの「追悼説教」後直ちに書いたあの「原稿」の公表を一方では客観的諸条件が整うのを待ちながら、しかし根本的には正にその「時」と判断できる瞬間がくるまで、つまり、約十ヶ月も待つというういわば超人的な忍耐の時を過ごしたことの有力な理由の一つを示唆してくれていると考えられるからなのである。つまり、その報告は、いまキルケゴールは、ミュンスターに対して懐いている彼の思いやいま企てている教会攻撃が、彼の最も親しい近親者たちによってさえも、つまり、キルケゴールに極く自然な好意を懐いてる人々によってさえも、どのように受けとられるものなのかを篤と知らされたことを通じて、一般のミュンスター信奉者たちにはどのように受け取られるものなのかを改めて知るに至ったきっかけがこの辺にあることを示してくれていると言ってよいのである。

このようなことから、このことがあった後、キルケゴールは、客観的諸条件の整いを待つことと合わせて、この「原稿」の公表時機を深くさまざまに思いめぐらすことになり、実に長時間、然り、十二月十八日までもの長期間、その「時」を待つことになったのである。それは正に超人的な忍耐の時機となったといわなければならない。それは彼の天才的な「深い洞察力」のゆえであったと言わざるを得ない。勿論その間彼はその「原稿」の内容を少しも変えるようなことはしなかった。これを書いたときは明日にでも公表したい衝動にかられていただろうが、そこまで「時」を待ち続け得たことはやはり「超人的な持ちこたえ」と言わなければならない。

II　超人的な「持ちこたえ」の八ヶ月

一八五四年四月四日から十二月中旬までの日誌（Journal NB28 の一部から NB35 まで）は、それまでの二年余の記事と余り変っていない。新約聖書が意味するものの追求とそれとの関係でミュンスター監督のキリスト教告知が欺瞞にみちていることを追求し、ミュンスターは新約聖書のキリスト教を似てもつかないものへと造り変え、錯覚と幻想をふりまいているということを訴えている記事が相変らず出てきている。しかし全体を通読してみると、それらの記事に混じって、いまキルケゴールがどんな状態にあるのかを垣間見せてくれる記事がある。その典型が十月の中旬頃書かれたと考えられる Pap. XI2A34 の記事である。これに記されている問題については前章でも言及しておいたが、この記事は、この十月にもキルケゴールがどんなに「耐え続け」ているかを、牧師職の問題と生計の問題との関連で、記しているのである。しかしこの時期のことは、あの「原稿」の公表時機をめぐってその「時」を待っていることと表裏の関係をなしていることと言ってよいであろう。いずれにせよ、キルケゴールは、そのようにして、その「原稿」の公表に相応しい「時」がくるのを、超人的な力で待ち続けていたのである。

その態度は極めて冷静であったらしい。それは何よりも、日誌全体の記述の仕方に現われている。そしてその何よりの証左として注目されるのは、目下の問題の本質を射た極めて適切な比喩の記事が目立つことである。このことは何よりも彼が現在非常に冷静に問題の本質を描き出そうとしていることの現われと言ってよかろう。以下三篇程そのような事例を紹介しよう。

八月下旬頃

「　　キリスト教、一つの要塞

絶対に難攻不落で、永久に食料が貯えられている一つの要塞のことを考えてみよ。そこへ新しい指揮官がやってくる。彼には、その要塞を包囲する軍勢を撃退することができるためには、いくつかの堀に橋をかけるのが最もよいのではないかという考えをもつようになる。

すばらしいことだ！彼はその要塞をひとつの田舎の村に変えてしまったのだ——しかしそのことによって当然の事乍ら敵はその要塞を攻略したのである。

〔今日の〕キリスト教もこれと同様である。人はそれの方法そのものを変えてしまったのだ——こうして勿論この世がそれに勝利してしまったのだ。(2)」

九月上旬頃の日誌

「　　キリスト教——国家

ひとつの譬えを引いてみよう。例えばの話しだが、ひとりの馭者が全く優れた少しの非の打ちどころもない五歳馬を、つまり、馬たるものの理想であり、どんな馬ももったことのないような鼻息の荒い実に威勢のよい馬を、見たとしよう。するとその馭者はこう言うだろう。〈うーん、私はその馬に入札することはできない、私にはそのために支払う余裕はないし、たとえその支払いができたとしても、その馬は私が使うのには全くふさわしくないからだ。〉ところが、それから十年程経った頃、あの俊馬もいまや脚は醜く固まり、不格好になる等々の状態になったが、そのときその馭者はこう言うだろう。〈いまなら私はそれに入札することができる、いまなら私はそれに支払うことができる、そして、いまならその馬から、その馬の中にまだ残っているものから、その馬を養うために僅かばかりの金をきちんと喜んで支払うことができる程度で、利益を得ることができる。〉

国家とキリスト教に関してもこの様なことだ。キリスト教がこの世に入って来たときの崇高さに関しても――そうだ、それに接したすべての国家がこう言ったに違いない。〈その宗教、それを私は買うことができない。いや、買うことができないだけでなく、私はこう言いたいのだ、父なる神様、私を救って下さい、そしてその宗教を買うことから私を守って下さい、それを買うことはお分かりのように私の破滅になるでしょうから。〉けれども、このようにして数世紀が過ぎた後、そのキリスト教が脚は醜く固まり痩せ細り、びっこになり、不格好になり、すっかり間ぬけになってしまったとき、国家はこう言った。〈いま私はそれに入札することができる。そして私は自分の賢さから非常によく分かるのだが、私は、そのキリスト教を磨き上げるために僅かばかりの金をきちんと喜んで支払うことができる程度で、そのキリスト教を用い、そのキリスト教から利益を得ることができることを知っている。〉

ただ願わくは、そのキリスト教が、自分を磨き上げてくれたことの感謝のためとして、国家に対し、その国家が再びわれわれに立ち帰るようなふざけたことを、つまり、〈ああ、父なる神様、われわれを救い守って下さい――すべての国家がその宗教は自分の破滅になることを知ることができますように〉と言うようなふざけたことを、しませんように。馭者、彼は危険など冒していない、彼はその二十歳の馬車用の馬があの五歳馬の勢いをもつものになるようには危険を冒さない。もしそんなことをするなら、すべての馭者たちの一致した判断になるが、いかなる馭者も勤まるものではない。それと同じことは国家にも当てはまるのであって――永遠に若いキリスト教によってはいかなる国家も勤まらないのである。」[3]

同じく九月上旬頃の日誌

「　イスカリオテのユダ

ユダに対しては、周知のように、キリスト自身が、そら恐ろしい言葉を、発せられた。〈その人間は生まれてこなかった方が、その者のためによかったのに〉（「マタイによる福音書」二六―二四）。

しかし、キリスト教国では、このユダを可能な限りの最も陰険な人物にするために、総動員がなされてきたとしても、にも拘わらず、私は、彼の質そのものはもっと悪いものと考えることができる、と言わなければならない。

つまり、イスカリオテのユダは、確かに実際にそうであったように、怒り狂った瞬間に、自分の師を僅か銀貨三〇枚で売るという絶望的人間ではなかったのである（その場面では、既に、その小額であることが、ある意味ではまた彼の生涯の恐ろしい結末と同じように、それ自ら緩和的な働きをしているのであるが）。

いや、ユダは、それとは全く異なった教養のある人士で、落着いていて、人生や利得については全く異なった理解を、もっていたのである。だから、彼は祭司長たちのところへ行って、彼らにこう言ったのだ。〈私は彼を裏切ろうと思っている。しかしまあ、私の条件を聞いてほしい。私は、ほんの数年間で使い果たしてしまうような大きな金を一度で全部貰おうなぞと考えているわけではない。いや、私は、確実な額を、毎年必ず貰いたいのだ。私は若い男で、健康で、強くもあり、人間的な見積りで言えば、私にはこの先永い人生がある――だから私は――結婚し、家族とともに――快適で楽しみに満ちた人生を送ることを望むことだってできるだろう。それが代価だ〉。

このようなことは、私の考えによるならば、全く更に忌むべきことなのだ――実際私は、そんな忌むべきことがあの旧い時代に起こることができたなぞとも、決して考えない。それは現代の分別ある時代に起こることが予約されていたのだ。

〔このことから〕私が、ユダを、味合いに満ちて楽しさに溢れた生活を静かに安全に営んでゆく〔神学〕教授風に少しアレンジして解釈してみたことは、容易に知られるであろう。(4)」

この種の記事は他にもまだいくつかあるが、例証はこれだけにとどめておく。

これらだけ見ても分かるように、この期間キルケゴールは、非常に冷静な状態にあり、しかしそのような状態のもと、デンマーク教会がかかえている問題の本質の究明と把握に余念なく時を過ごしていたのである。しかし勿論その間、彼は、あの「原稿」の公表の時機を狙っていたのである。それは仲々訪れてこなかったが、遂に十二月に入ると、いよいよその「時」の迫まりを感じ始めてきたのである。

Ⅲ　十二月中旬からの急変――「私の任務」についての最後の省察

十二月に入り、日誌がJournalNB36（二月十三日から同月末まで）の束に入ると、その記述内容には何か急激とも言える変化が現われてきた。それらの記事の中には、時代そのものへの認識、とくに「時代の破局」についての認識や、ルターやその宗教改革の意味を問うものも勿論であるが、それら以外の悉くの記事にも、キルケゴール自身がいま正に「行動」へと踏み出そうとしているようないかにも現実味をおびた衝動を感じさせられるものが、著しい特徴として現われてきている。それらの記事は明らかに、この十二月に入ると、キルケゴールがいよいよ「行動」の段階に入ってきたことを自ら感じていることを、物語っているように思える。

例えば、十二月十三、四日頃の記述と考えられるが、そこには突如としてあのコルサール事件直後の時期にその闘いから生まれた生ま生ましい諸概念を標題とした記事が、連続して現われている。それらは、標題だけ記すと次のようになる。「原罪――キリスト教」Pap. XI^{2}A242,「数的なもの――キリスト教の告知」243,「キリスト教が存在するという事からはどれ程距っているか、私には最もよく分かる」244,「真理の証人」245,「精神との関係におけるアイロニーと精神のアイロニーが意味するもの」246’「真の異常なる者たち、第一階級の彼ら」247等々。

これらの手記だけ見ても、この十二月中旬キルケゴールには、何か大きな情動が起こっていることを感じさせるものがある。

そしてそのことは正に事実であった。それは、そのような大きな情動が起こったとき、いままでのキルケゴールの日誌の書き方と同じ仕方がここでもとられていることによって、充分知ることができる。つまり、彼は、そのようなとき、そのような激しい諸概念から目を自己自身の方に向け、それらに対する自己の関係を省察するという仕方である。今回も正にそうであり、彼は、それらの諸概念との関係で、まず自己への神の摂理を感謝し、次にその感謝の中で改めて、自己の任務を追究しているのである。それらの記事に続く次の二つの手記は正にそれを物語っている。

「　　三つのことを私は神に感謝する

⑴〔この世に〕生あるものを生み出したことへの罪を私は負うていないこと。

⑵神は、私が今日この国で人が牧師になるような意味で無思慮のまま牧師になることを、妨げて下さったこと。そのようにして牧師になることは、神を笑いものにすることだから。

⑶私が自らすすんで、自分を、コルサール誌によって罵倒されるよう曝し物にしたこと。(5)」

キルケゴールは、このように、神への感謝において、自己の人生を総括したのである。

しかし彼は、このような「神への感謝」の中で改めて「神に対する自分の任務」について考え、それを記している。それは実に謙虚な書き方になっているが、むしろそれだけにかえって、その件をいま正に切実な問題として受けとめていることが、伝わってくる。

「　　私の任務――場所を確保すること

私は神のもとから何かを運んでくるところの、そして権能を授かっているところの使徒ではない。

いや、私は神に仕えているが、それは権能なくしてである。私の任務は、神が来られるための場所を確保することである〔この文章の欄外にこう付記している。私の任務は、大威張りでその場所を確保することではなく、苦しみを受けながらその場所を確保することである〕。

このようなことから、なぜ私は全く文字通り単独の人間であらねばならないか、更にはなぜ私は大した弱さと繊細さのうちに保たれていなければならないかということが容易に分かるだろう。

それというのも、もし場所を確保する者が、例えば何個大隊かの軍の頂点に立つとしたならどうだろう――そう、人間的に言えば、そのことは場所を確保するためには言うまでもなく素晴らしいことであり、最も確実なことのように見えるだろう。しかしそのようなことをするなら、勿論その場所を確保しようとしている者自身がその場所を取ってしまうことになり、しかも、神がそこへはどうしても来られない程に大きく場所を取ってしまうだろうからである。

私の任務は場所を確保することである――だから、こういう言い方をしてよいなら、私は警官なのである。しかし〈そうすると警官は権力をもって人々を逮捕する者と考えられるが〉〔そうではなく〕より高い世界から来た警官は、この世では、苦しみを受け、むしろ逮捕されることを願っているのである。(6)」

十二月中旬に入ると、日誌は、このように、急激な変化を見せ始めたのである。そしてこの記事に続く十八日頃までのひと塊まりの日誌は、彼がいよいよ風雲急を感じていることを示しているような実に激しい内容のものになっていった。

しかしこの部分については次に節を改めてひとまとめにして考察することにする。

注

（1） Troels=Lund: Et Liv.（kbh. 1924）. S. 207–47. J. Hohlenberg: Ibid, S. 272ff.

（2） Pap. XI^{1}A349

（3） Pap. XI^1A366
（4） Pap. XI^1A374
（5） Pap. XI^2A248
（6） Pap. XI^2A250

第三節 「私の任務」としての「破局をもたらす」という目論み

前述の日誌後、従って、十二月十四日頃以後十八日頃までの間に、十三篇程のそれぞれ短文の記述が見られる。しかしこれらは、「教会攻撃への突入」を目前にしてのいかにも緊張感を漲らせた記述になっているが、同時にそれらは、とくに最後の記事は、ある一つの「決定的な行動」への決断がなされていることを物語る凄味のある内容のものからなっている。その決断とは結局、「破局をもたらす」ことへの決断であった。こうして彼は、このような思いで、いよいよ「教会攻撃」へと突入するのである。そこで本節では、それらの記述を、一応三つに分けて考察してみたいと思う。

I 「教会攻撃」前の最後の「ミュンスター記事」

これは十二月十四日頃の記事であるが、前述の記事のすぐあと「ミュンスター記事」が六篇程出てくる（Pap. XI^2 A, 251, 252, 253, 254, 256, 257）。これらは、「教会攻撃」に突入する前の時期としては、最後の記事になる。それだけに、それら各々は、ミュンスターについてのキルケゴールの考えの、ある意味では総括のようなものを伺わせる。従ってまた、そのような意味では、ここへ来てキルケゴールの考えが特に深まりを見せているようには思えない。

まず最初の Pap. XI^{2}A251 は「ミュンスターと私」という標題のもので、そこでは、自分はミュンスターに対しては、同時代の人々の頂点に立って頭べを垂れてきたが、摂理は、ミュンスターは決してそれには値いしないものだ、という判定を下していた。そして自分はそのことを充分承知してきたが、自分の生の特徴はむしろ「識別不可能性」Ukjendelighed のもとに生きること、つまり、苦しみを負うことにある、と記している。

次の記事 Pap. XI^{2}A252 は「笑うべきこと」という標題であるが、それは、「真理の証人」はこの世とは一様化(同質化) され得ない者であるが、この世と一様化しているミュンスターを、マルテンセンは「真理の証人」と呼んでいるが、それは「真理の証人」ではない者を「真理の証人」と呼んでいるわけで、それはむしろミュンスターが「笑い物」にされているようなものだ、と記している。

三番目の記事 Pap. XI^{2}A253 は「私がミュンスター監督と同時代人であったこと」という標題のもので、それは、自分は「破局的なこと」を狙っているので、既存の教会の最後の防衛者になることはあり得ない。自分は、実に多くの理由から、既存の教会の最後の防衛者になろうと考えてきたが、私に私自身をよりはっきりと知らせることに寄与したのは他ならぬミュンスターだった、と記している。

四番目と五番目の記事 Pap. XI^{2}A254, 256 は大した意味のものではないので最後の第六番目の記事 Pap. XI^{2}A257 に移ろう。これは「ミュンスター——マルテンセン」という標題で、それは、前者の賢さと後者の愚かさについて述べたもので、ミュンスターの賢さは、私に判断を下すことを全く差し控えていたこと、正にその点にこそあったこと、それというのも彼は、そうすればすべてのことがどんなに駄目になってしまうかを、よく知っていたからであり、同時に彼は、彼に対する私の忠誠があらゆる仕方で終始彼を助けてきたということも知っていたからであろうが、マルテンセンは確かに口をすべらせて物を言っている。例えば、彼は、自分は教会を管理していると言うが、それは、部屋のドアの方向に鼻をずっと向け続けている男が、自分はこの部屋の管理者だというのと同じくらいおかしなことだ、このように述べている。

「教会攻撃への突入」直前のミュンスター記事はこのようなものである。

これらを読んでみて、彼のミュンスターへの考えが、ここへ来て特に深まりを見せているとは言い難いが、これらの中の第三番目の記事 XI^2A253 は最も注目に値いする。これにおいて彼は、「自分」と「ミュンスター」との関係の接点が正に「弁証法的関係」のもとにあるそれとして、いまここで改めて確認しているかのように書いているからである。

II 「狂気じみた行為をすること」への決断

前述の記事のあと、キルケゴールはいよいよある種の「行動」に打って出ることを決断したことを示している記事を書いている。その「行動」は全く異様な形をとったものになりそうで、彼の言葉で言うならば「ある種の狂気性」en Slags Galskab の形をとるものになりそうである。その記事は Pap. XI^2A258 のそれである。それは「インテレサントなもの（＝人々の興味を引きつけるもの）――行為の決断」という標題のもとで書かれている一頁程の文章である。この一文が扱っているものは、人間の行為が纏う形式としての「インテレサントなもの」とその「行為」自身がもつ「真の意味（決断）」との関係についてである。(1) しかしこれは大変分かりにくい文章になっているので、ここではそれを要点別に分けて説明したいと思う。その要点は次の三点になる。

まずこの文章は明らかに実際上の「行為計画」の大前提があって、そのもとで書かれていることである。その「行為計画」とは、まもなく、マルテンセンに対して、あるいは、マルテンセンを通じてミュンスターに対して、「攻撃」をするという企てである。しかしその場合その「行為」は精巧に仕組まれた「インテレサントなもの」に包まれて行われることになるということである。

第二に、しかし自分はその「インテレサントなもの」がもつ精巧な意図や仕組については決して注釈なぞしないということである。もし自分がそれをするなら、人々はそれを仕組んだ自分の賢明さによって自分に尊敬の念をもつだろうが、そしてまたそれに伴われる危険や不都合から自分はまぬがれるであろうが、人々の理解はあくまでその「インテレサントなもの」のモチーフの理解だけにとどまってしまい、その「行為」そのものには、つまり、その決定的な意味やそれが引き起こそうとしているものには、強い印象や衝撃をもたずに終ってしまうことになるからだというのである。そしてそのような場合、自分は、更にそれを説明しようとしても、ますます「インテレサントなもの」の説明だけになり、つまり、「インテレサントなもの」の中に完全にのめり込んでしまうということである。

そこで第三に、キルケゴールは、自分は、いま企てている「行為」を「狂気」Galskab に見えるように始めようと考えているという。というのは、「狂気性」なくしては人々に情熱を活潑化させ火を燃え立たせることはあり得ないからであるが、同時に、この「狂気性」という外見こそが人々に「インテレサントなもの」への「諦め」(断念) Resignation が起こるように働くからだという。しかしだからと言って、いかなる「諦め」も、それを超えたより高次の力がその人に迫ってくるのを妨げることはできない。だから、自分はいま企てている「行為」を「狂気」に見えるように始めようと考えているというのである。

この日誌は以上のような内容のものである。

この日誌を読むとき、それは「教会攻撃」の外見そのものを記しているかのようである。

この日誌のあと四篇ほどの日誌はいずれも「教会攻撃」を直前に控えて、自らのたましいの平安を保持しようとしていることを示すものばかりである。とくに Pap. XI²A260 では、とどのつまりは問題は「良心」であること、しかし「良心」は「人々と共にある」ものであるとともに「神と共にある」ものであること、次の Pap. XI²A261 の記事は「ヨハネによる福音書」八ノ三二の聖句「真理はあなたを自由にするだろう」を扱っており、更に次の Pap. XI²A262 の記事は「われわれはやはりすべての者が殉教者になることはできない」ということについて述べている。これらはいずれも「教会攻撃」の開始を寸前にしてのキルケゴール自身のたましいの平安を確かめている言葉と言ってよかろう。

以上の諸々の日誌から明らかなように、このとき彼は、何と「狂気」と見える「行為」をすることを決断していたのである。つまり、少なくとも外面には「狂気」と見える行為をである。

では、彼は、そのようにして、何を引き起こすことを目論んでいたのだろうか。

Ⅲ 「破局をもたらすこと！」

それは「破局」をもたらす行為であった。彼は「教会攻撃」に突入する前日か当日、「破局」Katastropheという標題の一頁半程の日誌Pap. XI^{2}A263を書いており、更にその突入後何日かして「破局を作り出すよう行動すること」Atvirke katastrophiskという標題の（二頁半程の）日誌Pap. XI^{2}A265を書いている。これらは正しく「教会攻撃」に込められた意図についての説明となる手記である。そこで、時間的意味に従い、ここではまず前者についてだけ紹介し、後者については、その内容に鑑み、次節の全体を使って紹介することにしたいと考える。

ところで、「破局」という標題をもつPap. XI^{2}A263の日誌の内容は、大きく分けると、三つの部分からなっている。それは、「破局」についての一般的哲学的説明、天才たちが起こす破局、キルケゴールが企てている破局である。

まず「破局」についての説明では、それは「時代」の中での人々の精神との関係において生じるものとなし、その件について次のように明快に述べている。

「破局は、〔時代の人々の〕精神との関係においては、どのようにして作り出されるのだろうか。全く簡単なことだ。それは〔説明のための〕媒介項になるいくつかのものを省略してしまうことによってであり、つまり、結論をいきなり持ち出していくつかの前提となるべきものを無しですませてしまうことによってであり、すなわち、いきなりひとつの帰結を引き出してきてそれがどのようにしてそのような帰結になるのかを予め詳しく説明しておかないことによってである。つまり、そのようなことをするならば、そのように行為する者とその同時代の人々との間には衝突が生じるが、これが破局となることは必至であろう。

例えば、時代のイデーが何であるかは別としてそれを本当に担っている者を何年か沈黙させるようにしてみよう。その間ずっと彼はそのようにしてますます自己の成長がなされてゆくだろう、しかしまたそのことによって、彼はますます同時代の人々にとっては遠く離れた存在になってゆくであろう。そうなったらあの最終のことを持ち出してきて、最も集中的な短時間で、その事から始めさせてみよう。そうすれば、それは破局になるだろう。しかしそのようなこととは逆に、もし彼がその最終のことをずっと以前から継続的に伝達してきたとするならば、その最終のことは破局にはならなかったであろう。ましてもし彼が最も旧いものから始めてゆくならば、その最終のことはこれまたきっと破局にはならないであろう。」

このように述べ、次に、天才たちが引き起こす破局について、次のように述べている。

「ひとりの個人が同時代と衝突するというようなことは、周知のように実にしばしば起こってきた。そうするとそれが破局になったりする。しかしそのこと自体はそのようにただそれだけのこととして起こったのである。それというのも、当の個人は、本当のところは、同時代の人々が自分を理解するにはどれ程遠くかけ離れているのか、媒介項や前提などをどれ程欠いているのかについては、何の考えももっていないからである。」

このようにキルケゴールは、天才たちが引き起こす破局についてこう述べた後に、いよいよ、自らが企てている破局について述べるのである。

彼は、それを、「天才たちが引き起こす破局」からはっきり区別して、「意識的に準備された破局」den bevidste Arrangeren of Katastrophe と呼んでいる。それは「意識的に行為の全体を設計し提示することが衝突を生じてそこから起こってくる破局」のことである。従って、この場合最も問題になってくるのは、この「意識的に」という言葉である。これについてキルケゴールは自ら、それは、本来的な意味での最初のキリスト教的なもの、つまり、本来的な意味でのキリスト教的概念としての、いけにえにされること、自由意志による犠牲だと言っている。[2] つまり、新約聖書の基本概念である。

このように述べて、しかしこれについてキルケゴールは再び問いを述べている。すなわち、「人間にはそのようにいけにえになることは許されるのか？そのようなことは他の人々に対しては過酷な要求ではないのか？」

これに対して彼は自ら次のように答えている。

「キリスト教国においてはそれについて説明しても空しいことだ。それに、新約聖書に関して言えば、そこではそのことは周知のようにはやり神・人のことであり、また神・人は周知のようにやはり、あらゆる人々とは異なったひとつの質をなしている。[3]」

このように自問自答した後、にも拘わらず、彼は、この種の破局を生じさせることの必要性を、次のように強調している。

「〔けれども〕他面では、この無性格性、危険性、反省によるたわごと等を、破局なくして終熄させるなぞということは、不可能である。破局は、真の意味における別の種への転換を意味する。十字架の印しが悪魔に対して意味するものは、破局が反省的思考に対して意味するものと同じである。[4]」

しかしこの日誌の最後で彼は、天才たちが生じさせる「破局」の構図を定式化することの危険について、次のように述べている。

「しかし諸々の前提やその種のものを省略して結論から始めることは——そしていわば、破局を生じさせるためにと称して、そんなことをすることは、これまた破局を妨げることになる。なぜなら、このようになされる説明の中にはまたもや、同時代人との隔りを縮める同時代人への接近が含まれているのであり、そのことによってその衝突は破局的にはならないからである。[5]」

この日誌は、「教会攻撃」が開始される十二月十八日の前日に書かれたものをと考えられる。この時期これ程までに深い洞察を行っていたことはただ驚歎のみに値いする。彼自身は、ここで述べられている「意識的に準備された破局、つまり、意識的に行為の全体を設計し提示することによって生じる破局」を引き起こすことを、もっと具体的に言うなら、キリスト教の本来の基本概念としての、人々のために「自由意志によっていけにえにされる」行為をすることを決断しているのである。勿論これについても彼は、「人間」としての疑問を発している。にも拘わらず、彼は、現下の時代の精神状況は、この種の「破局」の生起なくしては決して終熄し得ないものであることをよく心得ており、そのためこの種の「破局」をもたらす道を歩もうとするのである。

さて、このように述べてくるとき、いまこの時点で、もう一つどうしてもその理由を知りたい問題のあることに気付かされる。それは、あのミュンスター監督の死後の二月に、直ちに「意識的に準備された」と言えるあの「原稿」の公表が、「教会攻撃のための第一弾」として、なぜこの時機まで長期に延期されたのか、という問題である。

注

(1)『著研Ⅰ』参照。

(2)(3)(4)(5) Pap. XI²A263, S. 265.

第四節　なぜあの「原稿」の公表はこの時点までも引き延ばされたのか

既に述べたように、「教会攻撃」の開始に関するキルケゴールの計画では、それをあのグルントヴィに洩らしたことからも明らかなように、それはミュンスターの死後すぐにも行われる筈であった。そしてあの「一八五四年二月」と記した「原稿」は、更にそのことをはっきりと物語っていた。ところが、その「原稿」の公表は、その後いつまで経ってもなされず、結局十二月十八日まで十ヶ月も延びてしまった。それはなぜだったのか。そこには余程の理由があったことが推察されるとともに、その「理由」の中にこそこの「教会攻撃」の何か深い意味が隠されていることも想像され得るだろう。そこで本節では、「教会攻撃」についての考察に入る前の作業として、是非この問題についての検討をしてみることにしたわけである。

しかしこの問題の解明には、資料上いくつかの難点がある。一つは研究文献が非常に少なく、つまり、この問題に関する限りは、殆んどの研究者が少しも注意の目を向けていない点である。その中にあってただ一人V・クレステンセンは少しばかりこの問題に触れてはいるが、それはあくまで新監督任命に関するいわば「客観的条件」に属するものだけに触れているにとどまっている。このようなわけで、この「理由」そのものについては誰も究明しようとはしていないのである。そこでどうしても必要な作業として、この理由についてキルケゴールが直接間接に触れている文章や記述を探し出してみる必要がある。以下の考察は、このような資料事情のもとで行われるのである。

そこでまず一般的な見解に少しだけ言及しておくが、その「理由」については、V・クレステンセンの著作が最もはっきり述べている。同氏はその理由の一つとして、それは、ミュンスター監督の死後その後任としての新監督の任命がさまざまの理由から中々なされず、いわば客観的条件が整っていなかったことに関係していると述べている。この件については、既に本章第一節Ⅳと第二節で詳述しておいたので、ここではそれ以上立ち入らないが、とにかく新監督の任命は非常に遅れて「四月十五日」までかかってしまったわけである。このことは、それらの個所でも述べておいたように、キルケゴールがその「原稿」の公表を送らせざるを得なかった一つの契機をなしたであろうことは充分推察され得る。

しかし同時に他にも深い理由があったことは、彼自身の言葉から明らかである。それゆえ、まずそれらの理由についての彼自身の言葉をよく検討してみることから始めよう。その言葉は、「教会攻撃」開始の火ぶたとなった一八五四年十二月十八日付の『祖国』第二九号「ミュンスター監督は〈真理の証人〉だったのか、〈真正の真理の証人たち〉の一人だったのか、それは真実なのか?」の論説の末尾に付加された「あとがき」Efterskrift (S. V. XIV. S. 15.)

に記されている。この論説は、実際に発表されたのは、いま述べたように、一八五四年十二月十八日であるが、それには「一八五四年二月記す」と記してあり、つまり、この原稿が実際に書かれた日の月が記されてある。しかもこれが実際に発表されたときには、末尾に新たに「あとがき」が「一八五四年秋記す」と記して付されているのである。そしてキルケゴールは、この「あとがき」で、この論説の原稿は実際には「二月」に書かれていたのだが、この「十二月十八日」まで発表せずにいた理由についてかなり詳しく述べているのである。その文章は十八行程のものであるが、大変微妙な表現があるので、その全文を訳出して紹介してみよう。それにはこう記されている。

「　　あとがき

この論説は、その日付からもお分かりのように、いくらかの時を置いてしまった。

シェラン地区監督の座の任命をめぐる問題が在り続けていた間は、私は、マルテンセン教授に対しては、公的には言及すべきではないと考えていた。というのは、彼は、周知のように、すぐその監督になるにせよ、ならないにせよ、いずれにしても、その地位の候補者だったのであり、おそらく彼は、そんな未定の状態が続いている間は、自分に関しては、出来得る限り、何も起こって欲しくなかったであろうからである。

が、マルテンセン教授がその監督に任命されたことによって、私のそのような配慮は必要なくなったのである。しかしそうなったときも、この論説はまだ公表されてはおらず、またそれゆえ、直ちに公表するようにはなっていなかったので、私は、これの公表にはそう急ぐ理由はない、と考えたのである。その上、マルテンセン監督が任命されたことそのことは、他の方面から、しかも全く別の仕方で、彼への攻撃を、呼び起こしていたのである。しかしこの攻撃に関しては、私は何とも不必要なことに遭遇したように思えた。そこで私は時を待って、こうしようと考えた。既に述べたように、何ら急ぐ理由なぞない、待つことによって失われるものは何もないというふうにである。しかし、できることなら、どなたかは、このようにしてきたことから何らかを得られたことを見出されますように、つまり、この異議の公表がこのようにゆっくりとした状態でなされることになったことの中にはより深い意味があることを、見出されますように。

一八五四年秋記す[1]」

これが「あとがき」の全文であり、キルケゴール自身が記した言葉である。

これによるなら、キルケゴールは明らかに、この原稿の公表が遅延したことの理由として、二つの点を挙げている。

一つは、この文章の前半に述べられていることで、これは「マルテンセン教授への配慮」にあったことであり、これについては、多くの研究者が一般的に言っていることと大差ないと言えよう。従って、これについてはこれ以上説明する必要はなかろう。

これに対して、この文章の後半は実に意味深長である。しかもその遅延の理由を、この「あとがき」と共に、読者の深い推量に委ねている点が見られることである。そして何よりも注目に値いするのは、キルケゴール自身が、この遅延には深い意味があることを示唆していることである。

このようなことから私は敢えてその「理由」の究明に取り組んでみることにしたのである。その場合、その理由に間接的に触れてある資料は二つの日誌記述であることを知らされる。それは、Pap. XI^2A253 とPap. XI^2A265 とである。そこで以下この二つの日誌記述を手がかりにして、その理由を考えてみたいと思う。その場合次の四点が指摘され得ると考える。

まず第一に考えられることは、前節Iでも簡単に紹介しておいた十二月中旬に書かれたPap. XI^2A253 の記述が伝えていることで、それは、キルケゴール自身が「ミュンスターに対する自分の関係」は弁証法的構造をなしていると考えており、しかもそのことを実に真面目に徹底的に弁証法的に考えているというその複雑微妙な関わり方に関係しているということができる。つまり、キルケゴールは、ミュンスターを、いわば単純なる「敵」として、彼から完全に距離を置いた地点から、対立し攻撃しようとしている関係にあるのではなく、いままで本書でもいくたびか述べてきたように、キルケゴールは、彼自身が言うように、自分は「ミュンスターによって教育された」ので「ミュンスターによって教えられたことをそのままミュンスターに遡及させる関係にある」ということ、しかも「私に私自身をよりはっきりと知らせてくれることに寄与してくれたのは他ならぬミュンスターだ」ということ、である。[2]それゆえ、このような構造関係は、「ミュンスター」が代現してきた「既存の教会体制」を防衛するか否かという問題をめぐって、キルケゴール自身実に苦しい思考と精神の闘いを続けてきたことを、その日誌は物語っている。

第二に、キルケゴールには、やはりこの「破局」を起こすこと自体が「神の意志」であるのかどうかをめぐっての実に激しい葛藤が続いたことを、Pap. XI2A265「破局を作り出すよう行動すること」は伝えている。この問題は、最後の最後までキルケゴール自身の問いであった。彼はそこに次のように書いている。

「最後まで四六時中私の心にかかっていた問題は、私が破局を引き起こすためにすべてのことを整えることが、つまり、私が逮捕され、裁かれ、きっと処刑されるためにすべてのことを整えることが、神が意志しておられたことではなかったなら、ということであった。だからまた、私の心には、事態をそのままにしておいたなら決して永久に悔いが残らないかどうかという憂いも、つまり、神が…そのことでじっと見ておられるであろうという憂いもあったのである。[3]」

このように「神の前での葛藤」が中々解決もしくは決着がつかないことは、つまり、長時間を要するであろうことは、充分に納得され得る。

第三に、これは「破局」を作り出すための作戦上の実に微妙な問題に関することで、つまり、キルケゴールは、「破局」を作り出す方法に関してためらいがあったこと、とくにそれがもつ効果について疑念をもったことによるためらいがあったことを、自ら認めている。彼はその点について次のように微妙な表現をしている。

「もし破局が作り出されるような行動がなさるべきだとするなら、私には、徹底して完璧な沈黙の後に全く予期されなかったように〈叫び〉Anskrigetを、つまり、公認の神礼拝は神を愚弄することであり、その礼拝に加わることは犯罪行為であるという〈叫び〉を、あげようという考えがあった。

ところが、自分にそのことが本当に分かるようになる前に、自分は、既に別のことをしてしまっていた。つまり、ミュンスターについてマルテンセン宛に新聞論説を発表することをしてしまったのである。しかしそうすることによって、破局を作り出すということは、弱まるという方向を辿ったのである。

それに加えるに、私はその小文〈叫び〉をよく調べてみると、その小文は、私が見る限り、どう見ても必ず、付属の文章が付加されるようにできており、しかしそれらの付属文はまたしてもその破局を弱めてしまうことになる、ということを知らされるのである。

それゆえ、私は、――もしそのことが遂行されたとするなら――私は刑務所行きになり、きっと処刑されてしまうのではないか、そしてこの種の闘いは私をただぶちこわすだけのことになってしまうのではないか、というような大きなためらいを、自分自身に関してもっていたわけで、そのため私は、そのことを踏み入ることはできなかったのである。(4)」

彼はこのように述べている。この日誌はあくまで十二月十八日にあの「原稿」を公表し、つまり、「教会攻撃」へと突入した後に回顧的に書いたものであるとともに、その数日前に書いた前述の日誌 Pap. XI^{2}A263「破局」の考えに基づいて書いたものである。大変分かりにくいので、少し説明を加えるとこうなる。ここに出てくる「叫び」Anskriget とは、「教会攻撃」の最中の一八五五年五月二十四日に出版された『これは言われなければならない、だから、ここで言われているのだ』の原稿のことで、これは元々「マタイによる福音書」二十五ノ六の「真夜中に『花婿だ。迎えに出なさい』と叫ぶ声がした」の言葉からとられたものである。しかもこの原稿は、この「教会攻撃」が始まる前の十二月上旬もしくは中旬に、既に書かれていたのであり、この原稿の方を一番最初に出版し、「破局」を作り出す口火にしようと考えていたのである。ところが、それより以前に既にあのマルテンセン宛の「原稿」(一八五四年二月)が書かれており、当然これとの兼ね合いが問題になってきたことと合わせて、その「叫び」の原稿の方は、それだけでは不充分で、どうしても付属の文章を加えることが必要と考えた。しかしそうすると、その効果の程も大変弱くなることが予測されたので、その出版は差し控えられ、マルテンセン宛のあの「原稿」の方を先に公表したということなのである。しかしそのような経緯を読んでよく分かってくることは、キルケゴールが、自分の原稿の公表によってどのような「破局」を作り出すことができるのかということに、たえず大きな疑念をもっていたこと、しかもそれはとくに、そのような自分の行為がただ自分一人の身の破滅だけに終ってしまいはしないか、このことが一番問題だったことを知らされる。

第四に、この日誌は、更にもう一つ別のためらいが彼にあったことを、伝えている。それは、既存の教会体制のもとでは、どんなことをしても、彼自身が考えたような「破局」なぞ作り出せないのではないか、という疑問である。それは、彼が「攻撃」に突入してみて一層はっきり分かったことであるが、つまり、既存の教会体制は、自分が考えていた以上に情けない状態にあり、非道徳的状態にあること、すなわち、既存の教会体制は、それに向かって反逆する者に、行動を起こしたり、逮捕したり、処刑したりするような法的手段を決して用いようとはしない程に一つの「嘘」の存在になっている、ということである。しかしこの件については、次の「教会攻撃」そのものを扱う個所で述べることにする。

あの「原稿」の公表が延期されたのは、このような四つの理由からと考えられる。すなわち、攻撃の対象であるミュンスターとの関係が弁証法的構造をなしていたこと、「破局」を作り出すこと自体が「神の意志」なのかどうか最後の時まで四六時中考えさせられていたこと、自分が考えている方法は果たして「破局」を作り出すことができるのかどうか、もしかするとそれはただ自分ひとりだけの身の破滅に終る事件になってしまうのではないか、「既存の教会の体制」は自分が考えている以上に非道徳的で、「嘘」そのものの存在に化してしまっているのではないか、これらのことへの疑念が彼に「ためらい」をもたらしたと言うことができよう。

ところが、彼は、十二月十八日、決然としてあの「原稿」の公表に踏み切り、「教会攻撃」に突入したのである。では、この時点で彼にそれを踏み切らせたものは何だったのだろうか。

彼の日誌や草稿類からは、そのことについての直接的な記述を見出すことはできない。しかしいままでの彼の心境からするならば、当然の事乍ら、彼が長い間待ち望んでいた「時」の到来を関知させるものがあったであろうことは、充分推察がつく。しかしそれについても確たる記述はない。にも拘わらず、なぜそれが「十二月十八日」だったのか、という問いは残る。そこで、この件については、「教会攻撃」そのものを扱う「第八部」で改めて述べることにし、次節では、やはりその「時」の認識の内実をなすこの時点におけるキルケゴールの「時代予見」そのものについて考えてみたいと思う。

注

（1） S. V. XIV. S. 15.
（2） Pap. XI^2A253
（3）（4） Pap. XI^2A265, S. 267.

第五節　迫り来る「変革のドラマ」への予見的イメージ

既に述べたように、キルケゴールは、あの「原稿」の公表を、結局は十二月十八日にしたことの理由については、日誌や草稿類の中には、何も直接的記述を残していないので、われわれは正確にはそれを知ることはできないが、しかしそれについてはもう一つだけ考えてみるべき事項があるように思える。それは、彼がこれから訪れるであろう「時代」への予言者的、天才的な洞察力をもっており、その鋭く深い「時代予見」から結果するイメージを、まるで耐えきれない重荷のように背負っていた事実である。しかも、日誌や草稿の記述から判断する限り、ミュンスター死後の一八五四年十二月頃には、その荷の余りの重さに、もう忍耐の限界にあったのではないかと思わせられる状態が感じとられる。従って、この辺で、それらの記述を検討してみることは、大変参考になると言ってよいだろう。そこで本節では、それらの多数の記述の中から二篇だけを選んで検討して見たいと思う。

I　未完の草稿「私がミュンスター監督と同時代に居ることから生じる気分」——大暴風雨の予兆に全く気づかない超大型の客船

キルケゴールは、一八五四年から五五年の教会攻撃の中にも、論説用の随分多数の草稿を書き、それらの大部分がパピーアの中に遺されている。(1) それらは種々様々な性格のものからなっているが、随分多くはまだ原稿化される以前の下書きであったり、その下書きのための注のようなものであったり、また下書きのための下書きであったりする。しかしそれらの中には実に注目さるべきものが多々見出される。いまここで紹介するものもそれらの中の一つである。この草稿は、書かれた時期から言えば、既に「教会攻撃」に突入してからしばらくして書かれたものであるが、その内容は、ミュンスター監督と同時代に居合わせたことについて、その同時代の状況について述べたものなので、その書かれた時期にはとらわれないで、その内容を紹介することにした。その草稿は、まず全体の標題として「私がミュンスター監督と同時代に居ることから生じる気分。三つの情景において。」という言葉が予定されていた。しかしこの文字はいわばなぐり書きされたもので、しかも鉛筆で抹消の線が引かれている。しかしキルケゴールは、この草稿全体で「三つの情景」を描いているが、そのいずれもが鉛筆で抹消のための線を引いている。つまり、彼は、この草稿全体の発表は取り止めにしたことになる。従って、彼の意志に反することになるので、些か気がひけることになるが、それらの中の「第一場」は余りにも鮮烈に見事に「同時代」についてキルケゴールのイメージを描き出しており、彼の時代認識を知る上で欠かすことのできない資料と考えるので、その部分だけをここで是非紹介させていただくことにする。しかしこの「第一場」も鉛筆で抹消のための線が引かれているのである。

ところで、この「第一場」草稿は、超大型の客船を例にとり、いま沖合いに大暴風雨の予兆が見られるのに、たった一人の船客を除いては誰も気付いておらず、船内は陽気にはしゃぎまわっていることを描き、「キリスト教国」の運命について訴えているものである。それは次のように述べている。

「一艘の非常に大きい船のことを考えてみよ、もしお好みならば、今日われわれが持っている大きな船よりももっと更に大きな船のことを、つまり、それは一〇〇〇人の船客を収容することができ、当然のことだが、すべてのものが、考えられ得る限りの最大の規模で設備されており、便利で、快適的で、豪華に、等々でできているとしよう。時はまさに夕方になる。船室の方はいよいよ陽気になってくる。すべてのものが最もはなやかに照らされ、すべてのものが輝きを発し、音楽の演奏が聞こえてくる。要するに、すべてのものが、喜び、歓喜、楽しい気分に化している。嬉しそうに浮かれたようにはしゃぎまわる騒音や雑音は、夜になっても、響いていた。

デッキの方では、そこに船長が立っており、彼のそばには、副官が立っている。副官は、双眼鏡を目から放すと、それを船長に手渡そうとする。すると船長はこう答える、そんな必要はない、私には、水平線にあるあの小さな白い点がよく見える――今夜は恐ろしい夜になるだろう、と。

そう言ってから彼は、経験を積んだ船乗りとしての高貴で、確固とした落着きをもって、次のような命令を発する、乗組員は全員今夜は起きておれ、私が自ら指揮をとる、と。

こう言って彼は自分の船室へと入ってゆく。彼はそこに多量の蔵書となるようなものは持ってきていない。しかしやはり、彼は、一冊聖書だけは持っている。彼はそれを開く、しかし不思議なことに、彼は丁度次の言葉が出ている個所を開く。〈今夜、お前の命は取り上げられる〉。(「ルカによる福音書」十二―二十)不思議なことだ！

彼は自分だけのささやかな礼拝の時をもった後、夜の勤務のための着替えをする。そして彼はいまや、完璧に、すっかり熟練しきった船乗りになっている。

しかし船室の方はいかにも陽気な状態が進行している。歌が聞こえ、音楽と話し声と騒音も、そして皿や食器の音も、そしてシャンパンが開けられる音がし、船長の健康が祝われて乾杯の声が上げられる等々、その他更にいろいろのことが――しかし、〈今夜は、恐ろしい夜になるだろう〉、そして多分、今夜、お前の命は取り上げられることになる。

これは恐ろしいことではないか？しかし私は更にもっと恐ろしいこと〔情景〕を知っているのだ。

そのすべての情景はこれと同じだが、ただ船長だけが違っているのだ。つまり、船室の方はいかにも陽気にやっているのだが、それらすべての人々の中で最も陽気になっているのが船長になっているという情景だ。

水平線上に見えるあの白い点。それはそこにそのままある。つまり、今夜は、恐ろしい夜になるのだ。けれども、誰一人としてその白い点を見ている者はいない、いや或るいは、誰一人としてその白い点が何を意味しているのかを予感してはいない。ところが、いや（これこそが最も恐ろしいことになるのではないだろうか）いや、その白い点を見てそれが何を意味するのかを知っている者が一人だけ居るのだ――しかしその者は船客なのだ。彼には、周知のように、その船に関して何の指揮権もなく、どうすることも出来ないのだ。とは言っても、彼が為すことができるただ一つの事を是非為すために、彼は、船長に、ほんの僅かな時間でよいからデッキの方へ出てきてほしいと要請する。少し時間がかかる。が、遂に彼はやってくる。しかし彼は何も聞こうとはしないで、冗談を言いながら、再び、船室であの人々の集まりのにぎやかな騒音のする浮かれた楽しさのある方へとそそくさと下りてゆく。そこでは船長の乾杯の音頭でみんなは熱狂するように杯が飲まれ、それに対して彼は愛想よく心をこめて感謝をしている。

あの一人のあわれな船客は、変らぬ不安の中にあるため、もう一度船長のお越しを煩わそうと決意する。しかし今度は船長は、彼に対して、不作法な態度にさえ出る。しかし、あの白い点は、水平線の上に、相変らず在り続けている。〈今夜は、恐ろしい夜になるだろう〉。

これは更にもっと恐ろしいことではないか？これら一〇〇〇名もの無関心で騒ぎ廻っている船客にとって、ただ船長だけが、いまどんな事が差し迫っているのかを知っている唯一人の者であるということは、恐ろしいことではないだろうか、確かに恐ろしいことだ。おお、しかし、船長がそのことを知っているということは、やはり何と言っても最も意味深いことである。そうだとすると、いまどんなことが差し迫っているのかを目にしそれを知っている唯一人の者が――一人の船客だけだということは、更にもっと恐ろしいことではないだろうか。(2)」

これは出版を想定した草稿であり、日誌そのものではないが、同時代の行く末についてのイメージを、キルケゴールは、何とも生ま生ましくリアリティにみちた筆致で描き出している。ここにいう「超大型客船と船室での陽気な宴の情景」は「キリスト教国デンマークの姿」であり、水平線上に暴風雨の予兆を見ているただ一人の船客とはキルケゴール自身のことである。

これはあくまで「草稿」に記された比喩であるが、彼は、実は「日誌」の方でこれの内実をなす現実への予見を、更に迫真的に記している。

II　日誌「私はこの時代の未来をどのように理解しているか」

キルケゴールの日誌には、既に述べたように、一束に綴じてあるもので通称 Jowrnal と呼ばれるものと、それとは別にバラバラになっている紙葉のもの Løse Papirer とがあり、一八五四年の日誌にも後者に属するものが多数ある。ここでいま紹介しようとする日誌 Pap. XI^2A346 もその一つである。それには日付けは記してないが、文面から言って、これが書かれたのは明らかにミュンスター監督死後しばらく経ってからの頃で、しかし十二月中旬までの間の頃と推定される。これの内容は、キルケゴールが自らの「時代予見」を記したものの中で最も具体的で迫真的なものと言える。ほぼ二頁分の長文のものであるが、その重要性に鑑み、全文訳出して紹介しよう。「教会攻撃」に突入する前の時期にキルケゴールがこのような「時代予見」をもっていたことはただ驚き以外の何物でもない。

「　私は時代の未来をどのように理解しているか

きっと宗教改革が行われるだろう。そしてそれは恐るべき宗教改革になるだろう。それと比べるなら、ルターの宗教改革なぞはほんの悪戯にしかすぎないものになるだろう。恐るべき宗教改革なのだ〔＝この欄外に次のように記されている。…この恐るべき宗教改革とは、〈信仰をこの地に見んや〉という言葉を合い言葉にもつことになるだろうからであり、人々が一〇〇万人単位でキリスト教から〈抜けてゆく〉のがはっきり認められるようになることで、恐るべき宗教改革である〕。なぜなら、事柄は、〈そもそも〉キリスト教は決して存在していない、ということだからであり、だから、子供じみたキリスト教によって汚され、自分はキリスト者であるという幻想の中に虜になっている種族が、いま再び、キリスト者に成るとはどういうことなのか、キリスト者であるとはどういうことなのかという問いのとどめの一突きを受けるときは、そら恐ろしいことになるだろう。

異教徒はいみじくも、キリスト教は人間嫌いである、と理解してきた――それゆえ、キリスト者になることは恐ろしいことだったのである。しかしもっと恐ろしいのは、人が、キリスト教と呼ばれる少しばかりおいしく味つけられたものによって汚され柔弱にされ、自分はキリスト者であるという幻想の中に虜にされているときである――その場合には、キリスト者であることを再び学び直さなければならなくなるからである。

もしこのことが一人の個人の上に、一つの種族の上に齎らされるなら、それはきっと超人的なことになるだろうし、また一人の人間がこう言ってもよいならば、それはきっと神による余りにも厳しいものになるだろう。なぜなら、主たる神は、この甘やかされた憐れな者のために、種族が長い歳月の間その責めを担って然るべきものに対して、決して自ら全責任を負われるようになることはなさらないだろうからである。

それゆえ――私はこう理解しているのであるが――神は長い間忍耐しておられるので、神は様子を見ておられ、この種族全体を見放すこともしなければ、またやがて彼らの没落になるに違いないような任務を彼らに設定することもなさらないでいるのではないだろうか。

しかし、このことから、すべてのことはいままで通りに行くだろう、ということにはならない。いや、何かが始められるだろう。

われわれは、全く完璧にそして真実に、バランスシートを作成しなければならない——そしてこのことが私の任務なのであり、私はその何かをこのように理解している。

至福の条件は、新約聖書では、キリスト者であることに結びつけられている——そして新約聖書がもっている意味では、その条件はわれわれの中のただ一人のキリスト者だけのこと、ただ一人だけのことではない。それでもなお——われわれがそのことに何の思いも寄せずに時を過ごしている間に——神は静かに天に座しておられ、永遠にバランスシートを考えておられる——だからこのことはよく憶えておくがよい、つまり、神は、きっと払いのけるに違いないような何百万の人々によって、心を動かされるのではないということを、である。なぜなら、われわれはみんな自分たちをキリスト者と呼んでいるが、われわれは何百万単位でキリスト者になっているわけではないからである。では、われわれはその件をどうしたらよいのだろうか。更に加えて、その要請がこの瞬間に強く迫っているとするならば、つまり、その要請が新約聖書にあるように主張されるとするならば、われわれの中の一人も、ただの一人も、打ち砕かれ、滅ぼされることなくしては、すまないであろう。なぜなら、われわれはみんなが一つにかたまってしまっているからこそ、そうなるのである。そしてこのことは、異教徒やユダヤ人であることよりも無限に危険なことであり、汚れたことであり、柔弱化されたことであり、非道徳化されたことであり、そして最も危険なことである。というのは、それはキリスト教の手助けによって非道徳化されたからである。——しかしこのことだけはよく憶えておくがよい——神は何百万もの人々によって心を動かされるのではないということである。

みよ、それは非常に長い忍耐、筆舌に尽し難い忍耐ではないのか——おお、それはただそうであるということ、しかし私は敢えてこのことを信じる積りである——神はわれわれをキリスト者として看做していて下さっているが、しかしだからこそどうしても少なくとも一つのことを、つまり、バランスシートが作成されることの中に真理が齎らされるという一つのことを、要請しておられること、だから、われわれはできることなら亡き監督よりも更に偉大な芸術家を見出そうなどと努めないで、つまり、錯覚の力を助けとして真理を隠したり、ぼやけたものにしたり、覆いをかぶせたりするような方向で更に偉大な芸術家を見出そうなどと努めないで、われわれは、真実の状態がそのまま現わにされるよう、ひたすら誠実に耐えようとするべきであること、それだけである。[3]」

以上がこの時点におけるキルケゴールの「時代予見」のあらましである。この二つの手記を読むとき、われわれは、これだけの予言者的、天才的、迫真的な「時代予見」をもっている者が、しかもその「時代」への自らの「任務」を実に鮮明に意識している者が、そのような「時代認識」の重荷に果たしていつまで耐え続けていられるのか、そのことを切実に思わざるを得なくなる。彼は自らが予定した「行動」には、明日打ってでてもおかしくないぎりぎりの地点で堪えに堪えていたのである。

しかし彼がその「行動」に打って出るには、更にもう一つの継続してきた「線」との関係があったことが注目されなければならない。その「線」とは、彼が著作活動開始以来ずっとその機会を求め続けてきた「牧師職（＝官職）志願」の「線」である。それゆえ、彼がこれから打って出ようとしているその「行動」についての考察に入る前に、次の「第七部」では、この「牧師職志願」の「線」の問題をまとめて集中的に検討してみることにした。

注

（1） Pap. XI^{3}B15–200.

（2） Pap. XI^{3}B109, S. 177–9.

（3） Pap. XI^{2}A346

総括

一八五一年九月一〇日から「教会攻撃」開始までの約「三年三ヶ月」は、以上述べたように、いわば「戦略的意味での待機の時期」であった。しかしその「期間」キルケゴールは、実に深刻な「信仰問題」と取り組みながら、しかもそれとは別のいくつかの諸問題とも取り組みながら日々を過ごしていたのである。そして来たるべき「教会攻撃」開始の日をイメージしながら着々と「攻撃の準備」を整えていたのである。それは確かに「地下潜行の三年間」と呼ばれるに相応しい一時期となった。しかしそれは決して尋常一様の一時期ではなかった。

まず、V・クレステンセンやE・K・ライクが認めるように、キルケゴールは、ミュンスター監督とは、あの八月九日自分の「牧師職志願」をめぐっての会話が不調に終って以降いわば訣別状態となったが、彼は、同監督の年齢から推しても、またその就職問題は自らの力ではどうすることもできないという状態からも、いまはしばらくの間「時を待つ」べきだと考えたことは事実であろう。しかし彼自身の「生計の問題」はその逼迫度を日に日に強めていった。それゆえ、彼は、その状態の中で、ひたすら耐え続けていたことも事実であろう。そしてその面からだけ言うならば、一般に言われるように、「もちこたえ」の時期でもあったと言えよう。

しかし彼自身が言うように、そのような「生計の問題によるもちこたえ」ということは、彼自身にとっては少しの問題にもならなかったのである。やはり彼は「天才」であった。その時期彼には、そのようなことなぞ全く問題にはならない地平で、実は深刻な信仰問題と向き会い、それとの取り組みに時を過ごしていたのである。つまり、彼の全身全霊は、「〈祈り〉の世界」の中にあり、そこにおいて彼は、「信仰の根本問題」と向き会い、驚くべきことに、自らの「祈り」そのものをも問うという深刻な苦闘をしていたのである。こうしてその際彼は自分には「真理の証人たち（＝使徒たち）の祈り」がどうしても祈れないことをり、自らの「祈り」は「一般的な祈り」と「真理の証人たちの祈り」の狭間にあることを知り、そのことによって改めて、自らが「何者」であるのかを問い続けたのであった。

そしてそのようにして彼は、自らが「使徒」ではなく、また「（イエス）の弟子」でもなく、Extraordinaire（異常な人、特別な任務を与えられた例外者）であることを篤と知ったのである。こうして彼はますますこの Extraordinaire であることへの透徹した自覚へと達して行ったのである。そして彼は、正にこのことへの透徹した自覚から、「著作家」であることへの、そして「著作家としての良心と責任」へと目覚まされたのである。

こうして彼は、そのような「特別な任務」への透徹した「自覚」とそれによるそのような「著作家としての良心と責任」の目覚めから、「教会攻撃」へと行動することを決意したのである。こうして「攻撃の準備」は着々とすすめられていったが、その「準備」はあくまでそのような根拠のもとでの「詩人（キリスト教的著作家）としての立場」の透徹した自覚に基づいた上でのそれであった。それゆえ、そのような準備をすすめてゆくうちに、彼にはますます「天才的予感」が働いてきて、やがて来たるべき「教会攻撃」の「決定的ドラマの情景」がいやが上にもくっきりとイメージ化されてきたのである。こうして一八五四年十二月に入る頃からその機はいよいよ熟してきたのである。

しかし彼がその「行動」に打って出るには更にもう一つの「線」との絡まりがあった。それゆえ、われわれは、その「線」との関係もはっきりと捉えておかなければならない。そのようなことから、次の「第七部」では、この問題の考察に集中したいと考える。

第七部　「牧師職志望」をめぐる闘いの「線」の帰結

ルターは、彼の説教の一つのどこかで、元来説教というものは教会の中でなさるべきものではないと言っている。しかし彼はこのことを教会での説教の中で言っているのだ。だからその発言には余り真剣味が感じられない。…しかし説教は教会でなさるべきではなく、街頭で、生活の只中で、日々の生活の現実の中でなさるべきなのだ。(Pap. XI^{3}B120, S. 194)

序

キルケゴールの「教会闘争」の問題は、いままで述べてきたような「著作」や「日誌類」に現われている諸々の事実を通じただけでなく、もう一つ別の線からも、つまり、彼が「牧師職を目ざす者」であり続けたという「線」からも考察される必要があると考える。というのは、彼においては、「牧師になる」ということは、自らの自由な選択の問題というよりも、むしろ「宿命」づけられた事項であり、彼自身これを確と意識し、その道を歩んでいたが、そのことの帰結が「教会攻撃」になって行ったからである。それゆえ、この「宿命」づけられたことがどのようにして自らの自由な「意識」になり、それが遂に「教会攻撃」の行為にまでなったのかその過程を辿ることは研究上是非必要な問題と考えるのである。

彼がそのように「宿命」づけられたことは、本書でも先の第二部での考察から充分知り得ることができるが、彼がそのことを親族の者たちや友人たちに漏らした言葉からはその真実味が実によく伝わってくる。そこでここではそれらいくつかの言葉から二人の人物に漏らした言葉だけを参考までに紹介したいと思う。

一つは、遠縁のH・ブロェクナーの『想い出記』に記されている言葉である。

「キルケゴールは、私にこんなことを話してくれた。彼のお父さんはつねに彼が神学試験を取ることを願っており、二人はいつもそのことを論じ合っていた。そしてお父さんが生きている間は、ぼくは神学試験を取るべきではないという自分の持論を擁護することができたが、お父さんが亡くなってみると、彼は自分の議論の相手役をも自分が引き受けなければならなくなり、そうなると最早どうにもならなくなり、ぼくは神学試験のための勉強に入ることを決意しなければならなくなったというのである。[1]」

ここにいう「神学試験」というのは「神学国家試験」のことで、従って、それを終えて牧師職につくことを意味している。

もう一つは、キルケゴールがあの一八四二年のベルリン旅行の際、親友エミール・ベーセンに送った手紙であるが、これは自らがどうしてもこの道を歩まざる得ないことの苦しさを間接的に滲ませている数行と見ることができる。「きみはよく活動することができ、他の人々を喜ばせることができ、きみの納戸からは旧いものも新しいものも持ち出すことができる。簡単に言えば、きみは牧師になることができるのだ、この世で苦労するに値いする唯一のものにだ。が、見給え、この点でもぼくには、不幸があるよ、いまは以前よりももっとぼくが耐え忍ばなければならない嵐のあることを考えて見給え。[2]」

このように、キルケゴールは、「宿命」のように、「牧師職」につく道を歩んでいたのである。

ところが、彼には、既に『著研Ⅱ』第二部第一章第一節で述べたように、一八四一年頃に、ひとまず著作家になろうという考えが出てきた。こうしてあの未刊の草稿『ヨハンネス・クリマクス、または――』を書き、『あれか―これか』の刊行をもって著作活動を開始した。しかし彼の思いは、とにかく著作家（詩人）としての欲求を充足してから必ず「牧師」になろうというものであった。こうして彼は、著作を一つ書くごとに、これを書いたら「田舎の村に出て牧師になろう」と思い続けた。つまり、彼は、G・マランチュークが言うように、それ以後つねに「詩人になるか―牧師になるか」の間のもとで過ごしていたのである。しかしこの問いは、彼に、さまざまな様相を呈示し、また彼を、さまざまな場面に立たせた。そして彼は、その問いに向き合うたびごとに、牧師職そのものには恵まれなかったが、いかなる時も「牧師職」への志望を捨てることはなかった。しかしその真摯な態度こそがやがて「教会攻撃」へと入ってゆく動力になったのである。この第七部はその過程を考察することになる。

注

（1） Hans Brøchner: Erindringer om S. K. (Kbh. 1953). S. 21ff.

（2） N. Thulstrup: Brev og Aktstykker vedrørende S. K. I. (Kbh. 1953). S. 97.

第一章　「牧師職志望」に関して幾度も繰返し続けられた「詩人になるか―牧師になるか」の問い

既に述べてきたところから明らかなように、キルケゴールは幼少期から神に仕える者として、そしてそれは具体的に国家教会の牧師になる方向へと運命づけられてきた。勿論青年期のある一時期は深い懐疑をもち、その方向からはずれた道を歩んでいたとみえた時期もあったが、しかし一八三八年五月「大地震の体験」を境いに、彼ははっきりと「牧師」になる方向へと踏み出した。その時からのあの驚くべき精神的転換と凄じい「祈り」への集中を通じて、彼は、神学国家試験の準備をし、それに合格した後は、一年間「王立牧師養成所」で実地の教育を受け、その後ホルメンス教会で説教実習を行い、更に一八四四年二月二十四日にはトゥリニタティス教会でそれの試験となる「試験説教」Demisprædiken を受け、優秀な成績を得て合格したこともそうである。こうして彼は、真剣に牧師になる準備を整えていたのである（これらのことについては、私は、『青研』においても、本書の第二部においても詳述していたので、ここではそれ以上立ち入る必要はなかろう）。このように、彼は、外面的には、「牧師」になる道を着々と歩んでいたのである。こうして『あれか―これか』の出版をもって始まる「著作活動」開始後も、あの多数の著作の原稿を書いているたびごとに、彼は、これを書き了えたら「どこか田舎の村に出て牧師になろう」と考えていたのである。これが彼の基本的な意向であった。ところが、他方内面的には、それと正反対の性向が働いていた。つまり、彼はその方向への懐疑をもちそのための苦悩の闘いを演じなければならなかったのである。その原因をなしたものは、彼の「詩人」としての性向であり、それより更に深いものとしての彼個人の「罪の意識」であった。このようにして彼は、その著作活動開始の一八四三年から最初の一区切りのつく一八四六年一月『後書』の出版時までは、「牧師になること」をめぐってそのような苦悩の闘いが演じられていたのである。本章では、その模様を簡単に考察してみることにする。

第一節　「田舎の村の牧師になりたい」という希望

「牧師職」に関してキルケゴールが基本的に懐いていた意向は、「どこか田舎の村へ出てそこの牧師になりたい」というものであった。先に述べたような「牧師職」への準備も結局このような意志と計画となって現われた。そしてこのことが単なる一時的な思いつきではなく充分に考えられ計画されていたものであることは、彼の日誌や草稿のさまざまな個所で、実にはっきりと記されている。例えば、Pap. VIA55, 59, VIII^{1}A422, IXA213, X^{5}A146 等々の記述がそうである。これらの手記が共通して述べていることは、彼は既に『あれか―これか』の原稿を準備しているときに「牧師職」への意志を固め、『あれか―これか』が出版されたなら、すぐ著作を止め、どこか田舎の村の牧師になろうとする計画をもっていたことである。これらの手記はいずれも彼の意思と計画が真実であったことを語っているのである。先の実際上の準備の整えとこれらの手記の記述とから、われわれも、彼の意志と計画とが偽りのないものであったことを、信じて然るべきである。

　ところが、『あれか―これか』が出版されても、彼のその計画はそのようには展開してゆかなかった。しかもその理由は、彼において、単純一様な形で理解されているようなものではなく、極めて独特の深い構造のもとに受けとめられていたものであった。それは彼自身が言うように、確かに「詩人になる」（著作家になる）という別の事が発生したからなのであるが、それは、いわゆる一般的意味での「文学的作家」になるというのではなく、「宗教的著作家」になるという方向へと踏み出したことなのである。一八四八年と一八五三年にこの頃のことを思い起こしながら書いた次の日誌は、そのことをはっきりと示している。

『あれか―これか』が出版されたら直ちに田舎の村の牧師になり自分の諸々の罪の喪に服することが、私の計画であった。しかし私の詩的生産力を私は押し戻すことはできなかったので、私はそれに従った――当然のことながら、そのときその生産力は宗教的なものの中へと進んでいった。[1]」

「私が『彼女を』(=レギーネのこと)棄てたとき、私は、神に、ひとつのことだけを、つまり、作品『あれか―これか』を書きそれを完成することができることだけを、ひたすら祈り願った(そのことはまた彼女のためにでもあった。なぜなら、『誘惑者の日記』は勿論突き放すためであった、あるいは、そのことが『おそれとおののき』で言われているように、「赤坊が乳離れをするとき、母親が自分の乳を墨で塗るようなものであったから)――そしてそのあとは、田舎の牧師館へと向かうことであった。そうすることを、私は、いわばこの世を棄てることの現われと考えていたからである。

『あれか―これか』の完成を私は為し遂げた。けれども、私がそのことに期待していたことや、それによって憎まれたり、嫌われたり等々の扱いを受けたいと願っていたことは、どうしても起こらなかった。いやそれどころか、私は見事な成功をおさめてしまったのだ。

　このように、『あれか―これか』を完成することに関しては、その願い、私の切なる祈りは、充たされたのである。

　従って、その時私は、田舎の村の牧師として、その牧師館へと行くべきであったのだ。私は、非常に短期間でのそのように巨大な生産の後には、そしてこのわが国でそのようなセンセーションをまき起こした後には、あの考えは私の記憶から去ってしまったも同然であったことを認めるのに、決して吝かではない。しかも同時に、私には、抗することができない程の強烈な生産力が、目覚めてしまったのだ。

従って、そこでは、私が著作家になったという別の事が起こっていたのである。しかし私は、宗教的著作家 religieus Forfatter になる方向へと、勢いよく踏み込んでいったのである。(2)」

これら二つの手記から明らかなように、キルケゴールは、『あれか―これか』完成後には、あの「牧師になる」という計画を果たすことなく、「詩人になる」方向へと、しかしそれは、一般的な意味での「文学的作家」の方向ではなく、「宗教的著作家」の方向へと踏み込んでいったのである。

しかし彼が一般的な意味での「文学的作家」の方向ではなく、「宗教的著作家」の方向へと踏み出したことそのことには、実に深い特別な意味が込められていた。確かに、『あれか―これか』出版後は、その著作活動を「二重性」において展開していった。その一つは、いわゆる「美的著作」と呼ばれる著作の線であり、この線には、文学的著作のみならず、心理学的著作や哲学的著作も含まれている。そして文学的著作のいくつかのものは、「レギーネへの目くばせ」さえ含まれていた。しかしそれらは、基本的には、一般の人間の実存的経験に語りかける内容のものであった。この線の主なものは、『あれか―これか』『反復』『おそれとおののき』『人生行路の諸階段』『不安の概念』『哲学的断片』『同後書』等々である。しかし彼においては、この線の諸著作は本来意図しているものではないので、これらは「偽名著者」によって書いたことにしてある。しかしこの線に平行してもう一つの線として『二つの建徳的講話』(一八四三年五月)を皮切りに、「宗教的著作」の線が独立的に設定され、これは一連の『建徳的講話』は勿論、更にはその後もずっと続いてゆく。そして『視点』でもはっきり述べているように、この方の線の著作こそが彼本来の意図する著作なので、この方の著作の著者名は「実名」になっている。そしてそのことの重味については『視点』や日誌等のさまざまな個所でさまざまな言葉を使って述べられているが、今ここで最も重視したいのは、目下の時点に、あの「牧師になる」計画を止めて、『二つの建徳的講話』を出版し、「宗教的著作家」となる方向へと踏み出したことについて、彼自身が述べている言葉である。それは、そのこと自体は「牧師になる」ことの代わりであることを、述べている点である。

「私の最初の考えは、『あれか―これか』をもって〔著作を〕を中断することであった――そして直ちに田舎の村の牧師になることであった。が、そのことは起こらなかった。しかしそうはならなかったので、直ちにまた宗教的な合図が送られたのである（二つの建徳的講話（一八四三）の出版[3]。）」

この言葉は、この時キルケゴールは、「牧師になる」代わりに、「宗教的著作家」になったことを、伝えていると見ることができる。[4] こうして、あの「詩人か―牧師か」という「自問自答」の図式は、少なくともこの時は、一時的にではあれ、「宗教的著作家になる」という方向での休止点を得たのである。しかしこのことは、あくまで彼が一時的に身を置く「中間規定」のようなものにしか過ぎなかった。その証拠に、彼は自らをそのように「宗教的著作家になった」として自認していたにも拘らず、「詩人か―牧師か」という図式は止まるどころか、「牧師になる」ことへの意志はますます強まり、それへと決断することの逼迫感は増すばかりでだったからである。それゆえ、『あれか―これか』出版後の一八四三年五月から一八四六年三月に至る約三年間には、彼は、その内面では、「詩人になるか―牧師になるか」の相剋と葛藤がますます激しくなり、そのような心境のもとで著作活動を展開していたのである。G・マランチュークも言うように、あの著作活動の「二重性」は、この二つのことの「相剋」し合う性向に対応するものとして展開されていたと見ることができる。[5] 要するに、それは、彼が「宗教的著作家になった」ことに決して満足していたのではなく、それゆえにこその相剋と葛藤を意味したのである。一八五三年彼は、当時を思い起こし、次のように記している。その記述は、先に紹介した一八五三年の日誌記事の一部である。

「間もなく、どうしてもあのもう一つの考え（田舎の村の牧師になること）がまたもや頭をもたげてくる。私は、できるだけ短期間で著作家を終了するつもりであった――そしてそれからは田舎の村の牧師になるつもりであった。

新しい著作が出る度ごとに、私はたえず、さあ、お前はもうこれで止めなければならない、と考えるのであった。そしてこのことは、わたしには、『後書』との関係で、最も決定的な仕方で、現われることになった。

この『後書』のところで著作を止めるのが私の考えであった――そのとき私は、コルサール紙についての一文を書いたのである。」(6)

「牧師職」への決断をめぐる「詩人か―牧師か」の「自問自答」は、このようにして始まったのである。以上の説明からだけでも明らかなように、この「問題」への彼の態度は、実に真剣そのものであり、実に深いものであった。それは、この「問題」には、彼がつねに、「祈り」の中で対応していたことが関係していたからであろう。しかし彼のこの「問題」への対応が「祈り」の中での真剣さと深さとであったことを示すもう一つの事例があるのである。それをわれわれは決して避けて通ったり無視したりしてはならないだろう。その事例とは、この「問題」と彼自身の「罪の問題」との関わりついての彼の苦悩と葛藤とである。

注

（1） Pap. IXA213
（2） Pap. X⁵A146
（3） Pap. X⁵B217
（4） G. Malantschuk: Ibid., S. 81.
（5） Ibid., S. 82.
（6） Pap. X⁵A146, S. 152.

第二節　「牧師職」の問題と自分の「罪」の問題との関係をめぐる内的葛藤

「宗教的著作家」たることを自認しても、キルケゴールにとっては、「牧師職」へ向かおうとする意志と計画とは、ますます切実な問題として迫ってきていたようである。そして彼は、その事実を、いかにも真剣に受けとめ、極めて直撃で深い態度での対応をしているようであった。そのことの何よりの証拠として、彼は、その「牧師職」に就くにあたって自分にとっては最も深刻な蟠りとなることが予想される一つの重大な問題に思いを寄せこれを具体的に真剣に考えていたことがあげられる。それは、彼自身の「罪」の問題であった。つまり彼は、「牧師職」に就くためには、自分の「罪」の問題を何としても解決しておかなければならないことを、切実に感じていたのである。(1)

その取り組みの模様は、一八四五年四月三〇日に『諸段階』が出版された頃の前後の時期の日誌にはっきり現われている。周知のように、その『諸段階』の第三部にあたる個所では、「罪」の問題が詳しく取りあげられている。つまり、偽名著者フラター・タキトゥルヌスの心理学的実験についての報告としての"Skyldig?"—"ikke Skyedig?"「責めありや？——責めなきや？」の一文である。これは大変深い謎を秘めた一文なので、従来研究者たちの間では、さまざまな解釈が述べられてきた。しかし目下の文脈から一つはっきり言い得ることは、この一文は、キルケゴール自身の「罪」の問題を扱ったものだということである。いまはこの一事のことだけはっきりさせておけばよいのである。ところが、実は、キルケゴール自身は、その自分の「罪」の問題を扱うのは、その一文だけではまだ不充分と感じていたらしいということなのである。そのためか彼は、それが脱稿もしくは出版された頃の日誌に、その一文と「対」をなすようなものとしてもう一つの新しい作品が計画されていることをその内容とともに披露している。それは、Pap. VIA31, 155–59 の一連の記述である。これらを読んでみると、この時キルケゴールがどのようにして自らの「罪」の問題を「牧師職」との関係で問うていたかが生ま生ましい具体性をもって浮かび上がってくるような思いがする。しかし同時に、何よりも注目されるのは、この時期のこのような取り組みは、この時彼は自らを「宗教的著作家」とみなしていたとはいえ、「牧師職」への意志と計画とがいかに真剣なものであったかを物語っている点である。以下その件を簡単に説明しよう。

Pap. VIA31 の手記によると、その作品は、暫定的な標題として、次のようになる筈だったと言うのである。

「　　神の裁き

ある苦悩の物語。
　心理学的実験
　　深淵の底から…」

そしてこれの内容は、Pap. VIA55 によると、次のようになる筈であった。すなわち、ひとりの将来聖職者になろうとする者が、曾て道ならぬ場所に行ったことを罪と感じて、そのゆえに聖職者になることを非常に恐れており、教会法に関する法典を読み、教会はどんな罪を禁じているのかを、そしてそれとともに「教会は隠れたことを審かない」de occultis non judicat ecclesia ということも調べていたそういう男の心理学的実験となる筈であった。しかもその男については更にこう記されている。「その男の唯一の願いは、聖職者になることである。というのは、彼は何よりも、その道を歩むことによってこそ自分の罪の何らかの償いができるように思っていたからである。——しかし彼が、自分の罪のことを黙っていて、より静かな仕方でその務めを果してゆこうとすることによって他人のために益をなすことができるのかどうかということと、あるいは、そのすべてのことを打ち明けてしまうことの方がもっとよいのかどうかということとの間には、弁証法的矛盾があるだろう。[2]」

このように彼は書いており、更にその欄外には、de occultis non judicat ecclesia が標題にできたらよいが、とも記している。

そして更に、彼は、その「心理学的実験」を通じてその聖職志望者が答える言葉を、次のように用意してあった。「そして彼の答えはこうだ。こんなことがなければよいが、つまり、教会がその隠された罪を審くことがなければよいが——教会はぜひそうあってほしい。多くの人々にとって慰めとなるものは、私の苦しみが続いてゆくことそのことなのだ。私は自分からすすんでそのことを述べるべきだろうか？そうしたら私の活動は妨げられることになるだろうが。それとも私はそれを敢えてそのままにしておいた方がよいのだろうか？[3]」

そして最後の場面では、その聖職志望者に次のようなことを言わせる予定であった。

「私は教会法の新しい版を購入した。それは、またもや、もう一度、ほんとうにもう一度勇気をふりしぼって牧師になることをJeg tør være Præst igien研究するためだった――しかし私はその新版を買っただけで、ゾッとするような思いになった。なぜなら、その購入は、その書店主が私に感づいていたらしいように、私がその教会法によってどんなに心の痛む研究をするようになるか、を意味しているようなものだからである。(4)」

キルケゴールは以上のような筋の作品を書くことを計画していたのである。しかしそれは実際には書かれず、作品にはならなかった。

しかしこれらの記述が意味するものは、極めて深刻な事柄と考えられる。マランチュークもクレステンセンも認めるように、これらの記述は決して一つの新しい作品のための構想であるだけでなく、その内容は明らかにキルケゴール自身の現実を述べたものと推測できるからである。(5)そしてもしそうだとすると、クレステンセンが指摘しているように、これらの記述には次のような推理が成り立つことになろう。すなわち、この時期キルケゴールは、自分が牧師職に就くことに関して、自らが犯した罪のことで人知れない隠された自問自答をしており、牧師職のことをどんなに静かに考えようとしても、そこには必ずそのような障碍が出てきたのではないか、ということである。(6)こうしてクレステンセンは、この翌年一八四六年二月にキルケゴールがde occultis non judicat ecclesia「教会は隠れたことを審かない」という題で日誌を書いていることを、例示している。その記事は、作品の構想などではなく、実際の日誌記事である。その記事は、まず最初の段落で次のように、記している。

「私はその罪のことを黙っているべきだろうか?それでもやはり私は自らすすんでその罪を告発するべきだろうか?もし神がその罪を明らかにしようと考えておられるなら、勿論きっとそうなさることができるだろうし、従って、私の自己告発もまた必ず摂理を演じることになるだろう。(7)」

次の段落で彼は、このように考えたことの理由を、こう記している。

「今日は、自分を責めているという記憶が通り過ぎてしまった。その告発がいま突然行われたと仮定しよう。私はここからはるかに遠いい所へと旅立ち、見知らぬ異国に住まい、そのような記憶を離れ、すべてのことが明らかになってしまうかもしれないというありとあらゆる可能性からも離れて、新しい生活をすることになるかもしれない。こうして私は、隠れて生きることになるかもしれない。[8]」

しかし彼は、このような仮定を否定して、更に次のように続けて記している。

「——いや、私は、この場所に留どまっていなければならない。そしていままでと変らずにすべてのことを為さなければならない。ただ一つの巧智による防衛にも頼ることなく、すべてのことを神に委ねてである。しかしぞっとする程恐ろしいことだ。このようにこの場所に留どまって、ただ可能性によってのみ教育されることがひとりの人間をどんなに成長させてゆくかということは。[9]」

いま三つに分けて紹介したその Pap. VII^{1}A6 の手記は、先きに述べたあの「新しい作品」の構想として書かれたものが実はキルケゴール自身の現実そのものであったことを、証明しているものである。その手記は、この一八四六年二月には、キルケゴールは、「牧師職」に就くために、それの障碍となる自らの「罪」の問題を解決しようとどんなに真剣に苦闘していたかを、物語っているのである。

しかしその件でわれわれが是非注目したい点は、彼がその内的苦闘を、実に真剣に「祈り」の中で、それも何ヶ月も続けていくたびも「祈り」の中で、行っていたという点である。その「祈り」こそがそのことの真剣さと深さを立証するのである。その真剣そのものの「祈り」は、とりわけ一八四六年二月七日の日誌（Pap. VII^{1}A4）と三月九日の日誌（Pap. VII^{1}A98）とに、記されている。しかしこの両手記は『後書』の出版とも深く関係しているので、それらはその『後書』出版後の彼の考えを扱う次節でそれと一緒に紹介することにする。

注

（1） V. Christensen : Ibid., S. 71–3.

（2） Pap. VIA55
（3） Pap. VIA57
（4） Pap. VIA59
（5） G. Malantschuk: Ibid., S. 80. V. Christensen: Ibid., S. 71-3.
（6） V. Christensen: Ibid., S. 72.
（7）（8）（9） Pap. VII^{1}A6

第三節　一八四五年「祈り」の中での決意——「詩人になるか—牧師になるか」の問題の一つの決着

一八四五年、キルケゴールは、以上述べてきたような状況のもとで実に真摯で深い「祈り」を続ける中、明白な「決意」をもつようになり、それによって、「詩人になるか—牧師になるか」の問題は一つの決着点に達することになった。その『決意』は『後書』の原稿執筆中にその出版後の時期の身の振り方に関するものとしてなされた。

一八四三年に『あれか—これか』の出版をもって始められた美的著作の系列と、『二つの建徳的講話』をもって始められた宗教的著作の系列とは、約二年半続けられ一八四五年になると、キルケゴールは、それら一連の著作活動に総括的な意味での一つの区切りをつけるために、巨大な『完結的後書』の出版を企てた。この出版は彼の著作活動にとっての大きな転機を意味するものであった。そのようなこともあって、キルケゴールは、その原稿の執筆中の一八四五年には、実に真摯で深い「祈り」を続けていた。しかしその「祈り」は、先の第一節と第二節で述べた状況をうけ、いよいよこの『後書』の出版後の時期における彼自身の「身の振り方」に集中していた。そのためいまやようやくにして、あの「詩人になるか—牧師になるか」という何年も引き継がれてきた問題に、はっきりとした答えが出るようになった。彼は、その「祈り」の中ではっきりと「牧師になる」方向を「決意」した。その「決意」の真実さ、固さは、彼の三つの日誌がはっきり語っている。

一つは、後年、つまり、一八五三年この一八四五年当時のことを想い起こしながら書いた日誌である。これは先の第一節の末尾で紹介されたが、次の二つの日誌記述との関係もあるのでここでもう一度紹介しておこう。

「間もなくどうしてもあの一つの考え（田舎の村の牧師になること）がまたもや頭をもたげてくる。私は、できるだけ短期間で著作家を終了するつもりであった——そしてそれからは田舎の村の牧師になるつもりであった。

新しい著作が出る度びごとに、私はたえず、さあ、お前はもうこれで止めなければならない、と考えるのであった。そしてこのことは、私には、『後書』との関係で、最も決定的な仕方で、現われることになった。

この『後書』のところで著作を止めるのが私の考えであった——そのとき私は、コルサール紙についての一文を書いたのである。[1]」

『後書』の出版後の身の振り方に関し、彼はこのように考えていたのである。しかしこの「考え」は偶々この時期思い浮かんだ「考え」なのではなく、この時期実に真摯で深い「祈り」の継続の中で真剣に「決意」されたものであった。そのことは、この『後書』が出版された日の前後に書かれた二つの日誌記述にはっきり示されている。

その中の一つは、一八四六年二月七日の日誌である。この「二月七日」という日は、『後書』が出版された日（＝二月二十八日）の二〇日程前にあたる。彼は、この手記で、自分がもう何ヶ月も「神に祈ってきたことの帰結」として達したものについて書いている。それは次のようになっている。

「私の考えはこういうことなのだ。牧師になるためにはいま自分の修業をすること at uddanne mig というのである。私は、何ヶ月もの間、神に、ますます助けをいただくことを、祈ってきた。なぜなら、私には、自分がもうこれ以上著作家であるべきではないということが、このいままで以上にはっきりと分かってきたからである。つまり、私がただひたすらそうありたいと欲しようが、あるいは、決して欲しまいがである。…[2]」

こうして、『後書』が出版されてから約一〇日経った「三月九日」には、もう一つ、次のような手記が書かれている。このPap. VIII^{1}A98の手記は、既に本書第三部第三章第一節でその一部を紹介したとき述べたように、終りの方に近づいてゆくと「祈り」になってしまうような文章で書かれているのであるが、ここで紹介する部分は正にその終りの方の部分にあたる。彼は、その終りの方の部分で、急に次のような「祈り」を書いている。「天に在ます神、もし人間の内部には、このようなことすべてが忘れられ得るような、ああ、あなたとの交わりの中で全く忘れられ得るような、最内奥の場所というものが決して存在しないとしますならば、誰がこのような事態に耐えてゆくことができるでしょうか。」このように彼は「祈り」を書いて、それに続けるように、次の段落から次のような文章を書いている。これがいま紹介する部分である。つまり、彼は、その言葉にこう続けているのである。

「しかし私の著作活動のときは過ぎ去ったのだ。神は讃むべきかな。私が『あれか―これか』を出版した後次には、著作活動を終結させることとそのことのために、それをいつ止めるべきかその時をよく知っていることとそのことのために、私がどんなに神に感謝しているかは、自ら認めているところである。しかしこのこともまた、一般の人々の前には、そのことを私はよく知っており、それは順調に行われているというような二つの言葉で、それがそうなっていることを、事実をもって証明できるような仕方では、明らかになってこないであろうが。そのことは私の心を痛めてきたし、そのことが人々に認められることを私は切に願ってきたようでもあったが。しかしそれはそうしておこう。

　私はただひたすら牧師になることだけを推し進めてゆけばよいのだ。どこか田舎に出て、静かな働きをしながら、自由な時間の中に、僅かばかりの著作をし、そこの場所で、私は是非もっと穏やかな空気を呼吸したいと思う。たとえこの現在の生活がどんなに私に満足を与えているとしてもである。[3]」

　以上述べてきたところから明らかなように、キルケゴールは、『あれか―これか』出版後には直ちに「田舎の村の牧師」になろうとしていたのであるが、その計画はそれの出版後には変更になり、その時彼は「宗教的著作家」になった。しかし彼は、それを自認しつつも、やはり「牧師職」への意志は消えるどころか、それに向かってますます真剣な取り組みをし準備をしていたのである。そしてその場合、当然ながら、その実行の時期を考えていた。彼の日誌によると、彼は、その時期を、「著作活動」の終結を意味する『後書』の出版後の頃に予定していた。[4] これは彼自身においては、誰が聞いても納得できるように、極めてスッキリとした計画であった。

ところが、正にその時期、「コルサール事件」が発生し、その計画は勿論、それに関する全体の計画そのものが根本から変質してしまう事態になったのである。

注

（1） Pap. X^5A146, S. 152.

（2） Pap. VII^1A4

（3） Pap. VII^1A98, S. 46.

（4） Pap. VII^1A98. G. Malantschuk : Ibid., S. 83ff.

第二章 「コルサール事件の体験」による「牧師職問題」の意味そのものの変様と新たに登場した「宗教的詩人」という概念

前章で述べたように、キルケゴールは、『後書』の原稿執筆中からその出版直後の時期にかけて、実に真摯で深い「祈り」を続けており、その中で、「牧師」になることへの真剣な決意をしていた。そしていよいよその「決意」の方向へと実際に踏み出そうとしていたその時、その行動を押しとどめてしまう大事件が起こった。コルサール事件である。この事件は、既に本書第三部第二章で詳述したように、キルケゴール自身をして、いまはじめて「新約聖書のキリスト教の根源的状況」の只中にまざまざと立たせることになり、彼に「新約聖書のキリスト教の真理」というものを如実に思い知らせることになった。そして正にそのことによって、彼がいままでもっていた「牧師」という概念も、「詩人」という概念も、根底から覆されることを経験した。そして当然の事乍ら、更にそのことによって、目下の重大な関心事であった「牧師職問題」の意味そのものが、つまり、「詩人になるか――牧師になるか」という問題の意味そのものが根本から変質してしまうことを、彼は篤くと知らされたのである。そのため彼は、「田舎の村へ出てそこで牧師になる」という計画を一時中止し、引き続きコペンハーゲンにとどまることにしたのである。そのようなことから、本章では、まずそのような「牧師職問題」の意味そのものの変様がどのようなものであったのか、次にその変様によって彼は新たにどのような方向へと踏み出すことになったのかについて、考察してみることにする。

第一節　「牧師」概念そのものの根本的変化――Extraordinaire（異常な人、特別な任務を与えられた者）という概念の登場

「コルサール事件とその体験」については既に第三部第二章と第四部第一章と第二章で詳述したので詳しくはそこを参照していただくこととし、ここではその「体験」が目下のテーマである「牧師職問題」そのものにどのような影響を及ぼしたかという点についてだけ述べることにする。

端的に言うならば、その「体験」は彼がいままでもっていた「牧師」概念そのものに根本的な変化を起こさせるものであった。そしてそれゆえにこそ、それはキルケゴールに「どこか田舎の村に出てそこで牧師をする」という行動計画を一時押しとどめてしまったということである。そのことは大体三つの点から認められると言ってよいであろう。

まず第一に、このコルサール事件は、彼に、「公衆」や「大衆」という存在の幻想性、狂暴性、虚構性や、教養人たちの無力や、ジャーナリズムの卑劣さというようなものの経験を通じて、「キリスト教の真理」、つまり、「新約聖書のキリスト教の真理」は、「迫害と自己犠牲、つまり、受難」を通じてのみ伝達され得るものであることを知らしめることによって、彼がいままでもっていた「牧師」概念そのものの根本的な変化を齎すことになったということである。キルケゴールはこの「真理問題」を自らの問題として極めて真摯に深刻に受けとめた。そのため彼は自分がいままでもっていた「牧師」概念そのものを根本的に変えることになったのである。つまり、彼は、「牧師」という「社会的身分」、つまり、「官職 Embede としての牧師」、「生計のための職業としての牧師職」というものへの疑問をもつようになった。一八四六年九月一〇日頃と考えられるが、彼は、その疑問を、次のように記している。それは比較的穏やかなトーンで書かれているが、これはその問題についての彼の最初の文章と言えよう。

「一般に、生計のことを考えることは、やはりこの世の中では、最も重要な意味をもっているのである。この中間

規定Mellembestemmelseが欠落しているところではどこでも、大部分の人々はただ困惑するだけだろう。実際にはキリスト教的なものから何の感銘も得ていないただ名目だけのキリスト者たちは、牧師がオーソドクス神学の教義を講じることについて何の文句も言わない。では、なぜ言わないのだろうか？それは、そのことがその牧師の生計のことになっているからなのである。その名目だけのキリスト者たちは、その牧師が説教の中で生活のための厳しい要請をしても、そのことに決して文句を言わないだろう。では、なぜそれを言わないのか？牧師がそのように説教していることは、その牧師自身の職業上のことに属しているからなのである。それは丁度将校がぶっきらぼうに見えたり、警察官がなぐったりしているのと同じようなものだからである。——これに反して、一人の私人がより厳密な意味において宗教的であり、自らのその宗教性を表明するときには、彼は気が狂っている、とみなされる。なぜだろうか？それは、その行為には商売という中間規定が欠けているからなのである。[1]」

この文章は、その穏やかなトーンとは裏腹に、極めて重要な変化を意味している。それは、彼においては、「コルサール体験」によって、キリスト教の真理は、キリスト者、とくに使徒の「受難」を通じてのみ伝達されるのだということを知ったあの根本的認識に照らして、その「真のキリスト者」や「使徒」に対して、「牧師」とはそもそも何者なのだろうかという問いが湧いてきたことを意味すると言ってよい。そして同時に、彼は、その「牧師職」に対する自分のいままでの考え方や態度について厳しい反省をし始めていることを意味している。すなわち、彼は、いままで自分は、「牧師」という概念は、従って、自分が「牧師職」に就こうとしてきたことは、それをあくまで「職業」として考え、つまり、経済的な意味での生計を得るためのものとしてだけ、求めてきたということを、告白しているのである。しかし「コルサール体験」は、彼に、「牧師」概念についての再考を迫ることになった。そのため、「牧師職」に就くという問題自体の意味が大きく変り始めたのである。彼のそのような反省は、この時期以後も続き、ますます激しくなり、「教会攻撃」の時期まで続いてゆく。[2]それについては後に詳述する。

しかし、では、このときキルケゴールは新しい「牧師」概念をどのようなものとして考えたのか、という問いが出てくるが、これははっきり言って、このときは、彼には、それは全く不明だったようである。しかしその代わりに、彼は、現在のキリスト教界のキリスト教をその本来の「新約聖書のキリスト教」へと変えるにはどうしたらよいかというふうに考えた。そしてそのことがもう一つの点になるのである。

第二に、キルケゴールは、いまこの時代が最も必要としてい者は Extraordinaire（＝異常な人、並み外れた人、特別な任務を与えられた例外者）であり、デンマーク王国においては自分以外にはこれに相応しい人物は誰もいないと自覚し始めることによって、目下の彼の「牧師職」問題はその意味を更に大きく変えることになったことである。この「異常な人」という概念は、既に述べた所から明らかなように、『アドラーについての書』の中で、詳しく述べられているが、キルケゴールは自らをそのようなものの一人として意識するようになったのである。一八四七年一月二〇日の日誌には、次のように記している。

「まず田舎に出て牧師になりたいという願いは、たえず私に呼びかけてくるのであり、私に心の奥に横たわってきたのである。それは、私には、緊張して疲れた実存との関わりにおいて生まれた牧歌的な願いとしても、そして、それゆえまた宗教的には、私が個人として犯した罪を悲しむための時と静けさとを見出すことを願っての懺悔の営みとしても、呼びかけていたのである。私はそのとき、自分は著作家として成功をおさめている最中だという判断に立っていたので、だからそういう仕方で（＝三十三歳までしか生きられない定めになっている自分の人生を）終るのが正しいのだと思っていたのである。けれどもその間、わが国の状況はますます混乱してきているということが、実にはっきりと目に見えてきている。だからいま問題は、私が神の裁きの座に出でて自らを聖なるものとなすためには何を信じきって生きてきたのかが問われてくる限り、それは、文学的、社会的、そして政治的状況はひとりの Extraordinaire を必要としているのだということ、そしてその場合それに相応しい者は私を除いてわが王国にはいるだろうか、ということである。[3]」

この文章のあと、それを証明するかのように、いくつかのことを記している。

「私は、〈彼女〉と一緒に、人生における幸せの日へのあらゆる願いを、棄ててしまった。私は、自分が罪を犯して負うた負い目によって、すべてのことを甘んで受けいれるよう資格づけられたのである。そのようなわけで、このことには、倫理学的な諸前提があるのだ。だからこのあとすぐ国家の特定の官職につくなら、それによって私は、自らを、実際には自分が現在あるところのものとは別のものになるよう義務づけることになる。私が負うている罪責は、私が毎瞬間、そのことで攻撃されることへの心の備えをしていなければならないように、させるだろう。だから私が聖職者になるときは、その混乱は憂うべきものになるだろう。なぜなら、私は、そうした条件に入る前までは、ある事を黙していているからである。しかし著作家としてならその立場は別様になる(4)」

右の文章では、キルケゴールはやはり、牧師職に就いた場合には、自分が犯した罪が攻撃されるであろうことに、恐れをいだいていることを、打ち明けている。しかし著作家という職業においては、そのことは別の意味のものになってくるというのである。そしてこの文章のあと彼は、著作家であることは自分の行き方全体に備わっていることを述べ、ここへきてはっきり次のように述べている。

「田舎の村の牧師として私に課せられてくる諸々の任務は、私にとっては、決して本質にかなうものではない。(5)」

このように述べて彼は、この「牧師職」の問題への自分の「特殊な関わり方」に目を向け、そのことを率直に述べている。そして以上のことからも明らかなように、キルケゴールが自らを「時代が要求するExtraordinaire」と自覚することによって、「牧師職」をめぐる問題は、その意味を大きく変えてきたのである。

そして第三に、正にこのことと関連していることであるが、この「コルサール事件の体験」は、キルケゴールをして、いま改めて、彼自身の「運命」に目覚めさせ、彼の生涯は「懺悔者」en Poeniterendeとしてのみ生きるよう献げられたものであることを、意識させたのである。しかしこの件については、既に第四部第一章で詳述したので、ここではこの指摘だけにとどめておこう。

さて、以上挙げた三点のゆえに、「牧師職問題」の意味そのものが根本的に変化することになった。彼には、いままで願ってきた「田舎の村に出て牧師になる」という考えは、この「コルサール紙」との激しい闘いの最中では、つまり、「時代」そのものとの闘いの最中では、それからの「逃避」Flugtと看做されるものではないかと思うようになった。そして彼は、このことだけは何としても避けたいと思い、コペンハーゲンにとどまって、その「迫害、犠牲、受難」を覚悟で、その闘いを続けることにした。その結果、いままで秘めてきたあの牧歌的な計画は放棄されざるを得なくなった。キルケゴールは、この闘いを始めてから約一年後、この闘いも終って年を明けたひとときの一八四七年一月二十四日、この闘いを省りみながら次のように記している。

「神は讃むべきかな。低俗な者たちすべての攻撃が私の上に向けられてきたのだ。私はいま正に、世を離れすべてを忘れて懺悔に勤しむために田舎の村の牧師館に入って生活しようと願っていたことにはやはり憂鬱を意味する考えが伴われていたことを篤くと学びそのことを確信するようになった時をもったのである。いま私は、いままで自分が為してきたのとは全く別様な仕方で規定されるようにして、その地点に立っている。それに、もしこのようなあざけりの急激な襲来が私の上に及んでこなかったとするなら、あの憂鬱を意味する考えは、たえず私を追いかけてきては悩ませたことであろう。なぜなら、一種の幸せな喜びの方こそが憂鬱な考えを培養するからである。[6]…」

このようにして、今まで抱いてきた「田舎の村へ出て牧師になる」という計画の意味そのものが大きく変様することになった。

こうして彼はコペンハーゲンにとどまって「時代に対する自らの任務」をもう一度考え直すことになった。しかしその際彼は、自らの「著作家としての任務」をいま改めて考え直すことになった。しかしこのことは、「牧師職問題」の図式をなしていた「詩人になるか—牧師になるか」の中の「詩人」概念そのものにも、いままで懐いていたものとは根本的に異なる大きな変化を生じさせたのである。そこで次節ではこれについて考えてみよう。

注

（1） Pap. VII¹A152
（2） G. Malantschuk: Ibid., S. 88ff.
（3）（4）（5） Pap. VII¹A221, S. 143ff.
（6） Pap. VII¹A229

第二節 「詩人」概念そのものの根本的変化――「宗教的詩人」という概念の登場

「コルサール事件の体験」は、キルケゴールに、「牧師」概念の根本的変化と合わせて、「詩人」概念の変化をも起こさせた。すなわち、彼は、それを機に、「詩人の任務」というものについて考えるようになり、それについての新しい認識に達したのである。こうして新たに実に鮮烈な仕方で「宗教的詩人」religiøs Digter という概念を抱くようになり、これこそがいま自分が負うべき「任務」、就くべき「著作家としての地位」として認識するようになり、これを「著作家としての立場」として、新しい出発をしたのである。この件については、私は、第四部第二章第三節で詳述したが、この件は極めて深い意味をもっており、キルケゴールの「牧師職問題」を理解するうえで重要な鍵となる性質の問題なので、多少重複することになると思うが、ここでもう一度その事の要点を指摘しておきたいと思う。

既に述べたように、「コルサール事件の体験」は、キルケゴールに、キリスト教の真理は「受難」を通してのみ伝達され得るものだということを知らせ、これとの関連で、彼が「懺悔者」として生きることを改めて深く自覚させることになった。しかし「田舎の村の牧師になる」道が中断せざるを得なくなった今、彼はそのことをやはり「著作活動」を通じて実現してゆこうと考えた。そのため彼は、「詩人」としての任務というものを、徹底的に問うことになった。こうして彼は、その結果、全く新しい概念として「宗教的詩人」という概念を抱くようになった。そして彼は、この「宗教的詩人」というものの「任務」を考究するようになり、こうして遂に、自らがこの「宗教的詩人」の任務に生きるべきと切に考えるようになった。しかしそうするにはそこに大きな難題があった。というのは、キルケゴールのいままでの考え方からするならば、「詩的なもの」と「宗教的なもの」とは根本的本質的に対立するものであり、従って、「詩的なもの」が「宗教的なもの」の中に入ってゆくということは到底考えられないことだったからである。それゆえ、「宗教的詩人」という概念を発想し、彼がそれになるということは、全くの不可能事と言えるからである。にも拘らず、彼は、自らが「宗教的詩人」になり、それの「任務」を果たすことは可能であると信じた。

そこで彼は、その可能なることを説明するに先立って、その「問題の所在」を説明することから入ってゆく。それは既に第四部第二章第三節でも紹介した一八四九年一月に書いた日誌 Pap. X^{1}A11 に示されている説明である。その説明を要約するとこうなる。すなわち、「詩人」であるということは、自分自身の個人的な生を、つまり、自分の「現実」を、詩的作品とは全く異なるカテゴリーにおいてもっており、「理想性」に対してはただ想像の世界でのみ関わっているにすぎないということを意味する。それゆえ、その個人的な生、つまりその「現実」は、結局、「詩的なもの」についての、そしてまた「人間自身」についてのひとつの諷刺になってしまうのである。そしてキルケゴールは自分自身をそのようなものとして意識してきたし、少くとも自分の一面を「偽名著者」たちに代現させて詩的作品を制作してきた。こうして彼は、『後書』の出版時までは、そのような意味での「詩人」として「美的なもの」や「人間的なもの」の領域を詩的作品にしてきた。ところが、あの『後書』の出版において、「美的なもの」や「人間的なもの」の領域における諸々の可能性は悉く汲み尽されてしまったことが、示された。そこで、「詩」の重心は、当然に次の領域として「宗教的なもの」の領域へと移ってゆくことになり、「詩人」は、「宗教的設計図」のもとにおける「詩人」に、つまり、「宗教的詩人」にならなければならなかった。このように述べている。

しかしキルケゴールにとっては、そのような「美的なもの」「人間的なもの」の領域から「宗教的なもの」の領域への「移行」は、それを「詩人」として行うことは最大の難問であった。なぜなら、このときキルケゴールにおいて

「宗教的なもの」とは、いま「体験」したばかりの「新約聖書のキリスト教の真理」としての「迫害、犠牲、受難」と自己自身の「懺悔者の意識」だからである。これらはどのようにして「詩」との関わりに入ってくるのだろうか。もし「詩人」というものが自らの個人的な生を「理想性」に対しては質的に対立したものとしてもつべきであるとするならば、そのような質的に対立する「詩人」であることの本質を保ちながら、しかも正にそれとは質的に対立する領域になる「宗教的なものの領域」にどのようにして入ってゆくことができるのだろうか。要するに、端的に言うならば、彼は「詩人」であるままどのようにしてそれと質的に対立する領域である「宗教的なものの領域」に「移り入ってゆく」ことができるのだろうかということである。

「宗教的詩人」という概念ならびにそれになることに含まれる難問は、彼の日誌記述から、以上のようなものとして理解することができよう。

そこでこの難問に対して、にも拘らず、その概念とそれへとなることが可能であることについて、彼の日誌記述から、二つの示唆を読み取ることができる。

一つは、一八四六年十一月五日の日誌 Pap. VII^{1}A169 の一部分に記されている事柄である。それにおける説明は明快である。すなわち、彼の言葉によるならば、彼自身は確かに「詩人」であるが、しかし一般にいう詩人とは非常に異なる特別な素質をもっており、そのことによって「宗教的詩人」になることが可能なのだというのである。そこで問題はその特別な「素質」ということになるが、それを彼はこう説明する。自分は、自分の諸々の理想を決して実現することができないような素質に生まれついている。しかし他方、人間的に言うならば、自分は自分がもつ諸々の理想よりもはるかにそれら以上のものになっている。しかし私の理想というのは、おかしなことであるが、極く日常的な事柄で、例えば、妻帯者になって結婚生活をするためだけにひたすら全力をもって生きることである。ところが、自分にはこんなことが出来ないのである。そのため自分は、そうなることへの絶望によって、著作家になった。しかももしかすると自分は第一級の著作家になっているのかもしれない。しかし自分の次の理想は、田舎の村の牧師になることであり、静かな風景の中に住まうことであり、自分を取り囲む小さな群れの一員にすっかりとけ込んで生活することである。ところが、そのことも絶望に終っている。このように彼は述べ、そこから極めて重要なことを述べている。つまり、自分は、先の結婚についての絶望の場合もそうであったが、この「田舎の村の牧師」になることへの絶望においても、そのことによってそれらよりもはるかに大いなることと思われるようなことを実現することが確かに可能になっているようなのだ、というのである。(1) さて、この言葉は極めて重要なことを示唆している。つまり、彼は、自分においては日常的な事柄が「理想」になっているが、それらは悉く実現不可能なことを経験し、その「絶望」を通じて「詩人」になったが、しかし自分はそれらへの「絶望」を通じて、「理想」よりもはるかに大いなることと思われるようなことを実現することが可能になっているというのである。つまり、彼はそのような「絶望」によって、それらの「理想」よりもはるかに大いなるものとしての「宗教的なものの領域」と関わることが可能になっているのだというのである。つまり、彼は、自分の「現実」は、一般の「詩人」の場合と同じように、「理想」との関係においてはそれとの質的対立において保たれているが、その「理想」へは「絶望」をすることによって、かえってその「理想」よりもはるかに大いなるもの(宗教的なもの)と関わり、それを実現することが可能になっているというのである。つまり、それがじぶんの「現実」になっているのであり、これが「宗教的詩人」の概念だというのである。

もう一つは、一八四九年六月下旬頃に書かれた日誌 Pap. X¹A476 にも見られる見解で、これは彼が、「詩人」におけるそのような「現実」と「理想」との関係を、「原理―問題」Princip-Spørgsmaal という言葉によって説明したものである。その関係はその言葉による説明によって一層はっきりと描き出されているので、第四部での紹介と重複することになるが、もう一度ここで改めて紹介してみよう。彼が言わんとしていることはこうである。自分の不幸、あるいは、自分の生を非常に困難なものにさせているものは、自分が自分の生全体のトーンを他の人々よりも高い所に張りつめさせておき、何を為そうとも、具体的な個々のものに関わるのではなく、つねに同時に、原理とイデーに関わってしまう点にある。大多数の者は、自分はどんな女と結婚しようかと考えるだろうが、自分は「結婚」ということそのことについて考えてしまう。万事がこういった調子だ。そしていまも自分は、根本的には正にそのような状態にある。つまり、大多数の者なら、自分はどんな官職を求めようかと考えるのであろう。ところがいま私は辛苦の只中にあり、イデーの闘いの中にあるのだ。つまり、キリスト教的なものは、それが正常な状態であるならば、それはいわゆるキリスト教的官職とともに在り得るのかという原理・問題に入り込んでしまっているのである。(2) つまり、彼がここで言おうとしていることは、自分はつねに日常的な個々の問題と関わる際、それらを通じて「原理」や「イデー」に関わってしまうこと、それゆえ、それら個々の問題は実現出来ずに終ってしまうこと、しかしその際その「原理」や「イデー」を描き出すことにおいて「詩人」となっているということである。こうして彼は、自分は、「キリスト教」に関しても、その「原理」と「イデー」を描き出す「詩人」なのだということである。

いずれにせよ、キルケゴールは、以上のようにして、「宗教的詩人」という概念の成立が可能であることを、そして自分がその「宗教的詩人」の「任務」を果たすことが可能であることを、説明しているのである。

こうしていま彼はこのような認識と自覚のもとでその「宗教的詩人」としての「任務」を果たそうとするわけであるが、その際彼は、既に第四部第三章で述べたように、三部作のキリスト教的講話を書き、「理想」としての「新約聖書のキリスト教の原理とイデー」との関わりのもとで、「現実」としての「国家教会の現状」を批判するのである。

しかし以上の件でどうしても忘れられてはならないことがあることをここで注目したい。それは、キルケゴールは、コルサール事件以後は、このように一時「牧師になる方向」を中断して「宗教的詩人」となり、その「任務」を果たそうとしたわけであるが、だからと言って彼は「牧師になること」を完全に断念したわけではないということである。いや、むしろ彼は、その一時期後はますます積極的にその方向を推し進めようとしたのである。そしてそのための具体的行動に出ることを決意し、その方向への決定権を握ると目されるJ・P・ミュンスター監督に、そのことについての相談の時をいくたびも持ち、「牧師職」への推薦を願い出たのである。

注

（1） Pap. VIII[1]A169

（2） Pap. X[1]A476

第三章　「牧師職志望」をめぐってJ・P・ミュンスター監督とのいくたびもの会話、しかし推薦を得られず

「宗教的詩人」としての「任務」を遂行している間もキルケゴールは、「牧師職」の問題を片時も忘れることはなかった。それどころか、これを何とか具体的に実現する道を考えていた。しかしこれを具体的に実現するためには、どうしてもある一人の人物に頼り、その人物からの推薦を得なければならなかった。その人物こそJ・P・ミュンスター監督であった。このようなことから、キルケゴールは、コルサール事件以後、同監督と、この問題について、いくたびも会話の時をもったのである。従って、コルサール事件以後は、この「牧師職問題」は、ミュンスター監督との会話を軸に進められて行ったのである。しかしその会話の行程を辿ってみるとき、キルケゴールの口誌は、それが、会話の最後の機会となったあの一八五一年八月九日までの間には、少なくとも三つの段階の時期を刻んでいたことを、伝えている。それは、(1)コルサール事件直後の一八四六年秋の時期、(2)一八四九年から一八五一年三月頃までの時期、(3)一八五一年四月から同年八月九日までの時期である。それゆえ、本章では、この三つの時期それぞれに交わされた会話の内容について簡単に検討してみたいと思う。

第一節 「コルサール事件」直後の時期における会話、誤解と不審の念

あの『後書』の刊行後も、従ってまた、「コルサール事件」後もミュンスター監督に対するキルケゴールの関係は決して途絶えていなかった。そもそもが、ミュンスター監督に対するキルケゴールの関係は、いままでいく度も述べたように、父ミカエルとの関係を通じて特別なものであった。キルケゴールは、同監督の説教に出席していただけでなく、個人的にも同監督の公邸をしばしば訪れては会話をしていた。(1) その際の話題は、キルケゴール自身の著作や最近の紙上論争の問題など非常に多岐にわたっていた。この偉大な監督にキルケゴールが親し気に接触しそれに與みしているかのように見える点に関しては、人は咎めだてさえする程であった。(2) そして彼の訪問と会話は、「コルサール事件」の際中さえも行われていた。そのような時の一八四六年十一月五日、キルケゴールは監督公邸を訪れ、いろいろと会話を交わしたようである。しかもこのときの会話はとりわけ「田舎の村に出て牧師になる」問題が語り合われたようである。この日付けの日誌はそれについて非常に詳細に伝えており、それはこの時点における両者の関係を知る貴重な資料を意味するので、以下この資料を中心に考えてみることにする。

ところで、この日誌は、パピーア約二頁もの長文のものであるが、それは、一読してすぐ分かることであるが、この時点におけるキルケゴールの思いというものが、この偉大な人物を前にして会話をすることによって、根こそぎ照し出されるのを経験したことを、まざまざと伝えている。それは、大きく分けて、二つのことを伝えている。

一つは、その前半部が伝えていることであるが、その部分で彼は、自分が「田舎の村へ出て牧師になる」という「牧師職に就く問題」を、「レギーネとの結婚の問題」と対比して、それが同じような意味で「不可能」になっていることを、伝えている。すなわち、彼は、自分は「官職としての牧師職」に進むことに集中することは充分出来たし成功もしただろうが、いまとなってはそれは困難なことになっていると述べ、それは「レギーネとの結婚」が不可能に

なったのと同じ意味のことになると言い、次のように記している。

「…もし私がそのこと（＝牧師になること）を企てるなら、私はきっと、曾て婚約のときと同じように、躓きの危険を犯すことになったであろう。他方、例えばのことだが、田舎に完全に引きこもって静かな生活をすることも、いまでは私にむずかしくなっている。なぜなら、私の心はやはりある種の憤慨状態になっているので、人生のあらゆるつまらないこまごました事柄を忘れるためには、生産活動の魔法を必要とするからである。

私には、自分が自分の諸々の理想を実現することは決してできないような素質に生まれついているということが、ますますはっきり分かってきている。しかし別の意味では、人間的に言われるなら、私は自分の諸々の理想よりもはるかにそれら以上のものにこそなっているのであるが。大部分の人々の理想は、偉大なものになりたいとか、大部分の人々には決して達し得ないような桁外れの者になりたいとかいうものである。が、私は、そのような理想をもつには余りにも憂鬱に過ぎるのである。私の理想には、他の人々は笑い出してしまうだろう。私の理想とは何と妻帯者になることであり、ただひたすら結婚生活をするためにだけに全力をもって生きることであったことは、全く確かなことである。ところが、見よ、私は、それに達することに絶望することによって、著作家になっているのである。しかもそれは、もしかすると第一級の著作家になっているのかもしれない。私の次の理想は、田舎の村の牧師になることであり、静かな風景の中に住まうことであり、私を取り囲む小さな群の一員にすっかりとけ込んで生活することである――ところが、見よ、私はそのことを絶望することによって、私はまたもや、そのことよりはるかに大いなることと思われるようなことを実現することが確かに可能になっているようなのだ。[3]」

「J・P・ミュンスター監督」という大型の人物の前に立つことによって、キルケゴールは自らの「牧師職」に関する問題がこのように根っこからその全貌が照し出されるのを経験したらしい。

しかしこの日誌の後半部では、「田舎の村へ出て牧師になる」ということが、同監督と直接話し合われたことが記されている。しかしこの問題についての同監督の見解には、つまり、その全く常識的な見解には、同意出来ない旨を記している。

「ミュンスター監督が私に田舎の村の牧師になることを薦めるとき、監督は明らかに私のことが分かっていない。私がこのことを願っていること、それは全く確かである。しかしわれわれ二人が前提としているものは同じものではない。監督はやはり、私が何としても何かに成ろうと願って歩んでいる道に沿って何らかの意味で更にその先へと進んでゆこうと欲しているというふうに想定している。しかし〔私においては〕その考えの中には、私は出来得る限り取るに足りない者であれたらという思いこそが差し込まれているのであり、それは正に私の憂鬱から出ている考えなのだ。それゆえにこそ、私は自分が半気違いとみなされることに満足してきたのであるが、そのこと自体はやはり一般的なものではないものであろうとすることの消極的形式にしかすぎない。しかしそのことがやはり実際には私の実存形式になる可能性を充分もっているので、私はいまだに、美しく静かで落着いた実存には、つまり、取るに足りないものであることには、達していないのである。

　私がいつも自分自身に関して意識していた事柄が何であるのかを、そしてなぜ私はいままで決して自分の本来の関心事を誰か人には話したことがなかったのかということを、私はミュンスター監督に話すことによって、私は再びそのことが真実なのだということを経験した。つまり、それはどうなるものでもないということだ。なぜなら、私の実存を全体的に、本質的に、そして最も内部深くから構成しているものについては、私は語ることはできないし、また敢えて語ろうともしないので、私がする会話というものは、殆んど私の方からの欺瞞になるからである。ミュンスターのような人物との関係では、私はそのようなことに本当に心痛をおぼえるのである。なぜなら、私は、彼に、非常に高い敬意をいだいているからである。[4]」

しかしこの日誌より二ヵ月半後、彼は、自分の牧師職についてのミュンスター監督の考えに驚くべき不審を抱いていることを記している。

「ミュンスター監督は、私に対して、ある種の好意をもってくれており、彼は、その静かな度量において、恐らく彼自身が認めている以上に更に偉大であるとしても、彼が、私を、ひとりの疑わしい何としても危険な人物とみなしていることは、明らかである。だから彼は、私を、田舎へと出してしまおうとするのだ。それに彼は更に、そのことがうまく運んでいると思い込んでいるが、人はキャラクター――人間というものに関してはそのすべてを恐れるのかもしれない。(5)」

この文章は、実に驚くべき事実を伝えているように思える。それは、まず、この「田舎の村に出て牧師になる」という考えをめぐってキルケゴールはミュンスター監督に非常に深い不審の念を抱いていることを示している点である。そしてそれと合わせて最も注目されるのは、「この考え」そのものの出所が間接的に見えてくる点である。そもそもこの「田舎の村に出て牧師になる」という計画は、一般には、キルケゴール自身の発想になるものとして考えられてきたが、そして私もそれに従ってきているが、この手記をよく読んでみると、はっきりとは断言できないものの、その計画は、むしろかなり以前にミュンスター監督の方からキルケゴールに薦めていた考えであったように読みとれることである。この件に関してV・クレステンセンは、その考えは、父ミカエルが生前に特別に深い尊敬をもち親交のあった同監督に息子セーレンの将来のこととして頼んでおいたことによるのではないか、と推量しているが、そういうことは両者の間に充分あり得たことと考えられる。しかし定かではないが。このようなことが考えられるが、それは兎に角として、この日の会話については、キルケゴールは右の手記のような思いをいだいたのである。それゆえ、それだけみても、この「牧師職」をめぐる問題は、それがもつ意味を大きく変えてきたことを知らされる。というのは、この「牧師職問題」についての会話は、ミュンスター監督に対するキルケゴールの信頼関係をもって始まった筈なのに、その十一月五日の会話を機会に、むしろこの問題が両者の間に「不審の関係」をつくり出すことになってしまったからである。そして事実この時以後この問題についての会話はずっとこの「不審感」引きずってゆき、そのため実におかしな展開をしてゆくことになったのである。

さて、この時期以後約二年位いの間は、少なくとも日誌上には、「牧師職問題」に関する会話は現われてこない。

それというのも、ひとつには、一八四七年と四八年とは、キルケゴールが「宗教的詩人」としてあの「三部作」に取り組み、とても人間業とは思えないエネルギーとスピードでそれら大作の出版に集中していた時期になるからであろう。

しかし一八四九年になるとその会話は再び日誌上に現われてくるのである。

注

（1） Pap. VIA39, VIB133, VII2A26, 78, 157 等々
（2） Pap. VII¹A26
（3）（4） Pap. VII¹A169, S. 109ff.
（5） Pap. VII¹A221, S. 145.

第二節　一八四九年三月―七月「王立牧師養成所」の教師就任のための推薦をめぐる会話

「宗教的詩人」としての「任務」の遂行のためあの驚異的な生産力を発揮していた最中、キルケゴールの「生計」は窮迫を告げていた。その「生計の窮迫」という問題は、既に言及しておいたように、『後書』の出版後の頃から始まっていたが、それはその後もますます深刻の度を強めてゆくばかりであった、それというのも、キルケゴールの生活は一般の人々よりもかなり贅沢であった上に、彼の著作出版は悉く自費出版だったので、書物を出版すればする程厖大な出費がかかっていたからである。そのため父ミカエルから譲り受けた遺産の自分の取り分も、最早残り少なになっていたのである。従って、こうした状況からして、「牧師職」を得ることは、むしろ非常に切実な問題になっていた。そのようなことから、キルケゴールは自ら「王立牧師養成所」Det Kongelige Pastoral-Seminarium の教師

に採用されようと、そのための準備をしていた。それについては、本書第五部第五章第一部で紹介したように、それへの採用を予想し、「講義案」の作成までしていたのである。しかも「三通り」もである。

　こうしてこのようなことが背景となって、あの「三部作」の最後のものである。『キリスト教講話』（一八四八年四月二十六日刊行）の出版も了え、あの一八四八年という記憶さるべき年も了えた後の一八四九年三月、キルケゴールはミュンスター監督を訪れ、会話の時をもった。日誌の文面から推測するならば、この時以前にも訪問し会話の時をもっていたらしいが、この三月のこの日の訪問と会話とは、キルケゴールにとって余程重要なものであったらしく、その記事の上には、NBという注意、注目を意味する記号が五つも付してある。その記述の内容については、先の第五部第五章第二節で紹介しておいたので、ここではその全文を再現しないが、それが意味するものについてだけ、いや、その会話の情景についてだけ、述べておくことにしよう。その日誌記述はPap. X^1A167の記述である。それによると、キルケゴールは、その会話の中で思わずこの「王立牧師養成所」への教師採用の問題を口に出してしまったらしい。その文章は、既に紹介したところから明らかなように、キルケゴール自身の方から口に出したのであり、決してミュンスターの方からのものではないことは、キルケゴール自身が記しているところである。しかしその時ミュンスター監督がどのような反応を見せたかについては全く記されていない。しかし一つはっきりしていることは、この日の会話でキルケゴールは自分に対するミュンスターの思いをはっきり知ることができたことである。というのは、この時よりずっと後の一八五一年四月の日誌（Pap. X^4A218）でこのことに触れ、キルケゴールは、ミュンスター監督には、この「王立牧師養成所」の教師にキルケゴールを推薦する意志が全くなかったこと、それどころか監督の心底ではキルケゴールをコペンハーゲンから遠ざけ田舎の村の牧師にすることを考えていたことを、記しているからである。[1] しかしキルケゴール自身は、この「王立牧師養成所」への採用を諦めることはできなかった。いや、積極的にこの方向を推し進めようとしてこの日以後もこの件で同監督を訪れ会話の時をもった。

　この日以後七月までにキルケゴールは三回程同監督を訪問し会話をもっている。これについては第五部第五章第二節で詳述しておいたので、ここではその要点と思われることだけを簡単に述べるにとどめておこう。

この日以後彼がミュンスター監督を訪問した最初の時は、日誌の内容から推測すると、約三ヵ月後の六月十日前後の頃と考えられる。この時はキルケゴールの『倫理・宗教的二小篇』（一八四九・五・一九）と彼の理解者R・ニールセンの書物を読んだ直後の頃に当たることから、監督は明らかに彼に不審の念を抱いている風であった。日誌にキルケゴールはこう記している。

「…〔この時〕私は、ミュンスターがその心底では私に対してどんなに不安をいだいているのかを…よく分かった。…私は直ちに、われわれがどんな状態にあるのかを見てとった。私は彼とはほんの二三言を交わしただけで、あとは床の上をあちこち歩きまわるばかりであった。それはいつもとは全く違っていた。ところが、彼はいくたびもいくたびも「ねえ、きみ」Kjære Ven,「ねえ、きみ」Kjære Ven と繰り返し言っていた――しかし彼はそれ以上深く入ってゆくつもりはないのだ…」[2]

このように記して彼は、そのあとの文章で、だから自分はもうミュンスターのところには行く気がしなくなっていることを、ほのめかしている。

ところが、この時から間もなく、即ち、六月二十九日（金）にまたもや彼はミュンスター監督公邸を訪れている。この訪問は、それより四日前の六月二十五日（月）の日誌 Pap. X^1A494 によるならば、キルケゴールに相当な決意があってやはり何とか「王立牧師養成所」の採用を頼もうという目的だったのである。つまり、キルケゴールは、先のような思いの中からもう一度気を取り直して、この採用の件ではもっと積極的に行動すべきであるという思いで、訪れたのである。[3] ところが、ミュンスターは、仕事の都合ということで、会話の時をもってくれなかった。その「仕事の都合」に関しては、既に述べた通りのものであり、これに関しては、キルケゴールも止むを得ないことと認めざるを得なかった。[4]

そのためキルケゴールは、二日を置いて七月二日（月）に再度ミュンスターを訪問した。その訪問は日誌に記されているように、キルケゴールが予想していた通りに、親しく迎えてはくれたものの話す時間がないと言って「採用」の問題には触れようとしなかった。しかし文面からすると、その問題に関しては、ミュンスターはかなりはっきりと否定的な答えを述べたようであった。その揚句ミュンスターはいま長時間話す時間がないから別の時に来てくれ給えと言った。しかしその「別の時間」とは、シェラン地区監督にとって最も重要な仕事である全デンマーク教区の「教区訪問」Visitas の旅に出た後のことになるので、今週もう一度ということではなく、夏休み後ということになるので、キルケゴールはミュンスターの本心がよく分かった。(5)

こうして以上述べたようないく度びもの訪問と会話の結果、「王立牧師養成所」への採用のための推薦を得ることは完全に不成功に終ったのである。

このように三月から数えると合計四回もの訪問と会話にも拘らず、推薦は得られなかったが、キルケゴールには、ミュンスターの心底が実によく読み取れた。つまり、それは、先にも言及したように、ミュンスターはとにかくキルケゴールに対して不審の念を抱いていること、そのため彼をどこか田舎の村の牧師に出して、コペンハーゲンから遠避けておきたいと思っていること、このようなことであった。

このような結果に終ったにも拘らず、キルケゴールはこの「王立牧師養成所」への推薦を得ることに関してだけは決して諦めず、この後もこの件についてミュンスターに何とかそれが得られるよう願い出るのである。

注

（1） Pap. X^4A218

（2） Pap. X^1A497, S. 318.

（3）（4）（5） Pap. X^1A494, 497, S. 318ff.

第三節　一八五〇年十月から一八五一年八月九日の最後の「会話」まで

先に述べた一八四九年七月二日の訪問以降しばらくの間は、彼の日誌には、ミュンスターとの会話についての直接的な記述は現われてこない。しかし訪問と会話はいく度か行われていたと考えられる。というのは、その七月二日以降もキルケゴールの著作は刊行され続けたのであり、その際には、その都度彼はいままで通り礼儀正しく、それをミュンスターに手渡していたと考えられるからである。例えば、それらの著作として、『死に至る病』（一八四九・七・三〇）、『「大祭司」「収税人」「罪ある女」――金曜日の聖餐式における三つの講話』（一八四九・一一・一三）、『修練』（一八五〇・九・二七）、『ひとつの建徳的講話』（一八五〇・一二・二〇）、『私の著作活動について』と『金曜日の聖餐式における二つの講話』（一八五一・八・七）等の名が挙げられる。

しかし日誌の中に、ミュンスターとの会話が嫌悪なものになっていることを示す記述が現われてくるのは、やはり、『修練』（一八五〇・九・二七）の刊行を境いにしてからであり、とりわけ一八五一年五月頃から八月九日（最終の会話）までの間である。それらの会話の模様については既に第五部第六章で詳述しておいたので、ここでは繰り返さないが、目下の「牧師職問題」に関係する点だけを指摘しておきたいと思う。それは次の四点になると言ってよかろう。

第一に、『修練』を同監督に手渡して後約一ヶ月して十月二十二日にその感想を聞きに行った訪問と会話である。これについては第五部第六章第一節Ⅱで詳述しておいたように、該書の内容からしてミュンスターが相当憤慨しているであろうことが予想された。しかもキルケゴールはミュンスターの娘婿で宮廷牧師であるJ・パウリからミュンスターが該書から受けた衝撃のことを聞いていた。ところがその日のミュンスターの態度は実に優しく会話も実に穏やかな雰囲気の中で行われた。しかも該書に関連してその後いく度びか行われた訪問と会話でもそうであったらしい。多くの研究者たちの共通意見では、多分ミュンスターはこの件でこの「若輩」と同じレベルで争う気はなく、その堂々たる風格と態度を保ったのではないかということである。そしてその見解が間違っていないことは、翌一八五一年一月下旬の訪問と会話では、キルケゴールは、目下の政治情勢の中でミュンスターがその風格と地位の力を振うよう進言までしていることが示している。しかしそれら一連の訪問と会話で一つだけ実に不自然なことがあった。それは、それらの会話の中で、キルケゴールは、目下最も肝心な自分の「牧師職問題」、とくに「王立牧師養成所」への推薦の問題に一言も触れることがなかった点である。これは何と言っても「不自然」なことであり、これが鬱積してゆかない筈はないことが考えられることである。

第二に、しかしミュンスターのキルケゴールに対する憤慨は、パウリが言ったように事実であることをはっきりと証明する出来事が起こったことである。それは一八五一年三月一三日、ミュンスターは突如として『デンマークの教会事情についての諸々の議論への更なる寄与』という小著を刊行したことである。これについては第五部第六章第二節で詳しく紹介したが、該書でミュンスターは、同時代の悪しき風潮の事例として、キルケゴールをコルサール紙の編集長ゴールスメッヅと同類同格の者として扱ったのである。そのためキルケゴールはこれに言いようのない大きな衝撃をうけた。そこで彼は直ちにそれへの反論として同じような小著を刊行しようと原稿を書いた。しかし刊行にまで至らず、草稿のまま残っている。けれども、ミュンスターのその小著は、この時期キルケゴールにミュンスターの真意を知らせる格好のものとなり、両者の今後の関係に大きな影響をもつことになった。にも拘らず、キルケゴールは、そのような大きな影響を受けても、あの「王立牧師養成所」へのミュンスター監督による推薦を諦めるわけにはゆかなかったのである。彼はこのあとも同監督にねばり強く求めてゆくことになる。

第三に、このようなことから、キルケゴールは、五月二日ミュンスター公邸を訪問し、その小著についての反論を述べる時をもった。しかしこの日は、ミュンスター恒例の「教区訪問」Visitatsに出発する数日前の一日だったが、ミュンスターは快く会ってくれて、穏やかな雰囲気での会話がしかも長時間行われた。その模様については既に述べた通りであり、またそれはPap. X^4A270 に詳しく記されている。それによると、話題は主として一つになったようだ。一つは、あの小著におけるキルケゴール批判の表現をめぐってであり、もう一つは、「献身」という問題についてであった。しかし会話は終始ミュンスターの優しく穏やかな態度で進められ和やかなものであった。ところが、この日より数日後に書かれたと考えられる Pap. X^4A292 の日誌では、キルケゴールは、その会話を通じてミュンスターに対する疑心暗鬼の念がますます深まり、驚くべきことに、キルケゴールは、この二人の関係がやがて「決定的対立」へと進むことを予感していることである。そしてキルケゴールのそのような実感の中では、その日誌には記してないが、キルケゴールの「牧師職問題」の件は話題にさえ乗せることはできなかったらしいことを知らされる。こうしてこの件については「八月九日」の最後の会話の日を迎えることになるのである。

第四に、最後の「会話」となった一八五一年八月九日のそれは、実に内容豊かなものになったが、それは両者の「決定的対立」を意味するものになったことである。この日の会話については、Pap. X^4A373 と 377 に詳しく記されており、本書では第五部第六章第四節で詳述しておいたので、ここでは「牧師職問題」に関する限りのことについてだけ述べることにする。この日に賭けるキルケゴールの思いには相当なものがあったことが推察される。それというのも、この日は十三年前亡くなった父ミカエルの命日にあたっており、「牧師に献身する」という父の祈りと意志を最も切実に感じている日であったと言えるからである。しかし他方ミュンスターにおいては、五月上旬「教区訪問」Visitats に出発して以来三ケ月の旅を終えて帰邸してから間もない日のことであった。従って、キルケゴールにしてみれば、そのような思いを抱きながらの、あの「五月二日」以来の三ケ月振りの訪問であり、ミュンスターにしてみれば、父ミカエルとの関係ももとより、とにかく三ケ月の大仕事を了えた後の清々しい思いをもっていたときの会話なので、その会話は終始上機嫌で穏やかに進行した。つまり、外面的には、何の対立もトゲトゲしさも感じさせる空気はなかった。ところが、キルケゴールは今回の訪問には相当な覚悟をもって臨んだらしい。つまり、彼は、今回こそ、前回まで何回ももった会話では一度も触れることができなかった「王立牧師養成所」への推薦の問題に決着をつけようと考えていたのである。そこで彼はその「王立牧師養成所」への就任の問題を話題に出そうとした。ところが、ミュンスターは、何とかしてその問題を避けようとした。その揚句、それについてのミュンスターの心は実にはっきりと読みとれた。日誌 Pap. X^4A373 には、直接ミュンスターの言葉としては記されていないが、その文面からすると、ミュンスターは明らかにこう言ったことが分かるような気がする。「貴君がそのことにそんなにこだわるのだったら、むしろ貴君自身が「牧師養成所」を始めればよいではないか、それも直ぐ建てればよいではないか。」これはキルケゴールに非常なショックを与えた。そのショックがどんなに大きかったは、翌一八五二年秋の日誌にも、この件について触れており、それはミュンスターの誤まりであることを記していることによって明らかである。[1] そしてまたこの度びの会話がキルケゴールに「決定的対立」を感じさせたことは、この日の翌日もしくは二、三日後に書かれた日誌 Pap. X^4A377 が示している。しかしこれについては、第五部第六章第四節を参照していただきたい。とにかく、このようにしてこの会話は和やかな空気の中に終ったが、この日以後の日誌記述から見る限りは、両者がこの日以後会話の時をもったことについての記述は一度も現われてこない。つまり、これが最後の会話となったのである。

キルケゴールの「牧師職志望」の問題は、以上本章で述べてきたように、「ミュンスター監督との会話」という「線」で、より具体的な方向へと踏み出すことになったが、結局その会話を通じてキルケゴールが得たものは彼に対する同監督の不審感を知ったことだけであって、肝心の「推薦」をどうしても得ることはできなかったのである。そのため、この「線」は八月九日をもって終止符が打たれざるを得なくなったのである。

しかし「牧師職」そのものについては、キルケゴールは、これで諦めたわけでは決してなく、それは更に別の形で彼に関わってきたのである。

注

（1） Pap. X^4A604

第四章　「牧師職問題」への関わり方の変化

一八五一年九月から翌年六月を頂点とするまで、キルケゴールの信仰的意識は非常な速度で深まって行った。それは、第六部第三章で述べたように、いわゆる尋常一様の深まりの様相ではなく、彼は「〈祈り〉の世界」の内部に入ったかのように、深い「祈り」をなし、その「祈り」の中での感動的な体験をもったのである。とくに一八五二年四月からは、そしてとりわけその六月には、あの一八四八年四月の「復活祭体験」に匹敵する程の、巨大な「摂理の力」が身に及ぶ実感をしたのである。しかし正にそのことによって、「牧師職問題」への彼の従来の関わり方が根本から変わるという出来事が起こったのである。それゆえ、このことは、彼の「牧師職問題」を考えてゆく上で、見逃されてはならない重要な事実と考えられるので、ここで改めて一つの章を設けて、その事柄の重要性を指摘しておきたいと考えるわけである。

その「体験」への予感は、既に述べたように、一八五二年四月頃から始まる。その頃から約一年半後に書かれた日誌Pap. X^5A146によると、その四月頃、キルケゴールは、自分の生の軌道全体を思い切って打ち破ることを、つまり、生活様式の全体を根本から変えてしまうことを、敢行しようとした。それは単に前年の十二月三十一日に街路上でレギーネに会いこれが彼女との最後の機会になり、「彼女との関係」をこれをもって終熄させることになったことを意味するのではなく、彼の日誌はもっと深い次元の「信仰的なこと」を、それは信仰上やがて自分の身の上に何か大事が起こりそうなことへの予感をもったことであり、つまり、彼が「最高のもの」の、「摂理の巨大な力」の「体験」への予感をもち始めたことを意味するのである。[1] それは、一八四八年四月十九日の「復活祭体験」にも匹敵する「体験」への予感で、「恩寵」の「体験」への予感である。

しかし実に驚くべきことに、その予感は、六月に入ると現実のものとなったのである。

その「体験」そのものについては、既に第六部第三章第二節で詳述しておいたので、ここでは繰り返さないが、その「体験」はキルケゴールの「牧師職問題」に対する「関わり方」に根本的な変化を齎すことが起こっているので、ここではその件についてだけ述べることにしたい。そのことは、その「体験」が実際に起こった日の前日か一日二日前に書かれたと推定される日誌 Pap. X^4A559 と、その「体験」が実際に起こった日「六月十九日」の日誌 Pap. X^4A 560 に記されている。これらの日誌において、そのことは次のように理解することができよう。

「牧師職問題」に関しては、キルケゴールは、前年のあの「八月九日」以降は、「しばらく時を待ち様子を見る」という状態へと入っていた。このことは、必ずしもミュンスターが老体であるということへの常識的判断によるものではなく、やはり「信仰的判断」によるものであった。しかし既に述べてきたところから理解され得るように、この「しばらく時を待ち様子を見る」ということは、日増しに深刻さを増す「生計上の窮迫」の中で行われていたのである。従って、その「耐え続け」は極に達していたわけである。

こうした中、その Pap. X^4A559 の日誌は、次のようなことを伝えている。すなわち、キルケゴールは、そのような中にあっても、たえず「より高次のもの」Det Højere, noget højere の力が自分に働きかけてくるように予感してならないので、自分はその「より高次なものの力」に仕えるために、目下の「生計上の窮迫」を何か自らの人工的な施策を講じることによって、つまり、「牧師職」を獲得することによって解決するようなことは決してすまいと心に決め、「牧師職問題」は、その「牧師職」というものの本質に相応しい仕方で、つまり、その「より高次なものの力」

によって、その「より高次のものの力」にすべてを委ねる仕方で、解決しようとした、というのである。すなわち、そのようにして「時を待ち耐え続ける」ことを貫いたのである。

こうして「六月十九日」になると、キルケゴールには、いままで予感されていた「より高次のものの体験」ということが「現実」のもの、現実の体験となった。この日付の日誌 Pap. X^4A560 はその感動がいかに大きかったかを記しており、それは四頁もの長文のものになっている。しかもそれは前に述べた日誌の続篇のようにさえ思わせるものを秘めている程に、その「予感」が見事に「現実」のものになっているのである。しかしその内容は、あの一八四八年四月十九日の「復活祭体験」よりも飛躍的に前進した意味での、その「より高次のものの体験」のもとでの新しい「自己理解」を意味しており、それは、ある意味での、彼自身の自己についての決定的な開明に達したことを物語っている。それについては既に述べておいたので、ここではそのことが「牧師職問題」に関わる限りのことについてだけ述べることにしたいと思う。

まずこの「より高次のものの体験」が彼に筆舌に尽し難い感動を与えたのは、その「より高次のものの力」が彼に彼自身は全く「異質性」ueensartethed の中にあることを、そしてその「異質性」の意味そのものをはっきり理解させた点にある。そしてそのことによって、彼には、生存の全体がいままでとは全く別様に見えてきて、自らの全存在もいままでとは全く別様のものとして理解するようになった、ということである。そして自分が神から負わせられている「キリスト教とは何か」を明らかにするという課題は正にこの「異質性」を通じてであることを知ったことである。それは決して、知的熱中の中でキリスト教への自分の関係を自由に規定することではなく、知的な熱中の中でイデーのために一切のことを耐えぬくという課題だという。それは更に具体的には、キリスト教と直接的な関係をもつことによって、キリストの教えのために直接的に苦しむことの中にあること。しかもこの苦しみを背負うことによって直接キリスト教そのものによってわが身を支えるようにすること、つまり、「キリストへの倣い」あるいは「キリストのまねび」Christi Efterfølgelse という課題が前面に持ち出されなければならないということである。この日の

「体験」とはその「より高次のもの」の働きによって彼自身はこのような「異質性」の中にあることを知らされたことである。

こうして、このような「自己理解」において、キルケゴールは、自分が殆んど忘れかけていたことを、つまり、自分はこのような「異質性」の故にこそ自分は「牧師職」を受け継ぐことは出来ないようになっていることを思い起すことになったというのである。彼はこのことについて次のように記している。

「Ordination（聖職授受）ということが私に妨げとなっている。それゆえ、私の考えは、より強く牧師養成所への任用という点におかれていた。しかし牧師を養成するという職を請け負うことも難しいことになった。[2]」

この言葉は、実に刮目さるべき一事を述べている。つまり、それは、この「体験」によって、キルケゴールは、いままで求め続けてきた「牧師職」というものは、自分には受け継ぐことが出来ないものとしてあるということをはっきり認めたことを意味しているからである。それは右のように実に明快な表現になっている。こうして彼は正にその「異質性」の自覚において「キリスト教の真理」そのものに直接関わってゆくのである。

それならば、「牧師職問題」は彼にとってはこれで終りになるのだろうか。いや、決してそうではない。驚くべきことに、「牧師職問題」は、このような「自己理解」の故にこそ、更に深い意味で、彼に関わってくるのである。それは、M・ルターが言った意味における「真の説教者の問題」として、関わってくるのである。

注

（1） Pap. X⁴A540, 544, 545

（2） Pap. X⁴A560, S. 381.

第五章　「牧師職問題」の最終局面

前節で述べた一八五二年六月十九日の「体験」とは、「より高次のものの力」のもとで、キルケゴールが自らを「異質性」の中にあるものとして理解するようになったことである。そしてその時の彼の日誌から見るならば、そのことによって「牧師職問題」はそこで断念されたも同然に見えた。しかし実際はと言えば、その「牧師職志望」の「線」は、その「異質性」の意識のもとでもずっと続いていたのである。

確かにキルケゴールは、その「異質性」の自己理解のもとで自らがExtraordinaireであることをはっきり自覚するようになり、更にこの概念を「詩人」（キリスト教的著作家）の概念と殆んど同義に自覚し、その「自覚」のもとで「著作家の良心と責任」から国家教会の問題に関わって行ったが、そのようにして展開されて行った彼の「生」は、その「詩人」の生の「枠」をはるかに超えた深い構造のもとで展開されて行った。そのことは実に重要な一事を意味している。つまり、彼においては、そのExtraordinaireという概念は、「詩人」という概念だけで汲み尽されるものではなく、つまり、それだけによって代表されるものではなく、更にもう一面を意味していたものであったらしいということなのである。彼の日誌は、そのもう一つの面として、彼はやはり依然として「牧師職を目ざす者」としての「線」を歩んでいたことを伝えてくれている。

そして彼はたしかに、この「線」での「教会攻撃の準備」をすすめていたことを、日誌は語っている。従って、われわれがこの時期の彼の「生」におけるこの「線」を認めるとき、その「線」上の最終局面として、彼が一八四六年頃から学んでいた「M・ルターからの学び」の「線」が浮かび上がってくるのである。そこで本章では、「牧師職問題」の最終局面の事項として、この二つの件について考察してみることにしたのである。

第一節　「牧師職を目ざしてきた者の立場」から「教会攻撃の準備」

先の一八五二年六月十九日における「体験」、つまり、自らが「異質性」の中にある者としておかれているというキルケゴールの自己理解は、自らをExtraordinaireとして自覚し始めることの契機となったが、しかしこの時は、この概念において実際に何を理解していたのか、また実際には何を為すべきと理解していたのかとなると、彼自身には全く不明の中にあった。彼はただ「祈り」の中でこのような自己理解に言い知れない感動をおぼえたのであった。そして自らがこのExtraordinaireであるということへの透徹した自覚に達したのは、一八五三年一月―三月においてであった。そしてその名において彼は自らを「詩人」（キリスト教的著作家）として理解せざるを得なくなった。それゆえ、彼は正にその「詩人」として、目下の時代の最大の問題である国家教会の問題に対して、文字通り「著作家の良心と責任」において関わることを決意し、その立場から「教会攻撃の準備」に入ったのであった。これら一連のことについては既に第六部第三章と第五章で詳述しておいた通りである。要するに、彼は、自らをExtraordinaireとして自覚したが故にこそ、「牧師職」に関わる者としてでなく、「詩人」として、「詩人としての立場」から「教会攻撃の準備」に入り、その道を進んでいったのであった。これは先述した通りで、間違いのない事実であった。[1]

ところが、彼の日誌を読むとき、そのようにしてスタートした彼の四月以降の「生」の展開は、ただそれだけに尽きるものではなく、それとは明らかに異なる象面を見せていることを知らされるのである。いや、言い換えるならば、その四月からの彼の「生」は、「詩人」という「枠」にはおさまりきれない、つまり、その「枠」をはるかに超えた大きく深いスケールで展開されているのを目にするのである。これは極めて注目に値いする点であると考える。つまり、その「詩人」の「枠」におさまりきれない象面を通じてこそ、すなわち、彼の「生」が「詩人」の「枠」を超えて大きく深い構造をなしている事実にこそ彼の本質が探られるべきではないかという考えが出てくる。そこで本節では、この問題を真正面から取りあげたいと思うのである。

ところで、彼の「生」が「詩人の生」という「枠」を超えて大きく深い構造のものとして感じさせる点として、彼の日誌から見る限り、二つの点が認められる。

一つは、既に述べたように、一八五二年六月一九日以降は、「牧師職」の問題は「官職」としての問題から純粋に「神の摂理」の問題へと変質したわけであるが、キルケゴールはこの問題をあくまで「祈り」の中で考え、経済的窮迫の中にあってもただ「神の摂理」においてのみ与えられるものと信じ、その「神の摂理」を信じて、「超人的な忍耐」をもってその時が与えられる「時を待つ」ことに徹して生きぬいてきたが、この「祈り」の中での「超人的な持ちこたえ」ということは果して「詩人」の「生」の概念と言えるだろうか。つまり、彼は、ますます逼迫する「経済的窮迫」の中でただひたすら「神の摂理」を信じて「時を待つ」という「超人的な持ちこたえ」をずっと継続して行い、一八五四年十月になっても同じ態度を貫いていたのである。その辺の消息を伝える日誌記事は、例えば、Pap. $XI^2A12, 34$, 等々いくつも見られるが、ここでは、その一例として、Pap. XI^2A34 の日誌を、次に紹介してみたいと思う。この日誌は、一八五四年十月末か十一月初めに書かれたものと推定される。それは「教会攻撃」開始の約一ヵ月半前のことである。彼はこう書いている。

「…私を苦しめているもの、それは何と言っても、実に経済的なものなのだ…〔しかし〕私が一銭でも持っている限りは、私は、経済的なもののために何かをしようと決意することはできないのだ。私には、そうすることは、神とイデーから手を切るようなものに思えるからだ。もしキリスト教とは、自分自身を憎むこと、自分自身を殺すことであるとするならば、最終のこと〔＝牧師職を得ること〕が達成される時を前にして、何事かを為そうとすることは、何と言っても気違いじみたことである。しかも生の喜びは、そのように着実に年と共に、無くなってゆく――摂理こそが偉大なる計算主任である。

無限なる愛、確かにあなたは愛であります。しかし、そのことが憐れな者にとっては苦労となるということなのですね…

無限なる愛、こうして時が過ぎてゆくことそのことが。それは決してあなたのためにではなく、私のためにであるに違いありません、すなわち、私が最終のことを敢えて急いでしないようにするためでしょう。しかし、他方あなたは、私は何を為すべきかということを私自身あなたのようにははっきり分かっていなかったことを、最もよく御存知です。ただ私に非常によく分かっていたことは、私は持ちこたえてゆかなければならないということ、このことだけです。ですから、あなたは、私が私自身を理解するために、最終のことにおいて私をどのように助けようとなさるのかを、あるいは、あなたは、私が私自身を理解することを、どのように意志しておられるのかを、われわれは、やがて知ることになるでありましょう。(2)」

この日誌は、正に辛苦の状況の中で書かれた記述と言ってよかろう。それは何よりも、経済的窮迫の問題と牧師職との関係の問題が、いつの間にか「祈りの言葉」に変様してきていることによって、明らかである。そしてキルケゴールは、それをめぐるすべての問題を、それをめぐる自分の判断そのものの妥当性の当否までも、神からの判断を仰ぐという姿勢にあることを示している。

さて、私がこのような彼の「生」の象面についてどうしても指摘したいことは、これは果して「詩人」の「生」の「枠」内のものと言えるのか、それはその「枠」をはるかに超えて大きく深いスケール、構造のものではないかという点なのである。

もう一つは、キルケゴールが、この Extraordinaire という概念に関して、それを「詩人」という概念で代表させてその意味を汲み尽したとしているのではなく、明らかにもう一つの意味をも自己理解において受けとめ、それを行為において表わしているという点である。それは、彼が六月十九日の日誌でも記しているように、その概念は、「キリスト教との直接的な関係」つまり「キリストへの倣い」（キリストのまねび） Christi Efterfølgelse を前面に持ち出すことを意味するもので、それをキルケゴール自身が直接的に自らの「生」において負うことを覚悟し、しかもそれを自らの「運命の意識」と結びつけて、やがて起こるであろう「教会攻撃」においては、「死」を覚悟している様子を呈している点である。これに関して私が注目したいのは、そのような心情と行為とは果たして「詩人」の「生」の「枠」の中のことなのだろうかという点である。そのような「運命の意識」こそ、事の善し悪しはとにかくとして、父ミカエルの教育によって培かわれた「牧師職への使命感」に通じるものではないかということである。キルケゴールは確かに、既に述べたように、「詩人」として「著作家としての良心と責任」から「教会攻撃」へと打って出ることを決意し、その方向へと踏み出していたが、この行為における注目さるべき一点は、彼がその決定的な行為は彼自身を「死」に導くかもしれない「運命」としてとらえていた点にある。彼は自分の身に起こり得る出来事や行為を最も真摯に受けとめるときそれらを日誌の中に「摂理」や「運命」の事柄として記しているが、目下の件に関してこれと同じことが三月から数えて半年後の十月十三日の日誌にも現われている。その日誌 Pap. X^5A143 は「私自身について」という五頁もの長文のものであり、それは主として過去を回顧して書かれているものであるが、基本的には、自分の「運命」についてはっきりと述べ、しかもそのことが、いま「新約聖書のキリスト教の真理」について述べることが「死の犠牲」を伴うことを想定しながら、自分がその「運命」にあることを訴えているのである。このことは、彼が目下の問題の「決断」が「死の犠牲」を伴うものであり、それが自分の「運命」であることを認めているその真摯さを偽りなく示している記述と言ってよかろう。それは次の文章である。

「さて、私はいま、もう一度是非私自身のことについて少しばかり記しておこう。

私の心の中には、それらがいつ頃から生まれたのか実際にははっきり指摘できない程ずっと昔から宿っている二つの考えがある。最初の考えは、犠牲に供されることが、他の人々のために何らかの仕方で犠牲に供されることがその人の使命となっているような人がいるのだということ——そして私は、私に特別に負わせられた十字架によって、その種の人間なのだということ——であり、もう一つの考えは、私は、生計のために働くよう誘惑されることは決してないだろうということである。その理由は、一つには、私は、自分は非常に若くして死ぬだろうと考えていたからであり、もう一つには、私は、神は私の特別の十字架のことを考慮されて、そのような苦難と任務とを私から免じて下さるだろうと考えたからである。どこからそんな考えが出ているのか、確かにそのことは分からない。けれども、こういうことはよく分かっている、そういう考えを私は何かを読んで得たのでもなければ、また誰か他の人から受け取ったのでもないということである[3]。」

キルケゴールは、この「行為への決断」の問題を、これ程までに真摯に受けとめていたのである。しかしこの記述に見られる「生」の象面は「詩人」の「生」という「枠」をはるかに超えたものになっていないだろうか。

さて、私は、いままでの考察において、キルケゴールが「詩人」として行為しておりながら、実際にはその「詩人の生」の「枠」をはるかに大きくまた深くはみ出している現象を二つの点に見てきた。そこで当然、そのことは何を意味しているのかについて篤と考えてみなければならなくなる。それにはさまざまな意味があると考えられるが、一つだけ明確に言えることは、彼はただ「詩人」としてだけ生きていたのではなく、「詩人」とは別の、更にもう一つの「枠」でも「生」きていたのではないか、ということである。では、それはどういう性質の「枠」なのだろうか。それらの文面から考えられ得ることは、彼はやはり依然として「牧師職を目ざしてきた者」としての「線」を歩み続けていたのではないかということ、そして正にそのような者として「教会攻撃」への道を歩んでいたのではないかということである。

しかしわれわれが、もしこの「線」のことに再度気付き、この「線」を過去の一定の時点から未来に向かって走っている「線」として再度両方向に辿って見るならば、その「線」に即して一つの明確な「線」がくっきりと浮かび上がってくるのを目にするようになる。それは「M・ルターからの学び」の「線」である。

注
（1） この節の問題はあくまで第六部第三章と第五章での考察を参照の上考えていただきたい。
（2） Pap. XI^{2}A34
（3） Pap. X^{5}A146, S. 151

第二節 「牧師職問題」の最終局面「M・ルターからの学び」の「線」の浮上――図式の変様「詩人になるか―牧師になるか」から「説教壇で説教するか―街頭で説教するか」への変様

「牧師職問題」も最終段階に入り、最終局面を迎える所まで来た。しかしこの地点にまで来ると、改めてある一つのことに気付かされる。それは、この地点に来てある一つの日誌記述に注目することからふと気付くことであるが、それは、いままでは偶々の任意な記述としか考えられていなかった同種のいくつかの記述が、実はそのように単に点在していたものではなく、筋の通った「一本の線」が走って潜在していたものであるというこの事実である。私は、それを、G・マランチュークの論文によって知らされたのであるが、(1) それは「M・ルターからの学び」の「線」である。この件は私にとって一つの驚きであった。しかしその「線」との関係こそがキルケゴールの「牧師職問題」の最終局面であることを篤と知らされたのである。そこで本節での考察はこの問題に集中したいと考える。

ところで、M・ルターに関しては、キルケゴールは、日誌やノート類に、約三〇〇種類程の記述を行っている。そもそもがデンマークの教会はルター教会であり、キルケゴールにとってキリスト教とはルター教会のキリスト教であり、また彼自身それによって教育されたのであるから、彼の関心がたえずルターのキリスト教にあり、それについて屢々書いていることは当然と言えば当然である。そして事実、それらの記述は実にさまざまなものから成っている。しかしそれらの記述の随分多くが、ルターの宗教改革、プロテスタンティズム、それらが教会史とキリスト教史の中でもった意義についてのものであり、しかも「批判的」なものが非常に多いことを知らされる。ところが、それらの記事に混じって、「学び」の記述がいくつか見かけられるのである。そしてそれらだけを読んでいると、それらは偶々彼が任意に記しているように見えるが、この目下の地点にきて、その種の記述の最終のものと目されるものを読んでみると、先の偶々の任意の「点」のようにしか思えなかった記述が実はその最終の記事と目されるものに向かって引かれてくる一本の「線」をなしていることを知らされ、はっとさせられるのである。それがいま言うところの「M・ルターからの学び」の「線」である。そこで以下この「線」を最初からこの時点まで辿ってみたいと思う。

さて、この「線」の一番最初の始まりと考えられるのは、一八四六年十二月に入った頃と考えられる。彼はデンマーク語訳によるM・ルターの説教集『キリスト教の説教集』En Christelig Postille (oversat af Jørgen Thisted (kbh. 1828–ktl. Nr. 283)) (Luthers Sämtl. Schriften, hrsgeg. von Walch. 12. Theil. Sp. 4f.) を読んでおり、該書からいくつかのことを学んでいた。(2) その学んだことは主として「キリスト教の伝達方式」に関するもので、その内容は直ちに、キルケゴールがキリスト教の伝達方式についての自らの考えを最も早くに述べたものとされている一八四七年に書かれた未刊の草稿『倫理的伝達ならびに倫理――宗教的伝達の弁証法』Den ethiske og den ethisk-religieuse Meddelelses Dialektik. (1847) の中に現われてきている。(3) この中でキルケゴールは、倫理的伝達はつねに「首尾一貫」していなければならないと述べ、その首尾一貫した倫理的伝達はつねに現実を媒体として用いることになると記し、更に次のように言っている。それゆえ、キリスト教の教えは、ルターが言うように、街頭において生きていなければならず、また街頭において教えられるのでなければならない。(4) そして更に続けてこう記している。

「ルターは全くいみじくもこう言っている、元来説教は教会でなさるべきではなく、街頭でなさるべきである、と。

教会で説教をしている牧師が懐いている現代の総体的な考えは全く錯覚なのだ。なぜなら、それは、本来的に詩人的な状況であるものが、つまり、実存的なものが、最高の度合で安全保障をうけて表現されていることを意味しているからである。…」[5]

その未刊の草稿ではこのように書かれている。そしてこのルターの言葉と考えはこれ以後キルケゴールにずっと待ち続けられてゆく。

さて、この言葉と考えはまず翌一八四八年に現われてくる。キルケゴールは、ミュンスター監督について記した日誌の中で、次のように述べている。

「ミュンスターにとっては、広場（＝市場）Torvet で説教するというようなことは、正に不可能な事だろう。然り、あらゆる不可能なことの中でも最も不可能なことだろう。しかし教会で説教することそのこと自体は、やはり何と言っても異教や劇場的な事柄に近いものになってしまう。だから、ルターが、説教は本来は教会でなさるべきではない、と熱心に言っていることは、本当に正しいことなのである。[6]」

こうしてこの後もこの「街頭で説教する」という考えは、たえずキルケゴールの意識の前面に出ており、直接間接に日誌や著作の言葉に現われてきたことは事実である。しかしこの考えがキルケゴールにこのようにしてずっと持ち続けられていったことに気付いたり重視したりする研究者は余りいなかった。[7]

しかしその考えは彼の意識の地下を水脈のように流れており、一八五一年五月中旬になって、それは日誌の中に実に明快な表現をもって現われてきた。この一文こそこの考えについてのキルケゴールの真意を最もはっきりと伝えているものになっていると言えよう。それはこう述べている。

「説教壇から説教することは、自分自身を告発することat anklage sig selvであり、それは、自分をして自分自身を超え出させる勇気をもつことになる筈である。

それゆえ、このような仕方での告知には何らかの真理があるわけだが、にも拘らず、次のことの方がもっと価値があろう。つまり、更に厳密な意味では、本来の説教や告知は、街頭で、そして行為によって説教さるべき筈のものだということである。(8)」

「M・ルターからの学び」の線としての「街頭で説教をする」という考えは、このように一八五一年五月には、いよいよはっきりした形をとって現われてきているのである。そしてこの日誌からだけでもこの考えがキルケゴールの「確信」にまで固まってきていることを知らされるのである。

しかしこの考えは常に「確信」のままで終ったのではなく、正にこの考えから「教会攻撃」が実行されたのである。そしてそのことを彼自らがその「教会攻撃」の最中にはっきりと証明している。それは次の二つの手記によってであるが、それらによると、そこで言われている「街頭で」ということが何を意味しているのかが明快に示されている。その一つは、一八五五年四月八日の日付になっている。『祖国』紙のための草稿である。(9) しかしこれは結局は出版には至らず草稿のままに終ってしまったが、そこには彼の真実が書かれていると言ってよかろう。ところで、この草稿は二頁程のものであるが、その標題は「なぜ私は本紙を用いるのか」という言葉になっている。その文章は、ルターの「街頭で説教をする」という言葉をとりあげ、ここではむしろこの言葉をめぐってのルターの不徹底な行動を非難しているのであるが、かえってそのことを通じてその「言葉」の意味がはっきりと示され、その明快な意味をキルケゴール自身がいま実現しつつあると受け取れるものである。彼はまず次のように記している。

「ルターは、彼の説教の一つのどこかで、元来説教というものは教会の中でなされるべきものではない、と言っている。しかし彼は、そのことを、確か教会で行われた説教の中で、言っているのである。従って、その言葉は、彼が自分はそのことに真剣になっていないのだと、言おうとしていることになる。しかし、説教は教会の中でなされるべきものではないということとそのことは、確かにその通りだ。説教が現実の只中で、矛盾衝突の故にこそそこで響いているのではなく、現実からは芸術的なものの距離において齎らされるということは、キリスト教的なものにとって、高度に有害なことであり、それを変様（もしくは転倒）させるようなものだ。なぜなら、静けさ、静かな場所、そして静かな時間について、それらをキリスト教的なものにとっての真正の要素として語ることのすべては、見苦しいことだからだ。

従って、説教は教会でなさるべきではなく、街頭で、生活の只中で、日々の平日の生活の現実の中で、なさるべきものなのだ。[10]」

このように述べ、彼は、自分がこの『祖国』紙を用いていることが、「街頭で説教をする」ことであり、このことは、キリスト教的なものや、キリスト教的なものについての考えを日々の生活の現実の只中に引き入れ、それを生活のさまざまなものと衝突させることへと近づけてゆくことが願われている旨を、述べている。[11]

もう一つは、「教会攻撃」に入ってから間もない頃に書かれた二つの日誌Pap. XI^2A263と265である。前者の標題は「破局」Katastropheとなっており、後者の標題は「破局的な影響を及ぼすこと」at virke Katastrophiskとなっているが、この両者ともキルケゴールの心中にはソクラテスの受難と死ならびにイエスの受難と死が思われていることは明らかである。つまり、キルケゴールが『祖国』紙を使って「街頭で説教をする」のは、ソクラテスやイエスがその時代全体をゆるがす意味をもつことをしたように、自分も目下の「キリスト教国」という偽りの体制に「破局」をもたらすことを目的としているのだ、と訴えているのである。つまり、キルケゴールは、これらの日誌において、ルターが述べた「街頭で説教をする」という思想を、ルターはそれを述べながら実行面では不徹底に終ったものを、自分は徹底化させて行うと訴えているわけである。しかしこのような「破局」を齎らすことがキルケゴールの意図の中にあったことを考慮するなら、その「街頭で説教する」というこの言葉にあたるものは、前述の『祖国』紙のほかに、この「教会攻撃」の後半に用いられたあの小冊子『瞬間』も含められると言えよう。[12]それというのも、J・ブクダールも言うように、キルケゴールは、その小冊子を通じて直接に、自らの向きを、「街頭の人、市井の人」の方向へと振り向けることができたからである。[13]

以上紹介したような二種類の手記から、キルケゴールには、ルターの「街頭で説教する」という考えが、「確信」

にまで固まり、これが「教会攻撃」へと打って出るための最後の思想となったということができるだろう。

しかしこの「M・ルターからの学び」の線に関してつくづく考えさせられることは、キルケゴールにおいて生涯続けられてきた「牧師職」をめぐる自問自答の苦悩と熟考は、いま「教会攻撃」の日を直前に控えたこの時期になって、決定的な変様をするに至り、明白な終着点を見出すことになったということである。すなわち、既に述べてきたように、「牧師職」をめぐるキルケゴールの問いはいままでは「詩人になるか―牧師になるか」という「図式」のもとで問われてきたが、いまここへ来てその図式は根本的に変様することになり、それは「説教壇で説教するか―街頭で説教するか」という「図式」になったことである。しかしこの最終段階での変様において、彼は、躊躇することなく、しかも文字通り「死」を覚悟して、「街頭で説教をする」方を選び決断したのである。つまり、これによって、彼自身の内部で長らく問題になっていた「―これか」が決断されたのである。

「牧師職」をめぐる問題へのキルケゴールの関わり方をここまで辿ってくるとき、最後にもう一つ注目されるべき事項のあることに気付かされる。それは、既に述べたように、彼が「詩人としての立場（著作家としての立場）」から「教会攻撃の準備」をしていた事実と並行するようにしていま述べたような「真の牧師の在り方」を追究していたことは、やはりその追究の作業に「教会攻撃の準備」を関わらせていた、という事実である。彼が「詩人としての立場（著作家としての立場）」から「教会攻撃」に打って出ることを「決意」したことは、著作家として掲げてきた「イデー」、つまり、「キリスト者の最高理想の姿」を、自分が具現するためであった。しかしこのことは、彼がその「イデー」としての「キリスト者の最高理想の姿」に、彼が目下追究している「真の牧師の在り方の姿」を重ね合せて考えていたことは、充分に認められるところである。従って、その時彼はまだその「姿」（イデー）には達していなかったものの、文字通りそれを真実に目ざす者として、正にその「姿」を、それに「教会攻撃の行為」を関わらせて考えていたと言うことができよう。そしてそれを真に具現したのが「教会攻撃の行為」そのものであったと言えよう。それゆえ、このようなことから、彼は、「教会攻撃の準備」を、「詩人としての立場（著作家としての立場）」

からのみ進めていただけでなく、「牧師職を目ざす者としての立場」からも行っていたと言うことができるであろう。

注

（1） G. Malantschuk : Ibid., S. 94–6.
（2） Ibid., S. 94. Pap. VII^{1}A192
（3） 拙訳あり。
（4）（5） Pap. VIII^{2}B85, 18.
（6） Pap. IXA39
（7） それはG. Malantschuk とJ. Bukdahl が代表的と言ってよいであろう。
（8） Pap. X^{4}A287
（9） Pap. XI^{3}B120
（10）（11） Ibid., S. 194ff.
（12） G. Malantschuk : Ibid., S. 95.
（13） Jørgen Bukdahl: S. K. og den menige Mand. （Kbh. 1961）. S. 100–16.

総括

キルケゴールの「牧師職志望」の問題は、以上述べたように、そもそもの最初から「宿命」的なものをもっており、「牧師になる」ということは、彼は自らの「運命」として受けとめていた。しかし最初から最後までその現実のために誠実な努力を貫いた。

しかしこの問題は、彼に「著作家」になる考えがあったため、最初から彼には「詩人になるか―牧師になるか」という図式の自問自答となって迫っていた。しかし彼はつねに真摯に牧師になる機会を探っていた。ところが、「官職」としての「牧師職」につく機会はさまざまな事情から中々得られなかった。

にも拘らず、彼はこの方向を徹底化して進むために、「宗教的詩人」としての「任務」を果たしてゆくことを通じて、「キリスト教の真理」のイデーと「牧師」のイデーとを実現しようとした。

こうして次の段階で、彼は、自分の役割に相応しい職として、「牧師」よりも「牧師を養成する学校の牧師」の職に就くことを希望し、ミュンスター監督に交渉したが、どうしても彼からの推薦を得られなかった。にも拘らず、キルケゴールはこの方向での目的を達成しようと真摯な努力を重ねた。

ところが、そのような過程で、彼は、偉大な「神の摂理の力」に接する思いをもち、自らが「異質性」の中にあることを知らされ、自らがExtraordinaireであることを「体験」させられた。この「体験」は一見「牧師職」を諦める方向に働くかに見えたが、実際は決してそうではなかった。確かに彼はその意識のもとに自らを「詩人」としての目下の時代の問題（国家教会のキリスト教の問題）に関わってゆくことを決意し、その方向に踏み出したが、そのような彼の「行為」は、実際には、「詩人」としての「生」の「枠」をはるかに超えた大きさと深さの構造において展開されたのであった。つまり、このことは、彼がやはり依然として「牧師職を求めてきた者」の立場において、真にあるべき「牧師というイデー」を追求していたことを意味する「行為」であることを示すものであった。

こうしてこの「牧師職問題」の過程の最終局面を迎えるとき、そこでは「M・ルターからの学び」の「線」が彼を導いていたことが明らかになった。キルケゴールは、「詩人になるか―牧師になるか」という図式でスタートし、その図式は、以上述べてきたところから明らかなように、さまざまな事情に遭遇してきたが、いまやこの段階に至って、「説教壇で説教するか―街頭で説教するか」という図式に変様したのである。

こうしてキルケゴールはこの後者の方向を決断し、『祖国』紙やその他の新聞、そして彼自身の小冊子『瞬間』を用いて「街頭で説教する」ことを実現したのである。

第八部　「教会攻撃」とその過程

ルターは九十五箇条のテーゼを、しかし私はただ一箇条だけの「プロテスタント的テーゼ」を宣言する――「この国には新約聖書のキリスト教は全く存在していない！」（S. V. XIV. S. 48.）

序

この「教会攻撃」を開始する直前まで久しくキルケゴールの内部を支配してきた問いは、既に述べたように、真の説教者は「説教壇で説教するか―街頭で説教するか」という図式のものであった。そして彼が選んだのは「―街頭で説教するか」の方であった。それは、具体的には、『祖国』紙を中心にした日刊新聞を用い、また自らの小冊子をも用いて広く市井の人々に訴える方法であった。

「教会攻撃」の口火は、このようにして、あのJ・P・ミュンスター監督の死後一八五四年二月五日にコペンハーゲンの城教会で行われたマルテンセン教授による追悼説教に対してその直後に書かれていたキルケゴールの「批判文」を『祖国』紙上に発表することをもって、切って落とされたのである。こうしてこれ以後彼は、『祖国』紙を中心に他紙にも次々と論説を発表しゆき、当然それらへの多数の反論や賛成論も受けながら、自らの訴えを続けて行ったのである。そして五月下旬からは、自ら小冊子『瞬間』を、十月四日自分が倒れるまで、計十号も発行し続けたのである（但し第一〇号は印刷所に手渡す寸前の所まで準備されただけに終った）。これらの彼の論説や小冊子等が目ざしたものは、「国家教会（このときは国民教会という名になっていた）のキリスト教の虚偽性」を「新約聖書のキリスト教の真理」によって照し出し批判することであった。そして人々に、彼の基本概念である「瞬間」を気付かせることであった。これが一般に言われる「教会攻撃」Kirkeangreb であった。

このようなことから、この闘いは実に独特な仕方で展開された。そこで私はそれについての理解を少しでも容易にすることを考え、前以てここで次の三つのことを簡単に述べておくことにした。それは、⑴その「攻撃開始」はなぜ「十二月十八日」に行われたのか、⑵この「攻撃」におけるその「闘い方」の目論みは何だったのか、⑶この「攻撃」過程の「時期区分」はどう考えたらよいか、という三点である。以下順々に簡単に説明しよう。

一　この「攻撃開始」はなぜ「十二月十八日」に行われたのか。

先の第六部第六章第四節で、私は、キルケゴールがミュンスターの死後マルテンセンの追悼説教について反論を書いたあの二月の「原稿」の公表を差し控え、延ばしに延ばしてきた理由については述べてきたが、その「公表」が「十二月十八日」になったことについては、その問題を後に残すことを、示唆しておいた。しかしいまここでその「攻撃開始」が課題となってきた以上、それについてどうしても述べる場所に来たわけである。そこで以下私の考察の結果をまとめて述べてみたいと思う。

既に述べておいたように、その「原稿の公表」に関しては、ひたすら「時を待つ」という姿勢を貫いていた。従って、その「公表への決断」が「十二月十八日」に行われた以上、この「十二月十八日」が何らかの意味においてその「時」に当たるものをもっていたことは、充分に想像に難くない。確かにキルケゴールがこの「十二月十八日」という日を選んで「攻撃開始」をしたのには、充分な理由があったことが、多くのデンマークの歴史学者の共通の研究によって[1]、そしてまた二人のキルケゴール研究者の指摘によって[2]、知らされるのである。それらの研究を総合するとき、私は、確かにキルケゴールは「時が来た」という判断から、攻撃に打って出たことに、確信をもつに至った。そこでその辺の事情を次にまとめて紹介したいと思う。

われわれは、自らの身を、一八五四年七月から十二月中旬までのコペンハーゲンに置いてみるとよい。われわれは、すべてのデンマーク史の書物から、その時期デンマークの歴史はA・S・エアステッヅ首相をめぐって物情騒然となり、彼が崩壊の道を突き進んでいたことを知るとともに、その崩壊劇と合わせるように「キルケゴールの教会攻撃の第一弾」が発射されたことを知らされるのである。そして、V・クレステンセンやN・トゥルストルップが示唆しているように、その二つの「爆発」が同じ日に重なったことは決して偶然とは考えられないのである。そこで以下その模様を簡単に記してみよう。

まず一八五三年から一八五四年十二月中旬までの期間は、デンマーク史では、一八四九年五月自由憲法に基づく政治が始められて以来の最大の危機・不安定な時期とされている。一八五四年七月二十六日には、政令によって、クーデターの脅迫が、全デンマークにばら播かれた。要するに、保守的首相A・S・エアステッヅと保守派議員とによって、自由憲法は遅々として実行されなかったのである。そのため秋になると市民の不満は徐々に頂点に達するようになり、爆発寸前にまで至り、それが十一月から十二月にかけて終にデモとなって現われた。そのため十二月十二日、A・S・エアステッヅは、遂に退陣し、その内閣は崩壊し、そのあとをC・C・ハル Carl Christian Hall が首相となって引き継いだ。そして自由主義政治をよりよく推進してゆくことになった。そのため多数の市民、民衆がこの変化を非常に喜び、何よりも、この変化に影の力となった国王に、感謝した。それというのも、デンマークでは、「絶対王政の解体」と「自由憲法の導入」にあたっては、国王の力によることが絶大であったからであり、今回も国王の力が働いたからである。そしてこのようなことから、市民や民衆は、今回もその感謝の意を表明するため、クリスチアンスボー城に向かって大デモの行進を行った。それが「十二月十八日（月）」だったのである。従って、この日コペンハーゲン市内は興奮に湧きかえっていたのである。

このドラマティックな日にキルケゴールは「攻撃」ののろしを上げたが、それにはもう一つの理由があったことを付加しなければならない。それも退陣したA・S・エアステッヅに関係していると推察される。とりわけ、このエアステッヅとH・L・マルテンセン監督との関係にあると考えられる。それは第六部第六章第一節Ⅳの終りの方で述べておいたように、マルテンセンをミュンスター監督の後任につけたのは、このエアステッヅであったので、このエアステッヅ内閣の崩壊と彼の退陣は、何らかの意味を、人々に感じさせずにはおかなかった。事実は大体次のように考えてよいであろう。すなわち、一八五四年一月三〇日のミュンスター監督の死後、そして二月五日の日曜日のマルテンセンの追悼説教の後も、後任に誰が監督になるかを、多くの人々は固唾を呑んで待っていた。しかし中々決定を見なかった。その理由の一つは、一般の予想では、国王は最年長の神学教授で自由主義者H・N・クラウセン Henrik Nicolai Clausen（1793–1877）を任命するだろうと考えられていた。しかし保守的なA・S・エアステッヅ首相は、これを好まず、四月十五日自らの豪腕で、親友であった宮廷牧師H・L・マルテンセン教授を、その地位に任命した。そしてその任命の日には、エアステッヅは、マルテンセンを祝福し、「この最高に聖なる職のために」til dettehøjhellige Embede という言葉をさえ使った。こうしてマルテンセン監督が誕生したのである。このような経緯から、同監督にとっては、この首相にして親友であるA・S・エアステッヅの存在は、自らの監督という地位の誕生には切り離せない存在であった。ところが、そのエアステッヅはいま述べたように完全に失墜してしまったのである。このことは、誰の目にも、そしてとりわけキルケゴールの目には、時代の大きな変化はもとより、マルテンセン自身には何を言っても憚るところなしと映ったことは、言うまでもないことであろう。それゆえ、この「十月十八日」キルケゴールは、あの二月に書いた「マルテンセン批判」の原稿を、強力な弾丸として、マルテンセンに向かって、発射したのである[3]。

キルケゴールが「十二月十八日（月）」に「教会攻撃」を開始したことには、以上のような二つの歴史的な事情が働いていたとするならば、この日の設定が、恣意的あるいは偶然的なものではなく、その「時◎」の判断において、充分考えられ、計画されていたものであることは、容易に分かるであろう。それはキルケゴールが「日誌」に書いているように、正に「破局を齎らす」ためのドラマティックな設計であったと言うことができよう。

二 「闘い方」の目論み

キルケゴールが「—街頭で説教する」方を選んだのには、つまり、前述したように「新聞」や自らの「小冊子」を用いようとしたのには、明白な目論みがあった。それは、既に第六部第六章第三節で述べたように、自分の「任務」を、「狂気じみた行為をすること」(Pap. XI²A258, 200, 261)、「破局をもたらすこと」(Pap. XI²A263)、「破局的に働くこと」(Pap. XI²A265) と看做していたことにある。彼の日誌記述はこのように詳しくそのことを伝えている。

しかしこの件で是非注目したい点は、彼がそのようなことを恣意的に行ったのではなく、「破局的に働くこと」という標題をもつ日誌 Pap. XI²A265 によるならば、それらはあの『マタイによる福音書』二十五ノ六で述べられている「叫び声」Anskrig の場面に基づいてなされている点である。聖書のその個所の記述は大体次のようなものである。天の国は次のようにたとえられるという言葉で始まり、「十人のおとめ」のたとえが述べられている。すなわち、十人のおとめがそれぞれともし火を持って、花婿を迎えに出てゆく。その中の五人は愚かで、五人は賢かった。愚かなおとめたちは、ともし火はもっていたが、油の用意をしていなかった。賢いおとめたちは、それぞれのともし火と一緒に、壺に油を入れて持っていた。ところが、花婿の来るのが遅れたので、皆眠気がさして眠り込んでしまった。すると真夜中になって突然「花婿だ。迎えに出なさい」という「叫び声」がした。そこで、おとめたちは皆起きて、それぞれのともし火を整えた。愚かなおとめたちは、賢いおとめたちに言った。「油を分けて下さい。わたしたちのともし火は消えそうです。」賢いおとめたちは答えた。「分けてあげるほどありません。それより、店に行って、自分の分を買って来なさい。」愚かなおとめたちが買いに行っている間に、花婿が到着して、用意のできている五人は、花婿と一緒に婚宴の席に入り、戸が閉められた。その後で、ほかのおとめたちが来て、「御主人様、御主人様、開けて下さい」と言った。しかし主人は、「はっきり言っておく。わたしはお前たちを知らない」と答えた。だから、目を覚ましていなさい。あなたがたは、その日、その時を知らないのだから。大体以上のような内容である。ところで、キルケゴールはこの聖書の言葉に基づいて「破局的に働くこと」を目論んだのである。要するに、その「叫び声」は、教会全体、牧師層、信者、社会全体の人々の愚かな「眠り込み」に対する「錯覚」を目ざしたものである。

三 「攻撃」の過程の「時期区分」

この教会攻撃の過程は、一般にデンマークの研究者たちの間では、近年までは、二つの時期に区分されて考えられてきた。それは極めて常識的に、キルケゴールが攻撃に用いた武器としての「新聞」と「小冊子」の時期に従って区分されたのであった。つまり、一八五四年一二月一八日から一八五五年五月二四日までは『祖国』紙が用いられたので、この期間全体を一区切りとし、その五月二十四日から一〇月四日に倒れるまでは小冊子『瞬間』が用いられたので、この期間全体を後半の一区切りとしたのである。こうしてその攻撃の全過程は「二分法」で扱われる習慣が生まれた。そして、この方式はその後、それ程深い検討もされずに、ドイツ語圏や英語圏の研究者たちにも踏襲されてゆき、それは定着した考え方のようになっていった。

ところが、ここ四〇数年の間に、研究が進むとともに、それもとくにデンマーク教会史の研究の進展とも相俟って、当然の事乍ら、そのような「文書の形式」に従って時期区分をするのではなく、「思想の内容」の変化に従って区分する考え方が現われてきた。そしてそのことによって、従来の「二分法」とは異なる「区分法」がとられるようになった。しかもそれは、極めて優れた研究者たちによって行なわれてきたのである。例えば、P. G. Lindhardt: Tiden 1849–1901. i Den danske Kirkes Historie. Under Reduktion af Hal Koch og Bjørn Kornerup. Bd. VII. Kbh. 1958. S. 53–8. V. Christensen: S. K. Det centrale—. Kbh. 1963. S. 150–62. Niels Thulstrup: K. og Kirken i Danmark. Kbh. 1985. S. 276–97. 等々、まだこれらの他にも何冊か挙げられる。

これら近年の研究を通じて知らされることは、それらのいずれもが、従来の「二分法」に依らずに、むしろキルケゴールの「思想内容」の進展の過程に従って区分し、「三分法」及至「四分法」をとっていることである。このことは、キルケゴールの「教会攻撃」の実態を知る上で確かに研究上の進歩と言うことができる。そこで私は、四十数年前までの「二分法」ではなく、これらの研究者たちの方法に注目し、ここでは、「思想内容」の進展に即した「戦線の局面展開」を基準にして、全体の過程を四つの時期に区分して考えることにした。それは次のようになる。

1 戦局の「第一局面」、一八五四年一二月一八日から一八五五年一月下旬まで
2 戦局の「第二局面」、一八五五年一月二九日から三月中旬まで
3 戦局の「第三局面」、同三月二〇日から五月下旬まで
4 戦局の「最終局面」、同五月二四日から一〇月四日の昏倒まで

以上のようなものである。
それゆえ、以下の考察はこの順序に従って行われる。

注

(1) 例えば、Aage Friis, Axel Lindvald, M. Mackesprang : Det danske Folks Historie. Bd. VII. Kbh. 1926–27. S. 66ff. Roar Skovmand : Danmarks Historie. Bd. 11. Kbh. 1964. S. 335–54. 等。
(2) V・クレステンセン、N・トゥルストルップの前掲書。
(3) V. Christensen : Ibid., S. 151ff ならびに(1)挙示の書物の叙述の総合による。

第一章　戦局の第一局面――ミュンスター監督を「真理の証人」と呼んだマルテンセン監督に対する抗議

この戦いの第一段階、あるいは、第一局面とは、一八五四年十二月十八日『祖国』紙に「第一弾」としてこの抗議文を載せたことをめぐって、さまざまな反応が新聞各紙に現われ議論が沸騰した一ヶ月余の期間の戦局をいう。従って、この期間の議論はあくまでキルケゴールのその抗議文をめぐってなされているもので、これは研究者たちの間では一般に「真理の証人論争」というような言葉で呼ばれている。つまり、「ミュンスター監督は真理の証人と言えるかどうか」という問題をめぐっての抗議である。それゆえ、本章では、この抗議文とそれをめぐる議論についての考察から入ってゆくことにしよう。

第一節　最初の砲弾の炸裂

「教会攻撃」の火ぶたを切った第一弾は、一八五四年十二月十八日（月）発行の『祖国』紙第二九五号（夕刊）に掲載されたキルケゴールの一文「ミュンスター監督は真理の証人であったか、真正の真理の証人の一人であるということ、それは真実なのか？」であった。この文章は、いままでいく度も言及したように、一八五四年一月三〇日のミュンスター死後、二月五日城教会 Slotskirke でなされたマルテンセンの追悼説教についての批判文で、既に二月に書かれていたものである。従って、これをいまこのようにして公表したことは、マルテンセン監督への直接的な「抗議」であった。いずれにせよ、「教会攻撃」はこの一文によって開始されたのである。そしてこれで明らかなように、「教会攻撃」が、まずミュンスター監督の後任「マルテンセン監督」に照準を合わせるようにして、右のような「標題」の一文で行われたことから、人々は、この戦いを「真理の証人論争」Sandhedsvidnestriden とも呼んできた。

N・トゥルストルップは、この一文について次のように述べている。

「もし人がこの砲弾の中に装塡されたものとその破片の威力とを研究しようとするなら、人は次のことに注意を払わなければならない。すなわち、この新聞記事はそれが書かれたのと同じ注意深さをもって読まるべきであるということ、そしてこのことは同じ仕方において次々と出てくるその後の新聞記事においても同様であるということである。(1)」

この記事は、これで分かるように、やはり天才的な繊細さと厳密性において書かれているのである。

この記事は今日の Papirer では六頁分の分量のものであるが、全体は四つの部分に分けることができる。最初の部分はいわゆる「まえがき」にあたる部分で、この一文が書かれるに至った契機と理由について述べられている。次には「本文」が全体の三分の二の分量を占めて書かれている。そしてその後に「あとがき」Efterskrift が書かれており、ここでは、既にいくたびも言及してきたように、この一文が既に二月に書かれておりながら、なぜこの十二月十八日まで公表を差し控えていたのかについて記されている。しかし更にこの後に、「あとがき」とは銘打っていないが、以上の三つの部分に対する、従って、その意味ではこの記事全体に対するあとがきに当たるものを付加している。以下これら各部分の内容について簡単に紹介しよう。

まず「まえがき」は約半頁程であるが、ここでは、この記事が、二月五日に行われたマルテンセン教授による故ミュンスター監督の追悼説教において、同監督を「真理の証人」として語られたことに対して、記されたものであることを、示唆している。すなわち、その説教では、マルテンセン教授によって、「ミュンスター監督は、真理の証人として、真正の真理の証人たちの中の一人として位置付けられている。そしてそのことは、出来得る限りの強く決定的な表現において語られている。(2)」こうしてわれわれは、故監督の形姿や生活や生涯や生きざまを目に浮かべることによって、真の先導者たちの信仰に、つまり、真正の真理の証人たちの信仰に倣うことを、教え込まれるようになっている。なぜなら、それら使徒たちの信仰に関してと同じことが、ミュンスター監督についても、「単に言葉や告白においてだけでなく、行為や真実性において、はっきりと語られているからである。(3)」こうして「故監督は、マルテンセン教授によって、使徒の時代から幾世代も通じて継続している真理の証人たちの聖なる鎖の一つに、入れられている(4)」と言明されている。

この「まえがき」では、キルケゴールは、このように述べ、このようなマルテンセン教授の追悼説教に対して、これから反論をしてゆくわけである。

そして「本論」に入ると、いきなりこう述べている。

「以上の件に対して、私は異議を、申し立てなければならない——それに、ミュンスター監督が亡くなったこの今においては、私は、ここで、非常に手短に語ろうとすることができるだろうし、またその場合、私が曾て彼に対して取っていた態度を必ずまた取らざるを得なくなるというようなことは、決してあり得ないことになるからでもある。(5)」

この記事の「本論の内容」は実に明快である。それは、故ミュンスター監督を「真理の証人」となすことは根本的に間違っており、従って、彼を「真正の真理の証人たちの一人」として位置づけることは、キリスト教そのものを弄ぶことだ、ということである。しかし以下その理由をもう少し詳細に説明しよう。

キルケゴールの論点は、概観的に述べるならば、一応次の四点になると言えよう。(6)

まず第一に、キルケゴールは、この「真理の証人」という概念そのものを、古代教会の伝統に従い、その解釈の根源に遡り、更に彼自身による深化のもとで、「新約聖書」にまで遡って解釈し、この概念は「殉教」と同義語であるとなし、従って、この概念をミュンスターに適用することの誤まりを指摘している。つまり、キルケゴールによるならば、ミュンスターは、教父神学者にすぎなかったという。

第二に、キルケゴールは、ミュンスター自身の確信から得たキルケゴール自身の確信を述べている。それによると、ミュンスターは、神に対しても自己自身に対しても、自分は決して、決して真理の証人ではない、ことを告白していた、というのである。この彼の告白こそが自分（＝キルケゴール）の考えにおける真実のものだというのである。(7)

第三に、キルケゴールは、マルテンセンは二つの間違いを犯しているという。その一つは、「真理の証人」という概念を濫用したこと、もう一つは、その濫用を、事もあろうに、「説教」において、つまり、神から権威を授けられた者 Ordination がその「権威」において、行ったということである。

第四に、キルケゴールは、新約聖書における「真理の証人」の概念に照して考え、「真理の証人」はただ辱めと苦しみを受けることによってのみ知られ得るのであり、楽しみや外的な経歴によってではないこと、従って、ミュンスターは、真理の証人には全く値いしないということである。

一応批判点は以上の四点になる。

しかし信仰的思想の核心はこの第四点にあると考えられるので、これをもう少し詳しく説明しよう。しかしこの第四点は、二つの内容から成っている。一つは、ミュンスターのキリスト教告知は決して彼が「真理の証人」ではないことを示しているということ、もう一つは、新約聖書における「真理の証人」とは何かということの説明である。以下この二点について簡単に説明しよう。

まずミュンスターのキリスト教告知は彼が決して「真理の証人」ではないことを示していることについて。キルケゴールは、こう書いている。ミュンスターは、キリスト教の「告知」としながらも、その書いたものであれ、語ったものであれ、説教であれ、それらの中では、決定的にキリスト教的なものを、つまり、われわれ人間にとっては都合の悪いもの、われわれの生活を苦しくさせ人生を楽しむことを妨げるもの、死に関すること、自らの意志による自己放棄や、自己自身を憎むことや、教えのために苦しむこと等々のことを、色褪せさせたり、覆いをかぶせたり、鎮静させたり、省いたりしている。もし人がミュンスターの説教と並べて新約聖書を置いてみるなら、とくに目を鋭くしなくても、このことはすぐ分かることである。このように述べている。以上のことから容易に分かることは、キルケゴールは、「ミュンスターの説教」を「新約聖書」と並置させて論じていることである。そしてその「告知」の真価はそれをその「告知者の生」そのものが表わしているか否かにかかっていると述べている。[8] このように述べ、彼は、ミュンスターのそれらは「新約聖書」からは余りにもかけ離れ相違があることを指摘している。そしてこの観点からミュンスターを「真理の証人」とはみなされ得ないことを指摘しているのである。[9] そして更にそのことの証明の一つとして、ミュンスターの死後マルテンセンがすすんで行ったミュンスターの「記念碑」のための募金をも非難している。

こうして次に、新約聖書における「真理の証人」とは何かについて述べている。その場合キルケゴールは、まずこの概念を理解する上で無条件的に要請されるものについて述べる。それは、「聖書の教え」のために「苦しみを受けること」(苦悩すること)だという。こうして、これを大前提として、「真理の証人」とは、次の三つの条件から成っていることを述べ、それの説明としている。それは、

まず第一に、「真理の証人」とは、その生が徹頭徹尾「楽しさ」と呼ばれるいかなることにも与り知らない人々のこと、その生が徹頭徹尾「苦しみ」のすべてを受けている人のことである。[10] しかしそれは、「彼の生が、徹頭徹尾楽しみというものはいかなるものも知らず、苦しみと呼ばれるすべてのものに献げられていたのである。[11]」つまり、それは、「人間たちの間では稀にしか語られることのないものに……つまり、内面性の闘い、おそれとおののき、身震いをおぼえるもの、疑念、心の不安、精神の苦悩等に、献げられているのである。それゆえ、彼の生は、それらのために、人間の世界で極く一般的に語られているあらゆる苦しみの中で、試みを受けていたのである。[12]

第二に、「真理の証人」とは、「貧しさ」の中で真理を証明し、「貧しさと取るに足りなさと卑しめられた状態」の中で、それゆえ、過少評価され、憎まれ、嫌悪され、そのようにして嘲けられ、侮辱され、笑いものされてしまう人間のことであり――彼は多分日々のパンをつねに手にすることはなく、それ程貧しいが、しかし迫害という日々のパンは毎日豊かに得ていたであろうし、彼にとっては、昇進とか栄進などということは全くあり得ず、そのようなことは全く逆方向のことであり、彼は一歩一歩下がって行ったであろう。[13]」

第三に、「真理の証人」「真正の真理の証人たちの一人」とは「むちで打たれ、虐げられ、捕えられ、牢獄から牢獄へと渡り歩くようにして、こうして最後には――これが最後の昇進となり、それによって彼はキリスト教の位階の第一級に入れられるのであり、つまり、真正の真理の証人たちの一人になるのであるが――こうして最後には――マルテンセン教授が語っているのは真正な真理の証人たちの一人ということなので、それならそれはこういう人のことなのだと言いたいが――こうして最後には、十字架につけられるか、首を切られるか、火あぶりにされるか、あるいは、火格子の上で焼かれるかして、彼の死した肉体は死刑執行人の手によってへんぴな所へところがされてゆき、埋められてしまう――このようにして埋葬されるのが真理の証人なのである！――さもなければ、燃されて灰にされ風の中に手軽にまき散されてしまうのである。それは、使徒自身が自分はそうなったと言っている〈人間のくず〉であることのいかなる跡形も消去されなければならないようにするために、である[14]」

「真理の証人」について、このような三つの条件が述べられている。こうして本論の最後は次のような言葉でくくられている。

「これこそが真理の証人であり、その生と生涯であり、その死と埋葬なのである――ところが、マルテンセン教授は、ミュンスター監督はこのような真正の真理の証人たちの一人だ、と言うのである。

そんなことは真実だろうか。そのように語ることそのことは、真理のために証言していることになっているのだろうか。マルテンセン教授は、その説教での話しによって、自らが真理の証人という身分へと、つまりは、真正なる真理の証人たちの一人になることへと、踏み入ったのだろうか。本当のところ、その話しには、キリスト教にとって、そしてまたキリスト教の本質にとって、いかなる異端よりもそれ以上に反対的なものが、そしてまたいかなる分派よりもそれ以上に反対的なものが、そしてすべての異端とすべての分派とを合わせたものよりもそれ以上に反対的なものが、存在しているのである。つまり、それはこういうことである。それは、キリスト教を弄んでいるということ、なのだ。しかしそれは――全く、全く、子供が兵隊さんのオモチャを弄ぶのと同じ意味においてである――キリスト教を弄ぶことになるのであり、それは、諸々の危険を遠避けてしまうことであり（キリスト教では〈証人〉と〈危険〉とは相呼応するものである）、それらの危険に代って、（他の人々にとっては危険となるはずの）権力や、善良さや、利得となるものや、最も快適な優雅さのもとでしばしば味合う楽しさというものを、持ち出してきているということなのである――こうして、それは、ミュンスター監督は、真理の証人、真正の真理の証人たちの一人であった、というこの遊びを弄ぶのである。しかも人は、その場合、その遊びを、決してとめることはできないのであり、天国に行ってもこの遊びを遊び続け、ミュンスター監督を使徒たちの日からこのわれらの時代にまで続いてきている真理の証人たちの聖なる鎖の一つへと入れる遊びをするという、これ程までに恐ろしい真面目さで、その遊びをしているのである。[15]」

この記事の本論は以上のようなものである。しかしこれについてはもうこれ以上の説明は必要ないであろう。

こうして次に「あとがき」Efterskrift が半頁強の分量で書かれている。しかしその内容については、既に本書第六部第六章第四節で紹介しておいたので、ここでは省略することにする。しかしここで一つだけ注日しておきたいことは、この「あとがき」を書いた日付が「一八五四年秋」となっている点である。つまり、この目下の記事の公表の日よりもずっと以前に書かれていたことになるわけである。なぜだろうか。それはやはり、彼がその時から、この公表の時機を狙っていたことを示すものと言ってよかろう。とくに、あの『これ言わるべきである――』の全文の公表も含めて、「時」を待っていたこと以外の何物でもない証左と言えると思う。

この「あとがき」がこのように既に何ヶ月か前に書かれたものをこの記事に添えたこともあってか、それにその内容からも判断されてか、キルケゴールは、これをも含めたこの一文全体に、更にもう一つ「あとがき」になるものを書く必要を感じたらしい。それは一頁強の説明文になっているが、これはこの一文全体の「あとがき」と言ってよかろう。書かれた日付は「一八五四年十二月」となっており、この記事の公表に際して書かれたものであることが分かる。しかしこれの内容はと言えば、信仰的にも思想的にも、とくに取り立てて注目さるべきものはないと考える。それというのも、これによって、キルケゴールは、あのマルテンセンの説教で述べられたことに対して、自分はいまどうしてもここで異議申し立てをしなければならない思いで一杯であるということを、述べているにすぎないからである。しかしその理由として、自分の不幸の原因はミュンスターにあること、それというのも、父ミカエルがミュンスターへの尊敬から、自分は「ミュンスターの説教によって教育された」こと、そのため自分はそのことに抗議すべきであったのに、父ミカエルへの敬虔からその偽造手形に対してまともに支払いをしてしまったこと、ミュンスターは生涯を通じて多くの人々の尊敬を集め、それはその死の葬儀においても美しくそうであったこと、しかも更に死後においてさえも多くの人々が集まって記念碑の募金が順調に進んでいること等々のことから、どうしてもここでそのような「虚偽」の流れを断ち切らなければならないと考えるので、異議の申し立てをしないではおられない、というものである。(16)

この「教会攻撃」の開始にあたって放たれた「最初の第一弾」は以上のような内容のものであった。では、その炸裂の影響はどういうものであったのだろうか。

注

(1)　N. Thulstrup: Ibid., S. 276.

(2)(3)(4)(5)　S. V. XIV. S. 11.

（6）　N. Thulstrup: Ibid., S. 276ff.
（7）（8）（9）　S. V. XIV. S. 12.
（10）（11）　Ibid., S. 13.
（12）（13）（14）　Ibid., S. 14.
（15）　Ibid., S. 15.
（16）　Ibid., S. 16.

第二節　衝撃の種々相

この「第一弾」の炸裂は、量り知れない大きな衝撃を齎した。その波紋は、デンマーク本国のみならず、他の北欧諸国にまで及んで行った。

デンマークでは、とりわけ、キリスト教界の関係者たちは、キルケゴールは気が狂ったのではないかとさえ思った。しかし一般的には、余りにも大きな驚きのため、対応のすべを知らなかったというのが実情だったようである。そのためいくつもの新聞紙上に、やたらと批評めいた反論が出たが、それらの内容はいずれもがあの記事が本来意味するものとはおよそかけ離れたいわば空を舞うようなものばかりであった。しかしそれらの反論を載せた新聞は、十二月末までで、次のような状況を呈している。「ベアリンスケ・ティザナ」Berlingske Tidende に四篇、「コルサール」Corsaren に三篇、「コペンハーゲン・ポスト」Kjøbenhavnsposten に三篇、「飛行便」Flyveposten と「祖国」Fædre-landet に各一編づつ、合計十四篇の文章が出たわけである。これは当時の新聞の出版事情から推すると、驚くべき反響を意味していることになる。しかもその期間を一八五五年一月末までに延長して調べてみるならば、それらは驚異的な数字にのぼる。勿論そのような数字は、いわば反論に対する反論も含まれてゆくからでもあるが。しかしそれらの数だけを見ても、この「第一弾」がどんなに大きな衝撃を社会に齎したかが分かるのである。

さて、これらの反論は、その分量からも、そのすべてをここで紹介することは到底不可能であり、また必ずしも必要とは考えられないので、これらの中から三つの新聞を選び、その事例の参考までに、ここに紹介してみよう。

まず注目したいのは、キルケゴールのその記事が出てから六日後の十二月二十四日「コペンハーゲン・ポスト」第三〇〇号に Æsculap という名前で書かれた一つの散文様の文章である。この名前は、ローマ神話に出てくる「医術と薬術の神」アイスクラピオスからとられたものである。しかしこの筆者が実際には医者であったかどうかは不明である。しかし彼は、この一文で、キルケゴールのその教会攻撃を最も酷評し、それを「狂気沙汰」gal と断じている。勿論この文章にはとくに深い洞察が貫いていたわけではないが、この「狂気的」という言葉は、この事件についてのかなり多くの人々の心情を代表していたことは事実と言ってよかろう。

次はキルケゴールの記事公表から九日後の十二月二十七日の「飛行便」Flyveposten に、I. L. のイニシアルで出された一文である。これは同紙にいままで連続して書かれてきたものの最終の文章である。これは非常に長い文章であり、その筆者は、この文章の中で、キルケゴールの記事を取りあげ、キルケゴールは「真面目さ」を失っていると断じ、それについて長々と書いている。因みにこの I. L. とは文学的風刺家イスラエル・レヴィンではないかと推測されたこともあるが、真偽の程は定かではない。ただここで注目されるのは、先の一文もこの一文も、余りにも大きな驚きを示しているという点である。つまり、その衝撃の大きさに、キルケゴールの記事の真意なぞ理解する余裕を全く失っている様を表わしている点である。

しかし最初の時期の反論でやはり大きな役割を演じたのは「ベアリンスケ・ティザナ」紙である。この新聞は、王室への郵便物 Brevpost の役を担う特権をもっていたので、既存のものを守る義務があることを自認していた。その意味では「保守的」であり、しかし同紙は今日までも続いている大新聞である。それゆえ、同紙は、そのような性格からか、このとき四篇もの反論を載せている。それらには、まず十二月二十二日第二九九号に"L"というイニシャルの人物の反論が、次に十二月二十八日第三〇二号にH・L・マルテンセン監督による反論が、更に十二月二十九日第三〇三号にH. F. Bingerの反論が、そして十二月三〇日第三〇四号にCasper Peter Paludan-Müllerの反論が、数えられる。このC・P・パルーダン=ミュラーは、後述される有名なJens Paludan-Müller牧師の兄である。尚そのC・P・パルーダン=ミュラーが書いた反論は、同紙の編集者が長い連載ものを広告し、その後直ちに同氏に委託したものである。またマルテンセンによる反論の一文については、節を改め、次節で紹介することにするが、この「ベアリンスケ・ティザナ」紙には、短期間の中に以上の四篇が掲載されたわけである。

キルケゴールによる「第一弾」の発射後、直ちに短期間の中に新聞紙上に現われた反論記事は以上のようなものであった。しかし反論記事は、既に述べたように、このほかの新聞にも多々見られた。けれども、それらの記事の殆んどは、その衝撃の大きさのためか、キルケゴールが提起した「問題」の本質を理解しようとする余裕なぞ全く感じられないものばかりであった。

しかしそれらの中にあっても、これまた同じようにそのような余裕を失ったことを示す一つの反論、しかしキルケゴールが今回の攻撃の直接対象として名指しで照準されたH・L・マルテンセン監督からの反論は、やはり特別に注目すておく必要があろう。

第三節　H・L・マルテンセン監督からの反論

この度のキルケゴールの「第一弾」は、何よりもH・L・マルテンセン監督を直接名指して彼に宛てたものであり、その文面からしても明らかに「マルテンセンからの返答」が期待されていて、しかも同監督と論争することがこの「教会攻撃」に関してキルケゴールが画いていた戦闘の構図であったことは、充分読みとれた。従って、その点では確かに、その形式に応じるように、マルテンセン監督は「返答」をしてきた。

しかもその「返答」となる「反論」は、十二月二十八日（木）付の「ベアリンスケ・ティザナ」（第三〇二号）に掲載された。同紙については前節で述べたように、王室への郵便物としての特権を与えられており、すべて既存のものを守る義務を負うていたことから、現監督の反論を載せることは、余りにも当然のことであった。その「反論」は、キルケゴールのS. V. XIV. S. 383–87. において、その全文を読むことができる。その全文は本来の新聞のものと全く同じなので、資料的に問題はない。とにかく、このようにして、その反論は世に出たのである。

しかしその「内容」は、キルケゴールが期待していたものとは凡そ異なったものであり、しかもマルテンセンからの「反論」はこれだけで終わり、これ以後は現われなかったので、キルケゴールが期待した同監督との論争は、成立せずに終ってしまった（これについては次節で詳述する）。とはいえ、キルケゴールのあの「第一弾」を、当のマルテンセン監督はどう受けとめたのかは、研究上是非明らかにされる必要があると考えるので、ここでその同監督からの「反論」の内容を、紹介しておきたいと思う。

その「反論」の正式の題名はI Anledning af Dr. S. Kierkegaards Artikel i "Fædrelandet" Nr. 295.『祖国』紙第二九五号に掲載されたS・キルケゴール博士の論説に因んで」というもので、新聞では三頁分の実に長文の論文である。しかしその「内容」をよく検討してみると、二つの全く異なれる要素から成っていることを知らされる。一つは、ミュンスター監督を「真理の証人」と呼んだことについてのキルケゴールの批判であり、もう一つは、そのキルケゴールに対する「人身攻撃」ともとれる数々の言辞である。以下この各々について更に説明しよう。

まずその「真理の証人」問題についてのキルケゴールの批判に対する反論であるが、マルテンセンは、「真理の証人」という概念についてキルケゴールが抱いている考えは全く不当である、と述べている。すなわち、マルテンセンによるならば、キルケゴールは、「真理の証人」（使徒）という言葉を、貧しさと虐げと卑しめられた状態の中で、その信仰を言葉と告白のみならず、行為と真実において証しし、遂には「血の証人」「殉教者」になることと同義語に考えているが、この点に根本的な誤まりがあると言う。というのは、既に「時代」は変っており、また各人への神からの賜物もさまざまに異なっており、従って、いかなる時代にも、またいかなる人物にも、いつも同じ一つのことが要求されているわけではない。正にミュンスター監督こそ、聖書の黄金律に従い、主の下僕として、主から彼の心に与えられた特別な霊の賜物に従って、それを語るために遣わされた者であり、しかもそのこと以上のことを決して語らないように自らを守った人だというのである。このように述べて、マルテンセンは、キルケゴールの「真理の証人」概念を、徹底的に反駁し論破しようとしたのである。(1)

しかしマルテンセンによる反論はこれだけではすまず、その鋒先をキルケゴール個人の性格や心理状態に向け、「人身攻撃」ともとれる激しい言辞をばら播いているのである。すなわち、マルテンセンによるならば、キルケゴールがあのように激しい論説を公表したことの動機自体には大変疑わしいものを感じさせるものがあり、彼は英雄の側に立つテアシテス Thersites のようなものだとなしている。(2) このテアシテスとは、ホーマーの詩『イリアッド』に出てくる最も汚らわしい人物の一人で、それは『イリアッド』の第二歌、とくに二一二行から二一九行に書かれているが、そこではこのテアシテスの外見が次のように描かれている「彼の脚は両方とも曲がっており、片方の足で強くびっこをひき、背はせむしの格好をし……髪は頭の上の方に薄く生えているだけであった。」そしてオデュッセウスはこのテアシスに憤り、彼を自分の杖で叩き続けるのである。(3) このように描かれているテアシテスの姿をもってキルケゴールを形容したことは実に驚きに値する。というのは、右のような描写といい場面といいそれらは、誰がみてもコペンハーゲン市の街中でいつも見かける現実のキルケゴールの姿そのものであり、「キルケゴール」といえばコペンハーゲンの人々はそのような風貌の人物としてイメージしていたからである。しかもこのテアシテスに対するオデュッセウスの仕打ちは、N・トゥルストルップが指摘しているように、正にマルテンセンがキルケゴールに対して目下とっている仕打ちと同じようなものだからである。(4) それにしても、当時のシェラン監督が、この反論の中で、いくたびも「S・キルケゴール博士」と呼びながらも、彼の外見をそのまま思わせるような「人身攻撃」ともとれるようなことをしたことは、ただ驚きの一語に尽きる。マルテンセンの憤りは余程のものであったことは想像に難くない。しかしこれについては直ぐ後述する。しかしこのようにして、マルテンセンは、キルケゴールの著作家としての価値を下落させようとし、彼の乱雑極まりない文章について語り、彼は父に対する敬虔な関係から離れ、むなしさの思いから行動しているのだと非難し、更に、彼はキリスト教会を歴史の中で求める代りに、荒野と部屋の中にキリストを探し求めようとする「私的キリスト教」を弄んでいるのだと憤りをもって語っている。(5)

マルテンセン監督の反論は大体以上の二点になる。

この「反論」の内容については、まだいろいろ述べられるべきことがある。しかし論点はこのようなものなので、次にこれについてのキルケゴールからの「反論」を検討してみよう。

注

(1) S. V. XIV. S383–5.
(2) Ibid., S. 386.
(3)(4) N. Thulstrup: Ibid., S. 278.
(5) S. V. XIV. S. 384–7.

第四節 「第二弾」――『祖国』一八五四年十二月三〇日（土）第三〇四号 「それはそういうことなのだ！」Derved bliver det!

先述の「最初の第一弾」が発せられてから十二日目の十二月三〇日（土）、キルケゴールは、同じく『祖国』紙に、「第二弾」を発した。しかしこの原稿が書かれたのは十二月二十八日なので、この記事は先の十二月二十八日『ベアリンスケ・ティザナ』に出たマルテンセンの「反論」に対する「反論」として書かれたのではないかと思われがちであるが、キルケゴール自身がこの記事の注記で述べているところによると、キルケゴールがマルテンセンのそれを読んだのは、この原稿を書いた後だったようである。(1) それゆえ、この記事の本論はそれの影響を受けていないことになる。しかしキルケゴールは、その注記の中でそのマルテンセンの「反論」への反論を実に詳しく述べている。そのためこの記事は結局、マルテンセンの「反論」への反論としての「注記」と、その影響は受けない「本文」との二つの記述からなっている。それゆえ、ここでは、その二つに分けて紹介したいと思う。

しかしその作業に入る前に一つ注目しておきたいのは、この記事の標題 Derved bliver det!「それはそういうことにしておこう！」という言葉である。このデンマーク語は、一般には、「それについてはこれ以上言わるべきことはない」ということを意味するときに使われ、「それはそう決まった」とか「それはそういうことなのだ」とかいう意味を表わすとき用いられる。この言葉を、キルケゴールは、「注記」の末尾や「本文」(三部構成) の各部の末尾の締めくくりの語に使っている。それは恰も、これをキャッチ・フレーズのように使っているかのようである。では、この記事を以下その二つに分けて紹介しよう。

I 「注記」――マルテンセンへの反論

キルケゴールはこの論説記事の最初の方の個所にこの記事を「十二月二十八日」に記したことへの説明として、全集一頁余にわたる長文で、先のマルテンセンによる反論とこの記事との関係について述べ、この記事の本文はそれとは関係なく書かれていたことを述べ、しかし合わせてこの欄を使って、ここにあの「反論」に対する「反論」を展開している。それは長文であるが、それについて説明するよりも、参考までに全文紹介した方がその事情が実感をもって理解され易いと考えるので、次に全文訳出することにした。それはこうなっている。

「この論説は、十二月二十八日という日付からも分かるように、この日に『祖国』社に、提出されたのである。ところが、この同じ日の夕方、驚いたことに、私は、『ベアリンスケ・ティザナ』第三〇二号で、マルテンセン監督の論説を目にするのであり、同監督には、私がどんな反論を準備していたとしても、この短い私の論説に見合うような特異性を、決して持ち合わせていないことを、知るのである。彼は、いくたびか〈長たらしいキルケゴール的文学〉に対するものとしてひけらかそうとしたそんな特異性なぞなく、むしろそれは彼がそのキルケゴール文学に精通することを妨げていたものであることを、私は目にしたのである。私が目にしたのは、そういうことであった。それどころか、私が見もしなかったし見てもいないもの、それは、彼の論説が何のために利益になるのかということで、その論説は、それが扱っている事柄に何の変化も起こさせないので、実際にはそれに対して何ら詳細な返答なぞ必要とされない論説だということなのである。マルテンセン監督は、私が真理の証人と血の証人とを同義にしているということ、私がミュンスター監督が真理の証人であることを否定して憚からないのはそのことによってなのだということを、主張しようとしている。しかしそれはそういうことではないのだ。あの記事では、私は、最後にちょっと血の証人という言葉を使ってみせた（しかしその血の証人は確かに真理の証人たちの一人であり、とくに〈真正の〉真理の証人たちの一人である、あるいは、私が〈キリスト教の位階法令における第一階級〉と呼んだものの、つまり、私が、血の証人よりももっと多くの真理の証人たちを想定しなければならないことがやはり含まれていることになるその「第一階級」と呼んだものの一人になるのである）、従って、あの記事においても、それの注においても——人は勿論その両者を調べてみることができるが——私は、真理の証人と血の証人とを同一視するようなことはしてないのである。そして注においては、私は全く明確に、キリスト教の告知を、「官吏やそのような系列にある人々がするように、つまり、彼自身が輝かしく、楽しみの中に豊かにキャリアを積んでゆく者」のそういう仕方ですることと、「苦しみを受けている真理の証人」のような仕方ですることと——しかしこの場合は私は、苦しみを受けることは必ず死を苦しむことを意味するなぞとは、どんな仕方でも主張したことはない——の相違を、指摘した筈である。そしてこの相違こそが、ミュンスター監督が、真理の証人、真正な真理の証人たちの一人、聖なる鎖の一つと呼ばれることはできないことを承認するのに、全く充分なものである。——ところが、この相違に関しては、マルテンセン博士は、想像するにシェラン監督というよい地位にあるため、公的なモラルのために、しかしまたかなり乱暴で格闘好きの調子で、私が果した前進への腹立ちについて、またイエズス会的なものやその種のものについて、語っているが、それらの場所でのその語りは、私には、全く何の印象も与えないのである。それは、ひとつには（そしてこのことこそが決定的なことであるが）、私の考えでは、それは誤解によっているからであり、またひとつには、マルテンセン博士は余りにも従属的で自主性のない人格の持主なので、他人に感銘を与えることができないのである。とくに、彼があのビロード製の聖衣で身を包むようになってからはそうである——このように、家庭の雇人は確かにその仕着せにおいて、感銘を与えることはできないが、彼が主人の衣服を纏ったとしたなら、慈愛深い伯爵様の衣服を纏ったとしたなら、感銘を与える度合は更に減じるであろう。ついでに言えば、私は、一発を食らってもそれに耐えることには慣れており、また、そのことで数年が過ぎ去り、大部分のことが私の考えたようになり、つまり、私がその食らった一発に耐えなければならなかったということだけが忘れ去られ、そのようにして私はその食らった一発に耐えてゆくことにも——それはキリスト教の諸概念を解明することに益するために——慣れているのである。で、ミュンスター監督についてのあの判決は、つまり、彼は真理の証人、真正の真理の証人たちの一人、聖なる鎖のひとつであったというあの判決は、抗議するべきなのである。それはそういうことなのだ！-Derved bliver det!(2)」

この「注記」はこのように書かれている。従って、これによるならば、キルケゴールは、この記事の本文を書いたときは、マルテンセンのあの反論を読んでいなかったのであり、それゆえ、この「本文」の原稿を提出した後にそれを知り、この「注記」を後から追加することを『祖国』社に依頼したと考えられる。いずれにせよ、正式な形ではないにしても、このような形でキルケゴールの反論も出たわけである。

II 「本文」——それはそういうことなのだ!-Derved bliver det!

この本文は三つの独立した文章から成っているが、しかしそれらは、「全体」が三つに区分されたような性格をもち、そのようにして一つの「全体」を構成している。それは大変長文のもので、最初の文章が一番長く約三頁分あり、二番目のものが一番短かく一頁強、そして三番目のものは二頁強の分量である。しかし既に述べたように、各文章の末尾は必ずDerved bliver det!の言葉でくくられている。以下の各々の文章の内容について簡単に紹介しよう。

最初の文章は次のような書き出しになっている。しかしこれは、この三つの文章すべてのためのテーゼとしての意味ももっているように思える。

「説教壇からは、ミュンスター監督を、真理の証人、真正な真理の証人たちの一人として、描き出し、彼に聖なる鎖の一つという席を割り当てているということ、そしてこれに対しては、異議の申し立てがなされなければならないということ、それはそういうことなのだ!-derved bliver det!」[3]

これは確かに後の三つの文章のテーゼとしての意味をもっている。

こうして当然に最初の文章も、これをめぐっての議論として始まる。これは大変長文であるが、しかしキルケゴールの言わんとしていることは非常にはっきりしている。彼は、tillige(=その上、更に加うるに…)という言葉の説明を通じて、[4]「真理の証人」ということが、この言葉によって意味付けられるならば何の意味も持たなくなるということを述べている。彼によるならば、人間は誰でもがこの言葉によって説明されるものを必ず沢山もっているという。つまり、人は、自分は是々のものであるが、それに加えて、斯々であるというふうにである。例えば、自分は「バイオリンの愛好者であり、その上何々クラブの会員であり、更に加えて、射撃大会の優勝者である等々と。このように人はみなこのような「付加物」tilligeによって説明されるが、しかし人間は必ずしもそれら「付加物」に適応してはいないという点に特徴がある。つまり、人間は、それに加うるに、「それらとは全く別の存在なのである。」ところが、マルテンセン監督によるミュンスター監督についての規定「真理の証人」はどうだろう。マルテンセンによるその規定はミュンスター監督をtilligeとして「真理の証人」という言葉をあてがったに過ぎない。しかしこのtilligeにはいま述べたような意味があり、「人間はその付加物とは全く別の存在である」とともに、そもそもその「真理の証人」という言葉は、tilligeとはなり得ないものであり、それをマルテンセンがミュンスターに適用したことは、「真理の証人」の本来の意味規定を完全に裏切るものだというのである。[5]

しかしキルケゴールは、マルテンセンが、このように「真理の証人」という規定を、それ本来の意味においてではなく、単なるtilligeとして用いたことは、むしろ「プロテスタント教会の牧師たちの在り方そのもの」から来ている、という。というのは、「プロテスタントの牧師であるということ」は、この世の一般の市民たちの権利に対して同じような関心をもち、従って、それらの人々と同じようにこの世の金銭所得や楽しみを求める在り方になる。しかしその上で、「それに加うるにtillige」、それ以上のものとして、「真理の証人」であろうとする。このことからすべてが発することになる。

「そしてこのことこそが、マルテンセンの追悼説教において、正にはっきりと明るみに出されたのだ。だから、異議の申し立てが為さるべきであった。そしてそのようにして、出来得る限り語気鋭くして、血がかき立てられて、情熱が動かさるべきであったのだ……そして必要とあらば、一撃が頭部に食らわさるべきであったのだ——いや、あの記事が公表される以前にずっと、マルテンセン教授は頭部をなしていたのだ。

事態はこうあるべきであった。だから事態はそのように起こったのだ。それはそういうことなのだ!-derved bliver det!」[6]

最初の文章はこのようなものである。これによってキルケゴールは、自分のあの「第一弾」の記事の理由を、いまここで改めて説明したわけである。

次の二番目の文章では、キルケゴールは、ミュンスター監督への自分の関係の特別な点について述べ、それは、ミュンスターを自らの牧師として尊敬していた亡き父ミカエルへの敬虔から、ミュンスター発行の偽造手形に対し、それに抗議するどころか、受け取ってしまったことを、述べている。その場合キルケゴールは、ミュンスターの多くの友人、信奉者、崇拝者たちに対して、ミュンスターに対する自分の態度は、いわゆる敵対ではなく、忍従 Resignation であり、徹頭徹尾「耐える」ことであったということを、述べている。[7] だから自分は、ミュンスターの敵たちが自分とともに歓声をあげたり喜んだりすることを、決して願わない。むしろ場合によっては、自分は、ミュンスター監督のために、私の亡き父の牧師ミュンスターのために、それらの敵たちに対して闘うこともする、と言っている。それに、ミュンスターはこのデンマークにおいて自分に決定的な力をもっていた唯一の人物でもあることから、自分はミュンスター監督を決して審くことはしてこなかった。「私は、神の摂理の御手においてであるが、ミュンスター監督自身が自らを審くための機縁になったのである。[8]」ミュンスター監督を審くのは彼自身である。ミュンスターは、日曜日に為した自分の説教を、月曜日になると、そんなことは知らないかのように、あるいは、それを敢えて自ら認めまいとするかのようにしているが、そのことは、その説教において自分自身を審いていることになるのである。「敵」であるならば、その者はその相手が生きている間に急いで審こうとするだろう。しかしその相手に「身を献げてきた者」であるならば、その相手の最後の最後まで、最後の瞬間まで、審くことは避けようとするだろう。そしてその時、予想外の仕方でほんの一言だけ有益な言葉を発するだろう。つまり、このようにして「忍従」Resignation ということが維持されゆくのである。それというのもその相手がその一言によって心を動かすことを願うからである。「従って、それはそういうことなのだ。Derved bliver det. つまり、私は、亡き父への敬虔から、その偽造手形を、それに抗議することの代りに、引き受けてしまったということなのだ。[9]」

更に次の三番目の文章では、キルケゴールは、この二番目の文章を更に深め発展させる仕方で、あの十二月十八日の自分の記事について説明している。しかしその説明は、その記事が与えた余りにも大きな衝撃のために世間の中にあがった悲鳴のような批判に対して、なされている。キルケゴールによると、それらの批判は、主として、自分がいまはもう答えることのできない故人を攻撃しているという点に向けられているという。しかし彼は、それは誤解であると言い、先の二番目の文章で述べたミュンスター監督に対する自分の特殊な関係について詳しく述べ、それを前提として、大要次のように述べている。自分は、できることなら、自分の最初の考えを、本当に親しみをもった考えを貫くことができたらよいが、とつねに願っていた。それは、ミュンスターが最後の生を生き通し、やがて美しい音楽につつまれて葬られればよいが、というものである。自分がそのような願いをもっていたのにはいろいろな理由があるが、やはりそれは、自分の亡き父の牧師であったというそのことへの敬虔からであった。そのようなことから、自分は、ミュンスターに対して攻撃をしないように忍従し続けたのである。そして、神の御力によって、年老いたミュンスターが生きている限りは、攻撃をしないように忍耐しぬくことができたのである。このようなわけで、その最後の頃なぞは、殆んど絶望的になりそうだった。つまり、自分は、ミュンスターに、彼のキリスト教告知が新約聖書のキリスト教に照してみるならば全く錯覚であること、それはこの世の世俗的な賢こさにすぎないことを、直接訴えて闘いたかった。しかし神は讃むべきかな、死を直前にした老人をそのようにして憤らせることを、自分はまぬがれることができた。つまり、自分は、神の最も恐ろしい尺度に従って、それをせずに済んだのである。そしてミュンスターは、自分が考えていたように、その最後を完うし、美しい音楽に包まれて葬られた。そして記念碑まで建てられようとしている。もっともそれ以上のことではないが。しかしこうして最も一般的なこととして、ミュンスターは、歴史へと移り入ることになったのである、真理の証人、真正な真理の証人たちの一人、聖なる鎖の一つとしてである。それはそういうことなのだ!-derved bliver det![10]

　この記事の内容は、大体以上のようなものであった。

　それは、結局のところ、あの「第一弾」が人々に与えた衝撃の大きさの故にそれらの人々の間にはその真意が伝わっていないことに対する彼の再度の説明のようなものであった。

注
(1)(2)(3)　S. V. XIV. S. 17ff.
(4)(5)(6)(7)(8)(9)(10)　Ibid., S. 18ff., 19, 20, 21, 22, 23ff.

第五節　無数の反論と唯一の賛意

I　典型的な反論の型――J・パルーダン＝ミュラーの小冊子による反論

年が明け一八五五年の新年になると、あの十二月十八日の記事への反論はますます増えてゆく傾向を見せ、それらの実際の数は、先に述べたものよりもはるかに多量になっていった。しかしそれらの反論の殆んどすべては、キルケゴールの言葉によるならば、あの記事からの衝撃の大きさゆえにあげられたいわば女性的悲鳴にも等しいものばかりであった。事実、それらのいくつかを任意に読んでみても、やはりキルケゴールの意図や思想の核心には関係のないその種のものであることが分かる。そのためキルケゴール自身もそれら一つ一つに反論をするようなことはしなかった。そして研究者たちも、そのようなことから、それらの一つ一つを取りあげて論じることはしてこなかった。しかしそれら無数の反論の中には、いくつか反論の共通の型とも言えるものが見えてくるのも事実であった。しかし更にそれらの中で、典型的な型をなしていることが認められるものがあったことも事実である。そしてキルケゴールは、これに対してだけは、特別に注目して、反論を試みたのである。それは、当時オールボー教区で副牧師をしていたイェンス・パルーダン＝ミュラー Jens Paludan＝Müller（1813–99）が発行した小冊子を通じての反論であった。このJ・パルーダン＝ミュラーは、キルケゴールと全くの同世代ということもあり、彼によく注目しており、嘗てあの『あれか―これか』の著作に対する評論をしたこともあったのである。そのJ・パルーダン＝ミュラーは、今度はこの教会攻撃についての批評をしたわけである。彼は、この新年に入るとすぐ、あの十二月十八日の記事への批判として一冊の小冊子を自ら発行した。それは『ミュンスター監督についての評価に対するS・キルケゴール博士の攻撃、オールボーのブドルフィ教会副牧師J・パルーダン＝ミュラーによって照明をあてられる』Dr. S. Ks Angreb Paa Biskop Mynsters Eftermæle, belyst af J. Paludan＝Müller, residerende Kapellan ved Budolphi Kirke i Aalborg, Kbhun, 1855. という題のものであった。この小冊子は、このように、全く個人的なパンフレットであったにも拘らず、これが発行されるや、その書評が直ちに一月九日付の『ベアリンスケ・ティザナ』第七号に掲載され、それはこの小冊子を絶賛したのであった。従って、この小冊子の爾後の影響は想像に難くないものがあったわけである。とくにこの小冊子の反論の中心をなす部分は実に明白であった。それは、これの七頁に書かれている「キルケゴールへの一つの要求」という下りである。それは次のようになっている。

「それゆえ、私は、S・キルケゴール博士に対して、そのそばに置かれている筈の新約聖書によって、彼が述べた上記の告発の言葉を、その言葉に値いする仕方によって立証することを、要求する。そうすれば、私は、そのような告発が全く有効性をもたないことを照明することにしよう。(1)」

J・パルーダン＝ミュラーの言わんとしていることは、キルケゴールは、ミュンスター監督について、あの記事で、新約聖書に基づいてという名目で、実に激しい告白の言葉を書いているが、その「激しい告白の言葉」は新約聖書のどこから出てくるのか、それをはっきり説明すべきだというのである。それは一つの大きなアイロニーの突き付けを意味していた。

この時期キルケゴールは、反論の中ではこの小冊子だけをとりあげ、一月十二日（金）の『祖国』第一〇号で、それへの反論を、述べている。しかしこの反論自体については、節を改め次の第六節で詳述するので、ここではこれ以上立ち入らないことにする。

それにしてもキルケゴールがこの小冊子による反論だけを重視したのは、そこには他のあらゆる反論に見られる一つの共通の型のようなものを見たことは疑いをいれない。

II 唯一の賛意の表明——R・ニールセンによる弁護

あのキルケゴールの記事に関して、厳密な意味で真に弁護を表明したのは、R・ニールセン教授 Rasmus Nielsen (1809–84) であった。R・ニールセン教授は、既に述べたように、晩年におけるキルケゴールの唯一の信奉者であり、キルケゴールも信頼を寄せていた。このR・ニールセンは、十二月十八日にキルケゴールのあの記事が出ると、まず十日後の一二月二十七日同じく『祖国』紙に一文を投じ、そこではキルケゴールのあの著作『自己吟味のために』(一八五一年)を取りあげ、読者の注意を該書に引きつけ、問題の本質をじっくり理解するようにしむけ、あの十二月十八日の記事については、決して判断を急ぎすぎないようにという警告を発することから始めた。

ところが、その後、年が明けると、彼は、その一八五五年一月一〇日『祖国』第八号に「善きわざ」En god Gerning という題の論説を載せ、この度のキルケゴールの攻撃が正当である旨を表明した。すなわち、そこでは、R・ニールセンは、キルケゴールがデンマーク教会の根本問題に触れたこと、そしてマルテンセン監督にそれをはっきり認めさせようとしたこと、そしてまたキルケゴールがキリスト教の本質をこの世からは切り離されたものとして描き出そうとしたこと等々を、「善きわざ」と呼んだのである。この論説は、R・ニールセンが、これについてのマルテンセン監督からの返答を期待したものであった。しかしそのような返答は全くなかった。

そこでR・ニールセンは、同じく『祖国』の一月十六日第十三号、今度は直接に「尊敬すべき師マルテンセン監督へ、ひとつの質問」と題して、論説を書き、問いをぶつけたのである。彼はこう書いている。

「あなたは、〈S・キルケゴールの異議申し立ては〈善きわざ〉であるとなす〉私の見解が当分の間はあなたの見解のもう一方の対立物として問題にされずにあり続けるのだ、と教会の名において当然そうあるべきものと思っておられるのですか、それとも、あなたは、私の見解が何の資格もないものとして直ちに拒絶されるべきものであり、こうしてあなた自身の判断が、教会の平静を保つために、誤まりなきものであり、また変更し得ないものとして堅固に維持されることが正しいのだと思っておられるのですか?」

この論争文にも正式な返答は現われなかった。しかし一月十八日発行の『ベアリンスケ・ティザナ』紙には"χ"という名で、それに対する短い記事が投稿されている。それにはこう書かれている。「いささか時を得ないまともでない質問に対しては、こんな現在の環境のもとでは、どんな返答をしたところで、それはただ火に油を注ぐだけのようになるだろうから、それには何の返答もなされないことが、はっきり認められよう。」

あの十二月十八日の記事をめぐっては、この一月に入ってからは、このような状態であった。つまり、R・ニールセンの弁護は別とするならば、殆んどの反応は、むしろ衝撃の余りの非難のようなものばかりであった。

注

(1) Jens Paludan=Müller: Dr. S. Ks Angrebpaa Biskop Myunsters Eftermæle, belyst of J. Paludan=Müiller, residerende, Kapellan ved Budolphi Kirke i Aalborg, Kbhvn. 1855. S. 7.

第六節　J・パルーダン＝ミュラーへのキルケゴールの反論——『祖国』（一八五五年一月十二日（金）第一〇号）「パルーダン＝ミュラー牧師から私に突き付けられたひとつの要求」

前節Iで述べたように、J・パルーダン＝ミュラー牧師は、この一月に入ると、あの十二月十八日の記事に対する反論として自ら小冊子を発行したが、それの書評が直ちに一月九日付の『ベアリンスケ・ティザナ』に出た。しかもその書評は、この小冊子の内容を、絶賛したものである。その小冊子で述べられている「キルケゴールへのひとつの要求」（＝先述）もさることながら、そのような「小冊子」の出版と「書評」の出現との間髪を入れないタイミングのよさと、やはりその小冊子の内容に鑑み、キルケゴールは、そこに不吉なものを予感したらしい。そこで彼は直ちに反論をこの『祖国』紙に寄せたのである。この反論がいかに重要な意味をもっていたかは、この時期キルケゴールが反論を書いたのは、先述のマルテンセン監督に対するもののほかは、これが唯一のものであることによって明らかである。

この記事の全文は三頁程のものであるが、内容は、大きく分けると、二つから成っていると言ってよい。一つは、この「小冊子」の出版に対してその内容を絶賛する書評が直ちに出たタイミングのよさへの不可解と、もう一つは、その内容がこの度の自分の「闘い」そのものをとんでもない方向へと変質させてしまうことへの危惧とである。以下この二点について簡単に説明しよう。

まずこの反論記事は、そのタイミングのよさについての思いから書き始めており、それは、次のような書き出しになっている。

「パルーダン＝ミュラー牧師は、私に対する一冊の小冊子を出版したが、当然のように直ちに『ベアリンスケ・ティザナ』の評論家は、これを、全く素晴しいものとして、吹聴していた。しかしそれは、フィガロの結婚の中のあの場面を、[1]つまり、バルトロとバジルとがマルセリーネという乙女のことを語るために互いに表情の動きを通じて謝意を表わしていたあの場面を、想い起こさせるひとつの状況である。正直言って、私は、たとえ望んだとしても、私に立ち向かってくる多数の人々すべてに向かって受け答えをしたり、あるいは、謝意を表したりすることなぞとてもできないことなので、私が見るところ、それら小冊子と書評とが互いに受け答えをしたり謝意を表し合ったりする手はずを整えていることを、全く分別のあることと思うのである。[2]」

このように述べた後、しかしキルケゴールは、この小冊子とその書評とが結託して、自分に対して、その小冊子が突きつけている要求について答えることを迫っていることに関して、極めて率直に、自分はそれについて決して語る積りはないこと、つまり、答える積りはないことを述べる。彼がその言葉で訴えていることは、自分はそのような要求に「係わり合いになることとそのことを拒絶する[3]」ということなのである。その理由について、彼は、次のように述べている。

「そんな要請を、私は、やはり問題にはしたくない。それというのも、私にはそのことに係わる積りのない理由があるのであって、それは、そこには何かわな en Snare のようなものが仕掛けられていやしないか、それが心配だからである。[4]」

つまり、キルケゴールは、その小冊子からの要求と、タイミングよくそれに答えることを迫っている書評の要請とには、何かわなのようなものが仕掛けられているのではないかと感じとることによって、それとは全く係わり合いになりたくない、と言っているわけである。

こうして次に、この「わな」をめぐって、それに係わり合いになりたくない旨を述べるのが、この記事のもう一つ部分である。それは、その要求、要請に応えてひと言でも言えば、この度の自分の「闘い」そのものが、とんでもない方向へと変質させられてしまうということ、つまり、具体的に、この「闘い」そのものが、「長々とした尤もらしい神学的研究」へと変質させられてしまうという点である。彼は右の引用文に続けて、次のように述べている。「それゆえ、もし私がそれに首を突込むならば、この事柄の全体とこの事柄の地位とが、全くの僅かな時間ではあっても、それが本来あるものとは全く別のものになってしまう、ということなのである。この事柄とは、ミュンスター監督は真理の証人であったのか、真正の真理の証人たちの一人であったのか？そのことは真実なのか？ということであり、つまり、その事柄とは、ミュンスター監督を、真理の証人、真正の真理の証人たちの一人、聖なる鎖の一つとして描き出すことが説教壇からなされたことに対する私の側からなされた活気に満ちた抗議 energisk Protest そのことである。従って、そのこと自体が、すぐにも忘れられてしまい、事柄の全体がミュンスターの説教についての引用に継ぐ引用を重ねて等々の長々とした尤もらしい神学研究へと、つまり、それへの参加者の厖大な数や教説理論だけにきっと聞き耳を立ててしまう一つの研究という営みへと、変様してしまうとしたならどういうことになるだろうか。だからお断りだ。(5)」

これで明らかなように、J・パルーダン＝ミュラーの小冊子とそれについての『ベアリンスケ・ティザナ』の書評からの要求や要請に答えてひと言でも語り始めれば、問題全体の本質は、「活気に満ちた行為」においてこそ現われている火のようなものが、羽根ぶとんをかぶせて消されるようなもので、そして何よりも事柄自体が学問的まわりくどさによって忘却させられてしまうもので、結局これを長々とした神学研究に変質させることは、自分が闘っている相手方だけを利するることになる。なぜなら、その相手方は、簡潔なこと、明々白々としたこと、事実的なこと、既存の体制にとって決定的なこと、そのような一点だけは何としても回避しようと願っているに違いないからである、というのである。(6)

キルケゴールが以上述べていることで真に読者に訴えようとしたことは次の二点のように思える。

ひとつは、マルテンセン監督が、ミュンスター監督は真理の証人々々ということを（それだけでも間違っているのにこのことを）自分の高い地位を利用して「説教壇」から語ったということである。

もう一つは、しかしその判定はいま、キリスト教的意味では最高度に資格づけられた「異議申し立て」に直面していることである。

つまり、キルケゴールは、この「事実」そのものが、神学研究というまわりくどいものに変質させられてはならないというわけである。

この一文では、キルケゴールは、以上のことのほか、ミュンスターの説教についていくつかの批判を述べている。しかしそれらの批判の中でも決定的とも言える一語は、「ミュンスター監督は、その信奉者たちでさえそう思っているように、決して本来の意味での罪の悔い改めをすすめる説教者 Bodsprædikant ではなく、ただキリスト教の名において人生の楽しいこと、平安だけを語っていたにすぎない[7]」という言葉である。このような批判の根拠となっているものは、キルケゴールの次の言葉である。「真のキリスト教的説教はすべて、何よりも第一に Bodsprædiken（罪の悔い改めをすすめる説教）である。[8]」

J・パルーダン＝ミュラーへの反論は、以上のような内容のものであった。

しかしこの反論公表後、目下の戦局には、重大な変化を迎えることが、起こりつつあった。それは、端的に言えば、この「教会攻撃の第一局面」は、終了し始めていたということである。それを起こさせた者は、マルテンセン監督の態度であったと言っても過言ではない。それというのも、この目下の教会攻撃において、『祖国』紙に掲載した諸論説において、キルケゴールが期待した最大のことは、マルテンセン監督との激しい論争であった。ところが、同監督は、既に述べたように、あの十二月二十八日付の大して深味のない反論を一度だけ公表しただけで、同日付のキルケゴールのあの論説に対しては、何の返答もなく、またこのJ・パルーダン＝ミュラーへの反論に対しても何の反応もなく、こうして同監督は、キルケゴールと論争する気配など全く見せていないのである。それゆえ、このような経過の故に、キルケゴールにしてみれば、論争への期待外れが生じ、そのためその「第一局面」を終了せざるを得なくなったわけである。しかし正にこの故に、その「戦局」は「第二局面」へと入ってゆくことになるのである。

注

（1）オペラ「フィガロの結婚」の第三幕第十場。
（2）S. V. XIV. S. 25.
（3）（4）（5）Ibid., S. 26.
（6）Ibid., S. 26の注。
（7）（8）Ibid., S. 27.

第二章　戦局の第二局面——戦線の拡大、既存の教会の全牧師層を攻撃対象に

『祖国』一八五五年一月二十九日（月）第二十四号に現われたキルケゴールの二つの文章（S. V. XIV. S. 28–33, 34–6）は、明らかにキルケゴールの戦線がぐっと拡大したことを意味している。その拡大は、攻撃の対象が、いままでは「ミュンスター——マルテンセンという個人」に限られていた状態から、これも含めてではあるが『既存の教会の全牧師層』へと移ってゆくという形をとって現われた。この時点から、戦局は、「第二局面」へと入ったということができる。

しかしこの「第二局面」の区画という問題に関しては、必ずしもすべての研究者が認知しているわけではなく、例えば、主たる研究者の中では、P・G・リンハートはこれを無視している。(1) しかしV・クレステンセンや、とりわけN・トゥルストルップは、この「局面」fase をはっきり認めている。(2) それゆえ、どうしてこのような相違が生じてくるのかがすぐ問題になってくるが、それは、その二人の学者は、そしてとりわけトゥルストルップは、他のいかなる学者たちよりも、この一月二十九日の『祖国』紙の論説をよく検討し、これを重視している点にあることが分かる。そこで、そのようなことから、私もここでは、資料の扱い方を重視する意味で、両者にならって、この一月二十九日の『祖国』紙を重視したいと考える。

ところで、その一月二十九日付の『祖国』紙であるが、実に面白いのは、この日の第二十四号には、キルケゴールの文章が二篇も同時に掲載されていることである。一つは、前章において紹介した彼の三つの論説と同種のものであり、もう一つは「学術文芸欄」Feuilleton に載った論文である。それゆえ、以下の個所では、この二つをそれぞれ別々に検討してみたいと思う。

注

（1） P. G. Lindhardt は H. Koch og Kornerup 編集の Den danske Kirkes Historie. Bd. VII. (Kbh. 1958) の中でキルケゴールの教会攻撃を扱っているが、それは素晴しい研究にも拘らず、この件の区画は行っていない。

（2） V. Christensen: Ibid., S. 154. N. Thulstrup: Ibid., S. 280.

第一節 「論説」の方の文章「マルテンセン監督との争点――それは、キリスト教的に見るなら、とにかく教会におけるいやらしい既存のものにとって、キリスト教的意味で決定的となるもの」

これの原稿は、一月二十六日に書かれたと記されており、五頁強のものである。しかし全体は、二つの文章から成り、分量的には、二番目の文章の方がやや多目である。以下この二つに分けて説明しよう。

I 最初の方の文章

この文章は実に明快である。それというのも、この論説全体の標題に使われている「争点」Slridspunktet という言葉の意味を、キルケゴール自身が、この文章の冒頭で、単刀直入に説明しているからである。彼は冒頭次のように述べている。

「〔マルテンセンとの〕争点は、マルテンセンが、説教壇から、ミュンスター監督を、真理の証人、真正な真理の証人たちの一人、聖なる鎖の一つ、と語ったことそのことである。

四六時中固執されなければならないことはこのことであり、この問題に真に真剣に関わっているすべての人々が、いついかなる日にも、心にとめてきたにちがいないものは、このことなのである。……

このことは――そしてそれはやがて明らかになってくるが――、新監督が、あのようにしてミュンスター監督を聖徒の一人に列せさせることによって、教会の既存の体制の全体を、キリスト教的意味では、厚顔無恥のいかがわしいものに化してしまっているというその点なのである。[1]」

キルケゴールは、その「争点」を、このような言葉で、明らかにしている。そして次に、このことについて、更に詳しい説明を展開してゆく。

しかし彼の説明には、ここへ来て大きな変化が現われていることが、認められる。それは、彼の攻撃対象が、「ミュンスター監督とマルテンセン監督という個人」から「デンマーク全土の牧師層全体」へと向けられていった点である。つまり、彼は、いままでの論説では、新約聖書に基づいて、ミュンスター監督とマルテンセン監督の在り方に対して、激しい批判の言葉を述べていたことから、この文章では、同じく新約聖書に基づいてであるが、「デンマーク全土の牧師層全体」の在り方に対して、批判を展開し始めるという方向へと向かったのである。

彼はまず次のように述べている。

「簡単に言えば、もしミュンスター監督が真理の証人であるとするならば――このこと自体最も盲目的な見方であるが――、この国の牧師はすべてが真理の証人であるということになる。なぜなら、美学的に見てミュンスター監督の非常に優れた点や並はずれた点は、真理の証人であるのか、真理の証人でないのかというこの問題に関しては、何の関わりもないからである。問題は、彼の性格や生活や在り方に関して言えば、そしてこの点に関する限り、ミュンスター監督は、市民的な正義に反抗してはキリスト教の告知を決してしたことのないわが国のすべての牧師たちと全く同質であったという点なのだ。このようなわけだから、〔彼が真理の証人なら〕、わが国の牧師すべても同時に真理の証人だということになるわけである。(2)」

そして更に次のように述べている。

「しかしこの国で一般になされているキリスト教の告知、つまり、公的意味でのキリスト教の告知は、王国の官吏たちによってなされているのであり、つまり、それは、この世での世俗的キャリアの昇進が告知となるような序列的人物たちによってなされているので、その告知を、新約聖書と並べてみるならば、つまり、(貧しかった者、へり下った者、嘲られた者、唾をはきかけられた者であった) イエス・キリストが『イエス・キリストの一人の弟子』に要請していた事柄と並べてみるならば (そして牧師とはやはり確かにそのような人間であるべきであり、だから真理の証人に値いするのであるが)、すなわち、イエス・キリストが要請していた事柄とは、教義を『無になって』for Intet 告知すること、つまり、教義を、『貧しさにおいて、卑められた状態において、いかなる財宝をも拒絶することにおいて、この世とは無条件的に同質化しない状態において、この世の権力のいかなる使用や助けからも最大限の距離をおくことにおいて等々、告知することであるが、この事柄と並べてみるならば、公的なキリスト教の告知は、新約聖書と対照的であり、新約聖書の教義の一つ一つが (もしそれがそうだとするならば)、私が曾てアンティ・クリマクスという偽名著者によって示唆した方法によって弁護され得ることは、余りにも見易いことである。……そのアンティ・クリマクスの観点は……既存の教会が新約聖書のキリスト教とはどんなにかけ離れたところにあるか、しかもそれは真実に新約聖書のキリスト教に近づいてゆこうとするような努力は全く見られないことを、示している。(3)」

牧師層へのキルケゴールの批判は以上のようなものである。それは、ミュンスター監督やマルテンセン監督に対して述べたことと全く同じ内容のものであり、その批判は、デンマークのキリスト教と牧師たちが、この世俗的世界の秩序と全く同質化してしまっている点に向けられているわけである。そしてそのことによって、キリスト教の名においてとんでもない錯覚が国全体を支配している点に向けられているのである。

II　二番目の文章

この方の文章は、分量としては、先の文章よりもやや多目ではあるが、殆んど同じで約二頁半程のものである。キルケゴールがこの文章を書くにあたっては、やはり一貫して前述の事実に関わり、それを徹底的に非難することを、根幹にしている。すなわち、それは、マルテンセン監督がミュンスター監督を「真理の証人」とみなしたことは、それ自体ふざけたことであり、錯覚であるが、しかもマルテンセンはその判定を場所もあろうに「説教壇」から下したこと、これは「神とキリスト教」を「からかうこと」「なぶりものにすること」に等しい、というものである。つまり、それは「教会」を劇場もしくは享楽的な遊び場にするにも等しいので、自分は、その判定に加わる位いなら、一般の享楽的な遊び場の方を選んだ方がましだというのである。この文章の冒頭次のようになっている。

「この文章では、私は、私の異議申し立てを、穏やかにではなく、鋭い調子で、繰り返そう。私は、神をからかうことに加わるよりも、むしろ遊びをし、大酒を飲み、女を買い、盗みをし、殺人をしよう。また、マルテンセン監督がキリスト教的真面目、Christelig Alvor と称しているそんな真面目の様式に加わるよりも、むしろ昼間はボウリング場や王突き場で過ごし、夜は賭け事をする場所か仮装舞踏会場で過ごそう。そうだ、私は、むしろ神を全く直接からかい、高い地点へと上昇し、私が神と共に一つとなるような自由な領域へと出てゆこう。そしてそこでは、直接自分に向かって、『お前は悪い神だ、お前は人からからかわれるにも値いしない』と言ってやろう。(4)」

こうしてこの文章のあと更に彼は、いかにも過激で晦渋を極めた文章を、かなり長く綴っているが、それらにおいて言わんとしていることは、自分は何としても、最大の努力を傾け、ありとあらゆる万策を講じて、マルテンセン監督の行為に示されているような「説教壇の上から神をからかう」行為には決して加わらないように、そのことから身を守る、ということである。(5) つまり、キルケゴールによるならば、この国では、教会がキリスト教の宣教とは全く別の仕事に用いられているということ、つまり、教会は政治に用いられているということ、これが問題なのであり、彼はこれを非難する。つまり、それらにおいて彼が言わんとしていることは、もし教会が舞踏会などに用いられたらどういうことになるか。それは、神の礼拝が神を愚弄するために用いられるのと同じになる。教会を政治に用いるのは、そのようなことと全く同じことをしているのだ、ということである。(6)

しかしキルケゴールがそのような激しい表現を通じて訴えようとしたもの、いや、浮き彫りにして示そうとしたことは、そのようなデンマーク教会全体の倒錯した性格でけでなく、その教会が行うキリスト教告知の内容についての批判を通じて、「新約聖書」から引き出される真実のキリスト教告知の具体的な内容であった。すなわち、彼によるならば、「キリスト教の真理」「真理の証人によって告知されるキリスト教の真理」は、マルテンセン監督や牧師層によって行われている仕方とは全く異なる仕方においてのみ、告知され得る、ということである。

それについて、キルケゴールは、主として三二頁の後半部分で、書いているが、そこでは、彼は、「マタイによる福音書」第二十四章九節を念頭において、書いている。この個所は、次のようなものである。

「そのとき、あなたがたは苦しみを受け、殺される。また、わたしの名のために、あなたがたはあらゆる民に憎まれる。」

これは、イエス・キリストが、キリスト教の宣教に関して言っている言葉である。そして似たような意味の言葉は、このあと更に続いている。それらの言葉によって、キルケゴールは、「キリスト教の宣教」は「真理の証人」によってこそなされることがイエス・キリストの言葉として聖書に書かれているということを、示そうとしたのである。彼は次のように書いている。

「そして私に関して言えば、私には本当に誰か人様を非難するつもりもない。私はただ私の異議申し立てを繰り返すだけである。私は理解されることはないであろうということ、そして私は神によって理解されておりまた自分自身を理解しているということ、しかし私はもう少し悪い状態になるであろうということ、このようなことは、言うまでもなく、新約聖書が予言している事柄である。そして、私は決して受け容れられることはないであろうということ、なぜなら、キリスト教においては、敗北することによってのみ勝利が与えられるからである。」(7)

このように述べて、このあとに、締めくくりの言葉を述べている。それは、マルテンセンの「説教壇からのあのような言葉に、何とも腹立たしさを感じ、それによって自分の中に憤慨が目覚まされた、ということについてである。その場合、その憤慨は、勿論ミュンスター監督を「真理の証人……」となしたことに対してであるが、そのことについての発言が「説教壇」からなされたという点に、向けられている。それゆえ、これについてのキルケゴールのここでの記述は、彼の教会攻撃への動機が最も切実に語られていることを、感じさせられる。

いずれにせよ、この「論説」は、以上二つの文章から成っている。その内容を具に検討してみるとき、この「論説」は、キルケゴールの教会攻撃がどのようにして起こったかを伝えるものとして、その資料的価値が特別に高く評価されてよいと思う。

注

(1)(2)　S. V. XIV. S. 28.

(3)　Ibid., S. 29.

(4)　Ibid., S. 30ff

(5)　Ibid., S. 30.

(6)　Ibid., S. 31.

（7） Ibid., S. 32.

第二節 「学術文芸欄」の方の文章「二人の新しい真理の証人」

先の「論説」が出た同じ『祖国』紙一八五五年一月二十九日（月）第二十四号には、その「学術文芸欄」Feuilletonに、キルケゴールの文章が更に一篇掲載されている。その分量は、前述の「論説」を構成した二つの部分の各々のものとほぼ同量である。そしてこれも同じく一月二十六日に書かれたことが記されている。

この文章は、その書き出しにはっきり記されているように、先の一八五四年十二月二十八日発行の『ベアリンスケ・ティザナ』第三〇二号に掲載されたあのマルテンセン監督の反論の文章の一部分に対して反論するという形をとっている。

しかしN・トゥルストルップの研究によるならば、この一文には、もう一つの具体的な背景があるようである。トゥルストルップは、キルケゴールがこの文章の三十五頁で、マルテンセンが行った聖職授与式での説教Ordinations=Taleに言及していることから、この文章は前年の十二月二十六日にマルテンセン監督が全デンマークの監督たちを任命する聖職授与式Bispevielseと深い関係があるのではないかと、それというのも、教会史においては、この十二月二十六日というのは、最初の殉教者となったステパノの殉教の記念日であることから、この記念的な日に、その式典でマルテンセン監督が実際に為した任命の行為や説教を、キルケゴールは、この日に全く相応しくない愚行としてみなしたこのことに関係があるのではないかと、推察している[1]。トゥルストルップは、その式典について、更に次のように詳しく述べている。すなわち、この式典でマルテンセン監督は、「使徒言行録」第一章八節のイエス・キリストの言葉「あなたがたはわたしの証人になる」を題名にして、この日の説教を行った。キルケゴールは、この式典が行われたフルーェ教会のすぐ向かいに住む隣人であったが、当然にこの式典には出ずに家にとどまっていたようだ。

しかしマルテンセンがその説教を直ぐ出版して公表したので、キルケゴールは、この腹立たしい行為にもう黙っていられなくなった。因みにこの聖職授与式は、当時も今日のように執り行われ、壮重萃麗な雰囲気の中、国王や王妃はじめ多くの皇族、高位の聖職者たち、市民としては最高位に属する官僚たちがいわゆる礼服 Gallauniform と呼ばれる重々しい儀式用の服を身につけて参列するものである。従って、それは教会史上最初の「殉教」をしたステパノの日には凡そ相応しくない、全くふざけたことをする日になってしまっているというのである。(2)

このような背景を念頭において読むとき、この一文の内容は、非常にはっきりしてくる。

まずこの標題になっている「二人の新しい真理の証人」とは、マルテンセンが先の『ベアリンスケ・ティザナ』第三〇二号（一八五四年十二月二十八日）で、「神から送られてくる贈り物はさまざまである」(3)と述べていることに事寄せて極めてアイロニカルな意味で、一人はミュンスター監督であり、もう一人はマルテンセン監督を指している。つまり、マルテンセンは、「真理の証人」として故ミュンスター監督を称賛しているが、その論法、語法でいうならば、マルテンセン監督自身も「真理の証人」になる、というのである。(4)これで明らかなように、この文章は、両人を、極めてアイロニカルな非難の対象にしているわけである。

このような構図のもとで、キルケゴールは、明らかに先の聖職授与式に事寄せるようにして、その際のマルテンセンの言行を批判する。すなわち、マルテンセン監督は、新約聖書で言われているイエス・キリストの弟子や使徒という言葉を、現在の牧師、副監督、監督、証人、真理の証人等々に適用しているが、それは完全に語法を誤っているのではないか、自分はこのことに異議申し立てをすると訴える。こうしてキルケゴールは、その聖職授与式でのマルテンセンン監督の説教を引き合いに出して、彼は、その際、この冒瀆的な、神を嘲るよう語法を、依然として言いふらし続けている、と非難する。(5)

こうしてキルケゴールは更に言う。しかし新約聖書には、イエスの弟子となったり使徒となったりすることは、マルテンセンンが言っていることとは全く別のこととして、記されている。それらの人々は、一切のものを捨てて、貧しさと、取るに足りない者としての姿をもって世に出てゆき、あらゆる苦難を受けた人々であり、その生と死とにおいて、今日のキリスト者がキリスト者として表現しているものとは正反対のことを、表現したのである。ところが、今日の牧師、副監督、監督と呼ばれている人々は、ただ社会の中で日常の生計のための序列を、保っているにすぎない。これらの人々が弟子とか使徒と言えるのだろうか。このように述べている。そして彼は更にこう続けている。

「いま私はこうたずねたい。それらの牧師たち、副監督たち、監督たちと、キリスト教が証人と呼んでいる人たちとの間には、僅かながらも似たところがあるのだろうか？あるいは、そのような牧師たち、副監督たち、監督たちを新約聖書の意味での証人と呼ぶことは、田舎での広い野原で行われる大演習を、戦争そのものと呼ぶのと同じ程に笑うべきことではないか？……もしそれら牧師たち、副監督たち、監督たちが、新約聖書で証人、真理の証人という言葉で理解しているものとは全く似てもつかないものならば〔むしろ別の名で呼ぶべきであり〕、例えば、牧師とか、官吏とか、教授とか、官房長官 Cancelliraader とかいう言葉で呼んだらよいので、簡単に言えば、どう呼んでもよいが、真理の証人とだけは呼んではならないのである。(6)」

「確かにわたしは、さまざまな高いレベルでの尊敬すべき有能で優れた力をもった聖職者の方々を存じ上げている。けれども、私は、大胆に言うが、この王国の中には、真理の証人という光を当ててみるとき、彼こそは滑稽ではないとされるような者は一人もいないのである。(7)」

このように述べて、キルケゴールは、監督の中でも最高位であるマルテンセン監督も滑稽であり、真正の真理の証人ステパノは決して滑稽ではない、と主張する。そしてキルケゴールは、この最初の殉教者、真理の証人ステパノの記念日に、聖職授与の式典を開き、マルテンセン監督が、聖職者たちを、「真理の証人」の仲間に入れて、「真理の証人」呼ばわりすることは、そのステパノのことを想うとき、実に笑うべき、喜劇的なことだ、と言うのである。(8)

この一文は以上のような内容のものである。しかしその内容はこのように明快なものなので、それについてはこれ以上の説明は必要なかろう。

このように本章で扱った一八五五年一月二十九日付の『祖国』紙に掲載されたこの二つの文章は、既に述べたように、明らかに教会攻撃の「戦線」がデンマークの全牧師層へと拡大されたことを意味しているが、しかしこの二篇については更にもう一つ重要な点が付加される必要がある。それは、この号のこの二つの文章をもってキルケゴールは、突如約二ヶ月間の「沈黙」に入ったという点である。キルケゴールの沈黙に関しては、いままでも幾度か言及してきたが、われわれはここでも沈黙に出会う。このように述べれば、誰でもが、このような戦闘の最中何故「突然の沈黙」がと思うのであろう。しかしここでの「沈黙」が意味するものについては、研究者たちの研究によって、実にはっきりしていた。しかしその「沈黙」は、この戦局の行方を見通すための実に重要な意味を担っているものであった。それゆえ、節を改め、次節でこの問題を検討してみることにする。

注

(1)(2)　N. Thulstrup: Ibid., S. 281.
(3)　S. V. XIV, S. 385.
(4)　Ibid., S. 34.
(5)　Ibid., S. 35. キルケゴールは、マルテンセンがその説教で、聖書に記されている弟子、使徒、真理の証人と、他の聖職者たちとを同一視している点を、非難しているのである。
(6)　Ibid., S. 35.
(7)(8)　Ibid., S. 36.

第三節　二ヶ月間の「沈黙」

この一月二十九日に二篇の文章を掲載してから後は、三月二〇日に（火）第六十七号が出るまでは、約二ヶ月間、キルケゴールは、この『祖国』紙はもとより他の紙上にも一つの文章も書かず、完全なる「沈黙」に入ってしまった。しかしその理由は実にはっきりしていた。多くの研究者たちの共通の意見によるならば、それは、彼が、自分のいままで発表した文章に対して、マルテンセン監督はじめ全牧師層からの誠実な回答を待っていたのである。しかしその回答は、あの十二月二十八日の『ベアリンスケ・ティザナ』第三〇二号に掲載されたマルテンセン監督の文章のようないわゆる感情的で浅薄な反論ではなく、誠実に真向から応えてくれる回答を期待していたのである。勿論キルケゴール自身、この戦いが始められたときは、それがどのような展開を見せてゆくかということは、はっきり見えていなかったことは事実である。しかし彼が最低限期待していたことがあった。それは、マルテンセン監督との論争を基幹として戦いをすすめることであった。ところが、あの十二月二十八日の「反論」は、内容が余りにも稀薄で、全くの期待外れであった。しかし更に期待外れなのは、自分が十二月三〇日（火）第三〇四号に書いたあの記事にも、また一八五五年一月十二日（金）第一〇号に書いたあの記事にも、マルテンセン側からは何の返答もなかった。そのためこの一月二十九日（月）第二十四号に二つの文章を載せ、それへの返答を待つことにしたのである。

ところが、マルテンセン監督からも牧師層からも何の「返答」もなく、結局三月二〇日まで約二ヶ月も待つことになったのである。

では、その二ヶ月間キルケゴールは、何をして待っていたのだろうか。

それについて当然伝えてくれる筈の日誌は、全く書かれていない。それゆえ、日誌からは、その間の彼の動静を知る由もない。

もし資料という点からだけ言えば、その間の彼の身に起こったことを伝えてくれるものは、たった一つだけである。それは、レギーネが夫スレーゲルが亡くなって六年位した一九〇二年三月一日（この時彼女は八十歳に近づいていた）、彼女が親しくいていた女流作家ハンナ・ムーリア Hanne Mourier がレギーネと会話の時をもち、キルケゴールについてレギーネに語ってもらったその「想い出」を書き取ったものだけである。それはそのようにムーリアによって書き取られたので、すぐ彼女はそれをレギーネに読んでもらい、その誤まりの有無を検討してもらった。その時レギーネはそれが全部正しいことを認めた。こうしてその貴重な資料が出来上がったが、これがやがて図書館員J・C・カル J. C. Kall の手を通じて、精神病学者H・ヘルヴェーグ Hjalmar Helweg の手に渡り、彼はキルケゴールについての著作 S. K. En psykiatrisk-psykologisk Studie. (Kbh. 1933). S. 385–92. にその全文が公表されたわけである。そしてそれ以後は、ここから多くの研究者に、引用されている。なお、この書誌的な問題については、私は既に『青研』一五八五頁に、記しておいたので、そこを参照していただければ、幸いである。

ところで、そのレギーネの「想い出」によると、目下の時期の三月十七日、キルケゴールの身に起こった一つの事が、報じられている。それによると、この三月十七日は、レギーネの夫F・スレーゲルは、デンマーク領西インド諸島の総督として赴任するためそこへと出発する日になっていた。そして三十二歳のレギーネも同行することになっていた。そのため、この日彼女は、計画的に、いつもキルケゴールが通る街路上で、彼に会い、彼とすれ違うとき、そっと小声でこう言った「神様の祝福があなたの上にありますように。では、お幸せに！」Gud velsigne Dig-gid det maa gaa Dig godt! この時キルケゴールは、身をひくようにして下がり、静かに頭を下げた。これについてレギーネは更にこう言っている。彼がこのようなことをしたのは別離後はじめてであった。しかしこれがこの地上での最後のものであった。[1]

この二ヶ月の間で分かっているキルケゴールの動静は、これだけである。

しかしこの二ヶ月間のことも含め、ここまでの戦いの展開について、ここで是非N・トゥルストルップの見解を、紹介しておきたい。それというのも、トゥルストルップは、この教会攻撃における反応と戦いの展開について、それはキルケゴールが最初意図したこととは非常に異なった方向を辿り、かつ非常に長引いて行ったことの理由として、事柄の核心を射た言葉を述べているからである。それについてのトゥルストルップの基本的な見解は次のようなものである。

「もしマルテンセンが、説教壇から、ミュンスターを、キリスト教のための真理の証人と呼ぶようなことをしなかったとするならば――つまり、もしマルテンセンに、古代教会についての極く初歩的な知識ぐらいはあって、例えば、何千人ものキリスト者が自らのキリスト教の信仰のために死刑に処せられていった十七世紀の日本の宣教の歴史についての（そして今日でさえ共産主義が恐怖政治を敷いている世界の到る所でそれと全く同じことが起こっているわけだが）初歩的な知識ぐらいはあったなら、多分彼はそんなことはしなかっただろうが、もしそうはしなかったとするならば――、S・キルケゴールの教会闘争は、その始まりも経過も少し異なったものになったであろうことは想像できるであろう。またもしマルテンセンが「王立デンマーク学士院」というような痩せこけた人々の集会で、伝統的な記念講演を開き、他方それをキルケゴールが聞き知ったとするならば、恐らく静かに頭を振ることがキルケゴールの最初の反応になったであろう。そして教会闘争も想像するに別の機会に起こったであろうし、また別様の経過を辿ったであろう。[2]」

トゥルストルップが言わんとしていることは実に明快である。それは、キルケゴールの教会攻撃のあのような激しさの原因は、勿論「殉教」ということへのマルテンセンの無知にあることは言うまでもないとしても、それ以上に、マルテンセンが「真理の証人」についての宣言を「説教壇から」なしたというその点にあったのではないか、と見ている点にある。つまり、その「神聖な場所」からのそのような偽りの発言、これがキルケゴールの心をかき立てた、と見ているわけである。このことは、前節までに紹介したキルケゴールの文章から十分認められ得ると言える。この見解は、トゥルストルップ教授自身が牧師であることから、そのような一つの宣言が「説教壇から」下されることがどんな意味のものになるのかを充分熟知していることからのものとみなすことができよう。

いずれにしても、このキルケゴールの教会攻撃は、彼が最初意図していたこととは大きく異なった展開を見せ、また方向を辿るようになった。彼が期待した反応や返答は、一月二十九日以後約二ヶ月待っても現われなかった。そこで遂に三月二〇日、キルケゴール自身の方が動き出した。

注

（1） H. Helweg: S. K. En psykiatrisk-psykologisk Studie. (Kbh. 1933). S. 391. Carl Jørgensen: S. K. Bd. V. (Kbh. 1964). S. 94.

（2） N. Thulstrup: Ibid., S. 277ff.

第三章　戦局の第三局面――戦線の更なる拡大（一般の信者層にまで）――そして「真理の証人批判」から「プロテスタント的テーゼの宣言」へ

三月二〇日になってキルケゴールは二ヶ月間の沈黙を破ると、戦局は確実に新しい局面を迎えることになった。この日の『祖国』紙第六十七号に彼の文章が現われる、それ以後次々と彼の同様の文章が『祖国』に現われ、それは五月末まで続く。その間同紙には彼の十六篇もの文章が掲載された。しかも五月二十四日には、C・A・ライツェル書店から彼独自の小冊子『これは言われなければならない、だからこのように言われたのだ』が発行された。これだけ見ても明らかなように、戦局は確実に新しい局面へと入っていった。これは、この戦いの「第三局面」となるが、この「第三局面」は、徹頭徹尾『祖国』紙上に掲載されたそれら十六篇もの論説を通じて展開されている戦局である。しかしこの「第三局面」こそ、思想的にも行動的にも、目下の戦いの最も中心的な位置を占めているものと考えることができよう。それは余りにも著しい、そしてキルケゴール的な特徴を示していると言うことができる。

ところで、この「第三局面」の特徴は、次の四点から成ると言ってよかろう。

それは、まず第一に、キルケゴールは、ここへ来て確実に、自らが訴える対象を、先の局面における「全牧師層」という枠を破り、それを超えて更に「一般のキリスト者層」にまで拡大したことである。彼が自らの主張の表明のための手段として用いているこの『祖国』紙は一般国民を対象にしたいわば一般の「新聞」であることから当然と言えば当然であるが、とにかくこの三月二〇日以降キルケゴールは、明らかに「一般のキリスト者層」に訴え始めたのである。三月二〇日から始まるすべての論説がそうであるが、とりわけ、最初の三篇は、「一般のキリスト者層」を直接名指しせんばかりにして、目下のデンマークのキリスト教事情への注意を促し、彼らの反省と覚醒を訴えている論調を感じさせられる。

従って、第二に、以上の変化は、当然に、その「批判」の内容にも及ぼしてきており、つまり、いままでは、その批判の主たるテーマは「真理の証人問題」であったものが、それはここへ来て、はっきりと「新約聖書のキリスト教」に照して見られた「デンマーク教会の現状と根本問題」へと変ったことである。キルケゴールはいまや、このテーマと真向から取り組み、これを「一般キリスト者層」に向かって、訴えたのである。そして彼は、その「訴え」の中で、彼のみが達し得たその「根本問題」の核心にまで触れるようになり、こうして遂に彼は、彼自らが称する「プロテスタント的テーゼ」の宣言へと移っていったのである。彼は、ルターはプロテスタント的テーゼとして九十五箇条の命題を述べたが、自分はたった一箇条でよいと言って、そのテーゼを宣言した。それは、「この国には新約聖書のキリスト教は存在していない」という命題である。キリスト教国となっていたこのデンマークには「新約聖書のキリスト教は存在していない」というこの宣言は、これ以上決定的な衝撃をもたらす言葉は考えられない程の革命的宣言であったと言えよう。

第三に、このような訴えをした後更に、キルケゴールは、すべての個々人が「新約聖書のキリスト教の真理」へと覚醒することを訴えている。それは、一牧師からの反論に対する返答を通じてなされているが、その返答は、それら同時代人のみならず、後世のわれわれにとっても、実に意味深い思想上の示唆をしていると受けとれることが注目される。つまり、彼は、目下の戦いの意味を真に理解するためには、彼が書いた多くの著作の中のどれを読んだらよいかをはっきり述べている点である。彼はその書名を三つ挙げている。それらについては、後に第三節で詳述する。いずれにせよ、この戦いはこのようにして実に濃密な内容のものとなってゆくのである。

第四に、こうしてキルケゴールは、五月二十四日と二十六日に、「決定的な宣言と追及」ともとれる訴えをしているが、彼は実はこれらによって、この戦いが「最終段階」に入るよう誘導しているかに見えることである。すなわち、キルケゴールは、五月二十四日、前述したように、単独で「小冊子」を発行して「決定的な宣言」をしているが、それから二日後の五月二十六日には『祖国』第一二〇号で、マルテンセン監督の「沈黙」について、徹底的なまでの最後的批判の言葉を述べていることである。それは何と七頁もの長文のものである。特徴的なのは、前者は、その対象を、監督、副監督、全牧師層の枠を超えて、「一般のキリスト者層」へと向け、それらに向けて、自らの「立場」と先述の「宣言」とを、訴えたものであり、後者も、内容はマルテンセン監督の「沈黙」が意味するものについての批判であるが、やはり「一般のキリスト者層」に向けて、訴えたものである。しかしこの両文とも、この「第三局面」を総括しかつ終熄させようとしていることを、そしてとりわけ後者の方は、この『祖国』紙を通じての闘いをこの号をもって終了させることを、示しているとともに、明らかに「新しい局面」が始まることを、示唆していると見ることができる。

それゆえ、本書では、この四点について、考察することになる。

しかしその作業に入る前に、もう一つ述べておくことがあるように思える。それは、『祖国』紙とキルケゴールとの関係についてである。この闘いの「第三局面」は先にも述べたように徹頭徹尾『祖国』紙に掲載された十六篇の論説を通じて展開されたものである。しかしそれにつけても、ここで注目されるのは、先の十二月十八日の攻撃開始のときから一月二十九日までの五篇の論説とこの十六篇の論説とを合わせて計二十一篇もの論説を、キルケゴールはなぜ自由にこの『祖国』紙上に、載せることができたのかという点である。これについては、N・トゥルストルップも指摘しているように、この時期キルケゴールは、『祖国』紙の編集長J・ギョズヴァズ J. Giødwad (1811–91) と非常に良好な関係にあり、そのことによって、キルケゴールは紙面の欄をかなり自由に使わせて貰ったらしいことが挙げられる。その証拠には、期間は六ヶ月もの長期にわたるとともに、後述されるところから明らかなように、同じ一つの号に二篇も同時に掲載したり、一年前や二ヶ月前に書いた原稿も載せることができ、その形式も実に任意にとることができたことによっても、知られ得るのである。

では、早速先に挙げた四点の考察に入ることにしよう。

第一節　一般のキリスト者層へ向かっての反省と覚醒の訴え――デンマーク教会の現状と根本問題の指摘を通じて

キルケゴールが自らの主張を訴える対象は、これまでの「全牧師層」から「一般のキリスト者層の全体」へと一気に拡大した。そして彼が訴える内容も、「真理の証人問題」を槍玉にあげることから「デンマーク教会の現状とその根本問題」を照し出すことへと変わってゆき、彼は、「一般のキリスト者層」の注視をこの問題へと集めることに、その全エネルギーを注ぐことになった。こうしていまや、この教会攻撃は、名実共に「全デンマーク国民」を相手に、行うことになった。その十六篇の論説はすべて、そのような構図のもとに書かれたものであるが、それらの中でもとりわけ三月二〇日から始まる三つの論説は、恰かもこの「一般のキリスト者層」を直接名指しせんばかりの勢いで書かれている。以下その模様について、簡単に紹介しよう。

Ｉ　『祖国』一八五五年三月二〇日（火）第六十七号「ミュンスター監督の死に際して。マルコによる福音書第十三章二節……あなたは、これらの大きな建物を見ているのか。一つの石もここで崩されずに他の石の上に残ることはない。一八五四年三月三十一日　Ｓ・キルケゴール」

二ヶ月振りに、三月二〇日姿を見せたこの文章は、このような題名のもので、しかもこれが書かれた日付は、一年前の一八五四年三月三十一日になっている。つまり、「ミュンスター監督の死後」丁度二ヶ月経った日に書かれたものである。

また題名と共に掲げられた聖句は、キルケゴールの原文では、その後半の殆んどの部分は——を引いて省略されているが、ここでは読者の便を考え、その部分も記しておいた。ところで、この聖句の場面は、イエスがエルサレムの大きな神殿の崩壊を予言している際のことを、描いているものである。すなわち、イエスがその神殿の境内を出てゆこうとするとき、弟子の一人が「先生、御覧ください。なんとすばらしい石、なんとすばらしい建物でしょう」と言った。そこでイエスがこれに答えて言った言葉がこれである。キルケゴールがこの言葉をこの論説のモットーに掲げた意味は非常にはっきりしている。それは、その壮麗堅固に見えるエルサレムの神殿とそれについてのイエスの言葉を、そのまま目下のデンマーク教会とそれについての予見に適用したと言えるであろう。

さて、この論説の文章全体は、二頁弱の短いものであるが、二つの異なる部分から成っている。つまり、「主文」のほかに、それとは全く別に、「マリアの御告げの日」Mariae Bebudelsesdag と記した約半頁程の文章が付加された形をとっていることである。

まず「主文」の方であるが、これは、前年一八五四年三月三十一日記すとあるところから、この標題と合わせて考えるとき、「ミュンスター監督の死」を、その二ヶ月後に書いたこの文章で、強く印象づけようとする意図がうかがえる。そしてその意図は、この文章の最初の書き出しの部分でも、はっきり示されている。

「事態が次のように運んだとするならそれは、確かに最も願わしいことだったであろう。すなわち、ミュンスター監督が、しかも出来得る限り重々しく、人々に対して直接に、自分が自らの身において表現してきたものは、新約聖書のキリスト教ではなく、敢えて言えば、それは、新約聖書のキリスト教の敬虔なる和らげ、色あせ、つまり、多様な仕方で行われた隠蔽における錯覚なのだ、と語ることをもって、終わりを遂げたのだったら、ということである。

が、そのことは起こらなかった。(1)」

このように述べた後、次の段落で、キルケゴールは、自分がなぜこのようなことを言うのか、自らの立場について、述べる。それによると、自分は、ミュンスター監督の死後も、この故人としての監督に見えない関係をずっと持ち続けてきたが、公認のキリスト教とその告知が決して新約聖書のキリスト教ではないことを全く感知していない人々が余りにも多いことを知った。そのため、自分は、自分の主張を、ずっと続けなければならないことを、知ったという。つまり、公認のキリスト教は決して新約聖書のキリスト教ではないということがどうしても認知されなければならない、と言う。そして、こうして次のような言葉を、結びの言葉として、述べている。

「しかし、そのような認知はなされていないので、公認のキリスト教の告知は、それが新約聖書のキリスト教そのものとされていることによって――無意識にしろ、あるいは、悪意はないにしろ――ひとつの錯覚になっているのだ。(2)」

これがキルケゴールの主張なのである。

二番目の文章は、「マリアの御告げの日」に記すとなっていることから、これが書かれたのは、一八五四年三月二十五日であったことが分かる。この文章は先行する文章の補遺的な意味をもった文章である。約半頁強の短文である。キルケゴールは、最初の七行程で、いまデンマークには、キリスト者と称せられる人々が何百万人もおり、人口と同じ数だけおり、しかもそれが世代から世代へと幾百万もの数で引き継がれてきているが、そのようなことは、新約聖書でキリスト者という言葉で言われている者とは無関係であることを述べている。そしてこのあとの十三行程で、そのようにキリスト者と称せられそのように思い込んでいる者にとって何よりも重要なことは、自分自身が果たしてキリスト者なのかどうかを問うてみること、つまり、新約聖書が要求している事柄を自らにあてがって問うてみることだ、というのである。(3)

この『祖国』第六十七号の内容は大体以上のようなものである。

Ⅱ　『祖国』一八五五年三月二十一日（水）第六十八号「これがキリスト教の神礼拝なのか、それとも、それは神を愚弄することなのか？」（良心の問題〈私の良心を軽くさせるために〉）

この論説も、前日のものと同様、二種類の文章から成っている。最初の方の「主文」は約一頁分のもので、前年の一八五四年五月に書いたものであり、あとの方はやはり補遺的な意味をもっており、これには「啓蒙のために」Til Oplysning という標題がついており、それは一八五四年の「キリスト昇天祭の日」Christi Himmelfartsdag〔＝五月〕に書かれた文章である。

まず「主文」の方の内容は極めて明快である。今日の時代のように一切が変わってしまっているとき、しかも人々は、公認のキリスト教の神礼拝において牧師や教師が語る言葉が新約聖書の言葉とは全く異なってしまっているのにそれに気付かずそれと同じものであるかのように振舞うことは、その神礼拝は、神を礼拝しているのではなく、神を愚弄していることになるのだ、というのである。(4)

あとの方の「啓蒙のために」という標題の文章は約一頁半のもので、これは二つの項目のもとで書かれている。それは次のようになっている。

1　教師（牧師）について、彼は普通の意味での相対的存在である、ということの啓蒙のために。「牧師についてリアルな説明書を書くならこうなる。牧師は、半分世俗的、半分聖職的、全く両義的な官吏、序列志向人間であり、これらのことは、（在職服務期間によって昇進したり、厳しい修行期間の後に騎士になったりすることを望むことにおいて――この点では全く新約聖書の精神においてであるが！）家族によって自らの生活の安定をはかり、また必要とあらば、警察の助けを借りてまで（使徒的なものに従うためには、「コリントの信徒への手紙一」第九章二六節「わたしとしては、やみくもに走ったりしない」(5)のではないだろうか）自らの生活の安定をはかり、イエス・キリストが十字架につけられたことによって、自らの生を肥している。この奥の深い真面目さこそが（これが『イエス・キリストのまねび』なのだろうか？）新約聖書のキリスト教であると主張し、また教会では真のキリスト者はますます少なくなりつつあることを悲しみ嘆きながらである――それというのも、牧師が真のキリスト者であるということが、余りにも自明なことになっているからであり、牧師は、キリストが（マルコ十二ノ三八、ルカ二〇ノ四六）で「長い衣をもとって歩き廻る彼らに気をつけなさい」と言っているとき、そのキリストが決して薦めてはいない長い衣をまとっていることには気付かずに歩き廻っているからである。(6)」

2　状況に関することへの啓蒙のために。

ここでいう「状況」とは、新約聖書において見られる状況である。キルケゴールは、その「状況」がデンマーク教会のそれとは全く異なるものであることを、ここで述べている。それによると、新約聖書の状況は、「この世」は、キリスト自身に対しても、その教義に対しても、真向から対立しているものとしてある、という仕方になっている。しかしイエス・キリストは、正にそのような状況の中にあって、人間一人ひとりに、信仰を語りかけていたのである。これが新約聖書である。ところが、この今日のこの国では、社会全体がキリスト教的とされている。それゆえ、そのような所では、すべての人々がキリスト者であり、また自由思想家でもある。そこでは、キリスト者として通してゆくことが、万事にあたって好都合なことになっている。しかしこのようにして、このキリスト教国家では、キリスト教は、「遊び」となり、そこでは到る所で、人々は、キリスト教を、「おもちゃ」のようにして弄んでいるのである。(7)

このように彼は述べている。

この論説の内容は、以上のようなものである。それは、この題名が示唆しているもののすべてに尽きるが、ここでもやはりキルケゴールは、「一般のキリスト者」に向かって、キリスト教国デンマークのキリスト教とは、新約聖書に照してみるなら、こんな「遊び」のようなものになっているのだということを、訴えようとしているわけである。

Ⅲ 『祖国』一八五五年三月二十二日(木)第六十九号「何が為さるべきか――それはいま、私によって、または、他の一人によって、起こるであろう」

この論説も一年前の一八五四年の聖霊降臨節第二日に書かれたものである。その文章は一頁半程の分量のものである。

この題名は、前述の二つの号の論説との関係から見るならば、実にはっきり分かる。しかしその副題で一つ気になるのは、「他の一人」en Anden という言葉が使われている点である。しかしこれはこの文章全体を読むことによってすぐ分かるが、それは、「自由思想家」Fritænker を指しているのであり、しかも特定の個人ではなく、総称して一人の個人とみなしているのである。

さて、この文章の全体は、結局、先行の二つの号の論説との関連で、「何が為されるべきか」という問いを設定し、それへの答えを記しているのである。その答えの要点は、大きく分けると、二つになる。

一つは、最初の段落で明示されているが、それによると、われわれは何よりもまずこのキリスト教国を支配している「虚偽」を、つまり、そこで告知されているキリスト教は新約聖書のキリスト教とは全く異なるものであるのに、それを新約聖書のキリスト教と公言しているこの公認のキリスト教の「虚偽」を何としても早く終熄させなければならないということである。しかしこの件に関しては、既に「自由思想家」たちが手をつけ始めているが、この行動はますます激しくなってゆくであろうという。そして更に、この「虚偽」と闘う者は、サタンではなく、神の側についているのだという。このように述べて、キルケゴールは、この件に関しては、「最大の可能的な尺度」に従って行為

すべきだとなしている。(8)

もう一つは、この事柄のむずかしさに対してどのような態度をもって臨むべきかということである。キルケゴール自身、この虚偽を終熄させることがどんなにむずかしいものであるかを、よく知っている。それというのも、この虚偽は、結局は、キリスト教が世代から世代へ、種族から種族へと伝えられていったことによって生じたものなので、とても変革なぞ出来るものではないからだという。そしてまた、神もそのようなことを要求なさらないだろうという。しかしいままでは、そのようなことを感じた各世代の「個人が」、それに関しては、「へり下ってその惨めさを告白する」という態度をとってきた。従って、われわれも、それにならって、「へり下ってその惨めさを告白する」ことを、甘受しなければならない。つまり、この国でキリスト教と言われているものは、新約聖書の意味でのキリスト教ではなく、またわれわれも新約聖書の意味におけるキリスト者ではないことをはっきりと告白しなければならないというのである。(9)

このように述べて、最終の段落では、次のような言葉をもって、結びとしている。

「このように事態が逆さになっているときには、そのこと自体の中に何か真実のものがあるかもしれないことが、つまり、それには摂理の同意が含まれているかもしれないことが、明らかになってくるであろう――しかしもしそのことが明らかになってこないならば、そのことの一切が破裂してしまうだろうし、そのことによって、その身の毛もよだつような恐ろしい状態の中で、またもや新約聖書のキリスト教を運んでくることのできる何人かの個人が誕生してくるであろう。しかし終わりが、終わりこそが、この公認の――善意から生じた――虚偽に関して、もたらされるべきなのだ。(10)」

これで明らかなように、この文章でキルケゴールが訴えようとしていることは、いわゆる革命的な行動をとれということではなく、公認のキリスト教告知が新約聖書のそれとは全く逆さになっているのに、それを新約聖書のそれであるかのようにされているこの虚偽の惨めさを正直に認めて「へり下って告白せよ」、ということであった。

このように三月二〇日以降キルケゴールが『祖国』紙において訴える相手は、「牧師層」から更に「一般のキリスト者層」へと拡大した。そして以上のようなデンマーク教会の現状が、啓蒙的に語られたのである。しかし今述べた第六十九号は、いまキルケゴールにおいて何か決定的な行動がなされることを、示唆している。それは彼が『祖国』一八五五年三月二十八日（水）第七十四号のテーゼとなって現われた。

注

（1）（2）S. V. XIV. S. 37ff.
（3）（4）Ibid., S. 38, 39ff.
（5）これは主として禁慾的生活について述べてある個所。
（6）（7）Ibid., S. 40ff.
（8）（9）Ibid., S. 42ff.
（10）Ibid., S. 43.

第二節　ルターは九十五箇条のテーゼを、しかし私はただ一箇条だけの「プロテスタント的テーゼ」を宣言する——「この国には新約聖書のキリスト教は全く存在していない！」

ここへ来てキルケゴールの心中には、自分の、目下の戦いは、ルターによるプロテスタント的宗教改革を遂行しているのだという思いが強く働いていた。三月二十六日発行の『祖国』紙第七十二号から始まる四つの号の論説記事では、彼独自の「プロテスタント的テーゼ」の宣言がなされた。しかしその「テーゼ」こそ正に「キルケゴー的なもの」で、日常の常識的世界においてはその世界そのものに「どんでん返し」を起こさせる「巨大な逆説」となって現われたのである。

　以下その模様を資料で追ってみよう。

I　『祖国』一八五五年三月二十六日（月）第七十二号「宗教事情」Den religieuse Tilstand

この原稿はこの一八五五年の一月に書かれたことになっており、その全文は全集で四頁弱の分量である。この「標題」となっている「宗教事情」とは、言うまでもなく、デンマーク全体の宗教事情を意味しているのであり、彼がここで改めて「宗教的―」という言葉を使っているのは、彼が明らかに、デンマークの教会事情を、ルターの「宗教改革」との関連で見ていることを示していると言ってよいであろう。事実キルケゴールは、この記事で、キリスト教国デンマークにおけるある一つの決定的な事実を、提示するのである。それは、この文章の第一段落に、次のような命題で、はっきりと示されている。

「この国には、新約聖書のキリスト教は全く存在していない。」

この命題が提示されている第一段落の文章は次のようになっている。

「この国の宗教事情とは、
　キリスト教というものは（それは新約聖書のキリスト教のことである――そしてそれ以外のすべてのものは、ほんの少し自らをそう呼んでいるとしても、周知のようにキリスト教ではない――）この国には全く存在していない、ということだ。こう言えばきっと殆んどすべての方々が私と同じような見方をされるに違いない。(1)」

この命題をこのように提示しておいて、これについて、詳しい説明をしている。

彼はまず、デンマークのキリスト教会が「新約聖書」にはないものによって支配されていることを、次のような皮肉な言葉で述べる。

「われわれは、こう言ってよいなら、監督、副監督、牧師、教師、優秀な教師、才能豊かな者、天賦の才ある者、人間的な意味での善意からの熱弁家の完全なる支配下にある。これらすべての者たちは――良、良の上、優、あるいは、やや良、中、下というような点数がつけられてきているが――しかしこれらの点数のいかなるものも、新約聖書のキリスト教の成績表の中には見られないものである。[2]」

これについては説明すべくもなく、デンマークの教会が監督、副監督、牧師、教師等々の序列によって成り立っているが、それは結局、デンマークで一般に用いられている優、良、可の成績規準で成り立っていることを意味し、それは、新約聖書の成績規準には全くないものによって成り立っているということである。

そして更にこうも述べている。

「われわれは、教会堂、鐘、オルガン、献金箱、募金箱、祭壇の飾り、霊柩車等々俗に言う完全な財産目録をもっている。しかしキリスト教そのものが存在していないなら、この調度品の存在は、キリスト教的意味では、凡そ役に立つどころか、それは危険なものとなる。なぜなら、その存在は、人々を、余りにも容易に、誤認と誤まった結論へと導くきっかけをつくることになるからである。……[3]」

このように述べた後、更にいくつかの例を引きながら、結局デンマークという国と社会はキリスト教に関する「幻想」に支配された所になっていることを訴える。そして更にその見解をひとまとめにしてこう述べる。

「キリスト教は精神であり、精神のしらふな状態であり、永遠なる正直であるから、それがもつ注意深い眼差しにとっては当然のことながら、キリスト教国家、キリスト教的な国、キリスト教国民――素晴しい！――キリスト教世界というようなそれらすべての巨大な幻想性ほどにいかがわしいものは他にないのである。……〔それらにどんなに見るべき点があるとしても〕それらが幻想であるという点には、キリスト教的意味では、巨人なる刑法上の犯罪が刺し込まれているのである[4]」

このように述べた後、最後の段落で、彼は、以上のことが「宗教事情」であると言い、それに対する自らの態度について、結びの言葉を述べる。それによると、彼は、このような事態に対して、多分人々の中にそれを転換させる行動が起こるかもしれないが、自分はそれに先立ってここで、ある事柄を述べておこうという。その場合彼は二つの事を言っている。

一つは、彼は、極めて率直に、なぜ自分がこのデンマークのキリスト教をめぐる虚偽と錯覚にこだわるのかについて、説明している点である。彼によるならば、このデンマークでキリスト教の告知を任務としているのは言うまでもなく「牧師」であるが、「牧師」はその神聖な義務を「新約聖書」への「誓い」を立てることによって負うている。だから「牧師」はそのような神聖な義務に基づいて当然に「新約聖書のキリスト教」を告知しなければならないのである。このように考えるなら、多くの人々がキリスト教と称して楽しんでいるものが「キリスト教」となっているのでは、その義務は果されていないことになるというのである。だから人がこの事態をひっくり返えす行動に出るならば、たちどころにしてキリスト教は廃棄されてしまうことになる。そしてその場合、その「牧師」の「誓い」も同じことになる。しかし自分は何としてもそんなことを起こさせたくない。そのような帰結を願ってはいないという。

そこでもう一つのこととして、もしそのような事態を起こさせないようにするために、この問題に対応すべき可能な道は二つしかないという。その一つは、自分が提案していることであるが、われわれ「新約聖書」とどのような関わり方をしているのか、それを誠実にそして正直に告白する道であり、もう一つは、その真の事情を芸術作品をして隠蔽させ、その芸術作品をして、「新約聖書のキリスト教はこの国を支配する宗教なのだ」というそのまやかしをうっとりとするようにうまく表現させる道である。

キルケゴールは、このような言葉で、この文章を結んでいる。そしてこの最後に述べているように、彼は、この「宗教事情」に対して、その前者の道を行こうとするのである。すなわち、罪の告白の道をである。

そしてこのことは、この号の次に書かれた三月二十八日号の『祖国』紙において、はっきりと示されるのである。

Ⅱ 『祖国』一八五五年三月二十八日（水）第七十四号「一つのテーゼ――ただこれだけのたった一つの」

この原稿はこの年の一月二十六日に書かれたものであり、分量は一頁半程のものである。しかし全体の文章形式は、いままでのいかなる論説とも全く異なった仕方をとり、それぞれ六、七行づつの五つの文章から成っている。この題名となっている「たった一つのテーゼ」とは、「ただ一箇条だけのテーゼ」という意味で、これは宗教改革者M・ルターが、ローマ教会に向かって、ヴィッテンベルクの城教会の門の所に掲げた九十五箇条のテーゼになぞらえて、使った言葉である。そしてその九十五箇条のテーゼを掲げたことは、周知のように、ルターの宗教改革の行動のクライマックスであり、象徴のように言われているが、キルケゴールは、正にその出来事に因んで、自らの行動を決定したと言ってよい。

しかしこの件で決して見逃されてはならないことは、キルケゴールは確かに「たった一箇条のテーゼ」だけを掲げたわけであるが、そこには「アイロニー」以上に量り知れない「ユーモア」が込められていることであり、また自分は、宗教改革者たらんとしているのではなく、また予言者でもなく、探偵のような者にすぎない、と言っていることである。つまり、そのような立場の者としての「テーゼの提示」だということである。

この記事は以上のようなことから、次にその全文を訳出してみよう。

「おお、ルターよ、あなたは九十五箇条のテーゼをもっていた。恐ろしいことだ!でもやはりもっと深い意味では、テーゼの数が増えてゆけばゆくほど、恐ろしさは減ってゆくのだ!事柄自体ははるかにもっと恐ろしいものなのだ。そしてテーゼはたった一つだけあるにすぎないのだ。

新約聖書のキリスト教は決して存在していない。だからこの国には改革さるべきものなぞ何も存在しないのだ。重要なことは、何世紀もの間ずっと続けられてきた事柄に、光を当ててみること、つまり、幾百万もの人々が（罪責の多少はとにかく）キリスト教という刑事上の犯罪を犯し、その際人は、抜け目なくも、キリスト教の完全なる成就という名において、神からキリスト教を少しづつだまし取ろうと努め、そしてキリスト教を、それが新約聖書にあるものとは正反対のものにしてしまった事を、明るみに出すことである。

この国で一般的となり、公認されているキリスト教が本当に新約聖書と関わりをもっているということがいささかなりと言われ得るためには、このキリスト教はまず、出来得る限り正直に、率直に、厳粛に、それは新約聖書のキリスト教からはどんなに距っているのかということを、そしてそれは真実には新約聖書のキリスト教の方向へ向かって近づいてゆく努力をしているものとは決して言われ得ないということを、はっきり示してゆくのでなければならない。

このことが起こらない限りは、すなわち、人が何の異常もないかのように、つまり、すべてのことがその通りに正しいのであり、従って、われわれがキリスト教と呼んでいるものが新約聖書のキリスト教であるかのようなままにされており、あるいは、芸術作品をしてその両者の相違を隠蔽させ、その芸術作品をしてそれが新約聖書のキリスト教であるかのような見せかけを作らせるようなことをさせていたりしている限りは、つまり、キリスト教的刑事犯罪がそのままずっと続けられてゆく限りは、宗教改革をするということは問題にはなって来ないのであり、そのようなキリスト教的刑事犯罪を明るみに出すということだけが問題になり得るのである。

そこで私自身について一言言おう。私は、時代が恐らく要求しているかもしれないような者、つまり、宗教改革者なぞでは決してない。また、思弁的な考え深い精神や予知者や予言者でもない。いや、私は――お許しを得て言えば――稀に見る度合で警官的才能を備わった者である。奇妙なめぐり合わせであるが、私は、教会史におけるこの時代に、つまり、新式になって、そこではすべての者が〈聖なる真理の証人たち〉とされている〈真理の証人たち〉の時代に、正に同時的に居合わせることになっているのである。(5)」

これがこの号の全文である。

これによってキルケゴールは、「たった一箇条のプロテスタント的テーゼ」を宣言したわけである。それは「この国には新約聖書のキリスト教は決して存在していない」という命題であった。しかし彼は、正にそれゆえにこそ、つまり、全く存在していないのだから、そこには「改革」さるべき何ものもないと言い切るのである。それゆえ、彼は、自らを宗教改革者とは呼ばず、「稀に見る度合で警官的才能を備わった者」et i sjelden Grad afgjort Politi-Talent と称している。つまり、これがこの時代に対応する彼の態度についての自己認識と言ってよかろう。それは、彼が著作などで使ってきた言葉によるならば、「神から派遣されたスパイ」Spion に該当する意味のものと解してよかろう。

Ⅲ 『祖国』一八五五年三月三〇日(金)第七十六号「『塩』――なぜなら、〈キリスト教国〉とは、キリスト教の腐敗している状態であり、〈キリスト教的世界〉とは、キリスト教から離反した地域であるから」

この原稿は、この年の二月に書かれたことになっており、その全文は、全集にして、四頁強程の分量である。題名は「塩」になっているが、キルケゴールがこの文章で訴えようとしているものは、「摂理」の働きである。このことは、一般人にとって、またもや驚きを与えるものであろう。それというのも、彼のいままで述べてきた行動は勿論のこと、いまこれから述べる余りにも極端と映る真実の認識も、彼においては実に冷静に「摂理の中での事柄」として受けとめていることが、これで明らかだからである。私は、この点こそが、彼の目下の行動の核心にあたるもの、と考えている。

彼は、この文章の冒頭に特別に場所を設けるようにして、この文章全体の大前提とも言わるべき事柄を、実に明快に書いている。それはこうなっている。

「一人の人間がこの私のように用いられる前には、摂理がその人間に恐ろしいばかりの強制力をもって働きかけてくるに違いない。このことが私の場合にも起こっている。(6)」

このように述べて、彼は、自分がこれから述べる「キリスト教国」というものの矛盾の真実は、自分には「摂理」の働きなくしては到底とらえられ得なかった「真実」であることを、前以て示唆しているのである。つまり、それは、何人にも把えることのできない厳粛な真実を把えることができたことについての、「おそれとおののき」からの「信仰告白」と言ってよかろう。われわれは、この文章によって、「キリスト教国」の構造が天才的な鋭さで分析されているのを目にする思いがする。

彼の分析は次のようなものである。

彼はまず、プロテスタンティズムの批判から始める。彼によるならば、プロテスタンティズムは、元来は調整薬Correktivとしての役割をもっていたが、このプロテスタンティズムがキリスト教の原理になってしまったことによってたちまち、キリスト教の教義、キリスト教の世界観や人生観を偽造する虚偽、不誠実そのものと化し、その本来の役割をしなくなってしまった。こうして時代には虚偽と混乱が持ち込まれ、そのためこの時代では、キリスト教とは何か、ということが全く忘れられたものになってしまっているという。(7)

このように述べて次にキルケゴールは、キリスト教国においては、それがプロテスタントのキリスト教国であれ、カトリックのキリスト教国であれ、「キリスト教国」という概念と「教会」という概念とに、根本的な混乱が起こってしまっているという。それは、キリストは、自分に従って来る者に対しては、「あなたがたは地の塩である。自らを喜んで犠牲に献げる者になりなさい」（「マタイ」五ノ十三）と言ったが、従って、キリスト者であるということはそういうことなのであるが、その「地の塩」となり「自ら喜んで犠牲に献げる者」が、このキリスト教国においては、何千、何百万も居て、それらが国や国家をつくったり、世界を支配したりするのである。それはおかしなことではないか。そこでは、キリスト者であることが、新約聖書で言われているのとは全く異なったものになってしまっているからだ、というのである。(8)

このように述べて、キルケゴールは、いよいよキリスト教国という存在が意味している事柄について、見事な意味規定の言葉を述べるのである。それによると、現在の「キリスト教国」がしていることは、ユダがキリストを官憲に売り渡して殺させるために銀貨三〇シケルを殺人謝礼金として受け取ったのと同じことをしているというのである。キリスト教がこの世に来たとき、それが助けようとした相手は、つまり、福音を宣べ伝えようとした相手は、貧しい者、乞食のような人々だったのではなかったか。その人たちは何の見返えりもしないのに、キリスト教は彼らに金を与えた。ところが、現在キリスト教も人々も最大の関心を向けているのは国王である。そしてこの土に金を与えている。こうして年々歳々、絹、ビロード、星章等々、ありとあらゆる楽しい品々が入ってくる。つまり、キリスト教国の維持のために、これらのものに金銭が支払われている。ありとあらゆる心地よさのためにである。しかしこれらの品々に金銭を支払うのは、ユダがキリストの血を流させるために、祭司長、律法学者、長老たちから、銀貨三〇シケルを受け取り、キリストを彼らに売り渡したのと同じことをしていることにならないだろうか。ユダが受け取ったその銀貨三〇シケルは、キリストを殺させるための「殺人謝礼金」Blod＝Pengeだったのだ。現在のキリスト教国の人々は、キリスト教を裏切り、キリスト教を「世俗性」へと変様させることによって、キリストに血を流させ、そのために幾千幾百万シケルの「殺人謝礼金」を受け取っているのである。(9)

このように述べてきて、この文章の最後は次の言葉で結んでいる。それは正に「一般キリスト者たち」に向かってのキルケゴールの切なる叫びである。

「ああ、あなたはただ欺かれているだけではなく、あなたは欺かれようとしたがっているのだ！そうだとすると何が誠実なる愛を救うのだろうか、何が全き無視無欲を救うのだろうか。あなたはただ欺かれているだけではない──もしそれだけならた易く救われることもできるだろう──しかしそれだけではなく、あなたは欺かれようとしたがっているのだ！」(10)

この結びの言葉で明らかなように、いまキルケゴールは、一般のキリスト者層全体に向かって、先の二つの号で述べた「たった一箇条だけのプロテスタント的テーゼ」が訴えているデンマーク教会の現状に、いまこそ目ざめてほしい旨を、つまり、精神の根源的な「覚醒」をすることを、切なる思いを込めて、訴えたのである。

こうして次に彼は、目下の行為における自分の真の「意図」について、はっきり語るのである。

Ⅳ 『祖国』一八五五年三月三十一日（土）第七十七号「私は何をしようとしているのか？」

この原稿は、この三月に書かれたもので、全文は、全集にして、四頁弱程の分量である。

この文章の内容は、この題名で示されている実に明快な「問い」に対して、極めて率直に「答え」たものになっている。

その「答え」は、最初の一頁に、明快に示されている。すなわち、自分がしようとしていることは、つまり、自分が意思していることは、唯一つのこと、それは、キリスト教的厳格さでもなければ、穏かさでもなく、人間としての誠実さ（正直）en menneskelig Redelighed だというのである。(11) 要するに、「誠実」（正直）ということだという。

こうしてキルケゴールは次に、この「誠実」とは、何のための誠実なのか、あるいは、何に関して誠実であるのかについて述べる。それによると、彼は、自分はいままで幾度も指摘してきたように、「新約聖書のキリスト教」とこれが緩和され一般化したものとしての「デンマーク公認のキリスト教」との間には、大きな乖離があり、距離があるのに、この相違について教会は決して認めようとしない。しかしこの両者の間にそのような大きな距離があることはどうしても「誠実に」認め白状 Indrømmelse されなければならないという。(12)

しかしこのことは、彼自身が言っているように、その「緩和化」されたものを「厳格化」せよということではない。いや、永遠の審きにおいては、この「緩和化されたキリスト教」でさえも耐え得るであろう。しかし許されないのは、その両者の相違を隠蔽し、その「緩和化されたキリスト教」を「新約聖書のキリスト教」とみなして通すことだ。「公認のキリスト教」が犯している罪は、正にそのような「虚偽」なのだというのである。(13) つまり、「誠実」（正直）とは、この相違をはっきり認めて、そのことを告白することなのだというのである。こうして彼は、この告白を、誰よりもまず公認のキリスト教の代表者である牧師層に要求している。

しかしキルケゴールは、この「誠実さ」を要求することがいかに極端なことであり、また危険を伴うものであるかを知っている。しかし彼は、自分はこの「誠実さ」を意志しているが故にこそ、敢えてこれを要求すると言い、次のように述べている。

「この誠実さのために、私は敢えて危険を冒そう。しかしそれに対して、私は、私が敢えて危険を冒すのはキリスト教のためにである、とは言わない。次のことを想定してみよ、つまり、私が全く文字通りにいけにえにされたということを。しかし私が、いけにえにされたのは決してキリスト教のためにではなく、私が誠実であろうとしたからなのである。(14)」

こうして彼は次のような言葉でこの文章を結んでいる。

「しかし私は、自分が敢えて危険を冒すのはキリスト教のためにである、とはとても言うつもりはないが、この私の冒険が神においては嘉みせられ、同意をして下さることについては、やはり掛値なしに祝福のうちに確信しているのである。然り、私は、次のことを、それは神が認めておられることを、知っている。それは、幾百万の人が自分たちをキリスト者と称しているキリスト者たちの世界には――そこには、ある一人の人間だけは、私は自分を敢えてキリスト者とは呼ばないで、私は誠実さだけを願い、この目的のためには敢えて危険を冒すつもりである、とはっきり表明しているということを。[15]」

注

(1)(2)(3) S. V. XIV. S. 44ff.
(4) Ibid., S. 46ff.
(5) Ibid., S. 48.
(6)(7) Ibid., S. 50.
(8)(9)(10) Ibid., S. 51, 53, 54.
(11)(12) Ibid., S. 55.
(13) Ibid., S. 56.
(14)(15) Ibid., S. 58.

第三節 「新約聖書のキリスト教」への覚醒を訴える――牧師たちからの反論への返答を通じて

四月に入ると『祖国』紙に見られる論調は大きく変ってきて、それは五月下旬まで続く。その論調は主に三つの特徴を見せている。

一つは、牧師層からのキルケゴールへの反論が他紙のみならずこの『祖国』紙にも現われてきたので、キルケゴールはそれへの返答を同じく『祖国』紙で行っている点である。そのような反論をした牧師として、記号名 N-n（これは副監督の Victor Bloch であろうと言われていた）やソーロェの教区牧師 F. L. B. Zeuten（1805–74）の名が挙げられる。

もう一つは、それらへの「返答」においてはキルケゴールはしきりと自分の著作の名をいくつか指摘し、それらを読むようすすめているが、それらの中でも『キリスト教への修練』を最も重視し、彼の目下の戦いはこの線ですすめられていることを印象づけている点である。

更にもう一つは、それらの「著作」の指摘だけにとどまらず、キルケゴールは、牧師たちに、「新約聖書のキリスト教」そのものに、ひたすら目を向けることを訴え続けている点である。そしていまこの時点に来て、彼の指摘はただ一途に「新約聖書のキリスト教」にあることを露わにしている点である。

以上三つの特徴が見られる。

そこで以下この約二ヶ月間の『祖国』紙の論説を順に追ってみよう。

I　『祖国』一八五五年四月七日（土）第八十一号「本紙第七十九号における匿名の筆者（N-n）から私に宛てた提案に因んで」

この原稿はこの四月四日に書かれ、全文は一頁弱の小量のものであるが、にも拘らず、これは目下の教会攻撃の意味を知る上で最も重要な資料の一つと言うことができる。それというのも、キルケゴールは、その匿名者の提案に答える形で、この教会攻撃の意味を真に知るためには、自分の書いた書物の中で何を読んだらよいかを、自らの言葉ではっきりと示しているからなのである。それゆえ、以下まずその匿名者の提案と次にそれに対するキルケゴール自身の答えとを順に述べてゆくことにしよう。

まずこの『祖国』第七十九号四月三日号で述べられているこの匿名者の提案についてであるが、この匿名者というのは、実際はN-nという記号名を使ってその提案をしているのである。その内容は大体次のようなものである。

「〔キルケゴール博士の〕その予言者的な、罪の悔い改めを迫る語り方は、私には最初から、かなり限られた範囲の人々には、心を揺り動かすように思えた。その語りが本来向かっていた相手は、故監督と彼の信奉者一族Parentatorであった。しかしその語りの規模は何と拡大していったではないか！『公認のキリスト教』というような言葉は、いまや見出し語のようになっている。また、キリスト教が指名した従僕たちによって教えられたり説教されているすべてのことが十把一からげに取り扱われ、反キリスト教的なものというレッテルがはられている。そしてやはりこの件にも際限がない。全体としてのキリスト教国、全存在としてのキリスト教が、一緒のものとして扱われている——……デンマークの人々は、ミュンスター監督の死後は、同監督が書いたあの『キリスト教的信仰教義についての考察』を、彼の遺書として、大事に持ち続けている。……キルケゴール博士は、ミュンスター監督を代表させているものが新約聖書のキリスト教ではないことを、本気で明らかにしようとしているのだろうか——またこのことだけでなく、キルケゴール博士は、彼があいまいで、色褪せ、退廃したキリスト教と呼んでいるものと、彼が純粋で直正なキリスト教としてみなそうとしているものとの間の距離を、目立たせ明らかなものにしようとしているのだろうか……もしそうなら、彼はそれをやってみるがよい！彼は自分の同国人たちに、自らの手で、その手ほどきをしてみるがよい。すなわち、新約聖書の教えの純粋で明確な輪郭の叙述をしてみるがよい、しかも、彼によるその叙述が新約聖書的という名前に値いする資格をもつような仕方においてである。[1]」

要するに、この匿名者の要求は、キルケゴールに対して、彼がいうところの「新約聖書のキリスト教」の意味を、もっと明白に叙述して欲しい、というものである。それというのも、この匿名者は、この「新約聖書のキリスト教」という言葉こそが、この教会攻撃のキー・ワードになっていることを、見てとったからである。

さて、この四月七日号でキルケゴールが書いた一文は、この提案に対する返答を意味するものであった。その内容は、この匿名者にとってだけでなく、多くの一般人がキルケゴールの教会攻撃の意味と「新約聖書のキリスト教」の

次のように述べる。

キルケゴールはまず、その匿名者が自分に対してこんなことを期待しているとするなら、それは馬鹿気たことだと意味とを知る上で、キルケゴール自身が自らの口で述べたものとして、実に貴重な資料となるものである。

「新約聖書のキリスト教の教えについて書くことを私に提案することは、恐らく一冊の大著を、つまり、学問のための外国旅行をするなら恐らく最もよく書けるかもしれない教義学の書物を書くことを提案することになるが、それは、私にとっては（この『祖国』紙での私のいくつかの論説がお手もとにあるそのあなたにとってもきっと）、馬鹿気たことだという印象か、あるいは、一つの罠が私に仕掛けられているような印象を、与えるものである。つまり、それは、私が自らを騙して自分のもとから『瞬間』を取りあげてしまい、自分の任務を見誤まらさせ、きっとそうなるであろうように、そのことから帰結するであろうものへと入り込ませ、命を失わせてしまうか、長々と続く学問的なものへと逃避させてしまうかするであろう。[2]」

このように述べて彼は次に、いよいよ明快な回答を提示する。

「私に一冊の新しい書物を書くことを要求する代りに、その匿名の方は、その場合むしろ（というのは、今日の人々にとっては、この『祖国』紙における私のいままでのいくつかの論説は、それが出る度びごとに再三読むことを余儀なくされてきたようなものであることは、私は篤と知ってきたので）、その匿名の方はむしろ、今日の人々には、私が以前に書いた書物をもっとよく知るようになることをすすめていただけたらよかったと思っている。その書物とは、『完結的後書』と『死に至る病』と、そしてとりわけ『キリスト教への修練』とである。この『修練』の方は、きっといま書店の棚では見られないかもしれないが、その新版が印刷されることになるので、近々お目に出来ると思う。これらの本は、正に瞬間と関わっているのであり、瞬間のために、願わしい予備的知識を与えてくれることになろう。なぜなら、それらの書物は『瞬間』のための予備的知識だからなのである。[3]」

いまキルケゴールは、自らの口で、この教会攻撃が意味するものを知るための予備的知識となる書物の名を、はっきり述べたのである。その意味で、われわれは、これらの書物を、教会攻撃を知るための必須の資料として、考えなければならない。そしてそのような意味から、私は、本書で既に、第三部第二章、第五部第三章の第二節と第三節で、これらの書物のことを、この角度から説明しておいたわけである。

このように、キルケゴールは、この教会攻撃の意味を知るための予備的知識の書として三冊の書物の名を挙げたわけであるが、この文章で一つ注目を引くのは、彼は、それにおいて、改めて『キリスト教の修練』の新版について言及している点である。それというのも、彼は、この後の日、つまり、五月十六日の『祖国』第一一二号では、その全文を使って、出版されたばかりのその『修練』の新版についての紹介をしていることと結びつくからである。つまり、このことは、彼のこの教会攻撃が、いまやこの『修練』の線に則ってすすめられていることを、人々の目に焼きつける意味をもっていると考えられるのである。

II　『祖国』一八五五年四月十一日（水）第八十三号「『半鐘を鳴らすことを止めること』がいま最も正しいことなのだろうか？」——匿名筆者N-nへの更なる回答

この号にはキルケゴールの二つの文章が載っており、一つは、いつもの論説と同じ種類のものなので、右の題名のものであり、もう一つは、「文芸欄」Feuilleton に載っているものである（これについては次項で述べる）。

この「論説」の原稿は四月七日に書かれたもので、約二頁半程の分量のものであるが、この「論説」も、前述のものと同じように、『祖国』第七十九号で匿名筆者N-nがキルケゴールに宛てたもう一つの提案に対する回答を意味している。それゆえ、ここでもまずN-nの提案を紹介し、次にそれに対するこの「論説」による回答を説明したいと思う。

N-n の提案は、旧約聖書の「コヘレトの言葉」第三章のあの有名な言葉にひっかけて次のように書かれている。「…すべての事に時があり、それゆえ、終わりがある。火事の半鐘を鳴らし火事だと叫ぶのに時があるとするならば、その時はまた、その火事を消す仕事に取りかかる時とならなければならない……ところで、人は、キルケゴール博士による攻撃の仕事も、何かそれ以上の事柄を導くことになると信じるに違いないであろう。しかし今日までのところでは、それは何かそれ以上のことへと発展するまでには至っていない。ただ時から時へと、同じ半鐘の音が鳴り、同じ叫びがなされているだけなのだ。……しかしただ半鐘の音と叫び声が発せられているだけで、ただ叱りつけ暴れ回るだけで、ただ稲妻を光らせ雷を落とすだけで、未だに何も起こっていないのである。」[4]

つまり、匿名の筆者 N-n からの提案は、キルケゴールは半鐘を鳴らし続け、火事だ火事だと叫び続けているが、それによって何事も起こって来ないではないか。それならば、そんな無意味な行為は止めたらどうか、ということにある。

この「論説」は、この提案に対する回答である。そしてその論旨も極めて明快である。

まず基本的には、もしこの匿名の筆者が「半鐘を鳴らし火事だと叫んでいる」という言葉で、私（＝キルケゴール自身）のことを指しているとするなら、最早何をか言わんやということ、というのは、自分は、むしろそれとは逆に、キリスト教界の錯覚と詐欺まがいの悪事をいぶり出すために、火をつけようとしているのだ、と言っている。[5] それは、警察の仕事、つまり、自分はキリスト教的警察の仕事をしているのだ。キリスト自身はこう言っている。『わたしが来たのは、地上に火を投ずるためである』（ルカ十二ノ十九）。そして火は既に燃えており、それはいわば森林火災になぞらえることができるという。その場合その火によって焼き払わなければならないものは、キリスト教界を支配している長々とした饒舌性、そのような饒舌による錯覚、くどくどした学問性なのだという。だから、問題そのものを燃えさからせることによってこそ、そうすることができるのであり、だからその火は決して消されてはならない。『瞬間』において燃えさかる問題そのものが意味していることは、公認のキリスト教は新約聖書のキリスト教ではない、ということである、とキルケゴールは述べている。[6]

このように述べて、キルケゴールは、公認のキリスト教が新約聖書のキリスト教ではないことの理由について、にも拘らず、それがキリスト教と呼ばれていることの理由について、述べてゆく。それによると、デンマークでは一〇〇〇人もの官吏（牧師）が国家によって養われ、それによってキリスト教が維持されているが、その場合キリスト教は彼らの生計のための具となっているのであり、それは、新約聖書で述べられていることとは正反対のことだ、というのである。[7]

このあとしばらく似たような論述が続くが、それらには、とくに今までの論調より発展したと思えるものは見られないので、これ以上立ち入る必要はないと考える。

しかしこの論説には、最後の所に「あとがき」Efterskrift と記した文章が、締めくくりの言葉として、付してある。そこでは次のようなことが書かれている。自分がこのような文章を書いているのは、自分が何か聖職者に敵対することを望んでいるからなのではない。いや、むしろ自分は、聖職者たちが決して「真理の証人」ではないとしても、彼らは人間として有能で尊敬すべき優れた人々であることを充分認める。また神学候補生も最高の誠実さで bona fide 聖職に入っているのである。「〔だから彼らを現在のようにさせている〕責任は元々は国家にある。それゆえ、国家と教会が分離されることがあるとしても、国家は、自らが契約を結んできた牧師を扶養することが直接自らの義務となる。国家は何という惑わしをしているのだろう。一〇〇〇人もの牧師、つまり、受難する真理の生計をお金で処理することと、神聖なものを『守護すること』protegere と、両者は正反対のことなのだ。[8]」

このように述べている。

Ⅲ　同一の号の文芸欄「〈国王の任命によるキリスト教〉と〈国王の任命によらないキリスト教〉」

この一文は、前述のものと同じ号の「文芸欄」Feuilletonに掲載されたものであり、原稿は四月八日に書かれたもので、全文は一頁半程の分量のものである。

デンマークでは、一八四九年に自由憲法が施行されたが、その後も聖職者は国王によって任命されていた。この文章はその辺の事情が背景をなしているわけである。

ここでキルケゴールが言おうとしていることは、極めてはっきりしている。すなわち、デンマークでキリスト者とされることは、国王によって任命されることで、それは結局、人々が国王によってキリスト者になることを意味している。しかし本来の意味でキリスト者になることは、そういうことではない筈であるし、自分はそんな意味でのキリスト者ではない。キリスト教が言うところの「国王」とは、決してこの世の一部分となっている王国とは全く異なるものである。それゆえ、国王の任命によってキリスト者になるということは、キリスト教の真の「王国」に対する不忠実であり、それは、キリスト教を弄ぶことを意味する、というのである。(9)

キルケゴールはこのように述べている。

これで明らかなように、彼は、目下デンマークで「キリスト者」と称されるのは、決して「新約聖書のキリスト教」の意味において「キリスト者」となっているのではなく、あくまで国王の任命のもとでそうなっているのだと言うのである。しかしこのような表現から知られ得るように、キルケゴールは、キリスト教国デンマークに住む同国民として、キリスト者という概念について、いまやこれ以上ラディカルな表現はないと考えられるような言葉を使って、決定的な言明をしているわけである。

Ⅳ 『祖国』一八五五年四月二十七日（金）第九十七号「何と残酷な刑罰！」——副監督Ｖ・ブロクの反論への回答を通じて

この原稿は、四月二十五日に書かれたもので、全文は、三頁半弱の分量のものである。しかし全体は、前半文が本文で、後半分は、「あとがきに代えて」Noget Efterskrift という題の文章になっている。

既に述べたように、本紙四月七日号では、『修練』の新版が予告されたが、その頃以降はずっと、キルケゴールは、多くの時間を、この新版の校正等の仕事に費していたことが考えられる。(10) しかしその頃、いままでのキルケゴールの激しい攻撃文から当然予想されるように、教会サイドからは、キルケゴール排斥の動きが出てきていた。(11) その動きを示しているものの一つが副監督Ｖ・ブロク Vivtor Bloch が四月二十四日の同紙第九十四号に掲載した論文「キルケゴール博士への『提案』のために」であった。この論文は、その題名からも推察され得るように、既にⅠで紹介したキルケゴールの四月七日第八十一号の論説「本紙第七十九号における匿名の筆者から私に宛てた提案に因んで」に対する反論なのである。ブロクは、その論文で、あの「匿名の筆者の提案」を、「野蓄な仕方で指導してゆく論説」という言葉で非難しており、その意味においては、その匿名者の考えとは一致していないことを表明しているが、しかしブロク自身はそのような軌道からは飛び出して全く別の道を行き、キルケゴールには「刑罰」を課せと言い、協会の扉から外へ締め出せということを述べている。キルケゴールのこの日の論説は、このブロクの提案への回答となっているのである。

キルケゴールはまず、ブロクはあの匿名者の提案を「野蓄な仕方で指導してゆく論説」と言っているが、ブロク自身による提案は「雷を導く論説」Tordenledende Artikel だという。つまり、その論説によって、彼は、ある人間の頭の上に、私という憐れな者の上に、雷雨を降らせようとしているようなものだという。そしてその言葉のあと次のように述べている。

「副監督は――もし私が自らを改めないならば――私に教会の側から刑罰を課したらよいと思っているようだ。では、どのようにして？ 然り、その刑罰は残酷な仕方で考え出されたもので、それは、私が商売女たちにそれぞれ気つけ水の入った臭ぎ瓶を持たせて、彼らがその水の音を聞くだけでぼんやりしないですむことをすすめることをするような、残酷なことである。すなわち、もし私が自らを改めないなら、教会の扉は、私の前で、閉ざされてしまうべきだというわけである。身の毛もよだつ恐ろしいことだ！ だから、もし私が自らを改めないなら、私は、排除されてしまうべきだということ、つまり、日曜日の静かな時間に、真理の証人たちの、たとえ金では買えないとは言えないまでも、やはり金では評価し得ない雄弁な話から締め出さるべきだというのである。私というこの憐れな羊は、読むことも書くこともできなくなり、それゆえ、そのようにして排除されてしまうことによって、精神的には弱り果て、牧師をその家族と共に養っている限りは真に栄養ある食物と呼ばれうるものから締め出されることによって、飢えのために死んでしまうに違いない！[12]」

こうしてこのあと彼は、曾て『あれか―これか』の偽名著者が Victor Eremita（＝勝利する隠者）であり、ブロクも Victor という名をもつもので、これにかけて次のように述べ、ブロクを、徹底敵に痛罵する。

「ああ、一度消えてしまったお前は、私の詩人としての夢であったお前は、どこにいるだろうか。私は自分をヴィクトルと呼ぶことを夢みていたのだ――ところが、真実はこうだ。それは、ヴィクトルという名のブロク副監督になっている。そしてマルテンセン監督さえ出来ないことを、それをこのブロク副監督はしているのだ、彼は私を捕えることができるようだ！[13]」

以上のことからも分かるように、キルケゴールには、教会側、牧師層の側から、刑罰を課す話しも出ていたのである。

この文章の後半分「あとがきに代えて」では大体次のようなことが述べられている。

キルケゴールは、このブロク副監督は国王によって権威づけられているからこそそのようなことを言っているが、その言っていること自体は、そのようにキリスト教とは全く自己矛盾していることであり、つまり、「新約聖書のキリスト教の権威」を認めないことをあらわしていると指摘し、更にキリストの言葉を引用して、デンマーク・キリスト教界の現状を指摘する。その言葉は「ルカによる福音書」十八ノ八からのものである。

「人の子が再び来るとき、果たしてこの地上に信仰を見いだすだろうか。」

キルケゴールは、これを引用して、キリストは、この地に再臨されるとき、この地には、「新約聖書のキリスト教は決して存在していない」ような状態になっている可能性のことを考えておられるのだ、と言っている。(14)

そして最後の段落では、彼は、是非これだけは心に留めていただきたい、と同副監督への一言を述べる。それは、いままでよりももっと頻繁に自分の論説を読んでほしいということ、それを暗誦するまでに読んでほしいということである。それというのも、その暗誦は、多くの人々にとってではなく、あなた御自身にとってこそ重要だからだ、というのである。こうしてこのあとキルケゴールは、同副監督は、公認のキリスト教にとっては不都合なものは知ろうとせず、それを国王の名において維持しているが、そのようなことは、「永遠」という問題を考えるとき、どんなに無責任なことになるのかについて、述べている。(15)

V 『祖国』一八五五年五月一〇日（木）第一〇七号「ひとつの成果」

この第一〇七号も二つの文章から成っており、一つは、この論説で、その原稿は、四月二十三日に書かれたもので、三頁半の分量のものであり、もう一つは、次項Ⅵで述べられる「モノローグ」という題の文章で、これは「文芸欄」に掲載され、一頁半弱の分量のものである。

まずこの「一つの成果」と題する論説についてであるが、この原稿が四月二十三日に書かれたことから知られるように、その四月二十三日には、彼は確かに、ある種の暫定的な成果を得ているような思いになったらしい。[16] その「一つの成果」とは、キルケゴール自身が言うように、自分が聖職者層に対してこの『祖国』紙を通じてかくも激しい砲火を浴せてきたのに、何人かの個人からはとにかくとして、教会当局、聖職者層そのものからは何の反応もなく、完全な「沈黙」を守っているが、むしろこの「沈黙」には深い意味があるのだとし、この「沈黙」にこそそれを認めることができるとなしている。こうして彼はその「沈黙」が意味するものについて、次のように考える。すなわち、彼によるならば、その「沈黙」は、自分の攻撃が当局ならびに聖職者たちの生計の問題に、つまり、パンの問題に関わってくることから来ているのだろう、と言う。つまり、聖職者たちにおいては、いかなる場合も、パンとの関係が問題なのである。しかし自分の「攻撃目標」は決して、聖職者たちのパンの問題それ自体におかれていたわけではなく、豊かな生活をしている聖職者たちを「真理の証人」として格付けする公認のキリスト教と教会の「偽り」そのものにおかれていたのだというのである。[17] こうしてキルケゴールは更に次のように述べている。

「もし私の言っていることが真理であり――しかし聖職者層は真理の証人であったとするならば、聖職者層は沈黙なぞしておらず、その真理に向かって自らの宣言をしたであろう。しかしもし私の言っていることが虚偽であり――しかし聖職者層は真理の証人であったとするならば、聖職層はその虚偽に向かって沈黙なぞしておらず、自分の考えをはっきり言明したであろう。それどころか、もし聖職者層が真理の証人であるとするならば、ただ一つのことだけは、つまり、聖職者層がいままで為してきたようなことだけは、そのことだけは、しなかったであろう。すなわち、聖職者層は、沈黙して真実な事柄からこっそり逃げてしまうようなことだけは、しなかったであろう――私が言っていることが真理であると受け取られるならばであるが。しかしあるいはまた、私が言っていることが虚偽であると受け取られるならば、聖職者層は、沈黙したまま、その虚偽を、その強大な力によって放置しておくようなことはしないであろう。[18]」

以上が彼が言う「一つの成果」である。

しかし彼は、この本文のあとに「あとがき」(約半頁強)を付けている。しかしこれの原稿は、本文と異なり、五月六日に書いたものである。しかしこの「あとがき」では、彼は、なぜ自分がこの『祖国』紙という政治的で版図の広い日刊新聞を用いてきたのかについて、その理由を述べている。それによると、それは、現代の多くの人々に注意を喚起するためと、聖職層に逃げ道を遮断してしまうためであったという。しかしその目的のために自分が伝えようとしたことは、自分はいま正にこのような仕方で神と関わっており、その関わりにおいて、神の前にへり下って、しかし正にその「へり下り」のもとで、一つの困難な事柄を、つまり、国民のすべてがキリスト者とされ、そのために悲しむべき仕方で金に仕えているさまを、大きく描き出す仕事に仕える栄誉をもっているのだということをであり、つまり、公認のキリスト教が新約聖書のキリスト教とされている事実に対して「抗議」の動きが起こっているのだということ、そして「牧師」は真理の証人であるとされていることに対して異議申し立てが起こっているのだということ等々をである。このように述べて、彼は、このことは、この政治的で版図の広い日刊新聞であるこの『祖国』を通じて伝えられるならば、国民多くがこのことを充分に知ることになるだろうと言っている。(19)

VI 同一の号の文芸欄「モノローグ」En Monolog

この原稿も、前述の論説の「あとがき」が書かれたと同じ日、つまり、五月六日に書かれ、分量は一頁強のものである。この文章がそのようにして書かれたことから、つまり、前述の「あとがき」の後にすぐ書かれたことが推定されることから、そしてしかもこのような「モノローグ」という題名がつけられていることから、やはり前述の「あとがき」を書いた後、キルケゴールには、何かむなしさのようなものが感じられていたのではないかと想像することも決して間違ってはいないであろう。(20)

さて、この一文では、キルケゴールは、「永遠の至福」en evig Salighed という問題に対する牧師たちの態度について疑問を投げている。

その書き出しは次のようになっている。

「……市庁舎と裁判所の建物は最も素晴しい建物であるので、その点ストゥデンストルップはやはり明らかに正しい。勇敢な男たちが、業者としての多分可能な限りのすご腕を発揮して、二束三文の捨て値で、その建物を処分しようとした。しかしこの事実は、ストゥデンストルップの伯父さんも、サレングのすべての人々も、その辺にいたすべての賢こい人々も、認めなければならないのである。[21]」

この文章は、あのL・ホルベーアの劇『六月十一日』の中の一場面を、思わせるものである。そこでは、その市庁舎の建物を処分することは話題になって来ず、ただ担保をつけることだけが、つまり、質草だけが話題になっていたのである。[22] キルケゴールは、「永遠の至福」も、牧師たちによってそのように捨て値で格安に売られていることを示唆しようとしたと考えられる。

キルケゴールが言わんとしていることは実にはっきりしている。「永遠の至福」について新約聖書で述べられている売り値を見ると、牧師によってつけられている売り値は、全く正反対なのではないか。もし「牧師」が「永遠の至福」との関係に立っているのでないならば、つまり、彼がそれを捨て値で処分することができるようなことをしているのであるならば、牧師のキリスト教は、従って、公認のキリスト教は、決して「新約聖書のキリスト教」ではない。もしそうであるならば、牧師が売ってくれるその売り値がどんなに安くても、自分は「永遠の至福」を彼らのところで買うつもりはない。このように述べている。[23]

Ⅶ　『祖国』一八五五年五月十五日（火）第一一一号「私と私がはっきり目立たせているキリスト教の解釈とに直面して現わにした愚かな偉ぶった態度」——F・L・B・ソイテンの反論への回答

この原稿は、四月に書かれたことになっており、「あとがき」の部分は五月十三日に書かれたことになっている。分量は「あとがき」を含めて三頁程のものである。

この論説は、学者たちが多く住む閑静な町ソロェ Sorø の教区牧師ソイテン F. L. B. Zeuthen (1805–74) が書いた論文（後述）におけるキルケゴールへの反論に対する回答である。ソイテン博士は、哲学的にはシェリングの立場に立ち、神学的にはグルントヴィの批判者であったが、やがてキルケゴールの批判者にもなった。彼は、『S・キルケゴール博士に対する論争的新聞』Polemiske Blade imod Dr. S. K. I-III (1855) の中で、キルケゴールへの批判を展開している。その中でもソイテンは、とりわけ『精神と文字』Aand og Bogstab という論文の中で（この論文は彼の新聞に何号も続けて書かれた）いくたびもキルケゴール批判をしている。しかしそれらの中でもキルケゴールが特別に問題にしたのは、ソイテンが「ルカによる福音書」十六ノ十五の聖句との関連で「己が義」Selvretfærdighed、「自己賞揚」Selvophøielse、つまり、見た目だけの義しさについて、キルケゴールの『後書』に述べられている言葉を、逆にキルケゴール自身に振り向けて批判している個所である。

その聖句は次のものである。「そこで、イエスは言われた。〈あなたたちは人に自分の正しさを見せびらかすが、神はあなたたちの心をご存じである。人に尊ばれるものは、神には忌み嫌われるものだ。…〉」これについてソイテンはまず、大凡次のようなことを述べる。今日人々の間では、見た目だけの苦しみ〔受難〕が、幸福や外面的な素晴しさよりもはるかに価値あるものと評価されている。まして自らすすんで選んだ受難、自らすすんで背負った十字架を、その者自身の目において誇り、賞揚してしまう。しかしそういうことは、神においては、忌み嫌われているものなのだ。それは「コロサイの信徒への手紙」二ノ二三で示されていることと同じである。そこにはこう示されている。「これらは、独り善がりの礼拝、偽りの謙遜、体の苦行を伴っていて、知恵のあることのように見えますが、実は何の価値もなく、肉の欲望を満足させるだけなのです。」ソイテンはこの句の中の「独り善がりの礼拝」という言葉を重視して、こう記している「単に外面だけの自己卑下は、内面的な自己賞揚の機会となっているので、人はそこに嘘を、虚偽を認めるのである。」このように述べて、ソイテンは、ここから直接にキルケゴール批判に転じ、彼の『後書』の言葉（S. V. VII. S. 394ff.）をそのままキルケゴール自身に振り向け、次のように述べている。

「そこで、たとえキルケゴールがあのことによって（例えば、全財産を貧しき者たちに施すことによって）、際立った仕方で、実際に先きを行くとしても、彼のその行為は（その他の点ではどんなに慈愛があるように見えようとも）、それゆえ、それ自体においては、神にとっては忌み嫌われるものになるだろう。」

そしてこのあと更にソイテンは、『後書』三五一頁との関連で、次のように述べている。

「彼（＝キルケゴール）は、疑う余地のない優れた検察能力を恵まれた者として事件を判断しているに過ぎないのであって、新約聖書の要請に従って問題になってくるものが、外面的な貧しさや外面的な苦しみやその種のものとは全く異なったものであることを認識するために充分に鋭い洞察力をもつ者としてではないのである。……しかし気質とか心の態度とかは（それが身体の苦行とかその種のものとは別のものにおいて現われている限りは）、大体において、キルケゴール的キリスト教にとっては、『警察』にとっては一応無関係なことであるのと同じように、無関係のようである。(24)」

ソイテンは、このような仕方で、キルケゴールを批判しているのである。

さて、キルケゴールは、ソイテンの論文のこの部分を主として取りあげるとともに、合わせてソイテンが書いた他の論文をも念頭いおきながら（例えば、ソイテンの論文『へり下りについて』Om Ydmyghed. Kbh. 1851.）、この

『祖国』第一一一号の論説を書いたのである。

その論旨は一貫してこの題名と同じことを述べており、つまり、ソイテンのどの論文にも「愚かな偉そうなもったいぶり」が見られるとなし、そんなものは歯牙にもかけるに及ばない「愚かなこと」だというのである。しかしそれらの論文を読んだ多くの人々のためには、やはり一度はそれについての詳しい批判の言葉を読んで貰うことは適当であろうとなし、この論説での批判を次のように展開するのである。

キルケゴールはまず、自分にこの批判的論説を書く資格があるのかどうかについて、次のように記す。つまり、自分は決してこの国の牧師でもなければ教授でもなく――とは言っても、それらの人々は、この既存の教会体制とそれのためのキリスト教を弁護するためだけに何かを語っているのを常としているが――神学候補生であり、その点では他の神学候補生と同じであるが、しかも自分はその地位にある著作家として間もなく年輩者の域に達するので、自分を牧師たちと同等と考えると言い、だからこれを書く資格は充分にあるのだと言っている。

その批判で彼が一番先に取りあげたのは、ソイテンが批判として用いた『後書』の問題であり、つまり、キルケゴールは、その『後書』の偽名著者ヨハンネス・クリマクスの立場について、述べる。その要旨は大体次のようなものである。自分はいままで多くの実名の著作や偽名の著作を書いてきて、いくつもの生の段階を経て、やっといま立っている地点に到達した。ところで、人はとりわけ偽名著者ヨハンネス・クリマクスの主張の中に、既存の教会のキリスト教と思われるような、その種のキリスト教の弁護めいた言葉を見出すであろう。その場合、人は、私が他の今日の人々より以上にそれを更に善きものとして見ようとしていたように書かれていたことを、見出すだろう。このように述べて、キルケゴールは、ヨハンネス・クリマクスという偽名著者は、自分の生の一つの段階を示すものであること、従って、その『後書』で述べられているキリスト教についてその記述や説明は、この偽名著者の立場、自分の生の一つの段階からのものであることを示唆している。

そこで問題は、彼が、自分がいまやっと立っている地点とは何かということになるが、これは、「新約聖書のキリスト教」を見出そうとする方向へと進み出るところまで来ている地点という意味で、従って、そのヨハンネス・クリマクスの立場とその立場からの思想は、自分が既に終了し、後方に置いてきたものである。にも拘らず、ソイテンは、それを、いま自分がそれを語っているかのように、いかにも「偉そうにもったいぶった」学問的な調子で講述しているが、以上のことから明らかなように、それは何とも「愚かしいこと」である。キルケゴールがここで「愚かしい」と言っているのは、「新約聖書のキリスト教」について「ヨハンネス・クリマクス」の立場から書いたものを、つまり、限定された低い段階の立場から書いたものを、「偉らそうに学問的調子」でとりあげ、私には精神の鋭さが欠けていると私に向かって講義をしているその態度についてである。「新約聖書のキリスト教」についての自分の見解は、他の自分の著作を見ればすぐ分かるだろう、というのである。(25)

これで明らかなように、キルケゴールの批判点は実にはっきりしている。それは、ソイテンが自分を批判するにあたって『後書』をその主旨とも性格とも全く反対の方向で、全く誤まった仕方で、取りあげているという点である。つまり、彼によると、自分があの『後書』に関して言いたかったことは、この書物は、読みたい人は読んで下さい、そうでない人は放って置いて下さい、ということであった。しかし私が書いた問題を学問的体裁で講義しようなぞと思っている人に講読演習をしようとする積りだけは全くない、ということであった。(26)

このように述べて、この論説の最後の方で、彼は、「更にもう一つついでに書かせて欲しい」と言い、現在のキリスト教に関する自分の基本的な考えを次のようにまとめて述べている。

「われわれは、故ミュンスター監督や現マルテンセン監督が代表しているようなそういうキリスト教に、すっかり魅せられ欺かれ、従って、そのようにして作り上げられたものがキリスト教になっているその世界で、輝かしいキャリアを作っているのであるが、このことを私ははっきり認め、それを決して疑ったことはない。そこでいま誰かが私にその別の世界からの情報を提供してくれることができるとするなら――そしてそのようにしてその情報は、そのようなキリスト教がその世界でも新約聖書のキリスト教として知られているということを伝えているとするならば、私は、幽霊と決闘しているようなもので、私は、狂人も同然ということになる。しかしそうだとしても、やはり一人の方だけは存在し続けておられるのであり、私はその方とともにあるのであるが、それは、その方の言葉が新約聖書になっている天に在ます神のことである。なぜこんなことを言うのかといえば、もしそうなら先に述べたこの世界では、この神、真理の神は、われわれすべての者の中で最大の嘘つきということになるだろうからである。[27]」

以上がこの論説の本文であり、これには一頁弱の「あとがき」が付されている。その内容は、ソイテンの他の論文や文章についてのこまかい批判である。しかしそれらは全体としては、目下の本文の論調とは余り関係ないものと考えられるので、ここではこれ以上立ち入らないことにする。

『祖国』第一一一号の内容は以上のようなものである。

以上のことから明らかなように、キルケゴールは、ソイテンからの批判を取りあげ、その矛盾を突きながら、既存のキリスト教の病根、つまり、「新約聖書のキリスト教」の不在を、明らかにしたのである。

Ⅷ 『祖国』一八五五年五月十六日（水）第一一二号「『キリスト教への修練』の新版のために」

この原稿も四月に書かれ、二頁弱程の分量のものになっている。

既に述べたように、キルケゴールは、『祖国』の四月七日（土）第八十一号で、『キリスト教への修練』の新版（つまり、再版）が五月中旬に出版されることを予告していたが、それが実際に行われたので、この五月十六日の号では、その続きの文章として、これを載せることになった。この文章の内容は、次に訳出して紹介したものからはっきり知られるように、初版の内容には少しの修正も加えなかったこと、内容を構成する三つの「部」の各々に付せられた

「刊行者の序文」と第一部の末尾に設けられた「教訓」Moralen という部分は取り除くことにしたこと等々の理由が述べられている。このようなことが行われたのは、やはり該書の著作形式から発している。というのは、該書の著作は、偽名著者アンティ・クリマクスになっており、刊行者がS・キルケゴールの名になっているので、その三つの「部」の各々の冒頭には、そのそれぞれに「刊行者S・キルケゴール」が同意を与える意味をこめて、その実名の「刊行者の序文」という文章が付してあった。この新版ではこれが取り除かれたのである。また第一部の末尾には、アンティ・クリマクスが書いたことになっている「教訓」Moralen という文章が付してあるが、この新版ではこれも削除されることになったわけである。では、それらは何故取り除かれたのが、その理由こそが、この論説に書かれているのである。以下その全文を紹介しよう。

キルケゴールは、該書の新版を、このいま出版することの意味について、この文章の冒頭に、次のように書いている。

「この書物を私は、全く無修正のままで出版することにした。なぜなら、私は、この書物を、歴史的文書とみなすからである。

もし該書がいま世にでるのであるならば、このいままではそれに際して故監督への敬虔という問題もなくなっており、また私は、該書を既に一度出版しておいたこともあって、既存の体制は、キリスト教的意味では、持続し得なくなっていることを、確信するまでに至ったので、該書は次のような仕方で変化を受けるだけでよいだろうということになった。」

このように述べて、次にその変化について述べる。彼はこう書いている。

「該書は〔元々は〕偽名によるのではなく、私の実名による筈であった。だから、三回も繰り返し書かれた〔各部の〕序文は廃棄され、当然の事乍ら、第一部のための〈教訓〉Moralen も削除された。それというのもそこでは、偽名著者が、私が個人的にその序文で同意を与えているような風に事柄そのものを覆えしてしまうことになるからである。」

キルケゴールは、自分の元々の考えは、何とか「既存のもの」が守られるように願っていたこと、それには、こうしたらよいのではないかと考えていた旨を、述べる。

「私がもっていたずっと以前の考えは、既存のものが防衛され得るとするならば、次のことが唯一の方法になる、というものであった。つまり、既存のものそのもの、詩的な方法によって（それゆえ、偽名の方法によって）告発をするという仕方で、そして第二弾には恩寵 Naaden を招き寄せるという仕方で、ということである。だから、そのことがキリスト教となるであろうが、それは、単に「恩寵」によって、過ぎ去ったものへの赦しを見出すことだけでなく、「恩寵」によって、本来のキリストへのまねびとキリスト者であることによる本来の苦難とからの一種の贖宥〈＝免罪〉を見出すことなのである。このような仕方で必ず真理は既存のものの中へと入ってゆき、既存のものは、こうして自己自身を審くことによって、自らを防衛することになるが、そのことは、キリスト教の要請を自ら認めることなのであり、つまり、自分自身はその要請から遠く距っているという罪の告白をし、そして、その要請に近づいてゆく方向で苦しい努力をしていると言われるようなことなくして、しかし恩寵へと避難してゆくこと、つまり、『恩寵を用いるというその利用の関係に入ってゆくことでもある』ということである。

私の考えにおいては、このようなことが、キリスト教的意味において、既存のものを防衛するための唯一の方法だったのである。そこで私は、何としても、急いで仕事に取りかかるようなことは決してするまいと心にきめて、敢えて事態を新しい方向に向けようと考えた。つまり、私は、老監督がこの問題をどうしようとしているのかそれを見ようとした。もし彼の中に力があるとするならば、次の二つの中の一つを必ず為すに違いないからである。すなわち、彼は、該書のために決定的な宣言をなして、敢えて該書と共に歩み、該書をして、該書が詩的な方法で意味しているものを、つまり、公認のキリスト教全体に向かってなされている非難を、すなわち、それは神を化粧したようなもので〈一文の値打もないものだ〉となしている非難を、かわすような仕方での防衛をさせようとするか、あるいは、該書に対しては可能な限り決定的な仕方で抗い、該書を神を冒瀆しその神聖を汚す試みとして刻印し、公認のキリスト教こそ真のキリスト教と宣言するか、そのいずれかである。しかし彼は、それらの中のいずれも為さなかった。そして彼は何も為さなかった。彼は該書によってただ自分だけを傷つけたのであった。だから、私には、彼が無力であることが、はっきり分かったのである。(28)」

このように述べた後、キルケゴールは、「既存のもの」はそのようになっているので、自分はいま、そのようなくなっているのだということ、である。

「防衛」から「攻撃」に転じる旨を述べる。

「しかしこれに対していま私は、次の二重のことに全く意見が一致している。すなわち、既存のものは、キリスト教的意味では、存続できないものになっており、それは存続しているようであってもその日々は、キリスト教的意味では、犯罪行為をしているのだということ、従って、そのようなわけで、そこには恩寵を引き寄せる権利なぞなくなっているのだということ、である。

それゆえ偽名著者を取り除け、三回も繰り返された序文を取り除け、そして第一部に付された教訓 Moralen を取り除け、そうすれば、キリスト教への修練は、キリスト教的意味では、既存のものへの攻撃そのものになる、ということになった。しかし老監督への敬虔ということを深く考え、また注意深くゆっくり進むということから、その攻撃は、既存のものの最後の防衛という形をとって、隠されてきたのである。

ついでに言えば、私は、老監督が該書の中に攻撃を見ていたことは、よく承知している。けれども、既に述べたように、彼は無力であったため何も為し得ず、精々自分の居間でそれに有罪判決を言い渡すのが精一杯であった。それに私との個人的な会話の中でさえそれについての判決は下さなかった。私は、彼がその居間で判決をした事柄が、彼の承知のもと、私に伝えられた後に、(29)その判決をして貰うことを求めたにも拘らずである。(30)」

この『祖国』第一一二号は、以上のような内容のものである。

以上読んでみて明らかなように、この文章は、外見的には、『修練』の新版についての紹介をテーマにしているように見えながら、実はもっと重要で深い意味のことを示唆しているように読みとることができそうである。それは、この『修練』は、この「教会攻撃」が始められる四年以上も前に、既に練られ完成していた「戦略の原図」のようなものであったこと、そしてそれだけでなく、現在それは、その内容そのものは少しも修正されることなく、そのままの形で、目下真最中の「教会攻撃」においても、いや、ますますはっきりと、「戦略地図」として用いられているということ、つまり、「教会攻撃」はこの線に沿って進められているということである。

しかしこの号でのこの主張にはもう一つ重要な意味が担わされていたように考えられる。それは明らかに、この号をもってこの「戦い」の「第三局面」を終熄させようとする意図である。このことは更に八日後の五月二十四日刊行の独立の小冊子と五月二十六日の『祖国』紙掲載の論説となって現われた。

注

（1） S. V. XIV. Tillæg til XIV Bind. S. 10.
（2）（3） Ibid., S. 59.
（4） S. V. XV. Følge. S. 11.
（5）（6） S. V. XIV. S. 60.
（7）（8） Ibid., S. 61, 62.
（9） Ibid., S. 63ff.
（10）（11） N. Thulstrup: Ibid., S. 286.
（12）（13）（14）（15） S. V. XIV. S. 65ff, 66, 67, 68.
（16） N. Thulstrup: Ibid., S. 287.
（17）（18）（19） S. V. XIV. S. 69–71, 71, 72.
（20） N. Thulstrup: Ibid., S. 287.
（21） S. V. XIV. S. 73.

(22) S. V. XIV. Tillæg. S. 12.
(23) Ibid., S. 74.
(24) S. V. XIV. Tillæg. S. 12ff.
(25)(26)(27) S. V. XIV. S. 75, 76ff.
(28) I bid., S. 79.
(29) これはミュンスター監督の娘婿パウリが街路上でキルケゴールに監督の感情を伝えたあの事件を指す。本書第五部第六章第一節Ⅱ参照。
(30) S. V. XIV. S. 79.

第四節　戦いの「最終局面」の誘導――決定的な宣言と最後通牒

この「戦い」も間もなく「最終局面」を迎える地点にまで来た。キルケゴールは、このことを十二分に意識し、それを展開するための実に念の入った準備を整えていた。その準備は、二つの事の宣言によって行われた。

一つは、いままで当然言われるべくして言い得なかったことを、いまここへ来て、つまり、最後の最後という意識のもとで、思い切って発言したことである。それは、前年の十二月中旬これをもって教会攻撃の口火にしようと考えていた一つの原稿「このことが言わるべきだ、だからそれはいまこう言われた」を、いまここへきてこの「五月二十四日」に独立した小冊子として出版したことである。この出版は、その内容からして、N・トゥルストルップも言うように、明らかに、この戦いの次の局面を「導入」する意味をもつものと理解することができる。

もう一つは、彼は、この日から殆んど間を置かずに「五月二十六日」、再び『祖国』紙を用いて、H・L・マルテンセン監督に集中的に批判の言葉を述べ、マルテンセンから「返事」を求めるためのいわば「最後通牒」的な意味合いのものを、公表したことである。マルテンセン監督からは何の「返事」もなかったが、それにつけてもここで注目さるべきことは、キルケゴールは、この号をもって、『祖国』紙を通じての「戦い」を、完全に終了させたことである。そして「戦場」は、この『祖国』紙から全く別の新しい場所に求められることになったことである。

いずれにせよ、以上のようにして、この戦いの「第三局面」は終了し、「最終局面」が迎えられることになる。

I　決定的宣言——小冊子『このことが言わるべきだ、だからそれはここでいまこう言われた。』Dette skal siges; saa være det da sagt.

この原稿は、既に第六部第六章第四節で述べたように、前年の十二月に書かれており、キルケゴールは最初、この原稿を発表することによって、教会攻撃の口火を切ろうと考えていた。ところが、それを差し控え、この時期になって、つまり、一八五五年五月二十四日になって、C・A・ライツェル Reitzel 書店から、小冊子として発行したのである。その分量は非常に少なく、全集では、三頁内に収まってしまう程のものである。しかしこの小冊子は、その題名からも推察され得るように、さまざまな点で、実に深い意味を秘めていることが考えられる。

しかしこれが「意味」するものは何よりも、この原稿が、既に述べたように、前年の十二月には準備されており、十二月中旬に、これをもって目下の教会攻撃の口火にしようと考えられておりながら、実際にはその時点では出版は取り止められ、それが遂にこの「五月二十四日」になって実行されたということに関連していると考えられる。そしてそれは、次の二点から考えられると思う。

一つは、この題名からすぐ推察され得るように、キルケゴールには、どうしても是非言わるべきこととして感じていた事が一つあり、一般的には中々言い得ず、従って、それが発言されるのに最も相応しい「時」が検討されかつ待たれていたことが考えられる。それは余程の内容のことなので、そうなったのである。ところが、遂にそれを「発言」すべき格好の「時」がやってきたと判断されるような状況を迎えるに至ったことが考えられる。

もう一つは、その「時」が、同時に、この「戦い」のいままでの段階から「新しい段階」へと、つまり、この「戦い」の「最終局面」へと入ることを如実に感じさせるものをもっていたことが考えられる。N・トゥルストルップは、この「小冊子」は、この「戦い」の更に新しい「局面」を導き入れる意味をもっていることを、強調している。それは、彼の分類で言うならば、「第三局面」ということになるが、私の分類では、「第四局面」であり、いずれの場合も、それらは、「最終局面」として、性格づけられているので、この局面の内実に関する限りは、両者とも同じ意味のものとして考えてよいであろう。[1]

以上のことから明らかなように、この小冊子の出版は、いまやこの「戦い」の「最終局面」を前にして、遂にキルケゴールはいままで隠しておいたことの決定的な発言を思い切って為したこと、そしてそれによって更に、この「最終局面」を確実に導き入れるようにした、と言うことができよう。

この小冊子の題名になっている言葉は、その表紙の裏に記されている「マタイによる福音書」二五ノ六の聖句「しかし真夜中に叫び声がした」"Men ved Midnat skete Anskrig." から由来している。キルケゴールは、デンマーク語で、この部分だけを記しているが、聖書におけるこの句の個所は、あの有名な「一〇人のおとめ」のたとえが述べられている個所で、真夜中に、花婿だ、迎えに出なさい、という叫び声があった場面である。キルケゴールは、この場面が意味ずるものを自ら「叫び声」Anskriget、あるいは、「真夜中の叫び声」Anskriget ved Midnat と呼んでいたのである。[2]

この題名に用いられているデンマーク語 Dette skal siges. という言葉は、「このことこそが言わるべきである」「このことだけは是非言わるべきである」等々の邦語になる。キルケゴールは、冒頭まず、この言葉で入ってゆき、読者に対して、自分がなぜこの言葉を使ったのか、そのことの意味を説明している。彼はこう述べている。

「このことだけは言わるべきである。つまり、私は、どなたに対しても、このまねをしなさいというような、義務を課すようなことをしているわけではない。そんなことをするような権能なぞ、私は持ち合わせていないからだ。

けれども、あなたは、私が言うことを聞くことによって、責任をもたされることにはなる。だから、あなたは、この聞いたことを、神の前で、弁明することが出来るような心積もりになっておられるならば、いま御自身の責任で行為しなければならないのである。もしかすると、ある方は、私が言っていることを実行なさるようなそういう聞き方をされておられるだろうし、他の方は、私が言っていることを、神に嘉みせられるようにと理解してであるが、私に対して反対の叫び声をあげることに加わることによって神に礼拝をささげている積りになっているようなそういう聞き方をされておられるかもしれない。しかしこれらのうちのいずれの方も、私には関わりない。私に関わりのあることはただこれだけ、これだけは是非言わるべきである、ということだけである。[3]」

このような「まえがき」風の文章の後、いよいよ本題の説明に入るが、それにあたっては、キルケゴールは、その骨子となるものを「命題」風にして約九行にまとめ、はっきりとゲシュペルト文字にして表示している。それは次のようになっている。

「　このことが言われるべきなのだ、だからそれはここでいま言われた、

あなたがどんな方であろうと、更に言えば、あなたがどんな生活をなさっていようと、私の友である方よ、――（もしあなたが何はともあれ公的な礼拝に出席しているならば）いま現に行われているような（新約聖書のキリスト教であるというふれ込みのもとで行われているような）公的な礼拝に出席することをやめてしまうならばそのことだけで、あなたは、一つの、それも一つの大きな罪を、ずっと背負い続けなくてすむであろう。つまり、あなたは、新約聖書のキリスト教ではないものを新約聖書のキリスト教と称することによって神を愚弄することに加わらないですむというわけである。[4]」

彼が「このことだけは是非言わるべきである」と書いていたことは、正にこのことだったのである。そして正にそれゆえ、こうしてここでいまこのようにして言われたのである。

しかしこれを当時口に出して言うことがどんなに危険なことであるのかは当時周知のことであった。そのため、こ

れを言うことを、その題名のように、切羽詰まったような思いで、表現したのである。そしてこの件については、その文章のあとのもう一つの九行ほどの文章で述べられている。それを要約すると次のようになる。このことこそいま誰かが言わなければならないことなのだ。ところが誰も言おうとしない。それというのも、このことを言うためには、どうしても一人の犠牲者が必要とされるからだ。そこでいま、このことが言われたのだ、このように述べている。(5) こうして彼は、自らが犠牲者になることを覚悟して、この行為に出たのである。

十二月に書いた文章はここまでであり、このあと五五年五月と記した一頁程の文章が書かれている。しかしその内容は、その十二月の文章の内容の更なる説明文であり、思想的には特に深化も進展も見られないので、ここではこれ以上立ち入る必要はないと考える。

要するに、この小冊子は、新約聖書のキリスト教に照らしてみるとき、公認のキリスト教は、正に虚偽であり、欺瞞であること、だから個々人の礼拝出席という問題も、この点から考えられるならば、以上述べたような意味のものになる、ということである。(6)

さて、この小冊子の本文にあたるものは以上のようなものであるが、この本文のあとには、「付録」Følgeblad として、二篇の短文が添えられている。そしてそれらは、本文よりも小文字で印刷されてある。一つは、一八五五年四月九日に書かれ、もう一つは、四月十一日に書かれたことになっている。前者は二頁程、後者は半頁程の分量のものである。

しかしこの二篇の文章が、「付録」という文学形式で、表示されたことには、何か深い意味があることが、感得される。つまり、キルケゴールが、それらの内容を、厳しい講述的な形式をとって説得的に説明するのではなく、一ヶ月以上も前に書かれた独立した二つの文章を無雑作に二つ提示するという仕方は、この小冊子を読む者にも、「自由さ」を感じさせようとする著者の意図が、そしてそれと同時に、その文章の内容に相応しい「自由さ」を感じさせようとする意図が、読みとれるように思えてならない。

この二篇の文章で述べられていることは、次の六点にまとめられることができよう。次の最初の五点は、最初の文章からであり、六点目は、二つ目の文章に関するものである。

まず第一に、キルケゴールは、いま自分は自分の任務を明らかにする瞬間が到来したということについて、述べている。「自分の任務がどういうものになり得るのかということについては、いままで注意深く隠されてきたし、私は見通しのつき難い識別の不可能な状態の中に用心深く身を保持してきたが、それと同じ程に決定的な仕方で、私はいま、つまり瞬間が到来したこのいま、それを目立つようにしてやろうと思う。[7]」このように述べて、彼はまずこの文章全体が意味するものを明らかにしている。

そこで第二に、彼は、いま自分たちはどんな問題の渦中にあるのかについて述べる。それによると、問題は、「キリスト教とは何か」という問題が問われていることであり、その問いによって、問題は、教会と国家との関係についてであり、つまり、両者が全くの融合状態にあるという問題である。これについて、故監督も現監督も「自分が生きている間はそれはきっと充分に保ち続けられるだろう」と思い、またそう願っているだろうが、その問題は、そのような「大きな暫しの時」et stort Interimistisk にならないだろうし、またそうしてはならないのであり、その問題は、極限の決定的な地点にまで、もたらされるだろうということである。[8]

第三にこれは三つ目の段落に長々と書かれていることであるが、これを思い切って要約すると、それは彼の任務というものが、摂理のもとにありながら、自らの生命の犠牲を覚悟したものであることを述べている。つまり、その「任務」には、「犠牲」ということが含まれているということである。[9]

第四に、ここでキルケゴールは、自分の目下の行動に対する政府の態度について疑問を投げる。つまり、彼によると、政府は、キリスト教を自らの「法的な権力」で守ろうとするが、このことが問題なのだという。というのは、政府がキリスト教をそういうものとして考えているということは、そのこと自体は、政府が自ら守っているものが「新約聖書のキリスト教」ではないことを、証明しているようなものではないかというのである。しかし、政府が「法的な権力」によってキリスト教を守っているのだとしても、自分は尻込みをしてしまうのではなく、自分は、文字通り生命を賭けて、そのことの虚偽と欺瞞とに対して闘う。それは、自分には「より高次の力」が働いて、そうさせるからである。このように述べている。(10)

第五に、彼は、そのような行為をしようとしている「自分の態度」について、改めて説明する。それによると、自分はこの「犠牲」という行為を「ひとりの人間」(単独者)として行っているのであり、今日一般に行われているような「国民運動」(民衆の運動)として行っているのではなく、それとは全く何の関わりももたないのであり、できることなら、デンマークで最も清純な乙女よりももっと純粋に単独性という特別に切り離された状態のうちに純粋に保たれようとしてきた。だから、もし自分に対して、政府の側から何らかの処置が取られるようなことがあるとしても、その民衆運動の助けによって反対のデモを起こすというような考えは毛頭ない。決してそんなことはしない。私はそういうことからは遠くかけ離れたところにいる。私は、自分の任務を、でき得る限りそのようなことを避けるものとして、理解している。単独者は決して「物理的威力」に頼らず、それになることはあり得ない。このように述べている。(11)

第六に、これは二番目の文章に書かれていることであるが、この「犠牲」は、正に「高次の力」による「精神」の行為なのであり、それがなされるためには、「精神」に相応しい「犠牲」の仕方がとられることこそが望まれるのであり、そのような虚偽と欺瞞になった世の中においては、「新約聖書のキリスト教」のためにこの世と闘う者は、そのことに相応しく、この世では生きられない死が与えられるべきだ。つまり、「犠牲」はそのようにして献げられるべきだ、というのである。(12)

「付録」として収められている二つの文章は、以上のような内容のものである。

この小冊子全体の内容は以上のようなものである。

これで明らかなように、この小冊子の出版が意味するものは、この「五月二十四日」、キルケゴールは、この「戦い」の「最終局面」をいま正に迎えようとしているその寸前の所にあって、いままで必当然的に「言うべくして」しかしどうしても言えなかったある「決定的な一事」を思い切って言う気になり、しかも同時に、そのことによって、その「最終局面」の展開を確実に導き入れる挙に出ることになったということができよう。

しかしその「最終局面」が展開されるためには、更にもう一つの事が為されなければならなかった。

Ⅱ　マルテンセン監督への最後通牒——『祖国』一八五五年五月二十六日（土）第一二〇号「マルテンセン監督が沈黙していることは、⑴キリスト教的意味では、言い訳の立たないことであり、⑵笑うべきことであり、⑶愚かな賢さであり、⑷一つならずの点で軽蔑すべきことである

この原稿には書いた日付は付してないが、分量は、「本文」四頁と「あとがき」Efterskrift二頁と更にそれら全体に関して読者宛に書かれた「あとがき」風の短文一頁と、計七頁程のものである。

既に述べたところから明らかなように、この教会攻撃は、目下のデンマーク教会の象徴としてのH・L・マルテンセン監督との徹底的な論争を目ざしたものであった。ところが、マルテンセンは、あの十二月十八日の『祖国』紙上のキルケゴールの文章に対して、十二月二十八日に『ベアリンスケ・ティザナ』紙上で、それへの反論を述べただけで、しかもその反論は、キルケゴールの目からすれば、全く本質的な問題には触れていない極めて飽き足らないものであり、その後は、キルケゴールが『祖国』紙でどんなに論争を挑んでも、同監督は何の返答もせず、「沈黙」を守り続けた。そのためキルケゴールは、その戦線を、マルテンセン監督との直接対決から、牧師層への全体へ、そして一般キリスト者層へと拡大していった。しかしその間も、キルケゴールにとっての真の標的が「H・L・マルテンセン監督」であり続けていたことには変わりなかった。従って、キルケゴールにとっては、目下の戦いでの最大の関心

事が、マルテンセン監督の如何ともし難いその「沈黙」にあったことは言うまでもない。しかしキルケゴールは、あの五月十六日の『祖国』で『修練』の新版についての説明をした頃からと考えられるが、あの前年の十二月十八日以降のことを考えながら、この辺でこれまでの「五ヶ月間の戦い」に一つの決着をつけ、戦いの新しい段階へと、いや、「最終段階」へと入ってゆこうと考えた。(13) そこで彼は、その「五ヶ月間の戦い」の総決算をする思いで、いま改めて同監督の態度を真正面から批判し、彼に「最後通牒」を突き付ける思いでこの論説を書いたのである。

この論説は、先にも述べておいたように、本文、「あとがき」、そして更なる「あとがき風の短文」という三つの部分から成っている。そこで以下その各々について簡単に説明することにしよう。

まず「本文」についてであるが、これは題名に掲げられた四つのテーゼから成っている。従って、その各テーゼについて、簡単に説明しよう。

(1) マルテンセン監督の沈黙は「キリスト教的意味では、言い訳の立たないことである。」キルケゴールによると、自分が『祖国』紙において提起している問題は、「真理」に関すること、「キリスト教の真理」に関することであるのに、従って、この国にキリスト教に責任をもつ最高の地位にある監督は、当然に同じ『祖国』紙で反論し、自らその責任をもっている筈の「真理」について語って然るべきなのに、決して語ろうとはしない。(14) しかもその『祖国』紙で次々と出てくる自分の論説はますます真剣になって行ったのに、そしてそれらで発言を求められたのに、決して語ろうとしない。それどころか、『ベアリンスケ・ティザナ』には Anonym の文章が出て、それは、同監督に対して、そんな扇動的な要請に乗って答えるようなことをしては決していけないと忠告さえしている始末である。(15) 要するに、事柄はこういうことだと言う。すなわち、キリスト教的意味でこの国の最高の監督だった者が「真理の証人」と呼ばれたことに対して激しい批判を受けているという事実があるとするならば、この「真理の証人」のために当然に弁護があって然るべきなのではないか。ところが、マルテンセン監督は、あの『ベアリンスケ・ティザナ』で最初自分をいやがらせるような言葉を発しただけで、あとはずっと深い沈黙を守っている。そのようなことは、キリスト教的意味で、言い訳の立たないことであり、無責任なことだというのである。[16]

(2) マルテンセン監督の沈黙は「笑うべきことである。」これについてキルケゴールは大凡そ次のように言っている。「笑うべきこと」があるところではどこでも必ず矛盾も存在している。ところが、いまそのような意味で存在している矛盾とは、「沈黙」なのである。「沈黙」には、善かれ悪しかれさまざまな性質のものがある。しかも「沈黙」の中には、「何かを語っている沈黙」がある。とするならば、この種の「沈黙」は最も「笑うべきこと」ではないだろうか。人はその種の沈黙からは、それは何を隠しているのかを聞き取ろうとする。その種の「沈黙」は、自らが隠しているものを「最も大声で叫んでいる」ようなものである。[17]

(3) マルテンセン監督の沈黙は「愚かな賢こさである。」キルケゴールは大凡そ次のように述べている。その沈黙は、単純な意味での愚かさではない。賢こくあろうとすることによってなってしまった愚かさである。だから、低能な賢こさである。学校の先生が教科のことで知らないことがあった場合のことを考えてみよう。その先生は生徒たちに向かって直接には、自分はそのことを知らない、とは言わない。むしろいかにも賢こく、それを知っていたかのように振舞う。すると生徒たちは、その先生を見下すようにして静まりかえる。しかしその場合先生が沈黙するなら非常に賢こいことになろう。しかしそれはやはり愚かなことなのである。マルテンセンは毎日々々「沈黙」し続けているが、そのことによって彼の評価は下がってゆくばかりなのである。[18]

(4) マルテンセン監督の沈黙は「一つならずの点で軽蔑すべきことである。」キルケゴールは、この件で、二つのことを述べている。

一つは、もしその人が男なら、男らしく振舞わないことは、つまり、男らしく危険にはたじろがず、決断をもってそれを乗り超えるか、あるいは、敗れるか、するのではなく、その危険を前にしてこそ逃げようとすることは、軽蔑さるべきことだ、ということである。[19]

もう一つは、そのようなことが、国家における指導的地位を保ってゆくために国家から給料を貰ってなされてるということは、二重に軽蔑さるべきことだ、ということである。[20]

このように述べ、彼は、この「沈黙」はとにかくそれをめぐってさまざまなことを憶測させるので、軽蔑さるべきことだ、というのである。

このあとの文章で、キルケゴールは、「沈黙」の二つの現象について述べる。一つは、それが人の心にしみ通ってくるようなもの、それは、相手を尊重するが故のそれ、あるいは、キリスト教的意味での「諦念」を意味するそれで、そのような意味での「沈黙」は認められてよいものとなす。ところが、もう一つの「沈黙」は、これとは正反対で、それが人の心にしみ通ってはこないもの、つまり、「優越の立場」から「沈黙」する場合、しかもその出口が中々見つからない間「沈黙」をし、そのことがその「沈黙」の現象を弱めてゆくように働いてさえいるそれである。そして彼は、この種の「沈黙」を何と軽蔑に値いすることかと非難する。それというのも、この種の「沈黙」は、行為をする代わりに、その「沈黙」が意味していた事柄を詐取するために、その結末だけを待ち構えているようなものだからだ、というのである。[21]

この「本文」のあとには、既に述べたように長文の「あとがき」Efterskrift が添えられてある。それには、キルケゴールは、なぜ自分はこの論説を書いたのかということについて書いている。それによると、彼は、マルテンセンが行っている「沈黙」について、自分はどうしてもそのことを宗教的意味において追跡してみなければならないと考えたからだ、と言っている。[22] その理由については、キルケゴールは、さまざまの事例を引いて皮肉っぽく述べているが、そこで述べられていることは、結局は次の二点になる。

一つは、マルテンセンのように輝かしいキャリアを積み最高位を得て幸せの状態にある者にとっては、静かな状態が続くことを願うものである。例えば、豊かな収入、社会での高い評価、多数の人々の幸福への影響力をもつことの心地よさを楽しむこと等々、これらのための静かな状態を願うものである。しかしそのような静かな状態を願うことは、受難と犠牲を要求する「新約聖書のキリスト教」とは正反対のことである。こうして「公認のキリスト教」は

「新約聖書のキリスト教」と全く異なるものになっているわけである。ところが、マルテンセン監督は、自らの名において、監督として、前者を後者と同じものであるとか、前者は後者に向かってひたすら努力をしているものだと言ってのける程厚かましくはなく、彼はその両者の関係が問題になってくるところで「沈黙」をするのである。こうしてこの「沈黙」は彼にとって唯一の助けあるいは逃げ口になっているというのである。それゆえ、自分はその「沈黙」について語ろうとしたのだというのである。

もう一つは、その「沈黙」が目ざしていることは、牧師層の或る者たちがキルケゴールに対して批判していることが、つまり、彼は「何の返答にも値いしない一種のわめき屋」en Vrovl だということが一つの印象をおびるようになり、市井の人たちは高位の牧師たちがそう言っているのだからとそのまま信じてしまうようになることであろうが、これに対しては大いに異議があるということである。キルケゴールによるならば、自分は「摂理によって特別なわざを為すために全く特別に早い時期から選び出され、ゆっくりと教育されてきた一人の人間」であり、自分の言っていることが「たわ言」に見られるのは、「公認のキリスト教」と「新約聖書のキリスト教」との相違から由来しているのだというのである。つまり、「公認のキリスト教」を「キリスト教」だと思い込んでいる人々にとっては、「新約聖書のキリスト教」について語られていることは「たわ言」に聞こえるだろうというのである。[23]

このように述べて、キルケゴールは、マルテンセン監督が、目下の問題にお係り合いになるまいとして「沈黙」を続ければ続ける程、事態はますます面白くなってゆくばかりであり、それは大衆の娯楽に貢献することになる。また、自分が耳にしているところによるならば、マルテンセン監督は、この「沈黙」の件に関してどこかの教会で一つ二つのことを語ろうとしているようであるが、もしそうしたなら、それは笑い物になるだろう、というのである。それに、そのやり方は、彼が言うところの「真理の証人」が「証言する」ということはどういうことなのかを打ち明けているにも等しい、と皮肉にみちた言葉を述べている。[24]

この「あとがき」のあとに更に一文が独立して添えられている。それはこの号に対するものというよりもむしろ前年の十二月十八日以降の『祖国』に載せたキルケゴールの論説すべてに対する締めくくりを意味する一文と言える。この一文で彼は、読者に対して、もう一度自分の意図を説明している。それによると、彼は、自分が該紙によって意図してきたことは、マルテンセン監督と事を構えて論争しようとすることそのことではなく、最高位の聖職者である同監督が使った「真理の証人」という言葉は、宗教的意味の事柄なので、このことによっていまここでどういうことが起こっているのかを人々の目にはっきり分かるようにさせることが自分の責務と考えたからなのだ、というのである。(25) それゆえ、自分が述べてきたことを知りたいと思う人は誰でも、次の四つのことを知ることができるだろうという。

(1) マルテンセンが言うところの「真理の証人たち」の仕事は「真理」ではなく、その上わべを作り出し、それを保ち続けてゆくことであるが、このことは本来の意味での「真理の証人たち」とどう関係し合っているのかということ。

(2) そのような仕事には、どんな下劣な手段が用いられるのかということ、そしてなぜそれはきっと失敗に終るのかということ。

(3) いま教会の既存の体制の問題は、宗教的な問題ではなく、金の問題になってしまっているということ、つまり、その既存の体制を維持してゆくものは、王国から権威づけられた一〇〇〇人の教師たちであり、彼らは、株主の資格でその既存の体制を堅持しているのだということ。

(4) 真の至福 Salighed ということで「真理の証人たち」に自らの根拠を置いている者には、そのような問題に対して、静かで無頓着でいることは、果して充分な理由と正当性があるか、ということ。

以上である。このように述べて、彼は最後に次のような言葉で結んでいる。

「この件は、願わしいことに到達した（しかも疑わしく思える程にまで願わしい仕方によってだ。というのは、私は、マルテンセン監督が大体最初から沈黙をするだろうということについては充分心得ていたからである）。しかしマルテンセン監督はただ一度でよいから語ることが必要だった。それを目にした者は、結局のところ同監督がどんな力をもっているのかについて、物尺を手にすることができただろうからである。が、そのことは起こった。それゆえ、出来ることなら、彼を沈黙へと追い帰してやることが必要だろう。そのことは起こったのだ。いま彼をして、その沈黙によって賢こく振舞わせよう。人が、彼の語る言葉が何を意味しているのかを知るとき、人はまた彼の沈黙が何を意味するのかをも知るのである。彼は、自分の沈黙によって恐らく、きっと殆んど自分自身を愚弄せんばかりのことをしている。しかし次のことを知ろうとする者はひとりもいないだろう——彼が本当のところ何を得たのかということを。(26)」

一八五五年五月二十六日(土)の『祖国』第一二〇号は以上のような内容のものであった。

このような内容から明らかなように、この号は確かに、マルテンセン監督へ向かって発した「最後通牒」のようなものであり、キルケゴールは、これによって、この「戦い」の「第三局面」のみならず、十二月十八日から始まったこの「戦い」のいままでの段階のすべてを終了させ、更に「新しい局面」へと、いや、「最終局面」へと入ってゆく態勢を整えたと言うことができよう。

こうして、この「戦い」は、いよいよ「最終段階」を迎えるのである。

注

(1) N. Thulstrup: Ibid., S. 287.
(2) Pap. XI^2A265, XI^3B238
(3)(4)(5) S. V. XIV. S. 83ff.
(6) Ibid., S. 84ff.
(7)(8)(9) Ibid., S. 89ff.
(10)(11)(12) Ibid., S. 90, 91.

（13） N. Thulstrup: Ibid., S. 288.

（14） S. V. XIV. S. 92.

（15） Ibid., S. 93. なおここにいう「要請」とは、『祖国』紙一八五五年一月一〇日第八号で、R・ニールセン教授が『善きわざ』という文章で、マルテンセン監督にあてて提案したものである。それはこうなっている。「私は、キルケゴールに代ってであるかのように見えさえするだろうが、私は、〔キリスト教をこの世とは融合し得ないものとして描こうとする彼の努力にはキリスト教的妥当性があるという〕この要求された告白をキルケゴール博士自身にさせることを、しかもそれを最善の意味において、それゆえ、出来得る限り明白な仕方で、無条件でして貰うようにさせることを、許してほしい！――」

（16）（17） Ibid., S. 93.

（18） Ibid., S. 94.

（19）（20） Ibid., S. 95.

（21）（22） Ibid., S. 96.

（23）（24） Ibid., S. 97.

（25）（26） Ibid., S. 98.

第四章　戦局の「最終局面」――「瞬間」の到来の意識のもとで〈自分の任務〉の遂行

この「戦い」も五月下旬に入ると、キルケゴールは明らかに、目下の「第三局面」も含めたこの「戦い」の全行程を終了させ、「最終局面」を迎える覚悟を固めていた。しかしこの「最終局面」こそ今迄のものよりも最も激しいものとなり、ある意味では自爆的な性格のものを感じさせる様相を呈していた。しかし実際はと言えば、彼は極めて冷静な対応をしていたのである。それというのも、そのすべてが、彼における「瞬間」の到来の意識に依っていたからである。

ところで、この「最終局面」は、五月二十四日コペンハーゲンのライツェル書店から小冊子『瞬間』を発行することをもって始められ、それ以後連続して一〇回発行されたこの『瞬間』の各号を戦場として展開されたものと言ってよい。いま一〇回と言ったが、実際に発行されたのは九月二十四日の第九号までで、第十号は、準備され印刷所に渡すばかりになっていたが、彼は九月二十八日倒れてフレゼリグス病院へ入院し、死の床についたので、その原稿はその時は発行されず、死後発行されることになったのである。

しかしその五月二十四日から九月二十四日までの間、キルケゴールは、その各号を、ただ単調に発行し続けたのではなかった。彼は、その期間、二度程実に意味深い「一時的な休戦」Vaabenhvile の期間を設け、彼への反対者やそれらへの同調者たちが降参してくるのを待ったのである。(1) 一度目の「休戦」は、『瞬間』第二号を発行した後に、一八五五年六月十六日、小冊子『キリストは公認のキリスト教を何と判断するか』をライツェル書店から発行することによって、示された。そして二度目の「休戦」は『瞬間』第七号を発行した四日後、九月三日、一つの講話『神の不変性』を同じくライツェル書店から発行することによって示した。しかしこれら二度の「休戦」に対する人々の反応は空しかった。(2)

この「戦い」の「最終局面」は大体以上のような経過を辿るので、それをはっきり時期区分して表わすと、次のようになる。

1 『瞬間』第一号(五月二十四日)の発行の日から第二号(六月四日)の発行の日を経て、最初の「休戦」が行われる前日(六月十五日)まで

2 第一回目の「休戦」のための小著『キリストは公認のキリスト教についてどう判断をするか』(六月十六日)の出版から次の第三号の発行が行われる前日(六月二十六日)まで

3 『瞬間』第三号(六月二十七日)の発行から第七号(八月三〇日)の発行の日を経て、第二回目の「休戦」が行われる前日(九月二日)まで

4 第二回目の「休戦」のための小著『神の不変性——一つの講話——』(九月三日)の出版から次の第八号が行われる前日(九月一〇日)まで

5 『瞬間』第八号(九月十一日)の発行の日から第九号(九月二十四日)の発行の日を経て、彼が病いに倒れた日(九月二十八日)まで

以上の五つの時期に区分することができる。

そこで以下この区分に従って、それぞれの時期についての考察に入るわけであるが、その前に、基礎作業として、この「最終局面」がそれを戦場とした小冊子『瞬間』の基本概念「瞬間」の意味を検討することから始めたいと思う。

注

（1）（2） N. Thulstrup: Ibid., S. 288.

序節　小冊子『瞬間』について

この「戦い」は、小冊子『瞬間』を戦場として展開されたので、その「戦い」の模様を知るには、何にも先立って、この小冊子『瞬間』がどういう性格の著作であるのかを、知っておく必要があろう。しかしそれと同時に、この小冊子がそれを前提にしそれを中心に書かれ、かつそれを提示することをこそ目的としたひとつの基本概念「瞬間」の意味について考察しておく必要があろう。この「戦い」の「最終局面」は、この小冊子のこの基本概念の上に、展開されているからである。本節では以下この二点について考察することにしよう。

I　文学形式の特徴

「芸術」についてのキルケゴールの基本的な考えは、『あれか―これか』の中で実に詳細に述べられていたように、古典芸術の理念、もしくは、理想は、「形式と内容との統一性（一致）にある」、という点にあった。そして彼自身この考えを厳密に堅持し、自らの著作の制作自体に、実に見事に実現してきたことは、私は、『著研I』において、いくたびも述べてきた。しかしこのことは当然にこの小冊子の制作にまで妥当してくるのであり、つまり、彼は、彼自身のもつその鉄則を、いま、この「戦い」の「最終局面」という危機的場面においても、この小冊子の制作に、見事に実現していることに、私は注目するのである。それは確かに、驚歎以外の何物でもないと言ってよかろう。つまり、この小冊子は、後述するように「瞬間」という概念を「内容」として扱っているが、これを扱う該書の「文学形式」は、この「内容」の性格に見事に一致し、「形式と内容との統一性」が実に美しい調和において、制作されているのである。

この事実を証明するには、デンマークの二人の権威ある研究者、コペンハーゲン大学デンマーク文学史の教授であったF・J・B・ヤンセン教授と、同神学教授であったN・トゥルストルップ教授の見解を紹介するだけで充分であろう。

ヤンセン教授は、名著 Studier i S. K. s litterære Kunst. (Kbh. 1951)『S・Kの文学的技術に関する研究』の中で、この問題を扱っているが、彼はまず、あの『祖国』紙との関連で、この小冊子の出版の意識を、次のように述べている。

「キルケゴールが書いているものは徐々に非常にふえてきたので、彼は、最早『祖国』紙のページにこれ以上の負担をかけることを止めることにした。そこで彼は、それら書いていたものをいくつか集めて、それを一八五五年五月二十四日に刊行した。だからわれわれは、文学的意味では、こうしてこの小冊子 Pjece に到達したのである。この小冊子は、六月以降も刊行され続けた」が、それはその鋭い内容から見て、パンフレットという名で表示さるべきである。しかし既にこの五月には、キルケゴールは、彼自らがこの闘いのための独立した機関誌をもたなければならないことを、よく心得ていたのである。彼は、それを、『瞬間』Øieblikket と名付けた。(2)」

ヤンセンは、この小冊子がこの「瞬間」の性格に相応しい形式で制作されていることを、次のように述べている。

『瞬間』は、全くの個人雑誌 Enmandstidsskriftet である。その各号は、いくつかの一連の論説を含んでいる。それらの論説は、気まぐれの要求や瞬間の要求に従って一緒におかれているのであって、一定の総合的イデーに従って配置されているのではない。ただ一つだけ例外があり、それは第三号であるが、この号はすべて、『国家――キリスト教』Stat――Christendom の関係を扱っている。(3)」

この文章のあと一頁強を使って「瞬間」の定義をしているが（後述）、その定義に基づいて、この小冊子の文学形式が制作されていることを、更に詳しく次のように述べている。

「キルケゴールは、自分のいくつもの著作を、それらの目的と方法とについての明白な文学的意識をもって、計画し、実現した。彼は、文学的意味においてもまた、首尾一貫性の人であった。彼が、隠れた攻撃から現わな攻撃へと転じることを決意したとき、すなわち、完全なる匿名性の覆いをかなぐり捨てて、時代を直接に非難しようと決意したとき、彼は、そのことを、その記述方式においても徹底的に具現したのである。(4)」

こうしてヤンセンは、この文章のあと、キルケゴールが該書において行っている比喩的方法、ひとりひとりの人間への訴えの方法、中傷的方法、風刺的な見出し、アイロニー等々を事例に取り挙げ、次のように述べている。

「〔以上の箇所で〕われわれは、この『瞬間』の著者」がその初期の頃の著作にとられていたその文学様式を用いているということを、つまり、『おそれとおののき』の賛歌や、『ディアプサルマータ』のアフォリズムなどの文学様式を用いているということを、見てきたのである。教会あらしと言われたこの人物は、文学的に見るならば、詩人Digterenとして生きているのである。そして、この宗教的著作家がその詩人を自らに仕えさせている所では、その独創性が強烈に貫いているのであるが、そのさまは、建徳的講話のもとにおけるものと同じような様相を呈している……(5)」

さて、N・トゥルストルップもこれとほぼ同じことを言っている。彼は、この『瞬間』を述べる前までの個所で述べてきたキルケゴールの新聞記事や日誌記事のことを踏まえながら次のように書いている。

「もし人が、ここで言及され引用されてきた新聞記事を読むならば、そしてまた後年に属するキルケゴールの日誌を知るならば、……『瞬間』の中に見られる多くの大小の文章には、新しいことは実に僅かであることを知るだろう。それら個々の文章の日付は多くは一八五四年のものである。それらは、〔今日〕よく知られているものであり、従って、もし読者がそれらの文章からその源の文章を知ってはいないなら、その不明のものは急いで辿って見るべきである。

このようなわけで、この『瞬間』の内容については、簡単に述べることができよう。

トゥルストルップはこのように述べたあと、ヤンセンと殆んど同じようなことを次のように述べている。「この書では、キルケゴールは、全体的にでき得る限りの鋭さをもって、『既存のものへの矯正剤』Correctiv til de Bestaaende という一元的意識を、持ち出してきている。彼は、断えることのないさまざまなヴァリエーションにおいて、国家、教会、牧師層、当時の一般的な説教、教会的行為の誤解や誤用等々を、攻撃したのである。

これは、キルケゴールが自分の著作活動を『あれか―これか』をもって始めたのと全く同じで、つまり、その第一部は、全く計画性がないような形式がとられているわけだが、それと同じような仕方をとり、しかし彼は、ひとつの〈あれか―これか〉を、その時よりもはるかに高次の実存的水準において、そしてまた一連の大なり小なり偶然的とも見える着想と結果に見えるような方法において、終結させているのである。それらのことは、彼の意識された文学的戦略が目下の課題に奉仕していることを、あらわしていたわけである。[7]」

トゥルストルップはこのように述べている。以上私は、この小冊子の「文学形式」についての二人の研究者の見解を、紹介したわけであるが、以上のことからも明らかなように、キルケゴールは、この最後の巨大な危機的状況の中においても、文学作品というものについての彼の基本的な考え方を、一点の誤魔化しもなく貫徹し実現していたのである。つまり、それは、「形式と内容との一致（統一性）」という言葉で表現されるが、この小冊子の「文学形式」には「内容」としての「瞬間」という概念の本質と性格とがそれらに相応しく見事に表現されていたのである。

そこで次にその「内容」としての「瞬間」について、少しく考察してみよう。

Ⅱ　「瞬間」という概念

この「瞬間」という概念は、この連続の小冊子『瞬間』が書かれるにあたっての大前提となっていた概念であるとともに、この小冊子をもってすすめられた「教会攻撃の第四局面」の大前提をなしていた概念であった。そもそもこの戦いはこの「瞬間」の自覚のもとですすめられてきた。既に前章でも紹介しておいたように、『祖国』紙四月七日号（第八十一号）でキルケゴールは、「瞬間のための予備的知識の書物」としてあの三冊の著作の名を挙げていたが、その時既に彼は、この戦いを「瞬間」と呼び、この言葉でこの戦いのことを説明していたのである。以上のことから明らかなように、彼においては、この「瞬間」という言葉は、「教会攻撃」という言葉と同義語になっていたのである。このような意味において、この小冊子とそれを通じてのこの戦いの第四局面を理解するにあたっては、何にも先立って、この「瞬間」とい概念の意味を理解しておくことが必要と考えられるので、ここでしばらくこの問題に集中して考えてみたいと思う。

この「瞬間」の意味については、キルケゴールは、『瞬間』第一号の導入部ならびに付録et Følgebladで、詳細に説明しているが、彼はこの概念を初期の頃の著作でも用いかつ説明してきているので、目下の理解をより明確にするためにも、極く簡単にその頃の意味から目下の意味へと辿ってきたいと思う。

端的に言うならば、この「瞬間」という言葉は、キルケゴールの著作においては、最も初期の頃とこの小冊子の時とでは、その意味はかなり変様してきており、またしばしば新しい充実が与えられてきたと言うことができよう。まず最も初期の頃、この語は審美的段階に生きる人間に用いられ、例えば、『あれか―これか』の第一部では、この語は、その審美的生活それ自体を指し、つまり、生の享楽と苦痛を意味し、瞬間とは、その審美的生活を生きる人間がそのことによって経験する孤独になる瞬間のことであった。

次にこの語が取りあげられたのは、『不安の概念』（一八四四年）においてであった。該書では、この語は、キリスト教的心理学の立場から、しかし極めて哲学的方法において考察され、徹底した仕方で究明がなされた。つまり、この語は、「時間性」の問題として扱われ、「瞬間」とは、永遠と時間とが触れ合う場、永遠が時間を切断する場としてとらえられ、それは次のような実に見事な言葉で定義された。「瞬間は時間のアトムでなく、永遠のアトムである。[8]」

他方該書の出版と同日に出版された『哲学的断片』では、この概念は、極めて具体的に、いわば思弁の題材としてではなく「決断の対象」として、その意味では、倫理的―実存的問題の課題として、とらえられている。このように、「瞬間」が「倫理的実存的決断の対象」としての意味をもつものとして位置づけられ性格づけられて関わるものとなる限り、それは最早単なる「時間のアトム」としていつどこにでも何の意味もなく流れているものではなく、明確に「決定的意味」、その意味では「絶対的意味」をもつものとしての「関わりの対象」となる。従って、そのような状況のもとでは、あの『不安の概念』で述べられていたこと「瞬間は永遠が時間を切断する場である」「瞬間は時間のアトムではなく、永遠のアトムである」という真理は、この時間の世界の中では、歴史的意味をもって受けとめられる。つまり、「瞬間」は、神が人と成ったそのとき、永遠が時間の構図を切断したそのとき、すなわち、世界とあらゆる個々の人間の歴史の内部で時が満ちたこと Tidens Fylde を意味することになる。こうしてキルケゴールにおいては、「瞬間」の意味は、該書で述べられているようなものとして、ずっと持ち続けられてゆくことになった。

ところが、この概念は、その後、年と共に、彼自身の身に切実なものとして受けとめられるようになり、「教会攻撃」が念頭に浮かぶようになった頃からは、この概念は、「時の充満」「到来」という意味の側面が非常に強くなり、とくに「教会攻撃」に突入するようになってからは、その「到来」を如実に実感するようになったのである。こうしてこの概念そのものを題名としたこの小冊子を発行することになったわけである。

このようなことから、彼は、この小冊子の「第一号」で、なぜ自分はいまこの小冊子にこの「瞬間」という名前をつけたのかということを説明するとともに、改めてこの「瞬間」の意味を明らかにしている。

まず、この小冊子にこの名前をつけたことの理由について、彼は、その号の中の「付録」et Følgeblad という欄で次のように述べている。

「私は、自分の仕事において、いまこの現代に、瞬間へと、これ程までも近くに、引き寄せられているので、どうしても一つの機関誌が必要となってきている。その助けを得て、私は、即座に、現代に立ち向うことができる。だから、私は、この機関誌を、瞬間と呼ぶことにした。

　この問題に関心をもっておられ、御自身のことに役立たせるために、この続刊されてゆくものを手易く入手したいと希望なさる方は、出版社に予約申込みをすることができる。しかしいかなる点に関しても、私には、最も無条件的な自由を、予約させてほしい。それ以外の仕方では、私はこの仕事をすることはできないのである。(9)」

この小冊子出版の理由をこのように述べている。

しかし右の文章を読んでいて気付くことは、彼は、ここでは、現代Samtidという言葉と「瞬間」という言葉とを殆んど同義語のように使っている点である。それは、この小冊子全体から明らかになってくることであるが、彼はこのとき、この「現代」（＝彼の同時代）を「時が満ちた」と判断していることから、発しているのである。

さて、キルケゴールは、この小冊子の題名について、このように説明しながら、更にその説明を続けてゆきながらも、その「瞬間」の意味を、ここで改めて明らかにする。

「私はこの機関誌を『瞬間』と名づける。とは言っても、私が目ざしているものは、はかない一時的なものではない。それは、私がいままで目ざしてきたものがはかない一時的なものでないのと同様である。いや、それは永遠なるものであったし、永遠なるものであり続ける。それは、もろもろの妄想に対してもろもろの理想を立ち向かわせることによって、そうなる。(10)」

これで明らかなように、「瞬間」は、依然として、「永遠なるものと時間的なものとの関わり」として、説明されている。しかしいまこそ、その「関わり」において「時が満ちた状態」として、とらえられている。そしてこのいまは、キルケゴール自身の「時」が満ちた状態として、とらえられている。

「しかしある意味では、私は、自分の今迄の仕事全体については、その時はまだ来ていなかった、と言わなければならない。私は現代から遠く離れた所に居たのだ、しかも非常に遠くにだ。ただ、その距離がよく計測され、完全にある意図のもとにおかれた限りにおいてのみ、近かったのである。がいまは、それとは反対に、私は、あらゆる場合に瞬間を使用することのできる可能性を確保しなければならないのである。[11]」

このように述べているが、「瞬間」についてのキルケゴールの最も究極的とも言える説明は、この小冊子の最終号、つまり、彼の死後発行された「第一〇号」に、明快に述べられている。その号では、彼は、「瞬間とはいつの時か?・」という問いを設定して、これに答える形をとっている。それは次のようになっている。

「瞬間とはいかなる時か?・Naar er Øieblikket. ?・瞬間とは、あの人 Manden が存在しているときのことである、あの義しい人、瞬間の人が存在しているときのことである。

この瞬間とは秘儀であり、この世のあらゆる知恵やほどほどの状態にしかすぎないすべてのものに対しては、永遠に隠されてしまうであろうものである。[12]」

このように述べて、キルケゴールは、悟性に基づく「この世の知恵」や「つきなみな考え方や在り方」では、この「瞬間」を決してとらえることはできないという。なぜなら、「瞬間」は「永遠なるものの突破口」det Eviges Gjennembrud であるが、それらのものは、その常識性と合理性によって、瞬間を、これに随伴してくるもろもろの出来事や環境の内部に、つまり、相対的一般的現象の内部に、位置づけてしまうからである。

「しかしあの義しい人が来るとき、然り、そこに瞬間がある。なぜなら、瞬間は、もろもろの周囲の事物の中にあるものではなく、正に新しいもの、永遠なるものの緯糸《よこいと》Evighedens Islæt だからである。[13]」

このように、キルケゴールは、「瞬間」は、「永遠なるもの」がこの「時間」の世界に突入してくる「突破口」であるが、それは「永遠なるもの」の緯糸と形容し、ここから更に彼の最後的な定義を述べる。

「この世の知恵が瞬間を求める程に熱病のように心を奪われて求めているものは他にはない。しかし瞬間は、この世の知恵が、どんなに正確に計算しても、与えてくれなかったものなのだ！　瞬間をとらえることからは、正にこの世の知恵程にまで確実に排除されているものは他にないのである。なぜなら、瞬間は、天国からの贈り物だからである。異教徒なら、それは幸福な者や勇敢な者への贈り物である、と言うだろうが、キリスト者は、それは信ずる者への贈り物である、と言う。[14]」

「然り、この世の知恵によってどこまでも軽蔑してやまない当のもの、あるいは、精々日曜日にだけ厳かにもったいぶった話し方で飾り立てられている当のもの、正にこの当のものを信じること、このことだけが瞬間と関わることができる可能性をもっているのである。この世の知恵は、永遠に排除され、背を向けられる。それは、天国においては、あらゆる種類の悪徳や犯罪よりもより以上のものとなっているかのようにである。なぜなら、この世の知恵は、その本性上、みじめなこの世に、何にもまして最も多く属しているので、それは、天国や永遠なるものと関わりをもつことからは、何にもまして最も多く離れた所にあるからである。[15]」

「瞬間」という概念は以上のような意味のものであった。それは、「永遠なるものが時間の構図を切断するときのその場」のことであり、「時間のアトムでなく永遠のアトム」であり、「神が人に成った」そのことを通じて示されている「世界史と個人の歴史における時の充満、すなわち、時が満ちた状態」のことを意味していた。

キルケゴールは、この「瞬間」の到来をわが身に切実に感じ、この小冊子を出版することによって、これを戦場として、この戦いの「第四段階」へと入ったのである。

それではこの予備知識を念頭におきながら、以下の節で、先の五つの時期区分の各期を順に考察することにしよう。

注

(1) S. V. I. の第一論文参照。
(2) F. J. B. Jansen: Studier i S. Ks litterære Kunst. (Kbh. 1951). S. 70.
(3)(4)(5) Ibid., S71, 72, 75ff.
(6)(7) N. Thulstrup: Ibid., S. 289.
(8) S. V. IV. S. 395.

(9)(10)(11) S. V. XIV. S. 115.
(12)(13)(14) Ibid., S. 364ff.
(15) Ibid., S. 365.

第一節 『瞬間』第一号と第二号

『瞬間』第一号(五月二十四日)は約二〇頁程の分量のものであるが、その内容は、「本文」の四つの小文と「付録」とから成っている。

「本文」の最初の一文は「調律」Stemning となっており、ここでは、キルケゴールは、いま自分は、一つの決定的なこと et Afgjørende をもたらす仕事をする旨について述べている。しかしそれは、瞬間のなかで活動することであるが、これをしないならば永遠に悔いを残すだろうという。(1)

その次の一文は、「これが言わるべきである」というあの小冊子の題名を出して、その「決定的なこと」について述べる。それは、その小冊子でも述べられたように、「公認のキリスト教の礼拝」に出席しないことは、それだけで真理に近くあることを意味し、彼はここでその「決定的なこと」とは、「公認のキリスト教を不可能にさせること」だとなす。(2)

三番目の文章では、「公認のキリスト教を不可能にさせること」を、国家——キリスト教的国家!—は防ぐことができるのか、ということについて述べる。この「公認のキリスト教を不可能にさせる」とは、国民各人が「新約聖書のキリスト教」についてはっきりした考えをもち、それに基づいて、自分は真にキリスト者になろうと意志しているのか、それとも、そうではないのか、をはっきりさせること、そしてもし後者であるならば、「自分はキリスト者ではない」ということを誠実に告白すること。しかし「真のキリスト者になる条件」はこのような誠実な告白から始まるのだということ。そしてもし各人がそのようにするならば、そのことは、キリスト教によって自分と家族の生活を保障して貰っている官吏たち（＝牧師たち）のそのような在り方を止めさせることになること、つまり、「公認のキリスト教を不可能にさせることになる」というのである。(3)

こうして四番目の文章は「一服の吐剤を飲め！」という極めてショッキングな覚醒的で反省を迫る題名のものになっている。この文章で、キルケゴールは、『祖国』紙においてなされたのと同じように、読者に向って、「吐剤を飲め！」とすすめる。しかも、彼は、計四回も飲むことをすすめ、一回毎に吐き出されたものについての検討を加える。その場合、いままで飲み込んでいたもの、従って、その吐剤によって吐き出されるものとは、公認のキリスト教を通じて「キリスト教」として飲み込んでいた知識のことである。つまり、この吐剤によって吐き出されるものは、そのような誤認されていたキリスト教的知識である。そこでその四回にわたって吐き出されるものとは次のものである。⑴まず、真のキリスト教とは何であり、それが要求する犠牲とは何であるかを知り、自分が献げていた犠牲が何であるのかを正直に吐き出すこと。⑵次の一服では、自分がいままで当然のこととしてきた公認のキリスト教礼拝について考え直し、それが真にキリスト教の「礼拝」に値いするのかどうかを深く考え、いままでの自分の誤った思いを吐き出すこと。⑶三服目は、ただ弁舌がうまいだけの人物をもう一人の弁舌のうまい人間が「真理の証人」と名づける、しかもそれが礼拝の中でなされたことへの反省であるが、これを受け入れた誤認を吐き出すにはこの一服だけでは効き目かない。そこで⑷もう一服飲むことがすすめられる。こうしてこの誤認を吐き出し、自分はこんな人物を「真理の証人」と呼ぶことはできないと叫ぶようになる。しかしそう叫べば悪党呼ばわりされるが、いまこそその薬は効いたのだ、とこのように述べている。(4)

「本文」は大体以上のようなものである。それらには特に新味と言えるものは見当たらないが、それらは、「決定的なこと」をもたらすこと、そして「決定的な覚醒と反省」を迫ることを目ざして、その言葉の表現は一層の鋭さを増している。

さて、既に言及したように、この第一号には、「本文」のほかに、「付録」が添えられている。そこには、前節Ⅱで述べたような「瞬間」についての定義が書かれているが、それと合わせて、その最後の段落では、自分がいままで述べて来た事柄がどんな「根拠」のもとでそのように書かれたのかについて、述べられている。それによると、いま自分はやはり「あれか―これか」を提示することによって人々に奉仕しようとしているということ、そのためには、その「根拠」として「われらの主にして救い主であるイエス・キリストの新しい契約」である「新約聖書」に依っているのだということ、そしてこの書こそ自分に大きな力を行使してくるのであり、それは自分に対して「あれも―これも」についての言い知れない恐怖をもたらし、それによって「あれも―これも」によって奉仕することをできなくさせているということ、以上になる。(5)

『瞬間』第一号は以上のような内容のものである。

これに続く第二号（六月四日）は二十二頁程の分量のものであり、一〇篇の文章から成っている。それらに見られる思想には特に新しいものは感じられないが、その筆の動きは増々尖鋭化し激しさを増してくる。それもその筈で、彼がそれらの文章によって意図していることは、とにかくこの「キリスト教国」を支配している「錯覚」をとことんえぐり出すことだったからである。そしてこの「錯覚」（キリスト教的錯覚）を払拭することが、真のキリスト教への第一歩であることを訴える点にあったからである。そのことを訴える彼の言葉はいやが上にも激しくなりまた逆説的になる。例えば、「われわれが実際にキリスト者であるとするならば、では、神とは何者なのか」とか「われわれが実際にキリスト者であるとするならば、そして、キリスト教国やキリスト教世界が、キリスト教的意味において、正当なものであるとするならば、最早新約聖書はキリスト者の指針ではなく、また指針たりえない」とか「われわれすべての者が牧師になっているわけではないということは、何と幸いなことか」等々。(6)これで明らかなように、この第二号は、徹頭徹尾、キリスト教国にはどんなに巨大な錯覚が支配しているのかを指摘し、それから目醒めることを訴えているのである。

以上が第二号のあらましである。

私は第一号と第二号について些かの紹介をしてきたが、この両号を通じてこういうことを知ることができた。すなわち、キルケゴールは、第一号においては、「瞬間」の到来を、文字通り真に身に迫ったものとして実感し、それゆえ、正にこの意識のもとで、この戦いにおける「決定的なこと」をもたらそうとする行動に出ようとしたこと、そして第二号では、その行動が、従来の決定的な訴えのすべてを集約的に、しかも可能な限りの激しい言葉によって表現するという方法をとった、ということである。それは正に「瞬間」の体現のもとで行われているので、その行為は全身全霊を傾けてのそれになり、その激しさは、同時にわが身を蝕むことを感じさせるようなものであった。つまり、その闘いは、一分の隙もない超人的な緊張のもとでの例えようのない厳密な意識と天才的な集中力とによる行為であった。従って、そこには、人間としてはこれ以上耐え切れないような極限状況を感じさせるものがあった。それゆえ、そこでは何よりも「局面」の転換とも言えるようなことが必要となっていた。しかしキルケゴールはこの全体的状況を誰よりも最も冷静に奥深く透明に見通していた。

彼は、その認識を、実に見事な文学的技術によって、表明した。つまり、彼は、この『瞬間』第一号と第二号の出版の後には、決して引続いて同じ調子で第三号を出版するのではなく、この小冊子の系列とは全く性格を異にした一つの「宗教的講話」『キリストは公認のキリスト教についてどのような判断を下すか』を出版したのである。この講話の出版は、文学技術的な視点から見られるならば、驚くべく見事なくわだてであることが分かる。端的に言うならば、彼は、この出版を通じて、ここで思い切って「視点」の転換をはかり、それを通じて、「休戦」のひと時を設けようとしたのである。目下何よりも必要とされたことは、視点の転換を目指した「休戦」のひと時をもつことであった。

注

（1）S. V. XIV. S. 103ff.
（2）Ibid., S. 105.
（3）Ibid., S. 107–10.
（4）Ibid., S. 110ff.
（5）Ibid., S. 116.
（6）Ibid., S. 135, 137, 139.

第二節 「休戦」(I)——『キリストは公認のキリスト教についてどのような判断を下すか』（一八五五・六・一六）（ライツェル書店）

このパンフレットの出版は、N・トゥルストルップが指摘しているように、明らかにひと時の「休戦」を目的としたものであり、キルケゴールは、彼自身への反対者たちやそれらへの同調者たちが、いま改めて該書を読むことによって、降参してくることを願ったものと言うことができよう。しかしそれがためには、彼は、該書においては、思い切った「視点の転換」をはかり、その転換された視点のもとでは、いままで彼が描き出してきたキリスト教国の諸現象がどのように見えてくるのか、それを映し出そうとしたわけである。つまり、その「視点の転換」とは次のような構図のものとして起こっていることを知らされる。すなわち、キルケゴールは、『祖国』の各号において、そしてまた『瞬間』第一号と第二号において、彼の立場はあくまでも、その足を「この地」につけ、そのもとで「この地」に起こっていることの非を訴え続けてきた。ところが、彼は、これはあくまで文学的技術の視点から言うのであるが、その『瞬間』第一号と第二号とを書き終わった地点で、そのようないままでの姿勢を一時「休止」させて、今度は「天に在す者」の目からこの「地」を見る仕方をとり、この見方を提示することにしたわけである。(1) つまり、簡単に言えば、国家とキリスト教に対していままで自分が述べてきた諸現象は「天に在す者」の目から見るならば是々のようにに見えるだろうというのがこのパンフレットの出版の目的であったと言うことができよう。

このような「視点の転換」の構図のもと、該書の構成と内容は次のようになっている。すなわち、該書は僅か十四頁のものであるが、その全体ははっきりと二つの部分から成っており、その「視点の転換」のはっきりとした構図はその後半部の始まりの個所から終りまでの全体を通じて明瞭に描き出されている。それゆえ、ここでの以下の叙述は、その二つの部分に分けて進めることにする。

まず前半部は、一四三頁から一四七頁の十一行目までになる。そしてその個所で述べられていることは、極めて明確な輪郭をもったものとして要約することができる。つまり、キルケゴールは、そこでは、この教会攻撃が開始された時から現在の時点まで、それがどのように進められてきたのかその過程を要約的に述べているのである。しかし彼は、それを述べるに先立って、自分は著作家としてどのような方法的態度をもってこの戦いを進めてきたのかについて、一言述べている。それによると、自分の方法には二つの特徴があるという。一つは、自分はこの「キリスト教的国家」というものを日常言われているところの偽造、詐欺と同じような意味での「刑事上の犯罪事件」に相応するものとして看倣してきたということ、もう一つは、自分は「有能なる警官」としてその事件に携わってきたということ、この二つの特徴が自分の著作家としての方法上の特徴だと言っている。このように述べて、彼は、読者に、自分がこれから述べるこの戦いの経過についての報告もこの点を考量して読んでほしいと言い、ここから、彼は、自分がこの戦いをそのような著作家として開始し目下の時点にまで至ったその過程について述べる。彼が述べていることは大体次のようなことである——読者に是非理解してほしいことは、自分はこの戦いを先に述べたような二つの特徴を刻印された「詩人」として始めたということだ。では「詩人」として始めるとはどういうことか。それは、すべての問題を「理想性」において描き出し提示することである。それゆえ、自分は、教会、牧師等々を、それらの「理想性」において描き出し提示した。しかしそのことによって、現実の国家教会、その国家の官吏としての牧師、現実のキリスト教はその「理想性」とは余りにもかけ離れたものとして描かれざるを得なかった。ところが、当の国家教会も、その官吏としての牧師たちも、そのかけ離れていることには全く気付かなかった。そしてこのことの象徴的な問題として提示されたのが、ミュンスター監督に関する「真理の証人」問題だった。しかし自分がこの「真理の証人」問題を提起することによって事態は大きく変った。それというのも、この時自分のやり方は確かに「詩人」としての「枠」を超えてしまっていた。というのは、自分としては彼ら牧師たちは何よりも「新約聖書のキリスト教」に責務を負っているのだということを気付かせようとしたからである。つまり、彼ら牧師たちに「新約聖書のキリスト教」の「理想性」の姿を突きつけた。ところが、正にその瞬間から事態は変った。すなわち、キルケゴールに対してあの「沈黙」が始まった。そしてその「沈黙」は続いていった。そこで自分はその「沈黙」が意味しているものを明らかにしようとして「公認のキリスト教における神礼拝」の問題をとりあげた。そしてその礼拝が「新約聖書のキリスト教」が意味しているものとは凡そかけ離れたものになっていること、従って、人々は、その「公認のキリスト教の礼拝」に何回出席しても、その礼拝からはイエス自身の言葉を聞くことはできないということを指摘した。しかしその叙述を通じて自分が訴えようとしたことは、「礼拝」は、己れ自らへの、つまり、己れの「公認のキリスト教」そのものがもつ「罪」への悔い改めと告白だということであった。(2) ――キルケゴールはいままでの戦いの経過をこのように述べている。しかし彼は、この前半部の終りの方で、このような「公認のキリスト教についてキリストはどのような判断を下すか」という視点のもとでこの問題を考えてみることの有意味性について言及している。

こうして一四七頁の十二行目からはこのパンフレットの後半部に入り、いよいよ現代の公認のキリスト教の諸問題はキリストの目からはどのように見え判断されるかについて述べる。

キルケゴールはまず聖書の二つの個所を掲げ、これらについて語ることから始める。それらは明らかにキリストによる裁きの言葉が発せられた場面の再現である。

『マタイによる福音書第二三章二九―三三節』「法律学者たちとファリサイ派の人々、あなたたち偽善者は不幸だ。

預言者の墓を建てたり、正しい人の記念碑を飾ったりしているからだ。そして『もし先祖の時代に生きていても、預言者の血を流す側にはつかなかったであろう』などと言う。こうして、自分が預言者を殺した者たちの子孫であることを、自ら証明している。先祖が始めた悪事の仕上げをしたらどうだ。蛇よ、蝮の子らよ、どうしてあなたたちは地獄の罰を免れることができようか。」

『ルカによる福音書一一章四七、四八節』「あなたたちは不幸だ。自分の先祖が殺した預言者たちの墓を建てているからだ。こうして、あなたたちは先祖の仕業の証人となり、それに賛成している。先祖は殺し、あなたたちは墓を建てているからである。」

キルケゴールはこのように二つの聖句を掲げて、これこそがこの「キリスト教国」についてキリストが下す判断(=裁き)なのだと言う。それというのも、現在このキリスト教国において行われている「礼拝」は、「キリストに従い倣うことのなかでその教えのために苦しむ」という方向で行われているのではなく、つまり、「新約聖書のキリスト教」の方向で行われているのではなく、「キリスト教ごっこをしていること」at lege Christendɔm、すなわち、キリスト教の演技をしていることになっているからだというのである。このように述べて、キルケゴールは、それらの聖句に従って、国家教会の礼拝における偽善と虚飾ぶりを、抉り出すようにして、照し出しているのである。

さて彼は、ここまでの文章の更にあとに、独立させたような形式で、しかし明らかにそこまでの文章の結論部のような役割をもたせて、一つの文章を加えている。分量は一頁半位いのものであるが、それの内容は、その冒頭の次の言葉にはっきり指示されている。

「あなたはこういうことを考えてみるとよい。人々がキリスト教国である教会に集まっているとき、その時だ――キリストが突然この集会に入ってきたとする。あなたはキリストが何を為さろうとすると思うか?(3)」

この文章はこの問いへの答となるもので、ある意味では、この小冊子全体の答の要約でもある。

右の問いに対して、キルケゴールは自ら明快な答を与えている。

「いま、あなたは、キリストが何を為さろうとするかを、言うまでもなく、新約聖書の中に読むことができる。(4)」

このように述べて、キルケゴールは、キリストはあの聖書に書かれていることと全く同じことを、このキリスト教国の牧師に対しても、教会そのものに対しても為さるであろうことを、とりわけあの「宮潔め」の場面を引き合いに出しながら、実に詳細に描き出している。つまり、このキリスト教国の礼拝は、「長い衣」を着た人に操られ、信者たちはそれをキリスト教についてのおしゃべりの場にしているということを、抉り出すようにして述べているのである。

しかしこの小冊子を通じて、キルケゴールが「新約聖書のキリスト教」の名のもとに目下の時における「礼拝」の真の姿というものをどのように考えているのかを、検討してみるとき、われわれはほんの僅かな言葉しか見出すことはできない。彼の考えは要約すると次のようなものになろう。「それは『人間への恐れ』の中で人々とよろしくやってゆこうとするような関わり方ではなくて、キリストに従い、その教えのために苦しみ、『神への畏れ』の中で、人々からこの教えのゆえに苦しみを受けること」である。

この講話の内容は以上のようなものである。

このときキルケゴールは、このような「視点の転換」によって、現在の状況を眺めたわけである。

そしてこの出版のあと十日程これへの反応を待った。しかし何の反応も感じられなかったので再び『瞬間』の発行に踏みきった。こうして「第三号」から「第七号」までの出版が行われたのである。

注

（1） C. Jørgensen: S. K. Bd. V. (Kbh. 1964). S. 113.

(2) S. V. XIV. S. 146ff.
(3)(4) Ibid., S. 150.

第三節 『瞬間』第三号から第七号まで

キルケゴールのこの教会攻撃の評判は、「教会あらし」Kirkestorm の名において、デンマーク本国は勿論北欧諸国に、とどろいていた。そのため、既に述べたように、それが開始されて以降、大小の新聞は勿論のことさまざまな小誌に至るまで、この教会攻撃についての意見や見解は、実に多量に現われていた。しかし先のパンフレットに込めたキルケゴールの意図は、必ずしも目に見えて現われてくることはなかった。つまり、目に見えた形で多数の投降者が出てくることはなかった。そのためか、それが出版されてから十日経つと、彼は再び『瞬間』第三号からの出版を始めた。そしてその出版はそれ以後第七号（八月三十一日）まで続けられた。しかしこの第三号以降には、一つの変化が見られた。それは、先のパンフレットが提起した問題を踏襲したためか、確かに全体的には先の第一号と第二号と同じように自由な文学形式をとっておりながらも、少くとも第三号、第四号、第五号では、それぞれが一つのテーマをもち、それを追求している面も持ち合わせるようになっていたことが注目されることである。しかしまた第六号と第七号とは少し事情が異なっているが。このようなことから、以下それらの各号を、それらの観点をも念頭に置いて、考察してみたいと思う。

『瞬間』第三号（六月二十七日）――この号には先の小冊子のあとをうけて、そのテーマがそのまま引き継がれている様相もあって、とにかくこの号は各号の中で唯一最もテーマのはっきりした号になっている。そのテーマは「国家――キリスト教」であり、その矛盾が徹底的に追及されている。しかし両者の関係についての考察は、いわゆる神学的、抽象的に行われているのではなく、目下の現実に起こっている問題として、その矛盾が追及されているのである。それは六つの項目から成っているが、それらの中から若干の事例を挙げてみよう。

これの二項目はこうなっている。「キリスト教的意味においてであるが、国家は勉強する青年たちの一部を誘惑していることになるが、それには弁護の余地があるのか?」この項でキルケゴールは、国家による神学教育(牧師養成)を「誘惑」という言葉で呼ぶ。それは、元来「『新約聖書のキリスト教』は、その教師となることは、この世を断念し苦しみを受けることであり、その意味では何の魅力もないものであるのに、国家は、牧師となることによって豊かな経歴や報酬と幸福な家庭生活を保障するようにして、青年たちを集めている。しかも聖書に誓いを立てさせて牧師にしている。これが誘惑でなくて何であろう。彼はこれに対して否の態度を表明している。

また三項目は「国家は、守られないだけでなく、それを立てること自体が自己矛盾であるような誓約を受けいれているが、それには弁護の余地があるのか?」となっている。ここにいう誓約とは、主として牧師になることをめぐって聖書に手をおいて誓う誓約のことである。キルケゴールがここで言っていることは、先にも述べられていたように、新約聖書が述べていることからして、それに手をおいて誓約するなぞということはあり得ないことなのだというのである。

四項目は「キリスト教的意味においてであるが、国家は国民を迷わせている、あるいは、キリスト教が何であるかについての国民の判断を迷わせているが、それには弁護の余地があるのか?」となっている。ここでもキルケゴールは、新約聖書のキリスト教に照してみるとき、国家がこの王国の官吏として一〇〇〇人の牧師を養っていること、そしてそれらを通じて新約聖書とは全く異なるものをキリスト教として教え込んでいることの矛盾を、追及している。

こうして第五項では、国家は、それら千人の牧師を通じてキリスト教に関する「錯覚」をふりまいているのであり、決してキリスト教そのものを伝道しているのではないから、何とも不経済きわまりないことをしていることについて述べる。

そしてそのようなことから第六項は、「もし国家が真にキリスト教に奉仕しようとするならば、国家は一〇〇〇人の牧師に給料を支払うことは止めたらどうだ」という見出しになっており、次のようなことを述べている。いまデンマーク王国には一〇〇〇人の官吏としての牧師がいるが、彼らにはキリスト教を伝道する使命感なぞ全くなく、彼らはキリスト教を異教のようなものにして伝えこれによって国全体をみたしている。だから国家はこのような牧師に給料を払って養うことを止めない限り、真の「キリスト教」の伝道なぞということはあり得ない。こう述べて彼は一例を引く。もし国家が「詩」というものを完全に弾圧し無くしてしまおうと思うならば、一〇〇〇人の詩人を王室所属の官吏として採用すればよい。そうすれば、彼らは、「詩」に値いしないつまらぬものを生み出して国全体をみたすので、こうしてその目的は達成されることになる。真の「詩」は、詩人になることに使命を感じる少数者のみが、正に決定的瞬間に、危険を賭して行動をすることを通じて生まれる。キリスト教の真理もそのようにして伝えられる。しかし現在の国家はキリスト教に関して右の事例のようなことをしているのではないか。

『瞬間』第四号（七月七日）――この号は二十三頁程の分量のものである。これも自由な形式による構成の中、先の第三号ほどに明確ではないにしても、明らかに一つのテーマをもっている。第一項「医者の診断」、第六項「私の任務のむずかしさ」、第七項「公的なもの――人格的なもの」等々は、この標題から見ただけでも、目下の戦いにおける自分の「社会的位置づけ」を追究している姿が浮かび上がってくる。そしてこれらを通じて彼はそれに関して三点を明らかにしている。

まず第一項においては、彼は、自分が一般的に見られるならば、死を賭して闘っている宗教改革者、アジテーター、懲らしめを与える教師等々の面をもっていることを充分意識しながらも、自分は、あの『死に至る病』の偽名著者の立場と同じように、このキリスト教国が「巨大な錯覚」に支配されるという病いを負うた者と診断する「医者」として立ち向かっていることを、はっきり自覚している。つまり、彼は、このキリスト教国には、「すべての者がキリスト者である」という錯覚が支配しているため、この錯覚こそが人々をして「真のキリスト者に成る」ことを妨げているとなすのである[1]。そして彼はこのような錯覚の支配を「（精神の）病い」として診断するのである。

次に、第六項「私の任務のむずかしさ」においては、自分自身に対し更に深刻に立ち向かい、彼は、国家教会のキリスト教が安易や安楽を、つまり、快適な気分を人々に与えているのに対して、自分は「新約聖書のキリスト教」というこの世のすべての幸福を断念し、キリストに従い、その教えのために苦しみを受け、受難の生活をすることを訴える、いわば「不快」を訴える、つまり、人々を立腹させるもの、極端に嫌やなことを訴えるという役を演じていること、従って、人々がとても受け容れ難いものを訴えるという役を演じていることの「むずかしさ」をここではっきり述べている。しかしこれに関して、人は、この世での苦しみや罪よりも「永遠」によって罰をうけることを忘れてはならないという(2)。

第七項目「公的なもの——人格的なもの」では、彼は、イエス・キリストが貧しさの中に生き、私に従いなさいと言ったことを根拠に、公的な在り方に対して、人格的な在り方を訴える。彼によるならば、公的なものに奉仕する者は何百人もいるが、その公的なものを敵にまわして闘う者が一人位いいてもよいではないかという。それというのも、公的なものほどに神にとってむかつくものはなく、神にとっては、いかなる異端、いかなる罪よりもこれ程むかつくものはなく、神との関係は「人格的関係」だからである。そして自分は、国家の側からの雇用ではなく、主の側からの雇用を、期待する者だからである(3)。

キルケゴールは、このような激しい闘争の中にあっても、自己自身の「役割と位置」について以上のような透明な洞察をしているのである。

『瞬間』第五号（七月二十七日）——この第五号は三十二頁もの大量のものである。従って、収録されている文章の篇数も九篇にのぼっている。しかしこれらも前号までと同じように自由な文学形式をとっている。にも拘らず、この号も一つのテーマを追っているのが見てとれる。それはやはり、すべての人々がキリスト者であるというこの「巨大な錯覚」が支配している状況の中で、しかしどのようにしてその「錯覚」から脱却して「真のキリスト者に成る」かを追究している点である。その追究の仕方は、その「巨大な錯覚」を指摘することを通じて行われているが、その指摘の鋭さ開示の仕方は、ますますその激しさを増している。

しかしこの第五号の特徴はそれだけでなく、われわれは、この第五号においては、キルケゴールが二つの点において、明らかに大幅に一歩踏み込んだ「深化」を見せていることに、注目させられる。その二点とは、「キリスト教そのものへの理解」と「キリスト者という概念の理解」とである。そして私見であるが、この第五号の最も重要な点はこの「深化」にあると考える。それゆえ、以下この二点について少しく説明したいと思う。

まず「キリスト教そのものの理解の深化」についてであるが、われわれは、この第五号を、既に第三章第二節で述べたあの「たった一箇条だけのテーゼ」と比較してみるとよい。そこでは『祖国』(三月二十八日)第七十四号で、キルケゴールが、ルターは宗教改革を行った際「九十五箇条のテーゼ」を掲げたが、自分は「たった一箇条だけのテーゼ」を提示する、と述べていることを紹介した。その「たった一箇条だけのテーゼ」とは「デンマークには新約聖書のキリスト教は決して存在していない」というテーゼであった。これはデンマークというキリスト教国においては破天荒のテーゼであった。彼はこれを死を賭して提示したものであった。しかし彼は、この第五号において、その第二項目の文章「天才——キリスト者」において、このテーゼを更に一歩「深化」させたことを述べている。それは次のようなものである。

「キリスト教国家のことやキリスト教一八〇〇年の歴史について、そしてまたキリスト教は完成しつつあるというようなことについて、楽しいおしゃべりをする代りに、キリスト者には、次のような命題こそが確と設定されなければならない。キリスト教はそもそもこの世に入って来てはいない、それは、模範者のところで、精々使徒たちのところで、止まってしまっているのだ、という命題である。(4)」

これは驚くべき宣言であり、キルケゴールの理解は、ここへきて、ここまで「深化」したのである。そして「キリスト教そのものの理解」がここまで「深化」したことによって、「キリスト者という概念の理解」にも更に変化が見られた。

「キリスト者という概念の理解」の「深化」は、何よりもこの概念の実に鋭い輪廓をもった定義に、現われている。例えば、その第二項目「天才――キリスト者」の文章では、次のように対比的定義がなされている。「天才があらゆる一般の人々とは異なることは、誰もが認めていることである。しかし、キリスト者が天才よりも更にずっと稀にしかいないということ――このことは悪巧みのすりかえによって跡形もなく忘却させられてしまっている。

天才とキリスト者の相違は、天才は自然に生まれた桁外れの人であり、これは誰もがなろうとしてなり得るものではないのに対して、キリスト者の方は自由から生まれた桁外れの人、あるいは、もっと正確に言えば、自由から生まれた正常な人である、ただその人は異常な程に稀にしか見出されないが、それはわれわれの誰もがそうあるべきところのものなのである。それゆえ、神は、キリスト教がすべての人々に無条件に伝えられることを欲せられたのであり、それゆえ、使徒たちは全くただの人間であったし、模範者は取るに足りないしもべの姿をとったのである。このことは何にもまさって、その桁外れの人が正常な人であり、それにはすべての人々が達し得るものであることを、示しているのである――しかしやはり、キリスト者は天才よりも更にずっと稀にしかいないのである。」(5)これはある意味では人間の言葉で表現し得る限りの厳密な定義と言ってもよかろう。

しかしキルケゴールは更に、これの次の第三項目「霊の人のキリスト教とわれわれ一般の人間のキリスト教」という文章においても、輪廓の鋭い定義をしている。彼はこの「霊の人」という言葉を「ガラテヤの信徒への手紙」六ノ一と「テモテへの手紙一」六ノ一一に即して解釈し、この一文の中で、その二つのキリスト教の相違について、述べている。しかしその場合、キルケゴールは、彼自身が言っているように、この二つの言葉で、「新約聖書のキリスト教」と「キリスト教国のキリスト教」との相違を明るみに出すことを、意図しているのである。(6)彼は、その「霊の人のキリスト教とわれわれ一般の人間のキリスト教との相違を、次の二点として述べている。

まず「霊の人は」、自己において二重性を担うことができる程に頑丈に造られているということ、つまり、その人は、何ものかが悟性に逆らってあるということを悟性をもってしっかりととらえていることができ、しかもそうすることを意志することができるということ、従って、その人は、何ものかが躓きとなることを悟性をもってしっかりととらえていることができるとともに、しかもそうすることを意志することができるということである。そのようなことは勿論、人間的に言えば、その人を不幸にするのであるが、にも拘らず、その人はそうすることを意志することさえするのである。しかしこの二重性と関わるものこそが正に新約聖書のキリスト教なのであり、新約聖書のキリスト教は、正にそのような在り方と一緒にあるものである。これに対して、われわれ一般の人間は、根のしっかりしたれんがの建物に対して根の浅い木の家のようなもので、二重性をとらえそれを担うなぞということはとてもできない。われわれの意志は、われわれが理解する営みを変えてしまうからである。われわれの（このキリスト教国の）キリスト教はそれゆえそのことを計算にも入れており、キリスト教的なものから、躓きや逆説やその種のことを除去してしまい、それに代って、もっともらしいもの、直接的なものを持ち出してきて、キリスト教を、新約聖書におけるものとは全く別のものへと、いや、正反対のものへと変えてしまっている。このようにしてできているのが、われわれ一般人の、つまり、このキリスト教国のキリスト教である。(7)

第二に、「霊の人」は、われわれ一般人とは異なって、〈ひとりになること〉に耐えることができるということである。つまり、「霊の人」は、その人がその〈ひとりになること〉にどの位いしっかりと耐えることができるかということとの関係で、「霊の人」であるのかどうかが決まる。ところが、われわれ一般人は、いつも〈他人〉を必要とし、群衆を必要とし、群衆の中に居り、群衆と同じ意見をもつことによって、身を安全と感じることがないならば、死んでしまうか、絶望してしまうかするのである。しかし新約聖書のキリスト教は、このような「霊の人」の〈ひとりになること〉に関わってゆくことをこそ見積っているのであり、新約聖書においては、キリスト教とは、人間を憎み、自分を憎み、自分自身と共に他人を憎むことにおいて、つまり、父、母、自分の子、妻等々を憎むことにおいて、神を愛することである。このような言葉は、最も苦しみにみちた〈ひとりになること〉についての最も強烈な表現である。ところが、われわれ一般人のキリスト教は、他人を愛し、他人によって愛されるという、いつも他の人々や群衆と一緒に居るというこの集団気分の中で、神を愛することである。(8)「キリスト者という概念」について、キルケゴールはこのように述べており、ここでもそれについての理解の「深化」のほどをはっきり示している。

そして「キリスト教」と「キリスト者」についての理解の以上述べたような「深化」の「深み」から、彼は、この五号でのそのあとに続く六篇の文章で、このキリスト教国を支配する「巨大な錯覚」について更にラディカルな分析を行っている。その批判の中心はあくまで、「すべての人々がキリスト者である」ということの錯覚とそれを生み出している教会ならびにその指導者たちである。従って、この号の最終の文章になる「長い衣を着て歩くのを好む者どもに警戒せよ！」(「マルコによる福音書」一二ノ三八、「ルカによる福音書」二〇ノ四六)はこの号全体の文章を象徴するような一文となっていると言えよう。(9)

『瞬間』第六号(八月二十三日)――この第六号は先の第五号の後一ヶ月近くも間をおいて出版された。全体は二十四頁程のものである。しかしその前号の「深化」から推察され得るように、この第六号での文章はより一層激しいものになっている。しかもその文章形式と構成の仕方もより一層の自由さを増している。しかしこの号で何よりも注目されるのは、その文体の激しさである。前号までの叙述的文体ははっきりと覚醒的、警告的文体へと変ってきている。その典型的なのは五番目の文章「消防署長は何と言うか？」である。この文章を読んでいると、キルケゴールはいまや、時代を「火事」の現場になぞらえ、自らを、あの「医者」のレベルから「消防署長」のレベルの行動になぞらえるまでに至っている。つまり、その危機的な場面においては、それを消そうとその火事場に集まる多くの善意の人々の言うことに一々耳を傾けて考えるのでなく、一人の消防署長の力強い「一喝」が必要なのだと訴える。キルケゴールは大凡そ次のように書いている――火事だ、と聞くと、それを消そうとする善意で親切な人々が集まってくる。ある者はひしゃくを手にし、ある者は食器を洗うボールをもち、またある者は水鉄砲をもってやってくる。そこへ消防署長がやってくると何と言うか。彼は普段は非常に感じのよい教養ある人である。しかしこの火事場においては、別人のようになって、怒鳴る。お前たちは水鉄砲と一緒に消え失せろ。彼らはきっとこれに腹を立てるだろう。しかし署長は更に言う。警察は何をしている?すると何人かの巡査がやってくると、彼はこの巡査たちに向ってこう言う。こんなひしゃくや水鉄砲をもった馬鹿な連中を追っ払え。もし言うことを聞かないなら、彼ら二、三の背中をぶんなぐって追っ払え。そうしておいて仕事にかかれ。このように、火事のときは平穏な普段のときとは違うのだ。しかしこれは全く筋が通っているのだ。火事は全く真剣なときだからだ。そして真剣なときは全く別様の法則が適用される。これと全く同じことが、つまり、この火事の場合と同じことが、現在「霊」の関係において起こっているのだ。(10)

この第六号はこのように「覚醒的—警告的」に書かれているのである。

『瞬間』第七号(八月三〇日)——前号から一週間してこの号が出たが、この号はすべての号の中で最も分量が多く四十二頁程もある。しかしこの号も、他のすべての号とほぼ同じような文学的形式と構成、そして内容になっている。しかし同時に、この号にもこの号独特の特徴が見られる。それは先の第六号と比較してみるとよく分かるが、前号は、既に述べたように、「覚醒的—警告的」な文体を特徴としていたが、その言葉はあくまで、キリスト者全体に向かって一般的—全体的な仕方で発せられていた。ところが、この第七号の文章の中には、キリスト者各人に向かって、しかもそれら各人が日常極く当たり前に自分の生活の一つ一つとして取り入れているキリスト教的習慣や行事のようなものを取りあげて、これらのものを批判しているものが見られる。第三項目と第六項目と第七項目の文章などはその典型で、それらの文書では、幼児洗礼、堅信礼、結婚式、そしてキリスト教による幼児教育等々が具体的に批判されている。それらの文章は実に多量なので、ここでそのまま復元することは物理的にも不可能であるが、それらを通読して知られ得ることは実にはっきりしている。つまり、キルケゴールによるならば、それらの習慣、儀式、行事等々は、人間がその人生において一般的に感じる幸福をただキリスト教の言葉で承認を与えているようなもので、それは信仰の本質とは何の関係もないものだというのである。つまり、それらのことは、官吏である牧師によって、キリスト者たることの認定を受けるだけのことで、こうしてこのキリスト教国ではすべての者がキリスト者となるのである。しかし、「洗礼」ひとつとってみても、聖書で述べられている「洗礼」はつねに生命がけであった。それを何も分からない幼児に授け、それを堅信礼で確認し、更に結婚式でもそれを利用することをしているが、これらのことは嘘をつくり上げているようなものだという。こうしてこの立場からキリスト教による子供の教育というものには徹底的に反対している。その理由として三つのことを述べている。(1)子供の誕生ということについてのキリスト教的真理を両親は知っていないので、それを子供に告げることはできない。子供を生むことはこの世では喜びとされているが、それは神の意にかなうものではなく、神の嘉みせられることではない。それは、キリスト教的意味では、最高度のエゴイズムの現われである。(2)この世は罪深く、邪悪にみちているのに、そこに子供を生み、苦しく悲惨な人生を送らせることは、決してキリスト教的ではない。(3)両親は真の意味でのキリスト教の神観念を子供に伝えることはできない。しかも両親は自らのエゴイズムのゆえにそうすることに関心をもとうとはしない。このような三つの理由をあげて、彼は子供に対する現在のキリスト教的教育が偽りそのものであるとなし、それに反対している。[11]

このようにして彼は、この第七号では、キリスト者個々人に向かって、その日常性の一駒々をとらえて、「覚醒的—警告的」な言葉を述べている。

こうしてこの号の最後の項の文章では「礼拝」のことそのことを取りあげて批判する。これは先述の小冊子『このことが言わるべきだ——』の考えをそのまま引き継ぎ、それを更に「深化」させ「尖鋭化」させて述べている。彼はあの小冊子ではこう述べていた。「あなたがどんな人であろうとも……公認の礼拝に加わることを止めることによって……あなたは、一つの、しかも大きな罪を、少しづつ減じてゆくことになるのです。[12]」しかしこの第七号のこの個所では、この考えを引き継ぎ次のように述べている。

「……自分が行っている神礼拝が神を冒瀆する行為であることを知りながら、しかもそれが有意味であるかのように続けること、……それは、最も深い所から自分自身を軽蔑することだ。

……人間の身に起こる最も悲惨なこととは、正気を失い発狂することとみなされてきたが、……このことよりも更に悲惨なことがある。それは、品性をもつべき方向で愚鈍そのものになってしまっていること、人格性喪失の低能者になってしまっていることである。これは悟性の低能よりももっと恐ろしいもので、多分いやし難いものである。ひとりの人間について最も悲惨なことと言わるべきことは、その者が品格的に高められ得ないこと、その者自身の知識がその者を高めることができないことである。その者は凧あげをしている子供のように、自分の知識を高くあげ、そのあとをじっと見つめて追ってゆく。その子には目でそれを追ってゆくのが面白いのだ、とても面白いのだ——ところがその凧はその子を高くあげてくれない、その子は泥沼の中に残され、しかもインテレクサントなものにますます病的にとらわれてゆく。

それゆえ、あなたがどんな方であろうと、もしあなたがいずれにしても以上のような場合にあるならば、恥しく思いなさい、恥しく思いなさい、恥しく思いなさい！(13)」

この号は、このような厳しい言葉で終っている。これでは読者は逃げ場を失う。そこでキルケゴールは再び「休戦」の期間を設ける。

注

(1)　S. V. XIV. S. 171–3.
(2)　Ibid., S. 184–7.
(3)　Ibid., S. 188ff.
(4)(5)　Ibid., S. 197, 196.
(6)(7)　Ibid., S. 200ff.
(8)(9)(10)　Ibid., S. 201, 216–19, 240.
(11)　Ibid., S. 274–7.

(12) Ibid., S. 83.
(13) Ibid., S. 286.

第四節 「休戦」(II)——『神の不変性——ひとつの講話』(一八五五・九・三)(ライツェル書店)

この講話は実際には一八五一年五月十八日(復活祭後の第四日曜日)「城塞教会」Citadelskirke でキルケゴールが行った説教である。キルケゴールは、自らの牧師試験も含め、教会ではいくたびか講話を行っている。しかし公的な日曜礼拝で説教を行ったのはこれだけである。彼は、前年からこの説教を出版することを考えていたらしく、既に一八五四年五月五日の誕生日に書いた「序文」を添えて、この説教を九月三日ライツェル書店から出版したのである。全文は二〇頁程の分量のものである。しかしそのようなこの小著の出版には、「休戦」の目的のためになぜこの講話が選ばれたのか、キルケゴールの意図をめぐって、大きな謎がありそうである。それというのも、先述の第七号において述べたところから知られるように、この戦いの激しさは極限に達していた様相を呈していたのであり、その最中での出版だからである。しかし彼の意図は、これの文学形式にも内容にもはっきり示されているので、それを検討することから始めよう。

文学形式という観点からこの小著を見るとき、何よりもまずこれの「序文」Forord が一八五四年五月五日の誕生日に書かれたものであることに注目される。その序文は次のような短いものである。

「この講話は、一八五一年五月十八日に、城塞教会 Citadelskirke で行われた。これの聖句は私がかつて用いた最初のものであり、後になってもこれはしばしば持ち出されたことがあった。そしていま私はまたもやこの聖句へと立ち戻っている。」

これは実に重要なことを意味している。それは、ここで用いられている聖句は「ヤコブの手紙」第一章十七—二一節であるが、この聖句は実は、キルケゴールが著作活動を開始したときの一番最初の宗教的著作「一つの建徳的講話」(一八四三・五・一六)に用いられたものと同じものなのである。しかも更に注目されるのは、この方の「序文」も一八四三年五月五日の誕生日の日付で書かれていることである。そしてまたこの「講話」にも目下の「講話」にも、それらが殆んど同じような言語形式で「父ミカエル」への献呈の辞が記されていることである。これらを見ただけでも、キルケゴールは、この両著を、はっきりと「出発点」と「終点」という意味を持たせていることがわかる。このことを彼は充分に意識し、この小著の最初の草稿には、この聖句について次のように記している。「私はこの聖句を初恋と呼ぶことができたらと思う——つまり、この聖句はいつもそこへと立ち戻ってくる所だからである。(1)」以上述べたところから明らかなように、キルケゴールは、この「講話」の出版をもって、それを彼の一番最初の宗教的著作と符合させるようにして、彼の生涯の最後の著作として締めくくることを、考えていたと言うことができよう。

著作の形式としてはこのほか、この講話も「祈り」と「テキストの掲載」から始まっている。その「祈り」は実に深みのある意識としかも繊細な感覚のもとにまさに「透明」な構図においてなされている。ある意味では、この「祈り」こそがこの「講話」の中で最も感動を与えるものと言ってもよかろう。それゆえ、全文訳出してみよう。それはこうなっている。

「あなた不変なる方 Du Uforanderlige! あなたは愛において不変の方であり、われわれの最善の利益のためにさえも、心を変えようとなさいません。しかしわれわれはまた自らの幸福を願い、あなたの不変性によって、無条件的な服従の中で教育され、そしてあなたの不変性の中に休らいを見出し、そこに休らいをもたなければなりません！しかしあなたは人間のような方ではありません。もし人間が何らかの不変性をただそれだけで保持してゆこうとするならば、彼の心を動かすようなものは余り沢山手にしてはなりませんし、そもそも自らの心を余り動かすようなことをしてはなりません。ところが、すべてのことが、あなたの心を、無限なる愛の中で動かします。われわれ人間が取るに足りないものとみなし、何ら心を動かすことなく通り過ごしてしまうようなものさえもが、一羽の雀の貧しい願いさえもが、あなたの心を動かします。われわれがしばしば殆んど気付かずに為していることも、つまり、人間の吐息さえも、あなたの心を、無限なる愛の方であるあなたの心を、動かします。しかし何ものをもってしてもあなたを変化させることはできません、あなたは不変の方であります！おお無限なる愛の中で心を動かすあなた。そのあなたの心を、このわれらの祈りもまた、つまり、あなたがこの祈りを祝福して下さいますようにと祈るこのわれらの祈りもまた動かしますように。もしそうなるならば、この祈りは、あなたの不変なる意志との一致の中で、この祈る者を変えることになりましょう。あなたは不変なる方です！[2]」

この「祈り」は何と筆舌に尽し難い意味と感情とを醸し出していることだろう。人間が神に祈る「祈り」において、これ以上の言葉は不可能なのではないだろうか。これは何よりも、これの次に掲げられてある「聖句」とぴったり符合し一致している。

彼は「ヤコブの手紙一」第一章一七―二一節の言葉を大きい書体で次のように記している。

「良い贈り物、完全な賜物はみな、上から、光の源である御父から来るのです。御父には、移り変わりも、天体の動きにつれて生ずる陰もありません。御父は、御心のままに、真理の言葉によってわたしたちを生んで下さいました。それは、わたしたちを、いわば造られたものの初穂となさるためです。だから、わたしの愛する兄弟たち、だれでも、聞くのに早く、話すのに遅く、また怒るのに遅いようにしなさい。人の怒りは神の義を実現しないからです。だから、あらゆる汚れやあふれるほどの悪を素直に捨て去り、心に植え付けられた御言葉を受け入れなさい。この御言葉は、あなたがたの魂を救うことができます。」

以上のような「祈り」と「聖句」をもってこの講話は始められるが、その「内容」は正にこの「祈り」と「聖句」とをそのまま映し出したようなものになっている。

この講話は、易しい言葉で語られているが、その語られている事柄は、余りにも深い構造のため、いや、無限に深い構造のため、概念的思考の厳しさをもって臨む研究者には、非常に理解のしにくいものになっている印象が強く見受けられる。しかしキルケゴールが望んでいるように、神の前にへり下って「聴き入る」姿勢で臨む読者には、この講話は非常にはっきりとした構図と意味とを開示してくれる筈である。それゆえ、われわれもそのような姿勢でこの講話が意味するものの核心を「聴きとり」たいと思う。

その場合差し当たって注目されるのは、この講話を貫いているキルケゴールの姿勢そのものである。それは次の二点に認められる。

第一は、この講話は、いままでの彼の他の講話と同じように、いや、はるかにこの冒頭の「聖句」に固執している点である。つまり、彼は、この聖句が「神の不変性」を訴えている聖句であることを強調し、しかも「使徒」(ヤコブ)はこの「神の不変性」だけを語り、正にそのゆえにこそ「使徒」であることを、強く訴えている。キルケゴールによるならば、「使徒」が「使徒」たる所以は正にその点にこそあるというのである。

第二は、しかし自分は、この「神の不変性」を、「使徒」とは別の面から語る、ということを述べている点である。キルケゴールによるならば、「使徒」はこの「神の不変性」だけを語っただけでなく、神への無条件的な服従の中で、この思想を生きぬいたのであり、その意味では、「使徒」はこの思想の「到達点」にいたことになるが、自分はそれとは逆にこの思想のまだ「出発点」にいるからだというのである。つまり、彼は自分はこの思想の「出発点」にいる者として語るのだというのである。

このように述べて、彼はいよいよ、自分はこの思想について何を語ろうとしているのかを、自らの言葉で述べる。

「このようなわけで、われわれは、ここで、できることなら、恐れと平安の中で、あなた Dig について、あなた不変なる方 Du Uforanderlige について、あるいは、あなたの不変性 Din Uforanderlighed について、お話しできたらと思う。」(3)

これは言葉としては易しいが、先に私が、概念的思考をもって臨む研究者にはこの講話は理解されていない印象があることを述べたが、それはこの点にあると言ってよい。つまり、右の命題は、キルケゴールが、今日の言葉で言うならば、「主―客の分裂」を前提にした思考対象としての「神」について論じると言っているのではなく、あくまで、「人格的関係」の相手方である「あなた」Dig について、しかもその「人格的対話関係」の中で、「おそれと平安」に心を支配されながら、語っているのである。従って、そこでの語りは、いわゆる今日いうところの「客観的認識」とは全く異なる関係の中でのものである。それゆえ、その全体を読んで率直に感じたままを、敢えて誤解を恐れずに言うならば、この講話は、先の「祈り」を通じて率直に感じさせられるものと全く同じであり、つまり、「私はいま〈あなた〉（神）について、〈あなた〉の懐（ふところ）のなかで、〈おそれと平安の中に〉胸をふるわせながら、語ろうとしている」ということになろう。研究者たちによってさえこの講話が理解できていないのは、「客観的認識」の枠ではとらえられないこの「異質性」だと言ってよかろう。

しかしこのようなことがはっきり分かるとき、彼がこの講話の思想として語っていることは、実にはっきり分かってくる。それは次の二点になる。一つは、「神の不変性」という思想は、この変わり行くことを本質としているこの世や人間にとっては、何よりもまず恐るべきものであり、そこにはただおそれとおののきだけが生じ、この思想は人として不安と心の落ち着きの喪失の中に突き落とし絶望にまで至らされるものであること、もう一つは、しかしこの「神の不変性」という思想の中には、永遠なる「平安と至福（祝福）」があるのだということ、以上の二点である。以下この二点について簡単に説明しよう。

まず最初の点についてであるが、キルケゴールは、この「神の不変性」という思想は何よりも、変わり行くことを本質としているこの世で生きている人間にとっては、「恐るべきもの」であり、それにおいては「おそれとおののき」を感じさせられだけであることを述べる。(4) というのは、この思想の前では、そのように「変わり行く」ことを本質としているひとりびとりの人間は、ただ惨めなものとしてだけ映し出されてくるものだからだという。これについてキルケゴールは、ある旅人が越えることの出来ない大きな山の麓で、何とかそれを越えようとしながらもそれを越えることができずに七十年も過ごしてしまうという比喩を述べている。その旅人は結局そこに住みついてしまい七十年も過ごしてゆき年老いて惨めな姿になってしまったが、山の方は依然として越えられないものとして存在しているというのである。つまり、「不変性」と「変わりゆくもの」との関係はこのようなものだというのである。だから、この「神の不変性」という思想は、ひとりひとりの人間には、何よりも「おそれとおののき」を感じさせるものだというのである。[5] キルケゴールがここで言いたいことは、「神の不変性」ということは、それが真に分かっているかどうかは、その人が「おそれとおののき」を感じて関わっているかどうか、そこから始まっているかどうかにかかっているということである。こうして彼は、ひとりひとりの人間は、この「永遠の不変者」の前では、何とも惨めなもの、いや「墓」のようなもの、その「墓」の中で眠っているようなものなのだ、というのである。――しかしキルケゴールがこのように述べてきたのは、単に「神の不変性」が真に理解される場合の第一条件の指摘だけを目的としたのではなく、実はむしろ、そのような理解がどのようにして成立しているのかをはっきりと示すためであった。つまり、それは、そのような理解は、「永遠者の不変性」という「永遠の光源」から発する「永遠の光明」の中で起こっているのだということを、示すことにあった。つまり、彼の目は、「神の不変性」という言葉で、「永遠なる光源」に向いていたのである。[6]

こうして彼は、ここから、「神の不変性」のもう一つの点について述べる。彼は大凡次のように言う。あなたは以上のように「神の不変性」という思想の中にあって「おそれとおののき」ばかりであり、この思想はあなたを不安と落ち着きの喪失とそして絶望にまで至らしめるように思えるとしても、この思想の中には真に平安 Beroligelse と祝福 Salighed とをもたらすものがある。もしあなたが人間的、時間的、この世的なあらゆる可変性や変転に疲れ、自分自身の移ろいやすさに疲れて、自分の疲れた頭や自分の疲れた思いや自分の疲れた心を休め、自分自身すっかり休らうような一つの場所を求めるとするならば、正に神の不変性こそがその休らいの場所になる。可変性や変転から由来するものこそ強情な自己意志なので、これを消滅させるよう自己自身を教育するならば、そして最もよいのは、そのことをするために、「神の不変性」を通じて自分自身を教育するならば、あなたは確かにより安全な状態でより祝福された思いの中で、この神の不変性の中に休らうことができるであろう。この「神の不変性」という思想こそが祝福そのものであるのだ。これを誰が疑うことができよう。だからあなたはこの思想の中で祝福を受けて休らうことができるようにすることだけを心がければよい。そこに幸福な住み家 et lykkeligt Hjem をもつ者はこう言っている。私の住み家は永遠に安全であり、私は神の不変性の中に休らっている。そこに休らっているあなたの平安を乱す者はあなた自身以外にはいないのだ(7)。このように述べた後更に付け加えてこういう。だからあなたは、変化するすべてのものは、ただそれが変化するままにさせておきなさい。すべてのものはそのように出来ているのです。人生の多様性もそのように展開するのです。ですから、あなたは、ある時期は、この変化もまた楽しいというときがあるでしょう。しかしもし、その変化が楽しくなくなったり、自分はなぜ「変化もまた楽しい」なぞと言ったのだろうかと訝しく思うようになった時には、その時には、いや、その時こそ特別に、あなたは「永遠の不変者」へと向かって彼を訪ねてゆく「機会」に立たされたのです。そのようにして「永遠なる不変者」を訪ね求めるひとりの人間は、灼熱の荒野の中をさまよい歩いて泉を探し求めているのと同じです。その人は、さまよい歩いたあげく遂に泉を発見したら、思わず喜びの声をあげるでしょう。彼は、神を発見したのです!そして彼はその時味わった喜びの感じを永久に忘れないでしょう(8)。こう述べて、キルケゴールは、この講話の最後の言葉を次のように結んでいる。

「ああ、どんな人があなたに訪ねて来ようと、その人がいかなる年齢であろうと、いかなる日時であろうと、またいかなる状態においてであろうと、もし彼がすなおな気持ちで訪れて来るならば、その者はいつでも(源泉の不変の清涼感のようなものとして)あなたの愛がほんとうに暖かいものであることを見出すでしょう、あなたは不変なる方であります!アーメン(9)」

このようにキルケゴールは、この講話で、人々に、「永遠の不変者」の「永遠の光源」へと帰ってゆくことを訴えたのである。

しかしそれは単なる言葉上のことではないのである。この講話は、そもそもが、これが一八五一年五月十八日に説教された日から約三ヶ月後の八月七日にライツェル書店から出版されたあの『金曜日の聖餐式における二つの講話』へと継がってゆく性格のものであった。従って、この講話でのそのような帰結は、N・トゥルストルップも言うように、「あらゆる個々の人々に、この変わりゆく世から不変にして無限なる愛の神へと、すなわち、聖なる晩餐、聖壇での聖餐式において表わされている対向して来る愛へと、向きを変えることを訴えているのである。」[10]

私は、ここで、キルケゴールが、いわゆる「礼拝」以上に「金曜日の聖餐式」を自らの性分に合ったものとして好み、重視していたことを思い起こす。[11]

こうしてこの「講話」の出版の後七日程これへの反応を待った。しかしその結果は空しかった。そこでキルケゴールは再び『瞬間』の発行に踏み切った。

注

（1） Pap. XI^{3}B289

（2） S. V. XIV. S. 293.

（3）（4） I bid., S. 296, 297.

（5）（6）（7）（8）（9） Ibid., S. 301, 303, 304, 305, 306.

（10） N. Thulstrup: Ibid., S. 295.

（11） 『著研Ⅱ』一五四三頁。

第五節 『瞬間』第八号と第九号

先の「講話」の出版後八日経った九月十一日再び『瞬間』の発行が始まった。まず第八号が現われ、それから約二週間後の九月二十四日には第九号が出版された。この第九号はキルケゴールの存命中に自らの手で出版した最後の号である。分量としては、前者は二十五頁、後者は十五頁程である。こうしてこの二つの号が、キルケゴールが九月二十八日(?)に路上で倒れるまでの、この『瞬間』による闘いの最終場面をなしたものと言うことができる。しかしこの両号は、非常に対照的な論調をなしている。単純に言えば、第八号は瞑想的であるのに対して、第九号は再び攻撃的に転じている点である。以下その各号について簡単に説明しよう。

『瞬間』第八号(九月十一日)――第七号以後、先の講話をはさんで、再び現われたこの『瞬間』の第八号には、先の第七号までの号と比べて、とりわけ第七号と比べて、著しい相違が目につく。それは、あの第七号において攻撃と批判の激しさは頂点に達したかに見えたその流れは、この第八号になると、かなり瞑想的、そして内省的な性格が加わってきているという点である。その理由の一つは、この号を構成するために集められた七篇の文章の書かれた時期を検討してみると分かってくるように思える。この七篇の中の五篇までは、つまり、項目で言うなら一、二、三、五、六の文章は、一八五三年に書かれたものであり、要するに、ミュンスター監督の死より以前に、従って、マルテンセン教授の追悼説教による「真理の証人」宣言以前に書かれたものである。つまり、それらの文章は、「教会攻撃開始」以前の瞑想期に書かれたわけである。それに他の二編(四、七)もこの一八五五年六月に書かれ、その論調自体もまた激しいものにはなっていない。しかしこの第八号の論調の以上述べたような特徴は、それらの文章の原稿執筆の期日によるだけでなく、やはり各文章の内容そのものから由来すると言ってよいであろう。というのは、この第八号においては、問題の焦点が明らかにいままでの号の場合とは異なる点に置かれるようになったからである。つまり、先の第七号までの各号においては、問題の焦点は、現実のキリスト教会そのもの、礼拝、牧師層、信者の日常生活の個々の場面等々におかれていたのに対して、この第八号では、神、神に対する個々人の信仰的内面的態度等々内省的なものに置かれ、それらを「現実的」というよりか「原理的―内省的」に扱っていることによると考えられるからである。しかし勿論それらの文章のいずれもが「批判的性格」のものであることは言うまでもないことであるが。

次に二つだけ例を引いてみよう。

　最初の文章「同時代性、あなたが同時代性において行為するものが、決定的なものとなる」においては、キルケゴールは、彼の持論である「同時代性」について述べ、読者の注意を一八五〇年に出版した『修練』に向けるようにすすめる。そしてその個所で、もしミュンスターがこの書物こそ本当のキリスト教である、私も内心ではキリスト教をこのように考えているのだと言ったとしたなら、該書のキリスト教はミュンスターによってさえ輝きを得たことになるが、逆にミュンスターが該書に激昂したとするなら、そのことによってミュンスターのキリスト教告知のすべてが詐欺的なものであることを示したことになる、と述べている。そしてこのあとに、キルケゴールは聖ラウレンティウス（二五八年殉教）の例を挙げ、彼が「真理の証人」の一人として「同時代性」に生きて迫害を受けたことの模範として今日にも伝えられており、そのため彼が死んだ十二月十七日には、彼を想い起こすために焼魚を食べる習慣が出来、それを食べることによって少しでも彼に似たものになろうとする努力が心がけられてきた。ところが、これについてキルケゴールは更に次のように言う。「この日どの家でも焼いた魚を食べることになっている。しかしこの点を注意してほしいが、鉄網で焼かれたその魚の一番美味しいところは、牧師に献げられるという聖なる習慣が行われているのである。」[1] このように述べているが、これは実に見事な内省的批判である。

　もう一つは最後の文章「身震いしなさい――なぜなら、神を愚弄することはある意味ではこのうえもなく容易なことだから！」である。この文章でキルケゴールは、われわれ人間は知らず知らずのうちに神を愚弄しているので、そのことに気づいていて「身震い」しなさいということを述べるのである。キルケゴールは、人間がいとも容易に神を愚弄してしまうのは、神が無限に高くいます方であるのとわれわれ人間は「無」にすぎないというこの無限の隔たりにあるという。しかし同時にそのことは神が定めたところのものだとも言う。

「然り、神はいと高き所に居ますことによって、もし人間が神を愚弄しようと欲するならばそれが人間にとって出来るだけ容易に為し得られるようにと、人間との関係そのものさえも逆さになざっておられるのだ。つまり、神は、神が愛しまた神を愛する少数者はこの世では恐ろしいばかりの苦しみを受けなければならないように、つくられたのであり、そのためその場合誰の目にも、その者は神から捨てられているように、見えるのである。これとは反対に、欺瞞者たちはめざましい出世をなし、そのため誰の目にも、神はその者たちと共に在るように、見えるのであり、その者たち自身がますますそのことを確信させられるのである。

これほどまで高貴なのが神である。神は人間が神を欺くことを困難にさせることからは遠くかけ離れたところに居まし、それどころかそうすることを無限に容易にさせるのである。しかも神は自ら、神を欺く者には、賞を与え、この世のあらゆるものをもって、報いてやることをなさるのである。ああ、人間よ、身震いしなさい！」[2]

『瞬間』第九号（九月二十四日）―キルケゴールの存命中に世に出た最後の号になったこの九号は、先にも述べたように、第八号とは対照的に、その論調はまたもや攻撃的になり、辛辣で物凄さをさえ感じさせる激しさが全体を支配している。全体を構成する六篇の文章の中から若干の例を引いてみよう。

まず最初の文章「従って事態はこのようなことなのだ」から実に激しい攻撃を打って出ている。

ここでは牧師たちをわざわざ「真理の証人たち」と揶揄しながら猛烈な批判の言辞を投げつけている。彼は大要次のように述べている。「著作家」である私に向かって攻撃をしてくるものは「コペンハーゲン・ポスト」紙と「フリューヴァ・ポスト」紙とであるが、そのおかげで真理の証人たちは沈黙を守ることができている。しかし実はそのことによって自らの正体を現わしているのだ。それにそれらによる攻撃は私の息の根を止める極点にくると、私のことを「セーレン」呼ばわりする。[3] これと同じことは、あのもう一人の真理の証人であるマルテンセン監督もしている。[4]

つまり、私はそう呼びかけられたところで倒れざるを得ない。つまり、著作家である私はもう「セーレン」と呼ばれているのである。私の愛する亡き父、あなたはこのように私の禍いになっているとは！けれども、私は、イデーにおいて見られるならば、稀に一人の人間しか得られないような勝利を得ているのです。私はそのような栄誉にあづかったのです。しかし私はセーレンと呼ばれているのです。(5)

この文章の次の段落になる文章で、彼は再びあの『このことが言わるべきである――』で述べたこと「公認の礼拝に参加することを止めるならばそれだけで一つの重い罪を免れることになる。もしあなたがそのような礼拝についての錯覚を続けて愚弄することに参加し続けるならば、あなたは〈永遠の世界〉には到達しないだろう」という言葉を述べる。そしてこのように述べてここではじめて彼は「この世」とは別の「もう一つの世界」den anden Verden について述べる。つまり、彼はこう言う。宗教がもつ本当のこと Alvor はこの「もう一つの世界」の中にこそある。「神の言葉」、つまり、「新約聖書のキリスト教の言葉」は、この「もう一つの世界」から来るものであり、従って、「神の言葉」は、この「もう一つの世界」からあなたも私にもひびいてきているのだ、という。

このように述べ、これを前提として、キルケゴールは、更に次の段落をなす文章で、自分が身震いをするある一つのことついて述べる。それによると、自分は確かに曾ての栄光ある人々に比べるなら無にもひとしいが、しかし自分は自分のたましいの救いのことを深く心にかけ永遠を求めて闘ってきたことを表現してきている。ところが自分を取り囲む大衆は観客になって自分の攻撃の模様（=祖国紙やその他の小冊子やそれらをめぐる反論を指すと考えられる）をたのしみに見物している。要するに、彼らは「見物人」に化してしまい、彼らの誰一人として、自分が私と同じ人間として同一条件のもとにあり、「永遠の決算書」が彼らを待っているのだということ、またこの世においては「周りの他の人々」と同じようにただ見物人だけであろうとしている者たちすべてに対して、永遠は自らを閉ざすというこの一つの確実なことに全く気づいていない。しかし私が身震いをするのは、それらの人々は、危険なのは自分たちではなく私だと思い込んでいる点である。しかし更に身震いをするのは、この国には、新約聖書に誓って千人の者が牧師になっており、彼らがこの国のキリスト教界を治めているが、彼らは実はキリスト教（＝新約聖書のキリスト教）のことを全く知らないのであり、従って、この国には、キリスト教国と言われながら、キリスト教は全く存在していないことである。

この文章のあとも、このような論調はますます激しさを増して進んでゆき、第五番目の文章は「牧師は人食人種である。しかも最も忌まわしい仕方において」という標題で書かれている。ここではありとあらゆる多様な形容詞や表現形式が用いられているが、論旨は非常に単純である。それはいままでいくたびも述べられてきたことの反覆になっている。つまり、それは、新約聖書のキリスト教はこの罪深い世にあっては「苦難にあう真理」であり、「真理」はこの世では苦難にあうものであること、だから、これの創始者であるイエスは一生を通じてその教えのために苦難をうけ、最後は十字架上で死したのであり、その使徒たちも同じようにこの教えのために苦難にあい、真理の証人になった。しかも救い主は後々のキリスト者に対してこの一つのことだけを要求していた。ところが、「牧師」はどうだろう。このような新約聖書のキリスト教を言葉巧みに変質させ、それを人生の楽しみに化し、それによって牧師たちは人々から金銭を得て実に幸福で安楽な生活を楽しんでいる。つまり、キリスト教の真理は真の意味ではひとつも語らずにである。こうして彼は、この考えを根幹として、牧師が人食人種であることを可能な限りの荒々しい言葉で説明してゆく。

そして最後の第六番目の文章は「牧師はキリスト教の真理を証明するだけでなく、直ちにそれを反駁する」という標題で書かれている。ここでもキルケゴールは、元来キリスト教の真理は、そのために苦しみを受けることを覚悟し、実際に苦しみをうけ、信仰のために血と肉とを献げた証人たちによって、伝えられてきたが、牧師はこれとは正反対である。牧師は、「キリスト教の真理をそのように血と肉とを献げて伝えた人たちが曾ていたことがある」ということを、言葉巧みに伝える。しかしそれはそこで言われている事柄とは正反対のことである。というのは、牧師がそのように言うのは、自らのパンのためであり、利益のためであり、自らの家庭の幸福のためであり、順調な出世のためである。従って、そのようなこの世の幸福のために証明されるものはキリスト教の真理ではない。そこにはキリスト教の真理はなく、それとは正反対のものがあるだけである。つまり、牧師においては、「証明」と「反証」とがひと息でなされるという点に特徴がある。こうして次のように述べている。

「それゆえ、世間では泥棒を止めさせることについて語られているが、それと同じように、キリスト教的意味では、『牧師』こそが止めさせられるべきである。そしてユダヤ人にその背後から悪い罵声をあびせているように、牧師に対しても、そのようにして、その姿が見えなくなるまで、その背後から、こう叫び声があげられるべきである、泥棒をやめさせろ！あいつをやめさせろ、あいつは栄光の人々だけが持っているものを盗んだのだ！彼らはその高貴な無私によって、当然受けるべきであったのに受けずにしまったもの、それどころか彼は忘恩をもって報われ、迫害され、打ち殺されることになったもの、それを牧師は盗んでいるのだ…」

この第九号は、このように、実に激しい論調が終りの方へ行けば行く程ますますヒート・アップしてゆく。そのため、その流れを終りの方に向かって読んでゆくと、キルケゴールは極限に立っていることを感じさせられ、このあとはどうなってゆくのだろうかという思いになる。

ところが、そのような状況の中、次の「第十号」の原稿準備が完了し、ライツェル書店に手渡すばかりになっていた九月二十八日頃、彼は路上で倒れたのである。そして十月二日には、フレゼリグス病院に入院することになった。従って、その第十号は、彼の存命中には出版されずに終ってしまった。(尚、入院中の事については、次節で述べることにする。)

注

（1）（2） S. V. XIV. S. 314, 332ff.

（3） これは一八五五年五月三日付の『コペンハーゲン・ポスト』紙第一二二号と五月三十一日付の『フリューヴァ・ポス

ト』紙第一二二号を指す。
（4）これは前年十二月二十八日の同監督の文章を指す。
（5）S. V. XIV. S. 337ff.

第六節　遺稿になった『瞬間』第十号

この第十号の原稿はそのようにして出来上がっていた。従って、各号のいままでの発行時期の間隔に即して考えられるならば、この第十号は大体十月九日頃に出版された筈である。[1] しかしキルケゴールが倒れ入院することにより、この原稿はこの時は出版されず、彼の死後二十六年間もそのままになっていた。そして一八八一年になって、バーフォーズとゴットシェドによって出版されたのである。[2] しかしこの原稿が書かれたのは目下の闘いの最中だったので、やはりこの場所で、その闘いの最後の局面の一つとして、紹介することにする。

これは本文二十三頁程のものであるが、この号の特徴は何と言っても、全体が極めて自制的、内省的に書かれている点にある。勿論一面ではいままでの各号のような批判的側面を含みながらも、特に注目されるのは、彼がこの闘いの意味をもう一度とらえなおし、しかもそれにおける自分の役割をもう一度確認し、それを説明している点である。全体は七篇の文章から成っているが、とりわけ五番目の文章「〈瞬間〉とはいかなる時か」と六番目の文章「私の任務」とは正にそうで、これらは、彼が自分の最期というものへの予感を非常な確度で切実に感じとっていたことを、推察させるものをもっている。それというのも、これらは、自分の死を直前に予感した者が「自分の全行動と自分自身」についていま改めて「総括」したような言葉にうけとれるからである。この意味において、この二つの文章は、この「教会攻撃」の意味を知る上で最も注目さるべき彼自身のことばであると言ってよかろう。以下二つについて簡単に説明しよう。

まず「瞬間とはいかなる時か?」の文章は、既に本章第一節Ⅱにおいて、それの内容の主要部分としての「瞬間」という概念の定義の部分は殆んど紹介し終っていることになっている。従って、ここでは、それを踏まえながら、それを含めたこの文章の全体が、なぜこの第十号のこの場所に書かれたのか、その意味を考えることを主とした検討をしてみたいと思う。端的に言って、この文章は何かしら読者たちの意表をついて書かれているように思えてならない。というのは、「瞬間」という概念の定義は、既に第一号において非常に詳しく述べられてあり、それの意味については既に読者には了解済みだった筈である。ところが、キルケゴールは、この第十号において、改めてその定義をし直しているのである。しかしその内容をよく読んでみると、やはり重要な一事に気づく。それは、彼はあの第一号で「瞬間」についてのあのような意識のもとに行動へと出発し、その闘いは第九号の発行に至る時点まですすめられてきたが、しかし彼は、その間、さまざまな体験をし、その意識も深まり、その意味も更に充実をおぼえてきたので、いまここへ来て、その意識と意味とを改めて自分の言葉で表現してみる思いになった、ということである。こうして彼は、既に先のⅢで述べたように、「瞬間」についての最終の決定的な定義に達し、「瞬間は天国からの贈り物である」とまで言うことが出来たわけである。こうして彼はいまや、この「瞬間」という概念を通じて、自らの目下の闘いをそのようなものになぞらえる気になったということができよう。つまり、彼は、自らのこの闘いを「天から(神から)自分に課された任務」としてはっきり意識するに至ったということができよう。それゆえ、次の六番目の文章の標題が「私に課せられた任務」Min Opgave となっていることは実に当を得ている順序ということができる。因みにここで用いられている「任務」Opgave というデンマーク語は Op(上から)という語と Gave(贈り物)という語から合成されたもので、ドイツ語の Aufgabe と同じ意味をもつ。

そこで彼は、「私の任務」という文章で、自分が目下狂気沙汰のように言われている行動において、しかし自分は「神から課せられた任務」を何と意識しているのかについて、一気に明らかにしようとする。それは、彼の言葉によるならば、自分に課された任務は、「キリスト者」という規定 Bestemmelsen を再検査すること revidere だというのである。つまり、それは、このキリスト教国で「キリスト者」とされている一般的規定を「新約聖書のキリスト教」に即して再検査してみるということである。彼の「任務」はこの一言に尽きるのである。しかし彼は、この任務が、どんなに困難な問題構造のもとにおかれているのかを、それとの自分自身との関わりの構造も含めて、深く洞察している。つまり、それは、自分自身のキリスト者意識をも根本から問われることになる実に深くこみ入った弁証法的構造のもとにあることを、彼は「透明」に理解している。従って、この任務遂行で一番問題になってくるのは、この任務を果たす「自分自身の立場」そのものになってくる。それゆえ、彼は、この「任務」は、「自分自身の立場」そのものを問うことを通じてこそなされるものであることを、「透明」に理解している。このようなことから、この文章は、何よりも、「自己自身の立場と方法」とを説明することに用いられている。こうして彼は、この文章では、自己自身についての二つの「自己理解」について述べる。一つは、「自分は自分自身をキリスト者とは称さない」ということ、もう一つは、自分の任務はそれをたとえるならこの世界史には一つしか類例はなく、それは「ソクラテス」であるということ、つまり、自分の任務は「ソクラテス的な任務」だということである。以下この各々について簡単に説明しよう。

まず前者の件について彼は次のように言う。

「〈私は自分をキリスト者とは称さない。自分自身のことを私はキリスト者ですとは言わない。〉このことこそが私がたえず繰り返し言わなければならないことであって、これは、私に課せられた全く特別の任務を理解しようと思う方はどなたも、確と心にとめおくことができるよう努めていただきたい事である。」(3)

右の〈 〉の中の言葉は既にこの年の三月三十一日発行の『祖国』第七七号で述べられた言葉で、それを彼はいまここで再び繰り返し述べているわけである。そして彼はそのことの意味を大要次のように述べている。それによると、このキリスト教国デンマークにおいては、誰も彼もが生まれながらにしてキリスト者となり、従って、誰も彼もが一人残らず「キリスト者」と称されているが、それは、自分の口を糊する商売のために、「キリスト者」という規定を偽造までしている牧師という悪党たちの軍団によって何百万という数で次から次へとつくられたもので、自分がもしこの国で「キリスト者」と称されるならば「私はキリスト者ではない」ことになり、また他の人々もそういうことになるわけだ。それに私はこのような悪党たちに仕えるつもりは全くない。だから「私は自分をキリスト者とは称さない。」そしてこの主張を決して変えるつもりはない。それというのも、もしそんなことをするなら、私はこの「無力」Afmagtを特別に用いて下さっている「全能者」Almagtはその御手を私から引かれ、私は自分勝手な道を航行させられることになるからである。「私が指摘しなければならない視点、そしていま指摘している視点は、「キリスト教界千八百年の中には全く文字通り類例を見ない程の、つまり、依拠しなければならないような該当するもののない余りにも独特なものである。それゆえ、私は――正に千八百年全期間を前にして――全く文字通り、ひとりだけで立っているのである。(4)」

右の最後の言葉は、キリスト教がこの世に入って来たのは、使徒の時代の前までであるという前述の主張に基づいている。

キルケゴールは「自分の任務」を遂行するにあたっての自分の立場をこのように性格づけた後、そのような立場による任務の遂行が意味するものを更にはっきりさせるために、それと類似の事例を明示する。しかし彼によるならば、自分と同じような事例を他に求めるならばそれはただ一つしかないと言い、それがソクラテスの場合であることを述べる。彼は次のように言っている。

「私のためのただ一つの類例があるとするならば、それはソクラテスである。つまり、私の任務はソクラテス的任務であり、それはキリスト者であるということの規定を再検査することである。自分では私は自分をキリスト者とは称さないが（それはキリスト者という規定の理想性を妨げないためである）、他の人々もまた一層キリスト者でないことを明らかにすることができる。(5)」

これについてキルケゴールはいろいろと説明しているが、その説明の本筋は次のようなものである。すなわち、ソクラテスは一般にそしてとりわけソフィストたちに「知」とされていたものに再検査を行い、実はそれは「無」にすぎないことを、つまり、彼らから「無知」を引き出したが、それと同じように自分はキリスト教国の人々によって、しかもとりわけ牧師たちによって「キリスト者」とされていたものに再検査を行い、実はそれは「無」にすぎないことを、つまり、彼らから「キリスト者ではないこと」を引き出した。このように「私の任務」は「キリスト者」という規定を再検査することなのだ、というのである。(6)

このように述べて、キルケゴールは、「自分をキリスト者とは称さない」ということは、ソクラテスが自分自身を「知者と称さない」、つまり、「無知」を装うことと類比させているのである。(7) そして自分の任務は、キリスト教界の千八百年の歴史の中で全く類例のない初めてのことであることを訴えている。(8)

そしてこのあと彼は、自分がこのような「私の任務」を確信するに至ったのには、青年時代から今日までのどんなに苦しく耐え難い精神の苦悩の連続のもとにおいてであるか、しかしにも拘らず「神の無限なる愛」のもとでの受け入れであったことを詳しく述べている。(9) その苦悩の具体的な事柄は挙げていないが、その文面からその苦悩は、憂鬱、肉中の刺、コルサール事件、父ミカエルとの関係等々をめぐっての底知れぬ深い信仰的苦悩を指すと考えられる。要するに、彼はこのように述べることによって、「自分の任務」の確信には、人々の知り得ないこのような「精神」的そして「神」的な裏付けがあることを指摘しようとしたのである。

しかしそのようにして確信した「自分の任務」には更に深い一事が伴われていることをも明示している。それは「犠牲」になることという一事で、彼はこれを「神の無限なる愛からの恵み」として喜んで引き受けたことを述べている。それを述べている下りはこの文章全体の中の正に圧巻とさえ言えよう。

「人間は私が経験したような諸々の苦悩において、ひとりの犠牲者たることに耐えることができるような者へと育てられてゆく。既に私に示されたし、またいまも私に示され続けている無限な恵みとは、私が犠牲者となるよう選ばれているのだということ、そのために選ばれているのだということ、そうなのだ、だから、更にもう一つ言うならば、その無限なる恵みとは、全能と愛とが一つになって働くその働きのもとでは、このような犠牲への選びこそが愛なる神が誰かに向かって、それゆえ、愛する者たちに向かってのみ示すことができる最高の恵みなのだということを確と心にとめることができるように成長させられるということである。…

キリスト教は、それが意味している恵みはすべての俗物どもがすべての事物の中でその受け入れを最も拒絶しようとするものになっている程に、高度なものなのである（だから、去れ、去れ、俗物どもよ）。[10] 嘘つき牧師たち、あるいは、牧師たちは、この恵みを免罪符に変えてしまっている。こうして、恵みとは、人間が実に容易に神から得る利益になっており、牧師たちが人々から得る利益になっている。…[11]」

このように述べてキルケゴールは更に、キリストが人々を招くのが何のためなのかがはっきりしてきたという。それは「キリストに従うことにおいて犠牲者になること」だという。だから、今日もキリストの時代と同じように、人々は自分たちを喜ばせる言葉には従っても、「キリストの招き」には決して応じてはいないのだという。

「すべての者がキリストの招きを全く拒絶する、ただ全く例外的にのみ全く稀れなる個人だけがその招きに従い、それらの個人の中でも全くただひとりの者だけが、彼に示されたことは無限にして筆舌に尽し難い恵みであることを、つまり、それは犠牲になることであることを確と心にとめて、その招きに従うのである。筆舌に尽し難い恵み、なぜなら、それは、神が人間を愛し、また人間によって愛されるただ一つの仕方だからである。神が人間を愛することを欲し、自らそうしようとすることは、言うまでもなく、無限なる恵みである。[12]」

「〔だから〕私はただ一つのことだけを、天にいます神にかけて、そしてまたすべての聖なるものの名において、あなた方に申し上げよう。牧師たちからのがれよ、彼らから、これらいまわしい者たちからのがれよ、彼らが口を糊する方法は、あなた方が真のキリスト教が何であるかに単純に注目することをさえ妨げることなのだ、そしてそのことによって、あなた方を饒舌と錯覚のとりこにした、彼らが真のキリスト者と理解しているものへと変様させてしまうのだ。つまり、国家教会、国民教会といったものの料金支払い会員にしてしまうのだ。[13]」

キルケゴールは自分の「任務」について以上のように述べている。それは、端的に言うならば、「キリスト者」という規定を再検査することであった。しかし彼は、この作業をするにあたっては、その作業は、それを再検査しようとする当の彼自身の「キリスト者たること」を問われてくることが含まれる余りにも深い弁証法的構造の問題と徹底的に関わらなければならないことを充分洞察していた。つまり、この「任務」は、無限に「透明」なる自己省察の運動を通じてのみ、それとの関わりを通じてのみ果たされるものであることを信じていた。そのため彼は、ソクラテスが真理（真なる知）のためになしたのと同じように、自らは「無知」を装って「ソフィストたち」の「無知」を明るみに出したのと同じように、「私は自分をキリスト者とは称さない」という装いのもとで、「牧師たち」の「非キリスト者たること」を明るみに出したのである。しかし彼がソクラテスと根本的に異なる点は、彼が「自分の任務」を「神の無限なる恵みによって既に選ばれた者のそれ」として根源的な感謝と感動をもって受けいれていたという点である。

この第十号は主として以上のような文章から成っているものである。しかしその原稿の全体は彼が倒れた九月二十八日（？）には完成しており、出版社に手渡されるばかりになっていた。そのためこれは彼の最後の原稿になったわけであるが、そのことを勘案して読むとき、とりわけ既に紹介した二つの文章は、彼が自分の死の時機を直前に予感して書いたのではないかと想像もされてくるのであり、その両者は自らの「生涯」と『瞬間』における行動とを見事に締めくくるに恰好な文章と看做され得るもので、私はこの第十号がもつ資料的価値を、研究者の誰よりも高く評価している者である。

注

（1） C. Jørgensen: S. K. Bd. V. S. 141.

（2） H. P. Barfod og H. Gotsched: Efterladte Papirer. Bd. 8. (1854–55). S. 567–90.

(3)(4)(5)(6)(7)(8)(9)　S. V. XIV. S. 365, 366, 366, 367ff., 367, 369, 370.
(10)　Procul, O, procul, est profoni. ヴェルギリウス『アエネイス』第六巻、二五八行。この言葉は『修練』の扉にものせてある。
(11)(12)(13)　S. V. XIV. S. 371, 371, 372.

第五章　死と葬儀

この凄じい「瞬間」の闘いが行われていた真最中に、小冊子『瞬間』第十号をすっかり書き終り印刷所に手渡すばかりに準備をし了った頃の九月二十八日頃、彼は自分の部屋で倒れた。直ぐ回復したらしいが、今度は路上で倒れた。そこで馬車が呼び寄せられ、家に運ばれた。しかし家ではその後もいく度びか倒れたので十月二日ノレゼリグス病院へ搬送され入院することになった。多くの研究者たちが異口同音に言っているように、この入院の時キルケゴールは、自分は死ぬためにここへやって来たと思ったが、彼の死は正に彼の生涯に相応しい時にやってきた。勿論入院してから約四十日間彼は何人かの親族や友人の見舞いを受け「会話」を交わしている。そして十一月十一日に死を迎えた。しかしその入院中それらの人々と交わされたいくつかの「会話」と葬儀の場におけるいくつかの出来事とは、彼のこの「教会闘争」の真意を更に照し出すもう一つの光を意味するものと考えられるので、本章ではそれらのことを少し検討してみたいと思う。

言うまでもなく、それらについての研究は、デンマーク本国ではかなり詳しく行われており、それら貴重な資料をわれわれも用いることができる。そこで私はそれらを用いるにあたっては、次の二点を基本方針にしてその作業に臨みたいと思う。

1　このような作業はそれら資料による史実の証明が過剰に重視されることによって、その叙述が得てして煩雑になり焦点が不明確になり勝ちになるものであるが、ここではそうなることを避け、あくまでも問題点を明確にするための資料提示を心がけたいと思う。

2　これは右に述べたこととも深く関係するが、本章での作業の目的は、「教会闘争」それもとりわけ「教会攻撃」の真意を明らかにすることに置かれているので、終始この点をこそ明確に意識し、その線を逸脱しないよう心がけたいと思う。それら資料はあくまでこれを照し出すために用いらるべきと考える。

以上二点を基本方針として作業をすすめたいと思う。

第一節　入院と死

キルケゴールは『瞬間』第十号の原稿を準備し了えた頃の九月二十八日頃、突如意識を失うようにして倒れた。ただその倒れた場所をめぐって、J・ホーレンベアによる報告とC・ヨーアンセンによる報告とでは、異なっている。J・ホーレンベアによると、それはクレザボザーネ五―六番地の自室のソファーから床に落ちたことになっているが、(1) C・ヨーアンセンによるならば、街路上で倒れ、直ちに馬車が呼ばれ、そのクレザボザーネ五―六番地の自室へと運ばれたことになっている(2)。しかしこうしてキルケゴールは身体が麻痺し歩行が困難になったので、自室で過ごすことになった。約四日間である。しかし十月再び意識を失い倒れる事態になった。これについても、二人の報告は異なり、ホーレンベアによるならば、キルケゴールは少しずつ歩けるようになったので、いつものような仕事と散歩とを続けたが、十月二日今度は路上で倒れたということになっており、C・ヨーアンセンによるならば、その四日間のことについては何も報告していない。しかし両人とも同じなのは、その十月二日、前者はその路上から、後者は自室から、フレゼリグス病院に運ばれ、入院することになったことを伝えていることである(3)。こうしてキルケゴールは、当病院で約四十日間を過ごし、十一月十一日に息を引きとるのである。しかし多くの資料によるならば、やはりその間の悉くの瞬間に、極めて「キルケゴール的」と言ってよいような場面に出会う。しかしそれらは、この度は何らかの意味において目下の「戦い」を終了したことにより彼の全生涯の仕事を、つまり、「自分に課せられた任務」を完全に「達成」したという「完全なる達成感」と表裏の関係をなしていることを知らされる。そこで本節では、あくまでこの「教会攻撃」の意図と意味とを探ぐることを最終目標としながら、その入院中の彼の動静と言葉とを検討してみたいと思う。それには次の三つの項目に分けて行うのが適切と考える。1「入院」にあたって、2「達成感」、3親友E・ベーセンとの会話。

I 「入院」に際してのいかにも「キルケゴール的なもの」

まず彼が前述したように倒れ、ひとりでは歩行が困難になり、いよいよ自室から病院へ運ばれてゆくことになったとき、彼は自分の生涯の戦いがこれで完全に終ったことをよく承知しており、しかもそのことにいかにも満足感を覚えていたらしい。いくつかの資料はそのことをはっきりと伝えてくれている。

まずM・ラインハーズ Matilde Reinhardt: Familie-Erindringer. 1831–1856. (kbh., tryktprivat. 1889). S. 214–17. は、キルケゴールが自室から病院へ運ばれてゆくときの模様を次のように報告している。それはその時キルケゴールが住んでいたクレザボザーネ五—六番地のアパートの所有者ボーリース夫人 Fru Borries が実際に経験したこととして報告されている。それはこう述べられている。

「キルケゴールが家を離れてゆく日、ボーリース夫人は、その別れのことで彼の心を騒がせることがないようにと、その定められた時間よりも前に、外出してしまおうとした。しかし、彼女がそのため自分の廊下側のドアを開けたとき、その階段の反対側にあるキルケゴールの部屋のドアが開けられ、そこには彼が立っていた。しかし彼は誰かに支えられていた。そして彼は彼女に向かって帽子をとり挨拶をした。しかしそれには、いままで彼女を圧倒していた眼差しと全く同じ優しい眼差しが伴われていた。」(4)

またこれに関連するものとしてS・ヨハンセン Steen Johansen (red.) : Erindringer om S. K. (kbh. 1980). S. 41が伝えるところによると、それはキルケゴールの死後のことであるが、彼女が彼の自室に入ってみたとき（そこは彼が先に運ばれて行ったときのままになっていたが）、その内容はすべての物が実によく整理されていて、まるでどこか田舎にでも旅行に出たあとのようだったという。

このようにして彼はフレゼリグス病院に入院することになったわけであるが、彼は病院で自分を迎え入れた人々に向かって、「私は死ぬためにここへ来た」と言ったという。(5)

これらの事実や言葉は、既に入院前に彼が誰よりもはっきりと自分の「闘い」がすっかり終ったことをよく知っていたことを示すものと言ってよいだろう。

こうして彼は入院することになったが、その入院に際してもいかにも「キルケゴール的」と言えるようなことが起こっている。

彼の病名とその病の経過についてはN・トゥルストルップが同病院の病症日誌 Sygejournal をそのまま復元してあの『S・キルケゴールに関する手紙類ならびに文書類』の中に遺してくれているので、それを通じて知ることができる。(6) その「病症日誌」はそのトゥルストルップの収録においてはB5サイズの四頁分のものである。それは入院の日のことから十一日の死の時まで毎日記されている。病名は、Paralysis（麻痺）―Tubercul?（結核?)、Hemiplegia（半身不随）、ikke obd.（検死されず）となっている。それによると、入院時は患者からのいろいろな聞き取りによってその原因が究明されようとしたが、結局は特定され得なかったことが述べられている。(7) 彼を担当した医師は医師長S・トゥリーア Seligmann Meyer Trier (1800–63) であった。彼は当時当病院では勿論のこと、コペンハーゲン市においても、またスウェーデンにおいてさえも、彼を慕う患者が大勢いたという。キルケゴールがそのような医師にめぐり会ったことは確かに幸せなことであった。

しかしこの入院に際し、しかも約四十日間の病床での生涯において、いかにもキルケゴール的と言えるめぐり会いがあった。それはある意味では、「摂理のなせるわざ」としか言いようのない出会いであった。そのことは、親友エミール・ベーセンが妻にあてた手紙から明らかになったのであるが、それは、キルケゴールの唯一の信奉者ともいえるイリア・フイビガー Ilia Fibiger（1817–67）（女流作家）が同病院上級夜間看護婦長として勤務しており、彼女が終始キルケゴールのそばに居り、看護にあたることになったことである。多くの資料が伝えるところによると、彼女は陸軍少佐の娘として生まれ、類い稀れなる詩的情熱をもっていたが、恋いに破れ、筆舌に尽し難い不幸におち、身体もすっかり虚弱になったが、キルケゴールの書物を読む中に、キリストのように自らを献げる使命感に誠実に生きることこそが最も重要なことを学び、看護婦になることを決意し、その勤めを誠実に果たしてゆくことを自らの生涯とした。こうして一八五四年にはこのフレゼリグス病院へ来ることになり、ここで看護婦長としての地位で、その勤めを遂行してゆくことになった。しかしその間彼女はキルケゴールの著作を読み続けていた。そして丁度その頃のこの一八五五年十月二日、そのキルケゴールがそこへと運び込まれたのである。こうしてキルケゴールは、自分を信奉する唯一の人物である彼女に看取られることになったのである。ある資料によるならば、彼女は、彼女の看護に接したすべての人々から尊敬され、さながら神自らが遣わされた天使のようであり、ほんの束の間の間患者たちの中に居らせたような感じをもたせた人物であったという。[8] その彼女がこの四十日間最後までキルケゴールのそばで尽したのである。それにしても、その人物を通じて人生で最も崇高な献身的使命感をもつことによって自らの人生の最大の危機が救われたことを真に実感している唯一の信奉者がその仕事に正に当たっているところに、その人物が患者として現われてくる、そのためその信奉者はその人物に最後まで献身的な奉任をすることになったということ、この両者の出会いは「摂理のなせるわざ」と言わずして何と言うことができようか。

さて、私が彼の入院中で最も注目したいのは、彼を見舞いに訪れた人々によるその模様の報告と彼と交わしたいくつかの会話である。それらは、既に言及したように、彼の「教会攻撃」の意味と意図とを実にはっきり浮かび上がらせる意味をもっていると考えられるからである。しかしそれらの人々の報告を聞く前に、一つ注目さるべき事実があったことを指摘しておかなければならない。それは、キルケゴールは、予め見舞客を極く親しい少数の者たちだけに制限しておいたことである。そしていままでの経緯から兄のペーダーも面会を許されない人々の部類に入っており、実際ペーダーは自分が最も面会したいときにも面会することができなかった。このようなわけでキルケゴールは極く親しい親戚の数人や友人たち二、三人とだけ会ったのである。しかしそれらの人々が報告する資料を検討してみるとき、それらの中からは、いま正に死を迎えようとしているキルケゴールの姿から、二つの事が浮かび上がってくるのを目にするような思いになる。

一つは、この目下の「戦い」を終了したいま、彼自身には、自分の生涯を通じて「自分に課せられた任務」として信じてきたものへの「完全なる達成感の意識」の中に浸っていたということである。しかもそこには筆舌に尽し難い雰囲気が漂っているのを感じさせるものがあったことである。

もう一つは、とくに青年時代からの親友エミール・ベーセン牧師に語った言葉の中には、やはり一般には中々分かりにくかったこの「教会攻撃」の意図や意味について彼自身の本心を「打ち明け」ることが起こり、従って、それが死の床で語られた彼自身の言葉であることから、その言葉はそれについての最も真実な言葉として受けいれられるべきだということである。

以下この二点について簡単に説明しよう。

Ⅱ 「達成感」の真実

既に述べたように、キルケゴールは、極く少数の最も親しい者たちだけ面会することを許した。そして兄ペーダーとは決して面会をしなかった。面会した人々は、近親者では、キルケゴールの二番目の姉ニコリーネの夫J・C・ルンとその二人の息子ヘンリックとミカエル（両者ともに医師）、そしてそのJ・C・ルンの弟でキルケゴールが最も愛した三番目の姉ペトレアの夫H・フェアディナン・ルンとその長女ヘンリェッテと異母弟トゥローエルス・ルン等であり、それ以外では、親友エミール・ベーセン牧師とJ・N・ランゲ牧師等であった。

これらの人々の中で、ヘンリック・ルンとミカエル・ルンは、医師でもあることから、最後までキルケゴールのそばに付き添っていて、彼の病状について、自分たちの叔父にあたる兄ペーダーに書き送っており、また彼の父J・C・ルンもそのベーダーに手紙を書いているが、彼ら三人が言っていることは、キルケゴールは骨髄を痛めており両足が麻痺しているので、回復の見込みがむずかしいことを述べている。それらの手紙はその時の資料として貴重なものと言えるが、その内容は本書のここでの主旨とは余り関係をもたないので、ここではそれらの内容の報告は差し控えることにする。(9)

そこで目下ここで問題になってくるのは、H・フェアディナン・ルンとその長女ヘンリェッテ・ルンと異母弟のツローエルス・ルンからの報告である。

J・ホーレンベアの報告によるならば、このセーレンの入院の知らせを聞いて一番最初に駆けつけてきたのは、H・フェアディナン・ルンとその長女ヘンリェッテ（二十六歳）であった。(10)この時ヘンリェッテは旅先にあったが、この報に接するや直ちにコペンハーゲンに帰り、当病院を訪れている。その辺の模様を彼女はあの『家庭からの思い出』Henriette Lund: Erindringer fra Hjemmet. (kbh. 1909). S. 174-5 に詳しく述べている。

彼女は、自分が旅行先から病院へ駆けつけたことを記した後、次のように書いている。

「私はその後、セーレン叔父が病院で自分を受け取ってくれた人々に向かって、昔タッソーが聖オーフリオ修道院に入ったとき言ったのとほぼ同じような言葉、〈私はここへは死ぬために来た〉ということをどのようにして言ったかを聞いたが、それがその病院でだったか、あるいは、そこへと駆けつける途中でだったかは、よく憶えていない。しかし彼のもとでは、苦しみと悲しみの中で勝利に祝福されている感情が混ざり合っていたが、そのことから私は、その小さな部屋に足を入れたとき、恰かも彼の顔から光が放たれているような輝きによって迎えられているような印象をもった。私はいまだ曾て、あのような仕方で、精神がこの地上の殻を突き破って、恰かも復活の曙光の中で変容した光に満ちた肉体そのものになったかのような輝きを発しているようなさまを、見たことはない。その後一度、私は彼を見舞ったが、様相はまた変わっていた。それに病いの苦しみは歴然として増していた。しかしその最初のときのことその最後のときの愛情こもったさようならの言葉とは、ともに私には忘れることはできない。[11]」

また彼女の異母弟[12]トゥローエルス・ルン（当時十五歳）は、後年、Troels＝Lund: Et Liv. (kbh. 1924). S. 234-8. の中で、この時の姉から聞いたその印象と、また自らも見舞ったときの印象とを次のように記している。

「〔私の姉ヘンリエッテは、叔父の上には最後の絶望的な表情が現われているのではないかということを恐れていた。〕ところが、事態は全く異なっており、そこでは、喜ばしげな微笑、闘いが終わったときの殉教者のような至福にみちた快い表情を目にした。二人の訪問者〔＝父フェアディナンと長女ヘンリエッテ〕は、彼の眼差しや体の全体から放たれているような栄光の輝きに心打たれた。[13]」

そしてトゥローエルス・ルンは自らがその後訪れたときの印象をもこう綴っている。彼はそこで見たものを何か特別なものとしないように、つまり、単なる全くの日常的な体験であると自らを信じ込ませるようにしたが、そこに見たものはやはり特別なものであったという。とくに彼が最後に訪問したときがそうであった。

「私が彼に両方の手を差し出したとき…彼は私の片方の手を彼の両手でつかんだ―何と小さく、痩せていて、透き通るように白かったことか―そしてこう言った。私のところへ来てくれて、ありがとう、トゥローエルス！では、さようなら！　しかしこの一般的な言葉には、私がいままで決して見たこともないような眼差しが伴われていた。それは、至高で、栄光の、至福にみちた光に輝いていたのだ。それゆえ、私には、それによって、部屋全体が明るくされているように思えた。すべてがこの目の輝きにこもっていた。心からの愛が、至福のうちに消え去った悲しみが、澄み切った透徹さと柔和な微笑みが、それらは、私にとっては天の啓示であるかのように、たましいからたましいへと溢れ出で、新たな勇気と力を、使命を、私のなかにつくり出してくれるような祝福そのものであった。」[14]ヘンリェッテとトゥローエルスとは以上のような報告をしている。これらのほか、キルケゴールの最期に関する報告は多数あるが、本書の目的のためには、これだけで充分であろう。これら二人の報告は、共通に、キルケゴールが「完全なる達成感」をもっていて、それが「摂理の光」の中で照し出され美しく輝いているさまを、伝えている。つまり、彼らは、キルケゴールの中に、この世のものとは思えない光の輝きを見たことを、伝えているのである。

しかしこれらの報告を読んでゆくとき、ある一つのことに気付く。それは、これらの人たちには、キルケゴールは、目下の「教会攻撃」のことについては、一言も語っていないという点である。しかし彼をいくたびか訪れた親友のエミール・ベーセンにはそれを語っているのである。それゆえ、次にベーセンとの会話に注目してみたいと思う。

Ⅲ　親友エミール・ベーセンとの会話

キルケゴールがこの「教会攻撃」について語ったのは、親友のエミール・ベーセン牧師との会話においてであった。それは Carl Koch: S. K. og Emil Boesen. Brev og Indledning med et Tillæg. (Kbh. 1901). S. 35–44. において詳しく報告されている。

ベーセンはキルケゴールの晩年にはユランに移っていたが、キルケゴールが入院するや、コペンハーゲンにやってきて、十月十四日、十五日、十七日とその後も連日のようにキルケゴールを訪れ、会話を交わしていた。その訪問は計十回程になった。その会話の模様は S. Ks Efterladte Papirer. 1854–1855 の Bilag「付録」S. 593–609 と C. Koch の前掲書と Steen Johansen: Erindringer om S. K. (Kbh. 1980). S. 153. に記されている。しかしここではそれらの中からその会話の一部を紹介することにする。

さて、それらの会話の中でいくたびか決定的な発言とも言えるものが聞かれる。それらのいくつかを聞いてみよう。ベーセンは十月十七日の訪問のことを次のように妻に書き送っている。

「彼は私に何かを言いたいために私を待ちこがれていたかのように思えた。実に不思議なことなのだが、長年の間彼の忠実な友であったが、このように彼から離れていて、いま、彼が死ぬかもしれないこのときに、その私は、ここへ、殆んど聴罪牧師のようにやって来たのだ…(15)」

この日の会話は次のようなものであった。

「調子はどうだい?」

「悪いんだ。もう死ぬよ。ぼくのために祈ってくれ。その死が速やかにそしてよい具合に来るようにね…ぼくにはパウロのようにぼくの肉中の刺があったのだ。そのためレギーネとの関係にも支障を来たしたし、またその他すべての一般的な諸関係の中に入ることができなかったのだ。だからぼくは、自分に課せられた任務は異常なものと結論づけていたのだ。ぼくはその任務をできるだけよく遂行するよう努めた。ぼくはぼくを手玉のように投げ出した摂理にとっては、ひとつのゲームなのだ。つまり、ぼくは用いらるべきであったのだ。そのようにして何年かが過ぎた。そしていまや、摂理は手を差し伸ばしてきて、ぼくをあのノアの箱舟の中に入れようとしている。こういうことはいつも異常な任務を与えられて使わされた者の人生と運命なのだ(16)。」

翌十八日木曜日の訪問の際の会話は少し変わっていた。この日ベーセンはキルケゴールにいま自分の考えをまとめることができるかどうかを尋ねたらしい(17)。するとキルケゴールは次のように答え、この日の会話が始まった。

「日中はぼくの考えははっきりしていて、自由なのだ。しかし夜になるとそれはときどき何かしら混乱することがある。」

そこでベーセンはこうたずねた。

「まだ何か言っておいたらよいと思うようなことはあるかい？」

するとキルケゴールはこう答えた。

「いや無い、そうだある。すべての人たちに宜しく言ってくれ。ぼくはそれらすべての人たちがみんな好きだった。だから、それらのすべての人たちにこう言ってくれ。ぼくの人生には、他のすべての人々には知り得ないような、そして理解し得ないような一つの大きな苦悩があったのだ、ということをね。それは誇らし気で見栄っぱりのように見えていたが、そうではなかったのだ。ぼくは他の人々よりも善いのでは決してない。ぼくはそう言ってきたし、それとは別のことを言ったことはない。ぼくは自分の肉中に刺をもっていたのだ。(18)」

そこでベーセンはこうたずねた。

「きみは平安の中に祈ることができるか？」

キルケゴールはこう答えた。

「うん、できる。だからぼくはまず罪の赦しについて、そのすべてが許されるようにと祈る。それから、ぼくは、死における絶望から自由にされるようにと祈る。そしてそれから、ぼくは、是非知りたいこと、つまり、死が来るときに、前以て何かを知ることができるようにと祈る。(19)」

この日は良いお天気の日で、このように語っていたキルケゴールは、ベーセンの目にはいかにも気分がよさそうで、ベットから立ち上がって外出が出来そうに見えた。そこでベーセンはそのことを彼に伝えると、彼はこう答えた。

「うーん、だがぼくには一つだけ具合の悪い個所があるのだ。つまり、ぼくは歩けないのだ。けれども、まあ他にいくつか運送の方法はある。例えば、ぼくは引き上げられることができる。ぼくは天使になり翼を備えたような感じをもったことがあるが、そういうことはこれからもまた起こるだろう。雲にまたがってハレルヤと歌うことは、これから起こるのだ！それ以外の他のすべてのことは間違っているのだ。それは、ぼくが語ったことが間違っていたと言っているのではなく、ぼくは間違ったことをすべて取り除くためにそれらのことを語り、そうしてハレルヤの所に来た、ということなのだ！ハレルヤと言うだけなら、どんなバカでもできるだろう。しかしそれがどのように言われるかが問題なのだ。[20]」

このあとベーセンはキルケゴールに次のように疑問を投げた。

「〔とにかく〕きみは厳しすぎたね。きみが述べた言葉の中にきみが変更したいと思うものはないのかい。それらは実際のところ現実にはそぐわないよ。祝福への道は既存のものを通してもまた可能かもしれないよ！」

これに対してキルケゴールはこう答えた。

「きみはぼくがそれらを取り消すべきだとも思っているのかい。まず覚醒のために語り、次に慰めを与えるために語るべきだとでも思っているのかい！どうしてきみはそのことでぼくに邪魔しようとするのかい？」

こう言って彼は更に次のことを述べている。

「きみはミュンスターがどんなに有毒な植物であったのかイメージが画けていないね――彼は巨大な像のようなものだったのだ。だからそれを根もとからひっくり返すには強力な力が必要とされたのだ。そしてそのことをなす者は、大きな傷を負わなければならなかったのだ。狩人たちがイノシシを獲るとき、選びぬかれた犬をつれてゆく。彼らは、事態がどう進行してゆくのかを、よく知っている。つまり、イノシシは倒されることになる。しかしそのイノシシを捕えるその犬は傷を負ってしまうのだ。[21]」

このように言って、この会話との関連においてと考えられるか、キルケゴールは、ベーセンに、自分は自分の著作の完成をどのように考えているのかを、語った。またこの「闘い」の全体が自分にとってどんなに素晴らしい満足のゆくものであったかを、そして自分は言いたいことは全部言い尽したことを、語った。そして『瞬間』はあれで全部が発行されたのだということも語った。そして更に、彼の多くの悩みの原因をなしていたあのお金さえも充分になったことが明らかになった。[22]

このように言って、多分このあとと思われるが、キルケゴールは自分の行動についてその核心に触れたような素晴らしい言葉を発している。

「きみはぼくがキリスト教をその最も内奥から見ていたのだということに気付くに違いない。だから、それは全く一緒に深みにいるのであり、そこは正にその深みになるのだ。」(23)

これは極めて注目に値いする言葉である。それというのも、もし世界のキリスト教史における「キルケゴール」の意義について述べられるならば、私はこの言葉程核心を射たものは他にないと考えるからである。

この翌日の十九日金曜日にもベーセンは訪問し、会話を行っている。しかしこの日は、キルケゴールの兄ペーダーがペーザースボーからコペンハーゲンへと駆けつけキルケゴールを見舞おうとしたが彼は会うことを断った。そのためか、それを受けるときにはすべての人との和解が前提となる「聖餐」のことがベーセンの会話の中に持ち出された。しかしその会話は「教会攻撃」の思想と同じ方向へと進行していった。それは大体次のようなものである。

「セーレン、きみは聖餐に与りたくはないのか？」

「与りたいよ、しかし牧師からではない。」

「それはむずかしいなあ。」

「では与らずに死ぬよ。」

「それは間違っている。」

「それについて論争はしたくない。ぼくは自分の選択をしたのだ。牧師たちは国家の官史だ。国家の官史はキリスト教には関係はない。」

「それはやはり真理ではない。それは真理と現実とに一致しないよ。」

「いや、一致するよ。いいかい、神が主権者なのだ。それなのに、それらの人間たちすべてが現われてきて、都合の好いように段取りを整えている。だから彼ら官史はキリスト教を自分たちすべてのものにしてしまっているのだ。こうして牧師たち一〇〇〇人が居ることになるのだ。それゆえ、わが国では、誰もがそれら牧師たちに属することなくしては、祝福されて死ぬことができないようになっている。それゆえ、彼らが主権者になっているのだ。こうして神が主権者であることは過去の時代のことになってしまったのだ。しかし神こそがすべてのことにおいて従わるべきなのだ。(24)」

このあと二十日土曜日から二十七日金曜日まで、ベーセンは毎日彼を見舞った。そしていくつかのことが語られたが、とくに進んだ会話にはならなかった。それというのも両者の会話は、親友関係とはいえ、「キルケゴール」と「牧師」とのそれになってしまったからである。それに何よりも、その間キルケゴールは日に日に衰えてゆき、会話も困難になっていったからである。こうしてその二十七日を最後に、ベーセンはこの一連の訪問を打ち切り、ホーセンスの自宅へと旅立っていった。

このようにして両者の会話は無くなったわけであるが、それがいつの日の会話の際のことであったかは不明である。想像するに恐らく十九日の会話の際のことであろうが、実に注目さるべきやりとりがC・コックの書物に記されているので、ここで紹介しておこう。ベーセンはこう言った。

「するとそのようなことのすべては、きみがキリストにおける神の恩寵を信じ、そのもとへ逃れてゆこうとしているからなのだね？」

キルケゴールは言った。

「そうだ、勿論だ。〔それ以外に〕何かほかにあるかい？(25)」

このようして二十七日にベーセンが去った後も、病症日誌は、キルケゴールの容態が日に日に衰弱してゆくさまを伝えている。そして十一月十一日夜九時遂に亡くなったのである。

それらの過程について近親者たちのいくつかの手紙や記述があるが、それらは本書の本題とは余り関係をもたないので、ここではこれ以上立ち入らないことにする。

注

（1）J. Hohlenberg: Ibid., S. 304.

（2）C. Jørgensen: S. K. Bd. V. S. 147.

（3）右二著 S. 304, S. 147.

（4）Bruce H. Kirmmse: S. K.（Kbh. 1996）. S. 169.

（5）J. Hohlenberg: Ibid., S. 304.

（6）（7） N. Thulstrup: Breve og aktstykker vedrørende S. K. Bd. I.（Kbh. 1953）. S. 21–4.

（8）Mogens Poulsen: S. Kgdske Skæbne.（Kbh. 1955）. S. 19–25. Svend Leopold: Omkring Parnasset og Andre Materier.（Kbh. 1914）. S. 19–23.

（9）Carl Weltzer: Peter og S. K. I-II（Kbh. 1936）はこの件に詳しい。

（10）J. Hohlenberg: Ibid., S. 304.

（11）Henriette Lund: Erindringer fra Hjemmet.（Kbh. 1909）. S. 174ff.

（12）妻ペトレアは早くに亡くなったためフェアディナンは再婚し、トゥローエルスはその母の子である。

（13）Troels＝Lund: Et Liv.（Kbh. 1924）. S. 234.

（14）Ibid., S. 238.

（15）Carl Koch: S. K. og Emil Bocsen. Brev og Indledning med et tillæg.（Kbh. 1901）. S. 36ff.

（16）Hohlenberg, C. Jørgensen: Ibid., S. 308, 153.

（17）（18）（19） Jørgensen: Ibid., S. 152ff.

（20）Hohlenberg, C. Jørgensen: Ibid., S. 308, 153.

（21）Carl Koch: Ibid., S. 37.

（22）J. Hohlenberg: Ibid., S. 307.

（23）Carl Koch: Ibid., S. 37

（24）C. Jørgensen: Ibid., S. 154.

（25）Carl Koch: Ibid., S. 40.

第二節　葬儀

この葬儀に関しては、余りにも意外な三つの事が起こってしまった。しかしそれらのいずれにもいかにも「キルケゴール的なもの」が見え隠れしている。その三つとは、⑴この「葬儀」が十一月十八日日曜日十二時半にコペンハーゲンのカセドラルにあたるあの想い出深いフルーエ教会で執り行われることがきめられたこと、⑵その「葬儀」ではキルケゴールがあのように最後まで面会を拒否して遠避けた兄のペーダー・クリスチアン・キルケゴールが説教したこと、⑶埋葬の際のことであるが、先にも述べておいたキルケゴールの二番目の姉ニコリーネの夫J・C・ルンの息子で医師であったヘンリック・ルンが突如として挨拶のような演説をしたこと、この三つである。以下この各々について簡単に説明しよう。

I　「葬儀」の場所と日時の決定の経緯

まず「葬儀」の場所とその日時の決定の経緯についてであるが、この件で一番問題になったのは、誰もが認め得るように、キルケゴールの葬儀が彼があれ程までに激しい言葉で非難した「国家教会」（このときは「国民教会」という名に変わっていた）で行われることが適当かどうかということであった。そのことは、教会側のこととしてだけでなく、生命を賭けて闘ったキルケゴール自身のためにも妥当なのかどうかということであった。ところが、その「葬儀」は、彼の死後それ程日をおかずして、先に述べたように、フルーェ教会で十一月十八日日曜日十二時半から執り行われることが決められてしまったのである。このことは、教会関係者は勿論のこと、一般社会の人々にとっても意表を突かれたような大きな驚きであった。しかしこれが決定されるに至った経緯については、あの三番目の姉ペトレアの夫であったH・フェアディナン・ルンが息子ヴィルヘルムに宛てた手紙の中で、はっきり述べられている。それによると、キルケゴールの死後、兄のペーダーと従兄のカールがフェアディナンのところにやってきて、この三人は更にクリスチアン叔父のところに集まり、そこでこの葬儀がこのように決定されたというのである。[1] しかしこれに関しては、当のフルーェ教会の副牧師E・C・トゥリューゼが警告を発していたのだが、しかしこのように決定されたのである。こうしてその葬儀は、結局副牧師E・C・トゥリューゼがその司式を行い、兄ペーダー・クリスチアン・キルケゴール牧師が告別説教を行った。この葬儀の模様については、ヘンリエッテ・ルンやトゥローエルス・ルンの前掲書が伝えてくれている。ヘンリエッテの報告によるならば、彼女自身の忘れ難い想い出として、当日同教会には、実に多数の人波が荒れ狂う海のように次から次へと押し寄せてきて会堂内はたちまちにして一杯になり、多くの人々が外に溢れて群がっていたという。しかし牧師は、兄ペーダーとE・C・トゥリューゼ副牧師の二人だけだったという。[2] しかし全体の雰囲気は、その柩がそこに集まった人々の一部のものによって興奮の余り勝手に持ち出されかねない状態であったという。しかし学生の一団はその柩の前に立ちはだかってそのようなことが起こらないようにさせていたという。[3]

Ⅱ　兄ペーダー・クリスチアン・キルケゴール牧師の告別説教

この「葬儀」の中で最も注目に値するものは、やはり兄ペーダーの「告別説教」だったと言えよう。それは何よりも、兄ペーダーは弟セーレンに、その死の床ですら面会を拒絶された状態にあったのに、セーレンが亡くなるや否や、その葬儀の次第が前述したような経緯で決められたからである。しかも先にも言及しておいたように、副牧師トゥリューゼはその決定の変更を促がしたが、ペーダーはこれを拒否して、葬儀はその決定の通りに行われたからである。そこで、このようなことから、誰もが認め得ることは、兄ペーダーにとってのこの説教のむずかしさである。この説教のことを詳細に紹介しているE・ガイスマールは、牧師の説教者のうちでこのペーダー・クリスチアン・キルケゴール程に困難な任務を課せられてしまったものは稀なのではないか、と述べている。(4)

その説教は、直ぐ後述するように、大変素晴しい内容のものであるが、残念なことに、当日語られたままのものの記述は残っていない。残っているものは、その時から二十六年も後の一八八一年になってはじめてペーダーがDansk Kirketidende. 1881. Nr. 22. (P. C. Ks Samlede Skrifter. IV. (Kbh. 1903). S. 125–8.) に、その説教を、自分の記憶と原稿用にメモした紙葉に従って、紹介し説明した文章だけである。E・ガイスマールは、それを、彼のS. K. Livsudvikli-ng og Forfattervirksomhed. VI. Kirkestormeren. (Kbh. 1928). S. 99–101. に全文紹介している。しかしここでは、私自身ペーダーの「全集」Peter Christian Kierkegaards Samlede. Bd. I-VI. (Kbh. 1902–1905) を所持しているので、その部分が収録されている第四巻から直接訳出することにした。ペーダーは次のように書いている。

「その説教は、私自身その一員として育ち、ただ一人を除くならすべての者が成熟した年齢に達した比較的大家族の中で最後に召された者を目の当たりにしたときに、私をとらえ、またとらえずにはおかなかったその感情に直接的な表現を与えることから始められた。しかし、それを語った際、私はこういうことを言ったのである。つまり、私がここでその一員として語っているその家族内の諸関係のことやその一族自体のことにはこだわり続けるべきではない、そして、どんなに大きな興味の中で、故人の人格や著作とが、そこに居合わせている実に多くの人々においても、われわれの家族の子供たち〔の不幸な死〕の故にではなく、その一族の長であり、いまこの故人とそれを語るこの者とは例外として、既に亡くなった他のすべての子供たちの墓のかたわらに立ち続けていた老人とその精神的影響力の故に、いまなお確実によみがえってくるように思える。いまは亡き私の弟の活動 Virksomhed について一つの言葉の表明ということが、つまり、何らかの意味で彼自身と彼の仕事についての解釈や評価を言葉に表わすということがこのような実に多くの方々が集まったところで当然なされて然るべきと考えられたが、いまはとにかく私には、その言葉が思い付かないのである。それというのも、彼の或る事柄については何分悪評が高かったが、そのことは、ここには確かに大勢の方々が居られることによって更にそうなり得るだろうし、それもキリスト教的覚醒やキリスト教を自分のものにするということを彼に負うていることを認めておられる社会のあらゆる階層の方々によってそうなり得るだろうからである。その上、このことは口に出すまでもなく、やはり彼との関わりのもとで、精神的領域での強力な運動や闘いへと踏み出す一つの衝撃を受け取った人々がほかにも多数いるのである。そして最後になるが、確かに、この人間中心時代を通じて、われわれのもとでキリスト教として通してきたすべてのものが見せかけであり失望を禁じ得ないものであることを、彼を通じて学んだと思い込んでいる人たちも少なからず居る。そしてそれらのある者たちはきっと、キリスト教自体は実は余りにも高度なものなので、キリスト教の現実はとにかく自分たちのものではなく、キリスト教がもっている要請は自分たちに向けた要求ではないのだと思い込んでいるだろう。しかしそこに居合わせている人々の次のような相反した対立関係のもとでは——つまり、それらの中のある者たちはきっと、彼はバプテスマのヨハネとして脱穀場を清掃するためのあの箒をもって主の来臨を知らせる働きをしていたのだということを、しかしそのことが余りにも強烈に行われたので、それについての彼の警告自体が既に箒として働きを示すことになったというようなイメージをもって、その召された者の柩の傍らに立ってさえいたのであり、他方別の一群の人々はきっと、彼を殆んどサムソンのようなものとなして、つまり、自分は倒れたが、その倒れたことにおいて、デンマーク国民の間には見せかけと化しているキリスト教会を倒壊させたのだというイメージを画いていたのであるが、そのような相反した対立関係のもとでは——そういった状態の所では、この説教者は、亡き弟がそれらさまざまな特別な方面の各々に向かって、しかも彼が自分の兄による葬儀からの圧倒的な印象のもとに立っていないときには、それらさまざまな方向に向かって語るつもりもなければ敢えて語ることもできなかったことを、何とか語ろうとしたり、またそれらの人々の中の何人かの人々のために最低限の理解を望んだり、その人々による理解を求めたりする状態には少なくとも全くなかったであろうということを、自ら感じたのである。にも拘らず、亡き弟は、ここで敢えて大いに語ろうとしているだろう、――そして、そのことにおいて、彼は、自分の全生涯を通じて学び苦しみ活動してきたすべてのことのために、全く長い間つねに感謝する相手であり続けた亡き父とは、完全な一致を覚えていることだろう――つまり、彼は、われわれにとっても、また広い範囲におけるデンマーク国民にとっても、彼自身は、われわれの中にあって、真理と永遠の厳粛のために証しし行為することを神から認められているのだということを最高者である神に感謝するよう強力に要請されているのだということを語ろうとしたのである。そしてそれがためには、彼はきっと他の多くの人々のためにも、それもとりわけ聖職者たちのためにも、彼の立場からの信仰告白をしようとしたのであろう。つまり、それは、彼が、辛苦と苦悩の中にあり続けたあの闘いの荒野にあったその最後の年の経過を、われわれの中の誰一人として理解しなかったことを、なる程その時、故人の眼差しが幾分とも曇って混乱し、彼による一打は、あの北欧伝説のエルヴァース Ølvers のように野蛮で盲目的に打ちおろされたので、エルヴァースの友人たちのように、愛がこめられた確かな眼差しと暖かい抱擁をもって、彼を、その余りにも緊張した状態からひとときの静かな休養とおだやかな集いへと誘なうかあるいは強いて導いてゆくことを誰一人としてしなかったことを、ただ深く遺憾とするだけでなく、心の恥とし後悔を感じている、というような告白である。しかし、これと関連するが、彼はこうして最後に、イエスの名において父なる神に、こう祈ろうとしているだろう――神の意志によっていま天に召された者によってわれわれの中で生き生きと証しされてきたことを、われわれが正しく見ようとしなかったり、迷った見方をさせたりすることによって、自ら妨害を働くことがないように、われわれがそれを正しく用いるように、神が御自身の精神によってわれらを導かれるようにと、祈ろうとしているのだろう。(6)」

兄ペーダーは、亡き弟について二十六年前の葬儀で語った「告別説教」を、以上のように述べている。

これを読むとき、人々はさまざまな感懐をもつことであろう。私は、率直に言って、弟をここまでよく理解している点で、さすがに「秀才ペーダー」であるという思いを、抱かざるを得ない。しかしそれと同時に、やはりいくつかの思いをもつのも事実である。そこで、ここでは、それらの中から三点だけを取り出して、記してみたいと思う。

一つは、兄ペーダーは、弟セーレン自身の思想、信仰、行動は父ミカエルの決定的な影響下にあることを、はっきりと言明している点である。そしてこの言明は何よりも、兄ペーダー自身がそうであることに即していることである。

もう一つは、兄ペーダーは、弟セーレンが示した言葉や行動には一般には実に不可解なものがあったことを認めながらも、それらを通じて一貫したものがあったこと、それは自分と同じ「イエス・キリストの名における神への信仰」であったことを、見届けている点である。

更にもう一つは、その「説教」は、それ程までに弟をよく理解していることを示したものであるにも拘らず、デンマーク・キリスト教会が生んだ抜群の「秀才」とされた兄も、やはり「異常な天才」である弟のその「異常性」を導いていた「摂理の秘密」までには、視力が届いていなかったのではないかということである。つまり、その「異常性」に秘められている「絶対的逆説」に関してである。

私は、兄ペーダーの「告別説教」から、以上のことを知らされる思いがするのである。

Ⅲ　埋葬式

フルーェ教会での以上のような葬儀の後、柩はそこから郊外のアシステンス墓地に運ばれてゆき、そこでも大勢の人々の集まる中で埋葬式が行なわれた。その際ある一つの事件が起こるのであるが、それも含めて埋葬式の全体の模様は、Skat Arildsen: Protesten ved S. Ks Begravelse. Historiske Meddelelser om København. 3. Rk., 4. Bd. 1940–41. S. 448–72., J. Hohlenberg: S. K. (Kbh. 1940). S. 310–4., C. Jørgensen: S. K. En Biografi. V. Kirkestormen (J. P. Mynster). Sidste Fase. (Kbh. 1964). S. 160ff. 等々の資料が伝えてくれている。

さて、この埋葬式もトゥリューゼ副牧師の司式によって執り行なわれた。そしてその式はつつがなく終るかに見えた。ところが、一人の男が手に聖書と『瞬間』とをもって、そこにいる大勢の人々を分けて、墓の所に出てきた。そしてそこで一言発言することを求めた。しかし既に出来ていた法規によるならば、このような葬儀という最も厳粛な儀式は按手礼をうけた専門の牧師によってのみ行なわれることが決められており、一般人の発言や介入は許されないことになっていた。それゆえ、司式者はその発言を制止しようとした。ところがそこに居た実に大勢の人々がその発言を認める気配を見せたので、その発言はなされることになった。その発言を申し出た男は、既に紹介したあのキルケゴールの二番目の姉ニコリーネの夫J・C・ルンの長男ヘンリック・ルン医師であった。彼はその話を次のような言葉で始めた。

「私は医学博士ヘンリック・ルンであります。この亡くなった者の姉の息子です。ですから私は一言お話をさせていただけると信じております。私は故人とは血のつながりがございますが、私がずっと幼い頃に亡くなった母への思い出に更に親密に結びつけられております。そしてその母の生き生きとした像はただその故人の中にのみ見られると思ってまいりました。私は、年の経つうちに、彼とは忠実な友情で結ばれてまいりました。その友情は彼の側では動くことのないものでしたが、私の側でも同じように最後までそうであることを、私は望んでおりました。そして遂に私は、彼とは、ものの考え方や意見を等しくするようになることによって、結びつくようなりました。恐らくこれは最も強固な結びつきでありましょう。ですからこんなわけで、ここで、私はお話をすることができると思っているのであります。(7)」

このように述べた後、ヘンリック・ルンは非常に長い話を続けた。その内容は、キルケゴールが『祖国』紙と『瞬間』で述べたことの要約のようなものであるが、見逃されてならないことは、それをこの「葬儀」のやり方自体に遂に差し向けて批判した点にあると言ってよかろう。その要点は一応次の二点にあると言ってよかろう。

まず彼は、この葬儀に際して先にフルーェ教会で行なわれたトゥリューゼや兄ペーダーの話の内容への批判から始めたことである。それによると、先に行なわれたそれらの人々の話では、キルケゴールの著作や思想やそのために生命を賭けて倒れた彼の行為そのものについては一言も触れられておらず、それらの周辺で回りくどい話がなされたに過ぎなかったようなものなので、自分はここでそれら語られたことが正しかったのかどうかを検証してみたい、というのであった。そしてそのための参考として、ヘンリックは、『祖国』紙でのキルケゴールの論説とそれを通じて展開された闘いの全過程があることを示唆しながら、しかし端的な基準としては、『ヨハネ黙示録』第三章十四節以下に書かれていることに認められるとなし、彼はそれを読み上げ、ここにこそキルケゴールの考えの一切が述べられているとなした。因みにその個所は、言うまでもなく、「ラオディキアにある教会にあてた手紙」の部分である。そしてヘンリックは、確かにこれに照らしてみるならば、先に行われた話はこれと一致しないことが認められるというのである。(8)

次に、ヘンリック・ルンは、『瞬間』第二号の六項目を読み上げる。それは、既に述べた所から知られるように、「この国ではわれわれすべての者がキリスト者である」という問題をめぐってキルケゴールが激しい批判の言葉を述べた個所である。しかしヘンリックは、これを読むことによって、キルケゴールが、彼自身批判し攻撃したその「公認の教会」のもとに、逆にその一員とされてしまい、葬儀が行われてしまった不条理を、それは「新約聖書のキリスト教」に基づかない偽りの教会の何とも大きな犯罪行為として徹底的に非難している。こうしてヘンリックは、キルケゴールはまたしても、つまり、最後の最後まで、「新約聖書のキリスト教」に基づかない——それでいてこれに基づいていると偽っている——「公認の教会」の暴力行為によって、「葬儀」まで行われてしまったことを非難し、自分はこのことを抗議する、と言っている。こうしてヘンリックは、これら一連の「葬儀」の模様への検証を通じて、「公認の教会」が「新約聖書のキリスト教」に基づいていていないことを確認するために、今日こうやってフルーェ教会での葬儀の時からこの場所までついてきたのだ、と述べている。(9)

ヘンリック・ルンはこのような話をしたが、要するに彼は、キルケゴールが「教会攻撃」で展開した論理を、更に延長させて、そのまま「公認の教会」によるキルケゴール自身の葬儀のやり方にまであてがい、それはキルケゴールの意志に全く反した仕方で、暴力的に彼を「公認の教会」の一員にさせてしまったことを、犯罪行為として「抗議」したのである。

さて、ヘンリック・ルンの話は、このように、余りにも激しく、キルケゴールの論理をそのまま彼の葬儀のやり方にまであてがったためか、多くの研究者たちには余り評判はよくなかった。そのためか、研究者たちには、彼のサイコロジーが正常でなかったとか、彼は最後に「自殺」をしたとかいうことを敢えて強調する傾向が見られた。しかしどうだろうか。彼のサイコロジーが少しおかしかったにしても、また最後は自殺したにしても、つまり、彼には『一般人』としての「格」や「権威」が乏しいと感じられるとしても、彼がその発言を通じて提起している「問題」自体は、そのような理由で見過されてしまってよいものなのだろうか。やはり、「キルケゴール」との関わりにおいて、考えて見らるべきものではないだろうか。なぜなら、今日という時代では、「信仰」と「永遠の生」との関係の問題が、余りにも形式的で雑駁な問題の領域へと追いやられてしまって、それに関するすべての問題が全く不問に付された状態にあるように思えるからである。

さて、キルケゴールの死と葬儀の模様は大体以上のようなものである。勿論それらに関する資料はこのほかまだ多量に存在するが、それらは必ずしも問題の本質を照し出すためには必要と考えられないので、ここでの作業はこれだけにとどめておこう。いずれにしても彼の教会闘争、そして教会攻撃はこのようにして完全に終ったのである。そしてそのことは、キルケゴールの信仰や行為のみならず、キリスト教や教会や歴史等々について余りにも多くのことをわれわれに考えさせるように思える。しかし問題が問題だけに軽薄な評価だけは避けるべきであろう。

注

(1) Carl Weltzer: Ibid., S. 272.

(2) Henriette Lund: Ibid., S. 176.

（3） Troels=Lund : Ibid., S. 240.
（4） E. Geismar : S. K. Bd. VI. (Kbh. 1928). S. 99.
（5） P. C. Ks Samlede Skrifter. Bd. IV. (Kbh. 1903). S. 126. E. Geismar : Ibid., S. 99.
（6） P. C. K : Ibid., S. 126–8.
（7）（8）（9） これらは本文中に挙示したSkat Arildsen, J. Hohlenberg, C. Jørgensen の書物による。

総括

キルケゴールの「教会攻撃」は以上のようなものであった。それは決して突発的な感情によって惹き起こされたものではなく、実に長期にわたって、しかも想像を超えた深い真摯な「祈り」の中で、繊細きわまりない周到な準備のもとで行われたものであることを知らされる。そしてその「戦い」の全行程は、はっきりと「四段階」に区分された。すなわち、「第一段階」は、デンマーク教会の象徴である新監督H・L・マルテンセンに旧監督J・P・ミュンスターに関する評価をめぐってその基本的な信仰的価値観を問い質すものであった。つまり、「真理の証人問題」である。「第二段階」では、この「戦線」を「全牧師層」にまで拡大して、はっきりとデンマーク教会の全聖職者に立ち向かう戦いであることを示した。「第三段階」では、これを更に全信者層、全国民にまではっきりと拡大し、この意味では「全デンマーク」に立ち向かった。そしてこの局面で彼は、自分の「キリスト教論」と「プロテスタント的テーゼ」とをはっきりと打ち出した。こうして「第四段階」では、自らを突き動かしてきた最も基本的なものとしての「瞬間」の意識のもとで、それ自体を訴えること以外の何も為すすべを知らなかった。「一般常識」から見ればそれはいかにも狂気じみていたが、この「瞬間」の迫真的な意識のもとではそう行動する以外に為すすべを知らなかった。しかし彼はそれら諸局面の悉くの行為を通じて、彼自身が言うように、「キリスト教」そのものをその最内奥から洞察しそれを見せてくれたのである。

さて、この「戦い」の全行程をこのような四区分のもとで観望してみるとき、この「教会攻撃」の実相が奈辺にあるのかがはっきり見えてくる。それはいわゆるクライマックスとしての「瞬間」の意識に基づく戦いとしての「第四局面」でのそれよりもむしろ「第三局面」での戦いにおいて示されていたものに見られると言えないだろうか。なぜなら、キルケゴールは、この「戦い」の「第三局面」においてこそ、彼自身の「キリスト教史論」「教会史論」を提示しているからである。つまり、彼のその基本的な見解は、その是非はとにかく、「真のキリスト教」「新約聖書のキリスト教」の存在は「使徒たち」の出現の以前までと考えていたことをはっきり示しているからである。そして正にそれゆえにこその「瞬間」だったのである。

結論の部

エミール、きみは、ぼくが、キリスト教を、その最も内奥から見ていたのだということに、気付くに違いない。だからぼくの著作はすべてがややこしいものに、ほんとうにややこしいものになっているのだよ。（病院の死の床で親友エミール・ベーセンに語った言葉。C. Koch: S. K. og Emil Boesen. S. 37.）

結論（I）「キリスト教」における自分の役割についての認識——Correctiv（調整薬）としての自己認識

キルケゴールの「教会攻撃」についての考察を以上のように終えた所で、しかし更に尚一つの問題が残っているように思える。それは、そのような戦いは、「詩人としての立場」から、あるいはまた、「牧師職を目ざしてきた者の立場」から為され、「破局をもたらす」というイメージで為されたとしても、彼自身はそういうことを為すにあたって、実際にはどのような「役割」を果たす者としての自己認識のもとでそれを行っていたのかという問題である。つまり、彼自身は自らの「役割」をどのようなものとして認識していたのかという問題である。この問題に関しては、実に多くの研究者たちが、キルケゴールの日誌や草稿の記述を典拠に、実にさまざまなことを述べている。それらの所説は、そのような典拠による例証のため、どんなに整理しても実に厖大な分量にのぼる。しかし私は、それらの所説をよく整理しそれを充分前提にしながら、その「役割」についてキルケゴール自身が直接述べている言葉に注目したいと思う。それというのも、彼自身は自らのそのような「役割」については実に透徹した考えをもち、それを日誌や草稿類にはっきり記述しているからなのである。それらを読むとき、それについての彼の認識は、決して偶々浮かんだものではなく、既に一八四七年には生まれ、その後充分に練り上げられてゆき、「攻撃」の時まで堅持されて行ったものであることをはっきりと知らされる。それゆえ、その問題はここで「結論」の問題としてとりあげ、その認識がどのようにして形成されて行きやがて充実された後に、更にどのように究極的な自己理解に達したのかについて、しばらく考察してみたいと思う。

一　Correctiv 概念の形成と充実

I　この思想の源泉となっている二つの資料

キルケゴールがキリスト教に対するじぶんの位置をCorrectiv（Korrektiv）（調整薬、矯正剤）として理解するようになったことを示している源泉としての資料は二つあると言える。一つは、Den ethiske og den ethiske-religieuse Meddelelses Dialektik（1847）（Pap. VIII²B79–89）『倫理的伝達ならびに倫理――宗教的伝達の弁証法』と、もう一つは、Den bevæbnede Neutralitet（1848）（Pap. X⁵B106–110）『武装せる中立』とである。両者ともに草稿であり、キルケゴール存命中には出版されなかった（また両者に関しては『キルケゴールの講話・遺稿集』第八巻（新地書房→教文館）に拙訳があるので、是非それを参照していただきたい）。さて、前者の草稿は、キリスト教の「真理伝達」に関してキルケゴールのいわば解釈学的理論とも言うべきものを述べたものであり、それにおいては、「伝達の対象」、「伝達者」、「伝達の受領者」、「伝達の方法」との関係と区別が実に明快に述べられているが、その場合「伝達者」はつねに間接的な位置にあらざるを得ないことを示唆している点が注目される。また後者において、キルケゴールの著作活動、とりわけ、『修練』は「キリスト教の全体を改訂し、それにバネの仕掛を取りつけ」（Pap. IXA212. S. 108.）意図が示されているが、そしてキルケゴールは、この後者を「実名」による一文として『修練』の付録に X⁵B106）そして「キリスト教国におけるキリスト教的著作家としての自分の位置」を示そうとした（Pap.

付加して発表しようと熟考していたが、しかしこれは断念された。しかしこの後者においても、キルケゴールは、直接 Correctiv という言葉は使っていないが、「伝達者」としての「著作家」は伝達において「間接的」な位置にあらざるを得ないことを述べている。

このように、この両者ともに Correctiv という言葉を使ってはいないが、この概念へと成長してゆく源泉になり得る根本思想を秘めている点において、N・トゥルストルップの指摘は正に適切であると考える。(1) 尚この両草稿については、拙訳のほかに拙著『著作研Ⅱ』で詳述しておいたので、そこを参照していただきたい。

さて、このように、この両草稿においてはキルケゴールは確かに「伝達者」に関する根本思想とも言うべきものを述べているが、これが一八四九年には、堅固な「信念」にまで固まってゆき、それがはっきりと Correctiv という概念にまで成長したのである。

Ⅱ　Correctiv という概念の形成

こうしてキルケゴールは、その『武装せる中立』の草稿を書いた年の翌年一八四九年八月の中旬頃、遂に「自分は既存のもののための Correctivet である」という確信に達したらしい。彼は、いかにも「教会攻撃」を計画しているかのようなことを記した日誌で、その標題にまでこの言葉を使い、その文章でこの概念の意味を詳しく説明している。それは Pap. X^1A640 の日誌で、それは次のように記されている。

「　　既存のものへの Correctivet として看做される私の制作活動

“Correctiv”という規定はひとつの反省の規定である。丁度、ここと—あそこを、右と—左を、同時に考えるようなものである。

Correctivet を始めようとする者は、まず既存のものの弱い面を、正確にそして徹底的に研究しなければならない——そしてそのようにして一方的に、それと正反対のものを設定しなければならない、ただし賢く一方的にである。正にこのことの中にこそ、Correctiv があるのであり、またこのことの中にこそ、Correctiv を為そうとする者の諦念もあるのである。Correctivet は、周知のように、ある意味においては、既存のものの上で、扱いを受けるのである。

それゆえ、その関係が正しく行われるときには、恐らく頭のよい人はまたもやその Correctivet というものに対して、それは一方に偏っている、と反論をするかもしれない——しかしこうして彼は、社会の人々全員に向かって、その Correctivet には何がしかの意味があるということを信じさせることができる。あなた柔和な神よ。Correctivet というものを問題にしない者にとっては、他方の側につくこと程容易なことはないのである。けれども、もしそうするならば、Correctivet であることとそのことを停止させることであり、そのことは自らすすんで既存のものになってしまうことである。

それゆえ、そのような反論は、Correctivet という概念を放棄するために諦念というものを全く欠いている者から出てくるのであって、そのような者は、Correctivet を理解するための忍耐というものを未だもったためしのない者なのである。[2]」

これで明らかなように、キルケゴールはまず、この Correctiv という規定は「反省の規定」であることを述べている。そしてこの文章には、N・トゥルストルップも言うように、キルケゴールによる「キリスト教会」攻撃の意味を理解するための、そしてそれだけではなく彼が既に出版したすべての著作の意味を理解するための「鍵」が秘められていると言ってよい。[3] そのためこの日誌は、デンマークの研究者たちのみならず、W・ラウリーやハワード・A・ジョンソンなど外国の研究者たちからも注目され研究されたものである。いずれにせよ、キルケゴールにおいては、この概念が「反省の規定」であるというのが最初の説明であった。

こうしてこの概念は、この時以後もずっとキルケゴールにおいて考え続けられてゆくのであるが、[4] この概念がはっきりと深化を見たのは一八五二年になってからと言ってよい。キルケゴールは、この年になると、この概念はこの世では「神への犠牲《いけにえ》」Offer となることを意味するものであることを、確信するに至った。この年の六月末が七月初め頃記されたと考えられる日誌 Pap. X^4A596 はそのことを実によく示している。この日誌の標題は「犠牲《いけにえ》として献げられる者、調整役たち」"De Offrede", Correctiverne. となっている。ここで書かれていることは実に意味深いことである。それゆえ、その要点だけを述べると次のようになる。この世では Correctiv は「神への犠牲」に供されることになるが、この Correctiv のために用いられることになっている者が決して為してはならない唯一のことがある。それは忍耐を失い性急になり、この Correctiv たることを他の人々の規範に化してしまうことである。これでは一切を混乱させてしまう試みになってしまう。以上のようなことである[5]。つまり、キルケゴールによるならば、この Correctiv というのはあくまで徹頭徹尾「反省の規定」なのであって、それはほんの僅かでも「規範」化されてはならないものだ、というのである。

この考えは、キルケゴールの Correctiv の概念の根幹をなすものである。彼は、この考えに立って、ルターやルターの後継者たち、そしてそれ以後のプロテスタンティズムか辿った道を批判するのである。

注

（1） N. Thulstrup: Ibid., S. 298ff.

（2） Pap. X^1A640

（3） N. Thulstrup: Ibid., S. 299.

（4） 例えば、Pap. X^3A527

（5） Pap. X^4A596

二 「ルター的なもの」の批判を通じての Correctiv 概念の検証

既に述べたように、Correctiv の概念について、キルケゴールが述べた決定的な規定は、それが徹頭徹尾「反省の規定」のもとにあり、それは「反省」が貫徹されてゆく運動性にあるものだということ、従って、それは決して独立的存在となり、他の人々の「規範」となってはならないということ、であった。こうして彼は、この観点から、ルターやその後継者たちに目を向け、彼らがこの「規範」化の誤まりを犯していることを批判する。そしてその批判を通じて、キルケゴールは、この概念の真意をますます明確化し確信するに至るのである。彼は、「教会攻撃」を八ヶ月後に控えた一八五四年四月末頃、日誌 Pap. XI¹A28 に、次のような文章を記している。

「 ルター的なもの

ルター的なものはひとつの Correctiv である——しかし Correctiv が規範的なもの det Normative に、つまり、全体的なもの det Hele に、化されてしまうなら、それは、次の世代においては（そこでは、従って、Correctiv をしてそれたらしめているそのものが無くなってしまうから）それだけで事態は混乱しているのである。こうして各世代ごとにそのようになってゆくなら、事態はますます悪くなってゆくに違いない。そして終には、そのように独立して自らを打ち建てていったその Correctiv はそれの本来の規定とは全く反対のものを産み出すことにまでなるのである。

そしてこのことこそがまた現在も起こっているのである。つまり、ルター的な Correctiv は、それが独立的存在としてキリスト教の全体となるとき、最も優雅な様式での世俗性と異教性とを産み出すのである。(1)」

この文章は実に明快である。キルケゴールが言わんとしていることは、この Correctiv というものは、それ自体が一つの独立的存在となって既存のものに代って新しいもう一つの存在になってはならないものであって、それはあくまで「反省の規定」にとどまり、「反省の規定」であることを貫くことである、ということである。従って、それは別の表現によるならば、その「反省の規定」とは徹底して「弁証法的」であり続けることを意味している。しかしキルケゴールが自らをこのような Correctiv として認識するに至ったのは、神の摂理が自分に対してこの役割を課したという信仰に基づいている。そしてキルケゴールは、この神の摂理こそが、自分に対して、自分自身においてもまた自分のの敵対者においても「罪の告白をすること」Indrømmelse を要求しておられることを確信していたのである。(2)

これで明らかなように、この Correctiv においては、自分自身にもまた相手にもただこの Indrømmelse（罪の承認と告白）を要求することだけが課題となるのであり、それ以上でもそれ以下でもないことになるわけである。しかしキルケゴールの場合、そのことは「神への犠牲」として献げられることを意味していたのである。

キルケゴールは、Correctiv を、このようなものとして規定し、自分自身のキリスト教に対する位置をこのようなものとして認識したのである。この文章は、いま見たように、その自己認識を「ルター的なもの」への批判を通じて表明しているわけであるが、これを貫く基本的視点は、次には「プロテスタンティズム」そのものへの批判へと通じてゆくのである。

注

（1） Pap. XI¹A28

（2） N. Thulstrup: Ibid., S. 300.

三　カトリシズムとプロテスタンティズムの関係

前節で紹介したように、この Correctiv の観点からの「ルター的なものへの批判」のための基本的な視点は、そのまま「プロテスタンティズムそのもの」への批判の視点になってゆくのであり、キルケゴールは、このプロテスタンティズムに立つルター教会が全デンマークを支配している状況を指して、このような「プロテスタンティズム」の全体を、従って、全デンマークのキリスト教会の全体を、巨大なる誤解と化したものと言っている。彼はこのことを「教会攻撃」の開始を数ヶ月後に控えて、日誌のいくつかの個所で記している。(1) それらの日誌記述の中でも「カトリシズムとプロテスタンティズム」と題した四頁半もの長文の日誌（Pap. XI²A305）は、キリスト教に関してのキルケゴールの関心事が何であるのか、そしてまた何故自分はその Correctiv を設定したのか等について、詳しく語っていることを知らされる。それゆえ、私は、その全文を、ここに紹介したいと思う。しかしこの文章でキルケゴールは、決して歴史学者としてこの問題に関わっているのではなく、あくまでも、原理的な立場から、両者を二つの類型として、考察しているのである。

「　　カトリシズム――プロテスタンティズム

カトリシズムとプロテスタンティズムとはやはり実際にはこんな関係になっているのではないか――それは奇妙と言えば奇妙であろうが、感覚的にはどうしても実際にはそうなっている――つまり、感覚的にはその関係は、一つの建物のようなもので、それはそれ独自で建っていることはできず、支柱との関係をもって立っているが、その支柱の方もそれだけで独自に立っていることはできないのである。ところが、建物とそれを支える支柱とが一緒になるとき、その全体は非常によく安定し堅固ものとして立つことができるのである。言い換えるならば、プロテスタンティズム〈あるいは、ルター的なもの〉(2) は、実際には、Correctiv になっていないのであって、そこにおいては、Correctiv はプロテストの運動において規制そのものに化されてしまったという大混乱が惹き起こされているのではないだろうか。

ルターの存命中には、そのことはよく見えてこなかった。〈なぜなら〉、彼はたえず、〈あるときは〉闘いの緊張の中にあって、論争者として辛苦のさ中にあったし、あるときは、戦闘の砲煙と湯気の中に立っていたからである。

つまり、実際の戦闘の場合それが進行している間は、その当事者は、いま自分に課されている仕事そのものがその場所で遂行されているのかどうかを見るための時間も平静さも明晰さも、砲煙や湯気が邪魔をして持てずにいるものであるが、このことは精神の闘いにおいても当て嵌まるのである。ルターは闘った、それはカトリシズムに対しての継続的な論争的態度と言われている。しかしそれはそのようには為されていないことによって、かえってそこではそれが実際にはどう為されてゆくべきものなのかがはっきり示されているのである。しかしそこに立ち止まっている時間はないという。なぜなら、いまわれわれはわれわれが闘いを進めるべき次の地点へと向かっているからという。このようにしてこのような仕方でのその闘いは為されずに進み、次々とそんな調子で、その状態が続いてゆくだけなのである。

こうしてそこには静かな時がやってくる。そしていま、プロテスタンティズムが独自の力で存立してゆくことができるのかどうかが明らかになってゆこうとしている。それがそうなるのか、あるいは、ならないのかは、多分、カトリシズムがプロテスタンティズムと並んで存在しているような国では、余り正確には見えてこないだろう。なぜなら、そこでは両者は闘い合っているのではなく、各々が自らの分に相応しくあろうとしているにも拘らず、多くの点で両者は相互関係を保ち合う存在であろうとするからである。プロテスタンティズムがそれ独りだけで存立し得るのかどうか、または、どの程度までそれ独りで存立し得るのかという点に正しく注目するためには、カトリシズムが存在していないような国があることが望ましいだろう。そこでは、プロテスタンティズム――それが劣化してゆくと考えられるとして――は、カトリシズム――これも劣化してゆくと考えられるとして――が決してそうなることがないようなそういう退廃状態へと至り着くのではないかということが、そしてそのことは、プロテスタンティズムが独りで立ってゆく資格は持ち合わせていないことを暗示しているのではないかということが、明らかになるに違いない。

このことをもっと身近なことに即して考えてみよう。それは、長い長い歳月が人々の肩に重い軛をのせてきた後のこと、〈世代から世代へ〉と人々を死と審きと地獄とによって脅してきた後のこと、そしてそのようにして人々を空腹にさせ鞭で打つ等々のことをすることによって脅してきた後のことだった。そのときそのように張りつめてきた弓自体がはじけてしまったのだ。ある修道院の一室から、彼が、人間ルターが、突如飛び出してきたのだ。いまわれわれは、共に属し合って一つのものとなっているものを、つまり、背景と前景とを、分離させないように注意しよう。われわれは、背景をぬきにして一つの光景を描こうとしないように、あるいは、われわれは、意味のないものを画こうとしないように、注意しよう。

要するに、ルターが敢行したそのことは、そのときの前提のもとでは、真理だったのだ。なぜなら、そのときの対立物は、虚偽の極限にまで張りつめていたからである。

そのときルターは、修道院の壁を破って出てきたのである。しかしこのことは、その対立物が誇張されていないようなときに、人間的な冷静さをもって、その対立物にも幾何かの真理があることを見ようとするために決してよい機会ではなかったであろう。ルターは自分の身が殆んど安全ではないことを知っていたし、それゆえ、むしろ、その対立物に出来得る限りの癒し難い傷を負わせるために、彼自身が脱出することから得る利益を利用する方が意味があると考えたのだろう。

それではルターが脱出したときの諸々の事柄の体制を、そのままの状態で考えてみよう。それは虚偽であったのだ。そして次に、ルターの行動の前提をなしていたものを〈すべて〉取り去ってみよう。するとルター的なものは全くの無意味なものとなる。ルターが極端な緊張の中にあって極限的なものとして把えていたものは、そのような緊張状態が完全に無くなっているようなときには、一種の成果にだけなってしまうものだということを考えてみよ。するとルター的なものは完璧なたわ言になる。このルター的なものの成果がもたらされていて、カトリシズムからははるかに遠い所にある一つの国のことを考えてみよ——そこには、修道院とか禁欲とかそのほか同じようなことが示しているような事柄、そして中世という時代が極端に表現していたような事柄の面についてはただの一語さえも聞いたことのない人種が住んでいるのだ。しかしその人種は、それらのことに代って、子供の時から、良心の恐れを静めることについてのルター的なものによって育てられ甘やかされているのである――しかしよく注意してみよ、そこには先に挙げたものとは最もかけ離れた仕方においてさえ、その良心に恐れを感じさせるものは何もないのである。とすると、ルター的なものとは何なのだろうか？恐れを感じる良心という前提条件が存在していないのに、その良心の恐れを静めるということに意味があるのだろうか？もしそうならルター的なものは無意味なものになるのではないだろうか、いや、もっと悪いことに、ルター的なものは、劣化したカトリシズムの退廃に対して劣化したプロテスタンティズムの退廃の相違を特徴づけることになるずる賢さということになるのではないか。

このように、私が示そうとしてきたことは、正にこのことだったのである。そして同時に、このことは、プロテスタンティズムは決して独り立ちしてゆくように資格づけられてはいないことを、はっきり示しているのである。

カトリシズムが劣化するとき、どんな退廃の形態が現われてくるのだろうか？その答えは容易である。それは偽った敬虔〔＝神聖ぶること〕Skinhellighed というものだ。では、プロテスタンティズムが劣化するとき、どんな退廃の形態が現われてくるのだろうか？その答えはむずかしくはない。それは無精神性の世俗的 aandløs Verdslighed というものである。

それでは、その両者をぶつけて相殺し合ってみよう、偽った敬虔と無精神性の世俗性とをである。しかしその場合には、カトリシズムの中からは生まれてくる筈のないずる賢さというものまでが生まれてくるだろう、と私は言いたい。そしてことは、プロテスタンティズムというものが前提として考えられることから生まれる結果なのである。〈このずる賢さこそが、私が示そうとしているものなのである。〉

事柄を完全に単純化してみよう。すっかり世俗化された一人のカトリックの高位聖職者のことを考えてみよ。勿論それは、諸々の法律がその世俗化を罰することができたり、あるいは、自然自身がその世俗化に復讐してきたりするようなそんな極端なレベルにまでは至っていないとしよう。いや、彼は余りにも世俗化しているので愚か者には思えない程のレベルにまで達しているとしよう。いや、それゆえ、その全体は人間的には非常に賢く考え出されているようなものだとしよう〈——そしてこのことこそが正に完全に世俗的なものなのである〉それは賢い享楽であり、しかもそれに加えてその賢さを再び楽しむ享楽である——それゆえ、彼の生の全体は、最も世俗的な者とされた者にも劣らない、世俗的—知的なエピキュリアンであり、つまり、あらゆる享楽の可能性のすべてを楽しむのである。では、カトリック信者は彼についてどう審くのだろうか？いま私はこう想像している、（それは言うまでもなく上品な答え方になるのだが）彼はこう言うだろう、その高位聖職者を審くということはこの私には資格はありません、しかし更に付け加えるならば、カトリック信者ならそのような審きをすることそのことが世俗性であるということを容易に見てとるでしょう。では、何故そのカトリック信者はそのことが世俗的なことであることを容易に見てとるのだろうか？　なぜなら、そのカトリック信者は、その時同時に、キリスト教のもう一つの全く別の面の現われに目を向けているからである——その理由をなしているものは、この高位の聖職者もまた、貧しさの中で生活している者は彼と共に歩んでいるのだということに、そしてまたそのカトリック信者はその事についての情緒的な観念をその高位聖職者のそれよりももっと真実なものとして抱いているのだということに、甘んじて耐えているにちがいないという事実である。ああ、なぜなら、そんなことは世俗性にしかすぎないものだからだ。そこでこれとは反対に、プロテスタントの国のことを考えてみよ。そこではカトリシズムについての思想はなく、そこでは人はずっと久しい間ルター的なものを取り入れてきたが、彼の前提条件をなしていたものは取り入れてこなかった。つまり、そこでは人はずっと久しい間禁欲者や断食者や修道士たちとは、つまり、貧しさの中で神を告知するそれらの人々からは、手を切ってしまっているのである。いや、ただそうしただけでなく、それらの人々を笑うべき者や愚か者となして手を切ってしまっているのである。だから、もしそのような人々がここへ来るとするなら、その場合にはこの国の人は、何か外国の動物に出会ったかのようにふき出してしまい、それらの人々をより低級な人々、発育不全の人々とみなしてそれらの人々から手を切ってしまうだろう——このようなプロテスタントの国にプロテスタントの高位聖職者が生息しているということを考えてみよ、それはカトリックの高位聖職者に完全に匹敵する存在だ、どうしてか？そう、その場合プロテスタントの高位聖職者はずる賢さ Raffinemert をもっている。おお、ずる賢さというものは、カトリックの高位聖職者が何とかして手に入れたいものなのだがどうしても手にいれられないものなのだ。つまり、この見る通りの現代には現世を拒絶することについての情熱的な観念をもったましいなぞ存在しないので（その観念は中世においては誇張されていたとしても、その他の点では確かにそれ自体真理性をもっている敬虔性であった）、そして国全体の宗教性が（ルターの前提条件なしに）ルター的な成果の上にだけ打ち建てられその上に休らっているので、それゆえ、そこでは神への恐れというものは正に人生を喜ぶための率直さになってしまっているので（このことはまた、人がルターがもっていたおそれとおののきと試練とをもつときには素晴しいものになるのだが）、このプロテスタントの高位聖職者は、そのずる賢さを享受することになるのである――地獄へ落ちよ、恐らくカトリックの高位聖職者ならそう言っただろう、地獄へ落ちよ！と――現代が彼の世俗性と世俗的な生の楽しみとを何と敬虔 Gudelighed として理解していることのそのずる賢さよ！見よ、現代においてはひとりの者が他の者に向かってそう言う（カトリシズムにおいては、高位聖職者にとって関係とは、ひとりの者が他の者に向かって言う、という関係であった。しかしわれわれはそんなことに気をとめないようにしよう、あるいは、そんなことに足を留めないようにしよう、いまはとにかく世俗性なのだ）、見よ、このルター的率直さを、見よ、亀のスープのそばにいるプロテスタントの高位聖職者を、そこには彼のように味見のできる者はいないのだ、見よ、彼はあらゆる人生の諸関係における楽しみというものをどんなに吸い上げることができるのかを、そしてそのような場合彼は自分自身の利益に関してどんなに賢いかを。そしてもしそうならそのルター的率直さに頭を下げよ！こうして高く彼は浮き上がってゆく――ルター的率直さにおいてだ――つまり、修道院に行き、断食をし、貧しさの中でキリスト教を告知するというようなこのより低い者やより未熟な者を超えて高くにだ、彼はそんな者たちを超えて精神の自由さとルター的率直さにおいて高く浮き上がってゆく！　偉大なることとは、この世からさまよい出ることではない、逃げ出すことではない、否、純正のルター的なものとは、然り、それはその高位聖職者のようなもののことなのだ、なぜなら、それが敬虔ということだからだ。現代はただそれに耐えているだけではない、あるいは、それから目をそらせるように努めているだけではない。いや、現代はそれを崇敬の念をもって見つめているのだ、――敬虔 Gudelighed というものを見つめているかのような思いになって。

ルターは最高の精神的原理を導入した。ただ内面性のみという原理をだ。このことは、われわれが異教性の最低の低にまで低落するような危険を意味しているのだ（尤も最高のものと最低のものとはやはりこれまた似ているのであるが）。そしてその最低の低の異教においては、官能的な放縦が神礼拝として栄誉を与えられてきたのである。それと同じような仕方で、プロテスタンティズムにおいては、世俗性が栄誉を与えられ高く尊敬されるまでに至っているのである――敬虔性としてである。ところで、このことは――これを私は主張したいのだが――カトリシズムでは起こり得ないことなのである。

しかしなぜそのことはカトリシズムにおいては起こり得ないのか？　なぜなら、カトリシズムは、われわれ人間はある種のならず者のようなものであるということを前提として、自らの一般論を立てているからである。では、なぜそのことがプロテスタンティズムにおいては起こり得るのか？　なぜなら、プロテスタンティズムの原理は、ある特別な前提との関わりにおいてあるからなのである。それは、人間は死の不安の中に、おそれとおののきの中に、そして多くの試練の中に坐しているのだという前提との関わりである――しかもいかなる世代においてもそのような若者たちは多くはいないのだが。

以上のことから分かるように、私にはそれが出来たとしても、修道院のことを持ち出すことは私の意図ではない。私の試みはただ、われわれが(3)〔誠実な〕告白の助けによって真理の理解に達しなければならないことに、ひたすら寄与することだけなのである。」

非常に長文の日誌であるが、これが Correctiv の立場から見たカトリシズムとプロテスタンティズムの関係についてのキルケゴールの見解であった。

この文章で極めて注目に値いするのは、キルケゴールが「ルター的なもの」を Correctiv にあると見ていること、そしてルターの行為の意味を充分に認めながらも、それがやがて Correctiv にとどまることなく、むしろそれ自体が独立的存在となり「既存のもの」に化してしまったことを、そして「世俗性」そのものがプロテスタンティズムの内実になってしまったことを鋭く批判している点である。従って、キルケゴール自身は、自分があくまで Correctiv にとどまることを示唆している点である。

さて、以上の個所において私は、キルケゴールがその「教会攻撃」における自らの役割をどのようなものとして認識していたのかについて述べた。それは徹頭徹尾 Correctiv であり続けることであり、「既存のもの」に対して何か新しい形態での改革を訴えているのではなく、ただ「自己の罪を悔い改めること」（罪の告白）Indrømmelse を求めることだけであった。しかしこの Correctiv となることへの自己認識は、「神の摂理」のもとでの出来事であり、同時にこれには「神への犠牲《いけにえ》」となることへの覚悟が伴われていたのである。

注

（1） 例えば、Pap. XI^{1}A76 など。

（2） 文中の〈 〉の記号は、Papirer の編集者が読み易くするように想定した言葉を挿入したもの。

（3） Pap. XI^{2}A305.

結論（Ⅱ）　全体の総括・問題性・意味のメッセージ

「教会攻撃」を最終段階としたキルケゴールの「教会闘争」は以上のようなものであった。本研究の最大の眼目は、先行した四冊の拙著の場合と全く同じように、「キルケゴールの口を通じてキルケゴール自身の言葉を聴くこと」であり、このことに徹頭徹尾注意が注がれた。しかし本研究の作業においては、私は、先の四冊の作業の場合よりもはるかに優って実に迫真的な思いでキルケゴール自身の「真姿」に触れたような感触をもった。それというのも、先の四冊の作業の場合は、確かに彼は、一般の多くの詩人、著作家、哲学者、神学者等々とは異なった「比類なき天才」の側面に触れる機会を与えてくれたが、本研究の場合は、それをはるかに超えて、彼自身が自認していたように、文字通りExtraordinaire（異常な人、特別な任務を与えられた例外者）という側面に触れることになり、私は、これこそが「S・A・キルケゴール自身」だという思いになったからである。従って、この研究作業から一番利益を得たのは誰よりも筆者である私自身であると言ってもよいかと思う程である。

ところが、「歴史像」を探求するこのような書物に接すると、何人かの人々は浅薄にも、これは「歴史像」にしか過ぎないではないか、われわれにとって重要なのは「今日的意味」の問題であると言う。このようなことは今迄いく度もステレオ・タイプ的に言われてきたものである。しかし深く考えてみる必要がある。「歴史像」を軽視もしくは捨象しておいて何が「意味」なのだろうか。「意味」とは、その「歴史像」が、自ら内含する深い「問題性」に対する厳密な内省的関わりのもとで、しかしその「時代」とは本質的に異なる「今日の時代」という地平において、普遍的にして永遠的な価値を伴って「メッセージ」として語りかけてくるもののことではないのだろうか。だから、そのように「意味」だけを強調する者は、実は「歴史像」の研究をそれが為されるべき仕方で行ったことが一度もなかったことを示すもので、そのような者には「意味」について語る基本的条件すら整っていないと言われても仕方がないのである。従って、そのような者が「意味」と称しているものは、実は「空想的なもの」で根も葉もない何の意味もないものなのではないだろうか。古代ギリシアにおいては、ヒストレイン historein という言葉は、「歴史」という言葉に「探求」という意味をかけて使われていたもので、これは学問研究ということが「歴史研究」を離れてはあり得なかったことを示すものとして受け取らるべきであると考えられる。

このようなことから、「歴史像」の探求という作業をひとまず終えたいま、その成果の全体を総括した上で、その「歴史像」が内含している「問題性」に内省的に関わりながら、しかしそれが生まれたその「時代」とは本質的に異なる「今日の時代」という全く新しい地平において、その「歴史像」が、普遍的にして永遠的な価値を伴いながら語りかけてくる「意味のメッセージ」に耳を傾けてみたいと思う。従って、以下「全体の総括」、「問題性」、「意味のメッセージ」という順序で簡単に説明したいと思う。

一　本書全体の総括

キルケゴールの「教会闘争」はやはり何よりもまず、それが「デンマーク教会史」の「枠内」で起こった出来事である点に注目する必要がある。従って、本書の研究も「デンマーク教会史」の概観から始められた。そのデンマーク教会史における、キルケゴールが生きた「十九世紀前半」はルターの宗教改革期にも匹敵する程の激動期であった。

それは一六六五年以降約二〇〇年近く続いてきた「国家教会」が時代と社会の変化の中で崩壊を余儀なくされ、一八四九年には「国民教会」へと変様したことに認められる。その際その「時代」を象徴していたものは、「合理主義」の勢位と「自由主義運動」とであり、これらは当然に「国家教会」そのものに浸蝕し始めていたのである。そのため「国家教会」は当然に、ある一つの「神学」をもって、自らの信条と存在とを防衛しようとしたのである。そしてその任にゆくりなくもついたのがJ・P・ミュンスター監督であり、そのための「神学」として構築されたのが彼のいわゆる「調停神学」Mæglingstheologiであった。しかしこの神学は、時代の「合理主義の勢位」に対して「ロマン主義の思想と精神」によって融合をはかろうとするものであった。ミュンスターのいくつかの著書、説教集、そしてとりわけあの『キリスト教教義についての観察』はこの神学に貫かれていたのである。それらは実に多くの人々に読まれたが、その神学は結局は、二つのことを為したことが注目される。一つは、「国家教会」の存在自体をそのままの状態で保持し、つまり、そのまま安泰の状態に置いてしまったことであり、もう一つは、この「神学」は、「キリスト教」を完全に「ロマン主義思想と精神」とに変質させて、「キリスト教本来のもの」とは似てもつかないものに化してしまったこと、つまり、一つの幻想的な塊まりを作ってしまったことである。「国家教会のキリスト教」がこのような「ぼんやりした塊まり」に対して、従ってまた、そのような「淀み」に対して、デンマーク全土では、「キリスト教本来のもの」を取り戻そうとするために、三系統のラディカルな信仰的反抗運動が巻き起こった。それらは既に述べた通りのものであるが、それらのいずれもが目ざしていたことは、グルントヴィがキャッチ・フレーズとして、そしてまた書名として掲げていた「真のキリスト教とキリスト教の真理」を獲得することであった。この言葉はそれらの人々の合言葉になっていたのであった。しかしこれら三系統の運動は、そのような「信仰的運動」を根幹としていながらも、徐々に「政治運動的性格」をもつようになっていった。それというのも、それらの運動はそれぞれ社会的階級を基盤として展開されているので、それぞれは本質的に階級的要求を秘めており、これが噴出する形をとったからである。そのため、それらは、信仰的運動としては個々別々であったが、政治的側面においては、「信教の自由」を実現するという点においては連帯的統一的な力を発揮するようになり、時代の「自由主義政治運動」と合流して、一八四九年の「自由憲法施行」を実現する強大な力となったわけである。

ところで、それら三系統の信仰的反抗運動に対して、キルケゴールの教会闘争の行動を並置してみるとき、その特徴は実にはっきりと浮き彫りなってくる。その特徴は、少なくとも五つの点として浮かび上がってくる。

まず第一に、それら三系統の運動はいずれもがいま述べたようにそれぞれ社会的階級を基盤とした社会的性格をもった行動であったのに対して、キルケゴールの行動は終始「ただ一人で」行われ、「ただ一人の人間」として行われたという点である。従って、彼は、いかなる仲間や同志たちともいわゆる連帯することなく、それゆえ、それらの人々の「叫び声」を合唱したり、ひとつの動きのとれない物的な塊になることなく、要するに、そのようなものに拘束されることなく、「ただ一人で」自らの「良心の声」を自由にあげたのであった。つまり、彼の行動は、あくまで自由な「信仰的良心」の表明だったのである。

第二に、そのような彼の行動は、本質的には、「キリスト教との内面的関係」をより内面的に深化させる方向で、つまり、「内面化の運動」を徹底化させる方向において行われたという点である。しかしその「内面化」は尋常一様のレベルのものではなく、幼少期から始まる「父ミカエルによる教育」、青年期には「真理のイデー」にのみ生きることの「使命感」の体験、憂鬱という心理的特質との内面的闘いと苦悩、使徒パウロへの共感を伴った「肉中の刺」の意識、「懺悔者」としての自らの生の意識、しかも「摂理」への絶対的信頼等々のもとで、「キリスト教の真理」を「イデー化」し、いやが上にも「内面化」して、それとの「内面的な関係」において生き貫くというものであった。つまり、彼は、そのような「内面化」を、決して「頭の中で」観念的、思想的に行ったのではなく、身体と心と精神そのものにおいて、徹頭徹尾「祈り」という営みにおいて、「祈りの世界」で生きぬくことを通じて、行ったのである。要するに、「教会闘争」という形をとった彼の行動のすべてが、「父ミカエルの真摯な祈り」の中で、いや、その「祈りの声」が響く領域内で、しかもそれに呼応するかのようなキルケゴール自身の「祈り」の世界の中で、行われたのである。キルケゴールにおいて「祈り」とは、そこから「思想」が、「精神」が、そして「行動」が噴出してくる「地下水脈」のようなものである。それゆえ、「教会攻撃」はその「地下水脈」の最終の噴出だったのである。

第三に、このようにして、彼は、そのような「内面化の過程」において、あの「真のキリスト教とキリスト教の真理」を「体験」するという出来事に遭遇したのであり、彼はその「体験の内容」を「新約聖書のキリスト教」という言葉で表現し、これをその「教会闘争」において「国家教会」に対して、つまり、「国家教会のキリスト教」に対して、表明したのである。ところで、この「新約聖書のキリスト教」の体験とは、彼が「コルサール事件」に際して得た体験のことであり、それは、彼がその「コルサール事件」での闘いを通じてはじめて、「新約聖書のキリスト教の真理」は「迫害、受難、犠牲、殉教」を通じてのみ伝達され得るものであることを思い知らされたことの体験である。しかしこのことは彼がいままで抱いてきた「キリスト教」の信仰と知識を根底から覆すもので、従って、この「体験」を自らが受け容れるか否かは彼の生涯における最大の衝撃、最深の問題となったと考えられる。そこで彼はどうしても「ひとり」静かな場所でこの問題と対峙せざるを得なくなった。こうして彼は、「第四回ベルリン旅行」に出て、そこでのあのような「祈り」の時を過ごしたのである。そしてこの結果彼はこの「新約聖書のキリスト教」の体験を受け容れることになり、これをもって「国家教会のキリスト教」と闘うことを決意したのである。すなわち、キルケゴールは、「国家教会のキリスト教」に対してはっきりとこの「新約聖書のキリスト教」を打ち出して闘うことを決意したのである。

第四に、彼は、前述の三系統の運動のいずれよりも同時代の「闘いの対象」を明確化し、象徴化し、標的化して「問題の核心」に迫り、その尖鋭化した構図のものとしてその闘いをすすめた点である。つまり、彼は「国家教会のキリスト教の本質」と「国家教会の体質」そのものとを「全面的に問題化」し、それと真向から対決した。その際彼は、彼の「教会闘争」の対象としてJ・P・ミュンスター監督を標的となし、その闘いを、徹頭徹尾同監督との関係を軸として、進めて行った。それというのも同監督との関係はキルケゴールの幼少期から最後の最後まで切っても切れない間柄だったからである。キルケゴール自身が言うように、幼少期は父ミカエルによって「ミュンスターの説教集」によって教育され、ミュンスター牧師こそキルケゴールの将来の範型であった。こうしてその尊敬は余りにも深く、彼の生涯の最後までその尊敬を失うことはなかった。そして確かに一八四六年秋以降は、「牧師職」の問題をめぐって両者の間には軋轢が生じたが、そしてこのことも含めて、キルケゴールは、同監督を「国家教会のキリスト教」「国家教会の体質」の象徴となし、「闘い」の「標的」そのものに位置づけて行った。しかし同監督に対するキルケゴールの関係の全過程を見るとき、その関係は結局のところ、同監督から「教えられたもの」の徹底化を通じての「弁証法的遡及の関係」という形をとっていたことを知らされる。両者の関係は余りにも深い弁証法的遡及の構造をなしていたと言うことができる。キルケゴールによる尊敬と態度とが深くあればある程、そして真摯であればある程それだけその関係は深刻な様相を呈したのであった。いずれにせよ、同時代の闘いの対象は、このようにキルケゴールによって、最も明確化されたと言うことができるのである。

第五に、彼は、決して、「国家教会のキリスト教」に代って「新しいキリスト教」を打ち立てようとしたのでもなければ、「国家教会」そのものに代って「新しい教会」を建てようとしたのでもなく、彼が目ざしたことはひたすら国家教会の聖職者と時代の人々がいま陥っている錯覚から、つまり、「国家教会のキリスト教」を「キリスト教そのもの」と思い、デンマークを「キリスト教国」と思い込んでいるその錯覚から目醒めることであり、そのためには、「国家教会当局」がその事実を認めて罪を告白すること Indrømmelse であり、彼自身はあくまで調整役 Correctiv にとどまることに徹した点である。デンマークの当時の人々は勿論のこと、その後の多くの研究者も、キルケゴールが何か積極的な提案や建設的な回答をしていないことを批判してきた。しかしキルケゴール自身がそのような方向での行動をとったのではないことを訴えており、彼のめざしたことは、国家教会当局もまた聖職者信者すべてが、「新約聖書のキリスト教」に照して「国家教会のキリスト教」はそれとは似てもつかないものになっており、自分たちはそれをキリスト教となしてきた誤まりを正直に認め、その罪を告白して、「新約聖書のキリスト教」の方向に向かって努力することをすすめることであった。そしてまた彼自身は、いく度びも述べているように、「権能なしに」、「ただひとりの人間」として闘ったのであり、決して宗教改革をすすめるヒーローとしてではなく、あくまでもCorrectiv（矯正役、調整役）にとどまる者として、自らを位置づけ性格づけたのである。このように、キルケゴールが「教会闘争」において目ざしたことは、基本的には「覚醒」Opvaagnenということであり、それは究極的には、Indrømmelse（承認、告白）とCorrectiv（矯正役、調整役）という二つのデンマーク語に収斂されてゆくものと言うことができるであろう。

同時代の「デンマーク教会史」の中でキルケゴールがとった行動は、少なくとも以上のような五つの特徴として認めることが出来ると考える。

これに関して真に注目に値いするのは、彼が自らその「ただひとりの人間」の意識に徹して、決して他の人々に共同を呼びかけなかったのは勿論、他の人々が決して自分のまねをしたり共闘したりすることがないよう最大の努力を払ったことである。

二　問題性

このような彼の行為は確かに彼の「ひとりの人間」の意識に基づく「あれか―これかの決断」の行為であり、彼自身がそれを「客観化」しないよう最大の努力をしている以上、それを第三者の見物人的立場（客観的立場）でとらえて云々することは何よりも彼自身の意図を根本から無視するようなもので、それは彼に対する全面否定にも値いする態度であると言ってよかろう。だからそのようないわゆる客観的批判は何としても慎しまなければならない。それはテレビで見ながら批判しているにも等しいからである。しかしそこにはやはりどうしても見逃して通り去ることのできない神学上の、いや、「信仰」上のいくつかの根本問題が潜在していることを不問に付してしまうことはできない。

それらについてはどうしてもここで検討しておく必要があると考える。そのような根本問題とは次に述べるような四つのものであると言ってよかろう。

まず第一に、キルケゴールが行った国家教会を批判してきたその「構図」と「立場」自体が実に大きな問題性を孕んでいるという点である。すなわち、彼は「国家教会のキリスト教」に対して「新約聖書のキリスト教」を対置させて、後者の光によって前者の虚偽性を照し出し暴き出しているが、それは「現実態」を「純粋なるイデー」から批判するようなもので、「批判」というのは一般にはしばしばそのような形式がとられるが、しかしそのような「構図」は「批判の構図」として妥当なのかどうかという問題である。またその際彼はその批判を、「宗教的詩人」という立場を設定してその「立場」から行っているが、そのような「宗教的詩人」という「立場」は真の意味において存在資格をもつものなのかどうか。とくにそれに関連して彼は自らのそのような立場を「機能なしに」uden Myndighed と言っているが、それは「批判者」の資格として妥当なのかどうかという問題である。

第二に、キルケゴールが前提にしている彼自身の「教会論」そのものの妥当性が問われるという点である。彼はあのように「新約聖書のキリスト教」を掲げてその立場から現実の教会のすべてを問題化し批判しているが、そして牧師たちを「イエスの弟子や使徒」になぞらえ、彼らはそのような「弟子や使徒」になるべきことを前提として批判しているが、そのような考えは果たして妥当なのかどうかということは大きな問題である。この点はプロテスタント神学の最も弱い点と考えられるが、そもそも「教会」とは何か、「牧師」とは何か、「信者」とは何かというような最も肝心な諸概念がどんな根拠に基づいて規定されているのかが実に曖昧である。このことはキルケゴールのみならず彼を批判する悉くのプロテスタント的神学者や牧師全体に通じる問題性である。それらの人々は余りにも勝手気儘にそれぞれの教会論を前提にし批判抗争をし合っているのではないだろうか。とにかくこの弱点がキルケゴールにもはっきり見られるのである。

第三に、キルケゴールが自らの信仰と批判の根拠にしていた「新約聖書のキリスト教の真理」について彼が意味していた「内容」が果たして妥当かどうかという点である。キルケゴールはその「内容」を「コルサール事件」での体験として得ており、つまり、キリスト教の真理は迫害、受難、犠牲、殉教を通じてのみ伝えられるものと看倣しているが、「新約聖書のキリスト教の真理」はそれだけの「内容」に限定されているものなのだろうかという問題である。「新約聖書のキリスト教の真理」とは、そのような内容の「枠」をも超えて広く深いものではないのだろうか。言い換えるならば、「新約聖書のキリスト教の真理」は、従って、それらが実行されるべき「教会の道」は、ただ「十字架の道」あるいは「十字架への道」としただけで性格づけられ設定さるべきものなのかどうか。そもそもキリスト教の伝道は、その意味では「教会」の始まりは、やがて「使徒」と呼ばれるようになった人々が「キリストの復活」に出会うことから発しているのであり、それは何よりも「復活からの道」として性格づけられ設定されているのではないだろうか。

第四に、キルケゴールは、この「教会闘争」の過程で偉大な「摂理」や「恩寵」を実感した旨をしばしば語っているが、しかしそこではつねに「教会」が問題となっている以上当然に「聖霊との関係」が言及されて然るべきと考えられるが、この点が見当たらないという点である。確かに彼は、この「聖霊の問題」についての言及は、H・N・クラウセン教授の「教義学講義」に関するノートを別にするならば、著作では十四、五個所、日誌では二十七、八個所も行っているが、「教会闘争」の過程では全く見られないのである。「教会」の問題が語られる以上これへの言及が当然あると考えられそうであるが、それは見られないのである。しかし著作においては一個所だけ刮目さるべき場所がある。それはあの一八五一年九月一〇日『現代に勧む』の第一輯『自己吟味のために』の三番目の講話である。それは「使徒行伝」第二章第一節から十二節までを対象にしたものであるが、そこでは、使徒の行為を取り挙げながら、「生命を与えるものは霊である」Det er Aanden der levendegjør. という言葉について語っている。これはその内容から見て「聖霊の働きについての講話であり、しかもこの講話をもって第一輯を終え、第二輯は原稿を準備しておきながら出版はしなかったのであり、それは死後の一八七六年の出版になった。これを見るとき、キルケゴールは自らの「教会攻撃」の行動とその「聖霊の働き」とを関連づけたように解釈され得るが、その講話では「聖霊の働き」について実に厳粛な態度で語っている。その意味では、「聖霊」は、キルケゴールにとって余りにも厳粛に過ぎる問題なので、それを「言葉」上の問題にしたくなかったという思いが充分推察され得るが、にも拘らず、やはり彼なりの鋭い「言葉」においても聴いて見たい問題である。

「信仰」という視点から見る限り、彼の「教会闘争」の根拠となっていた信仰には、少なくとも以上四つの問題性が秘められていたと考えられる。しかしこれら四点は「信仰」に関する限りの問題性として考えらるべきであり、それらは決していわゆる客観的見物人的立場からの批判の言葉として投げらるべきではないと考える。というのは、彼の「信仰」はそのような立場からの批判の「対象」とはなり得ない性格のものだからであり、もしそうするならば、そのことは彼の「教会闘争」という「決断」そのものを足元から成立させなくすることになるのであり、つまり、全面否定に通じてゆくことになるからである。従って、そうする位いなら、最初からあっさり否定すればよいのである。しかしその場合にはこの「教会闘争」という行為を通じての実に貴重な「学び」を得ることなく過ごしてしまうとになるだろうが。

しかしこのように考察をすすめてくるとき、私には、この「考察」の作業を通じて、いつの間にかある一つの事実がわが身に近づいてくるのをおぼえるような気がしてくる。それは、そのような「信仰」と「問題性」との一切を条件づけていた「過去の時代」が徐々にこの「現在の時代」（現代）に近づいてくる過程の中で両者の接点とも言えるものの気配を感じてくるという事実である。そしてその場合そこでは、そのようにして「過去の時代」がその接点を超えて「現在の時代」と入れ代わるとき、その「信仰とその問題性」とはどうなるのだろうかという問題に同時に接する思いがしてくる。けれども、もしそれが「永遠」的価値を担っているとするならば、その本質だけは同じように存続してくることは明らかであろうが、同時にそれらは少なくともこの「新しい時間地平において」はいくつかの「意味のメッセージ」を発してくる筈である。

三　「意味」のメッセージ

キルケゴールの「教会闘争」の「事実」とそれに潜む「問題性」とを以上のように考察してくると、私の「思考の歩み」はいつの間にか、それらを条件づけていたその「過去の時代」から進んでわれわれが生きているこの「現在の時代」（現代）との接点の所にまで来てしまっており、しかもその「現在の時代」がその「接点」を超えてその私の「思考の営み」の足元から忍び入ってきてその「過去の時代」と入れ代わって「新しい大前提」の位置に付こうとしているかのように感じられてならない。しかしもし私がこの事態に気づくことなくその「新しい大前提」に立ってそのままあの「過去の時代」の諸事項を論じ続けてゆくとするならば、そのような「思考の営み」はその全体が目茶苦茶になってしまうと言わなければならない。つまり、そこでは、その思考は、その「接点」を介して「過去の時代」がそれとは全く質的に異なった「全く異質の時代」に入っている事実に気付くべきなのである。つまり、われわれ人類は歴史の中でそれ程にまで遠い地点の所まで来てしまっているということについてである。この『二つの時代の異質性』についでは徹底的に検証してみなければならないのである。それゆえ、われわれ現代人は、このように、「キルケゴールの時代」とは全く質的に異なった時代に生息しているため、キルケゴールとか、それに関わりのある諸事項はじめ彼の「教会闘争」なぞは全く別の世界の出来事のように思え痛痒をも感じないものになっているとしても、それは止むを得ないことと言わなければならない。それが現代の「一般」の共通感情であることは確と認められなければならない。にも拘らず、このような冷厳な事実を確と認めれば認める程、つまり、彼に関心をもつ者が殆んど無きに等しい状態になっている事実を認めれば認める程、むしろ逆に彼の生涯や思想が実に重要な意味をもってくることに気付かされるのである。それは二つの方向からである。

一つは、これは些か一般的な事柄としてであるが、たとえ「現代」がどんなに異質の時代になってしまっているとしても、もしわれわれ「現代人」も「人間」であり、「人間」として、あるいは、「人間」であるが故に、少しでも「真理」という言葉に問いをもち関心をもち、それについて幾何かの「考え方」をもたざるを得ないとするならば、正にその「真理」という問題を考えることを通じて、「キルケゴール」との関わりが生じてくるという事実である。つまり、もしわれわれ「現代人」も「人間」として生きており、「人間であること」を止めないならば、いや、「人間であること」を止めることが許されないならば、しかも現実に「人間同士」が互いに「人間であること」だけは止めることを許さないとするならば、そしてそれが「事実」であるとするならば、われわれは、その「真理」への関心のもとで、「キルケゴール」のことを考えてみる必要が起こってくる筈である。少なくとも一度は起こってくる筈である。

もう一つは、これこそが真の意味において最もキルケゴール的なのであるが、「キルケゴール」に対する関心が全く無くなってしまっていることが「現代」の冷厳なる事実であることを確と認めれば認める程、実はその事実こそが、キルケゴールをして真に「キルケゴール」たらしめるところの彼の存在の生命をなす「決定的な逆説」の前に、われわれを立たせているのであり、その意味では、現代のわれわれは、それを通じて直接にキルケゴールそのものに触れ得る所に立っているという事実である。要するに、現代は、キルケゴールがいかにもキルケゴールらしく迎えられるのに最も相応しい条件を備えた時代になっていると言ってよいであろう。曾てわが国では、終戦後の昭和二十年代と三十年代には、何とも激しい「大衆的熱気」の中で、実存々々、主体性々々等々のいわばキャッチ・フレーズのようなものでキルケゴールを捕え語り論じるような風潮が支配していたことがあったが、そのような大衆的熱気の中でそのような言葉で捕えた者は、キルケゴール自身の実体や本質とは全く異なる別の代物と言ってよく、何よりもそのような「伝えられ方」そのものが彼自身をそれとは異質のものへと変質させてしまっているのである。「キルケゴール」はほんの少数の「ひとりの人間」の真の内面性にそれに相応しい仕方で伝えられるとき、それが彼の「真の姿」であると言えるだろう。

このように、キルケゴールは、この現代においては、これら二つの方向から、重要な意味をもってくることを知らされるのである。

そして正にこのようなことから、われわれは、この「現代」という時代において、彼の「教会闘争」という行為が発信してくる「〈意味〉のメッセージ」を聴きとることができると考える。それは少なくとも四つの事項として発信されていると考える。

その第一に挙げられるのは、「真理問題」に関するメッセージである。「真理」という概念はさまざまな事項や関係領域において問題とされる概念であるが、それらの中にあってキルケゴールが身をもって示していた「真理」は「ただひとりの人間」にのみ啓示される「真理」だということである。今日多くの人々は、過去の哲学者や思想家たちによって語られてきた真理には殆んど無感覚のような状態になっているが、それならばそれらの真理に代って、何か心を突き刺すような「新たな真理」を手にするようになったのかというに、決してそうではなく、「真理」の名に値いするものは何一つ手にしていないのが実情である。それには「現代」という時代の性格に根差したさまざまの理由が考えられるが、しかし一つは実に大きな錯覚が現代人を支配している点に関係があるのではないだろうか。つまり、今日人々は自らが「真理」を求めてそれを手にした積りになっているものは、実はその悉くが「生きるための手段や方法」なのであって、決して「生きることの目的や意味」ではないということである。しかもそのような錯覚が哲学や思想の領域においてさえ行われているのである。これは驚くべき「巨大な錯覚」である。しかし「真理」の追究は正に後者の追求においてこそ為され得るのである。要するに、今日の社会においては、人生や生存の「究極的真理」を探求する営みが完全に欠落してしまっているのである。では、それはどのようにして探求され得るのだろうか。それには従来哲学的にも宗教的にもさまざまな方法が試みられてきた。しかしキルケゴールが示してくれたことは、その「真理」は「ただ一人の人間」にだけ、つまり、すべての人々がそれになり得るところの「ただ一人の人間」にだけ啓示され得るものだということである。更に言い換えるならば、彼の訴えは、「ただ一人の人間」にだけ啓示され得る「真理」があるのだということである。そして彼はそのことを、ある一つの課題との生涯にわたる透徹した取り組みを通じて、示したのである。その課題とは「人はいかにしてキリスト者に成るか」という課題である。彼の生涯も思想もそして「教会闘争」もこのことのメッセージを発し続けているのである。

第二に挙げられるのは、正にこのことに関連するのであるが、「新約聖書」に関するメッセージである。彼が非常な苦悩を通じて「新約聖書のキリスト教の真理」は「迫害、受難、犠牲、殉教」を通じてのみ伝達されるものであることを示したこと、そしてまたそれには先に述べたような「問題性」が秘められていることが指摘された。しかし彼のそのような見解は、われわれに「新約聖書」というものへの「問い」や「関心」を引き起こさせる大きな意味をもっていたことを知ることができる。つまり、彼は、今日のわれわれに向かって、改めてわれわれの目で「新約聖書」を読み、それと取り組むことを示唆しているように思えてならない。私はそれが少くとも次の三点に関してであるように思える。

(1) 人間に向かって。「新約聖書」は人間の最内奥の至聖所での「祈り」の場となるものであること。

(2) 教会に向かって。「新約聖書」は教会とキリスト者が「復活からの道」を歩んでいることを伝えているものであること。

(3) 時代全体に向かって。「新約聖書」は今日の人々に向かっての「宇宙論的メッセージ」を意味するものであること。

彼は「新約聖書」に関してこのようなメッセージを発しているように思える。

第三に挙げられるのは、「教会」に関するメッセージである。キルケゴールの「教会闘争」があれ程の激しいものであった以上、それは当時の人々のみならず、現代人にとっても、「教会」への関心を大きく刺激されざるを得ないものとなる。しかし「教会」という問題でとくに日本人のわれわれが深く考えて見なければならないことがある。それは、「教会」とは、単に欧米のキリスト教各派に関する事柄ではなく、「教会」とは、全世界、全人類に関する事柄で、つまり、全人類の「人間としての生存」に関する事柄だということである。「教会」は、曾てそれ自身もさまざまな罪を犯してきたし、いまも犯しつつあるが、にも拘らず、「人間の価値」を抹殺してかかる諸勢力に対して正に「人間的価値」を主張してやまない声の象徴を意味する。しかし今日「教会」は余りにも大きな危機的状況の中にあり、教会は多くの人々の心の中では殆んど「不在」化している状態にあると言っても過言ではない。けれども、「教会」の存在がどんなに無視されたような状態にあるとしても、「教会」の問題が世界の歴史の中で極めて重要な意味をもって存在し続けていることは誰も否定することはできない。そしてこのような「教会」問題に関してキルケゴールの「教会闘争」は今改めて「問い」を投げかけてくる。キルケゴールの「教会闘争」は、決して「答え」の提供としてではなく、「問い」の提示として、今日のこの時代にも改めて次の「問いかけ」をしてくるように思える。「教会」は何を根拠として存在すべきなのか。「教会」の「役割」は何なのか。「牧師」とは何なのか。「信者」とは何なのか等々の「問い」である。これらの問題に関しては「神学」的には既に出来合いの「答え」が多々見られることは事実であるが、しかしそれらは「言葉」としてはとにかく、現実の教会における実感としては殆んど感じられないことも事実である。従って、それらはいま改めて問われる必要があると考えられる。

彼は「教会」に関してこのようなメッセージを発しているように思える。

第四に挙げられるのは、「歴史」問題、とりわけ「現代文明」に関するメッセージである。キルケゴールの生涯と行為はつねに、予言者的な、実に大きく深いスケールの「歴史予見」のもとですすめられていた。これはとくに彼の「教会闘争」の進め方においてそうであった。このことは充分に注目されて然るべき問題である。とくに今日、「歴史」は「文明」のレベルで考えざるを得ない地点に来ていることにも鑑み、あのような「教会闘争」を行ったキルケゴールからどんなメッセージが発せられているのかに注目して見ることはやはり非常に「意味」あることと考える。その場合そのメッセージは二つの方向から「問いかけ」として発せられていることを知る。

一つは、彼の「歴史認識」の能力そのもの卓越性からであり、つまり、彼の「時代予見」における予言者的、天才的な「予見能力」の卓越性の問題である。もう少し具体的に言うならば、それにおける「想像力」(構想力)の問題である。この偉大な能力こそこの時代においては、然り、殆んどすべての人間が「四流人物」化してしまった今日においては、最も求めらるべきものではないだろうか。ただ「理性」にのみこだわる「理性的認識」の枠から脱して「精神」全体の活動に基づく「精神的洞察」の能力というものが必須のものとして求められているのではないだろうか。

もう一つは、彼が生涯探究し続け、最後には「教会攻撃」に際してその行為の基本的カテゴリーのようなものとして打ち出したあの「瞬間」という概念である。彼は、この概念を、とりわけ『断片』と『不安の概念』以降追究し続け、最後にはこの概念の名を冠した小冊子において説明しているが、これはいまなお依然として大きな謎を秘めた概念であり続けている。しかしこれがいつの時代にも「歴史認識」、「歴史の深底」への「精神的洞察」の鍵となる概念であることは明白である。キルケゴールはこの現代におけるわれわれに向かってもこの「概念」からの「問いかけ」を発してきている。

以上二点を挙げたがこれらは全く新しい地平での問題になってゆくので、ここではこれだけにとどめておこう。いずれにせよ、彼は「歴史」問題に関してこのようなメッセージを発しているのである。

キルケゴールがその「教会闘争」を通じて発している「意味」のメッセージは少くとも以上の四つの点に認めることができよう。

これらを「メッセージ」として受けとめるとき、それらに対してどのような対応をするかは、それ自体が大問題となることは言うまでもないことである。そしてその問題をめぐってはさまざまな取り組み方が考えられよう。しかしその際一つだけ決して為してはならないことがあると考える。それは、彼は決して客観的もしくは普遍的な「答え」を提供したのではないから、彼の所説や行為から「答え」をそのまま演繹してはならないということである。その「メッセージ」から何を得られるかは、一重に「彼との会話」にかかっていると言えよう。そしてたとえその「会話」

から直接的には何の回答も得られなかったとしても、しかし「彼との会話」を続けてゆくことからは想像を超えた豊かな富を得られる筈である。A・ヘンリクセンが言うように、キルケゴールから何かを得られるのは、「キルケゴールを語る」ことによってではなく、「キルケゴールと語る」ことによってである。しかし「キルケゴールと語る」には、まず「キルケゴールから聴く」ことから始めなければならない。私の研究は、最初の『青研Ⅰ』から本書の研究に至るまでの五冊を通じて、このことを貫いてきた積りである。「キルケゴールから聴く」ということをである。

本書のために使用された主要文献

（使用された資料・文献類は極めて広範囲にわたっており、その各々は文中の注に挙示してあるので、ここでは「デンマーク教会史」に関するものと、「キルケゴールの教会闘争」に関するものだけを集録することにした。なおキルケゴールの生涯や著作活動や思想に関する文献は既刊の拙著のそれぞれの巻末に分類し集録しておいたのでそれらを参照していただければ幸いである。）

一、デンマーク教会史に関するもの

Valdemar Ammundsen: Den kristne Kirke i det nittende Aarhundrede. (Kbh. 1925)
J. L. Balling og P. G. Lindhardt: Den nordiske Kirkeshistorie. (Kbh. 1967)
Leif Grane: Kirken i det 19 Aarhundrede. Europæiske Perspektiver. (Kbh. 1982)
N. F. S. Grundtvig: Kirkens Gienmæle mod Professor Theologiæ, Dr. H. N. Clausen. (Kbh. 1825)
N. F. S. Grundtvig: Om den sande Christendom og Om Christendommens Sandhed. (Kbh. 1826–27, 65)
Hans Hauge: Den danske Kirke nationalt betragtet. (Frederiksberg. 1998)
H. Holmquist og J. Nørregaard: Kristendommens Historie i Romantikens, Liberalismens og Realismens Tidsalder. I–II. (Kbh. 1939)
H. Holmquist og J. Nørregaard: Kirkehistorie. Bind 1 Oldtid og Middelalder. Bd 2 Den nye Tid. (Kbh. 1946, 1949)
Hal Koch: Danmarks Kirke gennem Tiderne. (Kbh. 1960)
Hal Koch: N. F. S. Grundtvig. (Kbh. 1959)
Hal Koch og Bjørn Kornerup: Den danske Kirkes Historie. Bd. I–VIII. (Kbh. 1950–66)

L. Koch og H. F. Rørdam: Fortællinger af Danmarks Kirkehistorie. Fra 1517 til 1848. (Kbh. 1889)
B. Larsen og P. Lodberg: kristne Kirkesamfund i Danmark. (Frederiksberg 1998)
Martin Schwarz Lausten: Danmarks Kirkehistorie. (Kbh. 1987)
P. G. Lindhardt: Vækkelse og Kirkelige Retninger. Ny omarbejdet udgave. (Kbh. 1959)
P. G. Lindhardt: Dansk Kirkekundskab. (Kbh. 1979)
Jørgen Lundbye: Kirkekampen i Danmark 1730–1746. (Kbh. 1947)
H. L. Martensen: Den christelige Ethik. Den almindelige Deel. (Kbh. 1872), den specielle Deel. (Kbh. 1878)
H. L. Martensen: Af mit Levnet. Bd. I–III. (Kbh. 1883)
J. P. Mynsters Visitatsdagbøger. 1835–1853. I–II. (Kbh. 1937)
J. P. Mynster: Betragtninger over de christelige Troeslærdomme. Bd. I–II. Andet Oplag. (Kbh. 1837)
J. P. Mynster: Yderligere Bidrag til Forhandlingerne om de Kirkelige Forhold i Danmark. (Kbh. 1851)
Michael Nüendam: 1536・Den danske Reformations Historie. (Kbh. 1936)
Niels Munk Plum: Schleiermacher i Danmark. (Kbh. 1934)
N. M. Plum: Jakob Peter Mynster som Kristen og Teolog. (Kbh. 1938)
H. Schwanenflügel: Jakob Peter Mynster, Hans Personlighed og Forfatterskab. I–II. (Kbh. 1900–1)
Poul Saxe: Danmarks Kirkehistorie med et Tillæg om de øvrige nordiske Landes Kirkehistorie. (Kbh. 1962)
P. Severinsen: Hvordan Reformationen indførtes i Denmark. (Kbh. 1936)
Niels Skyum-Nielsen: Kirkekampen i Danmark 1241–1290. (Kbh. 1971)
M. H. Løbner: Brødremenigheden. Dens Historie og Opgave. (Kbh. 1915)
Helge Rønnow: Brødremenigheden—En levende Tradition. (Christiansfeld, 1980)
Ove Vandel: Brødremenigheden i Grønland. (Christiansfeld, 1982)

二、教会闘争に関するもの

V. Ammundsen: S. Ks religiøse Gennembrud. Norsk teologisk tidsskrift. (1913)

Skat Arildsen: Protesten ved S. Ks Begravelse. Historiske Meddelelser om Staden København og dens Bor-gere. (Kbh. 1941)

Torsten Bohlin: S. K. Mannen och Verket. (Sth. 1939)

Torsten Bohlin: Ks Tro och andra K-studier. (Sth. 1944)

Villads Christensen: S. K. i sit Bedekammer. (Kbh. 1937)

Villads Christensen: S. Ks Motiver til Kirkekampen. (Kbh. 1959)

Villads Christensen: S. K. Det centrale i hans Livssyn. (Kbh. 1963)

Eduard Geismar: S. K. Livsudvikling og Forfattervirksomhed. Bd. I–VI. (Kbh. 1926–28)

P. A. Heiberg: S. Ks religiøse Udvikling. Psykologisk Mikroskopi. (Kbh. 1925)

Johannes Hohlenberg: S. K. (Kbh. 1940)

Otto Holmgaard: Exstaticus. S. Ks sidste kamp, derunder hans forhold til broderen. (Kbh. 1967)

Christian Jensen: S. Ks religiøse Udvikling. (Aarhus. 1898)

Frederik Jungersen: Dansk Protestantisme ved S. K. , N. F. S. Grundtvig og R. Nielsen. (Kbh. 1873)

Carl Jørgensen: S. K. En biografi med særligt henblik paa hans personlige etik. Bd I–V. (Kbh. 1964)

Carl Frederik Koch: S. K. tre Foredrag. (Kbh. 1898)

Oswald Kuylenstierna: S. K. Tänkaren och Sanningssökaren. (Sth. 1898)

Per Lønning: Samtidighedens Situation. En studie i S. Ks Kristendomsforstaaelse. (Oslo. 1954)

V. Lindström: Stadiernas teologi. En K-studie. (Lund. 1943)

W. Lowrie: S. K. (Lond. , N. Y. , Toronto, 1938)

W. Lowrie: A short life of K. (Princeton 1946)

Gregor Malantschuk: Pælen i Kødet hos S. K. Dansk teologisk Tidsskrift. (Kbh. 1940)

Gregor Malantschuk: S. Ks Angreb paa Kirken. (S. Ks Kamp mod Kirken af G. M. og N. H. Søe. (Kbh. 1956)

Gregor Malantschuk: Digter eller Præst. Konflikten bag S. Ks litterære Virksomhed. (Kierkegaardiana VI). (Kbh. 1966)

Peter Andreas Rosenberg: S. K. Hans Liv, Hans Personlighed og Forfatterskab. En Vejledning til Studiet af Hans Vær-

Ker.（Kbh. 1898）
W. Rudin: S. Ks person och forfattarskap.（Sth. 1880）
N. H. Søe: S. K. og Kirkekampen.（S. Ks Kamp mod Kirken.（Kbh. 1956）
Niels Teisen: Kort Indlæg i Sagen mellem S. K. og H. L. Martensen.（Kbh. 1884）
Niels Teisen: Til Overvejelse i Anledning af Høffdings Bog om S. K.（Kbh. 1893）
Niels Teisen: Om S. Ks Betydning som kristelig Tænker.（Kbh. 1903）
Niels Thulstrup: K. og Kirken i Danmark.（Kbh. 1985）

三、その他

以下に挙示される数冊は、教会闘争そのものとは直接関係はしないものの、その際中にあった彼の姿をその最も近くで見ていた親族の方々や親友が記したものなので、私としては非常に参考になったため、ここに紹介させていただくことにした。

Hans Brøchner: Erindringer om S. K.（Kbh. 1953）
Steen Johansen: Erindringer om S. K.（Kbh. 1980）
Bruce H. Kirmmse: S. K. Truffet. Et liv set af hans samtidige.（Kbh. 1996）
Carl Koch: S. K. og Emil Boesen.（Kbh. 1901）
Henriette Lund: Erindringer fra Hjemmet.（Kbh. 1880）
Troels-Lund: Bakkehus og Solbjerg. III.（Kbh. 1922）
Troels-Lund: Et Liv.（Kbh. 1924）

Ø

T

U

V

W

X

Z

人名索引

A

B

C

D

E

F

G

H

I

J

K

L

M

N

O

P

R

S

著者略歴

1924年　東京都に生まれる
慶應義塾大学大学院文学研究科哲学専攻博士課程修了
1958年–60年　デンマーク文部省の交換留学生としてコペンハーゲン大学留学
現　在　慶應義塾大学名誉教授　文学博士
主　著　『キルケゴール青年時代の研究』（勁草書房）
『続キルケゴール青年時代の研究』（勁草書房）
『キルケゴール著作活動の研究（前篇）』（勁草書房）
『キルケゴール著作活動の研究（後篇）』（勁草書房）
『倫理学概論』（勁草書房）
『哲学』（共）（NHK 市民大学叢書）（日本放送出版協会）
『現代倫理学の諸問題』（共）（慶應通信）
『死にいたる病』（共）（有斐閣）その他
訳　書　キルケゴール著『哲学的断片』『危機』（白水社）、『いまなお生ける者の手記より』『武装せる中立』『倫理的伝達と倫理–宗教的伝達の弁証法』（新地書房）

キルケゴール教会闘争の研究

2007年3月10日　第1版第1刷発行

著者　大《おお》谷《たに》愛《ひで》人《ひと》

発行者　井村寿人

発行所　株式会社　勁《けい》草《そう》書房

112-0005　東京都文京区水道2-1-1　振替　00150-2-175253
（編集）電話 03-3815-5277／FAX 03-3814-6968
（営業）電話 03-3814-6861／FAX 03-3814-6854
理想社・牧製本

ISBN978-4-326-10170-2　　Printed in Japan